SPRINGER COMPASS

Herausgegeben von
M. Nagl   P. Schnupp   H. Strunz

Jürgen Gulbins studierte Informatik an der TU Karlsruhe und arbeitete dort als wissenschaftlicher Mitarbeiter. Danach hatte er verschiedene Funktionen im Marketing und der UNIX-Entwicklung bei der Firma PCS inne. Nach zwei Jahren als freier Autor von Fachbüchern arbeitet er heute als Berater für Archive und Vorgangssteuerung bei der Firma iXOS Software GmbH. Neben zahlreichen Zeitschriftenartikeln schreibt er Bücher zu Themen wie UNIX, Archivsystemen und Typographie.

Karl Obermayr studierte in München Sprach- und Literaturwissenschaften. Nach Tätigkeiten im Bereich der UNIX-Produktentwicklung war er bei der iXOS Software GmbH in München Dozent und Autor für UNIX- und FrameMaker-Schulungen und für die technische Leitung der Schulungsabteilung verantwortlich. Er arbeitet inzwischen freiberuflich als Autor und Übersetzer in den Bereichen UNIX, Windows und FrameMaker.

Jürgen Gulbins   Karl Obermayr

UNIX System V.4

Begriffe, Konzepte, Kommandos,
Schnittstellen

Vierte, überarbeitete Auflage

Springer

Jürgen Gulbins
Kapellenstraße 15
D-75210 Keltern-Niebelsbach

Karl Obermayr
Am Mühlthalerfeld 2
D-85567 Grafing bei München

ISBN 978-3-642-63373-7   ISBN 978-3-642-57839-7 (eBook)
DOI 10.1007/978-3-642-57839-7

CIP-Aufnahme beantragt

Dieses Werk ist urheberrechtlich geschützt. Die dadurch begründeten Rechte, insbesondere die der Übersetzung, des Nachdrucks, des Vortrags, der Entnahme von Abbildungen und Tabellen, der Funksendung, der Mikroverfilmung oder der Vervielfältigung auf anderen Wegen und der Speicherung in Datenverarbeitungsanlagen, bleiben, auch bei nur auszugsweiser Verwertung, vorbehalten. Eine Vervielfältigung dieses Werkes oder von Teilen dieses Werkes ist auch im Einzelfall nur in den Grenzen der gesetzlichen Bestimmungen des Urheberrechtsgesetzes der Bundesrepublik Deutschland vom 9. September 1965 in der jeweils geltenden Fassung zulässig. Sie ist grundsätzlich vergütungspflichtig. Zuwiderhandlungen unterliegen den Strafbestimmungen des Urheberrechtsgesetzes.

© Springer-Verlag Berlin Heidelberg 1984,1985,1988,1995
Ursprünglich erschienen bei Springer-Verlag Berlin Heidelberg New York 1995

Die Wiedergabe von Gebrauchsnamen, Handelsnamen, Warenbezeichnungen usw. in diesem Werk berechtigt auch ohne besondere Kennzeichnung nicht zu der Annahme, daß solche Namen im Sinne der Warenzeichen- und Markenschutz-Gesetzgebung als frei zu betrachten wären und daher von jedermann benutzt werden dürften.

Satz: Reproduktionsfertige Autorenvorlage in FrameMaker. Illustrationen: Angela Amon, Keltern. Umschlaggestaltung: Künkel + Lopka, Ilvesheim.

SPIN:106 386 27   45/3111-5 4 3 2 1 - Gedruckt auf säurefreiem Papier

Inhaltsverzeichnis

		Vorwort	1
1		**Einleitung**	**3**
1.1		Übersicht zum Buch....................	5
2		**Das UNIX-System**	**7**
2.1		Die UNIX-Entwicklung..................	7
2.2		Die UNIX-Werkzeuge...................	9
2.3		Die wichtigsten UNIX-Einflüsse............	11
3		**Erste Schritte in UNIX**	**21**
3.1		UNIX-Oberflächen.....................	21
3.2		Beschreibungskonventionen..............	26
3.3		Kommandosyntax.....................	29
3.4		Einstellungen am Bildschirm..............	32
3.5		Anmelden des Benutzers beim System........	37
3.6		Einfache Kommandos...................	39
3.7		Ein-/Ausgabeumlenkung................	46
3.8		Parameterexpansion...................	50
3.9		Vordergrund- und Hintergrundprozesse......	54
3.10		Fließbandverarbeitung (Pipeline)...........	58
3.11		Kommandoprozeduren.................	60
3.12		Texteingabe, Editieren..................	63
3.13		Online-Hilfen........................	69
4		**Konzepte und Begriffe**	**75**
4.1		Benutzer und Benutzerumgebung..........	76
4.1.1		Der Zugang des Benutzers zum System.......	76
4.1.2		Benutzernummer, Gruppennummer........	77
4.1.3		Dateikataloge des Benutzers..............	79
4.1.4		Das An- und Abmelden beim System........	79
4.1.5		Die Benutzerumgebung.................	82
4.1.6		Der Suchpfad für Programme.............	87

4.1.7	Profile-Dateien	88
4.1.8	Information zur aktuellen Umgebung	90
4.1.9	Parameter und Zustände der Dialogstation	91
4.1.10	Benutzerkommunikation	93
4.2	Das UNIX-Dateikonzept	96
4.2.1	Dateiarten	97
4.2.2	Dateiattribute	103
4.2.3	Struktur eines Dateisystems	111
4.2.4	Die UNIX-Dateisysteme	113
4.2.5	Anlegen und Prüfen von Dateisystemen	117
4.2.6	Demontierbare Dateisysteme	118
4.2.7	Das Quotensystem bei Dateisystemen	120
4.2.8	Dateiorientierte Kommandos	121
4.3	Kommandos, Programme, Prozesse	128
4.3.1	Prozeßkenndaten	129
4.3.2	Prozeßkommunikation, Prozeßsynchronisation	135
4.4	Reguläre Ausdrücke in Dateinamen und Suchmustern	147
4.4.1	Metazeichen in regulären Ausdrücken	147
4.4.2	Tabelle der regulären Ausdrücke in UNIX	153

5	**KOMMANDOS DES UNIX-SYSTEMS**	**155**
5.1	Die zwanzig wichtigsten Kommandos	156
5.2	Kommandoübersicht nach Sachgebieten	157
5.2.1	Dateiorientierte Kommandos	157
5.2.2	Sitzungsorientierte Kommandos	160
5.2.3	Kommandos im Bereich Programmentwicklung	165
5.2.4	Textverarbeitungsprogramme	167
5.2.5	Systemadministration	170
5.3	Vielbenutzte Kommandos (alphabetisch)	173

6	**EDITOREN**	**343**
6.1	Der Texteditor ed	344
6.1.1	Aufruf des ed	345
6.1.2	Bereichsangaben in Kommandos	345
6.1.3	Die Metazeichen des ed	346
6.1.4	Tabelle der ed-Kommandos	349
6.2	Der Bildschirmeditor vi	353
6.2.1	Aufruf des vi	354
6.2.2	Aufteilung des Bildschirms	355
6.2.3	Kommando-, Eingabe- und Ersetzungsmodus	356

6.2.4	Positionieren des Arbeitszeigers	358
6.2.5	Suchen	362
6.2.6	Puffer und Marken	365
6.2.7	Kommandotabelle des vi	367
6.2.8	vi-interne Optionen	369
6.2.9	Makros, Abkürzungen und Ersetzungen	371
6.2.10	Bereichsangaben im vi und ex	373
6.3	Der Editor ex	374
6.3.1	Der Aufruf des ex	374
6.3.2	Die Kommandos des ex	375
6.3.3	Das Setzen von ex-Optionen	381
6.4	Der Stream-Editor sed	384
6.4.1	Der Aufruf des sed	384
6.4.2	Die Anweisungen des sed	385
6.4.3	Beispiele zum sed	389
6.5	Textverarbeitung unter UNIX	391
6.5.1	Übersicht zur Textverarbeitung	392
6.5.2	Die Formatierer nroff und troff	397
6.5.3	tbl – der Präprozessor für Tabellen	400
6.5.4	eqn und neqn - Präprozessoren für Formeln	401
7	**DIE SHELL ALS BENUTZEROBERFLÄCHE**	**403**
7.1	Die Shell als Kommandointerpreter	405
7.1.1	Kommandosyntax	406
7.1.2	Ein-/Ausgabeumlenkung	409
7.1.3	Kommandoverkettung	411
7.1.4	Fließbandverarbeitung (Pipe)	411
7.1.5	Hintergrundprozesse	412
7.1.6	Kommando-Gruppierung	412
7.1.7	Shellprozeduren	413
7.1.8	Die Variablen der Shell	414
7.1.9	Ablaufsteuerung	422
7.1.10	Shell-interne Kommandos	432
7.1.11	Der Ersetzungsmechanismus der Shell	444
7.1.12	Die Fehlerbehandlung der Shell	447
7.1.13	Die Grammatik der Shell	450
7.1.14	Beispiele zu Kommando-Prozeduren	453
7.2	Die C-Shell – csh	457
7.2.1	Starten und Terminieren der csh	457
7.2.2	Die Prozeßkontrolle (job control) der csh	458
7.2.3	Aufrufoptionen der csh	460
7.2.4	Der History-Mechanismus der csh	461

7.2.5	Die Alias-Funktion der csh	463
7.2.6	Namensexpandierung bei der csh	464
7.2.7	Die Variablen der csh	465
7.2.8	Die Variablen der csh	468
7.2.9	Die Ablaufsteuerung der csh	471
7.2.10	Die internen Kommandos der csh	474
7.2.11	Ein-/Ausgabeumsteuerung der csh	478
7.2.12	Anmerkungen zur csh	479
7.3	Die Korn-Shell – ksh	481
7.3.1	Erweiterte Kommandos	482
7.3.2	Alias	484
7.3.3	Die Job-Kontrolle des ksh	486
7.3.4	Kommandoersetzung	487
7.3.5	Ausgabe-Kommandos	488
7.3.6	Variablen	489
7.3.7	Koprozesse	496
7.3.8	Editieren der Kommandozeile	497
7.3.9	Namensergänzung – file name completion	498
7.3.10	Kommandowiederholung – history	499
7.3.11	Optionen und Schalter der Korn-Shell	500
7.3.12	Anpassen der Arbeitsumgebung	503
7.4	Weitere Shells	505
7.4.1	Die Job-Control-Shell jsh	506
7.4.2	Die Layered Shell shl	508
7.4.3	Die eingeschränkte Shell rsh	510
7.5	Alternative Shells	512

8	**DAS X WINDOW SYSTEM**	**515**
8.1	Entwicklung des X Window Systems	516
8.2	Aufbau des X Window Systems	518
8.2.1	Client-/Server	518
8.2.2	Window-Manager	521
8.3	Arbeiten mit dem X Window System	523
8.3.1	Start des X Window Systems	523
8.3.2	Bildschirm-Namen	527
8.3.3	Zugriffsüberwachung	529
8.3.4	Größen- und Positionsangaben	532
8.3.5	Schriften und Farben	533
8.3.6	Aufrufoptionen von Clients	537
8.3.7	Einstellungen (Ressourcen)	539

8.4	Der Motif-Window-Manager	543
8.4.1	Die Rahmenelemente eines Motif-Fensters	544
8.4.2	Konfigurationsdatei des mwm	546
9	**PROGRAMMENTWICKLUNG UNTER UNIX**	**549**
9.1	Übersetzer, Assembler, Interpreter	553
9.1.1	Der Präprozessor cpp	555
9.2	Binder und Bibliotheksverwalter	558
9.2.1	Der Binder ld	560
9.2.2	Der Bibliotheksverwalter ar	564
9.3	Programmgenerierung mit make	566
9.3.1	Beschreibung von Abhängigkeiten	567
9.3.2	Makrodefinitionen in make	568
9.3.3	Der Aufruf von make	569
9.3.4	Beispiel zu make	570
9.4	Testhilfen	572
9.4.1	Die Testhilfe sdb	574
9.4.1.1	Aufruf des sdb	574
9.4.1.2	Benennen von Objekten	575
9.4.1.3	Kommandos des sdb	576
9.4.1.4	Format- und Längenangaben beim sdb	580
9.4.1.5	Aktuelle Datei, Prozedur und Zeile, aktueller Katalog	580
9.4.1.6	Die Adreßabbildung des sdb	582
9.4.1.7	Programmbeispiel zum sdb	582
9.5	Der Reportgenerator awk	586
9.5.1	Aufruf des awk	586
9.5.1	Das awk-Programm	587
9.5.2	awk-Sprachelemente	590
9.5.3	awk-Aktionen	593
9.5.4	Die Funktionen des awk	596
9.5.5	Übergabe von Argumenten an awk	598
9.5.6	Die Fehlermeldungen des awk	599
9.5.7	Beispiele zum awk	600
10	**SYSTEMANSCHLÜSSE UND C-BIBLIOTHEKSFUNKTIONEN**	**603**
10.1	Fehlernummern der Systemaufrufe	604
10.2	Liste der Systemaufrufe	613
10.3	Die Ein-/Ausgaberoutinen der C-Bibliothek	651
10.4	Mathematische Funktionen der C-Bibliothek	708
10.5	Liste der systemabhängigen Konstanten	711
10.6	Tabelle der Funktionen und Systeme	713

11	SYSTEMVERWALTUNG UND SYSTEMPFLEGE	735
11.1	Systemgenerierung	736
11.1.1	Erstellung der Geräteeinträge (special files)	737
11.2	Systemdateien	739
11.2.1	Paßwortdateien	743
11.2.2	Angaben zu Dialogstationen	747
11.2.3	Informationsdateien	756
11.2.4	System-Kommandoprozeduren	759
11.3	Eintrag eines neuen Benutzers	762
11.4	Das Herunterfahren des Systems	764
11.5	Benutzeraktivitäten und Abrechnungen	766
11.5.1	Accounting-Dateien	766
11.5.2	Systemaktivitäten	768
11.6	Initialisierung neuer Datenträger	769
11.7	Datensicherung	770
11.8	Konsistenzprüfung der Dateisysteme	774
11.9	Dämonprozesse	777
11.10	UNIX-Print-Spooling	779
11.10.1	Der Print-Spooler lp	779
11.11	Die Kataloge des UNIX-Systems	789
A	**Übersichten und Tabellen**	**795**
B	Literaturverzeichnis	819
	Stichwortverzeichnis	**825**

Vorwort

Dieses Buch stellt das Betriebssystem **UNIX**[1] und den Wurm **WUNIX**[2] vor. Beide haben vieles gemeinsam. So besitzen sie beide ihre – vielleicht auf den ersten Blick gar nicht erkennbaren – schönen und eleganten Seiten, und beide haben eine relativ einfache Struktur – wobei UNIX diese der wachsenden Anforderungen wegen zunehmend verliert.

So wie **WUNIX** durch dieses Buch geistert und immer wieder mehr oder weniger erwartet auftaucht, so geistert UNIX heute durch die Welt der Datenverarbeitung. An vielen Stellen hat es längst seinen festen Platz (z.B. im universitären Bereich). An anderen Stellen breitet es sich aus und ist dabei, sich zu etablieren.

Es sind jedoch sowohl im Betriebssystem **UNIX** als auch an **WUNIX**, dem Wurm, eine Reihe von Ungeschliffenheiten, Unschönheiten und ein gewisser Bauchansatz zu finden.

Sowohl **WUNIX** als auch **UNIX** werden deshalb wohl in der Zukunft noch eine Reihe von Verbesserungen oder Häutungen durchmachen.

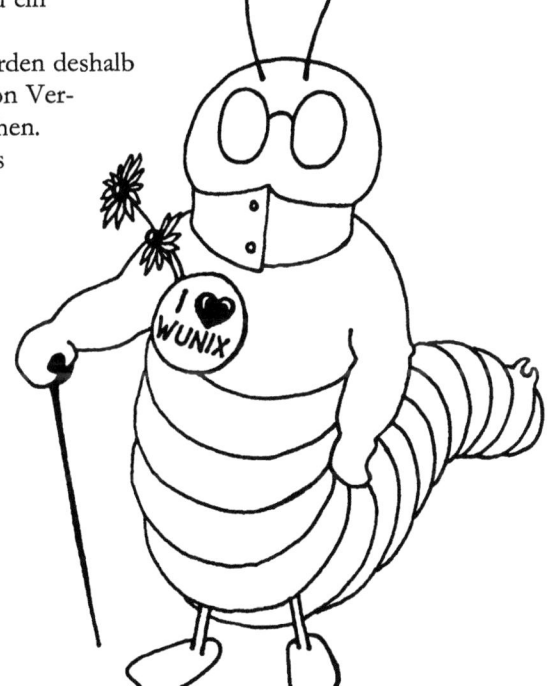

Die Entwicklung eines guten Stücks benötigt eben Zeit und Schweiß. Dabei haben beide bei den letzten neuen Versionen deutliche Fortschritte gemacht.

Der Nachteil solcher Entwicklungen ist in der Regel, daß das Resultat größer und damit auch schwieriger zu bewegen wird. Die Dinosaurier dieser Erde haben sich schlußendlich als lebensuntüchtig erwiesen! So sollten wir uns vorerst mit dem zufriedengeben, was vorhanden ist.

---

1. UNIX ist ein geschütztes Warenzeichen von USL (*UNIX Software Laboratories*).
2. WUNIX ist ein neu kreierter Name, den der UNIX-Wurm von der Grafikerin Angela Amon erhielt. Sie erstellte die Zeichnungen.

Die Anfänge dieses Buches entstanden, als sich der Autor Jürgen Gulbins 1982 selbst zum ersten Mal mit UNIX befaßte und die vorhandenen Dokumentationen als unübersichtlich und unbefriedigend empfand. Aus Notizen wurde ein Skriptum und daraus schließlich ein Buch. Die erste Version entstand, getreu dem Thema, mit dem Satz-Programm **troff** auf einem UNIX-System. Die vorliegende Version wurde mit FrameMaker4 gestaltet, einem zeitgemäßen DTP-Paket unter UNIX und anderen Systemen.

Bei der Beschreibung wurde nicht nur die Original-UNIX-Dokumentation verwendet, sondern es wurden auch viele Ideen und Beschreibungsdetails aus den zahlreichen inzwischen erschienenen englischsprachigen UNIX-Beschreibungen aufgegriffen. Hier sei auf die Literaturliste im Anhang verwiesen.

Diese vierte Auflage wurde im wesentlichen um die Änderungen und Erweiterungen ergänzt, die mit der Version V.4 des UNIX-Systems hinzukamen. Einige Teile früherer Auflagen wurden gekürzt, da ihre Bedeutung für den Anwender zurückgegangen ist. Auf die ausführliche Behandlung neuer UNIX-Themen (insbesondere Vernetzung) wurde bewußt verzichtet, um die Übersichtlichkeit zu erhalten und das Buch in zulässigen Gewichtsgrenzen zu halten.

Natürlich haben viele an diesem Buch mitgearbeitet, auf Probleme hingewiesen und durch Verbesserungsvorschläge mitgewirkt. Hier sei vor allem Herrn Professor Dr. G. Goos, Frau Chr. Wolfinger und Herrn M. Uhlenberg Dank ausgesprochen.

Jörg Weber (interface business GmbH, Dresden) überarbeitete den Bereich Systemverwaltung aus Kapitel 11. Angelika Obermayr kämpfte, hoffentlich erfolgreich, gegen die Tippfehler. Die Firma SUN Microsystems stellte den Autoren eine Referenzplattform mit der aktuellen Version von UNIX V.4 (Solaris 2.3) zur Verfügung, die Firma Onsite eine weitere PC-UNIX-Lizenz. Angela Amon steuerte die zahlreichen Wurm-Graphiken bei.

Unser Dank gilt auch all jenen Lesern der ersten drei Auflagen, die auf Druckfehler und falsche oder mißverständliche Darstellungen hingewiesen haben und es uns ermöglichten, eine überarbeitete, erweiterte und verbesserte 4. Auflage vorzulegen.

Zum Schluß wünschen wir nun allen Lesern viel Spaß beim Lesen und vor allem Erfolg beim Arbeiten mit UNIX.

Keltern, Grafing, Februar 1995   Jürgen Gulbins, Karl Obermayr

1 Einleitung

Während CP/M für die 8-Bit Generation das am weitesten verbreitete Betriebssystem war und MS-DOS zusammen mit MS-Windows dies für die 16- und inzwischen auch für die 32-Bit-Rechner-Generationen wurde, bot auf den Mini-, Midi- und Großrechnern bis etwa 1984 weitgehend jeder Hersteller sein eigenes Betriebssystem an – für Großrechner gilt dies heute immer noch.

Anfang der 80er Jahre wurde jedoch die Forderung der Anwender nach Betriebssystemen deutlich, die auf Rechnern unterschiedlicher Hersteller und Leistungen laufen können. Vor allem die leistungsfähigen Mikroprozessoren der neuen Generation mit einer Verarbeitungsbreite von 32 und zwischenzeitlich auch 64 Bit erlauben und verlangen Fähigkeiten des Systems, die über die der einfachen Einbenutzer-, Ein-Programmsysteme MS-DOS, MS-Windows 3.*x* und MAC/OS hinausgehen. Sie müssen aus Gründen der Softwarekosten und des Schulungsaufwandes auf den unterschiedlichsten Rechnern verfügbar sein.

Den meisten dieser Forderungen kommt das Betriebssystem UNIX mit seinen zahlreichen Hilfsprogrammen und technischen, wissenschaftlichen und auch kommerziellen Applikationen nach. Sicherlich waren die frühen Versionen nicht in jedem Sinne ideal und nicht für alle Zwecke geeignet. UNIX kann jedoch ein außergewöhnlich breites Spektrum abdecken und ist verglichen mit Betriebssystemlizenzen proprietärer Systeme preiswert. Es ist für eine Vielzahl von Rechnern und Anwendungen erhältlich. Es nimmt heute die führende Rolle im Bereich Serversysteme und technisch-wissenschaftlicher Arbeitsplatzrechner ein. Mit den zwischenzeitlich erfolgten Erweiterungen versehen, wird es auch im Bereich der Büroautomation und im kommerziellen Umfeld erfolgreich eingesetzt.

Leider läßt die Dokumentation der verschiedenen UNIX-Versionen noch die Benutzerfreundlichkeit vermissen, wie man sie bei *Personalcomputern* erwarten darf. So sind z. B. in den Standardbeschreibungen nur selten Beispiele anzutreffen; man findet nur wenig globale Überblicke. Beiden Mängeln rückt dieses Buch zu Leibe. Es versucht, dem Leser einen umfassenden Einblick in das UNIX-System zu vermitteln.

Wir setzen voraus, daß der Benutzer bereits Grundkenntnisse der Datenverarbeitung besitzt – beispielsweise von MS-DOS her. Auf eine Erläuterung von Begriffen wie *Rechner*, *CPU*, *Platte*, *Betriebssystem*, *Datei*, *Programm* oder *Tastatur* wird deshalb verzichtet. Vielmehr erläutert das Buch die Prinzipien und die Terminologie des UNIX-Systems, gibt einen Überblick der Kommandos und Programme des UNIX-Standardsystems und geht auf die wichtigsten Schnittstellen ein. Die Referenz ist das von USL zum Standard erklärte ›UNIX System V‹. Die inzwischen aktuelle und diesem Buch zugrundeliegende Version ist UNIX V.4.2. Das Buch geht darüber hinaus auf eine Reihe weit verbreiteter Erweiterungen ein, erklärt die wichtigsten und meistgebrauchten Kommandos und Programme ausführlicher und soll so als Handbuch neben dem Rechner dienen.

Schon aus Gründen des Umfangs und der Übersichtlichkeit soll und kann es die Standarddokumentation nicht vollständig ersetzen. Deshalb wird auch an einigen Stellen des Buches auf die entsprechenden Teile der Standard-UNIX-Dokumentation verwiesen.

Die ausführlichere Beschreibung einzelner Kommandos und der Wegfall der Beschreibung anderer stellt keine Wertung der Kommandos dar. Sie entspricht einer – wenn auch subjektiven – Einschätzung der Häufigkeit, mit der diese Kommandos Anwendung finden. Es wurde dabei versucht, verstärkt die Anwendung von UNIX in kleinen Systemen und Arbeitsplatzrechnern zu berücksichtigen. Der Bereich *Rechnerkoppelung unter UNIX* fehlt in dem Buch weitgehend. Das Thema verdient seiner Komplexität und Vielfalt wegen ein eigenes Buch.

Da es technisch fast unmöglich ist, alle Programme mit ihren zahlreichen Optionen vollständig auszuprobieren, ist es auch wahrscheinlich, daß dieses Buch kleinere Fehler, Unvollständigkeiten und Unklarheiten enthält. Um deren Behebung sind wir natürlich bemüht. Wir möchten Sie deshalb bitten, – wie es für die vorausgehenden Auflagen einige Leser bereits dankenswerterweise taten – uns solche Mängel mitzuteilen, damit wir sie in der nächsten Version verbessern können.

Mit herzlichem Dank

Jürgen Gulbins, Keltern
(gulbins@ixos.pf.eunet.de)

Karl Obermayr, Grafing
(kob@techdoc.m.isar.de)

1.1 Übersicht zum Buch

Kapitel 2 gibt einen kurzen Abriß der Entwicklung und des heutigen Stands von UNIX.

Kapitel 3 gibt eine Einführung in das UNIX-System, mit deren Hilfe ein neuer Benutzer durch einfache Anweisungen Schritt für Schritt mit den wichtigsten Eigenschaften von UNIX vertraut gemacht wird.

In Kapitel 4 werden die Konzepte des UNIX-Systems und seine Terminologie erklärt. Es untergliedert sich in die Bereiche:

- Benutzer und Benutzersitzungen
- Dateien
- Programme und Interprogrammkommunikation
- Reguläre Ausdrücke in Dateinamen und Suchmustern

Benutzer, denen UNIX neu ist, sollten dieses Kapitel unbedingt studieren, auch dann, wenn beim ersten Lesen nicht alles verständlich sein mag. Hier wurde versucht, Informationen, die in den UNIX-Dokumentationen sehr verstreut auftauchen, zusammengefaßt darzustellen und von allzuviel Fachterminologie befreit zu erklären.

Kapitel 5 stellt den Kern des Buches dar. Es enthält eine in Sachgebiete aufgeteilte Liste der grundlegenden UNIX-Kommandos. Der Liste schließt sich eine detaillierte Beschreibung der wichtigsten bzw. meistgebrauchten UNIX-Kommandos mit Beispielen an. Dies dürfte im täglichen Gebrauch der am häufigsten verwendete Teil sein.

Einen Überblick zu den Editoren des UNIX-Systems gibt Kapitel 6. Hier sind auch die Programme ›ed‹, ›ex‹, ›vi‹ und ›sed‹ genauer beschrieben und es wird ein Abriß von ›troff‹ sowie den zahlreichen ergänzenden Programmen zur UNIX-Textverarbeitung gegeben.

Die Shell, der Kommandointerpreter des Systems, ist ein recht mächtiges, wenn auch nicht in allen Aspekten einfaches Werkzeug des Systems. Kapitel 7 gibt eine ausführliche Beschreibung der wichtigsten Shells. Vor allem eine Reihe von Beispielen von Kommandoprozeduren sollen dem mit UNIX nun schon etwas vertrauten Benutzer zeigen, was mit der Shell möglich ist. Dem Hauptteil über die Bourne-Shell folgen Beschreibungen der C-Shell, der Korn-Shell und einiger anderer Shells:

- die UNIX-Standard-Shell – die Bourne-Shell,
- die *C-Shell*,
- die neuere *Korn-Shell*,
- und andere Shells aus dem kommerziellen und frei verfügbaren Bereich.

In Kapitel 8 werden die Grundzüge des X Window Systems und der graphischen Oberfläche OSF/Motif gezeigt. Dieses Kapitel verzichtet darauf, die einzelnen Programme des X Window Systems vorzustellen; es versucht vielmehr, die allgemeinen Grundlagen zu erklären, mit deren Hilfe sich der Leser das Verständnis zur Bedienung nahezu aller graphischen Programme unter UNIX erwerben kann.

In Kapitel 9 wird auf die Programmentwicklung unter UNIX eingegangen. Der Binder (ld) und der Bibliotheksverwalter (ar) sind hier detaillierter als in Kapitel 5.3 beschrieben. Daneben wird ›make‹ erläutert. Dieses Programm erlaubt, die Generierung von Systemen zu automatisieren. Auch die Beschreibung des Testhilfeprogramms ›sdb‹ ist hier zu finden. Die Beschreibung des Reportgenerators ›awk‹ bildet den Abschluß des Kapitels.

Die Systemanschlüsse und Systemaufrufe, die aus Programmen möglich sind, zeigt Kapitel 10. Hier sind auch die Funktionen der Standard-Ein-/Ausgabe (Teil der C-Bibliotheksroutinen) aufgelistet. Dies sei primär zum Nachschlagen und nicht als Programmieranleitung verstanden und hat für den reinen Anwender von UNIX keine Bedeutung, ist für den Programmierer jedoch eine schnelle Informationsquelle.

Eine Einführung in die Pflege des UNIX-Systems und die Arbeiten, die vom Systembetreuer durchzuführen sind, ist in Kapitel 11 zu finden. Gerade in diesem Bereich unterscheiden sich die verschiedenen UNIX-Systeme stark. Trotzdem soll dieser Abschnitt dem Systemverwalter einen Überblick darüber verschaffen, welche Arbeiten notwendig sind, um einen problemlosen Benutzerbetrieb zu ermöglichen.

Der Anhang schließlich enthält Tabellen und Listen. Die erste Übersicht umfaßt die Namen aller UNIX-Kommandos (Stand der Version V.4) mit ihren Funktionen. Ausgenommen hiervon sind sehr system- und verwaltungsspezifische Kommandos. Hier ist auch die Tabelle der ASCII-Zeichen und jene des inzwischen weit verbreiteten Zeichensatzes ISO 8859-1 zu finden.

2 Das UNIX-System

2.1 Die UNIX-Entwicklung

Als Ken Thompson 1969 bei Bell Laboratories, einer Tochter der Firma AT&T, die Entwicklung eines neuen Betriebssystems begann, waren die meisten der vorhandenen Systeme ausgesprochene *Closed-Shop, Batch-Systeme*, d.h., der Programmierer gab seine Lochkarten oder Lochstreifen beim Operateur ab, diese wurden in den Rechner eingelesen und ein Rechenauftrag nach dem anderen abgearbeitet. Der Programmierer konnte dann nach einiger (in der Regel längeren) Zeit seine Ergebnisse abholen. Auch modernere Systeme mit der Möglichkeit interaktiver Benutzersitzungen, wie z.B. MULTICS, waren noch stark vom Batch-Betrieb beeinflußt.

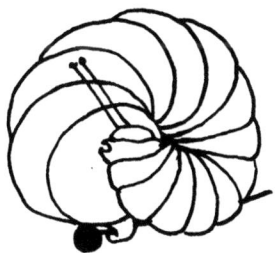

Ziel von Ken Thompsons Entwicklung war es deshalb, ein System zu schaffen, auf welchem mehrere Programmierer im Team und im Dialog mit dem Rechner arbeiten, Programme entwickeln, korrigieren und dokumentieren konnten, ohne von einem Großrechner mit allen seinen Restriktionen abhängig zu sein. Daneben standen Funktionalität, strukturelle Einfachheit und Transparenz sowie leichte Bedienbarkeit im Vordergrund der Entwicklung.

Dieses erste System mit dem Namen UNIX lief auf einer PDP-7 und war in Assembler geschrieben. Um bei zukünftigen Projekten die Maschinenabhängigkeit durch die maschinennahe Sprache zu umgehen, entwarf Thompson die Programmiersprache B, aus der dann Dennis Ritchie die Sprache **C** entwickelte. UNIX wurde 1971 in C umgeschrieben und auf die PDP-11 übertragen. Von nun an erfolgte die Weiterentwicklung des Systemkerns sowie der meisten Dienstprogramme in dieser Sprache. Die Kompaktheit und strukturelle Einfachheit des Systems ermunterte viele Benutzer zur eigenen Aktivität und Weiterentwicklung des Systems, so daß UNIX recht schnell einen relativ hohen Reifegrad erreichte. Dies ist deshalb bemerkenswert, da kein Entwicklungsauftrag hinter diesem Prozeß stand und die starke Verbreitung von UNIX nicht auf den Vertrieb oder die Werbung eines Herstellers, sondern primär auf das Benutzerinteresse zurückzuführen ist. Hilfreich hierbei war sicherlich jedoch auch, daß für Hochschulen und Universitäten die UNIX-Quellcodelizenz damals praktisch für die Kopier- und Dokumentationskosten von Bell Laboratories abgegeben wurde. Dies gilt heute leider nicht mehr.

Die durch die höhere Programmiersprache C erreichte Maschinenunabhängigkeit stimulierte die baldige Übertragung des UNIX-Systems auf zahlreiche weitere Rechner. Dieser Prozeß ist bis heute noch nicht abgeschlossen. So existieren heute z.B. Implementierungen für folgende CPU-Architekturen:

CPU-Serie:	CPU-Hersteller:
I80x86 I860, Pentium	Intel
IBM/370, IBM/43xx	IBM
HP 9000-PA	Hewlett Packard
MC680x0, MC88000, PowerPC	Motorola
RS/6000, PowerPC	IBM, Motorola
R2000, R3000, R4000, R6000	MIPS, SGI
SPARC-Serie	SUN
VAX-Serie, Alpha-Serie	DEC
VM/370, VM/470	Amdahl

Für viele der genannten Prozessoren werden von mehreren Firmen sowohl Hardware- als auch UNIX-Software-Systeme angeboten.

Nach der Kommerzialisierung von UNIX durch AT&T mit der Markteinführung von UNIX-System V wurde die Weiterentwicklung und Vermarktung der UNIX-Quellen in eine eigene Firma ausgegliedert. Sie trägt nach einigen Umbenennungen den Namen USL (für *UNIX System Laboratories*). AT&T bot einigen großen UNIX-Anbietern relativ erfolglos Minderheitsbeteiligungen an USL an, bis 1993 die Firma Novell USL vollständig übernahm – sehr zum Ärger vieler UNIX-Anbieter, die um die Unabhängigkeit der UNIX-Quellen und deren Zugang fürchten.

Systemname:	Anbieter:
AIX	IBM
BSD-UNIX	University of California at Berkeley
DG/UX	Data General
HP/UX	Hewlett Packard
Linux	Freeware (d.h. frei verfügbar)
SCO-UNIX	SCO
SINIX	Siemens
SUN/OS, Solaris	SUN
Unixware	Novell
ULTRIX, OSF/1	DEC
UTS	Amdahl

Neben den heute von der Firma USL bzw. Novell vertriebenen UNIX-Versionen für die Intel-80x86-CPU-Linie gibt es zahlreiche andere Firmen, welche ein teilweise erweitertes oder für spezifische Belange adaptiertes UNIX anbieten. Die nachfolgende Tabelle zeigt einige dieser Anbieter und Systeme.

Für Intel-PC-basierte Systeme bieten heute die Firmen Novell (Unixware), SUN (Solaris), SCO (SCO-UNIX) sowie mehrere kleinere Anbieter UNIX-Betriebssysteme an. Als wesentliche neue Variante kommt seit etwa 1994 die Freeware-Software Linux hinzu.

War für die länger auf dem Markt vorhandenen Systeme zunächst das seit 1979 verfügbare ›UNIX-Version 7‹ die Ausgangsbasis, so haben später praktisch alle das 1983 von AT&T vorgestellte *UNIX System V* zur Entwicklungsbasis gemacht. Eine alternative Basis wurde die an der Universität von Berkeley entwickelte UNIX-Variante BSD (***Berkeley Software Distribution***). Diese wurde mit Version BSD4.3 zwar eingestellt und mündete prompt in Lizenzstreitigkeiten mit USL, lebt aber seit etwa 1994 in einigen Intel-PC-basierten Versionen wieder auf.

Im kommerziell orientierten Bereich dominieren inzwischen jedoch die stark an die AT&T-Linie orientierten Systeme wie etwa Solaris, HP-UX, IBM/AIX, SCO-UNIX, Sinix, DG/UX oder Unixware. Diese bauen entweder direkt auf den USL-V.4-Quellen auf oder haben (wie etwa SCO oder HP) die Mechanismen und Schnittstellen von V.4 selbst realisiert und eingebaut. SUN hat dabei ab 1993 den Wechsel vom BSD-basierten SunOS (Solaris 1) zum System-V.4-basierten Solaris 2 vollzogen.

2.2 Die UNIX-Werkzeuge

Das mit UNIX zur Verfügung stehende Spektrum an Entwicklungs-, Textverarbeitungs- und Applikationssoftware ist so umfangreich, daß eine halbwegs vollständige Sichtung erhebliche Probleme mit sich bringt und sicher den Rahmen dieses Buches sprengen würde. Das UNIX-Kernsystem von USL besteht mit System V.4 aus etwa 1200 Programmen bzw. Kommandos[1]. An Programmiersprachen sind heute im Standard-System zumeist ein Assembler, C, der M4-Makroprozessor sowie die später noch vorgestellten Werkzeuge zur Verwaltung von Programmquellen und Bibliotheken vorhanden. Zum Standardumfang zählt auch eine sehr große Zahl weiterer Werkzeuge und Hilfsprogramme mit einer stark entwicklungsorientierten Ausrichtung.

Darüber hinaus sind fast alle verbreiteten Sprachen wie z.B. ADA, APL, BASIC, C++, COBOL, EIFEL, FORTRAN, LISP, MODULA-2, PASCAL, PEARL, PL/1, PROLOG, SMALLTALK oder ABAP/4 anzutreffen, um nur die bekannteren zu nennen. Diese müssen jedoch von Anbietern erworben werden.

Von fast allen UNIX-Systemanbietern werden Datenbanken wie z.B. UNIFY, INFORMIX, INGRES, ORACLE oder SYBASE angeboten.

---

1. Nach einer Neuinstallation finden sich mehr als zehntausend Dateien auf dem System.

Das Angebot an weiterer Grund- und Applikationssoftware unter UNIX expandiert in starkem Maße und ist im Rahmen dieses Buches nicht darstellbar. Hierzu zählen zahlreiche kommerzielle Applikationen, die, entsprechend leistungsfähige UNIX-Server vorausgesetzt, bis zu mehrere hundert Anwender gleichzeitig bedienen können. Daneben spielt UNIX mit den darauf verfügbaren Applikationen sowohl im CAD- und CAM- als auch zunehmend im DTP-Bereich und im Verlagswesen eine wesentliche Rolle, wenngleich ihm hier auch von Windows-NT starke Konkurrenz erwächst.

Trifft man eine grobe Klassifizierung von UNIX, so zeigt es folgende wesentliche Eigenschaften:

❑ Mehrbenutzerbetriebssystem für Einzelplatz- bis zu Großrechner-Systemen
❑ Timesharing-Betriebssystem
❑ Dialogorientiert
❑ Weitgehend geräteunabhängiges, hierarchisches Dateikonzept
❑ Ausgeprägte Verwendung der Fließbandtechnik (auch Filter-Technik genannt)
❑ Geeignet für Softwareentwicklung und große Datenbank-gestützte Applikationsprogramme
❑ Weit verbreitet durch gute Portabilität
❑ Starke Netzwerkstruktur mit Unterstützung von transparentem Dateizugriff über Netze hinweg
Dies macht das System insbesondere als Basis für File-Server, Netzwerk-Server und Applikations-Server geeignet.
❑ Robustes, ausgereiftes System

Waren dies bis vor wenigen Jahren Alleinstellungsmerkmale, so bieten heute fast alle modernen Betriebssysteme – ob für den PC, die Workstation oder den Großrechner diese Möglichkeiten. Neuere UNIX-Systeme, sowie bereits seit längerem die Versionen einiger Entwicklungsvorreiter weisen zusätzlich folgende Möglichkeiten auf:

❑ Desktop-Oberfläche – durch das *Common Desktop Environment* (CDE) ist hier ein herstellerübergreifender Standard in Sicht.
❑ Unterstützung von sehr leistungsfähigen Mehrprozessorsystemen
❑ Unterstützung von Cluster-Technologien
❑ Unterstützung von Threads
❑ Erhöhte Sicherheitsmechanismen (entsprechend B2 und C2)

UNIX hat sich damit wesentliche Märkte erobert und während es als Betriebssystem für Arbeitsplatzrechner stark mit MS-Windows konkurriert, beherrscht es 1995 eindeutig den Markt der Server-Systeme und ist bei der Ablösung der Großrechner im Trend des *Down-Sizing* einer der Favoriten neben Windows-NT.

2.3 Die wichtigsten UNIX-Einflüsse

Das UNIX-System – korrekter gesagt, die zahlreichen auf dem Markt angebotenen ›*von* UNIX *abgeleiteten Systeme*‹ – unterliegen einer ganzen Reihe von Einflüssen wie den Firmeninteressen der Anbieter, der Hardware, auf der sie laufen, den Bedürfnissen spezieller Kundenkreise und allgemeiner Markttrends. Vor allem letztere werden zunehmend von Standardisierungsbestrebungen oder von Bestrebungen zur Vereinheitlichung eines festgelegten Kerns der UNIX-Systeme bestimmt. Damit wird versucht, den schon lange erhobenen Anspruch von UNIX zu erfüllen, nämlich den der weitgehenden Einheitlichkeit und der leichten Portierbarkeit der für ein UNIX-System beschriebenen Programme.

Die wesentlichen Einflüsse aus diesem Bereich sind die Systeme bzw. Funktionen des Systems UNIX V.4 von USL, Berkeley 4.3, die Arbeiten der X/OPEN-Gruppe, die Standardisierung der IEEE-Gruppe P1003 mit POSIX, sowie die Entwicklung eines *modernen, an* UNIX *angelehnten Betriebssystems* mit den Mach- und Chorus-Entwicklungen (NeXTstep).

Die Entwicklung unterschiedlicher Versionen

Die Grafik in Abbildung 2.1 auf Seite 12 zeigt die generelle Entwicklung der AT&T-UNIX-Versionen sowie zahlreicher daraus abgeleiteter Systeme. 1974 erschien UNIX Version 6. Dies ist die erste Version, die auch außerhalb der USA eine nennenswerte Verbreitung fand. Ihr folgte 1979 UNIX Version 7. Korrekt müssen diese Systeme eigentlich die Bezeichnung UNIX I Version 6 bzw. UNIX I Version 7 tragen. Bis zu diesem Zeitpunkt läuft UNIX noch primär auf den PDP-11-Maschinen und wird von AT&T immer noch nicht im kommerziellen Sinne vertrieben.

UNIX Version 7 wird nun Ausgangsbasis für zahlreiche weitere Portierungen auf andere Maschinen. Der Ursprung der meisten der heute angebotenen Systeme hat seine Wurzeln in dieser Basis. Selbst als AT&T 1981 UNIX System III herausbringt, bleibt die Version 7 Basis für viele Portierungen, da sie stabiler und fehlerfreier ist als System III. Es ist zu bedenken, daß bis dahin AT&T für UNIX zwar Lizenzgebühren für die Quellen und Binärlizenzen verlangt, das Produkt UNIX aber immer noch nicht kommerziell vermarktet oder unterstützt.

Abbildung 2.1 versucht zu verdeutlichen, daß ausgehend von Version 7, nicht nur sehr viele Portierungen begannen, sondern daß damit auch ein Auseinanderlaufen der einzelnen Entwicklungen einherging – es entstehen neue UNIX-Systeme mit teilweise sehr unterschiedlicher Intention, Funktionalität und damit verbundener Inkompatibilität zum Standard. Ziel der Firma Microsoft bei der Entwicklung von XENIX war es z.B., ein kompaktes und stabiles primär für Mikrorechner (16-Bit-Welt) geeignetes System zu schaffen. Darüber hinaus wurden hier recht früh einige Bedürfnisse des kommerziellen Bereichs (z.B. *record-locking*) berücksichtigt.

Im Gegensatz dazu war es Ziel des Systems, welches an der Universität von Kalifornien in Berkeley entwickelt wurde, neue Ideen zu erproben und ein virtuelles System zu schaffen, welches die Eigenschaften der VAX der Firma DEC ausnutzt.

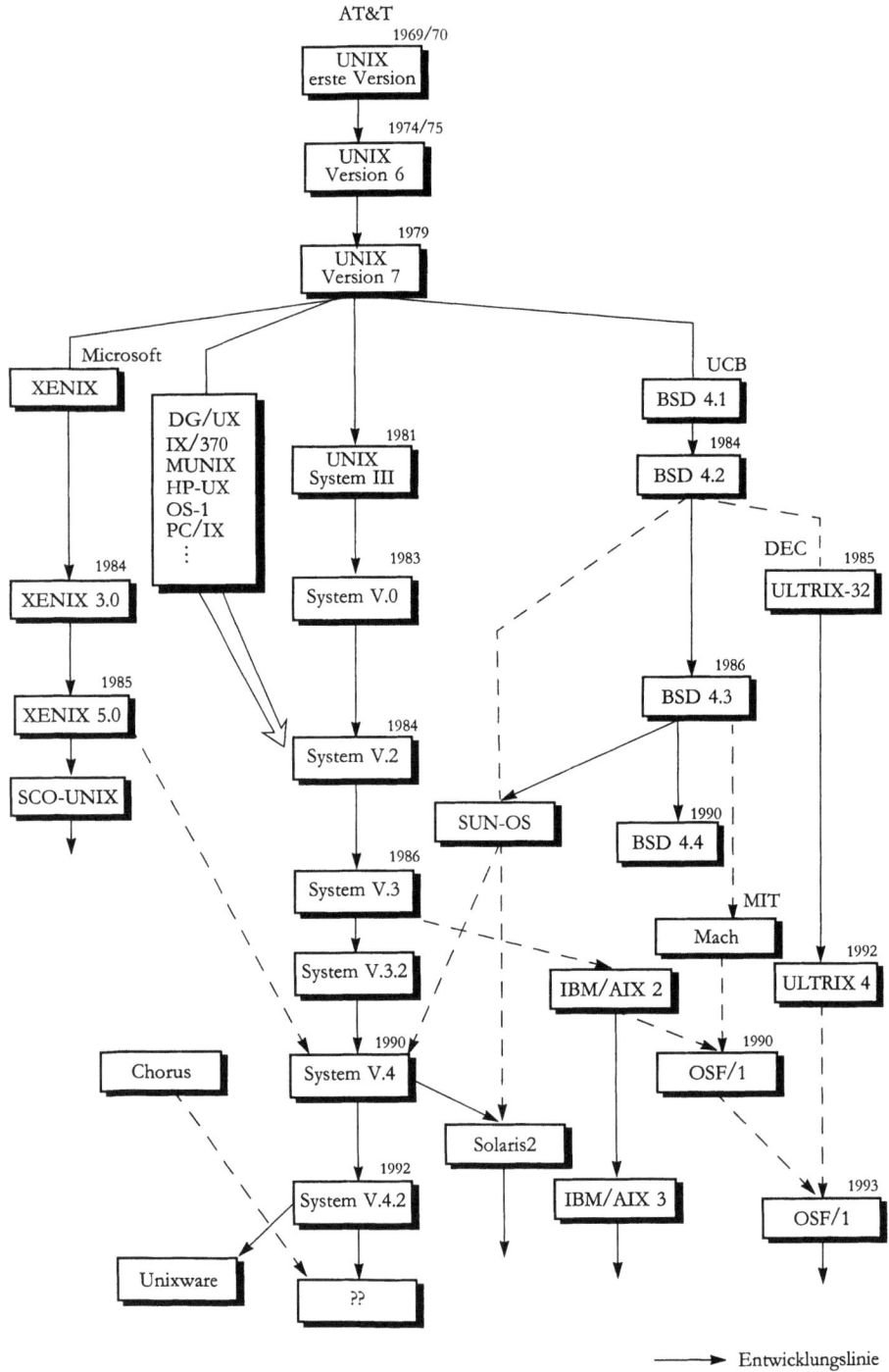

Abb. 2.1: Entwicklungsrichtungen verschiedener UNIX-Systeme

Erst 1983 betritt AT&T mit UNIX System V die kommerzielle Arena, indem es erklärt, Schulungen, Support und Wartung für UNIX zu geben. Zugleich wird von AT&T UNIX System V als ›*der UNIX-Standard*‹ deklariert, der fortan als ›*echtes* UNIX‹ gelten soll. Nach der 1984 erfolgten Freigabe von *UNIX System V Version 2* (kurz V.2) erscheint auch die entsprechende schriftliche Standardisierungsproklamation in Form des SVID ›*UNIX System V Interface Definition*‹.

Zu dieser Zeit etwa beginnen zwei weitere, relativ unabhängige Gruppen sich mit der Definition eines UNIX-Standards zu beschäftigen. Dies ist in den USA ein Arbeitskreis von /usr/group und in Europa die BISON-Gruppe, ein Arbeitskreis einiger europäischer UNIX-Anbieter.

Diese Gruppen beginnen nun – teilweise in Kooperation, teilweise in Konkurrenz – an einem UNIX-Standard zu arbeiten. Diese Situation gilt in einem gewissen Umfang bis heute – auch wenn inzwischen doch erfreulicherweise eine Konvergenz der einzelnen Definitionen zu erkennen ist.

Die AT&T- bzw. USL-Linie

1983 beginnt AT&T UNIX ›*System V Version 0*‹ kommerziell zu vermarkten – d.h. mit Schulung, Support und entsprechender Dokumentation. Mit viel Werbung und Verhandlungen mit großen potentiellen Anbietern wie z.B. DEC und HP sowie mit den bekannten Herstellern von CPU-Chips wie Motorola, Intel, DEC oder MIPS versucht AT&T dieses System V als ›den UNIX-*Standard*‹ zu etablieren.

1984 erscheint dazu die *System V Interface Definition* (oder kurz SVID), ein Buch, in dem die Betriebssystemschnittstelle (*system calls*) von UNIX System V definiert wird, die Schicht der darüberliegenden Bibliotheksfunktionen (C-Schnittstelle) sowie ein Satz von UNIX-Dienstprogrammen mit seinen Benutzerschnittstellen beschrieben ist.

›System V Version 2‹ bietet als neue Funktionen die Mechanismen der Interprozeßkommunikation wie *Semaphore, Messages* und *Shared Memory*. Im Jahre 1985 wird ›System V Version 2 Release 2‹ freigegeben. Dieses AT&T Release unterstützt erstmals ein virtuelles System und kommt der Forderung kommerzieller Systeme nach, indem es Funktionen zum Sperren ganzer Dateien oder einzelner Bereiche (Sätze) zur Verfügung stellt.

Seit 1986 stellt AT&T einen Satz von Testsoftware zur Verfügung, der es erlaubt, die Einhaltung der *System V Interface Definition* zu überprüfen. Dies ist die ›*System V Validation Suite*‹ (oder kurz SVVS).

Ende 1986 wird UNIX System ›*V.3 Version 0*‹ freigegeben. Zugleich erscheint eine überarbeitete und ergänzte Version der SVID die ›*System V Interface Definition – Issue 2*‹.

Mit *UNIX System V Release 3* wird erstmals von AT&T mit RFS (*Remote File System*) eine transparente Vernetzung von UNIX-Rechnern unterstützt, was sich aber gegenüber dem Prinzip ›NFS‹ nie durchsetzen konnte. Eine weitere Neuheit ist das

Transport Layer Interface, welches es erlaubt, bei einer Rechnervernetzung eine saubere Trennung zwischen dem im Netz verwendeten Transportverfahren und der darüber liegenden Netzsoftware durchzuführen. Zusätzlich neu sind der *Stream*-Mechanismus, *Shared Libraries*, ein an BSD 4.2 angelehnter Signalmechanismus und eine (wenig eingesetzte) Menüoberfläche für viele UNIX-Kommandos.

Im Release 3.2 finden erstmals systematisch Bereinigungen des Betriebssystemkerns, sowie einiger wichtiger Dienstprogramme statt, die es erlauben sollen, UNIX zu *internationalisieren*. Damit wird begonnen, die Verwendung von Texten und Dialogen in nicht-englischen Sprachen adäquat vorzubereiten. Eine Bereinigung der Dienstprogramme ist deshalb notwendig, da viele UNIX-Programme und Bibliotheksfunktionen bisher fest auf dem 7-Bit-ASCII-Code aufbauten und andere Codes nicht verarbeiten können.

Stark geänderte Lizenzverträge veranlassen viele Lizenznehmer dazu, zunächst V.3 gegenüber sehr zurückhaltend zu sein.

Zunächst in enger Zusammenarbeit mit SUN, später wieder stärker getrennt, entwickelt USL schließlich *UNIX System V.4*. Dieses System versucht die wichtigsten UNIX-Systeme zusammenzufassen, um damit ein *vereintes UNIX* zu schaffen. So umfaßt V.4 neben eigenen Neuerungen die wesentlichen Eigenschaften von *System V, BSD* (bzw. der SUN-Version davon) sowie *XENIX*. Mit einiger Verzögerung kommt *System V.4* dann 1990 an den Markt.

Die XENIX-Linie

XENIX war ein Produkt der Firma Microsoft. Die Weiterentwicklung wurde später von der Microsoft-Tochterfirma SCO übernommen und einige Rechte für V.4 teilweise an USL abgetreten.

Das zu Beginn von UNIX Version 7 ausgehende Produkt wurde zunächst für die Restriktionen kleiner Hardwaresysteme der 16-Bit-Welt (kleiner Adreßraum, kleiner Hauptspeicher, kleiner Plattenspeicher) adaptiert und den Anforderungen kleiner kommerzieller Systeme (z.B. *Record Locking*, visuell orientierte Shell) entsprechend erweitert. Unter den UNIX-Systemen war XENIX, von der Zahl der Installationen her, lange Zeit das UNIX-System mit der größten Installationsbasis.

Mit etwas Zeitversatz wird auch XENIX um die in neuen UNIX-Versionen (System III und System V) anzutreffenden neuen Funktionen erweitert. 1985 schlossen AT&T und Microsoft ein Abkommen, in dem Microsoft sich zur Kompatibilität gegenüber UNIX System V verpflichtete. Dieser Stand wurde dann 1986 mit XENIX 5.0 erreicht.

1987 wird mit der Verfügbarkeit des Intel 80386 eine Neuportierung von XENIX notwendig, um die neuen Eigenschaften des 32-Bit-Chip sinnvoll zu nutzen. Hierzu schließen Microsoft und AT&T einen Vertrag, der eine gemeinsame UNIX-Version für den 386 vorsieht. Heutige XENIX-Programme sind unter dieser Version weiter-

2.3 Die wichtigsten UNIX-Einflüsse

hin binär ablauffähig. Microsoft bzw. SCO gibt den Namen XENIX auf und AT&T gibt damit erstmals offiziell das Markenzeichen UNIX an eine andere Firma weiter.

Mit der Integration der wesentlichen XENIX-Erweiterungen in System V.4 und der Ablösung von XENIX durch das SCO-UNIX-System verliert XENIX an Bedeutung und ist heute am Markt nicht mehr vorhanden.

Das Berkeley-UNIX-System

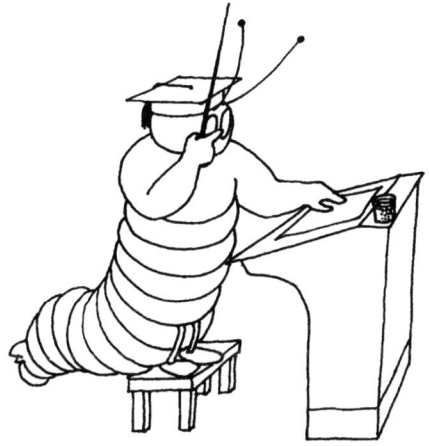

Unter dem ›Berkeley-UNIX-System‹ ist die UNIX-Implementierung der Universität Kalifornien in Berkeley gemeint. Dieses UNIX-System trägt auch die Kurzbezeichnung BSD (für *Berkeley Software Distribution*) oder UCB (für *University of California at Berkeley*). Ausgangsbasis der Portierung war UNIX System III. Während jedoch die AT&T-UNIX-Version bis zu UNIX System V Release 2 ein reines *Swapping System war*, bot das UCB-System als erstes verbreitetes System ein *virtuelles* UNIX-*System* an.

Darüber hinaus wird das System sehr stark funktionell erweitert – sowohl im Betriebssystemkern selbst als auch im Bereich der Bibliotheksfunktionen und Dienstprogramme. In Berkeley wurde u.a. der Editor ›vi‹ entwickelt (von Bill Joy, später Gründer und Entwicklungsleiter von SUN Microsystems).

Diese Funktionen bieten recht früh die Möglichkeit der Rechnervernetzung mit den neuen Mechanismen der *Sockets* zur Kommunikation zwischen Programmen und Implementierungen der TCP/IP-Systeme. Eine weitere wesentliche Neuerung von BSD 4.2 ist eine Neuimplementierung des Dateisystems, welche die Plattenzugriffe wesentlich beschleunigt (*Fast File System*).

Die erste größere Verbreitung auch in Europa erfährt die Version BSD 4.0. Ihr folgt bald BSD 4.2 und 1986 BSD 4.3. Ab 1983 portieren eine ganze Reihe von Firmen das System auf weitere Rechner, deren Hardware ein virtuelles System erlauben. Die bekanntesten Implementierungen, die auf BSD basieren, sind das SUN Operating System der Firma SUN und ULTRIX der Firma Digital. Fast alle kommerziell angebotenen Systeme haben jedoch Funktionen aus dem BSD-System übernommen. USL folgt diesem Trend erst relativ spät, übernimmt aber dann in UNIX V.4 alle wesentlichen noch fehlenden Funktion von BSD 4.3.

Der Einfluß des Berkeley-UNIX-Systems beruht auf der frühen hohen Funktionalität des Systems. Die weitere Entwicklung an der Universität in Berkeley ist eingestellt und muß kommerziell betrachtet heute als abgeschlossen angesehen werden. Inzwischen wurde nach langen Lizenzstreitigkeiten mit USL von einer aus der Universität von Berkeley hervorgegangenen Gruppe ein BSD 4.4 freigegeben, das in mehreren Versionen für Intel-Plattformen verfügbar ist, es spielt kommerziell am Markt jedoch nur eine untergeordnete Rolle.

OSF/1 und UNIX-International

Als sich SUN und AT&T entschlossen, eine enge Zusammenarbeit bei der Entwicklung von UNIX V.4 einzugehen und AT&T sehr ungeschickt neue Lizenzbedingungen aufstellte, schließen sich IBM, DEC und HP zusammen und gründen die **OSF** – die *Open Software Foundation*. Zahlreiche weitere Firmen treten später bei. Ziel der OSF ist es, eine offene UNIX-Entwicklung zu starten, bei der – wesentlich stärker als in der bisherigen AT&T-Handhabung – die Mitglieder Einfluß auf die Entwicklung haben. Erste Schritte sollte ein neues UNIX (OSF/1) sowie eine graphische Oberfläche (Motif) sein.

AT&T gründet daraufhin eine Art Gegenorganisation mit weitgehend ähnlichen Zielen – die **UNIX-International**. Zwischen den beiden Organisationen findet eine Zeitlang eine unsinnige und weitgehend unsachliche Auseinandersetzung statt. Verlierer dieses Machtkampfes sind beide Parteien und zahlreiche verunsicherte UNIX-Anwender – während Microsoft als Rivale deutlich profitiert und Windows weiter am Markt (insbesondere auf dem Desktop) durchsetzt.

Während man bei der OSF die graphische Oberfläche Motif entwickelt und gegen die Oberfläche von SUN und AT&T (OpenLook) erfolgreich am Markt durchsetzte, ist die Betriebssystementwicklung OSF/1 weniger verbreitet. OSF/1-basierte UNIX-Systeme werden (Stand Anfang 1995) von DEC, Hitachi, IBM (für AIX ESA/370), Kendall Square Research und Intel (Paragon) angeboten. Teile aus OSF/1 sind in HP-UX und IBM AIX enthalten.

Auch weitere OSF-Entwicklungen (DCE[1] oder DME[2]) dauern unerwartet lange und können sich bisher nicht am Markt durchsetzen. Die OSF hat die Entwicklung von OSF/1 mit der Fertigstellung einer Microkernel-Version beendet.

---

1. DCE steht für *Distributed Computing Environment* und stellt Mechanismen für in einem Netz verteilte Anwendungen (z.B. RPC-Mechanismen, Sicherheitsmechanismen, ...) zur Verfügung.
2. DME steht für *Distributed Management Environment* und soll Werkzeuge für die Verwaltung verteilter Systeme (in Netz) zur Verfügung stellen.

POSIX

Parallel zu AT&T hatte sich recht früh eine kommerziell orientierte Arbeitsgruppe der amerikanischen UNIX-Benutzervereinigung mit der Bezeichnung /usr/group gebildet, um unabhängig von AT&T eine Standardbeschreibung zu erarbeiten.

Um nun diese Entwürfe in einen echten Standard umzuwandeln, wird diese Arbeitsgruppe in eine Arbeitsgruppe des IEEE überführt. Die Arbeitsgruppe erhielt den Namen ›*P1003 Working Group*‹. Sie unterteilt sich weiter in mehrere Arbeitsbereiche, wobei P1003.1 die Aufgabe hat, eine Definition vorzulegen für ›*Ein (auf UNIX basierendes) Standard-Betriebssystem und die notwendige Umgebung, welche es erlauben, Applikationen auf Quellcodeebene zu portieren*‹. Da man sich darüber bewußt ist, wie schwierig es ist, ein sich noch weiterentwickelndes Betriebssystem zu normieren und zu vielen Problemen noch keine Lösung hat, erarbeitet das Kommitee zunächst einen Versuchsstandard, den ›*IEEE Trial-Use Standard Portable Operating System for Computer Environments*‹. Das entsprechende Dokument wird 1986 veröffentlicht, trägt den Namen POSIX, und bemüht sich um Unabhängigkeit von tatsächlich existierendem UNIX. Dieser Standardentwurf P1003.1 umfaßt folgende Teile:

1. Die Definition von Begriffen und Objekten, die in dem Entwurf benutzt werden. Bei den Objekten werden dabei deren Aufbau, die sie ändernden Operationen und die Wirkung dieser Operationen festgelegt.
2. Die Betriebssystemschnittstelle und ein Grundstock an Bibliotheksfunktionen jeweils mit der Anbindung an die Sprache C.
3. Schnittstellenaspekte bezüglich der Portabilität, dem Format von Datenträgern und bei der Fehlerbehandlung.

Im ersten Entwurf werden die Bereiche *Benutzerschnittstelle*, das Thema *Netzwerke*, die *graphische Schnittstelle*, *Datenbanken* und *Record-Ein/Ausgabe* sowie *Portabilität auf Objektformat- und Binärebene* ausgeklammert. Für die Sprache C wird auf ANSI-C verwiesen (ANSI-Gruppe X3J11). Danach plant man eine *Test Suite* zu erstellen, welche es erlaubt, die Einhaltung des POSIX-Standards zu überprüfen. Dieser Aufgabe widmet sich die IEEE-Arbeitsgruppe P1003.3, während P1003.2 an dem Thema der *Shell* und einigen wesentlichen Dienstprogrammen arbeitet. Die ersten POSIX-Gruppen bzw. zu erwartende Standards sind:

P1003.1	Betriebssystemkern + C-Bibliotheken
P1003.2	Shell und Kommandos
P1003.3	POSIX Test Suite
P1003.4	Realzeiterweiterungen
P1003.5	Sprachanbindung an ADA
P1003.6	Systemsicherheit
P1003.x	Systemadministration

Inzwischen (1995) sind zahlreiche weitere Gruppen aufgestellt und die Erarbeitung weiterer Standards in Angriff genommen, jedoch nur P1003.1 als Standard verabschiedet worden. Die Fertigstellung und Verabschiedung von P1003.2 dürfte 1995 erfolgen. Eine POSIX-konforme Systemschnittstelle wird u.a. von Microsoft WindowsNT angeboten.

X/OPEN

In Europa bilden 1983 einige europäische DV-Hersteller zusammen die *BISON-Gruppe* (für BULL, ICL, SIEMENS, OLIVETTI, NIXDORF). Die Gruppe wird aus dem Verständnis heraus gegründet, daß in nicht-englischsprachigen Ländern und vor allem in Europa eine Reihe von eigenen Problemen im DV-Bereich existieren (z.B. erweiterter Zeichensatz mit nationalen Sonderzeichen, mehrsprachige Fehler- bzw. Programmeldungen usw.) und daß diese Probleme von den Amerikanern nicht ausreichend verstanden oder berücksichtigt werden. Daneben ist es das Anliegen, eine von den speziellen AT&T-Interessen losgelöste Definition (Basis) zu schaffen, die es erlauben soll, auf dieser Definition basierende Software einfach (auf Quellcodeebene) von einem System zu einem anderen zu portieren.

Diese Gruppe trägt seit 1985 den Namen X/OPEN. Ihr gehören neben AT&T (USL) inzwischen alle bedeutenden UNIX-Anbieter sowie viele Softwarehäuser an.

Eines der wesentlichen Anliegen der X/OPEN-Gruppe ist neben der Schaffung einer Basis zur einfachen Portierung von Applikationen die Internationalisierung von UNIX. Darunter ist zu verstehen, daß Möglichkeiten im Betriebssystem und den Anwendungsprogrammen vorzusehen sind, die es erlauben, auf die nationalen Anforderungen und Gegebenheit einzugehen, wie z.B. das Format des Datums, die Sprache der Meldungen, Besonderheiten der Zeichensätze usw.. Dies wird als ›*Native Language Support*‹ oder kurz NLS bezeichnet.

Wesentliches Ziel der Organisation ist die Erarbeitung von Standards für die wichtigsten Programmierschnittstellen (APIs) zum Betriebssystem und zu allen weiteren, für Applikationen wesentlichen Funktionen. Diese Standards werden jeweils in Form des ›*X/OPEN Portability Guide*‹ (kurz XPG) publiziert. 1994 gilt XPG4, d.h. die vierte überarbeitete Auflage. Diese wird in weiten Teilen durch die 1170-Spezifikation ergänzt. Die ›Spec1170‹ wird Teil des XPG werden.

Hatte X/OPEN während der USL-OSF-Auseinandersetzungen Anfang der 90er Jahren etwas an Bedeutung verloren, so wurde sie 1994/95 zur Kompromiß-Institution zwischen den beiden Parteien – auch unter der Bedrohung, daß Windows-NT starke Einbrüche in den klassischen UNIX-Markt erzielen könnte. Ende 1994 übergibt Novell/USL sogar das Warenzeichen ›**UNIX**‹ an X/OPEN.

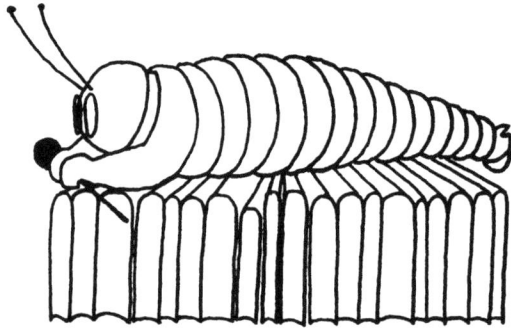

Mach und Chorus

Mach ist ein seit 1985 laufendes Projekt an der CMU[1] mit dem Arbeitsziel ›*A New Kernel Foundation For UNIX Development*‹. Das System wird in starkem Maße vom DoD bzw. ARPA[2] unterstützt und übernimmt damit im Bereich UNIX die Position, die zuvor Berkeley hatte. Es wird darin – unter Beibehaltung der heutigen BSD 4.3-Schnittstellen – ein neues Konzept für ein Betriebssystem erstellt und implementiert, wobei auf neue Trends bzw. neue Technologien wie Rechnervernetzung und Mehrprozessortechnik besondere Rücksicht genommen wird. Wesentliche Erweiterungen zu BSD sind:

❑ Unterstützung von eng und lose gekoppelten Mehrprozessorsystemen,
❑ Ein Prozeß wird in *Tasks*[3] und Threads[4] abgebildet.
❑ Neues, stark abstrahiertes Modell zur Speicherverwaltung mit:
 – Dateien, die im virtuellen Speicher liegen (*memory mapped files*),
 – Speicherobjekte und Speicherverwaltungsmodulen, die vom Benutzer zur Verfügung gestellt werden können.
❑ Neue Mechanismen zur Interprozeßkommunikation:
 – Die Mechanismen sind transparent im Netzwerk und bewahren auch im Netz konsistent ihre Schutzmechanismen und *capabilities*,
 – Ein in das virtuelle Speichersystem integrierter Mechanismus, der den Austausch großer Datenmengen mit *copy-on-write* erlaubt.
❑ Eine Reihe von unterstützenden Werkzeugen wie:
 – Eine in den Kern eingebaute Testhilfe,
 – Unterstützung für einen transparenten Zugriff auf die Dateien anderer Rechner über ein Netzwerk (*remote file access*),
 – Unterstützung für *remote procedure calls* für die Sprachen C, Pascal, Common-Lisp.

Die Firma NeXT macht Mach zur Ausgangsbasis ihres objektorientierten Betriebssystems NeXTSTEP und die OSF wählt Mach als Kern von OSF/1.
 IBM wählt *Mach Version 3*, die Version mit einem stark abgespeckten und modularisierten UNIX-Kern (einem sogenannten *Micro-Kernel*) als Ausgangsbasis seiner neuen Betriebssystementwicklungen (UNIX, OS/2 und Workplace).
 USL hingegen entschließt sich, die französische Konkurrenzentwicklung Chorus als Mikro-Kernel-Basis für die Weiterentwicklung einzusetzen.

Bei **Chorus** handelt es sich um eine sehr ähnliche, europäische bzw. französische, Entwicklung eines neues Betriebssystemkerns. Der Micro-Kernel sowie, stärker noch als bei Mach, die Echtzeitfähigkeit des Systems, stehen hier im Vordergrund.

---

1. Computer Science Department, Carnegie-Mellon University Pittsburg.
2. DARPA = *Defence Advanced Research Projects Agency*,
3. UNIX-Prozesse in heutigen Systemen.
4. Es können hier mehrere Unterprozesse (Threads), die einen einzigen, gemeinsamen Adreßraum besitzen, ablaufen. Diese Prozessorvergabe an die einzelnen Threads einer Task kann vom Programmierer oder dem Laufzeitsystem vorgegeben werden. Eine einfache Art von Vergabe wären z.B. Koroutinen.

COSE und CDE

Durch den Erfolg von Microsoft Windows, das UNIX inzwischen weitgehend den Desk-Top-Markt abgenommen hat, und unter dem Druck der Ankündigung von Windows-NT, welches nun auch noch droht, den UNIX-Markt der Server-Systeme anzugreifen, wird endlich 1993 die COSE-Aktivität ins Leben gerufen. COSE steht dabei für *Common Open System Environment* und soll – wieder einmal – die Schnittstellen von Applikationen zum Betriebssystem zwischen den verschiedenen UNIX-Systemen vereinheitlichen. IBM, HP und SUN sind die Initiatoren, weitere UNIX-Anbieter schließen sich an. Selbst die Firma Novell, welche 93 nach der Übernahme von USL versucht, unter dem Namen *UnixWare* seine Implementierung als Standard durchzusetzen, schließt sich bald an. Vorläufiges Ergebnis der COSE-Aktivität wird 1994/95 die sogenannte ›*Spec1170*‹. In ihr sind die wesentlichen (ca. 1 170) System- und Bibliotheksaufrufe definiert, die einheitlich über alle Systeme hinweg zur Verfügung stehen sollen. Die Implementierungen dazu werden 1995 auf den Markt kommen. Sie liegt als Erweiterungsvorschlag zum XPG4 der X/Open vor und wird dort übernommen werden.

Während ›Spec1170‹ die Applikationsschnittstellen von UNIX-Systemen vereinheitlichen soll, zielt die CDE-Definition der gleichen Gruppe auf die Vereinheitlichung der Systembedienung am *Desktop*. CDE steht entsprechend für *Common Desktop Environment* (siehe auch Seite 25). Er soll der Windows-Oberfläche Paroli bieten und stellt gleichzeitig auch das Rahmenwerk für Objektintegration unter der Oberfläche bereit. SUN gibt bei diesem Prozeß sogar seine graphische Oberfläche OpenLook auf und übernimmt die Oberfläche Motif.

Linux

Etwa 1994 (Anfänge liegen schon viel früher) erscheint eine vollkommen neue UNIX-Entwicklung auf dem Markt – **Linux**.

Dabei handelt es sich um eine Entwicklung, die von dem finnischen Studenten Linus Torvalds begonnen, frei im Internet verteilt und von zahlreichen anderen Studenten und freiwilligen Entwicklern weitergetragen wird. Nicht nur Linux als Betriebssystem (mit den üblichen UNIX-Dienstprogrammen) ist frei erhältlich, sondern auch alle Quellen. Linux ist frei von USL-Rechten und wird als *Freeware* ausgeliefert. Inzwischen hat es eine Funktionalität und Stabilität erreicht (Stand Anfang 1995), die sich in vielen Beziehungen mit denen kommerzieller UNIX-Systeme messen kann und ist inzwischen auch weitgehend binärkompatibel zum verbreiteten SCO-UNIX. Nachdem als erste Linux-Basis Intel-basierte PC-Systeme unterstützt werden, sind inzwischen Portierungen auf die Risc-Systeme von SUN, Digital und den PowerPC von IBM/Motorola begonnen.

In Linux eingeflossen ist auch das GNU-Projekt, das, frei von Lizenzrechten Dritter, alle wichtigen UNIX-Tools z.T. verbessert, nachgebaut hat (gawk, gcc, groff, gtar, gzip, u.v.m.). Mit Linux ist also wieder etwas von der alten UNIX-Tradition des gemeinsamen Entwickelns und der großzügigen Weitergabe eigener Entwicklungen auferstanden.

3 Erste Schritte in UNIX

Dieses Kapitel möchte durch einfache und grundlegende Hinweise einen Einstieg in die Arbeit mit einem UNIX-System ermöglichen. Es ist daher ausführlich gehalten und versucht dennoch, wenige, jedoch typische Aspekte des Betriebssystems UNIX aufzeigen. Es ist für Benutzer geschrieben, die zum ersten Mal mit UNIX arbeiten.

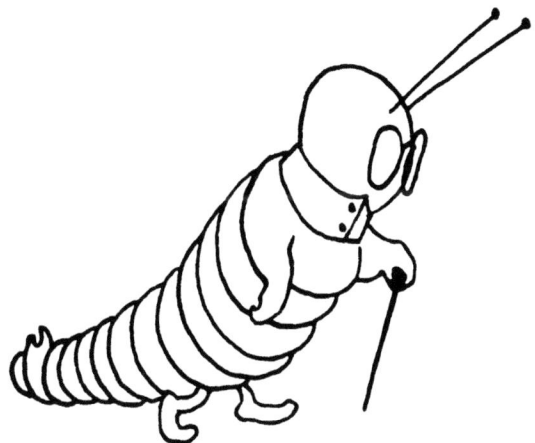

3.1 UNIX-Oberflächen

Ein modernes UNIX-System präsentiert sich seinem Benutzer heute in mehreren, oft parallel existierenden Zugangsformen, die sich in ihrer Benutzernähe und Einfachheit ihrer Bedienung gravierend unterscheiden, aber auch in Ihrer Flexibilität und grundsätzlichen Philosophie. Mit der Umgestaltung der grundsätzlichen Bedienphilosophie erfolgte auch eine Änderung der Positionierung von UNIX-Systemen in der DV-Landschaft. Vor allem diese Frage der Positionierung wird derzeit heftig diskutiert und befindet sich in starkem Umbruch.

Die drei wichtigsten Bedienphilosophien sollen hier, aufgelistet in der Reihenfolge ihrer historischen Entwicklung, kurz dargestellt werden:

Zeichenorientierte Oberfläche

Bei der Arbeit mir einer zeichenorientierten Oberfläche bedient der Benutzer das System über die Kommandozeile – das System zeigt eine Eingabeaufforderung (Prompt) an und der Benutzer gibt Kommandos als Worte oder einzelne Zeichen ein. Der Benutzer muß die Kommandonamen und die Kommandosyntax nicht kennen, da sie am System nicht angezeigt oder ausgewählt werden können.

Diese Form der Systembedienung stammt aus Zeiten der druckenden Terminals, als Eingabe und Ausgabe am Rechner über eine Art Schreibmaschine geschah. Sie fand ihre Fortentwicklung bei Bildschirmgeräten in Form klassischer alphanumerischer Terminals, auf denen Text und Kommandos über eine Tastatur eingegeben und zeichenweise in Zeilen am Bildschirm dargestellt werden konnten. Eine Maus oder ähnliches Eingabehilfsgerät steht dabei nicht zur Verfügung; Menüs, Fenster und graphische Darstellung sind kaum machbar und auf die Möglichkeiten eines einfachen semigraphischen Zeichensatzes beschränkt. Einzige Tonwiedergabe ist ein einfacher Warnton bei Fehleingabe.

Die Systembedienung über eine zeichenorientierte Oberfläche ist mit einfachen und vergleichsweise billigen Bildschirmen möglich, die typischerweise über eine serielle Leitung am Rechner angeschlossen sind. Ein Rechner bedient dabei im Normalfall viele (bis zu mehrere hundert) solcher Terminals. Der zeichenorientierte Systemzugang ist die klassische Bedienungsform eines UNIX-Systems, die von der Entwicklung dieses Betriebssystems an bis in die Anfänge der 90er-Jahre als die typische und am weitesten verbreitete Form angesehen werden muß.

Diese Art von Oberfläche wird zwar häufig als veraltet und schwierig bezeichnet, sie wird jedoch als weitaus flexibelste und mächtigste und häufig auch die effizienteste Form von erfahrenen Benutzer bevorzugt. Sie bietet mehr als alle anderen Systeme Zugang zum *eigentlichen UNIX*. Auch unter wesentlich aufwendigeren graphischen Systemen steht daher immer eine Emulation einer Zeichenoberfläche mit Eingabemöglichkeit an der Kommandozeile zur Verfügung.

Moderne UNIX-Systeme sind gelegentlich bereits so gestaltet oder von einem Systemverwalter so eingerichtet, daß die Arbeit mit dem System auch ohne Kenntnis der Anwendung der Kommandozeile möglich ist – grundlegendes Wissen über die Systembedienung an der zeichenorientierten Oberfläche, z.B. über die Arbeit mit der Kommandozeile, trägt jedoch wesentlich zum Gesamtverständnis bei und kann oft helfen, Probleme zu lösen.

Dieses Buch behandelt mit Ausnahme von Kapitel 8 weitgehend die Bedienung des UNIX-Systems über die Kommandozeile.

Graphische Oberfläche: Fenstersystem

Eine graphische Oberfläche ist dadurch charakterisiert, daß der Bildschirm nicht mehr nur einzelne Zeichen an festen Positionen mit fester Zeichen- und Zeilenzahl darstellen kann, sondern einzelne Bildpunkte angesteuert werden und damit die Möglichkeit besteht, beliebige Elemente, auch Graphiken und Bilder, an beliebigen Bildschirmpositionen darzustellen.

3.1 UNIX-Oberflächen

Die Ein- und Ausgabe von Programmen und damit auch die Arbeit des Benutzers mit dem System erfolgt fensterorientiert. Am (graphischen) Bildschirm stehen jedem Programm, mit dem der Benutzer arbeitet, Fenster für die Ein- und Ausgabe zur Verfügung. Diese Fenster können mit einer Maus manipuliert (verschoben, in der Größe verändert, geschlossen) werden und innerhalb dieser Fenster können Elemente mit der Maus angewählt werden.

Eine graphische Oberfläche ist wesentlich aufwendiger zu realisieren, erfordert wesentlich mehr Rechnerleistung und teurere Bildschirmgeräte. Graphische Oberflächen werden meist in eng vernetzen Systemumgebungen (Client-Server) eingesetzt, in denen jeder Rechner nur wenige (typisch ein bis fünf) Bildschirme bedient. Die Steuerung eines graphischen Bildschirms erfolgt bei UNIX-Systemen nahezu ausschließlich durch das X Window System (X11) und den Window-Manager Motif. Sie werden in Kapitel 8 näher beschrieben.

Mit Hilfe einer graphischen Oberfläche und eines Fenstersystems sind Programme zumeist einfacher bedienbar. Programme können ihren Kommandovorrat in Dialogboxen oder Menüs am Bildschirm anzeigen und damit zugänglich machen, ohne daß der Benutzer die Kommandos auswendig wissen muß. Mehrere Programme können am Bildschirm nebeneinander angezeigt und bedient werden.

Abb. 3.1: Typische Dialogbox mit Eingabefeldern und Schaltflächen auf einer graphischen Oberfläche mit Fenstersystem

Die Arbeit an einem UNIX-System und Bedienung von Applikationen über eine graphische Oberfläche mit Fenstersystem ist heute weit verbreitet und als einheitlicher technischer Standard anerkannt.

Zur Systembedienung selbst, angefangen von einfacher Dateimanipulation (Kopieren, Umbenennen, Löschen), Start von Anwenderprogrammen, Benutzung der Vielfalt der typischen UNIX-Werkzeuge bis hin zur Systemverwaltung und Konfiguration, wird aber auch unter Fenstersystemen meist über eine Emulation einer zeichenorientierten Oberfläche (normalerweise das X-Window-Programm **xterm**) mit der klassischen Kommandozeile gearbeitet, wie sie auch Gegenstand dieses Buches ist. Zu den am häufigsten benutzten Programmen gehört daher auch unter einem Fenstersystem an einer graphischen Oberfläche ein Fenster wie das folgende:

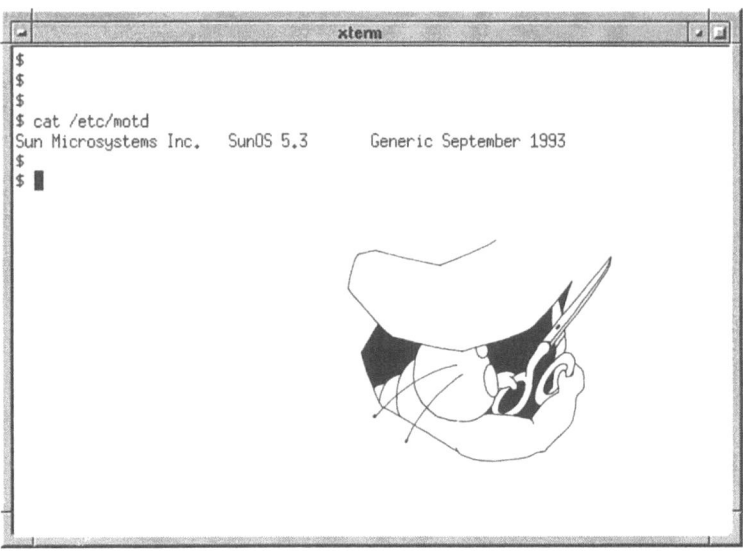

Abb. 3.2: Emulation eines zeichenorientierten Bildschirms unter einer graphischen Oberfläche – hier xterm (typischerweise ohne den Wurm)

Eine derartige Systembedienung über die Kommandozeile ist heute der einzige standardisierte Weg, unterhalb der Applikationsebene mit dem UNIX-System selbst zu arbeiten.

Graphische Oberfläche: Desktop-System

Ein *Desktop-System* baut auf einer graphischen Oberfläche mit Fenstersystem auf und ist eigentlich nichts anderes, als ein sehr zentrales Anwendungsprogramm unter einer solchen Oberfläche. Ein Desktop-System versucht, alle Elemente des Systems und die wichtigsten Operationen der Systembedienung durch graphische Elemente nachzubilden und diese damit auch für weniger erfahrene Benutzer verfügbar und anwendbar zu machen. Desktop-Systeme ermöglichen erstmals eine Bedienung des UNIX-Systems ohne Kenntnis der Arbeit mit der Kommandozeile.

Auf einem Desktop-System ist ähnlich wie unter Microsoft Windows oder Apple Macintosh, die Systemumgebung (Dateien, Verzeichnisse, Drucker, Applikationen, Netzzugang, sonstige Betriebsmittel oder auch ein Papierkorb) mittels graphischer Symbole abgebildet. Diese Symbole können mit der Maus manipuliert und

3.1 UNIX-Oberflächen

damit beispielsweise eine Datei umbenannt oder ein Drucker eingerichtet werden, ohne die nötigen UNIX-Kommandos hierfür zu kennen.

Mit Desktop-Systemen ist erstmals eine rein graphische Arbeitsumgebung unter UNIX realisierbar und damit das System wesentlich einfacher bedienbar – wenn auch unter Aufgabe der enormen Flexibilität, welche die Bedienung über die Kommandozeile bietet.

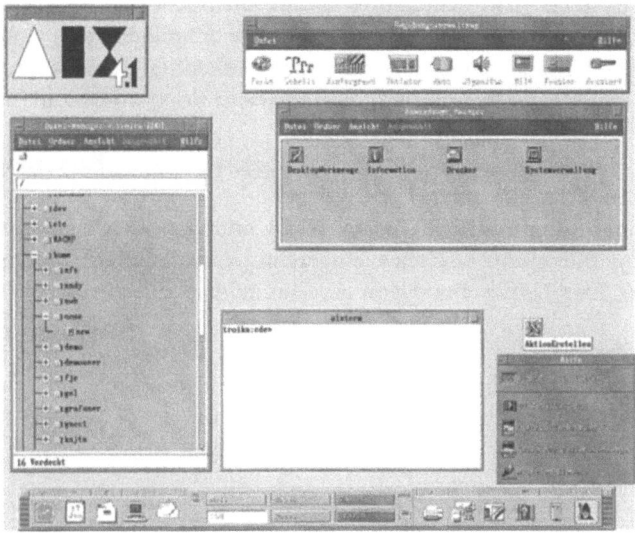

Abb. 3.3: Beispiel einer Desktop-Oberfläche (CDE)

Desktop-Systeme sind unter proprietären Betriebssystemen wie MS-Windows oder Apple Macintosh seit längerer Zeit verbreitet und zum gewohnten Stand der Technik geworden. Auch unter UNIX liefert derzeit nahezu jeder Hersteller seine Systeme (teilweise optional) mit einer mehr oder weniger ausgereiften, oft sehr leistungsfähigen Desktop-Oberfläche aus. Dabei handelt es sich jedoch um nichtstandardisierte, isolierte Eigenentwicklungen, die nur auf bestimmten Systemen lauffähig sind und somit der Offenheit und Einheitlichkeit von UNIX zuwiderlaufen. Um auch im Bereich Desktop-Systeme einen herstellerneutralen Standard zu erzielen, haben sich führende UNIX-Hersteller zusammengeschlossen, um unter dem Namen CDE (*Common Desktop Environment*) eine einheitliche graphische Oberfläche zu entwickeln und anzubieten. Diese Entwicklung ist derzeit noch nicht ganz abgeschlossen.

Der größte Teil dieses Buches mit seinen Kommandos und Beispielen wird sich daher der zeichenorientierten Oberfläche und Bedienung der Kommandozeile widmen, die der Benutzer an einem reinen Zeichenterminal oder in einer Terminalemulation (xterm o.ä.) an einer graphischen Oberfläche vor sich hat.

3.2 Beschreibungskonventionen

Die schnellste und wohl auch gründlichste Art ein System kennenzulernen ist die, damit zu arbeiten. Für denjenigen, der keinen direkten Zugriff auf ein UNIX-System hat, wird im nachfolgenden Kapitel eine sehr einfache Sitzung an einem UNIX-Bildschirm vorgeführt. Um bei den gezeigten Interaktionen die Benutzereingabe und die Antwort des Systems bzw. seiner Programme unterscheiden zu können, sind die Eingaben des Benutzers **fett** gedruckt. Die aktuelle Schreibposition (Cursor), welche auf einem Bildschirm als ein Unterstrich oder blinkendes Zeichen dargestellt wird, soll durch ›_‹ angedeutet werden und dies auch nur dort, wo es zur Erklärung notwendig ist.

Anweisungen des Benutzers an den Rechner werden als **Kommando** bezeichnet und sind im Text in der Regel fett gedruckt.

Um Rechnerdialog und Erklärungen leicht unterscheiden zu können, wird der Teil, wie er am Bildschirm erscheint, eingerahmt (der Rahmen soll den Bildschirm symbolisieren). Der Text rechts davon gibt zusätzliche Erläuterungen.

| Dialogtext bestehend aus **Benutzereingaben** und System- oder Programmausgaben | Erklärungen zum Ablauf |

In den Beschreibungen dieses Buches werden die Kennzeichnungen (*V.4*), (*nd*) und (*x.y*) verwendet. Diese haben die Bedeutung:

(*V.4*) Dies ist erst ab UNIX System V Version 4 verfügbar.

(*nd*) Dieses Kommando oder Grundprinzip ist in diesem Buch nicht weiter dokumentiert.

(*B*) Hierbei handelt es sich um ein Kommando aus dem Berkeley-UNIX-System, bzw. es steht im Berkeley-Kompatibilitätsmodus zur Verfügung.

(*PX*) Dieses Kommando oder der Mechanismus ist Teil der POSIX Definition P1003.1.

(*x.y*) Das Programm ist nicht, wie die meisten Programme, ausführlich in Abschnitt 5.2, sondern in Abschnitt *x.y* erläutert.

Diese Markierung kann – vor allem bei Kommandooptionen – nicht alle möglichen Kombinationen abdecken, sollte jedoch in den meisten Fällen zeigen, wo Unterschiede zwischen den einzelnen Versionen vorhanden sind.

Englische Bezeichnungen werden in der Regel *kursiv* geschrieben. Bei der ersten Einführung sind sie **fett** gesetzt. Kommandonamen sind **fett** gedruckt, während Dateinamen ebenfalls *kursiv* geschrieben werden.

Eingaben an das System

Während einer Sitzung am Rechner kommuniziert der Benutzer normalerweise nicht direkt mit dem Betriebssystem sondern mit einem Programm, welches seine Kommandos liest, analysiert und dann entweder selbst ausführt oder an andere Programme weiterreicht. Dieses Programm wird deshalb als **Kommandointerpreter** bezeichnet und trägt den Namen **Shell** (der Name der Programmdatei ist **/bin/sh**), weil sie wie eine Schale um den Kern des Systems liegt. Die Shell ist die eigentliche Benutzeroberfläche bei der Arbeit auf der Kommandozeile an einem zeichenorientierten Bildschirm oder im xterm-Fenster.

Auf den unterschiedlichen UNIX-Implementierungen existieren eine Reihe verschiedener Shell-Programme:

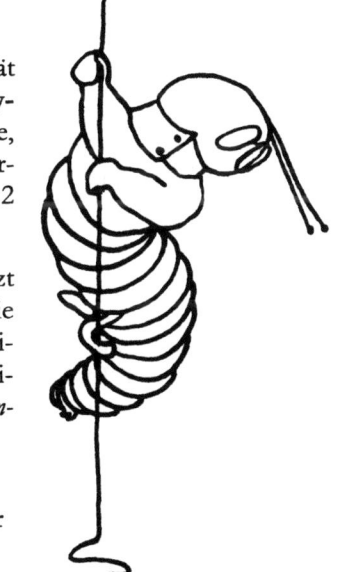

❏ Die Shell des Standard-UNIX-Systems wird nach ihrem Autor auch als **Bourne-Shell** bezeichnet.

❏ Eine zweite, sehr verbreitete Shell ist die der Universität von Californien in Berkeley und wird als **Berkeley-Shell** oder auch **C-Shell** bezeichnet. Diese bietet einige, vor allem in der interaktiven Benutzung hilfreiche Erweiterungen der Standard-Shell. Sie sind im Kapitel 7.2 beschrieben.

❏ Eine dritte Shell, die von vielen Anwendern eingesetzt wird und Bestandteil von System V.4 wurde, ist die **Korn-Shell**. Sie stellt eine gelungene Verbindung zwischen den Vorteilen der Bourne-Shell und der komplizierteren C-Shell dar und wird im Kapitel 7.3, *Die Korn-Shell – ksh* (Seite 481), vorgestellt.

Daneben gibt es ein große Anzahl weiterer Shells wie etwa die **bash**, die als *Public-Domain-Programme* verfügbar sind und spezifische Erweiterungen oder Bedienungsvereinfachungen besitzen. Aus Gründen der Einheitlichkeit beschränkt sich dieses Buch in diesem einführenden Kapitel und in den Beispielen der anderen Kapitel primär auf die Beschreibung der Bourne-Shell als am weitesten verbreiteter Standard.

Die Shell zeigt ihre Bereitschaft, ein Kommando entgegenzunehmen, mit einem **Bereit-Zeichen** am Bildschirm an. Dies wird auch **Prompt** genannt und ist gewöhnlich das Dollar-Zeichen ›**$**‹. Das Promptzeichen ist leicht änderbar und mag in unterschiedlichen Umgebungen anders aussehen.

Die Shell benutzt drei Arten von Prompts, um unterschiedliche Situationen anzuzeigen:

$ im **normalen Modus**, wenn sie bereit ist, das nächste Kommando entgegenzunehmen,[1]

\# im privilegierten *Super-User-Modus*, wenn sie bereit ist, das nächste Kommando zu verarbeiten. Die Funktion des Super-User-Modus wird später erläutert werden.

\> wenn sie zur Ausführung eines Kommandos weitere Eingaben benötigt oder das Kommando noch nicht abgeschlossen ist.

Eine Eingabe an die Shell sowie an die meisten Programme besteht aus einer Zeile Text. Die vom System bzw. der Shell ausgegebenen Bereitzeichen gehören nicht dazu. Eine Zeile wird durch ein **Zeilenende-Zeichen** abgeschlossen. In der Regel ist dies die Taste mit der Aufschrift [Carriage Return], [RETURN], [CR] oder [ENTER]. Sie wird hier als **<cr>**, [cr], **<neue zeile>** oder [neue zeile] (englisch: *<new line>*) dargestellt.

Solange eine Zeile noch nicht durch <cr> abgeschlossen ist, kann sie noch verändert oder gelöscht werden. Dies gilt für die meisten Programme. Einige wenige lesen jedoch die Information nicht zeilenweise sondern zeichenweise vom Bildschirm und werden damit weitgehend anders bedient. Hierzu gehören z.B. die Bildschirmeditoren. Solche Abweichungen sind stets angegeben. Bei der Systembedienung durch die Shell sind nur wenige Tasten mit Sonderfunktionen möglich. Da UNIX-Systeme im Gegensatz zu PC-Systemen oft mit unterschiedlichen Tastaturen ausgestattet sind, sind die dafür verwendeten Tasten oft von System zu System verschieden. Aus diesem Grund wird in diesem Buch in der Regel statt eines bestimmten Codes die Funktion der Taste in < ... >-Klammern oder in der Form [funktion] angegeben. Der Abschnitt 3.4 auf Seite 32 zeigt die wichtigsten der so verwendeten Funktionen.

---

1. Die C-Shell gibt % aus.

3.3 Kommandosyntax

Eine Kommandozeile besteht aus einem Wort oder aus mehreren **Wörtern**. Unter *Wort* versteht man dabei eine Folge von Zeichen ohne Zwischenraum. Wörter werden durch ein oder mehrere Zwischenräume (Leertasten) oder Tabulatorzeichen getrennt. Das Kommando »**who am I**« besteht also aus drei Worten. Die Shell interpretiert das erste Wort als Kommandonamen oder als Namen des Programms, welches gestartet werden soll. Dieser Mechanismus unterscheidet sich nicht zwischen dem Aufruf eines UNIX-Kommandos und dem eines Benutzerprogramms.

Die Namen der UNIX-Kommandos stellen eine mehr oder weniger verständliche und einprägsame Abkürzung der Kommandoaufgaben in englischer Sprache dar. So steht z.B. der Kommandoname **ls** für *list* und gibt eine Liste der Dateien eines Dateikatalogs aus, oder **pwd** steht für ›*print working directory*‹ und liefert den Namen des aktuellen Katalogs.

Bei einfachen Kommandos genügt zum Aufruf alleine die Angabe des Kommandonamens. So ruft z.B.

who <cr>

das Programm **who** auf. Dieses gibt eine Liste aller Benutzer aus, welche gerade am System angemeldet sind. Folgen dem Kommandonamen in einer Kommandozeile noch weitere Worte, so werden diese als **Parameter, Optionen** oder **Argumente** für das aufgerufene Kommando betrachtet und entsprechend übergeben.
So wird z.B. bei Eingabe von

cat /.profile <cr>

das Wort **cat** als Kommandoname und */.profile* als Parameter hierzu betrachtet. Der Aufruf

$cat/.profile	falscher Aufruf
cat/.profile not found	Fehlermeldung des Systems
$CAT /.profile	erneuter Versuch
CAT not found	Fehlermeldung des Systems
$	Bereitzeichen des Systems

ergibt eine Fehlermeldung, da die Shell nach einem Kommando mit dem Namen **cat/.profile** (ohne Zwischenraum geschrieben) sucht, es aber nicht findet. Auch »**CAT /.profile**« produziert eine Fehlermeldung, da kein Kommando **CAT** existiert. Das UNIX-System unterscheidet zwischen Klein- und Großschreibung.

→ Worte auf der Kommandozeile werden durch Leerzeichen getrennt!

→ UNIX unterscheidet in Kommandonamen, Dateinamen und bei allen anderen UNIX-Namen grundsätzlich immer zwischen Groß- und Kleinschreibung!

Aufbau der Kommandozeile

Kommandos und Programmaufrufe haben folgenden allgemeinen Aufbau:

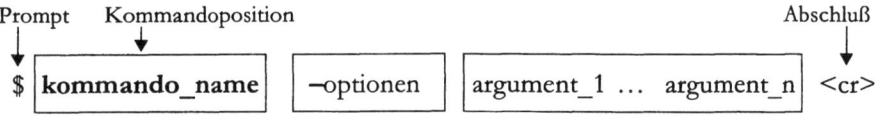

Es ist oft notwendig, unterschiedliche Arten von zu Parametern unterscheiden:

- **normale Parameter** (Argumente)
  dienen normalerweise der Angabe einer Eingabedatei für das aufgerufene Programm.

- **Zusatzangaben zur Arbeitsweise des aufgerufenen Kommandos**
  Diese werden **Optionen** genannt. Sie spezifizieren, daß sich das aufgerufene Programm in besonderer Weise und abweichend vom Standard verhalten soll. Optionen werden durch ein vorangestelltes Minus (›−‹) gekennzeichnet, sind meist nur ein Zeichen lang und stehen konventionell (aber leider nicht in allen Fällen) vor den normalen Parametern.[1]

Bei Eingabe der Zeile

    ls −l /bin /etc

wird das ls-Kommando aufgerufen und diesem die beiden Katalognamen ›/bin‹ und ›/etc‹ als normale Argumente übergeben, während die Option − l angibt, daß eine ausführliche (*long*) Liste ausgegeben werden soll.

Die Begriffe *kommando_name*, *option*, *argument_1* und *argument_n* wurden hier immer klein geschrieben, um anzuzeigen, da sie nur als Platzhalter dienen und an dieser Stelle vom Benutzer die wirklichen Namen oder Werte einzusetzen sind.

- Die erste Position nach dem Promptzeichen wird als **Kommandoposition** bezeichnet: Das Wort, das an dieser Stelle steht, wird von der Shell immer als Kommando interpretiert und aufzurufen versucht. Gibt es kein Programm oder Kommando dieses Namens, so wird ein Fehler gemeldet.

- Positionen (und Vorhandensein) von **Optionen** und Argumenten sind prinzipiell beliebig, können jedoch durch die Anforderungen des jeweiligen Programms eingeschränkt sein. (z.B. gibt häufig die Option ›-o‹ an, daß Ausgabe in eine Datei geschrieben werden soll; hinter dieser Option muß dann zwingend der Dateiname stehen).

---

1. Die Kombination -- kennzeichnet das Ende der Optionen. Die nachfolgenden Parameter sind dann normale Parameter, selbst wenn sie mit einem Minuszeichen beginnen. Ein alleinstehendes Minuszeichen in einer Kommandozeile bedeutet, daß die Eingabe von der Standardeingabe kommen soll.

3.3 Kommandosyntax

Optionen sind meist nur ein Zeichen lang (z.B. -a, -l, -c) und können auch gruppiert werden (z.B. -alc); moderne Programme, die unter einer graphischen Oberfläche laufen, haben häufig Optionen in der Länge eines Wortes (z.B. -display, -console).
Es gibt keine einheitliche Bedeutung von Optionen, die für alle oder zumindest viele Kommandos gelten würde. Nahezu jedes UNIX-Kommando hat seinen eigenen Satz an Optionen. Die gleiche Option kann bei unterschiedlichen Kommandos gänzlich unterschiedliche Bedeutung haben.

❑ Das <cr> steht für die Zeilenende-Taste und schließt das Kommando ab. Erst danach wird die Kommandozeile vom System interpretiert und – soweit notwendig – für seine Ausführung ein Programm aufgerufen oder ein Fehler gemeldet.

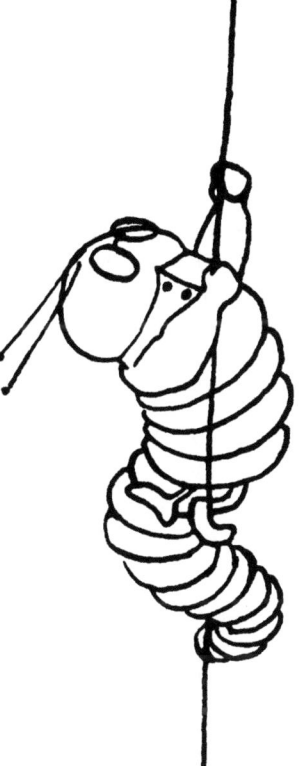

Falls Teile des Kommandos optional sind, d.h. auch weggelassen werden können, so wird dies in diesem Buch durch geschweifte Klammern {...} kenntlich gemacht. Diese Klammern werden beim Kommandoaufruf **nicht** mitangegeben. In Fällen, in denen die Klammern selbst Teil des Kommandos sind, wird explizit darauf hingewiesen und die Klammern sind fett gesetzt. Sind mehrere gleiche Elemente in einem Kommando erlaubt, so wird dies entweder durch ... angedeutet oder geht aus dem Platzhalter hervor.

So bedeutet z.B.:

    pr {datei(en)}   oder   **pr** {datei ...}

daß **pr** der Kommandoname ist (Kennzeichnung durch Fettdruck), dem eine oder mehrere Dateiangaben folgen können.

3.4 Einstellungen am Bildschirm

Wie bereits zuvor erwähnt, lesen die Shell und die meisten der anderen Programme zeilenweise vom Bildschirm. Für diese Arbeit am Bildschirm ist es wichtig, eine Reihe von Sondertasten und Voreinstellungen zu kennen und diese auch ggf. zu ändern.

Korrekturen in der Kommandozeile

Solange eine Zeile noch nicht durch <cr> abgeschlossen wurde, können in ihr noch Änderungen vorgenommen werden. Hierbei sind folgende Funktionen von Bedeutung:

❏ **Löschen des jeweils letzten Zeichens bis zum Anfang der Eingabezeile**
Dies erfolgt durch Eingabe der **<lösche zeichen>**-Taste. Im Standard-UNIX-System ist dies das Zeichen ›#‹. Diese Definition läßt sich leicht ändern: Auf nahezu allen Systemen ist die Löschtaste umdefiniert auf die Tasten **<backspace>** oder **<ctrl H>**[1] (Drücken der Taste <CTRL> und zugleich der Taste <H>). Auf dem Bildschirm wird hierdurch das letzte Zeichen gelöscht.

❏ **Löschen der ganzen eingegebenen Zeile**
Das Zeichen **<lösche zeile>** ist in der Standard-UNIX-Version das @- oder **<ctrl u>**-Zeichen. Der Cursor geht dabei auf die nächste Zeile und der bisher eingegebene Teil der Zeile wird verworfen[2]. Im UNIX-System wird diese Taste auch als **kill**-Taste bezeichnet.

Mit Cursor-Positionierung ist eine Bearbeitung der Kommandozeile (oder alter Kommandozeilen, die am Bildschirm noch sichtbar sind) nicht möglich[3]. Eine Positionierung des Arbeitszeigers am Bildschirm nach oben oder unten, links oder rechts, wird zwar am Bildschirm angezeigt, vom System jedoch nicht verarbeitet und endet meist in einer Fehlermeldung.

Ende der Eingabe

Einige Kommandos und Programme lesen mehrere Zeilen vom Bildschirm. In diesem Fall wird das Ende der Gesamteingabe durch ein Dateiende-Zeichen vom Benutzer angezeigt. Im Standard-UNIX ist dies die Kombination **<ctrl D>**. Dieses Zeichen wird durch **<eof>** (englisch: *end of file*) symbolisiert.

---

1. Hier werden im folgenden bei **ctrl** die Nachfolgebuchstaben groß geschrieben. Die Umschalttaste für Großbuchstaben ist jedoch nicht nötig.
2. Um das @-Zeichen auch als Symbol in Texten und Mail-Adressen des Internet verwenden zu können, muß es meist mit dem stty-Kommando z.B. auf **<ctrl u>** umdefiniert werden. Die typischen Mail-Adressen können sonst an der Kommandozeile nicht eingegeben werden.
3. In der Korn-Shell und der C-Shell ist eine nachträgliche Bearbeitung alter Kommandos möglich. Siehe Kapitel 7.3, S. 481 und Kapitel 7.2, S. 457.

```
$ cat <cr>          Programmaufruf ohne Dateinamen
erste Zeile         Eingabe einer Zeile
erste Zeile         Ausgabe dieser Zeile durch cat
zweite Zeile        Eingabe einer Zeile
zweite Zeile        Ausgabe dieser Zeile durch cat
^D                  Zeichen für Ende der Eingabe
$                   Bereitschaftszeichen der Shell
```

Das Kommando **cat**, das normalerweise einen Dateinamen als Argument benötigt und diese Datei dann am Bildschirm ausgibt, liest hier direkt vom Bildschirm (bzw. von der Tastatur) und gibt diese Zeilen sofort wieder aus. Dem Programm **cat** wird das Eingabe-Ende durch <eof> (zumeist <ctrl d>) angezeigt.

Wird <eof> nicht innerhalb eines Programms oder Kommandos, sondern direkt auf der Kommandozeile, etwa hinter dem Bereitschaftszeichen, eingegeben, so wird dadurch die Shell beendet.

Abbrechen eines Programms

Die Funktion **<unterbrechung>** (englisch: <*interrupt*>) erlaubt es, ein Abbruch-Signal an ein gerade (im Vordergrund) laufendes Programm zu schicken. Dieses Programm oder Kommando wird hierdurch abgebrochen, wenn es nicht von sich aus besondere Vorkehrungen dagegen getroffen hat. Im Standard-UNIX ist dies die Taste **<DEL>** oder die Tastenkombination **<ctrl c>**.

Diese Funktion wird vor allem verwendet, um versehentlich oder fehlerhaft aufgerufene oder zu lange laufende Programme zu beenden.

```
$ cat <cr>          Programmaufruf ohne Dateinamen
erste Zeile         Eingabe einer Zeile
erste Zeile         Ausgabe dieser Zeile durch cat
zweite Zeile        Eingabe einer Zeile
zweite Zeile        Ausgabe dieser Zeile durch cat
^C                  Zeichen für Programmabbruch
$                   Bereitschaftszeichen der Shell
```

Unterbrechen der Ausgabe

Häufig möchte man die Ausgabe auf den Bildschirm anhalten, um den Inhalt in Ruhe zu betrachten. Dies ist durch Eingabe von **<ctrl s>** möglich. Mit **<ctrl q>** kann man dann die Ausgabe fortsetzen. Dies entspricht auf vielen Tastaturen auch den Tasten <hold> oder <pause>.

Voreinstellungen setzen und ändern

Das Kommando »**stty -a**« gibt neben zahlreichen anderen Informationen die aktuell gesetzten Werte für die Zeichen <lösche zeichen> und <lösche zeile> aus:

Die unveränderten Einstellungen sehen oft so aus:

```
$ stty -a
speed 9600 baud; line = 0;
...
erase = #; kill = @;
intr = ^c;
eof = ^d;
...
$
```

Aufruf von **stty**
Übertragungsrate, ...
... weitere Angaben
<lösche zeichen> = #; <lösche zeile> = @
<abbruch> = <ctrl C>
<dateiende> = <ctrl D>

weitere Angaben

Mit dem Kommando **stty** können diese Tasten auch neu definiert werden, z.B.:

```
$ stty erase ^h
$ stty kill ^u
$ stty -a
speed 9600 baud; line = 0;
erase = ^h; kill = ^u;
...
```

Setzt ›^h‹ als <lösche zeichen>
Setzt ›^u‹ als <lösche zeile>
Abfrage der Werte
Ausgabe des stty-Kommandos

weitere Angaben

definiert die Zeichen <lösche zeichen> und <lösche zeile> neu und legt die Löschfunktion auf die (gewohnte) Taste <Backspace>[1] und die Kill-Funktion zum Löschen einer Zeile auf die Tastenkombination <ctrl-u>. Damit ist das Zeichen @ nicht mehr mit dieser Funktion versehen und kann wie ein normales Zeichen, also auch bei der Eingabe einer Mail-Adresse, verwendet werden.

Mit dem **stty**-Kommando können noch eine ganze Reihe weiterer Parameter der Dialogstation gesetzt werden. Diese sind jedoch für den Anfänger in der Regel nicht von Bedeutung und in Abschnitt 5.2 beschrieben.

Spezielle Kontrollzeichen

Im nächsten Abschnitt werden einige Kontrollzeichen beschrieben, die man am Anfang kaum verwenden wird. Man kann den Abschnitt beim ersten Lesen deshalb durchaus überspringen.

Ab der UNIX-Version System V erlaubt das System, zwischen mehreren, von der Kommandozeile aus gestarteten und gleichzeitig laufenden Programmen zu

---
1. <Backspace> gibt auf den meisten Tastaturen ein ^h an das System ab.

3.4 Einstellungen am Bildschirm

wechseln, wobei dabei auch mehrere Shells, jeweils in eigener Umgebung laufen können. Das System erlaubt dann durch einen Tastendruck, von einer Umgebung in eine andere Umgebung umzuschalten. Aus dem Berkeley-UNIX-System kommen darüber hinaus noch einige weitere Tastenkombinationen – die meisten Sondertasten lassen sich durch das **stty**-Kommando umdefinieren.

Die Verwendung und Bedeutung einiger dieser Funktionen ist weitgehend aus der langen Geschichte des UNIX-Systems und den höchst unterschiedlichen Hardware-Gegebenheiten im Verlauf dieser Geschichte verständlich. Die nachfolgend aufgeführten Tasten wird man deshalb heute nur noch relativ selten einsetzen; sie sollen hier jedoch der Vollständigkeit halber aufgeführt werden.

<lösche wort> Dies erlaubt, das zuletzt eingegebene Wort zu löschen. Im **stty**-Kommando wird dies mit dem Kürzel **werase** angegeben.

<erneut ausgeben> Mit dieser Taste kann man sich eine korrigierte, noch nicht abgeschlossene Zeile neu ausgeben lassen. Dies ist vor allem bei druckenden Dialogstationen praktisch, welche die gelöschten Zeichen nicht ausradieren können. Zumeist ist dies dann durch die Kombination **<ctrl R>** möglich. Diese Taste wird auch als reprint-Taste (Kürzel: **rprnt**) bezeichnet.

<ausgabe wegwerfen> Hiermit wird die gerade laufende Ausgabe weggeworfen. Die Standardtaste hierfür ist **<ctrl O>**, die Bezeichnung der Taste ist **<flush>**.

<prozeß anhalten> Hiermit ist es möglich, das gerade im Vordergrund laufende Programm anzuhalten (zu suspendieren), ohne daß es dabei abgebrochen wird. Im Standardfall ist das die Kombination **<ctrl Z>**. Die UNIX-Kurzbezeichnung ist **<susp>**. Noch nicht beendete Ausgabe und noch nicht gelesene Eingabe wird dabei weggeworfen.

<prozeß stoppen> Bei der zweiten Art, einen Prozeß anzuhalten (mit der Taste <prozeß stoppen>) wird der Prozeß nicht sofort angehalten, sondern erst beim nächsten Lesen. Dies ist die **<dsusp>**-Taste.

Die nachfolgende Tabelle gibt einen kurzen Überblick über die Zeichen mit Sonderfunktion. Die mit * bezeichneten Funktionen stehen erst seit UNIX System V Version 4 allgemein zur Verfügung:

Tabelle 3.1: Die Kontrolltasten für die Dialogeingabe in der alphanumerischen Oberfläche

Name	Taste(n)	Funktion	Bedeutung
intr	\<ctrl c\>	\<unterbrechung\>	Abbrechen eines Prozesses
quit	\<ctrl |\>	\<abbruch\>	Abbrechen eines Prozesses und Anlegen eines Speicherabzuges in einer Datei mit dem Namen *core*
erase	\<DEL\> \<bs\>	\<lösche zeichen\>	Löschen des vorausgehenden Zeichens
werase	\<ctrl w\>	\<lösche wort\>*	Löschen des vorausgehenden Wortes
kill	\<ctrl u\>	\<lösche zeile\>	Löschen der aktuellen Zeile
reprint	\<ctrl r\>	\<erneut ausgeben\>*	alle Zeichen der aktuellen Zeile erneut ausgeben
eof	\<ctrl d\>	\<dateiende\>	Ende der Eingabe
nl	\<cr\>	\<ende der zeile\>	Zeilenende; neue Zeile
swtch	\<ctrl z\>	\<shell umschalten\>	(nur bei *shl*)
susp	\<ctrl z\>	\<prozeß anhalten\>*	Anhalten (aber nicht beenden) des aktuellen Prozesses
dsusp	\<ctrl y\>	\<prozeß stoppen\>*	(wie susp)
stop	\<ctrl s\>	\<ausgabe anhalten\>	Ausgabe (am Bildschirm) anhalten
start	\<ctrl q\>	\<ausgabe fortsetzen\>	Ausgabe (am Bildschirm) fortsetzen
discard	\<ctrl o\>	\<ausgabe wegwerfen\>*	Ausgabe (am Bildschirm) verwerfen, bis wieder ein \<ctrl o\> eingegeben wird
lnext	\<ctrl v\>	\<bedeutung aufheben\>	Sonderbedeutung des nächsten eingegebenen Zeichens wird aufgehoben

➜ Unter UNIX ist es ein Unterschied, ob Name und Bezeichner in Groß- oder Kleinbuchstaben geschrieben werden! Die meisten Namen in UNIX werden dabei mit Kleinbuchstaben geschrieben. Sie sollten aus diesem Grund auch beim Anmelden des Benutzers beim System darauf achten, daß die Taste, welche die Großbuchstaben-Taste festhält (also CAPS LOCK oder SHIFT LOCK), nicht gedrückt ist. Falls der erste Buchstabe des Benutzernamens ein Großbuchstabe ist, so nimmt die Shell an, daß das Terminal nur Großbuchstaben ausgeben kann und wandelt alle Kleinbuchstaben in Großbuchstaben um.

3.5 Anmelden des Benutzers beim System

Um den unkontrollierten Zugang zum System und seinen Ressourcen zu verhindern und jeden Benutzer identifizieren zu können, verlangt UNIX, daß sich ein Benutzer zu einer Sitzung anmeldet und am Ende wieder abmeldet. Nach dem Einschalten des Bildschirms bzw. dem Hochfahren der Maschine meldet sich das System – unter Umständen erst nachdem ein paarmal die Taste <cr> (Carriage Return) gedrückt wurde – mit der Aufforderung zur Anmeldung, die etwa wie hier aussieht:

UNIX System V Release 4
Please login:

Das System erwartet als Eingabe einen zulässigen und am System bekannten Benutzernamen. Dieser Name wird jedem Benutzer vom Systemverwalter zugeteilt.

Fragen Sie ihren Systembetreuer nach ihrem Benutzernamen und dem entsprechenden Paßwort, mit dem Sie sich dann anmelden können. Für die Beispiele sei folgendes angenommen: Benutzername: **neuling**; Paßwort: **unix**

Nach Eingabe des Benutzernamens (auch wenn ein falscher Name eingegeben wurde) fragt das System nach dem Paßwort:

Password:

Wird das UNIX-System über eine graphische Oberfläche bedient, so steht diese Anmelde-Aufforderung meist in einem kleinen Fenster in der Mitte des Bildschirms, bietet aber die gleiche Funktionalität.

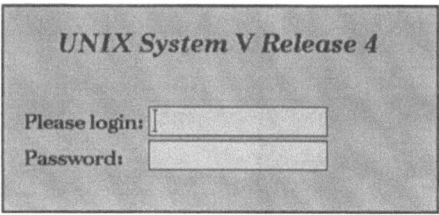

Abb. 3.4: Anmelde-Aufforderung an einer graphischen Oberfläche

Bei der Eingabe des Paßwortes erscheint am Bildschirm keine Anzeige, um dieses besser geheimhalten zu können. Ist die Anmeldung erfolgreich, gibt das System zumeist einige Meldungen aus und zeigt danach durch das Promptzeichen ›$‹ – auch andere Zeichen sind möglich – an, daß es nun bereit ist, Kommandos entgegenzunehmen.

Bei einer graphischen Oberfläche werden nach einer erfolgreichen Anmeldung oft – abhängig von der Vor-Konfiguration – eine Reihe von Programmen automatisch gestartet und am Bildschirm plaziert, wie etwa eine Uhr oder ein Programm zum Lesen und Versenden elektronischer Post. Meist wird auch eine Terminalemulation gestartet (*xterm*; siehe Abb. 3.2 auf S. 24), die ähnlich wie bei der Arbeit an einem zeichenorientierten Bildschirm eine Benutzung der Kommandozeile gestattet und zunächst einige Systemmeldungen und das Promptzeichen anzeigt.

Der ganze Ablauf sieht dann etwa wie folgt aus:

```
login: neuling<cr>
Password: ...
Welcome to UNIX System VR4
You have mail!
$ _
```
Eingabe des Benutzernamens
Paßwort (Eingabe ohne Anzeige)
Meldung des Systems

Shell-Prompt und Cursor

Die Nachricht *You have mail* teilt dem Benutzer mit, daß Post (Mail) für ihn da ist. Die Ausgabe dieser Post soll jedoch hier nicht weiter behandelt werden. Dies ist unter dem Kommando **mail** in Abschnitt 5.2 beschrieben.

Will ein Benutzer eine Sitzung beenden, so sollte er sich wieder beim System abmelden. Dies geschieht entweder durch die Eingabe des <eof>-Zeichens (siehe Tabelle 3.1 auf S. 36) oder durch das Kommando **exit**. Das System meldet sich danach wieder mit der Meldung:

login:

und ist für eine Neuanmeldung bereit. An einer graphischen Oberfläche wird daraufhin wieder das Anmeldefenster angezeigt.

Damit ist nur die aktuelle Sitzung eines Benutzers beendet und der gleiche oder ein anderer Benutzer könnte eine neue Sitzung eröffnen. Das UNIX-System selbst läuft weiter, und die Maschine darf in diesem Stadium nicht einfach ausgeschaltet werden.

3.6 Einfache Kommandos

Ausgabe des Datums und der Uhrzeit

Das Kommando **date** liefert als Ergebnis das im Rechner gesetzte Datum und die Uhrzeit zurück. Das einfache Format des Aufrufs lautet:

  date

Am Bildschirm sieht das z.B. wie folgt aus:

```
$date
Wed  Nov 23  20:23:02   MET 1994
$ _
```
Aufruf des Kommandos
Ausgabe des Kommandos
Prompt der Shell

Die Datumsangabe des Systems ist normalerweise in Englisch und hat das Format:

  wochentag monat tag stunden:minuten:sekunden MET jahr

Eine vollständige Anpassung der UNIX-Systeme an internationale Sprachen ist im Gange und noch nicht abgeschlossen. Je nach Konfiguration kann auf einigen Systemen auch eine nationalsprachliche Ausgabe der UNIX-Kommandos erfolgen.

Ausgabe eines Inhaltsverzeichnisses

Eines der meistbenutzten Kommandos ist **ls**, welches erlaubt, ein Inhaltsverzeichnis eines Dateikatalogs auszugeben. Der Name des Kommandos **ls** leitet sich aus *list of contents* her. Es hat im einfachen Fall den Aufbau:

  ls {katalog}

Die Angabe des Parameters *katalog* kann also hier weggelassen werden. In diesem Fall werden dann alle Namen der Dateien aufgelistet, welche in dem Katalog eingetragen sind, in dem wir uns gerade befinden. Das System hat uns dabei nach dem Anmelden einen solchen Katalog zugewiesen. Ist unser aktueller Katalog leer, so wird auch kein Name ausgegeben.

    Der Hauptkatalog des UNIX-Systems, den man als **Wurzel** (englisch: **root**) bezeichnet, wird durch ›/‹ angegeben. Da ein neuer Benutzerkatalog zunächst leer ist, sollte man sich versuchsweise einmal den Inhalt dieses obersten Katalogs ausgeben lassen.

Das Ausgeben der Dateien im Verzeichnis / geschieht mit:

ls /

Auf dem Bildschirm kann das wie folgt aussehen:

```
$ ls /
bin      etc     mnt      sbin    usr
cdrom    export  net      usr1    dev
home     lib     opt      tmp     var
devices  proc    ufsboot  vol
$ _
```

Kommandoeingabe
Ausgabe des ls-Kommandos

Prompt des Systems und Cursor

Es werden dabei die Dateien in dem Katalog / in alphabetischer Reihenfolge aufgelistet. Will man wissen, welches der aktuelle Arbeitskatalog ist, d.h. der Katalog, dessen Dateien bei **ls** ausgegeben werden, wenn kein Name eines Katalogs angegeben wurde, so liefert das Kommando **pwd** (*print working directory*) hierzu die Antwort. Also etwa:

```
$pwd
/home/neuling
$ _
```

Kommandoeingabe
Antwort: aktueller Katalog
Prompt des Systems und Cursor

Dieser **aktuelle Katalog** wird vom System dann eingesetzt, wenn eine Dateiangabe nicht mit / beginnt. Der **aktuelle Katalog** wird auch **Arbeitskatalog** (englisch: *current directory* oder *working directory*) genannt.

UNIX besitzt eine baumartige Dateistruktur. Die Wurzel des Baums (root) ist der Wurzelkatalog oder **root directory** und wird durch ›/‹ ohne einen Zusatz bezeichnet. Ein Dateikatalog ist eine Datei, in der die Namen der darin enthaltenen Dateien eingetragen sind. Eine solche Datei in einem Katalog kann wiederum ein Katalog sein und so fort. Auf diese Weise entsteht die Baumstruktur.[1]

Eine Dateiangabe besteht unter UNIX aus:

pfad_name/datei_name

Der **Pfadname** gibt dabei an, wie, ausgehend vom Wurzelkatalog, die Datei erreicht werden kann. Die Namen der einzelnen Kataloge, die auf dem Weg zur Datei durchlaufen werden müssen, werden dabei durch / (ohne Zwischenraum!) getrennt.

Unter **Dateiname** versteht man den eigentlichen Namen der Datei ohne den vorangestellten Pfadnamen. Nur dieser Name wird vom System in den jeweiligen Dateikatalog eingetragen.

---

1. UNIX steht übrigens Kopf: Der Wurzelkatalog ist im Sprachgebrauch ganz oben! Darunter breiten sich die Verzweigungen in Form weiterer Kataloge oder Dateien aus.

3.6 Einfache Kommandos

Ist z.B. eine Datei *text* im oben genannten Benutzerkatalog /*home*/*neuling* gemeint, so lautet dafür die vollständige Dateiangabe:

/home/neuling/text

und der Pfadname ist entsprechend

/home/neuling

Dabei ist *neuling* der Katalog, in dem die Datei *text* eingetragen ist[1].

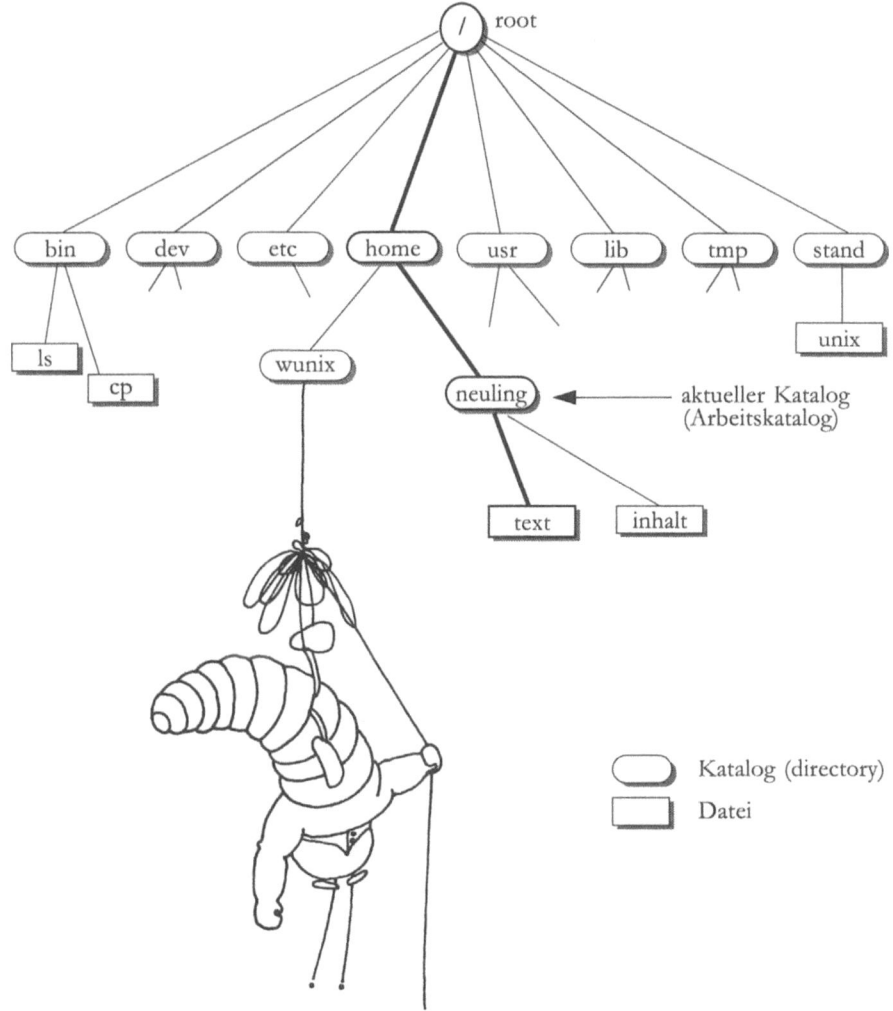

Abb. 3.5: Teil eines UNIX-Dateibaums

---

1. Im Katalog liegt nicht der Dateiinhalt selbst, sondern nur ein Verweis (englisch: **link**) auf den Dateikopf. Der Dateikopf wird auch als **i-node** bezeichnet und liegt in einer Tabelle auf dem Datenträger, die **i-node list** genannt wird.

Damit der Benutzer nicht immer den vollständigen Dateinamen mit Pfad anzugeben braucht, bietet UNIX den bereits vorgestellten **aktuellen Katalog** oder **Arbeitskatalog** an – den Katalog, in dem sozusagen der Benutzer gerade steht. Damit ist es möglich, nur den Dateinamen anzugeben und den Pfadnamen wegzulassen, bzw. bei tiefer im Dateibaum liegenden Dateien nur den Pfad vom aktuellen Katalog aus anzugeben. Der Pfad von der Wurzel des Dateibaums bis zum aktuellen Katalog wird dann vom System eingesetzt.

Mit Hilfe des **cd**-Kommandos kann man einen neuen Katalog als **aktuellen Katalog** einsetzen bzw. in einen neuen Katalog wechseln:

cd katalog

Der **aktuelle** oder **Arbeitskatalog** muß nicht unbedingt dem Benutzer gehören. Einen Katalog als Arbeitskatalog eingesetzt zu haben, gibt noch keine besonderen Zugriffsrechte auf die Dateien des Katalogs, sondern er bietet lediglich eine kürzere Schreibweise für den Benutzer bei der Angabe von Dateinamen.

Mit »**cd /home**« z.B. kommen wir in den Elternkatalog unseres Standardkatalogs (*/home/neuling*):

$cd /home	Setzt neuen aktuellen Katalog
$pwd	Abfrage des aktuellen Katalogs
/home	Antwort des pwd-Kommandos

In der Regel hat jeder Benutzer im System einen eigenen Katalog, in dem er arbeiten, d.h. neue Dateien anlegen und alte Dateien löschen kann. Im Normalfall wird ihm beim Anmelden (**login**) dieser Katalog als Arbeitskatalog zugewiesen. In unserem Beispiel war dies der Katalog */home/neuling*. Man bezeichnet diesen Katalog auch als **login directory**. Daneben gibt es einen Katalog, der als **home directory** bezeichnet wird. Im Normalfall sind **login directory** und **home directory** identisch. Das **home directory** kann jedoch vom Benutzer geändert werden.[1]

Ruft man das **cd**-Kommando ohne einen Parameter auf, so wird dieses **home directory** als **aktueller Katalog** eingesetzt, wie das Beispiel zeigt:

$cd	cd-Aufruf ohne Parameter
$pwd	Abfrage des aktuellen Katalogs
/home/neuling	Ausgabe des **pwd**-Kommandos
$_	

---

1. Dies wird in Kapitel 7 beschrieben.

Dateinamen

Für Datei- wie auch für Katalognamen gelten unter UNIX kaum Beschränkungen, die wenigen sind hier aufgelistet:

Länge	In älteren UNIX-Systemen war eine maximale Länge von 14 Zeichen zulässig. Heute dürfen – abhängig vom verwendeten Dateisystem – Namen **bis zu** 256 Zeichen lang sein. Die volle Länge wird jedoch selten ausgenutzt.
erlaubte Sonderzeichen	Sonderzeichen im Dateinamen sind vorsichtig einzusetzen. Generell erlaubt sind: . , - _ % Schädlich sind immer: <leerzeichen> / Schädlich in bestimmten Positionen sind: # ; * u. v. m.
Erweiterung	Eine grundsätzliche Trennung in Name und Namenserweiterung kennt UNIX nicht. Dennoch ist es üblich, Dateinamen mit einer Erweiterung zu versehen, um sie kenntlich zu machen. Diese Erweiterung ist normaler Namensbestandteil und zählt daher zur Gesamtlänge des Datei- oder Katalognamens.

Gerätenamen

Eine wichtige Eigenschaft von UNIX ist sein weitestgehend geräteunabhängiges Dateikonzept. So unterscheidet sich zumindest von der Syntax her die Angabe einer Datei nicht von der eines Gerätes wie z.B. des Bildschirms, des Druckers oder des Diskettenlaufwerks. Diese Geräte werden wie eine normale Datei angesprochen. Im Gegensatz zu anderen Dateien können sie jedoch nicht nach Belieben angelegt oder gelöscht werden. Die **Gerätedateien** stehen in der Regel in dem Katalog **/dev**. Der Name selbst stellt ein Kürzel des Gerätenamens auf englisch dar. Vielbenutzte Geräte hierbei sind

/dev/tty	die jeweils aktuelle Dialogstation,
/dev/tty*n*	die Dialogstation an der Leitung *n*,
/dev/console	die Systemkonsole,
/dev/lp	der Drucker (line printer),
/dev/null	ein Pseudogerät. Ausgabe auf dieses Gerät wird verworfen. Lesen von */dev/null* liefert stets <eof>.
/dev/fd0	das Floppy-Disk-Laufwerk 0,
/dev/cdrom	das CD-ROM-Laufwerk.

Daneben gibt es eine Reihe weiterer Gerätedateien, welche systemspezifisch sind. Zu ihnen gehören die Magnetplatten, die in einem eigenen Unterkatalog */dev/dsk* des Katalogs */dev* liegen. Sie können z.B. folgende Namen haben: **c***n***t***n***d***n***s***n*. *n* steht hier jeweils für eine Zahl, mit der die Magnetplatte eindeutig identifiziert werden kann. im PC-Umfeld sind typische Namen für Festplatten */dev/dsk/c0t0d0s0* oder */dev/dsk/c0t0d0s5*. Der Benutzer braucht normalerweise nicht zu wissen, auf welchem Gerät seine Dateien liegen und wie das Gerät heißt. Diese Gerätedateien werden unter UNIX **special files** genannt.

Damit haben wir die drei wichtigsten Arten von Dateitypen kennengelernt, die UNIX unterscheidet:

- normale Dateien (englisch: *ordinary files*)
- Dateikataloge (englisch: *directories*)
- Gerätedateien (englisch: *special files*)

Dateiattribute

Am Anfang wurde das **ls**-Kommando in seiner einfachen Form vorgestellt. Das **ls**-Kommando gibt dabei, wie die meisten anderen Kommandos auch, sein Ergebnis am Bildschirm aus. Gibt man beim Aufruf des **ls**-Kommandos noch die Option ›-l‹ an, so erhält man weitere Angaben zu den einzelnen Dateien des Katalogs. Hier ist diese Ausgabe exemplarisch gezeigt für die Datei *inhalt*, die als normale Datei angelegt wurde.

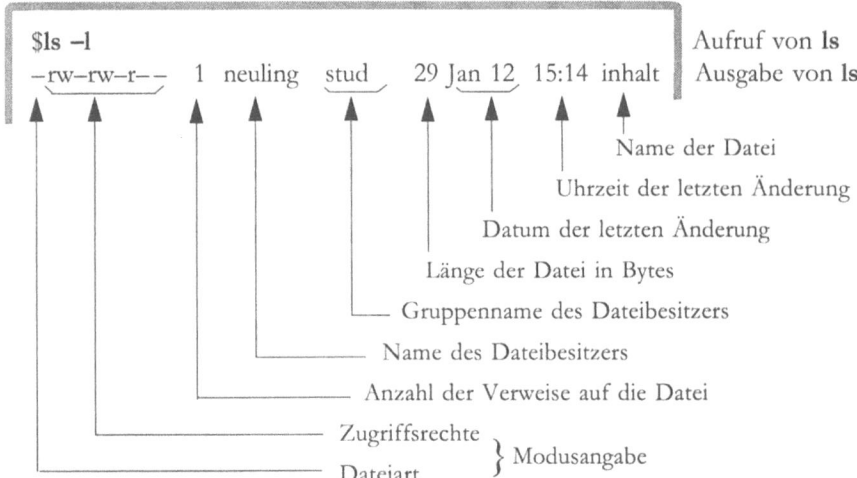

Der erste Teil der **ls**-Ausgabe (›-rw-rw-r--‹) gibt hierbei die Art der Datei und die Zugriffsrechte (auch **Modus** genannt) auf die Datei an. Dabei sehen wir auch eine Möglichkeit für die Unterscheidung der Dateiarten:

- **normale Dateien,** gekennzeichnet durch ein ›-‹

- **Kataloge** (englisch: *directory*), gekennzeichnet durch ein ›**d**‹

- **Gerätedateien** (englisch: *special file*), welche wiederum **zeichenorientiert** sein können (englisch: *character oriented*) und durch ein ›**c**‹ gekennzeichnet werden oder **blockorientiert** sind (englisch: *block oriented*) und für die ein ›**b**‹ steht.

3.6 Einfache Kommandos

Eine dritte Art sind Pufferdateien bzw. fest eingerichtete Pipe-Dateien. Diese werden durch ein ›p‹ für *named pipe* markiert. Diese Dateien tragen auch die Bezeichnung **FIFO** für **F**irst **I**n **F**irst **O**ut.

❏ Eine weitere Art von Dateien sind sogenannte **Symbolic Links**. Sie werden vom ls-Kommando mit ›l‹ gekennzeichnet.

Die Dateiart wird durch das erste Zeichen der Modusangabe angezeigt und ist hier ein ›—‹.
inhalt ist also eine *normale* Datei.

Die Zugriffsrechte sind in drei Dreiergruppen unterteilt und zwar von links nach rechts für

❏ den Besitzer (englisch: *user*) der Datei,
❏ Benutzer mit der gleichen Gruppennummer wie der Besitzer (englisch: *group*),
❏ alle anderen Benutzer des Systems (englisch: *others*).

Für jede der Gruppen sind drei Zugriffsrechte einstellbar:

❏ Lesen (englisch: *read*)
❏ Schreiben (englisch: *write*)
❏ Ausführen (englisch: *execute*)

Diese Zugriffsrechte werden entsprechend den englischen Begriffen mit **r**, **w** und **x** abgekürzt. Hat die jeweilige Benutzerklasse (Besitzer, Gruppe, alle anderen) das Zugriffsrecht nicht, so steht dafür ein ›—‹. In obigem Beispiel darf also die Datei *inhalt*

❏ vom Besitzer gelesen (**r**) und beschrieben (**w**) bzw. modifiziert werden (rw–) aber nicht ausgeführt,
❏ die Mitglieder der gleichen Gruppe dürfen die Datei lesen und schreiben (rw–);
❏ alle anderen Benutzer des Systems dürfen die Datei nur lesen (r——).

Die nächste Angabe (hier ›1‹) gibt die Anzahl der Referenzen (*links*) auf diese Datei an und soll zunächst nicht weiter interessieren. Danach folgt der Name des Dateibesitzers (hier *neuling*) und der Name seiner Gruppe (hier *stud*). Nun folgt die Länge der Datei in Byte (hier 29), das Datum, an welchem die Datei erstellt bzw. zuletzt modifiziert (abgespeichert) wurde (hier der 12. Januar um 15 Uhr 14), und der Dateiname (hier *inhalt*). Liegt das Datum nicht im aktuellen Jahr, so wird statt des detaillierten Datums die Jahreszahl ausgegeben.

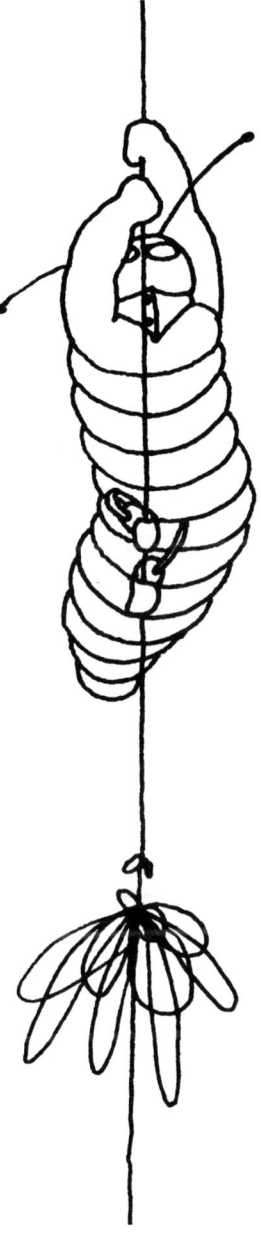

3.7 Ein-/Ausgabeumlenkung

UNIX-Kommandos arbeiten mit drei Standardkommunikationswegen – sie lesen die zu verarbeitende Information von der **Standardeingabe**, führen darauf Operationen aus und schreiben ihr Ergebnis auf die **Standardausgabe**. Treten Fehler auf, so werden entsprechende Meldungen auf die **Standardfehlerausgabe** ausgegeben. Eine graphische Veranschaulichung könnte so aussehen:

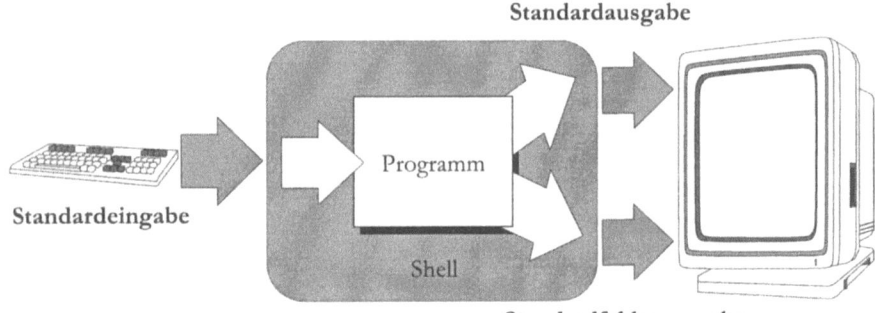

Abb. 3.6: Standard-Kanäle und Zuordnung durch die Shell

Von der Shell, welche das UNIX-Programm startet, werden diese drei zunächst nur dem Programm intern bekannten Kanäle der Tastatur und dem Bildschirm zugeordnet. Die Standardausgabe und die Standardfehlerausgabe werden zunächst standardmäßig beide auf den Bildschirm gelegt, sie können jedoch durch eine Umlenkungsangabe im Kommandoaufruf auf andere Geräte oder Dateien umgelenkt werden.

Ruft der Benutzer ein Kommando oder Programm auf, so wird der Aufruf von dem Kommandointerpreter (der Shell) gelesen und in seine syntaktischen Teile wie *Kommandoname, Kommandoparameter, Umlenkungssequenzen* usw. zerlegt. Die Angaben zur Umlenkung der Standardeingabe und Standardausgabe werden dabei nicht an das Programm weitergereicht, sondern die Umlenkung wird von der Shell durchgeführt und ist für das Programm selbst nicht ohne weiteres sichtbar.

Ausgabeumlenkung

Nur aufgrund dieser Zuordnung geben die Kommandos wie z.B. **ls** oder **pwd** ihre Antwort am Bildschirm aus. Diese Standard-Zuordnung, wie sie durch die Shell vorgenommen wurde, läßt sich jedoch einfach durch einige Sonderzeichen auf der Kommandozeile ändern.

Soll die Ausgabe statt auf den Bildschirm in eine Datei geschrieben werden, so kann man dies durch die Folge

kommando > *dateiname*

3.7 Ein-/Ausgabeumlenkung

erreichen. ›>‹ steht dabei synonym für *geht nach* und *dateiname* gibt dabei den Namen der Datei an, in welche das Ergebnis geschrieben werden soll. Das Kommando

    ls > inhalt

erzeugt ein Inhaltsverzeichnis des aktuellen Katalogs und schreibt dies anstatt auf den Bildschirm in die Datei *inhalt*. Mit Hilfe des Kommandos

    cat *dateiname*

kann man sich danach den Inhalt der Datei auf die Dialogstation ausgeben lassen, wie das nachfolgende Beispiel zeigt:

```
$ls / > inhalt
$cat inhalt
bin
dev
etc
home
lib
tmp
unix
usr
$_
```

Kommandoeingabe ls ...
Eingabe des **cat**-Kommandos
Ausgabe des **cat**-Kommandos
Das **ls**-Kommando schreibt einen Dateinamen pro Zeile, wenn die Ausgabe nicht auf einen Bildschirm erfolgt!

Systemprompt und Cursor

Ist die Datei, in welche die Ausgabe umgelenkt wird, bereits vorhanden, so wird sie zuvor gelöscht bzw. ihr Inhalt durch den neuen überschrieben.

Will man die Ausgabe auf den Bildschirm mit der internen Nummer 3 umlenken, so gibt man die **Bildschirmdatei** als Zielnamen wie folgt an:

    ls > /dev/tty3

Will man die Ausgabe eines Kommandos, anstatt sie in eine neue Datei zu schreiben, am Ende einer vorhandenen Datei anhängen, so gibt man bei der Umlenkung der Ausgabe statt »> *ausgabe_datei*« die Folge

    ... >> ausgabe_datei

an. Existiert dabei die Ausgabedatei noch nicht, so wird sie neu angelegt.

Die Funktion des ›>>‹ zeigt sich in der nachfolgenden Sequenz an der Längenangabe der Datei *datei.1*:

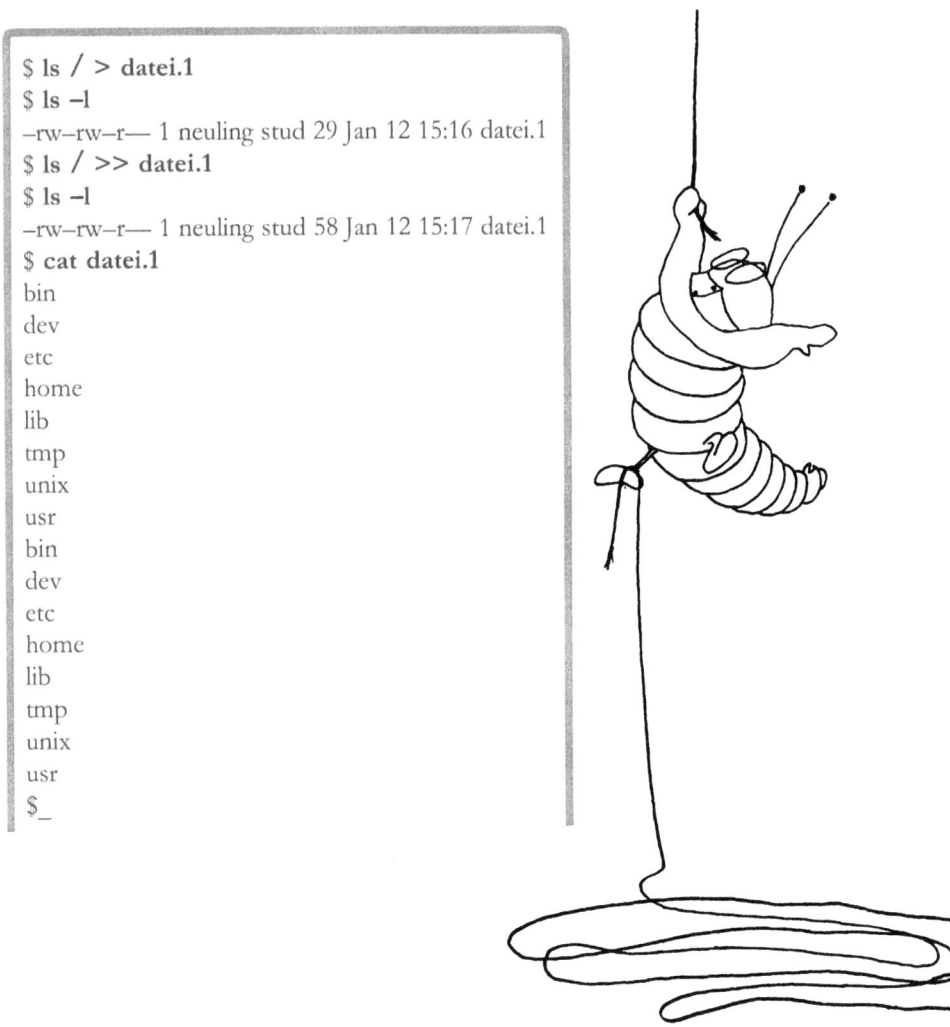

```
$ ls / > datei.1
$ ls -l
-rw-rw-r-- 1 neuling stud 29 Jan 12 15:16 datei.1
$ ls / >> datei.1
$ ls -l
-rw-rw-r-- 1 neuling stud 58 Jan 12 15:17 datei.1
$ cat datei.1
bin
dev
etc
home
lib
tmp
unix
usr
bin
dev
etc
home
lib
tmp
unix
usr
$_
```

Eingabeumlenkung

Mit ›>‹ wird genauer betrachtet also nicht *die Programmausgabe* umgelenkt, sondern das, was das Programm auf seine **Standardausgabe** schreibt. Auf die gleiche Weise läßt sich die **Standardeingabe** vom Bildschirm zum Lesen aus einer anderen Datei umlenken. Dies geschieht mit:

> ... < dateiname

Das Programm **wc** (***word count***) z.B. liest von der Standardeingabe (bis zu einem <eof>), zählt darin die Anzahl der Zeilen, Worte und Zeichen und schreibt das Ergebnis auf die Standardausgabe. Will man z.B. die Zählung mit der Datei *datei* vornehmen, so muß entsprechend die Eingabe vom Bildschirm auf die Datei *datei* umgelenkt werden:

3.7 Ein-/Ausgabeumlenkung

```
$wc < datei
7 7 29
$
```
Kommandoaufruf
Ausgabe von **wc**

wc liefert dabei zurück, daß die Datei *inhalt* aus 7 Zeilen mit 7 Worten und 29 Zeichen besteht (eine neue Zeile wird intern durch das <lf>-Zeichen (*line feed*) repräsentiert und entsprechend als 1 Zeichen gezählt). Soll die Ausgabe auch noch in eine Datei geschrieben werden, so sieht das Kommando wie folgt aus:

    wc < inhalt > datei

Viele Programme lesen, falls im Aufruf kein Parameter angegeben ist, von der Standardeingabe. Sind jedoch Parameter angegeben, so betrachten sie diese (sofern sie nicht wie bei Optionen üblich mit – beginnen) als zu bearbeitende Dateien. Entsprechendes gilt für **wc**. Das obige Kommando könnte also auch wie folgt geschrieben werden[1]:

    wc inhalt > datei

Umlenkung der Fehlermeldungen

Neben der Standardeingabe und Standardausgabe verwenden die Kommandos für Fehlermeldungen eine **Standardfehlerausgabe**, die im Normalfall ebenfalls mit dem Bildschirm verbunden ist. Diese Standardfehlerausgabe kann mit »**2> datei**« auf eine Datei umgelenkt werden. Ein Beispiel hierfür wäre:

    wc < inhalt > ergebnis 2> fehlerdatei

Verbinden beider Kanäle

Sollen sowohl die Standardausgabe als auch die Standardfehlerausgabe in die gleiche Datei umgeleitet werden, so ist das möglich mit der Konstruktion 2>&1. Ein Beispiel hierfür:

    wc < inhalt 2>&1 ausgabe

Jegliche Ausgabe des Kommandos, ob Fehlermeldung oder normale Ausgabe, geht hier in die Datei *ausgabe*.

---

1. Einen kleinen Unterschied gibt es: Bei der Form *wc < inhalt* wird die Datei *inhalt* durch die Shell geöffnet und der Inhalt dem *wc*-Kommando zugeführt – bei *wc inhalt* öffnet das *wc*-Kommando die Datei *inhalt* selbst und kennt daher dann auch im Gegensatz zur ersten Form dessen Dateinamen.

3.8 Parameterexpansion

Wie bereits erwähnt, liest die Shell eine Kommandozeile und zerlegt sie in ihre syntaktischen Bestandteile wie den Kommandonamen, die Parameter, Optionen und Argumente und Angaben zur Ein-/Ausgabeumlenkung. Bei der Aufteilung der Kommandozeile (an Leer- und Tabulatorzeichen) untersucht die Shell die einzelnen Parameter des Aufrufs und interpretiert dabei eine Reihe von Sonderzeichen, bevor sie die verbleibende Zeile an das Programm weiterreicht. Diese Sonderzeichen, die immer zuerst von der Shell[1] interpretiert werden, noch bevor das aufgerufene Programm oder Kommando sie zu sehen bekommt, werden auch als **Metazeichen** bezeichnet.

Die meisten dieser Sonderzeichen dienen der vereinfachten Angabe von Dateinamen auf der Kommandozeile. Mit Hilfe der folgenden Sonderzeichen kann die Shell die vorhandenen Dateinamen erkennen, auch wenn sie nicht vollständig angegeben werden. Wann immer die Shell eines dieser Zeichen findet, versucht sie, daraus einen Dateinamen zu erzeugen. Die Shell kennt folgende Metazeichen in Dateinamen:

*	steht für ›*Eine beliebige Folge von Zeichen*‹
?	steht für ›*Ein beliebiges einzelnes Zeichen*‹
[...]	steht für ›*Eines der in der Klammer vorkommenden Zeichen*‹
[! ...]	steht für ›*Keines der in der Klammer vorkommenden Zeichen*‹

Diese sollen nachfolgend erklärt werden.

Das Metazeichen ›*‹

Das Zeichen ›*‹ steht in Dateinamen für ›*Eine beliebige Zeichenkette*‹, wobei hier auch ›*Kein Zeichen*‹ gemeint sein kann. So sind z.B. mit »**abc***« alle Dateien des jeweiligen Katalogs gemeint, welche mit den Buchstaben *abc* beginnen. Die Shell geht dabei her und setzt für die Angabe ›*abc**‹ alle Dateien (des aktuellen Katalogs) ein, auf die der Ausdruck (bzw. das Muster) des Parameters zutrifft. Die so erweiterte Parameterliste gibt sie dann an das Programm weiter.

➡ Findet sie keine Datei mit einem passenden Namen, so wird der nicht expandierte Parameter als Zeichenkette an das Programm weitergereicht!

➡ Dateinamen, die mit einem Punkt beginnen (versteckte Dateien), werden durch das Zeichen ›*‹ nicht gefunden.

Das nachfolgende Beispiel erzeugt mit Hilfe des Kopierkommandos **cp** (englisch: *copy*) mehrere Dateien gleichen Inhalts, um danach die Namensexpansion durch die Shell vorzuführen. Das Kopierkommando hat folgende Form:

---

1. Diese Sonderzeichen funktionieren in Zusammenhang mit jedem Programm, weil sie eben nicht von einem Programm oder Kommando interpretiert werden, sondern von der Shell. Hierin liegt ein deutlicher Unterschied z.B. zu MS-DOS.

3.8 Parameterexpansion

cp *alte_datei neue_datei*

Auch hier wird eine eventuell vorhandene Datei mit dem Namen der neuen Datei zuvor gelöscht.

In der nachfolgenden Sequenz wird nacheinander der Inhalt der Datei *inhalt* in die neuen Dateien *inhalt.neu, inhalt.neu.1* und *inhalt.neu.2* kopiert. Das **ls**-Kommando zeigt die danach existierenden Dateien:

```
$cp inhalt inhalt.neu
$cp inhalt inhalt.neu.1
$cp inhalt inhalt.neu.2
$ls
datei.1   inhalt   inhalt.neu   inhalt.neu.1   inhalt.neu.2
$
```

Mit dem Kommando »**ls inhalt***« kann man sich nun alle Dateien aufzählen lassen, deren Namen mit *inhalt* beginnen. Dies liefert entsprechend

inhalt inhalt.neu inhalt.neu.1 inhalt.neu.2

zurück, während bei »**ls a***« die Meldung

a* not found

das Resultat wäre, da es keine Datei im aktuellen Katalog gibt, welche mit *a* beginnt. Das Muster ›*.1‹ paßt in unserem Beispiel auf die beiden Dateien *datei.1, inhalt.1* und *inhalt.neu.1*.

Das Metazeichen ›?‹

Steht in einem Dateinamen ein ›?‹, so sind damit alle Dateien gemeint, in deren Namen an der Stelle des ›?‹ genau ein beliebiges, aber nicht leeres Zeichen steht. In unserem Katalog würde damit *inhalt.neu.?* zu

inhalt.neu.1 inhalt.neu.2

expandieren, während »**ls inhalt?**« die Meldung

inhalt?: No such file or directory

ergeben würde, da keine Datei im Katalog existiert, deren Name aus *inhalt* und einem weiteren Zeichen besteht.

Das Kommando **echo** gibt einfach alle Argumente der Kommandozeile wieder aus, ggf. nachdem die Shell die ihr bekannten Sonderzeichen verarbeitet und expandiert hat – also ein praktisches Kommando, um zu sehen, was die Shell aus einem Sonderzeichen macht.

Die Anweisung »**echo *.?**« würde alle Dateien (Namen) zurückliefern, deren Namen mit Punkt und einem weiteren Zeichen enden. Für unser Beispiel wäre dies: *datei.1 inhalt.neu.1 inhalt.neu.2.*
Will man alle Versionen der Datei *inhalt.neu* löschen, so geht dies durch das Kommando

   rm inhalt.neu.?

Dabei werden aber auch alle anderen Dateien gelöscht, die im Namen nach *inhalt.neu.* noch genau ein weiteres Zeichen haben. Das **rm**-Kommando (*remove*) löscht die ihm als Parameter übergebenen Dateien ohne nachzufragen![1]
Will man vor dem Löschen der einzelnen Dateien gefragt werden, ob die betreffende Datei wirklich gelöscht werden soll, so ist dies durch die Option ›**–i**‹ beim **rm**-Kommando möglich. Z.B.: »**rm –i *.txt**« löscht alle Dateien mit der Endung .txt, wobei jeweils der Dateiname ausgegeben und eine Antwort eingelesen wird. Die Antwort **y** für **yes** (ja) veranlaßt das Löschen der Datei. Bei allen anderen Antworten bleibt die Datei erhalten. Will man alle Dateien im momentanen Katalog löschen, so reicht »**rm ***«, und es braucht nicht »**rm *.***« angegeben zu werden, da der Punkt und die danach folgenden Zeichen Bestandteile des normalen Dateinamens sind. Ein Konzept der gesonderten Dateinamenserweiterung kennt UNIX nicht.

Die Metazeichen ›[...]‹

Die Metazeichen [...] erlauben es, mehrere zulässige Zeichen aufzuzählen. Jedes der in der Klammer aufgeführten Zeichen *paßt* dann bei einem Vergleich. Sollen z.B. alle Dateien ausgegeben werden, deren Namen als letztes Zeichen eine Ziffer haben, so kann dies mit »**cat *[0123456789]**« erfolgen. Innerhalb der Klammern kann in verkürzter Schreibweise auch ein Bereich angegeben werden in der Form

   [a–x]

wobei *a* das 1. Zeichen der Folge und *x* das letzte Zeichen der Folge (in der Reihenfolge der ASCII-Zeichen) sein soll. Das obige Kommando kann somit kürzer als

   cat *[0–9]

geschrieben werden und würde in unserem Fall die Dateien *datei.1*, *inhalt.neu.1* und *inhalt.neu.2* auf die Dialogstation ausgeben.
Innerhalb der eckigen Klammern werden die Zeichen hintereinander weg, ohne Trennzeichen wie Komma oder Leerzeichen, eingetragen. Alle Zeichen in den eckigen Klammern (außer dem ›–‹ für Bereichsangaben) werden auf ihre Übereinstimmung mit möglichen Dateinamen untersucht, und da würde ein Trennzeichen ebenfalls mitbetrachtet werden.
Wollte man wie oben angegeben alle Versionen der Datei *inhalt.neu* löschen, welche die Endung *.x*, *.y* oder *.z* haben, so könnte man dies nun durch die Anweisung erreichen:

---
1. Benutzt man bei **rm** ie Option -i, so wird vor dem Löschen einer jeden Datei explizit nachgefragt.

3.8 Parameterexpansion

rm inhalt.neu.[xyz]

Will man einen Zeichenbereich angeben, der **nicht** als Buchstabe vorkommen soll, so ist dies durch [! ...] möglich. Das Ausrufezeichen muß hier das erste Zeichen in der Klammer sein! So gibt

ls *[!0-9]

alle Dateinamen aus, die nicht mit einer Ziffer enden.

Das Metazeichen › \ ‹

Zuweilen möchte man eines der Metazeichen * ? [ ] oder eines der Zeichen mit besonderer Bedeutung für die Shell (< > & ( ) | ; ^) an der Shell vorbeischmuggeln, da es nicht von dieser, sondern vom eigentlichen Programm interpretiert werden soll. Dies kann geschehen, indem man dem Metazeichen das **Fluchtsymbol** \ voranstellt. Das Fluchtsymbol hat im Sinne der Kommandosyntax für die Shell die Bedeutung: *Interpretiere das nachfolgende Zeichen nicht!* Es *maskiert* das nachfolgende Zeichen.

Eine Kommandozeile wird in der Regel durch ein Zeilenendezeichen (<cr>) abgeschlossen. Will man nun ein Kommando über mehrere Zeilen schreiben, so muß das Zeilenendezeichen vor der Shell-Interpretation geschützt werden. Dies geschieht, wenn das letzte Zeichen der Zeile (vor dem <cr>) das Fluchtsymbol \ ist.

Will man z.B. eine Datei mit dem (unglücklichen) Namen *a?* löschen, so ist dies mit

rm a\?

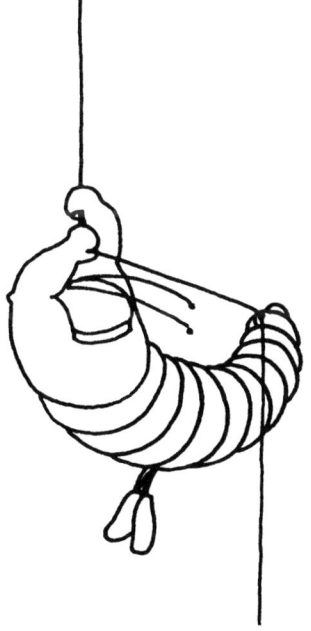

möglich. Die Anweisung »rm a?« hingegen würde alle Dateien löschen, deren Namen mit *a* beginnen und zwei Zeichen lang sind!

Kommen in einem Namen oder in einer Zeichenkette zu viele Metazeichen vor, so ist es in der Regel einfacher, den ganzen Namen in Apostrophzeichen ('...') zu setzen, anstatt alle Metazeichen einzeln zu maskieren. Das Kommando

rm '*?*'

löscht z.B. die Datei mit dem (etwas eigenartigen) Namen ›*?*‹.

3.9 Vordergrund- und Hintergrundprozesse

Bei der bisherigen Art des Programmaufrufs wird von der Shell das aufgerufene Programm jeweils gestartet und auf die Beendigung des gestarteten Kommandos (oder dessen Abbruch durch die Eingabe des <unterbrechung>- oder <abbruch>-Zeichens) gewartet, bevor die Shell das nächste Programm anstößt.

Man kann jedoch auch angeben, daß ein Programm (oder mehrere Programme) gestartet wird und losgelöst im Hintergrund weiterläuft, während die Shell sofort nach dem Programmstart für die nächste Kommandoeingabe im Vordergrund bereit ist, was sie durch das Bereitzeichen anzeigt. Dies geschieht syntaktisch, indem man dem Kommando ein **&** (Ampersand) folgen läßt:

kommando **&**

Die Shell startet dabei das Kommando, gibt eine sogenannte **Prozeßnummer** aus und ist dann bereit, das nächste Kommando entgegenzunehmen. Ein Hintergrundprozeß ist von der Tastatur abgekoppelt und kann daher keine Benutzereingaben mehr entgegennehmen; seine Ausgabe geht jedoch nach wie vor an den Bildschirm.

Die Prozeßnummer oder kurz **PID** (*process identification*) wird vom System vergeben und dient dazu, das Programm oder korrekter den **Prozeß**[1] zu identifizieren. Möchte man sehen, welche eigenen Prozesse aktuell noch laufen (die Shell informiert **nicht** über das Ende eines Hintergrundprozesses), so kann man dies durch das **Prozeß-Status-Kommando ps** tun. Dabei werden

❑ die Prozeßnummer (PID),
❑ die Dialogstation, auf welcher der Prozeß läuft (TTY),
❑ die Zeit, die der Prozeß bisher an CPU verbraucht hat,
❑ die tatsächliche Form des Programmaufrufs

ausgegeben, wie das nachfolgende Beispiel zeigt:[2]

```
1   $find / -name '*.bak' -print > /tmp/alte_dateien &
2   20
3   $ps
4   PID     TTY     TIME    CMD
5   17      tty12   0:10    -sh
6   20      tty12   0:01    find / -name '*.bak' -print
7   21      tty12   0:02    ps
8   $
```

In der ersten Zeile wird dabei das Kommando **find** als Hintergrundprozeß gestartet. In Zeile 2 antwortet dabei das System mit der Ausgabe der Prozeßnummer und bringt

---

1. Ein Programm, das aktuell vom Rechner ausgeführt wird, wird als Prozeß bezeichnet.
2. Das Kommando durchsucht die ganze Festplatte nach Dateien, die auf ›*.bak‹ enden und schreibt sie (mit dem Zeichen ›>‹ zur Ausgabeumlenkung) in die Datei */tmp/alte_dateien*. Ein derartiges Kommando läuft meist mehrere Minuten.

sofort auch wieder die Eingabeaufforderung. Die Zeilen 4 bis 7 zeigen dann die Ausgabe des **ps**-Kommandos. In der ersten Spalte (mit PID überschrieben) werden die Nummern der nachfolgenden Prozesse (hier 17 für **sh**, 20 für **find** und 21 für **ps**) angegeben. Die zweite Spalte (TTY) gibt das Terminal an, von dem aus der Prozeß gestartet wurde. In der Spalte unter TIME wird die vom Prozeß verbrauchte CPU-Zeit und unter CMD die tatsächliche Form des Kommandoaufrufs aufgeführt.

Die Shell als Mutter aller Prozesse

Der erste eigene Prozeß ist dabei die Shell (**sh**), die während einer Sitzung ständig läuft – sie bildet sozusagen den Untergrund, auf dem der Benutzer während seiner Arbeit steht. Zeile 6 zeigt das aufgerufene **find**-Kommando mit den ihm übergebenen Argumenten. Schließlich ist auch das **ps**-Kommando selbst vertreten. Für alle Prozesse ist hier **tty12** als Bildschirm angegeben. Dies steht für das Terminal an der Leitung /dev/tty12 und besagt, daß alle Prozesse von dieser Station aus gestartet wurden.

Die angegebenen Prozesse laufen dabei quasiparallel ab. Eine echte Parallelität ist nur bei einem Mehrprozessorsystem möglich. Die Anzahl der (quasi-)parallelen Prozesse, die ein Benutzer starten kann, ist in einer Systemkonstanten (MAXUP) festgelegt und in der Regel so hoch angesetzt, daß hierdurch keine ernsthafte Beschränkung auftritt. Bei kleinen Systemen, oft bei UNIX auf dürftig ausgestatteten PCs, kann jedoch eine Beschränkung durch die Größe des Hauptspeichers vorliegen. Passen nicht alle gestarteten Prozesse gleichzeitig in den Hauptspeicher, so muß ein Teil der Prozesse auf Hintergrundspeicher (die Festplatte) ausgelagert werden. Man nennt dieses Aus- und spätere Wiedereinlagern *swapping*.

Bei virtuellen Systemen (alle neueren UNIX-Systeme) wird nicht das ganze Programm ausgelagert, sondern nur kleine Teile davon – sogenannte *Seiten* (englisch: *pages*). Hier nennt man das Ein-/Auslagern **Paging**. Muß sehr viel ein- und ausgelagert werden (weil zu viele Prozesse um den Hauptspeicher konkurrieren bzw. dieser zu klein angelegt ist), so ist der dafür notwendige Aufwand erheblich. Im extremen Fall tut das System dann nicht viel mehr als Programme ein- und auszulagern.

Abbruch von Hintergrundprogrammen

Während man ein im Vordergrund ablaufendes Programm mit Hilfe der Tasten <unterbrechung> oder <abbruch>, meist <ctrl-C> abbrechen kann, ist dies bei einem im Hintergrund laufenden Prozeß nicht möglich, da seine Standard-Eingabe nicht mehr mit der Tastatur verbunden ist. Zum Abbruch solcher Prozesse steht das **kill**-Kommando zur Verfügung mit dem Aufruf:

kill prozeß-nummer

Der Prozeß wird daraufhin beendet, ohne daß die Shell dies noch vermelden würde[1]. Mit dem **kill**-Kommando wird genau genommen ein **Signal**, das beim **kill** als Argument mitangegeben werden kann, an das Programm gesendet. Gibt man beim **kill**-Kommando keine Signalnummer an, so wird das Signal <terminiere> mit der internen Nummer 15 an den Prozeß geschickt. Ein Prozeß kann jedoch eine Reihe von Signalen abfangen und selbständig behandeln. Soll sichergestellt werden, daß der Prozeß auf jeden Fall abgebrochen wird, so muß man die erweiterte Form des **kill**-Kommandos verwenden:

kill *−signalnr prozeß-nummer*

und für *signalnr* ›**9**‹ eingeben. Das Signal mit der Nummer 9 kann von keinem Prozeß abgefangen werden und beendet diesen in jedem Fall.

Während ein nicht-privilegierter Benutzer nur seine eigenen Prozesse abbrechen kann, ist der **Super-User** (ein ausgezeichneter Benutzer mit besonderen Privilegien und ohne Zugriffsbeschränkungen) auch in der Lage, beliebige, z.B. auch nicht von ihm gestartete Prozesse, per **kill**-Kommando zu terminieren.

Hat man die Prozeßnummer des abzubrechenden Programms vergessen, so kann man sie sich von dem **ps**-Kommando anzeigen lassen.

Eingabe mehrerer Kommandos in einer Eingabezeile

Bisher wurde in einer Zeile immer nur ein Kommando aufgerufen. Mehrere Kommandos wurden somit durch ein Zeilenende getrennt. Man kann jedoch auch in einer Zeile mehrere Kommandos angeben. Die einzelnen Kommandos werden dabei durch Semikolon ›;‹ getrennt. Die Anweisung

ls /bin > bin.dir ; wc −l < bin.dir

ruft das **ls**-Kommando auf, welches ein Inhaltsverzeichnis des Katalogs */bin* erstellt (in */bin* liegen die meisten der UNIX-Kommandos) und in die Datei *bin.dir* im aktuellen Katalog schreibt. **wc** (*word count*) liest, nachdem **ls** beendet ist, aus dieser Datei, zählt die darin enthaltenen Zeilen (die Option −l besagt, daß nur die Zeilen gezählt werden sollen) und gibt das Ergebnis auf die Dialogstation (Standardausgabe).

Bei einer Kommandoverkettung durch ›;‹ können natürlich mehr als zwei Kommandos verkettet werden. Die Kommandos haben jedoch ansonsten nichts miteinander zu tun und laufen getrennt voneinander ab – so, als wenn statt dem ›;‹ immer ein <cr> eingegeben würde.

Dauert die Ausführung einer Kommandosequenz länger, so möchte man sie in der Regel im **Hintergrund** ablaufen lassen. Da die Kommandos hier aber streng der Reihe nach abgearbeitet werden, bezieht sich ein ›&‹ normalerweise nur auf das letzte Kommando in der Kette. Bei einer Kommandofolge wie:

ls /bin > bin.dir ; wc −l < bin.dir **&**

---

[1]. Korn-Shell und C-Shell informieren im Gegensatz zur Bourne-Shell darüber, daß ein Hintergrundprozeß beendet ist.

3.9 Vordergrund- und Hintergrundprozesse

wird zuerst ›ls /bin > bin.dir‹ ausgeführt, auf dessen Beendigung gewartet und danach das zweite Kommando als Hintergrundprozeß gestartet. Die Shell ist erst danach zur nächsten Eingabe bereit.

Um diese Situation zu ändern, kann man eine solche Sequenz durch Klammern (...) zu einer Gruppe zusammenfassen und sie dann gemeinsam in den Hintergrund stellen. Das obige Beispiel sähe damit so aus:

(ls /bin > bin.dir ; wc –l < bin.dir) **&**

Dabei wird aus der geklammerten Kommandosequenz ein neuer Prozeß (genauer: es wird eine weitere Shell – nur zur Interpretation dieser Kommandosequenz – gestartet). Sofort nach dem Start des Hintergrundprozesses – der seinerseits die beiden Kommandos sequentiell abarbeitet – ist die Shell zur nächsten Eingabe bereit.

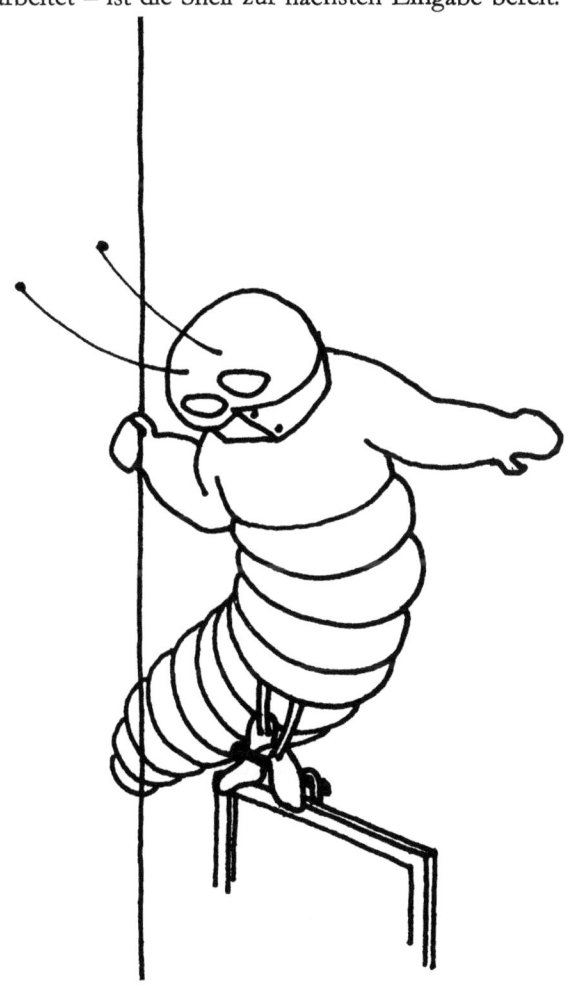

3.10 Fließbandverarbeitung (Pipeline)

In dem letzten Beispiel verarbeitete das Programm **wc** die Ausgabe des direkt vor ihm ablaufenden Programms **ls**. Hierzu mußte das Zwischenergebnis in eine Datei (hier *bin.dir*) geschrieben werden. Da eine solche Situation typisch für viele Aufgaben ist, stellt UNIX hierfür eine elegantere Lösung zur Verfügung. Es erlaubt, die Ausgabe eines Programms sofort zur Eingabe eines nächsten Programms zu machen. Man bezeichnet den dabei verwendeten Mechanismus als *Fließbandverarbeitung*, da hierbei die Information, analog zu einem Fließband, mehrere Bearbeitungen durchläuft. Der dabei verwendete Puffer, den man vereinfacht als effiziente Implementierung einer temporären Datei betrachten kann, wird als **Pipe** (Röhre) bezeichnet. Das Symbol für eine solche Aus- und Eingabeumlenkung über eine Pipe ist der senkrechte Strich ›|‹.[1] Das vorhergehende Beispiel sieht damit wie folgt aus:

ls /bin | wc

Der Vorteil liegt darin, daß keine Zwischendatei angelegt werden muß, die man in der Regel später entfernen muß und damit ein erheblicher Zeitgewinn. Zudem laufen die beiden Programme **ls** und **wc** verzahnt ab. Dabei schreibt das erste Programm in den Puffer der Pipe, bis dieser gefüllt ist. Während das zweite Programm den Puffer leert und die Daten weiterverarbeitet, kann das erste Programm den Puffer mit neuen Daten füllen. Eine solche Sequenz kann auch aus mehr als nur zwei Programmen bestehen.

Durch die Pipe können sehr effizient und modular Programme zu Filterketten zusammengesetzt werden. Dieser Mechanismus ist daher unter UNIX sehr verbreitet. So führen viele UNIX-Programme nur relativ einfache und beschränkte Operationen aus. **wc** ist ein gutes Beispiel hierfür. Durch die Hintereinanderreihung mehrerer solcher Programme können jedoch mächtigere Operationen ausgeführt werden. Man erreicht damit in vielen Bereichen eine hohe Flexibilität.[2]

Programme, welche man normalerweise als einen Baustein in einer Filterkette einsetzt, werden auch als **Filter** bezeichnet, weil sie die Eingabe, die aus einer Pipe kommt, verarbeiten und wieder in eine Pipe ausgeben. Ein solcher Filter liest also seine Eingabe von der Standardeingabe und schreibt seine Ausgabe auf die Standardausgabe.

Ein typischer Filter in diesem Sinne ist das Programm **pr** (*print*), welches die ihm übergebenen Daten in Länge von Druckseiten ausgibt, wobei jede Seite mit einer Seitennummer und optional einer Überschrift versehen wird.

Wollte man ein ausführliches Inhaltsverzeichnis des Katalogs */bin* entsprechend auf den Drucker ausgeben, so könnte dies wie folgt geschehen:

ls –l /bin | pr | lp

---

1. Auf der Bourne-Shell ist statt dem "|" auch das Zirkumflexzeichen "^" möglich.
2. Ein Nebeneffekt, der vor allem auf den kleinen Maschinen wichtig war, auf denen UNIX seinen Ursprung hat, ist der, daß man auf diese Weise mit kleinen Programmen auskommt, die dennoch in ihrer Kombination mächtige und flexible Werkzeuge werden.

3.10 Fließbandverarbeitung (Pipeline)

Das **pr**-Kommando hat folgenden allgemeinen Aufbau:

pr {*–optionen*} {*datei(en)*}

Es gibt die ihm als Parameter übergebenen Dateien seitenweise auf die Standardausgabe aus (für weitere Einzelheiten siehe Abschnitt 5.2.). Werden ihm keine Dateinamen übergeben, so liest es von der Standardeingabe. Gibt man mit **pr** auf einen Bildschirm statt einen Drucker aus, so unterteilt es zwar die Eingabe in einzelne Seiten, hält aber nicht nach jeder Seite an, um dem Benutzer Gelegenheit zu geben, den Seiteninhalt in Ruhe zu lesen. Ein Programm, welches dies erlaubt, ist **pg**. So könnte man die obige Sequenz um einen weiteren Filter erweitern in der Form:

ls /bin | pr –3 | pg

Die Option ›–3‹ bei **pr** besagt, daß in drei Reihen (3-spaltig) ausgegeben werden soll. Nachdem **pg** eine Seite ausgegeben hat, wartet es auf die Eingabe des Benutzers, um die nächste Seite darzustellen. Die Eingabe der Taste <cr> veranlaßt die Ausgabe der nächsten Seite; die Eingabe von **q** beendet die Ausgabe.

Das nachfolgende Beispiel für eine Verarbeitung mit Pipes geht eigentlich in der Verwendung von Kommandos über den Rahmen dieses Kapitels hinaus, aber es zeigt eine typische, beim Formatieren von Texten ständig verwendete Pipe-Sequenz:

tbl textdatei | neqn | nroff –ms | col | lp

Will man unter Standard-UNIX mit zeichenorientierter Oberfläche Texte formatieren und zum Druck aufbereiten, so wird der Text mit Formatieranweisungen (z.B. *Fettdruck, Einrückung, Absatz*) in eine Datei geschrieben (hier: *textdatei*). Diese Datei wird dann vom Formatierer **nroff** verarbeitet. Da in unserem Text jedoch auch Tabellen vorkommen, ist eine Vorverarbeitung durch den Tabellenprozessor **tbl** erforderlich. Kommen neben Tabellen auch Formeln vor, so sind diese durch den Formelprozessor **neqn** zu expandieren. Das Programm **col** entfernt daraus für den Drucker störende Sonderzeichen, und **lp** schließlich gibt das Ergebnis auf den Drucker aus.[1]

lp realisiert einen Mechanismus, den man **Print-Spooling** nennt. Hierbei werden Druckaufträge beliebig abgesetzt und erst der *Print Spooler* (unter UNIX **lp** oder **lpr**) führt die Aufträge (die Druckausgabe) sequentiell aus.

Das Kommando **lp** kann auch mit folgender Syntax

lp {**–d***drucker*} {**–w**} *datei(en)*

als einzelnes Programm zur Druckausgabe von Dateien aufgerufen werden. Durch Angabe der Option **–d***drucker* kann man auf einen anderen Drucker als den Standard-Systemdrucker ausgeben. Bei Angabe der Option **–w** wird der Benutzer mit einer Nachricht am Bildschirm informiert, wenn der Druckauftrag ausgeführt ist.

---

1. Auch die ersten Ausgaben dieses Buches wurden auf diese Weise erstellt und produziert. Erst für die vorliegende 4. Auflage wurde das Material auf ein DTP-System unter einer graphischen Oberfläche umgestellt.

3.11 Kommandoprozeduren

Häufig gibt es ein langes Kommando oder eine Folge von Kommandos, die man immer wieder, unter Umständen mit verschiedenen Parametern, benutzt. Ein Beispiel ist die Sicherung von Daten. Statt diese Kommandozeilen stets wieder neu einzugeben, kann man sie in eine Datei schreiben und die Shell anweisen, die auszuführenden Befehle anstatt vom Bildschirm aus dieser Datei zu lesen. Eine solche Datei mit Anweisungen an die Shell wird als **Kommandodatei, Kommandoprozedur** oder als **Shellskript** bezeichnet.

Dabei können die Kommandos nicht nur der Reihe nach abgearbeitet werden, sonder es steht eine vollständige Programmiersprache mit allen wesentlichen Funktionen zur Verfügung. Shellskripten sind ein sehr gängiges Prinzip unter UNIX und werden zu vielfältigsten Aufgaben verwendet.

Die Ausführung von in einer Datei enthaltenen Kommandos wird durch den Aufruf:

sh *dateiname*

gestartet. Ein Versuch mit dem nachfolgenden Beispiel zeigt dies:

```
$cat > wer_und_wo
who am I
pwd
ls
<eof>
$
$sh wer_und_wo
neuling   tty0  Nov  23  20:23
/home/neuling
datei.1
inhalt
...
$
```

Liest die Kommandos von der Tastatur und schreibt sie in die Datei *wer_und_wo*.

Ende der Eingabe durch <eof>-Taste

Aufruf der Kommandoprozedur
Ausgabe von **who am I**
Ausgabe von **pwd**
Ausgabe des **ls**-Kommandos

...
Bereitschaftszeichen der Shell

Das Kommando »who am I« liefert den Namen des aktuellen Benutzers, das **pwd**-Kommando den Namen des aktuellen Arbeitskatalogs, und **ls** erstellt ein Inhaltsverzeichnis dieses Katalogs.

Verleiht man der Kommandodatei das Dateiattribut **ausführbar** (*executable*), so kann man danach die Kommandoprozedur wie ein Programm oder Kommando direkt aufrufen, d.h. ohne ein vorangestelltes **sh**.

Das Attribut **ausführbar** erhält die Datei durch das Kommando

chmod +x *datei*

3.11 Kommandoprozeduren

In unserem Beispiel wäre dies:

```
$chmod +x wer_und_wo
$wer_und_wo
...
```

Kommandoprozeduren kann man wie andere Programme auch **parametrisieren**. Beim Aufruf der Kommandoprozedur gibt man, wie bei den meisten UNIX-Kommandos, hinter dem Prozedurnamen die einzelnen Parameter an. Innerhalb der Kommandoprozedur stehen diese Parameter unter den Namen

$1   für den 1. Parameter,
$2   für den 2. Parameter,
           ...
$9   für den 9. Parameter

zur Verfügung. Es sind natürlich nur so viele Parameter definiert, wie auch beim Aufruf der Kommandoprozedur mitübergeben wurden. In ›**$0**‹ steht immer der Name der Kommandoprozedur selbst.

Das Pipe-Beispiel sähe als Kommandoprozedur in einer Datei damit wie folgt aus:

   ls $1 | pr –3 | pg

Steht dies in der Datei *liste* und ist diese (nach *chmod +x liste*) ausführbar, so liefert der Aufruf

   liste /etc

ein Inhaltsverzeichnis des im Aufruf angegebenen Katalogs (hier */etc*). Hier wird für **$1** durch die Shell der erste Parameter des Aufrufs (hier */etc*) eingesetzt.

Weitere praktische Prozeduren wären das **ll**-Kommando, soweit dies nicht bereits im System definiert ist. Das Kommando ll soll dabei wie ls arbeiten, jedoch ein ausführliches Listing produzieren. Dies wird z.B. mit folgender Sequenz in der Datei *ll* produziert:

   ls –l $*

Der Parameter ›**$***‹ sorgt dabei dafür, daß alle beim Aufruf übergebenen Parameter an das **ls**-Kommando weitergereicht werden. Mit »**chmod a+x ll**« wird danach die Datei als ausführbar für alle gesetzt und kann nun als Variante des **ls**-Kommandos aufgerufen werden.

Das nachfolgende Beispiel ist eine kurze Kommandoprozedur zum Sichern von angegebenen Dateien auf eine Diskette. Das Shellskript steht in der Datei *sichere*:

```
$ cat sichere                              Ausgeben am Bildschirm
echo "Bitte eine Diskette einlegen: \c"    Aufforderung an den Benutzer
read NIX                                   Warten auf Eingabe von <cr>
format /dev/rfd0                           Formatieren der Diskette
tar cvf /dev/rfd0 $*                       Beschreiben der Diskette
echo "$* wurde auf Diskette gesichert"     Meldung an den Benutzer
$
$ sichere texte                            Aufruf des Shellskripts zum Sichern
...    ...                                 des Katalogs (oder der Datei) texte
```

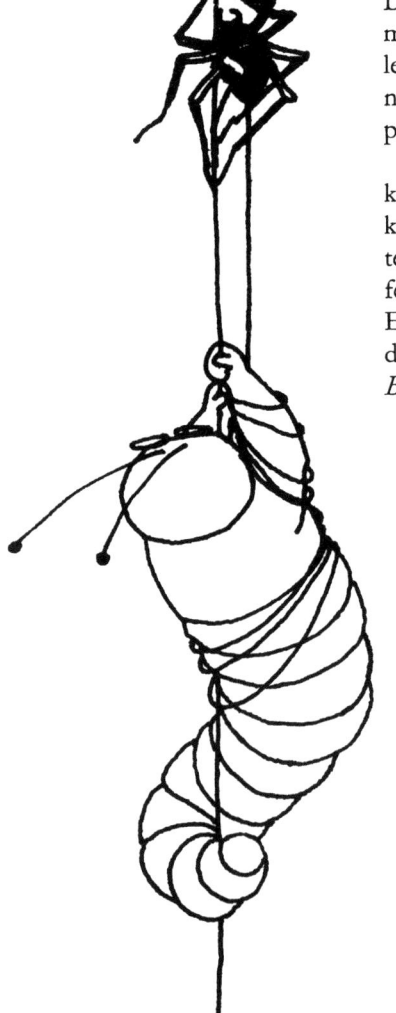

Dieses kleine und noch an einigen Stellen unvollkommene Shellskript soll nur andeuten, welche prinzipiellen Möglichkeiten damit gegeben sind. Es ist auch nicht gedacht, daß der unerfahrene Benutzer Shellprogramme schreibt.

Die Kommandosprache der Shell ist in Wirklichkeit weit mächtiger als dies bisher gezeigt wurde. So kennt die Shell einfache Variablen, Schleifen, bedingte Ausführungen, Schachtelung von Prozeduraufrufen, Funktionen, Fehlerbehandlung und komplexe Ersetzungsmechanismen. Diese Möglichkeiten sind detailliert in Kapitel 7 unter dem Thema »*Die Shell als Benutzeroberfläche*« zu finden.

3.12 Texteingabe, Editieren

Will man Textdateien erstellen oder bereits vorhandenen Text ändern, so wird man dazu in aller Regel einen Editor benutzen. Unter UNIX sind dabei eine ganze Reihe von Editoren vorhanden. Das Standard-Paket umfaßt drei Editoren:

- ❑ den interaktiven zeilenorientierten Editor **ed**,
- ❑ den interaktiven Bildschirmeditor **vi**,
- ❑ den nicht-interaktiven Editor **sed** (*stream editor*).

Daneben werden unter UNIX von anderen Anbietern eine große Anzahl zusätzlich zu erwerbender[1] Editoren angeboten, wie z.B. den **emacs**, der erweiterbar ist, da er als Makrosprache einen LISP-Dialekt verwendet. Emacs ist wegen seiner enormen Leistungsfähigkeit und Konfigurierbarkeit sehr populär, jedoch nicht im Standardlieferumfang von UNIX enthalten.

Editoren versus Textsysteme

Wenn hier von Editor bzw. Text-Editor die Rede ist, so ist damit immer ein Werkzeug zum Erstellen und Ändern von reinen ASCII-Texten gemeint. ASCII-Texte enthalten nur Textzeichen, keine Sonderzeichen für Formatierung (Blocksatz, rechtsbündig) oder Schriftattribute (fett, kursiv) – Texteditoren kennen also derartige Einstellmöglichkeiten nicht. Solche Editoren verwendet man heute unter UNIX für

- ❑ die Bearbeitung von Konfigurationsdateien,
- ❑ das Verfassen von elektronischer Post und
- ❑ in der Programm-Entwicklung.

Lange Zeit wurde unter UNIX mit derartigen Texteditoren jedoch auch Dokumentation und Korrespondenz geschrieben, formatiert und produziert. Hierzu stellte man spezielle Anweisungen in den Text (sog. *Makros*) und verarbeitete die Datei anschließend mit einem Formatierprogramm (**troff, nroff, tex**).[2] Das Endergebnis entspricht dem moderner Satzsysteme, der Nachteil und wohl auch Grund für die heute seltenere Verwendung ist die wenig intuitive Bedienung und die Kontrollmöglichkeit erst im Ausdruck.

Im Gegensatz hierzu stehen Textsysteme bis hin zu DTP-Systemen, mit denen Formatierung und Textauszeichnung bis hin zu Graphikverarbeitung direkt am Bildschirm möglich ist. Heute werden unter UNIX nahezu ausschließlich derartige Programme für die Textproduktion und Büro-Verwaltung eingesetzt – sie sind jedoch nicht im Lieferumfang eines UNIX-Systems enthalten. Diese Textsysteme legen ihre Dateien normalerweise nicht im ASCII-Format, sondern in einem internen Dateiformat ab, das von anderen Programmen nicht gelesen werden kann. Aus diesem

---

1. *Erwerben* kann hier auch als *beschaffen* verstanden werden: Eine Reihe sehr leistungsfähiger Editoren ist über das Internet und CD-ROM-Sammlungen frei verfügbar.
2. Die ersten drei Auflagen dieses Buches wurden mit **nroff** verfaßt und formatiert. Siehe hierzu auch Seite 59.

Grund sind Textsysteme weniger geeignet, Konfigurationsdateien zu bearbeiten, elektronische Post zu verfassen oder Programme zu entwickeln.

Texte erstellen

UNIX-Systeme mit graphischer Oberfläche bieten oft einen einfachen, direkt über die graphische Oberfläche zu bedienenden Editor mit einfacher Menü- und Mausunterstützung, etwa **xedit**. Diese konnten sich jedoch aufgrund ihrer eingeschränkten Leistungsfähigkeit noch nicht in weiteren Kreisen durchsetzen und sind meist auch von Hersteller zu Hersteller unterschiedlich.

An dieser Stelle soll daher mit dem in jedem UNIX-System vorhandenen **vi**-Editor gearbeitet werden. Gezeigt wird dabei ein sehr kleines aber in vielen Fällen ausreichendes Spektrum des Editors. Eine ausführlichere Beschreibung der Editoren erfolgt in Kapitel 6.

Der Editor **vi** arbeitet nicht direkt auf einer Datei, sondern hält den editierten Text intern in einem Arbeitsspeicher. Da der Editor ausschließlich über die Tastatur bedienbar ist, müssen die Tasten sowohl für die Texteingabe wie auch für die Textbearbeitung verwendet werden können. Der vi kennt daher zwei Grundzustände:

- den Kommandomodus und
- den Eingabemodus

und zwingt den Benutzer zum dauernden hin- und herschalten zwischen diesen beiden Modi, eine Tätigkeit, die bei einem ungeübten Benutzer gelegentliche Unmutsäußerungen provozieren kann. Der normale Modus ist der Kommandomodus: In diesen Modus wird der vi immer durch Drücken der Taste <esc> versetzt. Zum Wechsel in den Einfügemodus stehen eine ganze Reihe von Tasten (etwa a, i, A, I, o, O, s, u.v.m.) zur Verfügung,

Nachfolgend wird eine kleine Textdatei erstellt, die hinterher mit elektronischer Post (mail) versandt werden kann. Der Name der Textdatei sei *erste_post*. Der Aufruf des **vi** erfolgt dann mit:

$ vi erste_post   Aufruf des Editors

vi ist Bildschirm-Editor, er nimmt z.B. für die Darstellung den ganzen Bildschirm ein. Es ist keinerlei Dekoration am Bildschirm zu sehen, keine Menüs, keine Funktionstastenleiste. Am linken Bildschirmrand sind Tildezeichen als Signal für unbeschriebene Zeilen. In der letzten Zeile steht (nach dem Aufruf) der Dateiname und der Hinweis, daß es sich um eine neue Datei handelt ([New file]).

Zu Anfang (also auch in obigem Beispiel) befindet er sich im Kommandomodus. In den Eingabemodus kommt man über eines der Kommandos:

i   zum Einfügen (englisch: *insert*)
a   zum Anfügen (englisch: *append*)

3.12 Texteingabe, Editieren

Der **vi** nach dem Aufruf, hier auf einem Bildschirm mit 18 Zeilen

Im Eingabemodus kann man so lange Text eingeben, bis die Taste <esc> gedrückt wird. Am Zeilenende sollte <cr> gedrückt werden, da vi nicht automatisch in die nächste Zeile umbricht[1]. Korrekturen der Eingabe können, ohne den Eingabemodus zu verlassen, durch die Taste <backspace> durchgeführt werden. Sichtbar werden diese Korrekturen jedoch erst nachdem mit der Taste <esc> in den Kommandomodus gewechselt wurde.

Wechsel in den Einfügemodus mit **i** und Eingabe des Textes

---

1. Wenn Sie dennoch den Eindruck haben, daß am Zeilenende automatisch in die nächste Zeile gewechselt wird, so kommt das daher, daß der Bildschirm von sich aus diesen Zeilenwechsel vornimmt. Der vi (und damit auch Ihre Datei) weiß davon nichts.

In dem oben eingegebenen Text sind einige Veränderungen nötig:
- In der ersten Zeile ist ›Kollege‹ mit kleinem ›k‹ geschrieben.
- In der dritten Zeile soll ›dies‹ durch ›hier‹ ersetzt werden.
- In der fünften Zeile soll ›Ü‹ durch ›Ue‹ ersetzt werden, da Mail-Programme unter UNIX oft mit den deutschen Umlauten nicht zurecht kommen.
- Die letzte Zeile mit unbrauchbaren Zeichen soll komplett gelöscht werden.
- Über der dritten Zeile soll noch eine Zeile eingefügt werden.

Diese Änderungen sollen nun vorgenommen werden.

Alle Änderungen werden ausgehend vom Kommandomodus durchgeführt – zunächst muß also durch die Taste <esc> wieder in diesen Modus gewechselt werden.

Als nächstes muß die Schreibmarke in die erste Zeile positioniert werden. Wie für nahezu alles im **vi** gibt es hierzu mehrere Möglichkeiten:

❑ Das Kommando **1G** positioniert auf die erste Zeile (oder jede andere Zeile, deren Nummer vor dem G angegeben wird).

❑ Das Kommando **k** bewegt die Schreibmarke um eine Zeile nach oben.

❑ Die Pfeiltasten bieten (meist) ebenfalls die Möglichkeit der Positionierung der Schreibmarke. Die Pfeiltasten werden nicht direkt durch den **vi** verarbeitet, sondern sind über sogenannte Tastaturmakros auf die **vi**-internen Kommandos (h j k l) zur Positionierung der Schreibmarke abgebildet.

In der ersten Zeile wird nun, entweder mit den Pfeiltasten oder mit den Tasten **h** (nach links) oder **l** (nach rechts) auf das falsch geschriebene ›k‹ positioniert.

Steht die Schreibmarke auf dem ›k‹, reicht ein Druck auf die Taste ~, um aus dem kleinen Buchstaben einen großen zu machen.

Als nächstes wird mit den oben beschriebenen Möglichkeiten in die dritte Zeile gewechselt, um dort ›dies‹ durch ›hier‹ zu ersetzen. Hierzu muß auf das erste Zeichen des zu ersetzenden Wortes positioniert werden.

Auch für das Ersetzen des Wortes gibt es wieder mehrere Möglichkeiten:

❑ Wort zeichenweise löschen: Durch die Taste
x
wird das Zeichen unter der Schreibmarke gelöscht. Viermaliges Betätigen (oder einfach 4x) löscht das Wort ›dies‹.

3.12 Texteingabe, Editieren

❏ Wort löschen: Durch die Tasten
dw
(*delete word*) wird von der aktuellen Position bis zum Ende des Wortes gelöscht. Steht die Schreibmarke auf dem ersten Zeichen des Wortes, wird das ganze ›dies‹ gelöscht.

❏ Einfügen des neuen Wortes: Wurde das alte Wort gelöscht, so muß nun das neue Wort eingefügt werden. Hierzu wird mit
i
(*insert*) in den Einfügemodus an der aktuellen Schreibposition gewechselt und das Wort ›hier‹ eingegeben, eventuell gefolgt von einem Leerzeichen. Anschließend wird mit <esc> wieder in den Kommandomodus gewechselt.

❏ Wort ersetzen: Die eleganteste Möglichkeit ist, das Wort in einem Zug zu ersetzen. Hierzu wird, mit der Schreibmarke auf dem ersten Zeichen des Wortes, durch die Tasten
cw
(*change word*) das gesamte Wort zum Verändern markiert, was durch das Zeichen $ am Ende des markierten Bereiches angezeigt wird. Gleichzeitig wird hierdurch in den Einfügemodus gewechselt. Nun kann das neue Wort ›hier‹ eingegeben werden. Abschließend wird der Einfügemodus durch <esc> wieder verlassen.

Die nächste Änderung bezieht sich auf das ›Ü‹ in der fünften Zeile, das durch ein ›Ue‹ ersetzt werden soll.[1] Nachdem auf das ›Ü‹ positioniert wurde, könnte nun wieder durch x das Zeichen gelöscht, mit i in den Einfügemodus gewechselt und das neue Zeichen eingegeben werden. Einfacher geht es durch das Kommando

s

(*substitute*), mit dem ein Zeichen durch beliebig viele neue ersetzt werden kann. Auch **s** wechselt in den Einfügemodus, so daß anschließend durch <esc> wieder in den Kommandomodus gesprungen werden sollte.

Als nächstes wird die letzte Zeile gelöscht, wofür zuvor dorthin positioniert werden muß. Am schnellsten geht dies durch **G**. Wie schon erwähnt, positioniert **G** mit einer Zahl davor auf eine beliebige Textzeile – ohne Angabe eines Zählers wird immer auf die letzte Zeile positioniert. Gelöscht wird die Zeile dann durch das *delete*-Kommando

dd

Schließlich wird nun noch eine neue Zeile über der dritten Zeile eingefügt. Nachdem (mit **3G** oder Pfeiltasten oder mehrmaligem Betätigen der Taste **k**) auf die dritte Zeile positioniert wurde, wird dort durch

O

(*open*) eine neue Zeile über der aktuellen Zeile eröffnet und gleichzeitig in den Einfügemodus gewechselt. Mit dem kleinen o geschieht genau das Gleiche unter der

---

1. Ist der **vi** nicht auf 8-Bit-ASCII bzw. ISO 8859/1-Code eingestellt, so lassen sich damit keine Umlaute oder das ß eingeben. Fragen Sie hierzu Ihren Systemverwalter.

aktuellen Zeile. In dieser Zeile kann nun Text eingegeben werden, etwa: »Ich fange gerade an, mich mit UNIX zu beschäftigen«. Danach wird mit <esc> in den Kommandomodus gewechselt.

Jetzt ist es nur noch nötig, den Text abzuspeichern und **vi** wieder zu verlassen. Auch hierfür gibt es mehrere Möglichkeiten – alle natürlich vom Kommandomodus aus:

- Durch
  ZZ
  wird der aktuelle Text in der Datei abgespeichert und der Editor verlassen.

- Mit
  :w
  wird der aktuelle Text in der Datei abgespeichert, der Editor jedoch nicht verlassen. Mit dem Kommando : (Doppelpunkt) wird eine Kommandozeile in der letzten Zeile des Bildschirms eröffnet, in der noch sehr viele andere **vi**-Kommandos möglich sind.

- Soll der Text verlassen werden, ohne ihn abzuspeichern, so gibt es hierfür das Kommando
  :q!
  Wird das Ausrufezeichen nicht angegeben, so warnt vi, daß der Text noch nicht abgespeichert wurde und läßt die Beendigung nicht zu.

- Gleichbedeutend mit dem Kommando ZZ ist das Kommando
  :wq
  mit dem ebenfalls der vi verlassen und der Text in der aufgerufenen Datei abgespeichert werden kann.

Mit diesem Repertoire ist der Benutzer bereits in der Lage, einfache Dateien zu editieren. Diese paar Kommandos zeigen nur einen kleinen Ausschnitt aus der Bedienung und der Leistungsfähigkeit des vi. Eine ausführliche Beschreibung des vi ist in Kapitel 6.2 zu finden.

Der Inhalt der soeben erstellten Datei kann nun mit elektronischer Post an einen anderen Benutzer (etwa an *wunix*) versandt werden.

```
$ mail wunix < erste_post
$
```
Aufruf des Mail-Kommandos

Dem **mail**-Kommando wird beim Aufruf der Name des Empfängers (dessen Benutzername, so wie ihn das System kennt) als Argument mitgegeben. Wird dann gleich <cr> gedrückt, dann liest **mail** seine Eingabe, also den Text der Nachricht, von der Tastatur. In unserem Beispiel hier existiert dieser Text aber bereits in der Datei *erste_post*. Diese braucht nur noch hinter dem Zeichen für Eingabe-Umlenkung (<) angegeben werden, um den Inhalt der Datei direkt dem Mail-Kommando zuzuführen.

3.13 Online-Hilfen

Leider sind die Fehlermeldungen der meisten UNIX-Programme – und hierzu gehört auch die Shell – recht spärlich.

Eine gewisse, wenn auch knappe und trockene Hilfe wird durch die **Online Manuals** bereitgestellt. Das UNIX-System stellt dabei den Inhalt des UNIX-Manuals Volume I auf dem Rechner (online) zur Verfügung, so daß der Benutzer diese Information jederzeit abrufen, d.h sich ausgeben lassen kann. Dieser Abruf erfolgt über das Kommando **man**. Die (vereinfachte) Syntax des **man**-Kommandos lautet:

man {kapitel} titel

Die Angabe des Parameters *kapitel* ist hier optional. Es kann eine Ziffer von 1 bis 8 eingegeben werden. Sie spezifiziert, in welchem Kapitel des Manuals nach der Beschreibung des mit *kapitel* angegebenen Kennwortes gesucht werden soll. Die Unterteilung des Manuals entspricht dabei der gedruckten Standard-UNIX-Dokumentation. Diese ist in 8 Kapitel unterteilt:

1 Benutzerkommandos (Utilities)

2 Systemaufrufe (im C- und Assemblerformat)

3 C-Bibliotheksroutinen

4 Beschreibung der Gerätetreiber und Geräte-Charakteristika

5 Formate spezieller Dateien

6 Spiele[1]

7 Tabellen (z.B.: ASCII-Code, **ms**-Makros)

8 Systemverwaltung

Gibt man den Parameter *kapitel* nicht an, so werden alle Kapitel nach dem Titel-Stichwort durchsucht und entsprechend ausgegeben. Der Parameter *titel* gibt das Kommando, den Systemaufruf oder ein anderes Stichwort an, dessen Beschreibung ausgegeben werden soll. Der Aufruf

man ls

z.B. liefert die Information zum **ls**-Kommando. Sehr empfehlenswert ist auch, beispielsweise mit man sh die Informationen zur Shell selbst abzurufen.

»**man chmod**« würde sowohl die Beschreibung zum **chmod**-Kommando als auch die des **chmod**-Systemaufrufs ausgeben. Wollte man nur die Beschreibung des Systemaufrufs sehen, so müßte man das Kommando **man** mit

man 2 chmod

aufrufen.

---

1. Meist nicht sehr ergiebig.

Die einzelne Beschreibung selbst untergliedert sich in mehrere Abschnitte und hat folgenden allgemeinen Aufbau:

NAME:	Name des Kommandos oder Aufrufs mit einer knappen Funktionsangabe
SYNOPSIS:	Hier ist die Syntax des Kommandos angegeben. Bei Systemaufrufen wird hier auch der Parametertyp spezifiziert.
DESCRIPTION:	Hier ist die eigentliche ausführliche Beschreibung des Kommandos mit allen Optionen zu finden.
FILES:	Dateien, welche von dem Kommando verwendet werden
SEE ALSO:	Verweise auf Kommandos mit ähnlicher oder ergänzender Funktion
DIAGNOSTICS:	kurze Erklärung der möglichen Fehlermeldungen
BUGS:	Hier werden bekannte Fehler, Inkonsistenzen oder Probleme bei dem beschriebenen Aufruf aufgeführt.
EXAMPLE:	Hier sind – leider nur in wenigen Fällen – Beispiele zum Aufruf des Kommandos aufgeführt.

usage-Meldungen

Eine einfache, aber dennoch oft ausreichende Unterstützung für die syntaktisch korrekte Anwendung von Kommandos bieten die **usage**-Meldungen, die von nahezu allen UNIX-Kommandos bei falschem Aufruf ausgegeben werden. Diese Meldungen bestehen meist nur aus einer Zeile, in der aber die komplette Aufrufsyntax untergebracht ist.

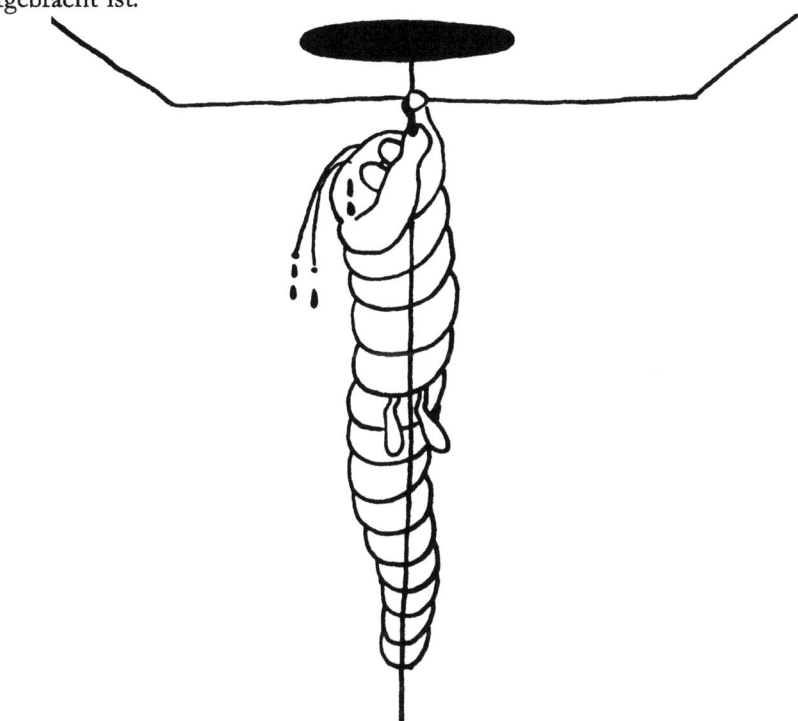

Da diese Meldung nur bei einem fehlerhaften Aufruf eines Kommandos ausgegeben wird, muß ein solcher Fehler provoziert werden, um die **usage**-Meldung angezeigt zu bekommen. Am einfachsten geschieht dies durch Angabe eines Parameters wie -? oder -Z, wie er bei kaum einem Kommando tatsächlich vorkommt.

Will man etwa die **usage**-Meldung von ls erhalten, so behilft man sich mit einem Aufruf wie folgt:

```
$ ls -?
ls: illegal option -- ?
usage: ls -1RaAdCxmnlogrtucpFbqisfL [files]
$
```

provozierter Fehl-Aufruf
Ausgabe einer Fehlermeldung
Ausgabe der **usage**-Meldung

Die **usage**-Meldung zeigt alle korrekten und zulässigen Optionen zu einem Kommando und alle prinzipiell möglichen Argumente und Dateien an. Dies ist oft schon ein Grund, sich hiermit einen schnellen Überblick über die Verwendung eines Kommandos zu holen.

whatis, apropos

Einen ersten Überblick, welche Kommandos für welchen Zweck zuständig und verfügbar sind, bieten die beiden Programme **whatis** und **apropos**. whatis wird aufgerufen mit dem Namen eines Kommandos und gibt kurz aus, welche Aktionen dieses Kommando ausführt. Am Beispiel ls kann dies so aussehen:

```
$ whatis ls
ls                      ls (1) - list contents of directory
$
```

Das Kommando **apropos** wird mit einem beliebigen Schlagwort aufgerufen und gibt dann eine Liste von Kommandos aus, die mit diesem Schlagwort in Verbindung gebracht werden können.

Hypertext-Hilfesysteme

Mit Einführung graphischer Oberflächen unter UNIX entstanden auch zunehmend weitaus umfangreichere, informativere und leistungsfähigere Systeme, die Dokumentation online zur Verfügung stellen und einfach zu bedienen sind.

Diese Systeme sind meist nach dem Hypertext-Prinzip aufgebaut, das am Bildschirm in einem sog. Viewer ein Übersichtsdokument anzeigt, und das es ermöglicht, mit der Maus auf bestimmte Stichwörter zu klicken und daraufhin nähere Informationen darüber zu bekommen. Auf diese Weise ist es möglich, sich durch vielerlei Informationen zu suchen.

Derartige Hypertext-Hilfesysteme sind weder im inhaltlichen Aufbau noch in der Bedienung und im Dateiformat standardisiert, so daß im Moment noch auf jedem UNIX-System ein anderes graphisches Hilfesystem verfügbar ist.

Daneben existieren jedoch auch auf jedem UNIX-System die standardisierte Möglichkeit, Informationen über das man-Kommando zu erhalten.

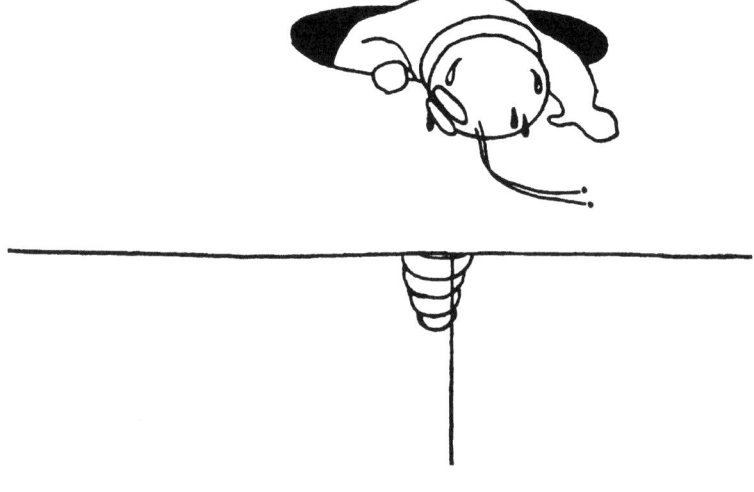

Das Ende vom Anfang

Sie haben nun eine Reihe wichtiger Aspekte und Möglichkeiten des UNIX-Systems kennengelernt und sollten damit in der Lage sein – unter Umständen auch durch etwas Ausprobieren –, die zahlreichen weiteren Kommandos des Systems anhand der knappen Beschreibung in Kapitel 5 benutzen zu können. Der nächste Schritt ist das Beherrschen eines Editors. Dieser sollte auf jeden Fall durch Ausprobieren und praktische Übung erarbeitet werden.

4 Konzepte und Begriffe

Dieses Kapitel geht über die Einführung von Kapitel 3 hinaus und erläutert für die wichtigsten Bereiche Konzepte und Nomenklatur des UNIX-Systems. Es versucht, Informationen, die in der Standard-UNIX-Dokumentation teilweise nur verstreut zu finden sind, kompakt und zusammenhängend darzustellen. Dabei lassen sich Wiederholungen nicht ganz vermeiden, weil zuweilen die gleiche Information beim Kommando und in der Übersicht auftritt.

Einige Begriffe werden verwendet, wie sie sonst im deutschen EDV-Wortschatz nicht vorkommen. So wird z.B. das Wort *mounted* mit *montiert* übertragen. Die Autoren sind mit einigen solcher Übersetzungen selbst nicht zufrieden, wollten jedoch nicht auf umständliche Umschreibungen wie ›*in den Systemdateibaum eingehängt*‹ für *mounted* ausweichen.

Eine Reihe der nachfolgend beschriebenen Details sind nicht der Standard-UNIX-Dokumentation (System V.4) entnommen, sondern stammen aus anderen UNIX-Beschreibungen (siehe hierzu auch die Literaturliste am Ende des Buches). Auf Grund von Differenzen in der Implementierung der einzelnen UNIX-Systeme kann es zu geringfügigen Abweichungen zwischen der in diesem Buch gegebenen Erklärung und Optionen und der Realisierung im System des Lesers kommen.

An einigen Stellen wurden bei der Beschreibung Vereinfachungen vorgenommen, soweit sie der Verständlichkeit dienen. Es wird dann durch Bemerkungen wie ›*in der Regel ist ...*‹ darauf hingewiesen.

4.1 Benutzer und Benutzerumgebung

4.1.1 Der Zugang des Benutzers zum System

Um am System arbeiten zu können, muß sich der Benutzer bei ihm anmelden. Dies geschieht mit Hilfe des **login**-Verfahrens unter Angabe eines Namens (für das System der *Benutzername* bzw. die sogenannte *Benutzeridentifikation*) und eines Paßwortes.

Der Name – der nicht mit einem Großbuchstaben beginnen sollte – muß dem System zuvor einmal durch einen privilegierten Benutzer (den Systemverwalter als *Super-User*) bekannt gemacht werden. Hierzu wird der Name des Benutzers (maximal acht Buchstaben) zusammen mit der *Benutzernummer*, der *Gruppennummer* des Benutzers sowie dem *Standardkatalog des Benutzers* in die Paßwortdatei (*/etc/passwd*) eingetragen.

Zu diesen Einträgen gehört auch das Programm, das nach dem Anmelden automatisch gestartet wird. Nahezu immer ist dies eine Shell, die dann – abhängig von der Konfiguration – eine graphische Oberfläche hochfährt. Meldet sich der Benutzer danach zum ersten Mal an, so besitzt er möglicherweise noch kein Paßwort. Er kann dies dann dem System durch den Aufruf des Kommandos **passwd** mitteilen. Das Paßwort wird nun in kodierter Form in die Paßwortdatei eingetragen.

Beim Paßwort versucht UNIX, sichere, d.h. minimal sechs Zeichen lange Paßwörter zu erzwingen. Der Eintrag eines Paßwortes ist nicht in allen Systemen unbedingt notwendig, sondern wird nur empfohlen.[1] Ein Ändern des Paßwortes ist nur durch den Benutzer selbst oder durch den Super-User möglich (ebenfalls durch das Kommando **passwd**). Vergißt ein Benutzer sein Paßwort, so muß der Super-User ihm vorübergehend ein neues geben; das alte Paßwort läßt sich in keiner Weise und durch keinen Benutzer abfragen oder rekonstruieren.

---

1. Einige Systeme erzwingen das sofortige Setzen eines Paßwortes beim ersten Anmelden. Der Benutzer muß dann dazu nicht explizit das **passwd**-Kommando aufrufen.

Das System selbst unterscheidet drei Arten von Benutzern:

❑ den normalen Benutzer,
❑ den Super-User,
❑ spezielle Administrationsbenutzer (*V.4*).

Der *Super-User* zeichnet sich dadurch aus, daß für ihn die normalen Schutzmechanismen, z.B. bezüglich der Zugriffsrechte auf Dateien, nicht gelten. Er ist in der Lage, alle Dateien und Kataloge zu lesen, zu modifizieren, zu löschen und deren Attribute zu ändern. Der Name des Super-Users ist *root*. Er ist (Abweichungen sind möglich) auch als Besitzer des Katalogs an der Systemwurzel (*root directory*) der meisten Geräteknoten im Katalog /dev sowie der Kataloge /bin, /etc und /usr eingetragen. Daneben ist er der Besitzer der Paßwortdatei /etc/passwd und als einziger berechtigt, darin zu editieren.

Darüber hinaus muß er als Besitzer aller Programme eingetragen sein, die kontrollierte Modifikationen an seinen wichtigen Systemverwaltungsdateien vornehmen. In diesen Programmen ist dann das *Set-UID-Bit* an Stelle des **x**-Rechtes gesetzt (s. hierzu Abschnitt 4.3.1 auf S. 130).

Aus Sicherheitsgründen sollte der Super-User stets ein Paßwort besitzen! Auch Benutzer des Systems, die als Systemverwalter fungieren, sollten den Super-User-Status nur dann benutzen, wenn es für Verwaltungsarbeiten notwendig ist.

Mit System V.4.2 wurden abgestufte bzw. individuell vergebbare Rechte eingeführt. Sie gestatten gewisse administrative Aufgaben – etwa das Einrichten eines weiteren Benutzers – auch durch spezielle andere Benutzer ausführen zu lassen.

4.1.2 Benutzernummer, Gruppennummer

Sein *Super-User-Privileg* erhält der Super-User lediglich durch die Benutzernummer **0** im Eintrag der Datei /etc/passwd.

Von dieser privilegierten Benutzernummer 0 abgesehen, gibt es bis zu System V.4 keine weitere Festlegung bezüglich Benutzernummern und Benutzerprivilegien. Außer dem Super-User sind damit alle Benutzer gleichberechtigt. An vielen Installationen existieren zwar Konventionen bezüglich der Vergabe von Benutzernummern;[1] diese haben jedoch vom Systemkern aus gesehen keine Bedeutung.

Die *Benutzernummer*, auch als UID (***User Identification***) bezeichnet, ist immer eindeutig, d.h. nur einmal vorhanden und stellt die eigentliche, systeminterne Identifikation eines Benutzers dar.

Neben der Benutzernummer besitzt jeder Benutzer und alle Dateien eine *Gruppennummer*. Diese erlaubt es, mehrere Benutzer zu einer Gruppe mit gesondert vergebbaren Zugriffsrechten zusammenzufassen. Die Gruppennummer wird unter UNIX auch mit GID (***Group Identification***) abgekürzt.

Neuere UNIX-Systeme halten die Benutzerpaßwörter nicht mehr in der – allgemein lesbaren – Paßwort-Datei /etc/passwd, sondern benutzen dazu eine Schattendatei (/etc/shadow), die nur durch den Benutzer *root* lesbar ist. Hier steht dann in

---
1. Z.B. systemnahe Arbeiten unter den Benutzernummern 1-10, normale Benutzer ab 100.

/etc/passwd statt des verschlüsselten Benutzerpaßwortes lediglich ein ›x‹. Einträge und Änderungen in der Schattendatei könnten zwar vom Systemverwalter prinzipiell auch über einen Editor vorgenommen werden, sollten aber dennoch aus Konsistenzgründen nur über spezielle Administrationskommandos durchgeführt werden. Damit nicht für jede Rechteüberprüfung auf die Dateien zugegriffen werden muß, baut V.4 eine Hilfsdatenbank hierzu auf, die zusätzlich im Systemspeicher gepuffert gehalten wird.

System V.4 bietet einen Paßwort-Alterungsmechanismus, der es erlaubt, daß der Benutzer nach einer vorgebbaren Benutzungsdauer sein Paßwort ändern muß.[1] Er wird dazu zuvor darauf hingewiesen.[2] Dieser Mechanismus erlaubt in sicherheitsrelevanten Umgebungen die Paßwortsicherheit durch einen ständigen Wechsel zu erhöhen. Zugleich verursacht dies jedoch einen erheblich höheren Verwaltungsaufwand, da nach dem Ablauf des Paßwortes nur noch der Systemverwalter den Benutzerzugang freigeben kann. Fraglich ist auch, ob durch ständige erzwungene Paßwort-Änderungen die Sicherheit tatsächlich erhöht wird: Dies führt oft nur dazu, daß der Benutzer sich sein aktuelles Paßwort nicht merken kann und es sich daher schriftlich notiert – eine Todsünde in sicherheitsrelevanten Umgebungen.

Analog zur Datei /etc/passwd, in der für jeden Benutzer ein Paßwort eingetragen werden kann, gibt es eine Datei /etc/group, in der die Benutzergruppen mit ihren Mitgliedern und Paßwörtern verzeichnet sind. In dieser Datei wird nach dem Gruppennamen gesucht, wenn dieser vom System benötigt wird (z.B. bei ›ls -l‹). Systemintern ist der Benutzer immer nur unter seiner Benutzer- und Gruppennummer bekannt. Abhängig von System und Konfiguration kann ein Benutzer zugleich Mitglied mehrerer Gruppen sein.

Den Benutzern der gleichen Gruppe können gewisse Privilegien bezüglich des Zugriffs auf gemeinsame Dateien erteilt werden.[3] Wird von einem Programm (z.B. ›ls -l ...‹) statt eines Benutzernamens oder Gruppennamens eine Benutzernummer oder Gruppennummer ausgegeben (beispielsweise nach Einspielen fremder Dateien), so ist dies ein Anzeichen dafür, daß unter dieser Nummer kein Benutzer in der entsprechenden Paßwortdatei eingetragen ist.

Hauptzweck der Benutzer- und Gruppennummer ist die Realisierung von Schutzmechanismen für Zugriffsrechte bei Dateien und ähnlichen Objekten. Hier werden entsprechend der Benutzerunterteilung der *Besitzer*, die *Gruppe* und *alle anderen* unterschieden. Daneben erlauben Benutzer- und Gruppennummer eine Abrechnung für Systemnutzung und Belegung der Hintergrundspeicher. Dieses *Abrechnen* wird im Computerjargon als *Accounting* bezeichnet und wird unter *Systempflege* behandelt (siehe hierzu Kapitel 11.5).

---

1. Dies wird durch spezielle Werte in der Schattendatei definiert.
2. Auch hier kann vorgegeben werden, wieviele Tage vor dem Ablauf dies erfolgen soll.
3. Siehe hierzu ›Zugriffsrechte auf eine Datei – der Datei-Modus‹ auf Seite 106.

4.1.3 Dateikataloge des Benutzers

Für jeden Benutzer oder jede Gruppe von Benutzern, die unter dem gleichen Namen arbeiten, sollte ein eigener Dateikatalog vorhanden sein, in welchem der Benutzer frei Dateien anlegen und löschen darf und als dessen Besitzer er eingetragen ist. Dieser Katalog wird in der Regel als ›*Standardkatalog nach dem Anmelden*‹ oder kürzer *login*-Katalog (englisch: *login directory*) bezeichnet und im entsprechenden Benutzereintrag in der Datei */etc/passwd* festgelegt. Hierdurch erhält der Benutzer diesen Katalog beim Anmelden (**login**) automatisch als *Standardkatalog* (gleichbedeutend auch mit *aktuellem Katalog* oder *Arbeitskatalog*).

Dieser Katalog wird beim Anmelden auch der Shell-Variablen $HOME zugewiesen und wird damit auch zum *Hauptkatalog* (englisch: *home directory*). Der Hauptkatalog ist der Katalog, den man als *aktuellen Katalog* zugewiesen bekommt, wenn man das **cd**-Kommando ohne einen Parameter aufruft. Der Hauptkatalog läßt sich jederzeit vom Benutzer durch Zuweisung eines neuen Katalognamens an die Shell-Variable $HOME ändern, während der **login**-Katalog nur durch den Super-User in der Paßwortdatei bzw. durch entsprechend privilegierte Benutzer über eine Systemverwaltungs-Oberfläche geändert werden kann.

Diese Benutzerkataloge, die als *login directories* eingetragen sind, liegen per Konvention bis zu V.4 in dem Katalog */usr* oder einem seiner Unterkataloge. Ab V.4 sieht die Konvention dafür den Katalog */home* vor. Wird ein neuer Benutzer durch ein entsprechendes Verwaltungswerkzeug eingerichtet (bei V.4.2 z.B. durch das Kommando **sysadm** oder **adduser** oder Oberflächen wie **admintool**[1], **SMIT**[2] oder **SAM**[3]), so werden Zugriffsrechte und Besitzer bereits korrekt gesetzt. Durch Systemverwaltungswerkzeuge wird ein Benutzer meist nicht nur als zulässiger Benutzer eingetragen, sondern für ihn wird auch das Mail-System konfiguriert und ihm werden die wichtigsten Konfigurationsdateien für seine Standard-Umgebung (Arbeitsumgebung, graphische Oberfläche, Mailsystem) kopiert, so daß er sich meist sofort und produktiv anmelden kann.

4.1.4 Das An- und Abmelden beim System

Ein Benutzer meldet sich beim System durch das **login**-Kommando an und durch Eingabe der ⟨eof⟩-Taste, das **exit**-Kommando oder bei der C-Shell durch **logout** wieder ab. Durch ein zweites **login**-Kommando meldet er sich ab und gleichzeitig wieder neu an – eventuell auch als ein anderer Benutzer.

Anmelden

Wird das System neu gestartet oder hat sich der vorherige Benutzer des Systems ordnungsgemäß abgemeldet, so zeigt der Bildschirm die Login-Meldung, die etwa wie folgt aussehen kann:

---
1. Beim Solaris-UNIX-System von SUN.
2. Beim AIX-UNIX-System von IBM.
3. Beim HP/UX-UNIX-System der Firma HP.

```
The system's name ist Schulung.
Welcome to USL UNIX System V Release 4.2
Console Login:
```

Bei einer graphischen Oberfläche – und dies ist inzwischen der Standard für die meisten UNIX-Arbeitsplätze – sieht es etwa wie folgt aus:

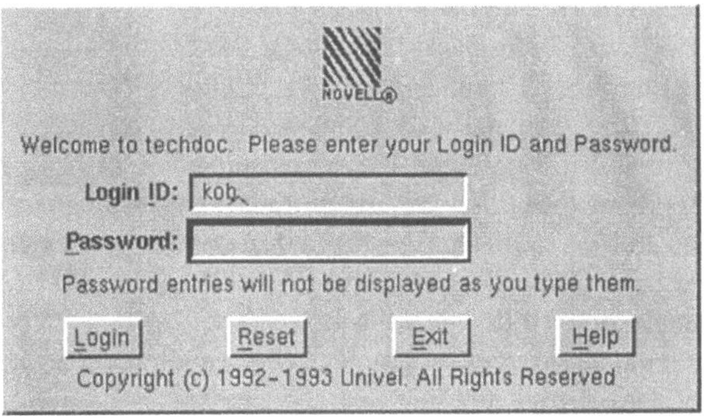

Abb. 4.1: Beispiel eines Login-Bildschirms bei einer graphischen Oberfläche

Hier sind nun die Benutzeridentifikation und das Paßwort einzugeben und jeweils durch ⌨CR abzuschließen.

Für das Paßwort erfolgt keinerlei Anzeige am Bildschirm! Aus Sicherheitsgründen erfolgt die Benutzerprüfung immer erst nach korrekter Eingabe beider Felder. Nach der Überprüfung des Benutzernamens und des Paßwortes führt das System den Anmeldeprozeß durch.

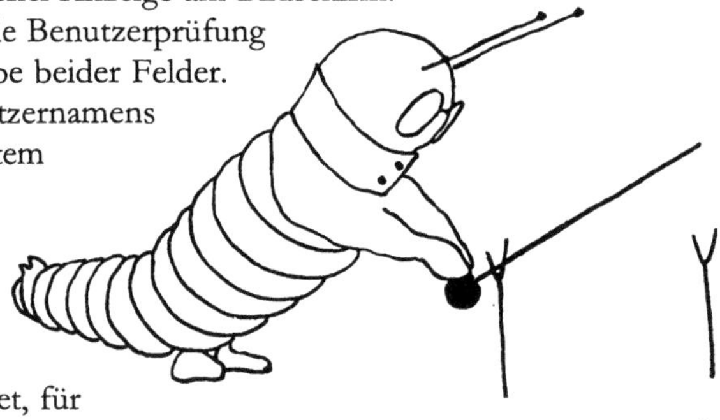

Der Benutzer bekommt beim Login seine Benutzer-, seine Gruppennummer und seinen Hauptkatalog (englisch: *home directory*) zugeordnet, für einen zeichenorientierten Bildschirm werden Terminal-Charakteristika gesetzt und anschließend das in der Paßwortdatei angegebene Initial-Programm gestartet. Dies ist in der Regel eine Shell (*/bin/sh*, */bin/csh* oder */bin/ksh*). Danach wird die graphische Oberfläche – sofern vorhanden und konfiguriert – mit ersten Anwendungen (Terminal, Uhr, Mail) gestartet und (für Benutzer der Bourne-Shell und der Korn-Shell) die Kommandos der Datei */etc/profile* ausgeführt. Sofern vorhanden, wird eine Systemnachricht aus der Datei */etc/motd* (*message of the day*) am Bildschirm ausgegeben. Liegen Nachrichten (*mail*) für den Benutzer vor, so wird er davon durch die Meldung ›*You have mail*‹ informiert.

4.1 Benutzer und Benutzerumgebung

Für das Starten der graphischen Oberfläche, d.h. des X Window Systems, erster Anwendungen unter der graphischen Oberfläche und ggf. eines Desktop-Managers,[1] gibt es viele unterschiedliche und in sehr weitem Rahmen konfigurierbare Möglichkeiten und Konventionen. So kann beispielsweise das X-Window-System unmittelbar nach dem Hochfahren des Systems gestartet werden und dann selbst die Benutzerauthorisierung vornehmen.[2] Alternativ erhält der Benutzer auch auf einem graphischen Bildschirm zunächst eine zeichenorientierte Login-Aufforderung und startet erst nach seiner erfolgreichen Anmeldung das X-Window-System[3] zusammen mit einigen typischen ersten Applikationen.

Bei einer graphischen Oberfläche mit Desktop-Umgebung könnte sich der Bildschirm auch wie in Abb. 4.2 präsentieren.

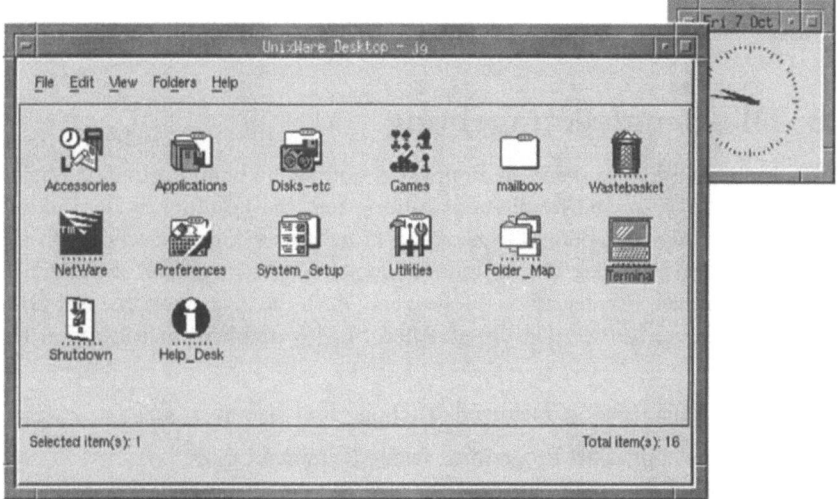

Abb. 4.2: Bildschirm einer graphischen Oberfläche mit Desktop nach dem Anmelden

Wird die Shell gestartet, so sieht diese im Standardkatalog des Benutzers nach, ob eine Datei mit dem Namen .*profile* existiert und führt, falls vorhanden, die darin stehenden Kommandos aus. Bei der C-Shell sind dies die Kommandos der Dateien .*login* (nur bei einer *Login-Shell*) und .*cshrc* (von jeder weiteren C-Shell). Die Korn-Shell arbeitet .*profile* und eine in der Umgebungsvariablen ENV angegebene Datei ab – normalerweise .*kshrc*. Wird die Shell über die Terminalemulation **xterm** des X-Window-Systems gestartet, so sollte darauf geachtet werden, daß diese tatsächlich als sogenannte *Login-Shell* gestartet wird. Nur dann durchläuft sie die anfänglichen Konfigurationsdateien. Dies läßt sich auch durch die Option **-ls** (*login shell*) beim Aufruf des **xterm** erreichen.

---

1. Siehe ›Graphische Oberfläche: Desktop-System‹ auf S. 24.
2. Mittels **xdm**; siehe Abb. 4.1.
3. Mittels Kommandos wie **xinit** oder **startx**.

Mit einem erfolgreichen **login** wird auch das Anmelden mit Benutzername, Dialogstation und Uhrzeit in den Dateien */etc/utmp* (zur Abfrage für das **who**-Kommando) und */etc/wtmp* (für eine Systemabrechnung) eingetragen.

Abmelden

Das Abmelden erfolgt durch die Terminierung der Shell entweder durch die Eingabe des (eof)-Zeichens, durch das Kommando **exit** (bei der Bourne- und Korn-Shell) oder durch den Befehl **logout** bei der C-Shell. Sie führt dann vor der Terminierung die Kommandos der Datei *.logout* im **login**-Katalog des Benutzers aus.

4.1.5 Die Benutzerumgebung

Wird als Initial-Programm (bzw. als Benutzerschnittstelle) beim **login** eine Shell aufgerufen, so stellt diese eine Benutzerumgebung her. Sie besteht aus dem aktuellen Katalog (*working directory*), dem Hauptkatalog (*home directory*), dem Suchpfad für Programme und dem Typ der Dialogstation. Zugleich werden durch Benutzer- und Gruppennummer die Privilegien des Benutzers und seine Zugriffsrechte auf Dateien festgelegt. Entsprechend werden die globalen Shell-Variablen mit folgenden Funktionen besetzt:

$HOME	Hauptkatalog, Heimatverzeichnis eines Benutzers
$PATH	Suchpfad für Programme (siehe Kapitel 4.1.6),
$TERM	Bildschirm-Typ
$TZ	Zeitzone
$LANG	Sprache und Sprachbereich des Benutzers
$DISPLAY	Anzeige-Bildschirm des X-Window-Systems, normalerweise *rechnername:0.0* (genauer: Name des X-Servers)

Weitere sinnvolle Besetzungen, die in der Regel jedoch vom Systemverwalter vorzugeben sind, wären die Shell-Variablen:

$LOGNAME	Name des Benutzers beim **login**
$MAIL	Briefkasten für den Benutzer (Standard bis ab V.4: */var/mail/benutzer_name*)
$SHELL	Name des Interpreter-Programms, das aus anderen Programmen heraus gestartet wird, normalerweise die Standard-Shell

Die Besetzung von $PATH ist systemabhängig und wird durch das **login**-Programm vorgenommen. Erweiterungen des Suchpfades können vom Systemverwalter in der

Datei */etc/profile* oder vom einzelnen Benutzer in der Definitionsdatei seiner Arbeitsumgebung definiert werden.

Weitere vom Benutzer gewünschte Definitionen und Kommandos lassen sich in einer Datei mit dem Namen *.profile* (bei der C-Shell mit dem Namen *.login* und *.cshrc*) im Hauptkatalog des Benutzers festlegen. Diese Kommandoprozedur wird von der Login-Shell beim Aufruf automatisch durchlaufen und somit der gewünschte Zustand hergestellt.

In *.profile* stehen sinnvollerweise sitzungsbezogene Initialisierungskommandos wie die Angabe eines neuen Standardkatalogs (sofern er von dem in der Paßwortdatei abweicht), Angaben zum Typ des Terminals und das Setzen von Parametern für die Dialogstation. Hier kann auch die Besetzung von globalen Shell-Variablen vorgenommen werden, deren Werte von einigen Programmen (z.B. **vi**, **pg**, **more**) und im X-Window-System für Vorbesetzungen benötigt werden. An dieser Stelle ist auch die Definition von speziellen Abkürzungen sinnvoll, welche der Benutzer während seines Dialogs verwenden möchte (s. hierzu Kapitel 7).

Neben der bisher angeführten Parametrisierung der Benutzerumgebung gibt es eine Reihe weiterer einfacher Verfahren, mit denen ein Benutzer seine Systemumgebung weiter aus- und umbauen kann:

❑ Umbenennung von UNIX-Kommandos mittels **ln** oder **mv**
❑ Verwendung von Abkürzungen mit Shell-Variablen
❑ Einführung von Abkürzungen über die Alias-Definition der C-Shell
❑ Einführung von Abkürzungen über Funktionsdefinition bei der Bourne- und Kornshell
❑ Verwendung eigener Kommandoprozeduren
❑ Funktionsmenüs bei graphischen Oberflächen

Dabei ist es sinnvoll, solche Anpassungen in sogenannten Profile-Dateien des jeweiligen Benutzers zu hinterlegen. Anpassungen, die systemweit als Standardeinstellungen gelten sollen, werden dazu in System-Profile-Dateien hinterlegt. Diese liegen per Konvention im Katalog */etc*.

Benutzerumgebung an der graphischen Oberfläche

Diese Definitionen gelten für die Arbeit mit der Kommandozeile auf einem zeichenorientierten Bildschirm genauso wie für die Arbeit am Desktop der graphischen Oberfläche.

Dabei ist darauf zu achten, daß die Konfigurationsdateien (*.profile* oder *.cshrc*) für graphische Umgebungen meist wesentlich aufwendiger gestaltet sein müssen. In graphischen Umgebungen werden diese Dateien zu Beginn oder während einer Sitzung meist mehrfach durchlaufen und müssen entsprechend konfiguriert sein:

❑ einmal zu Beginn der Sitzung bei der eigentlichen Benutzeranmeldung:
Dabei muß eventuell die graphische Oberfläche hochgefahren werden. In der Konfigurationsdatei sollten dabei keine Ausgaben erfolgen (diese wären nicht sichtbar). Diese erste Shell tritt nach Start der Oberfläche in den Hintergrund und wird nicht interaktiv genutzt.

❑ während der Sitzung beim Start einer Terminalemulation (**xterm**):
Dabei darf die graphische Oberfläche natürlich nicht schon wieder hochgefahren werden; andererseits wird die Shell interaktiv genutzt und sollte daher alle nötigen Definitionen enthalten. Im Normalfall laufen auch bei einem Benutzer mehrere solcher Shell-Fenster bzw. Terminalemulationen nebeneinander, die alle beim Aufruf die gleiche Konfigurationsdatei durchlaufen müssen. Die Terminalemulation muß daher jeweils als *login shell* deklariert werden (Aufruf durch ›xterm -ls‹).

In graphischen Umgebungen muß die Variable $DISPLAY korrekt auf die Anzeigestation des jeweiligen Benutzers gesetzt sein. Dies ist normalerweise der Name, den der Rechner im Netz trägt, mit einem angehängten ›:0.0‹, also beispielsweise ›zeus:0.0‹ bei einem Rechnernamen (nicht Benutzernamen) Zeus. Geschieht dies nicht, tritt der meist störende Effekt auf, daß Programme des X-Window-Systems am falschen Bildschirm angezeigt werden.

Abkürzungen mit Shell-Variablen

Benutzt man häufig Dateien mit einem längeren Pfadnamen ohne sein aktuelles Verzeichnis umsetzen zu wollen (z.B. */opt/dateien/aktuell/unix/beschreib*), so möchte man diese zumeist abkürzen. Man kann dies erreichen, indem man diese langen Bezeichner einer Shell-Variablen mit kurzem Namen zuweist, diese als **global** deklariert und anschließend statt des langen Bezeichners die Shell-Variable einsetzt, wie das folgende Beispiel zeigt:

```
$un=/opt/dateien/aktuell/unix/beschreib      Variablenbelegung
$export un                                   exportieren der Variablen
$vi $un                                      Variable als Argument statt
                                             eines Dateinamens
```

In der ersten Zeile wird die Zeichenkette */opt/dateien/aktuell/unix/beschreib* der Shell-Variablen *un* zugewiesen und diese damit definiert. Mit der zweiten Zeile wird die Variable *un* als global deklariert, so daß sie auch in nun aufgerufenen Shell-Prozeduren gültig ist. In der dritten Zeile wird die Variable im Aufruf des Editors *vi* benutzt. Die Shell substituiert dabei ›$un‹ durch den Wert der Variablen *un*. Dies ist hier die zuvor zugewiesene Zeichenkette */opt/dateien/aktuell/unix/beschreib*. Leider ist der Substitutionsmechanismus der Shell nicht ganz einfach zu verstehen, und es kommt hier für den weniger geübten Benutzer oft zu schwer verständlichen Ergebnissen. Der volle Substitutionsmechanismus ist in Kapitel 7 detailliert erklärt.

Vorbelegungen über Shell-Variablen

In vielen Fällen werden Shell-Variablen zur Vorbelegung wichtiger Steuerparameter von Programmen benutzt. So definiert die Variable $MAIL z.B. für die Mail-Programme, in welcher Datei der Postkorb liegen soll, während die Häufigkeit, mit welcher der Postkorb auf neue Post zu überprüfen ist, in $MAILCHECK vorgegeben

4.1 Benutzer und Benutzerumgebung   85

wird. Das **man**-Kommando, welche die Manualseiten der UNIX-Kommandos ausgibt, sucht nach der Kommandobeschreibungen in den Katalogen, die in der Shell-Variablen $MANPATH vorgegeben sind. Diese Variablen sind entweder systemweit vorbelegt oder können durch den Benutzer selbst (normalerweise in der Datei *.profile*) geeignet gesetzt werden.

Funktionsdefinitionen

Die Bourne- und Korn-Shell erlauben die Definition von Funktionen wie folgt:

funktionsname () *kommando*

oder, falls mehrere Kommandos ausgeführt werden sollen:

funktionsname () { *kommando_folge* ; }

Die Klammern {...} sind hierbei Teil der Syntax. In dem Kommando kann mit dem üblichen Parametermechanismus der Shell (**$1, $2,** ...) auf die beim Aufruf angegebenen Parameter zugegriffen werden.

Soll z.B. eine Funktion LL mit der Aufgabe ›*Erstelle ein ausführliches Listing*‹ definiert werden, so kann dies mit

LL () ls -l $*

erfolgen. LL kann nun wie ein Shell-internes Kommando aufgerufen werden. Der Vorteil zu Kommandoprozeduren besteht darin, daß die Definition nur temporär im Speicher existiert und keine Kommandodatei angelegt werden muß. Eine Shellfunktion ist vergleichbar mit einer Variablen, die Shellkommandos enthält. Die Abarbeitung ist damit auch schneller. Mit dem **unset**-Kommando läßt sich eine Funktionsdefinition aufheben. Will man solche Funktionen in jeder Sitzung verwenden, so wird sie in der *.profile*-Datei des Benutzers definiert. Diese Art der Definition ist der Alias-Funktion der C-Shell ähnlich.

Alias-Definition der C-Shell

Die Alias-Definition der C-Shell belegt ähnlich wie die Funktionsdefinition der Bourne-Shell ein Kürzel mit einem längeren Kommando. Die geschieht wie folgt:

alias *kürzel kommando*

Wird danach *kürzel* als Kommando angegeben, so wird dafür das nachstehende Kommando von der C-Shell eingesetzt. Im Kommando dürfen dabei auch Parameter und Optionen vorkommen. Die Parameter beim Aufruf werden wie in Shellprozeduren üblich mittels **$1, $2,** .... angegeben.

Das nachfolgende Beispiel definiert einen alias LL mit gleicher Funktionalität wie oben die entsprechende Shellfunktion:

alias LL ls -l $*

Der Aufruf ›LL /etc‹ wird dann von der C-Shell zu ›ls -l /etc‹ expandiert. Das Kommando **alias** zeigt alle existierenden Definitionen an, **unalias LL** ermöglicht, diese Definition wieder aufzuheben. Sollen die Funktionen für den Benutzer in allen Sitzungen zur Verfügung stehen, so kann die Definition in der Datei *.login* oder *.cshrc* erfolgen.

Alias-Definition der Korn-Shell

Einen an die C-Shell angelehnten alias-Mechanismus bietet auch die Korn-Shell. Die Definition wird dabei mit einem ›=‹ vom zu belegenden Kürzel getrennt und sieht allgemein so aus:

alias *kürzel* = *kommando*

Am obigen Beispiel wäre dies:

alias   LL='ls -l $*'

Da hierbei mehrere durch Leerstellen getrennte Worte rechts vom ›=‹ stehen, müssen diese durch einfache Apostrophe zu einer Einheit geklammert werden.

Kommandoprozeduren

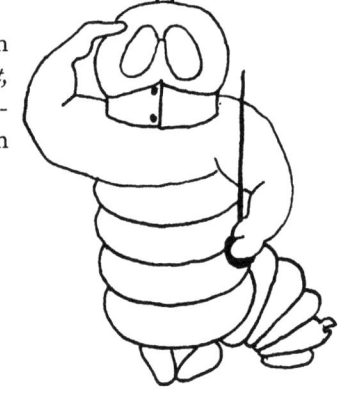

Werden bestimmte Kommandosequenzen häufiger benutzt, so lohnt es sich, diese in eine Kommandodatei zu schreiben. Hierbei können sehr komplexe Abläufe realisiert und über Parameter beim Aufruf gesteuert werden.

Die nachfolgende Kommandoprozedur stehe in der Datei *telefon*. Sie durchsucht die Dateien *privat*, *geschaeft* und *firma,* in denen Namen mit Telefonnummern stehen, nach den im Aufruf angegebenen Namen und gibt die passenden Zeilen aus:

```
for i
do
        for datei in privat geschaeft firma
        do
                grep "$i" $datei
        done
done
```

Der Aufruf erfolgt dann z.B. mit

sh telefon Mayer Horten

und würde dann die Zeilen der genannten Dateien ausgeben, in denen *Mayer* oder *Horten* vorkommt. Hat man zuvor die Datei *telefon ausführbar* gemacht (mit ›**chmod a+x telefon**‹), so kann das vorangestellte **sh** entfallen und **telefon** verhält sich wie ein neues UNIX-Kommando.

Kommandoprozeduren werden ausführlich im Shell-Kapitel 7.1 beschrieben; Beispiele sind in Kapitel 7.1.14 zu finden.

4.1.6 Der Suchpfad für Programme

Beim Aufruf eines Programms nimmt die Shell das erste Wort[1] auf der Kommandozeile als den Kommando- bzw. Programmnamen und sucht nach einer Programmdatei dieses Namens. Ist der Dateiname des Programms nicht vollständig, d.h. einschließlich Pfadnamen angegeben, so wird beim Suchen der Programmdatei von der Shell nicht nur, wie bei anderen Dateinamen üblich, der aktuelle Katalog dem Kommandonamen vorangestellt, sondern die Shell sucht in bestimmten, ihr vorgebbaren Katalogen nach einer Datei des angegebenen Namens. Dieser Suchpfad ist in einer Variablen der Shell festgelegt. Der Name dieser Variablen lautet **$PATH**.[2] In ihr stehen – syntaktisch durch ›:‹ getrennt – die zu durchsuchenden Kataloge. Dabei wird in der Reihenfolge der angegebenen Kataloge von links nach rechts gesucht. Eine mögliche Besetzung von PATH könnte sein:

.:/bin:/usr/bin:/home/neuling/bin

Der erste Punkt besagt, daß zunächst im aktuellen Katalog gesucht werden soll, dann im Katalog /bin, in /usr/bin und schließlich in /home/neuling/bin. Hat man bei einer solchen Besetzung im eigenen Katalog Programme, welche den gleichen Namen wie UNIX-Programme tragen, so werden beim Aufruf die Programme im eigenen Katalog gestartet, da dieser als erster durchsucht wird. Weitere eigene Programme oder Kommandoprozeduren können in einem Unterverzeichnis *bin* im Hauptkatalog des Benutzers liegen.

Das Kommando »**echo $PATH**« liefert den aktuellen Wert der Shell-Variablen $PATH (bei der CShell in $path) zurück. Mit der Anweisung:

PATH=*wert*   bei der Bourne- oder Kornshell

kann ihr eine neue Zeichenkette zugewiesen und damit eine neue Folge von Verzeichnissen für die Suche beim Programmaufruf festgelegt werden.

Eine solche Anweisung wird man in der Regel in die Datei mit dem Namen *.profile* schreiben. Dieser Suchpfad ist in der Regel systemweit vorgegeben, kann aber von jedem Benutzer einfach verändert werden.[3] Dabei sollte man darauf achten, daß der Suchpfad immer nur verlängert, nicht aber explizit neu belegt wird, um nicht die systemweiten Standard-Definitionen zu überschreiben. Um beispielsweise den Standard-Suchpfad um das Verzeichnis */etc* zu ergänzen, wäre ein Kommando wie folgt erforderlich:

PATH=$PATH:/etc

Hierbei wird die in **$PATH** existierende Belegung in die neue Definition von **PATH** aufgenommen. Wird **PATH** weder in */etc/profile* noch in *.profile* gesetzt, so erhält die Variable ihren Wert durch den **login**-Prozeß.

---
1. Weitere sog. Kommandopositionen sind u.a. nach: ›;‹ ›|‹
2. Mehr über Shell-Variablen ist in Kapitel 7 zu finden.
3. Diese Möglichkeit zur Veränderung des Suchpfades kann explizit unterbunden werden.

4.1.7 Profile-Dateien

Im Login-Katalog des Benutzers befinden sich in der Regel eine Reihe von Dateien, die zu Beginn einer Benutzersitzung (d. h. nach dem Login) von der gestarteten Shell, der Graphikoberfläche sowie von verschiedenen anderen Applikationen zur individuellen Konfiguration der Arbeitsumgebung gelesen werden und das Arbeiten damit wesentlich beeinflussen können. Mit ihnen läßt sich somit in weiten Grenzen die Arbeitsweise am System steuern. Diese Dateien sind normalerweise verdeckt, d. h. ihr Name beginnt mit einem Punkt und wird daher z. B. beim **ls**-Kommando im Standardfall nicht mitangezeigt und bei Shell-Kommandos nicht bei Namenserweiterungen miterfaßt. Vereinzelt anzutreffen sind auch Konfigurationskataloge im Hauptverzeichnis des Benutzers, die dann wiederum die Konfigurationsdateien für bestimmten Applikationen, vor allem im Bereich Desktops und graphischer Oberflächen, enthalten. Die Konfigurationsdateien lassen sich grob in drei Kategorien unterteilen:

Initialisierungsdateien für Shells

.profile   Wichtigste Konfigurationsdatei der Bourne- und Korn-Shell; wird nur von der ersten Shell (Login-Shell) beim Aufruf interpretiert, von weiteren Shells aber nicht mehr automatisch gelesen; wird nach der zentralen Datei */etc/profile* durchlaufen.

.cshrc   Konfigurationsdatei der C-Shell; wird von jeder C-Shell, also auch von Kommandoprozeduren in C-Shell-Syntax, nach dem Aufruf gelesen.

.login   Konfigurationsdatei der C-Shell; Sie wird von der ersten C-Shell (*Login-Shell*) beim Aufruf nach der Interpretation von *.cshrc* gelesen.

.kshrc   Konfigurationsdatei der Korn-Shell; wird von jeder Korn-Shell gelesen. Der Name *.kshrc* ist nicht fest definiert, sondern es wird die Datei verwendet, deren Name in der Variablen **$ENV** enthalten ist.

Unter einer graphischen Oberfläche ist die Shell, die ein Benutzer für seine interaktive Arbeit erhält, normalerweise nicht die erste und damit nicht die *Login-Shell*. Es muß daher unter Umständen gesondert dafür Sorge getragen werden, daß die entsprechenden Initialisierungsdateien auch tatsächlich gelesen und ausgewertet werden. Die Terminalemulation **xterm** für die interaktive Arbeit mit der Shell kann hierfür mit dem Parameter ›-ls‹ aufgerufen werden und verhält sich damit wie eine Login-Shell.

Die **Login-Shell** ist die erste Shell, die innerhalb einer Sitzung aufgerufen wird. Bei alphanumerischen Terminals ist es die Shell, welche der **login**-Prozeß für die Benutzersitzung startet. Sie führt – abhängig von der Art der Shell – zur Initialisierung Kommandos aus, die von den nachfolgend aufgerufenen Shells der Sitzung nicht mehr durchlaufen werden. Bei der Bourne- und Korn-Shell sind dies die Kommandos der Datei *.profile*, bei der C-Shell die Datei *.login*.

Initialisierungsdateien für die graphische Oberfläche

Die graphische Oberfläche ist hochgradig konfigurierbar und befindet sich auch mit der zunehmenden Verbreitung von Desktop-Programmen in einem Umbruchprozeß, der noch nicht abgeschlossen und daher ziemlich uneinheitlich ist. Die folgenden Dateinamen sind daher zwar üblich und weit verbreitet, aber nicht auf jedem System in gleicher Weise zu finden:

.xinitrc	Kommandoprozedur zum Start des X-Window-Systems (X-Server), des Windows-Managers und erster Applikationen; sie wird vom **xinit**-Kommando verwendet.
.xsession	Kommandoprozedur zum Start des X-Window-Systems (X-Server), des Windows-Managers und erster Applikationen; sie wird vom Login-Prozeß **xdm** verwendet (*.xinitrc* und *.xsession* können ggf. gleichen Inhalt haben).
.Xdefaults	Benutzerindividuelle Detaildefinitionen für Aussehen und Verhalten des X-Window-Systems – die sogenannte *Ressource-Datei*. Das X-Window-System verwendet eine große Anzahl solcher Ressource-Dateien.
.mwmrc	Definitionen für Menüs des Motif-Window-Managers
.openwin-menu	Definitionen für Menüs des SUN-OpenLook-Window-Managers

Initialisierungsdateien für Applikationen

Nahezu alle größeren Applikationen und auch viele UNIX-Kommandos können über derartige Konfigurationsdateien, die typischerweise im Hauptkatalog eines Benutzers liegen und deren Name mit einem Punkt beginnt, an die individuellen Bedürfnisse des Benutzers angepaßt werden. Per Konvention tragen diese Dateien, eventuell auch Kataloge, die Buchstaben *rc* am Ende des Namens.[1]

.mailrc	Definitionen für das Mail-System
.exrc	Definitionen von Grundeinstellungen, Abkürzungen und Tastaturmakros für den Editor vi
.rhosts	Festlegung von Rechnern und Benutzernamen, die über Netz Zugriff auf Dateien und Verzeichnisse eines Benutzers haben sollen

Je nach Applikationen und Ausstattung eines Systems sind noch viele weitere solcher Konfigurationsdateien, auch Punkt-Dateien oder rc-Dateien genannt, zu finden. So verwendet das DTP-Paket FrameMaker beispielsweise das lokale Konfigurationsverzeichnis *.fminit* im Home-Katalog des Anwenders, um benutzerspezifische Anpassungen und Definitionen abzulegen.

---

[1] Es gibt eine Reihe von Interpretationen für dieses *rc* – die einleuchtendste davon besagt, daß *rc* für *run commands* steht.

4.1.8 Information zur aktuellen Umgebung

Eine Reihe von Kommandos erlauben es dem Benutzer, sich über seine aktuelle Umgebung zu informieren:

date	gibt das aktuelle Datum und die Uhrzeit aus.
echo $*variable*	zeigt den aktuell gesetzten Wert der Shellvariablen *variable* an.
env	zeigt die aktuell globalen Variablen (auch zum Setzen von Variablen).
history	zeigt bei der **csh** und **ksh** eine Liste der zuletzt ausgeführten Kommandozeilen an.
hostname	gibt den aktuellen Rechnernamen aus.
id	gibt aktuellen Benutzernamen und Nummer aus.
logname	gibt den aktuellen Benutzernamen aus.
printenv	gibt die aktuellen Umgebungsparameter aus.
pwd	gibt den aktuellen Arbeitskatalog aus.
set	belegt Umgebungsvariablen oder gibt (ohne Parameter aufgerufen) die aktuellen Umgebungsparameter aus.
setenv	belegt und exportiert Umgebungsvariablen der **csh** oder gibt die aktuell exportierten Umgebungsparameter aus.
stty	liefert die aktuell gesetzten Charakteristika des Terminals oder setzt diese neu.
tset	erlaubt das Setzen verschiedener Modi der Dialogstation.
tty	liefert den Namen der Dialogstation.
uname −a	liefert Namensangaben zum eigenen System.
uptime	gibt aus, wie lange und unter welcher Last das System schon läuft
users	gibt in einer Kurzform alle gerade aktiven Benutzer aus.
who	gibt die aktiven Benutzer aus.
who am I	liefert die eigene, aktuelle Benutzeridentifikation.
whodo	gibt aus, welche Benutzer welche Prozesse gestartet haben.

date liefert die aktuelle Zeit und das Datum zurück und erlaubt dem Super-User, diese neu zu setzen. Da der Erstellungs- und Modifikationszeitpunkt von Dateien eine wichtige Information ist, sollte es nicht versäumt werden, diese Daten gelegentlich zu überprüfen und zu korrigieren.[1]

Mit ›**who am I**‹ kann ein Benutzer seinen eigenen Benutzernamen abfragen. In der Form mit nur **who** wird zurückgeliefert, welche Benutzer im System an welchen Dialogstationen gerade aktiv sind. Das **users**-Kommando ist eine verkürzte Form hiervon und gibt nur die Benutzernamen aus. Das Kommando **logname** gibt im

---
1. Dies setzt jedoch Administrationsprivilegien voraus.

Gegensatz dazu den Namen aus, unter dem sich der Benutzer mit **login** beim System angemeldet hatte. Wurde inzwischen ein **su** oder zusätzliches **login**-Kommando aufgerufen, so unterscheidet sich dieser Name von dem, den ›who am I‹ zurückliefert.

pwd liefert den aktuellen Arbeitskatalog als vollständigen Pfadnamen zurück und zählt damit zu den vermutlich am häufigsten verwendeten Kommandos. In der Korn-Shell und der C-Shell ist es möglich, den aktuellen Pfadnamen in das Prompt mitaufzunehmen.

Mit **env**, **printenv**, **setenv** oder **set** werden die Namen und Werte der in der aktuellen Umgebung definierten Shell-Variablen ausgegeben bzw. definiert. Mit dem Kommando »**echo** $*variable*« läßt sich der aktuelle Wert einer Shellvariablen anzeigen.

Die C- und Korn-Shell erlaubt, zusätzlich einen Kommandospeicher zu führen. In ihm wird eine vorgebbare Anzahl von Kommandozeilen gespeichert. Das Kommando **history** zeigt diese letzten Kommandozeilen mit ihrer Kommandonummer an. Die Kommandos (auch Teile davon) können dann unter Angabe der Kommandonummer erneut aufgerufen werden, ohne daß das vollständige Kommando eingetippt werden muß.

Das Kommando **stty** erlaubt das Setzen neuer Parameter für die Dialogstation. Ruft man das Kommando ohne einen Parameter auf, so erhält man die aktuell gesetzten Werte zurück, während das **tty**-Kommando den Namen der Dialogstation liefert, an der die Sitzung gerade stattfindet. **tset** ist eine Erweiterung von **stty** (leider keine vollständige) und erlaubt mehr Optionen. Ohne Parameter aufgerufen, liefert es wie **stty** die aktuell gesetzten ⌊lösche Zeile⌋ (⌊kill⌋) und ⌊lösche Zeichen⌋-Zeichen (bzw. ⌊delete⌋) an.

4.1.9 Parameter und Zustände der Dialogstation

Da Dialogstationen die externe Schnittstelle zwischen Benutzer und System sind, kommen ihren Möglichkeiten und Konfigurationen bei der Kommunikation zwischen Benutzer und System eine besondere Rolle zu. Ein Problem ist dabei, die Vielzahl der auf dem Markt angebotenen Dialogstationen mit unterschiedlichen Fähigkeiten und Intelligenzgraden.

Das UNIX-System versucht der Vielfalt dadurch Herr zu werden, daß es eine weitgehende Parametrisierung der Charakteristika der Dialogstation erlaubt und es darüber hinaus bei Programmen, welche die Fähigkeiten einer Dialogstation optimal ausnutzen möchten, auf eine detaillierte Beschreibung der einzelnen angeschlossenen Dialogstationstypen zurückgreift.[1] Bildschirmeditoren sind typische Programme dieser Art. Die Beschreibung wird unter UNIX **termcap** für *terminal capability* genannt. Für eine große Vielzahl von Bildschirmtypen ist diese Beschreibung im Lieferumfang eines UNIX-Systems enthalten und ist in der Datei */etc/termcap* zu finden. Beim Start eines Programms, das diese Eigenschaften ausnützt, entnimmt das Programm den Typus der Dialogstation der Shell-Variablen $TERM und liest aus

---
1. Hier ist, wie fast überall in diesem Buch, eine zeichenorientierte Oberfläche an einem Terminal oder eine Terminalemulation (z.B. **xterm**) gemeint.

der *termcap*-Datei die Möglichkeiten und notwendigen Steuersequenzen für die Dialogstation. Es kann dann entsprechend auf die Eingabe von der Dialogstation (z.B. die Pfeiltasten für die Steuerung einer Schreibmarke) reagieren und seine Ausgabe ebenso entsprechend der Beschreibung aufbauen.

Mit System V.3 wurde die Termcap durch eine kompaktere und vielseitigere *terminfo*-Beschreibung abgelöst. Sie ist in einem der Unterverzeichnisse des Katalogs */etc/terminfo* zu bzw. ab V.4 unter */usr/share/lib/terminfo* zu finden. Im Gegensatz zur Termcap, in der die Beschreibung in lesbaren ASCII-Texten vorliegt, wird bei dem *Terminfo*-Mechanismus die ursprünglich als ASCII-Text vorhandene Beschreibung durch das Programm tic in eine interne und kompakte Form kompiliert. Diese Form ist dann effizienter interpretierbar. Die Shell-Variable $TERM wird auch hier zur Angabe des Typs der Dialogstation verwendet.

Die meisten der anfänglich gesetzten Parameter kann der Benutzer, soweit notwendig, später (z.B. in der Kommandodatei *.profile*) für seine Dialogstation oder seine Gewohnheiten mit Hilfe der Kommandos **stty** oder **tset** ändern. Hierzu z.B. gehören:

❏ die Hardwarecharakteristika des Anschlusses wie
   – Übertragungsparität,
   – Übertragungsgeschwindigkeiten (Senden und Empfangen),
❏ ob mit einem Rechnerecho gearbeitet werden soll,
❏ ob die Dialogstation <cr> + <lf> für <neue Zeile> benötigt,
❏ ob die Dialogstation Tabulatorzeichen verarbeiten kann,
❏ ob die Dialogstation Groß- und Kleinschreibung darstellen kann,
❏ welche Verzögerungszeiten die Dialogstation für Funktionen wie <neue zeile>, <neue Seite>, <tabulatorzeichen> und <backspace> benötigt) die Funktion ›*Beende die Eingabe*‹, sowie die Aufgabe ›*Halte die Ausgabe an*‹ und die Bedeutung ›*Setzte die Ausgabe fort*‹. Bei der Ausgabe sind dabei die definierten Verzögerungszeiten wirksam.
❏ Anzahl von Zeilen und Spalten eines Bildschirms bzw. eines alphanumerischen Shell-Fensters.

Will ein Programm nicht zeilen- sondern zeichenweise arbeiten (dies tun z.B. die Bildschirmeditoren), so versetzen sie die Dialogstation in den **raw mode**. Im **raw mode** unterläßt das System die besondere Behandlung von <abbruch>, (eof), <unterbrechen>, <lösche zeichen>, <lösche zeile>, <ctrl-s>, <ctrl-q>, das Einfügen von Verzögerungen sowie das Echo der Eingabe. All dies muß in diesem Fall vom Programm selbst vorgenommen werden.

Der **cbreak mode** liegt zwischen dem normalen und dem **raw mode**. In ihm kann das Programm auch zeichenweise von der Dialogstation lesen, jedoch werden die Funktionen <abbruch> und <unterbrechen>, ebenso wie das Zeichenecho (mit eventueller Expandierung des Tabulatorzeichens in Leerzeichen), die eventuell notwendige Konvertierung von Klein- in Großbuchstaben sowie die Verzögerung der Ausgabe bei den Funktionen <neue zeile>, <tab> und <neue seite> durchgeführt. Die besondere Behandlung der Zeichen <lösche zeichen>, <lösche zeile> und (eof) entfällt jedoch.

Die Umschaltung von einem Modus in den anderen erfolgt in der Regel durch einen Programmaufruf (**ioctrl** s. Seite 624), kann jedoch auch explizit mit Hilfe des **stty**-Kommandos vorgenommen werden.

Es kann vorkommen, daß ein abgebrochenes Programm die Dialogstation in einem undefinierten oder für den Benutzer nicht brauchbaren Zustand hinterläßt (z.B. im **raw mode** oder im **cbreak mode**). Das Kommando ›**stty sane**‹ ist dann in der Lage, die Station in eine Art Initialzustand zurückzuversetzen, so daß ein normales Arbeiten wieder möglich wird. Das Kommando sollte jeweils in <line feed>-Zeichen eingeschlossen werden!

Zuweilen möchte man auch im normalen Leitungsmodus die Nachbearbeitung des Systems der ausgegebenen Zeichen unterdrücken (z.B. das Löschen des Bit 8 bei ASCII-Zeichen oder die Expandierung von <lf> zu <cr><lf>). Dies ist z.B. dann notwendig, wenn ein angeschlossener Drucker oder Plotter mit einem vollen 8-Bit-Code angesteuert werden soll. Dies ist durch das Kommando ›**stty opost**‹ möglich. Die einzelnen Konvertierungen können durch das **stty**-Kommando auch selektiv ausgeschaltet werden.

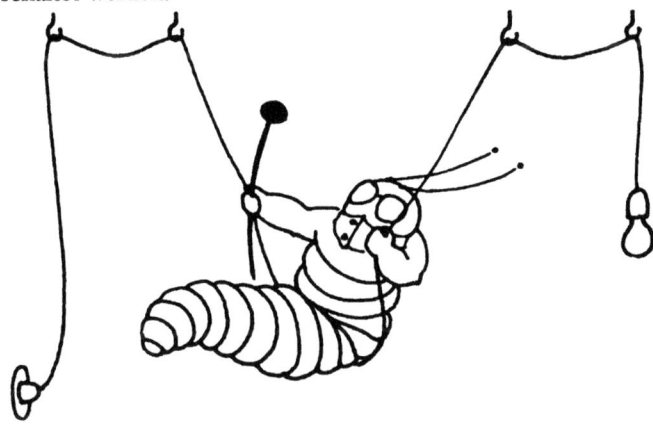

4.1.10 Benutzerkommunikation

Das UNIX-System bietet bereits im Standard-Lieferumfang mehrere Formen der Kommunikationen verschiedener Benutzer miteinander. Dazu gehören

- Text in der Datei /*etc*/*motd*, die beim **login** ausgegeben wird,
- Nachrichten eines Benutzers an einen anderen (einseitig) mittels **mail**,
- interaktiver Dialog zwischen zwei Benutzern über den Rechner mittels **write**,
- Nachrichten (des Super-Users) an alle Benutzer mittels **wall**.

Für die erste genannte Art von Nachrichten des Systemmanagers (Super-User) an alle Benutzer gibt es folgende Möglichkeiten:

- Der Super-User schreibt eine Nachricht in die Datei /*etc*/*motd* (***message of the day***). Diese Nachricht wird dem Benutzer beim Anmelden automatisch auf die Dialogstation ausgegeben. Die Meldung sollte entsprechend kurz und für alle Benutzer von Interesse sein.

❏ Durch das Kommando **/usr/sbin/wall**, welches den Text einer angegebenen Datei (oder die nachfolgenden Zeilen bis zu einem (eof)) auf alle angeschlossenen Dialogstationen ausgibt. Hiermit wird man in der Regel alle aktiven Benutzer über bevorstehende Systemänderungen (z.B. das Herunterfahren des Systems) informieren. **wall** kann zwar von allen Benutzern verwendet werden, ist aber nur im Super-User-Modus in der Lage, die Zugriffsrechte der Dialogstationen zu durchbrechen und damit eine Ausgabe auch dann sicherzustellen, wenn Benutzer durch das Kommando ›**mesg n**‹ Ausgaben anderer Benutzer auf ihre Dialogstation unterbunden haben.

❏ Eine weitere Art der Kommunikation erlaubt das Kommando **write** – und zwar in einer interaktiven Form. Hierbei kann man mit einem anderen Benutzer direkt kommunizieren. Es ist dabei beiden Benutzern möglich, Nachrichten an die jeweils andere Dialogstation zu schicken. Damit es dabei nicht zu einer Vermischung von eigener Eingabe und der Ausgabe der Gegenstation kommt, ist es ähnlich wie beim halbduplex-Sprechfunk notwendig, nach einer Nachricht die Leitung an den Partner zu übergeben. Es gibt hierfür keine festen Vorschriften; jedoch haben sich ein ›**o**‹ als letzte Zeile einer Nachricht (für *over*) mit der Bedeutung ›*Jetzt bist Du dran*‹ etabliert und ›**oo**‹ für *over and out*, falls der Dialog beendet sein soll. Der Dialog selbst wird durch (eof) oder <unterbrechen> terminiert (d.h. das **write**-Programm wird damit abgeschlossen). Will man solche Nachrichten (z.B. beim Editieren) nicht auf die Dialogstation bekommen, so kann man dies durch das **mesg**-Kommando unterdrücken (**mesg n**) bzw. wieder erlauben (**mesg y**).

Diese Arten der Kommunikation sind synchron, d.h. die Nachricht erscheint sofort nach der Eingabe durch den Sender beim Empfänger an dessen Bildschirm. Der Empfänger kann die Nachricht nur entgegennehmen, jedoch nicht weiterverarbeiten (ablegen, ausdrucken), da die Nachricht nicht als Datei verfügbar ist. Nach dem nächsten Neu-Aufbau des Bildschirms (etwa durch das Kommando **clear**) ist die Nachricht nicht mehr sichtbar und damit auch nicht mehr zugänglich.

Elektronische Post – E-Mail

Die weitaus wichtigere Art des Nachrichtenaustauschs geschieht über ein Verfahren, welches dem Senden von Briefen mit der Post ähnelt und als **mail** bezeichnet wird. Ein Benutzer schickt eine Nachricht (einen Text) mittels des **mail**-Kommandos an einen anderen Benutzer, wobei er als Zieladresse dessen Namen angibt.

Diese Nachricht wird mit dem Namen des Absenders versehen und in einer festlegbaren Datei[1] aufbewahrt, die als *Briefkasten* oder **mailbox** bezeichnet wird. So kann die Nachricht den Empfänger auch dann erreichen, wenn dieser gerade nicht am System aktiv ist. Das Vorhandensein von *mail* wird dem Empfänger bei seinem nächsten **login** mitgeteilt.

Wird das **mail**-Kommando ohne Angabe eines Benutzernamens aufgerufen, kann man sich die Nachrichten ansehen, kopieren, weiterleiten oder löschen.

Der UNIX-Mail-Mechanismus gestattet den Austausch von elektronischer Post nicht nur zwischen den Anwendern eines Rechnersystems, sondern unter Verwendung einer geeigneten Vernetzung (über UUCP oder TCP/IP) auch über Rechner-, ja sogar weltweit über Landesgrenzen hinweg.

Das mit System V verfügbare Kommando **mailx** stellt eine stark erweiterte Version des **mail**-Kommandos dar und unterstützt z.B. Verteilerlisten, die Verwendung von mehreren Namen (z.B. auch Spitznamen, Aliasnamen) für den gleichen Benutzer und vieles andere mehr.

Daneben gibt es eine Reihe von mail-Programmen im *Public-Domain*-Softwarebereich[2], die nochmals mächtiger und komfortabler sind. Hierzu gehört z.B. das programm **elm**.

Unter graphischen Oberflächen gibt es eine Reihe weiterer Mail-Programme, die in ihrer Benutzerführung wesentlich einfacher und auch mächtiger zu bedienen sind, sie greifen jedoch alle für den Transport der Mail auf das grundlegende mail-Kommando aus dem Standard-UNIX-System zurück. Auch unter Nicht-UNIX-Systemen haben sich Mail-Programme durchgesetzt, die auf diesem Standard aufsetzen und es somit ermöglichen, etwa über Internet Mail zwischen vollkommen unterschiedlichen Rechnern auszutauschen.

---

1. Standardmäßig in */usr/spool/mail/benutzer_name* bzw. ab V.4 in der Datei */var/mail/benutzer_name*.
2. Unter *Public-Domain-Programmen* versteht man solche, die in verschiedenen Software-Mailboxen vorhanden sind und kostenlos kopiert und benutzt werden dürfen.

4.2 Das UNIX-Dateikonzept

Eine Datei ist unter UNIX zunächst eine sequentielle und nicht weiter strukturierte Folge von Zeichen bzw. von Bytes.
Dies gilt für *normale Dateien* und *Dateikataloge*.
Insgesamt kann man drei Arten von Dateien unterscheiden:

❏ normale Dateien
❏ Dateikataloge
❏ Gerätedateien

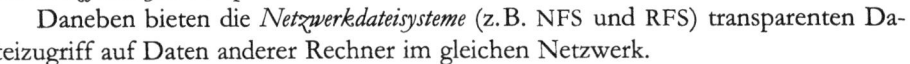

Daneben stellt der UNIX-Kern weitere Mechanismen zur Verfügung, die den direkten Austausch von Daten zwischen Programmen erlauben: **Pipes, Streams** und **Sockets**.
Mit der Version V.4 wurde zusätzlich das *Prozeßdateisystem* implementiert.
Daneben bieten die *Netzwerkdateisysteme* (z.B. NFS und RFS) transparenten Dateizugriff auf Daten anderer Rechner im gleichen Netzwerk.

Das Dateikonzept des UNIX-Systems zeichnet sich durch eine Reihe von Eigenschaften aus. Die wichtigsten dieser Eigenschaften sind:

❏ **Hierarchisches Dateisystem**
Die Struktur der Dateikataloge, Geräteeinträge und Dateien auf einem Datenträger mit wahlfreiem Zugriff ist ein (invertierter) Baum. Restriktionen bezüglich Breite und Tiefe des Baums existieren faktisch nicht.

❏ **Weitestgehende Geräteunabhängigkeit**
Kataloge, normale Dateien und Geräte werden unter UNIX syntaktisch gleich und auch semantisch soweit sinnvoll identisch behandelt. Dieses Konzept wird noch durch die Möglichkeit der Intertask-Kommunikation über Pipes ausgedehnt, welche auch über Ein-/Ausgabeoperationen angesprochen werden.

❏ **In hohem Maße adaptiv**
Der UNIX-Kern stellt nur wenige, aber flexible Dateioperationen zur Verfügung. Hierdurch werden keine Restriktionen für Erweiterungen vorgegeben. Diese Erweiterungen können dann auf der Ebene der Laufzeitsysteme oder von Datenbanksystemen zur Verfügung gestellt oder durch den Benutzer selbst vorgenommen werden.

❏ **Die Möglichkeit, mehrere unterschiedliche Dateisysteme zu unterstützen**
Hierzu zählen sowohl mehrere verschiedene lokale Dateisysteme, als auch Dateisysteme mit netzweitem Dateizugriff oder CD-ROM-Dateisysteme. Einige Anbieter unterstützen auch den Zugriff auf Dateisysteme anderer Betriebssysteme, wie etwa den von MS-DOS oder MAC/OS.

4.2.1 Dateiarten

Der UNIX-Kern unterstützt außer den Dateiarten *normale Datei, Dateikatalog, Gerätedatei* sowie *Pipes* keine weiteren Dateistrukturierungen. Derartige Interpretationen sind rein Programm- oder Datenbank-abhängig.

Normale Dateien

Normale Binärdateien sind einfach eine Folge von Bytes. *Normale Textdateien* bestehen aus einer linearen Folge von Zeilen, wobei einzelne Zeilen durch ein *<neue Zeile>*-Zeichen (*new line* = <lf>) getrennt sind. Das UNIX-System stellt jedoch in der C-Bibliothek oder durch die verschiedenen Laufzeitsysteme der Hochsprachen wie FORTRAN und PASCAL Routinen zur Verfügung, um auf beliebige Bytefolgen innerhalb einer Datei zuzugreifen, um Zeichen (Bytes) sequentiell zu lesen oder zu schreiben oder um eine durch <neue zeile> abgeschlossene Zeile zu holen. Bei Sprachen wie COBOL sind auch indexsequentielle Zugriffe und Schlüsselwortzugriffe im Laufzeitsystem implementiert.

Kataloge

Dateikataloge (*Verzeichnisse*, englisch: *directories*) sind Dateien, welche entweder leer sind (sie enthalten dann lediglich einen Verweis auf sich selbst und auf ihren Vaterkatalog[1]), oder aber Verweise (englisch: *links*) auf weitere Dateien enthalten. Die Verweisstruktur ist dabei hierarchisch bzw. baumartig. Der Eintrag einer Datei in einem Katalog besteht aus der Knotennummer (*i-node-number*) der Datei und den Zeichen des Dateinamens.[2] Die Anzahl der Einträge in einem Dateikatalog ist nur durch die maximale Größe einer Datei und des Datenträgers limitiert. Es empfiehlt sich jedoch aus Performance-Gründen, nicht zu viele Dateien nebeneinander in ein Verzeichnis zu legen.[3]

Gerätedateien

Gerätedateien (englisch: *special files*) sind Einträge, welche für die physikalischen Geräte stehen. Sie werden deshalb hier auch als *Geräteeinträge* (*devices*) bezeichnet. Durch ihre Behandlung als Dateien ergibt sich für den Benutzer kein Unterschied zwischen der Ein-/Ausgabe auf Dateien oder auf physikalische Geräte. *Special files* liegen in der Regel in dem Katalog */dev*. Bei den Gerätedateien kann man nochmals zwischen *realen* und *Pseudo-Geräten* unterscheiden. Als reale Gerätedatei sei hier ein *special file* verstanden, der für ein tatsächlich vorhandenes Gerät steht, während bei einem *Pseudogerät* der Eintrag nur ein abstraktes Gerät angibt, das seinerseits erst auf ein reales Gerät oder ein anderes Ersatzgerät hinweist. So ist die aktuelle Dialogstation */dev/tty* ein Pseudogerät, unter dem jeweils die wirkliche aktuelle Dialogstation angesprochen werden kann, ohne daß man dazu deren konkreten Namen wissen muß.

---
1. Die erste Stufe in Richtung der Dateibaumwurzel.
2. Diese Beschreibung ist auf das USL-Dateisystem vom Typ FS5 ausgelegt.
3. Ein Wert von 512–1024 Dateien pro Katalogebene ist hier eine sinnvolle Grenze.

Dateinamen von *special files*

Die wichtigsten *Geräte* bzw. *special files* sind:

Pseudogeräte:	Funktion:
/dev/clock	(*V.4*) Repräsentation der internen Systemuhr
/dev/console	Dies ist die Systemkonsole, d.h. das Gerät, an dem Systemmeldungen ausgegeben werden (etwa fehlender Plattenplatz oder unberechtigter Zugangsversuch zum System).
/dev/fd/*n*	(*V.4*) gestattet den Zugriff auf den aktuellen Dateideskriptor *n* eines Programms, ohne daß man den Namen des wirklichen Geräts sowie der Datei kennen muß.
/dev/mem	Dies ist ein Abbild des physikalischen Hauptspeichers. Es kann dazu benutzt werden, Benutzerdaten zu untersuchen oder zu ändern; dies darf jedoch nur der Super-User.
/dev/mouse	(*V.4*) gestattet, die Maus einer graphischen Dialogstation anzusprechen.
/dev/kmem	Das Pseudogerät *kmem* arbeitet wie *mem*, entspricht jedoch dem virtuellen Betriebssystemspeicher.
/dev/log	(*V.4*) Informationen, die hierauf geschrieben werden, gehen in das System-Logbuch.
/dev/null	steht für das *Null-Gerät*. Jede Ausgabe darauf wird *weggeworfen* und jede Eingabe liefert (eof) (*end of file*) zurück. Dieses Gerät (Datei) ist für Testzwecke nützlich.
/dev/swap	Dies ist das *swap device*. Auf diesen logischen Datenträger werden die Programmsegmente ausgelagert, wenn der Hauptspeicher nicht mehr für alle Anforderungen ausreicht und das System einzelne Hauptspeicherseiten vorübergehend auf einen Hintergrundspeicher auslagern muß.
/dev/tty	Dies ist innerhalb eines Prozesses die virtuelle Dialogstation, von welcher der Prozeß gestartet wurde. Dies erlaubt, Nachrichten auf die startende Dialogstation zu senden, auch wenn die Standardausgabe umgelenkt wurde.
/dev/syscon	An dieser Dialogstation meldet sich das System, wenn es sich im Single-User-Modus befindet. Der Systemverwalter kann dann seine kritischen Systemarbeiten daran ausführen. Im Standardfall ist diese virtuelle Systemdialogstation auf die physikalische Systemkonsole */dev/systty* gelegt (über einen *Link*).

4.2 Das UNIX-Dateikonzept

Pseudogeräte:	Funktion:
/dev/systty	Dieses Gerät stellt die physikalische Systemkonsole dar. Findet der init-Prozeß beim Starten des Systems die Datei /etc/inittab nicht, so meldet sich das System auf diesem Gerät.
/dev/error	Auf dieses Pseudogerät werden Hardwarefehler (z.B. wenn beim Lesen von einer Platte mehrere Versuche notwendig waren) protokolliert. (Nur wenn der Fehlerreport-Mechanismus (englisch: *error logging*) implementiert und generiert ist).
/dev/stdin	(*V.4*) Datei oder Gerät, auf der aktuell die Standardeingabe (Dateideskriptor 0) eines Programms liegt
/dev/stdout	(*V.4*) Datei oder Gerät, auf der aktuell die Standardausgabe (Dateideskriptor 1) eines Programms liegt
/dev/stderr	(*V.4*) Datei oder Gerät, auf der aktuell die Standardfehlerausgabe (Dateideskriptor 2) eines Programms liegt
/dev/zero	(*V.4*) Dieses Gerät liefert beim Lesen beliebig viele Blöcke mit 0-Bytes zurück.
/dev/pty*XX*	Pseudobildschirm-Anschlüsse, die einzelnen Terminalemulationen unter der graphischen Oberfläche zugeordnet werden

Dateinamen von realen Geräten

Reale Geräte:	Funktion:
/dev/lp	Dies ist der Drucker (line printer) an einer Parallelschnittstelle.
/dev/tty*n*	Unter diesen Namen sind die Dialogstationen (teletype) zu finden. *n* gibt dabei die laufende Nummer an.
/dev/fd0	Dies ist das Floppy-Disk-Laufwerk 0 mit automatischer Erkennung des speziellen Diskettenformats.

Dateinamen von Disketten

Auch alle Peripherie-Geräte, die vom Benutzer oft direkt angesprochen werden müssen, tragen eigene Dateinamen. Diese Dateinamen von Diskettenlaufwerken sind nicht immer einfach zu merken – müssen jedoch auch nur in speziellen Konstellationen (z.B. seltene Diskettenformate) in voller Länge verwendet werden. Als Vertreter für die meisten dieser Diskettenformate fungiert ein Gerätetreiber /*dev*/*rdsk*/*fd0* mit automatischer Erkennung des Diskettenformats, der für nahezu alle Diskettenoperationen verwendet werden kann.

Zum Ansprechen unterschiedlicher Diskettentypen und unterschiedlicher Diskettenlaufwerke hat sich unter UNIX V.4 eine spezielle Benennung durchgesetzt. Allgemein dargestellt hat dieses Namensschema den folgenden Aufbau:

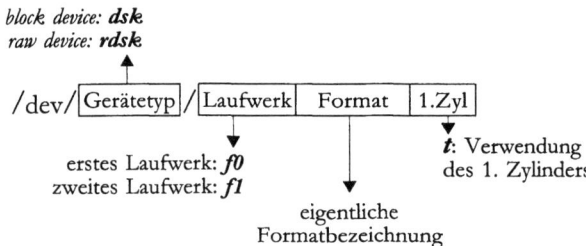

Mit dem hier als *eigentliche Formatbezeichnung* angegebenen Namensbestandteil kann ein spezielles Diskettenformat ausgewählt werden. Mögliche Einträge sind hier:

Name	Größe	Dichte	Volumen	Zylinder	Sektoren pro Spur	Bytes pro Sektor
5h	5,25"	doppelt	1,2 MB	80		
5d9	5,25"	doppelt	360 KB	40	9	
5d8	5,25"	doppelt	320 KB	40	8	
5d4	5,25"	doppelt	320 KB	40	4	1024
5d16	5,25"	doppelt	320 KB	40	16	256
5q	5,25"	vierfach	720 KB	80	9	
3h	3,5"	hoch	1,44 MB	80	18	512
3d	3,5"	vierfach	720 KB	80		

Mit dem *t* am Ende des Dateinamens der Diskettenformate kann gezielt ein erster Zylinder mit in die Bearbeitung einbezogen werden. Dieser sog. erste Zylinder wird z.B. bei MS-DOS für Bootspuren, FAT1, FAT2 u.ä. verwendet. Wenn man Disketten physisch kopiert, z.B. mit dd(1), ist es zwingend erforderlich, diese Spuren mit anzusprechen – daher diese *xxxt*-Gerätenamen.

Dateinamen von Festplatten

Hierzu kommen eine ganze Reihe möglicher Platten- und Bandanschlüsse, Kassetten- und DAT-Laufwerke oder Anschlüsse für optische Platten mit unterschiedlichen Namen. So trägt nicht nur jede Festplatte, sondern auch jede Partition auf einer Festplatte einen eigenen Gerätenamen (der aber für den normalen Anwender unwichtig ist). Bei Bandlaufwerken wird mit Hilfe des Dateinamens dieser Geräte unterschieden, ob sie automatisch zurückspulen oder nicht oder ob vor lesender oder schreibender Verwendung des Bandes eine Bandstraffung (*Retention*) durchgeführt wird. Gerätenamen mit Bandstraffung enden normalerweise mit **r** (*retention*), Gerätenamen, bei denen das Band nicht automatisch zurückgespult wird, enden meist mit **n** (*no-rewind*). Die nachfolgenden seien nur als Beispiel angeführt. Die Platten- und Bandlaufwerke in Ihrem System können andere Namen tragen. Die Laufwerks- oder Gerätenummer wird dabei durch *n* angegeben (also z.B. */dev/dsk/0s0* für das erste logische Laufwerk).

/dev/mt/	In diesem Katalog liegen die verschiedenen Bandgeräte (*magtapes*).
/dev/mt/c*n*s0	ist der Name der Magnetbandstation *n* (*magtape*).
/dev/mt/c*n*s0n	Während bei /dev/mt/c*n*s0 nach dem Schließen der Banddatei das Band vom Treiber automatisch zurückgespult wird, geschieht dies bei /dev/mt/c*n*s0n nicht. Ansonsten ist dieses Gerät mit /dev/mt/c*n*s0 identisch.
/dev/dsk	In diesem Katalog liegen die verschiedenen Platten (*disks*).
/dev/dsk/*n*s0	(Logisches) Plattenlaufwerk *n*.

Diese Laufwerkbezeichnungen folgen standardisierten Namenskonventionen, die ein gezieltes Ansprechen ermöglichen und die Verwaltung der Massenspeicher vereinfachen. Allgemein dargestellt sehen diese Namenskonventionen so aus:

Bei einem Namen wie

c*n*t*n*d*n*s*n*

steht *n* jeweils für eine einzelne Zahl, mit welcher der vorangehende Parameter c, t, d, oder s näher spezifiziert wird. Diese Parameter bedeuten:

c	die Nummer des Controllers, über den das Gerät angeschlossen ist,
t	die Nummer des Geräts an diesem Controller,
d	die Nummer der UNIX-Partition auf diesem Gerät,
s	logische Partition (*slice*) innerhalb der UNIX-Partition; Slice 0 bezeichnet die gesamte UNIX-Partition.

Des weiteren findet man einige *special files* auch mit einem **r** vor dem eigentlichen Namen (also z.B.: */dev/rdsk* und */dev/rfd*). Dies sind die sogenannten *raw devices* oder auch *karakter devices*, d.h. die rohen Geräte, die nicht blockweise, sondern zeichenweise angesprochen werden. Sie erlauben den Zugriff auf die physikalische Gerätestruktur (z.B.: Blöcke bei Magnetplatten und Bändern). Bei diesen *raw devices* verbirgt das System somit nicht mehr die gerätespezifischen Eigenschaften vor dem Benutzer. Die Geräteunabhängigkeit geht somit verloren. Mit diesen Geräten wird dann gearbeitet, wenn eine besondere Geschwindigkeit erreicht oder spezielle Geräteeigenschaften ausgenutzt werden sollen.Unter UNIX erfolgt die Ein- und Ausgabe auf Geräte in der Regel *synchron*, d.h. bei einer Ein- oder Ausgabe kehrt das System für das Programm sichtbar erst dann aus dem E/A-Aufruf zurück, wenn die Ein- oder Ausgabe beendet ist.[1] Intern puffert das System solche Übertragungen jedoch,

---

1. Mit V.4 gibt es auch Aufruf für eine asynchrone-Ein-/Ausgabe.

so daß nicht für jede E/A-Operation ein wirklicher Ein-/Ausgabevorgang angestoßen werden muß. Darüberhinaus versucht UNIX ein *Vorauslesen*. Dies führt zu einem erhöhten Systemdurchsatz, bedingt jedoch, daß der logische Zustand einer Datei nicht immer mit dem physikalischen Zustand (den Daten auf dem Dateiträger) identisch ist. Dies kann vor allem bei Systemabstürzen fatale Folgen haben.

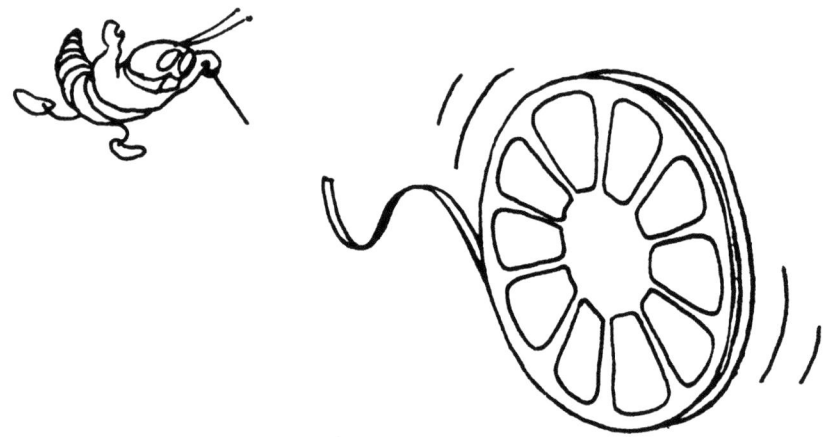

Wird mit *rohen* Geräten gearbeitet, so entfällt dieser Mechanismus (Pufferung und Vorauslesen); hier entspricht ein logischer Transfer einem physikalischen Transfer. Dieser muß dann aber in Einheiten von einem Vielfachen der Geräteblockung (512 Byte, oder in Einheiten von 1 kB bis 32 kB[1]) erfolgen.[2] Unter UNIX werden die *rohen Geräte* im Englischen irreführend als *character oriented*, d.h. als *zeichenorientiert* bezeichnet. Dies hängt damit zusammen, daß der Zugriff auf *rohe Geräte* früher über den gleichen Mechanismus ablief wie der auf zeichenorientierte Geräte (z.B. Dialogstation und Drucker). Blockorientierte Geräte benutzen einen anderen internen Mechanismus. Der Begriff *unstrukturiert* wäre hier sicher korrekter.

Pipes sind zwar keine Dateien wie die bisher vorgestellte normale Datei, der Dateikatalog oder die Gerätedatei, sie stellen jedoch einen Mechanismus zur Verfügung, der einen Datenaustausch zwischen zwei Programmen erlaubt, wobei diese normale Ein-/Ausgabeoperationen wie Lesen (**read**) und Schreiben (**write**) benutzen.[3] Die *Pipe* wird über einen systeminternen Puffer realisiert. Dieser Puffer ist standardmäßig 4 oder 8 kByte groß und wirkt als FIFO-Puffer (*first in first out*). Eine Pipe ist unidirektional, d.h. es kann nur ein Prozeß lesen und der andere schreiben. Müssen Daten in beiden Richtungen ausgetauscht werden, so sind zwei Pipes aufzusetzen. Dieses Aufsetzen durch den Systemaufruf **pipe**[4] muß von einem gemeinsamen Vaterprozeß der kommunizierenden Prozesse erfolgen.

---

1. Die hierbei verwendete Blockgröße ist abhängig vom Dateisystemtyp sowie innerhalb eines Dateisystems von voreingestellten Werten.
2. Im Berkeley-UNIX-System kann die Transfergröße bis zu 16 KByte betragen.
3. Hier ist der Betriebssystemaufruf **read** bzw. **write** gemeint.
4. Siehe hierzu Kapitel 10.2.

Diese Einschränkung wird durch den Mechanismus der *Named Pipes* aufgehoben. Liest ein Prozeß von einer Pipe, die leer ist, so wird er solange suspendiert, bis ein anderer Prozeß etwas in die Pipe geschrieben hat. Möchte ein Prozeß in eine volle Pipe schreiben, so wird er ebenfalls suspendiert, bis wieder ausreichend Platz in der Pipe vorhanden ist. Positionierbefehle (**lseek**) auf Pipes liefern einen Fehler. Liest ein Prozeß aus einer Pipe, deren anderes Ende nicht (mehr) zum Schreiben geöffnet ist, so erhält er <eof> zurück.

4.2.2 Dateiattribute

Dateien haben eine Reihe von Attributen (Kenndaten), wovon der Benutzer jedoch die meisten nicht ständig sieht. Zu den wichtigsten Attributen gehören:

- Der Dateiname (ohne Zugriffspfad)
- Der Datei-Zugriffspfad
- Die Länge der Datei (in Byte und in Blöcken zu 512 Byte)
- Die Zugriffsrechte auf die Datei
  (auch *protection bits* oder *Datei-Modus* genannt)
- Die Knoten- oder Indexnummer (*I-Node Number*, eine eindeutige Nummer der Datei in einem Dateisystem)
- Die Anzahl von Verweisen (englisch: *links*) auf die Datei
- Das Datum der Dateierstellung, der letzten Änderung der Datei und des letzten Zugriffs auf die Datei
- Der Dateityp (normale Datei, *special file*, Katalog)
- Die Benutzernummer des Besitzers und seiner Gruppe

Spezielle Dateisysteme können weitere Dateiattribute halten. Die meisten dieser Attribute werden durch das **ls**-Kommando mit der Option ›–lsi‹ angezeigt (s. 5.2 **ls**).

Dateinamen

Der Dateiname benennt die in der Datei zusammengefaßte Information. Der Name durfte in älteren UNIX-Systemen nur bis zu 14 Zeichen lang sein. Bei neueren Systemen darf er bis zu 255 Zeichen lang sein – soweit die Datei auf einem dafür ausgelegten Dateisystem liegt.[1] Im Prinzip sind alle Zeichen erlaubt, jedoch meist nicht unbedingt sinnvoll. Aus praktischen Gründen sollte man sich auf Buchstaben, Ziffern und die Sonderzeichen . , _ sowie – beschränken. Das Zeichen ›–‹ sollte dabei nicht als erstes Zeichen des Dateinamens verwendet werden, da sonst Konflikte mit Optionen entstehen können.

➜ Auch sollte man – obwohl dies bei neuen Systemen zulässig ist – mit Umlauten, ß und anderen europäischen Sonderzeichen in Dateinamen vorsichtig umgehen, da sie leicht zu Kompatibilitätsproblemen führen können.

---

1. Siehe hierzu Tabelle 4.1 auf Seite 117.

Eine physikalische Datei kann, soweit es sich nicht um eine Katalogdatei handelt, mehrere Dateinamen zugleich besitzen. Die verschiedenen Namen dürfen dabei in unterschiedlichen Ästen eines Dateibaums liegen; sie müssen sich jedoch alle auf dem gleichen Datenträger (z.B. Magnetplatte) befinden. Die Datei ist dann unter allen diesen Namen ansprechbar.

Das Berkeley-UNIX-Dateisystem und einige weitere modernere Dateisysteme erlauben Namensverweise über die Grenzen eines Dateisystems, ja sogar über die eines Rechnersystems im Netz hinaus. Diese Verweise werden als *Symbolic Links* bezeichnet. Mehr dazu später.

Im eigentlichen Dateikopf (siehe Knotennummer) befindet sich ein Benutzungszähler *(link count)*, welcher festhält, wieviele Namensreferenzen (*links*) auf die Datei existieren. Die Datei (der eigentliche Dateiinhalt) wird erst dann gelöscht, wenn alle Dateiverweise (Namenseinträge in Katalogen) gelöscht sind. Die Zählung berücksichtigt dabei keine der später nochmals erläuterten *symbolischen Verweise*.

Während ein Dateiname im Prinzip beliebig lauten darf, verwenden viele UNIX-Systeme Konventionen, welche es erlauben, aus der Namensendung auf den Dateiinhalt zu schließen. Hierbei sind üblich:

.a   für Objektbibliotheken
.c   für C-Quelltextdateien
.e   für EFL-Quelltextdateien
.f   für FORTRAN-Quelltextdateien
.h   Header-Dateien – in der Regel für C-Programmodule
.l   für Listing-Ausgaben von Übersetzern (oder LEX-Quelltextdateien)
.o   für Objektdateien (übersetzte, noch nicht gebundene Module)
.p   für Pascal-Quelltextdateien
.s   für Assembler-Quelltextdateien
.sh für Shell-Skript-Dateien
.so für dynamische Objektbibliotheken
.y   für YACC-C-Quelltextdateien

Nahezu alle Anwendungen legen ihre Dateien mit weiteren, eigenen Namenserweiterungen ab, etwa *datei.doc* für eine mit dem DTP-System FrameMaker erstellte Datei. Erkundigen Sie sich jeweils, welche weiteren Namenskonventionen dieser Art in Ihrem UNIX-System gebräuchlich sind.

Im Unterschied zu anderen Betriebssystemen ist diese Namenserweiterung ein normaler Bestandteil des Dateinamens, der nur per Konvention mit einem Punkt vom ersten Teil des Dateinamens abgetrennt ist. Es bestehen weder Einschränkungen für das Trennzeichen (also auch *datei_bak*), für die Anzahl der Verwendung des Trennzeichens (also auch *datei.c.bak*) noch für die Länge der Namenserweiterung (also auch *datei.orig.backup*).

Beginnt ein Dateiname mit einem Punkt, z.B. ›*.profile*‹, so wird der Dateiname durch das **ls**-Kommando oder bei der Shell-Expandierung des Metazeichens ›*‹ (am Namensanfang) nicht angezeigt. Man hat damit eine Art *verdeckte Datei*. Dies ist häufig praktisch, weil dies Dateien sind, die man in den meisten Fällen nicht sehen soll oder nicht sehen will. Durch Option ›**ls -a**‹ lassen sich diese Dateien jedoch auch anzeigen.

Der Zugriffspfad einer Datei (Path Name)

Die UNIX-Dateistruktur ist hierarchisch oder baumartig (umgekehrter Baum). Der Ausgangspunkt eines solchen Baums ist die Wurzel (englisch: **root**). Sie wird unter UNIX mit ›/‹ angegeben.

Die Wurzel selbst ist eine Katalogdatei. In ihr sind Verweise auf weitere Dateien enthalten. Eine solche Datei kann wiederum ein Katalog sein, der seinerseits auf weitere Dateien verweist; auf diese Weise entsteht die Baumstruktur. Der *Zugriffspfad* (englisch: *path name*) gibt an, wie eine Datei ausgehend von der Wurzel erreicht werden kann. Die vollständige Angabe zur Datei des Kommandos *date* wäre für das Beispiel in Abbildung 4.3 ›*/usr/bin/date*‹.

Die Namen der einzelnen Verzweigungsstellen (des dort liegenden Katalogs) werden durch **/** ohne Zwischenraum getrennt.

Wie das Beispiel zeigt, kann ein Dateiname mehrmals im Baum vorkommen (z.B. *test_a*); die Dateien müssen dann jedoch in unterschiedlichen Zweigen des Baumes liegen, d.h. der vollständige Name der Datei inklusiv Zugriffspfad muß innerhalb eines Dateibaums eindeutig sein. Die Angabe des Zugriffspfades darf überall dort stehen, wo auch Dateinamen vorkommen können.

Beim **login** bekommt der Benutzer einen Katalog als *aktuellen Katalog* zugewiesen. Dieser steht in der Paßwortdatei des Systems als **login**-Katalog für den Benutzer. Der Name (Zugriffspfad) des aktuellen Katalogs kann mit dem **pwd**-Kommando (*print working directory*) erfragt werden. Spezifiziert der Benutzer einen Dateibezeichner, der nicht mit **/** beginnt, so wird der Pfad zu diesem aktuellen Katalog automatisch vom System vor den Dateibezeichner gesetzt. Ist eine Datei weiter oben in der Baumstruktur oder in einem Seitenast gemeint, so muß der vollständige Zugriffspfad angegeben werden.

Ist der aktuelle Katalog z.B. */home/neuling*, so kann die Datei *t1.c* entweder unter */home/neuling/projekt/t1.c* oder verkürzt mit *projekt/t1.p* angesprochen werden, während *tty0* von hier aus nur unter */dev/tty0* für das Beispiel erreicht wird.

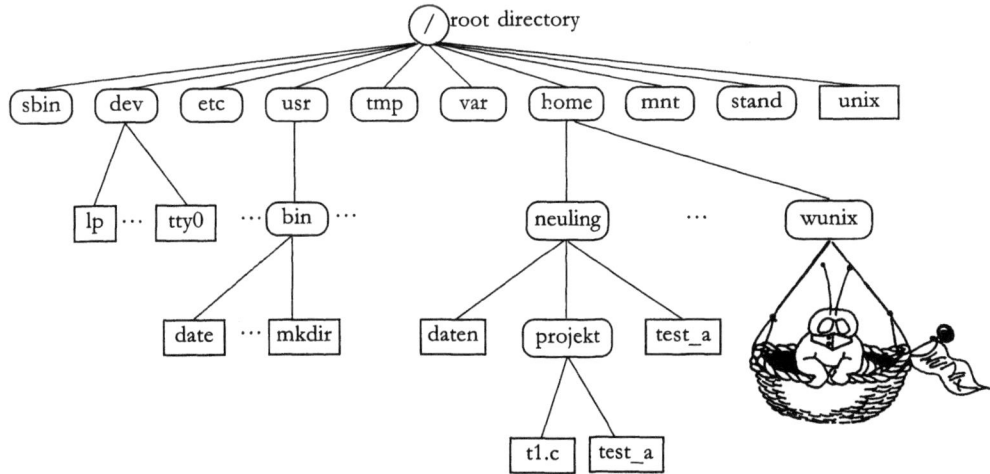

Abb. 4.3: Beispiel für einen Dateibaum

›/‹ alleine steht für die Wurzel des gesamten Systemdateibaums (englisch: *root directory*). ›..‹ steht für den Vaterkatalog, ›.‹ für den aktuellen Katalog. Zum Beispiel ›../wunix‹ meint den Katalog oder die Datei *wunix* im übergeordneten Katalog (in Abb. 4.3: */home*).

Der Benutzer ist in der Lage, mit dem **cd**-Kommando (*change directory*) seine aktuelle Position im Dateibaum zu ändern; er erhält hierdurch jedoch keine neuen Zugriffsrechte! Mit ›**cd** ..‹ geht er z.B. eine Stufe höher in der Baumhierarchie in Richtung der Baumwurzel – z.B. von */home/neuling* nach */home*.

Der Zugriffspfad einer Datei zählt ebenso wie der Dateiname nicht zum festen Bestandteil einer Datei, d.h. er ist nicht im Dateikopf (*I-Node*) eingetragen, sondern ist jeweils abhängig davon, wo das Dateisystem (Gerät), auf dem sich die Datei befindet, im Systemdateibaum montiert ist (s. hierzu Abschnitt 4.2.6). Daneben kann, wie bereits beschrieben, eine Datei (in Wirklichkeit ein Verweis auf den Dateikopf) in mehreren Katalogen vorkommen, oder es können mehrere Einträge unter verschiedenen Namen im gleichen Katalog vorhanden sein.

Die Dateilänge

Da Dateien auf Speichermedien mit wahlfreiem Zugriff stets in festen Einheiten (Standard: 512 Byte oder 1 kByte) abgelegt werden,[1] ergeben sich für die Länge einer Datei zwei Größen:

- ❏ die Länge in Bytes und
- ❏ die Länge in Blöcken (Standard: 512 Byte oder 1.024 Byte).

Beide Größen lassen sich mit dem Kommando ›**ls -ls** *dateiname*‹ erfragen. Die Länge einer Datei ist zum einen durch das logische Speichermedium begrenzt (d.h. die Datei muß komplett auf einen logischen Dateiträger wie z.B. eine Magnetplatte passen) und zum anderen durch bestimmte Systemfaktoren. Die Obergrenze liegt hierbei für Magnetplatten, abhängig vom verwendeten Dateisystemtyp zwischen etwa einem und 128 Gigabyte. Einige UNIX-Implementierungen gestatten auch, daß sich eine einzelne Datei über mehrere Datenträger hinweg erstrecken darf. Man spricht dann von einem *Multi-Volume-Dateisystem*.

Zugriffsrechte auf eine Datei – der Datei-Modus

Der Benutzer ist in der Lage, die Zugriffsrechte auf seine Dateien (Kataloge) festzulegen und zu ändern. Als Zugriffsmöglichkeit wird dabei unterschieden:

- ❏ Lesen (**r** = *read*)
- ❏ Schreiben (**w** = *write*)
- ❏ Ausführen (**x** = *execute*)

Das Recht *Ausführen* (**x**) bedeutet bei normalen Dateien (Dateien, welche ausführbaren Code oder Kommandoprozeduren enthalten), daß es der jeweiligen Gruppe

---

1. Die auf den Magnetplatten angelegten Dateisysteme selbst können Blockungsgrößen verwenden, die ein Vielfaches dieser Grund-Blockgröße ausmachen.

erlaubt ist, dieses Programm zu starten. Bei Dateikatalogen zeigt das **x**-Recht hingegen an, daß ein Zugriff in den Katalog und die tiefer liegenden Dateien möglich ist. Eine *Benutzergruppe* sind alle Benutzer mit der gleichen Gruppennummer.[1]

Die Zugriffsrechte können für jede Datei einzeln und für die drei Benutzerklassen getrennt festgelegt werden:

- den Besitzer (**u** = *login user*)
- die Benutzer der gleichen Gruppe (**g** = *group*)
- alle anderen Benutzer (**o** = *other users*)

Die Zugriffsrechte von Dateien werden mit Hilfe des **ls**-Kommandos in der Form ›**ls -ls** *dateien*‹ angezeigt und mit dem *Change-Mode*-Kommando (**chmod**) geändert. Die Zugriffsrechte werden im Dateikopf (*I-Node*) festgehalten und existieren deshalb auch dann nur einmal und für alle gleich, wenn mehrere Verweise (englisch: *links*) auf eine Datei vorhanden sind.

Hat man das Schreibrecht auf eine Datei, so darf man diese Datei zwar verändern, sie kann jedoch nur dann gelöscht werden, wenn man auch das Schreibrecht für den übergeordneten Katalog besitzt, da zum Löschen der Datei Änderungen in diesem Katalog vorgenommen werden müssen. Hingegen kann man mit dem Schreibrecht auf den Katalog die Datei selbst dann löschen, wenn man keine Schreibrechte auf die darin liegende Datei besitzt, aber zumindest deren Besitzer ist. In diesem Fall fragt das System zurück, ob die Datei wirklich gelöscht werden soll.

Seit System V.4 läßt sich diese teilweise problematische Implementierung umgehen. Setzt man für einen Katalog das Attribut ›**t**‹,[2] so darf nur derjenige die in dem Katalog liegenden Dateien löschen, der das Schreibzugriffsrecht auf die Datei besitzt; er muß dazu nicht über das Schreibrecht auf den Katalog verfügen.

Das Dateidatum

Zu einer Datei gehören drei charakteristische Datumsangaben:

- das Datum der Erstellung
- das Datum der letzten Änderung
- das Datum des letzten Zugriffs

Da zumindest das Datum des letzten Zugriffs auf die Datei auch beim Lesen korrigiert wird, dürfen Dateiträger nicht ohne weiteres schreibgeschützt sein, soweit sie in den Dateibaum eingehängt (englisch: *mounted*) werden. Soll wirklich nur gelesen werden und ist das Datum des letzten Zugriffs nicht wichtig, so kann beim **mount** (s. Abschnitt 4.2.6) die Option **r** (*read only*) diese Datumskorrektur unterbinden. Dies ist beispielsweise bei Dateisystemen auf CD-Platten erforderlich.

Das Datum, welches das Kommando ›**ls -l**…‹ ausgibt, ist das der letzten Dateiänderung. Mit der Option ›**ls -lu** …‹ erhält man das Datum des letzten Dateizugriffs. Der Systemaufruf **stat** (siehe Kapitel 10.2) liefert alle drei Zeiten zusammen mit weiterer Information über die Datei zurück.

---

1. Damit die Wirkung der Gruppennummer aber zum Tragen kommt, müssen alle Benutzer einer Gruppe in der Datei */etc/group* eingetragen sein!
2. Z.B. mittels »**chmod a+t** *katalogname*«.

Der Dateibesitzer

Der Dateibesitzer (englisch: *owner*) ist derjenige Benutzer, der die Datei erzeugt hat. Wem dabei der Katalog gehört, in den die Datei eingetragen wird, ist gleichgültig, solange der Erzeuger Schreiberlaubnis für diesen Katalog besitzt. Das Attribut *Dateibesitzer* kann vom Super-User durch das **chown**-Kommando geändert werden.

Die Eigenschaft, Besitzer einer Datei zu sein, ist für die Überprüfung der Zugriffsrechte auf die Datei entscheidend. Das Verändern der Zugriffsrechte sind dabei dem Besitzer sowie dem Super-User vorbehalten. Intern werden nicht Benutzer- und Gruppenname des Dateibesitzers sondern die entsprechenden Nummern abgespeichert. Die **ls**-Option **-g** erlaubt die Ausgabe des Gruppennamens statt des Benutzernamens. Ab UNIX System V werden bei ›**ls -l** ...‹ Benutzer- und Gruppenname des Dateibesitzers mitausgegeben. Steht statt des Namens eine Nummer, so zeigt dies an, daß unter der Nummer kein Eintrag in der Benutzer- oder Gruppenpaßwortdatei vorhanden ist.

Das Löschen einer Datei ist nicht vom Zugriffsrecht der Datei selbst abhängig, sondern vom erlaubten Schreibzugriff auf den Katalog, in dem die Datei eingetragen ist!

Knotennummer einer Datei (*I-Node Number*)

Jedes Dateisystem (dies ist die dateiorientierte Struktur auf einem logischen Datenträger mit wahlfreiem Zugriff) besitzt ein Inhaltsverzeichnis. In ihm sind **alle** Dateien verzeichnet, die in dem Dateisystem existieren. Dieses Inhaltsverzeichnis wird *I-Node List* genannt. Die Elemente der *I-Node-Liste* sind die sogenannten *I-Nodes*. Ein solcher *I-Node* stellt den *Dateikopf* dar. In ihm sind alle Attribute enthalten, die einer Datei fest zugeordnet sind (s. Abb. 4.4).

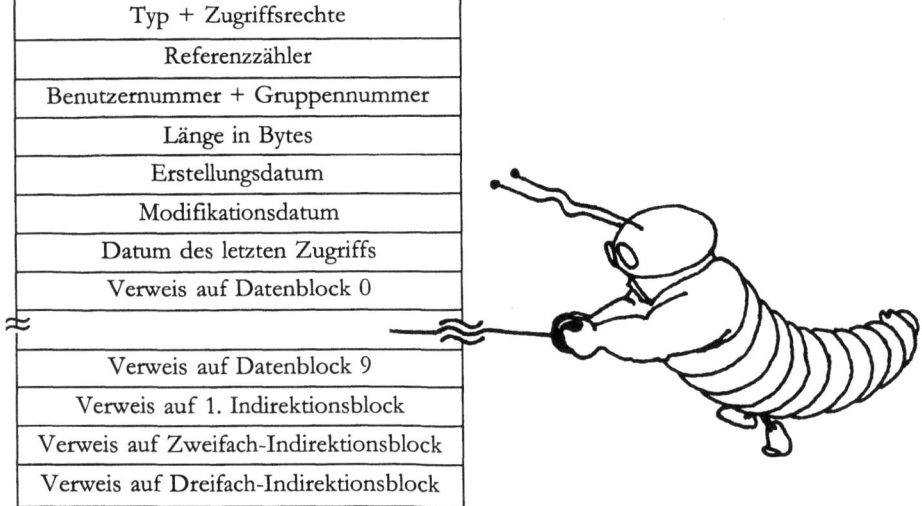

Abb. 4.4: Aufbau eines Dateikopfes (*I-Node*)

4.2 Das UNIX-Dateikonzept

Dateikataloge von Speichermedien mit wahlfreiem Zugriff enthalten lediglich den Dateinamen und die *Knotennummer* (englisch: *I-node number*) einer Datei. Die Nummer ist ein Index in die *Dateikopfliste* (englisch: *I-node list*).

Die nachfolgende Beschreibung bezieht sich auf das System-V-Dateisystem (Typbezeichnung: s5). Bei anderen Dateisystemen (z.B. dem Boot-Dateisystem) kann der Aufbau von dieser Beschreibung abweichen.

Beim Anlegen einer Datei wird ein neuer *I-Node* (Dateikopf) beschafft und der Dateiname zusammen mit dem Index des *I-Nodes* im entsprechenden Dateikatalog eingetragen.

Neben den Attributen sieht der Dateikopf Platz für 13 Verweise auf den Dateiinhalt vor. Die ersten 10 Verweise zeigen direkt auf die ersten 10 Blöcke der Datei (siehe auch Abb. 4.5). Sind weniger vorhanden, so sind sie entsprechend leer. Ist die Datei länger als 10 Blöcke, so verweist der 11. Zeiger auf einen Block, in welchem bis zu 128 weitere Verweise zu finden sind (erste Indirektionsstufe). Reichen 10 + 128 Blöcke nicht, so ist im 12. Eintrag ein Verweis auf einen Block zu finden, der auf bis zu 128 indirekte Verweise zeigt (zweite Indirektionsstufe). Reicht auch dies nicht, so enthält der 13. Eintrag einen Verweis auf 128 Blöcke, welche selbst wiederum auf 128 Verweisblöcke zeigen (dritte Indirektionsstufe). Zusammen sind somit (10 + 128 + 128*128 + 128*128*128) Blöcke zu 512 oder 1.024 oder 2.048 Byte adressierbar (ca. 1, 2 bzw. 4 Gigabyte). Der Zugriff auf die ersten 10 Blöcke ist dabei am schnellsten (bei der Eröffnung einer Datei wird der Dateieintrag aus der Indexliste in den Speicher kopiert), während alle weiteren Blöcke zusätzliche Zugriffe notwendig machen. Der Nachteil der 3-stufigen Indirektion bei sehr großen Dateien mit dem entstehenden Aufwand an Zugriffen auf die Datenblöcke mit der Verweisstruktur wird teilweise durch die Pufferung von Ein-/Ausgabeblöcken durch das System (eine Art Cache für Datenblöcke und ein getrennter Puffer für *I-Node*-Blöcke) aufgefangen.

Abweichend von den eben beschriebenen Indexlisteneinträgen haben bei den *special files* die letzten 12 Verweise keine Bedeutung. Das erste Datum hingegen enthält eine Gerätenummer des Treibers, welcher das physikalische Gerät, mit dem gearbeitet wird, bedient. Diese Gerätenummer besitzt zwei Teile:

❑ die Nummer des Geräte-Typs (*major device number*)
❑ die Nummer des konkreten Gerätes (z. B. Laufwerk) (*minor device number*). In dieser Nummer ist unter Umständen noch Zusatzinformation (z.B. daß das Band beim Schließen der Datei nicht automatisch zurückspulen soll) kodiert.

Verweise – Hard- und Soft-Links

UNIX gestattet Verweise, sogenannte *Links,* auf eine Datei anzulegen. Dies geschieht z.B. mit dem **ln**-Kommando. Durch einen solchen Verweis kann eine Datei entweder unter verschiedenen Namen oder von unterschiedlichen Stellen im Dateibaum angesprochen werden. Dabei muß man zwischen sogenannten harten Verweisen (englisch: *hard links*) und weichen Verweisen (englisch: *soft links*) unterscheiden.

Beim *Hard Link* (und dies ist der Standard beim **ln**-Kommando) wird lediglich im Katalog ein Eintrag mit dem Verweis auf die referenzierte I-Node-Nummer an-

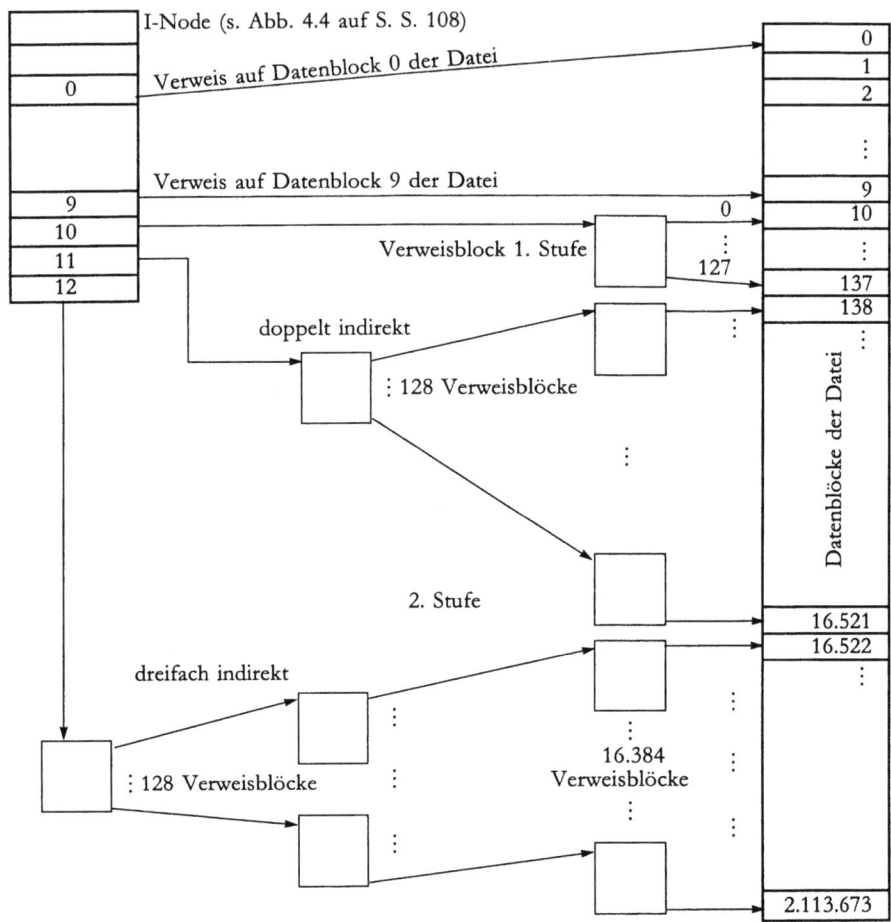

Abb. 4.5: Verweisstruktur einer großen Datei im s5-Dateisystem mit Blockgröße 512 Bytes

gelegt. Ein solcher Verweis kostet damit sehr wenig Platz. Da I-Node-Nummern jedoch nur innerhalb eines logischen Dateisystems eindeutig sind,[1] muß bei dieser Art der Verweis (korrekter der Katalog mit dem Verweis) und die referenzierte Datei auf dem gleichen logischen Dateisystem liegen. Bei den älteren Dateisystemen vom Typ s5 sind dies die einzig möglichen Verweise.

Bei einem *Soft Link* – auch als *Symbolic Link* oder *symbolischer Verweis* bezeichnet – wird eine Datei angelegt, in welcher der Name der referenzierten Datei steht. Hierbei wird der vollständige Pfadname abgelegt, weshalb bei *Symbolic Links* dieser beim **ln**-Kommando auch vollständig anzugeben ist. Diese Datei erhält jedoch den speziellen Dateityp *Symbolic Link*. Dies gestattet auch Verweise über Dateisystemgrenzen und sogar Rechnergrenzen hinweg. Verschiebt man die referenzierte Datei eines *Symbolic Links* oder benennt sie um, so findet das System die referenzierte Datei nicht mehr! Dieses Problem tritt bei *Hard Links* nicht auf.

---

1. Die gleiche I-Node-Nummer kann in anderen Dateisystemen nochmals vorkommen.

4.2.3 Struktur eines Dateisystems

Ein physikalischer Datenträger wie z.B. eine Magnetplatte kann mehrere logische Dateisysteme enthalten. Die Realisierung mehrerer logischer Dateisysteme wird dabei vom sogenannten *Treiber* durchgeführt. Ein Treiber ist der Modul im Betriebssystem, der für den Transfer von Daten zwischen einem Gerät und dem Hauptspeicher zuständig ist. In der Regel gibt es für jede Geräteart einen eigenen Treiber. Mit *Dateisystem* ist hier ein *logisches Dateisystem* gemeint. Es wird auch der Begriff *Gerät* verwendet. Dateisysteme auf Datenträgern mit wahlfreiem Zugriff wie z.B. Magnetplatten und Disketten haben eine einheitliche Struktur. Diese ist von Dateisystem zu Dateisystem unterschiedlich. Das S5-Dateisystem z.B. kennt vier Bereiche (s. Abb. 4.6):

❏ Block 0 (*boot block*)
❏ Superblock
❏ Liste der Dateiköpfe (*I-Node List*)
❏ Bereich der Datenblöcke

Der erste Block des Dateisystems (die Zählung beginnt bei 0) ist als *boot block* reserviert. In ihm kann ein kleines Programm liegen, welches beim Hochfahren des Systems das eigentliche UNIX-System in den Hauptspeicher lädt und startet.

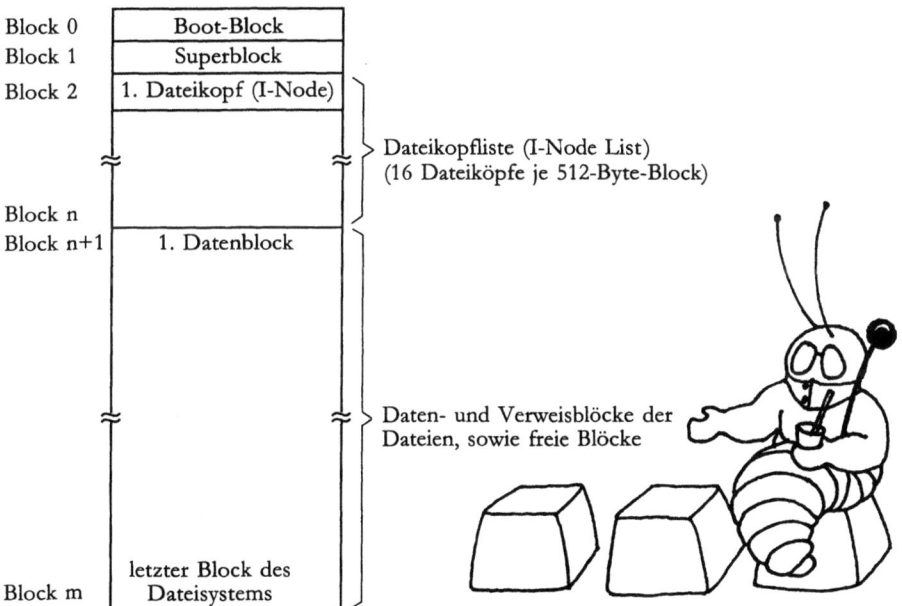

Abb. 4.6: Struktur des s5-Dateisystems

Der erste Block des eigentlichen Dateisystems ist der Block 1. Er wird als **Super Block** bezeichnet. In ihm steht Verwaltungsinformation zum Dateisystem. Hierzu gehören:

❑ Größe des Dateisystems in Blöcken zu 512 Bytes
❑ Name des Dateisystems (wird mit **/etc/labelit** angelegt)
❑ Zeiger auf das erste Element der Liste der freien Datenblöcke
❑ Zeiger auf das erste Element der Liste der freien *I-Nodes*
❑ Datum der letzten Modifikation
❑ Indikatoren zum Blockieren des Datenzugriffs bei Korrekturoperationen
❑ Kennzeichnung, ob es sich um ein 512, 1 K oder 2 K Dateisystem handelt.

Ist ein Dateisystem montiert, so wird dieser *Super Block* ständig im Hauptspeicher gehalten. Der *Super Block* wird dabei jeweils automatisch nach festgelegten Zeiten oder manuell durch das Kommando **sync** auf die Festplatte zurückgeschrieben. Damit können die Zugriffe auf das Dateisystem sehr schnell abgewickelt werden. Nachteil dabei ist jedoch, daß Super Block, wie er im Hauptspeicher steht und den tatsächlichen Zustand des Dateisystems beschreibt, nicht mehr zu jedem Zeitpunkt mit dem Super Block auf der Festplatte übereinstimmt. Kommt es zu einem Stromausfall oder wird das System ohne vorherige Maßnahmen (**shutdown**) einfach ausgeschaltet, so können aus diesen Inkonsistenzen in seltenen Fällen Datenverluste resultieren. Neuere Entwicklungen bei Dateisystemen (Veritas File System; vxfs) können diese Probleme vermeiden, indem sie permanent zusätzliche Notizen über alle Änderungen führen.

Es existiert genau ein *I-Node* für jede Datei (normale Datei, Katalog oder Geräteeintrag). Wird eine Datei gelöscht, d.h. geht die Anzahl von Verweisen auf einen Dateikopf auf 0, so wird auch der Inhalt des *I-Nodes* gelöscht und der *I-Node* in die Liste der freien Dateiköpfe eingekettet. Mit der Länge der Liste der Dateiköpfe ist auch die maximale Anzahl von Dateien für das jeweilige Dateisystem beschränkt. Die Größe der Liste wird bei der Initialisierung eines Dateisystems (**/etc/mkfs**) angegeben. Informationen über das Dateisystem, belegte und freie Dateien und Blocks, können mit dem Kommando **df** abgefragt werden. Die ausführlichste Information bietet »**df -g**«.

Der verbleibende Platz des Systems steht für die Datenblöcke der Dateien zur Verfügung. Die Verweislisten der ersten, zweiten und dritten Indirektionsstufe großer Dateien zählen auch hierzu. Die Verwaltung erfolgt über eine Freiblockliste, deren Anfang im Superblock vermerkt ist.

4.2.4 Die UNIX-Dateisysteme

Aus historischen Gründen und um Rückwärtskompatibilität zu älteren Dateisystemen zu bieten, unterstützen heutige UNIX-Systeme eine ganze Anzahl unterschiedlicher Dateisysteme. Diese unterscheiden sich durch ihre Struktur, die darin zulässigen Längen von Dateinamen, die von ihnen unterstützten Blockgrößen, durch unterschiedliche Geschwindigkeiten und weitere Leistungsmerkmale. Die wichtigsten lokalen Dateisysteme sind hierbei:

- System-V-Dateisystem (Kurzform: **s5**)
- Berkeley-Dateisystem (auch als *Fast File System* bezeichnet, mit dem Kürzel: **ufs**)
- Veritas-Dateisystem (Kurzform: **vxfs**)
- Boot-Dateisystem (Kürzel: **bfs**)
- Prozeßdateisystem

Zusätzlich unterstützen die meisten UNIX-Implementierungen weitere Netzwerkdateisysteme wie etwa NFS und RFS sowie Dateisysteme anderer Betriebssysteme wie etwa das von MS-DOS, das ISO-9660-Dateisystem, das für CD-ROMs verwendet wird.

Beim Einsatz unterschiedlicher Dateisysteme oder gar von Nicht-UNIX-Dateisystemen sind natürlich die speziellen Charakteristika der Systeme und deren Restriktionen zu beachten, wie etwa maximale Namenslängen, maximal zulässige Größen für einzelne Dateien und ganze Dateisysteme, sowie deren Blockungs- und Pufferungsmechanismen.

Das s5-Dateisystem

Das traditionelle Dateisystem von UNIX System V wird als s5-System bezeichnet. Es gestattet eine Blockgröße von 512 Bytes, 1 KByte oder 2 KByte und Dateinamen mit maximal 14 Zeichen. Das s5 kann maximal 65 K I-Node-Blöcke besitzen und damit nicht mehr als 65636 Dateien aufnehmen. Seine Robustheit und Geschwindigkeit ist deutlich geringer als die nachfolgend beschriebenen Systeme. Man sollte es also nur in Ausnahmefällen aus Gründen der Kompatibilität zu älteren Datenträgern oder Programmen verwenden. Der Speicherplatz, der hier zur Verwaltung benötigt wird, ist jedoch geringer als bei den nachfolgend beschriebenen Dateisystemen vom Typ ufs, sfs und vxfs. Die Struktur der I-Nodes sowie das Layout des s5-Dateisystems wurde bereits in den Graphiken von Abb. 4.4 und Abb. 4.5 sowie in Kapitel 4.2.3 beschrieben.

Das Berkeley-Dateisystem (ufs)

An der Universität Berkeley wurde bereits relativ früh ein gegenüber dem s5 wesentlich verbessertes Dateisystem entwickelt. Es wird als *Berkeley-Filesystem*, als *Fast Filesystem* oder kurz als *ufs* bezeichnet. Es gestattet Dateinamen mit bis zu 255 Zeichen, unterstützt Blockgrößen zwischen 512 Byte und 8 KByte[1] und ist in der Regel

---
1. In Größen von 512 Byte, 1 KB, 2 KB, 4 KB und 8 KB.

wesentlich schneller als ein s5-Dateisystem. Die verwendete Blockgröße wird wie beim s5-Dateisystem beim Anlegen eines neuen Dateisystems vorgegeben. Eine große Blockgröße bietet deutlich schnellere Lese- und Schreiboperationen bei größeren Dateien, führt jedoch auch zu einem höheren Verschnitt, d. h. im Mittel mehr ungenutzte freie Bytes am Ende einer Datei bis zur Blockgrenze. Man sollte also die Blockgrenze an der mittleren Dateigröße ausrichten, wobei das Berkley-Dateisystem über einen speziellen Fragmentierungsmechanismus erlaubt, bei kleinen Dateien auch Teilblöcke zu nutzen. Es ist hier also möglich, neben der logischen Blockgröße auch noch eine Fragmentgröße anzugeben.

Der Superblock hat hier eine Größe von 8 KB und jede Zylindergruppe der Platte erhält eine Kopie des Superblocks, was insgesamt eine höhere Robustheit des Dateisystems gegenüber Plattenfehlern und Systemabstürzen liefert.

Die *I-Nodes* sind hier jeweils 128 Bytes groß und nicht wie bei s5 zu Beginn des Dateisystems zusammengefaßt, sondern in Blöcken über den Speicherbereich des Dateisystems verteilt, so daß im Mittel der Weg des Schreib-/Lesekopfes der Platte hier zwischen dem *I-Node* und dem Datenbereich kleiner als beim s5-System ist.

Als einziges der hier aufgeführten Dateisysteme unterstützt das Berkeley-Dateisystem sogenannte *Disk-Quotas*. Diese gestatten es vorzugeben, wieviel Speicherplatz ein Benutzer maximal auf der Platte belegen darf.

Von den älteren Dateisystemen ist das ufs-System dem s5-System vorzuziehen, da es sich grundsätzlich robuster als das bfs bei Systemabstürzen und Spannungsausfällen verhält. Insgesamt ist jedoch der Platzbedarf für die Verwaltungsinformation größer als beim s5-System und liegt bei etwa 10%.

Das ›Security‹-Dateisystem (sfs)

Das sogenannte *Security-Dateisystem* hat einen Aufbau, der weitgehend dem des Berkeley-Dateisystems entspricht, jedoch einen größeren Sicherheitsgrad bietet. Dazu werden nur die geradzahligen I-Nodes an Dateien und Kataloge vergeben, während in den entsprechenden ungeradzahligen I-Nodes zusätzliche Sicherheitsinformationen in Form von *Access Control Lists* (ACLs) liegen. Diese erlauben sehr differenziert Zugriffsrechte auf die Dateien zu vergeben. Dazu muß jedoch das sogenannte *Enhanced Security System* aktiviert sein. Der Speicherplatzbedarf der Verwaltungsinformation des sfs-Systems ist damit – auch wenn das *Enhanced Security System* nicht aktiv ist, doppelt so groß wie beim ufs-System.

Das Boot-Dateisystem bfs

Bis zu System V.3 hatten die meisten Systeme kein spezielles Boot-Dateisystem, sondern luden das Betriebssystem von einem s5-Dateisystem. Mit V.4 wurde ein zusätzliches Boot-Dateisystem eingeführt. Von ihm herunter wird UNIX beim Systemstart in den Hauptspeicher geladen. Es ist in seiner Struktur sehr einfach gehalten. So gestattet es nicht, wie es die anderen Dateisysteme tun, daß die Datenblöcke einer Datei auf dem Dateisystem verstreut liegen dürfen, sondern es legt alle Blöcke einer Datei sequentiell hintereinander. Dies hat den Vorteil, daß recht einfach und effizient von ihm gelesen werden kann. Bei einer Zerstückelung durch wiederholtes Löschen und Anlegen von Dateien kann es jedoch vorkommen, daß noch ausreichend freie Blöcke für eine neue Datei vorhanden sind, die Datei jedoch nicht angelegt werden kann, da nicht ausreichend viele Blöcke zusammenhängend vorhanden sind. In diesem Fall muß das System das Dateisystem explizit bereinigen bzw. kompaktieren, was erheblich Zeit in Anspruch nehmen kann. Die Länge der Dateinamen ist hier auf 14 begrenzt.

Man sollte deshalb nur wirklich die Dateien in ein Boot-Filesystem legen, die zum Booten (eventuell) benötigt werden und im Boot-Dateisystem möglichst wenig löschen oder umkopieren. Hält man sich daran, kann das Boot-Dateisystem zumeist recht klein gehalten werden.

Beim Starten durchsucht das Boot-Programm einen Datenträger sequentiell nach einem Boot-Dateisystem und benutzt das erste gefundene zum Booten der Datei *unix* bzw. der vorgegebenen Boot-Datei.

Das Veritas-Dateisystem (vxfs)

Das Veritas-Dateisystem ist vom Aufbau her stark an das Berkeley-File-System angelehnt, unterstützt bis zu 255 Zeichen lange Dateinamen und wurde mit V.4.2 eingeführt. Es besitzt zwei wesentliche Erweiterungen:

❏ ein Protokollieren der beabsichtigten Dateiänderungen und
❏ eine Speicherplatzverwaltung über sogenannte *Extends*.

Es weist damit eine gegenüber ufs nochmals erhöhte Robustheit auf. Jeder Vorgang, der an der Struktur des Dateisystem etwas ändert, wird hier als Transaktion betrachtet und in eine Liste eingetragen, die zyklisch aufgebaut ist. Diese Liste ist Teil des Dateisystems und wird bei Änderungen – d.h. vor der eigentlichen Transaktion – unverzüglich auf den Datenträger geschrieben. Kommt es zu einem Systemabsturz, bevor die Transaktion abgeschlossen ist, so kann beim Neustart das Prüfprogramm **fsck** die Operation entweder vollständig ausführen oder vollständig zurücksetzen. Dadurch läßt sich die Integrität eines vxfs-Dateisystems sehr schnell wiederherstellen.

Das Veritas-Dateisystem verwaltet seinen Speicher über sogenannte *Extends*. Ein *Extend* (Erweiterungsbereich) besteht aus einer Gruppe von Blöcken, die als kleinste Einheit an Dateien und Kataloge vergeben werden können. Der kleinstmögliche Extend ist 1 KB groß und es kann bis zu 2048 davon geben. Der nächst größere ist doppelt so groß (aber es gibt nur halb soviele davon) und so weiter. Insgesamt gibt es zwölf Klassen von Extends, wobei die größte die 2048-fache Größe des kleinsten besitzt. Bei einer Minimalgröße von 1 KB hat der größte Extend damit 2 MB. Die Minimalgröße kann beim Anlegen des Dateisystems auf 1 KB, 2 KB, 4 KB und 8 KB festgelegt werden. Bei 8 KB-Minimalgröße hat der größte Extend 16 MB.

Wird eine Datei neu angelegt, so erhält sie als Datenspeicher zunächst einen kleinen Extend. Wächst sie darüber hinaus, erhält sie als Erweiterung einen Extend der doppelten Größe und so fort. Bei großen Dateien ist damit automatisch sichergestellt, daß die meisten Datenblöcke in physikalisch zusammenhängenden Bereichen liegen. Im I-Node der Datei stehen nun die Verweise auf die Extends, d.h. auf deren Anfangsadresse und deren Länge.

Bei einer Basisgröße von 1 KB besteht damit eine 28 KB große Datei so aus 1 *Extend* der Länge 1 KB, 1 *Extend* der Länge 2 KB, 1 *Extend* der Länge 4 KB, 1 *Extend* der Länge 8 KB und einen der Länge 16 KB. Im letzten *Extend* bleiben dabei 3 KB ungenutzt. Ist beim Neuanlegen kein *kleiner Extend* mehr verfügbar, so wird ein größerer *Extend* in mehrere kleine zerlegt und nun aus diesen einer verwendet. Beim Anlegen und Erweitern von Dateien kann dabei zusätzlich angegeben werden, welche *Extend-Größe* benutzt werden soll.

Neben dem Veritas-Dateisystem, das mit UNIX V.4.2 neu eingeführt wurde, gibt es auf anderen UNIX-Systemen andere, ähnlich geartete fehlertolerante Dateisysteme. Steht ein solches fehlertolerantes Dateisystem zur Verfügung, so sollte dies im Standardfall seiner Geschwindigkeit, Robustheit und anderer Vorteile wegen eingesetzt werden.

Das Prozeßdateisystem (/proc)

Auf den Adreßraum von Prozessen (und dem Betriebssystem) direkt wie auf eine Datei zugreifen zu können, bietet zum Testen eine Reihe von Vorteilen. System V.4 stellt dafür das sogenannte *Prozeßdateisystem* zur Verfügung. Hierbei handelt es sich nicht um ein Dateisystem im herkömmlichen Sinne, sondern um einen vom Systemkern vorgetäuschten Dateibaum, der in /proc beginnt. Hier ist jeder aktuell aktive Prozeß durch eine Pseudo-Datei vertreten. Die Namen entsprechen den Prozeßnummern. Der Inhalt der Datei ist die Prozeßumgebung des Prozesses. Das ps-Kommando holt sich beispielsweise seine Informationen aus diesen Pseudo-Dateien. Das Prozeß-Dateisystem belegt keinen Platz auf der Platte – die eigentlichen Daten liegen im Hauptspeicher und im Swap-Bereich.

Weitere Dateisysteme

Neben den bereits erwähnten Dateisystemen unterstützt System V.4.2 eine Reihe weiterer Dateisysteme, die jedoch nicht detaillierter beschrieben werden sollen:

cdfs ein Dateisystem für CD-ROMs. Hierbei handelt es sich um Dateisysteme nach dem ISO-9660- bzw. High-Sierra-Standard.

nfs das *Network File System* (kurz NFS) entsprechend dem von der Firma SUN entwickelten Dateisystem mit Zugriffen auch auf Dateien anderer Rechner in einem lokalen Netzwerk

rfs das *Remote File System*. Hierbei handelt es sich ebenfalls um ein Dateisystem zum transparenten Zugriff über Netzwerke hinweg. Das RFS ist jedoch nicht so verbreitet wie das NFS-System und wird aufgrund seiner geringen Bedeutung auch nicht weiter entwickelt, gestattet gegenüber diesem jedoch auch transparente Zugriffe auf Geräte am entfernten Rechner.

Einzelne Anbieter und Systeme bieten darüber hinaus die Unterstützung weiterer Dateisysteme. So wird teilweise der weitgehend transparente Zugriff auf MS-DOS unterstützt. Auch die OSF/1-UNIX-Implementierung von Digital hat ein weiteres OSF/1-spezifisches Dateisystem mit einigen Vorteilen.

4.2 Das UNIX-Dateikonzept

Tabelle 4.1: Die wichtigsten Merkmale der verschiedenen UNIX-Dateisysteme

Dateisystem-typ	mögliche Blockgrößen	max. Länge des Dateinamens	Anmerkungen
s5	0,5 KB – 2 KB	14 Bytes	älteres AT&T-Dateisystem
ufs	0,5 KB – 8 KB	255 Bytes	Berkeley-Dateisystem
sfs	0,5 KB – 8 KB	255 Bytes	Security-Dateisystem
bfs	512 Bytes	14 Bytes	Boot-Dateisystem; die Datenblöcke einer Datei liegen zusammenhängend hintereinander.
vxfs	variabel, von 1 KB – 16 MB	255 Bytes	Veritas-Dateisystem, relativ schnell und robust
nfs			NFS (Netzwerk-Dateisystem)
rfs			RFS (Netzwerk-Dateisystem)
cdfs			CD-Dateisystem nach ISO-9960

›Memory-Mapped‹ Dateien

UNIX System V.4 übernahm die Möglichkeiten des Berkeley-UNIX-Systems, Dateien (oder Teile daraus) in den Adreßraum eines oder mehrerer Programme einzubinden. Dazu wird die Datei zunächst geöffnet und danach mit dem **mmap**-Aufruf in den Adreßraum eingebunden. Der Vorteil liegt darin, daß dann auf die Dateikomponenten mit normalen Speicherzugriffen zugegriffen werden kann – so als handele es sich um einen normalen Speicherbereich – ohne daß Programm-technisch dazu jeweils zuvor ein Lesen in einen Speicherbereich und später ein Zurückschreiben erfolgen muß. Mehrere Programme können damit auch auf eine Art *Shared Memory*[1] zugreifen; an Sohnprozesse kann so ein gemeinsamer Speicherbereich für einen effizienten Datenaustausch vererbt werden.

4.2.5 Anlegen und Prüfen von Dateisystemen

Bevor Dateien in einem Dateisystem abgelegt werden können, muß zunächst das Dateisystem – bzw. seine Struktur- und seine Informationseinheiten auf dem Datenträger angelegt werden. Dies erfolgt mit Hilfe des *Make-File-System*-Kommandos **mkfs**. Hierbei ist die Art des gewünschten Dateisystems sowie eine Reihe von Parametern wie etwa Dateisystemgröße anzugeben, die wiederum vom Typ des Systems abhängig sind. Beim Anlegen eines neuen Dateisystems werden alle in diesem Bereich liegenden Daten zerstört.

Danach muß das Dateisystem mittels des im nächsten Abschnitt beschriebenen **mount**-Kommandos dem System bekannt gemacht werden. UNIX montiert nur

---
1. D. h. auf einen gemeinsamen Speicherbereich.

saubere Dateisysteme. Darunter versteht man ein Dateisystem, das entweder neu angelegt wurde oder nach der letzten Benutzung korrekt demontiert (mittels des Kommandos **umount**) und dabei als *sauber* gekennzeichnet wurde. War das Betriebssystem abgestürzt oder wurde das Dateisystem auf eine andere unkorrekte Art aus dem System genommen, so muß zunächst eine Konsistenzprüfung durchgeführt werden. Hierzu steht das Programm **fsck** (*File System Check*) zur Verfügung. Es behebt eventuelle Inkonsistenzen und setzt das Dateisystem auf den Status *Clean*. Beim Hochfahren des UNIX-Systems überprüft UNIX zunächst alle zu montierenden Dateisysteme automatisch auf den Zustand *clean* und ruft, sofern ein anderer Status gefunden wird, automatisch **fsck** auf.

4.2.6 Demontierbare Dateisysteme

Das Gerät bzw. Laufwerk, auf welchem sich das UNIX-System befindet, wird als **root device** bezeichnet.[1] Der auf dem *root device* liegende Dateibaum ist nach dem Start dem System bekannt und zugreifbar. Neben diesem Dateisystem gibt es jedoch normalerweise Dateien auf weiteren fest montierten logischen oder physikalischen Plattenlaufwerken oder auf Datenträgern, welche man austauschen möchte. Hierzu können z.B. Magnetplatten oder Disketten gehören. Daneben möchte man bei Netzwerk-Dateisystemen wie NFS oder RFS nach dem Starten des Systems häufig Teile der Dateisysteme anderer Rechnersysteme zugreifbar machen.

Das Dateisystem, welches sich auf diesen Datenträgern befindet, kann man dem System durch das **mount**-Kommando bekannt machen und als Teilbaum in den Systemdateibaum montieren. Entsprechend sind beim **mount**-Kommando folgende minimalen Angaben notwendig, die jeweils durch weitere Optionen ergänzt werden können:

- ❑ der Typ des Dateisystems, soweit er nicht automatisch aus einer Beschreibungsdatei (*/etc/vfstab*) ermittelt werden kann,
- ❑ das logische Gerät, auf welchem das neue Dateisystem sich befindet,
- ❑ der Dateikatalog, in dem der neue Dateibaum eingehängt werden soll.

Z.B.: /etc/mount –Fs5 /dev/dsk/fd0 /mnt
→ hängt das Dateisystem (vom Typ s5), das sich auf dem ersten Floppy-Laufwerk befindet, in den Katalog */mnt* ein. Abb. 4.7 und Abb. 4.8 verdeutlichen dies. Abb. 4.7 zeigt dabei die beiden Dateibäume vor dem **mount**-Kommando und Abb. 4.8 danach.

Erst nach dem Montieren kann mit den normalen UNIX-Dateioperationen (wie **creat, open, read, write** usw.) auf diese Dateien zugegriffen werden. Der Zugriffspfad der Dateien besteht nun aus dem Zugriffspfad des Knotens, in den das neue System eingehängt wurde, gefolgt von dem Zugriffspfad innerhalb des montierten Systems. Befindet sich auf der Floppy z.B. eine Datei mit dem Namen */projekt/dat.1*, so ist sie nun unter dem Namen */mnt/projekt/dat.1* zu erreichen.

---

1. Bei System V.4 liegt der UNIX-Kern selbst zumeist auf einem eigenen Boot-Dateisystem, auf dem sonst kaum weitere Dateien vorhanden sind.

4.2 Das UNIX-Dateikonzept

Eine auf dem montierten Gerät liegende Datei unterscheidet sich nun nicht mehr von einer Datei auf dem *root device*. Eine Ausnahme gilt für Verweise (ein Eintrag im Katalog) auf Dateien, sofern nicht mit symbolischen Verweisen gearbeitet wird. Bei *harten Links* gilt, daß alle Einträge und die Datei selbst auf dem gleichen logischen Dateiträger liegen müssen.

Waren in dem Katalog, in welchen das neue System eingehängt wurde, bereits Dateien vorhanden, so werden sie durch das eingehängte System überdeckt, solange das entfernbare System montiert ist.

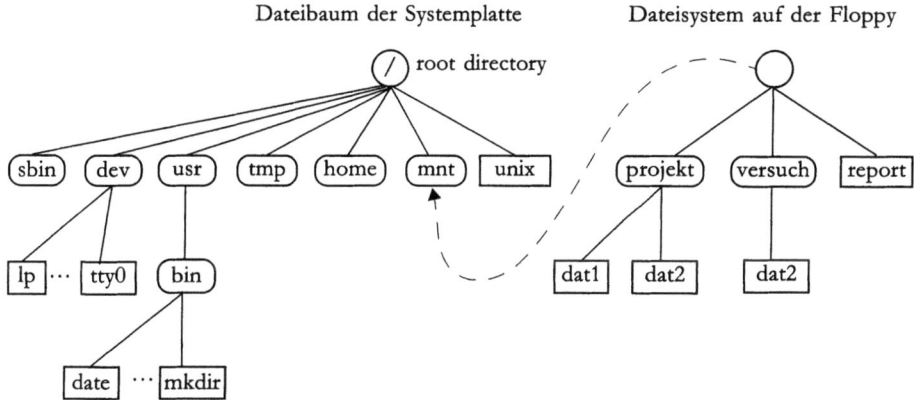

Abb. 4.7: Ausschnitt aus den Dateibäumen der beiden Dateisysteme

Nach der Ausführung des **mount**-Kommandos sieht der Dateibaum wie folgt aus:

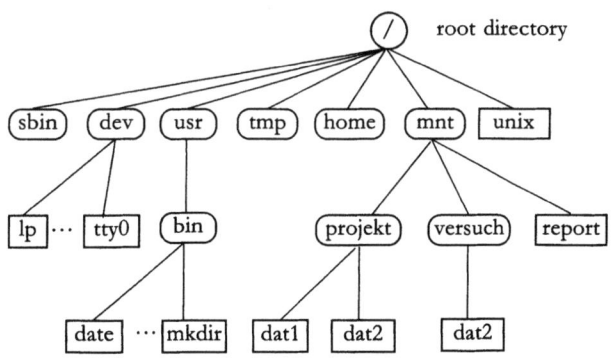

Abb. 4.8: System-Dateibaum nach der **mount**-Operation

Das Entfernen eines solchen Dateisystems erfolgt durch das **umount**-Kommando. Hierbei ist als Parameter nur der Name des logischen Datenträgers anzugeben.

Z.B.: /etc/umount /dev/dsk/fd0
  → entfernt das Dateisystem auf der Floppy aus dem Systembaum.

In den Erklärungen wird deshalb teilweise von *logischen Datenträgern* gesprochen, weil UNIX in der Lage ist, auf einem physikalischen Datenträger wie einer Magnetplatte mehrere kleinere Datenträger, sog. *Partitionen*, zu emulieren. Mit *Datenträger* ist somit immer ein *logischer Datenträger* gemeint. Für *Partition* ist z.T. auch der Ausdruck *slice* (Ausschnitt) zu finden.

Einige der Optionen des **mount**-Kommandos sind Dateisystem-spezifisch. Da das Betriebssystem nicht in allen Fällen eindeutig bestimmen kann, um welchen Dateisystemtyp es sich bei dem zu montierenden Volume handelt, sollte man möglichst dem mount-Kommando den Systemtyp als Parameter mitgeben (in der Form ›–F*dateisystemtyp*‹). Wird er nicht angegeben, so versucht das System den Typ aus der Datei */etc/vfstab* zu entnehmen.

Da das Montieren und Demontieren von Dateisystemen eine Gefahr für die Sicherheit und Konsistenz eines Systems darstellen kann, sind in den meisten UNIX-Systemen das **mount**- und **umount**-Kommando Befehle, die nur von privilegierten Benutzern ausgeführt werden können.

Möchte man vermeiden, daß Dateien auf dem montierten Dateiträger versehentlich oder absichtlich gelöscht bzw. geändert werden, so erlaubt die mount-Option ›–r‹, den Volume im *Read-Only-Modus*, d.h. nur zum Lesen zu montieren.

4.2.7 Das Quotensystem bei Dateisystemen

In manchen Installationen möchte man den Platzverbrauch von Benutzern begrenzen können, so daß nicht ein einzelner Anwender versehentlich oder böswillig den gesamten verfügbaren Plattenspeicher belegt. Das Berkeley-UNIX-System gestattet dies über das sogenannte Quota-System. Dieses erlaubt, benutzerspezifische Grenzen für den Plattenspeicher vorzugeben. Dabei kennt das System zwei Grenzen:

a) Eine *harte Grenze*, die nie überschritten werden darf. Das System meldet beim Überschreiten Fehler und verweigert die Schreib- oder Kopieroperation.

b) Eine *weiche Grenze*. Sie darf vorübergehend überschritten werden. Geschieht dies, so wird der Anwender durch eine Nachricht informiert und es beginnt ein Zeitzähler zu laufen. Wird innerhalb des festgesetzten Zeitlimits die Grenze wieder nach unten durchschritten, erfolgt weiter nichts. Reduziert der Benutzer jedoch innerhalb der vorgegebenen Zeit seinen Plattenspeicherbedarf nicht, so tritt nach dem Zeitablauf die untere Grenze als harte Grenze in Funktion und der Anwender kann keine weiteren Speicher mehr belegen. Fehlermeldungen informieren ihn darüber.

Das Quotensystem läßt sich nicht nur individuell für einzelne Benutzer festlegen, sondern auch Datenträger-spezifisch. Damit ist es z.B. möglich, einem Anwender auf den Platten seines eigenen Systems beliebig viel Speicher zu gestatten (bis an die Grenzen seiner Platten), auf einem zentralen Fileserver jedoch Quoten vorzugeben. Das Quotensystem setzt den Einsatz des Berkeley-Dateisystems voraus – ist also dateisystemabhängig.

4.2.8 Dateiorientierte Kommandos

Zu den dateiorientierten Kommandos sollen hier all jene gezählt werden, welche zum Neuanlegen, Kopieren, Ausgeben und Löschen von Dateien und Dateikatalogen notwendig sind, welche das Abfragen und Ändern der Dateiattribute erlauben und welche die Sicherung und die Konsistenzprüfung von Dateien und Dateisystemen zulassen. Dabei sollen hier nur die wichtigen Kommandos erwähnt werden.

Kommandos zur Dateiausgabe

cat	Ausgabe oder Konkatenation von Dateien
fold	Ausgabe von Dateien mit überlangen Zeilen
lp	Ausgabe von Dateien über den lp-*Print-Spooler*
lpr	Aufruf des lp-*Print-Spoolers* in der Berkeley-Variante (*B*)
lpstat	liefert Statusinformation zum lp-Spooler und seinen Aufträgen.
more, page	seitenweise Ausgabe von Dateien auf die Dialogstation
od, xd	erstellt einen oktalen bzw. hexadezimalen Auszug (*Dump*) einer Datei.
pg	seitenweise Ausgabe von Dateien auf die Dialogstation
pr	seitenweise Ausgabe von Dateien mit einer Überschrift und Seitennumerierung
head	Ausgabe der ersten Zeilen einer Datei.
split	zerteilt eine Datei in mehrere einzelne Dateien gleicher Größe.
tail	Ausgabe der letzten Zeilen einer Datei

Das Programm **cat** kann sowohl zur Ausgabe, als auch zum Zusammenhängen von Dateien verwendet werden. Sein Haupteinsatz ist die Ausgabe von kurzen Dateien auf die Dialogstation. Bei Sichtgeräten hat man dabei jedoch das Problem, daß **cat** nicht nach einer Seite anhält, sondern die Ausgabe fortlaufend erfolgt. Die Programme **more** (*B*), **pg**, und **page** sowie das noch mächtigere **less** (*PD*) erlauben hier eine komfortable seitenweise Ausgabe, wobei, soweit nicht von einer Pipe eingelesen wird, auch ein Überspringen von Seiten oder Rückwärtsblättern möglich ist.

Will man Text auf eine druckende Dialogstation oder einen Zeilendrucker ausgeben, so erweist sich **pr** als zweckmäßig, da es die Ausgabe in Seiten unterteilt, die Seiten durchnumeriert und optional mit einem Titel versieht. Zum Drucken sollte das **lp**-Kommando verwendet werden. Es erlaubt ein abgesetztes Drucken (*spooling*) der Aufträge in der korrekten Reihenfolge. Der Status eines Auftrags kann später mit **lpstat** abgefragt und Aufträge mit **cancel** wieder storniert werden. Die zum Berkeley-UNIX kompatible Variante des **lp**-Kommandos ist **lpr** mit den Programmen **lpc**, **lpq** und **lprm** zur Administration der Aufträge im *lp-Spooler*.

fold stellt einen typischen Filter dar, den man in der Regel einem anderen Ausgabeprogramm vorschaltet, um überlange Zeilen in mehrere kürzere zu zerteilen.

od wird man dann benutzen, wenn man die Struktur einer Datei mittels eines Dateiauszugs, im Computerjargon *dump* genannt, analysieren möchte, oder um nichtdruckbare Zeichen in einer Datei aufzudecken. Letzteres geht auch mit der **-v**-Option des **cat**-Kommandos.

head und **tail** sind dann nützlich, wenn man in eine größere Anzahl von Dateien kurz hineinschauen möchte, um sich einen Überblick zu verschaffen. **head** zeigt dabei die ersten paar Zeilen und **tail** die letzten Zeilen der Datei an. Mit der Option **-f** versehen, kann **tail** dynamisch eine Datei anzeigen, in die gerade aus einem anderen Programm geschrieben wird.

Zuweilen ist es notwendig, sehr große Dateien in mehrere Einzeldateien zu zerteilen, da einige Editoren nur Dateien bis zu einem implementierungsabhängigen Limit verarbeiten können, oder um sehr große Dateien auf mehrere Datenträger (Disketten) aufzuteilen. Hierzu ist das Programm **split** geeignet. Anschließend können derartig aufgeteilte Dateien mit **cat** wieder zusammengesetzt werden.

Informationen über Dateien und Dateisysteme

df	gibt die Anzahl von freien Blöcken eines Dateiträgers aus.
du	gibt die Anzahl der durch einen Dateibaum belegten Blöcke aus.
file	versucht eine Klassifizierung (Art des Dateiinhalts) von Dateien.
find	sucht nach Dateien mit vorgegebenen Charakteristika.
ls	liefert das Inhaltsverzeichnis eines Dateikatalogs.
pwd	liefert den Zugriffspfad des aktuellen Dateikatalogs.
quot	liefert eine Aufstellung über die Dateibelegung aller Benutzer.
type	zeigt den vollen Pfad zu einem Programm an.

Das meistbenutzte Datei-Informationskommando ist **ls**, welches vollständige und partielle Inhaltsverzeichnisse von Katalogen oder im ausführlichen Format (Option **–l**) auch (mit Hilfe der Option **-R**) Dateibäume ausgibt und die meisten Dateiattribute anzeigt. Die Option **–F** zeigt bei jeder Datei mit einem Sonderzeichen an, um welchen Dateityp es sich handelt.

Die Anzahl der durch Dateien oder Dateibäume belegten Blöcke liefert **du**, während **df** die Anzahl der noch freien Datenblöcke und Dateiköpfe für einen ganzen Datenträger (Dateisystem) ausgibt. **quot** liefert die Blockbelegung nach Benutzern oder Benutzergruppen aufgeteilt. Das Programm **file** versucht, mit Hilfe der Informationen aus der Datei */etc/magic* den inhaltlichen Typ der Datei zu ermitteln und erlaubt damit eine erste, schnelle Analyse, wenn man es mit einer unbekannten Datei zu tun hat bzw. wenn man einfach feststellen möchte, ob es sich um eine druckbare Datei handelt.

Sucht man eine bestimmte Datei oder mehrere Dateien mit vorgebbaren Attributen (z.B. Dateien, welche seit dem 1.12.94 modifiziert wurden), so bietet sich hierfür das Programm **find** an. Es läßt auch das Durchsuchen ganzer Dateibäume zu.

4.2 Das UNIX-Dateikonzept

pwd schließlich nennt den aktuellen Katalog, wenn man nicht sicher ist, wo man sich im Dateibaum befindet.

Mit **type** kann der vollständige Zugriffspfad auf ein Programm ausgegeben werden und damit u. a. schnell ermittelt werden, ob ein bestimmtes Programm existiert und wo es gefunden werden kann.

Katalog- und Dateisystem-orientierte Kommandos

cd	setzt neuen Katalog als aktuellen Katalog ein.
dircmp	vergleicht zwei Dateikataloge und gibt die Unterschiede aus.
fuser	gibt alle Prozesse an, die eine bestimmte Datei oder ein angegebenes Dateisystem momentan benutzen.
mkdir	legt einen neuen Dateikatalog an.
mkfs	legt ein neues Dateisystem auf einem Datenträger an.
mknod	schafft einen neuen Gerätenamen.
mount	hängt ein Dateisystem in den Systembaum ein.
rmdir	löscht einen leeren Dateikatalog.
rm -r	löscht (rekursiv) einen Dateikatalog und alle darin enthaltenen Dateien und Dateikataloge.
umount	entfernt das Dateisystem auf einem Datenträger aus dem Systemdateibaum.

cd ist ein häufig benutztes Kommando, um in einen neuen aktuellen Katalog zu wechseln, wobei man damit jedoch noch nicht auch gleich die Schreibberechtigung dafür hat. Neue Kataloge werden mit **mkdir** angelegt. Sie bekommen dabei Standarddateiattribute. Will man diese ändern, so sind hierfür die Programme **chmod**, **chown** und **chgrp** vorhanden. Gelöscht werden kann ein Katalog dann wieder mit **rmdir**, allerdings nur, wenn er leer ist, während **rm** Dateien (oder auch Geräteknoten) zu löschen erlaubt. Rekursiv (mit der Option **r**) können dabei auch ganze Dateibäume und damit auch nicht-leere Kataloge gelöscht werden. In Wirklichkeit wird mit **rm** jedoch nur die Referenz auf den Indexknoten gelöscht. Erst mit der letzten Referenz wird dann auch der Indexknoten freigegeben und damit die Datei gelöscht.

Der Vergleich von zwei Katalogen kann durch **dircmp** durchgeführt werden. Das Kommando erlaubt die Ausgabe von Dateien, die jeweils nur in einem der beiden Kataloge vorkommen, sowie den Vergleich der Inhalte der einzelnen Dateien.

Bevor man auf einem neuen dateistrukturierten Datenträger wie Magnetplatte oder Floppydisketten Dateien anlegen kann, muß eine initiale Dateistruktur darauf angelegt werden. Dies erfolgt mit **/etc/mkfs,** wobei man dieses Kommando dem Systemverwalter vorbehalten sollte.

Möchte man ein Dateisystem in den Systemdateibaum einhängen, so geschieht dies mit **mount** bzw. mit **/sbin/mount**. Erst hiernach kann man mit den normalen Dateioperationen auf die Dateien dieses Systems zugreifen. **umount** bzw.

/sbin/umount ist komplementär dazu und entfernt einen Dateibaum auf einem entfernbaren Datenträger wieder aus dem Systemdateibaum. Dabei wird sichergestellt, daß alle noch intern gepufferten Datenblöcke für diesen Datenträger auf das Medium hinausgeschrieben werden. Das Demontieren geht jedoch nur, wenn kein Prozeß mehr auf dem Dateisystem arbeitet. Beide mount-Kommandos brauchen normalerweise nicht durch den Benutzer bedient zu werden, sondern werden entweder beim Hochfahren des Systems automatisch oder durch den Systemverwalter ausgeführt.

Das Kommando **fuser** zeigt hierzu an, welche Prozesse eine vorgegebene Datei bearbeiten oder auf Dateien eines Dateisystems operieren.

/etc/mknod (ab (*V.4*) **/sbin/mknod**) schließlich erlaubt es, neue Geräteknoten anzulegen – d.h. externe Namen für intern generierte Geräte. Dies geschieht in der Regel in dem Katalog */dev*. Das bessere Verfahren seit V.4 dazu ist das Anlegen dieser Einträge über das **sysadm**-Kommando.

Modifikation von Dateiattributen

chmod   erlaubt, die Zugriffsrechte (Mode) einer Datei zu ändern.

chown   ändert den Besitzereintrag einer Datei.

chgrp   ändert die Gruppennummer einer Datei.

ln   gibt einer Datei einen weiteren Namen (Verweis, *link*)

mv   ändert den Namen einer Datei.

touch   ändert das Datum der letzten Dateiänderung.

rename   benennt eine Datei oder einen Katalog um (*V.4*).

rm   löscht eine Datei (Referenz) aus dem Katalog.

umask   setzt die Standardzugriffsrechte beim Anlegen einer neuen Datei.

Diese Kommandos erlauben es, die meisten Dateiattribute zu ändern. Mit **chmod** können die Zugriffsrechte der einzelnen Benutzergruppen einzeln oder für alle gemeinsam festgelegt werden, während man den Eintrag des Dateibesitzers mit **chown** bzw. **chgrp** für die Gruppe ändern muß. **touch** setzt das aktuelle Datum oder ein angegebenes Datum als *Datum der letzten Dateiänderung* ein, ohne sonstige Modifikationen an der Datei vorzunehmen, erlaubt jedoch über Optionen auch das Ändern des Erstellungsdatums sowie das Datum des letzten Zugriffs. Damit kann auch eine Datei neu und leer angelegt werden.

Mit Hilfe des **mv**-Kommandos kann man einer Datei (auch bei Katalogen erlaubt) einen neuen Namen geben (der alte existiert danach nicht mehr), während mit **ln** einer Datei ein zusätzlicher Name verliehen bzw. eine weitere Referenz auf den Dateikopf (*I-Node*) in den Katalog eingetragen wird. **ln** gestattet unter Verwendung der Option **−s** die Vergabe von *symbolischen Verweisen*, die auch *Links* über Dateisystemgrenzen und − bei entsprechender Vernetzung − auch über Rechnergrenzen hinweg zuläßt.

Das mit (*V.4.2*) neu eingeführte **rename**-Kommando gestattet sicherer und logischer die Umbenennung von Dateien und Katalogen.

rm schließlich löscht den Dateieintrag in einem Katalog (den Verweis auf den Dateikopf). Ist der letzte Verweis auf eine Datei gelöscht (Anzahl der *Links* = 0), so wird auch die Datei selbst gelöscht. Benutzt man die Option **−r**, so wird rekursiv gearbeitet und es können ganze Dateibäume gelöscht werden.

Das **umask**-Kommando verändert nicht die Zugriffsrechte einer Datei, sondern gestattet die Rechte neu angelegter Dateien mittels einer Maske vorzugeben. Alle in der Maske von **umask** gesetzten Rechte werden danach beim Anlegen einer Datei gelöscht bzw. **nicht** vergeben. Die Zugriffsrechte der Dateien können nachträglich natürlich verändert werden.

Sichern und Zurückladen von Dateien

backup	bietet ein komplettes Sicherungssystem an.
compress	komprimiert Dateien.
cp	kopiert einzelne Dateien.
cpio	sichert Dateien auf andere Datenträger und kann diese Dateien auch selektiv wieder zurücklesen.
crypt	erlaubt Dateien zur Sicherheit zu chiffrieren bzw. zu dechiffrieren.
dd	kopiert Datenblöcke physikalisch, wobei vielerlei Konvertierungen vorgenommen werden können.
dump	sichert ganzes Dateisystem. (*B*)
pack	komprimiert Dateien.
pcat	führt eine **cat**-Operation auf eine mit **pack** komprimierte Datei aus.
restor	lädt mit dump gesicherte Dateien wieder ein. (*B*)
tar	sichert Dateibäume und erlaubt das selektive Wiedereinlagern der gesicherten Dateien.
uncompress	dekomprimiert eine mit **compress** komprimierte Datei.
unpack	dekomprimiert eine mit **pack** komprimierte Datei.
volcopy	erstellt eine physikalische Kopie einer Platte.
zcat	führt eine **cat**-Operation auf eine mit **compress** komprimierte Datei aus.

cp ist die einfachste Art der Dateisicherung und kopiert entweder eine Datei in eine andere oder mehrere Dateien in einen neuen Katalog, wobei diese dort unter dem gleichen Namen angelegt werden. Sollen ganze Dateibäume kopiert werden, so ist hierfür die Option **-R** zu verwenden.

dd ermöglicht beim Kopieren eine Reihe von Konvertierungen (Blockungen, Codekonvertierungen, Längenbeschränkung). Daneben ist es mit **dd** möglich, sehr schnell physikalische Kopien von ganzen Datenträgern zu erstellen.

Das **dump**-Programm erlaubt es, ganze Datenträger entweder komplett oder inkrementell (d. h. ab einem bestimmten Änderungsdatum) zu sichern. Die **dump**-Termine können dabei in einer speziellen Datei festgehalten und damit eine Art Sicherungsautomatismus realisiert werden. **restor** gestattet die Information von den Sicherungsbändern wieder einzulagern.

Das **volcopy**-Programm ermöglicht ein Kopieren und damit Sichern eines vollständigen Dateisystems. Das Zurücklesen erfolgt ebenfalls mit **volcopy**. Hierbei ist eine Initialisierung des Datenträgers, auf den eingelesen werden soll, durch **mkfs** überflüssig.

Sollen ganze Dateibäume oder Dateisysteme gesichert oder auf ein anderes System transportiert werden, so stehen hierfür **tar** und **cpio** als weitaus populärste Programme zur Verfügung. Beide erlauben sowohl das Sichern und die Erstellung eines Inhaltsverzeichnisses der gesicherten Information als auch das Wiedereinlagern. Das Programm **tar** hat sich dabei als Standardprogramm zum Austausch von Datenträgern zwischen verschiedenen UNIX-Installationen etabliert.

cpio schreibt ähnlich wie **tar** auf Band oder einen anderen Datenträger. Ihm müssen dabei die Namen der zu sichernden Dateien explizit angegeben werden. **cpio** liest diese Namen von der Standardeingabe. Es erlaubt auch das Wiedereinlesen.

Die Programme **compress** und **pack** komprimieren Dateien nach unterschiedlichen Algorithmen und ersetzen – ohne weitere Optionen aufgerufen – die Originaldatei durch die komprimierte, kennzeichnen sie jedoch durch die Endung ›.Z‹ bzw. ›.z‹. Das Dekomprimieren erfolgt durch **uncompress** bzw. **unpack**. Die Programme **zcat** und **pcat** geben die komprimierten Dateiinhalte analog zu **cat** aus, ohne zuvor explizit eine dekomprimierte Datei zu erzeugen.

System V.4 stellt mit **backup** ein ganzes System zum automatisierten Sichern und Zurückladen zur Verfügung, welches aus dem Zusammenspiel mehrerer Komponenten entsteht.

Möchte man Dateien aus Sicherheitgründen verschlüsseln, so kann dazu **crypt** eingesetzt werden. Die Datei wird damit so chiffriert, daß nur jemand damit etwas anfangen kann, der den Schlüssel kennt, um sie zu dechiffrieren. Auch die Editoren **ed, edit, ex** und **vi** erlauben über die Option ›**-x**‹ beim Sichern die Datei über einen Schlüssel zu chiffrieren bzw. eine chiffrierte Datei unter Angabe des Schlüssels zu dechiffrieren. Dies geschieht ebenfalls unter Verwendung von crypt. Der **crypt**-Mechanismus steht jedoch aus lizenztechnischen Gründen nicht überall mit dem gleichen Verschlüsselungsverfahren zur Verfügung. Das ursprünglich darin eingesetzte DES-Verfahren darf nämlich nicht nach außerhalb den USA exportiert werden.

4.2 Das UNIX-Dateikonzept

Konsistenzprüfung von Dateisystemen

Die folgenden Kommandos sind nicht für die alltägliche Benutzung, sondern von allem für die Anwendung durch den Systemverwalter gedacht:

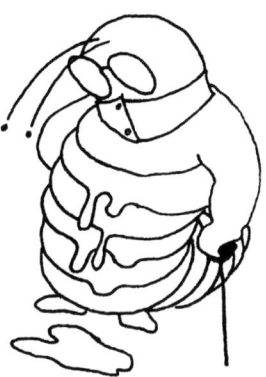

clri	Löschen eines Dateikopfes (*I-Node*)
fsck	Konsistenzprüfung des Dateisystems
ncheck	Erstellen einer Liste aus *I-Nodes* und zugehörigen Dateinamen
sync	schreibt alle gepufferten Blöcke auf die Festplatte.

Hinsichtlich der Robustheit der älteren UNIX-Dateisystemtypen gegenüber Software- oder Hardwarefehlern zeigt UNIX nicht gerade seine besten Seiten – neuere Systeme weisen hier eine wesentliche höhere Robustheit auf.

Trotzdem ist eine regelmäßige, möglichst automatisierte Konsistenzprüfung des Dateisystems dringend anzuraten, da nur ein frühzeitiges Erkennen und Beheben von Inkonsistenzen fatale Situationen und Informationsverluste vermeidet. Das Standard-UNIX-System stellt zur Überprüfung das Programm **ncheck** zur Verfügung. Mit dem Programm **clri** können dann einfache Korrekturen vorgenommen werden. Das Programm **fsck** bietet eine vollständige Prüfung und Behebung von Problemen. Bei größeren Systemen sollte ein Aufruf dieses Programms deshalb Teil der Prozedur zum Hochfahren des Systems sein.

Aus Effizienzgründen puffert UNIX Datenblöcke im Hauptspeicher. Hierdurch stimmt die Information auf dem Datenträger mit dem logischen Zustand nicht immer überein. Das Programm **sync** schreibt alle gepufferten noch ausstehenden Ausgaben auf die Datenträger. Aus Sicherheitsgründen sollte man daher vor dem Ausschalten eines Systems ein **sync**-Kommando ausführen. Im Standardfall, geschieht dies bei Verwendung des **shutdown**-Kommandos automatisch.

Neuere UNIX-Systeme (z.B. ab System V.4) überprüfen vor dem Montieren von Dateisystemen diese automatisch darauf, ob sie zumindest sauber demontiert wurden und aktivieren im Fehlerfall eine automatische Überprüfung mittels **fsck**.

4.3 Kommandos, Programme, Prozesse

Um es vorweg zu nehmen: Einen Unterschied zwischen einem *Programm* und einem *Kommando* gibt es bei UNIX nicht. In der Regel bezeichnet man die von UNIX zur Verfügung gestellten Programme als *Kommandos*, während bei einem vom Benutzer oder Drittanbietern erstellten Programm häufiger der Begriff *Programm* oder *Applikation* verwendet wird. Von Kommandoprozeduren und wenigen Kommandos abgesehen (hierzu gehört z.B. **cd**), welche die Shell selbst behandelt, ruft diese zur Durchführung der Kommandoaufgabe ein Programm mit dem Namen des Kommandos auf, welches die gewünschte Funktion ausführt.

So hat auch ein Benutzerprogramm, sofern es sich an die übliche Kommandosyntax hält (z.B. ›-‹ kennzeichnet Parameter als Option), das Aussehen eines UNIX-Kommandos. Es wird wie ein UNIX-Kommando durch die Angabe des Programmnamens bzw. durch Angabe des Programmdateinamens aufgerufen. Da die Shell, bei entsprechend aufgesetztem Suchpfad, darüber hinaus die Programmdatei zuerst im aktuellen Benutzerkatalog sucht (s. hierzu Abschnitt 4.1.6), wird bei Namensgleichheit von Benutzerprogramm und UNIX-Kommando das Benutzerprogramm ausgeführt. Hierbei ist zu beachten, daß einige UNIX-Kommandos keine echten Programme sind sondern *Kommandoprozeduren*, welche ihrerseits andere UNIX-Kommandos aufrufen und sich darauf verlassen, daß die UNIX-Version verwendet wird. Aus diesem Grund sollte der Benutzer z.B. folgende Programmnamen vermeiden, da sie von der Shell intern verwendet werden:

> **break, cd, continue, echo, eval, exec, exit, export, expr, hash, login, newgrp, pwd, read, readonly, return, set, shift, test, times, trap, type, ulimit, umask, unset, wait.**

Ein **Prozeß** ist eine selbständig ablauffähige Verwaltungseinheit des Betriebssystems, die ein Programm ausführt, so als ob der Prozessor nur diesem Programm zur Verfügung stünde. Die Emulation der *Pseudoprozessoren* der einzelnen Prozesse durch zeitlich verzahnte Ausführung ist Sache der Ablaufsteuerung des Betriebssystems.

Mit System V.4.2 werden neben den Prozessen auch sogenannte *Threads* eingeführt. Sie erlauben Prozesse nochmals in Teilprozesse zu untergliedern, die parallel ablaufen können. Alle Threads eines Prozesses laufen in einem einheitlichen Adreßraum und haben eine Reihe gemeinsamer Ressourcen. Das Thread-Konzept gestattet die Synchronisation der Threads (eines Prozesses). Der Vorteil von Threads gegenüber mehreren getrennten Prozessen besteht in einer geringeren Prozeßumschaltzeit und den gemeinsam zugreifbaren Ressourcen. Die Nutzung von Threads bei der Programmierung von Applikationen geht jedoch noch recht langsam voran. Dies liegt u.a. daran, daß Threads noch nicht in allen Systemen verfügbar und die Implementierungen (bzw. die Schnittstellen dazu) nicht ganz einheitlich sind.

4.3.1 Prozeßkenndaten

Man kann den Prozeß vereinfacht als das eigentliche Programm im Sinne einer Programmiersprache und einer Programmumgebung betrachten. Zu dieser Programmumgebung gehören u.a. Speicherbelegung, Registerinhalte, geöffnete Dateien, der aktuelle Katalog und die für den Prozeß sichtbaren Umgebungsvariablen (wie z.B. $HOME und $PATH). Die Menge der Umgebungsvariablen wird auch als *Environment*, die Variablen als *Environment-Variablen* bezeichnet.

Der Adreßraum eines Prozesses (der zu einem Prozeß gehörige logische Speicherbereich) unterteilt sich in Benutzer- und Systemdaten. Zu den Systemdaten gehören

❏ prozeßspezifische Systemdaten,
❏ Systemkeller (für jeden Prozeß).

Der Benutzeradreßraum untergliedert sich in drei getrennte Bereiche, unter UNIX **Segmente** genannt:

❏ Das **Textsegment**, in dem der Programmcode liegt und welches, soweit möglich, schreibgeschützt ist und, falls es keine Modifikationen an sich selbst vornimmt, auch mehrfach (von mehreren gleichen Prozessen) benutzt werden kann.
❏ Das **Datensegment**, in dem alle anderen Benutzerdaten des Prozesses liegen. Dieses Segment wird nochmals unterteilt in einen initialisierten und einen nichtinitialisierten Datenbereich. Letzterer wird auch *bss-Segment* genannt.
❏ Das **Kellersegment**, in dem der Benutzerkeller und die Verwaltungsdaten liegen (englisch: *stack segment*).

Ein Prozeß kann die Größe seines Keller- und Datensegmentes in der Regel bis zu einem systemspezifischen Limit dynamisch vergrößern. Das Kommando **size** gibt über die Anfangsgröße dieser Segmente eines Programms Auskunft.

Ein Teil der Kenndaten eines Prozesses werden vom **ps**-Kommando im ausführlichen Format (Option ›-l‹) angezeigt. Hierzu gehören

❏ die Prozeßnummer des Prozesses und des Vaterprozesses,
❏ die Benutzernummer und Gruppennummer, unter welcher der Prozeß abläuft,
❏ die Priorität des Prozesses,
❏ die physikalische Adresse des Prozesses im Hauptspeicher oder die Blockadresse des Prozesses im Auslagerungsbereich,

❑ der Prozeßzustand,
❑ die Dialogstation, von welcher der Prozeß gestartet wurde,
❑ die vom Prozeß verbrauchte Rechenzeit.

Ein Beispiel der Ausgabe des **ps**-Kommandos ist auf Seite 287 zu finden.

Die Prozeßnummer (PID)

Intern, und bei Hintergrundprozessen auch für den Benutzer sichtbar, wird ein Prozeß durch eine *Prozeßnummer*, kurz *PID* (**Process Identification**) benannt. Diese **PID** wird vom System fortlaufend vergeben und ist systemweit eindeutig, d. h. es wird sichergestellt, daß nicht zwei gleichzeitig existierende Prozesse die gleiche Nummer erhalten. Startet ein Benutzer einen Hintergrundprozeß durch ein angehängtes ›**&**‹ hinter dem Kommando, so wird ihm bei erfolgreichem Start die PID des gestarteten Prozesses auf der Dialogstation ausgegeben. Diese Prozeßnummer wird dann benötigt, wenn er diesen Prozeß mit Hilfe des **kill**-Kommandos abbrechen möchte.

Die Prozeßnummer des Vaterprozesses (englisch: *Parent Process Identification* genannt, kurz PPID) gibt an, von welchem Prozeß der jeweilige Prozeß gestartet wurde. Bei einem von der Dialogstation gestarteten Kommando z. B. ist dies die Prozeßnummer des auf dieser Dialogstation aktiven Shell-Prozesses. Die Prozesse **swapper** mit der PID 0 und **init** mit der PID 1 haben eine besondere Bedeutung (s. Abschnitt 4.3.2).

Benutzer- und Gruppennummer eines Prozesses

Benutzer- und Gruppennummern werden vom System dazu verwendet, um Prozesse einem Benutzer oder einer Benutzergruppe zuzuordnen (z. B. für Abrechnungszwecke), und um die Zugriffsrechte des Prozesses auf Dateien zu überprüfen. Ein Prozeß besitzt zwei Arten von Benutzer- und Gruppennummern:

❑ die *effektive Benutzer-* und *Gruppennummer* und
❑ die *reale Benutzer-* und *Gruppennummer*.

Die **effektive** Benutzer- bzw. Gruppennummer wird für die Überprüfung der Dateizugriffsrechte verwendet. Die **reale** Benutzer- und Gruppennummer ist jeweils die Nummer, die der aufrufende Benutzer besitzt. Ist bei einem aufgerufenen Programm im Dateizugriffseintrag an der Stelle des *Ausführungsrechts* ›**x**‹ eingetragen, so wird beim Programmstart (Prozeßgenerierung) die *effektive* und *reale* Benutzer- und Gruppennummer auf die jeweilige Nummer des aufrufenden Benutzers gesetzt.

Steht an der Stelle des Ausführungsrechts einer Programmdatei für den Dateibesitzer jedoch statt des ›**x**‹ ein ›**s**‹ (für ›*set user ID*‹), so wird die Benutzernummer des Programmdateibesitzers als *effektive* Benutzernummer eingesetzt, während die **reale** Benutzernummer die des Aufrufers bleibt. Auf diese Weise können Operationen an Dateien vorgenommen werden, welche dem Programmbesitzer gehören, auf die der aufrufende Benutzer jedoch eigentlich keine Zugriffsrechte hat. In der Regel wird dies dazu benutzt, um durch das Programm kontrolliert Veränderungen von geschützten Dateien vorzunehmen.

Wird neben dem *s-Attribut* für den Besitzer auch (oder) das *s-Attribut* für die Gruppe im Modus einer Programmdatei gesetzt, so wird entsprechend die Gruppennummer der Programmdatei (bzw. deren Besitzer) als *effektive Gruppennummer* bei der Programmausführung eingesetzt. Das s-Attribut wird auch als *Set-User-ID-Bit* (*Set-UID-Bit*) und *Set-Group-ID-Bit* (*Set-GID-Bit*) bezeichnet.

Ein Beispiel für die Anwendung des *Set-User-ID-Attributs* ist die Paßwortdatei */etc/passwd*, auf die natürlich, um Mißbrauch zu vermeiden, nur der Super-User Schreiberlaubnis besitzt. Da dort auch das vom Benutzer definierte und änderbare Paßwort eingetragen wird, ist es notwendig, daß ein nicht privilegierter Benutzer, wenn auch kontrolliert, die Paßwortdatei ändern kann. Dies geschieht durch das Programm **passwd**. Im Dateimodus (Dateizugriffsattribut) dieses Programms ist entsprechend das s-Attribut bei Besitzer und Gruppe gesetzt, so daß bei der Ausführung als *effektive Nummern* die Benutzer- und Gruppennummer des Super-Users eingesetzt wird und damit z.B. schreibend auf die Paßwort-Datei zugegriffen werden kann (der Super-User root ist als Besitzer von */bin/passwd* eingetragen).

Da solche Programme potentiell ein Sicherheitsrisiko darstellen können, insbesondere wenn sie von fremden montierten Datenträgern stammen, erlaubt die **mount**-Option ›-o nosuid‹, beim Montieren eines Dateisystems anzugeben, daß bei allen Programmen, die von diesem Dateisystem herunter geladen werden, das Set-UID-Bit und das Set-GID-Bit automatisch gelöscht wird.

Beim Laden eines Programms wird dieses zunächst über den Hauptspeicher in den Auslagerungsbereich (*swap area*) geschaufelt und von dort gestartet.[1]

Dieses Umkopieren bei jedem Programmstart kann durch das sogenannte *save-text-Attribut* teilweise vermieden werden. Steht beim Ausführungsrecht ein ›t‹, so ist im Dateimodus das *sticky bit* gesetzt (auch *save text bit* genannt). Hierdurch wird das Textsegment des Programms auch dann noch im Swap-Bereich belassen, wenn bei dem von mehreren Benutzern gemeinsam benutzbaren (*sharable*) Programm der letzte Benutzer seine Programm-Inkarnation beendet hat. Es braucht damit beim nächsten Start des Programms nicht erneut aus der Programmdatei gelesen, sondern kann direkt aus dem Swap-Bereich eingelagert werden. Das Setzen dieses Attributes ist, da der Swap-Bereich knapp sein kann, dem Super-User vorbehalten!

Prozeßzustände

Ein Prozeß kann sich in drei Grundzuständen befinden:

❑ **aktiv**, d.h. rechnend (*running*)
❑ **rechenwillig**, aber die CPU nicht besitzen (*suspended*)
❑ auf ein Ereignis **wartend** (*waiting*)

Ein rechnender Prozeß verliert immer dann die CPU, wenn er sie entweder freiwillig abgibt, um auf ein Ereignis (z.B. die Beendigung einer Ein- oder Ausgabe) zu warten, wenn ein Ereignis eintritt, auf das ein Prozeß höherer Priorität gewartet hat

---

1. Dies gilt für die Standard-UNIX-Systeme von USL. Einige System erlauben auch das segmenteweise Laden von Programmen aus der Programmdatei heraus. Die Auslagerungen auf den Swap-Bereich (eigentlich den Paging-Bereich) erfolgt dann erst, wenn Segmente ausgelagert werden müssen.

oder wenn seine Zeitscheibe abgelaufen ist. Wird der Prozeß dabei durch einen anderen mit höherer Priorität verdrängt, so geht er in den Zustand *rechenbereit* über. Man bezeichnet diesen Prozeß dann auch als *suspendiert*. Das **ps**-Kommando zeigt darüber hinaus weitere Zwischenzustände an, z.B. wenn ein Prozeß beendet ist, aber noch nicht aus dem Speicher gelöscht wurde.

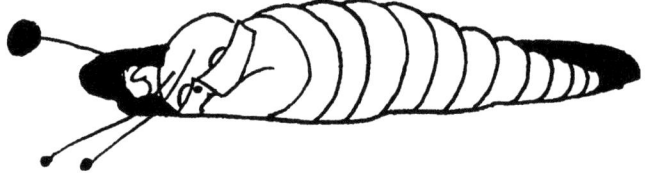

Die Prozeßpriorität

Da in der Regel mehrere Prozesse um die Zuteilung der CPU konkurrieren, muß im System eine Steuerung implementiert sein, nach der eine Prozeßauswahl getroffen wird. Diese Steuerung wird *Scheduling-Algorithmus* genannt und die Terminierung, das zeitweise Verdrängen (*Suspendierung*), die Auswahl und Aktivierung des nächsten rechenbereiten Prozesses entsprechend *Scheduling*.

Das UNIX-System verwendet beim Scheduling einen prioritätsgesteuerten Algorithmus. Es wird jeweils demjenigen rechenbereiten Prozeß als nächstem die CPU zugeteilt, der die höchste Priorität besitzt. Dabei haben Prozesse, die sich im Systemmodus befinden, eine höhere Priorität als solche im Benutzermodus. Ein Prozeß befindet sich dann im Systemmodus, wenn er eine Systemfunktion aufgerufen hat und diese noch nicht beendet ist.

System V.4 kennt drei Prioritätsklassen:

❑ Time-Sharing-Prozesse
❑ Echtzeit-Prozesse
❑ System-Prozesse

Die letzte Klasse – die der System-Prozesse – ist nicht weiter beeinflußbar und speziellen Systemprozessen vorbehalten. Prozesse aus einer der beiden anderen Klassen können nicht in die System-Prozeß-Klasse verschoben werden. Sie haben Vorrang sowohl vor Time-Sharing-Prozessen als auch vor Echtzeit-Prozessen.

Der Systemverwalter kann weitere Prioritätenklassen anlegen, wobei er dann anzugeben hat, zu welcher Basis-Klasse die neue Klasse gehören soll. Anzeigen lassen kann man sich (*V.4*) alle definierten Klassen mit dem Kommando ›priocntl -l‹.

Time-Sharing-Prozesse

Die *Timesharing-Prozesse* bilden den Standardfall. Alle UNIX-Kommandos und die meisten Applikationen laufen in dieser Prozeßklasse. Das System versucht hier, die verfügbare Prozessorzeit möglichst gleichmäßig auf alle Prozesse zu verteilen.

Um eine einseitige Vergabe der CPU-Zeit an Prozesse hoher Priorität zu verhindern, wird die Priorität eines Prozesses in gewissen Zeitintervallen (eine Sekunde) neu berechnet. In diese Berechnung gehen die im letzten Zeitintervall verbrauchte CPU-Zeit ein, die Größe des Prozesses und die Zeit, für die der Prozeß verdrängt war (d.h. die CPU nicht erhielt).

Das **ps**-Kommando zeigt zwei Prioritäten an:

❑ Die **aktuelle Priorität**
Dies ist die Priorität, die der Prozeß augenblicklich besitzt und die bei der nächsten CPU-Vergabe für das Scheduling verwendet wird.

❑ Die **nice-Priorität**
Dies ist die Grundpriorität, die dem Prozeß beim Start mitgegeben und als Steigerungswert bei der jeweiligen Prioritätsberechnung verwendet wird.

Bei den als Priorität angegebenen Zahlen bedeutet eine hohe Zahl eine niedrige Priorität!

Will man einen Prozeß mit niedriger Priorität im Hintergrund ablaufen lassen, so kann man ihn mit dem **nice**-Kommando starten. Der Super-User kann als Priorität einen negativen Wert angeben und damit dem gestarteten Prozeß eine höhere Priorität verleihen.

Echtzeit-Prozesse

Mit V.4 wurden sogenannte *Echtzeitprioritäten* eingeführt. Die Prozesse, die in dieser Klasse laufen, auch *Real-Time-Prozesse* genannt, haben immer Vorrang vor einem Time-Sharing-Prozeß. Über Realzeitprioritäten kann sichergestellt werden, daß sehr zeit- und reaktionskritische Prozesse auch immer dann die CPU erhalten, wenn diese sie benötigen. Dies wird man vorwiegend bei Steuerungsprozessen einsetzen. Hier behält der Prozeß seine Priorität ständig. Wird er rechenbereit, so verdrängt er automatisch einen Prozeß niedrigerer Realtime-Priorität oder jeden Timesharing-Prozeß. Ein Realzeit-Prozeß hat eine Priorität zwischen 0 und *n*, wobei der maximale Wert von *n* für ein System festgelegt werden kann. Der rechenbereite Prozeß mit dem höchsten Wert erhält die CPU.

Um zu verhindern, daß ein fehlerhafter Real-Time-Prozeß das System auf Dauer blockiert, kann für einen Realzeit-Prozess eine maximale Zeitscheibe vorgegeben werden. Läuft der Prozeß länger als dieses Zeitintervall am Stück, ohne dabei die CPU einmal abzugeben, so wird er unterbrochen und der Scheduling-Algorithmus durchlaufen.

Ein Prozeß kann mittels des **priocntl**-Kommandos in eine der beiden Prozeßklassen – Time-Sharing (TS) oder Real-Time (RT) – gesetzt und eine Priorität erhalten. Dies darf jedoch nur der Super-User oder ein Benutzer, dessen Shell eine Real-Time-Priorität besitzt.

Die Priorität eines bereits laufenden Prozesses darf auch der Benutzer verändern, der die reale oder effektive Benutzernummer des Prozesses besitzt.

Das Kommando ›**priocntl -d**‹ zeigt die Prozesse mit ihrer Klasse und Priorität an. Bei Time-Sharing Prozessen wird dabei zusätzlich die maximal mögliche Priorität (TSUPRILM) angezeigt, bei Real-Time-Prozessen dessen maximale Zeitscheibe (TQNTM) in Millisekunden.

Prozeßauslagerung (*Swapping* und *Paging*)

Bevor ein Prozeß *rechnend* werden kann (d.h. die CPU zugeteilt bekommt), müssen bei Swapping-Systemen[1] alle seine Segmente im Hauptspeicher sein. Bei Paging-Systemen reicht es, wenn einige Segmente des neuen Prozesses in den freien Hauptspeicher passen. Reicht der momentan freie Hauptspeicher dazu nicht aus, so müssen die Segmente anderer Prozesse auf Hintergrundspeicher ausgelagert werden, damit ausreichend freier Hauptspeicherplatz entsteht. Dieses Aus- und spätere Wiedereinlagern wird als *swapping* bezeichnet, der Bereich auf dem Hintergrundspeicher, auf den ausgelagert wird, als *Swap Space* (hier: *Swap-Bereich*) und das logische Gerät, auf das ausgelagert wird (in der Regel eine Magnetplatte), als *Swap Device*. Das *Swap Device* ist als Geräteknoten im Katalog */dev* unter dem Namen */dev/swap* angelegt.

Das Auslagern von Prozessen geschieht durch einen eigenen Prozeß, der in älteren Systemen den Namen **swapper** und die Prozeßnummer 0 besaß. Er wird beim Systemstart erzeugt und bleibt danach ständig aktiv. In neuen UNIX-Systemen trägt dieser Ein-Auslagerungsprozeß die Bezeichnung **vhand**.

Um zu verhindern, daß ein Prozeß ständig nur ein- und ausgelagert wird, ohne ausreichend CPU-Zeit zu erhalten, ist der Auslagerungsalgorithmus so aufgebaut, daß ein Prozeß nur dann ausgelagert wird, wenn er bereits eine gewisse Zeit im Hauptspeicher war.

Ob ein Prozeß ausgelagert ist oder sich im Hauptspeicher befindet, ist an dem Prozeßzustand (Spalte unter **F** beim ausführlichen **ps**-Kommando) zu erkennen. Ist ein Prozeß im Hauptspeicher, so gibt die Prozeßadresse seine Position im Hauptspeicher an; ansonsten steht hier die Adresse des Prozesses im *swap space*.

Bei einem virtuellen System, seit System V.3 der Standard, braucht nicht das gesamte Programm in den Hauptspeicher zu passen, sondern nur ein Teil. Das Programm wird hierzu in kleine Stücke unterteilt, sogenannte Seiten oder englisch *pages*. In der Regel sind nur die Seiten (Code, Daten und Stack) aktuell im Hauptspeicher, in denen das Programm gerade arbeitet. Muß wegen Hauptspeicherknappheit ausgelagert werden, so werden nur einzelne Seiten (je 2 bis 4 kBytes groß) aus- und später wieder eingelagert. Beim Einlagern werden nicht alle ausgelagerten Seiten wieder hereingelesen, sondern nur die Seite, welche gerade benötigt wird. Man nennt diesen Mechanismus *Demand Paging*. Den Hintergrundspeicher, auf den Seiten ausgelagert und von dem sie später wieder eingelesen werden, nennt man *Paging Area*. Die Programme können bei diesem Verfahren wesentlich größer als der physikalisch vorhandene Hauptspeicher sein. Die maximale Programmgröße ist dabei vom virtuellen Adreßraum der Maschine und der Implementierung abhängig. Der übliche virtuelle Adreßraum der UNIX-Systeme liegt zwischen 1 und etwa 256 Gigabyte. Dabei ist zu beachten, daß die *Paging Area* auf der Platte größer als das größte Programm sein muß!

---

1. Dies war in älteren UNIX-Systemen der Standard. Inzwischen sind praktisch nur noch Paging-Systeme auf dem Markt. Jedoch auch diese führen bei Prozessen, die längere Zeit nicht aktiv werden, ein Swapping – d.h. ein Auslagern des gesamten Prozesses – durch. Dabei verbleiben nur einige Verwaltungsinformationen im Hauptspeicher.

Die kontrollierende Dialogstation eines Prozesses

Der Name */dev/tty* steht innerhalb eines Prozesses als Pseudogerät für die *kontrollierende Dialogstation*. Diese Station entspricht der Standardein- und Ausgabe sowie der Standardfehlerdatei, sofern diese nicht umgelenkt sind. Das Pseudogerät */dev/tty* ist jedoch unabhängig von einer eventuellen Umsteuerung der Dialogstation zugeordnet, von der das Programm oder sein Vaterprozeß aufgerufen wurde.

Die reale *kontrollierende Dialogstation* ist diejenige Dialogstation (*terminal file*), die ein Prozeß als erste zum Lesen und (oder) Schreiben öffnet. Nur von dieser Dialogstation aus können über die entsprechenden Tasten die Signale an ihn geschickt werden. Alle Prozesse, die auf diese Weise eine gemeinsame *kontrollierende Dialogstation* besitzen, werden als *Prozeßfamilie* oder *Prozeßgruppe* bezeichnet. Über den Signal-Mechanismus ist es möglich, ein Signal an alle Prozesse der gleichen Prozeßfamilie zu senden.

4.3.2 Prozeßkommunikation, Prozeßsynchronisation

Unter UNIX kann ein Prozeß weitere Prozesse anlegen, die dann asynchron von diesem abgearbeitet werden. In vielen Fällen wird jedoch ein solcher neu angelegter Prozeß eine bestimmte Funktion ausführen, auf deren Beendigung der erzeugende Prozeß wartet. Dies setzt eine Interprozeßkommunikation voraus, die vom UNIX-Kern implementiert wird.

Die Erzeugung eines neuen Prozesses geschieht durch den Systemaufruf **fork**. Der neue Prozeß ist dabei eine genaue Kopie des aufrufenden Prozesses, wobei selbst Daten, Befehlszähler, offene Dateien und Priorität identisch sind. Der aufrufende Prozeß wird nun als *Vaterprozeß* (englisch: *parent*) bezeichnet, der neu erzeugte als *Sohnprozeß* (englisch: *child*).[1] **fork** ist ein Funktionsaufruf und liefert dem Vaterprozeß bei erfolgreichem Start des Sohnprozesses dessen Prozeßnummer (PID) zurück, während der Sohnprozeß (beide stehen nun hinter dem **fork**-Aufruf) die Prozeßnummer 0 zurückgeliefert bekommt. Von nun an laufen beide Prozesse unabhängig und asynchron weiter, sofern nicht der Vaterprozeß durch einen **wait**-Aufruf auf die Beendigung des Sohnprozesses wartet. Für die durch den **fork**-Aufruf geerbten Dateien besitzen Vater- und Sohnprozesse nur einen gemeinsamen Lese-Schreibzeiger. Liest oder schreibt einer der Beteiligten von einer solchen (auf eine solche) Datei, so wird der Zeiger für alle diese Prozesse verändert.

Soll nicht ein identischer Sohnprozeß gestartet werden, sondern ein anderes Programm (der aufrufende Prozeß soll jedoch weiterhin bestehen), so geschieht dies in zwei Schritten:

a) Durch **fork** wird ein Sohnprozeß als Kopie gestartet.
b) Der Sohnprozeß erkennt an der vom **fork**-Aufruf gelieferten Prozeßnummer 0 seinen Sohnstatus und überlagert sich durch **exec** mit dem neuen Programm.

Beim **exec**-Aufruf werden die Segmente des aufrufenden Prozesses durch die des neu generierten ersetzt. Dem neuen Prozeß kann dabei die aktuelle Systemumge-

---
1. Frauen mögen diese Übersetzung entschuldigen.

bung des aufrufenden Prozesses mitübergeben werden. Die Prozeßnummer des Prozesses bleibt erhalten.

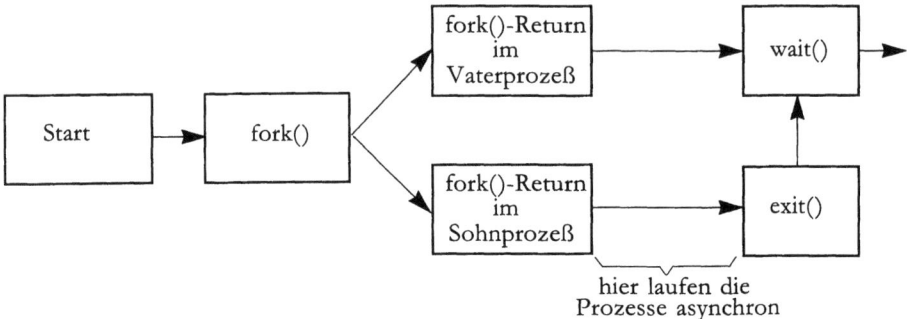

Abb. 4.9: Erzeugen eines Sohnprozesses über fork () und Warten auf dessen Beendigung

Ein Prozeß terminiert sich über einen **exit**-Aufruf oder durch einen Prozeßabbruch. Dabei kann ein Statuswert (der sogenannte *Exit-Status*) zusammen mit der Prozeßnummer des beendeten Sohnprozesses an den eventuell auf die Terminierung des Sohnprozesses wartenden Vaterprozeß weitergereicht werden. Ein solcher Wert wird auch dann übergeben, wenn sich der Sohnprozeß nicht selbst terminierte, sondern durch den Benutzer oder einen Programmfehler abgebrochen wurde. Somit liefert jeder Prozeß bei seiner Beendigung einen Wert zurück. Per Konvention ist dies 0, falls der Prozeß erfolgreich seine Aufgabe durchführen konnte und ungleich 0 in allen anderen Fällen. Auf diese Weise ist eine, wenn auch sehr beschränkte Prozeßsynchronisation möglich.

Stirbt ein Vaterprozeß bevor alle seine Sohnprozesse beendet sind, so erbt der Prozeß **init** (mit der PID 1) die verbleibenden Sohnprozesse und wird damit deren Vaterprozeß.

Wird ein Sohnprozeß beendet, so werden alle Signale an den Prozeß deaktiviert, alle noch offenen Dateien des Prozesses geschlossen, sowie der vom Prozeß belegte Speicher und weitere Ressourcen werden freigegeben. Die Sohnprozesse des beendeten Prozesses werden dem **init**-Prozeß zugeordnet. An den Vaterprozeß wird nun ein ›*Sohnprozeß beendet*‹-Signal (SIGCHLD) geschickt. Der Prozeßkontrollblock des beendeten Prozesses kann aber solange nicht aus dem Hauptspeicher geräumt werden, bis der Vaterprozeß diese Terminierung zur Kenntnis genommen hat – entweder über ein Return aus der **wait**-Funktion oder über die Signalbehandlung des SIGCLD-Signals. Dieser Zustand (der Sohn ist terminiert, kann aber noch nicht ausgeräumt werden) wird als *Zombie-Zustand* bezeichnet. Der Prozeß erscheint hier als <defunct> in der Liste des **ps**-Kommandos. Der Prozeß **init** wartet deshalb ständig auf die Terminierung eines Sohnprozesses. Ein Prozeß kann mit der **wait**-Funktion nicht auf die Beendigung eines bestimmten Sohnprozesses warten, sondern nur auf die irgendeines Sohnprozesses. Er bekommt jedoch als Funktionsergebnis mitgeteilt, welcher Prozeß terminierte. Daneben erhält er den Funktionswert des Sohnprozesses, auch *Exit-Status* genannt.

Der Vaterprozeß kann sich auch durch ein Signal SIGCLD (siehe weiter unten) über die Beendigung eines Sohnprozesses informieren lassen.

Signale

Eine weitere Möglichkeit der Prozeßsynchronisation stellen **Signale** dar. Ein **Signal** ist ein asynchrones Ereignis und bewirkt eine Unterbrechung auf der Prozeßebene. Signale können entweder von außen durch den Benutzer an der Dialogstation (z.B. durch Eingabe der <*unterbrechung*>-Taste) oder durch das Auftreten von Programmfehlern (Adreßfehler, Ausführung einer ungültigen Instruktion, Division durch Null usw.) erzeugt werden.

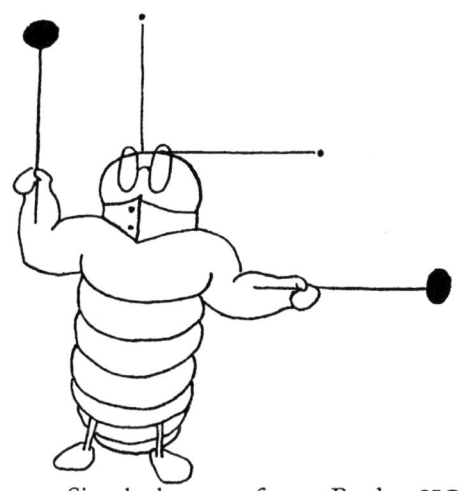

Auch externe Unterbrechungen können Signale hervorrufen; z.B. das **SIG-KILL**-Signal oder der Ablauf einer mit **alarm** gesetzten Zeitscheibe. Auch ein anderer Prozeß kann, mittels des Systemaufrufs **kill** *(pid, signal_nr)*, ein Signal senden. Nur der Super-User darf jedoch Signale an fremde Prozesse schicken. Die in Tabelle 4.2 mit *Core* markierten Signale führen, wenn sie vom Programm nicht explizit abgefangen werden, zu einem Programmabbruch.

Der Systemaufruf ›**signal** *(signal_nr, funktion)*‹ erlaubt einem Programm anzugeben, daß beim Auftreten des Signals *signal_nr* die Funktion *funktion* angesprungen werden soll. Ist (*funktion* = SIG_IGN), so wird keine Funktion angesprungen, sondern das Signal ignoriert.

Wird ein Signal an den Prozeß mit der PID **0** gesendet, so wird es an alle Prozesse der gleichen Prozeßfamilie gegeben. Das Signal **SIGKILL** (9) kann nicht abgefangen oder ignoriert werden und führt in jedem Fall zum Programmabbruch. Somit kann durch ›**kill 9** *pid*‹ ein Benutzer seine eigenen Prozesse abbrechen. Der Super-User ist dabei auch in der Lage, fremde Prozesse zu terminieren. Die Signale **SIGUSR1** und **SIGUSR2**, welche keine feste Bedeutung haben, stehen für eine sehr einfache Interprozeßkommunikation zur Verfügung.

In einem Programm kann mit **sighold**(*signal)* ein *kritischer Abschnitt* begonnen und mit **sigrelse**(*signal)* beendet werden. In diesem Abschnitt wird jeweils das angegebene Signal, sofern es auftritt, zurückgehalten, bis der Abschnitt beendet ist.

Die von System V.4 unterstützten Signale sind:

Tabelle 4.2: Die Signale von System V.4

Name	Signal-nr.	Std.-Behandl.	Bedeutung
SIGHUP	1	Exit	Abbruch einer Dialogstationsleitung (*P*)
SIGINT	2	Exit	Interrupt von der Dialogstation (*P*)
SIGQUIT	3	Core	<Quit> von der Dialogstation (*P*)
SIGILL	4	Core	Ausführung einer ungültigen Instruktion
SIGTRAP	5	Core	*trace trap* Unterbrechung (Einzelschrittausführung)
SIGABRT	6	Core	zeigt eine abnormale Beendigung an (*V.4*), (*P*).
SIGEMT	7	Core	EMT-Instruktion (Emulations-Trap)
SIGFPE	8	Core	Ausnahmesituation bei einer Gleitkommaoperation (*Floating point exception*) (*P*)
SIGKILL	9	Exit[+]	<kill>-Signal (*P*)
SIGBUS	10	Core	Fehler auf dem System-Bus
SIGSEGV	11	Core	Speicherzugriff mit unerlaubtem Segmentzugriff (*P*)
SIGSYS	12	Core	ungültiges Argument beim Systemaufruf
SIGPIPE	13	Exit	Es wurde auf eine Pipe oder Verbindung geschrieben, von der keiner liest (*P*).
SIGALRM	14	Exit	Ein Zeitintervall ist abgelaufen (*P*).
SIGTERM	15	Exit	Signal zur Programmbeendigung (*P*)
SIGUSR1	16	Exit	frei für Benutzer (*P*)
SIGUSR2	17	Exit	frei für Benutzer (*P*)
SIGCHLD	18	Ignoriert	signalisiert Beendigung eines Sohnprozesses oder dessen Anhalten (Stoppen) (*V.4*), (*P*).
SIGPWR	19	Ignoriert	signalisiert einen Spannungsausfall.
SIGWINCH	20	Ignoriert	Die Fenstergröße hat sich geändert.
SIGURG	21	Ignoriert	Ein dringender Socketstatus ist eingetreten
SIGPOLL	22	Exit	signalisiert das Anstehen eines Ereignisses (*selectable event*) bei *Streams*.
SIGSTOP	23	Stop[+]	Der Prozeß wird angehalten (*Stopped*) (*V.4*), (*P*).
SIGSTP	24	Stop	Der Prozeß wird interaktiv angehalten (*Stopped*) durch die Eingabe des STOP-Zeichens (*V.4*), (*P*).

Tabelle 4.2: Die Signale von System V.4 (Forts.)

Name	Signal-nr.	Std.-Behandl.	Bedeutung
SIGCONT	25	Ignoriert[f]	Der Prozeß soll weiterlaufen, sofern er *Stopped* war (∗V.4∗), (∗P∗).
SIGTTIN	26	Stop	Es wurde versucht, in einem Hintergrundprozeß von der Kontroll-Dialogstation zu lesen (∗V.4∗), (∗P∗).
SIGTTOU	27	Stop	Es wurde versucht, in einem Hintergrundprozeß auf die Kontroll-Dialogstation zu schreiben (∗V.4∗), (∗P∗)
SIGVTALRM	28	Exit	Der virtuelle Wecker (*Timer*) ist abgelaufen (∗V.4∗).
SIGPROF	29	Exit	Der *Timer* zur Profil-Erstellung ist abgelaufen (∗V.4∗).
SIGXCPU	30	Core	Die maximale CPU-Zeit ist überschritten (∗V.4∗).
SIGXFSZ	31	Core	Die maximale Dateigröße wurde überschritten (∗V.4∗).
SIGIO	32	Ignoriert	Eine Socket-E/A-Operation wird möglich (∗V.4∗).

(∗P∗) Durch den Posix P1003.1-Standard garantiert verfügbares Signal.
+ Dieses Signal kann **nicht** ignoriert oder abgefangen werden.
s Das Signal führt dazu, daß der Prozeß angehalten wird, d.h. in den Zustand *Stopped* übergeht.
f Das Signal setzt den Lauf des Prozesses fort, sofern der Prozeß angehalten (*stopped*) ist. In allen anderen Fällen wird es ignoriert. Bei der Benutzung von Signalen in Programmen sollte stets der symbolische Name und nicht die Signalnummer verwendet werden.

Die Spalte ›*Std.-Behandl.*‹ gibt hier an, was im Standardfall beim Eintreffen des Signals erfolgt, d.h. ohne daß die Art der Signalbehandlung explizit festgelegt wurde. *Core* bedeutet z.B. dabei, daß das Programm abgebrochen wird und ein Speicherabzug (*core dump*) des Programms erfolgt, sofern das Signal nicht explizit ignoriert oder über eine Behandlungsroutine abgefangen wird. In Programmen sollen die Signale nicht über ihre Nummer, sondern über ihren symbolischen Namen angesprochen werden.

Pipes

Eine weitere Art der Kommunikation, über die zwei Prozesse Daten austauschen können, sind **Pipes**. Dies ist jedoch nur dann möglich, wenn ein Vaterprozeß die Pipe durch einen entsprechenden Systemaufruf aufbaut und dann zwei Sohnprozesse erzeugt, die von ihm die Pipe-Dateien erben. Eine Pipe hat dabei nur eine Eingabe- und eine Ausgabeseite und ist somit unidirektional.

Eine Pipe hat für den Prozeß das Aussehen einer Datei, auf die er schreiben oder von der er lesen kann. Außer dem Positionieren kann darauf jede Dateioperation durchgeführt werden. Beim Schreiben sowie beim Lesen gibt es jedoch eine implementierungsabhängige Beschränkung der Art, daß eine Operation nicht mehr als die Größe des Pipe-Puffers (in der Regel 4 kB oder 8 kB) übertragen kann.

Named Pipes

Eine Pipe ist im Standardfall eine Art temporäre Pufferdatei, die nur solange lebt, wie einer der beteiligten Prozesse lebt. Sobald ein Prozeß diese Pipe schließt und der andere weiterhin darauf zugreift, bekommt der zweite Prozeß einen Fehler gemeldet. Bei dieser Art von Pipe müssen die beteiligten Prozesse auch stets entweder einen gemeinsamen Vaterprozeß haben, der die Pipe aufgesetzt hat, oder sie stehen in einer Vater-Sohn-Beziehung, wobei ebenfalls der Vaterprozeß die Pipe angelegt hat.

Die sogenannte **named pipe** stellt eine Erweiterung dieses Mechanismus dar. Eine solche *named pipe* besitzt einen mit **mknod** angelegten Geräteeintrag vom Typ **FIFO** (für *First In First Out*) und hat damit einen entsprechenden externen Namen, unter dem sie angesprochen werden kann (beim **ls**-Kommando wird sie durch ein **p** als Typangabe angezeigt). Mittels dieses Namens können nun mehrere Prozesse miteinander kommunizieren, ohne einen gemeinsamen Vaterprozeß zu haben. Dies wird in der Regel dazu benutzt, ein Serverkonzept zu realisieren. Der Dienstprozeß liest dabei seine Aufträge aus der *named pipe,* während die Auftragsprozesse ihre Aufträge in die *named pipe* schreiben. Hierzu ist es notwendig, daß zwischen den Prozessen Einigkeit bezüglich der Größe des Auftragstextes besteht, damit der Dienstprozeß den Auftrag mit einem Lesen aus der Pipe ausfassen kann. Ansonsten kann es zur Vermischung der verschiedenen Eingaben kommen. Die Einträge von *named pipes* liegen entgegen der üblichen Konvention zumeist nicht in dem Katalog */dev*, sondern in dem Katalog des Serverprozesses. Die Serverprozesse **lpsched** und **cron** sind typische Beispiele für auf diesem Prinzip operierende Dienstprozesse.

4.3 Kommandos, Programme, Prozesse

Flexibler und mächtiger als *named pipes* sind die nachfolgend beschriebenen *Sockets* und *Streams*.

Mit System V wurden vier neue Mechanismen zur Intertaskkommunikation verfügbar, mit System V.3 kommt ein vierter neuer Mechanismus hinzu:

- Nachrichten (englisch: *messages*)
- Semaphore
- Speicher, auf den mehrere Programme zugreifen können (*Shared Memory*)
- Streams und
- Sockets (aus Kompatibilität zum Berkeley-System)[1]

Das Kommando **ipcs** erlaubt, den Implementierungs- bzw. Generierungsstand dieser Mechanismen abzufragen. Der Zugriffsschutz erfolgt bei allen vier Mechanismen über ein Verfahren, das weitgehend dem Zugriffsschutz von Dateien entspricht. Auch hier können für jedes Element die Zugriffsrechte für Besitzer (Erzeuger), die Benutzer der gleichen Gruppe sowie alle anderen Benutzer angegeben, als auch Lese- und/oder Schreibrecht vorgegeben werden. Das Bit für **x** (*execute*) im Moduswort hat dabei keine Bedeutung.

Nachrichten (Messages)

Der *message*-Mechanismus erlaubt den Austausch von Nachrichten zwischen mehreren Programmen. Diese Nachrichten werden an Nachrichtenspeicher, sogenannte **message queues** geschickt und können von dort abgeholt werden. Anzahl und Größe der Speicher werden bei der Systemgenerierung festgelegt.

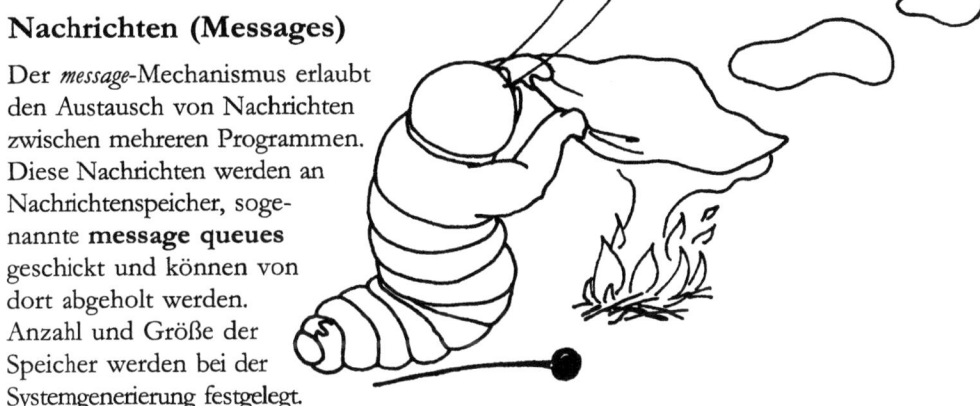

Eine Nachricht besteht aus dem Nachrichtentext und einem Nachrichtentyp. Die Nachrichtentypen haben keine feste Bedeutung, sondern es ist dem Benutzer überlassen, ihnen Funktionen zuzuordnen. Ein Prozeß kann nun eine Nachricht aus einer *message queue* anfordern und dabei einen Nachrichtentyp vorgeben. Fehlt die Angabe eines Typs, so wird die nächste in der Warteschlange vorhandene Nachricht zurückgegeben; ansonsten werden die Nachrichten in der Reihenfolge ihres Eintreffens ausgegeben. Ein Prozeß kann beim Anfordern einer Nachricht angeben, ob er suspendiert werden will, sofern noch keine Nachricht vorliegt, oder ob der Funktionsaufruf sogleich zurückkehrt und diesen Umstand durch einen Fehlercode anzeigt.

---

1. Diese werden unter V.4 auf der Basis von Streams emuliert.

Semaphore

Semaphore sind Zustandsvariablen. Der Zugriff auf sie ist nur mittels spezieller Funktionen (Betriebssystemaufruf **semop**) möglich. Die hier implementierten Semaphore sind nicht binär, sondern können mehrere Werte annehmen. Prozesse können den Wert von Semaphoren abfragen oder darauf warten, daß ein Semaphor einen vorgegebenen Wert annimmt. Mit einer Operation können auch Funktionen auf mehrere Semaphore zugleich ausgeführt werden. In der Regel wird man Semaphore zur Synchronisation beim Zugriff auf kritische Betriebsmittel verwenden.

Gemeinsamer Datenspeicher (Shared Memory)

Der *Shared-Memory*-Mechanismus erlaubt mehreren Prozessen, auf einen Speicherbereich gemeinsam zuzugreifen. Es handelt sich dabei um Datenspeicher. Um auf einen gemeinsamen Datenspeicherbereich zugreifen zu können, muß zunächst ein Prozeß diesen Speicherbereich anlegen. Danach müssen alle Prozesse, die Zugriff darauf haben möchten, den Speicherbereich in ihren Adreßraum einfügen (Funktion **shmat** für *shared memory attach*) und angeben, in welchen Adreßbereich der Speicher abgebildet werden soll. Hierbei ist auch die Art des gewünschten Zugriffs (Lesen und/oder Schreiben) anzugeben. Danach kann bis zu einem Lösen (Funktion **shmdt**) der Speicherzuordnung der Speicherbereich wie ein normaler Datenspeicher behandelt werden.

Die Implementierung von *Shared Memory* ist stark von der Struktur der vorhandenen Speicherverwaltungseinheit *(memory management unit)* abhängig, so daß die Größe und Stückelung von solchen Speicherbereichen von System zu System variieren. Der Anwendungsprogrammierer sollte aus diesem Grund den Mechanismus nur mit Vorsicht verwenden. *Shared Memory* zählt darüberhinaus zu der Gruppe von Betriebssystemerweiterungen, die nicht auf allen UNIX-Systemen vorhanden sein müssen.

Gemeinsamer Programmspeicher – Shared Libraries

Der Mechanismus der *Shared Libraries* wurde mit UNIX V.3 eingeführt. Er bietet zwar keine Möglichkeit der Kommunikation zwischen Prozessen, soll hier jedoch auch kurz erwähnt werden.

Wird ein Programm oder UNIX-Kommando mehrmals vom gleichen oder von unterschiedlichen Benutzern gestartet, so wird das Textsegment (Codesegment) nur einmal im Hauptspeicher gehalten, vorausgesetzt, daß der Code *reentrant* ist, was in der Regel zutrifft. Dies führt zu einer Platzeinsparung im Hauptspeicher und reduziert die Ladezeiten des Programms. Kommen jedoch gleiche Codestücke bzw. Prozeduren in unterschiedlichen Programmen vor, so arbeitete dieser Mechanismus bisher nicht. Bedenkt man, daß jedoch einige Funktionen (z.B. die des C-Laufzeitsystems) in fast allen Programmen vorkommen, so lohnt es sich, diese Funktionen nur einmal für alle sie nutzenden Programme im Hauptspeicher zu halten. Dies kann in Form von *Shared Libraries* geschehen. Beim Binden der Programme muß dieser Umstand explizit angegeben werden. Ähnlich wie bei den gemeinsamen Datenbereichen greifen dann alle so gebundenen Programme auf diese Funktionen zu. Allerdings ist hier, im Gegensatz zum *Shared-Memory*-Mechanismus, kein explizites Anlegen des Speicherbereichs und Abbilden (*attach*) in den Programmadreßraum notwendig. Diese Aufgabe übernimmt das System beim Start der Programme automatisch.

Die Speicherplatzeinsparungen, die auf diese Weise erzielt werden können, sind natürlich stark vom Umfang und der Anzahl der gemeinsam verwendeten Routinen abhängig, dürften jedoch am Beispiel der C-Grundbibliothek bei ca. 8 kB bis 16 kB je Programm liegen. Bei den wesentlich umfangreicheren X11-Bibliotheken kann die Einsparung bereits ein Megabyte betragen. Ein weiterer Vorteil der *Shared Libraries* liegt darin, daß auch Plattenplatz eingespart wird, da nun der entsprechende Code nicht mehr in den einzelnen Programmdateien vorhanden sein muß. Das Laden der Programme kann damit auch schneller erfolgen, da weniger Code zu laden ist.

Bei den *Shared Libraries* unterscheidet man nochmals zwischen den statisch- und den dynamisch-gebundenen Bibliotheken. Bei den statisch gebundenen Bibliotheken werden alle Referenzen bereits zur Bindezeit aufgelöst. Dies spart beim Programmstart Zeit und stellt weniger Anforderungen an die Programmierung und den Aufbau der Bibliotheken. Bei den dynamisch gebundenen Bibliotheken erfolgt die Auflösung der Referenzen erst zum Zeitpunkt des Programmstarts (oder sogar zur Laufzeit beim ersten Ansprechen einer Referenz. Dies gestattet ein Austauschen der Bibliotheken, ohne daß dazu eine neue Version des Programms erstellt werden muß. Zudem müssen die Bibliotheken hier erst geladen zu werden, wenn sie (vom ersten) Programm angesprochen werden.

Streams

Die *Streams* wurden mit System V.3 eingeführt und sind dort ein Teil der als *Network Support Services* bezeichneten Funktionen bzw. Mechanismen zur Unterstützung von Rechnernetzen insbesondere dem **RFS**-Netz (*Remote File System*). Da der *Streams*-Mechanismus jedoch auch außerhalb von Netzdiensten als ein eleganter Mechanismus zur Kommunikation zwischen Programmen dienen kann und seit V.4 zur Abwicklung der Terminalprotokolle verwendet wird, soll er hier kurz erläutert werden.

Ein *Stream* ist ein Pseudotreiber im Betriebssystemkern, wobei der Begriff *Pseudo* hierbei verwendet wird, weil zunächst hinter dem Treiber kein physikalisches Gerät steht, sondern nur eine Reihe von Softwarefunktionen. Der Treiber stellt dabei eine Schnittstelle zwischen Benutzerprogramm und dem Betriebssystem zum Austausch von Daten(strömen) zur Verfügung und zwar in beiden Richtungen und vollduplex (d.h. in beiden Richtungen zugleich).

Der *Streams*-Treiber erlaubt dabei in wohl definierter und kontrollierter Weise den Aufbau eines Datenstroms sowie den eigentlichen Datentransfer. So können neben den Funktionen **putmsg**, **getmsg** und **poll**, welche nur auf *Streams* definiert sind, die Standard-Ein/Ausgabefunktionen wie **open**, **close** sowie **read**, **write** und **ioctl** auf *Streams* angewendet werden.

Ein mit Hilfe des *Streams*-Mechanismus aufgebauter Datenweg besteht aus folgenden Komponenten (siehe Abb. 4.10):

❑ dem Stream-Kopf (*Stream Head*),
❑ einem oder mehreren optionalen Verarbeitungsmoduln,
❑ einem an den *Stream* angekoppelten Treiber.

Der Treiber kann dabei ein Gerätetreiber für ein physikalisches Gerät oder wiederum ein Pseudotreiber sein. Eine mögliche Funktion eines Verarbeitungsmoduls kann z.B. in einem Netzwerk die Abarbeitung eines Netzprotokolls sein oder im Terminaltreiber die Behandlung von Zeilen und von Zeichen mit besonderer Bedeutung.

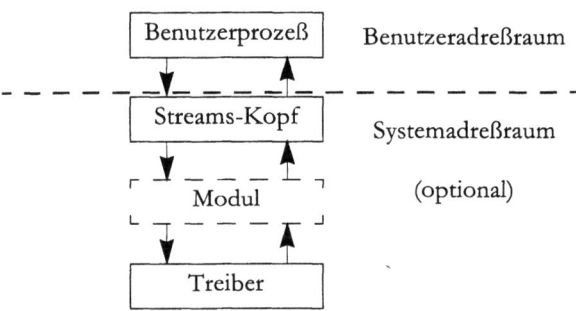

Abb. 4.10: Schemabild eines *Streams*

Eine wesentliche Eigenschaft des Streams-Mechanismus ist der, daß Verarbeitungsmodule dynamisch in den Verarbeitungsstrom eingeschaltet und wieder entfernt werden können

Am Beispiel des Terminaltreibers würde dann im *normalen Modus* (*cooked Mode*, s. Abschnitt 4.1.9) der Verarbeitungsmodul die Zeichen der Eingabe bis zu einem <*neue zeile*>-Zeichen aufsammeln und die Behandlung der Tasten <*lösche zeichen*> und <*lösche zeile*> ausführen. Wird die Leitung in den *raw mode* versetzt, so würde damit dieser Verarbeitungsmodul aus dem Datenstrom (*Stream*) entfernt und die Zeichen der Eingabe ohne eine Zwischenverarbeitung weitergereicht werden.

Neben den genannten Grundfunktionen erlauben **Streams** das Multiplexen und Demultiplexen von Daten sowie asynchrone Ein/Ausgabe. Im Kern stehen dem Stream-Treiber Funktionen wie z.B. das Anfordern und die Freigabe von Puffern, Datenflußsteuerungen und einem *Streams Scheduler* zur Verfügung.

Sockets

Der Mechanismus der **Sockets** wurde im Berkeley-UNIX-System primär zur Kommunikation zwischen Prozessen über ein Rechnernetz eingeführt,[1] ebenso wie der Mechanismus der *Streams* im USL-System. Die Programme des inzwischen zur Kommunikation zwischen den Systemen unterschiedlicher Rechnerhersteller zum Industriestandard gewordenen TCP/IP-Pakets stützen sich z.B. auf *Sockets* ab.[2]

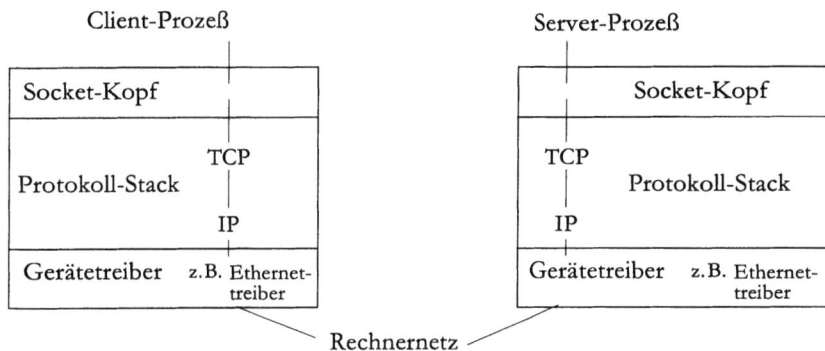

Abb. 4.11: Das Socket-Modell am Beispiel von TCP/IP

Ein *Socket* kann als Datenendpunkt zur Kommunikation zwischen Prozessen betrachtet werden. Der *Socket*-Mechanismus sieht dabei sowohl einen Datenaustausch auf dem lokalen als auch mit einem über ein Netz ansprechbaren Rechnersystem vor. *Sockets* sind wie *Streams* bidirektionale Datenpfade. Der vom Benutzer aus sichtbare Teil der Kommunikation besteht wie bei *Streams* aus drei Teilen:

❑ dem Socket-Kopf (*Socket Layer*),
❑ dem Protokollteil (*Protocol Layer*),
❑ dem Gerätetreiber (*Device Layer*).

Der *Socket*-Kopf bildet die Schnittstelle zwischen den Betriebssystemaufrufen und den weiter unten liegenden Schichten. Bei der Systemgenerierung wird festgelegt, welche Kombinationen von *Socket*, Protokoll und Treiber möglich sind.

Sockets mit gleichen Charakteristika bezüglich der Adressierung und des Protokolladreßformats werden zu Bereichen, sogenannten **Domains,** zusammengefaßt. Die UNIX **System Domain** dient dabei z.B. der Kommunikation zwischen Prozessen auf der lokalen Maschine, die **Internet Domain** für die Kommunikation über ein Netzwerk unter Verwendung des DARPA-Protokolls.

Sockets werden nochmals in unterschiedliche Typen untergliedert. Der sogenannte **Stream**-Typ stellt eine virtuelle, gesicherte, verbindungsorientierte Kommunikati-

---

1. Erlauben jedoch wie Streams auch eine Kommunikation zwischen Prozessen auf dem gleichen Rechner.
2. In System V.4 werden Sockets über Emulationsbibliotheken unterstützt, die ihrerseits auf Streams aufsetzen.

on zur Verfügung, der Typ **Datagram** eine Verbindung für Datagramme; d.h. es wird eine Nachricht an einen oder mehrere Adressaten abgeschickt, der Empfang ist jedoch nicht gesichert und die Reihenfolge der Nachrichten ist nicht garantiert.

Eine Kommunikation läuft in der Regel so ab, daß ein Serverprozeß mittels des Aufrufs **socket** einen Kommunikationspunkt aufbaut. Dabei können Typ und Bereich angegeben werden. Mit **bind** kann nun ein Name an den *Socket gebunden* werden. Ein Kunden-Prozeß (*Client Process*) koppelt sich ebenfalls mit **socket** an einen (lokalen) Kommunikationspunkt (*Socket*) und beantragt mit **connect** einen Verbindungsaufbau zu dem *Socket* des Servers.

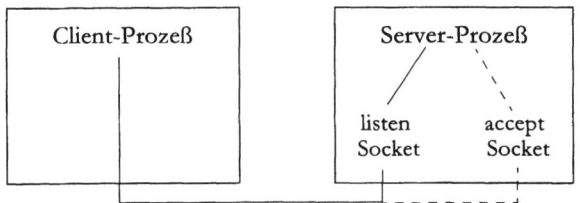

Abb. 4.12: Client- Server-Kommunikation

Der Serverprozeß macht mit **listen** dem System bekannt, daß er Verbindungen akzeptieren will und gibt die Länge einer Warteschlange an. Mit **accept** wartet er darauf, daß ein *Client-Prozeß* eine Verbindung anfordert.

Der **accept**-Aufruf liefert nach einem Verbindungsaufbau dem Server einen neuen *Socket-Deskriptor* (analog zu einem Dateideskriptor) für einen (anderen) *Socket* zurück, über den nun die Kommunikation mit dem *Client* erfolgen kann. Der Austausch von Daten ist danach mit **send** und **recv** oder mittels **write** und **read** über diesen *Socket* möglich. Wie man in Bild Abb. 4.11 sieht, sind der *Socket*, an dem der Server-Prozeß auf Verbindungen wartet, und der *Socket*, über den der Serverprozeß nach einem Verbindungsaufbau mit dem *Client* kommuniziert, auf der Serverseite nicht identisch. Der Aufruf **shutdown** schließlich baut die Verbindung wieder ab.

Eine gute Beschreibung der *Sockets* ist in [BACH] zu finden. Die hier gegebene Erklärung und die Zeichnungen basieren auf diesem Buch.

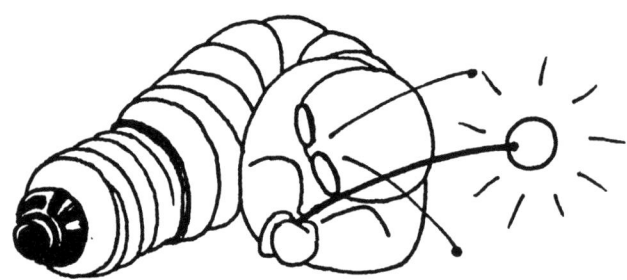

4.4 Reguläre Ausdrücke in Dateinamen und Suchmustern

Häufig möchte man Operationen wie z.B. Sichern, Löschen oder Sortieren auf eine Reihe von Dateien ausführen oder in Texten, statt nach einer festen Zeichenkette, mit einem Zeichenmuster suchen, in dem noch gewisse Freiheitsgrade vorhanden sind. Für beide Anforderungen stehen unter UNIX sogenannte *reguläre Ausdrücke* zur Verfügung, die weitgehend einheitlich von den verschiedenen UNIX-Programmen interpretiert werden. So erlauben die Shell und einige andere Programme, die mit Dateinamen operieren (z.B. **find**), *reguläre Ausdrücke* in Dateinamen; die meisten Editoren und Suchprogramme erlauben *reguläre Ausdrücke* in Suchmustern.

4.4.1 Metazeichen in regulären Ausdrücken

Ein *regulärer Ausdruck* ist eine Folge von *normalen Zeichen* und *Metazeichen*. Ein normales Zeichen (z.B. der Buchstabe ›x‹) steht für das entsprechende ASCII-Zeichen selbst. Ein *Metazeichen* ist ein Zeichen, welches nicht das entsprechende Zeichen darstellt, sondern eine erweiterte Bedeutung besitzt. Das Fragezeichen **?** z.B steht in der Angabe von Dateinamen für ›*Ein beliebiges (auch nicht druckbares) einzelnes Zeichen*‹.

Ein *regulärer Ausdruck* ist ein Muster, mit dem die in Frage kommenden Objekte (z.B. die Namen aller Dateien im aktuellen Katalog oder der Text eines Zeilenbereiches bei einem Editorsuchkommando) verglichen werden. Paßt das Muster auf eines der untersuchten Objekte, so spricht man von einem *Treffer* (englisch: *match*). Häufig passen mehrere der untersuchten Objekte auf einen regulären Ausdruck. Bei dem Aufruf

    rm ?ab?

z.B. wird die Zeichensequenz *?ab?* von der Shell als Muster für Dateinamen betrachtet und wie folgt interpretiert:

*Setze statt des Parameters die Namen aller Dateien ein, die dem Muster ?ab? entsprechen. Dies sind alle Dateien, deren Namen vier Zeichen lang sind. Das erste Zeichen ist beliebig (erstes ›?‹). Das zweite Zeichen des Namens muß ein **a** und das dritte Zeichen ein **b** sein. Das vierte Zeichen darf wieder beliebig sein.‹*

Meint man in einem solchen Ausdruck das Zeichen selbst und nicht die Metabedeutung, so muß man das Metazeichen *maskieren*. Dies kann durch das Voranstellen des Fluchtzeichens \ erfolgen. Meint man das Fluchtzeichen selbst, so ist dies ebenfalls zu maskieren und muß dann als \\ angegeben werden. Bei der Shell kann ein ganzer Ausdruck durch eine "..." oder '...' Klammerung maskiert werden. Bei den Klammern "..." findet keine Expandierung von Dateinamen mehr statt, wohl aber noch die Ersetzung von Shell-Variablen durch ihren Wert oder die Auswertung von Kommandos in `...` Klammern. Bei der '...' Klammerung findet keinerlei Auswertung mehr durch die Shell statt.

Folgende Metazeichen stehen zur Bildung von Suchmustern zur Verfügung:

Tabelle 4.3: Metazeichen in Dateinamen und Suchmustern

Bedeutung	Metazeichen im Dateinamen	Metazeichen im Suchmuster
Beliebiges einzelnes Zeichen	?	. (Punkt)
Beliebige Zeichenkette (auch die leere)	*	.*
Beliebige Wiederholung des vorangestellten Zeichens (auch keine)	fehlt	*
Beliebige Wiederholung des vorangestellten Zeichens (mindestens 1)	fehlt	+[a]
0 oder 1 Wiederholung des vorangestellten Zeichens[b]	fehlt	?
Eines der Zeichen aus ...	[...]	[...]
Eines der Zeichen aus dem Bereich ...	[a-e]	[a-e]
Eines der Zeichen aus den Bereichen ...	[a-eh-x]	[a-eh-x]
Alle Zeichen außer ...	[! ...]	[^ ...]
Fluchtsymbol	\	\
Unterdrückung der Interpretation	'... '	
Unterdrückung der Dateinamen-Expansion	"... "	

a) Nur bei den Programmen **awk** und **egrep**

b) In einigen Programmen existiert auch die verallgemeinerte Form der Wiederholung mit dem Format \{*minimal,maximal*\}. Ist nur \{*n*\} angegeben, so ist damit ›*Genau n mal*‹ gemeint. Fehlt die Angabe *minimal*, so wird ›1‹ angenommen; fehlt *maximal*, so wird *beliebig oft* (∞ angenommen. ›*‹ ist damit äquivalent zu: \{0,\}, ›+‹ ist äquivalent zu \{1,\}, und ›?‹ ist äquivalent zu \{0,1\}.

Beim Suchen mit regulären Ausdrücken wird versucht, eine möglichst lange Zeichenkette als Treffer zu bilden. In der Zeile

Mutter und Vater ...

würde zum Beispiel die Zeichenkette ›ter und Vater‹ als Treffer auf das Suchmuster ›t.*r‹ eingesetzt werden und nicht das kürzere (auch passende) Textstück ›ter‹ aus ›Mutter‹. Bei Dateinamen werden alle passenden Namen verwendet.

Die Maskierungszeichen \, ", ' werden von der Shell entfernt, bevor der Parameter dem aufgerufenen Programm übergeben wird. Beim Aufruf

rm "*"

bekommt das **rm**-Kommando also nur die Zeichenkette ⌞*⌟ als Parameter übergeben. Bei **rm ab\?** wäre dies die Zeichenkette: ⌞a⌟⌞b⌟⌞?⌟ (jedes Kästchen ist ein Byte).

4.4 Reguläre Ausdrücke in Dateinamen und Suchmustern   149

→ Bei der Shell findet keine Expandierung der Dateinamen in der Umlenkungskomponente eines Kommandos statt! Die Anweisung ›ls > *‹ erzeugt demnach eine Datei mit dem Namen ›*‹.

Zum Suchen mit Zeichenketten in Texten gibt es einige Erweiterungen, die für Dateinamen nicht sinnvoll sind:

Tabelle 4.4: Zusätzliche Metazeichen im Suchmuster

Bedeutung	Metazeichen
Zeichenkette am Anfang der Zeile	^*muster*
Zeichenkette am Ende der Zeile	*muster*$
Zeile bestehend aus ...	^*muster*$
Zeichenkette am Anfang eines Wortes[a]	\<*muster*
Zeichenkette am Ende eines Wortes	*muster*\>
Alternative: *muster_1* oder *muster_2*	*muster_1* | *muster_2*

a) Ein Wort ist eine Folge von Buchstaben und Ziffern ohne Leerzeichen, Tabulatorzeichen oder Sonderzeichen wie . , _ usw. darin.

Bei den Editoren (mit Ausnahme des **sed**, bei dem ›\n‹ im Suchtext ›neue Zeile‹ bedeutet) sowie bei den **grep**-Programmen ist das Zeilenende eine Grenze beim Mustervergleich. Es ist dabei nicht möglich, nach einem Muster zu suchen, welches sich über eine Zeilengrenze erstreckt! Das <neue Zeile>-Zeichen kann also auch nicht mit ›.‹ oder ›*‹ gefunden werden!

Beispiele für reguläre Ausdrücke in Dateinamen

rm ?	löscht alle Dateien des aktuellen Katalogs, deren Namen genau ein Zeichen lang sind.
ls /usr/gast/.*	erstellt ein Inhaltsverzeichnis aller Dateien des Katalogs */usr/gast*, deren Namen mit einem Punkt beginnen.
cat *out*	gibt den Inhalt aller Dateien des aktuellen Katalogs auf die Dialogstation aus, in deren Namen *out* vorkommt. Dateien, deren Namen mit einem Punkt beginnen, werden nicht mit in den Vergleich einbezogen!
rm mod.?	löscht alle Dateien, deren Namen mit *mod.* beginnen und 5 Zeichen lang sind.
rm \?\?\?	Löscht die Datei mit dem Namen ›???‹.
rm '???'	ist in der Wirkung äquivalent zu ›rm \?\?\?‹
ls *	wird von der Shell zu ›ls alt a1 neu‹ expandiert, wenn nur die Dateien *alt*, *a1* und *neu* im aktuellen Katalog existieren.

cp [a-m]* l	kopiert alle Dateien des aktuellen Katalogs, deren Namen mit *a*, *b*, ... bis *m* beginnen, unter dem gleichen Namen in den Katalog *l*.
find . –name '*.c' –print	ruft das **find**-Kommando auf. Durch '...' wird hier die Zeichenkette ›*.c‹ vor der Shell-Interpretation geschützt und unverändert, jedoch ohne die Zeichen '...' als Parameter an das **find**-Kommando weitergereicht. **find** selbst interpretiert nun ›*‹ als Metazeichen und ist damit eine Ausnahme unter den UNIX-Kommandos.

Beispiele für reguläre Ausdrücke in Textmustern

Textmuster müssen in der Regel begrenzt werden. In diesen Beispielen geschieht dies durch die in den Editoren üblichen Zeichen ›/‹. Bei den **grep**-Programmen werden sie in der Regel mit " ... " geklammert.

/abc/	meint die Zeichenfolge *abc* ohne eine weitere Einschränkung oder Erweiterung.
/^Auf /	Hier wird nach dem Wort *Auf* gesucht, welches am Anfang einer Zeile (›^‹) steht. Eine Zeile, die nur aus dem Wort *Auf* ohne nachfolgendes Leerzeichen besteht, gilt hierbei nicht als Treffer. Das bessere Suchmuster wäre hier: **/^Auf\>/**
/^Ende$/	Hierbei wird das Wort *Ende* gesucht, welches am Anfang einer Zeile beginnt und an deren Ende abschließt.
/^$/	steht für eine leere Zeile.
/[aA]nfang/	sucht nach der Zeichenkette *anfang* oder *Anfang*.
/[0-9][0-9]*/	meint eine beliebig lange Ziffernfolge.
/\\/	meint das Zeichen ›\‹.
/\//	meint das Zeichen ›/‹. Da es hier Begrenzerfunktion hat, muß es durch \ maskiert werden.
/a\.b*/	steht für die Zeichenkette *a.b**.
/a.b*/	sucht nach einer Zeichenkette, welche mit *a* beginnt. Diesem darf sich ein beliebiges weiteres Zeichen anschließen, dem können 0 (d.h keines) oder mehr *b*-Zeichen folgen. Wird mindestens ein weiteres *b* verlangt, so muß das Muster *a.bb** lauten!
/a?$/	sucht nach der Zeichenkette *a?* am Ende einer Zeile. Das Fragezeichen hat hier, im Gegensatz zur Shellinterpretation keine Sonderfunktion.
/\<ein/	sucht nach der Zeichenfolge ›ei‹ am Anfang eines Wortes.

/\<ein\>/   meint *ein* als Wort. Das Suchmuster ›/ ein /‹ würde das Wort *ein* am Anfang einer Zeile oder an deren Ende nicht finden! Da ein *Wort* eine Folge von Buchstaben und Ziffern ist, trifft das obige Muster auch auf eine Zeichenkette wie *ein&* zu.

Bei den Operationen *Suchen-und-Ersetzen* der Editoren **ed, vi, ex** oder **emacs** unterscheidet sich die Interpretation von Zeichen als Metazeichen im Suchmuster von der im Ersetzungsteil. Die Syntax des *Suchen-und-Ersetzen*-Befehls des **ed** sieht z.B. wie folgt aus:

{*bereich*}s/*suchmuster*/*ersetzungsmuster*/

Im Suchmuster haben die oben genannten Metazeichen die angegebene Bedeutung. Hinzu kommt noch die *Metaklammer* \(...\). Sie klammert im Suchmuster einen Teilausdruck. Den *n*-ten Teilausdruck des Suchmusters, bzw. das darauf passende gefundene Teilmuster, kann man im Ersetzungsteil durch ›\n‹ mit $n = 1, \ldots$ angeben, wie die nachfolgenden Beispiele demonstrieren:

s/\(UNIX\)-Version/\1/

→ ersetzt (z.B. in **ed**) *UNIX-Version* durch *UNIX*. ›Version‹ im Text alleinstehend bleibt hierbei unverändert.

s/\([Ee]\)nviroment/\1nvironment/

→ ersetzt *enviroment* durch *environment* und *Enviroment* durch *Environment*.

s/\([A-Z]\)\.\([0-9]\)/\2.\1/

→ ersetzt z.B. ›B.3‹ durch ›3.B‹. Während hier der Punkt im Suchteil noch durch \ maskiert sein muß, um nicht als ›Jedes beliebiges einzelne Zeichen‹ interpretiert zu werden, hat er im Ersetzungsteil keine Metazeichen-Bedeutung mehr.

Im Ersetzungsteil haben nur die in Tabelle 4.5 aufgeführten Zeichenfolgen eine erweiterte Bedeutung. Alle anderen Zeichen (z.B. ›*‹, ›.‹, ›[‹) stehen im Ersetzungsteil für das entsprechende Zeichen selbst.

Tabelle 4.5: Metazeichen im Ersetzungsteil

Bedeutung im Ersetzungsteil	Metazeichen
Der *n*-te gefundene Teilausdruck	*n*
Die zuletzt verwendete Ersetzungszeichenkette	~
Die gesamte gefundene Zeichenkette	&

Die nachfolgenden Zeilen zeigen weitere Beispiele für Such- und Ersetzungsmuster am Substitutionskommando z. B. von **vi** oder **ex**.

s/[0-9][0-9]*/&./ → setzt z.B. in **vi** hinter eine Ziffernfolge einen Punkt.

**s/[#$]/&&/** → ersetzt ›#‹ durch ›##‹ und ›$‹ durch ›$$‹.

s/und/\&/ → ersetzt ›und‹ durch das Zeichen ›&‹.

s/\(MUNIX\)-\(System\)/\2 \1/
→ ersetzt ›*MUNIX-System*‹ durch ›*System MUNIX*‹.

s/Maurel/Maurer/
s/Hans Maurel/Hans ~/ → ersetzt zunächst ›*Maurel*‹ durch ›*Maurer*‹ und danach ›*Hans Maurel*‹ durch ›*Hans Maurer*‹ (z.B. in **ex** oder **vi**).

1,$s/Tilde/\~/g → ersetzt im ganzen Text alle *Tilde*‹ durch ›~‹. Hier muß im Ersetzungsteil die Tilde durch ›\‹ maskiert werden.

1,$s/Tilde/& (\~)/g → ersetzt im ganzen Text alle ›*Tilde*‹ durch ›*Tilde* (~)‹.

4.4.2 Tabelle der regulären Ausdrücke in UNIX

Leider kennen nicht alle Programme, die entsprechende Suchfunktionen benutzen, alle oben angeführten Metazeichen. Die nachfolgende Tabelle versucht deshalb, eine Übersicht der einzelnen Möglichkeiten zu geben. Es sei jedoch ausdrücklich darauf hingewiesen, daß sich dies von UNIX-System zu UNIX-System und teilweise auch von Shell zu Shell unterscheiden kann!

Tabelle 4.6: Die Verarbeitung von Metazeichen der wichtigsten UNIX-Kommandos

Metabedeutung	Dateiname	sed, grep	awk, egrep	ed	ex, vi
beliebiges Zeichen	?	.	.	.	.
belieb. Zeichenkette (auch leere)	*	.*	.*	.*	.*
bel. Wiederholung (auch keine)	fehlt	*	*	*	*
bel. Wiederholung (mindestens 1)	fehlt	fehlt	+	\{1\}	fehlt
keine oder eine Wiederholung	fehlt	fehlt	?	\{0,1\}	fehlt
n-malige Wiederhol.	fehlt	fehlt		\{n\}	fehlt
n- bis m-malige Wiederholungen	fehlt	fehlt		\{n,m\}	fehlt
Zeichen aus ...	[...]	[...]	[...]	[...]	[...]
kein Zeichen aus ...	[!...]	[^...]	[^...]	[^...]	[^...]
am Zeilenanfang		^*muster*	^*muster*	^*muster*	^*muster*
am Zeilenende		*muster*$	*muster*$	*muster*$	*muster*$
am Wortanfang	*xyz**				\<*muster*
am Wortende	**xyz*				*muster*\>
a1 oder *a2*	fehlt		*a1*|*a2*	*a1*|*a2*	fehlt
Funktion im Ersetzungsmuster					
n-ter Teilausdruck		\n[1]	\n[1]	\n	\n
gefundene Zeichenkette		&[1]	&[1]	&	&
vorhergehende Ersetzung				~	

›*a1* oder *a2*‹ bedeutet ›*Entweder ein Text, der auf den (regulären) Ausdruck a1 paßt oder einer, der auf den Ausdruck a2 paßt*‹.
1. Nicht bei **grep** und **egrep**.

Shell-spezifische Metazeichen

Die C- und Korn-Shell (sowie einige weitere hier nicht aufgeführte Shells) kennen noch zwei weitere Metazeichen in Dateinamen:

~ steht für den Namen des **login**-Katalogs des Benutzers (Aufrufers). In der Form ›**~name**‹ wird der **login**-Katalog des angegebenen Benutzers eingesetzt.

{x,y,...} Hierdurch werden mehrere Namen generiert – für jede durch Kommata getrennte Zeichenkette einen.
z.B. ›man.{1,10}‹ → ›*man.1, man.10*‹.

5 Kommandos des UNIX-Systems

Die nachfolgende Liste zeigt die wichtigsten Kommandos aus UNIX V.4 mit Ausnahme der Spielprogramme und einiger herstellerspezifischer Administrations- und Installationsprogramme. Viele auf dem Markt angebotenen Systeme enthalten darüber hinaus noch eigene Erweiterungen und Abwandlungen einzelner Kommandos. Die Kommandos aus dem Berkeley-UNIX-System sind weitgehend in den Standard eingeflossen.

Die verwendeten Markierungen (*V.4*), (*B*), (*KP*), und (*x.y*) sind in Abschnitt 3.1 beschrieben. Ein hochgestelltes ›^{s}‹ in der folgenden Liste weist darauf hin, daß das Kommando entweder nur mit Privilegien des Super-Users ausgeführt werden kann oder dem Systembetreuer bzw. sehr erfahrenen Benutzern vorbehalten sein sollte.

Dieses Kapitel bringt im Überblick:

- Die zwanzig wichtigsten Kommandos
- Dateiorientierte Kommandos
- Sitzungsorientierte Kommandos
- Kommandos aus dem Umfeld Programmentwicklung
- Textverarbeitung
- Kommandos aus dem Umfeld Systemadministration

5.1 Die zwanzig wichtigsten Kommandos

Vor dem Versuch der Auflistung und Zusammenstellung der Vielfalt aller UNIX-Kommandos, von denen einige auch dem geübten Anwender nur selten begegnen, soll der noch etwas gewagtere Versuch unternommen werden, eine Hitliste der im Alltag des normalen Anwenders wichtigsten Kommandos zusammenzustellen. Damit soll für den Neuling ein wenig Licht in das Dickicht an Kommandos gebracht werden und auch gezeigt werden: So viele sind es nun auch nicht.

cd	ändert den aktuellen Arbeitskatalog.
ls	liefert ein Inhaltsverzeichnis eines Dateikatalogs.
cat	Ausgeben von Dateien
more	gibt Text seitenweise auf dem Bildschirm aus.
mkdir	legt einen neuen Dateikatalog an.
pwd	liefert den Namen des aktuellen Arbeitskatalogs.
rm	löscht eine Datei (Referenz) aus dem Katalog.
cp	kopiert Dateien.
mv	ändert den Namen einer Datei.
ln	gibt einer Datei einen weiteren Namen (Namensreferenz).
tar	sichert Dateibäume und erlaubt das selektive Wiedereinlesen.
cpio	sichert Dateibäume und erlaubt das selektive Wiedereinlesen.
chmod	erlaubt die Zugriffsrechte (Mode) einer Datei zu ändern.
exit	beendet eine Kommandoprozedur oder die Shell.
set	zeigt bei der Bourne-Shell die aktuell definierte Umgebung an.
man	gibt Einträge des UNIX-Manuals aus.
vi	bildschirmorientierter Editor
lp	Ausgabe auf den Drucker mittels des **lp**-Print-Spoolers
lpstat	zeigt den Status der mit **lp** erteilten Ausgabeaufträge und/oder des **lp**-Print-Spooler-Systems an.
cancel	erlaubt mit **lp** abgesetzte Druckaufträge zu stornieren.

Je nach Aufgabenbereich wird man in dieser Hitliste das eine oder andere häufige Kommando vermissen; für die alltägliche Arbeit am System kommt man damit jedoch schon ziemlich weit.

5.2 Kommandoübersicht nach Sachgebieten

Die hier vorgenommene Unterteilung der UNIX-Kommandos ist subjektiv. Einige der Kommandos können selbstverständlich auch anderen als den hier angegebenen Gruppen zugeordnet werden. Ebenso subjektiv ist die Aufnahme der über die Standard-USL-Version hinausgehenden UNIX-Erweiterungen in diese Liste. Die hier getroffene Selektion entspricht der Erfahrung der Autoren.

5.2.1 Dateiorientierte Kommandos

Kommandos zur Dateiausgabe

cat	Ausgabe oder Konkatenation von Dateien
compress	komprimiert Dateien.
csplit	zerteilt eine Datei kontextabhängig in mehrere einzelne Dateien.
dos2unix	Textdateien aus DOS für UNIX-Konventionen konvertieren
expand	expandiert Tabulatorzeichen der Standardeingabe.
head	Ausgabe der ersten *n* Zeilen einer Datei
lp	Ausgabe auf den Drucker mittels des **lp**-Print-Spoolers
lpr	Ausgabe auf den Drucker mittels des **lpr**-Print-Spoolers (*B*)
more	gibt Text seitenweise auf dem Bildschirm aus.
od	erstellt einen (oktalen) Abzug einer Datei.
pack	komprimiert Dateien.
pcat	gibt mit **pack** komprimierte Dateien dekomprimiert aus.
pg	gibt Text seitenweise auf dem Bildschirm aus.
pr	Einteilen der Ausgabe nach Druckseiten mit Kopfzeile
split	Aufteilen einer Datei in mehrere einzelne Dateien
tail	Ausgabe der letzten Zeilen einer Datei
uncompress	dekomprimiert mit **compress** komprimierte Dateien.
unexpand	komprimiert mehrere Leerzeichen zu Tabulatorzeichen.
unix2dos	Textdateien aus UNIX für DOS-Konventionen konvertieren
unpack	dekomprimiert mit **pack** komprimierte Dateien.
xd	Ausgabe eines hexadezimalen Dumps einer Datei (*B*)
zcat	gibt mit **compress** komprimierte Dateien dekomprimiert aus.

Katalog- und Dateisystem-orientierte Kommandos

df	gibt die Anzahl von freien Blöcken eines Dateiträgers aus.
du	gibt die Anzahl der durch einen Dateibaum belegten Blöcke aus.
file	versucht eine Klassifizierung (Art des Dateiinhalts) von Dateien.
find	sucht nach Dateien mit vorgegebenen Charakteristika.
fusage	Informationen zur Auslastung der Festplatten
lpstat	zeigt den Status der mit **lp** erteilten Ausgabeaufträge und/oder des **lp**-Print-Spooler-Systems an.
labelit[S]	trägt einen *volume name* und *volume label* auf einem Datenträger ein; wird von **volcopy** verwendet.
ls	liefert ein Inhaltsverzeichnis eines Dateikatalogs.
mkdir	legt einen neuen Dateikatalog an.
mkfs[S]	legt eine neue Dateisystem-Struktur auf einem Datenträger an.
mknod[S]	schafft einen neuen Geräteeintrag oder legt eine FIFO-Datei an.
mount[S]	hängt ein Dateisystem in den Systembaum ein oder gibt alle montierten Dateisysteme aus.
mvdir	Umsetzen eines kompletten Dateibaumes
quot	liefert eine Aufstellung über die Dateibelegung nach Benutzern sortiert.
rm	löscht eine Datei (Referenz) aus dem Katalog.
rmdir	löscht einen Dateikatalog.
umount[S]	demontiert ein Dateisystem.

Sichern und Zurückladen von Dateien

backup[S]	Eine Gruppe von logisch zusammengehörigen Kommandos zum Sichern von Dateien und Dateisystemen (*V.4*). Hierzu gehören:

	backup	eigentliches Sicherungsprogramm
	bkexcept	Anzeige und Ändern der Ausnahmeliste für **backup**
	bkhistory	zeigt die Stati der durchgeführten **backup**-Läufe.
	bkoper	Operator-Anweisungen für den **backup**-Lauf
	bkreg	Anzeige und Neusetzen der **backup**-Vorschriften
	bkstatus	zeigt den Status der **backup**-Operationen an.

cp	kopiert Dateien.
cpio	sichert Dateibäume und erlaubt das selektive Wiedereinlesen.

5.2 Kommandoübersicht nach Sachgebieten

crypt	Kodieren und Dekodieren von Dateien
format	Formatieren einer Diskette
fdformat	Formatieren einer Diskette
labelit[s]	erlaubt nicht montierte Platten und Bänder mit einem *volume name* und einem *volume label* zu versehen. (**/etc/labelit**)
dd	kopiert Dateien, wobei das Format umgesetzt werden kann.
dump	gibt Ausschnitte aus einer Objektdatei aus.
mt[s]	erlaubt Magnetbandoperationen.
tar	sichert Dateibäume und erlaubt das selektive Wiedereinlesen.
volcopy[s]	kopiert ganze Magnetplatten und liest diese zurück.

Modifikation von Dateiattributen

chgrp	ändert die Gruppennummer einer Datei.
chmod	erlaubt die Zugriffsrechte (Mode) einer Datei zu ändern.
chown	ändert den Besitzereintrag einer Datei.
ln	gibt einer Datei einen weiteren Namen (Namensreferenz).
mv	ändert den Namen einer Datei.
touch	ändert das Datum der letzten Dateiänderung.
umask	setzt eine Maske, die beim Anlegen einer neuen Datei die Standardzugriffsrechte festlegt.

Drucker und Print-Spooler

accept[s]	setzt die Auftragswarteschlange für einen Drucker oder eine Drukkerklasse auf empfangsbereit.
cancel	erlaubt mit **lp** abgesetzte Druckaufträge zu stornieren.
disable[s]	deaktiviert einen Drucker.
download[s]	Laden von Schriften in einen PostScript-Drucker (*V.4*)
dpost	konvertiert troff-Ausgabe in PostScript-Format. (*V.4*)
enable[s]	aktiviert einen Drucker für weitere Ausgabe.

lp	Ausgabe auf den Drucker mittels des **lp**-Print-Spoolers
lpadmin[S]	Verwaltungsprogramm für das **lp**-Print-Spooler-System
lpmove	hängt die Aufträge eines Druckers oder einer Druckerklasse in die Warteschlange eines anderen Druckers oder einer anderen Druckerklasse um.
lpr	Ausgabe auf den Drucker nach dem Berkeley-Print-Spooler (*B*)
lpsched[S]	Dies ist der eigentliche Spooler des **lp**-Systems.
lpshut[S]	fährt das **lp**-Print-Spooler-System kontrolliert herunter.
lpstat	zeigt den Status der mit **lp** erteilten Ausgabeaufträge und/oder des **lp**-Print-Spooler-Systems an.
postprint	Übersetzen von Textdateien in das PostScript-Format
reject[S]	sperrt die Auftragswarteschlange für einen Drucker oder eine Druckerklasse für weitere Aufträge.

Konsistenzprüfung von Dateisystemen

clri[S]	Löschen eines Dateiknotens (*clear i-node*)
dcopy[S]	kopiert ein Dateisystem, so daß Blöcke einer Datei kontinuierlich hintereinander geschrieben werden.
fsck[S]	Konsistenzprüfung des Dateisystems
fsdb[S]	erlaubt die interaktive Behebung von Fehlern im Dateisystem.
ncheck[S]	listet Dateinamen und zugehörige Index-Nummern.
sum	errechnet Prüfsumme der Dateiblöcke.
sync	schreibt alle gepufferten Blöcke auf die jeweiligen Datenträger.

5.2.2 Sitzungsorientierte Kommandos

An- und Abmelden

exit	beendet eine Shell oder Kommandoprozedur.
login	Anmelden als anderer Benutzer
logout	meldet bei der **csh** einen Benutzer ab.
newgrp	Ändern der Gruppennummer
passwd	Ändern oder Eintragen des Paßwortes
su[S]	temporäres Ändern der Benutzer-Identität in einer Sitzung

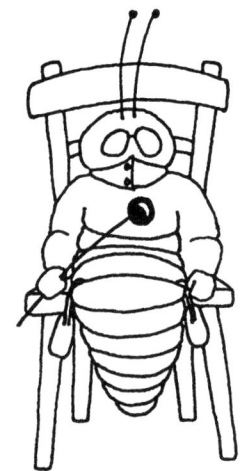

Information und Anpassung

alias	erlaubt in **csh** und **ksh** eine Abkürzung für ein Kommando.
banner	Worte in Plakatschrift ausgeben
cal	gibt den Kalender des angegebenen Jahres aus.
calendar	stellt die Funktionen eines Terminkalenders zur Verfügung.
cd	ändert den aktuellen Arbeitskatalog.
clear	Bildschirminhalt leeren
date	liefert oder setzt das aktuelle Datum und die Uhrzeit.
env	Ausgeben oder Setzen von Shellvariablen
finger	liefert Information über gerade aktive Benutzer. (∗B∗)
history	zeigt bei **csh** und **ksh** die zuletzt aufgerufenen Kommandos an.
id	gibt den Benutzernamen und Gruppennamen sowie die entsprechenden Nummern zurück.
last	listet An- und Abmeldungen am System.
lastcomm	Zeigt die letzten Kommandos an. (∗B∗)
listusers	zugelassene Systembenutzer auflisten
logins[S]	Benutzer-Logins und Systeminformationen ausgeben
logname	gibt den aktuellen Benutzernamen aus.
printenv	gibt die aktuellen Umgebungsparameter aus. (∗B∗)
pwd	liefert den Namen des aktuellen Arbeitskatalogs.
reset	setzt Dialogstation in Initialzustand. (∗B∗)
resize	paßt die Bildschirmdefinitionen nach einer Änderung der aktuellen Fenstergröße an.
script	protokolliert Ein- und Ausgabe der Dialogstation.
set	zeigt bei der Bourne-Shell die aktuell definierte Umgebung an oder setzt neue Optionen.
stty	liefert die aktuell gesetzten Charakteristika der Dialogstation zurück oder setzt diese neu.
tabs	setzt die Tabulatorfunktion für die Dialogstation.
tput	erlaubt Steuerfunktionen (z.B. das Löschen des Bildschirms) der Dialogstation von der Shell aus. Das Kommando verwendet Informationen aus der **terminfo**-Beschreibung.
tset	erlaubt das Setzen von Parametern der Dialogstation.

tty	liefert den Gerätenamen der Dialogstation.
users	Namen angemeldeter Benutzer in Kurzform ausgeben
w	zeigt an, welche Benutzer angemeldet sind und welche Prozesse sie ausführen.
who	zeigt die aktiven Benutzer an.
whodo	zeigt an, welche Benutzer mit welchen Prozessen am System aktiv sind.

Graphische Oberfläche

startx	Aufrufen der X-Window-Oberfläche
X	X-Server: Steuerprogramm des graphischen Bildschirms
xclock	Uhr (analog oder digital) am graphischen Bildschirm
xdm	graphisch-orientierte Abwicklung der Anmeldung am System
xedit	einfacher fensterorientierter Editor für Textdateien
xeyes	X-Window-Demoprogramm (Augen folgen dem Mauszeiger)
xinit	Starten des X-Servers
xloadimage	Anzeigen von Bildern, auch am Fensterhintergrund
xman	Manualeinträge im Fenster anzeigen
xrdb	Verwaltung der Definitions-Datenbank (X-Ressourcen)
xset	Ausgeben aktueller Definitionen der graphischen Oberflächen
xterm	Emulation eines zeichenorientierten Bildschirms in einem Fenster an der graphischen Oberfläche
xwd	Erzeugen eines Bildschirmabzugs
xwud	Anzeigen oder Drucken eines mit xwd erzeugten Bildschirmabzugs

Allgemeine UNIX-Information

arch	gibt Typ der Rechnerarchitektur aus.
apropos	zeigt an, welcher Manualabschnitt Angaben zu einem vorgegebenen Begriff enthält. (*B*)
man	gibt Einträge des UNIX-Manuals aus.
type	zeigt Pfad zu einem Programm an.
uname	gibt den Namen des Systems, die Version und die Release-Nummer aus.

5.2 Kommandoübersicht nach Sachgebieten

whatis   liefert Kurzbeschreibung eines Kommandos.

whereis   liefert Pfadnamen zu Programmdatei(en), Manualdateien und ggf. Quelldatei eines Kommandos. (*B*)

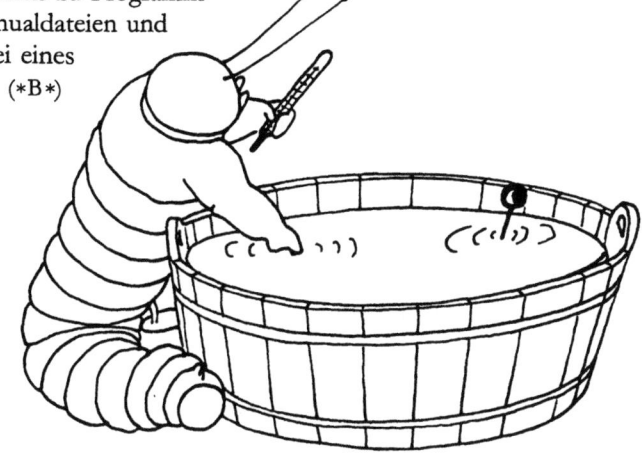

Rechnerkoppelung (UNIX-UNIX-Koppelung)

ct^S Aktivierung einer über Modem angeschlossenen Dialogstation

cu   Aufruf eines fremden UNIX-Systems

uuclean^S säubert den **uucp**-*Spool*-Katalog von alten Einträgen.

uucp   erlaubt Dateitransfer zu anderen UNIX-Systemen.

uulog   Programmausführung auf anderem UNIX-System

uupick   Hiermit werden Dateien, welche von einem anderen UNIX-System durch **uucp** an den eigenen Rechner geschickt wurden, akzeptiert oder weggeworfen.

uustat   gibt den Status von **uucp**-Aufträgen aus und erlaubt, solche Aufträge zu stornieren.

uuto   schickt Quelldateien zu anderen Zielrechnern.

uux   führt ein Kommando auf einem anderen Rechner aus.

Kommandos in vernetztem Betrieb (TCP/IP-Netz)

ftp	Datei-Übertragung vom und zum entfernten Rechner mit Anmeldung am anderen System
hostname	liefert den Rechnernamen zurück.
ifconfig[s]	Netzwerkzugang konfigurieren
netstat	Statusinformation über das Netzwerk ausgeben
ping	Verbindungstest mit anderem Rechner
telnet	Anmelden auf einem entfernten Rechner
rlogin	Anmelden auf einem entfernten Rechner
rcp	Dateien kopieren über Rechnergrenzen
rsh	Programme auf entferntem Rechner ausführen
ypcat	Informationen über netzwerkweit identische Daten ausgeben
ypmatch	Eintrag in netzwerkweiter Datenbasis prüfen

Empfangen und Senden von Nachrichten

biff	meldet, wenn neue Mail eingeht.
from	Auskunft über die Herkunft von *mail* (*B*)
mail	Senden und Empfangen von Nachrichten
mailx	stark erweiterte **mail**-Funktion
mesg	Zulassen oder Unterdrücken von Nachrichten
news	Ausgeben von Dateien im Verzeichnis /var/news
rmail[s]	eingeschränkte Form von **mail** zum Verschicken von Post
sendmail[s]	Verteilung und Zuordnung von Mail
vacation	Anrufbeantworter für Mails
wall[s]	Rundschreiben an alle aktiven Bildschirme
write	direkter Bildschirm-Dialog mit einem anderen Benutzer

5.2.3 Kommandos im Bereich Programmentwicklung

Programmausführung

at	Starten eines Programms zu einem vorgegebenen Zeitpunkt
basename	Extraktion eines Dateinamens aus Pfadangabe
batch	Starten eines Programms als Batch-Prozeß
crontab	trägt neue Einträge in den **cron**-Auftragskatalog ein, löscht solche Aufträge oder zeigt die Aufträge des Benutzers an. **cron**-Aufträge sind solche, die immer wieder zu vorgegebener Zeit oder in bestimmten Intervallen wiederholt werden sollen.
csh	starten die **csh** oder eine **csh**-Kommandoprozedur.
dirname	Extraktion von dem Katalognamen aus einer Dateiangabe
echo	Ausgabe von Text
expr	Auswertung eines numerischen Ausdrucks
false	liefert einen Wert ungleich Null.
getopt	zerlegt in einer Kommandoprozedur die Eingabezeile nach Optionen.
getopts	zerlegt in einer Kommandoprozedur die Eingabezeile nach Optionen. Dies ist die Nachfolgeversion von **getopt**.
kill	Abbrechen eines im Hintergrund laufenden Kommandos
killall[s]	Abbruch aller aktiven Prozesse eines Benutzers
line	Einlesen einer Zeile aus einer Kommandoprozedur heraus
nice	Starten eines Programms unter Angabe der Priorität
nohup	Starten eines Programms als Hintergrundprozeß, wobei dieses nicht durch das <hangup>-Signal terminiert wird
printf	formatierte Textausgabe
read	Einlesen von der Dialogstation in einer Kommandoprozedur
rsh	Starten der Shell in einem eingeschränkten (**restricted**) Modus
sleep	Suspendierung um eine vorgegebene Zeitspanne
sh	Starten einer neuen Bourne-Shell
tee	Duplizierung einer Ausgabe
test	überprüft vorgegebene Bedingungen in Shell-Prozeduren.
time	Starten eines Programms und Messen der Ausführungszeit

timex	startet ein Kommando und mißt dessen Ressourcenverbrauch.
wait	Warten auf die Beendigung von Hintergrundprozessen
xargs	Zusammenstellen einer Liste von Argumenten für ein anderes Programm und Ausführen dieses Programms
xdb	interaktive symbolische Testhilfe

Programmerstellung und Programmtest

adb	interaktive Testhilfe
ar	Bibliotheksverwalter
cflow	erstellt einen Referenzgraphen zu C-Programmen.
cscope	Programm zur interaktiven Suche nach Anweisungen und Variablen in einem C-Programm. (*V.4*)
ctrace	erstellt einen Aufrufgraphen für C-Programme.
cxref	erstellt eine Kreuzverweistabelle für C-Programme.
error	liefert zu Fehlermeldungen der Übersetzer mehr Information.
hd	Erstellung eines hexadezimalen Abzugs einer Datei
ld	startet den Binder.
lint	überprüft die Syntax eines C-Programms auf Inkonsistenzen und nicht-portable Konstruktionen.
make	erlaubt die automatische Neugenerierung eines Programms aus mehreren Modulen.
nm	gibt die Namensliste eines Programms aus.
od	Erstellung eines oktalen Abzugs einer Datei
SCCS	Paket von Programmen zur Verwaltung von Quellprogrammen
sdb	interaktive symbolische Testhilfe
size	gibt die Größe der Programmsegmente aus.
strings	sucht in binären Programmen nach Zeichenketten.
strip	entfernt die Namensliste aus einem Programm.
truss	Systemaufrufe eines Programms protokollieren
what	gibt an, welche Versionen von Modulen zur Erstellung eines Programms verwendet wurden. Ist Teil des SCCS-Pakets.

Informationen zur Programmausführung

prof	wertet die Monitor-Datei aus und erstellt daraus ein Laufzeitprofil des Programms.
ps	liefert Information über aktive Programme zurück.
time	Messen der Ausführungszeit eines Programms
timex	erweiterte Form des **time**-Kommandos

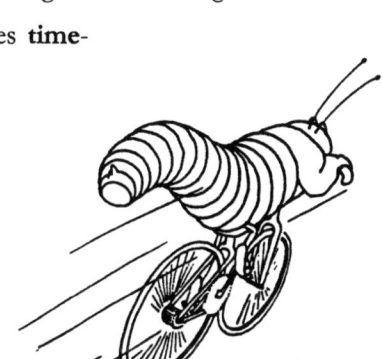

Sprachen und Compiler

as	Assembler
bc	C-ähnliches Interface zu **dc**
cb	bereitet ein C-Quellprogramm durch Einrückung optisch auf.
cc	C-Übersetzer
CC	C++-Übersetzer
dc	interaktiver Tischrechner
f77	FORTRAN-77-Übersetzer
lex	ermöglicht Erstellung eines Symbolentschlüsslers.
m4	universeller Makroprozessor
yacc	erstellt mit Hilfe einer LR(1)-Grammatik einen Zerteiler.

5.2.4 Textverarbeitungsprogramme

Editoren

ctags	erstellt eine *tag*-Datei aus Quellprogrammdateien für **ex, vi**. (*B*)
ed	Zeilen-Editor für druckende Dialogstationen
edit	einfacher Editor (Untermenge von **ex**) (*B*)
ex	interaktiver Zeilen-Editor mit Erweiterungen gegenüber dem **ed**

red	Aufruf des Editors **ed** in einem eingeschränkten (*restricted*) Modus
sed	Batch-orientierter Editor
vi	bildschirmorientierter Editor (∗B∗)
view	Aufrufform des **vi**, bei dem der Text nicht geändert werden kann
vedit	ruft den **vi** in einer vereinfachten, für den Einsteiger besser erlernbaren Konfiguration auf.

Suchen, Sortieren und Vergleichen

bdiff	Variante des **diff** für sehr große Dateien
bfs	Werkzeug ähnlich **ed** zur Analyse sehr großer Dateien, nur für lesenden Zugriff auf Dateien
cmp	Vergleicht zwei Dateien.
comm	sucht in zwei Dateien gemeinsame Zeilen.
crypt	kodiert und dekodiert Textdateien.
diff	ermittelt die Unterschiede von zwei Dateien.
diff3	vergleicht drei Dateien.
dircmp	vergleicht zwei Kataloge und gibt die Unterschiede aus.
egrep	sucht nach Textmustern (erweitert zu **grep**) in Dateien.
fgrep	sucht Textmuster (Zeichenketten) in Dateien.
grep	sucht Textmuster (reguläre Ausdrücke) in Dateien.
egrep	sucht Textmuster (erweiterte reguläre Ausdrücke) in Dateien.
join	mischt Einträge mit gleichen Schlüsseln aus zwei Dateien.
look	sucht nach Worten in einem Wörterbuch.
sdiff	ermittelt die Unterschiede von zwei Dateien und gibt sie nebeneinander (Seite an Seite) aus.
sort	sortiert und mischt Textdateien.
spell	sucht Rechtschreibfehler in Textdateien.
tsort	sortiert Textdateien topologisch.
uniq	löscht hintereinanderliegende identische Zeilen einer Datei.
wc	zählt in einer Datei Buchstaben, Worte und Zeilen.

Formatierung und Texttransformationen

addbib	erlaubt das Anlegen oder Erweitern einer bibliographischen Datenbank (Datenbank mit Literaturhinweisen).
awk	Programmiersprache und Reportgenerator zur Bearbeitung von Textdateien
nawk	neuere Version (ab *V.3*) des awk
oawk	ursprüngliche, ältere Version des awk
col	bereitet Dateien mit negativem Zeilenvorschub für eine Ausgabe auf Druckern auf, welche dies nicht können.
checkeq	überprüft Dateien mit **eqn**-Makros auf syntaktische Fehler.
checknr	überprüft Dateien mit **nroff**- oder **troff**-Makros auf syntaktische Fehler.
cut	schneidet aus der Eingabe vorgebbare Spaltenbereiche oder Felder aus.
deroff	entfernt aus einer Datei **troff**-Anweisungen.
eqn	Präprozessor und Makros zum Setzen mathematischer Formeln für **nroff** und **troff**
neqn	wie **eqn**, aber für **nroff**
newform	ändert das Format einer Da-tei entsprechend den Angaben der Aufrufparameter.
nl	versieht die Zeilen der Eingabe mit Zeilennummern.
nroff	formatiert Texte zur Ausgabe auf Drucker.
paste	fügt die Felder oder Spaltenbereiche mehrerer Dateien in der Ausgabe zusammen.
pic	Präprozessor und Makros zum Zeichnen von Bildern aus graphischen Grundelementen für **troff**
refer	sucht und setzt Literaturverweise in Dokumentdateien ein.
tbl	Präprozessor und Makros für Tabellenaufbereitung für **nroff** oder **troff**
tr	Zeichenkonvertierung
troff	formatiert Texte zur Ausgabe auf eine Fotosetzmaschine.

5.2.5 Systemadministration

accept[S]	setzt die Auftragswarteschlange für einen Drucker oder eine Druckerklasse auf empfangsbereit.
automount[S]	bedarfsorientiertes automatisches Hinzufügen von Netzlaufwerken
adduser[S]	Hinzufügen eines neuen Benutzers
useradd[S]	Hinzufügen eines neuen Benutzers
backup[S]	Satz von Programm zur Organisation von Dateisicherungen (*V.3*)
clri[S]	Löschen eines Dateiknotens
crash[S]	Bei einem Systemabsturz kann ein *System Dump* erzeugt werden. crash erlaubt die Analyse eines solchen *Dumps*.
dcopy[S]	kopiert ein Dateisystem auf eine andere Platte, wobei das neue Dateisystem in einer optimierten Anordnung (z.B. unfragmentierte Dateien) angelegt wird. (*V.2*)
deluser[S]	Benutzer mit Dateien aus dem System löschen
userdel[S]	Benutzer mit Dateien aus dem System löschen
df	gibt die Anzahl von freien Blöcken eines Dateiträgers aus.
disable[S]	deaktiviert einen Drucker.
du	gibt die Anzahl der durch einen Dateibaum belegten Blöcke aus.
enable[S]	aktiviert einen Drucker für weitere Ausgabe.
finger	gibt Informationen zu Benutzern aus.
fsck[S]	Konsistenzprüfung des Dateisystems
fsdb[S]	erlaubt die interaktive Behebung von Fehlern im Dateisystem.
grpck[S]	überprüft nach einer Änderung die Datei */etc/group* auf Konsistenz.
groupadd[S]	gestattet das Hinzufügen einer Benutzergruppe (in */etc/group*).
groupdel[S]	löscht einen Gruppeneintrag aus */etc/group*.
idbuild[S]	Veranlassen der Neugenerierung des Betriebssystemkerns
ipcrm[S]	erlaubt das Löschen von Nachrichtenpuffern (*Message Queues*), Semaphorbereichen und Tabellen für *Shared memory*.
ipcs[S]	zeigt an, wieviele Nachrichtenpuffer (*Message Queues*), Semaphorbereichen und Tabellen für *Shared memory* im System aktuell existieren.
killall[S]	Abbruch aller aktiven Prozesse eines Benutzers
labelit[S]	trägt einen *volume name* und *volume label* auf einem Datenträger ein; wird von **volcopy** verwendet.

5.2 Kommandoübersicht nach Sachgebieten

lpadmin[s]	Verwaltungsprogramm für das **lp**-Print-Spooler-Systems
lpmove[s]	hängt die Aufträge eines Druckers oder einer Druckerklasse in die Warteschlange eines anderen Druckers oder einer anderen Druckerklasse um.
lpsched[s]	Dies ist der eigentliche Spooler des **lp**-Systems.
lpshut[s]	fährt das **lp**-Print-Spooler-System kontrolliert herunter.
makekey[s]	erstellt einen Schlüssel zur Chiffrierung.
mkfs[s]	legt eine neue initiale Dateistruktur auf einem Datenträger an.
mknod[s]	schafft einen neuen Geräteeintrag oder legt eine FIFO-Datei an.
mount[s]	hängt ein Dateisystem in den Systembaum ein oder gibt alle montierten Dateisysteme aus.
ncheck[s]	listet Dateinamen und zugehörige Index-Nummer.
pmadm	Verwaltung der Systemzugänge
pwck	überprüft die Datei */etc/passwd* auf Konsistenz.
pwconv	erzeugen einer Schatten-Passwortdatei (*/etc/shadow*).
quot	liefert eine Aufstellung über die Dateibelegung nach Benutzern sortiert.
rdist	konsistente Verteilung von Programme oder Dateien im Netz.
reject[s]	sperrt die Auftragswarteschlange für einen Drucker oder eine Druckerklasse für weitere Aufträge.
sacadm	Verwaltungsprogramm für das Zugangskontrollsystem
sag[s]	erstellt ein Diagramm über die Systemaktivitäten, welche zuvor durch das Programm **sar** erfaßt wurden.
sar[s]	erfaßt über eine vorgebbare Zeit hinweg Daten zu den Aktivitäten im System. Diese Daten können dann mit **sag** graphisch dargestellt werden.
share[s]	Freigeben von Netzlaufwerken
shutdown[s]	fährt das System in kontrollierter Art und Weise herunter.
sum	errechnet Prüfsumme der Dateiblöcke.
sync	schreibt alle gepufferten Blöcke auf die jeweiligen Datenträger.
sysadm[s]	System, welches über mehrere Menüs die wichtigsten Funktionen für die Systemadministration anbietet
tic[s]	konvertiert die *Terminfo*-Beschreibung eines Dialogstation-Typs in die komprimierte binäre Form.

umount[s]	demontiert ein Dateisystem.
unshare[s]	Widerrufen der Freigabe von Netzlaufwerken
volcopy[s]	sichert ganze Magnetplatten auf Band oder Streamer und liest diese zurück.
whodo	zeigt an, welche Benutzer am System aktiv sind und was sie tun.

5.3 Vielbenutzte Kommandos (alphabetisch)

adb {–w} {*objekt_datei* {*core_datei*}} → start interaktiv debugger **adb**

adb ist eine Testhilfe zur Fehlersuche in Programmen oder zur Modifikation von Dateien. Der Parameter *objekt_datei* gibt den Namen der zu untersuchenden Programmdatei an. Werden Fehler in einem Programm gesucht, so sollte die Objektdatei des Programms noch die Symboltabelle enthalten, so daß mit symbolischen Variablennamen gearbeitet werden kann. Fehlt die Angabe *objekt_datei*, so wird *a.out* angenommen. *core_datei* sollte ein Speicherabzug (*core image*) des Programms sein. Fehlt diese Angabe, so wird mit der Datei *core* gearbeitet. **adb** liest seine Bearbeitungskommandos von der Standardeingabe und schreibt auf die Standardausgabe. Die Option ›–w‹ veranlaßt, daß die Dateien *objekt_datei* und *core_datei* soweit notwendig erzeugt werden. **adb** ignoriert <abbruch> und <unterbrechung>, sondern wird durch das Kommando **$q** terminiert. Die allgemeine Syntax der **adb**-Angaben ist

{*adresse*} {, *anzahl*} {*kommando*} {;} { ... }

Kommandos

$b	Ausgabe des aktuellen Haltepunktes (*break point*)
$c	C-Stack-Trace
$e	Ausgabe der externen Variablen
$f	Ausgabe der Gleitkommaregister
$m	Ausgabe der **adb** Segment-Abbildung
$q	Beendigung des **adb**
$r	Ausgabe der Register (*general register*)
$s	gibt den Versatz (*offset*) zu den Symbolen an
$v	Ausgabe der **adb**-Variablen
$w	Setzt die Zeilenbreite für die Ausgabe neu

Setzen von Haltepunkten und Ablaufkontrolle

:b	setzt einen Haltepunkt (*break point*) auf die aktuelle Adresse.
:c	setzt den Programmablauf fort (*continue*).
:d	löscht den Haltepunkt (*delete*).
:k	bricht das Programm ab (*kill*).
:r	startet das Programm **a.out** unter der Kontrolle des **adb** (*run*).
:s	führt eine weitere Instruktion aus (*single step*).

Formatierte Ausgabe

?*format*	Ausgabe aus **a.out** im angegebenen Format
/*format*	Ausgabe aus **core** im angegebenen Format
=*format*	Ausgabe der aktuellen Adresse im angegebenen Format
?w *ausdruck*	schreibt den Ausdruck in *a.out*.
/w *ausdruck*	schreibt den Ausdruck in *core*.
?l *ausdruck*	sucht den Ausdruck in *a.out*.

Formate

a	Wert der aktuellen Adresse (dot)
b	ein Byte als Oktalzahl
c	ein Byte als ASCII-Zeichen
d	ein Wort (16 Bit) als Dezimalzahl
f	zwei Worte (32 Bit) als Gleitkommazahl
i	disassembliert als Instruktion.
n	Ausgabe eines <neue zeile>-Zeichens
o	ein Wort als Oktalzahl
q	ein Wort als Oktalzahl mit Vorzeichen
r	Ausgabe eines Leerzeichens
s	Ausgabe einer durch 0 terminierten Zeichenkette (*string*)
*n*t	Gehe zur *n*-ten Tabulatorposition
u	ein Wort als vorzeichenloser Integerwert
x	ein Byte als Hexadezimalzahl
Y	Ausgabe des Datums
"..."	gibt den Text ›...‹ aus

Die Formate **B, C, D, F, O, Q, X** stehen für das entsprechende Format des Kleinbuchstabens, jedoch mit doppelter Länge.

unäre Operatoren		binäre Operatoren in Ausdrücken	
~	Negation	+	Addition
*	Inhalt der Adresse in *core*	*	Multiplikation
@	Inhalt der Adresse in *a.out*	%	ganzzahlige Division
−	negative Zahl	−	Subtraktion
		&	UND bit-weise
		|	ODER bit-weise

Die Auswertungsreihenfolge kann mittels Klammern vorgegeben werden. Da für graphisch-orientierte Entwicklungsumgebungen wesentlich leistungsfähigere Debugger existieren, wird **adb** heute nur noch selten verwendet.

apropos *begriff* → locate commands by keyword lookup

Durch **apropos** ist es möglich, das richtige UNIX-Kommando für eine bestimmte Aufgabe bzw. im Zusammenhang mit einem bestimmten Schlüsselwort *begriff* zu finden.

apropos durchsucht dabei eine Indexdatei, die aus den Namens-Zeilen der Manual-Dateien (mit dem Kommando **catman**) erzeugt wurde und listet alle Zeilen auf, die den gesuchten *begriff* enthalten. Ist der *begriff* mit einem Kommando assoziiert, so kann der Name dieses Kommandos der ausgegebenen Information entnommen werden.

Ähnliche Kommandos sind **whatis** und **man**, wobei der Aufruf »man -k« identisch ist mit dem **apropos**-Kommando.

ar *funktion* {–V} {*position*} *b_datei datei* ... → archive and library maintainer

Das Bibliotheksprogramm **ar** erlaubt es, mehrere gleichartige Dateien in einer Bibliothek zu halten, sowie das Einfügen und das Löschen einzelner Moduln in dieser Bibliothek. Bei ›–V‹ wird die Versionsnummer auf stderr ausgegeben.

Der Parameter *funktion* gibt an, was zu tun ist. Möglich hierbei ist eines der folgenden Zeichen, wobei erst ab V.4 ein Optionsstrich vorangestellt wird:

–d   (*delete*) Die angegebenen Dateien werden aus der Bibliothek *b_datei* gelöscht.

–m   (*move*) Die genannten Dateien werden ans Ende der Bibliothek kopiert.

–p   Die genannten Dateien (Moduln) in der Bibliothek werden ausgegeben.

–q   (*quickly*) Die angegebenen Dateien werden in der vorgegebenen Reihenfolge am Ende der Bibliothek angehängt.

–r   (*replace*) Die angegebenen Moduln werden durch neue ersetzt. Die Unteroptionen **u** (ersetzende Moduln müssen neuer als ersetzte Moduln sein) und Positionsangaben (**a**, **b** oder **i**) sind möglich.

–t   (*table*) Es wird ein Inhaltsverzeichnis der Bibliothek ausgegeben.

–x   (*extract*) Die genannten Dateien werden aus der Bibliothek herauskopiert; die Bibliothek wird nicht geändert.

Dem Funktionszeichen können folgende Zusatzangaben angehängt werden:

c   (*create*) Unterdrückt die Meldung, daß eine neue Bibliothek angelegt worden ist.

l   (*local*) Normalerweise legt **ar** seine temporären Dateien in /*tmp* an. Durch die l-Option erfolgt dies im aktuellen Katalog.

s   (*symbol table*) Die Symboltabelle der Bibliothek wird neu aufgebaut (auch, wenn an der Bibliothek nichts geändert wurde).

v   (*verbose*) Mit dieser Option liefert **ar** Angaben zu den bearbeiteten oder in der Bibliothek enthaltenen Dateien.

✎   ar r lib3 part1.o part2.o
        → ersetzt in der Bibliothek *lib3* die Moduln, welche in den Dateien *part1.o* und *part2.o* vorhanden sind.

✎   ar c grafik.a line.o circle.o → legt eine neue Bibliothek *grafik.a* an und fügt die Dateien *line.o* und *circle.o* dort ein.

---

as {–} {–o *o_name*} *datei* ... → **as**semble files (*xxx*.**s**)

as ist der UNIX-Assembler. Er assembliert die ihm übergebenen Dateien, (deren Namen mit .s enden) und erzeugt eine Objektdatei *a.out* oder *o_name*, falls die Option ›–o *o_name*‹ angegeben wurde. Treten keine undefinierten Referenzen oder Fehler auf, so ist diese Datei direkt ausführbar. Die wichtigsten Optionen haben folgende Bedeutung:

–   Alle undefinierten Symbole werden als *globale Symbole* betrachtet, welche vom Binder aufzulösen sind.

–o *name*   Das Ergebnis des Assemblierens soll in der Datei mit dem angegebenen Namen statt in *a.out/* hinterlassen werden.

Weitere, hier nicht beschriebene Optionen sind:

–V, –T, –M, –Q*n*, **–Y** *key, katalog*

Stellt der Assembler Fehler im Quellprogramm fest, so gibt er ein Zeichen zur Kennzeichnung der Fehlerklasse, sowie die Zeilennummer und den Namen der Datei aus, in welcher der Fehler gefunden wurde. Folgende Fehlerklassen werden unterschieden:

)   Klammerungsfehler
]   Klammerungsfehler
<   Zeichenkette wurde nicht korrekt abgeschlossen.
*   Es wurde eine ungültige Indirektionsstufe verwendet.
.   ›.‹ wurde ein unzulässiger Ausdruck zugewiesen.
a   Adreßfehler.

5.3 Vielbenutzte Kommandos (alphabetisch)

b	(*branch error*) Eine Sprunganweisung ist falsch (Sprung auf eine ungerade oder zu weit entfernte Adresse).
e	(*expression error*) Fehler in einem Ausdruck
f	Fehler bei einem lokalen (*f* oder *b*) Symbol
g	Ein ungültiges Zeichen wurde angetroffen.
i	eine nicht abgeschlossene if-Anweisung
m	(*multiple*) Ein Symbol wurde mehrfach definiert.
o	(odd address) Ein Wort oder Doppelwort liegt auf einer ungeraden Adresse.
p	Der Adreßzähler ›.‹ unterscheidet sich im Pass_2 von dem in Pass_1 des Assemblers.
r	Es liegt ein Relokationsfehler vor.
u	Es liegt ein undefiniertes Symbol vor.
x	Es liegt ein Syntaxfehler vor.

Da die jeweiligen Maschineninstruktionen und Pseudo-Assembler-Anweisungen stark von der jeweiligen Zielmaschine abhängig sind und eine allgemein gültige Notation nicht existiert, sei hier auf die entsprechenden maschinenspezifischen Assemblerbeschreibungen verwiesen.

at {–f *skript*} {–m} *zeit* {*tag*} {+*inkrement*}   → start commands at *time*

   oder

at –d *job*   → display the contents of the at-job

   oder

at –r *job* ...   → remove at or batch jobs

   oder

at –l {*job* ...}   → list status of at or batch jobs

at liest von der Standardeingabe ein (oder von der Skript-Datei, sofern die Form ›–f *skript*‹ gewählt wird) und veranlaßt die Ausführung der darin enthaltenen Kommandos zu dem in *zeit* angegebenen Zeitpunkt.

Beim Kopieren der Standardeingabe wird die aktuelle Arbeitsumgebung (z.B. der aktuelle Dateikatalog, die Benutzeridentifikation usw.) in die Auftragsdatei (englisch: *job file*) eingetragen.

Die Angabe *zeit* erfolgt durch 1 bis 4 Ziffern, wobei die ersten beiden Ziffern die Stunde und die nächsten beiden die Minuten angeben. Den Ziffern kann ein Zeichen folgen mit der Bedeutung:

A	für AM (vormittags)
P	für PM (nachmittags)
N	für *noon* (mittags)
M	für *midnight* (Mitternacht)

Folgt keines der Zeichen, so wird die Angabe als 24-Stunden-Zeit interpretiert. Die optionale Angabe von *tag* ist entweder ein Monatsname (die ersten drei Buchstaben des englischen Monatsnamens (**jan, feb, mar, apr, may, jun, jul, aug, sep, oct, nov, dec**) gefolgt von der Nummer des Tages oder aber ein Wochentag (englisch: **mon, tue, wen, thu, fri, sat, sun**)). Statt des englischen Datumsformats kann auch ein nationales benutzt werden, soweit die Environment-Variable **LC_TIME** entsprechend gesetzt ist.

Die Fehlermeldungen der so gestarteten Kommandos gehen, soweit die Ausgabe nicht auf eine Datei umgelenkt wird, in eine Datei, die der aufrufende Benutzer über **mail** nach der Ausführung erhält.

Die Option ›−m‹ sorgt dafür, daß eine Statusmeldung über die Ausführung des Jobs auch dann per **mail** zurückgeliefert wird, wenn der Auftrag keine Ausgabe erzeugt.

Der Parameter *inkrement* erlaubt die Angabe eines Zeitversatzes und kann mit der Zeiteinheit **minutes** (Minuten), **hours** (Stunden), **days** (Tage), **weeks** (Wochen), **months** (Monate) oder **years** (Jahre) versehen werden.

Bei dem zu **at** sehr ähnlich arbeitenden Kommando **batch** wird keine Uhrzeit angegeben, sondern der Auftrag kommt in eine eigene Warteschlange und wird sobald als möglich ausgeführt.

at und **batch** antworten mit der Ausgabe der Uhrzeit der geplanten Auftragsausführung und einer Auftragsnummer (englisch: *job identification*) auf die Standardfehlerausgabe. Unter dieser Auftragsnummer kann der Status des Auftrags abgefragt (in der Form ›**at** −l *job*‹) oder der ganze Auftrag storniert werden (mit der Form ›**at** −r *job*‹).

Die Form ›**at** −d *job*‹ gibt den Inhalt des aufgeführten Jobs aus.

5.3 Vielbenutzte Kommandos (alphabetisch)

Der Systemverwalter kann das Absetzen von **at**-Kommandos explizit erlauben, indem er in der Datei */etc/cron.d/at.allow* (vor (*V.4*) in */usr/lib/cron/at.allow*) alle Benutzer aufführt, die einen **at**-Auftrag absetzen dürfen oder aber für einzelne Benutzer verbieten, indem er diese in die Datei */etc/cron.d/at.deny* (vor (*V.4*) in */usr/lib/cron/at.deny*) einträgt. In diesem Fall darf *at.allow* nicht existieren. Gibt es nur eine leere Datei *at.deny*, so ist der Zugang allen Benutzern erlaubt. Die Auftragswarteschlange wird in der Datei */etc/cron.d/queuedefs*, die Aufträge selbst in dem Katalog */var/spool/cron/atjobs* gehalten (vor (*V.4) war dies */usr/lib/cron/queue* und *usr/spool/cron*).

Beim Aufruf von ›**at** –l{job}‹ werden die Auftragsnummern der noch nicht bearbeiteten Aufträge ausgegeben. Ist eine Auftragsnummer *job* angegeben, so wird nur dessen Status gemeldet.

Bei der Kommandovariante in der Form ›**at** –r*job*‹ werden Aufträge, die zuvor mit **at** oder **batch** erteilt wurden, wieder gelöscht (*removed*). *job* gibt dabei die Auftragsnummer an. Nur der Super-User darf fremde Aufträge löschen!

Die Form ›**at** –d *job*‹

✎ at 2330 auftrag
→ bewirkt, daß die in der Datei *auftrag* stehenden Kommandos mit der aktuellen Systemumgebung um 23 Uhr 30 ausgeführt werden.

✎ at 0830 mon
→ liest eine Kommandofolge bis zu einem <dateiende>-Zeichen von der Dialogstation und führt diese am darauffolgenden Montag um 8 Uhr 30 aus.

✎ at 2300 feb 2 komprog
→ führt die Kommandos in der Datei *komprog* am 2. Februar um 23 Uhr aus.

✎ at –l 481575600.a
→ gibt den Status des Auftrags mit der Auftragsbezeichnung *481575600.a* aus.

✎ at –r 481575600.a 476921400.a
→ löscht die beiden Aufträge mit den Auftragsnummern *481575600.a* und *476921400.a*.

atq {*optionen*} {*benutzer* ...}   → display jobs of **at** queue (*V.4*)

Gibt die Liste aller Aufträge des aktuellen oder der explizit aufgeführten Benutzers in der **at**-Auftragsliste aus. Die Aufträge anderer Benutzer können nur von einem privilegierten Benutzer angezeigt werden.

Als Optionen sind möglich:

–c   (*created*) Die Aufträge werden in der Reihenfolge ausgegeben, in der sie angelegt wurden. Im Standardfall werden sie in der Ausführungsreihenfolge angezeigt.

–n   (*number*) Es wird nur die Anzahl von Aufträgen ausgegeben.

awk {**–F***z*} {*awk_skript*} {*parameter*} {*datei* ...}   → start report generator

oder

awk {**–F***z*} {**–f** *awk_skript*} {*parameter*} {*datei* ...}   → start report generator

Der **awk** bearbeitet die Eingabedateien, bzw. die Standardeingabe, falls keine Datei (oder –) angegeben wurde. Die Bearbeitung erfolgt entsprechend den Anweisungen in *awk_skript*. Bei der ersten Form des Aufrufs ist das **akw**-Skript Teil der Kommandozeile und ist dann in der Regel in '...' geklammert; bei der zweiten Form stehen die Anweisungen an den **awk** in der Datei *awk_skript*. *parameter* sind Namen von **awk**-Variablen und deren Werte in der Form »*variable*=*wert*«. Das Ergebnis der Bearbeitung wird auf die Standardausgabe geschrieben.

Eine überarbeitete, verbesserte und deutlich erweiterte Version des **awk** wird seit SystemV.3 unter dem Namen **nawk** parallel zum ursprünglichen **awk** mit jedem UNIX-System ausgeliefert. **nawk** ist kompatibel zu **awk**.

Eine ausführlichere Beschreibung der Programmiersprache **awk** ist im Abschnitt 9.5 auf S. 586 zu finden.

✎   awk –F: `{ print $1 \t $6 }` /etc/passwd
→ gibt die in der Paßwortdatei eingetragenen Benutzer (1. Feld) zusammen mit ihren **login**-Katalogen (6. Feld) aus.

➜ legendär ist die vielsagende Fehlermeldung der Urversion des awk:
"awk: bailing out near line 1"

backup → start and control backup

Mit System V.4.2 wird ein umfangreicher Satz an Werkzeugen zur Durchführung und Kontrolle einer Datensicherung mit **backup** ausgeliefert. Dazu gehören **bkexcept, bkhistory, bkoper, bkreg,** und **bkstatus**. Es ist möglich, einzelne Backup-Aufgaben (jobs) zu definieren und festzulegen, an welchen Tagen diese jeweiligen Aufgaben ausgeführt werden sollen. Backups können auf beliebige Datenträger erfolgen und ermöglichen sowohl eine Kontrolle während der Ausführung als auch einen automatischen, operatorlosen Betrieb. Nahezu alle Einsatzmöglichkeiten und Optionen von **backup** benötigen die Privilegien des Super-Users.

Trotz Namensgleichheit darf die backup-Version aus V.4.2 nicht mit dem Kommando **backup** aus der XENIX-Tradition, das aus Gründen der Abwärtskompatibilität noch auf vielen UNIX-Systemen verfügbar ist, verwechselt werden. Beide Kommandos sind nicht kompatibel.

banner *text* → make **banner** page

Durch **banner** wird *text* als eine Art Großtitel auf der Standardausgabe ausgegeben.

```
  #     #  #       #  #     #     #     #       #
  #     #  #       #  ##    #     #     #  #    #
  #     #  #       #  # #   #     #        ##
  # ##  #  #       #  #  #  #  #  #        ##
  ##    ##  #      #  #   # ##     #    #   #
  #     #  ####    #       #       #    #   #
```

Dies kann z.B. verwendet werden, um in der Druckausgabe als erste Seite den Namen des Benutzers oder der gedruckten Datei erscheinen zu lassen. In *text* darf eine Zeichenkette bis zu 10 Zeichen haben. Jede Zeichenkette wird in einer eigenen Zeile ausgegeben.

basename *name* {*endung*}   → remove all but **bas**ic **name**

Dieses Kommando extrahiert aus der Zeichenkette *name* den eigentlichen Dateinamen, indem es alle Pfadangaben bis zum letzten vorkommenden ›/‹ löscht. Ist der Parameter *endung* angegeben, so wird auch diese Endung entfernt. Das Ergebnis wird auf die Standardausgabe geliefert. In der Regel wird **basename** in Kommandosubstitutionen verwendet.

Das Kommando **dirname** extrahiert den Pfadnamen aus einer Zeichenkette.

   $1 sei */usr/neuling/prog.p* dann liefert
›basename $1 .p‹   → ›*prog*‹, während
›basename $1‹   → ›*prog.p*‹ ergibt.

batch   → submit **batch** job

erlaubt das Absetzen eines Batch-Auftrags. Batch-Aufträge werden in eine Warteschlange eingetragen und sequentiell abgearbeitet. **batch** liest den Auftrag (eine Folge von Kommandos) von der Standardeingabe (bis zu einem <eof>-Zeichen). Weitere Einzelheiten zu **batch** sind unter **at** zu finden.

   batch < formatieren
→ führt die Aufträge der Datei *formatieren* als Hintergrundprozeß niedriger Priorität aus.

biff   → give notice of incoming mail messages

Mit **biff** wird eine kurze Meldung am Bildschirm angezeigt, wenn neue Mail-Nachrichten für einen Benutzer eintreffen. Durch »biff y« wird dies eingeschaltet. Das Einschalten von **biff** wird meist in einer lokalen Anlaufdatei eines Benutzers (*.profile* oder *.login*) vorgenommen.

In graphischen Umgebungen wird normalerweise nicht mit **biff**, sondern mit **xbiff** als dessen graphisches Äquivalent gearbeitet. Dabei wird in einem eigenen kleinen Fenster ein Briefkasten angezeigt, bei dem eine Fahne nach oben geschwenkt wird, wenn neue Mail ankommt.

Die am weitesten verbreitete Anekdote über die Herkunft des Programmnamens besagt, daß es an der Universität von Berkeley einen Hund namens Biff gab, nach dem das Programm benannt wurde, weil dieser immer den Briefträger anbellte und so auf neue Post aufmerksam machte.

5.3 Vielbenutzte Kommandos (alphabetisch)

cal { {*monat*} *jahr* }   → print **calendar**

gibt einen Kalender des angegebenen Jahres, oder – ohne Angabe von Argumenten – nur des aktuellen Monats aus. Die Jahresangabe muß voll ausgeschrieben werden; also ›1995‹ statt nur ›95‹, denn damit würde tatsächlich der Kalender des Jahres ›95‹ ausgegeben werden. Fehlt die Angabe *jahr*, so wird der Kalender des aktuellen Jahres erzeugt. Wird der Parameter *monat* (1 - 12) vorgegeben, so wird nur der entsprechende Monat ausgegeben.

Besonders interessant ist übrigens der Kalender im September des Jahres 1752 (aufzurufen mit »cal 9 1752«), in dem ein paar Tage übersprungen werden.

calendar {–}   → show **calendar** entries to look for appointments

erlaubt die Bearbeitung eines Terminkalenders. Das **calendar**-Kommando durchsucht dabei die Datei *calendar* des aktuellen Katalogs und gibt alle Zeilen aus, in dem das Datum des heutigen oder nächsten Tages vorkommt. Die Datei *calendar* kann dabei mit den normalen Editoren bearbeitet werden. Die Datumsangaben müssen denen des **date**-Kommandos entsprechen.

Wird ein Parameter angegeben, so wird für alle Benutzer untersucht, ob sie in ihren Login-Katalogen eine Datei *calendar* besitzen 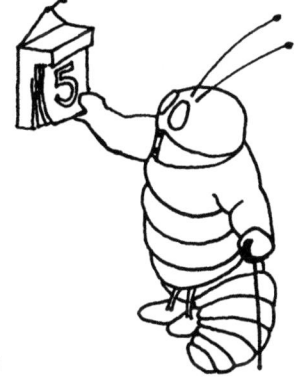 und eine entsprechende Auswertung durchgeführt. Die Ergebnisse werden dann jedem Benutzer (nur jeweils seine eigenen Termine) per **mail** geschickt. Dies geschieht dann sinnvollerweise regelmäßig durch eine cron-Datei. Damit dieser Mechanismus funktionieren kann, müssen die einzelnen *calendar*-Dateien für alle frei lesbar sein!

Mit Hilfe der Variablen DATEMSK kann eine Datei angegeben werden, die Vorlagen für Formate der Datumsangaben enthält. Damit kann diese Angabe flexibler gestaltet werden.

cancel {*auftrag* ...} {*drucker* ...}   → **cancel** print request

Hiermit können einmal mit **lp** abgesetzte Ausgabeaufträge wieder storniert (gelöscht) werden. *auftrag* ist die beim Absetzen des Auftrags von **lp** ausgegebene Auftragsbezeichnung. Wird *drucker* angegeben, so wird der auf dem Drucker gerade ausgegebene Auftrag terminiert. Die Auftragsnummern sowie den Status der Aufträge kann man mit **lpstat** abfragen.

> cancel hp4
> → bricht die Ausgabe auf dem Drucker *hp4* ab. Der Drucker bearbeitet danach den nächsten Auftrag.

> cancel offic-3322 ps-125
> → bricht die Druckaufträge mit den Identifikationen *office-3322* und *ps-125* ab.

cat {*optionen*} {*datei* ...}   → **c**oncatenate **t**iles

cat liest die angegebene(n) Datei(en) und schreibt sie auf die Standardausgabe. Wird eine Ausgabedatei (mit ›... > ***ausgabe***‹) spezifiziert, so werden die Eingabedateien hintereinander in die Ausgabedatei geschrieben (konkatiniert). Die meistgebrauchten Optionen sind:

–e In Verbindung mit der –v-Option wird ein **$**-Zeichen am Ende jeder Zeile ausgegeben.

–n Die Ausgabezeilen sollen durchnumeriert werden.

–s (*silent*) **cat** gibt, wenn er eine nicht existierende Datei kopieren soll, im Standardfall eine Fehlermeldung aus. Diese Option unterdrückt die Warnung.

–t In Verbindung mit der Option –v werden Tabulatorzeichen als ›^I‹ ausgegeben.

–u Die Ausgabe wird normalerweise, sofern sie nicht auf eine Dialogstation geht, in Blöcken zu 512 Byte ausgegeben. ›–u‹ unterdrückt dies.

–v Nicht druckbare Zeichen sollen sichtbar gemacht werden. Dies geschieht durch Ausgabe von ›^x‹ für das nicht druckbare Zeichen <ctrl *x*> und ›^?‹ für das Zeichen <backspace>.

> cat liste
> → gibt die Datei *liste* auf die Dialogstation aus.

> cat hans otto > hansotto
> → kopiert die Dateien *hans* und *otto* hintereinander in eine neue Datei mit dem Namen *hansotto*.

> cat > kurz
> → liest Zeilen bis zu einem <eof>-Zeichen von der Dialog-

5.3 Vielbenutzte Kommandos (alphabetisch)

station (Standardeingabe) und schreibt sie in die Datei *kurz*. Für einfache und kurze Texte geht dies schneller als mit einem Editor.

✎ cat –n /etc/termcap > termc
→ kopiert die Datei */etc/termcap* unter dem Namen *termc* in den aktuellen Katalog. Dabei werden die Zeilen mit Zeilennummern versehen. (*B*)

✎ cat liste | cpio -ovB > /dev/rst0
→ sichert die in der Datei *liste* aufgeführten Dateien (jeweils eine Datei pro Zeile) mittels cpio auf den Streamer auf Laufwerk */dev/rst0*

cc {*optionen*} *datei ...*   → compile **C**-programs

cc ist der Übersetzer für die Sprache **C**. Dateien, deren Namen mit .c enden, werden als C-Quelltextdateien betrachtet und entsprechend übersetzt. Dateien mit der Endung .i werden als C-Dateien angesehen, die bereits den CPP-Präprozessor durchlaufen haben. Bei ihnen entfällt entsprechend dieser Makro-Expandierungsdurchgang. Die Dateiendung .s weist auf eine Assemblerdatei hin. Sie wird nur noch zum Assemblieren und Binden herangezogen.

Alle anderen Dateinamen werden als übersetzte Module betrachtet und dem, in der Regel automatisch nach der Übersetzung laufenden, Binder **ld** übergeben. Der C-Übersetzer produziert aus den Quelltextdateien sogenannte **Objektdateien**, welche den gleichen Namen wie die C-Quelltextdateien besitzen, jedoch die Endung .o tragen. Wird nur ein einziger C-Modul übersetzt und anschließend automatisch gebunden, so wird die Objektdatei wieder gelöscht. Im Standardfall (d.h. ohne die Option ›–o‹ oder ›–c‹) erhält die Ausgabedatei den Namen *a.out*.

Folgende Optionen werden standardmäßig vom C-Übersetzer interpretiert, nahezu alle C-Compiler unterschiedlicher Hersteller kennen jedoch noch weitere Optionen:

–A *name*   Der Parameter *name* wird hier für eine vorhandene *assert*-Anweisung verwendet.

–A –   Hiermit werden alle vordefinierten Makros (nicht die, welche mit _ _ beginnen) als undefiniert betrachtet.

–B *b*   Steuert die Suche nach Bibliotheken beim nachfolgenden Binden. Hat *b* den Wert **dynamic**, so wird nach dynamisch gebundenen Bibliotheken gesucht. Beim Wert **static** werden statische Bibliotheken verwendet. Diese Option hat Auswirkungen auf nachfolgende **–l**- und **–L**-Optionen.

–C	sorgt dafür, daß alle Kommentare entfernt werden. Im Standardfall bleiben sie erhalten.
–c	Das automatische Binden wird unterdrückt, und die erzeugte Objektdatei bleibt somit erhalten.
–D*name*{=x}	Für den Makro-Präprozessor wird analog zu **#define** ein Name definiert. Fehlt der Teil ›=x‹, so wird ›=1‹ impliziert.
–d *b*	Bestimmt, ob mit dynamischen (*b* hat den Wert **y**) oder statischen Bibliotheken (b = **n**) gebunden werden soll.
–E	Es wird nur der Präprozessor **cpp** gestartet. Die Ausgabe erscheint auf der Standardausgabe.
–f	(*floating point emulation*) Die Option sorgt dafür, daß bei Systemen ohne Hardware-Gleitkommaarithmetik das entsprechende Emulationspaket dazugebunden wird und der C-Übersetzer entsprechende Aufrufe absetzt.
–G	Statt einer ausführbaren Datei soll eine *Shared-Object-Datei* erzeugt werden.
–g	Der Compiler erzeugt zusätzliche Information in der Symboltabelle, die vom *Debugger* verwendet werden kann. Dies sind in der Regel Informationen zum Setzen von Haltepunkten unter Angabe der Zeilennummer.

–H	Hierdurch werden alle beteiligten Dateien (jeweils eine pro Zeile) auf die Standardfehlerausgabe (stderr) ausgegeben.
–I*dir*	#*include*-Dateien, welche nicht mit ›/‹ beginnen, werden zuerst im Katalog der C-Quelltextdateien, dann in dem angegebenen Katalog *dir* und danach in den Katalogen der Standard-Liste gesucht.
–K *liste*	steuert eine Reihe unterschiedlicher Arten der Code-Generierung. Dies ist CPU-abhängig und sollte dem entsprechenden Systemunterlagen entnommen werden.

5.3 Vielbenutzte Kommandos (alphabetisch)

-**L** *kat*   gibt an, daß auch in dem vorgegebenen Katalog nach Objektdateien (zu den Optionen **-B**, **-L** und **-I**) gesucht werden soll.

-**l** *xxx*   Gibt an, daß beim Binden nach der Bibliothek lib*xxx*.**so** oder lib*xxx*.**a** gesucht werden soll (siehe auch bei **-B**). Diese Option darf mehrfach vorkommen, die Reihenfolge der Angabe ist jedoch relevant!

-**O**   Der Optimierer für Objekt-Code soll aufgerufen werden.

-**o** *name*   Die endgültig erstellte Datei, die der Binder erzeugt, soll *name* heißen.

-**P**   Es soll nur der Makro-Präprozessor laufen. Dieser soll sein Ergebnis in einer entsprechenden Datei mit der Endung ›.i‹ hinterlassen.

-**p**   (*profiling*) Der Übersetzer erzeugt zusätzlichen Code, der die Anzahl der Prozeduraufrufe zählt. Beim Binden wird dafür gesorgt, daß die Systemroutine **monitor** aufgerufen und bei normaler Beendigung des Programms die Zählinformation in die Datei *mon.out* geschrieben wird. Diese kann dann mit **prof** ausgewertet werden.

-**Q** *x*   gibt an, ob in der Ausgabe die zur Übersetzung verwendeten Programme vorhanden (*x*=**y**) oder nicht aufgeführt sein sollen (*x*=**n**).

-**S**   Die C-Quelltextdateien sollen übersetzt und die Assemblerausgabe in den entsprechenden Dateien mit der Endung .**s** hinterlassen werden.

-**U** *name*   hebt jede initiale Definition von *name* auf.

-**V**   Der C-Compiler und alle nachfolgend aufgerufenen Werkzeuge geben ihre Versionsnummer auf stderr aus.

-**v**   veranlaßt eine ausführlichere, lint-ähnliche Syntaxprüfung bei der Übersetzung.

-**W** *phase, liste*   reicht die Parameter in *liste* an das davor mit *phase* vorgegebene Übersetzungswerkzeug weiter.

-**X** *x*   gibt an, wieweit ANSI-C-Konformität eingehalten werden soll. Möglich für *x* sind **c** (strenge Standard-Konformität), **a** (Konformität mit erweitertem Namensraum) und **t** (Konformität zum älteren *Classic-C*, auch *K&R*-C genannt).

-**Y** *xx, kat*   erlaubt anzugeben, daß zum Katalog *kat* gewechselt werden soll, um *xx* zu finden, wobei *xx*=**I** sein kann, für die Include-Dateien, *xx*=**P** für den Basis-Suchpfad beim Binden und *xx*=**S** für die Startup-Objekt-Dateien.

-**Z** *xxx*   Erlaubt das Packen von C-Strukturen vorzugeben. Dies ist System-spezifisch.

Optionen, welche der C-Übersetzer nicht kennt, gibt er an den nachfolgenden Binder (**ld**) weiter. Das gleiche gilt für Dateien, deren Namen nicht mit .**c** enden. Da für den Binder die Reihenfolge der ihm übergebenen Dateien relevant ist, muß dies beim automatisch danach folgenden Binden bereits für den Aufruf des C-Übersetzers beachtet werden.

✎ cc –o testdruck testdruck.c
→ Das C-Quellprogramm testdruck.c wird übersetzt und anschließend automatisch gebunden, wobei die ausführbare Datei (–o Option) *testdruck* erzeugt wird.

✎ cc –c xcho.c
→ übersetzt die Datei *xcho.c* und hinterläßt das Resultat in der Datei *xcho.o*. Das automatische Binden wird hier durch die Option ›–c‹ unterdrückt.

✎ cc –f bench.c –lm
→ das C-Programm *bench.c* wird übersetzt, wobei Aufrufe für die Softwareemulation von Gleitkommaoperationen verwendet werden. Die Option ›–lm‹ wird an den Binder weitergereicht und besagt, daß Funktionen aus der mathematischen C-Bibliothek *libm.a* dazugebunden werden sollen.

Da UNIX in seiner Entstehungsgeschichte lange Zeit in erster Linie eine Entwicklungsplattform für Software war, war der C-Compiler **cc** im Lieferumfang eines jeden UNIX-Systems enthalten. Auf neueren UNIX-Systemen ist dies häufig nicht mehr der Fall und ein C-Entwicklungssystem (mit Compiler) muß meist vom Systemhersteller oder von Dritt-Anbietern zusätzlich erworben werden.

Eine sehr gute und kostenlose Alternative zu kommerziellen Entwicklungsumgebungen bietet der C-Compiler **gcc** der GNU-Entwicklergruppe. **gcc** ist *public domain* und über das Internet erhältlich.

cd *katalog* → change working directory to *katalog*

setzt den angegebenen Dateikatalog als aktuellen Katalog (*working directory*) ein. Von nun an wird bei allen Dateiangaben, welche nicht mit ›/‹ beginnen, die Präambel *katalog* eingesetzt. Das **cd**-Kommando ändert keine Zugriffsrechte. ›/‹ alleine steht für die Wurzel des gesamten Dateibaums (*root directory*), ›..‹ steht für den Katalog, welcher dem aktuellen Katalog übergeordnet ist (1 Stufe in Richtung der Wurzel). **cd** ohne Parameter setzt als neuen aktuellen Katalog den Standardkatalog ein, den man beim Anmelden im System erhalten hat (*login directory*) oder welcher der Shell-Variablen **$HOME** zugewiesen wurde.

Wird *katalog* als absoluter Pfadname mit **/** oder mit **./** oder **../** beginnend angegeben, so wird nur nach genau diesem Katalog gesucht. Ansonsten sieht **cd** in der Shellvariablen **$CDPATH** (soweit definiert) nach, in welchen Katalogen nach dem angegebenen Unterkatalog gesucht werden soll. Dieser Mechanismus entspricht etwa dem Suchmechanismus der Shell bei Programmnamen in der Variablen **$PATH**.

- cd /
  → setzt die Wurzel des Systemdateibaums als Standardkatalog ein.

- cd /usr/man
  → setzt */usr/man* als neuen Standardkatalog. ›ls man.1‹ ist nun äquivalent zu ›ls /usr/man/man.1‹.

- cd ..
  → setzt den Vaterkatalog des aktuellen Katalogs als neuen aktuellen Katalog ein.

- cd ../versuch
  → Hiermit wird der Katalog *versuch*, der auf der gleichen Stufe wie der aktuelle Katalog liegt (als Unterkatalog des gleichen Vaterkatalogs), zum aktuellen Katalog.

- cd oskar
  → Der Katalog *oskar* wird zum neuen *aktuellen Katalog*. Hierzu durchsucht das **cd**-Kommando die in **$CDPATH** definierten Kataloge in der darin vorgegebenen Reihenfolge (von links nach rechts) nach dem Unterkatalog *oskar* und setzt den ersten gefundenen als *aktueller Katalog* ein. Wird kein entsprechender Katalog gefunden, so meldet **cd** dies und der momentane *aktuelle Katalog* bleibt erhalten. Beginnt **$CDPATH** mit ›:‹, so wird vor allen angegebenen Katalogen erst der momentan aktuelle Katalog durchsucht.

- (cd /usr ; find . -print | cpio -ovB > /dev/rmt0)
  sichert den im Katalog */usr* beginnenden Dateibaum mit *relativen* Pfadnamen. In der durch (...) initiierten Shell wird */usr* als aktueller Katalog eingesetzt.

chgrp {–R} {–h} *gruppe datei ...*   → change group of file(s)

erlaubt es, das Attribut *Benutzergruppe* für eine oder mehrere Dateien oder Kataloge zu ändern. Als neue Gruppe wird *gruppe* eingetragen. Der Parameter *gruppe* ist entweder eine Gruppennummer oder ein Gruppenname, der in der Gruppendatei (*/etc/group*) enthalten ist.

Bei einem *symbolischen Link* wird im Standardfall nicht die Gruppe der Link-Datei, sondern der Originaldatei verändert. Die Option **–h** verhindert dies (*V.4*).

Soll ein ganzer Katalog und alle darin vorhandenen Unterkataloge durchlaufen werden, ist **–R** anzugeben (*V.4*).

Achtung: Nur der Super-User darf die Gruppennummer ändern!

✎ chgrp modula /usr/mod/*
→ Die Gruppennummer aller Dateien in dem Katalog /usr/mod wird auf die Nummer der Gruppe *modula* gesetzt. Hierzu muß die Datei */etc/group* existieren und *modula* darin als Gruppe eingetragen sein.

✎ chgrp -R QA diskette
→ ändert alle Dateien im Katalog *diskette* und alle darin liegenden Unterbäume, so daß sie die Gruppe *QA* bekommen.

chmod {**-R**} *modus datei* ...   → change **mod**e of file(s) to *modus*

ändert den Modus (d.h. die Zugriffsrechte) der angegebenen Dateien oder Kataloge.
(*V.4*): Ist *datei* ein Katalog und wurde **-R** angegeben, so wird der in diesem Katalog beginnende Dateibaum rekursiv durchlaufen und es werden die Modi aller Dateien des Baums entsprechend geändert.
Der Modus kann entweder als Oktalzahl oder symbolisch angegeben werden.

5.3 Vielbenutzte Kommandos (alphabetisch)

Die Oktalzahl ist die Addition (genauer: logische Disjunktion) folgender Werte:

4000 setzt bei der Ausführung die Benutzernummer des Dateibesitzers als effektive Benutzernummer ein

20*x*0 setzt bei der Ausführung die Gruppennummer des Dateibesitzers als effektive Benutzernummer ein, falls *x* den Wert **7, 5, 3** oder **1** hat. Falls *x* den Wert **6, 4, 2** oder **0** hat, wird beim Eröffnen der Datei automatisch eine exklusive Benutzung der Datei (*mandatory file locking*) sichergestellt.
Bei einer Kommandoprozedur muß diese mit
#! *shellname*
beginnen, damit das SUID- oder SGID-Bit wirksam ist.

1000 Die ausführbare Datei mit **shared text segment** bleibt nach Ausführung im Swapbereich des Systems (d.h. das *sticky bit* wird aktiviert).

400 Lesezugriff für den Besitzer
200 Schreibzugriff für den Besitzer
100 Katalogzugriff für den Besitzer
40 Lesezugriff für die Gruppe
20 Schreibzugriff für die Gruppe
10 Ausführungsrecht oder Katalogzugriff für die Gruppe
4 Lesezugriff für andere Benutzer
2 Schreibzugriff für andere Benutzer
1 Ausführungsrecht oder Katalogzugriff für andere Benutzer

Das Format der
symbolischen Modusangabe ist

{*wer_hat_zugriff*} *zugriffs_recht*{*zugriffs_recht*} {, ...}

dabei steht für *wer_hat_zugriff*:

u (*user*) für den Besitzer,
g (*group*) für die gleiche Gruppe,
o (*others*) für alle anderen oder
a für alle = **ugo**.

Fehlt die Angabe *wer_hat_zugriff*, so wird ›u‹ (der Besitzer) angenommen. Das Zugriffsrecht wird angegeben durch ›+‹ (füge neu hinzu) oder ›–‹ (verbiete das Recht) oder ›=‹ (lösche alle Rechte außer ...) gefolgt von der Art des Rechtes. Hierbei steht

r (*read*) für das Recht zu Lesen,
w (*write*) für das Recht zu Schreiben,
x (*execute*) für das Recht, das Programm in der Datei ausführen bzw. in dem Katalog suchen zu dürfen.

s   (*set ID*) steht an Stelle des **x-Rechtes** beim Dateibesitzer oder der Gruppe. Bei der Ausführung des Programms wird die Benutzer- oder Gruppennummer des Dateibesitzers benutzt, nicht die des Aufrufers.

t   (*save text*) führt dazu, daß der **sharable** Code des Programms auch nach Beendigung des Programms im Swap-Bereich bleibt.

l   (*locking*) Diese Datei darf nur exklusiv (von einer Task) zugleich benutzt werden.

⚠ Nur der Besitzer einer Datei oder der Super-User darf den Modus ändern!

Um eine Datei löschen zu dürfen, braucht man keine Schreiberlaubnis auf die Datei zu haben, sondern muß nur Schreiberlaubnis für den entsprechenden Katalog besitzen!

✎ chmod a+x pasc
→ macht die Datei *pasc* für alle Benutzer ausführbar.

✎ chmod u=r geheim
→ gibt nur dem Besitzer der Datei *geheim* das Leserecht. Alle anderen Benutzer können keinerlei Operationen auf die Datei ausführen (mit Ausnahme des Super-Users).

✎ chmod a+x datum
→ erklärt die Datei *datum* als ausführbar (für alle Benutzer des Systems). Ist die Datei *datum* eine Kommandoprozedur, so kann diese nun ohne ein vorangestelltes **sh** ebenso wie ein Programm aufgerufen werden.

✎ chmod ug+rw,o–rw nurwir
→ setzt die Zugriffsrechte so, daß der Besitzer und die Mitglieder der gleichen Gruppe der Datei *nurwir* die Datei lesen und verändern können und alle anderen keine Zugriffsrechte auf die Datei haben.

chown {–R} {–h} *name datei* ...   → change **own**er of files

erlaubt es, das Attribut *Dateibesitzer* der angegebenen Dateien oder Kataloge zu ändern. Als neuer Besitzer wird *name* (als Benutzername oder als Benutzernummer vorgegeben) eingetragen.

Bei einem *symbolischen Link* wird im Standardfall nicht die die Link-Datei, sondern der Originaldatei verändert. Die Option **–h** verhindert dies (*V.4*).

Soll ein ganzer Katalog und alle darin vorhandenen Unterkataloge durchlaufen werden, ist **–R** anzugeben (*V.4*).

5.3 Vielbenutzte Kommandos (alphabetisch)

⚠ Nur der Dateibesitzer einer Datei oder der Super-User darf den Modus ändern!

✎ mkdir /home/mil ; chown miller /home/mil
→ erzeugt einen neuen Katalog */home/mil* und trägt den Namen *miller* als dessen Besitzer ein. *miller* muß dabei als gültiger Benutzer in der Paßwortdatei */etc/passwd* eingetragen sein.

clear → **clear** screen

löscht den Bildschirm. Dieses Löschen geschieht geräteunabhängig. Die Information hierzu wird der Datei */etc/termcap* entnommen.
Das Kommando **clear** führt über eine kleine Kommandoprozedur eigentlich das Kommando ›tput clear‹ aus.

cmp {*optionen*} *datei_1 datei_2* {*d1* {*d2*}}   → **com**pare two files

vergleicht die beiden angegebenen Dateien und gibt, soweit keine Optionen angegeben sind, bei einem Unterschied die Position des Bytes und die Zeilennummer aus, bei der die Abweichung beginnt; wird kein Unterschied festgestellt, so liefert **cmp** den Wert (Exit-Status) 0. Soll von der Standardeingabe gelesen werden, so ist – statt des Dateinamens anzugeben.
   (*V.4*): Die Parameter *d1* (für *datei1*) und *d2* (für *datei2*) geben jeweils die Distanz in Bytes zum Anfang der Datei an, ab dem der Vergleich beginnen soll.
Als Optionen sind möglich:

–l   (*long*) Zu jedem festgestellten Unterschied wird die Byteposition und die Länge der Differenz (in Bytes) angegeben. Standardmäßig werden die beiden Dateien nur bis zum ersten Unterschied untersucht.

–s   (*sort*) Es wird nichts ausgegeben, sondern nur der entsprechende Ergebniswert (0 bei Gleichheit, anderer Wert sonst) geliefert.

✎ cmp main.c man.c.neu
→ vergleicht die beiden Dateien *main.c* und *main.c.neu*. Bei Gleichheit endet **cmp** ohne eine Ausgabe.

col {*optionen*} → filter reverse line feeds

fungiert als Filter und elimiert *negative Zeilenvorschübe* aus dem Text. Solche *negativen Zeilenvorschübe* (ASCII-Code: <esc> 7, <esc> 8, <esc> 9) werden in der Regel von **nroff** bei Tabellen, dem **.rt**-Makro und bei Hoch- und Tiefstellungen erzeugt. Mit den Zeichen <SO> wird durch **nroff** ein zweiter Zeichensatz angesteuert und mit <SI> beendet. **col** merkt sich dies und fügt nach der Konvertierung die Klammerung wieder korrekt ein.

comm {−} {*spalte*} *datei1 datei2* → show **comm**on data of two files

zeigt, was die Dateien *datei1* und *datei2* gemeinsam haben. Die Dateien müssen bereits (z.B. mit **sort**) sortiert sein. Die Option − besagt, daß die erste Datei von der Standardeingabe genommen werden soll. Es werden dabei drei Spalten ausgegeben:

1. Spalte Zeilen, die nur in *datei1* vorkommen,
2. Spalte Zeilen, die nur in *datei2* vorkommen,
3. Spalte Zeilen, die in beiden Dateien vorkommen.

Als *spalte* dürfen **1, 2** und **3** angegeben werden. Es wird damit jeweils die entsprechende Spalte unterdrückt.

    comm 12 alt neu
    → gibt alle Zeilen aus, die sowohl in der Datei *alt* als auch in der Datei *neu* vorkommen.

    ls /usr/kurs | comm − 3 katalog
    → vergleicht das Inhaltsverzeichnis des Katalogs */usr/kurs* mit dem Inhalt der Datei *katalog* und gibt die in beiden vorkommenden Einträge (Zeilen) aus.

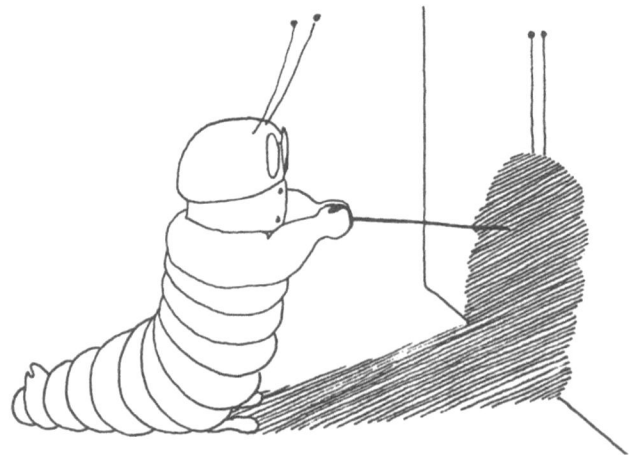

5.3 Vielbenutzte Kommandos (alphabetisch)

compress {*optionen*} {**-b** *bits*} {*datei* ...} → **compress** the files

Die Programme **compress**, **uncompress** und **zcat** stellen (wie **pack**, **unpack** und **pcat**) ein kleines Programmpaket dar, um Dateien zu komprimieren (**compress**), zu dekomprimieren (**uncompress**) oder dekomprimiert auszugeben (**zcat**). Zweck der Komprimierung ist eine kompaktere d.h. platzsparende Speicherung. Zur Komprimierung wird eine sogenannte *Lempel-Ziv-Kodierung* benutzt, welche sich dynamisch anpaßt. Die erzielte Einsparung hängt von der Größe der Eingabe (je größer die Eingabe, um so größer die prozentuale Einsparung) und Zeichenhäufigkeiten in der Eingabe ab. Ein Packen lohnt sich in der Regel erst ab Dateien > 1 kB. Die möglichen Einsparungen liegen bei Textdateien zwischen 40% und 70%.

Bei **compress** wird die Eingabe komprimiert und in einer Datei gleichen Namens, mit gleichem Besitzereintrag und gleichen Zugriffsrechten, jedoch der Endung ›**.Z**‹ abgelegt (bei dem ähnlich funktionierenden Programm **pack** ist dies ein kleines **.z**).

Eine Komprimierung findet **nicht** statt, falls die Datei ein Katalog ist, die Datei bereits komprimiert ist, auf die Datei mehrere Verweise (*links*) bestehen, die Datei nicht gelesen werden kann, keine Platzeinsparung erzielt wird, eine entsprechende Datei mit der Endung ›**.Z**‹ bereits existiert oder nicht erzeugt werden kann oder ein E/A-Fehler beim Packen auftritt. **compress** gibt nach dem Aufruf die Anzahl der Dateien aus, die es **nicht** komprimieren konnte.

compress kennt folgende Optionen:

- **-c** Hierbei wird der komprimierte Inhalt der Eingabe auf die Standardausgabe geschrieben. Die Eingabedatei wird nicht modifiziert oder umbenannt.
- **-b** *bits* Diese Option gibt (nur bei **compress**) die maximale Kodierungssequenz für ein Basiselement an ($9 \leq bits \leq 16$; Std. = 16).
- **-f** (*force*) Dies erzwingt das Packen der angegebenen Dateien, selbst wenn dadurch kein Platzgewinn erzielt wird.
- **-v** (*verbose*) Zu jeder komprimierten Datei wird ausgegeben, um wieviel Prozent die Datei komprimiert werden konnte.

✎ compress – v gross vielinhalt
→ komprimiert die Dateien *gross* und *vielinhalt* und legt das Ergebnis jeweils in *gross.Z* und *vielinhalt.Z* ab. Nach dem Lauf existieren die Dateien *gross* und *vielinhalt* **nicht** mehr, sondern nur noch die komprimierten Versionen. Der erzielte Komprimierungsgrad wird für beide Dateien ausgegeben.

Sollen viele Dateien oder alle Dateien eines größeren Verzeichnisses komprimiert werden, so ist der erzielte Gesamt-Komprimierungsgrad wesentlich höher, wenn die Dateien vorher (etwa mit **tar**) zu einem großen Archiv zusammengepackt werden.

cp {*optionen*} *datei_1 datei_2*   → copy file *datei_1* to file *datei_2*

oder

cp *datei_1* {*datei_2* ...} *katalog*   → copy files to directory

kopiert die Datei *datei_1* in eine neue Datei *datei_2*. Existiert *datei_2* bereits, so wird die alte Version überschrieben. Existiert die Datei *datei_2* noch nicht, so erhält sie die Attribute von *datei_1*.

Ist das letzte Argument ein Dateikatalog (zweite Form), so werden die davorstehenden Dateien unter dem gleichen Namen in diesen Katalog kopiert. Das System V.4* kennt (der XENIX-Kompatibilität wegen) noch das ähnlich Kommando **copy**, das weitere Optionen erlaubt.

⚠ Da bei Kommandoaufrufen wie ›**cp** *...‹ das Metazeichen ›*‹ von der Shell und nicht von **cp** zu den entsprechenden Dateinamen expandiert wird, die Shell aber bei dem angegebenen Aufruf (nur ›*‹) Dateinamen, die mit einem Punkt beginnen (z. B. ›.profile‹) nicht einsetzt, werden diese auch nicht mit dem angegebenen Kommando kopiert!. Sollen auch diese übertragen werden, so muß der Aufruf ›**cp** * .??* ...‹ lauten.

Das Kopieren aller Dateien, die auf den Namen ›.txt‹ enden, auf Dateinamen mit der Endung ›.bak‹ mit einem Kommando wie ›**cp** *.txt *.bak‹ ist **nicht** möglich!

Das **cp**-Kommando kennt folgende Optionen:

–i   (*V.4*): Würde durch das Kopieren eine bereits existierende Datei überschrieben, so wird mit **–i** vor dem Kopieren nochmals nachgefragt, ob die Datei wirklich überschrieben werden soll. Nur bei einem ›y‹ als Antwort wird überschrieben.

–p   (*V.4*): (*permissions*) Durch diese Option werden der Zugriffsmodus und das Datum der letzten Modifikation der zu kopierenden Datei auf die neu angelegte Datei übertragen.

–r   (*V.4*): Ist eine der zu kopierenden Dateien ein Katalog, so wird mit dieser Option der gesamte darin enthaltene Dateibaum (rekursiv) mit kopiert.

✎   cp /usr/mayer/sichere /mnt/save
    → legt eine Kopie der Datei *sichere* im Katalog */usr/mayer* unter dem Namen *save* im Katalog */mnt* an. Der Benutzer muß natürlich Schreiberlaubnis für den Katalog */mnt* besitzen.

✎   cp /usr/bin/* /usr/gul
    → kopiert alle Dateien des Katalogs */usr/bin* in den Katalog */usr/gul*; (z. B. */usr/bin/f77* wird dann zu */usr/gul/f77*).

5.3 Vielbenutzte Kommandos (alphabetisch)

cpio −o {*optionen*}   → copy files out

    oder

cpio −i {*optionen*} {*namens_muster*}   → copy in

    oder

cpio −p {*optionen*} {*katalog*}   → copy in and out (pass)

cpio ist ein recht universelles Programm zum Sichern und Wiedereinlagern von Dateien. Man arbeitet dabei in der Regel mit *raw*-Ein-/Ausgabe (d. h. mit Gerätenamen, die mit **/dev/r...** beginnen).

Mit ›**cpio −o**‹ (*output*) werden Dateien in der Regel auf ein Sicherungsmedium (Standardausgabe) hinaus kopiert. Die Namen der zu transferierenden Dateien liest **cpio** von der Standardeingabe. Die vollständige angegebene Namensangabe wird zusammen mit der Statusinformation der Datei (wie Zugriffsrechte und Modifikationsdatum) gesichert. Als Optionen sind hier zulässig:
aABcLvV −C *n* **−G** *datei* **−H** *h* **−K** *m* **−e** *e-opt* **−O** *datei* **−M** *m* .

In der Form ›**cpio −i**‹ (*input*) liest **cpio** Dateien von der Standardeingabe. Welche Dateien gelesen werden sollen, kann durch Namensmuster mit den gleichen Metazeichen wie sie auch die Shell verarbeitet, angegeben werden. Fehlt ein solches Muster, so werden **alle** Dateien (entsprechend ›*‹) zurückgelesen. Hierbei sind folgende Optionen erlaubt:
bBcdfkmrsSTtuvV −C *n* **−E** *datei* **−G** *datei* **−H** *h* **−e** *e-opt* **−I** *datei* **−M** *m* **−R** *id*.

Mit ›**cpio −p**‹ wird zuerst hinaus kopiert und danach wieder eingelesen. Man verwendet dies häufig, um einen Dateibaum komplett an eine andere Stelle zu kopieren.
Hierbei sind folgende Optionen erlaubt: **adlLmruvV −R** *id* **−e** *e-opt*.

Die Bedeutung der einzelnen Optionen sind:

a	(*access date*) Nach dem Kopieren wird das Datum des letzten Dateizugriffs der Eingabe-Dateien zurückgesetzt.
A	(*append*) Die Dateien werden an ein bereits vorhandenes Archiv angehängt. Hierbei ist auch die Option −O notwendig!
b	Die Bytereihenfolge in einem Maschinenwort (Annahme 4 Bytes lang) wird umgekehrt.
B	Beim Kopieren soll mit einer Blockgröße von 5120 Bytes gearbeitet werden. Dies ist bei Bändern oder Streamerkassetten sinnvoll.
c	Der Informationsblock (*header*) soll aus Gründen der Portabilität im ASCII-Format geschrieben werden.
−C *n*	Gibt den Blockungsfaktor *n* bei der Ein- oder Ausgabe in Bytes an. Der Standard ist 512 bzw. 5120 bei Angabe der Option −B. Die Angabe ist nur bei Benutzung *raw device* sinnvoll.

	➜ Die meisten Systeme haben eine zulässige obere Grenze bei der Blockung. Erkundigen Sie sich hierzu bei Ihrem Systemverwalter oder Systemanbieter.
d	(*directory*) Beim Einlesen werden notwendige Kataloge automatisch angelegt.
−E *datei*	erlaubt eine Datei vorzugeben, in der die Namen der zu sichernden Dateien stehen.
−e *e-opt*	gibt an, wie eine vxfs-Datei zu behandeln ist. Als *e-opts* (Optionen für die e-Option) sind möglich:

      warn   Es wird eine Warnung ausgegeben, wenn die Erweiterungsattribute nicht beibehalten werden können.

      force   Können die Erweiterungsattribute nicht beibehalten werden, so soll die Operation einen Fehler zurückgeben.

      ignore   Die Erweitertungsattribute der Datei werden ignoriert.

f	Es werden alle Dateien kopiert, auf die das angegebene Muster **nicht** paßt.
−G *datei*	Erlaubt eine spezielle Datei (z.B. ein Pseudo-tty) anzugeben, durch das die Kommunikation zwischen dem Anwender und cpio stattfinden soll (z.B. bei der Behandlung von Band-Ende-Meldungen). Im Standardfall wird /*dev*/*tty* verwendet.
−H *kopf*	(*V.4*): Die Information im Kopf (englisch: *header*) für jede Datei soll in dem mit *kopf* angegebenen Format gelesen bzw. geschrieben werden. Für *kopf* sind zulässig:

      asc   Die Kopfzeile soll im ASCII-Format sein.

      crc   Pro Datei wird eine Prüfsumme mit dem ASCII-Kopf hinterlegt.

      tar   Die Kopfzeile soll im **tar**-Format geschrieben werden.

      ustar Es wird das Standard-Format der POSIX-P10003-Definition verwendet.

−I *datei*	Bei **cpio −i**... liest das **cpio**-Programm im Standardfall von der Standardeingabe die Dateien ein. Durch die Option −I *datei* kann Gerät (bzw. eine Datei) angegeben werden, von dem statt von der Standardeingabe gelesen werden soll.
k	Korrumpierte Dateiköpfe (in der Sicherungseinheit) sollen übersprungen werden. Im Normalfall würde dadurch **cpio** abgebrochen.
−K *m*	gibt die Größe des Datenträgers in 1-kB-Einheiten an. Der Puffer bei der Option −C *n* muß dann ein Vielfaches dieser Größe sein.
l	Soweit dies möglich ist, soll ein Verweis (*link*) (**ln**) an Stelle des Kopierens durchgeführt werden.
L	Normalerweise werden *symbolische Links* als symbolische Links kopiert. Diese Option sorgt dafür, daß **cpio** den symboli-

schen Links folgt, bis eine *echte* gefunden wird und diese Datei kopiert.

m Das alte Modifikationsdatum der Dateien soll erhalten bleiben.

–M *nachricht* gibt an, daß beim Erreichen des Bandendes (Mediumendes) *nachricht* als Meldung ausgegeben wird. Der Benutzer soll damit aufgefordert werden, das Medium zu wechseln. Kommt in *nachricht* ›%d‹ vor, so wird bei der Ausgabe dies durch eine fortlaufende Nummer ersetzt (etwa: ›Bitte 3. Band auflegen‹).

–O *datei* Bei **cpio –i...** schreibt das **cpio**-Programm im Standardfall auf die Standardausgabe. Durch die Option **–O** ***datei*** kann Gerät (bzw. eine Datei) angegeben werden, auf das statt auf die Standardausgabe geschrieben werden soll.

r (*rename*) Die Dateien sollen umbenannt werden. **cpio** fragt dabei nach dem neuen Namen. Antwortet der Benutzer mit einer Leerzeile, so wird die Datei nicht übertragen.

R *id* (**V.4**): (*Reassign*) Die Kopie der Dateien erhalten die mit *id* vorgegebene neue Benutzeridentifikation (Benutzernummer). Dies darf nur der Super-User!

s (*swab*) Je zwei Bytes werden (nur beim Einlesen (–i)) vertauscht.

S Jeweils zwei Halbworte (Annahme 1 Wort = 4 Bytes) werden vertauscht.

t (*table of contents*) Es wird lediglich ein Inhaltsverzeichnis des Eingabe-Datenträgers erstellt, jedoch keine Dateien kopiert.

u Im Normalfall wird eine existierende Datei durch eine einzulesende nur dann ersetzt, wenn die einzulesende Datei neueren Datums als die vorhandene Datei ist. Die Option **u** unterdrückt diese Prüfung.

v (*verbose*) Beim Übertragen oder beim Erstellen des Inhaltsverzeichnisses (Option **t**) werden die Namen der Dateien auf der Standardfehlerausgabe aufgelistet.

V (*Verbose*) Beim Übertragen wird statt dem Namen der übertragenen Datei nur jeweils ein Punkt ausgegeben, so daß man den Fortschritt angezeigt bekommt.

✎ cd / ; find /usr –print | cpio –ovB > /dev/rmt0
→ kopiert alle Dateien des im Katalog */usr* beginnenden Dateibaums (**find** erzeugt die Namen aller dieser Dateien) mit ihrem vollständigen Pfadnamen in Blöcken zu 5120 Bytes auf das Magnetband. Die Namen aller übertragenen Dateien werden ausgegeben. Wollte man mit relativen Dateinamen arbeiten (dies ist in der Regel zu bevorzugen), so sähe das obige Kommando wie folgt aus:
cd /usr ; find . –print | cpio –ovB > /dev/rmt0

✎ cpio –ivB "*.c" < /dev/nrmt0
→ liest alle C-Quelltextdateien (Endung *.c*) vom Magnetband ein (Blockgröße 5120 Bytes). Das Band wird nach dem Transfer nicht automatisch zum Bandanfang gefahren (*/dev/nrmt0*). Die Liste der übertragenen Dateien wird ausgegeben.

✎ cpio –itvB < /dev/rmt/mt3 > inh
→ liest das Inhaltsverzeichnis der auf der Streamer-Kassette stehenden Dateien (Blockgröße 5120 Bytes) und legt dies in der Datei *inh* ab.

✎ find . –print | cpio –pvd > /user/neu
→ kopiert den im aktuellen Katalog beginnenden Dateibaum komplett in den Katalog */user/neu*. Dabei darf sich der kopierte Dateibaum nicht mit */usr/neu* überschneiden!

✎ cpio –ivmdBf [A-Z]* < /dev/rmt/mt0
→ liest vom Magnetband eine cpio-Sicherungseinheit ein, wobei nur die Dateien kopiert werden, deren Namen **nicht** mit einem Großbuchstaben (A bis Z) beginnen.

✎ cat liste | cpio –oV –C 10240 –O /dev/rmt/mt3 –M \
›Bitte Kassette wechseln‹

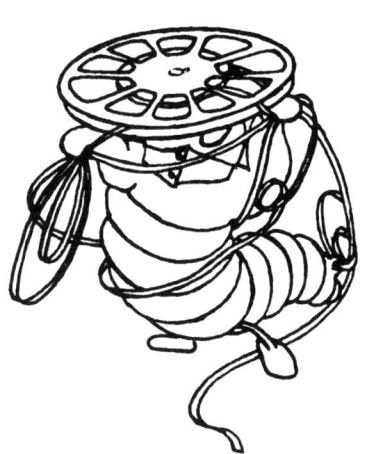

→ sichert die Dateien, deren Namen in *liste* stehen auf das Magnetband auf dem Gerät */dev/rmt/mt3*. Es wird mit einem Blockungsfaktor von 10 kB bzw. 10240 Bytes bearbeitet. Ist das Bandende erreicht, so wird die Meldung
›Bitte Kassette wechseln‹
ausgegeben.
Der Fortschritt der Sicherung wird durch die Ausgabe von jeweils einem Punkt pro gesicherter Datei auf die Dialogstation angezeigt.

5.3 Vielbenutzte Kommandos (alphabetisch)

crontab {*datei*} → append *datei* to **crontab** files

oder

crontab –e {**–u** *benutzer*} → edit user's **crontab** file

oder

crontab –l {**–u** *benutzer*} → list user's **crontab** files

oder

crontab –r {**–u** *benutzer*} → remove user's **crontab** files

Die erste Form des **crontab**-Kommandos kopiert die angegebene Datei des Benutzers in den Katalog */var/spool/cron.d/crontabs* (vor V.4 in */usr/spool/cron/crontabs*), worin alle von **cron** zu bearbeitenden Aufträge abgelegt werden. Fehlt der Parameter *datei*, so wird von der Standardeingabe gelesen. Die Ausgabe der Standardfehlerausgabe geht – soweit sie nicht explizit umgelenkt wird – per **mail** an den Benutzer.

In den Systemdateien */etc/tron.d/cron.allow* bzw. */etc/cron.d/deny* (vor V.4 in den Dateien */usr/lib/cron/cron.allow* bzw. */usr/lib/cron/deny*) ist festgelegt, welche Benutzer Aufträge mittels **crontab** absetzen dürfen (es muß dort jeweils ein Benutzername pro Zeile stehen). In *cron.allow* sind alle Benutzer aufgeführt, die **crontab** benutzen dürfen (die Datei *cron.deny* sollte dann nicht existieren). Fehlt die Datei *cron.allow*, so wird in *corn.deny* festgelegt, welche Benutzer von der Benutzung von *crontab* ausgeschlossen sind. Existiert weder *cron.allow* noch *corn.deny*, so darf nur der Super-User **crontab** verwenden; fehlt *corn.allow* und ist *cron.deny* leer, so dürfen alle Benutzer **crontab** verwenden.

Bei der Form ›**–e** ...‹ wird die Crontab-Datei des Benutzer editiert. Existiert die Datei nicht, wird eine neue leere angelegt. Zum Editieren wird der editor verwendet, der in der Shell-Variable **$EDITOR** definiert ist bzw. mit **ed**, falls sie leer oder nicht existent ist.

Mit der Form des **crontab**-Aufrufs mit **–r** wird die Crontab-Datei des Benutzers (der Auftrag an **cron**) gelöscht. Mit **–l** wird die angelegte crontab-Datei des Benutzers ausgegeben.

Im Standardfall ist die Crontab-Datei des aktuellen Benutzers gemeint. Nur ein privilegierter Benutzer kann auch die Dateien anderer Anwender bearbeiten.

Das Format einer **crontab**-Datei ist unter **cron** beschrieben.

✎ crontab 0 24 * * * rm `find . –name ›*.bak‹ –print`
<eof>
→ setzt den Auftrag ab, täglich um 24 Uhr alle Dateien des Benutzers mit der Endung ›*.bak*‹ zu löschen. Da in dem Beispiel keine Umlenkung der Fehlerausgabe vorkommt, werden eventuell auftretende Fehlermeldungen (Programm schreibt auf die

Standardfehlerausgabe) dem Benutzer nach der jeweiligen Kommandoausführung per **mail** zugeschickt.

✎ crontab 0 24 * * * calendar –
<eof>
→ startet täglich um 24 Uhr das Terminerinnerungsprogramm **calendar** und sorgt in der angegebenen Art dafür, daß die Terminkalender aller Benutzer durchlaufen und die Termine den jeweiligen Benutzern per **mail** zugesandt werden. Die Benutzer des Systems erhalten damit beim nächsten **login** eine Meldung (*mail*), die sie an die anstehenden Termine erinnert.

---

crypt {*schlüssel*} → encode or decode text

oder

crypt –k {*schlüssel*} → encode or decode text

ist ein Filter, welcher Text kodiert bzw. dekodiert. Zur Ver- und Entschlüsselung wird der angegebene Schlüssel verwendet. Fehlt die Angabe des Schlüssels, so fordert **crypt** interaktiv an, wobei bei der Eingabe des Schlüssels kein Echo erfolgt. Wird die Option **–k** verwendet, so benutzt **crypt** den Schlüssel der Shellvariablen **$CRYPTKEY**.

Die von **crypt** angewandte Verschlüsselung ist recht sicher, jedoch auch recht CPU-intensiv. Die Verfahren entspricht der bei **ed, edit, ex** und **vi** mit der Option **–x** verwendeten Verschlüsselung. Diese Dateien können somit entsprechend verarbeitet werden.

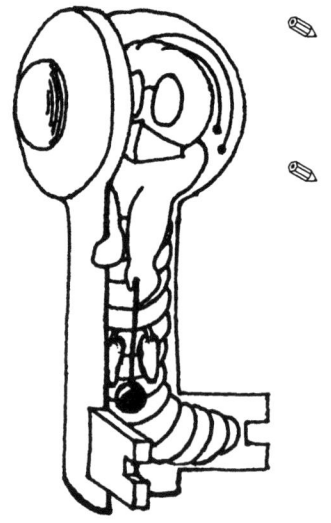

✎ crypt schnee < vertraulich > gesichert
→ legt den Inhalt der Datei *vertraulich* in verschlüsselter Form in der Datei *gesichert* ab. Als Schlüssel wird das Wort *schnee* verwendet.

✎ crypt < gesichert | lp
druckt die im obigen Beispiel angelegte und verschlüsselte Datei *gesichert* (decodiert) mit dem Print-Spooler aus. Da kein Schlüssel angegeben wurde, fragt **crypt** diesen interaktiv ab.

5.3 Vielbenutzte Kommandos (alphabetisch)

csh {*optionen*} {*argumente*} {*datei*} → start **csh** version of shell

Hierdurch wird die **csh** gestartet. Ist sie die *Login-Shell*, so werden die Kommandos der Datei *.login* im *Login-Katalog* des Benutzers ausgeführt. Bevor sie Benutzerkommandos entgegennimmt oder die Kommandos einer Shellprozedur verarbeitet, führt sie die Kommandoprozedur *.cshrc* im Hauptkatalog des Benutzers aus.

Die **csh** wird – wenn sie eine interaktive Shell war – durch **exit** oder **logout** beendet. Sie führt dann die Kommandos der Datei *.logout* aus bevor sie terminiert.

Ebenso wie bei der Bourne-Shell ist die **csh** in der Lage, Kommandoprozeduren auszuführen. Die Möglichkeiten der Ablaufsteuerung sind hierzu in Abschnitt 7.2 beschrieben.

Die Optionen der **csh** sind: **–bcefinstvVxX**
Sie haben folgende Funktionen:

– **–b** Alle weiteren Argumente werden nicht mehr als Optionen interpretiert, auch wenn sie ein voranstehendes – haben. Diese Option ist erforderlich, damit die csh eine Kommandoprozedur mit einem SUID- oder SGID-Bit bearbeitet.
– **–c** *text* Die auszuführenden Kommandos sind in *text* enthalten.
– **–e** Tritt ein Fehler auf oder liefert ein Kommando einen von 0 verschiedenen *Exit-Status*, so wird die Shell terminiert.
– **–f** Die Kommandos in *.rcsh* sollen nicht abgearbeitet werden.
– **–i** Die Shell ist eine *interaktive Shell*.
– **–n** Die Kommandos sollen zerlegt, jedoch **nicht** ausgeführt werden. Dies erlaubt ein Testen.
– **–s** Die Kommandosequenz soll von der Standardeingabe gelesen werden.
– **–t** Es soll nur **eine** Eingabezeile gelesen und ausgeführt werden.
– **–v** **$verbose** wird definiert. Hierdurch wird das Kommando nach der *History*-Ersetzung angezeigt.
– **–V** Es wird implizit **$verbose** definiert und zwar bevor *.cshrc* ausgeführt wird. Hierdurch wird das Kommando nach der *History*-Ersetzung angezeigt.
– **–x** **$echo** wird definiert. Hierdurch wird das expandierte Kommando vor seiner Ausführung angezeigt.
– **–X** **$echo** wird definiert und zwar vor der Ausführung von *.cshrc*. Hierdurch wird das expandierte Kommando vor seiner Ausführung angezeigt.

→ Eine ausführlichere Beschreibung der **csh** ist in Abschnitt 7.2 ab Seite 457 zu finden.

cu {*optionen*} {*ziel*} → (*call* **unix**) dial up other system

cu erlaubt die Kommunikation mit einem anderen Rechnersystem in der Regel über serielle Leitungen bzw. Modemleitungen. Dabei gibt *ziel* das Zielsystem vor. Dies kann entweder ein Systemname, eine Telefonnummer oder ein Leerzeichen sein. Bei automatischen Wählanlagen kann mit *telefon_nummer* die zu wählende Nummer vorgegeben werden. Dabei wird bei einer 2-stufigen Verbindung (*secondary dial*) die zweite Nummer durch ›=‹ syntaktisch getrennt angegeben. Bei festen Anschlüssen gibt *leitung* die Leitung an, über welche die Verbindung aufgebaut werden soll.

Der Verbindungsaufbau bedient sich der Mechanismen des **uucp**-Systems und entnimmt Informationen den Dateien /*etc*/*uucp*/*Systems* und /*etc*/*uucp*/*Devices*.

Die Bedeutung der Funktionen und Optionen ist:

- **–b***n* Es wird mit *n*-Bits pro Zeichen übertragen ($7 \leq n \leq 8$).
- **–c***t* Aus den Einträgen in Devices werden nur jene berücksichtigt, die vom Typ *t* sind.
- **–d** Es wird zu Diagnosezwecken ein Protokoll der Kommunikation ausgegeben.
- **–e** Beim Senden zur Gegenstation soll gerade Parität (*even parity*) verwendet werden.
- **–h** Es erfolgt ein lokales Echo (normalerweise wird das Echo vom anderen Rechner erwartet).
- **–l***leitung* gibt an, welche Leitung (welcher Eintrag in /*dev*) zur Kommunikation benutzt werden soll.
- **–n** Hierbei wird der Benutzer interaktiv nach der Telefonnummer gefragt, die verwendet werden soll (statt der Angabe in der Kommandozeile).
- **–o** Beim Senden zur Gegenstation soll ungerade Parität (*odd parity*) verwendet werden.
- **–s***baud* gibt die Übertragungsrate (in Baud) an. Möglich sind hier (vorausgesetzt die Leitung erlaubt dies) **300, 1200, 2400, 4800, 9600**.
- **–t** Mit dieser Option wird in der Regel ein ASCII-Terminal angewählt, welches auf automatische Antwort gestellt ist. Hierbei wird <cr> in <cr><lf> abgebildet.

Nach dem Verbindungsaufbau arbeitet **cu** mit zwei Prozessen, einem Senderprozeß, der Eingabe von der Standardeingabe liest und zum fremden System schickt und dem Empfängerprozeß, der Eingabe vom fremdem System liest und auf die Standardausgabe schreibt.

Zeilen der Standardeingabe, die mit einer Tilde ~ beginnen, werden nicht an das Fremdsystem geschickt, sondern als Kommando interpretiert und entsprechend ausgeführt. Dies gilt auch für Zeilen vom Fremdsystem, die mit ~ beginnen.

Folgende ~-Kommandos kennt cu:

~.	Der Dialog wird beendet.
~!	Auf dem lokalen System wird (vorübergehend) die Shell aufgerufen.
~!*kommando*	Auf dem lokalen System wird das angegebene Kommando der Shell zur Ausführung übergeben.
~$*kommando*	Auf dem lokalen System wird das angegebene Kommando der Shell zur Ausführung übergeben und die Ausgabe zum anderen System geschickt.
~+*kommando*	Das angegebene Kommando wird lokal ausgeführt, wobei seine Eingabe vom und seine Ausgabe zum entfernten (remote) System geleitet werden.
~%cd	führt ein **cd** des **cu**-Systems auf dem lokalen System aus.
~%take *von* {*nach*}	kopiert die Datei *von* auf dem anderen System in die Datei *nach* auf dem lokalen System. Fehlt die Angabe von *nach*, so wird der Name *von* verwendet.
~%put *von* {*nach*}	kopiert die Datei *von* auf dem lokalen System in die Datei *nach* auf dem anderen System. Fehlt die Angabe von *nach*, so wird der Name *von* verwendet.
~~*zeile*	maskiert die Bedeutung von ~, so daß die Zeile (ohne das erste Tildezeichen) zum anderen System geschickt wird.
~%break	schickt an das andere System ein <break>.
~%debug	schaltet den Testmodus an und bei einem weiteren Aufruf wieder ab.
~t	gibt die Werte der Terminalparametrisierung auf dem lokalen System aus.
~l	gibt die Werte der Terminalparametrisierung auf dem anderen System aus.
~%nonstop	schaltet für die Verbindung das <XON>/<XOFF>-Protokoll ab und beim nächsten Aufruf wieder an.

cut −**c**_liste_ {_dateien_}   → **cut** out specified columns from files

oder

cut −**f**_liste_ {_optionen_} {_dateien_}   → **cut** out specified fields from files

erlaubt, bestimmte Spaltenbereiche (erste Form mit −**c** _liste_) oder Felder (Form mit −**f** _liste_) aus allen Zeilen der angegebenen Dateien herauszuschneiden. Das Ergebnis wird auf die Standardausgabe geschrieben. _liste_ gibt dabei die Spalten- bzw. Feldbereiche an, die herausgetrennt werden sollen. Einzelne Angaben werden durch Kommata getrennt. Bereiche werden in der Form ›_von−bis_‹ geschrieben. Ein führendes − steht für ›_alles bis_‹.

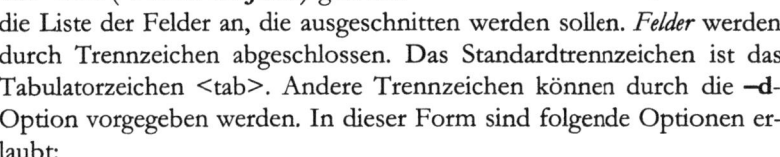

Bei der zweiten Form des Aufrufs mit −**f**_liste_ (−f steht für _fields_) gibt _liste_ die Liste der Felder an, die ausgeschnitten werden sollen. _Felder_ werden durch Trennzeichen abgeschlossen. Das Standardtrennzeichen ist das Tabulatorzeichen <tab>. Andere Trennzeichen können durch die −**d**-Option vorgegeben werden. In dieser Form sind folgende Optionen erlaubt:

−**d**z Das Zeichen z soll als Trennzeichen verwendet werden. Dies ist nur wirksam in Verbindung mit der −**f**-Option. Trennzeichen mit einer Sonderfunktion für die Shell müssen maskiert werden!

−**s**   Alle Zeilen, in denen das Trennzeichen nicht vorkommt (nur bei Option −**f**), sollen unterdrückt werden. Ohne diese Option werden sie ohne Modifikation weitergereicht.

✎   cut −c−3,10−20,25 ein
   → schneidet aus der Datei _ein_ die Spalten 0-3, 10-20 und 25 aus.

✎   cut −f1,3,5− ›−d ‹ ein
   → gibt von der Datei _ein_ die Felder 1, 3, 5 und alle weiteren aus. Felder werden dabei durch ein Leerzeichen getrennt. Der −**d**-Optionsteil muß mit ›...‹ geklammert werden, da sonst das Leerzeichen hinter dem −**d** nicht als Optionsteil, sondern als Trennzeichen von der Shell interpretiert wird.

5.3 Vielbenutzte Kommandos (alphabetisch)

date {−a{−} *korrektur*} {−u} *datum* → set new system *date* values

oder

date {−u} {+*format*} → print **date**

Die erste Form von **date** erlaubt das Setzen der Systemzeit. Dies darf nur der Super-User! Dabei muß das Datum in einer der drei folgenden Formen eingegeben werden:

MMTT   Angabe von Monat und Tag
SSmm   Angabe von Stunde und Minuten
MMTTSSmm{{jj}JJ}   Angabe des vollständigen Datums

Hierbei steht: JJ für das Jahr (zwei Ziffern!)
                jj für das Jahrhundert -1 (zwei Ziffern (z.B. 19)),
                MM für den Monat (zwei Ziffern),
                TT für den Tag des Monats (zwei Ziffern),
                SS für die Stunde (24-Stundenangabe),
                mm für die Minutenangabe (zwei Ziffern)›

Die Jahresangabe (*JJ* bzw. *jjJJ*) kann entfallen. In diesem Fall wird das aktuelle Jahr angenommen und nur Datum und Uhrzeit werden neu gesetzt.

(*V.4*): Die Option −u in den beiden Formen bewirkt, daß die Systemzeit als GMT (Greenwich-Zeit) ausgegeben bzw. eingegeben wird. Die Korrektur durch den lokalen Zeitversatz wird dabei umgangen.

(*V.4*): (**adjust**) Durch die Option ›−a {−} *s.d*‹ wird das System veranlaßt, die Zeit allmählich um die angegebene Anzahl von Sekunden zu justieren. *s* gibt dabei die Sekunden und *d* den Bruchteil von Sekunden (hinter dem Punkt) an.

In der zweiten Form von **date** wird das Datum und die Uhrzeit ausgegeben. Fehlt jede Option und Formatangabe, so geschieht dies in einem Standardformat.

Das Format der Datumsangabe kann durch die Option ›+*format*‹ gesteuert werden. Die Formatangabe entspricht dabei weitgehend der von **printf (2)** wobei eine Formatangabe durch % eingeleitet wird.

Ab V.3.1 werden statt der englischen Namen und Formate, abhängig von der Environmentvariablen **$LANG,** die Tages- und Monatsbezeichnungen auch in der Landessprache ausgegeben.

In *format* stehen

%%	für das Zeichen % selbst
%a	für den abgekürzten Namen des Wochentags (**Sun–Sat** bzw. **Son–Sam**)
%A	für den vollen Namen des Wochentags (**Sunday–Sutterday** bzw. **Sonntag–Samstag**)
%b	für den abgekürzten Monatsnamen (**Jan–Dec** bzw. **Jan–Dez**)
%B	für den vollen Monatsnamen (**January–December** bzw. **Januar–Dezember**)
%c	(∗V.4∗): Datum und Uhrzeit werden im *lokalen* Format ausgegeben.
%d	für die Tagesangabe (Nummern 1–31)
%D	für ein Datum im Format *MM/TT/JJ* (*Monat/Tag/Jahr*)
%e	für den Tag im Monat (1–31, zwei Zeichen breit)
%h	für den abgekürzten Monatsnamen (entspricht **b**)
%H	für die Uhrzeit in Stunden (Nummern 00–23)
%I	für die Uhrzeit in Stunden (Nummern 01–12)
%j	für das Jahr (Nummern 001– 66)
%m	für die Monatsangabe (Nummern 01–12)
%M	für die Uhrzeit in Minuten (Nummern 00–59)
%n	(*newline*) neue Zeile
%p	2 Zeichen (**AM** oder **PM**) die im englischen Format angeben, ob es sich um die Uhrzeit vormittags oder nachmittags handelt.
%r	für die Uhrzeit mit dem englischen AM/PM-Format
%R	(∗V.4∗): für die Uhrzeit im Format SS:MM (Stunde:Minute)
%S	für die Uhrzeit in Sekunden (Nummern 00–59)
%t	Tabulatorzeichen
%T	für die Uhrzeit im Format *SS:MM:ss* (Stunde:Minuten:Sekunden)
%U	für die Kalenderwoche im Jahr (01–52; die erste Woche beginnt mit einem Sonntag)
%w	für den Wochentag (Nummern 0=Sonntag – 7=Samstag)
%W	für die Kalenderwoche im Jahr (01 – 52; die erste Woche beginnt mit einem Montag).
%x	für das Datum im jeweiligen Landesformat
%X	für die Uhrzeit im jeweiligen Landesformat
%y	für die Jahresangabe (Nummern 00 – 99)
%Y	für die Jahresangabe im Format *jjJJ* (4 Ziffern)
%Z	für den Namen der Zeitzone

5.3 Vielbenutzte Kommandos (alphabetisch)

- date
  → liefert das Datum und die Uhrzeit zurück.

- date 0210233394
  → setzt den 10. Februar 1994 23^{33} als Datum und Uhrzeit ein.

- date 9309231730
  → setzt den 23. September 93 als Datum und 17^{30} als Uhrzeit ein.

- date '+%d.%m. 19%y; %H Uhr %M'
  → gibt das Datum im deutschen Format aus (z.B.: ›10. 02. 1995; 16 Uhr 25‹). Da im Argument Leerzeichen vorkommen, muß die ganze Zeichenkette mit ›'‹ geklammert werden.

- echo "Heute ist " `date '+%A, der %e. %B %Y'`
  → gibt z.B. am 12. 12. 95 folgenden Text aus: ›Heute ist Samstag, der 12. Dezember 1995‹ sofern **$LANG** den Wert **de** hat. Das gleiche Ergebnis erhält man mit:
  date "+Heute ist %A, der %e. %B %Y"

- #/bin/sh
  read JT < sicherung
  if [N=`expr \`date "+%W"\` \* 7 \+ \`date "+%w"\` - $JT` -gt 0]
  then echo "Die Datensicherung ist seit $N Tagen ueberfaellig!"
  fi

- → Hier sei angenommen, daß in der Datei *sicherung* das Datum steht, wann die nächste Datensicherung erfolgen sollte (als x-ter Tag im Jahr).
  »read *JT* ...« liest dieses Datum in die Variable *JT*.
  Die Anweisung »date "+%W"« liefert die aktuelle Woche im Jahr, »date "+%w"« den Tag der Woche. Durch »expr ...« wird dieses Datum vom Solldatum abgezogen. Ist das Sicherungsdatum überschritten, so gibt die Prozedur folgende Nachricht aus:
  Die Datensicherung ist seit x Tagen ueberfaellig!

dd {**if**=*eingabe*} {**of**=*ausgabe*} {*option*=*wert*} → copy **d**evice to **d**evice

kopiert eine oder mehrere Dateien (oder ganze Dateisysteme), wobei gleichzeitig gewisse Konvertierungen möglich sind. *eingabe* ist hierbei die Eingabedatei, *ausgabe* die Ausgabedatei oder das Zieldateisystem.

Das **dd**-Kommando ist sehr schnell, wenn vom **raw device** auf ein **raw device** kopiert und dabei durch die Option ›**bs**=*n*‹ eine hohe Blockgröße benutzt wird. Ist **if**=*eingabe* oder **of**=*ausgabe* nicht angegeben, so wird die Standardein- bzw. Standardausgabe substituiert.

Die Optionen sind:

bs=*n*	(*block size*) legt die Übertragungsblockgröße in Byte fest.
cbs=*n*	gibt die Größe für den Konvertierungspuffer an.
count=*n*	Es sollen nur *n* Sätze kopiert werden.
files=*n*	Es sollen *n* Dateien vom Band gelesen werden.
ibs=*n*	(*input block size*) gibt die Eingabe-Blockgröße mit *n* Bytes vor (Standardwert = 512).
iseek=*n*	Das Kopieren beginnt erst *n* Blöcke nach dem Anfang der Eingabedatei.
obs=*n*	(*output block size*) wie **ibs** für die Ausgabe
oseek=*n*	Das Kopieren beginnt erst *n* Blöcke nach dem Anfang der Ausgabedatei.
seek=*n*	arbeitet wie **oseek**.
skip=*n*	Die ersten *n* Sätze sollen beim Kopieren übersprungen werden.

Steht nach der Zahl *n* **b**, so sind Blöcke zu 512 Bytes, steht **w** so sind Worte (zwei Byte), steht **k**, so sind 1 024 Byte gemeint.

conv=ascii	konvertiert von EBCDIC nach ASCII.
conv=block	konvertiert variabel lange, durch <nl> terminierte Zeilen in Zeilen fester Länge.
conv=ebcdic	konvertiert ASCII nach EBCDIC.
conv=ibm	Es wird eine IBM-spezifische Umsetztabelle zwischen ASCII und EBCDIC verwendet.
conv=lcase	konvertiert Großbuchstaben in Kleinbuchstaben.
conv=noerror	Die Bearbeitung soll beim Auftreten eines Fehlers **nicht** beendet werden.
conv=swab	vertauscht je zwei Byte beim Übertragen.
conv=sync	Alle Sätze werden auf *ibs*-Zeichen aufgefüllt.
conv=unblock	konvertiert Zeilen fester Blocklänge in solche variabler Blocklänge, die durch <nl> terminiert sind.
conv=ucase	konvertiert Kleinbuchstaben in Großbuchstaben.

Mehrere Konvertierungsoptionen werden durch Kommata getrennt.

5.3 Vielbenutzte Kommandos (alphabetisch)

⚠ **dd** kann ein sehr gefährliches Kommando sein, wenn anstatt mit Dateien mit Gerätenamen (z.B. der Systemplatte) gearbeitet wird! Wenn nicht gerade eine ganze Platte 1:1 kopiert werden soll, ist **dd** auf Platten zu vermeiden! Es kann die Dateistruktur zerstören.

✎ dd if=/dev/rrl0 of=/dev/rrl1 bs=40b
→ kopiert von dem *raw device rl0* (Magnetplatte) auf die Platte *rl1*, wobei mit einem Puffer von 40 Blöcken zu 512 Byte gearbeitet wird.

✎ dd if=/dev/tty of=GROSS conv=ucase
→ schreibt die Tastatureingabe unter Umsetzung aller Kleinbuchstaben in Großbuchstaben in die Datei GROSS.

✎ dd if=/dev/rmt/mt0 of=band ibs=4k cbs=80 files=1 \
conv=ascii
→ liest eine Datei vom Magnetband (*mt0*). Die Blockgröße auf dem Band ist dabei 4096 Zeichen (4-KB-Blöcke) pro Block, die Satzlänge beträgt 80 Zeichen (*cbs=80*). Beim Übertragen wird eine Konvertierung von EBCDIC nach ASCII vorgenommen. Die Datei wird unter dem Namen *band* im aktuellen Katalog abgelegt.

✎ dd if=/dev/rfd0 of=Diskette1
→ liest eine komplette Diskette ein und legt ein vollständiges physikalisches Abbild davon in der Datei *Diskette1* ab. Diese Datei ist immer so groß wie die maximale formatierte Kapazität der Diskette, auch wenn diese mit wesentlich weniger (logischem) Inhalt beschrieben wurde.
Auf diese Weise können am einfachsten komplette Disketten kopiert werden. Um das Abbild der Diskette wieder auf eine (andere, aber gleichartige, formatierte) Diskette zu schreiben, dreht man die Parameter dieses Kommandos einfach um:
dd if=Diskette1 of=/dev/rfd0

df {**-F** *fs-typ*}   {*option*}   {*gerät(e)*}   → **d**isk **f**ree

gibt die Anzahl der freien Blöcke und freien Dateiköpfe auf dem logischen Datenträger (oder den Datenträgern) *gerät* aus. Statt des Gerätes kann auch der Katalog angegeben werden, in dem das Dateisystem eingehängt ist. Fehlt die Angabe *gerät*, so werden die Daten der montierten Dateisysteme (*mounted devices*) ausgegeben.
Als Optionen sind zulässig:

- **-b**   (*V.4*) Es wird nur der freie Speicherplatz in KB ausgegeben.
- **-e**   (*V.4*) Es wird nur die Anzahl der freien Dateiköpfe (*I-Nodes*) ausgegeben.
- **-f**   Es wird nur die Anzahl der freien Blöcke des Dateisystems ausgegeben. Die Angabe der freien *I-Nodes* fehlt. Diese Option gilt nur für ein Dateisystem vom Typ S5.
- **-F** *fs-typ*   (*V.4*) gibt an, um welche Art von Dateisystem es sich handelt (nur bei nicht montiertem Dateisystem erforderlich).
- **-g**   (*V.4*) gibt die gesamte **statvfs**-Struktur aus (alle Informationen aus dem Superblock des Dateisystems; siehe **statvfs(2)**).
- **-i**   (*V.4*) gibt folgende Werte aus: Gesamtzahl der I-Nodes, Anzahl der noch freien I-Nodes, Anzahl der belegten I-Nodes und den prozentualen Anteil belegter I-Nodes.
- **-k**   (*V.4*) Es gibt nur den belegten Speicherplatz in kB aus.
- **-l**   Die Aufstellung wird nur für lokale Dateisysteme gemacht (im Gegensatz zu über Netz montierten Dateisystemen).
- **-n**   (*V.4*) gibt den Typ des (montierten) Dateisystems aus.
- **-o** *fs-opt*   Dieser Option folgen Dateisystem-spezifische Optionen.
- **-t**   Es wird die Anzahl der auf dem Dateisystem belegten Blöcke ausgegeben.

Das **df**-Kommando kennt weitere Optionen, die jedoch abhängig von der Art des Dateisystems sind und der Option ›**-o** *fs-opt*‹ folgen.

✎   df /dev/dsk/c0t0d0s0
     → gibt die Anzahl der freien Blöcke und *I-Nodes* auf der Platte /dev/dsk/c0t0d0s0 an.

✎   df -f /usr/hans
     → gibt die Anzahl der freien Blöcke aus, die in dem in /*usr*/*hans* eingehängten Dateisystem vorhanden sind.

✎   frei( )
     {
     echo "Auf $1 sind `df -b | grep $1 | awk '{print $2}'` KB frei"
     }
     → definiert eine Shell-Funktion *frei*, welche die freien Blöcke zu einem Gerät anzeigt. Der Aufruf ›frei /dev/dsk/c0t0d0s‹ liefert dann z.B. »*Auf /dev/dsk/c0t0d0s sind 12014 KB frei*«.

diff {*option*} *datei_1* *datei_2* → **diff**erential file compare

oder

diff {*option*} *katalog_1* *katalog_2* → **diff**erential file compare whole directories

diff vergleicht die beiden angegebenen Dateien und gibt auf die Standardausgabe aus, welche Zeilen wie geändert werden müssen, um mit Hilfe des **ed**-Editors *datei_2* aus *datei_1* zu erzeugen. Die Ausgabe hat etwa folgendes Format:

n1 **a** *n2,n3*   für einzufügende Zeilen,
n1,n2 **d** *n3*   für zu löschende Zeilen,
n1,n2 **c** *n3,n4*   für auszutauschende Zeilen.

n1, n2, n3 sind dabei Zeilenangaben. In der zweiten Form werden die einzelnen Dateien ganzer Kataloge verglichen.

Als Optionen werden akzeptiert:

- **–b**   Hierbei werden Tabulator- und Leerzeichen am Ende der Zeile beim Vergleich ignoriert.
- **–c**   (∗V.4∗) Das Format der Ausgabe wird wie folgt geändert;
  - Zunächst werden die Namen der verglichenen Dateien und deren Erzeugungsdatum aufgeführt.
  - Jeder Änderungszeile geht eine Zeile mit 12 ∗ voraus.
  - Den zu löschenden Zeilen ist ein – vorangestellt.
  - Den einzufügenden Zeilen ist ein + vorangestellt.
  - Geänderten Zeilen ist ein ! vorangestellt.
- **–C** *n*   (∗V.4∗) Wie **–c**, jedoch werden die Zeilen numeriert.
- **–D** *text*   (∗V.4∗) Mischt aus *datei_1* und *datei_2* eine neue Datei mit C-Präprozessoranweisungen zusammen, so daß *die Ausgabedatei* mit *text* definiert, kompiliert *datei_2* ergibt und ohne die **define**-Anweisung *datei_1* liefert.
- **–e**   Es werden **a**-, **c**-, **d**-Kommandos für den **ed** erzeugt, die die Datei *datei_2* aus der Datei *datei_1* erzeugen können.
- **–f**   Es werden wie bei **–e** **ed**-Kommandos ausgegeben, jedoch in umgekehrter Reihenfolge. Dies ist nicht für **ed** geeignet, da die umgekehrte Editierreihenfolge nicht sinnvoll sein muß.
- **–h**   Arbeitet schnell, kann jedoch nur kurze Unterschiede verkraften. **–e** und **–f** sind nicht zusammen mit **–h** möglich.
- **–i**   (∗V.4∗) Beim Vergleich soll die Groß-/Kleinschreibung der Zeichen ignoriert werden.
- **–n**   (∗V.4∗) Wie **–e**, wobei hier jedoch die Reihenfolge umgekehrt und die Zahl der zu löschenden und einzufügenden Zeilen jeweils angegeben ist.
- **–w**   (∗V.4∗) Beim Vergleich sollen (auch mehrere) Leer- und Tabulatorzeichen als nur ein Leerzeichen betrachtet werden.

Folgende Optionen werden zum Vergleich der Dateien ganzer Dateikataloge (*directories*) verwendet:

-l   (∗V.4∗) Vor dem eigentlichen **diff**-Lauf werden die einzelnen Dateien durch das **pr**-Programm gefiltert und damit in Seiten unterteilt. Am Ende des Textreports werden weitere Unterschiede aufgeführt. Man erhält damit einen sehr ausführlichen Vergleich.

-r   (∗V.4∗) Das **diff**-Kommando wird rekursiv durch jeweils den ganzen Dateibaum der angegebenen Kataloge durchgeführt.

-s   (∗V.4∗) Der Bericht zeigt auch Dateien, die gleich sind.

-S *name*   (∗V.4∗) Beim Vergleich von Katalogen wird erst ab der Datei mit dem vorgegebenen Namen verglichen.

Das **diff**-Kommando kann nur Dateien bis zu einer mittleren Größe vergleichen. Sind die einzelnen Dateien sehr groß, so sollte **bdiff** verwendet werden. Zum Vergleich von **troff**-Dateien steht ab V.4 das Kommando **diffmk** zur Verfügung.

Das hier nicht weiter beschriebene Kommando **diff3** erlaubt den direkten Vergleich dreier Dateien.

✎   diff –b prog.c.alt prog.c
→ vergleicht die Dateien *prog.c.alt* und *prog.c* und gibt in der oben beschriebenen Form die Abweichungen an. Die erzeugten Ausgaben zeigen an, welche Modifikationen in *prog.c.alt* gemacht werden müssen, damit daraus *prog.c* entsteht.

✎   diff –bir diralt dirneu
→ Es sei hier angenommen, daß *diralt* und *dirneu* Dateiverzeichnisse seien. Dann vergleicht das Kommando alle Dateien in den beiden aufgeführten Katalogen sowie die aller Unterkataloge von *diralt* mit denen von *dirneu*. Beim Vergleich werden führende Leerzeichen, Unterschiede in Leer- und Tabulatorzeichen, sowie die Groß-/Kleinschreibung ignoriert.

5.3 Vielbenutzte Kommandos (alphabetisch)

dircmp {*optionen*} *katalog1 katalog2* → compare **dir**ectories

erlaubt zwei Kataloge zu vergleichen. Unter anderem wird eine Liste all jener Dateien ausgegeben, die nur in einem der beiden Kataloge vorhanden sind. Folgende Optionen werden dabei verarbeitet:

- **–d** (*diff*) Kommen in beiden Katalogen Dateien mit gleichem Namen vor, so wird der Inhalt dieser Dateien verglichen und Unterschiede wie bei **diff** ausgegeben.
- **–s** (*suppress*) Meldungen bezüglich gleicher Dateien werden unterdrückt.
- **–w***n* (***width***) Ergebnisse sollen mit einer Zeilenbreite von *n* Zeichen ausgegeben werden (Standardwert: n=72).

✎ dircmp –d /usr/neuling /usr/ntest
→ vergleicht die Kataloge */usr/neuling* und */usr/ntest*. Kommen in beiden Katalogen Dateien gleichen Namens vor, so werden die Dateien einzeln verglichen und die Unterschiede aufgezeigt.

dirname *name* → extract **dir**ectory **name** (path name)

entfernt den eigentlichen Dateinamen aus *name* und liefert damit den Namen des Katalogs (den Pfadnamen der Datei) zurück.

Das Gegenstück zu **dirname** ist das Kommando **basename.**, mit dem entsprechend die Pfadnamenskomponente entfernt werden kann.

✎ $1 sei */usr/neuling/prog.p*. Dann liefert
»**dirname $1**« als Ergebnis */usr/neuling*.

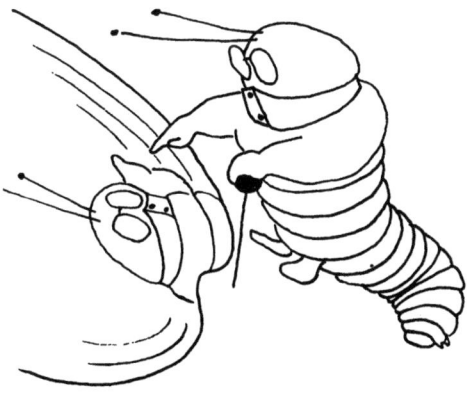

disable {–c} {–r*grund*} *drucker* ...   → **disable** printers

Hiermit wird der oder werden die angegebenen Drucker deaktiviert (stillgelegt). Bereits begonnene Ausdrucke werden bei einer erneuten Aktivierung mit **enable** von Beginn an ausgegeben.

Mit der Option **–r***grund* kann eine Begründung für das Anhalten angegeben werden. Dieser wird einem Benutzer bei Verwendung von **lpstat** mitgeteilt. Durch die **–c**-Option werden alle Aufträge für die mit *drucker* angegebenen Ausgabegeräte gelöscht. Der Aufruf ist auf den Super-User beschränkt.

✎   disable –r"Papierwechsel erforderlich" daisy
→ die Abarbeitung von Druckaufträgen des Druckers *daisy* wird unterbrochen. Als Grund wird *Papierwechsel* erforderlich angegeben. Der Drucker kann danach wieder aktiviert werden mit: »enable daisy«.

dosxx {*option*} {*datei* ...}   → transfer file between **DOS** and UNIX

(∗V.4∗): UNIX, insbesondere in den Versionen für Intel-PC-Systeme, kennt eine Reihe von Kommandos, um Daten zwischen einem DOS-Dateisystem (z. B. auf Floppies) und UNIX auszutauschen.

Die Angabe von Dateien im DOS-Dateisystem erfolgt in der Form:

gerät: *name*

Hierbei ist *gerät* der UNIX-Pfadname des Geräts mit dem DOS-Dateisystem oder ein DOS-Drive-Name, der dann in der Datei */etc/default/msdos* etwa wie folgt definiert sein muß:

A=/dev/rdsk/f0t
B=/dev/rdsk/0s5
C=/dev/rdsk/1s5
...

Beim Umsetzen von UNIX-Dateinamen in DOS-Dateinamen werden Namen mit mehr als 8 Zeichen und Namenserweiterungen mit mehr als 3 Zeichen automatisch gekürzt. Dabei wird versucht, in den ersten acht Zeichen eindeutige Dateinamen zu erzeugen, worunter manchmal die Lesbarkeit dieser Dateinamen leidet, aber Datenverlust durch Überschreiben von gleichnamigen Dateien vermieden wird. Unter DOS ungültige Zeichen in Dateinamen werden automatisch ersetzt.

Unter DOS wird im Standardfall bei Texten eine Zeile mit <cr><lf> beendet, unter UNIX nur mit <lf>. Die Kommandos **doscp** und **doscat** konvertieren Textdateien entsprechend automatisch. Dies kann durch die Optionen **–r** und **–m** gesteuert werden.

5.3 Vielbenutzte Kommandos (alphabetisch)

Folgende DOS-UNIX-Kommandos stehen zur Verfügung:

doscat {–r} {–m} *datei* ... → cat **DOS** directory

schreibt die angegebenen DOS-Dateien auf die Standardausgabe. Die Option **–r** bewirkt, daß <cr><lf>-Sequenzen der DOS-Dateien in <nl> auf der UNIX-Seite konvertiert werden. Die Option **–m** unterdrückt dies. Es darf jeweils nur eine der beiden Optionen angegeben werden.

doscp {–r} {–m} *datei_1 datei_2* ... → copy **DOS** files

oder

doscp {–r} {–m} *datei_1 ... katalog* → copy **DOS** files

kopiert Dateien zwischen einem UNIX-Dateisystem und einem DOS-Dateisystem. Die Dateien werden in dem Zielkatalog unter dem gleichen Namen abgelegt. Im DOS-Dateisystem können dabei Namenskürzungen notwendig werden. Es darf jeweils nur eine der beiden Optionen angegeben werden. Diese haben die Bedeutung wie unter **doscat**.

dosdir *katalog* → list files in the standard **DOS dir** format

gibt ein Inhaltsverzeichnis des Katalogs (aus einem DOS-Dateisystem) im Standardformat des DOS-Kommandos **dir** (auf stdout) aus.

dosformat {–*optionen*} *laufwerk* → format a **DOS** device

Formatiert eine Diskette (Floppy) im DOS-Format. Das Laufwerk muß als UNIX-*special-file* angegeben werden, wobei zumeist folgende Namen gelten:

Name:	DOS-Format:	
/dev/rdsk/f03ht	1,4 MB	3,5"
/dev/rdsk/f03dt	720 kB	3,5"
/dev/rdsk/f15ht	1,2 MB	5.25"
/dev/rdsk/f15d9t	360 kB	5.25"

Als Optionen stehen zur Verfügung:

- f unterdrückt die interaktiven Rückfragen.
- q unterdrückt Ausgaben, die im Standardfall von Format ausgegeben werden.
- v Nach dem Formatieren wird der Benutzer zur Eingabe des Volumelabels aufgefordert.

dosls *katalog* → list contents of a DOS directory

gibt ein Inhaltsverzeichnis des Katalogs (aus einem DOS-Dateisystem) im Format des UNIX **ls**-Kommandos aus.

dosmkdir *katalog* ... → make a new DOS directory

legt im DOS-Dateisystem neue Kataloge mit den vorgegebenen Namen an. Dabei ist auf die DOS-Namenskonventionen zu achten!

dosrm *datei* ... → remove (delete) DOS files

löscht die angegebenen Dateien auf dem DOS-Dateisystem.

dosrmdir *katalog* ... → remove DOS directories

löscht den angegebenen Katalog (oder die spezifizierten Kataloge) aus dem DOS-Dateisystem.

dos2unix {*optionen*} {*dosdatei*} {*unixdatei*} → DOS to UNIX conversion

erlaubt die Formatkonvertierung von DOS-Dateien in ein Format, das von UNIX-Programmen weiterverarbeitet werden kann. Insbesondere werden dabei die unterschiedlichen Konventionen für das Zeilenende einer Textdatei (DOS: <cr><nl>; UNIX: <nl>) umgesetzt.

Damit die Dateien für **dos2unix** zugänglich sind, müssen sie bereits auf UNIX vorliegen. Das Kommando kann keine Dateien von DOS-Dateisystemen lesen.

Verfügbare Optionen für **dos2unix** sind:

−ascii in einer Textdatei werden Zeilenende und Dateiende entsprechend den unterschiedlichen Konventionen umgesetzt.
−iso Zeichen aus dem DOS-Zeichensatz werden in die entsprechenden Zeichen des ISO-Zeichensatzes umgesetzt.
−7 graphische Sonderzeichen aus dem 8-Bit-Zeichensatz von DOS werden in Leerzeichen des 7-Bit-Zeichensatzes unter UNIX umgesetzt.

Das Kommando **dos2unix** kann auch als Bestandteil einer Pipe eingesetzt werden., d.h. es liest von **stdin** und schreibt auf **stdout**.

➡ Konvertierungen von UNIX-Dateien in ein für DOS-Systeme verwendbares Format sind mit dem Kommando **unix2dos** möglich.

5.3 Vielbenutzte Kommandos (alphabetisch)

du {*option*} {*datei* ...} → give **d**isk **u**sage of file(s)

gibt die Belegung (Anzahl von 512-Byte-Blöcken) durch die Datei(en) an. Bei Katalogen wird die Belegung der ganzen darin enthaltenen Dateibäume ausgegeben. Fehlt die Angabe *datei*, so wird der aktuelle Katalog impliziert. Als Option sind möglich:

- **–a**   Es wird die Blockzahl für jede einzelne Datei angegeben (dies ist der Standard).
- **–r**   Falls das **du**-Programm einen Katalog nicht durchsuchen kann, so wird mit dieser Option eine Fehlermeldung ausgegeben.
- **–s**   Es wird nur die Gesamtzahl der Blöcke ausgegeben.

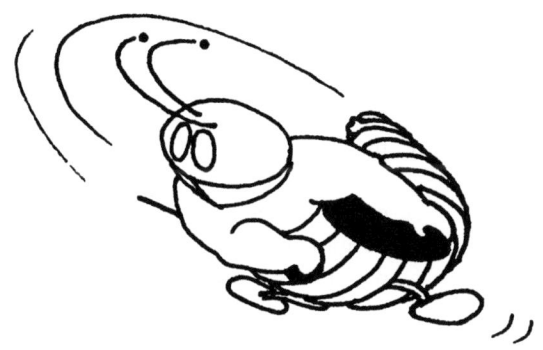

✎   du –s /etc
→ gibt die Anzahl der Blöcke an, die durch den Katalog /*etc* und die darin enthaltenen Dateien belegt sind.

✎   du –s /usr/*
→ gibt eine Liste der Kataloge in /*usr* aus und zeigt für alle darin enthaltenen Unterkataloge (mit deren ganzen Dateibaum) und Dateien die Anzahl der davon belegten Blöcke an.

echo {*argumente*} → **echo** the expanded arguments

liefert die ausgewerteten Argumente zurück. Die Argumente werden dabei von der Shell nach deren Regeln expandiert.

echo wird zumeist in Shell-Prozeduren zur Ausgabe von Kommentaren, sowie zur versuchsweisen Expandierung von Parametern verwendet. In die Argumentenliste können Sonderzeichen in C-ähnlicher Schreibweise aufgenommen werden:

\b   für <backspace>
\c   falls am Ende der Ausgabe **kein** Zeilenvorschub erfolgen soll
\f   für <seitenvorschub>
\n   für <neue zeile>
\r   für <carriage return>
\t   für <tab>
\v   für <vertikal tab>
\\   für das Zeichen \ selbst
\0*xxx* mit *xxx* = 1–3 Oktalziffern

✎   echo $LANG
→ gibt die Belegung der Variablen $LANG aus und gestattet damit eine einfache Prüfung, ob und wie diese Variable belegt ist.

✎   echo "\007Bitte geben Sie Ihren Namen an: \c"
→ Der Text »*Bitte geben Sie Ihren Namen an:*« wird am Bildschirm ausgegeben und die Schreibmarke nicht an den Anfang der nächsten Zeile positioniert, sondern unmittelbar anschließend an die Meldung (genau: an die Stelle des ›\‹).
Die Ausgabe wird von einem akustischen Zeichen (Pieps, ausgelöst durch ›\007‹) begleitet.

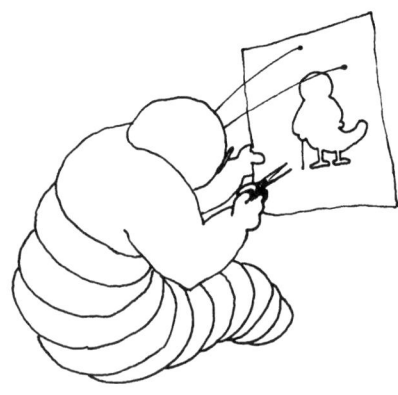

5.3 Vielbenutzte Kommandos (alphabetisch)

ed {−s} {−p *text*} {−x} {−C}   *datei*}   → start standard **ed**itor

ist der Aufruf des zeilenorientierten Editors **ed**. Die Option **−s** (für *silent*) unterdrückt die Ausgaben des **ed** über die Anzahl der eingelesenen Zeichen bei den **ed**-Kommandos **e**, **r**, **w**.

Durch ›**−p** *text*‹ kann der Benutzer einen Text (Prompt) angeben, der von **ed** ausgegeben wird, wenn **ed** das nächste Kommando bearbeiten kann.

Die Option **−x** entspricht dem **x**-Kommando des **ed** und führt eine Chiffrierung und Dechiffrierung des bearbeiteten Textes durch. Wird statt **−x** die Option **−C** verwendet, so wird ein **ed**-C-Kommando simuliert, d. h. es wird angenommen, daß der gesamte eingelesene Text chiffriert ist.

Wird beim **ed**-Aufruf eine Datei angegeben, so wird diese entsprechend dem **e**-Kommando eingelesen. Wird **red** statt **ed** aufgerufen, so wird das **ed**-Programm gestartet, erlaubt jedoch keine Veränderung der bearbeiteten Datei (*read only*).

➜ **ed** ist der ursprüngliche Standardeditor des UNIX-Systems (und damit auch Vorbild des **edlin**), hat aber heute seine Bedeutung als Editor zur interaktiven Textarbeit verloren. Seine heutige Bedeutung begründet sich aus seiner Position als eines der ersten UNIX-Werkzeuge überhaupt. Alle neuen Werkzeuge zur Textbearbeitung unter UNIX verwenden Ideen aus **ed** und die **ed**-Manualseite gibt auch nach wie vor die beste Beschreibung der Regulären Ausdrücke.

Eine detaillierte Beschreibung des **ed** ist in Kapitel 6.1 zu finden.

edit {−r} {−x} {−C} {*datei*}   → start simplified ex-**edit**or

startet den **ex**-Editor (siehe hierzu Kapitel 6.3), in einer vereinfachten Version. Diese Version hat wesentlich weniger Befehle als der **ex** und ist deshalb schneller zu erlernen.

Die Option **−r** erlaubt Wiederaufsetzen (*recovery*) nach einem Editor- oder Systemabbruch, wobei in der Regel der größte Teil der abgebrochenen Editorsitzung erhalten bleibt. Die Option **−x** erlaubt, wie beim **ed**, die Bearbeitung einer durch Chiffrierung geschützten Datei.

Auch die Option **−C** bewirkt eine Chiffrierung bzw. Dechiffrierung, jedoch wird hier ein **c**-Kommando simuliert, bei dem davon ausgegangen wird, daß der gesamte Text chiffriert ist.

egrep {*optionen*} *ausdruck* {*datei* ...} → find *ausdruck* in files

durchsucht die angegebenen Dateien (oder die Standardeingabe) nach dem in *ausdruck* angegebenen Textausdruck. Im Gegensatz zu **grep** (einfacher Satz regulärer Ausdrücke) darf der Parameter *ausdruck* ein erweiterter regulärer Ausdruck sein. Möglich sind die Optionen –b, –s, –c, – e, –f, –h, –i, –l, –n, und –v. Siehe hierzu **grep**, Seite 239.

enable *drucker* ... → **enable** printer *drucker*

aktiviert den oder die angegebenen Drucker, so daß sie Druckaufträge annehmen. Die Umkehrung hiervon ist **disable**. Der Aufruf ist auf den Super-User beschränkt. **enable** arbeitet mit dem **lp**-Spooler zusammen.

env {–} {*var=wert*} {*kommando argumente*} → **env**ironment

Mit dem **env**-Kommando kann die aktuelle Shell-Arbeitsumgebung ausgegeben werden, d.h. alle exportierten Variablen. Die Ausgabe erfolgt in der Syntax, wie sie auch für die Variablendefinition in der Bourne- und Korn-Shell gültig ist. Ähnliche Funktionen haben **set** und **printenv**.

Wird das **env**-Kommando einem anderen Kommando vorangestellt, so können damit besondere Bedingungen für den Ablauf dieses Kommandos hergestellt werden, indem Variablenbelegungen nur für den Ablauf des Kommandos hergestellt werden oder festgelegt wird, daß dieses die aktuell definierten Variablen vollkommen ignorieren soll.

Mit *var=wert* wird angegeben, daß für das anschließend aufgerufene Kommando die Variable *var* mit *wert* belegt werden soll.

Bei – ignoriert das anschließend aufgerufene Kommando die aktuell definierten Umgebungsvariablen vollständig.

- env → Alle aktuell definierten und exportierten Variablen werden am Bildschirm ausgegeben. Damit kann am einfachsten überprüft werden, ob und wie bestimmte Variablen belegt sind.

- env HOME=/tmp ksh
  → Es wird eine neue Korn-Shell gestartet, die das Verzeichnis /tmp als Heimatverzeichnis benutzt.

- env > myenv
  → Die aktuell definierten Variablen werden in der Datei *myenv* abgelegt, wo sie von einer Kommandoprozedur durch ein Kommando wie ». *myenv*« eingelesen oder ausgewertet werden können.

5.3 Vielbenutzte Kommandos (alphabetisch)

ex {*optionen*} {dateien} → start **ex** *editor*

Startet den Editor **ex**. Folgende Optionen sind möglich:

- **–** Dies unterdrückt alle interaktiven Antworten des Editors und wird in der Regel verwendet, wenn man mit **ex** nicht interaktiv arbeitet, sondern die Editierkommando aus einer Kommandodatei liest (englisch: *script file*).
- **–C** *kom*   **ex** führt das Kommando *kom* sogleich nach dem Start aus.
- **–v** Hierdurch geht **ex** sofort in den **vi**-Modus.
- **–t** *tag* Dies entspricht einem *tag*-Kommando zu Beginn einer **ex**-Sitzung. *tag* ist dabei der Begriff, nach dem gesucht wird. Wird diese Option benutzt, so sollte kein Dateinamen beim Aufruf von **ex** angegeben sein. Der Editor ermittelt den Namen der zu editierenden Datei aus der *Tag-Datei* (entweder die Datei *ctags* im lokalen Katalog oder die Datei */usr/lib/ctags*).
- **–r** {*datei*} Wurde der Editor bei einer vorhergehenden Sitzung abgebrochen (oder kam es zu einem Systemabsturz), so kann man mit Hilfe dieser Option den größten Teil der durchgeführten Modifikationen zurückgewinnen. Sind mehrere Abbruchversionen vorhanden, so zeigt **ex** dies an.
- **–R** gibt an, daß die Datei nur gelesen werden soll (*read only*). Modifikationen sind dann nicht möglich.
- **+** *kom* ältere Form der **–C**-Option
- **–l** schaltet den LISP-Modus ein. In ihm wird entsprechend der LISP-Syntax eingerückt und gesucht.
- **–x** Es wird eine Chiffrierung und Dechiffrierung des editierten Textes vorgenommen. Der zur Chiffrierung verwendete Schlüssel wird interaktiv erfragt.

Weitere hier nicht beschriebene Optionen sind: **–c, –C, –L, –s**.
Eine ausführlichere Beschreibung des **ex** ist im Kapitel 6.3 zu finden.

expr *argument(e)* → evaluate **expr**ession

Die Argumente werden als Ausdrücke interpretiert und ausgewertet; das Ergebnis wird in der Standardausgabe zurückgeliefert. Jede Zeichenkette (ohne Zwischenraum) der Angabe *argument(e)* wird als ein Argument gewertet. Die einzelnen Argumente werden durch Leerzeichen getrennt! Die Zeichen, welche für die Shell Sonderfunktionen tragen (z.B.: |, &, >, <, *), müssen entsprechend maskiert werden (z.B. mit \ oder '... ').

In den Argumenten von **expr** sind folgende Operatoren erlaubt:

expr-Ausdruck	Wirkung
a1 | *a2*	liefert als Ergebnis den ersten Ausdruck (*a1*) zurück, soweit dessen Auswertung weder 0 noch ›0‹ ergibt; andernfalls ist das Ergebnis der zweite Ausdruck (*a2*).
a1 \& *a2*	liefert den ersten Ausdruck zurück, falls keiner der beiden Ausdrucksauswertungen 0 oder ›0‹ ergibt; andernfalls wird ›0‹ zurückgeliefert.
a1 rop a2	liefert ›1‹, falls der Vergleich den Wert *wahr* ergibt und ›0‹, falls er *falsch* ergibt. Sind beide Operanden Zahlen, so wird ein numerischer Vergleich ausgeführt, ansonsten ein Vergleich der Zeichenketten. Als *rop* sind möglich: \< kleiner \<= kleiner oder gleich = gleich != ungleich \>= größer oder gleich \> größer
a1 + *a2*	Addition von *a1* und *a2*
a1 − *a2*	Subtraktion *a2* von *a1*
a1 * *a2*	Multiplikation *a1* mit *a2*
a1 / *a2*	Division *a1* durch *a2*
a1 % *a2*	Modulo-Funktion *a1* modulo *a2*
a1 : *a2*	Der Ausdruck *a1* wird mit dem Ausdruck *a2* verglichen. *a2* darf ein regulärer Ausdruck sein. Es wird die Länge der passenden Zeichenkette zurückgegeben.
index *text zf*	(*V.4*) liefert die Position des ersten Zeichens aus *text* zurück, das auch in der Zeichenfolge *zf* vorhanden ist.
length *text*	(*V.4*) liefert die Länge der Zeichenkette *text* zurück.

expr-Ausdruck	Wirkung
match *a1 a2*	(*V.4*) Die beiden regulären Ausdrücke *a1* und *a2* werden miteinander verglichen und die Anzahl der übereinstimmenden Zeichen (oder 0) zurückgegeben. Für *a1* und *a2* gilt die Syntax von **ed** (siehe hierzu **ed**-Manualeintrag), wobei jeweils vom Anfang der Zeichenketten aus verglichen wird.
substr *text n m*	(*V.4*) schneidet aus der Zeichenkette *text*, beginnend ab Position *n* (1. Zeichen = Position 1) *m* Zeichen aus und gibt dieses Textstück zurück.
(a)	Erlaubt Gruppierungen von Ausdrücken.

✎ n=`expr $n \* 3`
 → multipliziert die Shellvariable *$n* mit 3 (Bourne-Shell).

✎ x=7
 while test $x –gt 0 ;
 do *kommando* ;
   x=`expr $x – 1` ;
 done
 → führt den Befehl *kommando* siebenmal aus.

✎ expr match $WORT '[0-9]*'
 → liefert zurück, wieviele Zeichen am Anfang von $WORT aus Ziffern bestehen.

fgrep {*optionen*} *wort(e)* {*datei* ...}   → find string *word* in files

durchsucht die angegebenen Dateien (oder die Standardeingabe) nach den in *wort(e)* angegebenen Zeichenketten. Die einzelnen Zeichenketten werden durch <neue zeile> getrennt.

Die Suchparameter in *wort(e)* dürfen keine regulären Ausdrücke, sondern nur einfache Zeichenketten sein. Auf die Geschwindigkeit von **fgrep** im Vergleich zu **grep** und **egrep** hat dies jedoch keine Auswirkung (das ›f‹ in **fgrep** steht für *fixed*, nicht für *fast*, wie oft behauptet).

Als Optionen sind zugelassen: –b, –c, –e, –f, –h, –i, –l, –n, –v und –x.

Eine ausführliche Erklärung ist unter dem Kommando **grep** zu finden.

✎ fgrep –n zeilen_nr suche.p
 → durchsucht das PASCAL-Quellprogramm *suche.p* nach Zeilen, in denen die (PASCAL-) Variable *zeilen_nr* verwendet wird und gibt diese Zeilen zusammen mit ihrer Zeilennummer aus.

file {*optionen*} *datei* ...　　　　　　　→ guess **file** type

file liest den Anfang der angegebenen Datei(en) und versucht daraus zu erraten, welche Art von Information in der Datei steht. Hierbei benutzt es die Einträge der Datei */etc/magic*.

Folgende Optionen von **file** sind möglich:

–c	Die Datei */etc/magic*, welche die Magic-Nummern und ihre Bedeutung enthält, wird auf Formatkonsistenz überprüft. Dies wird im Standardfall unterlassen.
–f *ndatei*	Gibt vor, daß die Namen der zu untersuchenden Dateien der Datei *ndatei* entnommen werden sollen.
–h	(∗V.4∗) *Symbolische Links* sollen nicht aufgelöst, sondern als symbolische Links markiert werden.
–m *datei*	Hierdurch wird **file** angewiesen, die *magic file* Datei *md* als Vergleichsmaßstab zu verwenden.

Mögliche Ausgaben von **file** sind:

ascii text	Text mit vielen Sonderzeichen.
blockspecial	ein blockorientiertes Gerät (*special file*)
character special	ein zeichenorientiertes Gerät (*special file*)
commands text	eine Shell-Kommando-Prozedur
C program text	Text mit Klammerungen entsprechend der C-Syntax.
data	eine Datendatei (binär)
directory	ein Datei-Katalog
empty	Die Datei ist leer.
English text	Text mit Groß- und Kleinschreibung
executable	eine ausführbare Code-Datei
fifo	eine *named pipe* (FIFO-Puffer)
object module	eine kompilierte Datei
roff, nroff, or eqn	Text mit .-Anweisungen am Anfang der Zeilen
troff output	Ausgabe des **troff**-Programms.

In Ihrem System können in der Datei */etc/magic* noch weitere Typen definiert sein.

✎　　file /newusr/*
　　→ Alle Dateien in dem Katalog */newusr* werden untersucht und eine Klassifizierung vorgenommen. Diese wird auf die Dialogstation (Standardausgabe) geschrieben.

✎　　file /bin/* | fgrep "commands text"
　　→ gibt eine Liste aller Dateien im Katalog */bin* aus, die **file** für Kommandoprozeduren hält.

5.3 Vielbenutzte Kommandos (alphabetisch) 227

find {*katalog(e)*} {*ausdruck*} → **find** files with given attributes

Der **find**-Befehl durchsucht die im Parameter *katalog(e)* angegebenen Dateibäume nach Dateien, welche den in *ausdruck* angegebenen Kriterien entsprechen. Wird kein Kriterium angegeben, so werden alle Dateien dieser Bäume als Treffer betrachtet. Die **find**-Optionen wirken als Filter, lassen also nur diejenigen Dateinamen bis zur nächten Option (oder zur Ausgabe) weiter durch, die den Bedingungen genügen.

Folgende Filterkriterien sind bei **find** möglich:

find-Option	Wirkung
–atime *n*	(*access time*) Auf die Datei soll in den letzten *n* Tagen zugegriffen worden sein.
–cpio *gerät*	liefert stets den Wert *wahr*. Schreibt den aktuellen Katalog im **cpio**-Format auf das angegebene Gerät.
–ctime *n*	(*creation time*) Die Datei soll innerhalb der *n* letzten Tage angelegt worden sein.
–depth *name*	Dies trifft immer zu. Die Option sorgt dafür, daß erst alle Einträge eines Katalogs bearbeitet werden, bevor der Katalog selbst bearbeitet wird.
–exec *kommando* {} \;	liefert den Wert *wahr*, falls das Kommando den Wert 0 zurückliefert. Im Kommando werden die Klammern {}, denen ein geschütztes Semikolon ›\;‹ folgen muß, durch den aktuellen Zugriffspfad ersetzt.
–follow	(*V.4*) Hierdurch wird symbolischen Verweisen (*symbolic links*) bis zur endgültigen Datei gefolgt. Dies findet im Standardfall nicht statt.
–fstype *fs-typ*	(*V.4*) Liefert den Wert *wahr*, falls das Dateisystem den angegebenen Dateisystemtyp *fs-typ* besitzt.
–group *g-name*	Die Datei gehört der Gruppe *g-name*.
–inum *n*	(*V.4*) Liefert den Wert *wahr*, falls die Datei die *I-Node*-Nummer *n* besitzt.
–links *n*	Auf die Datei existieren *n* Referenzen.
–inum *n*	Die Datei soll die Knotennummer *n* haben.
–local *name*	Es werden nur lokale Dateien (und nicht auch solche, die über RFS auf anderen Systemen sichtbar sind) genommen.
–mount *name*	Dies trifft immer zu. Die Suche wird auf das Dateisystem beschränkt, in dem der angegebene bzw. der aktuelle Katalog liegt.

find-Option	Wirkung
–name *name*	Dateien mit dem vorgegebenen Dateinamen werden gesucht. Im Dateinamen dürfen die Metazeichen der Shell benutzt werden, müssen jedoch maskiert sein.
–newer *datei*	Die Datei soll neuer als die vorgegebene Datei sein.
–nogroup	(*V.4*) liefert den Wert *wahr*, falls die Gruppe des Dateibesitzers keinen Eintrag in der Gruppendatei hat, d.h. nicht in /etc/group vorhanden ist.
–nouser	(*V.4*) liefert den Wert *wahr*, falls der Dateibesitzer nicht in der Paßwortdatei /etc/passwd vorhanden ist.
–mtime *n*	(*modification time*) Die Datei wurde in den letzten *n* Tagen modifiziert.
–ok *kommando*	Wie **exec**, nur wird hierbei das Kommando auf die Standardausgabe geschrieben und eine Antwort eingelesen. Bei **y** wird das Kommando dann ausgeführt.
–perm *wert*	Dateien mit dem vorgegebenen Zugriffsmodus *wert* (oktaler Wert) sind gesucht.
–print	gibt den Zugriffspfad der gefundenen Datei(en) aus. Ohne diese Angabe liefert **find** lediglich das Funktionsergebnis 0 oder ≠ 0.
–prune	(*V.4*) Liefert in allen Fällen den Wert *wahr*. Dateien und Kataloge unterhalb der aktuellen Datei werden nicht weiter durchsucht.
–size *n*	Die Datei soll *n* Blöcke groß sein. Folgt *n* ein **c**, so gilt die Größe in Bytes.
–type *t*	Der Typ der Datei soll *t* sein. Dabei steht b für *block special files*, c für zeichenorientierte *special files*, d für Kataloge (*directory*), f für *named pipes* (*FIFO*), l für einen *symbolischen Verweis (symbolic link)*, p für *named Pipes*, f für normale Dateien (*plain files*).
–user *u_name*	Die Datei gehört dem Benutzer *u_name*.
(*ausdruck*)	liefert den Wert *wahr*, falls der geklammerte Ausdruck **wahr** liefert.

5.3 Vielbenutzte Kommandos (alphabetisch)

Steht dabei für *n* eine Zahl, so ist ›*genau n*‹ gemeint. ›+*n*‹ steht für ›*mehr als n*‹, ›–*n*‹ steht für ›*weniger als n*‹. Das Zeichen ! bedeutet die Negierung. Mehrere Bedingungen können hintereinander stehen (dann müssen beide Bedingungen erfüllt sein). **–o** erlaubt eine ODER-Verknüpfung.

⚠ Die Reihenfolge der Optionen ist wichtig, da sie nacheinander als Filter für die jeweils nächste wirken! Es wird von links nach rechts ausgewertet. Shell-Metazeichen müssen maskiert werden!

✎ find /usr –name 'lp*' –print
→ sucht nach Dateien, deren Namen mit *lp* beginnen und die in dem mit */usr* beginnenden Dateibaum liegen. Die vollständigen Namen dieser Dateien werden ausgegeben.

✎ find . –name '*.bak' –exec rm \;
→ löscht alle Sicherungsdateien (Endung *.bak*) im aktuellen Dateibaum und darunter.

✎ find . –mtime –14 –print | cpio –ovB > /dev/nrmt0
→ kopiert alle Dateien im aktuellen Dateibaum, welche in den letzten 14 Tagen modifiziert wurden, mit dem Sicherungsprogramm **cpio** auf Magnetband.

✎ rm –i `find . –mtime +60 –print`
→ führt das **find**-Kommando aus. Dieses sucht nach allen Dateien, die seit mehr als 60 Tagen nicht mehr modifiziert wurden. Die Namen dieser Dateien werden nun in das **rm**-Kommando eingesetzt. Dieses löscht diese Dateien interaktiv, d.h erst nach vorherigem Nachfragen.

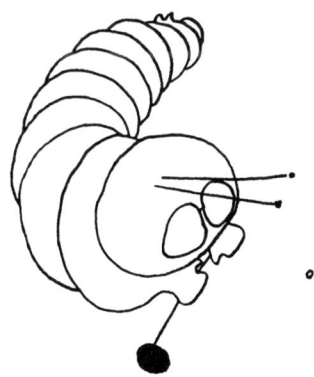

finger {*benutzer*} → display information about users

oder

finger *benutzer@rechner* → display information about remote users

Gibt allgemein zugängliche Informationen über einen Benutzer in übersichtlicher Form am Bildschirm aus. Zu diesen Informationen gehören:
– Benutzername
– voller Name (aus der Paßwort-Datei)
– Bildschirmname (z. B. pts/0)
– wie lange der Benutzer schon angemeldet ist oder wann er zum letzten Mal angemeldet war
– wann der Benutzer zum letzten mal Mail empfangen und wann er zum letzten mal Mail gelesen hat
– der Inhalt der Datei *.plan* im Login-Verzeichnis des Benutzers
– die erste Zeile der Datei *.project* im Login-Verzeichnis des Benutzers

Wird der Benutzername in der Form *benutzer@rechner* angegeben, so können damit weltweit die Daten beliebiger, über TCP/IP-Netz erreichbarer Benutzer ausgegeben werden.

Mit den Optionen **–b**, **–f**, **–h**, **–p**, **–q**, **–s** und **–w** können bestimmte Angaben unterdrückt werden, mit der Option **–l** (der einzigen Option, die auch von der Form *benutzer@rechner* akzeptiert wird) kann eine ausführliche Ausgabe erzwungen werden.

    finger wunix
→ gibt Informationen über den Benutzer *wunix* aus.

fold {*–breite*} {*datei* ...}   → **fold** long lines of files

fold arbeitet als Filter und zerteilt Zeilen so, daß sie maximal *breite* Zeichen lang sind. Fehlt *-breite*, so wird 80 angenommen; fehlt die Angabe der Dateien, so wird von der Standardeingabe gelesen.

    fold –40 prog | lp
→ gibt die Datei *prog* in einer Zeilenbreite von 40 Zeichen mittels **lp** auf den Standarddrucker aus.

format {–f *n*} {–l *m*} {–i *f*} *floppylaufwerk* → **format** disk

formatiert die mit dem Gerätenamen *floppylaufwerk* angegebene Diskette. Mit den Argumenten **–f** *n* und **–l** *m* kann die erste und die letzte zu formatierende Spur angegeben werden. Mit **–i** *n* kann ein Interleav-Faktor angegeben werden. Ein **t** am Ende des Gerätenamens sagt aus, daß, abweichend vom Standardfall, die erste Spur ebenfalls miteinbezogen werden soll. Siehe hierzu auch ›Dateinamen von Disketten‹ auf Seite 99.

Folgende weitere Optionen bei **format** sind möglich:

- **–q**   (*quiet*) Das Formatieren geschieht ohne Benutzerinteraktion und ohne Bildschirm-Meldungen.
- **–v**   (*verbose*) Detaillierte Meldungen werden am Bildschirm ausgegeben.
- **–V**   (*verify*) Nach dem Formatieren wird durch Schreiben und Lesen von Musterdaten ein kurzer Funktionstest der Diskette durchgeführt.
- **–E**   Nach dem Formatieren wird durch Schreiben und Lesen von Musterdaten ein vollständiger Funktionstest der kompletten Diskette durchgeführt (*exhaustive verify*).

➡ Auf unterschiedlichen UNIX-Systemen kann dieses Kommando teilweise anders lauten und mit anderen Optionen ausgestattet sein. Auf SUN Solaris Systemen steht beispielsweise das **fdformat**-Kommando mit erweiterten Optionen zum Formatieren von Disketten zur Verfügung. Das Kommando **format** hat dort eine gänzlich andere Bedeutung im Bereich der Festplatten-Verwaltung.

fstyp {–v} *special-file*   → return **type** of file system

Liefert den Typ des nicht montierten Dateisystems auf dem Gerät *special-file* zurück. Da dabei heuristische Verfahren verwendet werden, muß der Typ nicht in allen Fällen stimmen!

Die Option **–v** liefert weitergehende Informationen zu dem Dateisystem zurück. Die Ausgabe ist dabei Dateisystem-spezifisch.

ftp {*optionen*} {*zielsystem*} → start the file transfer program

Mit dem Programm **ftp** kann das wichtigste Protokoll zum Austausch von Dateien im Internet gesteuert werden – das *File Transfer Protocol.* **ftp** ermöglicht die Übertragung von Dateien zwischen Rechnern, die auf der Basis von TCP/IP vernetzt sind. Dabei spielt es keine Rolle, ob die Systeme in einem lokalen Netz oder weltweit über Internet miteinander verbunden sind. Die beteiligten Rechner müssen nicht unbedingt UNIX-Systeme sein, da **ftp** aufgrund seiner hohen Popularität mittlerweile für fast alle Betriebssysteme verfügbar ist.

Wird **ftp** mit dem Rechnernamen eines Zielrechners aufgerufen, von dem oder zu dem Daten übertragen werden sollen, so versucht das Programm, sofort die Verbindung zu dem dort laufenden ftp-Server-Programm (*ftp-Dämon*) aufzubauen. Fehlt die Angabe eines Zielsystems, so geht **ftp** in den interaktiven Modus auf dem lokalen Rechner und gibt eine Eingabeaufforderung (**ftp>**) aus zur Eingabe des Zielsystems.

ftp kennt einige Optionen auf der Aufruf-Kommandozeile, wird aber vor allem durch die knapp sechzig interaktiven Kommandos gesteuert, die der im **ftp**-Programm enthaltene Kommandointerpreter anbietet. Mit folgenden Optionen kann **ftp** von der Kommandozeile aus aufgerufen werden:

- **−d** (*debug*) Das Programm liefert zusätzliche Ausgaben zur Fehlersuche.
- **−g** (*glob*) Die Verarbeitung von Sonderzeichen für Dateinamen wird abgeschaltet.
- **−i** (*interactive*) Bei der Übertragung mehrerer Dateien wird zwischen den einzelnen Dateien nicht rückgefragt.
- **−n** Das Programm soll nicht versuchen, sich automatisch am Zielrechner anzumelden, sondern soll den aufrufenden Benutzer nach Benutzerkennung und Paßwort fragen. Ist diese Option nicht gesetzt, so versucht **ftp**, die Anmeldedaten für den Zielrechner aus einer Datei *.netrc* im Login-Verzeichnis des Benutzers zu lesen. Werden dort keine entsprechenden Anmeldedaten gefunden, so werden diese vom Benutzer abgefragt. Benutzerkennung und Paßwort müssen am Zielrechner gültig und bekannt sein. (Ausnahme: *anonymes ftp*; siehe Seite 237).
- **−v** (*verbose*) Hiermit werden zusätzliche informative Ausgaben vom FTP-Server auf dem Zielrechner am lokalen Bildschirm erzeugt. Diese Option ist im interaktiven Modus standardmäßig eingeschaltet; wird **ftp** aus einer Kommandodatei gesteuert, so ist diese Option nötig, um den Ablauf beobachten zu können.

Wurde beim Aufruf kein Rechnername angegeben, oder wenn die Verbindung zum entfernten Rechner hergestellt ist, befindet sich **ftp** im interaktiven Modus, in dem es vom Benutzer mit einer Reihe von Kom-

5.3 Vielbenutzte Kommandos (alphabetisch)

mandos gesteuert werden kann. Dieser Modus wird durch die Eingabeaufforderung **ftp>** angezeigt.

Einige Kommandos wirken als Schalter, d.h. durch ihre Eingabe wird ein bestimmter Modus eingeschaltet; durch ihre erneute Eingabe wird dieser Modus wieder ausgeschaltet. Die aktuelle Schalterstellung kann jederzeit über das Kommando **status** überprüft werden.

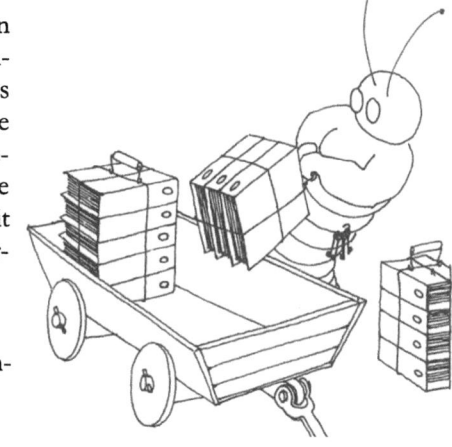

Folgende interaktive **ftp**-Kommandos sind möglich:

ftp-Kom.	Bedeutung
!*kommando*	Auf dem lokalen Rechner wird *kommando* als Shell-Kommando ausgeführt bzw. eine Shell gestartet, falls *kommando* nicht angegeben wurde.
$*macro*	Das Makro *macro* wird ausgeführt. *macro* muß vorher über das Kommando **macdef** definiert worden sein.
account	Möglichkeit zur (verdeckten) Angabe eines weiteren Paßworts
append	Eine lokale Datei kann an eine entfernte Datei angehängt werden.
ascii	(Schalter; Standardstellung: ein) Die Dateiübertragung erfolgt im ASCII-Modus, d.h. ggf. mit einer Konvertierung des Dateiinhalts bei unterschiedlichen Rechnerarchitekturen.
bell	(Schalter; Standardstellung: aus) Nach Abschluß einer erfolgreichen Dateiübertragung wird ein akustisches Zeichen ausgegeben.
binary	(Schalter; Standardstellung: aus) Die Dateiübertragung erfolgt im BINARY-Modus. Der Dateiinhalt wird dabei in keiner Weise verändert. Dieser Schalter ist bei der Übertragung von Binärdaten wie Programmen, Bild-Dateien oder komprimierten Dateien erforderlich!
bye	beendet die **ftp**-Sitzung
case	(Schalter; Standardstellung: aus) Dateinamen werden bei der Übertragung durch **mget** von Groß- nach Kleinbuchstaben umgesetzt.
cd *katalog*	Verzeichniswechsel auf dem entfernten Rechner
cdup	Verzeichniswechsel um eine Stufe nach oben auf dem entfernten Rechner; entspricht »**cd** ..« in UNIX.
close	Beenden der Verbindung mit dem entfernten Rechner; das lokale **ftp**-Programm bleibt jedoch aktiv.

ftp-Kom.	Bedeutung
cr	(Schalter; Standardstellung: ein) Konvertierung von Textdateien bei ASCII-Modus und zwischen unterschiedlichen Betriebssystemen. Bei eingeschaltetem **cr** werden Folgen von <return><neue zeile>-Zeichen zur Angabe von Zeilenenden umgesetzt in die UNIX-übliche <neue zeile>-Repräsentation.
debug	(Schalter; Standardstellung: aus) Alle den ftp-Server auf der anderen Maschine betreffenden Kommandos werden in ausführlicher Form am Bildschirm angezeigt. Entspricht der Aufrufoption **−d**.
delete *datei*	Löschen einer Datei auf dem entfernten Rechner.
dir *katalog*	Ausgeben einer Dateiliste des entfernten Rechners im aktuellen oder dem als ersten Argument angegebenen Verzeichnis. Die Ausgabe kann in eine als zweites Argument angegebene lokale Datei geschrieben werden. Die Ausgabe erfolgt (im Unterschied zu dem **ftp**-Kommando **ls**) in dem Format des UNIX-Kommandos »**ls -l**«.
disconnect	Beenden der Verbindung zum entfernten Rechner. **ftp** bleibt aber aktiv. Gleichbedeutend mit **close**.
form *format*	Einstellen eines Kontrollformats. Einzig mögliches Format ist *non-print*.
get *d1* {*d2*}	Übertragen einer im ersten Argument angegebenen Datei vom entfernten zum lokalen Rechner. Ein lokaler Dateiname kann im zweiten Argument angegeben werden, ansonsten wird der entfernte Name verwendet. Der entfernte Dateiname wird ggf. entsprechend der durch **case**, **nmap** und **ntrans** definierten Regeln auf die Dateinamenskonventionen des lokalen Systems umgesetzt.
glob	(Schalter; Standardstellung: ein) steuert die Verarbeitung von Sonderzeichen in Dateinamen. Entspricht der Aufrufoption **-g**.
hash	(Schalter; Standardstellung: aus) gibt bei der Datenübertragung für jeden übertragenen Block (8 KB) das Zeichen # aus.
help {*kom*}	Gibt die Liste der möglichen Kommandos im **ftp**-Kommandointerpreter aus. Wird **help** mit einem Kommando als Argument aufgerufen, so erfolgt eine ausführlichere Information zum angegebenen Kommando. Gleichbedeutend mit dem Kommando ›**?**‹.
lcd {*katalog*}	wechselt auf dem lokalen Rechner in das angegebene Verzeichnis oder in das Heimatverzeichnis des Aufrufers.

5.3 Vielbenutzte Kommandos (alphabetisch)

ftp-Kom.	Bedeutung
ls ...	Ausgeben einer Dateiliste des entfernten Rechners im aktuellen oder dem als ersten Argument angegebenen Verzeichnis. Die Ausgabe kann in eine als zweites Argument angegebene lokale Datei geschrieben werden. Die Ausgabe erfolgt in dem Format (Kurzform) des UNIX-Kommandos **ls**.
macdef ...	Definiert das im Argument mit Namen bezeichnete Makro. Die Definition erfolgt auf den Folgezeilen, so lange, bis eine Leerzeile eingegeben wird. Makros bleiben nur bis zu einem **close**-Kommando definiert.
mdelete ...	Dateien auf dem entfernten Rechner löschen
mdir ...	Ausgeben einer Dateiliste mehrerer Verzeichnisse als Argumente angegebener Verzeichnisse des entfernten Rechners. Die Ausgabe kann in eine als letztes Argument angegebene lokale Datei geschrieben werden. Die Ausgabe erfolgt in dem Format des UNIX-Kommandos »**ls -l**«.
mget ...	Übertragung mehrerer im Argument (auch mit Sonderzeichen) angegebener Dateien auf den lokalen Rechner.
mkdir *katalog*	Damit wird ein neuer Katalog auf dem entferntem Rechner anlegt.
mls *kataloge*	Wie **ls**, jedoch für mehrere Verzeichnisse des entfernten Rechners.
mode *modus*	Einstellung für den Modus der Dateiübertragung. Einzige mögliche Einstellung ist *stream*.
mput ...	Übertragung mehrerer im Argument (auch mit Sonderzeichen) angegebener Dateien auf den entfernten Rechner
nmap ...	Festlegen der Vorgehensweise bei der Konvertierung von Dateinamen, falls Dateien zwischen Systemen mit unterschiedlichen Dateinamenskonventionen (z.B. UNIX und MS/DOS) übertragen werden. Meist in Zusammenhang mit dem Kommando **ntrans**.
ntrans ...	Festlegen von Konventionen, wie einzelne Zeichen in Dateinamen konvertiert werden, falls Dateien zwischen Systemen mit unterschiedlichen Dateinamenskonventionen übertragen werden. Meist in Zusammenhang mit dem Kommando **nmap**.
open *rechner*	Aufbau einer Verbindung zu einem entfernten Rechner, der als Argument angegeben wird. Dies ist äquivalent zur Angabe eines entfernten Rechnernamens beim Aufruf von **ftp** in der Kommandozeile. Ein direktes Weiterverbinden vom entfernten Rechner zu einem weiteren Rechner ist damit nicht möglich (siehe **proxy**).
prompt	(Schalter; Standardstellung: ein) Der Benutzer wird für jede Datei, die mit **mget**, **mput** oder **mdelete** übertragen werden soll, explizit gefragt, ob zu übetragen ist.

ftp-Kom.	Bedeutung
proxy ...	ermöglicht den Aufbau von Verbindungen zwischen zwei entfernten Rechnern und die entsprechende Übertragung von Dateien. Nahezu alle **ftp**-Kommandos sind durch Voranstellen des Kommandos **proxy** dann auch auf dieser zweiten Verbindung möglich.
put *datei* ...	Die angegeben Datei wird zum entfernten Rechner übertragen. Ein entfernter Dateiname kann als zweites Argument angegeben werden – falls nicht, wird *datei* als Zieldateiname verwendet. Der lokale Dateiname wird, soweit notwendig, entsprechend der durch **case**, **nmap** und **ntrans** definierten Regeln auf die Dateinamenskonventionen des entfernten Systems umgesetzt.
pwd	Ausgabe des aktuellen Verzeichnisses auf dem entfernten System
quit	beendet das **ftp**-Programm. Gleichbedeutend mit **bye**.
quote	Die angegebenen Argumente werden direkt an den entfernten **ftp**-Server weitergeleitet.
recv *datei* ...	arbeitet wie **get**.
remotehelp	Ausgabe von Informationen über den Kommando-Satz und Kommandos des entfernten **ftp**-Systems
rename ...	Umbenennen einer Datei auf dem entfernten Rechner
reset	setzt die **ftp**-Kommandoverarbeitung nach einem Fehler neu auf.
rmdir *katalog*	Verzeichnis auf dem entfernten Rechner löschen
runique	(Schalter; Standardstellung: aus) erzeugt eindeutige Dateinamen bei der Ablage auf dem lokalen System. Werden mehrere gleichnamige Dateien übertragen, so werden diese bei der Ablage auf dem lokalen System mit Namensendungen *.1*, *.2*, usw. bezeichnet.
send *d1* {*d2*}	gleichbedeutend mit **put**
sendport	(Schalter; Standardstellung: ein) Verwendung des Server-Kommandos PORT beim Aufbau einer Verbindung.
status	Ausgabe der aktuellen Einstellungen und Schalterstellungen
struct *art*	Einstellung für die Dateistruktur der Dateiübertragung. Einzige mögliche Einstellung für *art* ist **file**.
sunique	(Schalter; Standardstellung: aus) erzeugt eindeutige Dateinamen bei der Ablage auf dem entfernten System.
tenex ...	Einstellungen für die Kommunikation mit TENEX-Maschinen.
type *art*	(3-fach-Schalter; Standardstellung: ASCII) Umschalten zwischen den Datentypen ASCII, BINARY oder TENEX. Entspricht den **ftp**-Kommandos **ascii**, **binary** oder **tenex**.

5.3 Vielbenutzte Kommandos (alphabetisch)

ftp-Kom.	Bedeutung
user ...	Anmelden eines Benutzers mit Benutzerkennnung und Passwort am entfernten System. Dies geschieht normalerweise implizit beim **ftp**-Aufruf bzw. bei einem **open**-Kommando.
verbose	(Schalter; Standardstellung: ein) Ausgabe von zusätzlichen Informationen und Reaktionen des entfernten **ftp**-Servers am Bildschirm. Wird **ftp** aus einer Datei gesteuert, ist diese Option abgeschaltet.
? {*ftp-kom*}	gibt eine Liste aller möglichen Kommandos im **ftp**-Kommandointerpreter aus. Wird **?** mit einem Kommando als Argument aufgerufen, so erfolgt eine ausführlichere Information zum angegebenen Kommando. Gleichbedeutend mit dem Kommando **help**.

Dies ist der Kommando-Satz des Standard-**ftp**-Programms unter UNIX. **ftp**-Programme, wie sie auf vielen anderen Betriebssystemen existieren und zum Datenaustausch mit allen anderen **ftp**-Servern bestimmt sind, unterstützen möglicherweise nicht diesen vollen Kommandosatz.

Anonymous ftp:

ftp ist das Standardprogramm, um Dateien nicht nur von bekannten Rechnern innerhalb eines lokalen Netzes zu übertragen, sondern von weltweit an das Internet angeschlossenen Rechnern. Da auf diesen **ftp**-Servern, die oft sehr große Datenmengen vorhalten, nur für wenige bekannte Benutzer eine Kennung existiert, der Rechner aber häufig allen Internet-Teilnehmern zugänglich sein soll, behilft man sich mit einer Benutzerkennung *anonymous*. Sie gestattet lesenden Zutritt und damit das

Herunterladen von Dateien. Als Paßwort wird auf solchen Systemen per Konvention die eigene Mail-Adresse eingetragen.

✎ Eine Sitzung, bei der die Datei *Beispiel3.tar.Z* im Binärmodus von einem Rechner *sonne* geholt wird, der Anonymes ftp ermöglicht, würde wie folgt aussehen:

```
kob@erde(94)> ftp sonne
Connected to sonne.
220 sonne FTP server (UNIX(r) System V Release 4.0) ready.
Name (sonne:kob): anonymous
331 Password required for kob.
Password: ... ... ... ...
230 User kob logged in.
ftp> cd /pub/Beispiele
250 CWD command successful.
ftp> dir
200 PORT command successful.
150 ASCII data connection for /bin/ls (192.141.69.250,32875) (0 bytes).
total 3006
-r--r--r--  1  root  other   59392  Jul 29 16:27  Beispiel1.tar.Z
-r--r--r--  1  root  other  410624  Jul 29 16:27  Beispiel2.tar.Z
-r--r--r--  1  root  other  258048  Jul 29 16:27  Beispiel3.tar.Z
-r--r--r--  1  root  other  206848  Jul 29 16:27  Beispiel4.tar.Z
-r--r--r--  1  root  other  149504  Jul 29 16:27  Beispiel5.tar.Z
-r--r--r--  1  root  other  147456  Jul 29 16:27  Beispiel6.tar.Z
-r--r--r--  1  root  other  202752  Jul 29 16:27  Beispiel7.tar.Z
-r--r--r--  1  root  other   29696  Jul 29 16:27  Beispiel8.tar.Z
226 ASCII Transfer complete.
580 bytes received in 0.13 seconds (4.5 Kbytes/s)
ftp> binary
200 Type set to I.
ftp> get Beispiel3.tar.Z
200 PORT command successful.
150 Binary data connection for Beispiel3.tar.Z (192.141.69.250,32877) (258048 bytes).
226 Binary Transfer complete.
local: Beispiel3.tar.Z remote: Beispiel3.tar.Z
258048 bytes received in 0.34 seconds (7.5e+02 Kbytes/s)
ftp> bye
221 Goodbye.
kob@erde(95)>
```

➡ Eine Endung der Dateinamen auf *.tar.Z* findet man sehr häufig auf ftp-Servern. Dies weist darauf hin, daß die Datei in ein Archiv (.tar) eingepackt ist und dieses Archiv schließlich komprimiert wurde (.Z). Die Datei muß mit **uncompress** dekomprimiert und mit **tar** ausgepackt werden. Das Kommando hierfür würde wie folgt aussehen:
uncompress Beispiel.tar.Z ; tar xvf Beispiel.tar
  oder einfacher
zcat Beispiel.tar.Z | tar xvf −

5.3 Vielbenutzte Kommandos (alphabetisch)

grep {*optionen*} *ausdruck* {*datei ...*} → **g**eneral **r**egular **e**xpression **p**arser

Die **grep**-Programme **grep**, **egrep** und **fgrep** durchsuchen die angegebenen Dateien nach dem im Parameter *ausdruck* vorgegebenen Textmuster. Die Zeilen der Dateien, in denen das Textmuster gefunden wird, werden auf die Standardausgabe geschrieben. Wird mehr als eine Datei durchsucht, so wird der Dateiname ebenfalls angezeigt. Bei **fgrep** darf der Ausdruck nur aus mehreren, durch <neue zeile> getrennten Zeichenketten bestehen. Bei **grep** kann der Ausdruck sich auch aus den Metazeichen zusammensetzen, wie sie in **ed** definiert sind (siehe auch die Tabelle im Kapitel 4.4.2). Da die Zeichen $ * [^ | ? ' " ( ) und \ von der Shell interpretiert werden, müssen sie maskiert werden (\ oder "..." oder '...').

Die verschiedenen Programme akzeptieren folgende Optionen:

grep: −bcilnsv
fgrep: −bcefilnvx
egrep: −bcefhlnvxy

egrep akzeptiert reguläre Ausdrücke wie **grep** mit folgenden Erweiterungen:

regulärer Ausdruck	Bedeutung
\x	trifft auf das Zeichen *x* zu, auch dann, wenn *x* ein Metazeichen ist.
^	steht für ›*Anfang der Zeile*‹
$	steht für ›*Ende der Zeile*‹
.	steht für ›*Ein beliebiges einzelnes Zeichen*‹
x	steht für ›*Das Zeichen x*‹
[x...z]	steht für ›*Eines der Zeichen x,...,z*‹
[^x...z]	steht für ›*Alle Zeichen außer den Zeichen x,...,z*‹
[x-z]	steht für ›*Eines der Zeichen im Bereich x bis z*‹
ausdruck*	steht für ›*Der Ausdruck darf 0 bis n mal vorkommen*‹
ausdruck+	steht für ›*Ausdruck darf ein- oder mehrmals vorkommen*‹
ausdruck?	steht für ›*Der Ausdruck darf kein- oder einmal vorkommen*‹
ausd_1ausd_2	steht für ›*Zuerst muß ausd_1 passen und danach ausd_2*‹
ausd_1 | ausd_2	steht für ›*ausd_1 oder ausd_2*‹. Statt | kann auch <neue zeile> benutzt werden.

Folgende Optionen bei **grep** werden akzeptiert:

−b Jede Zeile, in der das Textmuster vorkommt, wird mit ihrer Blocknummer ausgegeben.

−c Es wird nur die Anzahl der passenden Zeilen gezählt.

−e *ausdruck*	Vorteilhaft, falls der Ausdruck mit ⊢ beginnt. *ausdruck* darf dem −e ohne oder mit Zwischenraum folgen.
−f *datei*	Der Ausdruck, nach dem gesucht werden soll, steht in der angegebenen Datei. *datei* darf dem −f ohne oder mit Zwischenraum folgen.
−h	Der Dateiname wird in der Ausgabezeile weggelassen.
−i	Beim Vergleich sollen Groß- und Kleinbuchstaben gleich behandelt werden.
−l	Die Namen der Dateien zusammen mit den Zeilen, in denen der gesuchte Ausdruck vorkommt, werden jeweils durch <neue zeile> getrennt ausgegeben.
−n	Vor jeder zutreffenden Zeile wird die Zeilennummer angegeben.
−s	Es wird keine Ausgabe produziert sondern nur ein entsprechender Status zurückgeliefert (0 → gefunden, 1 → nicht gefunden; 2 → Syntaxfehler).
−v	Es werden alle Zeilen ausgegeben, auf die das Muster **nicht** paßt. Dies ist die Invertierung des Standards.
−x	Nur Zeilen, welche ganz mit dem Ausdruck übereinstimmen, werden als Treffer gewertet (nur bei **fgrep** möglich).
−y	Beim Vergleich sollen die Kleinbuchstaben des Musters auch auf Großbuchstaben in den Dateien passen (nur bei **grep** möglich).

✎ fgrep −c UNIX unixbeschreib
→ zählt, in wievielen Zeilen der Datei *unixbeschreib* das Wort UNIX vorkommt.

✎ grep kapitel.\[1-9\] beschr.*
→ durchsucht alle Dateien des aktuellen Katalogs, deren Namen mit *beschr.* beginnen. In diesen Dateien wird nach Zeilen gesucht, in denen die Worte *Kapitel.1* bis *Kapitel.9* vorkommen. Die eckigen Klammern mußten hier wegen ihrer Bedeutung für die Shell mit dem Fluchtsymbol \ maskiert werden. Eine alternative Schreibweise wäre:
grep 'kapitel.[1-9]' beschr.*

✎ file /bin/* | grep "commands text"
→ gibt eine Liste aller Dateien (Kommandos) im Katalog */bin* aus, bei denen es sich um Shellprozeduren handelt.

5.3 Vielbenutzte Kommandos (alphabetisch)

head {*–n*} *datei ...* → display first part (**head**) of files (*B*)

Es werden der Dateiname sowie die ersten Zeilen der angegebenen Dateien (oder der Standardeingabe) auf die Standardausgabe kopiert. *n* gibt die Anzahl der Zeilen an (Standardwert = 10). **head** wird in der Regel als Filter verwendet. Die Umkehrung von **head** ist **tail**.

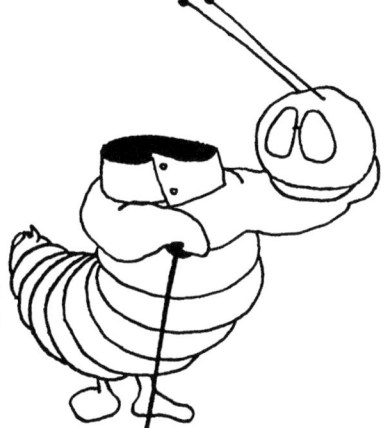

✎ head –20 * | more
→ gibt die ersten 20 Zeilen aller Dateien des Katalogs seitenweise aus.

id {–a} → print user and group **id**entification

gibt Benutzernummer (**uid**), Gruppennummer (**gid**), sowie den Benutzernamen und Gruppenname des aufrufenden Benutzers aus.
(*V.4*) Die Option **–a** bewirkt, daß alle Gruppen ausgegeben werden, zu denen der Benutzer gehört.

idbuild {*optionen und argumente*} → build a new UNIX kernel

Mit dem Kommando **idbuild** wird unter UNIX V.4.2 ein neuer Betriebssystemkern (Kernel) erzeugt.
Dabei wird aus vorkompilierten Modulen und mit Hilfe eines in jedem UNIX-System vorhandenen kleinen und eingeschränkten C-Compilers mit ggf. geänderten und angepaßten Konfigurationsdateien ein neues, lauffähiges System kompiliert und gebunden. Dieser Kernel wird unter dem Namen *unix* in das Verzeichnis */stand* kopiert und beim nächsten Hochfahren der Maschine geladen. Ist der neue Kernel aufgrund eines Konfigurationsfehlers nicht lauffähig, so steht der vorherige und in jedem Fall funktionstüchtige Kernel unter dem Namen *unix.old* zur Verfügung.
Dieses Kommando ist höchst sensibel gegen Fehlbedienung und daher nur dem erfahrenen Systemverwalter vorbehalten.

kill {–*signal*} *pid* ...   → **kill** the process *pid*
    oder
kill –*signal* –*pgid* ...   → **kill** the process *pid*
    oder
kill –l   → **kill** the process *pid*

bricht den Prozeß mit der Prozeßnummer *pid* ab (auch mehrere Prozeßnummern können angegeben werden). Dies geschieht, indem das Signal *15* an den Prozeß geschickt wird.

Durch die Option –*signal* kann ein anderes Signal vorgegeben werden. *signal* ist entweder eine Nummer oder eine symbolische Bezeichnung für das Signal (für die Bedeutung der einzelnen Signale sei auf Kapitel 4.3.2 verwiesen). Die dritte Form ›**kill** –l‹ gibt eine Liste aller möglichen Signale aus.

Das Signal **–9** bzw. **SIGKILL** bewirkt dabei einen sicheren Abbruch, da dies nicht vom Programm abgefangen werden kann. Mit Ausnahme des Super-Users darf ein Benutzer nur seine eigenen Prozesse abbrechen. Die Prozeßnummer **0** steht dabei für alle Prozesse der aktuellen Sitzung.

Vordergrundprozesse können in der Regel durch Eingabe der Taste <abbruch> oder <unterbrechung> abgebrochen werden.

Bei der zweiten Form des Aufrufs gibt *pgid* die Prozeßgruppennummer an (siehe hierzu Kapitel 4.3.2). Alle Prozesse dieser Gruppe werden damit abgebrochen.

Bei Hintergrundprozessen ist nur **kill** möglich. Die Nummern der im Hintergrund laufenden Prozesse liefert das **ps**-Kommando.

✎   kill 83 93
     → bricht die Prozesse mit den Nummern 83 und 93 ab.

✎   kill –9 0
     → bricht alle laufenden Prozesse des Benutzers ab.

5.3 Vielbenutzte Kommandos (alphabetisch)

ksh {*optionen*} {*argumente*} {*datei*}   → start **korn-shell**

Durch dieses Kommando kann die Korn-Shell gestartet werden, wenn sie nicht die Login-Shell des Benutzers ist.

Folgende Punkte zeichnen die Korn-Shell (im Gegensatz zur Bourne-Shell) besonders aus:

- Liste alter Kommandos mit Wiederholmöglichkeit (*history*)
- umfangreiche Einstellmöglichkeiten über Optionen und Variablen
- automatische Namenserweiterung der Kommandozeile
- Editiermöglichkeit der aktuellen oder alter Kommandozeilen mit den Editoren *vi* oder *emacs*
- Bedienung mehrerer Programme von einem Bildschirm aus durch wechselweises Verlagern in den Vorder- oder Hindergrund (*job control*)
- Definition von Kurzformen für häufig benutzte und lange Kommandos (*alias*).

Eine ausführliche Behandlung der **ksh** ist im Kapitel 7.3 zu finden.

Die folgenden Parameter sind sowohl von der Aufruf-Kommandozeile als auch zur Laufzeit mit dem **set**-Kommando möglich:

Option	Bedeutung
–	Ende der Optionsliste auf der Kommandozeile; alle anderen Worte, auch wenn sie mit – beginnen, sind Argumente. Die Optionen –x und –v werden abgeschaltet.
– –	Kommandozeilen-Schalter sollen nicht verändert werden.
–A	Belegung von Arrays. Alle Argumente werden dem Array an der ersten Stelle nach dem –A zugewiesen.
–a	Neu definierte Variablen werden automatisch exportiert. Gleichbedeutend mit ›–o allexport‹.
–e	Endet ein Kommando mit Fehler, so wird eine Fehlerroutine ERR angesprungen und die Korn-Shell verlassen. Gleichbedeutend mit ›–o errexit‹.
–f	Keine Expansion von Sonderzeichen zu Dateinamen. Gleichbedeutend mit ›–o noglob‹.
–h	Kommandos werden mit ihrer ersten Ausführung in die Liste der *tracked aliases* aufgenommen und können damit beim nächsten Aufruf schneller lokalisiert werden. Gleichbedeutend mit ›–o trackall‹.
–k	Variablenbelegungen sind auch Kommandos zugänglich. Gleichbedeutend mit ›–o keyword‹.
–m	Hintergrundprozesse werden in einer eigenen Prozeßgruppe abgearbeitet und geben bei Beendigung eine Meldung mit ihrem Endestatus aus. Gleichbedeutend mit ›–o monitor‹.

Option	Bedeutung
–n	Kommandos werden gelesen und auf Syntaxfehler überprüft, jedoch nicht ausgeführt. Nur für Kommandoprozeduren. Gleichbedeutend mit ›–o noexec‹.
–o *option*	gestattet, weiterführende Optionen zur Steuerung der **ksh** anzugeben. Als Optionen stehen zur Verfügung: **bgnice, emacs, errexit, gmacs, ignoreeof, keyword, markdirs, monitor, noclobber, noexec, noglob, nolog, nounset, privileged, verbose, trackall, vi, viraw, xtrace** Die Bedeutung der einzelnen Unter-Optionen ist im Kapitel 7.3 beschrieben.
–p	Beim Start der Shell als Login-Shell soll die Datei *.profile* im Heimatverzeichnis des Benutzers nicht, und die Datei */etc/suid_profile* statt der in $ENV angegebenen Datei gelesen werden. Diese Option ist automatisch eingeschaltet, wenn die echte und die effektive Benutzer-Kenn-Nummer nicht gleich sind. Gleichbedeutend mit ›**–o privileged**‹.
–s	Positionsparameter werden alphabetisch sortiert
–t	Beendigung der Shell nach Ausführung eines Kommandos.
–u	Bei dem Versuch der Expansion nicht gesetzter Variablen wird eine Fehlermeldung ausgegeben. Gleichbedeutend mit ›**–o nounset**‹.
–v	Kommandozeilen werden vor ihrer Ausführung ausgegeben wie gelesen. Gleichbedeutend mit ›**–o verbose**‹.
–x	Kommandozeilen werden vor ihrer Ausführung mit ihren aktuellen Argumenten (ggf. expandierten Variablen) ausgegeben. Bei der Ausgabe wir der in $PS4 definierte Text (Standardbelegung: **+**) der Kommandozeile vorangestellt. Gleichbedeutend mit ›–o xtrace‹.

Die folgenden Parameter bzw. Optionen sind nur von der Aufruf-Kommandozeile der Korn-Shell aus möglich:

Option	Bedeutung
-c *kommando*	Kommandos aus *kommando* werden ausgeführt.
-s	Kommandos werden von der Standard-Eingabe gelesen.
-i	Die Korn-Shell ist interaktiv.
-r	Die Korn-Shell wird zur restricted shell mit eingeschränkten Möglichkeiten für den Benutzer.

5.3 Vielbenutzte Kommandos (alphabetisch)

ld {*optionen*} *datei* ...   → link editor

ld erlaubt es, mehrere Objektdateien zu einer neuen Datei zusammenzubinden. Diese Datei kann entweder ein ausführbares Programm sein oder eine neue Objektdatei, welche als Eingabe für weitere Bindeläufe dient.

Beim Binden lassen sich notwendige Bibliotheken entweder als statisch ladbare Bibliothek oder als dynamisch ladbare Bibliothek hinzubinden. Bei statischen Bibliotheken werden Referenzen zu Objekten innerhalb dieser Bibliotheken zum Bindezeitpunkt aufgelöst. Bei dynamisch ladbaren Bibliotheken erfolgt die Auflösung erst beim ersten Ansprechen des Objektes zur Laufzeit des Programms. Diese Auflösung wird dann durch den sogenannten *dynamischen Lader* ausgeführt.

Außer der Option −l sollten alle Optionen vor den Dateiangaben stehen. ld kennt folgende Optionen, wobei durchaus weitere systemspefische Bindeoptionen hinzukommen können:

−a	Es soll eine ausführbare Datei erzeugt werden. Das Binden erfolgt statisch. −a und −r schließen sich gegenseitig aus.
−b	Diese Option wird nur beim Binden mit dynamisch ladbaren Bibliotheken verwendet. Hierdurch werden Symbole in dynamisch ladbaren Bibliotheken nicht speziell behandelt. Der Code wird damit etwas kürzer und mit anderem *shareable*. Im Standardfall (ohne −b) wird für solche Symbole in den dyn. ladbaren Bibliotheken ein spezieller positionsunabhängiger Code erzeugt.
−d *yn*	Gibt die Art der Bibliotheken an, die dazugebunden werden sollen. Ist *yn* = **y**, so werden dynamisch ladbare Bibliotheken verwendet. Bei *yn* = **n** sind dies statische Bibliotheken.
−e *name*	Die Adresse des Symbols *name* soll der Startpunkt für das ausführbare Programm sein.
−G	Hiermit wird beim dynamischen Binden ein *sharable Objekt* erzeugt. In ihm sind noch undefinierte Symbole zulässig.
−h *name*	Die Option wird nur zum Binden von dynamisch ladbaren Objektmodulen verwendet. Hiermit wird das Symbol *name* in der *dynamic section* des Moduls angelegt. Damit wird *name* vom dynamischen Ladeprozeß zur Laufzeit (bei der ersten Verwendung) als Suchobjekt verwendet und aufgelöst.
−I *name*	Hiermit wird der Name des Laufzeit-Interpreters (bzw. Laufzeitbinders) in den Kopf der ausführbaren Datei mitaufgenommen. Beim Binden dynamisch ladbarer Objekte ist dies im Standardfall */usr/lib/libc.so.1*.
−l*name*	Ist eine Abkürzung für den Bibliotheksnamen **lib***name*.**so** (diesen nur, wenn dynamisch gebunden werden soll). Existiert diese nicht, so wird unter **lib***name*.**a** gesucht. Die Suche erfolgt in den Katalogen, die in der Environmentvariablen **$LD_LIBRARY_PATH** definiert sind (in der dort angegebenen Reihenfolge).

−L *pfad*	Der angegebene Pfad wird dem Suchpfad für Bibliotheken angefügt. Der Standardpfad ist in **$LD_LIBRARY_PATH** definiert. Diese Option benötigt auch die Option −l.
−m	Eine Speicherliste (*memory map*) der *input/output-section* der erzeugten Datei wird auf die Standardausgabe geschrieben.
−M *mdatei*	Beim *statischen Binden* kann der Lader damit angewiesen werden, Anweisungen aus der *mdatei* zu lesen.
−o *name*	Die Ausgabedatei soll *name* heißen (ohne diese Option trägt sie den Namen **a.out**).
−Q *yn*	Ist *yn* = **y**, so wird damit eine **ident**-Zeichenkette in die .comment-Sektion der Ausgabedatei mit aufgenommen (Standard). Bei *yn* = **n** wird dies unterdrückt.
−r	Die Ausgabedatei erhält noch das Relokationsattribut, so daß sie als Eingabe für weitere Bindeläufe verwendet werden kann. Undefinierte Symbole werden dabei nicht als Fehler interpretiert.
−s	(*strip*) Die Symboltabelle und das Relokationsmerkmal werden in der Ausgabe entfernt.
−t	unterdrückt Warnung hinsichtlich mehrfach definierter Symbole unterschiedlicher Länge.
−u *symbol*	Das nachfolgende Argument wird als undefiniertes Symbol in die interne Symboltabelle eingetragen.
−V	Der Binder gibt seine Versionsnummer aus.
−z def*s*	erzwingt einen fatalen Fehler, wenn beim Binden undefinierte Symbole übrigbleiben.
−z nodef*s*	gestattet unaufgelöste Symbole im erzeugten Objekt.
−z text	erzwingt beim Binden dynamisch ladbarer Bibliotheken einen fatalen Fehler, wenn nicht alle Referenzen auf schreibgeschützten Sektionen aufgelöst werden konnten.
−X	Lokale Symbole (außer denen, deren Namen mit **L** beginnen) werden gerettet.
−YP, *liste*	Hierdurch kann die Standardliste der nach Bibliotheken zu durchsuchenden Kataloge geändert werden. *liste* zählt diese neuen Suchkataloge auf (jeweils durch : getrennt).

Eine ausführliche Beschreibung des **ld** ist in Kapitel 9 zu finden.

✎ ld prog.o −lm
→ bindet die Datei *prog.o* zu einem ausführbaren Programm. Es sollen dabei die Funktionen aus der Datei /*usr/lib/libm.a* (die mathematische C-Bibliothek) dazugebunden werden. Das Ergebnis liegt in *a.out*.

✎ ld −o prog prog.1.o prog.2.o
→ bindet die beiden Objektdateien *prog.1.o* und *prog.1.o* zu einer neuen (eventuell ausführbaren) Datei *prog*.

5.3 Vielbenutzte Kommandos (alphabetisch)

line → read one **line** from standard input

Hiermit wird von der Standardeingabe eine Zeile (bis zu einem Zeichen <neue zeile>) gelesen und ausgegeben. Dies wird in der Regel in Shellprozeduren verwendet. Wird das Dateiende erreicht (<eof>), so wird –1 als Exit-Status zurückgegeben, ansonsten 0.

link *alter_name neuer_name* → **link** a new name to an existing file (∗V.4∗)

Analog zum **ln**-Kommando baut dieses Kommando einen Verweis unter einem neuen Name auf eine bereits existierende Datei auf. Das Kommando ist nur für den Super-User zugelassen. Es werden dabei weniger Prüfungen als beim **ln**-Kommando durchgeführt. Die Umkehrung des **link**-Kommandos ist **unlink**, das damit dem **rm**-Kommando entspricht.

ln {*optionen*} *alter_name neuer_name* → link new name *neuer_name* to *alter_name*

oder

ln {*optionen*} *datei ... katalog* → link new name *neuer_name* to *alter_name*

gibt der Datei mit dem Namen *alter_name* einen weiteren Namen *neuer_name*. Die Datei ist danach unter beiden Namen ansprechbar. Kataloge dürfen nur einen einzigen Namen besitzen. Dateien mit mehreren Namen (Referenzen) werden erst dann gelöscht, wenn die letzte Referenz auf sie gelöscht ist. Existiert bereits eine Datei *neuer_name*, so wird diese zuvor gelöscht. Die Option **–n** unterdrückt dies (∗V.4∗).

Existiert *neuer_name* und besteht Schreibschutz, so wird vom **ln**-Kommando nachgefragt, ob die Änderung trotzdem erfolgen soll. Die Option **–f** unterdrückt dies und führt die Änderung sofort aus – soweit dazu die Berechtigung besteht.

In der zweiten Form muß der letzte Dateiname ein Katalog sein. Es werden dann in diesem Katalog Einträge mit den Namen der vorangehenden Dateinamen angelegt.

⚠ Beide Katalogeinträge (Dateien) müssen jedoch auf dem gleichen logischen Datenträger liegen, es sei denn, es wird ein *symbolischer Link* angelegt. Ein solcher ist nur in Systemen mit Berkeley-Erweiterungen oder ab V.4 möglich.

(*V.4*): Die Option **-s** sorgt dafür, daß an Stelle eines *normalen Links* (sogenannten *hard links*) ein *symbolischer Link* angelegt wird. Dieser erlaubt Verweise über Dateisysteme, bei geeigneter Vernetzung (NFS) sogar über Rechnergrenzen hinweg.

✎   ln /usr/rm   /usr/loesche
→ gibt dem Kommando **rm** den weiteren Namen *loesche*, so daß das **rm**-Kommando nun sowohl mit ›**rm** …‹ als auch mit ›**loesche** …‹ aufgerufen werden kann.

login {**-p**} {*name* {*variable(n)*}}   → **login** under the username *name*

meldet den aktuellen Benutzer beim System ab und den neuen Benutzer beim System unter dem angegebenen Namen an. Hat der Benutzer ein Paßwort, so fragt das System danach.
Der Benutzer bekommt beim **login** den in der Datei */etc/passwd* angegebenen Katalog als **login-Katalog** zugeordnet. Eine Nachricht des Systemverwalters in der Datei */etc/motd* wird ihm auf die Dialogstation ausgegeben. Danach werden (bei Verwendung der Standard-Shell) die Kommandos der Datei */etc/profile* und danach die der Datei *.profile* des Login-Katalogs ausgeführt. Bei Verwendung der **C-Shell** sind dies die Kommandos der Dateien *.login* und *.cshrc*.
Ist Post (*mail*) für ihn vorhanden, so wird er davon benachrichtigt. Beim **login** werden die Shell-Variablen **HOME**, **PATH**, **MAIL**, sowie **TERM**, **SHELL** und **TZ** gesetzt.
Die Shell-Variablen können geändert oder neue hinzugefügt werden, indem man beim Aufruf von **login** als Kommando weitere Variablen (auch mit direkter Zuweisung in der Form ›*xxx=nnn*‹) mitgibt.
(*V.4*) Durch die Option **-p** wird sofort das Kommando **passwd** zum Ändern des Benutzerpaßwortes aktiviert.
Siehe zu **login** auch Kapitel 4.1.

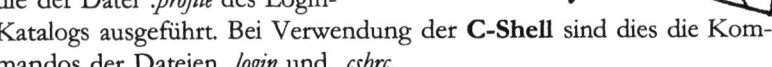

logname   → print **login** **name**

liefert den aktuellen Benutzernamen (englisch: *login name*) zurück.

5.3 Vielbenutzte Kommandos (alphabetisch)

lp {*optionen*} {*datei ...*} → send print request to line printer

   oder

lp -i *auftragsnummer optionen* → change options of previous print request

Die angegebenen Dateien werden bei der ersten Form auf einem Drucker ausgegeben. Hierzu wird ein Ausgabeauftrag aufgebaut und in die Auftragswarteschlange des *Print-Spoolers* eingehängt. Wird kein spezieller Zieldrucker angegeben, so geht die Ausgabe auf einen Standarddrucker, sofern dieser (z.B. in **$LPDEST**) definiert ist.

Das **lp**-Kommando gibt die Auftragsnummer aus. Unter dieser Nummer kann der Auftrag später angesprochen (z.B. gelöscht) werden. Das Löschen eines Auftrags erfolgt mit dem Kommando **cancel**. Ist keine Datei (oder nur –) aufgeführt, so wird von der Standardeingabe bis zu einem <eof> gelesen.

Die zweite Aufrufform erlaubt, die Optionen eines bereits abgesetzten Druckauftrags nochmals zu ändern. Hierbei ist die Auftragsnummer des Druckauftrags anzugeben.

Zu druckende Dateien, von denen eine Kopie erstellt wird, werden im Katalog */var/spool/lp* hinterlegt.

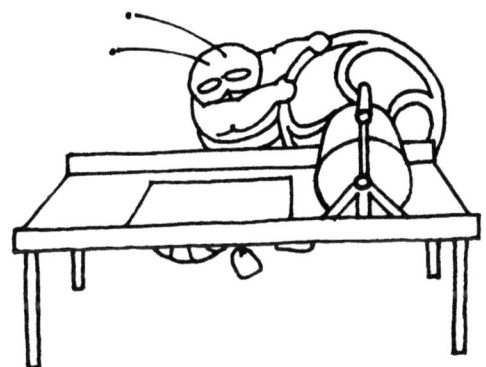

lp kennt folgende Optionen:

-c   (*copy*) Eine Kopie der zu druckenden Datei wird erstellt und diese Kopie ausgegeben. Im Normalfall wird keine Kopie angelegt.

-d *ziel*   (*destination*) Dies erlaubt die explizite Angabe eines Druckers (oder einer Druckerklasse) auf den die Datei auszugeben ist. Eine Standardvorgabe kann durch das Definieren der Shellvariablen **$LPDEST** erfolgen oder für alle Benutzer gemeinsam durch das **lpadmin**-Kommando definiert sein.

-f *formular* {-d **any**}(*V.4*) (*formular*) Hiermit läßt sich ein Formular vorgeben, auf dem die Ausgabe erfolgen soll. Der Druckserver stellt dabei sicher, daß das Formular im Drucker liegt. Kann der angegebene Drucker das Formular nicht

	drucken, ist das Formular nicht definiert oder für den Benutzer nicht zugelassen, so wird der Auftrag mit einer Fehlermeldung abgelehnt. Ist der Anhang ›–d any‹ vorhanden, so erfolgt die Ausgabe auf dem nächsten verfügbaren Drucker, bei dem das Formular vorhanden ist.
–H *anw*	(*V.4*) gestattet, spezielle Anweisungen zum Druck vorzugeben. *anw* kann eine der folgenden Werte haben:

    hold   Der Auftrag wird zunächst gestoppt und erst gedruckt, wenn durch eine **–G resume**-Anweisung die Fortsetzung explizit vorgegeben wird.

    resume   setzt einen zuvor mit ›**–H hold**‹ angehaltenen Druckauftrag fort.

    immediate   bewirkt, daß der Druckauftrag als nächster ausgeführt und damit eventuell vorher abgesetzten Aufträgen vorgezogen wird. Dies darf nur der LP-Administrator oder Super-User.

–m   Nach der Ausgabe des Auftrags wird der Benutzer mittels **mail** informiert.

–n *x*   Es sollen *x* Kopien der Ausgabe erstellt werden.

–o *optionen*   Dies erlaubt, druckerspezifische oder druckerklassenspezifische Optionen weiterzugeben. Es sind mehrere **–o**-Optionen erlaubt. Neben systemspezifischen Optionen sind folgende üblich, müssen jedoch von den jeweiligen Filterprogrammen unterstützt werden:

    cpi=*n*   gestattet die Angabe der Zeichengröße oder Zeichenbreite. *n* kann die Werte **10, 12, pica, elite** oder **compressed** haben.

    lenght=*n*   gestattet eine Längenangabe für die Seiten. Folgt der Nummer *n* kein Zeichen, so sind mit *n* Zeilen gemeint; **c** steht für Zentimeter und **i** für Inch.

    lpi=*n*   gestattet die Angabe der Zeilenweite. Für *n* gelten die Werte wie bei **width**.

    nobanner   Der Auftrag wird ohne ein spezielles Deckblatt (*banner page*) ausgegeben.

    nofilebreak   Der Seitenvorschub zwischen der Ausgabe zweier Dateien des gleichen Auftrags wird unterdrückt.

    nolables   Dies unterdrückt die Ausgabe von Kopf- und Fußzeilen auf jeder Seite, die Informationen zum Vertraulichkeitsgrad geben.

    stty=*optionen*   gestattet **stty**-Parameter anzugeben, sofern der Drucker an einer seriellen Leitung angeschlossen ist.

| | width=*n* | gestattet die Angabe einer Zeilenbreite. Folgt der Nummer *n* kein Zeichen, so sind mit *n* Zeichen gemeint; **c** steht für cm und **i** für Inch. |

–P *liste* (∗V.4∗) Es werden nur die in *liste* angegebenen Seite des Auftrags gedruckt. Hierzu muß für den Drucker und die Ausgabeart jedoch ein entsprechender Filter vorhanden sein! Die Liste darf einzelne Seiten und Seitenbereiche in der Form ›seite, von–bis, ...‹ enthalten.

–q *n* (∗V.4∗) Erlaubt eine Druckpriorität vorzugeben (0 ≤ *n* ≤ 39). 0 ist die höchste Priorität.

–s (*suppress*) Die Ausgabe der Auftragsnummer wird unterdrückt.

–S *fz_satz* {**–d any**}
–S *drad* {**–d any**}
    (∗V.4∗) gestattet, den Zeichensatz oder das Typenrad für die Ausgabe auf einem entsprechenden Drucker vorzugeben.

–t *titel* Der Text *titel* erscheint auf der Kopfseite des Ausdrucks.

–T *art* {**–r**} (∗V.4∗) gibt an, daß die Ausgabe auf einem Drucker erfolgen soll, der die mit *art* vorgegebene Dokumentenart unterstützt. Unterstützt kein Drucker die Dokumentenart direkt, so wird versucht, mit Hilfe eines entsprechenden Filters die Ausgabe für einen anderen Drucker zu konvertieren. Letzteres kann durch die Option **–r** unterdrückt werden.

–w (*write*) Nach der Ausgabe wird der Benutzer durch eine Nachricht auf seiner Dialogstation informiert. Hat er seine Sitzung beendet, so geschieht dies mittels **mail**.

–y *mliste* (∗V.4∗) gestattet die Angabe eines Druckmodus für die Ausgabe. Hierzu muß ein entsprechender Filter zur Verfügung stehen und in der lp-Moduslisle aufgeführt sein. Folgende Modi sind standardmäßig vorgesehen, wobei das lp-System weitere Modi in der Definition zuläßt:

	reverse	Die Seiten werden in der umgekehrten Reihenfolge ausgegeben.
	landscape	Die Seite wird im Querformat beschrieben.
	x=*n*, **y**=*m*	erlaubt, den physikalischen Seitenanfang auf der Seite zu verschieben.
	group=*n*	*n* logische Seiten sollen auf einer physikalischen Seite ausgegeben werden.
	magnify=*n*	Die Ausgabe soll auf *n*% vergrößert oder verkleinert werden.

–o length=*n* definiert die Anzahl von Zeilen je logischer Ausgabeseite.

–P *n* gestattet die partielle Ausgabe eines Ausdrucks durch die Angabe einer Seitennummer.

–n *m* Es sollen *m* Kopien erzeugt werden.

Die Verwaltung des *Print-Spoolers* erfolgt durch das **lpadmin**-Kommando, eine Abfrage der Warteschlangen durch ›**lpstat –o**‹.

- lp liste
  → druckt die Datei liste auf dem Standarddrucker aus.

- cancel lj4-216
  bricht den Druckauftrag *216* auf dem Drucker *lj4* ab.

- lp –c –w kapitel.[1-3]
  → druckt die Dateien *kapitel.1, kapitel.2* und *kapitel.3* aus. Es werden dazu Kopien der Dateien erstellt. Nach der Ausgabe wird der Benutzer über das Ende der Ausgabe informiert.

- lp –m –dlp1 –n2 info
  → gibt die Datei *info* in zwei Kopien auf dem Drucker *lp1* aus und informiert den Benutzer nach der Ausgabe mittels **mail** hiervon.

- ls –ls /user | lp –dApplewriter –n 3 –q 4
  → erstellt ein ausführliches Inhaltsverzeichnis des Katalogs user und gibt dieses auf den Drucker *Applewriter* in 3 Kopien aus. Der Druck erfolgt mit der relativ hohen Priorität 4.

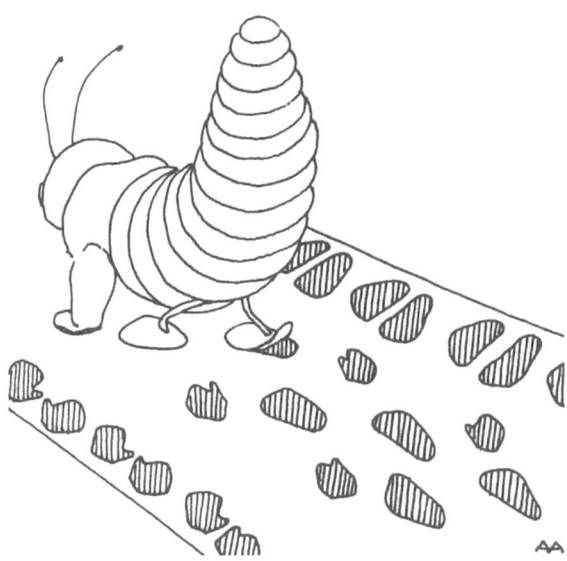

lpr {*optionen*} {*datei* ...}   → spool files to line printer (*B*)

lpr ist die BSD-kompatible Variante des **lp**-Kommandos und trägt die angegebenen Dateien in die Auftragswarteschlange des *Print-Spoolers* ein.

Weitere BSD-UNIX Druck-orientierte Kommandos sind:

lpc Einrichten und Kontrollieren des Drucksystems
lpq Abfragen der Druckerwarteschlange
lprm Ein einmal erteilter Auftrag kann wieder gelöscht werden mit:
     lprm {**–P***drucker*} {*auftragsnummer*}

Die Optionen des **lpr**-Kommandos sind:

–C *klasse* gibt den Text von *klasse* als Druckklasse auf der Titelseite des Druckauftrags aus.
–# *x* Es werden *x* Kopien in der Ausgabe erstellt.
–h Die Deckblattseite wird unterdrückt.
–i *n* Der Text der Ausgabe wird um *n* Zeichen (Standardwert = 8) eingerückt.
–J *titel* gibt den Text *titel* auf der Deckblattseite des Ausdrucks aus. Im Standardfall ist es der Dateiname der ausgegebenen Datei.
–m Der Benutzer wird per **mail** über die Beendigung informiert.
–P *drucker* Die Ausgabe soll auf dem angegebenen Drucker erfolgen.
–r Die auszugebende Datei wird nach dem Drucken gelöscht.
–s Im Standardfall wird zum Drucken eine Kopie der Datei angelegt und danach gelöscht. Bei dieser Option wird dies bei lokal vorhandenen Dateien unterdrückt.
–T *titel* Der Text *titel* erscheint auf der Deckblattseite des Ausdrucks (statt des Dateinamens).
–w *n* Die Ausgabe soll *n* Zeichen breit sein.

Zusätzlich können weitere Filter-Optionen angegeben werden:

–c Die Eingabe besteht aus cifplot-Daten.
–d Die Eingabe besteht aus T_EX-DVI-Daten.
–f Das erste Zeichen jeder Zeile soll als FORTRAN-Formatzeichen interpretiert werden.
–g Die Eingabe besteht aus Daten im **plot**-Format.
–l Kontrollzeichen soll gedruckt und Seitenvorschübe unterdrückt werden.
–n Die Eingabe besteht aus **ditroff** -Daten.
–p **pr** soll zur Formatierung eingesetzt werden.
–t Die Eingabe besteht aus **troff**-CAT-Daten.
–v Die Eingabe besteht aus einem Rasterimage.

✎ lpr –P Applewriter –# 3 –t "Umsatz-Entwicklung" –v
→ gibt ein Rasterbild in 3 Kopien auf dem Drucker *Applewriter* aus. Das Deckblatt erhält als Titel ›Umsatz-Entwicklung‹.

lpstat {*optionen*} {*auftrag* ...} → print **lp status**

Das **lpstat**-Programm erlaubt dem Benutzer, Informationen zum **lp**-System abzufragen. Wird das Kommando ohne einen Parameter *auftrag* aufgerufen, so gibt es den Status aller mittels **lp** abgesetzten Aufträge des Benutzers aus. Werden beim Aufruf Auftragsnummern angegeben, so wird nur Information zu diesen Aufträgen geliefert. Erhält eine Option eine Liste, so werden die Elemente der Liste durch Kommata getrennt. Neben den hier nicht dokumentierten Optionen **–f** *liste*, **–R** und **–S** *liste* werden folgende Optionen verarbeitet:

–a{*liste*} (*acceptance status*) gibt für die in der Liste angegebenen Drucker oder Druckerklassen (oder für alle) an, ob Aufträge angenommen werden.

–c{*liste*} (*class*) gibt die Namen aller (bzw. der angegebenen) Druckerklassen und deren Drucker aus.

–d (*default*) gibt den Standarddrucker aus.

–o{*liste*} (*output request*) gibt eine Liste aller Ausgabeaufträge aus. Dabei wird die Auftragsnummer, die Klassen- und Druckerbezeichnung angezeigt.

–p{*liste*} (*printer*) gibt den Status der (aller) Drucker in *liste* aus.

–r zeigt den Status des **lpsched**-Programms an.

–s liefert generelle Statusinformation zu **lpsched**, Standarddruckername, Druckerklassen, Druckern und Geräten.

–t liefert die gesamte verfügbare Statusinformation.

–u{*liste*} gibt den Status der Ausgabeaufträge für alle angegebenen Benutzer mit deren Namen aus.

–v{*liste*} Gibt für die in *liste* angegebenen Drucker (bzw. für alle Drucker) den Namen des Druckers und den Namen des entsprechenden Gerätes aus.

✎ lpstat –v
→ gibt die Namen aller im **lp**-System definierten Ausgabegeräte sowie die Namen der entsprechenden Ausgabedateien an.

✎ lpstat –ukarl
→ gibt die Liste der noch nicht ausgegebenen Aufträge des Benutzers *karl* aus.

5.3 Vielbenutzte Kommandos (alphabetisch)

ls {*optionen*} {*datei* ...} → list contents of directories

gibt ein Inhaltsverzeichnis des angegebenen Katalogs oder nur zu den spezifizierten Dateien aus. Fehlt diese Angabe, so wird der aktuelle Katalog angenommen. Die Optionen dürfen hintereinander geschrieben werden.

Die wichtigsten Optionen sind:

- **−a** (*all*) Es werden alle Einträge (also auch Dateien, deren Namen mit . beginnen) aufgeführt. Diese werden normalerweise nicht gezeigt.
- **−b** Nicht-druckbare Zeichen in den Dateinamen werden in der Form ›\ooo‹ (als Oktalzahl) ausgegeben.
- **−d** (*directory*) Ist eine Datei ein Katalog, so soll dessen Name, jedoch nicht sein Inhaltsverzeichnis ausgegeben werden.
- **−F** Kataloge werden in der Ausgabe mit **/** und ausführbare Dateien mit einem *****-Zeichen gekennzeichnet.
- **−g** Entspricht −l, wobei der Dateibesitzer nicht ausgegeben wird.
- **−i** (*i-node number*) Gibt die Knotennummer in der ersten Spalte der Liste aus.
- **−l** (*long format*) Ausführliches Format mit: Zugriffsrechten, Anzahl der Verweise auf die Datei, der Name des Besitzers, Name der Gruppe, Größe der Datei in Bytes, Änderungsdatum und Uhrzeit (ist die Datei aus dem vorhergehenden Jahr oder älter, so wird statt der Uhrzeit der letzten Änderung das Jahr angegeben). Dabei steht im Modus

    - **−** für eine normale Datei,
    - **d** für einen Katalog (*directory*),
    - **b** für ein blockorientiertes Gerät (*block special file*),
    - **c** für ein zeichenorientiertes Gerät (*character special file*),
    - **l** für einen *Symbolic Link* (∗V.4∗),
    - **m** für eine XENIX-kompatible Datei im *Shared Memory* (∗V.4∗),
    - **p** für einen FIFO-Puffer (*named pipe special file*),
    - **s** für einen XENIX-kompatiblen Semaphor (∗V.4∗).

    Bei den Zugriffsrechten stehen diese in der Reihenfolge:

    Besitzer, Gruppe und der Rest der Benutzer

    mit den Rechten

    - **r** für die Erlaubnis zu lesen (*read*),
    - **w** für die Erlaubnis zu modifizieren (*write*),
    - **x** für die Erlaubnis, das Programm der Datei auszuführen (*execute*) bzw. in dem Katalog suchen zu dürfen,
    - **s** für das *set-user-ID-Bit* oder das *set-group-ID-Bit* (s. **chmod**),
    - **S** für eine unzulässige Bitkombination (das *set-user-ID-Bit* ist, aber das x-Bit des Benutzers ist nicht gesetzt),

t für das Sticksit-Bit (siehe **chmod**),
T für eine unzulässige Bitkombination (das *Sticksit-Bit* ist, aber das x-Bit des Benutzers ist nicht gesetzt),
l für diese Datei wird *mandatory record locking* verwendet (s. **chmod**),
− falls das jeweilige Recht nicht erteilt wird.

−L (*link*) Handelt es sich bei der Datei um einen *symbolischen Link*, so wird hiermit der Status der referenzierten Datei und nicht der des Links angezeigt.

−m (*multiple files in a column*) Während mit **ls** normalerweise nur eine Datei in jeder Ausgabezeile steht (Ausnahme bei **ls** ohne Optionen bei Ausgabe auf die Dialogstation), werden mit der −m-Option mehrere Dateinamen durch Kommtata getrennt in einer Zeile ausgegeben.

−n (*numbers*) Hierbei werden statt des Benutzernamens und des Gruppennamens des Dateibesitzers, die entsprechende Benutzer- und Gruppennummer ausgegeben.

−p Katalogdateien werden mit einem / hinter dem Dateinamen markiert.

−q Nicht-druckbare Zeichen in den Dateinamen werden als Fragezeichen ausgegeben.

−r (*reverse*) Hierdurch wird die Sortierreihenfolge umgekehrt, also der alphabetisch letzte Name zuerst oder die am längsten nicht modifizierte Datei (Option −t) oder die Datei, auf die am längsten nicht zugegriffen wurde, (Option −u) zuerst.

−R (*recursive*) Der angegebene Katalog (oder falls die Angabe fehlt: der aktuelle Katalog) wird rekursiv durchsucht. Kommen darin weitere Kataloge vor, so werden auch diese untersucht und deren Inhaltsverzeichnisse erstellt usw.. Auf diese Weise läßt sich eine vollständige Liste eines Dateibaums ausgeben.

−s (*size*) Gibt die Dateigröße in 512-Bytes-Blöcken, statt in Bytes aus.

−t (*time*) Die Liste wird statt nach den alphabetischen Namen der Dateien nach deren Zeitstempel sortiert (Standard: die zuletzt modifizierte Datei zuerst). (Siehe auch −u)

−u (*used*) Die Liste wird statt nach den alphabetischen Namen der Dateien nach deren Zeitstempel sortiert (die zuletzt benutzte Datei zuerst). (Siehe auch −s)

5.3 Vielbenutzte Kommandos (alphabetisch)

x   Bei spatenweiser Ausgabe wird standardmäßig von oben nach unten sortiert. Mit dieser Option erfolgt das Sortieren von links nach rechts. Die Umkehrung wäre die Option –C.

Weitere hier nicht dokumentierte Optionen sind: c, C, f, o.

- ls /dev/dsk
  → gibt die Liste aller Plattenlaufwerke aus (genauer aller Dateien im Katalog */dev/dsk*).

- ls –l a*
  → erstellt eine ausführliche (lange) Informationsliste zu allen Dateien des aktuellen Katalogs, welche mit ›a‹ beginnen.

- ls –F /usr
  → gibt die Liste aller Dateien im Katalog */usr* aus, wobei Dateien durch / und ausführbare Dateien durch * markiert werden.

- ls –a | cpio –ovB > /dev/rmt0
  → sichert alle Dateien des aktuellen Katalogs (nur eine Stufe tief) mittels **cpio** auf das Magnetband.

- ls –iR /usr | grep "^ 1002"
  → sucht die Datei der Platte, die im Katalog */usr* montiert ist und welche die I-Node-Nummer 1002 hat.

- ls –lt /usr/karl
  → erstellt ein ausführliches Inhaltsverzeichnis des Katalogs */usr/karl* , wobei die Dateien in der Reihenfolge des Modifikationsdatums (d.h die zuletzt modifizierte Datei zuerst) ausgegeben wird.

- ls –lsia
  → gibt ein ausführliches Inhaltsverzeichnis des aktuellen Katalogs aus. Im nachfolgenden Beispiel ist zuerst die mögliche Ausgabe und danach die Bedeutung der einzelnen Spalten angegeben. Die erste Angabe ›total ...‹ gibt dabei die Anzahl der von dem Katalog belegten Blöcke an. Das Ergebnis der Ausgabe ist nachfolgend (auf Seite 258) zu sehen.
  mache gehört dem Benutzer *karl*, ist ein Katalog, belegt einen Block (der Katalog selbst; nicht die darin enthaltenen Dateien), nur der Benutzer selbst darf darin schreiben (neue Dateien anlegen oder vorhandene löschen), während alle Benutzer des Systems in dem Katalog suchen dürfen. Der Benutzer *karl* ist in keiner Gruppendatei eingetragen. Statt des Gruppennamens ist deshalb die Gruppennummer (100) angegeben. Liegt das Datum der letzten Dateiänderung nicht im aktuellen

Jahr, so wird statt der Uhrzeit das Jahr angegeben – wie am Beispiel der Datei *mkdev* gezeigt wird.

```
$ ls -lsia
total 13
313   1   -rw-rw-r--    1 root   bin    87   Jun  9   09:12  .profile
101   7   drwxrwxr-x    2 root   bin  3248   Jul  9   16:13  bin
317   1   drwxr-xr-x    2 karl   100    32   Jul  9   17:24  mache
320   3   -rw-rw-r--    1 root   bin  1518   Jul  2   1992   mkdev
102   1   drwxrwxrwx   15 root   bin   464   Jul  2   10:43  usr
568   0   prw-r--r--    1 root   bin     0   Jul  2   10:45  PIPE
```

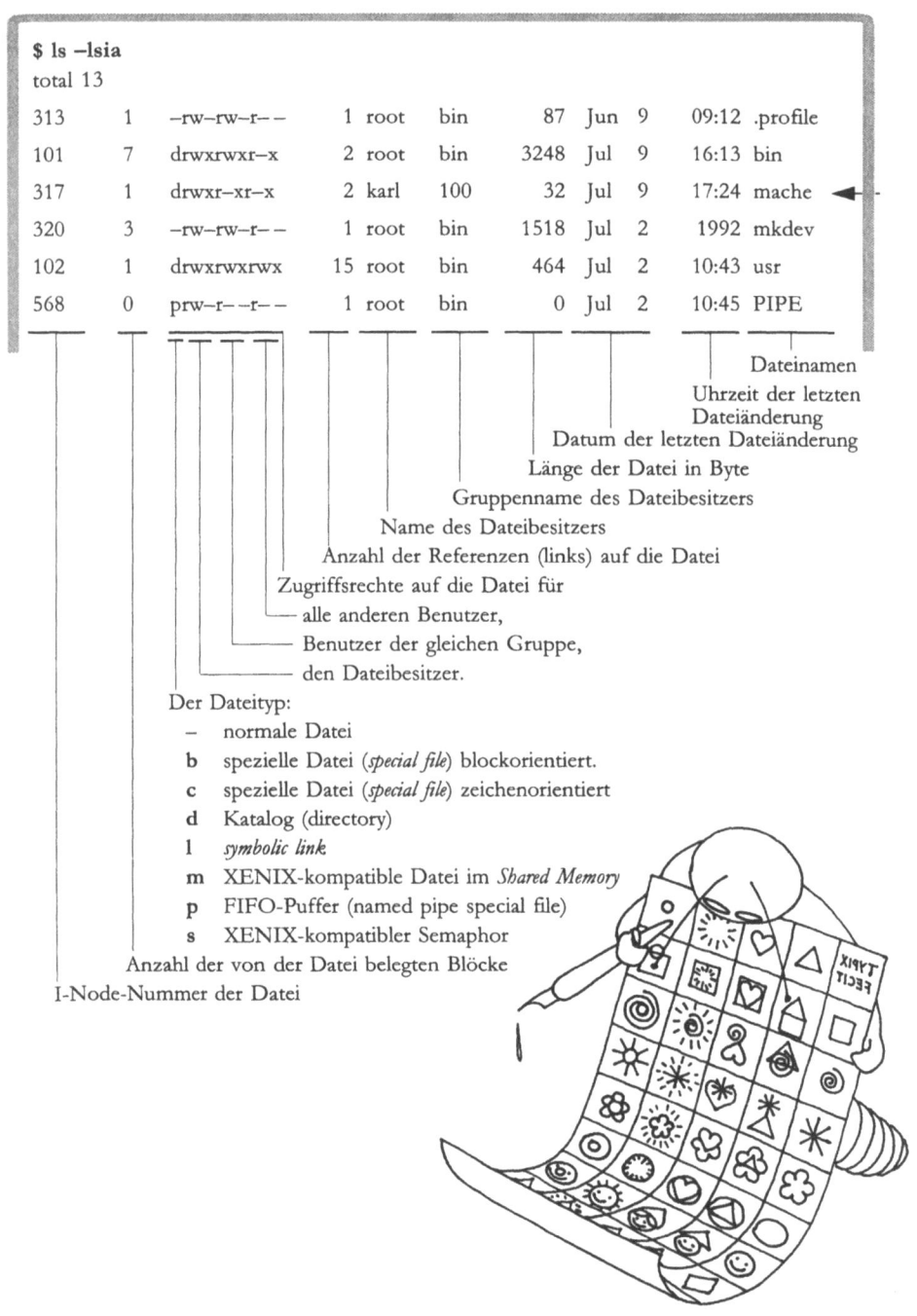

- Dateinamen
- Uhrzeit der letzten Dateiänderung
- Datum der letzten Dateiänderung
- Länge der Datei in Byte
- Gruppenname des Dateibesitzers
- Name des Dateibesitzers
- Anzahl der Referenzen (links) auf die Datei
- Zugriffsrechte auf die Datei für
  - alle anderen Benutzer,
  - Benutzer der gleichen Gruppe,
  - den Dateibesitzer.
- Der Dateityp:
  -   – normale Datei
  -   b spezielle Datei (*special file*) blockorientiert.
  -   c spezielle Datei (*special file*) zeichenorientiert
  -   d Katalog (directory)
  -   l *symbolic link*
  -   m XENIX-kompatible Datei im *Shared Memory*
  -   p FIFO-Puffer (named pipe special file)
  -   s XENIX-kompatibler Semaphor
- Anzahl der von der Datei belegten Blöcke
- I-Node-Nummer der Datei

5.3 Vielbenutzte Kommandos (alphabetisch)

mail {*optionen*} {**-f** *datei*}   → read received **mail**

oder

mail {**-F** *benutzer*}   → forward received **mail**

Von anderen Benutzern durch **mail** (siehe unten) geschickte Nachrichten werden mit dem oberen angegebenen Kommando gelesen. Im Gegensatz zu den Nachrichten, welche durch das **write**- oder **wall**-Kommando ausgetauscht werden, kommen Nachrichten mit **mail** ähnlich einem Brief in eine Art Briefkasten (*mail box*), aus dem sie dann vom Empfänger abgerufen werden können. Der Nachrichtenempfänger braucht also zur Zeit der Nachrichtensendung nicht aktiv zu sein.

Eine dritte Form zum versenden von Mail ist auf Seite 262 beschrieben.

Als *mail box* fungiert ab (*V.4*) die Datei */var/mail/benutzer*; davor war es die Datei */usr/spool/mail/benutzer*, soweit dies nicht anders (mittels ›**-f** *datei*‹ beim **mail**-Aufruf oder in **$MAIL** für die Shell) angegeben wird.

Für *benutzer* wird dabei der Name des aufrufenden Benutzers eingesetzt. Die Shellvariable **$MAIL** erlaubt die Definition einer von dieser Konvention abweichenden Mail-Box-Datei.

In der Shellvariablen **$MAILPATH** können, jeweils durch : syntaktisch getrennt, die Dateien angegeben werden, die nach angekommener Post durchsucht werden sollen. Ist **$MAILPATH** nicht definiert, so wird die oben angegebene Datei */var/mail/benutzer* verwendet.

Die Shellvariable **$MAILCHECK** legt fest, in welchen Intervallen die Shell (Bourne-Shell) die *mail box* auf neu angekommene Post untersucht und den Benutzer über eine Neuankunft benachrichtigt. Ist **$MAILCHECK** nicht definiert, so erfolgt eine entsprechende Information nur nach einem Login oder durch ein explizites Aufrufen des Kommandos **mail**. Ist **MAILCHECK=0**, so wird die Post nach jedem Kommando überprüft.

Durch Angabe von ›**-f** *datei*‹ kann *datei* als Briefkastendatei vorgegeben werden. Ihr Inhalt wird dann statt dem von */var/mail/benutzer* ausgegeben.

Beim Anmelden eines Benutzers (nach einem Login) wird ihm in der Regel mitgeteilt, ob und wieviel Post für ihn vorliegt.

Durch den Aufruf mit ›**-F** *benutzer*‹ bei leerer Mail-Box wird veranlaßt, daß alle ankommende Post an die aufgeführten Personen (Benutzer) weitergeschickt wird. Das **mail**-Kommando ohne Argument stößt die Ausgabe der vorliegenden Nachrichten an. Diese werden dabei nacheinander ausgegeben, die zuletzt angekommene Nachricht als erste usw. Die Option **-r** kehrt die Reihenfolge um und sorgt dafür, daß die Nachrichten in der Reihenfolge des Eintreffens ausgegeben werden.

mail akzeptiert folgende Optionen:

- −e Es wird keine Post ausgegeben, sondern nur der Wert **0** geliefert, sofern Nachrichten für den Benutzer vorhanden sind.
- −h Es werden nur die *Briefköpfe* der Nachrichten (Angabe von wem und von wann ist die Post), und nicht die ganze Nachricht ausgegeben.
- −p Die Anfragen des **mail**-Kommandos nach jeder einzelnen Nachrichtenausgabe werden unterdrückt.
- −P Hierdurch werden die Nachrichten mit allen Kopfzeilen ausgegeben. Im Standardfall werden nur spezielle Kopfzeilen mitausgegeben.
- −q Im Normalfall kann durch <unterbrechung> die Ausgabe eines Briefes abgebrochen werden. Mit dieser Option wird dann auch **mail** terminiert.
- −r Hierbei werden die Nachrichten in der Reihenfolge des Eintreffens ausgegeben. Im Normalfall wird die zuletzt eingetroffene Nachricht als erste ausgegeben.

Das System gibt jeweils eine Nachricht aus und erwartet vom Benutzer eine Antwort (nach einem ›?‹ als Bereitschaftszeichen), was damit geschehen soll. Jede Nachricht hat zunächst im Briefkasten eine Nachrichtennummer, auf die man sich in einigen der nachfolgend beschriebenen Kommandos beziehen kann. Im Normalfall wird jede Nachricht nach ihrer Verarbeitung aus dem Briefkasten entfernt.

Folgende Eingaben sind am Bereitschaftszeichen ›?‹ des **mail**-Programmes möglich:

- \# gibt die Nachrichtennummer der aktuell angezeigten Mail aus.
- ⟨cr⟩ oder + Nächste Nachricht ausgeben. Die vorhergehende Nachricht bleibt in der *Mailbox* erhalten.
- ⟨eof⟩ Die Eingabe von ⟨eof⟩ (als erstes Zeichen der Zeile) beendet die Ausgabe der Nachrichten und terminiert das **mail**-Kommando.
- − veranlaßt die nochmalige Ausgabe der vorhergehenden Nachricht – soweit vorhanden.
- !*kommando* Das Kommando wird an die Shell weitergereicht, ohne daß dazu das **mail**-Kommando terminiert wird.
- ? Es wird eine Kurzbeschreibung der möglichen Kommandos des **mail**-Kommandos ausgegeben.
- a Hiermit wird eine Nachricht ausgegeben, die erst während dem Aufruf von **mail** angekommen ist.
- d (*delete*) löscht die Nachricht und geht zur nächsten über.
- h {*n*} (*header*) zeigt die Kopfzeilen zur aktuellen bzw. der mit *n* vorgegebenen Nachricht.

5.3 Vielbenutzte Kommandos (alphabetisch)

m *name*		(*mail*) schickt die Nachricht per **mail** an den angegebenen Benutzer weiter.
n		(*next*) zeigt die nächste vorliegende Nachricht an.
p		Die Nachricht wird nochmals ausgegeben.
q		(*quit*) wirkt wie (eof) bzw. <dateiende>.
r {*benutzer*}		(*reply*) aktiviert das Senden von Mail und zwar an den Benutzer, von dem die aktuell gelesene Nachricht stammt, und an den nachfolgend angegebenen Benutzer. Die gelesene Nachricht wird danach gelöscht.
R {*benutzer*}		(*Reply*) Wie ›**r** *benutzer*‹, wobei hier jedoch die gelesene Nachricht zusätzlich als Kopie mitgeschickt wird.
s *datei*		(*save*) Die Nachricht wird in die angegebene Datei kopiert.
u {*u*}		(*undelete*) hebt das Löschen der zuletzt gelöschten bzw. der Nachricht mit der angegebenen Nummer wieder auf.
w *datei*		(*write*) Die Nachricht wird ohne ihren Kopf in die angegebene Datei kopiert.
x		(*exit*) terminiert das **mail**-Kommando. Der Zustand des Briefkastens (mail box) wird jedoch nicht geändert.

Die Ausgabe des Bereitzeichens **?** nach jeder Nachricht kann mit Hilfe der Option **–p** unterdrückt werden.

Der Kopf einer Mail-Nachricht hat bindend folgenden Aufbau, dem eine Leerzeile und dann der eigentliche Mail-Text folgt:

Date: *versand_datum*
From: *absender_name kurz (absender_name)*
To: *empfänger_name*
Subject: *titel_der_mail*

➡ Eine komfortablere und mächtigere Version des **mail**-Kommandos ist das Kommando **mailx** (*nd*). Daneben gibt es eine ganze Reihe von Mail-Programmen im Public-Domain-Softwarebereich (z.B. **elm**), die nochmals mächtiger oder einfacher zu bedienen sind und zumeist stärker Bildschirm-orientiert arbeiten als das Standard-Mail-Programm. Vor allem auch im Bereich graphischer Oberflächen bieten Hersteller und Markt eine Vielzahl bedienungsfreundlicher Programme.

Diese Programme vereinfachen meist die Bedienung des Mail-Systems und die Organisation und Ablage von Mails. Das Grundprinzip, d.h. in welchen Dateien die ankommenden oder ausgehenden Mails abgelegt werden, wie die wichtigsten Kopfzeilen beschaffen sind, wie auf Mails geantwortet und wie diese weitergeleitet werden können, bleibt jedoch bei all den Programmen gleich. Alle diese Mail-Applikationen, die auf dem Programm **mail** aufsetzen, sind vollkommen kompatibel.

mail {*optionen*} *benutzername* ... → send **mail** to user *name*

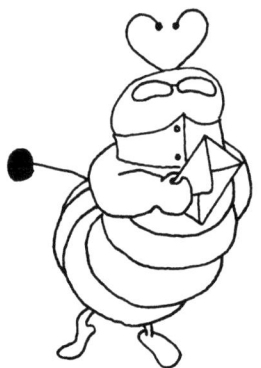

schickt Mail-Nachrichten an den (oder die) angegebenen Benutzer. **mail** liest dabei von der Standardeingabe bis zu einem (eof) oder einer Zeile, die nur aus einem Punkt (›.‹) besteht (wie bei **ed**). Die Nachricht wird mit dem Namen des Absenders und dem aktuellen Datum versehen versendet. Der Empfänger wird bei seinem nächsten **login** darüber informiert, daß Post für ihn vorliegt und kann seine Post dann mit einem der **mail**-Programme (z. B. **mail**, **mailx**, ...) lesen.

Kann ein Brief nicht zugestellt werden, so kommt er mit einer entsprechenden Fehlermeldung zurück und wird in der Datei *dead.letter* abgelegt. Er kann dann von dort erneut an den richtigen Adressaten geschickt werden.

Beim Verschicken von Post sind folgende Optionen gültig:

- **−t**   Hierdurch wird eine Zeile mit ›**To:** *adressat*‹ im Briefkopf eingefügt.
- **−w**   Hierdurch wird der Brief, der über das Netz geht, abgeschickt und nicht auf die Beendigung des Transfers gewartet.

✎ **$mail schmidt**
Am Freitag ist um 14.00 Uhr eine Besprechung.
Bitte puenktlich kommen!
.
$

→ schickt die beiden Zeilen (Am ... und Bitte...) an den Benutzer *schmidt*. Ist der Absender der Benutzer *oskar* und das aktuelle Datum der 14. Dezember 93, so erscheint die Nachricht bei dem Benutzer *schmidt* beim Lesen der Post mit **mail** wie folgt:
  From oskar Tue Dec 14 09:42 MET 1993
  Am Freitag ist um 14.00 Uhr eine Besprechung.
  Bitte puenktlich kommen!

✎ mail −t oskar otto < treffen
→ schickt den Inhalt der Datei *treffen* an die Benutzer *oskar* und *otto*, wobei dem Brief jeweils die Zeile vorangestellt wird:
To: oskar otto

➡ Auch zum Versenden von Mail gibt es, wie auf Seite 261 beschrieben, wesentlich benutzerfreundlichere und mächtigere Programme, die jedoch ebenfalls auf den Basisdiensten des Kommandos **mail** aufsetzen.

5.3 Vielbenutzte Kommandos (alphabetisch)

make {–f *m_datei*} {*optionen*} {*name*...} → **make** all in *m_datei*

make ist ein Werkzeug aus der Software-Entwicklung, das ursprünglich im Standard-Lieferumfang eines jeden UNIX-Systems enthalten war, heute jedoch oft nur über zusätzlich zu erwerbende Software-Entwicklungsumgebungen verfügbar ist.

make erlaubt es, ein im Quellcode vorliegendes Programm-System neu zu generieren. Die dazu notwendigen Übersetzungen, Bibliothekersetzungen und das Binden können dabei automatisch erfolgen. Die Namen der beteiligten Dateien und ihrer Beziehungen, sowie die benötigten Operationen müssen hierzu in einer Datei (*m_datei*) beschrieben sein. Im wesentlichen überprüft das **make**-Programm das Modifikationsdatum der beteiligten Dateien und veranlaßt die dann entsprechend der in *m_datei* festgelegten Regeln die notwendigen Operationen.

Fehlt die Angabe ›–f *m_datei*‹, so wird nach einer Datei *makefile* oder *Makefile* im aktuellen Katalog gesucht und diese verwendet. Die meistbenutzten Optionen sind:

- **–b** Schaltet einen Modus ein, der Kompatibilität zu alten *Makefile*-Beschreibungen erzeugt.
- **–e** Der Wert von Environmentvariablen soll die Zuweisungen innerhalb des *makefile* (Beschreibungsdatei) überdecken.
- **–i** Entspricht dem Eintrag ›.IGNORE:‹
- **–k** Falls ein Kommando einen Wert ≠ 0 zurückliefert, so wird nur die Bearbeitung des betroffenen Astes abgebrochen.
- **–n** Die Kommandos werden ausgegeben, jedoch nicht ausgeführt.
- **–p** Es werden alle Makrodefinitionen und Zielangaben ausgegeben.
- **–q** Es wird nur der *Exitstatus* ermittelt, abhängig davon, ob das Zielobjekt auf dem neuesten Stand ist (*Exitstatus* = 0) oder nicht (*Exitstatus* ≠ 0).
- **–r** entspricht dem Eintrag .SUFFIXES: ohne eine Liste. Damit werden alle internen Aufbauregeln des **make** stillgelegt.
- **–s** entspricht dem Eintrag ›.SILENT:‹.
- **–t** entspricht dem **touch** auf die Zieldatei.

Weitere hier nicht beschriebene Optionen sind **–P**, **–u** und **–w**.
Für eine detaillierte Erläuterung sei auf Kapitel 9 verwiesen.

man {*optionen*} {*kapitel*} *titel* ... → print section *titel* of UNIX **man**ual
  oder
man {*optionen*} **-k** *stichwort* ... → print **man**ual summery for *stichwort*
  oder
man {*optionen*} **-f** *datei* ... → print *datei* as **man**ual page

erlaubt es, einzelne Beschreibungen der UNIX-Dokumentation auf die Standardausgabe auszugeben. *kapitel* steht für die Kapitelnummer der Standarddokumentation (1 bis 8). Fehlt diese Angabe, so werden alle Kapitel nach dem Titel durchsucht und die entsprechenden Teile ausgegeben.

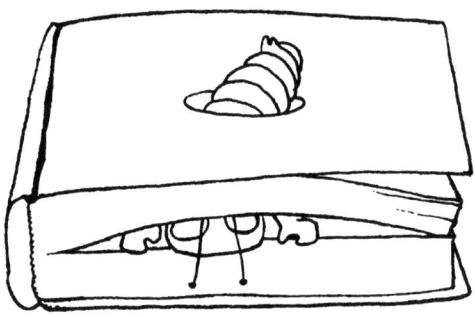

titel ist hier als Schlüsselwort zu verstehen und entspricht den Seitentiteln des Manuals bzw. in der Regel dem Kommando, dessen Beschreibung man sehen möchte.

Die Beschreibungen werden in den Katalogen */usr/share/man/man?* (unformatierte Einträge), */usr/share/man/cat?* (für **nroff**-formatierte Seiten) und in */usr/share/man/fmt?* (für **troff**-formatierte Seiten) in vorformatierter Form gesucht. Ist die Environmentvariable **$MANPATH** definiert, so durchsucht **man** die darin angegebenen Kataloge.

Bei der zweiten Form des Aufrufs mit **-k** wird nur eine einzeilige Kurzfassung der Beschreibung ausgegeben. Diese wird in der **whatis**-Datenbasis (*/usr/share/man/whatis*) gesucht. Dieser Aufruf entspricht dem UNIX-Kommando **whatis**.

Liegen die Manualseiten nur als unformatierte **nroff**-Dateien in den Verzeichnissen */usr/share/man/man?* vor, so müssen sie bei jedem Aufruf erst mitformatiert werden, bevor sie ausgegeben werden können. Dies nimmt etwas Zeit in Anspruch, während der am Bildschirm angezeigt wird:

»formatting manpage ... ... «.

Die rohen Manualseiten können mit dem Kommando **catman** in die formatierten und damit bei der Ausgabe wesentlich schnelleren Versionen unter */usr/share/man/cat?* überführt werden. **catman** erzeugt dabei auch die whatis-Datenbasis, die von den Kommandos **whatis** und **apropos** benötigt wird.

Bei der dritten Form mit **-f** wird die angegeben Datei als Manual-Page-Eintrag benutzt und entsprechend ausgegeben.

Als Optionen werden vom **man**-Kommando akzeptiert:

–M *pfad* erlaubt den Suchpfad bzw. nach den Manualdateien zu ändern bzw. vorzugeben. In Pfad werden die zu durchsuchenden Kataloge durch : getrennt aufgeführt. Diese Option sollte stets als erste aufgeführt sein!

–t Die angeforderten Beschreibungen werden nicht auf dem Bildschirm ausgegeben, sondern nach einer **troff**-Formatierung an ein geeignetes Gerät ausgegeben.

–T *term* Die Ausgabe erfolgt für eine Dialogstation vom Typ *term*.
–Tlp schickt die Ausgabe auf den Drucker. Wird keine **–T**-Option angegeben, so verwendet **man** die Shellvariable **$TERM**.

✎ man 1 login | lp
→ gibt den Abschnitt der UNIX-Beschreibung über das **login**-Kommando auf den Drucker aus.

✎ man –M /usr/ucb/man   termcap
→ sucht alle Abschnitte mit dem Titel *termcap* und gibt diese aufbereitet auf die Dialogstation (Standardausgabe) aus. Dabei wird im Katalog /usr/ucb/man nach dem Eintrag gesucht.

✎ man –k write
→ liefert eine Kurzbeschreibung zum Kommando **write** auf die Dialogstation. Dieses Kommando entspricht dem Kommandos **whatis**.

mesg {n}   → disable **mes**sages to this terminal

oder

mesg {y}   → enable **mes**sages to this terminal

mesg ohne einen Parameter gibt an, ob Nachrichten an die Dialogstation mit dem **write**- oder **wall**-Kommando gesendet werden dürfen oder nicht. ›**mesg n**‹ verbietet das Senden von Nachrichten; ›**mesg y**‹ erlaubt solche Nachrichten. Mit ›**mesg n**‹ werden die Schreibrechte der Dialogstation so gesetzt, daß nur der Benutzer darauf schreiben darf.
Ein vergleichbares Kommando unter **X11** für den ganzen Bildschirm lautet ›**xhost –**‹ bzw. ›**xhost +**‹.

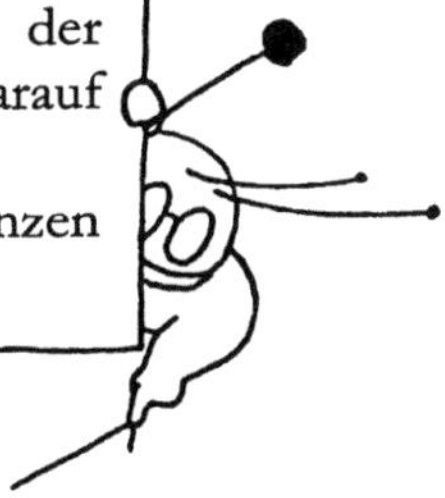

mkdir {**–m** *modus*} {**–p**} *katalog* ...   → **make** new **dir**ectory *katalog*

legt einen neuen Katalog mit dem vorgegebenen Namen an (auch mehrere Kataloge sind möglich). Der Benutzer muß dabei Schreiberlaubnis in dem Dateikatalog haben, in welchem der neue Katalog eingetragen wird.

Der neue Katalog bekommt als Besitzer den Namen dessen eingetragen, der ihn angelegt hat. Will der Super-User deshalb neuen Benutzern Arbeitskataloge anlegen, so sollte er danach mit **chown** den Namen des Benutzers als Dateibesitzer im Katalog eintragen.

Spezielle Zugriffsrechte können durch die Option ›**–m** *modus*‹ mitgegeben werden. Diese kann man für den neuen Katalog jedoch auch mit einem **chmod**-Befehl festlegen.

Der Standardmodus ist **777** bzw. **rwxrwxrwx**.

Normalerweise kann ein Katalog nur in einem bereits existierenden Katalog angelegt werden. Mit **–p** werden die eventuell fehlenden übergeordneten Kataloge zuerst angelegt.

✎   mkdir tmp backup
→ legt die beiden neuen Kataloge *tmp* und *backup* in dem aktuellen Dateikatalog an.

✎   mkdir –p –m 700 neu/vertraulich
→ legt den Katalog *vertraulich* als Unterkatalog von *neu* an. Die Zugriffsrechte sind 700 bzw. ›rwx------‹, d.h. nur der Besitzer darf in ihm operieren. Existiert der Katalog *neu* noch nicht, so wird er zuvor angelegt.

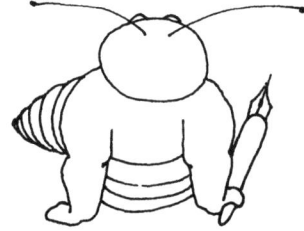

5.3 Vielbenutzte Kommandos (alphabetisch)

mkfs {**-F** *fst-yp*} {*standardoptionen*} {*spezielle_optionen*} *special_device*
→ construct a file system

Mit **mkfs** ist es möglich, ein neues Dateisystem vom Typ *fs-typ* auf einem Datenträger (Festplatte, Diskette, optische Platte) anzulegen, der sich aktuell auf dem Gerät *special_device* befindet.

Dabei werden einerseits Standardoptionen für den allgemeinen Teil des **mkfs**-Kommandos angegeben, andererseits spezielle Optionen für den dateisystemspezifischen Teil von **mkfs**.

Folgende Standardoptionen sind bei **mkfs** möglich:

- **-V** Die Kommandozeile wird vollständig ausgegeben, aber nicht ausgeführt. Diese Option dient zur Überprüfung der Kommandozeile auf Korrektheit, da mkfs bei falscher Anwendung unter ungünstigen Umständen auch Schaden anrichten kann.
- **-m** gibt die Kommandozeile aus, die zur Erzeugung des existierenden, aktuell verwendeten Dateisystems eingegeben wurde. Diese Option kann nur alleine angegeben werden.
- **-o** *fs-option* Einleitende Option zur Angabe der nachfolgenden dateisystemspezifischen Optionen *fs-option*.

Die dateisystemspezifischen Optionen sind abhängig von dem mit der Option **-F** angesprochenen Typ des Dateisystems, bei denen es sich im wesentlichen um Größen und Zahlenangaben handelt. Diese werden in einer Liste mit speziellen Schlüsselwörtern angegeben.

⚠ **mkfs** kann ein relativ gefährliches Kommando sein, wenn es versehentlich auf eine Platte ausgeführt wird, auf der sich bereits ein Dateisystem befindet, welches weiter benötigt wird. Es setzt auch einiges Wissen über den eingesetzten Dateisystemtyp sowie die Platte voraus, auf der es angewendet wird. Insbesondere sollte man sich mit der Slice-Technik und der Aufteilung einer physikalischen Platte in Slices und logische Dateisysteme auskennen.

➜ Dateisysteme vom Typ **ufs** (Berkely-Dateisystem) können auch mit dem Kommando **newfs** angelegt werden.

✎ mkfs -F bfs /dev/dsk/0s0 8000 100
→ legt auf dem Datenträger (oder dem Platten-Slice), der sich aktuell im Laufwerk von */dev/dsk/0s0* befindet, ein Boot-Dateisystem mit 8000 Blöcken und 100 I-Nodes an.

✎ mkfs -F ufs -oN /dev/rdsk/f0
→ spezifiziert ein Dateisystem vom Typ **ufs** für das Floppylaufwerk 0. Die Option **-oN** sorgt dafür, daß das Dateisystem nicht angelegt wird, sondern daß alle dafür sinnvollen Parameterwerte angezeigt werden.

more {*optionen*} {*datei* ...}   → filter for file output; outputs a page at a time

    more erlaubt es, Dateien (oder als Filter die Standardeingabe) seitenweise auf dem Bildschirm auszugeben. Jeweils nach einer Seite meldet sich **more** und erwartet eine Eingabe des Benutzers um mehr (*more*) auszugeben. Die nachfolgende Ausgabe kann durch die Eingabe beeinflußt werden. Die Länge einer Seite für die Dialogstation wird der **Terminfo**-Beschreibung entnommen, kann jedoch auch geändert werden (durch die Option **–n** oder die Eingabe *nz*).

    Ein fast identisches Kommando ist **page** oder **pg** sowie das GNU-Programm **less**.

Die Optionen des **more**-Aufrufes sind:

- **–n**   Eine Seite sei *n* Zeilen groß.
- **+n**   Die Ausgabe soll erst bei der Zeile *n* beginnen.
- **+/***muster*   Das Textmuster wird gesucht und die Ausgabe beginnt zwei Zeilen davor.
- **–c**   (*clear*) Statt die Zeilen der neuen Seite hochrollen zu lassen wird von oben begonnen und jeweils vor Ausgabe der neuen Zeile die alte gelöscht.
- **–f**   Lange Zeilen werden nicht gefaltet, sondern abgeschnitten. Damit gibt **more** pro Seite immer *n* Zeilen aus, unabhängig von der Zeilenlänge.
- **–r**   Statt unbekannte Steuerzeichen zu überlesen, sollen diese in der Form ^*x* ausgegeben werden.
- **–l**   Das Zeichen <neue seite> (<*form feed*>) soll nicht eine Seite terminieren (wie es der Standard ist).
- **–s**   (*squeeze*) Mehrere aufeinanderfolgende Leerzeilen werden zu einer Leerzeile bei der Ausgabe komprimiert.
- **–u**   Unterstreichungen (z.B. bei Ausgabe von **nroff**) sollen ignoriert werden, auch wenn die Dialogstation dies kann.

5.3 Vielbenutzte Kommandos (alphabetisch)

Die oben angegebenen Optionen können auch in einer Shellvariablen **MORE** gesetzt werden. Mit »**MORE=-s; export MORE**« würden z.B. standardmäßig mehrere Leerzeilen bei der Ausgabe zu einer zusammengefaßt.

Nach jeweils einer Bildschirmseite hält more die Ausgabe an und bietet dem Benutzer die Möglichkeit, ein Kommando einzugeben. Die Ausgabe der nächsten Information wird durch die Eingabe des Benutzers gesteuert. Mögliche Kommandos, in denen *n* auch entfallen darf, in **more** sind:

Eingabe:	Wirkung:
␣	Ausgabe der nächsten Seite
n␣	Ausgabe von *n* weiteren Zeilen
\<CTRL D\>	Ausgabe von 11 weiteren Zeilen
d	wie \<CTRL D\>
*n*z	*n* ist nun die neue Seitengröße. Eine neue Seite wird ausgegeben.
*n*f	Überspringe *n* Seiten.
q oder **Q**	Terminiere **more**.
=	**more** gibt die aktuelle Zeilennummer aus.
v	Starte den Editor **vi** mit der aktuellen Zeile als Startposition.
h	gibt Hilfsinformation zu den **more**-Kommandos.
n/*ausdruck*	*ausdruck* ist ein Textmuster (siehe **ed** oder **vi**), dessen *n*-tes Auftreten ab der aktuellen Position gesucht wird.
*i*n	Suche nach dem *i*-ten Auftreten des zuletzt verwendeten Musters.
'	Gehe zum Ausgangspunkt des letzten Suchens (oder der Datei) zurück.
!*kommando*	Führe ein Shell-Kommando aus, ohne **more** zu terminieren.
n:n	Gehe *n* Dateien des **more**-Aufrufs weiter.
n:p	Gehe um *n* Dateien zurück.
:f	Zeige den aktuellen Dateinamen und die Zeilennummer.
.	Führe das letzte Kommando nochmals aus.

Die Kommandos werden sofort ausgeführt, d. h. die Kommandoeingabe muß nicht durch (nl) abgeschlossen werden. Bei Eingabe eines Zahlenwertes kann diese Eingabe durch (lösche Zeile) gelöscht werden. Die Taste (unterbrechen) bricht die gerade laufende **more**-Aktivität ab.

Das man-Kommando wird meist standardmäßig zusammen mit dem more-Kommando aufgerufen, um die Manualeinträge seitenweise auszugeben.

✎   man ld | more +/–R
→ gibt die Beschreibung des **man**-Kommandos aus, beginnt jedoch erst dort, wo die Option **–R** dokumentiert wird.

mount {−F *fs-Typ*} {−V} {*optionen*} *gerät katalog*} → **mount** file system

Das **mount**-Kommando (bzw. **/etc/mount** oder **/sbin/mount**) teilt dem System mit, daß ein Dateisystem (z.B. eine Magnetplatte) neu in den Dateibaum des Systems eingehängt werden soll. Das neue Dateisystem befindet sich auf dem Gerät *gerät* und das Dateisystem soll in dem Knoten (Katalog) *katalog* eingehängt werden.

Der Parameter *fs-Typ* gibt den Dateisystemtyp des zu montierenden Dateisystems an (z.B. **bfs, cdfs, nfs, rfs, s5, sfs, ufs, vxfs**; siehe hierzu auch Kapitel 4.2). Die **mount**-Optionen sind Dateisystem-spezifisch. Das allgemeine **mount**-Kommando ruft das spezifische **mount**-Kommando für das Dateisystem auf.

Fehlt die Angabe des Dateisystemtyps, so entnimmt das **mount**-Kommando dies und weitere Angaben der Datei **/etc/vfstab**.

⚠ Auch Dateisysteme, von denen nur gelesen wird, benötigen normalerweise Schreibzugriff, da beim Lesen das System das Datum des letzten Zugriffs auf die Datei neu setzt! Die Option **−r** vermeidet diese Korrektur.

Wird das **mount**-Kommando ohne einen Parameter oder mit der Option **−p** aufgerufen, so liefert es alle montierten Dateisysteme zurück; wird es mit der Option **−V** aufgerufen, so wird die komplette aufgebaute und ermittelte Kommandozeile ausgegeben, ohne daß das **mount** selbst ausgeführt wird. Dies erlaubt bei diesem etwas problematischen Kommando eine Vorabprüfung.

Neue Magnetplatten und Floppy-Disketten sind vor der ersten Benutzung zu formatieren und mit **/etc/mkfs** zu initialisieren!

Auf die einzelnen Dateien eines Dateisystems kann mit den normalen, von UNIX zur Verfügung gestellten Dateioperationen nur dann zugegriffen werden, wenn dieses System durch ein **mount**-Kommando dem System bekannt gemacht und in den Systemdateibaum eingehängt wurde.

Die Umkehrung des **mount**-Kommandos ist der **umount**-Befehl. Datenträger wie Magnetplatten und Floppies sollten nicht ohne ein **umount**-Kommando abgeschaltet oder entfernt werden!

Das **mount**-Kommando kennt folgende (zumeist Dateisystem-spezifischen) Optionen:

−F *fs_typ*   Angabe des Dateisystem-Typs (kann mit dem Kommando **fstyp** herausgefunden werden)

−o *fs-opt*   Erlaubt die Angabe weiterer Optionen, die spezifisch für den Typ des zu montierenden Dateisystems sind.
Die wichtigsten Optionen der einzelnen Typen sind:

    −o rw   Das System soll nur zum Lesen und Schreiben (*read and write*) montiert werden (Standard).

5.3 Vielbenutzte Kommandos (alphabetisch)

	–o ro	Das System soll nur zum Lesen (*read only*) montiert werden.
	–o suid	Programm auf dem Dateisystem mit dem SUID-Bit sollen bei der Ausführung das SUID-Bit gelöscht bekommen.
	–o nosuid	Negation von **suid**
	–o remount	Das bereits im *Read-Only*-Modus montierte Dateisystem soll damit im *Read+Write*-Modus montiert werden. Für weitere Optionen sei hier auf die UNIX-Dokument verwiesen.
–r		Das Dateisystem soll im *Read-Only*-Modus, d.h. nur zum Lesen montiert werden. Diese Option ist bei allen FS-Typen vorhanden.
–p		Hierbei werden alle momentan montierten Dateisysteme im Format von */etc/vfstab* ausgegeben. Mit dieser Option wird nicht montiert und das **mount**-Kommando darf keine weitere Optionen und Parameter erhalten.
–V		Hierbei werden alle momentan montierten Dateisysteme ausgegeben und zwar in einem neuen Format. Mit dieser Option wird nicht montiert und das mount-Kommando darf keine weitere Optionen und Parameter erhalten.

✎ /etc/mount /dev/dsk c0t0d0s1 /usr/var/pub
→ bringt die Platte */dev/dsk/ c0t0d0s1* in den Systemverbund und hängt das Dateisystem auf /dev/dsk/ c0t0d0s1 in den Katalog */usr/var/pub* ein. Alle Dateien, welche sich bisher in */usr/var/pub* befanden, werden (solange diese Platte montiert ist) durch die Dateien des Systems auf dieser Platte überdeckt.

✎ /etc/mount –F s5 –r /dev/fd0 /mnt
→ montiert die Floppy auf */dev/fd0* in den Katalog */mnt*. Die Floppy, auf der sich ein Dateisystem vom Typ *s5* befindet, wird mit *read only* montiert, so daß auf sie nicht geschrieben werden kann.

✎ /etc/mount -r -F *cdfs* /dev/cdrom /c0t3l0/cdrom1
→ montiert die CD-ROM */dev/cdrom/ c0t3l0* in das Verzeichnis */cdrom1*. Die Bezeichnung des Dateisystemtyps unterscheidet sich in nahezu allen UNIX-Versionen; möglich sind hier *cdfs* (∗V.4.2∗), *iso9660* (SGI), *hsfs* (Solaris), sowie einige weitere Dateisystemtypen.

mv {*optionen*} *datei_alt* *datei_neu* → moves (renames) *datei_alt* to *datei_neu*
oder

mv {*optionen*} *datei* ... *katalog* → move file(s) to directory

Die Datei *datei_alt* erhält den neuen Namen *datei_neu*. Der alte Dateiname existiert danach nicht mehr. Ist eine Datei mit dem Namen *datei_neu* bereits vorhanden, so wird sie zuvor gelöscht!

Befinden sich *datei_alt* und *datei_neu* auf verschiedenen Dateisystemen, so wird die *datei_alt* auf das Dateisystem von *datei_neu* kopiert und anschließend gelöscht!

Bei der zweiten Form des **mv**-Kommandos wird die Datei (oder werden die Dateien) mit ihrem alten Namen in den angegebenen Katalog *katalog* eingetragen und die Referenz im alten Katalog gelöscht.

Hat die Datei Schreibschutz, so wird vom **ln**-Kommando nachgefragt, ob die Änderung trotzdem erfolgen soll. Nur mit ›y‹ als Antwort wird die Änderung durchgeführt. Die Option **–f** unterdrückt die Nachfrage und führt die Änderung sofort aus, soweit dazu das Recht besteht.

(*V.4*): Würde durch das Umbenennen (oder Kopieren) eine bereits existierende Datei überschrieben, so wird mit **–i** vor der Änderung nochmals nachgefragt, ob die existierende Datei wirklich gelöscht werden soll. Nur bei einem ›y‹ als Antwort wird überschrieben.

Folgende Optionen werden von **mv** unterstützt:

–f (*force*) unterdrückt Rückfragen, falls die Datei schreibgeschützt ist oder *datei_neu* bereits existiert.

–i (*V.4*) Würde durch das mv-Kommando eine bereits vorhandene Datei gelöscht, so wird mit dieser Option beim Benutzer nachgefragt. Nur bei einem ›y‹ als Antwort wird überschrieben.

–e *e_option* (*V.4.2*) gestattet bei einem Dateisystem vom Typ **vxfs** anzugeben, wie Dateien mit erweiterten Attributen zu behandeln sind. Das Zieldateisystem (sofern es sich vom Dateisystem von *datei_alt* unterscheidet) sollte dabei ebenfalls vom Typ **vxfs**, die gleiche Blockgröße und ausreichend freie Erweiterungseinheiten besitzen. Folgende *e_optionen* sind möglich:

    warn können die *erweiterten Attribute* beim Kopieren nicht erhalten bleiben, so soll eine Warnung ausgegeben werden.

    force Das mv-Kommando soll nicht ausgeführt werden, wenn die *erweiterten Attribute* beim Kopieren nicht erhalten bleiben können.

    ignore Ist ein Kopieren erforderlich, so sollen die *erweiterten Attribute* ignoriert werden.

✎ mv /usr/wunix/*.old /usr/wunix/alte_dateien
→ verschiebt alle Dateien des Katalogs */usr/wunix* mit der Endung *.old* in den Katalog */usr/wunix/alte_dateien*. Die Dateien tauchen im Katalog */usr/wunix* danach nicht mehr auf.

mvdir *katalog_alt katalog_neu* → move whole directory tree (*V.4*)

kopiert einen ganzen Dateibaum (der in *katalog_alt* beginnt) an eine neue Stelle im Dateisystem in den Katalog *katalog_neu*). Beide Kataloge müssen im gleichen Dateisystem liegen.

Existiert der Katalog *katalog_neu* bereits, so wird der Inhalt von *katalog_alt* in den Katalog *katalog_neu/katalog_alt* gelegt. Die beiden Kataloge *katalog_alt* und *katalog_neu* dürfen sich nicht überlappen! *mvdir* darf nur vom Super-User ausgeführt werden.

nawk → start new-**awk** programm

startet die neue Version des **awk**, wie sie seit System V.3 mit UNIX ausgeliefert wird. Zur ursprünglichen Version des **awk** siehe Seite 180. **nawk** erweitert die Vorgängerversion einer ganzen Reihe von Punkten wie benutzerdefinierte Funktionen, dynamische reguläre Ausdrücke, neue eingebaute Funktionen, Standard-Variablen, Operatoren und Kommandos, vereinfachtes Lesen und Schreiben externer Dateien, vereinfachter Zugriff auf Argumente der Aufruf-Kommandozeile, und deutlich verbesserte Fehlermeldungen.

Die neue Version von **awk** ist unter UNIX V.4 unter dem Namen **nawk** verfügbar, die alte Version unter dem Namen **awk** und per Link unter **oawk**. Aufgrund seiner deutlich verbesserten Leistungsfähigkeit sollte der **nawk** verwendet werden. Eine ausführliche Behandlung des **awk** und **nawk** ist in Abschnitt 9.5 ab Seite 586 zu finden.

netstat {*optionen*} {*system*} → display network status

mit **netstat** können vielfältige Angaben über Konfiguration und Zustand des aktuell laufenden Netzwerkes gewonnen werden. Hierzu zeigt **netstat**, abhängig von den angegebenen Optionen, verschiedene netzwerkrelevante Datenstrukturen in unterschiedlichen Formaten aufgeschlüsselt an. Die ausgegebenen Informationen sind vor allem für den Systemverwalter zur Überprüfung und Fehlersuche interessant.

Folgende Optionen sind bei **netstat** hilfreich:

- **-a** Alle Socket-Informationen und alle Informationen aus den Routing-Tabellen werden ausgegeben.
- **-f** *fm* Ausgabe nur für Adreßfamilien *fm* vom Typ *inet* oder *unix*
- **-i** Angaben über Interfaces in Bezug auf TCP/IP
- **-m** Angaben über Streams
- **-n** Netzadressen werden als Zahlengruppen und nicht als Namen angegeben.
- **-p** Ausgabe der Tabellen zur Umwandlung der Adressen
- **-r** Ausgabe der Routing-Tabellen
- **-s** Ausgabe von statistischen Übersichten für die einzelnen Protokolle (UDP, TCP, IP, ICMP, ...)
- **-v** Umfangreichere Ausgabe über Sockets und Routing-Tabellen
- **-I** *if* Angaben nur über ein bestimmtes Interface *if*
- **-M** Angaben über Multicast-Routing-Tabellen

Angaben über TCP-Sockets können folgende Statuswerte enthalten:

TCP-Status	Bedeutung
CLOSED	Socket ist nicht in Benutzung.
LISTEN	Socket erwartet eingehende Verbindungen.
SYN_SENT	Socket versucht, eine Verbindung aufzubauen.
SYN_RECEIVED	Erst-Synchronisation der Verbindung im Gange.
ESTABLISHED	Verbindung ist aufgebaut.
CLOSE_WAIT	Gegenseite schaltet ab; Verbindung wird abgebaut.
FIN_WAIT_1	Socket geschlossen; Verbindung wird abgebaut.
CLOSING	Socket geschlossen und Abschalten der Gegenseite; warten auf Bestätigung.
LAST_ACK	Gegenseite schaltet ab; Socket geschlossen .
FIN_WAIT_2	Socket geschlossen; Warten auf Abschalten der Gegenseite
TIME_WAIT	nach dem Abschalten Warten auf Bestätigung für das Abschalten der Gegenseite

5.3 Vielbenutzte Kommandos (alphabetisch)

newgrp {–} *gruppe* → log in to a **new group**

newgrp ändert die Gruppennummer des Benutzers und ist dem **login**-Kommando ähnlich. Der Benutzer bleibt beim System angemeldet; sein aktueller Dateikatalog bleibt erhalten, aber die Feststellung seiner Zugriffsrechte auf Dateien wird mit der neuen Gruppennummer durchgeführt. Bei Verwendung von – erhält der Benutzer auch die Umgebung des neuen Benutzers, so als habe er sich neu angemeldet.

nice {–*n*} *kommando* {*parameter*} → run command at low priority

nice veranlaßt, daß das folgende Kommando mit niedriger Priorität ausgeführt wird. *n* gibt dabei den Betrag an, um den die Prioritätszahl erhöht werden soll (1 ≤ *n* ≤ 20). Der Standardwert für *n* ist 10. Ein hoher Prioritätswert bedeutet eine geringere Priorität!

In der Regel wird man nur Hintergrundprozesse (dem Kommando wird ein ›&‹ angehängt) mit **nice** starten!

Der Super-User kann durch Angabe eines negativen Prioritätswertes (in der Form – –*n*) ein Kommando so laufen lassen, daß es eine höhere Priorität als die Programme anderer Benutzer hat.

✎ nice find / -name wunix -print > /tmp/find.out &
→ die Datei *wunix* wird mit niedriger Priorität als Hintergrundprozeß auf der gesamten Festplatte gesucht und die Fundstellen in der Datei */tmp/find.out* ausgegeben.

nm {*optionen*} *objekt_datei* ... → print **nam**e list for object files

nm gibt die Symboltabellen der spezifizierten Objektdateien auf der Standardausgabe aus. Ist eine der Dateien eine Bibliotheksdatei, so werden die Symboltabellen aller Moduln der Bibliothek ausgegeben. Die Moduln müssen im **ELF** oder **COF**-Format vorliegen! Zu jedem Symbol werden folgende Angaben gemacht:

Name   der Name des Symbols
Value   der Wert des Symbols als Adresse oder als Distanz
Class   die Art des Symbols (*static, extern,* ...)
Type   der Typ des Symbols (z. B. **int, long,** ...)
Size   die Größe des Symbols in Bytes
Line   die Zeilennummer der Definition im Quellcode
Section in welchem Segment (*text, data* oder *bss*) das Element liegt

Ein Teil der Angaben kann nur dann angezeigt werden, wenn der Modul mit der Option **–g** übersetzt wurde. Als Optionen kennt **nm**:

–C Die Namen von C++-Objekten werden dekodiert ausgegeben.
–g Nur *external* Symbole werden angezeigt.
–h Die Überschrift wird bei der Ausgabe weggelassen.
–n *external* Symbole werden vor der Ausgabe alphabetisch sortiert.
–o Der Wert und die Größe der Symbole wird **oktal** statt dezimal angezeigt.
–p Die Ausgabe erfolgt in einer knapperen Form.
–u Es werden nur die undefinierten Symbole ausgegeben.
–V gibt die Version von **nm** aus.
–r Jeder Ausgabezeile wird der Name der Objektdatei oder der Bibliothek, aus der sie stammt, vorangestellt.
–x Der Wert und die Größe der Symbole wird **hexadezimal** statt dezimal angezeigt.

✎   nm –e cpio.o   → gibt nur die Symbole von der Art *external* und *static* des Moduls *cpio.o* aus.

nohup *kommando* {*parameter*}   → execute command immune to hang**up**

nohup veranlaßt die Ausführung des angegebenen Kommandos so, daß dieses nicht durch Signale der aufrufenden Dialogstation (<abbruch>, <unterbrechung>, <hangup>) abgebrochen werden kann. **nohup** sollte mit **&** als Hintergrundprozeß aufgerufen werden.

✎   nohup plot bild.* > /dev/tty20 &
    → gibt die Dateien, die mit *bild.* beginnen, mit dem Programm *plotter* auf das Gerät */dev/tty20* aus, ohne daß ein Abmelden dies abbricht.

od {*optionen*} {*datei*} {{+}*distanz*{.} {b}}   → make an octal **d**ump

od wird zur Anzeige von Binärdateien oder Dateien mit nicht druckbaren Sonderzeichen verwendet, wobei der Dateiinhalt in verschiedenen Formaten ausgegeben werden kann. Ein alternatives Programm wäre **xd**.

Folgende Formatoptionen sind dem **od** bekannt:

–b	Bytes als Oktalzahl
–c	ASCII-Zeichen, nicht druckbare Zeichen werden als 3 Oktalziffern oder wie folgt ausgegeben:

\0   für 0   \b   für <backspace>
\f   für <neue seite>   \n   für <neue zeile>
\r   für (cr)   \t   für das Zeichen <tab>

–d	16-Bit-Worte dezimal
–D	32-Bit-Worte dezimal
–f	32-Bit-Worte als Gleitkommawert (*floating point*)
–F	64-Bit-Worte als Gleitkommawert (*floating point*)
–o	16-Bit-Worte oktal (Standard)
–O	32-Bit-Worte oktal (Standard)
–s	16-Bit-Worte mit Vorzeichen
–S	32-Bit-Worte mit Vorzeichen
–x	16-Bit-Worte hexadezimal
–X	32-Bit-Worte hexadezimal

Die dem Aufruf folgenden Angaben spezifizieren, von wo innerhalb der Datei der Auszug beginnen soll. Der Parameter *distanz* wird als oktale Zahl interpretiert. Folgt ihr ein Punkt (›.‹), so wird die Distanzangabe als dezimale Zahl gewertet. Die Angabe von ›b‹ im Aufruf sorgt dafür, daß die Distanz in Blöcken (zu 512 Byte) gezählt wird. Ohne die Angabe von *distanz* wird am Dateianfang begonnen.

✎   od –x a.out +1 b
→ gibt einen Dateiabzug aus, wobei der Dateiinhalt als eine Folge von 16-Bit-Worten interpretiert und im Hexadezimalformat dargestellt wird.

✎   od –bc liste
→ gibt den Inhalt der Datei *liste* als Bytes und als ASCII-Zeichen aus.

pack {-} {-f} *datei* ... → pack /compress files

Die Programme **pack, unpack** und **pcat** stellen ein kleines Programmpaket dar, um Dateien zu komprimieren (**pack**), zu dekomprimieren (**unpack**) oder dekomprimiert auszugeben (**pcat**). Zweck der Komprimierung ist eine kompaktere d.h. platzsparende Speicherung. Zur Komprimierung wird ein Huffman-Code verwendet. Die erzielte Einsparung hängt von der Größe der Eingabe (je größer die Eingabe, um so größer die prozentuale Einsparung) und Zeichenhäufigkeiten im Text ab. Ein Packen lohnt sich in der Regel erst ab Datei >1 500 Bytes; die möglichen Einsparungen liegen zwischen 25% und 40%.

Bei **pack** wird die Eingabedatei komprimiert und in einer Datei gleichen Namens, jedoch mit der Endung ›.z‹ abgelegt. Der Name der Eingabedatei darf wegen des Anhängens der Endung maximal 12 Zeichen lang sein!

Eine Komprimierung findet **nicht** statt, falls die Datei ein Katalog ist, die Datei bereits komprimiert ist, der Dateiname mehr als 12 Zeichen hat, auf die Datei mehrere Verweise (*links*) bestehen, die Datei nicht gelesen werden kann, keine Platzeinsparung durch das Packen erzielt wird, eine entsprechende Datei mit der Endung ›.z‹ bereits existiert oder nicht erzeugt werden kann oder ein E/A-Fehler beim Packen auftritt. **pack** gibt nach dem Aufruf die Anzahl der Dateien aus, die es **nicht** komprimieren konnte.

Bei der Angabe von – beim Aufruf von **pack** wird die Zeichenhäufigkeit einzelner Zeichen und deren Codierung ausgegeben.

Die Option –f erzwingt das Packen der angegebenen Dateien, selbst wenn dadurch kein Platzgewinn erfolgt.

✎ pack kapitel1 kapitel2
→ komprimiert die beiden Dateien *kapitel1* und *kapitel2* und legt das Ergebnis jeweils in *kapitel1.z* und *kapitel2.z* ab. Nach dem Lauf von **pack** existieren die Dateien *kapitel1* und *kapitel2* **nicht** mehr, sondern nur noch die komprimierten Versionen.

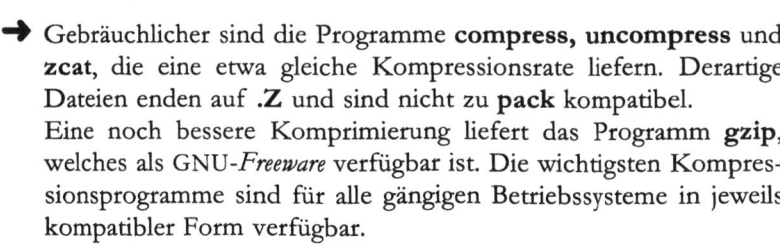

➜ Gebräuchlicher sind die Programme **compress, uncompress** und **zcat**, die eine etwa gleiche Kompressionsrate liefern. Derartige Dateien enden auf .Z und sind nicht zu **pack** kompatibel.
Eine noch bessere Komprimierung liefert das Programm **gzip**, welches als GNU-*Freeware* verfügbar ist. Die wichtigsten Kompressionsprogramme sind für alle gängigen Betriebssysteme in jeweils kompatibler Form verfügbar.

5.3 Vielbenutzte Kommandos (alphabetisch)

passwd *{optionen} {benutzer_name}* → change **passw**ord

Dieses Kommando ändert das Paßwort eines Benutzers oder definiert dies erstmalig. Bei einer Änderung muß zuerst das alte Paßwort angegeben werden. Das neue Paßwort ist zur Sicherheit zweimal einzugeben. Das Paßwort liegt systemintern in einer Datei (*/etc/passwd* oder, ab (*V.4*) */etc/shadow*, in vernetzten Systemen ggf. auf einem Server) in verschlüsselter Form vor. Das Paßwort wird bei jeder Eingabe erneut verschlüsselt und erst dann verglichen. Es gibt daher kein Programm, welches das Paßwort wieder entschlüsseln könnte.

Es gibt eine Reihe von systemspezifischen Anforderungen an die Beschaffenheit eines Paßwortes, die sich auf die minimale Länge, die interne Beschaffenheit (echtsprachliche Silben, Benutzername, bekannte Vornamen, u.v.m.), zulässige Zeichen und Ziffern, minimales Alter, maximales Alter, etc. beziehen, so daß hier keine Aussagen für alle UNIX-Systeme getroffen werden können.

(*V.4*) Der Systemverwalter kann eine andere minimale Paßwortlänge und einige andere Parameter in der Datei */etc/default/passwd* vorgeben.

Nur der Super-User darf (mit dem Kommando **passwd** *benutzer*) ein fremdes Paßwort ändern. Er braucht dabei das alte Paßwort nicht zu kennen.

Zum Thema Paßwort und deren Alterungsverfahren sei hier auf Kapitel 4.1.1 verwiesen.

Folgende Optionen sind möglich – zumeist nur für den Super-User. Sie sind mit (*SU*) markiert:

- **–s** gibt die Paßwort-Attribute des Benutzers aus.
- **–s –a** gibt die Paßwortalterungs-Attribute aller Benutzer aus. (*SU*)
- **–l** sperrt den Paßworteintrag für den angegebenen Benutzer. (*SU*)
- **–d** löscht das Paßwort für den angegebenen Benutzer. Dieser braucht damit kein Paßwort eingeben! (*SU*)
- **–f** (*SU*) erzwingt die Eingabe eines neuen Paßworts beim nächsten Anmelden des Benutzers. (*SU*)
- **–x** *n* gibt an, wieviel Tage das Paßwort maximal gültig sein soll. (*SU*)
- **–n** *n* gibt an, wieviel Tage das Paßwort minimal gültig sein soll. (*SU*)
- **–w** *n* gibt an, wieviel Tage vor dem Ablauf der Paßwort-Gültigkeit der Benutzer gewarnt werden soll. (*SU*)

✎ passwd
→ Der angemeldete Benutzer kann sich ein neues Paßwort geben. Er wird dabei, falls vorhanden, zunächst nach seinem alten Paßwort und danach zweimal nach seinem neuen Paßwort gefragt.

✎ passwd wunix
→ (*SU*) der Benutzer *root* vergibt dem Benutzer *wunix* ein neues Paßwort. Er muß dafür das alte Paßwort nicht kennen, wird jedoch ebenfalls zweimal nach dem neuen Paßwort gefragt.

✎ passwd -x -1 wunix
(*SU*) schaltet für den Benutzer *wunix* jegliche Alterung des Paßwortes ab.

paste {–s} {–d*liste*}   *datei_1   datei_2* ...   → **paste** lines of files

Ohne alle Optionen aufgerufen, konkatiniert **paste** jeweils die Zeile *n* von *date_1* mit der Zeile *n* der Datei *datei_2*, d.h. fügt z.B. die Zeile 5 von *datei_2* am Ende der Zeile 5 von *datei_1* an und schreibt dies auf die Standardausgabe. Soll von der Standardeingabe gelesen werden, so ist – als Dateiname einzugeben. Werden mehr als zwei Dateien angegeben, so werden deren entsprechende Zeilen ebenso angefügt.

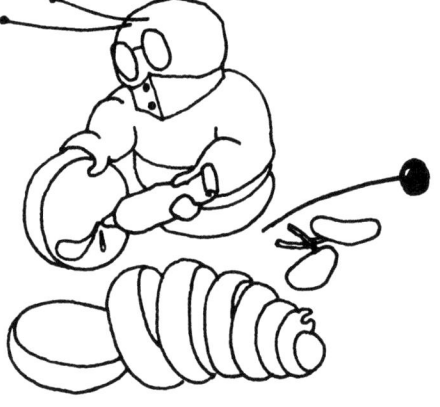

Zwischen den einzelnen Teilen einer Zeile wird dabei jeweils ein Tabulatorzeichen (<tab>) eingefügt. Eine Ausgabezeile darf maximal 511 Zeichen lang sein, und es sind maximal 12 Eingabedateien erlaubt!

Die Option **–d** gestattet, das trennende Tabulatorzeichen durch andere Zeichen zu ersetzen. Das erste Zeichen von *liste* wird dabei zwischen die Zeilenteile von *datei_1* und *datei_2* gesetzt, das zweite Zeichen zwischen die Zeilenteile von *datei_2* und *datei_3* usw.. Sind mehr Dateien als Zeichen vorhanden, so wird von vorne begonnen.

Bei Verwendung der Option **–s** werden nicht die Zeilen der Dateien gemischt, sondern zuerst die Zeilen der ersten Datei bzw. nur einer Datei hintereinander gehängt.

✎ paste –d\| dat0   dat1   dat2 > tabelle
→ *dat0*, *dat1* und *dat2* sind Dateien, deren Zeilen als Spalten einer neuen Tabelle *tabelle* zusammengefügt werden sollen. Zwischen zwei Spalten ist als Trennzeichen dabei das ›|‹ eingefügt. Da dieses Zeichen für die Shell eine Metafunktion trägt, muß es durch ein \-Zeichen maskiert werden.

5.3 Vielbenutzte Kommandos (alphabetisch)

ping {*zielsystem*} {*wartezeit*}   → send echo requests to network hosts

   oder

ping {*wartezeit*} {*zielsystem*}   → send echo requests to network hosts

ping ist das einfachste Werkzeug, um festzustellen, ob ein bestimmter Rechner *zielsystem* über ein TCP/IP-Netz erreichbar ist. **ping** schickt hierzu ein sog. ECHO_REQUEST Paket an das Zielsystem, auf das dieses, falls erreichbar, mit einem ECHO_RESPONSE antwortet. Dafür ist keine Benutzerkennung auf dem Zielsystem erforderlich, und es ist auch keine weitere Interaktion möglich.

In der einfachen Aufrufform des **ping** wird ausgegeben:

   zielsystem is alive

Wird **ping** mit der Option **–s** aufgerufen, so werden im Sekundenabstand mehrere ECHO_REQUEST-Pakete abgesandt und die Laufzeit bis zum Eintreffen der Antwort ausgegeben. Wird diese Form des **ping** beendet, so wird eine Zusammenfassung ausgegeben. Dieser Ablauf eines (erfolgreichen) **ping** hat folgendes Aussehen:

```
kob@sonne(9)> ping -s techdoc
PING techdoc: 56 data bytes
64 bytes from techdoc (193.141.69.254): icmp_seq=0. time=3. ms
64 bytes from techdoc (193.141.69.254): icmp_seq=1. time=1. ms
64 bytes from techdoc (193.141.69.254): icmp_seq=2. time=1. ms
64 bytes from techdoc (193.141.69.254): icmp_seq=3. time=1. ms
64 bytes from techdoc (193.141.69.254): icmp_seq=4. time=1. ms
64 bytes from techdoc (193.141.69.254): icmp_seq=5. time=1. ms
ctrl-C
----techdoc PING Statistics----
6 packets transmitted, 6 packets received, 0% packet loss
round-trip (ms) min/avg/max = 1/1/3
kob@sonne(10)>
```

Mit folgenden Optionen kann **ping** gesteuert werden:

- **–d**   (*debug*) liefert zusätzliche Hilfsausgaben zur Fehlersuche.
- **–l**   (*loose*) Paket wird im IP-Kopf an das Zielsystem und zurück geschickt.
- **–r**   (*routing*) Pakete werden unter Umgehung der normalen Routing-Tabellen an das Zielsystem geschickt. Dieses muß direkt am Netzwerk angeschlossen sein.
- **–R**   (*Record*) Der Weg, den die Pakete laufen, wird im IP-Kopf aufgezeichnet.
- **–v**   (*verbose*) umfangreichere Ausgabe. Alle empfangenen Pakete werden aufgelistet.

Bevor man daran geht, mit **ping** ein Netzwerk-Problem zu verfolgen, sollte man versuchen, sein eigenes System mit »**ping localhost**« anzusprechen, um einen Defekt in der lokalen Konfiguration auszuschließen.

pg {−optionen} {datei ... } → outputs a **pag**e at a time

pg ist das System-V-Gegenstück zu dem Berkeley-Kommando **more** und ermöglicht es, Dateien – oder als Filter die Standardeingabe – seitenweise auf dem Bildschirm auszugeben. Jeweils nach einer Seite meldet sich **pg** (mit einem ›:‹) und erwartet eine Eingabe des Benutzers. Die nachfolgende Ausgabe kann durch Benutzerkommandos gesteuert werden. Dabei kann auch rückwärts geblättert werden.

Die Art der Ausgabestation wird aus der Shellvariablen **$TERM** ermittelt. Die Größe einer Seite wird der **Termcap**-Beschreibung (oder **Terminfo**-Datei) für die Dialogstation entnommen. Sie kann jedoch auch durch die Eingabe von ›*i*w‹ geändert werden.

Die Optionen des **pg**-Aufrufes sind:

−*n* Eine Seite sei *n* Zeilen groß.

+*n* Die Ausgabe soll erst bei der Zeile *n* beginnen.

+/*muster*/ Das Textmuster wird gesucht und die Ausgabe dort begonnen.

−c (*clear*) Statt die Zeilen der neuen Seite hochrollen zu lassen, wird von oben begonnen und jeweils vor Ausgabe der neuen Zeile die alte gelöscht.

−e Am Ende einer Datei macht **pg** keine Pause, sondern setzt die Ausgabe fort.

−f Lange Zeilen werden nicht gefaltet, sondern abgeschnitten. Damit gibt **pg** pro Seite immer *n* Zeilen aus, unabhängig von der Zeilenlänge.

−n Im Standardmodus wird ein Eingabekommando durch (nl) abgeschlossen. Mit dieser Option wird das Kommando sofort nach Eingabe des Kommandobuchstabens ausgeführt.

−p*text* **pg** benutzt *text* als Bereitzeichen. Kommt im Text ›%d‹ vor, so wird dies durch die Seitennummer ersetzt.

−r (*restricted*) Dieser Modus erlaubt nicht die Aktivierung einer Shell aus **pg** heraus.

−s (*standout*) Veranlaßt **pg** Bereitzeichen und Meldungen hervorgehoben (z. B. invertiert) auszugeben.

−u (*underline*) Unterstreichungen (z. B. bei Ausgabe von **nroff**) sollen ignoriert werden, auch wenn die Dialogstation Textunterstreichung erlaubt.

pg gibt nach dem Aufruf standardmäßig die erste Seite der angegebenen Datei aus. Die Ausgabe der nächsten Information wird durch die Eingabe des Benutzers gesteuert.

5.3 Vielbenutzte Kommandos (alphabetisch)

Mögliche Kommandos und Steueranweisungen innerhalb des **pg**-Programms am Zeichen **:** sind hierbei:

Eingabe:	Wirkung:
⎵	(Leerzeichen) Ausgabe der nächsten Seite
(cr)	Ausgabe der nächsten Seite
n	Die Ausgabe wird mit der Zeile *n* fortgesetzt.
+*n*	Die Ausgabe wird *n* Zeilen weiter fortgesetzt.
−*n*	Die Ausgabe wird *n* Zeilen vorher fortgesetzt.
. oder <ctrl l>	Die aktuelle Seite wird erneut ausgegeben.
$	Es wird die letzte Seite der Datei gezeigt.
n/ *ausdruck*/	*ausdruck* ist ein Textmuster (siehe **ed** oder **vi**), dessen *n*-tes Auftreten ab der aktuellen Position gesucht wird.
n?*ausdruck*?	*ausdruck* ist ein Textmuster (siehe **ed** oder **vi**), dessen *n*-tes Auftreten rückwärts ab der aktuellen Position gesucht wird.
*i*f	Es sollen *i* Bildschirmseiten übersprungen werden.
*i*n	Es wird die *i*-te nächste Datei angezeigt.
*i*p	Es wird die *i*-te vorhergehende Datei angezeigt.
*i*w	Zeigt das nächste Fenster (*window*). Ist *i* vorhanden, so gibt es die Fenstergröße an.
h	Es wird eine **pg**-Kurzerläuterung (*help*) ausgegeben.
Q oder **q**	beendet **pg**.
s*datei*	Der Inhalt der aktuellen Datei wird in die angegebene Datei geschrieben.
!*kommando*	führt ein Shell-Kommando aus, ohne **pg** zu terminieren.

Die Taste (unterbrechen) bricht die gerade laufende **pg**-Aktivität ab.

✎ pg kapitel.[1-3]
→ gibt die Dateien *kapitel.1, kapitel.2, kapitel.3* nacheinander seitenweise auf dem Bildschirm aus.

✎ tbl kapitel.1 | nroff | col −x | pg
→ formatiert den Text in *kapitel.1* und gibt das Ergebnis durch **col** gefiltert seitenweise auf der Dialogstation aus. ›**col −x**‹ entfernt negative Zeilenvorschübe und entfernt <backspace>-Zeichen aus dem Text.

Das Kommando **pg** ist in Leistungsfähigkeit und Funktionsumfang vergleichbar mit dem Kommando **more**.

pr {*optionen*} {*datei* ... }   → **pr**int the files to stdout

gibt die Dateien in einfacher Druckformatierung aus. Die Ausgabe ist dabei in Seiten unterteilt, welche eine Überschrift mit Datum, Name der Datei und Seitennummer tragen. Ohne ein Dateiargument liest **pr** von der Standardeingabe bis zu einem (*eof*) und kann somit als Filter verwendet werden.

Die wichtigsten Optionen des **pr**-Kommandos sind:

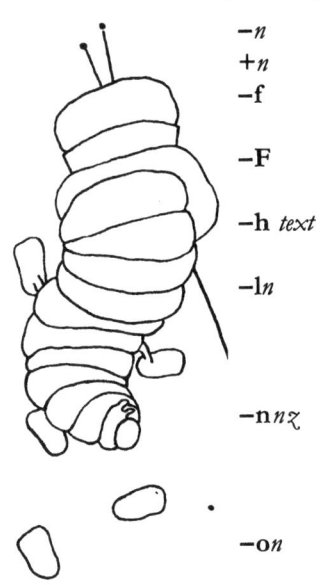

–*n*	Es soll *n*-spaltig ausgegeben werden.
+*n*	Die Ausgabe beginnt erst mit Seite *n*.
–f	(*form feed*) Statt Leerzeilen zum Auffüllen einer Seite werden Seitenvorschubzeichen ausgegeben.
–F	(*fold*) Zu lange Zeilen werden in mehrere Einzelzeilen umbrochen.
–h *text*	Die Zeichenkette *text* wird als Seitenüberschrift benutzt.
–l*n*	Eine Seite habe *n* Zeilen (Standard = 66). Das in Deutschland übliche Druckerpapier ist 12 Inch statt wie in USA 11 Inch lang und kann damit in der Regel 72 Zeilen fassen.
–n*nz*	Die Zeilen der Ausgabe sollen durchnumeriert werden. *n* gibt dabei optional die Zahlbreite an (Standard = 5), *z* ein optionales Trennzeichen zwischen Zeilennummer und Zeileninhalt.
–o*n*	(*offset*) Die Ausgabezeilen sollen *n* Zeichen vom linken Rand beginnen.
–p	(*pause*) Zwischen der Ausgabe von zwei Seiten soll angehalten werden, damit der Benutzer z. B. Papier wechseln kann.
–t	Der Titel der Seiten mit Zeilennummer, Datum und Überschrift soll unterdrückt werden.
–w*n*	gibt die Seitenbreite in Zeichen an (Standard = 72 Zeichen).

Weitere, hier nicht dokumentierte Optionen des **pr** sind: **–a, –d, –e***zn*, **–i***zn*, **–m, –r** und **–s***z*.

✎   pr –2 –h "1. Kapitel" –l50 –Kapitel_1 | lp
→ gibt die Datei *kapitel_1* unterteilt in Seiten mit 50 Zeilen zweispaltig (–2) und der Überschrift »1. Kapitel« auf jeder Seite über den **lp**-Print-Spooler auf den Drucker aus.

5.3 Vielbenutzte Kommandos (alphabetisch)

printf *format* {*argument*} → print formatted output

printf ermöglicht formatierte Ausgaben aus Shell-Kommandoprozeduren, wie sie mit dem einfacheren Kommando echo nicht möglich sind. **printf** stellt als eigenständiges Programm alle wichtigen Funktionen der C-Anweisung printf zur Verfügung, insbesondere Ausgaben in definierten Feldbreiten und einfache Konvertierungen.

> ✎ printf "Ich bin %s und arbeite mit %s.\n" Wunix Unix
> → produziert die Ausgabe
> *»Ich bin Wunix und arbeite mit Unix.«*

ps {*optionen*} {*liste*} → print process status

liefert Information über den Status von aktiven Prozessen. Die minimale Information umfaßt

- die Prozeßnummer (PID),
- die dem Prozeß zugeordnete Dialogstation,
- die verbrauchte Rechenzeit sowie
- den Kommandoaufruf.

Als Optionen sind auch konkatiniert möglich:

–a (*all*) Es soll Information über alle Prozesse ausgegeben werden. Ausgenommen hiervon sind Prozesse, denen keine Dialogstation zugeordnet ist und die Vaterprozesse einer Prozeßgruppe.

–c Die Ausgabe erfolgt in einem neuen, erst mit (*V.4*) eingeführten Format. Die Option wirkt sich nur im Zusammenspiel mit **–f** oder **–l** aus.

–d Es wird zu allen Prozessen Information ausgegeben; ausgenommen sind die Vaterprozesse einer Prozeßgruppe.

–e Es soll zu allen Prozessen Information ausgegeben werden.

–f (*full*) Eine vollständige Informationsliste wird zusammen mit der expandierten Form des Kommandoaufrufs ausgegeben.

–g *liste* Es wird Information zu allen Prozessen ausgegeben, deren Prozeßgruppennummer in *liste* aufgeführt sind.

–j Gibt die ID der Sitzung (*Session-ID*) und der Prozeßgruppe aus.

–l (*long*) Eine ausführliche Informationsliste wird geliefert.

–n *datei* Statt auf die Systemdatei *unix*, wird auf *name* als Datenbasis zugegriffen. Dies wird man in der Regel verwenden, wenn man ein neues UNIX-System erzeugt hat und testet, ohne die Systemdatei in *unix* umzubenennen.

—p *liste*   Es wird Information zu allen Prozessen ausgegeben, deren Prozeßnummern (PID) in *liste* aufgeführt sind.
—s *liste*   Es wird nur Information von den Prozessen gezeigt, deren Sitzungsnummern (*session ID*) in *list* aufgeführt sind (*V.4*).
—t *liste*   Es wird Information zu allen Prozessen angezeigt, deren Dialogstationen in *liste* aufgeführt sind.
—u *liste*   Es wird Information zu allen Prozessen der Benutzer gezeigt, deren Benutzernummern (UID) in *list* aufgeführt sind.

In der Ausgabe von **ps** erhalten die einzelnen Spalten Überschriften, in denen folgende Kürzel stehen können (die meisten der folgenden Ausgaben sind nur bei Verwendung der Optionen —f oder —l sichtbar):

F	→	Prozeßzustand (Anzeige nur bei Option —l) folgende Werte sind additiv möglich:
	00	Prozeß ist bereits terminiert.
	01	Systemprozeß (immer im Hauptspeicher)
	02	Der Vaterprozeß kontrolliert (*traced*) den Prozeß.
	04	Prozeß ist über *Tracing* ›gestoppt‹.
	08	Prozeß befindet sich im aktuellen Hauptspeicher.
	10	Prozeß kann nicht ausgelagert (*swapped*) werden.
S	→	Prozeßzustand (Anzeige nur bei Option ›—l‹); folgende Werte sind möglich:
	I	(*idle*) Prozeß wird gerade kreiert.
	O	Prozeß ist aktiv bzw. hat den Prozessor.
	R	Prozeß ist laufbereit und wartet auf den Prozessor.
	S	Prozeß schläft (*sleeping*).
	Z	(*Zombie*) Prozeß ist beendet und Vaterprozeß wartet nicht.
	T	Prozeß ist *gestoppet* wegen Tracing durch Vaterprozeß.
	X	Prozeß wartet auf mehr freien Speicher.
UID	→	UID des Prozeßbesitzers (—f liefert den Namen)
PID	→	Prozeßnummer
PPID	→	PID des Vaterprozesses
C	→	Schedulingwert (wird durch —c unterdrückt)
CLS	→	Klasse für das *Scheduling* (nur mit —c-Option)
PRI	→	Priorität (große Nummer → kleine Priorität)
NI	→	**nice**-Wert (wird durch —c unterdrückt)
SZ	→	virtuelle Prozeßgröße in Seiten
ADDR	→	Speicheradresse des Prozesses
WCHAN	→	Adresse des Events, auf den der Prozeß wartet (fehlender Wert → Prozeß ist gerade aktiv)
STIME	→	Starzeit des Prozesses in *Stunde:Minute:Sekunde*.
TYY	→	Name der *kontrollierenden Dialogstation* (? → keine)
TIME	→	vom Prozeß bisher verbrauche CPU-Zeit
COMMAND	→	Kommandoname des Prozesses

5.3 Vielbenutzte Kommandos (alphabetisch)

✎ ps
→ gibt die Prozesse des aufrufenden Benutzers aus.

✎ ps –ecfl
→ gibt eine sehr umfangreiche Liste aller im System vorhandener Prozesse aus.

✎ ps -ef
→ gibt eine Standardliste aller im System laufenden Prozesse aus. Das Format soll an der folgenden Beispielausgabe eines gering ausgelasteten SUN Solaris 2.3-Systems erläutert werden. Zu den wenigen tatsächlichen Benutzerprozessen gehören die drei letzten Zeilen (xterm, ksh, ps):

- Benutzerkennung
- Prozeßnummer
- Prozeßnr. des Vaterprozesses
- Startzeit des Prozesses
- kontrollierende Dialogstation
- verbrauchte CPU-Zeit
- Kommando und Argumente

UID	PID	PPID	C	STIME	TTY	TIME	COMD
root	0	0	80	07:57:44	?	0:06	sched
root	1	0	80	07:57:48	?	0:01	/etc/init -
root	2	0	3	07:57:48	?	0:00	pageout
root	3	0	80	07:57:48	?	0:04	fsflush
root	208	1	33	07:59:01	?	0:00	/usr/lib/saf/sac -t 300
root	209	1	46	07:59:02	console	0:00	/usr/lib/saf/ttymon -g -h -p sonne ...
root	212	208	48	07:59:06	?	0:00	/usr/lib/saf/listen tcp
root	100	1	80	07:58:25	?	0:02	/usr/sbin/rpcbind
root	116	1	80	07:58:34	?	0:01	/usr/sbin/inetd -s
root	92	1	19	07:58:24	?	0:00	/usr/sbin/in.routed -q
root	102	1	2	07:58:26	?	0:00	/usr/sbin/keyserv
root	107	1	29	07:58:27	?	0:00	/usr/sbin/kerbd
root	123	1	27	07:58:35	?	0:00	/usr/lib/autofs/automountd
root	127	1	38	07:58:37	?	0:00	/usr/lib/nfs/statd
root	129	1	80	07:58:38	?	0:01	/usr/lib/nfs/lockd
root	141	1	22	07:58:41	?	0:00	/usr/sbin/syslogd
root	168	161	16	07:58:51	?	0:00	lpNet
root	171	1	16	07:58:53	?	0:00	/usr/lib/sendmail -bd -q1h
root	188	1	80	07:58:58	?	0:01	/usr/sbin/vold
root	161	1	76	07:58:50	?	0:00	/usr/lib/lpsched
root	151	1	146	07:58:48	?	0:00	/usr/sbin/cron
root	213	208	51	07:59:07	?	0:01	/usr/lib/saf/ttymon
kob	218	116	80	08:10:10	?	0:03	/usr/openwin/bin/xterm -ls -sb -d techdoc:0.0
kob	219	218	80	08:10:14	pts/0	0:01	-ksh
kob	286	219	23	08:55:55	pts/0	0:00	ps -ef

pwd → print working directory
gibt den Namen des aktuellen Dateikatalogs aus.

rename *datei_alt*   *datei_neu*   → **rename** file *datei_alt* to *datei_neu* (∗V.4∗)

Das Kommando benennt die Datei *datei_alt* in *datei_neu* um. Statt Dateien dürfen auch Kataloge verwendet werden. Beide Dateien müssen im gleichen Dateisystem liegen. Existiert *datei_neu bereits,* so wird sie gelöscht. Bei einem Katalog muß dieser dazu leer sein. Ist *datei_alt* ein symbolischer Verweis (*symbolic link*), so wird die *Link*-Datei umbenannt und nicht die darin referenzierte Datei.
rename entspricht weitgehend dem **mv**-Kommando.

resize → print terminal size

Das Hilfsprogramm **resize** erlaubt es, nach einer Größenänderung eines Terminal-Emulationsfensters (v.a. **xterm**), die neue Größe in der aktuellen Arbeitsumgebung bekannt und damit für Programme, die die Größe eines Bildschirms kennen müssen (z.B. **vi**), auswertbar zu machen.

Hierzu gibt **resize** am Bildschirm die aktuelle (neue) Belegung der Variablen **COLUMNS** (Spalten, d.h. max. Zeichenanzahl in einer Zeile) und **ROWS** (Reihen, d.h. max. Zeilenzahl des Bildschirms) in der korrekten Syntax für die Belegung dieser Variablen aus. Diese Ausgabe muß dann allerdings noch innerhalb der aktuellen Shell ausgewertet werden, um die neue Variablenbelegung zugänglich zu machen. Dies geschieht meist mit alias-Definitionen oder kurzen Kommandofolgen.

Das Kommando **resize** kennt folgende Optionen:

- **-u**   Ausgabe im Format für Bourne-Shell oder Korn-Shell
- **-c**   Ausgabe im Format für C-Shell
- **-s** z s Möglichkeit zur expliziten Angabe von Zeilen z und Reihen r

✎   alias re ``eval resize``
→ definiert in der C-Shell einen alias rs, der das **resize**-Kommando ausführt und die Ausgabe (Variablenbelegung) innerhalb der aktuellen Shell zur Verfügung stellt.

✎   resize > /tmp/rs; . /tmp/rs
→ schreibt die durch resize ermittelte Variablendefinition in die temporäre Datei */tmp/rs*. Diese Datei wird dann (über das Kommando **.**) innerhalb der aktuellen Shell ausgeführt und dieser damit die Variablenbelegung zugänglich gemacht.

5.3 Vielbenutzte Kommandos (alphabetisch)

rlogin {*optionen*} *hostsystem* → remote login

gestattet ein **login** an einem anderen Hostsystem im Netzwerk. *hostsystem* muß dazu entweder in der Host-Datenbasis **/etc/hosts** aufgeführt oder im Internet-Domain-Server bekannt und korrekt definiert sein. Im Standardfall wird man bei **rlogin** vom Hostsystem nach dem Benutzerpaßwort gefragt. Existiert auf dem Hostsystem jedoch ein (aus Gründen der Zugangssicherheit gefährlicher) Eintrag für das lokale System in **/etc/hosts.equiv**, so kann die Eingabe des Paßwortes entfallen, sofern der Benutzer auf beiden Systemen unter dem gleichen Namen eingetragen ist.

Ein **login** ohne Paßwortangabe ist auch dann möglich, wenn der Benutzer dem Hostsystem bekannt ist und dort im **$HOME**-Katalog eine Datei *.rhosts* besteht, in welcher der Benutzername und der Name des sich anmeldenden Systems eingetragen ist. Aus Sicherheitsgründen muß dabei die *.rhosts*-Datei dem Benutzer **root** oder dem entsprechenden Host-Benutzer gehören und darf nur für diesen lesbar sein!

Als Typ der Dialogstation wird vom Hostsystem jener der aktuell eingestellten lokalen Dialogstation ($TERM) angenommen. Ebenso wird die Fenstergröße übernommen. Das Arbeiten am Host erfolgt damit weitgehend transparent, so als arbeite man am lokalen System.

Eingaben, die mit dem Fluchtzeichen ~ (als 1. Zeichen einer Zeile) beginnen werden als Sondereingaben betrachtet. ›~.‹ bricht dabei die Sitzung am Hostsystem ab – dies ist kein reguläres **logout** und sollte nur in Notfällen benutzt werden. Die Option **–e***z* erlaubt ein von der Tilde abweichendes Fluchtzeichen zu definieren.

Folgende Optionen werden dabei unterstützt:

–L   Die Sitzung am Hostsystem wird im litout-Modus gefahren.

–8   Statt der 7-Bit-Zeichenfolgen werden 8-Bit-Daten über das Netz geschickt. Dies ist z.B. notwendig, wenn 8-Bit-Codes wie etwa der ISO-8859-Code benutzt werden soll.

–e*x*   Standardmäßig wird das Zeichen ~ als Fluchtzeichen benutzt. Diese Option erlaubt, mit dem Zeichen *x* ein anderes Beendigungszeichen vorzugeben.

–l *benutzer*   Will man sich am Hostsystem mit einem anderen Namen als dem aktuellen Benutzernamen anmelden, so gestattet dies die **–l**-Option.

✎   rlogin neptun
→ der Benutzer meldet sich zu einer Terminalsitzung am Hostsystem *neptun* an.

✎   rlogin –l oskar sonne
→ hiermit meldet sich der Anwender unter dem Benutzernamen *oskar* an dem Hostsystem *sonne* an.

rm {*optionen*} *datei* ...   → remove the file(s)

  oder

rm −r {*optionen*} *katalog* ...   → remove directory and its subtree

löscht die angegebenen Dateien. Dateikataloge können nur mit **rmdir** gelöscht werden (nur wenn sie leer sind) oder mit der zweiten Form ›**rm −r** ... ‹. Sind die Dateien schreibgeschützt, so erfolgt eine Warnung und die Abfrage, ob trotzdem gelöscht werden soll. Dazu ist jedoch Schreiberlaubnis für den übergeordneten Katalog erforderlich.

⚠ Bei Verwendung der **rm**-Kommandos, insbesondere in der Version ›**rm −rf**‹ ist große Sorgfalt erforderlich und extreme, wenn im Kommando Metazeichen (*wildcards*) verwendet werden. Im Zweifelsfall sollte man die Option **−i** verwenden!

Als Optionen werden akzeptiert:
- −i (*interaktiv*) Vor dem Löschen jeder Datei wird angefragt, ob die Datei gelöscht werden soll. **y** oder **Y** löscht sie, bei allen anderen Antworten bleibt sie erhalten.
- −f (*force*) löscht die angegebenen Dateien auch dann, wenn kein Schreibzugriff für die Datei gegeben ist, ohne zuvor nachzufragen. Ist der Katalog, in dem die Dateien liegen, selbst schreibgeschützt, so werden die Dateien nicht gelöscht.
- −r (*remove rekursiv*) löscht auch Katalogdateien, wobei rekursiv alle in dem Katalog enthaltenen Dateien ebenfalls gelöscht werden. Symbolische Verweise (*symbolic links*) werden beim Baumabstieg nicht verfolgt. Nicht-leere, schreibgeschützte Kataloge werden auch bei Verwendung der Option **−f** nicht gelöscht.

✎ rm −i *.old
→ löscht alle Dateien mit der Endung *.old*.

✎ rm −i /usr/hans/*
→ löscht alle Dateien in dem Katalog */usr/hans*.
Vor dem Löschen wird jeweils der Name der Datei ausgegeben und damit gefragt, ob die genannte Datei gelöscht werden soll.

✎ rm −rf kurs
→ löscht das Verzeichnis *kurs* mit allen seinen Unterverzeichnissen und Dateien ohne nachzufragen.

5.3 Vielbenutzte Kommandos (alphabetisch)

rmdir *katalog* ... → remove directory *katalog*

    oder

rmdir {–p {–s}} *katalog* ... → remove directory *katalog*

löscht die angegebenen Kataloge. Die Kataloge müssen dazu leer sein (zu erreichen durch »**rm –r** *katalog/**«).

Ist *katalog* der letzte Eintrag im übergeordneten Katalog (Vaterkatalog), so wird durch die Option **–p** auch der Vaterkatalog gelöscht. Auf der Standardfehlerausgabe wird dabei angezeigt, welche Kataloge so gelöscht werden.

Die Option **–s** (für *silent*) unterdrückt die Meldungen auf der Standardfehlerausgabe, welche bei der Option **–p** normalerweise erzeugt werden.

    rmdir /usr/karl
    → löscht den Katalog */usr/karl*. Es dürfen sich zu diesem Zeitpunkt keine Dateien oder weitere Kataloge mehr in */usr/karl* befinden (mit Ausnahme der Einträge **.** und **..**) oder durch **mount** eingehängt sein.

➜ Das Kommando **rmdir** wird aufgrund der Einschränkung, nur leere Verzeichnisse zu löschen, kaum verwendet. Das Standardkommando zum Löschen von Verzeichnisbäumen ist »**rm -r**«.

rsh {–n} {–l *benutzer*} *hostsystem kommando* → execute remote shell cmd

/bin/rsh oder /bin/remsh baut eine Netzverbindung zu dem angegebenen Hostsystem auf und führt unter der dortigen Shell das vorgegebene Kommando aus. Soll die Ausführung auf dem Host unter einem anderen Benutzer als dem lokal angemeldeten erfolgen, oder hat der lokale Benutzer auf dem Hostsystem eine andere Benutzerbezeichnung, so ist der neue Benutzername mit ›–l *name*‹ anzugeben. Fehlt der Parameter *kommando*, so ruft **rsh** das Kommando **rlogin** auf.

Bei der Ausführung wird die Standardeingabe (stdin) der lokalen Shell an das Hostsystem und die Standardausgabe (stdout) und -fehlerausgabe (stderr) vom Host an das lokale System weitergeleitet. Unmaskierte Shell-Metazeichen werden von der lokalen Shell expandiert; maskierte Metazeichen von der Shell des Hostsystems.

Durch die Option **–n** wird die Eingabe der **rsh** von */dev/null* gelesen. Dies vermeidet in manchen Situation Konflikte zwischen dem ausgeführten Kommando des Hosts und der lokalen Shell und behebt zuweilen störende Nebeneffekte bei der Verwendung von **rsh**.

Interaktive Programme, wie etwa ein Bildschirmeditor, lassen sich über die **rsh** nicht benutzen. Hierzu ist ein **rlogin** mit anschließendem Aufruf des interaktiven Programms erforderlich.

Die auf dem Hostsystem benutzte Shell wird durch den Shell-Eintrag in der Paßwortdatei (*/etc/passwd*) des Zielsystems festgelegt.

Für den Parameter *hostsystem* gelten die Aussagen, die bereits bei **rlogin** ausgeführt sind (Hinweise zu */etc/hosts* und */etc/hosts.equiv*).

rsh fordert kein Paßwort vom Benutzer an, falls zum **login** am Hostsystem das Paßwort erforderlich ist, sondern terminiert mit einem entsprechenden Fehlerstatus. Dies ist nicht der Fall, falls der Parameter *kommando* fehlt, da **rsh** dann **rlogin** aufruft.

✎ rsh –l oskar sonne grep \"Juergen*\" /etc/passwd
→ führt auf dem Hostsystem *sonne* das **grep**-Kommando unter dem Benutzereintrag *oskar* aus.

✎ rsh hs1349 cat /tmp/Log-1 > /tmp/Log-1349
→ kopiert die Datei */tmp/Log-1* vom Hostsystem in eine Datei */tmp/Log-1349* auf dem lokalen System (die Standardausgabe geht an das lokale System). Sollte auch die Ausgabe auf dem Hostsystem liegen, so müßte die Umleitung maskiert werden (z.B. ">"), so daß sie an die Host-Shell weitergeleitet wird.

script {**–a**} {*datei*} → make a **script** of the terminal session

script erlaubt es, eine Sitzung (oder einen Teil davon) auf einer Datei aufzuzeichnen. Dabei wird alles, was in dieser Zeit auf der alphanumerischen Dialogstation (oder dem **xterm**-Fenster bei graphischen Oberflächen) erscheint, festgehalten – auch das Eingabeecho.

Ist *datei* im Aufruf angegeben, so wird die Sitzung in dieser Datei protokolliert. Fehlt die Angabe einer Ausgabedatei, so wird in die Datei *typescript* des aktuellen Katalogs geschrieben. <unterbrechung> beendet die Protokollierung.

Die Option **–a** veranlaßt **script**, das Protokoll an die Datei *datei* (oder *typescript*) anzuhängen, anstatt eine neue Datei zu eröffnen.

script ist immer dann hilfreich, wenn alle Aktivitäten einer längeren Sitzung dauerhaft protokolliert werden sollen: bei der Fehlersuche oder bei einer längeren Netzwerk-Sitzung auf einem entfernten Rechner.

✎   script protokoll
→ veranlaßt, daß die Sitzung, d.h. der Text, der an der Dialogstation ein- und ausgegeben wird, in einem Protokoll in der Datei *protokoll* abgespeichert wird.

sed {−n} {−e *skript*} {−f *skriptdatei*} {*datei* ...} → start stream editor

sed ist ein nicht-interaktiver Editor und wird in der Regel verwendet, um Dateien zu bearbeiten, welche für die Bildschirmeditoren oder den **ed** zu groß sind oder wenn die gleichen Änderungen in mehreren Dateien durchgeführt werden sollen.

Er bearbeitet die im Parameter *datei* angegebenen Dateien entsprechend den Editieranweisungen (*skript* genannt). Diese Editieranweisungen und regulären Ausdrücke sind kompatibel mit denen des **ed** und **ex**, teilweise des **vi**, was den Lernaufwand für **sed** minimiert.

Ist keine zu editierende Datei angegeben, so liest er von der Standardeingabe. Das Resultat wird auf die Standardausgabe geschrieben. Mit der Option ›−f *skriptdatei*‹ entnimmt er die Editieranweisungen der Skriptdatei *skriptdatei*. In diesem Fall entfällt die Komponente ›−e *skript*‹ in der Kommandozeile. Das Skript wird man in der Regel mit "..." oder '...' klammern. Es dürfen mehrere ›−f *skriptdatei*‹ in der Kommandozeile vorkommen. Die Option **−n** unterdrückt die Ausgabe auf **stdout**.

Eine ausführlichere Beschreibung des **sed** ist in Kapitel 6.4 ab Seite 384 zu finden.

✎ sed −e "s/Unix/UNIX/g" buch1 > buch1.neu
→ bearbeitet den Inhalt der Datei *buch1*. Dabei werden alle ›*Unix*‹ durch ›*UNIX*‹ ersetzt. Das Ergebnis der Bearbeitung wird in die Datei *buch1.neu* geschrieben.

sh {*–optionen*} {*–c text*} {*datei*} → execute new **shell**

sh ist der Programmname der sog. *Bourne-Shell*, der wichtigsten und am weitesten verbreiteten Bedienoberfläche und Kommandosprache unter UNIX.

sh wird normalerweise sogleich beim Login automatisch (d.h. vom **login**-Prozeß) oder bei der Ausführung einer Kommandoprozedur gestartet, so daß das Kommando **sh** vom Benutzer nur selten direkt aufgerufen wird, auch wenn er dauernd damit arbeitet.

Durch **sh** wird eine neue Shell erzeugt, welche, falls ein entsprechendes Argument angegeben ist, die Kommandos in der angegebenen Datei ausführt. Andernfalls liest die Shell die Kommandos von der Standardeingabe, d.h. normalerweise von der Tastatur, und sie gibt hierfür ein Bereitschaftszeichen (Prompt) aus.

Die Ausführung kann durch eine Reihe von Optionen kontrolliert werden. Als Optionen sind die Buchstaben: **–acefhiknrstuvx** mit folgender Bedeutung erlaubt:

- **a**   Shellvariablen, die modifiziert oder exportiert werden, sind zu markieren.
- **–c** *text*   Es werden lediglich die Kommandos in der Zeichenkette *text* ausgeführt.
- **e**   Die Shell soll, falls sie nicht interaktiv ist, abbrechen, sobald ein Kommando einen Fehler (Exit-Status ≠ 0) meldet.
- **f**   Der Mechanismus der Namensexpansion bei Dateinamen soll unterdrückt werden.
- **h**   Von Funktionen sollen Name und Position beim ersten Auftreten abgespeichert werden. Dies beschleunigt die wiederholte Ausführung.
- **i**   Die Shell wird als interaktiv deklariert. Sie ist dies standardmäßig dann, wenn ihre Standardeingabe und Standardausgabe eine Dialogstation ist.
- **k**   (*keywords*) Alle Schlüsselwortparameter (nicht nur die vor dem Kommando) werden in die Shell-Umgebung (*environment*) kopiert.
- **n**   (*non execute*) Die Kommandos sollen nur gelesen, jedoch nicht ausgeführt werden.
- **r**   Es wird die eingeschränkte Form der Shell **rsh** aufgerufen.
- **s**   Die Kommandos werden von der Standardeingabe gelesen. Die Shell-Ausgabe geht zur Standardfehlerdatei.
- **t**   Nach der Ausführung eines Kommandos wird die Shell beendet.
- **u**   Undefinierte Shellvariablen (solche ohne einen Wert) sollen als Fehler betrachtet werden, auch wenn nicht darauf zugegriffen wird.
- **v**   (*verbose*) Die Eingabezeilen für die Shell sollen, so wie sie gelesen werden, zur Kontrolle ausgegeben werden.
- **x**   (*expanded*) Die Kommandos sollen vor der Ausführung zusammen mit ihren expandierten Argumenten ausgegeben werden.

Eine eingeschränkte Form der Shell ist die /usr/lib/**rsh** (siehe hierzu Kapitel 7.4.3). Eine ausführliche Beschreibung der Shell-Kommandosprache ist in Kapitel 7.1 zu finden.

✎ sh copyfiles
→ führt die Kommandoprozedur *copyfiles* aus.

✎ sh –vx versuch
→ führt die Kommandodatei *versuch* aus. Durch die Optionen **vx** werden sowohl alle von der Shell gelesenen Zeilen als auch alle Kommandos (vor ihrer Ausführung) ausgegeben.

share {–F *ftyp*} {–o *sopt*} {–d *desc*} {*pfad*}   → make resource available

share ermöglicht es, ein Dateisystem oder ein Verzeichnis eines Rechners an das Netz freizugeben und diese Ressource damit auch anderen Rechnern zur Verfügung zu stellen. Die auf diese Weise freigegebenen Verzeichnisse können von anderen Rechnern mittels **mount** angeschlossen werden und stehen damit am anderen Rechner zur Verfügung.

Als wichtigste Optionen kennt **share**:

–F *ftyp* gibt den Dateisystem-Typ an.

–o *sopt* Möglichkeit zur Angabe spezieller Optionen zur Zugriffskontrolle auf das freigegebene Verzeichnis. Möglich sind

 rw (*read write*) lesender und schreibender Zugriff,

 rw=*client* lesender und schreibender Zugriff nur für den Rechner *client*. Mehrere Rechner können durch Doppelpunkt getrennt angegeben werden.

 ro (*read only*) nur lesender Zugriff,

 ro=*client* nur lesender Zugriff und nur für den Rechner *client*. Mehrere *client*-Rechner können durch Doppelpunkt getrennt angegeben werden.

–d *desc* Möglichkeit zur Angabe einer kurzen Beschreibung der freigegebenen Ressource.

✎ share –F nfs /home
→ gibt das Verzeichnis /*home* an das Netz frei, so daß andere Systeme dieses Verzeichnis per **mount** in ihren eigenen Dateibaum einhängen können.

shl → initiate layered **shell**

Die *Layered Shell* ermöglicht es, in mehreren Ebenen Shells unabhängig voneinander zu betreiben. Jede dieser Shell-Inkarnationen erlaubt dabei eine eigene Umgebung mit Katalog, Shell-Variablen und Terminalkontrolle. Der Benutzer kann bis zu 7 dieser Shell-Ebenen starten und über ein Shell-Umschaltzeichen (<umschalten> bzw. **<swtch>**) von einer Untershell in die *Layered Shell* und von dort in eine andere wechseln, ohne daß dazu die vorherige terminiert werden muß. Er kann so mit wenigen Tastenanschlägen von einer Umgebung in eine andere wechseln. Die *aktuelle Shell* ist dabei die zuletzt aktivierte Shell. Nur in ihr sind Eingaben und Ausgabe möglich. Die *Layered Shell* wird mit **shl** aufgerufen, meldet sich mit **>>>** und erwartet eines der folgenden Kommandos:

block *name* ...   Die Ausgaben der angegebenen Shell-Programme werden blockiert. Die Ausgaben laufen danach erst dann weiter, wenn die entsprechende Shell zur *aktuellen Shell* wird. Der gleiche Effekt wird durch ein ›stty loblk‹ in der jeweiligen Shell erreicht. **unblock** hebt die Wirkung auf.

create {*name*}   Es wird eine neue Shell mit dem angegebenen Namen erzeugt. Fehlt *name*, so werden Nummern (1...7) vergeben. Die neue Shell meldet sich mit ihrem Namen als Promptzeichen.

delete *name* ...   Die Shell-Programme mit den angegebenen Namen sollen terminiert und allen ihren Prozessen soll ein **hangup**-Signal (**SIGHUP**) geschickt werden.

? oder **help**   Es wird die Syntax der **shl**-Kommandos ausgegeben.

layers {–l} {*name* ...}   Zu jedem der angegebenen Namen wird der Name der Shell, die Prozeßgruppennummer und der Zustand der Shell ausgegeben. Fehlt *name*, so wird dies für alle Unter-Shells angezeigt. Die Option **–l** erzeugt eine **ps**-ähnliche Ausgabe.

quit   **shl** und alle darunter laufenden Shell-Programme werden beendet.

resume {*name*}   Die angegebene Shell soll zur *aktuellen Shell* werden. Ohne Namensangabe wird die letzte noch existierende Shell zur *aktuellen Shell*.

toggle   Die vorhergehende Shell soll zur *aktuellen Shell* werden.

unblock *name* ...   Die Ausgaben der angegebenen Shellprozeduren sollen deblockiert werden, d.h. auch dann auf die Dialogstation laufen, wenn es Ausgaben einer *nicht aktuellen Shell* sind (oder darunter laufende Prozesse).

name   Die Shell mit dem angegebenen Namen soll zur *aktuellen Shell* werden.

shutdown {*optionen*} → shut system down

Mit dem Kommando **shutdown** kann der Super-User das System zu Wartungszwecken in einen anderen, eingeschränkt lauffähigen Zustand überführen oder außer Betrieb nehmen. Vor dem Abschalten eines Systems sollte immer ein **shutdown** erfolgen.

shutdown gibt nach dem Aufruf eine Meldung an aktuell angeschlossenen Benutzerbildschirme aus, mit der Bitte, der Benutzer möge seine interaktive Sitzung am System beenden und sich abmelden. Nach einer einstellbaren Wartezeit (Option –g *gtime*) führt **shutdown** dann alle notwendigen Prozeduren durch, um das System in einen sicheren Stillstand oder einen anderen, eingeschränkt lauffähigen Zustand zu überführen.

shutdown überführt das System dabei in jedem Fall in einen anderen Systemzustand (*run level* oder *init state*). Folgende Systemzustände sind definiert:

Modus: **Bedeutung:**
0 Ausschalt-Zustand; das System kann abgeschaltet werden bzw. schaltet bei hierfür geeigneter Hardware selbständig ab.
1 Verwaltungs- und Konfigurations-Zustand;
Anmeldung nur von der Systemkonsole aus möglich
2 normaler Zustand für Multiuser-Betrieb
3 normaler Zustand für Multiuser-Betrieb im Netz (Standard)
s oder S Single-User-Betrieb; dies ist ein stark eingeschränkter Zustand für Wartungsaufgaben. Nur das *root*-Dateisystem ist zugänglich; andere Dateisysteme sind nicht angeschlossen. **login** ist nur an der Konsole möglich.
5 Reboot-Zustand für interaktives Hochfahren
6 Reboot-Zustand für automatisches Hochfahren

Mögliche Optionen zur Steuerung von **shutdown** sind:

–i *zstd* Systemzustand, in der das System überführt werden soll (meist ›0‹, um das System anschließend auszuschalten, ›s‹, um Wartungsarbeiten vorzunehmen, oder ›6‹, um das System herunterzufahren und anschließend sofort wieder automatisch hochzufahren)

–g *zeit* Vorwarn-Zeit in Sekunden zwischen Eingabe des Kommandos und tatsächlichem Herunterfahren. In diesem Zeitraum werden wiederholt Meldungen an alle aktiven Benutzer ausgegeben.

–y Alle Fragen, die shutdown stellen könnte, werden automatisch mit y (*yes*) beantwortet, so daß kein weiterer Eingriff des Systemverwalters während des Shutdowns nötig ist.

5.3 Vielbenutzte Kommandos (alphabetisch)

✎   shutdown –y –g0
→ sofortiges Herunterfahren des Systems in einen Zustand, in dem es sicher abgeschaltet werden kann.

✎   shutdown –y –g0 –i6
→ sofortiges Herunterfahren des Systems und anschließendes automatischen Hochfahren in den Standard-Zustand (normalerweise Zustand 3).

➜ Das Kommando shutdown unterscheidet sich in der BSD-Version und in der SystemV-Version geringfügig. Beispielsweise kennt die BSD-Version eine Option now, die der Option -g0 aus SystemV entspricht.

✎   shutdown now
→ sofortiges Herunterfahren des Systems (BSD-Version)

sleep *zeit*   → **sleep** (suspend the execution for *zeit* seconds)

sleep verursacht eine Pause im Ablauf der Shell oder Shellprozedur und verschiebt damit die Ausführung der nachfolgenden Kommandos um die angegebene Zeit. Die Zeit wird in Sekunden angegeben.

✎   while true
       do
          who >> benutzer
          sleep 300
       done
→ schreibt alle 5 Minuten (300 Sekunden) mittels **who** alle aktuellen Benutzer in die Datei *benutzer*.

Die Ausgabe des nachfolgenden Kommandos zeigt an der ausgegebenen Uhrzeit deutlich die Wirkung des **sleep**- Kommandos:

✎   **$ date ; sleep 30 ; date**
Tue Jan 3 15:42:02 MET 1995
Tue Jan 3 15:42:32 MET 1995
$

sort {*optionen*} {+*pos1* {−*pos2*}} {*datei*} ... → **sort** lines

sortiert die Zeilen aller angegebenen Dateien und schreibt das Ergebnis auf die Standardausgabe. Sind keine Dateien angegeben oder wird statt eines Dateinamens − angegeben, so wird von der Standardeingabe gelesen (Verwendung als Filter). Der Benutzer kann durch die Parameter ›+pos1‹ und ›−pos2‹ die Schlüsselfelder innerhalb einer Zeile angeben, nach denen sortiert werden soll. Fehlt diese Angabe, so wird die ganze Zeile betrachtet.

Ohne Zusatzoption wird lexikographisch sortiert; d.h. beim ASCII-Zeichensatz gilt folgende Reihenfolge: nicht-druckbare Zeichen, (Code kleiner oktal 40) Sonderzeichen: <leerzeichen> ! " # $ % ' () * + , − . /, 0 − 9, : ; < = > ? @ alle Großbuchstaben, [\ ] ^ _ ` , alle Kleinbuchstaben, { | } ~, Zeichen mit einem Code größer als oktal 176.

Da die Sortiergeschwindigkeit sehr von dem zur Verfügung stehenden Speicher abhängt, kann durch die Angabe **−y**n ein *n* kB großer Speicher (soweit vorhanden) zugeteilt werden.

Mit ›**−z***zg*‹ kann eine maximale Zeilengröße *zg* angegeben werden. Dies erlaubt dem **sort**-Programm, seine Reservierung des internen Puffers sicherer zu gestalten.

Folgende Optionen geben abweichende Sortierkriterien an:

- **−b**   Leer- und <tab>-Zeichen am Anfang des Feldes werden ignoriert.
- **−d**   Nur Buchstaben, Ziffern und Leerzeichen sollen verglichen werden.
- **−f**   Großbuchstaben werden beim Vergleich wie Kleinbuchstaben behandelt.
- **−i**   Zeichen außerhalb des Bereichs 040 bis 0176 oktal (Leerzeichen bis ~) sollen ignoriert werden.
- **−M**   Die ersten drei Zeichen des Feldes werden als Monatsangabe in Großbuchstaben betrachtet und entsprechend verglichen und sortiert. Dabei gilt: JAN < FEB < MAR < ... . Ungültige Felder werden als < JAN einsortiert. Die **−b**-Option wird automatisch mitgesetzt.
- **−n**   Numerische Werte am Feldanfang werden entsprechend dem numerischen Wert sortiert.
- **−r**   (*reverse*) Es wird in umgekehrter Reihenfolge sortiert.
- **−t***x*   *x* sei das Trennzeichen für Felder (Standard: <tabulator>).

5.3 Vielbenutzte Kommandos (alphabetisch)

Folgende weitere Optionen werden verarbeitet:

- **–c**   Es soll nur die korrekte Sortierung der Eingabe überprüft werden. Nur bei Fehlern wird Ausgabe erzeugt.
- **–m**   Die Eingabedateien sind bereits sortiert und sollen nur gemischt werden.
- **–o** *dat*   Die Ausgabe soll anstatt auf die Standardausgabe auf die nachfolgend genannte Datei *dat* gehen. Dies darf auch eine Eingabedatei sein!
- **–u**   In der Ausgabe soll jede Zeile nur einmal vorkommen, d.h. mehrere identische Zeilen werden zu einer reduziert.

✎   sort –u wb neu > wb.neu
→ sortiert und mischt den Inhalt der Dateien *wb* und *neu* und schreibt das Ergebnis in die Datei *wb.neu*. Bei mehrfach vorhandenen gleichen Zeilen wird nur eine in die Ausgabe übernommen.

✎   ls –ls | sort '-t ' +2
→ gibt die von **ls** erzeugte Liste aus, wobei nach dem zweiten Feld sortiert wird. Als Trennzeichen zwischen zwei Feldern ist das Leerzeichen angegeben. Da das Leerzeichen als Trennzeichen für die Shell wirkt, muß es maskiert werden (hier durch '...').

✎   ls –l | sort '-t ' –n +5
→ gibt ein ausführliches Katalogverzeichnis aus, welches nach der Länge der Dateien (5. Feld) sortiert ist.

---

split {–n} {*datei* {*name*}}   → **split** one file into pieces of *n* lines

split zerteilt die angegebene Datei – bzw. die Zeilen der Standardeingabe – in Teile zu *n* Zeilen (Parameter ›–n‹; Standardwert für n = 1000). Das Ergebnis wird in Ausgabedateien geschrieben, deren Namen mit *name* beginnen und an die zwei Buchstaben angehängt werden. Die erste Datei heißt dann ›*nameaa*‹, die zweite Datei ›*nameab*‹ usw.. Fehlt die Angabe des Ausgabenamens, so wird ›**x**‹ angenommen. Das Aufteilen großer Dateien ist oft dann sinnvoll, wenn eine Datei zu groß ist, um mit den Editoren (außer **sed**) bearbeitet zu werden.

✎   split –500 riese zwerg
→ zerteilt die Datei *riese* in kleinere Dateien mit maximal 500 Zeilen. Diese heißen dann *zwergaa*, *zwergab* usw..

strings {−} {−o {−n} {*datei* ...}   → find **strings** in file (*B*)

strings durchsucht die angegebenen Dateien nach mit \000 (binäre 0) terminierten Zeichenketten der minimalen Länge *n* (Standardwert für n = 4) und gibt diese Zeichenkette (bei der Option −o zusammen mit ihrer Position in der Datei) aus. Ohne die Option − wird nur im Initialisierungs-Datenbereich von Objektdateien gesucht.

Das nachfolgende Beispiel zeigt auf, welche Terminaltypen und Optionen das Kommando **tabs** kennt:

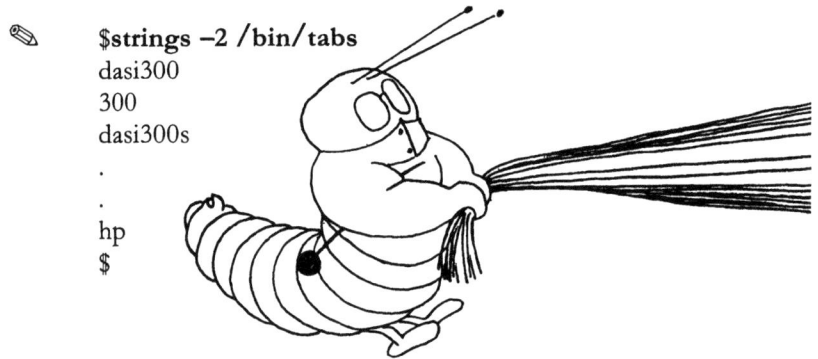

```
$strings −2 /bin/tabs
dasi300
300
dasi300s
.
.
hp
$
```

strip {*optionen*} *datei* ...   → **strip** files from symbol table

strip entfernt aus den angegebenen Dateien die Symboltabelle und das Relokationsbit. Dies verkleinert die Dateigröße. Eine Fehlersuche wird jedoch durch die fehlende Symboltabelle schwieriger, wenn mit **adb** oder **sdb** gearbeitet wird. Die Optionen sind nur für die mit ELF, dem *Executable and Linking Format* operierenden Versionen gültig:

−l   (*line number*) Es soll keine Symbolinformation entfernt werden, sondern nur die Information bezüglich der Zeilennummern.

−r   Die Indizes zur *Relokation* sollen zurückgesetzt werden.

−x   Die Information zu statischen und externen Symbolen sollen erhalten bleiben.

Das folgende Beispiel zeigt deutlich die Reduzierung der Dateigröße von 153.056 Byte auf 82.018 Byte durch strip:

```
$ls −l ted
-rwxr-xr-x 1 karl 153056 Jan 2 16:37 ted
$strip ted
$ls −l ted
-rwxr-xr-x 1 karl 82018 Jan 4 16:06 ted
$
```

5.3 Vielbenutzte Kommandos (alphabetisch)

stty {–a} {–g} {*parameter*} → set terminal characteristics

stty erlaubt es, Charakteristika der Dialogstation abzufragen (**stty** ohne Parameter) oder neu zu setzen. Wird **stty** –a aufgerufen, so werden die aktuellen Werte aller Parameter ausgegeben.

Mit der Option **–g** erfolgt die Ausgabe in einem Format, die als Eingabe für einen anderen **stty**-Aufruf verwendet werden kann.

Sollen die Parameter für eine andere Leitung als die der aktuellen Dialogstation abgefragt werden, so geschieht das in der Form:
»**stty** ... < **/dev/tty***xx*«

Die folgenden Parameter lassen sich durch **stty** setzen und abfragen. Ein vorangestelltes – negiert (wo sinnvoll) jeweils die Funktion:

Leitungsparameter:

parenb	Die Leitung soll mit einer Paritätsprüfung und Generierung arbeiten.
parext	erweiterte Paritätsprüfung
parodd	Die Leitung soll mit ungerader Parität arbeiten (**–parodd** = even parity).
oddp	setzt die Kombination ›**parenb cs7 parodd**‹ ein.
cs*x*	Es sollen Zeichen mit *x* Datenbit empfangen und gesendet werden. Erlaubt sind: **cs5, cs6, cs7, cs8**.
evenp	setzt die Kombination ›**parenb cs7**‹ ein.
parity	setzt die Kombination ›**parenb cs7**‹ ein.
0	Die Telephonleitung soll sofort unterbrochen werden.
nnn	Die Leitung soll mit *nnn* Baud betrieben werden. Als *nnn* sind erlaubt: **50 75 110 134 150 200 300 600 1200 1800 2400 4800 9600 19200 38400 54000**
hupcl	Nach dem letzten **close** soll die Leitung (bei Modem oder Telephonverbindung) unterbrochen werden (**–hupcl** = nicht unterbrechen).
hup	Wie **hupcl**.
cstopb	Die Leitung soll mit einem (**–cstopb** = 2) Stopbit betrieben werden.
cread	Der Empfänger der Leitung soll aktiv sein (**–cread** = nicht aktiv).
clocal	Die Leitung soll ohne Modemsteuerung betrieben werden (**–clocal** = mit Modemsteuerung).
loblk	Die Ausgabe einer *nicht aktuellen Shell* (siehe hierzu **shl**) soll blockiert werden (**–loblk** = nicht blockiert).

Die verwendete Schnittstelle muß natürlich zu einer entsprechenden Einstellung in der Lage sein!

Die nachfolgenden Angaben steuern die **Verarbeitung der Eingabe:**

ignbreak	Bei der Eingabe soll <break> ignoriert werden.
brkint	Die Eingabe von <break> soll ein **INTR**-Signal (<unterbrechung>) auslösen.
ignpar	Paritätsfehler sollen ignoriert werden.
parmrk	Paritätsfehler sollen gemeldet werden.
inpck	Bei der Eingabe soll auf Paritätsfehler geprüft werden.
istrip	Gelesene Zeichen werden auf 7 Bit maskiert.
inlcr	Bei der Eingabe wird <neue zeile> (<lf>) auf <cr> abgebildet.
igncr	<cr> soll ignoriert werden.
icrnl	<cr> wird auf <neue zeile> (*line feed*) abgebildet.
iuclc	Großbuchstaben werden in Kleinbuchstaben konvertiert.
ixon	Die Ausgabe soll mit einer Flußkontrolle nach <dc3> (<ctrl S>) <dc1> (<ctrl Q>) arbeiten.
ixany	Nicht nur <dc1> (<ctrl Q>), sondern jedes beliebige Zeichen soll die Ausgabe fortsetzen.
ixoff	Ist der Eingabepuffer fast voll, so soll das System der Leitung ein <dc3>-Zeichen und bei freiem Speicher ein <dc1> senden.
nl	Setzt die Kombination –icrnl –onlcr (–nl → –inlcr –igncr -ocrnl –onlret).

Mit folgenden Parametern läßt sich die **Verarbeitung der Ausgabe** beeinflussen, wobei ein vorangestelltes – die Funktion außer Kraft setzt:

opost	Die auszugebenden Zeichen werden vor der Ausgabe betrachtet und soweit notwendig bearbeitet (z.B. <tab>-Zeichen zu <leerzeichen> expandiert).
olcuc	Kleinbuchstaben werden in Großbuchstaben konvertiert.
onlcr	<lf> wird in <cr><lf> expandiert.
oncrnl	<cr> wird in <lf> konvertiert.
onocr	In Spalte 0 wird kein <cr> ausgegeben.
onlret	<lf> bewirkt bei der Dialogstation einen Wagenrücklauf.
ofill	Bei der Ausgabe sollen Füllzeichen als Zeitverzögerung verwendet werden.
ofdel	Es sollen <del>-Zeichen als Füllzeichen verwendet werden (–**ofdel** = Nullzeichen).
tabs*n*	Tabulatorzeichen sollen unverändert ausgegeben werden (–**tabs** = **tab3** → sollen zu Leerzeichen expandiert werden).
raw	setzt einen Ein- und Ausgabemodus ohne Verarbeitung ein. Dabei gilt für die Ausgabe –**opost** und bei der Eingabe werden <lösche zeichen>, <lösche zeile>, <unterbrechung> oder <abbruch>, <umschalten> und <dateiende> nicht bearbeitet. Die Umkehrung davon ist –**raw** oder **cooked**.
cooked	Dies entspricht –**raw**.
sane	Setzt die Leitung in eine Art Grundzustand. Dies ist nach dem Abbruch eines im *raw mode* arbeitenden Programms nützlich.

Manche Dialogstationen benötigen zur Verarbeitung einiger Sonderzeichen mehr Zeit als bei normalen Zeichen. Mit **stty** können deshalb Verzögerungen etabliert werden. Eine größere Ziffer bedeutet dabei eine größere Verzögerung. Die Ziffer **0** gibt an, daß keine Verzögerung notwendig ist. Möglich sind

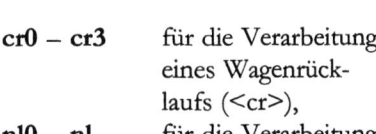

cr0 – cr3 für die Verarbeitung eines Wagenrücklaufs (<cr>),
nl0 – nl für die Verarbeitung eines Zeilenvorschubs (<lf>),
tab0 – tab3 für die Verarbeitung eines Tabulatorzeichens (<tab>),
ff0 – ff1 für die Verarbeitung eines Seitenvorschubs (<ff>),
bs0 – bs1 für die Verarbeitung eines <back space>-Zeichens (<bs>),
vt0 – vt1 für die Verarbeitung eines <vertikalen tab> (<vt>).

Zeichenbearbeitung:

isig Die Eingabe soll auf Zeichen mit besonderer Funktion untersucht und die Sonderfunktion ausgeführt werden. Hierzu gehören: <unterbrechung>, <abbruch> und <umschalten> (**INTR, QUIT, SWTCH**).

icanon Die Sonderfunktionen der Zeichen <lösche zeichen> und <lösche zeile> (**ERASE, KILL**) sollen bei Eingabe dieser Zeichen ausgeführt werden.

xcase Es soll eine Buchstabenkonvertierung von Kleinbuchstaben zu Großbuchstaben stattfinden.

echo Eingabezeichen sollen durch ein Echo beantwortet werden.

echoe <lösche zeichen> (**KILL**) soll ein Echo in der Form <backspace><leerzeichen><backspace> erzeugen.

echok Das <neue zeile>-Zeichen soll auch nach einem <lösche zeile> (**KILL**) ein Echo erhalten.

lfIck entspricht **echok**.

echonl Ein Echo soll auf das <neue zeile>-Zeichen (<lf>) erfolgen.

noflsh Nach einem der Eingaben <unterbrechung>, <abbruch>, <umschalten> (**INTR, QUIT, SWTCH**) soll der Eingabepuffer **nicht** geleert werden.

stwrap Auf synchronen Anschlüssen sollen Zeilen mit mehr als 79 Zeichen **nicht** gekürzt werden.

stflush Bei synchron angeschlossenen Leitungen soll nach jedem Schreiben der Eingabepuffer geleert sein.

stappl	Bei synchroner Leitung soll der *application modus* verwendet werden (**–stappl** = *line modus*).
lcase	setzt die Kombination **xcase iuclc olcuc**. **LCASE** hat die gleiche Funktion.
fz x	Dies erlaubt die Zuordnung des Zeichens *x* zu der angegebenen Sonderzeichenfunktion. Wird *x* ein ^ vorangestellt, so wird dies als <ctrl *z*> interpretiert. Gültige Funktionen sind:
erase	für <lösche zeichen>
kill	für <lösche zeile>
intr	für <unterbrechung>
quit	für <abbruch>
swtch	für <umschalten> bei Verwendung der **shl** zur Aktivierung der **shl**
eof	für <ende der eingabe>
ctab	bei synchronen Leitungen für die **stappl**-Funktion
ek	setzt die Zeichen <lösche zeichen> und < lösche zeile> auf den Initialwert # und @ zurück.
line *n*	Es soll das Leitungsprotokoll *n* (0< n < 127) verwendet werden. Dies ist nur bei Anschlüssen sinnvoll, die mehrere Protokolle unterstützen können.

Für einige Dialogstationstypen ist dem **stty**-Kommando die geeignete Parameterbesetzung bekannt. Hier reicht es, den Typus der Station anzugeben. Zu den bekannten Typen gehören:

tty33	Dialogstation vom Typ Teletype Modell 33
tty37	Dialogstation vom Typ Teletype Modell 37
vt05	Dialogstation vom Typ DEC VT05
tn300	Dialogstation vom Typ General Electric TermiNet 300
ti700	Dialogstation vom Typ TI 700
tek	Dialogstation vom Typ Tektronix 4014

✎ stty erase '^H' kill '^X'
→ setzt das Zeichen <bs> (= <ctrl H>) als <lösche zeichen>- und <ctrl X> als <lösche zeile>-Zeichen ein. ^H und ^X mußten hier maskiert werden, da das ^-Zeichen für die Shell die Metafunktion Pipe-Ersatzzeichen hat.

✎ <lf>
stty sane <lf>
→ versetzt die Leitung der aktuellen Dialogstation wieder in einen *Normalmodus*, d.h. Lesen im Zeilenmodus, Erzeugung eines Echos usw.. Dies ist zuweilen notwendig nach dem Absturz oder Abbruch eines Programms, daß die Leitung in den *raw mode* versetzt.

5.3 Vielbenutzte Kommandos (alphabetisch)

✎ stty –a < /dev/tty12
→ gibt die gesetzten Werte aller Parameter der Dialogstation *12* aus.

✎ stty -a
speed 9600 baud;
rows = 24; columns = 80; ypixels = 316; xpixels = 484;
intr = ^c; quit = ^|; **erase = ^h; kill = ^u**;
eof = ^d; eol = <undef>; eol2 = <undef>; swtch = <undef>;
start = ^q; stop = ^s; susp = ^z; dsusp = ^y;
rprnt = ^r; flush = ^o; werase = ^w; lnext = ^v;
parenb -parodd cs7 -cstopb hupcl cread -clocal -loblk -crtscts -parext
-ignbrk brkint ignpar -parmrk -inpck istrip -inlcr -igncr icrnl -iuclc
ixon ixany -ixoff imaxbel
isig icanon -xcase echo echoe echok -echonl -noflsh
-tostop echoctl -echoprt -echoke -defecho -flusho -pendin iexten
opost -olcuc onlcr -ocrnl -onocr -onlret -ofill -ofdel

Ausgabe aller aktuellen Werte der Dialogstation; die wichtigsten Werte sind fett geschrieben (wobei in der jeweiligen Situation nicht unbedingt alle Werte sinnvoll sind; hier etwa die Baud-Rate)

✎ stty –echo –ixoff < /dev/tty12
→ gibt an, daß kein Eingabeecho mehr für die Dialogstation 12 erzeugt werden soll. Dies kann dann von Vorteil sein, wenn man auf sehr einfache Weise einen anderen Rechner an die Schnittstelle anschließen möchte. Darüber hinaus soll ein <dc3>-Zeichen auf die Leitung geschickt werden, wenn der Systemeingabepuffer fast voll ist. Bei ausreichendem Platz wird die Eingabe dann später mit <dc1> wieder erlaubt.

✎ stty ixon ixoff < /dev/tty22
→ schaltet für die Leitung */dev/tty22* eine Art Protokoll an, bei dem durch **ixoff** dem externen Gerät (z.B. dem Sichtgerät) ein <XOFF> geschickt wird, sofern der interne Zeilenpuffer fast voll ist. Es wird dann erwartet, daß das externe Gerät mit dem Senden weiterer Zeichen wartet, bis der Rechner wieder wieder mit <XON> signalisiert, daß er weitere Zeichen entgegennehmen kann.

su {-} {*benutzer-name*} {*argumente*} → switch username temporarily

su (*switch user*) erlaubt es, vorübergehend unter einer anderen Benutzernummer (Benutzernamen) zu arbeiten. **su** erfragt hierzu das Paßwort des neuen Benutzers (soweit dieser eines hat) und ruft eine neue Shell auf, ohne daß hierbei die aktuelle Umgebung (wie z.B. der Standardkatalog) geändert wird. **su** startet auch das für den jeweiligen Benutzer in der Datei */etc/passwd* angegebene Initialprogramm. Dies ist in der Regel **/bin/sh**. Nach der Beendigung dieser Shell (durch <eof>) ist der alte Zustand wieder hergestellt. Fehlt die Angabe von *benutzer-name*, so wird die Identität des Super-Users angenommen.

Sind im Aufruf *argumente* enthalten, so werden diese dem aufgerufenen Programm (im Normalfall **/bin/sh**) mitgegeben.

Hat der **su**-Aufruf den Parameter –, so wird ein **login** durchgeführt und der entsprechende Mechanismus durchlaufen (z.B Setzen des *Home Directory* und Durchlaufen der Umgebungsdefinition).

✎   **$su herrmann**   Aufruf mit *herrmann*
Password: ….   Das Paßwort wird erfragt; ohne Echo
$
→ in einer neuen Shell wird in die ID des Benutzers herrmann gewechselt, ohne allerdings seine Benutzerumgebung zu erhalten.

✎   **$ su –**
Password: … …
#
→ in einer neuen Shell wird die ID des Super-Users (des Benutzers *root*) angenommen. Die gesamte Umgebungsdefinition des Benutzers *root* wird durchlaufen und in das Verzeichnis ›/‹ als neues Heimatverzeichnis gewechselt.
Dieser Wechsel in die Kennung des Super-Users kann auf bestimmte Bildschirme und bestimmte ursprüngliche Benutzer beschränkt sein.

sync   → **sync**hronize internal and external information

sync sorgt dafür, daß alle im Hauptspeicher gepufferten und zur Ausgabe anstehenden Blöcke des Dateisystems auf die Externspeicher geschrieben werden. Normalerweise wird sync automatisch ca. alle 30 Sekunden durchgeführt.

Da UNIX mit einem großen E/A-Puffer arbeitet, muß der logische Zustand einer Magnetplatte nicht immer mit dem physikalischen (dem dort wirklich stehenden) übereinstimmen. **sync** sorgt für diese Übereinstimmung und sollte auf jeden Fall vor dem Abschalten des Systems durchgeführt werden. **shutdown** führt automatisch ein **sync** aus.

---

tabs {*tab_angaben*} {+m*n*} {-T*terminal*}   → set terminal **tab**ulators

erlaubt es, die Tabulatorfunktion für die aktuelle Dialogstation zu setzen, sowie die Positionen entsprechend den Konventionen verschiedener Sprachen anzupassen. Dies erfolgt mittels des Parameters *tab_angaben*.

Der Parameter *terminal* gibt dabei den Dialogstationstyp an. Fehlt er, so wird die Shellvariable **$TERM** verwendet. »+m« erlaubt einen Bereich (*margin*) vorzugeben. *n* gibt dabei an, um welche Distanz die Tabulatorzeichen versetzt werden sollen (Standard = 0). Das **tabs**-Kommando ohne einen Parameter liefert die aktuelle Tabulatorstellung zurück.

Die Angabe von *tab_angaben* erfolgt z.B. durch:

–a	IBM S/370 Assembler 1. Format: 1, 10, 16, 36, 72
–c	COBOL-Format: 1, 8, 12, 16, 20, 55
–c2	COBOL-Kompaktformat: 1, 6, 10, 14, 49
–c3	COBOL-Kompaktformat: 1, 6, 10, 14, 18, 22, 26, 30, 34, ...
–f	FORTRAN-Format: 1, 7, 11, 15, 19, 23
–p	PL1-Format: 1, 5, 9, 13, 17, 21, 25, 29, ...
–s	SNOBOL-Format: 1, 10, 55
–u	UNIVAC-1100-Assemblerformat: 1, 12, 20, 44
–*n*	Alle *n* Spalten werden Tab.-Positionen gesetzt: 1+*n*, 1+2**n, ...
n1,n2,...	Die Tabulatorpositionen seien *n1, n2, ..., .*
––*datei*	Die Tabulatorpositionen sollen der angegebenen Datei entnommen werden.

Eine flexiblere Art, die richtigen Tabulatorpositionen in eine Dialogstation zu laden (soweit diese dies kann) ist die, eine entsprechende Initialisierungssequenz in die Datei */etc/termcap* zu schreiben und die Dialogstation mit **tset** zu initialisieren (*B*) bzw. mit **tput** ab V.3.

✎   tabs 4014

       → setzt die Tabulatoren für die Dialogstation vom Typ TX4014.

tail {*zahl* {*einheiten*}} {*datei* ...} → return last part (**tail**) of file

oder

tail {*zahl* {*einheiten*{**f**}}} {*datei* ...} → return last part (**tail**) of file

tail kopiert die angegebene Datei (oder von der Standardeingabe) auf die Standardausgabe, wobei nur der *letzte Teil* der Eingabe ausgegeben wird.

Die Ausgabe beginnt ab der Position *zahl*. Bei der Form ›+*zahl*‹ wird vom Anfang der Datei aus gerechnet; bei der Form ›–*zahl*‹ oder der Form ohne Vorzeichen wird vom Ende der Datei her gerechnet. Fehlt die Angabe von *zahl*, so wird –10 angenommen. Die Position ergibt sich aus dem Wert der Zahl und den *einheiten*. Hierbei steht für *einheiten*

c falls Zeichen (*characters*) gemeint sind,
l falls Zeilen (*lines*) gemeint sind (Standard),
b falls Blöcke (zu 512 Bytes) gemeint sind.

Wird **f** der Einheit angehängt und ist die Eingabe keine *Pipe*, so terminiert **tail** nicht, sondern überprüft in bestimmten Zeitintervallen, ob die Datei inzwischen gewachsen ist und gibt die neu hinzugekommenen Zeilen jeweils aus. Auf diese Weise läßt sich eine Datei bei ihrem Wachstum überwachen. **tail** muß dabei explizit durch <unterbrechung> beendet werden.

Mit der Option **–r** erfolgt die Ausgabe zeilenweise in umgekehrter Reihenfolge.

✎ tail –200 ted.l > teb.rest
→ kopiert die letzten 200 Zeilen der Datei *ted.l* in die Datei *ted.rest*.

✎ tail –20c ted.l
→ gibt die letzten 20 Zeichen der Datei *red.l* aus.

✎ tail –f error.log
→ überwacht die Datei *error.log* und zeigt jeweils an, wenn eine neue Meldung am Ende dieser Datei eingetragen wird.

tar {*funktion*} {*name*} → **ta**pe archiver

tar archiviert angegebene Dateien und schreibt die Archivdatei (*tarfile*) auf Magnetband, andere Dateiträger oder auch auf die lokale Festplatte oder liest sie von dort zurück.

In *funktion* muß angegeben werden, wie dies erfolgen soll. Der Parameter *name* gibt an, welche Dateien oder Dateibäume herausgeschrieben oder wieder eingelesen werden sollen. Wird dabei ein Dateikatalog angegeben, so wird der gesamte darin enthaltene Dateibaum übertragen. **tar** arbeitet standardmäßig auf dem Gerät */dev/mt0*.

Als Funktionscode sind möglich:

c   (*create*) Ein neues Archiv wird angelegt. Das Sichern beginnt am Bandanfang, anstatt wie sonst hinter der letzten Datei des Bandes.

r   (*replace*) Die genannten Dateien werden am Ende des Bandes angehängt.

t   (*table*) Das Band wird nach den vorgegebenen Namen durchsucht und die gefundenen Namen oder alle Namen werden ausgegeben. Damit wird ein Inhaltsverzeichnis des Bandes erstellt.

u   (*update*) Die genannten Dateien werden nur dann auf das Band geschrieben, (am Ende angehängt) wenn sie entweder noch nicht auf dem Band stehen oder ein neueres Datum als jene auf dem Band haben.

x   (*extract*) Die genannten Dateien sollen vom Band oder aus der Tar-Datei gelesen werden. Fehlt die Angabe der Dateien, so werden alle Dateien extrahiert.

Für Zusatzfunktionen sind folgende Optionen erlaubt:

0,...,7   gibt die Laufwerknummer des Bandes an (Standard = 0). Die Zuordnung zwischen Laufwerknummer und Gerätename ist in der Datei */etc/default/tar* festgelegt und kann dort auch (vom Systemverwalter) angepaßt werden.

n*d*   Hier gibt *n* die Laufwerknummer des Bandes und *d* die Schreibdichte an, mit der gearbeitet werden soll. Für *d* bedeutet **l** (*low*) niedrige Schreibdichte (in der Regel 800 BPI), **m** mittlere Schreibdichte (in der Regel 1600 BPI) und **h** hohe Schreibdichte (6250 BPI).

A   Absolute Pfadangaben werden nicht als solche beachtet und wie relative Pfadangaben ab dem aktuellen Verzeichnis behandelt.

b *n*   gibt den zu verwendenden Blockungsfaktor an. (Standard = 1); das Maximum sind 20 Blöcke zu 512 Bytes. Beim Einlesen von einem *raw device* wird die Größe automatisch ermittelt.

B   (*block*) Erzwingt Beachtung und Einhaltung der Blockung beim Lesen. Wichtig vor allem, wenn über eine Pipe vom Ethernet gelesen wird.

e (*error*) Beim Auftreten eines Fehlers wird tar sofort beendet.

f Das nachfolgende Argument wird als Name des Gerätes (bzw. des Dateisystems) angesehen, auf das gesichert oder von dem gelesen werden soll. Ohne diese Option ist es **/dev/rmt/0**.
Wird ›**f** – ‹ angegeben, so ist damit die Standardeingabe oder Standardausgabe gemeint. Damit kann aus einer Pipe gelesen oder in eine Pipe geschrieben werden.

h Symbolische Verweise (*Symbolic Links*) werden behandelt wie normale Dateien, d. h. sie werden mit in das Archiv übernommen. Normalerweise *übersieht* tar symbolische Verweise.

i (*ignore*) Fehler in der Directory-Größe werden übergangen.

l Es soll eine Fehlermeldung ausgegeben werden, sofern nicht alle Verweise (*links*) auf Dateien aufgelöst werden können.

m (*modify*) veranlaßt **tar** beim Zurückschreiben nicht das aktuelle Datum, sondern das Datum der ursprünglichen Dateisicherung im Dateikopf einzutragen.

o Die eingelesenen Dateien sollen statt ihrer bisherigen Benutzer- und Gruppennummer die des aufrufenden Benutzers erhalten.

p Die Dateien werden mit ihren ursprünglichen Modi und Zugriffsrechten eingelesen.

v (*verbose*) Während **tar** normalerweise keine speziellen Meldungen ausgibt, wird mit der **v**-Option der Name jeder übertragenen Datei mit zusätzlichen Informationen ausgegeben.

w veranlaßt **tar** vor jeder Aktion den Dateinamen und die Art der Aktion auszugeben und auf eine Benutzerbestätigung zu warten. Die Aktion wird bei Eingabe von **y** ausgeführt.

X *xfile* In *xfile* können Dateien angegeben werden, die von den **tar**-Operationen ausgenommen und nicht übertragen werden sollen.

⚠ Bei **tar** kann nicht angegeben werden, in welches Verzeichnis die Dateien beim Einlesen geschrieben werden sollen!
Enthält die Tar-Datei absolute Pfadnamen (beginnend mit ›/‹), so versucht tar, diese zu verwenden und ggf. entsprechende Verzeichnisse anzulegen. Fehlt dem Benutzer die Berechtigung hierzu (nur der Super-User darf Verzeichnisse unter ›/‹ anlegen), so meldet tar diesen Fehler und liest diese Dateien nicht ein (außer bei Verwendung der Option –A). Enthält die Tar-Datei relative Pfadnamen (der Normalfall), so werden die Dateien im bei tar-Aufruf aktuellen Verzeichnis eingelesen und neue Unterverzeichnisse ggf. angelegt, sofern die Schreibberechtigung hierfür vorliegt.

tar ist nicht auf die Verwendung mit einem externen Datenträger beschränkt, sondern erstellt das Archiv (*tarfile*) auf jedes hinter der Option ›f‹ angegebene Objekt – also auch auf eine Datei. Dies macht man sich zunutze, um mehrere zusammengehörige Dateien (etwa eines Programmsystems) konsistent verwalten zu können.

5.3 Vielbenutzte Kommandos (alphabetisch)

Häufig werden solche Tar-Dateien, die mehrere Einzeldateien enthalten, mit dem Programm **compress** komprimiert, um sie platzsparender ablegen oder über Netz verschicken zu können. Eine derart behandelte Datei ist an der Namensgebung *dateiname.tar.Z* erkennbar und muß zunächst mit »**uncompress** *dateiname.tar.Z*« dekomprimiert und anschließend mit »**tar xf** *dateiname.tar*« ausgepackt werden.

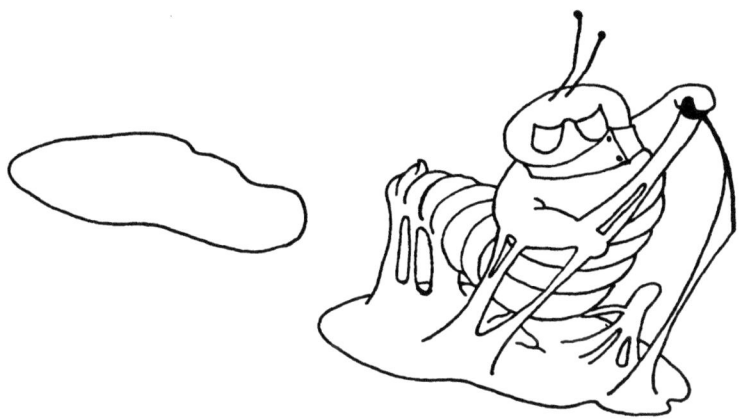

Das Programm tar ist eines der am weitesten verbreiteten Datei-Archivierungsprogramme. Mit tar beschriebene Datenträger sind über alle UNIX-Implementierungen hinweg kompatibel und können eingelesen werden. tar-Implementierungen existieren neben UNIX auch für alle anderen populären Rechner- und Betriebssysteme.

✎ tar –cb 20 /usr
→ schreibt den Dateibaum, der im Katalog */usr* beginnt, mit einem Blockungsfaktor 20 auf das Standardgerät (*/dev/rmt0*).

✎ tar –xf /dev/mt0
→ liest das Band ein und trägt die Dateien, soweit sie ein neueres Datum als die vorhandenen Dateien gleichen Namens haben, im Arbeitskatalog ein.

✎ tar cvf – . | rsh sonne dd of=/dev/rmt/0
→ packt die Dateien im aktuellen Verzeichnis (dieses ist durch ›.‹ vorgegeben) auf dem lokalen System in ein Archiv, das über eine Pipe an das Kommando **rsh** weitergegeben wird, das auf dem Rechner *sonne* das **dd**-Kommando aufruft, um das Archiv auf das dortige Magnetband zu schreiben. Dieses Magnetband kann auf einem beliebigen System mit **tar** wieder gelesen werden.

tee {–i} {–a} {*datei* ...} → make a copy from standard input to file

tee bildet eine Art T-Stück, d.h. die Eingabe (von der Standardeingabe) wird an die Standardausgabe gegeben und dabei eine Kopie in die angegebenen Dateien erstellt.

Dies ist immer dann nützlich, wenn ein Zwischenergebnis von mehr als einem Programm (Filter) verarbeitet wird oder ein Ergebnis sowohl in eine Datei geschrieben als auch auf dem Bildschirm gezeigt werden soll. Die Option –i besagt, daß Unterbrechungen (*interrupts*) ignoriert werden sollen. Bei –a wird die Ausgabe an die genannte Datei angehängt; ohne –a wird die Datei neu angelegt.

✎ sort –u neu | tee neu.sort
→ sortiert die Datei *neu* zeilenweise. Die sortierte Liste wird in die Pipe zu **tee** geschrieben. **tee** gibt diese Liste auf die Dialogstation aus und schreibt sie parallel dazu in die Datei *neu.sort*.

✎ tee kopie1 kopie2 < original | pg
→ gibt die Datei *original* (durch die Pipe nach **pg**) seitenweise auf der Dialogstation aus und erstellt zugleich zwei Kopien (die Dateien *kopie1* und *kopie2*).

5.3 Vielbenutzte Kommandos (alphabetisch)

telnet {*host* {*port*}} → interact with remote system

    telnet ermöglicht eine zeichenorientierte Terminalsitzung an einem entfernten, über ein TCP/IP-Netz erreichbaren Hostrechner. Es kommuniziert dabei mit einem auf dem entfernten Rechner laufenden Telnet-Dämon-Prozeß (**telnetd**). **telnet** gestattet dann am entfernten System – sei es in einem lokalen Netzwerk oder weltweit über Internet – eine Dialogsitzung wie am lokalen System auszuführen.

    Normalerweise wird **telnet** mit dem Namen oder der Internet-Adresse eines entfernten Rechners aufgerufen (z.B.: »telnet techdoc.m.isar.de«). Das Programm stellt, sofern dieser Rechner tatsächlich erreichbar und dort ein telnet-Dämon aktiv ist, nach dem Start sofort eine Verbindung zu diesem Rechner her. Auf dem entfernten Rechner muß ein Login-Prozeß durchlaufen werden, d.h. nach dem **telnet**-Aufruf erfolgt als erste Aktion des entfernten Rechners die übliche Abfrage nach Benutzerkennung und Paßwort.

    Neben dieser als **Eingabemodus** bezeichneten Einstellung von **telnet** für die transparente Arbeit auf einem entfernten System kennt **telnet** einen **Kommandomodus**, in dem Einstellungen vorgenommen, Verbindungen eröffnet und beendet werden können. In diesem Kommandomodus befindet sich telnet, wenn das Programm ohne Angabe eines Zielrechners aufgerufen wird oder wenn bei bestehender Verbindung das sog. Escape-Zeichen (Standard: **Ctrl-]**) eingegeben wird.

Zu den wichtigsten Kommandos von **telnet** gehören:

Kom.	Bedeutung
open	Eine Verbindung zu einem angegebenen Rechner wird aufgebaut.
close	Die Verbindung wird abgebaut und telnet beendet.
quit	Die Verbindung wird abgebaut und telnet beendet (wie close).
display	Die aktuelle Einstellungen von **set** und **toggle** wird angezeigt.
mode	schaltet zwischen dem Zeilenmodus (*line*) und Zeichenmodus (*character*) um. Dies wird nur ausgeführt, wenn der entfernte Rechner den gewünschten Modus ausführen kann.
status	zeigt die aktuellen Einstellungen von **telnet**.
z	unterbricht **telnet**; dies ist nur möglich, wenn das System eine Job-Kontrolle anbietet.
?	zeigt Informationen zu den **telnet**-Kommandos an.
send	ermöglicht es, Sonderzeichen an den entfernten Rechner zu schicken. Die Definition der Sonderzeichen erfolgt mit dem **set**-Kommando, wobei auch mehrere der folgenden Sonderzeichen angegeben werden können:
	? gibt die Liste der möglichen Anweisungen zum **send**-Kommando aus.
	escape schickt das aktuell definierte **telnet**-Escape-Zeichen (normalerweise Ctrl-]).

Kom.	Bedeutung	
	synch	synchronisiert sich mit der Gegenseite durch Verwerfen aller anstehenden, aber noch nicht gelesenen Eingaben.
	brk	schickt das Break-Zeichen.
	ao	(*abort output*) verwirft Ausgaben des entfernten Systems.
	ayt	(*are your there*) überprüft die Verbindung.
	ec	(*erase character*) löscht das letzte Eingabezeichen.
	el	(*erase line*) löscht die aktuelle Eingabezeile.
	ga	(*go ahead*) setzt die Ausgabe fort.
	ip	(*interrupt process*) Der Prozeß auf dem entfernten System wird durch das IP-Zeichen abgebrochen.
	nop	(*no operation*) aktiviert eine *leere Operation*.
set	erlaubt die Festlegung von Sonderzeichen, wie sie mit dem Kommando **send** an das entfernte System geschickt werden können. Mit der Belegung **off** kann der entsprechende Wert abgeschaltet werden. Die aktuelle Belegung wird mit dem **display**-Kommando angezeigt.	
	Folgende Einstellungen sind beim **set**-Kommando möglich:	
	?	zeigt die Liste der **set**-Kommandos an.
	echo *x*	Standard: <ctrl-e>; definiert das Sonderzeichen, mit dem die lokale Anzeige der Eingaben ein- und ausgeschaltet wird.
	escape *x*	Standard: <ctrl-]>; definiert das Sonderzeichen, um in den Kommandomodus von **telnet** am entfernten System umzuschalten.
	erase *x*	Standard: Löschezeichen des Bildschirms; definiert das Löschzeichen, das über die Sequenz *ec* an das entfernte System geschickt wird.
	flushoutput *x*	Standard: <ctrl-o>. Definiert das Zeichen, mit dem die Ausgabe des entfernten Rechners verworfen werden kann.
	interrupt *x*	Standard: Unterbrechungszeichen <ctrl-c>. Der Prozeß auf dem entfernten System wird abgebrochen.
	kill *x*	definiert das **telnet**-kill-Zeichen (Standard: Zeile Löschen <ctrl-u>). Hiermit kann die aktuelle Eingabezeile verworfen werden.
	quit *x*	definiert das **telnet**-BRK-Zeichen (Standard: Unterbrechung <ctrl-\>).
	eof *x*	definiert das **telnet**-<eof>-Zeichen. Standard: Ende der Eingabe <ctrl-d>. Dies muß als erstes Zeichen einer Kommandozeile an das andere System geschickt werden.

5.3 Vielbenutzte Kommandos (alphabetisch)

Kom.	Bedeutung
toggle	Hiermit können bestimmte Schalterstellungen für das Verhalten von **telnet** umgesetzt werden. Folgende Schalter sind möglich:

      ?   Anzeige von Informationen zu **toggle**-Kommandos

      autoflush   Standardeinstellung: *true*
Ausgabe wird nach ao, intr oder quit angehalten bis vom entfernten System eine Bestätigung kommt.

      autosynch   Standardeinstellung: *false*
Verwerfen der Ausgabe bis Synchronisation wieder hergestellt ist.

      crmod   Standardeinstellung: *false*
Umschalten der Abbildung eines <return> auf <return><linefeed>.

      localchars   Standardeinstellung: *true*
Lokale Verarbeitung der Sonderzeichen flush, interrupt, quit, erase und kill.

      localflow   Standardeinstellung: *false*
Lokale Verarbeitung der Sonderzeichen zum Anhalten und Weiterführen der Ausgabe.

telnet ist das verbreitetste Standardprogramm zur zeichenorientierten Terminalarbeit auf einem entfernten System. Telnet-Client-Programme stehen für alle verbreiteten Rechnersysteme zur Verfügung.

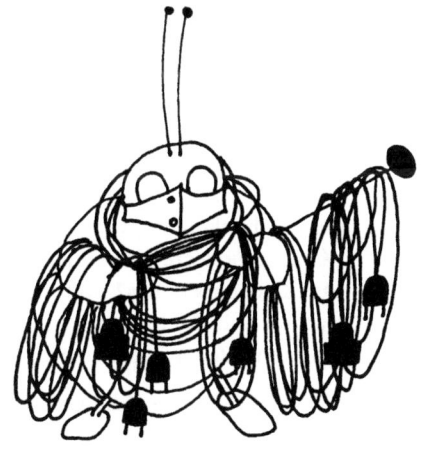

test *ausdruck*   → test *ausdruck*; return 0 if expression *ausdruck* is true

       oder

[*ausdruck*]   → test *ausdruck*; return 0 if expression *ausdruck* is true

test wertet die nachfolgenden Parameter als logischen Ausdruck und berechnet ihn. Ist das Ergebnis *wahr*, so liefert test als Resultat (*exit status*) den Wert **0**; andernfalls – und dies gilt auch, wenn keine Parameter vorhanden sind – wird ein von 0 verschiedener Wert zurückgegeben.

Das Kommando test wird vor allem in Shell-Prozeduren eingesetzt; in Verbindung mit Programmkonstrukten, die eine Verzweigung je nach Zutreffen unterschiedlicher Bedingungen zulassen (**if, while**).

Folgende Ausdrücke werden verarbeitet und liefern *wahr* (d.h. 0) falls

–r *datei*	die Datei existiert und Leseerlaubnis gegeben ist.
–w *datei*	die Datei existiert und Schreiberlaubnis gegeben ist.
–x *datei*	die Datei existiert und ausführbar ist.
–f *datei*	die Datei existiert und eine normale Datei ist.
–d *datei*	die Datei existiert und ein Katalog ist.
–h *datei*	die Datei existiert und ein symbolischer Verweis ist.
–c *datei*	die Datei existiert und eine Gerätedatei vom Typ *character special* (*raw device*) ist.
–b *datei*	die Datei existiert und eine Gerätedatei vom Typ *block special* ist.
–p *datei*	die Datei existiert und eine *named pipe* (Typ *FIFO*) ist.
–u *datei*	die Datei existiert und das *Set-User-ID-Bit* gesetzt hat.
–g *datei*	die Datei existiert und das *Set-Group-ID-Bit* gesetzt hat.
–k *datei*	die Datei existiert und das *Sticksit Bit* gesetzt hat.
–s *datei*	die Datei existiert und nicht leer ist.
–t {*d_des*}	die Datei eine Dialogstation ist. *d_des* gibt die Nummer des Dateideskriptors an.
–z *zk*	die Länge der Zeichenkette *zk* ›0‹ ist.
–n *zk*	die Länge der Zeichenkette *zk* ungleich ›0‹ ist.
zk1 = *zk2*	die **Zeichenketten** *zk1* und *zk2* gleich sind.
zk1 != *zk2*	die Zeichenketten *zk1* und *zk2* verschieden sind.
zk	*zk* nicht die leere Zeichenkette ist.
n1 –eq *n2*	Die Zeichenketten *n1* und *n2* werden als **Integerwerte** betrachtet und algebraisch verglichen.

An numerischen Vergleichsoperatoren sind möglich:

–lt	für ›*kleiner*‹ (*less than*)
–le	für ›*kleiner oder gleich*‹ (*less or equal*)
–eq	für ›*gleich*‹ (*equal*)
–ne	für ›*nicht gleich*‹ (*not equal*)
–ge	für ›*größer oder gleich*‹ (*greater or equal*)
–gt	für ›*größer*‹ (*greater than*)

5.3 Vielbenutzte Kommandos (alphabetisch)

Alle oben aufgeführten Ausdrücke können mit den nachfolgenden Operatoren zu neuen Ausdrücken kombiniert werden:

!	Negation des nachfolgenden Ausdrucks
−a	binäre UND-Verknüpfung
−o	binäre ODER-Verknüpfung
	−a hat eine höhere Priorität als −o.
(a)	Klammerung. Damit wird eine Auswertungsreihenfolge vorgegeben.

⚠ Da die Klammern für die Shell bedeutungstragende Zeichen sind, müssen sie durch Fluchtsymbole ›\(... \)‹ maskiert werden. Alle Operatoren und Optionen werden als eigenständige Parameter betrachtet und müssen entsprechend getrennt werden (im Standardfall durch Leerzeichen).

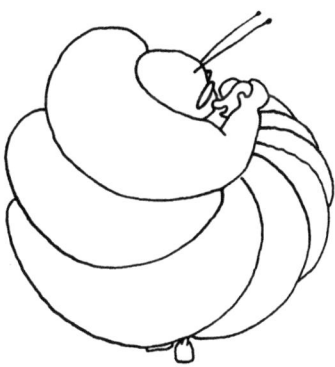

✎ if test $# −eq 0
    then echo "zu wenig Parameter"
fi
→ als Teil einer Kommandoprozedur gibt die Fehlermeldung *zu wenig Parameter* aus, falls die Prozedur ohne einen Parameter aufgerufen wurde.

✎ if test "$1" = "all"
    then ...
→ führt die dem **then** folgende Kommandofolge nur dann aus, wenn der Parameter 1 ($1) die Zeichenkette *all* als Wert hat. $1 wird hier deshalb mit "..." geklammert, um zu vermeiden, daß in dem Fall, wenn $1 nicht existiert, die **test**-Anweisung einen Fehler meldet, da dann die Anweisung das Aussehen »if test = all« hätte!

✎ if test "$a" = "keine Fehler" −a $b −gt 3
    then ...
→ führt die dem **then** folgende Kommandofolge nur dann aus, wenn die Shellvariable *a* den Text *keine Fehler* enthält und die Variable *b* eine Zahl größer als 3 ist.

✎   if [–d "$file"]
          then
                rm –r "$file"
          else
                rm $file
       fi
       → untersucht, ob die Datei, deren Namen in der Shellvariablen *file* steht, ein Katalog ist. In diesem Fall wird dieser mit dem Kommando **rm -r** gelöscht, sonst durch **rm**.

➜ Das test-Kommando existiert in zwei gänzlich unterschiedlichen, aber völlig gleichbedeutenden Schreibweisen:

   test *ausdruck*

und

   [*ausdruck*]

Beide Versionen können in identischer Funktion verwendet werden. Bei der zweiten Version ist unbedingt darauf zu achten, daß beide eckigen Klammern von Leerzeichen umgeben sind!

5.3 Vielbenutzte Kommandos (alphabetisch) 321

time *kommando* → print the **time** it takes to execute the command

Das Programm *kommando* wird ausgeführt und danach die dazu benötigte Ausführungszeit mit Gesamtzeit (*real*), Zeit im Benutzermodus (*user*) und die Zeit im Systemmodus (*sys*) jeweils in Sekunden ausgegeben.

 time cc –o text text.c
 real 10.53
 user 5.18
 sys 2.76
 → liefert die Zeit zurück, die benötigt wird, um das Programm *text.c* mit dem C-Compiler zu übersetzen.

timex {*optionen*} *kommando* → print the **time** and process data

Das Kommando wird ausgeführt und seine Zeiten (Benutzer- und Systemzeit, sowie die Verweildauer) auf die Standardfehlerausgabe geschrieben. Dabei werden die nachfolgenden Optionen akzeptiert:

–o   Es wird die Anzahl der von dem Prozeß und seinen Unterprozessen gelesenen Dateiblöcke und der vom Prozeß transferierten Zeichen gemeldet.

–p   Es werden die *Accountingdaten* für den Prozeß und alle Sohnprozesse ausgegeben. Dabei können die einzelnen Angaben mit den **accton**-Optionen **f, h, k, m, r, t** gesteuert werden.

–s   Es werden für den Zeitraum des Programmlaufs alle mit **sar** festgehaltenen Aktivitäten des gesamten Systems ausgegeben.

 timex –o cc –c demo.c 2 > ccrun
 → übersetzt das Programm *demo.c* und mißt dessen Aktivitäten. Das Meßergebnis wird in der Datei *ccrun* festgehalten.

touch {*optionen*} {*datum*} *datei* ... → **touch** the file date

touch setzt das Modifikationsdatum der Datei(en) auf das aktuelle (oder angegebene) Datum. Hierzu wird das erste Zeichen der Datei gelesen und anschließend zurückgeschrieben. Existiert die Datei nicht, so wird sie angelegt.

Die Datumsangabe muß in folgendem Format erfolgen:

mmttssmm {jj}
(monat tag stunde minute jahr)

Als Optionen werden akzeptiert (Standard: **–am**):

a   Es wird das Datum des letzten Zugriffs (*access date*) korrigiert.

m   Es wird das Datum der letzten Modifikation (*modification date*) korrigiert.

c   Existiert die Datei noch nicht, wird sie auch nicht angelegt.

✎   touch 1214000094 *.old
→ alle Dateien im aktuellen Verzeichnis, die auf den Namen *.old* enden, werden auf das Datum 14.12.94, 00:00 Uhr gesetzt.

✎   touch eins zwei drei vier
→ die Dateien *eins zwei drei vier* werden neu und ohne Inhalte angelegt (0 Byte Größe; für Test- und Konfigurationszwecke oder als einfacher Datums-Stempel zum Zeitvergleich gelegentlich erforderlich).

5.3 Vielbenutzte Kommandos (alphabetisch)

tput {−T*typ*} *eigenschaft* {*parameter* ...} → initialize terminal

    oder

tput {−T*typ*} *funktion* → execute *function* for terminal

    oder

tput −S << → execute more than one *function*

stellt bestimmte Fähigkeiten (Eigenschaften) einer Dialogstation auf Shell-Ebene zur Verfügung bzw. erlaubt diese abzufragen.

tput stützt sich dabei auf die *Terminfo*-Beschreibung der Dialogstation. Es wird angenommen, daß die Dialogstation den in $TERM definierten Typ hat. Abweichungen hiervon können durch −T*typ* angegeben werden.

eigenschaft ist die in *Terminfo* benutzte Abkürzung für eine Terminalsteuerung (*capability name*), *parameter* der hierzu gewünschte Parameter bzw. Wert.

Folgende *funktionen* können aktiviert werden:

init   Die in der *Terminfo*-Beschreibung des Terminals definierten Steuersequenzen zur Initialisierung der Dialogstation (**is1, is2, is3, if, iprog**) werden (sofern sie definiert sind) an die Dialogstation geschickt und Verzögerungen für spezielle Sequenzen (z.B. beim Löschen des Bildschirms) sowie die korrekte Behandlung von <tab>-Zeichen im Terminaltreiber für die Leitung aktiviert.

longname   Es wird der lange Name für den angegebenen Typ der Dialogstation ausgegeben, sofern eine entsprechende Definition vorhanden ist.

reset   Die in der *Terminfo*-Beschreibung des Terminals definierten Steuersequenzen zum Zurücksetzen (*reset*) der Dialogstation (**rs1, rs2, rs3, rf**) werden an die Dialogstation geschickt. Sind die genannten Steuersequenzen nicht definiert, so wird **is1, is2, is3, iprog** geschickt.

✎   tput clear
→ löscht den Bildschirm der aktuellen Dialogstation − sofern $TERM definiert und eine Beschreibung des entsprechenden Terminaltyps in der *Terminfo*-Beschreibung vorhanden ist. Es wird hier die erste Form des **tput**-Aufrufs benutzt, wobei *clear* die Angabe von *eigenschaft* ist.
Auf vielen UNIX-Systemen gibt es ein Programm namens /usr/bin/**clear**, das eigentlich eine einzeilige Kommandoprozedur mit einem Aufruf von »tput clear« ist.

✎ tput –Tvt100 lines
→ gibt die Anzahl von Zeilen pro Bildschirm für eine Dialogstation vom Typ *vt100* aus.

✎ tput cup 0 0
→ setzt für die aktuelle Dialogstation die Schreibmarke (*Cursor*) auf die linke obere Ecke (Zeile 0, Spalte 0).

✎ echo "`tput smso` Achtung: `tput rmso`"
gibt auf dem Bildschirm die Zeile »**Achtung**« in fett aus. »tput smso« schaltet dabei fett (*bold*) ein und »tput rmso« wieder aus.

✎ tput init
→ initialisiert die aktuelle Dialogstation, d.h. gibt die in der *Terminfo*-Beschreibung definierten Initialisierungsequenzen an die Dialogstation aus.

✎ tput –S <<X
clear
cup 12 40
X
→ löscht den Bildschirm und plaziert den Cursor etwa in die Mitte (bei Standardgröße).
Es werden zwei Anweisungen gleichzeitig ausgeführt, die dem **tput**-Kommando über die Konstruktion eines *here document* (Text zwischen <<X und alleinstehendem X) zugeführt werden.

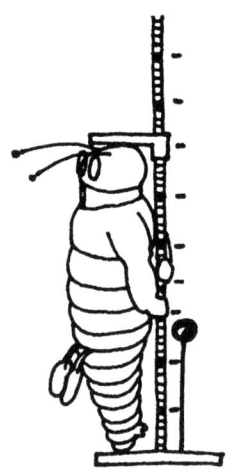

5.3 Vielbenutzte Kommandos (alphabetisch)   325

tr {*optionen*} {z_1} {z_2}   → translate characters

    tr liest von der Standardeingabe und kopiert dies nach einer Zeichentransformation auf die Standardausgabe. Zeichen der Eingabe, welche in der Zeichenkette z_1 vorkommen, werden in die entsprechenden Zeichen der Zeichenkette z_2 transformiert. Ist z_2 kürzer als z_1, so wird das letzte Zeichen von z_2 so lange eingesetzt, bis die gleiche Länge erreicht wird.

    In z_1 und z_2 dürfen neben den druckbaren Zeichen (ASCII-Reihenfolge) Codes auch durch Oktalziffern in der Form *xxx* angegeben werden. Für die Angabe von Zeichen und regulären Ausdrücken gelten die Regeln des **ed**.

⚠   Bei der Angabe von z_1 und z_2 müssen shell-spezifische Zeichen maskiert werden!

Als Optionen können (auch kombiniert) verarbeitet werden:

- **c**   (*complement*) komplementiert die Zeichen von z_1 bezüglich des erweiterten ASCII-Zeichensatzes (oktal 001 bis 377).
- **d**   (*delete*) löscht alle in z_1 vorkommenden Zeichen bei der Transformation.
- **s**   (*squeeze*) komprimiert alle Folgen von gleichen Zeichen (aus z_2) zu einem Zeichen bei der Ausgabe.

✎   ls –ls /dev | tr "[a-z]" "[A-Z]" | lp
    → erstellt ein Inhaltsverzeichnis des Katalogs */dev*. Bevor dies mit **lp** dem **lp**-Printspooler übergeben wird, konvertiert **tr** alle Kleinbuchstaben in Großbuchstaben.

✎   tr "aeiouAEIOU" "[**]" < xx > yy
    → ersetzt in der Eingabedatei *xx* alle Vokale durch das Zeichen ›*‹ und schreibt die Ausgabe in die Datei *yy*.
    Im Ersetzungsausdruck ist dabei der erste ›*‹ durch das Zeichen ›\‹ vor der Interpretation geschützt und wird damit in den Text eingesetzt, der zweite ›*‹ steht für beliebig häufige Wiederholung (je nach Anzahl der Zeichen im Suchausdruck) des vorangehenden Zeichens. Zur korrekten Interpretation muß diese Konstruktion in ›[ ]‹ stehen.

truss {*optionen*} {**-o** *datei*} *kommando* → trace command execution (*V.4*)

Mit dem Kommando **truss** ist es möglich, den Ablauf eines Programmes *kommando* detailliert zu verfolgen, um eventuelle Fehler und Konfigurationsprobleme aufzudecken. **truss** liefert eine Liste aller Systemaufrufe und aller Signale, die im Zusammenhang mit dem aufgerufenen Kommando auftreten.

Das Verhalten und die Ausgabe von **truss** kann mit einer Vielzahl von Optionen beeinflußt werden. Die wichtigsten Optionen sind:

-p Anstelle des Kommandos *kommando* kann die Nummer eines laufenden Prozesses angegeben werden, deren Ablauf von truss zu verfolgen ist.

-f **truss** soll auch Sohnprozesse verfolgen. Diese Option ist besonders wichtig, wenn truss auf Shell-Prozeduren angewandt wird, um die einzelnen, von der Shell aufgerufenen Kommandos zu verfolgen.

-o *datei* Die Ausgage von truss soll in die Datei *datei* geschrieben werden. Normalerweise schreibt **truss** seine Ausgabe auf den Standard-Fehlerkanal, die Ausgabe des eigentlichen Kommandos auf die Standardausgabe.

Um die Ausgabe eines **truss**-Kommandos interpretieren zu können, ist eine detaillierte Kenntnis der Systemaufrufe und Programminterna nötig – für den gelegentlichen Benutzer ist die Ausgabe von truss wenig hilfreich und aussagekräftig.

---

tty {**-l**} {**-s**} → print the path_name of the terminal

tty liefert den Namen (Zugriffspfad) der aktuellen Dialogstation zurück.

Durch die Option **-l** wird die Leitungsnummer des Terminals ausgegeben, an dem die Dialogstation angeschlossen ist. Dies gilt nur für aktive Terminals an **synchronen** Leitungen.

Die Option **-s** (*silent*) unterdrückt die Ausgabe des Pfadnamens der Dialogstation.

Es wird dann von **tty** nur der Exit-Statuswert **2** erzeugt, falls eine ungültige Option verwendet wurde, **0**, falls die Standardeingabe auf einer Dialogstation liegt und **1** in allen anderen Fällen.

✎ $tty   Aufruf des tty-Kommandos
   /dev/tty10   Die aktuelle Dialogstation ist tty10.
   $

umask {*maske*} → set user file creation **mask**

Es wird eine neue *file creation*-Maske gesetzt. Beim Anlegen einer neuen Datei wird mittels dieser Maske festgelegt, welche Zugriffsrechte der Besitzer, die Gruppenmitglieder und alle anderen Benutzer zunächst auf diese Datei haben.

Die Zugriffsrechte können später durch ein Programm oder mittels des **chmod**-Kommandos geändert werden.

maske gibt dabei den Oktalcode der Zugriffsrechte an (siehe hierzu **chown**). Alle in der Maske auf **1** gesetzten Bits besagen: »*Dieses Recht soll **nicht erteilt werden***«.

Fehlt die Angabe von *maske*, sowird der aktuell gesetzte Wert ausgegeben.

```
$ umask
022
```

→ zeigt den aktuell eingestellten **umask**-Wert an (hier *022*). Dieser führt dazu, daß beim Anlegen einer neuen Datei die Rechte **644** d.h. ›rw– r–– r––‹ vergeben werden (statt der üblichen 666 bzw. ›rw– rw– rw–‹) und damit dir Gruppe und alle anderen Benutzer kein Schreibrecht auf die Datei haben.

umask 007

→ setzt die Zugriffsrechte (beim Anlegen neuer Dateien) so, daß Benutzer, die nicht zur Gruppe des Dateibesitzers gehören, keine Rechte haben, d.h. die Datei weder lesen noch modifizieren noch ausführen dürfen.

umount *gerät* → **unmount** file system at special file

Das **/etc/umount**- bzw. **/sbin/umount**-Kommando ermöglicht, ein Dateisystem, welches auf einem zusätzlichen Datenträger oder einer anderen Partition einer Festplatte liegt, aus dem Systemdateibaum zu entfernen (siehe hierzu **umount** im Kapitel 4.2.6). Es stellt somit die Umkehrung des **mount**-Kommandos dar.

Der Parameter *gerät* gibt das Gerät an, auf dem der Datenträger (Platte oder Floppy) liegt. Zu diesem Zeitpunkt darf kein Benutzer mehr auf dem Datenträger aktiv sein oder seinen Arbeitskatalog (aktuellen Katalog) in dem zu entfernenden Dateisystem haben (Fehlermeldung: *device busy*).

Wurde durch ein **mount**-Kommando in eine nicht-leere Datei ein Teildateibaum überdeckt (d.h. ist nicht mehr sichtbar), so wird er durch das entsprechende **umount**-Kommando wieder verfügbar.

✎ /etc/umount /dev/rx0
→ demontiert das Dateisystem auf dem Gerät */dev/rx0*.

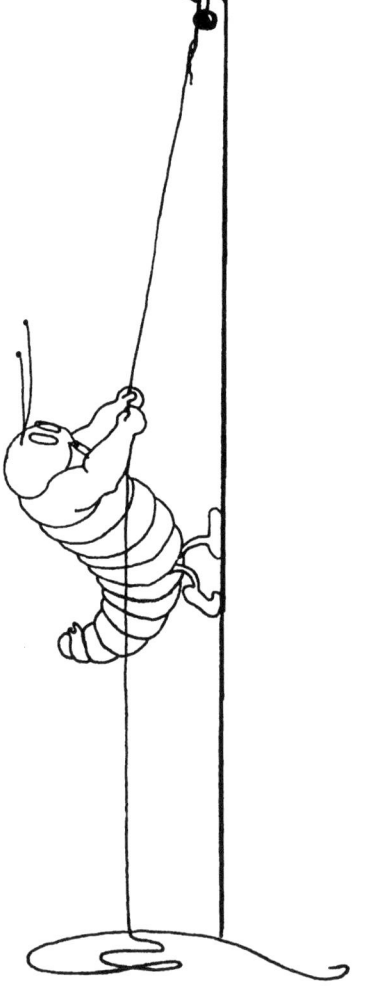

uname {*optionen*} → print **name** of current UNIX system

oder

uname {**–S** *systemname*} → set **name** of current UNIX system

gibt den Namen des aktuellen UNIX-Systems, auf dem man arbeitet, zusammen mit weiteren Informationen zum System auf der Standardausgabe aus.

Beim Aufruf in der zweiten Form kann durch die Option **–S** dem System ein neuer Namen gegeben werden. Diese Änderung darf nur der Super-User vornehmen! Der Systemname sollte bei einem fertig installierten und in ein Netz eingebundenen System normalerweise nicht mehr oder nur sehr umsichtig geändert werden, da mit dem Kommando »**uname –S**« nicht alle Dateien erreicht werden, in denen der Systemname eingetragen ist und abgeprüft wird.

Folgende Optionen sind möglich:

- **–a** Es werden **alle** Angaben geliefert, die **uname** liefern kann.
- **–m** gibt die Hardwarebezeichnung des Rechners aus.
- **–n** (*nodename*) gibt den Rechnerknotennamen aus. In Rechnernetzen ist dies der Name des Rechners im Netz.
- **–r** Die Releasebezeichnung des Betriebssystems wird ausgegeben.
- **–s** Es wird der Name des Systems ausgegeben.
- **–v** Gibt die Versionsbezeichnung des Betriebssystems aus.

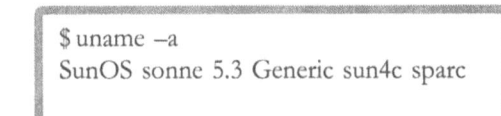

$ uname –a
SunOS sonne 5.3 Generic sun4c sparc

→ volle Ausgabe eines uname-Kommandos.
Diese Ausgabe enthält der Reihe nach:

Ausgabe	**Option**	**Bedeutung**
SunOS	–s	Name des Betriebssystems
sonne	–n	Rechnername
5.3	–r	Release des Betriebssystems
Generic	–v	Version des Betriebssystems
sun4c	–m	Maschinentyp
sparc	–p	Prozessortyp

if test `uname –m` –eq "i386" ....
→ überprüft in einer Shellprozedur, ob es sich bei dem System um eine Maschine vom Typ *i386* (Intel-PC-Architektur) handelt.

uncompress {–c} *datei* ... → uncompress files

dekomprimiert Dateien, welche zuvor mit **compress** komprimiert wurden. Es hat damit die gleiche Funktion wie **unpack** für die mit **pack** komprimierten Dateien. **uncompress** sucht dazu nach einer Datei mit dem Namen *name.Z* (oder nur *name*, sofern *name* bereits mit ›.Z‹ endet) und legt das Ergebnis in der Datei *name* (ohne Endung ›.Z‹) ab.

Bei Angabe der Option **–c** wird die dekomprimierte Form der Eingabe auf die Standardausgabe geschrieben, wobei die Eingabedatei nicht modifiziert oder umbenannt wird.

uncompress gibt die Zahl der Dateien aus, die es **nicht** dekomprimieren konnte. Siehe auch **compress** und **zcat**.

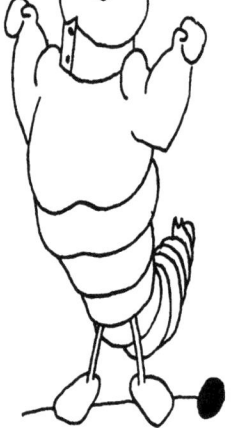

unix2dos {*optionen*} {*unixdatei*} {*dosdatei*}   → unix to dos conversion

erlaubt die Formatkonvertierung von UNIX-Dateien in ein Format, das von DOS-Programmen weiterverarbeitet werden kann. Insbesondere werden dabei die unterschiedlichen Konventionen für das Zeilenende einer Textdatei (DOS: <cr><nl>; UNIX: <nl>) umgesetzt.

Das Kommando kann keine Dateien auf DOS-Dateisysteme übertragen – es kann nur eine Formatkonvertierung vornehmen.

Verfügbare Optionen für **unix2dos** sind:

–z   beendet das programm, wenn das DOS-Zeichen für Dateiende auftritt.

–h   gibt die möglichen Optionen zu **unix2dos** aus.

Das Kommando **dos2unix** kann auch als Bestandteil einer Pipe eingesetzt werden.

➔ Konvertierungen von UNIX-Dateien in ein für DOS-Systeme verwendbares Format sind mit dem Kommando **dos2unix** möglich.

5.3 Vielbenutzte Kommandos (alphabetisch)

uniq {*optionen*} {*ein_datei* {*aus_datei*}} → eliminate duplicate lines

untersucht die Eingabe nach aufeinanderfolgenden identischen Zeilen und entfernt diese bis auf eine (d.h. nur eine solche Zeile wird in die Ausgabe kopiert). Fehlt die Angabe der Eingabedatei *ein_datei* und der Ausgabedatei *aus_datei*, so wirkt **uniq** wie ein Filter.

⚠ Zeilen werden nur dann als *identisch* erkannt, wenn sie direkt aufeinander folgen. Dies kann ggf. durch das **sort**-Kommando erreicht werden!

Folgende Optionen werden unterstützt:

- **–c** Hierbei wird die Ausgabe wie oben beschrieben erzeugt, vor jeder Zeile steht jedoch die Anzahl der gefundenen Kopien. Die Optionen **–d** und **–u** werden dadurch ungültig.
- **–d** Nur die mehrfach vorkommenden Zeilen werden ausgegeben, jedoch jeweils nur **eine** Kopie solcher mehrfach vorkommender Zeilen.
- **–u** Nur die Zeilen, welche **nicht** mehrfach hintereinander vorkommen werden ausgegeben.
- **–n** Beim Vergleich der Zeilen werden die ersten *n* Felder und Leerzeichen ignoriert. Mit **Feld** wird hier eine Zeichenkette verstanden, in der kein <leerzeichen> und kein <tab> vorkommt. <leerzeichen> und <tab> gelten als Feld-Trennzeichen.
- **+m** Die ersten *m* Zeichen der Zeilen werden beim Vergleich ignoriert. Ist auch **–n** angegeben, so werden zunächst die **n** Felder übersprungen und die nachfolgenden *m* Zeichen ignoriert.

✎ sort namen | comm –d | tee | wc –l
→ sortiert die Zeilen der Datei *namen* in alphabetischer Reihenfolge und gibt mit **comm –d** nur die Namen (Zeilen aus), die mehrfach vorkommen. Diese Namen werden mit **tee** angezeigt und zugleich an **wc** weitergereicht. **wc** schließlich zählt durch die Option **–l** die Anzahl der mehrfach vorkommenden Namen.

unpack datei … → decompress files

dekomprimiert Dateien, welche zuvor mit **pack** komprimiert wurden. **unpack** sucht dazu nach einer Datei mit dem Namen *name.z* (oder nur *name*, sofern *name* bereits mit **.z** endet) und legt das Ergebnis in der Datei *name* (ohne Endung **.z**) ab. **unpack** gibt die Zahl der Dateien aus, die es **nicht** dekomprimieren konnte. Siehe auch **pack** und **pcat**.

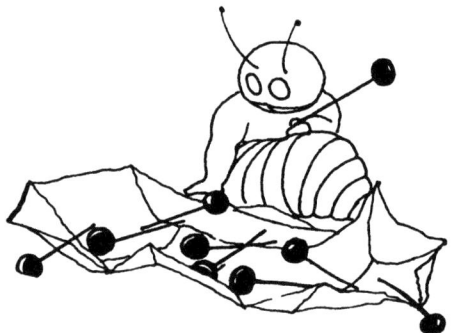

→ weitaus gebräuchlicher als **pack** ist das Programm **compress**. Eine noch bessere Komprimierung liefert das GNU-Programm **gzip**, welches als *Freeware-Programm* verfügbar ist.

unshare {–F *ftyp*} {–o *sopt*} {*pfad*} → redraw availability of local resources

unshare nimmt die durch **share** freigegebenen lokalen Resourcen an das Netz wieder zurück und stellt damit das Gegenstück zum share-Kommando dar.

Als wichtigste Optionen kennt **share**:

–F *ftyp* gibt den Dateisystem-Typ an.
–o *sopt* erlaubt weitere, dateisystemspezifische Optionen anzugeben.

✎ unshare -F nfs /home
→ nimmt die Freigabe des Verzeichnisses /*home* an das Netz zurück.

Für Details zum **share**-Kommando siehe Seite 296.

UUCP → UNIX to UNIX copy

Das **uucp**-System besteht aus einer Reihe von Programmen, welche die Koppelung von UNIX-Systemen auch unterschiedlicher Hersteller erlauben. Dies erfolgt meist über serielle Leitungen oder über Telefonleitungen mit Modem oder per ISDN-Verbindung.

Nachfolgend wird nur eine Übersicht zu den dabei verwendeten Programmen gegeben. Für eine detailliertere Beschreibung sei auf die Dokumentation des UNIX-Anbieters verwiesen.

ct	wählt über Modem eine externe Dialogstation an und ruft danach für diese Leitung einen Login-Prozeß auf.
cu	(*call unix*) baut die Verbindung zu einem anderen Rechnersystem auf und stellt eine Terminalemulation und einen sehr einfachen Dateitransfer (nur ASCII-Dateien) zur Verfügung.
uucico	Dies ist das eigentliche Datenübertragungsprogramm des **uucp**-Systems. Es wird normalerweise nicht durch den Benutzer selbst, sondern durch das **uucp**-Programm aufgerufen.
uucp	(*UNIX to UNIX copy*) kopiert einzelne Dateien auf ein anderes UNIX-System.
uulog	gibt Informationen aus der UUCP-Log-Datei aus und zeigt damit an, welche Aufträge bereits ausgeführt wurden.
uuname	zeigt die Namen der dem eigenen System bekannten fremden UNIX-Systeme an.
uustat	zeigt den Status von UUCP-Aufträgen an und erlaubt, diese zu stornieren.
uuto	schickt Quelldateien zu einem Zielsystem unter Verwendung von **uucp**.
uupick	übernimmt die einem Benutzer geschickten Dateien oder wirft diese weg.
uux	führt Aufträge auf einem anderen System aus und liefert die Ergebnisse zurück.

Vor der TCP/IP-basierten Rechnervernetzung, die heute Stand der Technik ist, waren die einzelnen Komponenten des uucp-Systems die wichtigste Technik der Rechnervernetzung unter UNIX. Für den Austausch von Artikeln des News-Systems oder von Mail-Dateien ist UUCP auch heute noch weit verbreitet, in Leistungsfähigkeit und Flexibilität jedoch der IP-Technik mit **nntp** (*net news transfer protocol*), **smtp** (*simple mail transfer protocol*), **ftp** (file transfer protocol) oder **http** (*hypertext transfer protocol*) und ähnlichen Protokollen unterlegen.

Kompatible UUCP-Implementierungen sind für alle wichtigen Betriebssysteme verfügbar.

vacation {*optionen*} → mail answering machine

Das Programm **vacation** überwacht den eingehenden **mail**-Verkehr für den aufrufenden Benutzer während dessen Abwesenheit. **vacation** meldet an den Absender der Mail zurück, daß der Empfänger zur Zeit nicht erreichbar ist. Die Inhalte der Rückmeldung können angegeben werden. **vacation** speichert die Mail, so daß sie später bearbeitet oder weitergeleitet werden kann.

Das Programm **vacation** existiert in zwei unterschiedlichen Varianten */usr/ucb/vacation* (*B*) und */usr/bin/vacation* (*V.4*), die sich in ihrem prinzipiellen Funktionsumfang kaum unterscheiden, jedoch in ihren Optionen und in den Namen ihrer Konfigurationsdateien.

5.3 Vielbenutzte Kommandos (alphabetisch)

vi {optionen} datei ... → start screen editor **vi**

oder

view {optionen} datei ... → start screen editor **vi** in read only mode

oder

vedit {optionen} datei ... → start screen editor **vi** in beginners' mode

startet den **vi**, und die erste der genannten Dateien wird in den Arbeitspuffer gelesen oder – falls sie noch nicht existiert – ein leerer Editierpuffer bereitgestellt.

Wird **view** statt **vi** angegeben, so befindet sich der Editor in einem Modus, in dem der Benutzer nur lesen und nichts verändern kann.

Bei Aufruf von **vedit** wird der **vi** in einem vereinfachten und für den Anfänger möglicherweise günstigeren Modus aktiviert.

Folgende Optionen werden unterstützt:

- **–t** *t_d* erlaubt, eine sogenannte *tag*-Datei anzugeben. In ihr stehen Sprungziele in zu editierenden Dateien. Dies ist bei der Software-Entwicklung mit vielen aufeinander abgestimmten Quelldateien hilfreich. Solche *tag*-Dateien können mit dem **ctags**-Kommando erstellt werden.

- **–r** *r_datei* (**recover**) bewirkt, daß nach einem System- oder Editorabsturz das Editieren der angegebenen Datei wieder aufgesetzt wird, wobei in der Regel nur die letzten paar Änderungen verloren sind. Bei **–R** (*read only*) wird die Datei nur gelesen, aber nicht modifiziert.

- **+***kommando* erlaubt die Ausführung des **ex**-Kommandos, bevor das Editieren beginnt. Mit ›**+200**‹ z.B. geht der Editor sogleich auf die Zeile 200, mit ›**+/***such*‹ wird sofort auf das erste Auftreten des Begriffs ›*such*‹ plaziert.

- **–R** (*read only*) die bearbeitete Datei darf nur gelesen werden. Es kann wie in **vi** geblättert und gesucht werden. Der **vi**-Aufruf entspricht damit dem von **view**

- **–x** Hierdurch erfolgt eine Verschlüsselung der Datei beim Schreiben. Der Schlüssel wird vom **vi** interaktiv angefordert. Eine solche durch Verschlüsselung gesicherte Datei kann später durch **encrypt** wieder (unter Verwendung des gleichen Schlüssels) entschlüsselt werden.

Weitere, hier nicht beschriebene Optionen sind **–l** und **–w***n*.

Obwohl sich die Benutzerschnittstelle des vi zumindest dem Neuling als etwas spröde und unzugänglich erweist, ist vi neben emacs auch heute aufgrund seiner enormen Leistungsfähigkeit und Schnelligkeit der wichtigste und an weitesten verbreitete Editor unter UNIX.

Der **vi** und seine verschiedenen Modi **view** und **ex** sind in Kapitel 6 beschrieben.

w {*optionen*} {*name*} → **who** is doing **what**?

Das Kommando **w** bietet eine Kombination der Ausgaben von **who** (welche Benutzer sind angemeldet) und **ps** (welche Prozesse laufen am System und zu welchem Benutzer gehören sie). Zusätzlich gibt **w** Informationen zum System (Zeit seit dem Hochfahren, Systembelastung, Zahl der Benutzer) aus.

Mit den folgenden Optionen kann das Verhalten und die Ausgabe von w beeinflußt werden:

−h (*header*) Spaltenüberschriften werden nicht ausgegeben.
−l (*long*) Ausgabe in Langformat (Standard).
−s (*short*) erzeugt das Kurzformat der Ausgabe.
−u Es werden nur die Systeminformationen ausgegeben. Diese stehen ohne diese Option in der ersten Zeile der **w**-Ausgabe).
−w Ausgabe in Langformat (Standard; wie −l)

In vielen Fällen ist die Ausgabe des **w**-Kommandos wesentlich aussagekräftiger als die des **who**-Kommandos.

wait {*n*} → **wait** until child processes have terminated

wait wartet auf die Beendigung des im Hintergrund laufenden (mit »kommando ... **&**« gestarteten) Prozesses mit der Prozeßnummer *n*.

Fehlt die Angabe von *n*, so wird auf die Beendigung aller Prozesse gewartet, die von der aktuellen Shell des Benutzers als Hintergrundprozesse gestartet wurden. Abnormale Beendigungen werden ebenfalls gemeldet. Die Prozeßnummer, unter der ein Hintergrundprozeß läuft, wird von diesem bei seinem Start am Bildschirm ausgegeben oder kann über das Kommando **ps** ermittelt werden.

Ferner steht die Prozeßnummer des letzten gestarteten Hintergrundprozesses jeweils in der Shellvariablen **$!** zur Verfügung.

5.3 Vielbenutzte Kommandos (alphabetisch)

wall → write to **all** users

Das Kommando **/etc/wall** oder **/sbin/wall** erlaubt es, Nachrichten an alle Benutzerbildschirme zu schicken, die augenblicklich am System aktiv sind. Dabei liest **wall** die zu übertragende Nachricht von der Standardeingabe bis zu einem <eof> und schickt diese, versehen mit dem Kopf »*Broadcast Message* ... «, an alle aktiven Benutzer, die ihre Dialogstation nicht ausdrücklich durch das Kommando »**mesg n**« schreibgeschützt haben. Der Super-User kann auch diesen Schutz durchbrechen.

wc {optionen} {datei ...} → count words, lines and characters

zählt in den angegebenen Dateien oder in dem von der Standardeingabe gelesenen Text die Anzahl

- der Zeichen (Zeilenende = 1 Zeichen),
- der Worte (durch "..." oder <tab> getrennte Zeichenfolgen),
- der Zeilen.

Ist keine Option angegeben, so werden alle drei Werte ausgegeben. Ist eine oder sind mehrere Optionen angegeben, so erscheinen nur die durch die Optionen angeforderten Werte.
Mögliche Optionen sind:

–l	(*lines*)	Es werden die Zeilen gezählt.
–w		Es werden Worte (*words*) gezählt.
–c		Es werden Zeichen (*characters*) gezählt.

✎ who | wc –l
→ zählt die Anzahl der aktuell angemeldeten Benutzer, da **who** für jeden von ihnen eine Zeile ausgibt.

who {*optionen*} {*datei*} → tell me: **who** is online?

oder

who {am i} → **who am i**, (what is my user-name)?

who ohne Parameter liefert die Namen aller Benutzer, die momentan am System arbeiten. Zu den Benutzern wird der Name, die jeweilige Dialogstation, sowie die Uhrzeit des Sitzungsbeginns ausgegeben. Bei Benutzern, die über Netz angemeldet sind, wird auch der Name des Systems, von dem aus sie angemeldet sind, ausgegeben.

Das Kommando **who am i** liefert diese Angaben nur für den eigenen Arbeitsplatz.

Ist eine Datei angegeben, so werden die aktiven Benutzer anstatt aus der Datei /etc/utmp aus der vorgegebenen Datei gelesen, die aber im utmp-Format aufgebaut sein muß.

Neben den seltener benutzten Optionen –**dprsu**, welche hier nicht weiter dokumentiert sind, kennt **who** folgende Optionen:

- –a (*all*) schaltet alle Optionen an und liefert damit eine sehr ausführliche Informationsliste.

- –b (*boot*) gibt das Datum und die Uhrzeit des letzten Kaltstarts des Systems aus.

- –H (*Heading*) Hierdurch wird die Ausgabe mit einer Überschrift versehen, die für die einzelnen Spalten angibt, was darin aufgeführt ist.

- –l (*line*) Es wird eine Liste der Leitungen ausgegeben, auf denen ein **login**-Prozeß auf das Anmelden eines Benutzers wartet.

- –q (*quick*) gibt nur eine verkürzte Information, bestehend aus den Namen und der Anzahl der momentan angemeldeten Benutzern, aus.

- –r gibt den *Run-Level* des *init*-Prozesses aus. Damit kann z.B. abgefragt werden, ob sich das System im *Single-User-Modus* (*Run-Level* = **s**), *Multi-User-Modus* (*Run-Level* = **2**) oder Netzbetrieb (*Run-Level* = **3**) befindet.

- –T Hierdurch wird zu den Leitungen zusätzlich angegeben, ob sie ein Schreiben eines anderen Benutzers zulassen:

    + → Jeder darf schreiben.
    - → Nur der Besitzer und **root** dürfen schreiben.
    ? → ungültige Leitung

- –t (*time*) Zeigt an, wann Datum/Uhrzeit zum letzten Mal neu gesetzt wurden.

5.3 Vielbenutzte Kommandos (alphabetisch)

whodo {*optionen*} {*benutzer*} → **who** is **do**ing what?

Ähnlich wie **who** zeigt **whodo** an, welche Benutzer gerade am System arbeiten, und ähnlich wie **w** wird zusätzlich, wenn auch in anderem Ausgabeformat, angezeigt, welche Prozesse von diesen Benutzern gerade ausgeführt werden. **whodo** liefert jedoch ausführlichere Informationen als das Kommando **w**.

whodo liest und kondensiert die Informationen aus den Systemdateien */var/adm/utmp*, */tmp/ps_data* und */proc/pid/**.

Durch Angabe eines bestimmten Benutzernamens *user* kann die Ausgabe auf den Benutzer *user* beschränkt werden.

whodo kann mit folgenden Optionen beeinflußt werden:

–h erzeugt eine Ausgabe ohne die Kopfzeilen.
–l Hiermit erfolgt die Ausgabe im Langformat und ist damit mit der normalen Ausgabe des Kommandos **w** identisch.

---

write *benutzer* {*dialogstation*} → **write** to user at terminal

write ermöglicht es, eine Nachricht an einen bestimmten anderen Benutzer zu schicken. Wie bei **wall** muß dieser aktuell am System arbeiten – die Nachricht wird ihm nicht in einer Datei zugestellt, sondern an den Bildschirm geschrieben.

Da sich Benutzer an mehreren Dialogstationen unter dem gleichen Namen anmelden können, ist es möglich, in solchen Fällen auch die Dialogstation anzugeben.

Im Gegensatz zu **wall** wird bei **write** eine zweiseitige Beziehung aufgebaut, d.h. der angesprochene Partner kann seinerseits Nachrichten zurückschicken. Dieser Dialog läuft solange, bis der erste Sender ein <dateiende> eingibt oder der Empfänger eine Unterbrechung (<unterbrechung>) erzeugt.

Ein Benutzer kann den Empfang von Nachrichten (d.h. die Schreibberechtigung für seinen Bildschirm) durch ›**mesg n**‹ unterdrücken bzw. durch ›**mesg y**‹ erlauben.

✎ write jahn < notiz
→ schickt den Inhalt der Datei *notiz* an den Bildschirm des Benutzers *jahn*. Vor der eigentlichen Nachricht wird eine Zeile mit folgendem Aufbau ausgegeben:
Message form *absender (dialogst.) [Datum und Uhrzeit]*
Ist dieser momentan nicht beim System angemeldet, so geht im Gegensatz zu **mail** die Nachricht verloren; der Absender wird jedoch hiervon informiert.

xargs {*optionen*} {*kommando*} {*kmd_opt*}   → build argument list

Das Kommando **xargs** schafft die Möglichkeit, einem Kommando *kommando* Argumente zuzuleiten, die dynamisch auf der gleichen Kommandozeile generiert und über eine Pipe an **xargs** weitergeleitet werden.

xargs steht nahezu immer hinter einer Pipe – vor der Pipe stehen beliebige Kommandos, die als Ausgabe die Argumente produzieren, die **xargs** in die Argumentliste von *kommando* einreiht. In den meisten Fällen sind diese Argumente Dateinamen, die durch Kommandos wie **ls** oder **find** generiert werden.

Mit den folgenden Schaltern und Optionen kann das Verhalten von **xargs** beeinflußt werden:

-e *end* Wenn die Zeichenkette *end* auftritt, wird die Bearbeitung von Argumenten abgebrochen.
-i *rz*   Argumente werden in die Argumentliste von Kommando eingereiht und dabei {} (Standard) oder *rz* durch jeweils ein Argument ersetzt.
-l*n*   Aufruf von Kommando mit *n* Zeilen von Argumenten.
-n*n*   Aufruf von Kommando mit bis zu n Argumenten.
-p   (*prompt*) vor der Ausführung jedes Kommandoaufrufs wird der Benutzer um Bestätigung gefragt.
-s*n*   Die erzeugte Argumentliste für Kommando darf maximal *n* Zeichen lang sein.
-t   Jedes Kommando wird vor Ausführung ausgegeben (ohne Rückfrage an den Benutzer).
-x   Abbruch, wenn die Argumentliste länger als n Zeichen lang wird.

✎ ls * | xargs –iHIER –p mv HIER HIER.old
   → für jede Datei des aktuellen Directories wird der Benutzer gefragt, ob diese mit der Namensendung *.old* versehen werden soll und, falls die Antwort *y* (*yes*) lautet, das Umbenennen mit **mv** vorgenommen.

Die Option –i sorgt dafür, daß die von **ls** stammenden Dateinamen an die Stelle ›HIER‹ eingetragen werden; die Option –p veranlaßt die explizite Rückfrage.

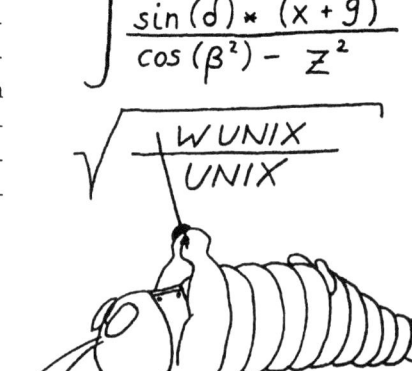

xdm → X Window System display manager

Über **xdm** wird in graphischen Umgebungen des X Window Systems die Benutzeranmeldung, die Verwaltung und der Abbau der Sitzung abgewickelt.

Für den Benutzer sichtbar werden die Dienste des **xdm** durch das Anmeldefenster, in dem Benutzername und Passwort abgefragt werden. Nach erfolgreicher Eingabe der Kennung fährt **xdm** die graphische Umgebung des Benutzers hoch und beim Abmelden des Benutzers wieder herunter. Nach Ende der Sitzung wird von **xdm** wieder das Anmeldefenster gezeigt.

xdm wird detaillierter beschrieben in Kapitel 8.

xterm {*optionen*} → terminal emulator, X Window System

emuliert an einem graphischen Bildschirm des X-Window-Systems in einem Fenster einen zeichenorientierten Bildschirm. Mittels **xterm** erfolgt an einem graphischen Bildschirm die Kommandozeilen-Bedienung, d.h. die Arbeit mit der UNIX-Shell, was xterm zur wichtigsten und am häufigsten verwendeten X-Window-Applikation macht.

Der Aufruf von **xterm** erfolgt entweder aus einem anderen xterm-Fenster als Hintergrundprozeß durch das Kommando ›**xterm** &‹ oder aus einem Menü der graphischen Oberfläche.

xterm wird in Kapitel 8 nochmals ausführlicher beschrieben.

ypcat → display service entries

In lokalen Netzen werden Systemdateien, die über das ganze Netz hinweg Gültigkeit haben müssen (*/etc/passwd*, */etc/group*, ...), aus Gründen der Konsistenz und der einfacheren Verwaltbarkeit sinnvollerweise nicht auf jedem Rechner getrennt und lokal verwaltet, sondern über das sogenannte *Network Information System* (NIS; früher YP = *yellow pages*). Die davon betroffenen Dateien liegen also nicht auf jedem Rechner in vollständiger Form vor, sondern nur in zentral verwalteten sogenannten *maps*. Diese *maps* lassen sich mit dem Kommando **ypcat** ausgeben.

✎ ypcat passwd
→ gibt die netzwerkweit gültige Passwort-Datei statt der lokalen Version (Ausgabe mit »cat /etc/passwd«) aus.

zcat {*datei* ...}   → copy and decompress files

liest die mit **compress** komprimierten Dateien (mit dem Namen *name.Z* oder *name*, falls der Name bereits mit **.Z** endet) und schreibt den dekomprimierten Inhalt auf die Standardausgabe.

Die komprimierte Datei bleibt dabei unverändert erhalten. Wurde keine Eingabedatei angegeben, so wird von der Standardeingabe gelesen.

zcat hat die gleiche Funktion wie »**uncompress –c** *datei*«. Siehe auch **compress** und **uncompress**.

✎   zcat gross.Z | more
→ dekomprimiert den Inhalt der (zuvor mit **compress** kompaktifizierten) Datei *gross.Z* und gibt diesen Text mit Hilfe von **more** auf dem Bildschirm aus.

✎   zcat archiv.tar.Z | tar cvf –
→ dekomprimiert die komprimierte Tar-Datei *archiv.tar.Z* und schreibt die Ausgabe in die Pipe zu **tar**, der das nunmehr dekomprimierte Archiv auspackt und in seine einzelnen Dateien zerlegt. Durch die Angabe von – liest **tar** von der Standardeingabe, d.h. in diesem Fall von der Pipe.

6 Editoren

UNIX bietet eine Reihe von Editoren für unterschiedliche Zwecke und Editierumgebungen. Eine Art *Standardeditor* stellt der zeilenorientierte Editor ed dar. Sein Vorteil liegt in der Mächtigkeit seiner Such- und Ersetzungsoperationen. Weiterhin kann er auch auf druckenden, auf einfachen Dialogstationen und über ein langsames Netz eingesetzt werden.

Sein Nachteil ist die fehlende Rückkoppelung, d. h. der Benutzer sieht nicht ohne weiteres, wo er arbeitet und was seine Eingaben bewirken.

Diese Nachteile vermeidet der bildschirmorientierte Editor **vi**. Für die normale Erstellung und Korrektur von Textdateien ist **vi** deshalb empfehlenswerter. Kennt man andere Bildschirmeditoren, so mag **vi** zunächst ungewohnt und unbequem erscheinen; er ist jedoch durch seine Vielzahl von Befehlen äußerst vielseitig.

Neben dem **vi** gibt es den zeilenorientierten Editor **ex**. Er ist eine erweiterte Version des **ed**. **vi** und **ex** sind in Wirklichkeit nur zwei unterschiedliche Modi eines Editors. Es ist daher möglich, von einem Modus in den anderen zu wechseln. Somit stehen auch in **vi** recht komplexe Such- und Ersetzungsbefehle zur Verfügung.

Außer dem **vi** findet man auf den meisten UNIX-Systemen weitere Bildschirmeditoren, die oft intuitiver und einfacher als der **vi** zu bedienen sind.

Neben den bisher genannten Editoren stellt UNIX noch den Stapel-orientierten Editor **sed** zur Verfügung. Dieser ist nicht interaktiv, sondern erhält seine Editier-Anweisungen in der Regel aus einer Kommandodatei. Er operiert nicht auf einer ganzen Datei, sondern jeweils nur auf einer oder wenigen Zeilen der Datei, die er sequentiell einliest, die Editierkommandos darauf anwendet und dann das Ergebnis auf die Standardausgabe schreibt. Der Vorteil liegt in der Möglichkeit, sehr große Dateien editieren und Modifikationsanweisungen in eine Datei schreiben zu können. Danach ist es dann möglich, mehrere Dateien mit Hilfe von **sed** zu modifizieren (z. B. systematisches Ersetzen von Namen in einer größeren Anzahl von Programmen).

Außer den reinen Editoren bietet UNIX Möglichkeiten zum Formatieren. Dies geschieht durch die Programme **roff**, **nroff**, **troff** oder in vereinfachter Weise mit **fmt**. Daneben sind eine Reihe von Prä- und Postprozessoren hierzu sowie weiterverarbeitende Programme vorhanden. Für deren Benutzung sei hier auf Kapitel 6.5 auf S. 391 verwiesen.

6.1 Der Texteditor ed

Der interaktive Texteditor **ed** arbeitet zeilenorientiert. Die zu modifizierende oder neu zu erstellende Datei wird dazu in einen Arbeitspuffer kopiert. Hierin werden die Änderungen und Einfügungen vorgenommen. Erst mit dem Kommando *write* (**w**) wird der Pufferinhalt auf die angegebene Datei geschrieben. **ed** kennt zwei Modi:

- Kommandomodus
- Eingabemodus

Im Kommandomodus, der anfänglich eingeschaltet ist, wird die Eingabe als Kommando interpretiert. In der Regel ist nur ein Zeichen je Kommando erlaubt. Eine Ausnahme sind die Anweisungen *print* (**p**) oder *list* (**l**), welche auch anderen Kommandos folgen dürfen. Sie werden dann ohne Zwischenraum dahinter geschrieben. Kommandos bestehen aus einem Buchstaben und den Parametern. Durch eines der folgenden Kommandos geht der **ed** in den Eingabemodus über:

    a für Anfügen (englisch: *append*),
    c für Ersetzen (englisch: *change*) oder
    i für Einfügen (englisch: *insert*).

Dieser Modus wird beendet, indem ein Punkt (.) als erstes und einziges Zeichen in einer Zeile eingegeben wird. Der **ed** befindet sich danach wieder, ohne dies anzuzeigen, im Kommandomodus.

In der folgenden Beschreibung sind optionale Parameter durch {...} gekennzeichnet. Diese können, soweit sie den Standardwerten entsprechen, entfallen.

Der Bereich, für den das Kommando gelten soll, oder ein Wiederholungsfaktor (Nummer) wird in der Regel vor das eigentliche Kommando ohne Zwischenraum geschrieben, die anderen Parameter folgen dem Kommando. Die Fehlermeldung des **ed** ist sehr karg und besteht im Standardfall lediglich aus einem einzelnen **?**. Es bleibt dem Benutzer überlassen, die Fehlerursache zu finden.

Ab System V kann während einer Editorsitzung eine ausführlichere Fehlermeldung durch das Kommando **H** (für *Help*) eingeschaltet oder durch **h** (für den letzten Fehler) erfragt werden.

Außer den Kommandos *read* (**r**), *write* (**w**) und *edit* (**e**), welche als Reaktion die Anzahl der verarbeiteten Zeichen ausgeben, arbeitet der Editor im Standardfall ohne Promptzeichen, so daß der Benutzer selbst wissen muß, in welchem Modus er sich befindet. Durch die Option ›**-p** *prompt*‹ kann ein explizites Bereitzeichen vorgegeben werden.

6.1.1 Aufruf des ed

Der Aufruf des **ed** hat folgende allgemeine Syntax:

ed {–} {–s} {–p *prompt*} {–x} {*datei*}

Der Parameter *datei* gibt dabei die zu bearbeitende Datei an. Es wird damit ein Kommando ›e *datei*‹ (Editiere die angegebene Datei.) simuliert. **–s** veranlaßt die Unterdrückung der Ausgabe der verarbeiteten Zeichenzahl bei den Kommandos *write* (**w**), *read* (**r**) und *edit* (**e**). Die Option **–x** simuliert ein Chiffrierkommando (**x**).

Wird beim Aufruf keine Datei spezifiziert, so meldet sich **ed** nach dem Start nicht! Das fehlende Shell-Promptzeichen zeigt an, daß **ed** aktiv ist. Ein explizites Bereitzeichen kann durch die **–p**-Option vorgegeben werden. **ed** ist nun im *Kommandomodus*. Mit den unterschiedlichen, in der Kommandoliste angegebenen Befehlen, kann nun der Arbeitszeiger verschoben werden. Danach wird in der Regel die neue laufende Zeile ausgegeben. Durch einen der Befehle

a	(*append*)	für ›*Füge neue Zeilen hinter der laufenden Zeile ein*‹,
c	(*change*)	für ›*Ersetze die angegebenen Zeilen durch den neu eingegebenen Text*‹,
i	(*insert*)	für ›*Füge vor der laufenden Zeile den neuen Text ein*‹.

geht **ed** in den *Eingabemodus* über. In diesem wird der eingegebene Text fortlaufend an der spezifizierten Stelle eingefügt. Der Eingabemodus wird durch eine Zeile mit einem Punkt zu Beginn beendet. **ed** befindet sich dann wieder im Kommandomodus. Er zeigt dies **nicht** durch ein Promptzeichen an!

6.1.2 Bereichsangaben in Kommandos

ed erlaubt, bei einigen Kommandos einen Bereich anzugeben, in dem das Kommando auszuführen ist. Dies ist in der Regel ein Zeilenbereich. Ein solcher kann eine einzelne Zeilenangabe oder die Angabe eines Zeilenbereiches sein oder ganz entfallen, wobei dann die aktuelle Zeile impliziert wird (Ausnahme beim *write*-Kommando (**w**); dort wird der ganze Puffer impliziert). Die Syntax der **Bereichsangabe** sieht wie folgt aus:

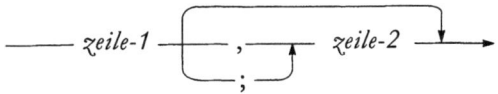

Entfällt die Angabe von *zeile-2*, so wird nur die angegebene Zeile bearbeitet. Die Zeilenangabe selbst hat folgende Syntax:

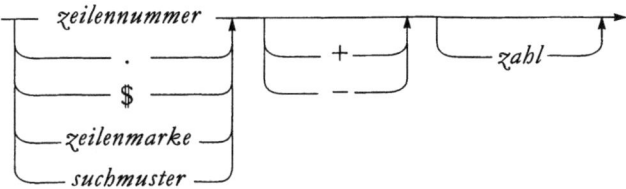

zeilennummer	ist dabei eine Zahl *n* und bedeutet ›*Die n-te Zeile im Puffer*‹.
$	steht dabei für ›*Die letzte Zeile der Datei*‹.
.	Der Punkt steht dabei für ›*Die laufende Zeile*‹.
zeilenmarke	ist ein Kleinbuchstabe mit vorangestelltem '. Die Marke muß zuvor durch das *mark*-Kommando (**k**) einer Zeile zugewiesen worden sein!

Ein ›+‹ oder ›–‹ gefolgt von einer Zahl zeigt an, daß der Abstand von der (aktuellen) Zeile gemeint ist.

Ein Suchmuster hat die Form: /*muster*/ oder ?*muster*?

Bei /*muster*/ wird ab der laufenden Stelle vorwärts nach einer Zeichenkette gesucht, auf die das Muster paßt, bei ?*muster*? rückwärts zum Pufferanfang hin. Das Muster selbst besteht aus einem regulären Ausdruck, der sich aus *normalen Zeichen* und den beschriebenen Metazeichen zusammensetzt.

=   als Kommando liefert die *aktuelle Zeilennummer* zurück.

1,3	steht für ›*Die Zeile 1-3*‹.
10,$	steht für ›*Die Zeile 10 bis zum Dateiende*‹.
.-1,.+2	steht für ›*Die Zeile vor der laufenden, die laufende und die 2 folgenden Zeilen*‹.
'a,'b	meint ›*Die Zeilen von der Marke a bis zur Marke b*‹.
/abc/,/efg/	steht für ›*die erste Zeile, in der abc vorkommt, bis zur ersten Zeile, in der efg vorkommt*‹.
-	steht für ›*Die Zeile vor der laufenden Zeile*‹.
1,$	steht für ›*Von Zeile 1 bis zum Ende*‹.

6.1.3 Die Metazeichen des ed

Folgende Zeichen sind für **ed** Metazeichen (d. h. Zeichen mit einer speziellen Bedeutung): ., *, [,], ^, $, /, \(, \), \{, \}, &, \.
Ihre Funktion ist nachstehend angegeben. Für eine etwas ausführlichere Behandlung von Metazeichen sei auf Kapitel 4.4 verwiesen.

/.../	schließt das Suchmuster (und bei Ersetzung auch die Ersetzungszeichenkette) ein. Z.B.: s/Otto/Hans/ → ersetzt *Otto* durch *Hans*. *Otto* ist dabei das Suchmuster, *Hans* diejenige Zeichenkette, welche die gefundene Zeichenkette ersetzt. /.../ alleine positioniert den Arbeitszeiger auf den Anfang der Zeile, in der das nächste Muster gefunden wird.
//	steht für ›*Erneutes Suchen des zuletzt definierten Musters*‹.
?...?	begrenzt ein Suchmuster. Hierbei wird rückwärts gesucht.

??	steht für ›*Erneutes Suchen rückwärts des zuletzt definierten Suchmusters*‹.
& im Ersetzungsteil:	steht für ›*Die gefundene Zeichenkette*‹. Z.B.: s/Otto/& Meier/ → ersetzt *Otto* durch *Otto Meier*.
. im Suchmuster:	ist ein Metazeichen und steht für ›*Beliebiges einzelnes Zeichen*‹.
. im Zeilenbereich:	bedeutet ›*Die laufende Zeile*‹.
. im Eingabemodus:	beendet den Eingabemodus. ›.‹ muß dann das einzige Zeichen der Zeile sein! Z.B.: /a.c/ → sucht eine Zeichenkette, die aus *a*, einem beliebigen Zeichen und einem *b* besteht; ›.,$p‹ gibt die Zeilen ab der laufenden Zeile bis zum Ende des Puffers aus.
$ als Zeilenangabe:	bedeutet: ›*Ende des Puffers*‹.
$ als letztes Zeichen eines Suchmusters:	bedeutet: ›*Ende der Zeile*‹. Z.B.: 10,$d → löscht alle Zeilen des Puffers ab Zeile 10; ›s/$/noch was/‹ hängt den Text *noch was* am Ende der Zeile an; ›/abc$/‹ sucht *abc* am Zeilenende.
^ als erstes Zeichen eines Suchmusters:	bedeutet ›*Anfang der Zeile*‹.
^ als erstes Zeichen einer Mengendefinition:	bedeutet ›*Alle Zeichen außer ...*‹. Z.B.: s/^/Nun/ → fügt *Nun* am Anfang der Zeile ein; /[^0-9]?/ → sucht alle Zeichen, die keine Ziffern sind.
* hinter einem Zeichen des Suchmusters:	bedeutet: ›*Beliebige Wiederholung des vorhergehenden Zeichens*‹. Z.B.: s/␣*/␣/ → ersetzt mehrere Leerzeichen durch ein einziges; vor dem * stehen dabei 2 Leerzeichen! s/[0-9]*/+/ → ersetzt Zahlen (Ziffernfolgen) durch das Plus-Zeichen.
[...] in einem Suchmuster:	definiert eine Zeichenmenge, d.h. ›*Eines der Zeichen aus ...*‹. Z.B.: [0-9] ist ein Muster, das auf jede Ziffer zutrifft; [0-9] ist äquivalent zu [0123456789]; [0-9]* ist ein Muster, welches auf alle Zahlen zutrifft.

\ vor einem Metazeichen:
: maskiert das nachfolgende Zeichen. Dieses verliert dabei seine Sonderbedeutung.
Z.B.: /abc*/ meint die Zeichen *abc**.

\(... \) - in einem Suchmuster:
: klammert einen Teil eines Suchmusters. Mehrere solcher Klammern sind im Suchmuster möglich. Im Ersetzungsteil kann dann mit *n* das *n*-te geklammerte Teil (bzw. das gefundene darauf passende Textstück) angegeben (eingesetzt) werden.
Z.B.: s/\(abc\)[1-9]/\1/ ersetzt die Zeichenkette *abc* gefolgt von einer Ziffer durch *abc*.

\{*n,m*\}
: gibt einen zulässigen Wiederholungsfaktor für das vorangestellte Zeichen an. Es wirkt damit wie ›*‹, allerdings soll das Zeichen minimal *n*-mal und maximal *m*-mal vorkommen. Die Zeichen { und } sind hier Bestandteil der Syntax!

Unter Suchmuster ist hier der durch /.../ geklammerte Teil beim Suchen einer Zeichenkette gemeint. **Ersetzungsteil** ist dabei der Teil eines Kommandos ›*Suche und Ersetze*‹ (**s**), in dem angegeben ist, durch was die gesuchte Zeichenkette zu ersetzen ist.

Die allgemeine Syntax dieses Kommandos sieht wie folgt aus:

{*bereich*} **s**/*suchmuster*/*ersetzungsteil*/ {**g**} {**c**}

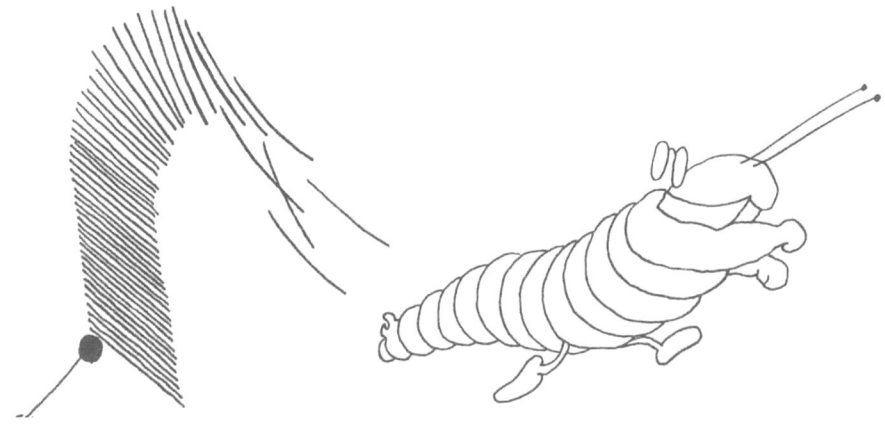

6.1.4 Tabelle der ed-Kommandos

Mnemo.:	Kommando:	Bedeutung:
UNIX-Kom.	!*kommando*	führt das UNIX-Kommando aus, ohne daß hierzu **ed** verlassen werden muß.
append	{*zeile*}**a**	fügt neue Zeilen hinter der laufenden {angegebenen} Zeile ein. Das Einfügen wird durch einen Punkt ›.‹ als erstes und einziges Zeichen einer Zeile beendet. Der Arbeitszeiger steht danach auf der letzten eingefügten Zeile; z. B.: ›$a‹ fügt den nachfolgenden Text am Ende des Puffers ein.
change	{*bereich*}**c**	ersetzt die Zeilen des Bereichs durch den neu eingegebenen Text. **c** versetzt **ed** in den Einfügemodus, der durch ›.‹ beendet wird. Der Arbeitszeiger steht danach auf der letzten eingefügten Zeile.
delete	{*bereich*}**d**	löscht die Zeilen in dem Bereich und positioniert den Arbeitszeiger auf die nächste Zeile; z. B.: ›.,+3d‹ löscht die laufende und die nächsten drei Zeilen.
edit datei	**e** *datei*	liest den Inhalt der Datei in den Bearbeitungspuffer. Der alte Inhalt wird dabei gelöscht!
Edit datei	**E** *datei*	arbeitet wie **e**, wobei jedoch die Warnung unterdrückt wird, daß seit der letzten Pufferänderung nicht geschrieben wurde.
file	**f**	**ed** gibt den Namen der aktuellen Datei aus.
global	**g**/*muster*/*kommandos*	führt die Kommandofolge für alle Zeilen aus, die dem angegebenen Suchmuster entsprechen; z. B.: g/abc/p gibt alle Zeilen aus, in denen *abc* vorkommt.
	s/*muster*/*text*/**g**	führt die Substitution für alle passenden Texte einer Zeile aus.
Global	{*bereich*}**G**/*muster*/	ist die interaktive Form des **g**-Kommandos. Der Zeiger wird nacheinander auf die Zeilen gesetzt, auf die das Muster paßt. Nun kann ein Kommando eingegeben werden (**nicht: a, c, i, g, G, v, V**). Dieses wird auf die Zeile ausgeführt und die nächste Zeile gesucht. **&** führt das letzte Kommando nochmals aus. <unterbrechung> terminiert **G**.

help	h	gibt eine kurze Erklärung zur letzten ?-Warnung.
Help	H	schaltet einen Modus ein, in dem statt der Fehlermeldung ›?‹ ein Fehlertext ausgegeben wird.
insert	{*zeile*}i	fügt vor der angegebenen Zeile (laufenden Zeile) neuen Text (Zeilen) ein. Bei i geht ed in den Eingabemodus, der durch ›.‹ beendet wird. Der Arbeitszeiger steht danach auf der letzten eingefügten Zeile.
join	{*bereich*}j	macht aus den Zeilen des Bereichs eine Zeile. Fehlt *bereich*, so wird die nachfolgende Zeile an die laufende Zeile angehängt.
mark	{*zeile*}kx	markiert die laufende (angegebene) Zeile mit dem Namen x. x muß ein Kleinbuchstabe sein. Die Marke kann später in einer Zeilen- oder Bereichsangabe in der Form 'x verwendet werden.
list	{*bereich*}l	gibt die laufende Zeile (die Zeilen des angegebenen Bereichs) aus. Überlange Zeilen werden dabei in mehreren Zeilen ausgegeben und nicht druckbare Zeichen als zwei Oktalziffern dargestellt.
move	{*bereich*}m{*zeile*}	kopiert den Text des Bereichs hinter die laufende Zeile (Zielzeile). Der Text im alten Bereich wird gelöscht. Der Arbeitszeiger steht danach auf der letzten Zeile im neuen Bereich.
number	{*bereich*}n	gibt die Zeilen des angegebenen Bereichs mit der vorangestellten Zeilennummer aus. Diese ist **nicht** Teil des Textes! n kann auch an die Kommandos e, f, r, w angehängt werden.
print	{*bereich*}p	gibt die laufende Zeile (den angegebenen Bereich) auf der Dialogstation aus und setzt den Arbeitszeiger auf die letzte ausgegebene Zeile; z. B.: 1,$p gibt den gesamten Arbeitspuffer auf die Dialogstation aus.
	(cr)	(cr) ist äquivalent zu ›.+1p‹, d. h. positioniert den Arbeitszeiger auf die nächste Zeile und gibt diese auf die Dialogstation aus.
quit	q	beendet die **ed**-Sitzung, ohne den Puffer zu retten! Zuvor wird geprüft, ob seit der letzten Änderung der Puffer auf eine Datei geschrieben wurde. Ist dies nicht der Fall, so wird eine Warnung ausgegeben.

Quit	**Q**	beendet die **ed**-Sitzung, ohne zu prüfen, ob seit der letzten Änderung der Puffer auf eine Datei geschrieben wurde.
read	{*zeile*}**r** *datei*	liest den Text der Datei hinter die letzte Zeile des Puffers (angegebene Zeile) in den Arbeitspuffer. Der Arbeitszeiger steht danach auf der letzten gelesenen Zeile.
search	/*muster*/	sucht die nächste Stelle im Puffer, auf die das Textmuster paßt und setzt den Arbeitszeiger (.) auf den Anfang dieser Zeile. Wird bis zum Pufferende kein Treffer erzielt, so beginnt **ed** am Pufferanfang erneut zu suchen bis maximal zur laufenden Zeile. Wird auch dann kein Treffer erzielt, so gibt **ed** ›?‹ aus; z. B.: /^[0-9]./ sucht die nächste Zeile, die mit einer Ziffer beginnt;
	//	sucht das zuletzt definierte Muster erneut.
	?*muster*?	wie /text/; das Suchen erfolgt jedoch rückwärts von der laufenden Zeile zum Pufferanfang hin und von dort aus vom Pufferende bis zur laufenden Zeile.
	??	sucht das zuletzt definierte Suchmuster erneut, aber rückwärts.
substitute	{*bereich*}**s**/*m1*/*text*/	ersetzt den Text, auf den das Textmuster *m1* zutrifft, durch den Text *text*. Nur die erste passende Zeichenkette der Zeile wird ersetzt. Sollen alle ersetzt werden, so ist ›{*bereich*}**s**/*m1*/*text*/**g**‹ zu schreiben. **s** sucht ab der aktuellen Stelle bis zum Pufferende. Ist ein Bereich angegeben, so wird nur darin gesucht; z. B.: ›s/fallsch/falsch/g‹ ersetzt alle vorkommenden *fallsch* einer Zeile durch *falsch*.
transfer	{*bereich*}**t**{*zeile*}	kopiert die laufende Zeile (die Zeilen des angegebenen Bereichs) zur Zielstelle. Der alte Bereich wird nicht gelöscht; z. B.: ›1,3t$‹ kopiert die ersten drei Zeilen des Puffers an das Ende des Puffers.
undo	**u**	macht die letzte Änderung in der laufenden Zeile rückgängig.

	v/*muster*/*kommandos*	v ist die Negation des **g** (global). Die nachfolgenden Kommandos werden nur in den Zeilen ausgeführt, auf die das Suchmuster **nicht** zutrifft.
	{*bereich*}V/*muster*/	V ist die Negation des **G**-Befehls.
write	{*bereich*}w {*datei*}	schreibt den ganzen (oder nur den angegebenen) Pufferinhalt auf die aktuelle (angegebene) Datei.
Write	{*bereich*}W *datei*	schreibt den ganzen (oder nur den angegebenen) Pufferinhalt an das Ende der angegebenen Datei.
	x	x bewirkt eine Chiffrierung des Textes beim Kommando *write* (**w**) und eine Dechiffrierung bei *read* (**r**) und *edit* (**e**). Zu **x** muß eine Zeichenkette angegeben werden, die zur Chiffrierung verwendet wird. **x** ohne Zeichenkette schaltet die Chiffrierung ab.
	!*kommando*	Das angegebene Kommando wird ausgeführt. Dazu wird vorübergehend der **ed** verlassen.

ed-Beschränkungen

Für den **ed** gelten einige Beschränkungen, welche beim Arbeiten mit großen Dateien oder langen Zeilen eine Rolle spielen können. Die wichtigsten dieser Limitierungen sind:

- Maximale Zeilenlänge :   512 Zeichen
- Zeilen pro Global-Kommando: 256 Zeichen
- Zeichen im Dateinamen: 64 Zeichen
- Zeichen in der Datei: 128 Kbyte Zeichen

Diese Werte müssen nicht für alle **ed**-Versionen gelten. Entnehmen Sie die Werte im Zweifelsfall Ihrer **ed**-Dokumentation.

Ein Beispiel für eine einfache ed-Sitzung ist in Kapitel 3.12 zu finden.

6.2 Der Bildschirmeditor vi

Die nachfolgende Beschreibung ist keine vollständige Dokumentation der Möglichkeiten von **vi**, sondern zeigt nur die meistbenutzten Teile desselben.

Kennt man andere Bildschirmeditoren, so mag **vi** anfänglich ungewohnt und kompliziert erscheinen. Dies liegt zum einen daran, daß er eine ungewöhnlich große Anzahl von Befehlen kennt und zum anderen, daß auf vielen Dialogstationen die Pfeiltasten mit **vi** nicht genutzt werden können. Die Pfeil-(Cursor-)Tasten vieler Dialogstationen sind mit **vi** deshalb nicht verwendbar, da sie eine mit dem (esc)-Zeichen beginnende Steuersequenz an den Rechner schicken, (esc) jedoch für den **vi** eine sehr zentrale Sonderfunktion besitzt: *Beende Eingabe- oder Ersetzungsmodus* bzw. *Breche unvollständiges Kommando ab*. Arbeitet man jedoch häufig mit dem Rechner, so lohnt der erhöhte Lernaufwand für den **vi**.

vi ist ein Editor, der sowohl mit intelligenten und schnellen Bildschirmen arbeiten kann, als auch in der Lage ist, seine Ausgabe auf Geräte mit langsamer Übertragungsrate und wenige Steuersequenzen anzupassen. Um die Möglichkeiten und Steuersequenzen einer Dialogstation zu ermitteln, verwendet **vi** den Typus der Dialogstation, der in der Shellvariablen **$TERM** steht, und entnimmt dann die eigentliche Beschreibung der Datei */etc/termcap* oder Datei */usr/src/terminfo/x/t_typ,* falls der *Terminfo*-Mechanismus verwendet wird (*t_typ* ist der Terminaltyp, *x* das erste Zeichen des Typnamens).

vi (wie auch **ex**) ist in der Lage, in zwei Arbeitsmodi zu arbeiten:

- dem **vi**-Modus,
- dem **ex**-Modus.

Im **vi**-Modus (**vi** steht für *visual*) wird bildschirmorientiert gearbeitet, d. h. der Bildschirm zeigt einen Ausschnitt der bearbeiteten Datei, und Änderungen werden bei schnellen (und *intelligenten*) Sichtgeräten sofort, bei langsamen, einfachen Sichtgeräten verzögert angezeigt. Die verzögerte Anzeige erfolgt dann, wenn für die sofortige Korrektur am Bildschirm zu viele Daten übertragen werden müßten oder die Übertragung so lange dauern würde, daß dieser Vorgang das Editieren behindern würde.

Im **ex**-Modus arbeitet der Editor ausgesprochen zeilenorientiert. Der **ex**-Modus stellt eine Obermenge der **ed**-Kommandos zur Verfügung. Seine Beschreibung im Abschnitt 6.3 ist deshalb kurz gehalten und beschränkt sich im wesentlichen auf die Unterschiede zu **ed**.

Es ist möglich, vom **vi**-Modus (durch das Kommando ›**Q**‹) in den **ex**-Modus und von dort (durch das Kommando **vi**) in den **vi**-Modus zurück zu wechseln. Soll nur ein **ex**-Kommando ausgeführt werden (dies ist z. B. zum Schreiben des Arbeitspuffers in eine Datei notwendig), so kann dies im **vi**-Modus geschehen, indem dem **ex**-Kommando ein ›**:**‹ vorangestellt wird (siehe auch Abbildung 6.1 auf Seite 357).

vi und **ex** arbeiten nicht auf der angegebenen Datei selbst, sondern in einem Puffer, in dem eine Kopie der zu bearbeitenden Datei steht. Erst durch die Schreibkommandos wie ›**:w**‹ und ›**ZZ**‹ werden die im Puffer (auf der Kopie) vorgenommenen Änderungen auf die eigentliche Datei übertragen.

6.2.1 Aufruf des vi

Die Syntax zum Aufruf des **vi** lautet:

vi {−t *begriff*} {−r *r_datei*} {−x} {−R} {−c *kommando*} {*datei* ...}

vi wird damit gestartet und die erste der genannten Dateien wird in den Arbeitspuffer gelesen. Diese kann nun modifiziert werden. Mit der Kommandosequenz

:w ⟨cr⟩
:n ⟨cr⟩

werden die durchgeführten Änderungen auf die jeweilige Datei geschrieben und die nächste der angegebenen Dateien bearbeitet. Beendet wird der Editor durch

ZZ

wobei der Editorpuffer vor der Beendigung auf die angegebene Datei geschrieben wird.

:q ⟨cr⟩

beendet den Editor ohne ein vorhergehendes nochmaliges Schreiben.

Mit der Option ›−t *begriff*‹ entfällt die Angabe einer zu editierenden Datei, da automatisch die Datei editiert wird, in welcher der angegebene Begriff vorkommt. Der Arbeitszeiger wird zugleich auf den Begriff plaziert. Hierzu muß eine sogenannte *Tag-Datei* existieren, in der die zu suchenden Begriffe stehen, zusammen mit der Datei, in der sie vorkommen. Dies ist z. B. bei Fehlermeldungen eines Übersetzers praktisch. Solche *Tag-Dateien* können mit dem **ctags**-Kommando erstellt werden.

Die Option ›−r *r_datei*‹ (*recover*) bewirkt, daß nach einem System- oder Editorabsturz das Editieren der angegebenen Datei wieder aufgesetzt wird, wobei in der Regel nur die letzten Änderungen verloren sind.

Durch die Option **−x** erfolgt eine Chiffrierung/Dechiffrierung der bearbeiteten Daten (auch die Pufferinhalte werden chiffriert). Der Benutzer wird dabei interaktiv nach einem Schlüssel gefragt. Für diesen erscheint bei der Eingabe kein Echo.

Durch die Option ›−R‹ (*read only*) wird die Datei nur zum Lesen geöffnet und kann nicht modifiziert zurückgeschrieben werden.

Die Option ›+c *kommando*‹ erlaubt die Ausführung des **ex**-Kommandos, bevor das Editieren beginnt. Mit ›+200‹ z. B. geht der Editor sogleich auf die Zeile 200.

Existiert die beim Aufruf angegebene Datei noch nicht, so wird sie angelegt. Da **vi** nicht auf der Datei selbst, sondern in einem temporären Puffer arbeitet, kann man, sofern man noch kein **w** (*write*) ausgeführt hat (und die *auto-write*-Option nicht gesetzt ist), die **vi**-Sitzung auch mit »:q! ⟨cr⟩« abbrechen, ohne daß die inzwischen vorgenommenen Änderungen auf die Datei übertragen werden. Fehlt beim **vi**-Aufruf der Dateiname, so wird wie üblich zunächst auf dem Puffer gearbeitet. Vor der Beendigung des Editors, muß in diesem Fall dann jedoch die Zieldatei, etwa durch die Anweisung »:f *name*‹ angegeben werden, oder man schreibt die Arbeitsdatei durch ›:w *name*‹ in die Datei *name*.

Weitere, hier nicht beschriebene Optionen sind: **−l**, **−L**, **−C**, **−w***n*.

6.2.2 Aufteilung des Bildschirms

Im **vi**-Modus wird auf dem Bildschirm ein Ausschnitt der gerade bearbeiteten Datei dargestellt. Die Größe des Ausschnitts ist von der Dialogstation abhängig, deren Eigenschaften dem entsprechenden *Termcap*- oder *terminfo*-Eintrag entnommen werden. Hierzu muß die Shell-Variable **$TERM** definiert und als global erklärt sein! Bei langsamen Dialogstationen (<1.200 Baud) werden acht Zeilen als Ausschnittsgröße, bei 1.200 Baud 16 und bei schnelleren Dialogstationen der ganze Bildschirm (minus eine Zeile) als Ausschnittsgröße verwendet.

Die letzte Zeile des Bildschirms dient der Ausgabe von Meldungen sowie der Eingabe im **ex**-Modus (nur für ein Kommando durch Eingabe von ›:‹ oder permanent nach der Eingabe des **Q**-Kommandos). Auch bei dem Suchbefehl (›/‹ oder ›?‹) wird das Suchmuster hier eingegeben.

Der auf dem Bildschirm dargestellte Ausschnitt zeigt die Umgebung der aktuellen Arbeitsposition. Diese selbst wird genauer durch den Zeiger (Cursor) markiert. An dieser Stelle (bzw. von dieser Stelle an) können Änderungen wie das Einfügen neuen Textes, das Löschen oder das Überschreiben von Text vorgenommen werden. Aus diesem Grund stellt der **vi** eine Vielzahl komfortabler Kommandos zur schnellen Änderung des Arbeitszeigers zur Verfügung.

Bei verzögerter Darstellung von Änderungen werden gelöschte Zeilen nicht sofort entfernt, sondern durch ein ›@‹ in der ersten Spalte als gelöscht markiert. Zeilen hinter dem Dateiende werden auf dem Bildschirm durch ein ›~‹-Zeichen gekennzeichnet.

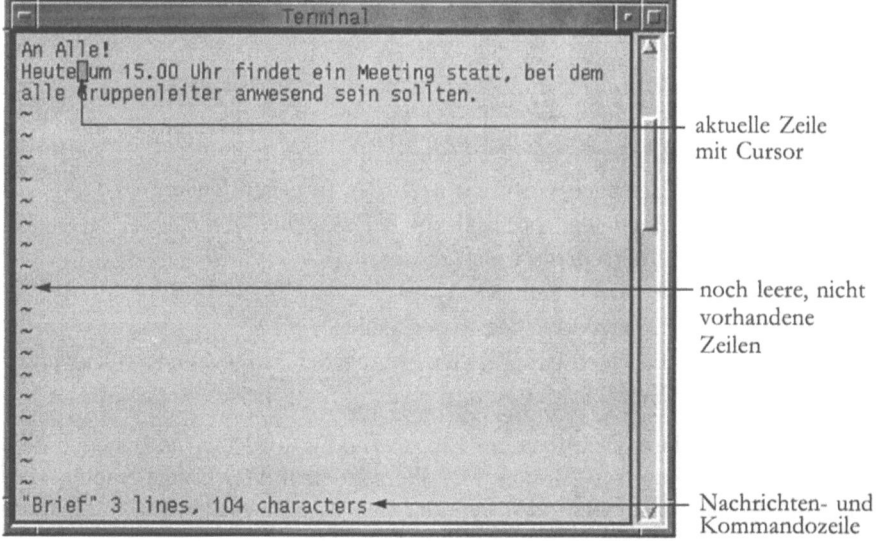

Wird im Kommandomodus ›?‹ oder ›/‹ eingegeben (für *Suche vorwärts* bzw. *Suche rückwärts*), so springt der Cursor in die letzte Bildschirmzeile, wo das Suchmuster dann eingegeben werden kann. In dieser Zeile erscheinen auch eventuelle Fehlermeldungen des Editors. Das gleiche geschieht bei Eingabe von ›:‹ im Kommandomodus. Hierbei erwartet **vi** ein **ex**-Kommando, führt dies aus und kehrt dann sogleich in den **vi**-Modus zurück.

Hat man durch das Kommando **Q** den Editor in den **ex**-Modus versetzt, so erfolgt die Kommandoeingabe (mit einem Echo des Kommandotextes) ebenfalls in der letzten Bildschirmzeile.

6.2.3 Kommando-, Eingabe- und Ersetzungsmodus

Der **vi** kann sich (im **vi**-Modus) in einem von drei Zuständen befinden:
- Kommandomodus
- Eingabe in der Statuszeile
- Eingabe- oder Ersetzungsmodus

Nach dem Starten geht der Editor zunächst in den Kommandomodus. In ihm nimmt er Kommandos entgegen, führt sie aus und ist danach bereit, das nächste Kommando entgegenzunehmen. Beim **vi** (bzw. im **vi**-Modus) bestehen die meisten Kommandos aus einem Tastenanschlag, und das Kommando wird dann ausgeführt, ohne daß es durch eine besondere Taste abgeschlossen werden muß. **ex** (bzw. der **ex**-Modus) hingegen verlangt die Eingabe von ⌐cr⌐ zum Abschluß des Kommandos. Ist ein Kommando nicht erlaubt, so wird bei einfachen Fehlern die Glocke der Dialogstation ertönen, bei schwereren Fehlern wird in der letzten Zeile des Bildschirms eine Fehlermeldung ausgegeben. Im **vi**-Modus wird der Kommandotext **nicht** durch ein Echo auf der Dialogstation angezeigt, sondern erst bei vollständiger Eingabe des Kommandos durch dessen Ausführung (Wirkung). Durch eines der Kommandos

i	(*insert*)	Einfügen vor dem Zeiger,
I	(*Insert*)	Einfügen am Zeilenanfang,
a	(*append*)	Einfügen nach dem Zeiger,
A	(*Append*)	Einfügen am Zeilenende,
o	(*open*)	Einfügen von Text nach der aktuellen Zeile,
O	(*Open*)	Einfügen von Text vor der aktuellen Zeile,
R	(*replace*)	Überschreiben des Textes,
c	(*change*)	Ersetzen eines Objektes,
C	(*Change*)	Ersetzen des Rests der Zeile,
s	(*substitute*)	Ersetzen des Zeichens durch den eingegebenen Text und
S	(*Substitute*)	Ersetzen der ganzen Zeile

geht **vi** in den Eingabemodus über. Im Eingabemodus wird der eingegebene Text eingefügt bzw. beim Ersetzen (**R**, **c** und **C**) überschrieben. Der Eingabemodus wird durch ⌐esc⌐ beendet, und der Editor befindet sich danach wieder im Kommando-

6.2 Der Bildschirmeditor vi

modus. Das Kommando **c** bedarf noch der Angabe des Objektes (siehe Seite 358 ›Objekte‹), das ersetzt werden soll. Im Eingabemodus können Korrekturen des eingegebenen Textes durch folgende Tasten vorgenommen werden:

<*lösche zeichen*>	Lösche das letzte Zeichen.
<*lösche zeile*>	Lösche die ganze eingegebene Zeile.
<ctrl+w>	Lösche das letzte eingegebene Wort.
<ctrl+h>	Bewege den Zeiger eine Position nach links.
<bs>	Bewege den Zeiger eine Position nach links.

Daneben haben im Eingabemodus folgende Tasten Sonderfunktionen:

<ctrl+v>	Das nachfolgende Zeichen ist ein nicht-druckbares Zeichen oder ein Zeichen mit Sonderfunktion, soll aber nicht als solches interpretiert werden (z. B. (esc) im Eingabemodus).
<ctrl+d>	Tabulatorzeichen rückwärts
<ctrl+@>	Der zuletzt eingesetzte Text wird eingefügt.
(esc)	beendet den Eingabemodus.

➡ Im Eingabemodus dürfen (auf vielen Dialogstationen) die Cursortasten nicht benutzt werden!

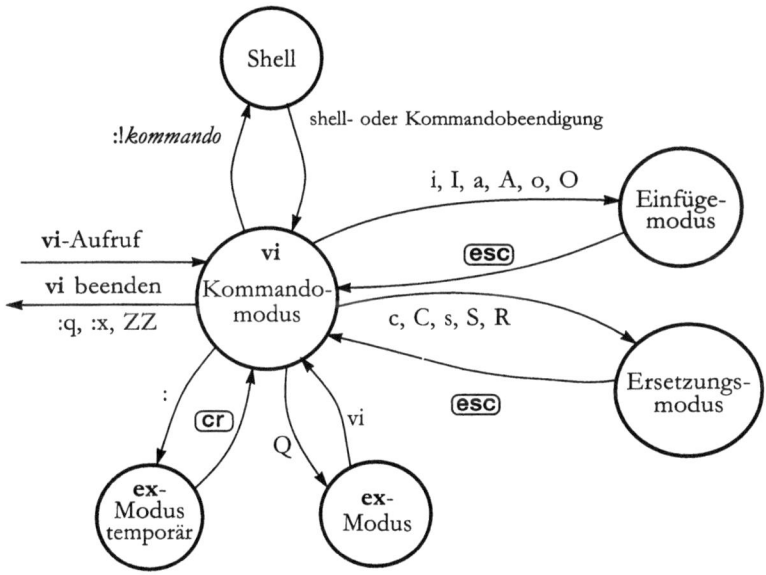

Abb. 6.1: Die Zustandsübergänge des vi

vi geht in den dritten Modus (Eingabe in der Statuszeile), wenn eines der Kommandos eingegeben wird:

:	Gehe für die Dauer eines Kommandos in den **ex**-Modus.
/	Suche vorwärts.
?	Suche rückwärts.

Der Zeiger des **vi** springt dabei in die unterste Zeile des Bildschirms und nimmt dort das Kommando (Suchmuster) entgegen. Dabei können Korrekturen wie im Eingabemodus vorgenommen werden. Das Kommando selbst wird durch ⟨cr⟩ abgeschlossen.

Tasten mit Sonderfunktionen

Eine Reihe von Tasten haben beim Arbeiten mit **vi** Sonderfunktionen. Dies sind:

⟨esc⟩   Die Taste ⟨esc⟩ (oder ⟨alt⟩) übernimmt mehrere Funktionen:
– Sie beendet den Eingabemodus.
– Sie bricht noch nicht fertig geschriebene Kommandos ab.
Wird sie mehrmals betätigt oder im normalen Kommandomodus benutzt, so ertönt die Glocke der Dialogstation, ohne daß etwas geändert wird.

⟨cr⟩   schließt mit ›:‹, ›/‹ oder ›?‹ beginnende Kommandosequenzen sowie alle Kommandos im **ex**-Modus ab oder veranlaßt im Eingabemodus den Editor, eine neue Zeile zu beginnen. Als Kommando wird durch ⟨cr⟩ der Arbeitszeiger um eine Zeile nach unten bewegt.

⟨del⟩   ⟨del⟩ (oder ⟨unterbrechen⟩) veranlaßt den Editor, seine gerade laufende Aktion abzubrechen. Es handelt sich dabei um eine Art Gewaltaktion, die nicht unbedacht verwendet werden sollte.

↑ ↓ ← →   Die Pfeiltasten werden im Kommandomodus zur Verschiebung des Arbeitszeigers in der angezeigten Richtung verwendet. Im Eingabemodus dürfen sie nicht benutzt werden (die ⟨esc⟩-Sequenz der Tasten auf den meisten Dialogstationen würde in diesem Fall den Eingabemodus beenden). Man sollte sich jedoch angewöhnen, im **vi** ganz ohne die Pfeiltasten (Cursortasten) zu arbeiten und statt dessen die Zeichen **k** für ↑, **j** für ↓, die Leertaste oder l für → und <bs> oder **h** an Stelle von ← zu verwenden.

6.2.4 Positionieren des Arbeitszeigers

Ein Vorzug des **vi** resultiert aus den zahlreichen und komfortablen Möglichkeiten, den Arbeitszeiger und damit die Bearbeitungsposition zu verschieben. Es gibt dabei drei Arten der Verschiebung:

- Bewegung des Arbeitszeigers in festen Bildschirmeinheiten wie Zeichen, Zeile, eine halbe Ausschnittsgröße oder um eine ganze Ausschnittsgröße (Seite)
- Bewegung des Arbeitszeigers in Objekten wie Wort, Satz, Absatz und Abschnitt
- Bewegung des Arbeitszeigers durch Suchen mit einem Textmuster

Objekte

Die Begriffe **Wort, Satz, Absatz** und **Abschnitt** sind dabei standardmäßig wie folgt definiert:[1]

Wort Folge von Buchstaben und Ziffern ohne Zwischenraum. Wird bei den Wort-Operationen der Kleinbuchstabe verwendet (z. B. **dw** für *Lösche Wort*, oder **cw** für *Ersetze Wort*), so wird ein Sonderzeichen (z. B.: ›.‹, ›,‹, ›!‹) als eigenes Wort interpretiert. Bei Verwendung von Großbuchstaben (z. B. **dW**) wird nur dann gelöscht, wenn es freistehend ist, d. h. wenn vor und nach dem Wort Trennzeichen (⎵, (tab), (nl)) stehen.

Satz Folge von Worten, die durch ›.‹, ›!‹ oder ›?‹ terminiert wird. Diesem Zeichen müssen entweder eine neue Zeile oder zwei Leerzeichen folgen.

Absatz Ein Absatz beginnt nach jeder Leerzeile oder nach einer Sequenz, die den Absatz einleitet. Diese Zeichenfolgen sind in **paragraphs** definierbar (durch das **set**-Kommando). Standardmäßig werden folgende Sequenzen als Beginn eines Absatzes erkannt, sofern sie am Anfang einer Zeile stehen (**–ms** und **–mm**-Makropakete):
›.IP‹, ›.LP‹, ›.PP‹, ›.QP‹, ›.P‹, ›.LI‹

Abschnitt Ein Abschnitt beginnt mit einer in **sections** definierten Zeichensequenz oder einer Zeile mit einem (FF)-Zeichen (*form feed*) als erstes Zeichen der Zeile. Der Standardwert in *sections* ist:
›.NH‹, ›.SH‹, ›.H‹, ›.HU‹.
Absatzgrenzen sind auch stets Zeilen- und Abschnittsgrenzen.

Die Einheiten **Zeichen, Wort, Zeile, Satz, Absatz** und **Abschnitt** werden als unterschiedliche Objekte betrachtet.

Die nachfolgenden Kommandos erwarten nach dem Kommandobuchstaben eine Angabe der Objektart, die sie bearbeiten sollen:

- **c** Ersetze das Objekt durch den Text der Eingabe bis zum (esc).
- **d** Lösche Objekt.
- **y** Sichere Objekt.
- **>** Schiebe nach rechts.
- **<** Schiebe nach links.

---

1. Die Definition von **Satz, Absatz** und **Abschnitt** kann durch eine **:set**-Anweisung geändert werden (siehe Abschnitt 6.2.8).

Als Objekt kann dann z. B. angegeben werden:

⌴ (Leertaste)	für	›*Einzelnes Zeichen*‹
w	für	›*Wort ohne Sonderzeichen*‹
W	für	›*Wort inklusiv Sonderzeichen*‹
b	für	›*Vorhergehendes Wort ohne Sonderzeichen*‹
B	für	›*Vorhergehendes Wort mit Sonderzeichen*‹
G	für	›*Bis zum Ende des Puffers*‹
^	für	›*Bis zum Anfang der Zeile*‹
$	für	›*Bis zum Ende der Zeile*‹
(	für	›*Bis zum Anfang des Satzes*‹
)	für	›*Bis zum Ende des Satzes*‹
{	für	›*Bis zum Anfang des Absatzes*‹
}	für	›*Bis zum Ende des Absatzes*‹
]]	für	›*Bis zum Anfang des Abschnitts*‹
[[	für	›*Bis zum Ende des Abschnitts*‹

Steht der Arbeitszeiger innerhalb eines Objektes, so ist damit ›*Von der aktuellen Position bis zum Ende des Objektes*‹ oder ›*Bis zum Anfang des Objektes*‹ gemeint. **cc, dd, yy, <<** und **>>** arbeiten dabei jeweils auf der ganzen Zeile.

Beispiele:

c3wnichts ⎋	ersetzt die drei folgenden Worte durch *nichts*.
3c 1234 ⎋	ersetzt die nächsten 3 Zeichen durch den Text ›1234‹.
c$. ⎋	ersetzt den Text bis zum Ende der Zeile durch einen Punkt.
y6 ⌴	sichert die nächsten 6 Zeichen im temporären Puffer.
:.,$d	löscht die Zeilen von der aktuellen Zeile bis zum Pufferende.
d^	löscht den Text von der aktuellen Position bis zum Anfang der Zeile.
3d) *oder* **d3)**	löscht ab der aktuellen Zeile 3 Sätze (nicht Bildschirmzeilen!).
3dw	löscht ab der aktuellen Position die nächsten 3 Worte.

Positionierungsbefehle

In der nachfolgenden Beschreibung werden folgende Abkürzungen verwendet:

|z|	bewegt den Zeiger nur innerhalb einer Zeile.
|s|	bewegt den Zeiger nur innerhalb des aktuellen Ausschnitts (Seite).
|n|	kann mit einem Wiederholungsfaktor versehen werden.
|+n|	Eine davorstehende Zahl gibt eine Distanz an.

Zeichenweise:

→ oder l	eine Position nach rechts |+n|, |Z|
⌴	(Leerzeichen) eine Position nach rechts |+n|, |Z|
← oder h	eine Position nach links |+n|, |Z|
\<bs\>	eine Position nach links |+n|, |Z|
\<ctrl+h\>	eine Position nach links |+n|, |Z|
n|	gehe zur Spalte n |Z|
fx	positioniert auf das nächste Zeichen x |+n|, |Z|.
Fx	positioniert auf das nächste Zeichen x nach links |+n|, |Z|.
tx	positioniert auf das Zeichen vor den nächsten x |+n|, |Z|.
Tx	positioniert auf das Zeichen vor den nächsten x rückwärts |+n|, |Z|.
;	wiederholt das letzte f-, F-, t- oder T-Kommando |Z|.
,	wiederholt das letzte f-, F-, t- oder T-Kommando aber in umgekehrter Richtung |Z|.

Wortweise:

w	zum nächsten Wort oder Sonderzeichen |n|
W	zum nächsten Wort |n|
b	zum vorhergehenden Wort oder Sonderzeichen |n|
B	zum vorhergehenden Wort |n|
e	zum Ende des aktuellen (oder nächsten) Wortes oder Sonderzeichens |n|
E	zum Ende des aktuellen (oder nächsten) Wortes |n|

Zeilenweise:

^	zum Anfang der Zeile (erstes sichtbares Zeichen)
0	zum Anfang der Zeile (erstes Zeichen)
$	zum Ende der Zeile |n|
↑ oder k	eine Zeile nach oben (gleiche Spalte) |n|
\<ctrl+p\>	eine Zeile nach oben (gleiche Spalte) |n|
−	eine Zeile nach oben zum 1. sichtbaren Zeichen |n|
\<ctrl+m\>	eine Zeile nach unten zum 1. sichtbaren Zeichen |n|
(cr)	eine Zeile nach unten zum 1. sichtbaren Zeichen |n|
↓ oder j	eine Zeile nach unten, gleiche Spalte |n|
\<ctrl+n\>	eine Zeile nach unten, gleiche Position |n|
+	eine Zeile nach unten zum 1. sichtbaren Zeichen
\<ctrl+y\>	Verschiebe Ausschnitt 1 Zeile nach oben.
\<ctrl+e\>	Verschiebe Ausschnitt 1 Zeile nach unten.

Größere Bereiche:

H	(*home*) zum Anfang des Bildschirms |+n|, |S|
M	zur Mitte des Bildschirms|+n|, |S|
L	(*last*) zur letzten Zeile des Bildschirms|+n| |S|
<ctrl+u>	(*up*) Ausschnitt um elf Zeilen (H Seite) nach oben schieben |n|
<ctrl+d>	(*down*) Ausschnitt um elf Zeilen (H Seite) weiterschieben |n|
<ctrl+b>	(*back*) eine Seite zurück |n|
<ctrl+f>	(*forward*) eine Seite vorwärts |n|
)	nächster Satz |n|
(	vorhergehender Satz |n|
}	nächster Absatz (Paragraphen) |n|
{	vorhergehender Absatz (Paragraphen) |n|
]]	nächster Abschnitt |n|
[[	vorhergehender Abschnitt |n|
*n*G	(*go*) Positioniere auf Zeile *n* (›0G‹ positioniert an das Ende des Puffers).
G	Positioniere auf die letzte Position im Arbeitspuffer.
%	Steht der Zeiger auf einem [-, (- oder {-Zeichen, so wird die entsprechende schließende Klammer gesucht; steht er auf], (oder }, so wird rückwärts nach der öffnenden Klammer gesucht.

6.2.5 Suchen

vi kennt zwei Arten von Suchbefehlen:

- Das Suchen eines einzelnen Zeichens innerhalb einer Zeile
- Das Suchen mit einem Textmuster. Dies ist nicht auf die Zeile beschränkt.

In beiden Fällen wird von der aktuellen Position aus entweder vorwärts oder rückwärts gesucht. Ein Wiederholungsbefehl steht jeweils zur Verfügung.

Suche in der laufenden Zeile

Zur Suche nach einem einzelnen Zeichen innerhalb der Zeile bietet **vi** folgende Kommandos an:

fx	Suche das Zeichen *x* in der Zeile vorwärts |n|, |Z|.
Fx	Suche das Zeichen *x* in der Zeile rückwärts |n|, |Z|.
tx	Suche das Zeichen *x* in der Zeile vorwärts und positioniere den Zeiger vor das Zeichen |n|, |Z|.

Tx	Suche das Zeichen *x* rückwärts in der Zeile und positioniere den Zeiger dahinter |n|, |Z|.
;	Wiederhole den letzten Suchbefehl (f, F, t, T).
,	(Komma) Wiederhole den letzten Suchbefehl (f, F, t, T), jedoch in umgekehrter Richtung.

Suchen mit einem Textmuster

Soll das Suchen nicht auf die aktuelle Zeile beschränkt oder das Suchmuster komplexer als ein Zeichen sein, so können folgende Suchbefehle verwendet werden:

/muster	Suche nach dem Muster vorwärts |n|.
?muster	Suche nach dem Muster rückwärts |n|.
n	Wiederhole letztes Suchen |n|.
N	Wiederhole letztes Suchen in umgekehrter Richtung |n|.
%	Suche nach einer korrespondierenden (...), {...} oder [...] Klammer.

Der Zeiger steht dabei nach dem Suchen am Anfang des gefundenen Textes. Wurde ein auf das Suchmuster passender Text nicht gefunden, so bleibt der Zeiger auf der Ausgangsposition stehen.

Beim Suchen darf das Suchmuster ein regulärer Ausdruck (siehe auch die Beschreibung des *ed* und Kapitel 4.4) sein. Das Suchmuster wird dabei aus folgenden Teilen aufgebaut:

c	Das Zeichen *c* steht für sich selbst.
.	(Punkt) steht für ›*Jedes beliebige einzelne Zeichen*‹.
[...]	steht für ›*Jedes der in den Klammern angegebenen Zeichen*‹.
[^...]	steht für ›*Keines der in den Klammern angegebenen Zeichen*‹.
[a–e]	steht für ›*Jedes der Zeichen im (ASCII-) Bereich a bis e*‹.
*	steht für ›*Beliebige Wiederholung des voranstehenden Musters*‹.
^	(vor dem Suchmuster) steht für ›*Am Anfang der Zeile*‹.
$	(hinter dem Suchmuster) steht für ›*Am Ende der Zeile*‹.
\(...\)	klammert ein Teilmuster. Das n-te so gebildete Teilmuster kann im Ersetzungsmuster mit ›\n‹ angegeben werden.
\<	(vor dem Suchmuster) steht für ›*Am Anfang eines Wortes*‹.
>\	(hinter dem Suchmuster) steht für ›*Am Ende eines Wortes*‹.
\	Das Fluchtsymbol maskiert das nachfolgende Zeichen mit Sonderfunktion. Dieses verliert hierdurch seine Metafunktion.

Folgende Optionen beeinflussen den Suchvorgang:

:se ic	Beim Suchen soll zwischen Groß- und Kleinbuchstaben unterschieden werden.
:se noic	Beim Suchen soll **nicht** zwischen Groß- und Kleinbuchstaben unterschieden werden.
:se mag	Das Suchmuster darf ein regulärer Ausdruck sein. Die Zeichen ›.‹, ›*‹ und ›[...]‹ haben dabei Metafunktionen.

:se nomagic
: Im Suchmuster haben die Metazeichen (außer \) keine Sonderfunktion mehr. Die Sonderfunktion der Zeichen ›.‹, ›*‹ und ›[‹ kann durch ein vorangestelltes ›\‹ erreicht werden.
:se ws : Beim Suchen soll vom Ende des Arbeitspuffers zum Anfang weitergegangen werden (*wrap search*) und umgekehrt.
:se nows : Beim Suchen wird am Ende (Suchen vorwärts) oder am Anfang des Puffers (Suchen rückwärts) angehalten.

Suchen und Ersetzen

Sollen mehrere gleiche Textteile gesucht und ersetzt werden, so ist es praktischer, dies im **ex**-Modus mit Hilfe des Ersetzungskommando **s** durchzuführen. So ersetzt z. B. die Sequenz:

:s/Maier/Mayer/

die erste Zeichenkette *Maier* der Zeile durch *Mayer*,

:s/Maier/Mayer/g

alle in der Zeile vorkommenden *Maier* durch *Mayer* und

:1,$s/Maier/Mayer/g

alle vorkommenden *Maier* durch *Mayer* im ganzen Puffer. Mit ›:‹ ist man dabei temporär in den **ex**-Modus gegangen. Soll vor der Ersetzung auch noch jeweils der Text gezeigt und angefragt werden, ob wirklich zu ersetzen ist, so müßte die Eingabe für das obige Beispiel wie folgt aussehen: ›**:1,$s/Maier/Mayer/gc**‹

Suchen mit einer Tag-Datei

Zuweilen möchte man in einer oder mehreren Dateien nach einer Liste von Begriffen oder Positionen suchen – z. B. nach den Zeilen, in denen der Compiler Fehler gefunden hat. In **vi** und **ex** kann dies mit Hilfe des **Tag**-Mechanismus geschehen. Dazu muß zunächst eine sogenannte *Tag-Datei* erstellt werden. In ihr steht jeweils in einer Zeile

- der Begriff, nach dem gesucht werden soll,
- die Datei, in welcher der Begriff vorkommt,
- ein Muster oder eine Zeilenangabe, mit der gesucht bzw. der Arbeitszeiger positioniert wird.

Diese Angaben sind jeweils durch ein Tabulatorzeichen getrennt. Die Begriffe müssen alphabetisch sortiert sein. Für C-, FORTRAN- und PASCAL-Programme erstellt das Programm **ctags** eine solche Datei, wobei die Funktionen/Prozeduren in den Dateien als Suchbegriffe eingetragen werden. **ctags** legt diese Datei unter dem Namen *tags* im aktuellen Katalog an.

Wird **vi** oder **ex** mit der Option **–t** *begriff* gestartet, so sucht der Editor in der Datei *tags* nach dem Begriff, öffnet die in *tags* dazu angegebene Datei und positioniert den Arbeitszeiger auf die entsprechende Zeile. Mit

:**tag** *begriff*

kann dann nach dem nächsten Begriff gesucht werden.

Die Anweisung

:**set tag**=*datei* ...

erlaubt eine Folge von Dateinamen anzugeben, die als *Tag-Dateien* durchsucht werden sollen (Standard: *tags/usr/lib/tags*).

6.2.6 Puffer und Marken

Puffer

vi besitzt neben dem generellen Puffer, in dem die Kopie der zu bearbeitenden Datei gehalten und modifiziert wird, eine Reihe weiterer Puffer, in die der Benutzer Textteile sichern und aus denen er diese Texte wieder in den Arbeitspuffer zurückkopieren kann. Es existiert dabei ein unbenannter (temporärer) Puffer, sowie die Puffer mit den Namen *a* bis *z*. Wird beim Sichern oder Kopieren kein Puffername angegeben, so ist der temporäre Puffer gemeint. Ein Puffer wird durch **"x** bezeichnet (das **"**-Zeichen ist hier Teil der Syntax), wobei hier x für den Namen des Puffers steht. Das Sichern eines Textobjektes erfolgt mit dem Kommando **y** (**Y** kopiert die ganze Zeile), das Kopieren aus dem Puffer in den Arbeitsbereich mit dem Kommando **p** (vor dem Zeiger) oder **P** (hinter den Zeiger).

Das Kommando

"ayW

sichert z. B. das Wort, auf dem der Zeiger steht in den Puffer *a*. Das Kommando

"bP

z.B. kopiert den Inhalt des Puffers *b* vor den Zeiger, oder, falls es sich um eine ganze oder mehrere Zeilen handelt, oberhalb der aktuellen Zeile.

Soll Text im Arbeitsbereich kopiert werden, so wird er zunächst in einen Puffer geschrieben und der Arbeitszeiger wird auf die Zielposition gesetzt. Danach wird der Text aus dem Puffer an die neue Position kopiert.

Beim Verschieben von Text wird er an der alten Stelle gelöscht (mit dem Kommando **d**), der Zeiger neu positioniert und der Text dann aus dem temporären Puffer an die neue Stelle kopiert. Beim Löschen kann auch ein Puffer explizit angegeben werden. Die Löschoperation hat damit die allgemeine Syntax:

{puffer}{n}**d**{objekt}

({...} kennzeichnet hier optionale Teile) Der Befehl **"c20dd** löscht zum Beispiel 20 Zeilen und sichert diese dabei in den Puffer mit dem Namen *c*. Wird beim Löschen der Puffer nicht explizit angegeben, so wird der gelöschte Text in vom **vi** verwaltete Puffer kopiert. Diese können vom Benutzer später wieder explizit angesprochen werden. Es stehen in den Puffern **"1** bis **"9** jeweils die neun zuletzt gelöschten Bereiche. In **"1** steht dabei das zuletzt Gelöschte, in **"2** das davor Gelöschte u.s.w.. Mit dem **p**- oder **P**-Kommando kann es entsprechend wieder abgerufen werden.

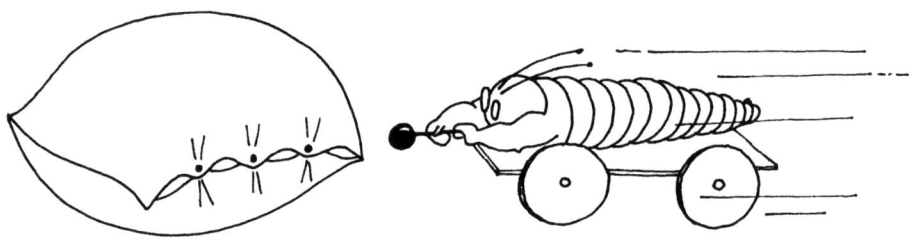

Marken

vi erlaubt, im Text Marken (Merkpositionen) zu setzen. Dies geschieht durch

    mx

wobei *x* ein Zeichen im Bereich ›a-z‹ ist. Will man zu dieser Marke zurückkehren, so ist dies möglich mit:

    'x

Diese Marken können nun auch in anderen Befehlen (wie z.B.: *Löschen, Sichern, Kopieren, Verschieben*) benutzt werden. Zum Beispiel:

    d'e

löscht den Text von der aktuellen Position bis zur Marke *e*;

    :'a,'ed

löscht den Text zwischen den Marken *a* und *e*.

6.2.7 Kommandotabelle des vi

Die nachfolgende Liste enthält die **vi**-Kommandos, soweit sie nicht zum reinen Positionieren oder Suchen dienen:

Kommando:	Bedeutung:
a	Gehe in den Eingabemodus und füge Text hinter dem Zeiger ein.
A	Gehe in den Eingabemodus und füge Text am Ende der Zeile an.
c<*objekt*>	Ersetze das angegebene Objekt durch die Eingabe.
C	Ersetze den Rest der aktuellen Zeile durch die Eingabe.
d<*objekt*>	Lösche das angegebene Objekt.
	›"x**d**‹ legt das gelöschte Objekt dabei in dem Puffer x ab.
D	Lösche den Rest der Zeile (= d$).
<ctrl+g>	**vi** gibt den aktuellen Dateinamen, die aktuelle Zeilennummer und die Anzahl der Zeilen der Datei aus.
i	Gehe in den Eingabemodus und füge den Text vor dem Zeiger ein.
I	Gehe in den Eingabemodus und füge den Text am Anfang der Zeile ein (entspricht ›^i‹).
J	Hänge die nachfolgende Zeile an die aktuelle Zeile an. |n|
<ctrl+l>	Der Bildschirm wird erneut ausgegeben. Dies ist nützlich, wenn fremde Meldungen auf dem Schirm erschienen sind.
mx	Markiere die aktuelle Position mit der Marke x (a–z). Mit '**x** kann man dann an diese Position zurückkehren.
o	Gehe in den Eingabemodus und füge den Text nach der aktuellen Zeile ein.
O	Gehe in den Eingabemodus und füge den Text vor der aktuellen Zeile ein.
p	Füge den zuletzt gelöschten Text nach dem Zeiger ein.
	›"*i***p**‹ fügt die *i*-te letzte Löschung ein ($1 \leq i \leq 9$).
	›"*a***p**‹ fügt den Text aus dem Puffer *a* ($a \leq$ ax) ein.
	Das Kommando **xp** vertauscht zwei Buchstaben.
P	Füge den zuletzt gelöschten Text vor (oder über) dem Zeiger ein (ansonsten wie **p**).
Q	Überführe den **vi** in den **ex**-Modus.
<ctrl+r>	Gebe den Bildschirm erneut aus, wobei gelöschte Zeilen nicht mehr gezeigt werden.
rx	Ersetze das Zeichen unter dem Zeiger durch das Zeichen x. |n|
R	**vi** geht in den Ersetzungsmodus. Hierbei wird der Text auf dem Bildschirm durch die neue Eingabe überschrieben.
s	Ersetze das Zeichen unter dem Zeiger durch den nachfolgenden Text.
S	Ersetze die ganze Zeile (entspricht **cc**).
u	Hebe die letzte Änderung im aktuellen Puffer auf.
U	Hebe die letzten Änderungen der aktuellen Zeile wieder auf.
x	Lösche das Zeichen unter dem Zeiger. |Z|, |n|
X	Lösche das Zeichen vor dem Zeiger. |Z|, |n|

y\<*objekt*\>	Sichere das angegebene Objekt in einen temporären Puffer (oder mit "*xyobjekt in den Puffer x*).
Y	Kopiere die Zeile in den temporären Puffer (oder den angegebenen Puffer).
z\<*pos*\>	Gebe den Bildschirm erneut aus, wobei der Zeiger auf der angegebenen Position steht. Hierbei sind möglich:
(cr)	am Anfang des Ausschnitts,
.	in der Mitte des Ausschnitts,
-	am Ende des Ausschnitts,
|+n|	eine nachfolgende Zahl gibt die Ausschnittsgröße an, die von nun an gelten soll.
ZZ	Schreibe die Datei aus (soweit notwendig) und beende **vi**.
.	(Punkt) Wiederhole das letzte Änderungskommando (praktisch beim Löschen).
\<\<*objekt*\>	Schiebe das Objekt um acht Positionen nach links.
\>\<*objekt*\>	Schiebe das Objekt um acht Positionen nach rechts.

Neben diesen reinen **vi**-Kommandos werden einige **ex**-Kommandos zum Arbeiten benötigt. Diese werden jeweils durch (cr) abgeschlossen. In den darin verwendeten Dateinamen und Kommandos sind die Metazeichen der Shell erlaubt. Das Zeichen % ist ein zusätzliches Metazeichen und wird vom Editor durch den Namen der aktuellen Datei ersetzt. Zu den häufig benutzten **ex**-Kommando gehören:

:w {*datei*}	Die Änderungen werden in die bearbeitete Datei zurückgeschrieben. Es kann optional eine neue Datei angegeben werden. Hat man den Namen einer Datei angegeben, die bereits existiert, so wird sie nur dann überschrieben, wenn man **:w !** ... angibt.
:w ! *datei*	Die Arbeitsdatei bzw. der Arbeitspuffer wird in die angegebene Datei geschrieben; dies geschieht auch dann, wenn bereits eine Datei mit dem angegebenen Namen existiert.
:a,e w *datei*	Die Zeilen im Bereich a bis e werden in die genannte Datei geschrieben.
:wq	Wie ›**:w**‹, der Editor wird jedoch danach terminiert.
:x	Wie ›**:wq**‹, es wird jedoch nur geschrieben, wenn wirklich Änderungen vorgenommen wurden.
:e *datei*	Die angegebene Datei soll editiert werden.
:e# *datei*	Die alternative Datei soll editiert werden. Dies erlaubt einfach beim Editieren zwischen zwei zu wechseln.
:r *datei*	Es wird der Inhalt der angegebenen Datei eingelesen.
:r! *kommando*	Die Ausgabe des UNIX-Kommandos wird eingelesen.

6.2 Der Bildschirmeditor vi

:a,e s/*alt*/*neu*   Im Bereich a bis e wird der erste vorkommende Text *alt* einer Zeile durch den Text *neu* ersetzt. Wird ›a,e‹ weggelassen, so wird nur in der aktuellen Zeile ersetzt.

:a,e s/*alt*/*neu*/g   Im Bereich *a* bis *e* wird jeder Text *alt* durch *neu* ersetzt.

:a,e s/*alt*/*neu*/g   Im Bereich *a* bis *e* wird jeder Text *alt* durch *neu* ersetzt. Dabei wird der gefundene Text gezeigt und gefragt, ob wirklich ersetzt werden soll. Bei *y* als Anwort wird ersetzt.

:so *datei*   Die nachfolgenden Kommandos sollen aus der angegebenen Datei gelesen werden.

:ta *begriff*   Der Arbeitszeiger wird auf die Position von *begriff* gesetzt. Dies kann auch in einer anderen Datei sein. Damit dies möglich ist, muß eine *Tag-Datei* existieren. Siehe hierzu Abschnitt 6.2.5 unter ›*Suchen mit einer Tag-Datei*‹.

:q!   Der Editor wird beendet, ohne daß die durchgeführten Änderungen zurückgeschrieben (gesichert) werden.

:n   Die nächste (im Aufruf des **vi**) angegebene Datei wird editiert.

:!*kommando*   Das angegebene UNIX-Kommando wird ausgeführt. Danach wird der Benutzer aufgefordert, ein (cr) einzugeben, um im Editor weiterzuarbeiten oder ein weiteres Kommando mit ›:kommando‹ anzugeben.

:!!   Das zuletzt ausgeführte UNIX-Kommando wird nochmals (mit den gleichen Parametern) aufgerufen.

:!sh   startet aus dem Editor heraus die Shell **/bin/sh**. In dieser kann dann bis zur Eingabe von <dateiende> gearbeitet werden.

:sh   startet aus dem Editor heraus eine neue Shell (entsprechend $SHELL). In dieser kann dann bis zur Eingabe von <dateiende> gearbeitet werden.

6.2.8 vi-interne Optionen

vi kennt eine Reihe interner Optionen, die seine Arbeitsweise beeinflussen. Diese Optionen können entweder extern durch das Shellkommando

    option=*wert* ; **export** *option*

oder intern durch die Sequenz   :set *option*=*wert*

gesetzt werden. Dabei ist es möglich, in einem Kommando mehrere Optionen zu setzen (der **set**-Befehl kann mit **se** abgekürzt werden). Die einfachste Art ist die Vorbesetzung der Variablen **EXINIT**, in der die gewünschten Optionen (außerhalb des Editors) gesetzt werden können. Also z.B.:

```
EXINIT="set ai aw nows"
export EXINIT
```

Der Wert einer Option kann mit dem Kommando :set <option>?
abgefragt werden. Das nachfolgende Kommando zeigt den Wert aller Optionen
an: :set all

Die häufig benutzten Optionen sind:

Name:	Standard:	Funktion:
autoindent	**noai**	Es wird automatisch eingerückt.
autowrite	**noaw**	Nach den Kommandos ›:n‹, ›ta‹, ›^^‹ und ›!‹ wird der Puffer automatisch auf die bearbeitete Datei geschrieben.
ignorecase	**noic**	Beim Suchen soll kein Unterschied zwischen Groß- und Kleinbuchstaben gemacht werden.
list	**nolist**	(tab) wird als ›^I‹ und (nl) als ›$‹ dargestellt.
magic	**nomagic**	Die Zeichen ›.‹, ›[‹ und ›*‹ haben in Suchbefehlen eine Sonderfunktion.
number	**nonu**	Die Zeilen werden mit vorangestellten Zeilennummern dargestellt.
paragraphs	**par=**	**IPLPPPQPP LIpplppipnpbbp** Namen der Makros, die einen Absatz (Paragraphen) einleiten
redraw	**nore**	simuliert auf einer einfachen Dialogstation eine *intelligente* Dialogstation.
sections	**sect=**	**NHSHH HUuhsh+c** Namen der Makros, die einen Abschnitt (*section*) begrenzen
Shiftwidth	8	gibt die Distanz beim Schieben durch die Kommandos ›<‹ (links) und ›>‹ (rechts) an.
showmatch	**nosm**	Es werden die öffnenden Klammern bei der Eingabe von ›}‹ und ›)‹ angezeigt.
showmode	**noshowmode**	Es wird der aktuelle Arbeitsmodus angezeigt.
slowopen		Beim Eingabemodus soll die Korrektur des Bildschirms verzögert werden (dies ist im Standardfall abhängig von der Übertragungsrate der Dialogstation).

tags	tags=	tags /usr/lib/tags gibt an, welche Dateien als *Tag-Dateien* beim Aufruf von »:ta *begriff*« nach dem angegebenen Begriff durchsucht werden sollen.
term	dumb	Typus der Dialogstation wie er in $TERM definiert ist.
wrapmargin	wm=0	*n* Zeichen vor dem Zeilenende soll automatisch an einer Wortgrenze getrennt und eine neue Zeile begonnen werden (vorteilhaft beim Editieren von **nroff**-Texten).
wrapscan	ws=0	Beim Suchen soll (ws ≠ 0 → nicht) über das Ende bzw. den Anfang des Puffers hinaus (jeweils am anderen Ende) weitergesucht werden.

6.2.9 Makros, Abkürzungen und Ersetzungen

vi kennt einen parameterlosen Makromechanismus. Dabei wird der Text eines Puffers als Kommandosequenz interpretiert und entsprechend ausgeführt. Der Aufruf erfolgt durch:

@x

wobei *x* der Name des Puffers ist. Die Sequenz bekommt man am einfachsten in den Puffer, indem man den Text im Arbeitspuffer als Zeile(n) einfügt und diese dann durch ein entsprechendes Löschen in den Puffer sichert. Also etwa durch:

"xdd

Die für viele Kommandos notwendigen Steuerzeichen gibt man durch ein jeweils vorangestelltes <CTRL+V> ein.

Ersetzungen

Neben den oben beschriebenen Makroaufrufen, erlaubt **vi** die Verwendung von **Ersetzungen**, sowie die Einführung von **Abkürzungen**. Eine **Ersetzung** wird wie folgt definiert:

:map kürzel text⟨cr⟩

Hiernach wird bei Eingabe des Kürzels der angegebene Text an Stelle des Kürzels eingesetzt, so als sei er an der Dialogstation getippt worden. *kürzel* darf nicht länger als 10 Zeichen sein (falls es länger als ein Zeichen oder eine Funktionstaste ist, sollte die Option **notimeout** gesetzt sein). *text* darf nicht länger als 100 Zeichen sein! Hat man keine Funktionstasten, so kann man imaginäre einführen. Sie werden dann unter ›#n‹ angesprochen. *n* ist dabei ein Buchstabe oder eine Ziffer. Die Sequenz

:map <ctrl+v><ctrl+a> :w<ctrl+v> (cr) (cr)

bewirkt, daß bei der Eingabe von <ctrl+a> das Kommando ›:w(cr)‹ ausgeführt (und damit der Text auf die bearbeitete Datei geschrieben) wird. Die beiden <ctrl+v> sind hier notwendig, um die nachfolgenden Steuerzeichen <ctrl+a> und (cr) eingeben zu können, da sie sonst vom **vi** ausgefiltert würden. Durch die Anweisung

:map #0 :s/Unix/UNIX/<ctrl+v> (cr) (cr)

wird der Pseudofunktionstaste #0 das angegebene Ersetzungskommando zugeordnet. Das Kommando kann nun im Kommandomodus durch Eingabe von

#0

aufgerufen werden. Ein abschließendes (cr) ist dabei nicht notwendig.
Die Ersetzung kann durch das Kommando

:unmap *kürzel*

wieder aufgehoben werden. Lautet das Kommando ›map! ... ‹, so ist diese Ersetzung nicht im Kommandomodus, sondern (wie die nachfolgend erklärte Abkürzung auch) im Eingabe- oder Ersetzungsmodus wirksam, muß jedoch nicht wie die Abkürzung frei stehen.

Abkürzungen

Die **Abkürzung** ist ein der Ersetzung sehr ähnlicher Mechanismus. Der Unterschied liegt darin, daß die Abkürzung nur innerhalb des Eingabe- oder Ersetzungsmodus sowie bei der Eingabe in der Statuszeile wirksam wird. Eine Abkürzung kann durch das Kommando

:ab *kürzel text*

eingeführt und durch

:una *kürzel*

wieder aufgehoben werden. Um ein Kürzel von einer gleichlautenden Eingabesequenz unterscheiden zu können, muß bei der Eingabe das Kürzel frei stehen (d. h. es darf kein Buchstabe oder keine Ziffer direkt davor oder danach eingegeben werden).

Das nachfolgende Kommando definiert ›UU‹ als Kürzel für den Text *UNIX*:

:ab UU UNIX (cr)

Im Eingabemodus wird nun die Sequenz ›UU ‹ zu ›UNIX ‹ expandiert und eingesetzt, während ›UU3‹ nicht ersetzt würde.

6.2.10 Bereichsangaben im vi und ex

Werden Kommandos im **ex**-Modus oder in der **ex**-Syntax (durch Eingabe von **:**) aufgerufen, so gilt für die Zeilen- und Bereichsangabe die bereits unter Abschnitt 6.1.2 beschriebene Syntax. Der **vi** und **ex** kennen zusätzlich bei der Bereichsangabe das Zeichen **%**. Dieses steht für ›*den ganzen Puffer*‹ bzw. ›*im ganzen Puffer*‹.

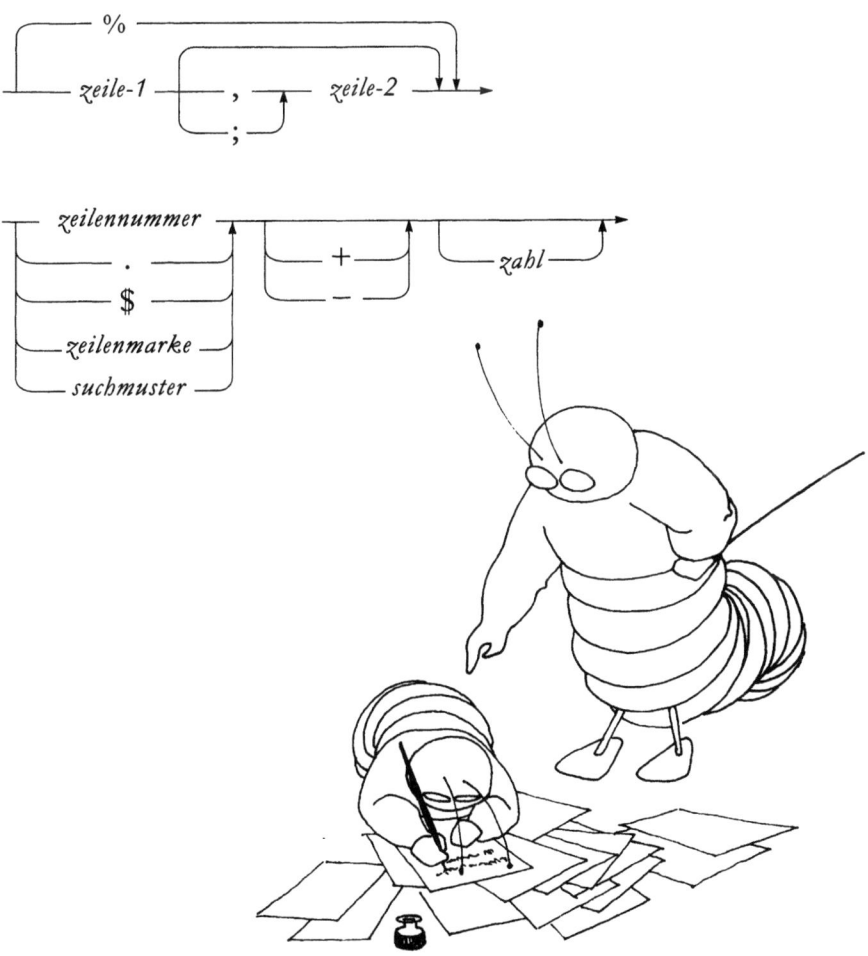

6.3 Der Editor ex

ex ist ein zeilenorientierter Editor, der von der Kommandomenge und den Such- und Ersetzungsmöglichkeiten weitgehend eine Obermenge des **ed** darstellt. Daneben ist er in der Lage, in den **vi**-Modus umzuschalten, so daß dann im bildschirmorientierten Modus gearbeitet werden kann. Aus den genannten Gründen ist die Beschreibung des **ex** hier recht kurz gehalten und beschränkt sich auf eine tabellarische Aufzählung der Kommandos. Es empfiehlt sich, die Beschreibungen des **ed** und **vi** zu lesen, um die **ex**-Beschreibung verstehen zu können.

6.3.1 Der Aufruf des ex

Der einfache Aufruf des **ex** lautet:

ex *datei*

Hiermit wird die angegebene Datei bearbeitet. Ist sie noch nicht vorhanden, so wird sie neu angelegt. Existiert sie bereits, so wird ihr Inhalt, wie bei **ed** und **vi** auch, in den Arbeitspuffer gelesen.

Die erweiterte Aufrufsyntax ist:

ex {–s} {–v} {–t *tag*} {–r *r_datei*} {–L} {–R} {–c *kommando*} {–l} {–x} {*datei*...}

Die Option –s unterdrückt alle interaktiven Antworten des Editors und wird in der Regel verwendet, wenn man **ex** nicht interaktiv, sondern die Editierkommandos aus einer Kommandodatei (englisch: *script file*) liest. Durch die Option –v geht **ex** sogleich in den **vi**-Modus.

Die Option –t entspricht einem *tag*-Kommando zu Beginn einer **ex**-Sitzung. *tag* ist dabei der erste Begriff, nach dem gesucht werden soll.

Brach der Editor bei einer vorhergehenden Sitzung ab (oder kam es zu einem Systemabsturz), so kann man sich mit Hilfe von –L alle vorhandenen Sicherungsdateien anzeigen lassen und mit –r den größten Teil der durchgeführten Modifikationen aus der Sicherungsdatei *r_datei* zurückgewinnen.

Die Option –R gibt an, daß die Datei nur gelesen werden soll (*read only*). Modifikationen sind dann nicht möglich. Mit ›–c *kommando*‹ führt **ex** das Kommando sofort aus. Die Option –l schaltet den LISP-Modus ein. In ihm wird entsprechend der LISP-Syntax eingerückt und gesucht.

Mit –x kann wie beim **ed** auch eine Chiffrierung und Dechiffrierung des editierten Textes vorgenommen werden.

ex wird durch eines der Kommandos e**x***it* oder **q***uit* beendet.

ex kennt wie **ed** zwei Arbeitsmodi:

- den Kommandomodus, angezeigt durch das Promptzeichen ›:‹. Dieser Modus ist zu Beginn gültig.
- den Eingabemodus. Durch eines der Kommandos **append**, **insert** oder **change** geht **ex** in den Eingabemodus über. Dieser wird wie bei **ed** durch die Eingabe eines Punktes als erstes und einziges Zeichen einer Zeile beendet.

Daneben erlaubt **ex**, durch das Kommando **visual** in den **vi**-Modus zu wechseln. Für die dort zur Verfügung stehenden Kommandos sei auf die **vi**-Beschreibung verwiesen. Das **open**-Kommando versetzt **ex** in einen 4. Modus – den Open-Modus. In diesem Modus wird im Gegensatz zum **visual**-Modus, der mit dem ganzen Bildschirm operiert, nur jeweils 1 Zeile gezeigt, ist sonst aber dem **visual**-Modus gleich. Beide Modi werden durch **Q** verlassen.

6.3.2 Die Kommandos des ex

Im Gegensatz zu **ed**, bei welchem Kommandos in der Regel aus nur einem Buchstaben bestehen, kann man bei **ex** sowohl den abgekürzten als auch den vollen Kommandonamen (sowie alles was dazwischen liegt) angeben. So ist zum Löschen von Zeilen z. B. sowohl ›**d**‹ als auch ›**de**‹, ›**del**‹, ›**dele**‹, ›**delet**‹ und ›**delete**‹ erlaubt. Der Kommandoaufbau einer **ex**-Anweisung entspricht weitgehend dem Aufbau der **ed**-Kommandos:

{*bereich*} *kommando* {*ziel* oder *wiederholungsfaktor*} {*zusatz*}

wobei nicht alle gezeigten Elemente in allen Kommandos erlaubt sind. Die geschweiften Klammern zeigen auch optionale Teile an. Für *bereich* gilt die bei **ed** und **vi** (siehe Abschnitt 6.1.2 und 6.2.10) beschriebene Syntax. *ziel* gibt entweder die Zeile an, in die etwas geschrieben werden soll oder ist ein Wiederholungsfaktor wie z. B. beim Kommando **delete**, bei dem die dem Kommando folgende Nummer angibt, wieviele Zeilen gelöscht werden sollen. *zusatz* erlaubt, eine modifizierte oder erweiterte Ausführung des Kommandos vorzugeben. In der nachfolgenden Beschreibung wird *zusatz* mit *zs* abgekürzt. Die meist verwendeten Zusatzangaben sind:

#	Den Zeilen wird ihre Zeilennummer vorangestellt.
p	Dies steht für **print** und sorgt dafür, daß die aktuelle Zeile nach Ausführung des Kommandos ausgegeben wird.
l	(kleines L) Wie **p**, jedoch wird hier die Ausgabe im Format des **list**-Kommandos durchgeführt.

ex erlaubt es, mehrere Kommandos syntaktisch durch | getrennt in einer Zeile anzugeben.

Kurzbeschreibung der ex-Kommandos

Kommando:	Syntax:	Funktion:
abbreviate	**ab** *wort text*	führt eine neue Abkürzung ein. Wird im Eingabemodus *wort* als eigenständiges Wort eingegeben, so wird es von **ex** durch *text* ersetzt. Dies ist nur im **visual**- und **open**-Modus wirksam.
append	{*zeile*}**a**	versetzt **ex** in den Eingabemodus. Der Text wird hinter der angegebenen (aktuellen) Zeile eingefügt.
arguments	**ar**	gibt die Argumentenliste des **ex**-Aufrufs aus. Darin steht z. B. der Name der aktuell bearbeiteten Datei. Dieser wird durch [...] markiert.
change	{*bereich*}**c**{*n*}	ersetzt die Zeilen des angegebenen Bereichs (die aktuelle Zeile) und die nächsten *n* durch den nachfolgend eingegebenen Text. **ex** geht dabei in den Eingabemodus über.
copy	{*bereich*}**co**adr{*zs*}	kopiert die Zeilen des angegebenen Bereichs an die neue Adresse.
delete	{*ber.*}**d**{n} {*puf*} {*zs*}	löscht die angegebenen Zeilen aus dem Puffer. Die erste nicht gelöschte Zeile wird die neue Arbeitsposition. Gibt man einen Puffernamen an, so wird der gelöschte Text dorthin gerettet. Bei **D** wird er an den Inhalt des genannten Puffers angehängt.
edit	**e** *datei*	Die genannte Datei wird editiert. Wurde der Puffer seit dem letzten Sichern (**write**) modifiziert, so wird eine Warnung ausgegeben und das Kommando nicht ausgeführt.
file	**f**	gibt den Namen der Datei aus, die gerade bearbeitet wird.
global	{*ber.*}**g/***muster***/***kom*	Die Kommandoliste *kom* wird auf alle Zeilen des angegebenen Bereichs (des ganzen Puffers) ausgeführt, in denen das Suchmuster vorkommt.
	{*bereich*}**g!/***muster***/***kom*	Wie **global**, jedoch werden die Kommandos nur auf die Zeilen ausgeführt, auf die das Muster **nicht** paßt.
insert	{*zeile*}**i**	**ex** geht in den Eingabemodus. Der nachfolgend eingegebene Text wird vor der angegebenen Zeile (der aktuellen Zeile) eingefügt. Der Eingabemodus wird durch eine Zeile, die nur

		aus einem Punkt am Anfang der Zeile besteht, beendet.
join	{*zeile*}j{*n*}{*zs*}	konkatiniert die Zeilen des angegebenen Bereichs zu einer Zeile.
mark	{*zeile*}k*x*	setzt die Marke *x* auf die angegebene (aktuelle) Zeile. Die Marke kann dann mit '*x* angesprochen werden.
list	{*bereich*}l{*n*}{*zs*}	gibt die Zeilen des angegebenen Bereichs (die aktuelle Zeile) aus.
map	**map** *ma text*	**map** definiert einen Makro *ma*. Im **visual**-Modus wird dann bei der Eingabe von ›*ma*‹ durch ›*text*‹ ersetzt. *ma* muß ein einzelnes Zeichen oder #*n* (n = 1-9) sein.
mark	{*zeile*}ma *x*	setzt die Marke *x* auf die angegebene (aktuelle) Zeile. Dies wirkt wie **der Befehl k**.
move	{*bereich*}m*zeile*	kopiert die Zeilen des angegebenen Bereichs (die aktuelle Zeile) an die Zieladresse *adr*. Die alten Zeilen werden gelöscht. Die erste Zeile im neuen Bereich wird zur aktuellen Position.
next	n	Es wird die nächste Datei der Kommandoliste des Aufrufs von **ex** oder **vi** editiert.
number	{*bereich*}nu{*n*}{*zs*}	gibt die angegebenen Zeilen zusammen mit ihren Zeilennummern aus. Die letzte Zeile wird zur aktuellen Position.
	{*bereich*}#{n}{zs}	wie n*umber*
open	{*zeile*}o{*zs*}	**ex** geht in den **open**-Modus über.
preserve	**pre**	rettet den aktuellen Pufferinhalt in derselben Art wie das geschieht, falls das System zusammenbricht. Dies ist eine Notration!
print	{*bereich*}p{*n*}	gibt die Zeilen des angegebenen Bereichs aus. Nichtdruckbare Zeichen werden dabei durch ihre Kontrollzeichensymbole in der Form ›^x‹ ausgegeben.
put	{*zeile*}pu{*puffer*}	fügt die zuletzt gelöschten oder mit **yank** gesicherten Zeilen an der angegebenen Stelle (aktuelle Position) ein.
quit	q	terminiert **ex** ohne den Text zu sichern. Wurde seit der letzten Modifikation kein **write** ausge-

		führt, so gibt **ex** eine Warnung aus. Man kann in diesem Fall mit **q!** den Editor verlassen.
read	{*zeile*}**r** {*datei*}	liest den Inhalt der angegebenen Datei und setzt diesen hinter die angegebene Zeile (die aktuelle Zeile). Fehlt *datei*, so wird der Name der aktuell bearbeiteten Datei angenommen. Steht für *adr* ›0‹, so ist damit der Anfang des Puffers gemeint.
	{*zeile*}**read** !*kom*	führt *kom* als Shellkommando aus und fügt die Ausgabe des Kommandos hinter der angegebenen (aktuellen) Zeile ein. Es muß ein Leerzeichen zwischen **read** und **!** stehen!
recover	**rec** *datei*	erlaubt das Wiederaufsetzen einer Editiersitzung nach einem Abbruch des Editors oder des Systems. *datei* ist dabei der Name der Datei, welche beim Abbruch bearbeitet wurde.
rewind	**rew**	Die Argumentenliste des Editoraufrufs wird zurückgesetzt und die 1. Datei der Liste erneut editiert.
substitute	{*bereich*}**s**/*must*/*ers*/ {*option*} {*n*} {*zs*}	In dem angegebenen Bereich wird jeweils der erste Text, auf den das Suchmuster *must* paßt, durch das Ersetzungsmuster *ers* ersetzt. Wird für *op* **g** angegeben, so werden alle passenden Textstücke der Zeilen ersetzt. Ist in *option* **c** vorhanden, so wird vor der Ersetzung abgefragt, ob wirklich ersetzt werden soll. Bei **y** als Antwort wird die Ersetzung durchgeführt.

	{*bereich*}**s** {*option*} {*n*} {*zs*}	Fehlt beim **s**ubstitute-Kommando sowohl das Such- als auch das Ersetzungsmuster, so werden diejenigen des letzten **s**ubstitute-Kommandos verwendet. Das Kommando ›**&**‹ ist äquivalent dazu.
set	**se** {*parameter*}	erlaubt das Setzen und Abfragen der Editoroptionen. Ohne *parameter* werden die Werte aller Optionen ausgegeben. Gibt man hinter einer Option ein ›**?**‹ an, so wird deren Wert ausge-

6.3 Der Editor ex

		geben. Will man eine Option neu setzen, so schreibt man: **set** option=wert
		Die wichtigsten Optionen sind im Abschnitt 6.3.3 beschrieben.
shell	**sh**	Der Editor geht in den Shellmodus. Nach dem Terminieren der Shell durch <dateiende> wird die Editorsitzung an der gleichen Stelle fortgesetzt.
source	**so** *datei*	Editierkommandos werden aus der angegebenen Datei gelesen.
transfer	{*bereich*}**t**{*zeile*}{*zs*}	wie **copy**
tag	**ta** {tag}	Die aktuelle Position wird auf die in der *tag*-Datei angegebene Position des Begriffs *tag* gesetzt. Eine solche Tag-Datei kann mit Hilfe des Programms **ctags** erstellt werden.
unabbrev.	**una** *wort*	hebt die Definition der mit **abbreviate** eingeführten Abkürzung auf.
undo	**u**	hebt die Änderungen des letzten Editierkommandos wieder auf. Bei **g**lobal-Kommandos wird nur das letzte Kommando rückgängig gemacht. Die Kommandos **w**rite und **e**dit können nicht wiederaufgehoben werden.
un**m**ap	**unm** *makro*	hebt die mit **map** vorgenommene Definition des Makros *makro* wieder auf.
	{*bereich*}**v**/*muster*/*kom*	wirkt wie **g**lobal, führt die mit *kom* angegebenen Kommandos jedoch nur auf jene Zeilen aus, auf die *muster* nicht zutrifft. Es entspricht damit **g!**.
version	**ve**	gibt die Versionsnummer des Editors aus.
visual	{*zeile*}**vi** {*zs*}	überführt **ex** in den **vi**-Modus und plaziert die Arbeitsposition an die angegebene Stelle *adr*.
visual	**visual** *datei*	Entspricht dem **edit**-Kommando.
write	{*bereich*}**w** {*datei*}	Die Zeilen des angegebenen Bereichs (der ganze Puffer) werden in die genannte (die aktuelle) Datei geschrieben.
	{*bereich*}**w>>** {*datei*}	Wie **w**rite, es wird der Text jedoch am Ende der Datei angehängt.
	{*bereich*}**w!** {*datei*}	Wie **w**rite; es wird jedoch die Prüfung unterlassen, ob die Datei bereits existiert.

	wq	wie **w**rite mit nachfolgendem **q**uit
	wq!	wie **w!** mit nachfolgendem **q**uit
exit	**x** *datei*	terminiert den Editor. Wurden seit dem letzten Sichern Modifikationen vorgenommen, so werden diese zuvor auf die Datei geschrieben.
yank	{*bereich*}**y**{*puffer*} {*n*}	Die Zeilen des angegebenen Bereichs (die aktuelle Zeile) werden in den angegebenen Puffer (den Standardpuffer) gesichert. Er kann später von dort durch **p**ut gelesen werden.
z	**z**{*n*}	Es werden die nächsten *n* Zeilen ausgegeben.
	!*kommando*	*kommando* wird der Shell als Kommando übergeben. In *kommando* wird das Zeichen ›!‹ durch den Text des letzten Kommandoaufrufs ersetzt und ›%‹ durch den Namen der bearbeiteten Datei.
	{*bereich*}**!** *kommando*	Die Zeilen des angegebenen Bereichs werden an das angegebene Kommando als Eingabe (Standardeingabe) übergeben. Die Ausgabe des Kommandos *kommando* ersetzt den Text des Bereichs. Damit lassen sich Texttransformationen durchführen. Z.B.: ›1,$! sort‹ sortiert die Zeilen des Puffers alphabetisch.
	{*zeile*}**=**	gibt die Zeilennummer der angegebenen Zeile aus.
	{*bereich*}**<** {*n*}{*zs*}	Die Zeilen des angegebenen Bereichs werden nach links geschoben. Der Wert der Option **shiftwidth** gibt die Verschiebungsbreite an.
	{*bereich*}**>** {*n*}{*zs*}	Die Zeilen des angegebenen Bereichs werden nach rechts (**>**) geschoben. Der Wert der Option **shiftwidth** gibt die Verschiebungsbreite an.
	<ctrl+d>	verschiebt die Arbeitsposition um eine halbe Bildschirmgröße.
	{*bereich*}**&** {*op*}{*n*}{*zs*}	wiederholt das letzte substitute-Kommando.
	(cr)	setzt den Arbeitszeiger um eine Zeile weiter.
	–	setzt den Arbeitszeiger um eine Zeile zurück.
	adr	setzt den Arbeitszeiger auf die angegebene Adresse.

6.3 Der Editor ex

'x   setzt den Arbeitszeiger auf die Position der Marke x. Die Position muß zuvor mit dem **ma**-Befehl in x abgespeichert worden sein.

bereich{*zs*}   gibt die Zeilen des angegebenen Bereichs aus.

/muster/   sucht ausgehend von der aktuellen Zeile nach einem Text, der auf das Suchmuster paßt. Wird ein solcher Text gefunden, so wird der Arbeitszeiger auf die entsprechende Zeile gesetzt und diese ausgegeben.

?muster?   Wie */.../*, es wird jedoch rückwärts gesucht.

Im Suchmuster werden die Zeichen ›. * [] ^ $ \(\) \< \>‹ als Metazeichen betrachtet, im Ersetzungsmuster haben die Zeichen ›\n & ~‹ die in Abschnitt 4.4 beschriebenen Bedeutungen. Erlaubt ein Kommando die Angabe eines Dateinamens, so sind darin die Metazeichen der Shell zulässig. Das Zeichen % ist ein zusätzliches Metazeichen und wird vom Editor durch den Namen der aktuellen Datei ersetzt.

6.3.3 Das Setzen von ex-Optionen

Die Arbeitsweise des **ex** als auch des **vi** läßt sich durch eine Reihe von Optionen steuern. Nachfolgend sind nur die häufiger benutzten Optionen aufgeführt. Ein der Option vorangestelltes **no** negiert die Option.

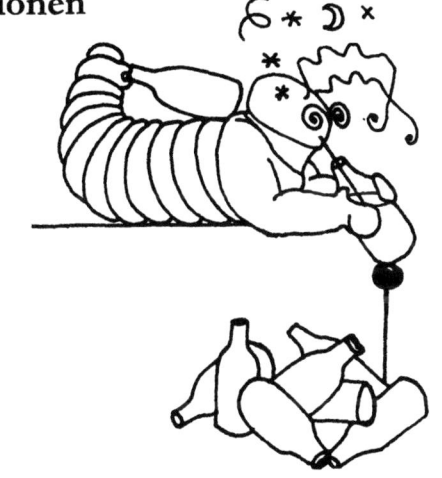

Name:	Standard:	Funktion:
autoindent	**noai**	Bei den Kommandos zum Anfügen und Einfügen bearbeitet **ed** die Zeilen und rückt den neuen Text entsprechend der vorhergehenden Zeilen ein. Wird bei der Eingabe am Zeilenanfang eingerückt, so werden auch alle nachfolgenden Zeilen eingerückt. <ctrl+d> erlaubt, zum Zeilenanfang zurückzugehen.
autoprint	**ap**	Nach Modifikationen wie Löschen (**d**), Konkatinieren (**j**) und Verschieben (**m**) wird der neue Text automatisch gezeigt.

errorbells	**noeb**	Beim Auftreten eines Fehlers soll die Glocke ertönen.
ignorecase	**noic**	Beim Suchen sollen Groß- und Kleinbuchstaben als gleich behandelt werden.
magic	**magic**	Die Zeichen ., [...] und * sind Metazeichen. Bei **noma** haben nur ^ und $ Metafunktion. Die Metafunktion eines Zeichens kann beim **noma**-Modus durch die Voranstellung des \ erreicht werden.
number	**nonumber**	Bei der Ausgabe wird vor der Zeile jeweils ihre Nummer angegeben. Bei der Eingabe wird die neue Zeile durch Ausgabe der Zeilennummer angefordert.
paragraphs	**par=**	**IPLPPPQPP LIpplppipnpbbp** gibt an, durch welche Zeichenfolgen der Absatz (englisch: *paragraph*) definiert ist.
prompt	**prompt**	Der Kommandomodus soll durch die Ausgabe des Promptzeichens ›:‹ angezeigt werden.
redraw	**noredraw**	Bei Änderungen sollen diese sogleich auf der Dialogstation angezeigt werden. Dies bedingt eine erhöhte Ausgabe und sollte deshalb nur auf schnellen Sichtgeräten verwendet werden.
sections	**sect=**	**NHSHH HUuhsh+c** definiert, durch welche Zeichenfolge ein Abschnitt (englisch: *section*) begrenzt ist.
shiftwidth	**sw=8**	gibt an, um wieviel Positionen durch > und < geschoben wird.
tags	**tags=**	tags /usr/lib/tags gibt an, welche Dateien als *Tag-Dateien* beim Aufruf von :ta *begriff* nach dem angegebenen Begriff durchsucht werden sollen.
terse	**noterse**	Es werden nur kurze Fehlermeldungen ausgegeben.
wrapscan	**ws**	Beim Suchen soll, wenn das Ende des Puffers erreicht ist, die Suche am Anfang fortgesetzt werden und umgekehrt. Bei **nows** wird am Ende bzw. Anfang des Puffers das Suchen beendet.

6.3 Der Editor ex

| wrapmargin | **wm=0** | Im Eingabemodus wird das Wort automatisch in die nächste Zeile gesetzt, wenn es sich um *n* Zeichen über den Bildschirmrand erstrecken würde. Bei ›wm=0‹ ist dies abgeschaltet. |

6.4 Der Stream-Editor sed

Das Programm **sed** ist ein Editor, der im Gegensatz zum **ed, vi** und **ex** nicht interaktiv, sondern in einem *Stream-* bzw. *Batch-Modus* betrieben wird. Dies bedeutet, daß die auszuführenden Editier-Anweisungen entweder aus einer Datei gelesen werden oder Teil der Kommandozeile sind. Die typische Anwendung des **sed** liegt dort, wo die gleichen systematischen Änderungen entweder auf viele Dateien oder wiederholt durchgeführt werden. Da bei entsprechendem Aufruf der **sed** wie ein Filter arbeitet (d. h. von der Standardeingabe liest und das Ergebnis auf die Standardausgabe schreibt), können kleine Shellprozeduren mit dem **sed** wie Transformationsfunktionen für Datenkonvertierungen eingesetzt werden.

6.4.1 Der Aufruf des sed

Der Aufruf des **sed** kann auf zwei Arten erfolgen, abhängig davon, ob die Anweisungen an den **sed** Teil der Kommandozeile sind oder sich in einer eigenen Datei befinden:

sed {–n} { –e} *skript* {*datei* ...}

oder

sed {–n} –f *skript_datei* {datei ...}

Der **sed** bearbeitet die angegebenen Dateien oder – falls keine Datei angegeben wurde – die Daten der Standardeingabe und schreibt das Ergebnis auf die Standardausgabe. Die Editier-Anweisungen, d. h. die Angabe, was mit den Eingabedaten geschehen soll, wird dem **sed**-Editor mit einem Art Programm, auch *sed-Skript* genannt, vorgegeben. Dieses Skript kann entweder beim Aufruf des **sed** als Parameter in der Form ›–e *skript*‹ angegeben werden (dann ist es in der Regel mit '...' geklammert) oder in einer Skriptdatei stehen (zweite Form). Ist die Funktion des Parameters *skript* eindeutig, so kann ›–e‹ entfallen. Beim Aufruf dürfen mehrere Skripts durch **–e** und **–f** (auch kombiniert) angegeben werden. In *skript* oder *skript_datei* steht jeweils eine **sed**-Anweisung pro Skriptzeile.

Die Abarbeitung geschieht in der Art, daß **sed** die erste Zeile der Eingabe in den Eingabepuffer liest, prüft, welche Anweisungen des Skripts auf dieser Zeile ausgeführt werden sollen, diese Anweisungen nacheinander ausführt und das Ergebnis auf die Standardausgabe schreibt. Danach liest **sed** die nächste Zeile und wiederholt den Vorgang. Das automatische Schreiben der bearbeiteten Eingabe kann durch die Option **–n** unterdrückt werden. In diesem Fall wird nur noch das auf die Ausgabe geschrieben, was mittels der Druckanweisung p*rint* oder **write** explizit ausgegeben wird. Darüber hinaus können Texte in einem temporären Puffer zwischengespeichert und aus diesem später in die Ausgabe kopiert werden. Dieser Puffer wird beim **sed** als *Haltepuffer* (englisch: *hold buffer*) bezeichnet. Bei allen **sed**-Bearbeitungen wird die Eingabedatei selbst nicht verändert.

6.4.2 Die Anweisungen des sed

Die Anweisungen an den **sed** im Parameter *skript* oder in *skript_datei* haben folgendes Format:

{*adresse* {, *adresse*}} *funktion* {*argumente*}

Die geschweiften Klammern zeigen hier optionale Teile an. Hierbei ist *funktion* der Befehl bzw. die Aktion, die ausgeführt werden soll, und *adresse* gibt die Zeilen an, für die dies geschehen soll. Die Zählung beginnt bei 1. Sind zwei Adressen angegeben, so wird damit ein Bereich (von, bis) vorgegeben, in denen die Funktion ausgeführt werden soll, wobei die erste und die letzte Zeile miteinbezogen werden. Fehlen beide Adressen, so ist dies mit ›*in allen Zeilen*‹ gleichzusetzen. *adresse* kann entweder eine Dezimalzahl *n* sein und meint dann ›*die Zeile n*‹, (die Zeilennummer wird über alle Eingabedateien hinweg weitergezählt), das Dollarzeichen $ und meint dann ›*die letzte Eingabezeile*‹, oder ein Textmuster in der Form /*text*/ und bedeutet dann ›*von der ersten Zeile der Eingabe, auf die das Textmuster paßt*‹.

Während bei **ed, vi, ex** sich ein Textmuster jedoch nur über eine Zeile erstrecken kann, erlaubt **sed** ein Textmuster anzugeben, in dem auch ein Zeilenvorschub in der Form \n vorkommt! Im Textmuster sind folgende Metazeichen erlaubt:

Funktion	Metazeichen	Anmerkung
Beliebiges Zeichen	.	nicht (nl)
Beliebige Zeichenkette	.*	auch die leere
Beliebige Wiederholung	*	auch keine
Zeichen aus ...	[...]	in aphabet. Reihenfolge
Kein Zeichen aus	[^...]	
Am Zeilenanfang	^	
Am Zeilenende	$	
Gruppierung	\(...\)	
Maskierung des Metazeichens	\	\\ steht für \ selbst

/^$/ steht z. B. für eine Leerzeile.
/^[0-9][0-9]*/ steht z. B. für eine Ziffernfolge am Zeilenanfang.

Im Ersetzungsmuster gelten im **sed** folgende Metazeichen:

Funktion im Ersetzungsmuster	Metazeichen
n-ter Teilausdruck	\n
gefundene Zeichenkette	&

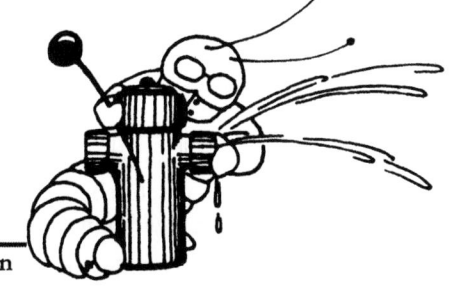

Will man *funktion* auf alle Zeilen ausführen, auf die das Muster bzw. der Zeilenbereich **nicht** paßt, so wird dies durch ein !- Zeichen vor der Funktion erreicht (z. B. ›/^[0-9]/ !d‹ löscht alle Zeilen, die **nicht** mit einer Ziffer beginnen).

Folgende **sed**-Kommandos stehen für **sed**-Skripten zur Verfügung:

Syntax:	Funktion:
a\\ *text*	(*append*) Der nachfolgende Text wird in die Ausgabe nach der aktuellen Zeile geschrieben und erst danach weitere Eingaben verarbeitet. Der einzufügende Text beginnt im Skript erst auf der nächsten Zeile und endet mit einer Zeile, die nicht mit \\ aufhört.
b *marke*	(*branch*) Es wird zu der Marke (in der Form: ›:*marke*‹) des Skripts gesprungen und dort die Abarbeitung des Skripts fortgesetzt. Fehlt die Angabe der Marke, so wird an das Ende des Skripts gesprungen.
c\\ *text*	(*change*) Der Text des angegebenen Bereichs wird durch den neuen Text *text* ersetzt. Der Ersetzungstext beginnt in der folgenden Zeile. Erstreckt er sich über mehrere Zeilen, so wird mit einem \\ am Ende der Zeile eine Fortsetzung angezeigt.
d	(*delete*) Der Text des angegebenen Bereichs wird gelöscht und die nächste Eingabezeile gelesen.
D	(*Delete*) Der erste Teil des angegebenen Bereichs bis zum ersten Zeilenende wird gelöscht.
g	Der Text des angegebenen Bereichs (des Eingabepuffers) wird durch den Inhalt des Haltepuffers ersetzt.
G	Der Inhalt des Haltepuffers wird am Ende des vorgegebenen Bereichs angefügt.
h	(*hold*) Der Inhalt des Haltepuffers wird durch den Text des Bereichs ersetzt. Der alte Inhalt des Haltepuffers geht verloren.
H	(*Hold*) Der Text des gewählten Bereichs wird ans Ende des Haltepuffers angehängt.
i\\ *text*	(*insert*) Der Text wird vor der Ausgabe der angegebenen Zeile in die Ausgabe geschrieben. Der Text beginnt in der nächsten Zeile und endet mit einer Zeile ohne ein \\ am Ende.
l	(*list*) Der Text des angegebenen Bereichs wird auf die Ausgabe geschrieben, wobei nicht-druckbare Zeichen als 2- oder 3-Zeichen-ASCII-Zei-

chen in der Form \ooo ausgegeben und überlange Zeilen in mehrere einzelne Zeilen unterteilt werden.

n   (*next*) Der Text des Bereichs wird ohne eine Änderung in die Ausgabe kopiert und es wird die nächste Eingabezeile gelesen.

N   (*Next*) Die nächste Zeile der Eingabe wird an den Eingabepuffer angehängt (die Eingabezeile wird um eins weitergezählt).

p   (*print*) Der Text des Bereichs bzw. des Eingabepuffers wird auf die Ausgabe geschrieben.

P   (*print*) Der erste Teil des Bereichs bzw. des Eingabepuffers bis zum ersten Zeilenende wird auf die Ausgabe geschrieben.

q   (*quit*) Es wird die aktuelle Zeile ausgegeben, zum Ende des Skripts gesprungen und die Bearbeitung des **sed** beendet.

r *datei*   (*read*) Die angegebene Datei wird gelesen und ihr Inhalt ohne eine weitere Bearbeitung auf die Ausgabe kopiert. Erst danach wird die nächste Eingabe gelesen und verarbeitet. Zwischen **r** und dem Dateinamen muß genau ein Leerzeichen stehen!

s/*muster*/*text*/*modus*

(*substitute*) In dem angegebenen Bereich sollten Textstücke, auf die das Textmuster *muster* (regulärer Ausdruck) paßt, durch *text* ersetzt werden. Die Klammerung von *muster* und *text* braucht nicht durch das Zeichen / zu erfolgen, sondern kann auch durch jedes andere Zeichen geschehen.

Z.B.:   s#Unix#UNIX#g   → ersetzt alle *Unix* durch *UNIX*.

modus gibt dabei an, wie dies geschehen soll. *modus* darf folgende Werte haben:

   n   Es wird nur das *n*-te passende Textstück ersetzt ($1 \leq n \leq 512$).

   g   (*global*) Es wird nicht nur das erste, sondern **alle** passenden (sich nicht überlappenden) Textstücke des Eingabepuffers werden ersetzt.

   p   (*print*) Sofern eine Ersetzung stattfindet, wird der Text des Bereichs (der neue Text) ausgedruckt. Dies wird man in der Regel nur dann verwenden, wenn durch die Option **–n** beim Aufruf des **sed** die automatische Ausgabe auf die Standardausgabe unterdrückt wird.

w *datei*	(*write*) Sofern eine Ersetzung stattgefunden hat, wird der Text des Bereichs ans Ende der angegebenen Datei geschrieben.[1] Zwischen **w** und dem Dateinamen muß genau ein Leerzeichen stehen!

Fehlt die Angabe von *modus*, so wird nur das erste passende Textstück des Eingabepuffers ersetzt. Es dürfen mehrere der aufgeführten Modusangaben vorkommen, wobei dann **g** an erster Stelle stehen muß!

t *marke*	(*test*) Wurde in der aktuellen Zeile eine Ersetzung vorgenommen, so wird wie bei **b** zur angegebenen Marke gesprungen. Fehlt *marke*, so wird zum Ende des Skripts gesprungen.
w *datei*	(***write***) Der Text des Bereichs wird ans Ende der angegebene Datei geschrieben[1]. Zwischen **w** und dem Dateinamen muß genau ein Leerzeichen stehen!
x	(*exchange*) Der Text im Eingabepuffer wird mit dem Text im Haltepuffer vertauscht.
y/*t1*/*t2*/	Es werden in dem Text des Bereichs alle Zeichen, die in der Zeichenfolge *t1* vorkommen, durch die entsprechenden Zeichen der Zeichenfolge *t2* ersetzt. *t1* und *t2* müssen gleich lang sein und dürfen keine regulären Ausdrücke sein!
! *funktion*	Die angegebene Funktion wird auf jene Zeilen ausgeführt, auf die der angegebene Bereich **nicht** zutrifft.
: *marke*	definiert eine Sprungmarke für die Funktion **b** und **t**.
=	Die aktuelle Zeilennummer wird als eigene Zeile auf die Ausgabe geschrieben.
{...}	klammert eine Gruppe von Funktionen. Die einzelnen Funktionen werden jeweils syntaktisch durch ⏎ getrennt. Alle diese Funktionen werden für den angegebenen Bereich ausgeführt.
# *text*	Diese Zeile wird als Kommentarzeile betrachtet. # muß das erste Zeichen der Zeile sein!

---

1. Alle in einem **w**-Kommando vorkommenden Dateien werden vor der Verarbeitung der ersten Eingabedatei angelegt. Es dürfen maximal 9 Dateien sein!

6.4.3 Beispiele zum sed

Beispiel 1: sed '/^[(tab)]$/d' alt > neu
→ bearbeitet die Datei *alt* und schreibt das Ergebnis nach *neu*. Es werden alle Leerzeilen (Zeilen ohne ein Zeichen oder nur mit Leer- und/oder Tabulatorzeichen) in der Eingabe gelöscht.

Beispiel 2: sed ' y/abcdefghijklmnopqrstuvwxyz/ABCDEFGHIJKLMN\
OPQRSTUVWXYZ/'
→ arbeitet als Filter und ersetzt alle Kleinbuchstaben des Eingabetextes durch Großbuchstaben. Da das **y**-Kommando keine regulären Ausdrücke erlaubt, ist eine Kurzschreibweise in der Form ›y/[a-z]/[A-Z]/‹ **nicht** möglich!

Beispiel 3: sed −n −e "1,20 w" \ −e "30,40 w"
→ gibt nur die Zeilen 1 bis 20 und 30 bis 40 an die Ausgabe weiter. Die Ausgabe der nicht explizit zutreffenden Zeilen wird durch die Option **−n** unterdrückt. Wie man sieht, dürfen mehrere Skript-Teile beim Aufruf des **sed** angegeben werden.

Beispiel 4: sed −f shells /etc/passwd
→ gibt zu den einzelnen in der Paßwortdatei */etc/passwd* definierten Benutzern deren Login-Shell oder Login-Programm aus. Die eigentlichen sed-Anweisungen stehen dabei in der Skript-Datei *shells*, die dann wie folgt aussehen sollte:

s/^\(..*\):.*:.*:.*:.*:\(.*$\)/Benutzer \1 verwendet: \2/g

In der Paßwortdatei sind die einzelnen Felder syntaktisch durch ›:‹ getrennt. Die erste Angabe bzw. das erste Feld gibt dort den Login-Benutzernamen an. Dieser beginnt am Anfang der Zeile, besteht aus einer Folge von Zeichen und wird durch den Doppelpunkt abgeschlossen. Dies wird durch ›^\(..*\):‹ vorgegeben, wobei der eigentliche Name der erste zu merkende Teilausdruck ist. In der Paßwortdatei folgen 5 weitere Felder, die nicht interessieren. Das 6. Feld ergibt den zweiten zu suchenden Ausdruck (wieder mit ›\(.*\)‹ geklammert. Ausgegeben wird schließlich der Text ›Benutzer‹ gefolgt vom ersten Ausdruck, ›benutzt: ‹ gefolgt vom zweiten gesuchten Ausdruck (korrekter: Der Zeileninhalt wird durch diesen Text ersetzt und ausgegeben).
Einfacher geht dies jedoch mit Hilfe des später beschriebenen **awk**.

Beispiel 5: sed ' 1.\   Zeile 1
.so /usr/lib/umlaute   Zeile 2
s|\([aou]\)'|*:\1|g   Zeile 3
s|\([AO]\^)'|*;\1|g   Zeile 4
s|U'|*@U|g s|s'|\\(ss|g   Zeile 5
' $*   Zeile 6

→ Schreibt man Texte für den **nroff** oder **troff**, so ist die bei Verwendung der **ms**-Makros die Angabe von ***:a** für das Zeichen ä recht umständlich. Die nachfolgende Shellprozedur **umlaut** erlaubt eine Schreibweise in der Form a', o', u', A', O', U' und s' für die deutschen Umlaute und das ß. Sie setzt als Filterfunktion diese Schreibweise in die notwendigen **troff**-Makros um. Zugleich wird an den Anfang der Ausgabe die Zeile

.so /usr/lib/macros/umlaute

gesetzt. Diese sorgt dafür, daß die Datei */usr/lib/macros/umlaute* vom Formatierer vor dem nachfolgenden Text eingelesen wird. Es sei hier angenommen, daß in */usr/lib/macros/umlaute* die Definitionen der Umlaute stehen. In Zeile 4 wird mit \([aou]\)' nach a', o' oder u' gesucht und durch ›*:‹, gefolgt vom ersten (mit \(...\) geklammerten) Teilausdruck, also a, o oder u ersetzt. (›\‹ wird durch ›\\‹ angegeben)

6.5 Textverarbeitung unter UNIX

Die Möglichkeiten der Textverarbeitung unter UNIX sind nicht nur sehr vielfältig und flexibel, sondern auch ausgesprochen mächtig. Letzteres gilt vor allem für die Textformatierer. Die wirklichen Vorteile ergeben sich jedoch in den meisten Fällen erst durch die Kombination der verschiedenen Möglichkeiten, z.B. durch Anwendung der Filtertechnik oder die stufenweise Bearbeitung von Texten mittels entsprechender Kommandoprozeduren.

Neben den nachfolgend aufgeführten traditionellen Standard-UNIX-Werkzeugen (insbesondere **nroff** und **troff**) gibt es natürlich auch Textsysteme wie etwa Word oder WordPerfect sowie DTP-Werkzeuge wie FrameMaker oder die Werkzeuge der Firma Interleaf und schließlich das sehr verbreitete Werkzeug T$_E$X.

Diese werden hier nicht behandelt, bieten vielfach jedoch Möglichkeiten, die über jene der Standard-UNIX-Werkzeuge hinausgehen – insbesondere was die WYSIWYG-Darstellung auf dem Bildschirm betrifft. Sie haben inzwischen eine Marktverbreitung gefunden, die die Verwendung der UNIX-Tools zumindest im reinen Anwenderbereich übertrifft. Viele dieser Werkzeuge sind darüber hinaus nicht nur unter UNIX, sondern auch unter Windows, MAC/OS und anderen Systemen verfügbar, während z.B. troff weitgehend auf UNIX beschränkt ist.

Aus diesem Grund beschränkt sich dieser Abschnitt nur auf eine Übersicht sowie die Aufrufsyntax der wichtigsten UNIX-Textwerkzeuge. Für eine weitgehendere Behandlung der Formatierer sein hier auf [DOCU-IN] und [DOCU-PRE], sowie auf [SCHIRMER] und [TROFF] verwiesen.

6.5.1 Übersicht zur Textverarbeitung

Die bekanntesten Programme der UNIX-Textverarbeitungshilfsmittel sind die beiden Formatierer **nroff** und **troff**. Die wichtigsten Eigenschaften dieser Programme sind:

nroff Formatierprogramm zur Ausgabe auf Sichtgeräte, druckende Dialogstationen und Zeilendrucker. Er bietet folgende Möglichkeiten:
- führt Zeilen- und Seitenumbruch durch
- Zeilen- und Seitenlänge sind spezifizierbar.
- Als Maßeinheit werden akzeptiert:
  Inch, Zentimeter, Punkte, Gerätegrundeinheiten, Zeichen
  (Breite eines *n*-Zeichens oder *m*-Zeichens).
- automatische Silbentrennung (Trennstellen und Ausnahmeliste können angegeben werden)
- automatische Ausgabe von Seitenüberschriften, Seitennumerierung, Fußnoten, Fußzeilen
- erlaubt Definition und Verwendung von Text- und Zahlenvariablen
- besitzt einen Makromechanismus
- erlaubt bedingte Formatanweisungen, erlaubt Ausgabe von Meldungen und Einlesen von Text.

troff Formatierer zur Ausgabe auf Phototypesetter. **troff** erlaubt zusätzlich zu den Möglichkeiten des **nroffs**:
- verschiedene Schriftgrößen,
- verschiedene Schrifttypen, Sonderzeichen, Symbole,
- sehr flexible Schriftpositionierung,
- gerade Linien (Striche),
- graphiken (in der **ditroff**-Version).

ditroff Dies ist der *device independent troff*, eine neuere Version des **troff**, die weitgehend geräteunabhängig ist. Beschränkungen der älteren **troff**-Version, z.B. daß maximal 4 verschiedene Zeichensätze in einem Dokument verwendet werden dürfen, sind hier nicht mehr vorhanden. Die Ausgabe von **ditroff** ist ein ASCII-Text, der dann von Postprozessoren auf unterschiedliche Geräte ausgegeben werden kann. Der **ditroff** ist Teil des von AT&T separat vertriebenen *Documenter's Workbench* Pakets. Er läuft dort unter der Bezeichnung **troff**, während die ältere **troff**-Version als **otroff** bezeichnet wird.

sroff Hierbei handelt es sich um eine Version des **nroff/troff,** die schneller ist, jedoch ein etwas reduziertes Repertoire an Funktionen zur Verfügung stellt. **sroff** ist Teil des Pakets *Documenter's Workbench*.

Da die Eingabesyntax der Formatierer nicht sehr komfortabel ist, existieren eine Reihe von Makropaketen, die die Angabe spezieller Formatierwünsche erleichtern:

man
: Das **man**-Makropaket wird zur Formatierung der Kommandobeschreibungen (*manual pages*) verwendet.

ms
: Das **ms**-Makropaket ist für die Erstellung technischer oder wissenschaftlicher Berichte ausgelegt. Es wird von Bell Laboratories zu solchen Zwecken verwendet.

mm
: Ein Makropaket ähnlich dem **ms**-Paket, verwendet jedoch einen anderen Seitenaufbau und besitzt weitere Makros.

me
: Ein Makro-Paket zur Formatierung von wissenschaftlichen Papieren und technischen Berichten. Es stammt aus dem Berkeley-UNIX-System.

mv
: Das **mv**-Makropaket erlaubt die Erstellung von Dias und Transparentfolien für Overhead-Projektoren, sogenannte *view graphs*.

Die Makro-Pakete vereinfachen zwar die Formatierangaben sehr, können jedoch immer noch recht komplex sein. Viele der Makros und Vorverarbeitungen verwenden dabei eine Klammerstruktur (z.B. .TS ... .TE bei Tabellen). Fehlt hier eine schließende Klammer, gerät die Formatierung in Unordnung. Hier erlauben Prüfprogramme, die korrekte Verwendung der Makros und Klammerungen zu prüfen:

checkcw
: Hierdurch können Texte, die mit dem **cw**-Präprozessor verwendet werden sollen, auf Konsistenz überprüft werden.

checkeq
: Dies überprüft Textdateien, die **eqn**-Anweisungen enthalten auf die Symmetrie der .EQ ... .EN-Klammerung.

checkmm
: Hierdurch können Texte, die den **mm**-Makrosatz verwenden, auf Konsistenz überprüft werden.

checknr
: Dies ist ein generelles Prüfprogramm für **nroff**- und **troff**-Dateien. Es kennt die **ms**-Makros und untersucht, ob Makros mit klammernder Form (z.B. .TS ... .TE) symmetrisch vorhanden sind.

macref
: Hiermit können Kreuzverweistabellen für Textdateien und die darin verwendeten Makros erstellt werden.

Bei komplexen Formatierungen, wie dem Aufbau von Tabellen oder dem Setzen mathematischer Formeln, reichen die Möglichkeiten eines Makropaketes nicht aus, um diese Aufgabe komfortabel zu lösen. Hier finden Präprozessoren Verwendung. Diese bearbeiten den zu formatierenden Text vor dem Formatierlauf und übersetzen die für sie bestimmten Anweisungen in **roff**-Befehle.

Als Präprozessoren kennt das UNIX-System:

tbl
: Dieses Programm erlaubt in sehr einfacher Weise das Setzen von Tabellen. **tbl** wird als Präprozessor zu **nroff** und **troff** verwendet.

eqn
: erlaubt das Setzen mathematischer Formeln in einer Beschreibungssprache, die dem englischen Sprachgebrauch bei mathematischen Formeln und Symbolen entspricht. **eqn** wandelt diese in **troff**-Anweisungen um. **eqn** ist ein Präprozessor zu **troff**.

neqn
: wie **eqn**, jedoch Präprozessor für **nroff**

pic
: Dieser Präprozessor erlaubt die Erstellung von Grafiken. Die dabei verwendeten Elemente sind Linien, Pfeile, Kreise, Kreisbögen, Rechtecke und Text. **pic** benötigt **ditroff** als Formatierer, da erst dieser entsprechende graphische Elemente kennt.

grap
: erzeugt Graphiken in der Form von X-Y-Diagrammen und Balkendiagrammen. Die Ausgabe des **grap** muß noch von **pic** weiterbearbeitet werden, bevor die erzeugten Zeichenanweisungen dem **troff** übergeben werden. (∗nur bei ditroff∗)

cw
: Dieser Präprozessor bearbeitet zu formatierende Dateien, in denen Textteile mit einem Zeichensatz gesetzt werden sollen, bei dem jedes Zeichen gleich breit ist (*constant width*). Solche Bereiche werden analog zu .EQ ... .EN für Formeln mit .CW ... .CN geklammert. Eine Version mit dem Namen **ocw** führt dies für die ältere **troff**-Version durch.

Bei allen Formatierern, Makropaketen und Präprozessoren steht der zu formatierende Text zusammen mit den Formatieranweisungen in einer Datei. Die jeweiligen Präprozessoren, sowie der Makroprozessor der eigentlichen Formatierer filtern die für sie bestimmten Anweisungen heraus, expandieren und konvertieren die zugehörigen Daten und reichen den so expandierten und umgeformten Text an den eigentlichen Formatierer (oder den nächsten Präprozessor) weiter. Dieser schließlich bereitet den Text für das entsprechende Ausgabegerät auf.

Postprozessoren konvertieren das Resultat der Formatierer für die Ausgabe auf bestimmte, im Formatierer nicht vorgesehene Geräte. Solche Postprozessoren sind:

col
: **col** entfernt *negative Zeilenvorschübe* aus der **nroff**-Ausgabe und erlaubt damit die Ausgabe von mehrspaltigen Texten und Texten mit Einrahmungen auf Zeilendruckern, druckenden Dialogstationen oder dem Bildschirm. **col** wird somit als Filter hinter **nroff** verwendet.

tc
: **tc** interpretiert die von **troff** für die Photosatzmaschine vom Typ C.A.T. bestimmte Ausgabe und bereitet sie zur Darstellung auf einem Sichtgerät vom Typ Tektronix 4015 (4014 mit APL-Zeichensatz) auf. **tc** wird als Filter hinter **troff** verwendet.

Des weiteren gibt es für die **ditroff**-Version.[1] eine Reihe von Postprozessoren für die unterschiedlichen Ausgabegeräte wie z.B. das Programm **di10** für den IMAGEN Laserdrucker vom Typ IMPRINT-10 oder **dx9700** für den Laserdrucker 9700 der Firma XEROX.

---

1. Diese ist Teil des System-V-Softwarepakets *Documenter's Workbench*.

Die zur Formatierung erstellten Texte können, bevor sie die Formatierer durchlaufen haben, mit einer Reihe von Programmen weiterverarbeitet werden, z.B. zur Suche von Schreibfehlern. Zu diesen Programmen gehören:

deroff Es entfernt **nroff** und **troff**-Anweisungen aus dem Text. Auch Anweisungen für **tbl, eqn** oder **neqn** werden gelöscht, so daß die Textdatei für anderweitige Verarbeitung verwendet werden kann.

diction Das Programm **diction** durchsucht einen Text auf schlechten Satzbau.

look durchsucht Dateien nach Zeilen, die mit vorgegebenen Texten beginnen und gibt diese Zeilen aus. Die Eingabedateien müssen bereits sortiert vorliegen. Dies wird zuweilen verwendet, um eine einfache Datenbank mit Literaturangaben zu realisieren.

ptx Es erstellt aus der Eingabe (in der Regel ein Inhaltsverzeichnis) einen permutierten Index. Auf diese Weise entsteht eine Art Stichwortverzeichnis.

refer Durchsucht das Eingabedokument nach Literaturreferenzen und ersetzt diese Stichworte durch die vollständige Literaturangabe. Diese wird einer Datenbasis (speziell formatierten Datei) entnommen.

style Das Programm untersucht ein Dokument auf den Schreibstil. Es benutzt dabei statistische Verfahren und liefert als Ergebnis Werte wie Anzahl von Worten, Sätzen, Verben und ähnliches. Es benutzt dabei (wie auch **diction**) einen Thesaurus.

spell Durchsucht einen Text auf Rechtschreibfehler. Es stützt sich dabei auf ein Wörterbuch sowie Rechtschreibregeln der englischen Sprache.

typo ist eine Variante von **spell** und ist mit zahlreichen anderen statistisch arbeitenden Programmen Teil des separat vertriebenen Pakets mit dem Namen *Documenter's Workbench*.

Die Programme **diction, spell, typo** und **style** bauen auf den Regeln der englischen Sprache auf und sind für anderssprachige Texte deshalb leider nur sehr bedingt einsetzbar.

Die nachfolgend aufgeführten Programme sind nicht speziell auf die Bearbeitung von Dokumenttexten ausgelegt, können jedoch hierzu auch nützlich sein.

awk ist ein Interpretierer für eine Sprache zur Textmusterverarbeitung. Hiermit lassen sich relativ einfach aus einer Textdatei (Datendatei) Tabellen oder Reporte erstellen.

comm vergleicht zwei sortierte Dateien und zeigt dreispaltig die Unterschiede auf: Zeilen die nur in Datei-1 sind, Zeilen die nur in Datei-2 sind und Zeilen, die in beiden Dateien vorhanden sind. Jede der drei Spalten kann unterdrückt werden.

cmp	vergleicht zwei Dateien und liefert im Exit-Status das Ergebnis (0 = identisch; 1 = verschieden). Daneben gibt es bei Unterschieden die Zeichen- und Zeilenzahl an, an dem der Unterschied auftritt.
diff	ermittelt den Unterschied zweier Dateien und kann als Ausgabe eine Kommandodatei für **ed** erstellen, welche aus *Datei-1* die *Datei-2* erstellt.
dircmp	vergleicht zwei Kataloge und zeigt Unterschiede auf.
greek	Hiermit können griechische Zeichen auf unterschiedlichen druckenden Stationen ausgegeben werden. Dies geschieht teilweise durch Simulation des Schriftbildes mittels Überdrucken mehrerer Zeichen.
grep	Die Programme **grep**, **fgrep** und **egrep** erlauben, Dateien sehr schnell auf bestimmte Textmuster zu untersuchen und die entsprechenden Zeilen auszugeben.

- Bei **fgrep** ist als Suchmuster nur eine genau vorgegebene Zeichenkette erlaubt. Mit dieser Einschränkung ist **fgrep** das schnellste Suchprogramm.
- Bei **grep** darf das Suchmuster aus einem regulären Ausdruck bestehen, wie er auch in **ed** zum Suchen von Textteilen verwendet wird.
- **egrep** erlaubt als Suchmuster *erweiterte* reguläre Ausdrücke. In ihnen haben auch die Zeichen " +, ? und | Metafunktionen.

join	mischt zwei Dateien zu einer neuen Datei, wobei Schlüsselfelder die Reihenfolge bestimmen. Die beiden Eingabedateien müssen lexikographisch sortiert sein (bzw. ihre Schlüsselfelder). Zeilen mit gleichen Schlüsseln werden dabei konkatiniert.
nl	Dieser Filter numeriert die Zeilen seiner Eingabe.
sort	sortiert die Zeilen einer Datei oder mischt die Zeilen mehrerer Dateien lexikographisch. Es können dabei Schlüsselfelder in den zu sortierenden Zeilen angegeben werden, nach denen sortiert wird.
tr	liest von der Standardeingabe und kopiert den Text auf die Standardausgabe. Hierbei werden vorgegebene Zeichen oder Zeichenbereiche in andere Zeichen umgesetzt (z.B. alle Klein- in Großbuchstaben).
uniq	Entfernt aus der sortierten Eingabe alle mehrfach vorhandenen Zeilen.

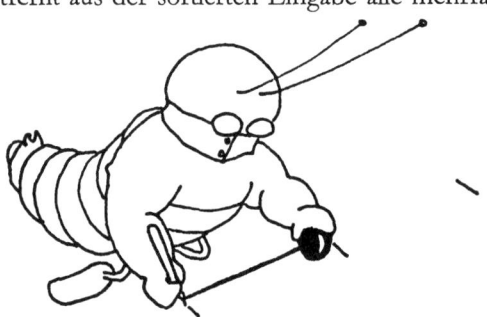

6.5.2 Die Formatierer nroff und troff

Während **nroff** Ausgabe für Zeilendrucker, druckende Dialogstationen und Sichtgeräte erstellt, produziert **troff** Ausgabe für eine Photosatzmaschine vom Typ C.A.T. .

Da viele Mechanismen für alle Formatierer gelten, wird hier statt **nroff** und **troff** der Name **roff** verwendet. Wird eine Angabe für **troff** gemacht, so ist damit zugleich auch **ditroff** gemeint.

Formatiereingabe

Die Eingabe der Formatierer besteht aus dem zu formatierenden Text, in den Steuer- bzw. Formatieranweisungen eingestreut sind. Diese Anweisungen beeinflussen die Arbeitsweise des Formatierers und erscheinen in der Ausgabe selbst nicht. Vor dem eigentlich zu formatierenden Text können (durch die Angabe der Option ›−m*x*‹ beim Aufruf des Formatierers) Dateien eingelesen werden, welche in der Regel Makrodefinitionen enthalten. Mit solchen Makrodefinitionen kann der Befehlsvorrat des Formatierers erweitert oder überdeckt werden.

Da die Eingabesyntax für komplexere Formatierungen nicht sehr komfortabel ist, wird man in der Regel nur sehr wenige Anweisungen des **roff** direkt benutzen und ansonsten auf vorhandene Makropakete wie **ms**, **me**, **mm**, **man** oder **mv** zurückgreifen.

Will man Tabellen oder Formeln direkt mit Hilfe der **roff**-Anweisungen setzen, so wird dies sehr mühsam, unübersichtlich und fehleranfällig. Hierzu sollte man sich in jedem Falle der Präprozessoren **tbl** für das Setzen von Tabellen und **eqn** (bzw. **neqn** bei Verwendung des **nroff**) zum Aufbau mathematischer Formeln bedienen.

ditroff ermöglicht darüber hinaus Graphiken, die mit dem Präprozessor **pic** aufbereitet werden können, und Diagramme, welche mit **grap**-Anweisungen aufgebaut werden.

Die Aufrufstruktur der verschiedenen Präprozessoren sieht wie folgt aus:

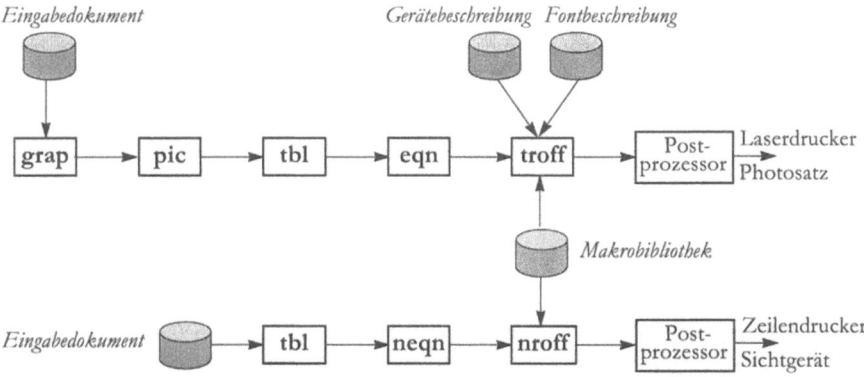

Abb. 6.2: Verarbeitungsschritte beim Formatieren

Aufruf der Formatierer

Der Aufruf der Formatierer hat die allgemeine Syntax

troff {*optionen*} {*dateien*}

zur Ausgabe auf eine Photosatzmaschine oder Laserdrucker und

nroff {*optionen*} {*dateien*}

zur Ausgabe auf eine Dialogstation oder einen Drucker. **troff** und **nroff** formatieren den Text der angegebenen Dateien. Ist keine Datei oder nur − angegeben, so lesen sie den zu formatierenden Eingabetext von der Standardeingabe. Als Optionen werden akzeptiert:

- **−i** Nachdem alle Eingabedateien abgearbeitet sind, soll von der Standardeingabe gelesen werden.
- **−m***name* Die Datei /usr/lib/tmac/tmac.*name* mit Makros soll vor der Eingabedatei eingelesen werden. (z.B. **troff −ms** ... lädt das **ms**-Makropaket aus der Datei */usr/lib/tmac/tmac.s*).
- **−n***x* Die erste Seite soll die Seitennummer *x* bekommen.
- **−o***liste* Es sollen nur die Seiten in *liste* ausgegeben werden. Einzelne Seitennummern in *liste* werden durch Kommata getrennt. *n-m* gibt einen Bereich ›von Seite *n* bis Seite *m*‹ an. Ein vorangestelltes *−n* steht für ›von der ersten Seite bis Seite *n*‹, ein abschließendes *n−* steht für ›von Seite *n* bis zum Ende‹. (z.B. **troff −o**1−10,15,17,30−).
- **−q** Es wird der Modus eingeschaltet, der bei der **.rd**-Anweisung gleichzeitige Ein- und Ausgabe erlaubt.
- **−ra***x* Das Register *a* (nur ein Zeichen) soll den Wert *x* erhalten.
- **−s***x* Alle *x* Seiten soll angehalten werden, z.B. um neues Papier einzulegen.
- **−T***name* Die Ausgabe soll für eine Dialogstation bzw. ein Ausgabegerät von Typ *name* erzeugt werden.
  Für **nroff** muß dabei Gerätebeschreibungsdatei **/usr/lib/term/tab***name* existieren. Dieses steuert die **nroff**-Ausgabe passend für das angegebene Gerät. Sie sollten Ihren Systemverwalter bzw. Systemanbieter fragen, welche Geräte hier unterstützt werden.
  Es soll Ausgabe für die Photosatzmaschine bzw. den Laserdrucker vom Typ *name* erzeugt werden. **Troff** erwartet dabei zu jedem unterstützten Gerät die Beschreibung der möglichen Fonts, sowie die Beschreibung der Fonts in dem Katalog **/usr/lib/font/dev***name*.
- **−z** Es wird nur die Ausgabe erzeugt, die die **.tm**-Anweisung produziert.

Folgende Optionen sind nur für den **nroff** gültig:

- **−e** Es sollen ausgerichtete Zeilen mit Wörtern in gleichen Abständen produziert werden; wobei die volle Auflösung der Dialogstation auszunutzen ist.
- **−h** In der Ausgabe sollen Tabulatorzeichen verwendet werden. Dabei wird angenommen, daß der Tabulator jeweils auf Achterpositionen gesetzt ist.
- **−u***n* Gibt die Anzahl des Überdruckens für die Fettschrift *(bold)* an (Standard = 3). Fehlt *n*, so erfolgt kein Überdrucken.

Folgende Optionen werden nur vom **troff** angenommen:

-a   Die Ausgabe soll auf die Standardausgabe gelenkt werden und aus ASCII-Zeichen bestehen.

-b   Es wird kein Text ausgegeben sondern nur gemeldet, ob die Photosatzmaschine beschäftigt oder frei ist.

-f   Die Photosatzmaschine soll nach diesem Lauf das Papier noch nicht ausstoßen und nicht anhalten.

-p*n*   Alle Zeichen sollen nur in der Zeichengröße *n* gesetzt werden.

-t   Die Ausgabe soll anstatt auf die Photosatzmaschine auf die Standardausgabe gelenkt werden.

-w   Ist die Photosatzmaschine gerade aktiv, so soll auf die Verfügbarkeit der Maschine gewartet werden.

Sind in dem zu formatierenden Text Tabellen oder mathematische Formeln vorhanden, so sind diese durch **tbl** und **neqn** (bei **nroff**) oder **neqn** (bei Verwendung von **troff**) zu bearbeiten. Dies kann z.B geschehen durch:

     tbl *dateien* | **eqn** | **troff** ....   oder

     tbl *dateien* | **neqn** | **nroff** ....

Beim Einsatz von **grap** und **pic** beim **ditroff** werden diese als erste Präprozessoren aufgerufen. Verwendet man **nroff** und benutzt Einrahmungen im Text (z.B. in Tabellen), so ist in der Regel die Verwendung des **col** als Postprozessor notwendig. Dieses Programm entfernt *negative Zeilenvorschübe* aus dem Text, die von den meisten Druckern und Dialogstationen nicht korrekt verarbeiten werden. Hinter den **nroff**-Aufruf stellt man dazu die Sequenz: ... | **col** ...

     nroff –ms –o10–20,30– –T300S dokument
     → formatiert den Inhalt der Datei *dokument*. Es wird Ausgabe für ein Gerät vom Typ DASI-330S erzeugt, wobei nur die Seiten 10 bis 20 und 30 bis zum Ende ausgegeben werden. Zur Formatierung wird der **ms**-Makrosatz (die Datei */usr/lib/tmac/tmac.s*) verwendet.

     troff –n10 –me –t –p10 dokument_1 > dok_1.f
     → formatiert den Inhalt der Datei *dokument_1* mit Hilfe des **troff**. Die erste Seite erhält die Seitennummer *10*. Es wird das Makropaket **me** verwendet (die Datei */usr/lib/tmac/tmac.e*). Anstatt der unterschiedlichen Zeichengrößen soll nur die Größe 10 verwendet werden. Das Ergebnis der Formatierung wird nicht gleich auf die Photosatzmaschine ausgegeben, sondern in der Datei *dok_1.f* abgespeichert.

     tbl troff.dok | nroff –ms | col | more
     → formatiert den Text der Datei *troff.dok*. Da Teile des Textes unter Verwendung von Tabellen erstellt sind, muß **tbl** als Präprozessor laufen. Die Formatierung erfolgt unter Verwendung der **ms**-Makros. **tbl** wird als Postprozessor verwendet und das Ergebnis wird seitenweise auf dem Bildschirm (Standardausgabe) gezeigt.

6.5.3 tbl – der Präprozessor für Tabellen

tbl ist ein Programm, welches als Präprozessor zu den Formatieren **nroff** und **troff** verwendet wird, und den Aufbau von Tabellen ermöglicht. **tbl** übernimmt dabei Aufgaben wie

❏ Errechnen der Spaltenbreite,
❏ Plazieren eines Tabelleneintrags links, rechts, zentriert, numerisch ausgerichtet oder als Spaltenüberschrift,
❏ Einrahmen der ganzen Tabelle sowie einzelner Zellen.

Tabellenaufbau

Die Anweisungen für **tbl** befinden sich wie die Formatieranweisungen für **nroff** oder **troff** zusammen mit dem zu formatierenden Text in einer Datei. Eine Tabellenangabe wird dabei durch eine Zeile mit ›.TS‹ (für: *tbl start*) und eine Zeile mit ›.TE‹ (für *tbl-end*) eingeschlossen. ›.TS‹ und ›.TE‹ müssen dabei jeweils am Anfang einer Zeile stehen. Der allgemeine Aufbau sieht wie folgt aus:

⋮

.TS
tbl-optionen ;
tbl-formatangaben .
tabelleneinträge
.TE

⋮

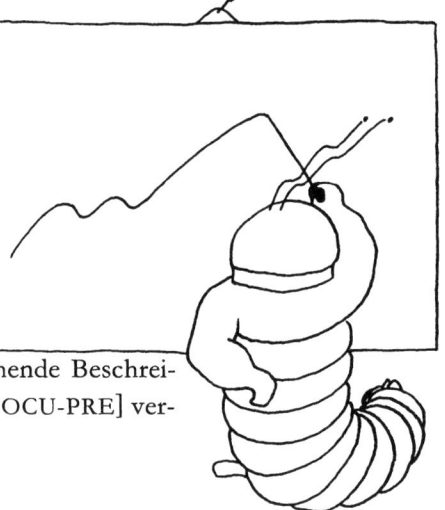

Jede Tabelle wird dabei unabhängig von einer vorausgehenden oder nachfolgenden Tabelle bearbeitet. Für eine weitergehende Beschreibung sei hier auf die Dokumentation in [DOCU-PRE] verwiesen.

Aufruf des tbl

tbl wird als Präprozessor zu den Formatierern verwendet und entsprechend aufgerufen:

    tbl {–**T***gerät*} *dateien* | **troff** ...

oder, falls auch mathematischer Formelsatz verwendet wird:

    tbl *dateien* | **eqn** | **troff** ....

Sind keine Dateien angegeben, so wird von der Standardeingabe gelesen. Die Option –**T***gerät*, gibt wie beim Aufruf von **troff** oder **nroff** die Art des Gerätes an, für das Ausgabe erzeugt werden soll.

6.5.4 eqn und neqn - Präprozessoren für Formeln

eqn ist ein Präprozessor zu dem Formatierer **troff**, der es dem Benutzer in einer für die Komplexität des Problems recht einfachen Art erlaubt, mathematische Formeln zu setzen. Die Angabe der Formel setzt dabei nur wenig Kenntnisse über die mathematische Schreibweise voraus und geschieht in einer Notation, in der englischsprachige Begriffe für Aussagen wie ›*über dem Bruchstrich*‹ oder ›*Integral über*‹ verwendet werden. **eqn** setzt diese Anweisungen in solche für den Formatierer **troff** um.

neqn arbeitet wie **eqn**, bereitet die Ausgabe aber statt für **troff** für **nroff** auf. Natürlich ist die Ausgabe des **nroff** wesentlich primitiver als die des **troff**; auf entsprechenden Druckern ist er jedoch auch in der Lage, durch Überdrucken griechische Zeichen und mathematische Sonderzeichen nachzubilden. In dem nachfolgenden Text steht **eqn** synonym für beide Programme.

Aufbau einer Formelangabe

Anweisungen, die von **eqn** bearbeitet werden sollen, sind entsprechend zu kennzeichnen. Dies geschieht in einer Textdatei durch:

⋮

.EQ
formel-text
.EN

⋮

eqn analysiert die zwischen den **.EQ** und **.EN** stehenden Zeilen und erzeugt daraus Anweisungen für **troff**. Dabei werden die Zeilen mit **.EQ** und **.EN** ebenfalls weitergereicht. Alles zwischen dieser Klammerung wird als **eine** Formel betrachtet. Das Zentrieren oder Ausrichten der Formel am linken oder rechten Rand erfolgt dabei nicht durch **eqn**, sondern kann durch andere Formatieranweisungen vorgenommen werden. Bei Verwendung des **ms**-Makropakets bewirkt

.EQ L   Ausrichtung der Formel am linken Rand,
.EQ I   Einrückung der Formel,
.EQ C   Die Formel wird in der Zeile zentriert ausgegeben.

Steht danach eine Numerierung, so wird diese rechtsbündig hinter die Formel gesetzt, wie nachfolgendes Beispiel demonstriert:

.EQ I (1.2a)
x = sin (y/2) + y*2
.EN

erzeugt: $x = \sin(y/2) + y*2$ (1.2a)

Eine ausführliche Beschreibung ist auch hierzu in [DOCU-PRE] zu finden.

Aufruf des eqn oder neqn

eqn oder **neqn** werden als Präprozessoren vor den entsprechenden Formatierern aufgerufen. Sie kennen keine externen Optionen, so daß ihr Aufruf wie folgt aussieht:

    eqn {*optionen*} {*dateien*} | **troff** ....

Ist keine Datei angegeben, so wird von der Standardeingabe gelesen. Natürlich ist es auch möglich, die Ausgabe in einer Datei für eine spätere Weiterbearbeitung abzulegen (also etwa »**eqn** ... > *ausgabe*«). Es stehen (erst mit dem **ditroff**) folgende Optionen zur Verfügung:

- **−d***xy*   gibt die Formelbegrenzungszeichen *x* und *y* für Formeln innerhalb eines Textes an und ersetzt damit die **.delim**-Anweisung.
- **−p***n*   Im Normalfall werden Hoch- und Tiefstellungen (*Superscripts*, *Subscripts*) in einer um 3 Punkte kleineren Schrift gesetzt. Statt 3 kann mit dieser Option die Schriftgrößenänderung vorgegeben werden.
- **−s***n*   gibt die Zeichengröße *n* (in Punkten) für Formeln an und ersetzt damit die **.gsize**-Anweisung.
- **−f***n*   gibt den Zeichensatz *n* für Formeln an und ersetzt damit die **.gfont**-Anweisung.
- **−T***gerät*   gibt wie beim Aufruf von **troff** bzw. **nroff** an, für welches Gerät die Ausgabe erstellt werden soll.

Soll der zu formatierende Text auch vom Tabellenpräprozessor **tbl** bearbeitet werden, so ist dieser zuerst aufzurufen, so daß sich folgende Aufrufsequenz ergibt:

    tbl {*dateien*} | **eqn** | **troff** ...

oder

    tbl {*dateien*} | **neqn** | **nroff** ...

Ist man sich der syntaktischen Korrektheit seiner **eqn**-Anweisungen nicht sicher, so kann man mit

    eqn {*dateien*} **> /dev/null**

eine Art Probelauf starten. Die eigentliche Ausgabe wird dabei weggeworfen. Auf der Standardfehlerausgabe erscheinen nur die Fehlermeldungen in der Form:

    syntax error between lines *x* **and y, file z**

x und *y* sind dabei die Nummern der Zeilen in der Datei *z*, zwischen denen ein Fehler auftrat.

    Benutzt man Formeln im Text (durch einen Begrenzer markiert), so resultieren aus dem Weglassen eines schließenden Begrenzungszeichens teilweise sehr eigenartige Ausgabebilder. Das Programm **checkeq** erlaubt eine wenn auch nicht vollständige Überprüfung des Textes nach solchen Klammerfehlern. Es wird aufgerufen mit:

    checkeq {*dateien*}

7 Die Shell als Benutzeroberfläche

Der Benutzer kann in der Regel nicht direkt mit der Hardware des Rechners oder der darüber liegenden Schale kommunizieren – dem Betriebssystem, da diese Schnittstellen nur aus Programmen über Systemaufrufe zugänglich sind. In der Regel liegt über diesen Rechnerschichten eine weitere Schale, welche die Benutzeranweisungen (Kommandos) interpretiert und in Betriebssystemaufrufe umsetzt sowie die Rückmeldungen des Systems (in der Regel Statusbits) überprüft und im Fehlerfall in Fehlermeldungen umsetzt.

Diese Schicht trägt unter UNIX den Namen **Shell**, weil sie sich wie eine Schale (oder Muschel) um den Betriebssystemkern legt.

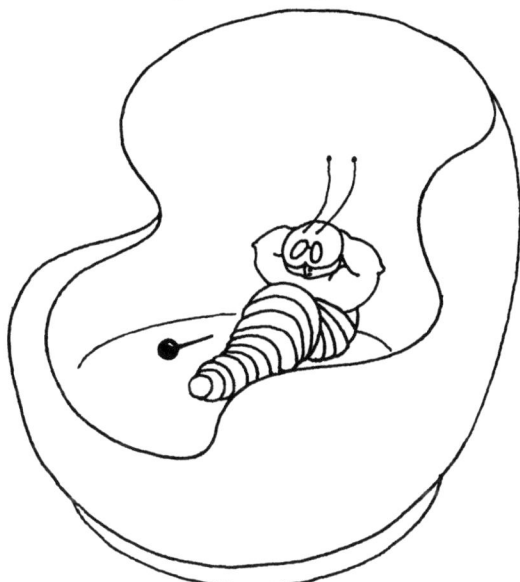

Im Gegensatz zu vielen anderen Systemen, in denen diese Schicht auch als *Monitor* bezeichnet wird, ist die Shell jedoch kein Bestandteil des Betriebssystemkerns, sondern den Benutzerprogrammen gleichgestellt und leicht austauschbar. Sie genießt also als Programm keine speziellen Privilegien. Die Shell, so wie sie mit UNIX ausgeliefert wird, ist zwar ein ausgesprochen mächtiges und vielseitiges Programm, in seiner Bedienoberfläche und Kommandosprache aber primär auf die Bedürfnisse der Programmentwicklung ausgerichtet.

Eine Shell trägt als interaktive Kommandosprache oder als Programmiersprache eine zentrale Rolle in einem UNIX-System. Große Teile der Systemsteuerung und Konfiguration werden über die Shell abgewickelt und ihre flexible Einsatzmöglichkeit in Konfigurationsdateien macht sie zum wichtigsten Werkzeug für Systemverwalter.

Da die Shell als Programm einfach austauschbar ist, findet man hier, ähnlich wie es bei Editoren der Fall ist, eine Vielzahl von Varianten, die auf unterschiedliche Gewohnheiten und Bedürfnisse der Benutzer angepaßt sind.

Im Umfeld der Programmentwicklung sind dabei die von USL kommende Standard-Shell (auch **Bourne-Shell** genannt, da sie von S. R. Bourne entworfen wurde) sowie die aus dem Berkeley-UNIX-System stammende **C-Shell** (ihre Syntax entspricht stärker als die der Bourne-Shell der Sprache C) am weitesten verbreitet. Die sogenannte **Korn-Shell** schließlich stellt eine harmonische Vereinigung der Eigenschaften der Bourne- und der C-Shell dar. Sie ist seit V.4 Bestandteil des Standard-UNIX-Systems. Nahezu alles, was hier über die **Bourne-Shell** gesagt wird, gilt auch für die **Korn-Shell**.

Die Bourne-Shell wird als Standard-Shell in diesem Kapitel detailliert beschrieben. In Abschnitt 7.2 sind darüber hinaus die wesentlichen Eigenschaften der **C-Shell**, im Abschnitt 7.3 die der **Korn-Shell** mit ihren wichtigsten Unterschieden zur Bourne-Shell dokumentiert.

Das Standard-UNIX-System erlaubt ab System V, mehrere parallele Shell-Programme zu fahren. Diese parallelen Shell-Inkarnationen laufen als Schichten (englisch: *layers*) unter einer sie verwaltenden Shell. Dieses Kontrollprogramm wird entsprechend als **Layered Shell** bezeichnet. Ihre Beschreibung ist in Abschnitt 7.4.2 zu finden. In Umgebungen, wo aus Sicherheitsgründen die Freiheit der Benutzer eingeschränkt sein soll, ist dies durch die Verwendung der **rsh** (englisch: *restricted shell*) zu erreichen. Diese Einschränkung kann dabei vom Systemverwalter benutzerspezifisch gesetzt werden! Die **rsh** ist in Abschnitt 7.4.3 dargestellt.

Im Bereich kommerzieller Umgebungen wird man benutzerfreundlichere, in der Regel menüorientierte Aufsätze auf die Shell wie z.B die **vsh**[1]- oder die **SINIX**[2]-Menü-Shell finden. Allerdings konnte sich bisher keine dieser menüorientierten Shell-Aufsätze in breiterem Rahmen durchsetzen.

Für graphische Dialogstationen (unter dem Window-System X11) werden von vielen Herstellern inzwischen die Oberflächen **Looking Glas**[3], **X.desktop**[4], **Open DeskTop**[5] und nicht zuletzt **CDE**[6]. angeboten. Diese Oberflächen ermöglichen es, die wichtigsten Aktionen der täglichen Arbeit, die mit der Shell vorgenommen werden können (Dateimanagement, Programmaufrufe), in intuitiverer Weise mit Hilfe einer graphischen Oberfläche auszuführen – ähnlich MS-Windows oder dem Macintosh. Auch hoch-komplexe graphische Oberflächen ersetzen die Shell jedoch nicht, sondern basieren auf ihr, werden von dieser gestartet, gesteuert und konfiguriert.

---

1. Dies ist eine Menü-Shell für alphanumerische Dialogstation aus dem Bereich der *Public Domain* Software.
2. SINIX ist die UNIX-Implementierung der Firma SNI.
3. Ein Produkt der Firma VISIX. Das Produkt wird jedoch in der Regel vom Rechneranbieter vertrieben
4. Ein Produkt der Firma IXI. Das Produkt wird jedoch in der Regel vom Rechneranbieter vertrieben.
5. Ein Softwarepaket-Bündel, welches von der Firma SCO angeboten wird.
6. ***Common Desktop Environment***, ein Gemeinschaftsprojekt der in COSE vereinigten Firmen, das beste Aussichten hat, zur Standardoberfläche zu werden.

7.1 Die Shell als Kommandointerpreter

Dieses Kapitel beschreibt die **UNIX-Standard-Shell**, auch **Bourne-Shell** genannt. Sie ist das Programm, mit dem der Benutzer in der Regel zu tun hat, wenn er mit der alphanumerischen Oberfläche von UNIX arbeitet, d.h. Kommandos und Benutzerprogramme aufruft. Neben der einfachen Kommandoausführung stellt sie eine ganze Reihe weiterer, sehr mächtiger Konzepte zur Verfügung. Hierzu gehören eine komplette Programmiersprache mit Variablen, Ablaufstrukturen wie *Bedingte Ausführungen*, *Schleifen*, *unterprogrammähnliche Aufrufe* und *Ausnahmebehandlungen*. Sie ist jedoch in ihrer vollen Mächtigkeit nicht einfach zu erlernen. Die ersten Schritte (Stufen) sind leicht, den vollen Umfang zu beherrschen bedarf es einiger Zeit und Mühe.

Die Shell ist ein Programm, welches nach dem **login** standardmäßig gestartet wird und von der startenden Dialogstation solange liest, bis sie ein <dateiende>-Zeichen sieht (meist <ctrl-d>). Danach wird sie terminiert, das Betriebssystem meldet dies dem übergeordneten Prozeß. Dieser startet erneut das Login-Programm, nimmt die Benutzeranmeldung entgegen und setzt eine neue Shell mit der Umgebung des neuen Benutzers auf.

Die Eingabe, welche die Shell liest, wird von ihr analysiert und danach entweder von ihr selbst ausgeführt oder als Programm gewertet und dieses gestartet. Hierbei untersucht zuvor die Shell noch die Parameter des Programms und expandiert diese, soweit notwendig, nach ihren Regeln.

Die in Kapitel 3 erklärten Regeln der Shell werden hier der Vollständigkeit halber nochmals aufgeführt.

7.1.1 Kommandosyntax

Ein Kommando, sei es eine Anweisung an die Shell oder ein Programmaufruf (auch dies ist eine Anweisung an die Shell!), hat folgende allgemeine Syntax:

kommando_name   parameter_1   parameter_2   ...   e/a-umlenkung

wobei *kommando_name* der Bezeichner eines Shell-internen Kommandos (z.B.: **cd**) oder der Dateiname eines auszuführenden Programms ist (z.B.: **cpio**). Anzahl, Aufbau und Bedeutung der Parameter sind natürlich kommando- bzw. programmabhängig. Die einzelnen Parameter werden dabei durch **Separatorzeichen** getrennt. Normalerweise sind die gültigen Trennzeichen das Leerzeichen, das Tabulatorzeichen (<tab>) und das Zeilenende (<neue zeile > = <new line>). Sie können jedoch mit Hilfe der Shellvariablen **IFS** neu definiert werden.

Die Parametersequenz wird von der Shell auf Metazeichen (*, ?, [...]), auf Steuerzeichen (**&, &&, |, ||, >, >>, <, <<, (), {}, ;**) und zu ersetzende Shellvariablen durchsucht und soweit notwendig expandiert, bevor sie als Programmparameter an das aufgerufene Programm oder die aufgerufene Kommandoprozedur weitergereicht werden.

Bei der Expandierung der Parameter werden diese von der Shell als Dateinamen betrachtet und entsprechend der aktuellen Umgebung (wie z.B. dem aktuellen Katalog) ausgewertet. Die Auswertung geschieht wie folgt:

1. Ersetzung von Shellvariablen ($xxx) durch ihren Wert
2. Generierung einer Liste von Dateinamen, wobei die Metazeichen *, ?, [...] wie folgt interpretiert werden:

*	steht für ›*Eine beliebige Zeichenfolge*‹ (auch die leere), jedoch nicht ›.‹ als erstes Zeichen eines Dateinamens.
?	steht für ›*Ein beliebiges einzelnes Zeichen*‹.
[...]	steht für ›*Eines der in den Klammern angegebenen Zeichen*‹. Bereiche können in den Klammern angegeben werden durch: [<von> - <bis>] oder [a-en-x ...].
[! ...]	steht für ›*Keines der in den Klammern angegebenen Zeichen*‹. Bereiche können in den Klammern angegeben werden durch: [!<von> - <bis>] oder [a-x ...].

Soll ein Parameter nicht expandiert werden, so ist er entweder komplett mit Apostroph-Zeichen zu klammern ('*parameter*') oder die Zeichen, welche von der Shell interpretiert werden könnten, sind durch das Fluchtzeichen \ zu maskieren.

✎   echo \?
    → liefert ? zurück.

Der Parameter *kommando_name* gibt den Namen des auszuführenden Programms an, soweit es sich nicht um ein Shell-internes Kommando handelt. Dies kann der Name einer Kommandoprozedur oder eines kompilierten Programms sein. Bei einer Kommandoprozedur wird eine neue Shell gestartet, welche die Abarbeitung der

7.1 Die Shell als Kommandointerpreter

Prozedur übernimmt. Ist *kommando_name* ein relativer Dateiname, so sucht die Shell nach einer ausführbaren Datei dieses Namens in den Katalogen, die in der Shellvariablen **$PATH** angegeben sind. Die dort aufgeführten Kataloge werden in der vorgegebenen Reihenfolge (von links nach rechts) durchsucht, bis eine entsprechende Datei gefunden wird. Ist die Suche ergebnislos, so meldet die Shell:

›*xxx*: not found‹

Die Shell merkt sich die Position (im Gesamtdateibaum) der gefundenen Datei, um sie beim nächsten Aufruf schneller erreichen zu können. Diese interne Suchliste kann durch das Kommando »**hash −r**« gelöscht und somit ein Neuaufbau veranlaßt werden.

Für die Beispiele dieses Kapitels wird nun eine Situation vorgegeben, auf welche die Beispiele aufbauen. Diese Situation sei:

Der aktuelle Dateikatalog ist */usr/oskar*; es gibt darin folgende Dateien:

```
.profile    .profile1
a           a1         ab?        abc        abc1       append
ball        bold       buch (Katalog, leer)
cad_buch (Katalog) mit folgenden Dateien darin:
            kapitel.1  kapitel.2  kapitel.3  kapitel.n
unix_buch (Katalog)
```

In dieser Umgebung liefern die angeführten Beispiele folgende Resultate:

Kommando:	**Wirkung:**
cat abc	gibt die Datei */usr/oskar/abc* aus. Im Gegensatz zu den anderen Erweiterungen wird jedoch nicht der um den Standardkatalog erweiterte Namen an das Programm gegeben. Das Voransetzen des Zugriffspfades beim Eröffnen der Datei findet im Programm selbst statt und wird vom System vorgenommen.
echo a*	liefert alle Namen der Dateien des betreffenden Katalogs, welche mit dem Buchstaben *a* beginnen. Diese wären beim obigen Beispiel: *a a1 ab? abc abc1 append*
echo ab?	liefert alle Namen, die mit *ab* beginnen und ein weiteres Zeichen haben (also ›*ab?* *abc*‹), während »**echo ab\?**« nur ›*ab?*‹ ergibt.
echo cad_buch/kapitel.[1-9]	liefert die Dateinamen: *cad_buch/kapitel.1 cad_buch/kapitel.2 cad_buch/kapitel.3*
echo *	Hierbei werden alle oben angeführten Namen außer *.profile* und *.profile1* generiert.

echo .*	liefert . .. .*profile* und .*profile1*. Der Name ›.‹ ist dabei der aktuelle Katalog und ›..‹ der Vaterkatalog.
echo x*	liefert *x**, da keine mit *x* beginnende Dateien im aktuellen Katalog existieren.
cp [!u]* /tmp	kopiert alle Dateien, deren Namen nicht mit *u* beginnen in den Katalog *tmp*. Dies wären alle Dateien außer: .*profile* .*profile1* *unix_buch*.
ls –ls *buch*	gibt Dateiinformationen zu allen Dateien des aktuellen Katalogs aus, in denen die Folge *buch* vorkommt. Dies wäre hier: *buch cad_buch UNIX_buch* Wie man sieht, dürfen mehrere Metazeichen in einem Namen vorkommen.

Folgende Kommandos sind in der angegebenen Umgebung äquivalent: »**cat 'ab?'**«, »**cat ab'?'**«, »**cat ab\?**« und »**cat "ab?"**«.

Bereitschaftszeichen

Ist eine *interaktive Shell* bereit, Eingabe vom Benutzer anzunehmen, so zeigt sie dies durch ein Promptzeichen an. Dabei bedeutet:

#	Die Shell wird durch den Super-User (Benutzername *root*) benutzt. Privilegierte Kommandos sind möglich und Zugriffbeschränkungen existieren nicht.
$	Die Shell wird durch einen normalen Benutzer verwendet.
>	Die Shell benötigt weitere Eingaben; z.B. weil eine Shellprozedur ein **read** ausführt.

Andere Formen des Promptzeichens können durch eine entsprechende Belegung der Shellvariablen **PS1** und **PS2** festgelegt werden.

Eine Shell wird als **interaktiv** bezeichnet, wenn für sie entweder die Option **–i** gesetzt ist oder Ein- und Ausgabe einer Dialogstation zugeordnet sind.

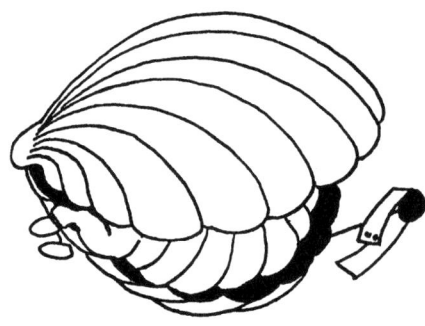

7.1.2 Ein-/Ausgabeumlenkung

Vor der Ausführung eines Kommandos können dessen Standardeingabe (Dateideskriptor 0), seine Standardausgabe (Dateideskriptor 1) und die Standardfehlerausgabe (Dateideskriptor 2) umgelenkt werden. Die Umlenkung erfolgt durch die Interpretation der Umlenkungsanweisung durch die Shell, ohne daß das Programm dies sieht. Insbesondere ist die Umlenkung nicht in der Parameterzeichenkette enthalten, welche die Shell dem aufgerufenen Programm bzw. Kommando übergibt.

Die Umlenkung darf in Kommandos überall stehen (d.h. vor, innerhalb oder nach der Parameterliste). Aus Gründen der Übersichtlichkeit sei jedoch die Umlenkungsangabe als letzte Angabe eines Kommandos empfohlen.

> *aus_datei*   Die Standardausgabe (Dateideskriptor 1) soll die Datei *aus_datei* sein. Existiert die genannte Datei bereits, so wird sie zuvor auf die Länge 0 gesetzt. Soll die alte Datei erhalten und die neue Ausgabe an deren Ende angehängt werden, so erfolgt dies durch »>> *aus_datei*«.

>> *aus_datei*   Die Standardausgabe wird an die Datei *aus_datei* angehängt. Existiert die Datei noch nicht, so wird sie neu angelegt.

2> *fehler_datei* Die Standardfehlerausgabe (Dateideskriptor 2) soll in die Datei *fehler_datei* umgelenkt werden.

>&*n*   Die Standardausgabe geht auf die mit dem Dateideskriptor *n* verbundene Datei. Verwendung findet dies vor allem, um mit der Konstruktion **2>&1** die Standardfehlerausgabe (Dateideskriptor 2) und die Standardausgabe (Dateideskriptor 1) zu einem Ausgabekanal zusammenzuhängen, der dann wiederum in eine Datei umgeleitet werden kann.

>&-   Die Standardausgabedatei wird geschlossen.

< *ein_datei*   Statt der Tastatur soll die Datei *ein_datei* als Standardeingabe (Deskriptor 0) verwendet werden.

<< *wort*   Anstatt von der Standardeingabe werden direkt die nachfolgenden Zeilen der Kommandoprozedur gelesen. Diese *In Line*-Eingabedatei wird durch eine Zeile beendet, die nur aus *wort* besteht. Das erste und das letzte Auftreten von *wort* dient als eine Klammerung für den Eingabetext. Diese letzte Zeile zählt nicht mehr zur Eingabe und entspricht einem <dateiende> bzw. <eof>.
Kommt in der Angabe von *wort* eine Maskierung (\, "..." oder '...') vor, so werden die eingelesenen Zeilen nur entsprechend der Maskierung expandiert (bei '...' gar nicht). Ohne eine solche Maskierung führt die Shell eine Parametersubstitution und Kommandoauswertung durch. Diese Art von Eingabe wird **Here Document** genannt.

<<– wort	Wird »<<–...« angegeben, so werden in *wort* und allen nachfolgenden Zeilen bis zum Ende des *Here Documents* alle führenden Tabulatorzeichen entfernt.
<&*n*	Die Standardeingabe liest aus der im Deskriptor *n* angegebenen Datei.
<&–	Die Standardeingabedatei wird geschlossen.

Steht vor einem der obigen Kommandos eine Zahl (wie z.B. bei **2>**), so gilt die Umlenkung nicht für die Standardein- oder ausgabe sondern für den Dateideskriptor mit der angegebenen Nummer:

✎ kommando parameter 2> fehler
→ sorgt dafür, daß die Standardfehlerausgabe (Dateideskriptor 2) auf die Datei *fehler* erfolgt.

Steht hinter dem Kommando ein **&**, d.h. soll das Kommando als eigenständiger Prozeß im Hintergrund ablaufen, so ist, wenn nicht anders angegeben, die leere Datei (das Gerät */dev/null*) die Standardeingabe:

✎ cat
→ erwartet sein Ergebnis von der Standardeingabe, liest diese bis zu einem <dateiende> und gibt die Zeilen auf dem Bildschirm aus.

✎ cat > ergeb
→ liest von der Dialogstation und legt das Ergebnis in der Datei *ergeb* ab. Dies ist die einfachste Art, unter UNIX eine Datei zu erstellen.

✎ wc < liste > ergebnis
→ liest aus der Datei *liste* und schreibt das Resultat in die Datei *ergebnis*.

✎ cat >> neu <<!
UNIX-System $name
Neue Strasse 23
!
→ schreibt die Zeilen ›UNIX-System ...‹ und ›Neue ...‹ ans Ende der Datei *neu*. Dabei wird in der ersten Zeile *$name* durch den Wert der Shellvariablen *$name* ersetzt. In der Regel wird man eine solche Konstruktion in Kommandoprozeduren einsetzen.

✎ file * > typen 2>&1
→ ruft das Programm file auf, um die Dateiart aller Dateien im aktuellen Katalog zu ermitteln und nach *typen* zu schreiben. Fehlermeldungen werden mit diesem Aufruf ebenfalls nach *typen* geschrieben, da die Standardausgabe und Standardfehlerausgabe mit »**2>&1**« zusammengehängt werden.

➡ Im Dateinamen innerhalb einer Ausgabeumlenkung findet **keine** Namensexpansion statt! So schreibt z.B. »ls > *.c« sein Ergebnis in die Datei mit dem unpraktischen Namen ›*.c‹

7.1.3 Kommandoverkettung

Die Shell führt die ihr übergebenen Kommandos normalerweise sequentiell (nacheinander) aus. Ein Zeichen <neue zeile> zeigt das Ende eines Kommandos an. Dabei wird – von den Shell-internen Kommandos abgesehen – für jedes Kommando ein selbständiger Prozeß gebildet, auf dessen Ende die Shell vor der Ausführung des nächsten Kommandos wartet. Soll ein Kommandotext über eine Zeile hinausgehen, so kann das Zeilenende durch das Fluchtsymbol ›\‹ maskiert werden, d.h. durch ›\‹ wird das nachfolgende <neue zeile> ignoriert.

Das **Semikolon** ›;‹ erfüllt die gleiche Funktion wie <neue zeile>. Auf diese Weise können mehrere Kommandos in einer Zeile übergeben werden. Die Syntax lautet:

kommando_1 {parameter} ; *kommando_2 {...}* ... ; *kommando_n*

Jedes Programm (Kommando) liefert einen normalerweise unsichtbaren Funktionswert an den Aufrufer zurück – den **Endestatus** (englisch: **exit status**) oder **Returncode**. Per Konvention ist dieser **0**, falls das Programm fehlerfrei ablief; er hat einen Wert ungleich 0 in allen anderen Fällen. Der Endestatus einer solchen Kommandosequenz ergibt sich aus dem Endestatus des zuletzt ausgeführten Kommandos. Dieser Statuswert kann in den Shell-Anweisungen wie z.B. **if ... then ... else ... fi** verwendet werden.

→ Bei shell-internen Kommandos (z.B. **cd**) wurde bei älteren Versionen der Shell immer 0 als Ergebnis zurückgegeben!

→ Ist eines der Kommandos der Kommandosequenz ein Shell-internes Kommando, so wird beim Auftreten eines Fehlers die ganze Sequenz abgebrochen.

7.1.4 Fließbandverarbeitung (Pipe)

Soll in einer Kommandosequenz die Ausgabe des einen Kommandos als Eingabe des nachfolgenden Kommandos benutzt, d.h. die Standardausgabe zur Standardeingabe werden, so kann man dies durch das **Pipe**-Symbol angeben:

kommando_1 {parameter} | *kommando_2 {parameter}* {| ... }

✎ ls –l | wc –l

→ gibt die Anzahl der Dateien im aktuellen Katalog aus. »**ls -l**« listet die Dateien Zeile für Zeile auf und **wc** liest diese Ausgabe, zählt die Zeilen darin (Option –l) und gibt die Anzahl am Bildschirm aus.

Wird eines der Kommandos einer Pipe-Kette abgebrochen, so terminieren in der Regel auch die anderen Programme der Kette auf Grund eines Lese- oder Schreibfehlers bei Operationen auf die Pipe.

7.1.5 Hintergrundprozesse

Beim Abschluß eines Kommandos durch <neue zeile> oder Semikolon (;) startet die Shell das Kommando als eigenständigen Prozeß und wartet auf dessen Beendigung, bevor sie die nächste Eingabe bearbeitet.

Der Prozeß kann jedoch auch durch die Kennzeichnung mit **&** als **Hintergrundprozeß** gestartet werden in der Form:

kommando {parameter} **&**

Die Shell gibt dabei sofort die Prozeßnummer (oder kurz **PID** für *Process Identification*) des Hintergrundprozesses aus und ist danach sogleich für die nächste Eingabe bereit, was sie durch die Ausgabe des Bereitschaftszeichens anzeigt.

Während ein im Vordergrund laufendes Programm durch das Unterbrechungszeichen <unterbrechung> oder das Zeichen <abbruch> terminiert werden kann (soweit das Programm dies nicht explizit abfängt), muß ein im Hintergrund laufendes Programm durch das Kommando

kill *pid*

beendet werden. *pid* ist dabei die Prozeßnummer. Kennt man sie nicht mehr, so läßt sie sich durch das Kommando **ps** anzeigen. Will man die Zustände seiner Hintergrundprozesse erfahren, so ist dies mit Hilfe des **ps**-Kommandos möglich. Die Bourne-Shell zeigt die Beendigung eines Hintergrundprozesses nicht an[1].

Für einen Hintergrundprozeß ist nicht die Tastatur, sondern */dev/null* die Standardeingabe. Damit wird verhindert, daß der im Hintergrund laufende Prozeß dem im Vordergrund laufenden Prozeß Eingaben wegnimmt.

7.1.6 Kommando-Gruppierung

Soll eine ganze Kommandofolge als Hintergrundprozeß ablaufen, so können die entsprechenden Kommandos mit einfachen runden Klammern gruppiert werden, um gemeinsam, als ein Prozeß, im Hintergrund zu laufen:

(*kommando_1* ; *kommando_2* ; *kommando_3*) **&**

Diese Kommandogruppierung wird nicht nur bei Hintergrundprozessen, sondern häufig auch dann verwendet, wenn die Ausgabe mehrerer Prozesse in einer Pipe weiterverarbeitet werden soll:

(*kommando_1* ; *kommando_2* ; *kommando_3*) | *kommando*

Die Kommandogruppierung mittels runder Klammern führt genau genommen dazu, daß die geklammerten Kommandos in einer neuen Shell ausgeführt werden. Die gesamte Ausgabe dieser neuen Shell wird auf die Standardausgabe (d.h. ggf. in eine Pipe) geschrieben oder die gesamte neue Shell läuft als Hintergrundprozeß.

---

1. Die **C-Shell** meldet, wenn dies nicht explizit unterdrückt wird, jeden Zustandswechsel eines Prozesses.

7.1.7 Shellprozeduren

Die Shell gestattet, häufig benutzte Kommandofolgen in eine Datei zu schreiben und diese Datei dann der Shell statt der Eingabe an der Dialogstation zu übergeben:

sh {*shell-optionen*} *kommando_datei* {*parameter*}

Solche Dateien werden auch als **Kommandodateien, Shellprozeduren** oder **Shellskripten** (englisch: *command files* oder *shell scripts*) bezeichnet.

Als Shell-Optionen werden akzeptiert:

-c *wort*   Die Kommandos werden aus dem angegebenen Wort gelesen. Dies darf auch eine Shellvariable sein.

-s   Wird die Option -s gegeben oder bleiben keine Argumente mehr übrig, so werden die Kommandos von der Standardeingabe gelesen und die Ausgabe geht auf die mit Dateideskriptor 2 spezifizierte Datei (Standardfehlerausgabe).

-i   Die Option deklariert die Shell als *interaktiv*. Hierbei wird das Signal **SIGTERM** ignoriert und das Signal **SIGINT** abgefangen und ignoriert (um **wait** unterbrechbar zu machen). Ebenso wird das Signal **SIGQUIT** von der Shell nicht beachtet (zu den Signalen siehe Abschnitt 7.1.12).

-p   Die effektive Benutzer- und Gruppen-ID wird auf die tatsächliche Benutzer- und Gruppen-ID eines Benutzers gesetzt.

-r   Die Shell soll eingeschränkt sein. Dies entspricht dem Aufruf von **rsh** (siehe Abschnitt 7.4.3).

Weitere Optionen (**-aefhkntuvx**) sind beim Shell-internen Kommando **set** beschrieben (siehe Abschnitt 7.1.10).

Hat die Datei das Attribut *executable* (ausführbar), so kann sie auch direkt wie ein Kommando aufgerufen werden durch:

kommando_datei {*parameter*}

Eine Datei erhält das *x*-Attribut (*executable*) durch die Anweisung:

chmod +x *kommando_datei*

In den nachfolgenden Beispielen sei stets angenommen, daß die Kommandoprozedur das Ausführungsattribut **x** gesetzt habe.

Shellprozeduren dürfen ihrerseits weitere Shellprozeduren aufrufen. Auch Rekursionen sind zulässig. Man sollte jedoch bedenken, daß hierzu jeweils ein neuer Prozeß gestartet wird. Darüber hinaus ist die maximale Anzahl von Prozessen je Benutzer (ca. 20) als auch die Gesamtzahl im System begrenzt (vom Systemverwalter bei der Systemgenerierung konfigurierbar). Rekursive Shellskripten sollten daher mit Vorsicht eingesetzt werden!

7.1.8 Die Variablen der Shell

Die Kommandosprache der Shell erlaubt neben den bisher aufgeführten Sprachelementen auch Variablen, deren Werte Zeichenketten (englisch: *strings*) sind.[1] Von einigen Kommandos kann eine Zeichenkette jedoch auch als numerischer oder logischer Wert interpretiert werden (z.B. von **test** und **expr**).

Die Bezeichner (Namen) der Shellvariablen bestehen aus einem Buchstaben, gefolgt von Buchstaben, Ziffern und dem Unterstreichungszeichen (_). Mittels

name=*wert*

kann der Variablen in der Bourne-Shell ein Wert (Zeichenkette) zugewiesen werden, wobei diese Zuweisung ohne Leerzeichen geschrieben werden muß. Kommen in der zuzuweisenden Zeichenkette Trennzeichen (Leerzeichen, Tabulatorzeichen) vor, so ist die Zeichenkette mit Apostrophzeichen zu klammern. Also

name="..."

oder

name='...'

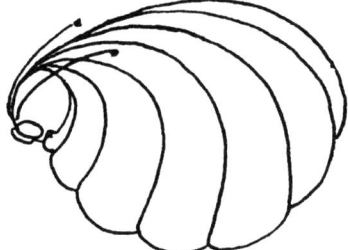

Soll in einer Anweisung der Wert einer Variablen angesprochen werden, d.h. die Variable expandiert und deren Inhalt gelesen werden, so wird dem Variablennamen dazu ein **$** vorangestellt.

Das Kommando

echo $*name*

zeigt den Wert der Variablen *name* an.

➜ Diese Variablen werden von der Shell expandiert, nicht etwa von einzelnen Kommandos. Wann immer auf der Kommandozeile ein Wort mit vorangestelltem **$** auftritt, versucht die Shell, dieses Wort als Variable zu interpretieren und zu expandieren.

Das Kommando **set** ohne Parameter gibt die in der aktuellen Umgebung definierten Shellvariablen aus. Die Definition einer Shellvariablen kann durch das **unset**-Kommando wieder aufgehoben werden.

✎ pas="pc –o t t.p"
→ weist der (damit neu definierten) Shellvariablen *pas* die Zeichenkette "pc –o t t.p" zu.
$pas\<cr\>
→ hat nun die gleiche Wirkung wie die Eingabe von ›pc –o t t.p\<cr\>‹.

---

1. In der **csh** sind auch numerische Interpretationen von Variablen und die Verwendung von Variablenfeldern möglich!

7.1 Die Shell als Kommandointerpreter

✎ o=/usr/oskar/cad_buch/kapitel
→ weist der Variablen *o* die Zeichenkette ›/usr/oskar/cad_buch/kapitel‹ zu.
pr $o.1
→ entspricht dann »pr /usr/oskar/cad_buch/kapitel.1«.

Sollen der einzusetzenden Variablen (Parameter) unmittelbar ein oder mehrere Zeichen folgen, so ist der Variablenname mit {...} zu klammern. So bedeutet ›${ab}c‹ z.B.: ›Der Wert der Variablen *ab* direkt gefolgt von c‹, während mit ›$abc‹ der Wert der Variablen *abc* gemeint ist.

Neben den beliebig benannten Variablen wertet die Shell und viele andere Anwenderprogramme eine Reihe von vordefinierten Variablen mit fester Bedeutung aus. Diese z.T. vordefinierten Variablen sind:[1]

$0	Der Name der aufgerufenen Shellprozedur bzw. des Kommandos
$1	Der 1. Parameter des Aufrufs
$2	Der 2. Parameter des Aufrufs usw.
:	:
$9	Der 9. Parameter des Aufrufs. Mehr Parameter sind in der Bourne-Shell nicht direkt ansprechbar (jedoch indirekt verfügbar).
$*	Alle Parameter des Aufrufs als **eine** Zeichenkette ohne $0, also: ›$1 $2 ...‹.
$@	Alle Parameter des Aufrufs als Folge von *n* einzelnen Zeichenketten; also: ›$1‹, ›$2‹, ...
$#	Die Anzahl der beim Proceduraufruf übergebenen oder durch **set** erzeugten Parameter
$-	Die Optionen, welche der Shell beim Aufruf oder mittels des **set**-Kommandos zugewiesen wurden
$?	Der Endestatus des zuletzt ausgeführten Kommandos
$$	Die Prozeßnummer der betreffenden Shell
$!	Die Prozeßnummer des zuletzt angestoßenen Hintergrundprozesses
$HOME	Der Standardkatalog für das **cd**-Kommando. Dies ist normalerweise der Standardkatalog nach dem **login**. Wird **cd** ohne einen Parameter aufgerufen, so wird der in **$HOME** stehende Katalog zum *aktuellen Katalog*. Eine Reihe von UNIX-Dienstprogrammen sucht im **$HOME**-Katalog nach Initialisierungsdateien oder Angaben zur Standardeinstellung. Beispielsweise führt die **csh** bei ihrer Beendigung die Kommandos der Datei *.logout* im Katalog **$HOME** aus.

---
1. Korrekt dargestellt ist **$** das Zeichen für ›*Setze den Wert der folgenden Shellvariablen ein*‹ und **0,... HOME,** ... sind die Variablen!

$PATH	Der Suchpfad für Kommandos. Dies sind die Kataloge, in denen beim Aufruf eines Kommandos nach der Kommandodatei gesucht wird. Normalerweise ist dies zumindest der aktuelle Katalog des Benutzers und der Katalog /bin und /usr/bin. Die einzelnen Kataloge sind in der Suchreihenfolge aufgeführt und durch Doppelpunkt : syntaktisch getrennt.
$CDPATH	gibt den Suchpfad für das **cd**-Kommando an. Wird das **cd**-Kommando mit einem relativen Dateinamen als Parameter aufgerufen und ist die angegebene Datei kein Katalog im aktuellen Katalog, so wird ein entsprechender Katalog in dem in **$CDPATH** angegebenen Pfad gesucht. Die Verwendung und die Syntax entsprechen der von **$PATH**.
$PS1	(*Prompt String 1*) Das erste Promptzeichen (Bereitzeichen) der Shell. Der Standard ist **$**.
$PS2	(*Prompt String 2*) Die Shell stellt fest, wenn ein Kommando noch nicht abgeschlossen ist und gibt dieses Promptzeichen aus, wenn sie weitere Eingaben benötigt. Der Standard hierfür ist ›>‹.
$IFS	Diese Variable enthält die Separatorzeichen der Shell (*Internal Field Separators*). Der Standard hierfür ist: das Leerzeichen (› ‹), das Tabulatorzeichen (<tab>) und das Zeilenende (<neue zeile>). Die syntaktischen Elemente eines Kommandos (z.B. die einzelnen Parameter eines Programmaufrufs) müssen durch diese Trennzeichen voneinander abgesetzt sein. Es ist selten erforderlich, diese Variable umzudefinieren.
$LC_TIME	gibt das Standardformat für landesspezifische Besonderheiten an. Dieses Format wird u.a. vom **date**-Kommando verwendet, falls dort das Format nicht explizit angegeben ist. Der Aufbau des Formats ist im Kapitel 5.2 unter **date** beschrieben. Ist **LC_TIME** nicht definiert oder leer, so wird der Eintrag verwendet, der in der Variablen **LANG** hinterlegt ist. Existiert auch dieser Eintrag nicht, so wird als Format das übliche englische Datumsformat benutzt.
$LC_TYPE	gibt einen Code (*character classification*) an, mit dem gearbeitet werden soll. Diese Angabe wird z.B. von den Programmen **cat**, **ed** und **sort** benutzt, um den Code der Dateien festzustellen, die bearbeitet werden sollen. Ist **LC_CTYPE** nicht definiert oder besitzt es die leere Zeichenkette als Wert, so wird **ISO 8859-1** als Zeichensatz angenommen.
$LC_MESSAGES	gibt an, wie Programmausgaben und Fehlermeldungen dargestellt werden. Davon betroffen ist die Landessprache der Texte und auch der Antworten, die auf Rückfragen von Kommandos gegeben werden.
$LANG	gibt an, mit welcher nationalen Sprache gearbeitet werden soll – soweit die einzelnen Dienstprogramme dies unterstützen. So benutzen z.B. die Programme **date, ls** und **sort** den Wert von **LANG**, um – soweit **$LC_TIME** nicht definiert ist – das Datumsformat zu ermitteln. Ist **$LANG** nicht definiert, so wird **us_english** angenommen.

7.1 Die Shell als Kommandointerpreter

$TERM enthält den Typ der Dialogstation, an welcher sich der Benutzer angemeldet hat. Bildschirm-orientierte Programme wie z.B. **vi, more, pg** und **tput** benutzen den Wert dieser Variablen, um den Bildschirm mit den richtigen Steuersequenzen (z.B. zum Löschen oder Scrollen des Bildschirminhalts) zu beschicken. Beim *Termcap*-Mechanismus wird in der Datei /etc/termcap ein Eintrag gesucht, welcher die Beschreibung des Bildschirms vom Typ **$TERM** enthält. Bei Verwendung des *Terminfo*-Mechanismus wird eine Beschreibungsdatei unter dem Namen /**usr**/**lib**/**terminfo**/x/*name* gesucht, wobei x der erste Buchstabe des Typs und *name* der Typ ist. Auch eine Reihe anderer Programme, welche weder den *Termcap*- noch den *Terminfo*-Mechanismus, sondern eine eigene Bildschirmsteuerung verwenden, benutzen diese Environmentvariable zur Bestimmung des Bildschirmtyps.

$TZ Hierin sind Angaben zur Zeitzone (*Time Zone*) enthalten. Die Angabe kann recht komplex werden. In der einfachen Form steht hier der Name der Zeitzone und ein Versatz, der die Verschiebung der lokalen Zeit, zu der angegebenen Zeitzone anzeigt.

$LOGNAME enthält den Loginname des aktuellen Benutzers. Die Variable wird beim Login automatisch belegt und kann z.B. verwendet werden, um die Variable PS1 damit zu belegen.

$MAIL Wird diese Variable mit dem Namen einer Nachrichtendatei (*mail file*) besetzt, so informiert die Shell den Benutzer, wenn Nachrichten in dieser Datei ankommen.

$MAILCHECK Hiermit wird das Intervall in Sekunden angegeben, in dem die *Mailbox* nach neu angekommener Post untersucht werden soll. Wird **MAILCKECK** auf **0** gesetzt, so wird vor jeder Kommandoausführung die Prüfung vorgenommen. Der Standardwert gibt einen Wert von 10 Minuten (600 Sekunden) vor.

$MAILPATH Hierin können, durch : syntaktisch getrennt, die Dateien angegeben werden, die als Briefkasten (*mail box*) nach neu angekommener Post durchsucht werden sollen. Folgt dem Dateinamen ein ›%*text*‹, so wird *text* ausgegeben, wenn in diesem Briefkasten Post gefunden wird. Der Standardwert für **$MAILPATH** ist /**var**/**mail**/**$LOGNAME**.

$SHACCT Ist diese Shellvariable definiert, so schreibt die Shell nach der Ausführung eines jeden Kommandos Abrechnungsinformation (einen *Accounting Record*) in die darin angegebene Datei.

$SHELL Wird (etwa aus einem Programm heraus) eine neue Shell gestartet, so untersucht sie, ob **$SHELL** definiert ist. Kommt in dem Wert von **$SHELL** ein **r** vor, so wird der eingeschränkte Modus der Shell (*restricted shell*) benutzt.

Die Variablen **LC_TIME, LC_CTYPE, LANG, TERM** und **TZ** haben dabei weniger Bedeutung für die Shell selbst, sondern vielmehr für eine Reihe von Dienstprogrammen wie **date, sort, vi,** ....
Da die darin liegenden Konzepte jedoch breiten Eingang in zahlreiche UNIX-Dienstprogramme gefunden haben, wurden sie an dieser Stelle beschrieben.

✎ Beim Aufruf von »tuwas hallo ab*« sind in der
auf Seite 407 beschriebenen Umgebung in den
Variablen folgende Werte zu finden:
  $0   → ›tuwas‹,
  $1   → ›hallo‹
  $2   → ›ab?‹,
  $3   → ›abc‹
  $4   → ›abc1‹
  $5   → ›‹ (die leere Zeichenkette bzw. undefiniert)
  $*   → ›hallo ab? abc abc1‹,
  $@   → ›hallo‹ ›ab?‹ ›abc‹ ›abc1‹
  $#   → ›4‹
  $–   → ›‹ (die leere Zeichenkette, da keine Optionen gesetzt wurden)

Von der Shell wurde dabei ›ab*‹ zu ›ab? abc‹ expandiert (siehe Katalogbeispiel im Abschnitt 7.1.1).

Die Parameter **$0** ... **$9** werden auch als **Positionsparameter** bezeichnet, da sie abhängig von der Position von Werten auf der Kommandozeile belegt werden, während man bei den anderen Parametern (Variablen) von **Schlüsselwortparametern** spricht.

Die Zuweisung eines Wertes an eine Shellvariable kann auch im Prozeduraufruf (Kommandoaufruf) erfolgen. Die Zuweisung muß dann **vor** dem Prozedurnamen stehen und ist nur für die aufgerufene Prozedur gültig! Der Wert der gleichnamigen Variablen in der aufrufenden Prozedur wird damit nicht geändert.

✎ aktion=3   tuwas /usr hallo ab*
→ definiert die Shellvariable *aktion* und gibt ihr den Textwert ›3‹. *aktion* ist nur in der aufgerufenen Prozedur *tuwas* gültig!

Die Option **–k** erlaubt es, daß die beschriebene Zuweisung von Schlüsselwortparametern (*variable=wert*) nicht nur **vor** dem Kommandonamen, sondern überall innerhalb der Parameterliste vorkommen darf. Aus Gründen der Lesbarkeit sollten jedoch auch dann Positionsparameter (Parameter ohne eine Wertzuweisung) und Schlüsselwortparameter nicht wild gemischt werden!
Nur mit Hilfe des **set**-Kommandos kann den Positionsparametern **$1** bis **$9** ein neuer Wert zugewiesen werden. Dabei werden alle Argumente des set-Kommandos der Reihe nach auf die Positionsparameter zugewiesen.

7.1 Die Shell als Kommandointerpreter   419

✎   set app*
    → weist den Parametern $1 ... $n die Namen der Dateien im aktuellen Katalog zu, welche mit *app* beginnen. Mit dem Beispiel am Anfang des Kapitels bekäme damit $1 den Wert *append* und $# den Wert ›1‹.

✎   set `df /dev/fd0`
    → liefert in $2 die Anzahl der freien Blöcke in dem Dateisystem */dev/fd0* (zum Ersetzungsmechanismus in `df /dev/fd0` siehe Abschnitt 7.1.11).

Die Klammerung mit {...} erlaubt noch weitere Arten von bedingten Ersetzungen. Die geschweiften Klammern zeigen hier keinen optionalen Teil an, sondern sind Teil der Eingabe!

Die Variablen-Anweisungen zur bedingten Ersetzung sind:

${name}
: Klammern als Begrenzer; gleichbedeutend mit $name, jedoch mit der Möglichkeit, unmittelbar anschließende Zeichen abzugrenzen.

${name:-wort}
: Ist die Shellvariable *name* definiert, so wird ihr Wert eingesetzt, andernfalls wird *wort* verwendet.

${name:=wort}
: Falls die Variable *name* noch keinen Wert besitzt, so wird ihr der Wert *wort* zugewiesen. Danach wird der Ausdruck durch den Wert von *name* ersetzt. Positionsparametern darf auf diese Weise kein neuer Wert zugewiesen werden!

${name:?wort}
: Besitzt die Shellvariable *name* bereits einen Wert, so wird der Ausdruck durch diesen Wert ersetzt. Ist hingegen der Parameter undefiniert, so wird *wort* als Fehlermeldung ausgegeben und die Prozedur abgebrochen.

${name:+wort}
: Falls die Shellvariable *name* definiert ist, so wird *wort* für den Ausdruck eingesetzt, andernfalls wird die leere Zeichenkette eingesetzt.

Bei den obigen Ersetzungen findet eine Auswertung von *wort* nur dann statt, wenn sein Wert eingesetzt werden muß.

✎ vi ${1:-alt}
   → ruft den Editor **vi** auf und editiert die Datei *alt*, sofern der Kommandoprozedur kein Parameter mitgegeben wurde; ansonsten wird die Datei editiert, deren Namen im ersten Parameter der aufgerufenen Kommandoprozedur steht.

✎ Die folgenden Varianten sind möglich:

	Variable $BLA undefiniert	Variable $BLA belegt mit ›lala‹
echo ${BLA}	–	lala
echo ${BLA:-WORT}	WORT	lala
echo ${BLA:=WORT}	WORT	lala
echo ${BLA:?WORT}	WORT	lala
echo ${BLA:+WORT}	WORT	WORT

Gültigkeitsbereiche von Shellvariablen

Man unterscheidet zwischen **lokalen** und **globalen** Variablen. Zunächst sind alle Variablen lokal, d.h. gelten nur in der aktuellen Shell-Umgebung als deklariert und mit einem Wert versehen. Beim Übergang in eine tiefere Schicht, durch den Aufruf einer weiteren Shellprozedur, verlieren die Variablen ihre Gültigkeit.

Soll eine aufgerufene Shellprozedur auf bestimmte Variablen der aufrufenden Prozedur zugreifen können, so müssen diese Variablen mittels

export *variable* ...

in die Umgebung (*environment*) exportiert, d.h. bekannt gemacht werden.

Die Kommandos **env, printenv** oder **export** ohne Parameter aufgerufen, geben alle momentan exportierten Variablen mit deren aktuellem Wert aus.

Ändert man den Wert einer exportierten Variablen, so ist ihr neuer Wert sofort global sichtbar, ohne daß die Variable erneut exportiert werden muß. Ändert ein Programm oder eine Shellprozedur den Wert einer exportierten Variablen, so ist der geänderte Wert nur in von nun an aufgerufenen Kommandos oder Shellprozeduren sichtbar. Nach der Rückkehr aus dem Kommando oder der Prozedur, welche die Änderung vornahm, hat die Variable wieder den alten Wert.

➡ Der Mechanismus der exportierten Variablen erlaubt nur eine Weitergabe von Werten an tieferliegende Schichten und bietet keine Möglichkeit, Werte an aufrufende Kommandos bzw. Shellprozeduren zurückzugeben.

In großen Kommandoprozeduren kann es sinnvoll sein, Variablen, die man nicht mehr benötigt, zu löschen. Dies ist mit dem **unset**-Kommando möglich.

Man kann eine Shellvariable auch als Konstante deklarieren. Dies geschieht mit

readonly *variable*

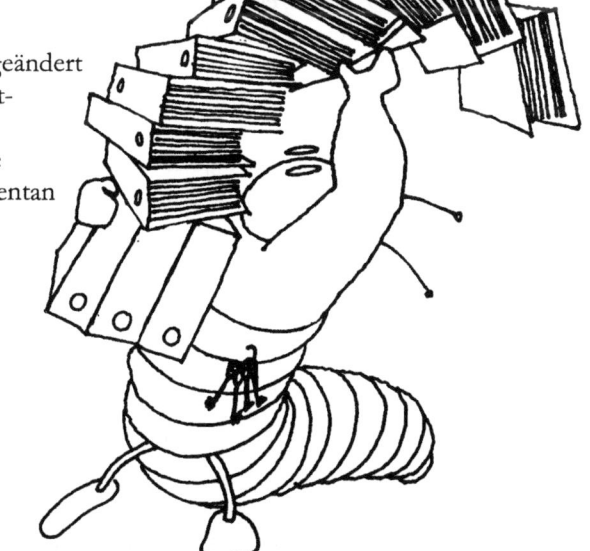

Danach kann der Wert nicht mehr geändert werden bzw. der Versuch einer Wertänderung wird als Fehler gemeldet.

Das Kommando **readonly,** ohne Parameter aufgerufen, gibt alle momentan als *readonly* definierten Variablen aus.

7.1.9 Ablaufsteuerung

Für die Ablaufsteuerung einer Shellprozedur sind folgende Konstrukte vorhanden:

{ *kommando_liste* ; }

(*kommando_liste*)

name () { *kommando_liste* ; }

if *kommando_liste_1* ; **then** *kommando_liste_2*
    {**elif** *kommando_liste_3* ; **then** *kommando_liste_4*}
    {**else** *kommando_liste_5*}
fi

for *name* ; **do** *kommando_liste* ; **done**

for *name* **in** *worte* ; **do** *kommando_liste* ; **done**

while *kommando_liste_1* ; **do** *kommando_liste_2* ; **done**

until *kommando_liste_1* ; **do** *kommando_liste_2* ; **done**

case *wort* **in** *muster*{ | *muster* ...}) ; *kommando_liste* ;; ... **esac**

continue # Sprung an das Ende des Schleifenrumpfes

break {*n*} # Beendigung der for-, while- oder until-Schleife

Für die angeführten Kommandos müssen die fettgedruckten Wörter (**if then else fi for do done while until case in esac**) jeweils als erstes Wort eines Kommandos erscheinen. Dies bedeutet, sie müssen entweder als erstes Wort einer neuen Zeile oder als erstes Wort hinter einem ›;‹ oder einem ›|‹ stehen.

kommando_liste bezeichnet ein oder mehrere Kommandos, wobei mehrere Kommandos durch eine **Pipe** (|) oder durch ein **sequentielles Ausführungszeichen** (›;‹, ›&&‹ oder ›||‹) verknüpft sind oder auch durch <neue zeile> getrennt sein können (relevant ist dann der Return-Code des letzten Kommandos).

name ist hier der Bezeichner (Name) einer Shellvariablen; *wort* steht für eine nicht-leere Zeichenkette, und *muster* steht für einen regulären Ausdruck, mit welchem verglichen wird. In ihm dürfen die Metazeichen *** ? []** mit der unter 7.1.1 beschriebenen Bedeutung vorkommen.

Kommandoklammerung

Die Shell kennt zwei Arten der Kommandoklammerung – durch geschweifte Klammern und durch runde Klammern in der Form:

    { *kommando_folge* ; }   und   (*kommando_folge*)

wobei in der ersten Version ›{...}‹ Teil der Syntax sind! In dieser Form werden die Kommandos zwischen den Klammern einfach ausgeführt und die geschweiften Klammern stellen eine Art Kommando-Zusammenfassung dar. Es ist dabei zu be-

7.1 Die Shell als Kommandointerpreter

achten, daß die letzte Anweisung in der Klammer durch ein Semikolon **;** oder eine neue Zeile abgeschlossen sein muß! Der Klammer folgende Pipe-Verbindungen oder Ein-/Ausgabeumleitungen gelten dann für alle in der Klammer vorkommenden Kommandos. In der Regel wird diese Art der Klammerung für Funktionsdefinitionen (siehe weiter unten) verwendet.

✎ { pwd ; who ; ls ; } > umgebung
→ führt die angegebenen Kommandos in der niedergeschriebenen Reihenfolge aus. Die Standardausgabe aller Prozesse wird dabei in die Datei *umgebung* geschrieben.

In der zweiten Form mit **(...)** kann eine Folge von Kommandos zusammengefaßt und als eigenständiger Prozeß in einer Sub-Shell abgearbeitet werden. Nachfolgende Angaben wie **&** oder eine Ein- oder Ausgabeumlenkung sind dann für die ganze Gruppe gültig. Das Ergebnis (**Endestatus**) (englisch: *exit status*) einer solchen Gruppe entspricht dem Ergebnis des letzten Kommandos.

✎ (cd /usr/hans ; sort -u *.tel | tee telefon ; lp telefon)
→ sortiert in dem Katalog */usr/hans* alle Dateien mit der Endung *.tel* in eine neue Datei *telefon* und gibt diese auf den Drucker aus. Das **cd**-Kommando ist nur innerhalb der Klammer gültig. Nach der Ausführung steht der aktuelle Katalog noch auf dem alten Wert.

Funktionsdefinition

Mit System V wurde die Definition von Funktionen in der Shell möglich. Dies geschieht wie folgt:

name **()** { *kommando_folge* ; }

Hierdurch wird der Funktion *name* die in {...} geklammerte Kommandofolge zugeordnet. Durch den Aufruf von *name* kann nun die Ausführung von *kommando_folge* aufgerufen werden, in der Art wie man eine Funktion oder Unterprogramm aufruft. Werden beim Aufruf von *name* Parameter mitgegeben, so stehen diese entsprechend in der Kommandofolge als **$1, $2,** usw. zur Verfügung. **$0** enthält jedoch nicht den Namen der Funktion, sondern den der ausführenden Shell! Die Funktionsdefinition kann mit »**unset** *name*« wieder aufgehoben werden. Damit steht unter der Bourne-Shell ein Mechanismus zur Verfügung, der dem Alias-Mechanismus der C-Shell und der Korn-Shell entspricht.

Die Funktion verliert bei Beendigung der Shell wieder ihre Definition. Eine Funktion kann **nicht** exportiert werden.

✎ wo () { pwd ; who am i ; ls $* ; }
→ Es wird ein neues Kommando **wo** eingeführt, das den aktuellen Katalog, den Benutzernamen und den Inhalt des aktuellen Katalogs ausgibt. Werden beim Aufruf von »wo« weitere Parameter mitgegeben, so benutzt das **ls**-Kommando diese als Optionen.

Bedingte Ausführung

Durch die Konstruktion:

> **if** *kommando_folge_1*
> **then**
> > *kommando_folge_2*
>
> **fi**

oder

> **if** *kommando_folge_1*
> **then**
> > *kommando_folge_2*
>
> **elif** *kommando_folge_3*
> **then**
> > *kommando_folge_4*
>
> **else**
> > *kommando_folge_x*
>
> **fi**

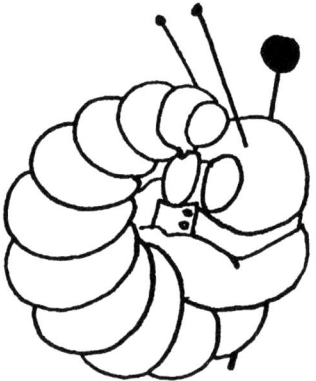

wird die *kommando_folge_2* nur dann ausgeführt, wenn die *kommando_folge_1* als Rückgabewert (*exit code*) **0** liefert. Ist der **else**-Teil vorhanden, so wird die dort angegebene *kommando_folge_x* dann ausgeführt, wenn der Rückgabewert von *kommando_folge_1* (und ggf. von *kommando_folge_3*) **ungleich 0** war. Die **if**-Konstruktion kann durch ›**elif** ... **then** ...‹ weiter geschachtelt werden.

✎ if cc –c teil2.c
   then
       ld –o prog teil1.o teil2.o
   else
       echo "Fehler beim Uebersetzen"
   fi

→ Hier wird die Datei *teil2.c* übersetzt, aber nicht automatisch gebunden (Option **–c**). Findet **cc** beim Übersetzen keine Fehler, so liefert **cc** den Exit-Status ›0‹ zurück. In diesem Fall wird das Binden (ld ...) durchgeführt, andernfalls die Meldung ›*Fehler beim Uebersetzen*‹ ausgegeben.

✎ Der Inhalt der Kommandodatei »kopiere« sei:

if test $# –eq 0
then
    echo "Kopie von:"
    read von
    echo "nach:"
    read nach
elif test $# –eq 1

7.1 Die Shell als Kommandointerpreter

```
        then
            echo "Kopie von " $1 "nach:"
            read nach
            von=$1
        else
            von=$1
            nach=$2
        fi
        cp $von $nach
```

→ Diese Prozedur implementiert eine einfache Kopierfunktion. Wird die Prozedur ohne Parameter aufgerufen, so wird gefragt, von wo kopiert werden soll – **read** liest von der Standardeingabe und weist den Text der angegebenen Shellvariablen zu. Danach wird nach dem Ziel gefragt. Wurde beim Aufruf ein Parameter angegeben ($# –eq 1), so wird nur nach dem Ziel gefragt. Sind zwei oder mehr Parameter angegeben, so wird der erste Parameter als Quelle betrachtet und der zweite als Ziel. Alle weiteren Parameter werden ignoriert.

Die **if**-Konstruktion kann auch kürzer geschrieben werden. Dies geschieht unter Verwendung der Zeichen **&&** für ›*Falls 0*‹ und **| |** für ›*Falls nicht 0*‹.
Der Aufbau sieht wie folgt aus:

kommando_liste_1 **&&** *kommando_liste_2*

und

kommando_liste_1 **| |** *kommando_liste_2*

Bei **&&** wird die zweite Kommandoliste nur dann ausgeführt, wenn die erste Folge *kommando_liste_1* fehlerfrei abläuft, bei **| |** nur dann, wenn die *kommando_liste_1* einen Wert verschieden von 0 als *Exit-Status* liefert.

✎ cc –c prog.c **&&** ld –o versuch prog.o mod1.o mod2.o –lc
→ Hierbei wird die Quelle *prog.c* mit Hilfe des C-Compilers übersetzt. Nur wenn diese Übersetzung fehlerfrei abläuft, wird der Bindelauf (ld ...) gestartet.

✎ troff –ms kapitel 2>fehler **| |** rm kapitel.out
→ Die Anweisung formatiert mit **troff** den Text *kapitel* und schreibt das Ergebnis in die Datei *kapitel.out*. Tritt dabei ein Fehler auf, so ist die Ausgabe wertlos und *kapitel.out* wird mit **rm** gelöscht.

Vergleiche mit ›test‹

Da in der **if**-Anweisung, ebenso wie bei **while** und **until,** Vergleiche sehr oft vorkommen, wurde aus Effizienzgründen ein **test**-Kommando fest in die Shell eingebaut. Das **test**-Kommando liefert keine Ausgabe, sondern nur einen Rückgabewert an den Aufrufer. Ist dieser Aufrufer ein **if**- oder **while**-Kommando, so kann je nach Vergleichstest das entsprechende Programm-Konstrukt gesteuert werden. Das **test**-Kommando ist auch in kürzerer und besser lesbarer Form eines in eckige Klammern [...] gesetzten Vergleichs möglich.
Damit erfüllen die beiden nachfolgenden Zeilen die gleiche Funktion:

    if test $# –eq 3

und

    if [$# –eq 3]

Wird bei einem solchen Test auf **numerische Gleichheit** geprüft, so sind die folgenden Operatoren zulässig:

–eq	(*equal*)	gleich
–ne	(*not equal*)	ungleich
–lt	(*less than*)	kleiner als
–gt	(*greater than*)	größer als
–le	(*less or equal*)	kleiner oder gleich
–ge	(*greater or equal*)	größer oder gleich

Auch folgende **textuelle Vergleiche** von zwei Zeichenketten auf Gleichheit oder Ungleichheit läßt das **test**-Kommando zu:

=	gleich
!=	nicht gleich

Steht die zu prüfende Zeichenkette dabei in einer Variablen, so sollte diese durch "..." geklammert werden, um einen Syntaxfehler des **test**-Kommandos zu vermeiden, wenn die Variable nicht definiert ist.

✎   test "$DATEI" = "kapitel.doc"
    oder
    ["$DATEI" = "kapitel.doc"]
    → Das test-Kommando prüft, ob die Variable $DATEI mit dem Dateinamen *kapitel.doc* belegt ist. (Dieses Kommando kann zwar auch in dieser Form verwendet werden, wird jedoch sinnvoller in ein Test-Kommando eingebaut.

Kommandoschleifen

Die Bourne-Shell kennt drei Arten von Kommandoschleifen:

- **for**-Schleifen, deren Rumpf pro Parameter bzw. Wort der Wortliste einmal durchlaufen wird,
- **while**-Schleifen, deren Rumpf solange durchlaufen wird, wie die **while**-Bedingung erfüllt ist,
- **until**-Schleifen, deren Rumpf solange durchlaufen wird, bis die **until**-Bedingung erfüllt ist.

In diesen Formen einer Kommandoschleife sind die Anweisungen **continue** und **break** möglich. Bei **continue** wird der Rest des Schleifenrumpfes übersprungen und die Schleifenbedingung erneut geprüft. Mit **break** wird die Schleife beendet und die Abarbeitung hinter der Schleife (hinter dem **done**) fortgesetzt. Beide Kommandos erlauben einen Parameter *n*, der einen Aussprung aus geschachtelten Schleifen zuläßt.

for-Schleifen

Die Konstruktion

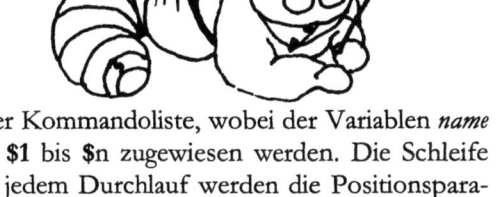

    for *name*
    do
        kommando_liste
    done

erlaubt eine wiederholte Ausführung der Kommandoliste, wobei der Variablen *name* nacheinander die Werte der Variablen **$1** bis **$n** zugewiesen werden. Die Schleife wird somit **$#** mal durchlaufen. Nach jedem Durchlauf werden die Positionsparameter **$1, ...** um eine Position nach vorne verschoben.

    Die Datei *uebersetze* enthalte den Text:

    for CDATEI
    do
        cc −c $CDATEI.c
    done

    → Hier werden die im Aufruf übergebenen Dateien nacheinander übersetzt. Der Schleifenrumpf »do cc −c ... « wird also pro Parameter einmal durchlaufen.
    Beim Aufruf wird nicht der volle Name der C-Quelltextdatei übergeben, sondern nur der vordere Teil. Die Endung *.c* wird an den Namen angehängt, indem sie einfach an das Ende der Variable gestellt wird (das Zeichen ›.‹ zeigt hier die Trennung an; ohne dieses Trennzeichen müßte der Variablenname $CDATEI in geschweifte Klammern geschrieben werden: ${CDATEI}.
    Beim Aufruf von »uebersetze teil1 teil2 teile3« würde also $i im Schleifenrumpf nacheinander die Werte *teil1*, *teil2* und *teil3* annehmen und damit folgende Aufrufe absetzen:

```
cc -c teil1.c
cc -c teil2.c
cc -c teil3.c
```

✎ Eine Datei *drucke* mit nachfolgendem Inhalt erlaubt es, eine Reihe von Dateien auf den Drucker auszugeben. Dabei wird die Datei (durch **pr**) in Seiten unterteilt und mit einer Überschrift versehen ausgegeben. Vor der Datei selbst wird als Großtitel der Dateiname ausgedruckt. Der Großtitel wird durch das Programm **banner** erzeugt:

```
# Ausgabe von Dateien mit vorangestelltem Grosstitel
for DATEI
do
    banner $DATEI >> $$tmp
    pr $DATEI >> $$tmp
done
lp $$tmp
rm $$tmp
```

→ Der gesamte Text wird hierzu in eine temporäre Datei geschrieben. ›$$tmp‹ ist ein künstlicher Name, der sich aus der Prozeßnummer der Shell und ›*tmp*‹ zusammensetzt. Am Ende der Prozedur wird diese Datei dem lp-Programm zur Ausgabe übergeben und die temporäre Datei gelöscht.

Die zweite Form der **for**-Schleife hat folgenden Aufbau:

> **for** *name* **in** *wort_list*e ...
>   **do**
>   *kommando_liste*
>   **done**

Hierbei nimmt die Variable *name* nacheinander alle Werte an, die an der Stelle *wort_liste* aufgeführt sind. Die Kommandoliste wird so oft durchlaufen, wie Wörter in *wort_liste* enthalten sind.

✎ Die Datei *lt* (für *Loesche alle temporären Dateien*) habe folgenden Inhalt:

```
# Loesche temporäre Dateien
for DIR in   /tmp   /usr/tmp   /user/tmp
do
      rm -rf $DIR/*
done
```

Hierbei wird der Schleifenrumpf dreimal durchlaufen, wobei **$DIR** nacheinander die Werte */tmp*, */usr/tmp* und */user/tmp* annimmt. Es werden damit alle Dateien in den Katalogen */tmp*, */usr/tmp* und */user/tmp* gelöscht.

while-Schleife

Bei der **while**-Schleife in der Form:

> **while** *kommando_liste_1*
> **do**
> > *kommando_liste_2*
>
> **done**

wird die *kommando_liste_1* ausgeführt und ausgewertet.
Ist ihr Rückgabewert **0** (kein Fehler), so wird die *kommando_liste_2* ausgeführt. Dies geschieht solange, bis *kommando_liste_1* einen von **0** verschiedenen Wert liefert.

In diesem Fall wird die Abarbeitung hinter der **done**-Anweisung fortgesetzt. Die Schleife läßt sich auch durch eine **break**-Anweisung verlassen.

 Die folgende Kommandoprozedur gibt den freien Speicherplatz in KByte aller montierten Geräte aus.[1] Das Kommando »/etc mount –v« gibt für jedes montierte Dateisystem eine Zeile wie folgt aus:
/dev/dsk/c0t0d0s6 on */usr* type **ufs** read/write/setuid on *Wed Sep 21 ...*
(für den weiteren Verlauf sind wichtige Teile hier fett geschrieben). Diese Ausgabe wird über eine Pipe in die while-Schleife umgelenkt.

```
# Ausgabe des freien Speicherplatzes montierter Geraete in KByte
/etc/mount –v | \
while read DEV x FSYS x TYP x
do
    [ "$TYP" = ufs ] && {
        set `df $DEV`; blocks=$3
        kbyte=`expr $blocks / 2`
        [ `expr $blocks % 2` -eq "0" ] && teil=",0" || teil=",5"
        echo "In $FSYS auf Geraet $DEV sind ${kbyte}$teil KByte frei"
    }
done
```

In der **while**-Schleife liest **read** von der Standardeingabe (also die Ausgabe von **/etc/mount**) und weist die Wörter einer Eingabezeile nacheinander den angegebenen Parametern (hier DEV x FSYS x TYP x) zu.

$DEV ist damit der Gerätename, *$FSYS* der Katalog, in welchem das Dateisystem montiert ist und *$TYP* der Typ des Dateisystems; die Variable x wird nur als Hilfsvariable (Dummy) verwendet und nie ausgewertet.

read liefert beim Erreichen von <dateiende> (Ende der Ausgabe von /etc/mount) einen von 0 verschiedenen Wert und damit wird die **while**-Schleife beendet. Die **while**-Schleife wird somit für jedes montierte Gerät einmal durchlaufen.

---

1. Einfacher könnte das natürlich auch durch das Kommando »**df -k**« erreicht werden.

Da sinnvolle Werte hier nur für das *ufs*-Dateisystem erhalten werden können, wird dies mit dem **test**-Kommando ›[...]‹ abgeprüft und ggf. in der verkürzten **if**-Verzweigung mit ›&&‹ in dem durch ›{ ... }‹ begrenzten Block weitergemacht. Das **df**-Kommando gibt die Anzahl der freien Blöcke des Gerätes zurück. Diese Ausgabe sieht wie folgt aus:
/usr   (/dev/dsk/c0t0d0s6):   **244660** *blocks*   *175211 files*

set weist diese Ausgabe den Positionsparametern zu. *$3* erhält dabei die Anzahl der freien Blöcke (zu 512 Byte), was der besseren Lesbarkeit wegen der Variablen *$blocks* zugewiesen wird. Dieser Wert wird durch 2 dividiert und in der Variablen *kbyte* hinterlegt. Nun wird berechnet, ob noch ›,0‹ oder ›,5‹ an die kByte-Angabe anzuhängen sind (Moduloberechnung mit ›%‹) und die Information ausgegeben. Die Verwendung der ` ... ` -Klammern bei **df** und **expr** bewirkt die Ausführung des so geklammerten Kommandos und liefert den Text der Standardausgabe des Kommandos:
»*In /usr auf Geraet /dev/dsk/c0t0d0s6 sind 122330,0 KByte frei*«.

until-Schleife

Die **until**-Schleife stellt die Umkehrung der **while**-Schleife dar. Sie hat den allgemeinen Aufbau:

> **until** *kommando_liste_1*
> **do**
> > *kommando_liste_2*
>
> **done**

Hierbei wird der Schleifenrumpf so lange ausgeführt, wie *kommando_liste_1* das Ergebnis *falsch* (d.h. ≠ 0) liefert.

✎ Das nachfolgende Beispiel zeigt die mögliche Verwaltung einer Ressource durch einen Serverprozeß (Dämonprozeß). Dieser kann recht einfach mit einer **until**-Schleife realisiert werden. Der Prozeß wird beim Systemstart (z.B. in */etc/rc.d*) als Hintergrundprozeß gestartet und wartet dann ständig auf Aufträge. Ein Auftrag wird dadurch erteilt, daß ein Benutzer in einem definierten Katalog (*/usr/auftrag*) eine Datei anlegt, in dem der Auftrag steht. Der Dateiname des Auftrags darf ein nur einmal vorkommender Name sein. Einen solchen Namen bildet man in einer Shellprozedur einfach dadurch, daß man aus der Prozeßnummer der Shellprozedur einen Namen zusammensetzt in der Art ›Auf$$‹.
Die äußere **while**-Schleife ist eine Endlosschleife, da **true** immer den Wert 0 zurückliefert. In der **until**-Schleife werden mit »set Auf*« den Positionsparametern $1, ... die Namen der Dateien in dem Katalog */usr/auftrag* zugewiesen. Ist keine Datei vorhanden, so wird ›Auf*‹ zurückgegeben und »test $1 != 'Auf*'« liefert *falsch*. In diesem Fall wartet der Prozeß 60 Sekunden und versucht es dann erneut. Sind Dateien vorhanden, so wird angenommen, daß dies Aufträge sind; sie werden bearbeitet und gelöscht:

```
#   Kommandoprozedur eines Server-Prozesses
cd /usr/auftrag
while true
   do
      until
         set Auf* ; test $1 != 'Auf*'
      do
         sleep 60
      done
      for i
      do
         sh $i # Bearbeitung des Auftrags in $i
         rm $i
      done    #Ende der for-Schleife
   done    #Ende der while-Schleife
```

Sprungkaskade mit ›case‹

Die **case**-Konstruktion erlaubt, eine Sprungkaskade in einer Shellprozedur aufzubauen. Ihr Aufbau lautet:

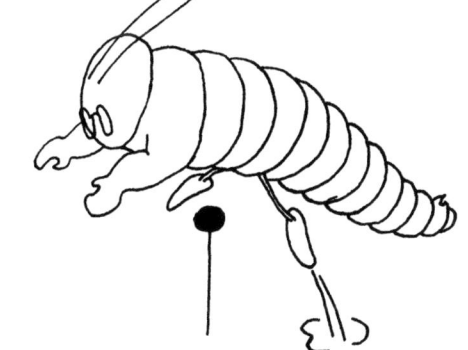

case *wort* **in**
   muster_1)   *kommando_liste_1* ;;
   muster_2)   *kommando_liste_2* ;;
   ...
esac

Die Zeichenkette *wort* wird dabei in der Reihenfolge der Anweisungen mit den vorgegebenen Mustern *muster_1*, *muster_2* usw. verglichen, und bei Übereinstimmung wird die nachfolgende Kommandoliste ausgeführt. Die Kommandoliste muß mit einem doppelten Semikolon ›;;‹ enden.

An der Stelle *wort* muß eine Zeichenkette stehen. Diese kann aus einer Variablen kommen oder sogar aus einem kurzen Kommando, das an dieser Position innerhalb von `...` ausgeführt wird.

Es dürfen auch mehrere durch | getrennte Muster in einer Zeile vor dem ›)‹ vorkommen. Also:

   muster_1 | *muster_2*)   *kommando_liste* ;;

Das Zeichen | steht dabei für *oder*. Eine Bereichsangabe für numerische Werte ist an dieser Stelle nicht möglich; daher wird das **case**-Konstrukt meist für die Prüfung von Zeichenkonstanten verwendet. In den Mustern sind die Metazeichen *** ? [ ]** mit der üblichen Bedeutung erlaubt. In der Sequenz

   *) *kommando_liste* ;;

kann eine Kommandoliste angegeben werden, die ausgeführt wird, wenn keines der vorstehenden Muster zutrifft. Nach der Abarbeitung der Kommandoliste wird die

Interpretation hinter der **esac**-Anweisung fortgesetzt und die anderen Fälle nicht mehr abgeprüft.

 Die nachfolgende Sequenz stehe in der Datei ›*k*‹:

```
# l ist eine Variante des ls-Kommandos
if test $# -eq 0
    then    ls -ls
    else
        case $1 in
            -all)       opt="-lsiR";    shift ;;
            -short)     shift ;;
            -*)         opt=$1;         shift ;;
        esac
        ls $opt $@
fi
```

→ Das Script stellt eine Kurzversion des **ls**–Kommandos dar. Ohne Parameter aufgerufen gibt sie ein Inhaltsverzeichnis des aktuellen Katalogs unter Verwendung der Option **-ls** aus. Ist der erste Parameter *-all*, so wird die **ls**–Option ›-lsiR‹ eingesetzt; bei *-short* ist dies keine Option. In allen anderen Fällen, in denen der erste Parameter mit ›-‹ beginnt, wird genau dieser als Option eingesetzt. **shift** bewirkt, daß alle Parameter um eine Position nach vorne rücken, d.h. **$2** wird zu **$1**, **$3** zu **$2** usw..

7.1.10 Shell-interne Kommandos

Die nachfolgenden Kommandos werden von der Shell selbst ausgeführt und bilden nicht, wie sonst üblich, einen eigenen Prozeß:

# *text*	Kommentarzeile
: *text*	Das leere Kommando (d.h. der Rest der Zeile) wird ignoriert. Man kann den Doppelpunkt auch als Anfang eines einzeiligen Kommentars betrachten. Dem Doppelpunkt muß ein Leerzeichen folgen! Die Anweisung liefert den Wert 0.
. *datei*	*datei* ist eine Kommandodatei. Dem Punkt muß ein Leerzeichen folgen! Die Shell liest sie und führt die darin enthaltenen Kommandos aus, bevor sie zur aktuellen Stelle zurückkehrt. Die angegebene Datei wirkt dabei **nicht** wie ein Shell-Unterprogramm (»**sh** *datei*« oder nur »*datei*«), sondern die Kommandos werden innerhalb der aktuellen Shell ausgeführt. Nur damit ist es möglich, Variablen für die aktuelle Shell aus einer Definitionsdatei heraus zu belegen.

7.1 Die Shell als Kommandointerpreter

break {*n*}
: Die umgebende **for**- oder **while**-Schleife wird verlassen. Bei der optionalen Angabe von *n* spezifiziert *n* die Anzahl der Schachtelungen, die verlassen werden sollen.

continue {*n*}
: springt zum nächsten Iterationspunkt der **for**- oder **while**-Schleife (d.h. der Rest bis Ende der Schleife wird übersprungen). *n* gibt dabei optional die Schachtelungstiefe an.

cd {*dir*}
: (*change directory*) setzt den Katalog *dir* als neuen aktuellen Katalog ein. Ohne Angabe von *dir* wird der Wert **$HOME** eingesetzt. Ist *dir* ein relativer Pfadname und kein Katalog im aktuellen Katalog, so sucht das **cd**-Kommando einen Katalog *dir* in den Katalogen, die in **$CDPATH** angegeben sind.

echo {*arg*}
: gibt seine Argumente wieder aus. Enthalten die Argumente Sonderzeichen der Shell, so werden diese in ihrer expandierten Form ausgegeben, womit diese Expandierung überprüft werden kann.

eval {*kmd*}
: Der Parameter *kmd* wird als Kommando betrachtet und als solches ausgeführt. Damit kann eine Kommandozeile (mit Parameter-Expansion) zweimal gelesen und ausgeführt werden. Es dürfen dabei mehrere **eval**-Anweisungen hintereinander stehen, was zu einer entsprechend geschachtelten Auswertung führt.

exec {*kmd*}
: Das mit *kmd* angegebene Kommando wird anstelle der Shell ausgeführt, ohne daß dazu ein neuer Prozeß gebildet wird. Die Shell wird somit durch das *kmd*-Programm ersetzt – nach dem Ende des **exec**-Kommandos ist die Shell nicht mehr vorhanden.

exit {*n*}
: Die Shell wird terminiert. Der an das aufrufende Programm zurückgegebene Endestatus ist *n* bei der Angabe dieses Parameters, andernfalls ist es der Endewert des zuletzt ausgeführten Kommandos.
In der *Login Shell* kann **exit** als Abmeldekommando verwendet werden.

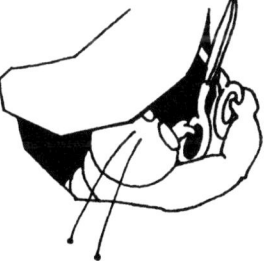

export {*name* ...}
: Die angegebenen Shellvariablen werden in die Shellumgebung (englisch: *environment*) exportiert. Ohne eine Namensangabe werden alle aktuell exportierten (globalen) Variablennamen ausgegeben.

getopts
: Bietet eine einfache Möglichkeit, in einem Shellskript die Aufruf-Kommandozeile auf Korrektheit zu prüfen und zu behandeln. **getopts** ist die Shell-interne Implementierung des **getopt**-Kommandos.

hash {–r} {*name* ...}
: Die Shell merkt sich die Position der mit *namen* angegebenen Kommandos (deren Suchpfad), so daß sie beim nächsten Aufruf des Kommandos nicht den Suchpfad erneut durchlaufen muß. Durch **–r** (*remove*) wirft sie alle bisher gemerkten Positionen weg, um sie neu aufbauen zu können.

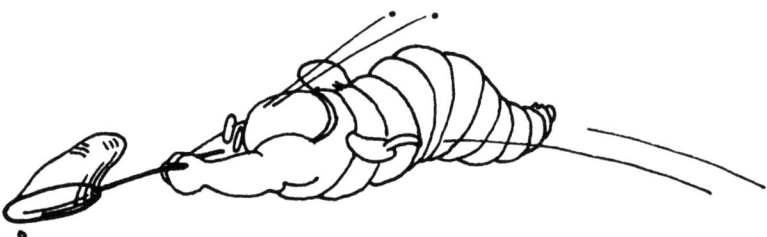

newgrp {*gruppe*}
: Führt das **newgrp**-Kommando aus.

pwd
: Der volle Pfadname des *aktuellen Katalogs* wird ausgegeben.

read *name*
: Es wird eine Zeile von der Standardeingabe gelesen und die darin enthaltenen Wörter den angegebenen Shellvariablen zugewiesen. Hat die Zeile mehr Wörter (Parameter) als Variablen angegeben wurden, so enthält die letzte Variable den Rest der Zeile.

readonly {*name*}
: Die angegebenen Shellvariablen werden als Konstanten betrachtet, deren Werte nicht geändert werden dürfen. Fehlt die Angabe von *name*, so werden alle Konstantennamen ausgegeben.

return {*wert*}
: terminiert die aktuelle Funktion und gibt *wert* als *Exit-Status* an die aufrufende Prozedur (oder Shell) zurück. Fehlt die Angabe von *wert*, so wird der *Exit-Status* des zuletzt ausgeführten Kommandos weitergegeben.

set {*option*} {*par*}
: Die Parameter *par* werden den Variablen $1, $2 usw. zugewiesen. Zugleich können damit Shell-Optionen gesetzt werden. **set** alleine bewirkt die Ausgabe von allen in der aktuellen Umgebung gültigen Shellvariablen mit ihren Werten. Als Optionen sind **–aefhkntuvx** möglich mit der unten beschriebenen Bedeutung. Steht vor einer Option ein **+** statt eines **–**, so soll diese Option ausgeschaltet sein. Die aktuell gesetzten Shell-Optionen sind in der Variablen $– enthalten.
  Die Optionen haben folgende Funktionen:

  –a
  : Shellvariablen, die modifiziert oder exportiert wurden, sollen angezeigt werden.

  –e
  : (*exit*) beendet die interaktive Shell oder das Shellskript, sobald ein Kommando einen Fehler ergibt.

  –f
  : Die Expandierung von Dateinamen (der Metazeichen *** ? [ ]**) in Argumenten wird unterdrückt.

7.1 Die Shell als Kommandointerpreter

–h	Von Funktionen sollen Namen und Positionen (in der Kommandodatei) bei der Definition intern gemerkt werden. Im Standardfall erfolgt dies erst bei der ersten Ausführung der Funktion.
–k	(*keyword*) Alle Schlüsselwortparameter werden als global für ein Kommando erklärt. Ohne diese Option werden nur diejenigen als global betrachtet, welche **vor** dem Kommandonamen stehen.
–n	(*no execution*) Die Kommandos werden nur gelesen, jedoch nicht ausgeführt.
–t	Nach dem Lesen und Ausführen eines Kommandos soll terminiert werden.
–u	(*unset*) Die Verwendung von nicht initialisierten Variablen soll als Fehler gewertet werden. Ohne diese Option wird dabei die leere Zeichenkette eingesetzt.
–v	(*verbose*) Die Shell-Eingabe wird, so wie sie gelesen wird, ausgegeben.
–x	(*execute*) Die Kommandos mit ihren eingesetzten Parametern (Argumenten) werden bei der Kommandoausführung ausgegeben. Diese Schalterstellung bietet eine große Hilfe bei der Fehlersuche in Shellprozeduren.
– –	gibt an, daß ›–‹ als Argument (und nicht als Option) weitergereicht werden soll.
shift {*n*}	Die Werte der Positionsparameter werden um eine (bzw. um *n*) Position verschoben. So erhält $1 den Wert von $2, $2 den Wert von $3 usw.. Auf diese Weise kann auf Argumente an der zehnten und höheren Stelle der Argumentliste zugegriffen werden.
test	Das Kommando prüft die in den Parametern angegebene Bedingung und liefert einen Rückgabewert **0**, falls sie erfüllt ist, andernfalls einen Wert ungleich 0. **test** kann durch eine [...] Klammerung ersetzt werden.
times	gibt die bisher verbrauchte Benutzer- und Systemzeit der betreffenden Shell aus.
trap {*kmd*} {*n*}	Wenn das Signal *n* an die Shell gesendet wird, so soll das Kommando *kmd* ausgeführt werden. Sind mehrere **trap**-Anweisungen definiert, so werden sie in der Reihenfolge der aufsteigenden Signalnummern ausgeführt. Auf diese Weise lassen sich Ausnahmesituationen abfangen. Fehlt *kmd*, so werden die angegebenen Signale wieder aktiviert (d.h. führen zu einem Abbruch). Wird in *kmd* die leere Zeichenkette angegeben, so wird das entsprechende Signal von der Shell ignoriert. Wird auf diese Weise das Signal 0 abgefangen, so kann damit eine Abmelde-Prozedur aus der Shell angestoßen werden.

type {*name* ...}	Hierbei gibt die Shell aus, welches Programm ausgeführt wird und wo dies im Suchpfad liegt, falls *name* als Kommando aufgerufen wird. Dies erlaubt auch zu prüfen, ob es sich bei *name* um ein Shell-internes Kommando handelt.
ulimit {**-f**} {*n*}	gibt neue Obergrenzen für die maximale Größe einer von einem Sohnprozeß erstellten Datei (in Blöcken zu 512 Bytes) an. Fehlt die Angabe von *n*, so wird der aktuell gesetzte Grenzwert ausgegeben. Die Option **-a** gibt alle aktuell gültigen Grenzwerte aus. Das Anheben der Grenzen ist nur dem Super-User erlaubt.
umask {*n*}	(*user mask*) *n* gibt den oktalen Wert der Zugriffsrechte an, die beim Anlegen einer Datei dieser standardmäßig gegeben werden. Fehlt der Parameter *n*, so wird der aktuelle Standardwert zurückgeliefert. Alle in *n* auf binär ›1‹ gesetzten Bits bedeuten: ›*Das entsprechende Recht wird beim Anlegen der Datei **nicht gesetzt**‹*. »**umask 0077**« gibt nur dem Benutzer alle Rechte; die Gruppe und alle anderen Benutzer haben keinerlei Zugriffsrechte.
unset {*name* ...}	Hiermit wird die Definition der in *name* angegebenen Shellvariablen aufgehoben.
wait {*n*}	Die Shell wartet, bis der Prozeß mit der Prozeßnummer *n* beendet ist. Fehlt die Angabe von *n*, so wird die Beendigung aller Sohnprozesse der betreffenden Shell abgewartet.

7.1.6.4 Externe Kommandos zu Shellprozeduren

Neben den oben genannten Funktionen stellt UNIX eine Reihe weiterer Kommandos zur Verfügung, welche für Shellprozeduren nützlich sein können. Zu den wichtigsten hierbei gehören:

basename	löscht aus einem Dateinamen alle führenden Katalognamen, d.h. extrahiert den reinen Dateinamen aus dem Pfadnamen.
dirname	löscht aus einem Dateinamen den eigentlichen Dateinamen und liefert den Katalognamen zurück.
env	ändert die aktuelle Umgebung temporär zum Aufruf des angegebenen Kommandos. Ohne Angaben werden aktuell definierte globale Shellvariablen ausgegeben.
expr	interpretiert die Parameter als Ausdruck und wertet diese aus.
false	liefert stets den Wert *falsch* d.h. ≠ 0.
getopt	zerlegt eine Kommandozeile in ihre syntaktischen Bestandteile und liefert diese einzeln zurück.
line	liest eine Zeile von der Standardeingabe und schreibt diese Zeile auf die Standardausgabe.
printf	erlaubt die Ausgabe einer formatierten Meldung.
tee	erlaubt es, die Ausgabe eines Prozesses mehrfach zu kopieren, um sie mehreren nachfolgenden Prozessen zur Verfügung zu stellen.
true	liefert stets den Wert *wahr*, d.h. ›0‹ als Resultat. Dies kann für **while**-Schleifen verwendet werden, welche dann nur über eine **break**-Anweisung verlassen werden.
xargs	baut nach vorgebbaren Regeln eine Parameterliste auf und ruft damit das angegebene Kommando auf.

Die Verwendung der genannten Kommandos wird nachfolgend beschrieben:

basename *name* {*endung*} → return **basic name**

  basename entfernt aus dem Parameter *name* alle Teile, welche mit / enden; d.h. es extrahiert aus einem voll- oder teilqualifizierten Dateinamen den eigentlichen Dateinamen. Ist ein zweiter Parameter vorhanden, (*endung*) so wird eine so lautende Endung, soweit vorhanden, aus dem Namen entfernt und das Ergebnis auf die Standardausgabe gegeben. **basename** arbeitet prinzipiell auf Zeichenketten, nicht nur auf Dateinamen. Es benennt Dateien auch nicht um, sondern liefert nur einen ggf. veränderten Namen.

  ✎ name=/usr/maier/disktest.p
   name=`basename $name .p`
   → hinterläßt in $name *disktest*

Das folgende Beispiel zeigt eine einfache Zeichenkettenmanipulation mit basename:
$ N1="Solaris 2.3"
$ N2=`basename "$N1" 3`4
$ echo $N2
Solaris 2.4
→ In der zweiten Zeile dieses Beispiels wird mit **basename** vom Inhalt der Variablen N1 das Zeichen ›3‹ vom Ende entfernt und statt dessen eine ›4‹ angehängt. Das Resultat wird auf die Variable N2 zugewiesen, die dann weiterverarbeitet oder wie hier ausgegeben werden kann.

dirname *name* → extract **dir**ectory **name**

dirname entfernt aus dem Parameter *name* den eigentlichen Dateinamen (den Anteil, den man mit basename erhält) und liefert den Pfadnamen der Datei zurück.

 name=/usr/maier/disktest.p
katalog=`dirname $name`
→ hinterläßt in $katalog */usr/maier*.

echo {*option*} {*argumente*} → **echo** expanded arguments

echo gibt die ihm übergebenen Parameter unverändert auf die Standardausgabe. Zuvor geht jedoch (wie bei anderen Kommandos auch) die Shell über die Parameterliste und führt, soweit notwendig, Ersetzungen aus. **echo** wird in Shellprozeduren in der Regel dazu benutzt, Meldungen an den Benutzer auszugeben.

In den Parametern des **echo**-Kommandos (∗V.4∗) dürfen folgende Sonderzeichensequenzen vorkommen. Sie werden von echo in das jeweilige

7.1 Die Shell als Kommandointerpreter   439

Sonderzeichen konvertiert:

\b *(backspace)*   \c *(no new line)*   \f *(formfeed)*
\n *(extra new line)*   \r *(carriage return)*   \t *(tab)*
\v *(vertical tab)*   \\ *(\)*   \nnn (Oktalcode *nnn*)

In der Berkeley-Version (/usr/ucb/echo) sind die Sonderzeichensequenzen nicht möglich; die Option **–n** unterdrückt dabei die Ausgabe von <neue zeile> am Ende der Ausgabe.

env {–} {*name=wert*} ... { *kommado argumente* }
→ set **env**ironment for command

nimmt die aktuelle Arbeitsumgebung, modifiziert sie um die mit den ›*name=wert*‹ abgegebenen Definitionen und führt das angegebene Kommando mit dieser neuen Umgebung aus.

Wird beim Aufruf ›–‹ mitgegeben, so werden die Definitionen aus der aktuellen Arbeitsumgebung nicht benutzt.

Fehlt der Teil ›*kommando argumente*‹, so wird die aktuelle Arbeitsumgebung ausgegeben – jeweils eine Shellvariable mit ihrem Wert pro Zeile in einer Form, wie sie für Definitionen direkt verwendet werden kann.

      env – HOME=/install
→ ruft das Kommando *install* auf, wobei alle aktuell definierten Environmentvariablen ignoriert werden und die Shell $HOME auf der Wurzel des Dateibaums gesetzt wird.

expr *ausdruck*   → evaluate **expr**ession

Die Argumente des **expr**-Aufrufs werden als Ausdrücke interpretiert und ausgewertet. Das Ergebnis wird in der Standardausgabe zurückgeliefert.

expr zählt zu den wenigen Kommandos, mit denen einfache Arithmetik betrieben werden kann, weil es Shellvariablen auch numerisch interpretieren kann. Ferner ist **expr** zu umfangreichen Zeichenketten-Manipulationen in der Lage. Die detaillierte Beschreibung von expr ist auf Seite 224 zu finden.

      N=`expr $N + 1`
→ Inkrementierung einer Variablen. Die wird häufig verwendet, um beispielsweise in einer **while**-Schleife eine Variable um 1 hochzuzählen.

getopt *optionen text* → parse command text for options

Hiermit kann eine Kommandozeile *text* aus einem Shellskript heraus auf zulässige Optionen untersucht werden. *optionen* ist eine Kette von Optionszeichen (ohne Zwischenraum). Folgt einem Zeichen ein Doppelpunkt (:), so zeigt dies an, daß der Option in der Kommandozeile ein Argument folgen muß. Dieser Wert (Text) darf der Option in der Kommandozeile direkt oder durch Trennzeichen separiert folgen.
In *text* kann – – das Ende der Optionen anzeigen. **getopt** generiert es in jedem Fall als Trennzeichen zwischen Optionen und anderen Parametern. **getopt** liefert die neu aufbereiteten Parameter zurück und wird in der Regel in der Form: set -- `getopt *optionen* $*`
in Kommandoprozeduren verwendet. Wird eine ungültige Option gefunden, so wird ein von 0 verschiedener *Exit-Status* zurückgegeben. Eine Version von **getopt** ist unter dem Namen **getopts** in die Shell eingebaut.

✎ getopt l:kr "–rkl123 versuch"
→ liefert als Antwort: "–r –k –l 123 — versuch"

line → read one **line** from standard input

Das Kommando **line** liest von der Standardeingabe eine Zeile (die Zeichen bis zum ersten <neue zeile>-Zeichen) und schreibt diese auf die Standardausgabe. Wird das Dateiende gelesen, so wird 1 als Ergebniswert (*Exit-Status*) zurückgegeben. In der Regel wird **line** in Kommandoprozeduren verwendet, um eine Eingabezeile von der Dialogstation zu lesen.

7.1 Die Shell als Kommandointerpreter

✎   echo "Wie lautet Ihre Antwort?\c" ; antwort=`line`
→ schreibt den Text ›*Wie lautet Ihre Antwort?*‹ ohne nachfolgenden Zeilenvorschub auf die Standardausgabe und liest die danach eingegebene Zeile ein. Diese Zeile wird in der Shellvariablen *antwort* abgelegt.

tee {–i} {–a} {*datei* ...}   → make a copy from input to file

tee bildet eine Art T-Stück; d.h. die Eingabe (von der Standardeingabe) wird an die Standardausgabe gegeben und dabei eine Kopie in die angegebene Datei oder Dateien geschrieben. Dies ist immer dann nützlich, wenn ein Zwischenergebnis von mehr als einem Programm verarbeitet werden soll. Die Option **–i** besagt, daß Unterbrechungen (<unterbrechung>, <abbruch>) ignoriert werden sollen. Bei **–a** wird die Ausgabe an die genannte Datei angehängt; ohne **–a** wird die Datei neu angelegt.

✎   ls –ls | tee inhalt
→ Die Ausgabe des Kommandos »**ls –ls**« wird sowohl auf die Dialogstation (Standardausgabe) geschrieben, als auch (durch **tee** ...) in die Datei *inhalt*.

✎   find / –name "*.old" –print –exec rm {} \; | tee geloescht
→ Das gesamte System wird nach Dateien mit der Endung ›*.old‹ durchsucht. Die Dateinamen werden am Bildschirm ausgegeben und gelöscht. Zur Kontrolle werden die Dateinamen zusätzlich in die Datei *geloescht* geschrieben.

test *ausdruck* → **test** if expression is true

Eine ausführliche Beschreibung des **test**-Kommandos ist auf Seite 318 zu finden. Das **test**-Kommando ist in der Shell eingebaut, steht aber auch als externes Kommando unter */usr/ucb/test* zur Verfügung.

xargs {*optionen*} {*kommando* {*parameter*}}
→ execute command with constructed **arg**uments

xargs baut aus den mit *parameter* vorgegeben Argumenten und den Parametern, die von der Standardeingabe gelesen werden, eine neue Argumentliste auf und ruft damit das angegebene Kommando auf.

Die einzelnen Parameter, welche über die Standardeingabe geliefert werden, müssen durch <leerzeichen>, <tab> oder <neue zeile> getrennt sein. Leerzeilen werden ignoriert. Soll ein Parameter selbst <leerzeichen> oder <tab> enthalten, so ist die ganze Parameter-Zeichenkette durch "..." zu klammern. Beim Aufbau der Argumentliste, mit der dann *kommando* aufgerufen wird, werden jeweils die mit *parameter* vorgegebenen Argumente genommen und diesen folgen die Argumente von der Standardeingabe. Wieviele Parameter jeweils von der Standardeingabe genommen werden und wie oft *kommando* aufgerufen wird, kann über die Optionen gesteuert werden.

xargs wird beendet, sobald eines der durch die Optionen vorgegebenen Abbruchkriterien erfüllt ist, das ausgeführte Kommando den Exit-Status -1 liefert oder *kommando* nicht ausgeführt werden kann. Das Programm *kommando* wird entsprechend dem $PATH-Mechanismus der Shell gesucht. Es darf sich dabei auch um eine Kommandoprozedur handeln. Fehlt *kommando*, so wird **echo** eingesetzt.

Gültige Optionen von **xargs** sind:

−l*n*   (*lines*) Die Parameter von jeweils *n* aufeinander folgende Zeilen werden der initialen Parameterliste (*parameter*) angefügt und damit *kommando* einmal aufgerufen. Leerzeilen werden dabei ignoriert. Wird <dateiende> in der Standardeingabe erreicht, so wird *kommando* mit den bis dahin aufgesammelten Parametern aufgerufen. Bei diesem Verfahren ist *Zeile* eine Zeichenfolge, die durch ein <neue zeile>-Zeichen abgeschlossen wird. Folgt jedoch der letzten Parameter-Zeichenkette in der Zeile ein <leerzeichen> oder <tab>, so wird dies als *Fortsetzungsanzeige* gewertet und der Text der nächsten (nicht leeren) Zeile angehängt. Ist −l*n* nicht angegeben, so wird 1 für *n* angenommen.

−i{*xx*} (*insert mode*) Pro Eingabezeile (der Standardeingabe von **xargs**) wird *kommando* einmal aufgerufen, wobei die ganze Eingabezeile als **ein** Argument verwendet und für jede in *parameter* vorkommende Zeichenkette *xx* dieser Zeileninhalt eingesetzt wird. <leerzeichen > und <tab>-Zeichen am Anfang der Eingabezeilen werden bei der Substitution entfernt. Pro initiale Liste *parameter* dürfen bis zu fünfmal *xx* vorkommen und entsprechend ersetzt werden. Die durch die Ersetzung erzeugten Argumente dürfen nicht länger als 255 Zeichen werden und eine totale Begrenzung wie bei der Option −x wird erzwungen. Fehlt die Angabe von *xx*, so wird ›{}‹ angenommen.

7.1 Die Shell als Kommandointerpreter

–n*m*   Es werden von der Standardeingabe bis zu *m* Parameter gelesen und damit *kommando* aufgerufen. Wird die Zeichenkette der Parameterliste (von *parameter* + der eingelesenen Argumenten) länger als 470 Zeichen (oder die durch **–s***n* vorgegebene Größe), so wird bereits damit *kommando* aufgerufen.

–t   (*trace*) Das Kommando wird zusammen mit seinen Parametern vor dem eigentlichen Aufruf des Programms auf die Standardfehlerausgabe geschrieben. Dies erlaubt eine Art Protokollierung der Aufrufe.

–p   (*prompt*) Vor jeder Ausführung von *kommando* wird der Benutzer gefragt, ob es (mit der erzeugten und angezeigten Parameterliste) auch wirklich ausgeführt werden soll. Beginnt die Antwort mit **y** (für *yes*), so wird der Aufruf ausgeführt; antwortet der Benutzer mit dem <dateiende>-Zeichen, so wird **xargs** beendet. In allen anderen Fällen geht die Abarbeitung ohne die Ausführung weiter.

–x   (*exit*) Hierbei wird **xargs** abgebrochen, sofern die Parameterliste länger als 470 bzw. der mit **–s***n* vorgegebenen *n* Zeichen ist.

–s*n*   (*size*) Hierdurch wird die maximale Größe einer einzelnen Argumentenliste auf *n* Zeichen begrenzt. Als Limit gilt $0 \leq n \leq 470$. Der Standardwert ist 470. Bei der Länge der Liste ist der Kommandoname und ein Trennzeichen pro Parameter mit einzukalkulieren.

–e{*eof*}   Hierdurch kann eine Zeichenkette vorgegeben werden, die bei der Verarbeitung als <dateiende> (EOF) interpretiert wird. **xargs** liest solange von der Standardeingabe, bis entweder das *echte* Ende der Eingabe erreicht oder die *eof*-Zeichenkette gelesen wird. Ohne die Option **–e***eof* oder falls bei der Option der *eof*-Teil fehlt, wird das Unterstreichungszeichen _ als Dateiende interpretiert.

✎   find /usr/src –name "*.c" –print | xargs –i –p cp {} /mnt
→ kopiert alle C-Quellcodedateien (alle Dateien mit der Endung .c) aus dem in */usr/src* beginnenden Dateibaum in den Katalog */mnt*. Das **find**-Kommando ermittelt hierbei alle C-Quellecodedateien (Endung ›.c‹) und schreibt deren Namen auf die Standardausgabe. Diese werden von **xargs** gelesen und **cp** mit diesen Namen aufgerufen.
Hierzu wird in der Sequenz »cp {} /mnt« aufgrund der Option **–i** die Zeichenfolge ›{}‹ durch jeweils einen von **find** gefundenen Dateinamen ersetzt. Vor dem Aufruf von »cp ... /mnt« wird der Benutzer aufgrund der Option **–p** jeweils gefragt, ob **cp** entsprechend aufgerufen werden soll.

7.1.11 Der Ersetzungsmechanismus der Shell

Vor der Interpretation eines Kommandos untersucht die Shell den Text der Kommandozeile und nimmt entsprechend ihrem Ersetzungsmechanismus Substitutionen vor. Erst hiernach wird das Kommando aufgerufen und ihm die durch die Ersetzung überarbeitete Parameterliste übergeben.

Beim Aufruf von »echo $n« z.B. wird ›$n‹ durch den Inhalt der Variablen *n* ersetzt und dieser dem Kommando **echo** als Parameter übergeben.

Ist eine Ersetzung nicht erwünscht, so kann man die Zeichenkette, die nicht ersetzt werden soll, in Anführungszeichen klammern. Alternativ dazu kann das von dem Ersetzungsmechanismus der Shell betroffene Sonderzeichen (* \ | & ; () {} $) durch das Voranstellen von \ maskiert werden. Beides wird in der UNIX-Literatur auch als **Quoting-Mechanismus** bezeichnet. Für dieses *Quoting* werden folgende Zeichen verwendet:

\ als Fluchtsymbol für das nachfolgende Zeichen, das dadurch seinen Sonderbedeutung verliert.

"*text*" klammert eine als Einheit zu betrachtende Zeichenkette. Mit Ausnahme von Dateinamen werden in der Zeichenkette Ersetzungen vorgenommen; d.h. * oder ? wird nicht expandiert, $*wort* oder `*kommando*` wird expandiert. Ein eingeschränkter Schutz vor Interpretation durch die Shell.

'*text*' klammert eine als Einheit zu betrachtende Zeichenkette, in der keinerlei Substitution vorgenommen werden soll. Absoluter Schutz vor Interpretation durch die Shell.

`kommando` (rechts gerichtetes Apostroph) klammert eine Zeichenkette, welche als Kommando interpretiert und ausgeführt wird. Die Ausgabe des Kommandos wird danach textuell eingesetzt.
Dieses Prinzip wird als *Kommandosubstitution* bezeichnet.

7.1 Die Shell als Kommandointerpreter

Für die Substitutionen in der Kommandozeile durch die Shell gelten folgende Regeln:

- Innerhalb einer Zuweisung (*var=wort*) wird nur auf der rechten Seite des Zuweisungszeichens ersetzt.

- Die Funktion **eval** führt eine weitere Ersetzung durch, d.h. eine Ersetzung nach einer Ersetzung oder eine Ersetzung dort, wo sonst keine Ersetzung stattfindet. Die Kommandozeile und damit alle Ersetzungsmechanismen werden bei Verwendung des **eval**-Kommandos zweimal durchlaufen.

- Die Anführungszeichen "..." begrenzen Zeichenketten. Innerhalb der Zeichenkette findet jedoch eine Variablen- und Kommandosubstitution durch die Shell statt; Dateinamen (mit ?, * oder [...]) werden hingegen nicht expandiert. Die in "..." geklammerte Zeichenkette wird als Einheit betrachtet, unabhängig von den in **$IFS** definierten Separatorzeichen.
Dem **echo**-Kommando werden damit z.B. durch

    echo "Was ist mit $NAME los?"

nicht fünf Parameter, sondern nur ein Parameter, nämlich die Zeichenkette ›*Was ist mit Otto los?*‹ übergeben. Dabei wurde $NAME durch den Wert der Shell-Variablen *NAME* ersetzt und hier angenommen, daß diese den Wert *Otto* hat.

- Andere Sonderzeichen der Shell wie z.B. & oder | werden innerhalb der "..."-Klammerung **nicht** mit ihrer üblichen Sonderbedeutung interpretiert. So produziert z.B. das Kommando

    echo "Bitte ls * | wc & "

die Ausgabe ›*Bitte ls * | wc &*‹, wobei weder * durch die Namen der Dateien im aktuellen Katalog ersetzt wurde, noch | als Pipe-Symbol, noch & als ›*stelle Kommando in den Hintergrund*‹ interpretiert wurde. Soll innerhalb der zu klammernden Zeichenkette das Zeichen " selbst vorkommen, so kann dies durch \" maskiert werden.

- Auch eine Kommandoersetzung in der Form ` kommando` findet innerhalb einer "..."-Klammerung statt. So liefert z.B. das Kommando

    echo "Sie befinden sich im Katalog `pwd`"

die Meldung »*Sie befinden sich im Katalog /usr/ucb* «, falls */usr/ucb* der aktuelle Katalog ist.

- Die "..."-Klammerung kann sich über mehrere Zeilen erstrecken, wobei dann die Zeilenende-Zeichen Teil der geklammerten Zeichenkette werden. Damit können z.B. mit dem **echo**-Kommando auch längere, über mehrere Zeilen reichende, Meldungen ausgegeben werden.

- Wird ein Kommando in ` ... ` geklammert (rechts gerichtetes Apostroph), so wird es ausgeführt und der Text seiner Standardausgabe in den ursprünglichen Text an der gleichen Stelle eingesetzt.

❑ Innerhalb der '...'-Klammerung findet keinerlei Ersetzung mehr statt. So liefert z.B. das Kommando

    echo 'Ihr Startkatalog ist $HOME'

die Meldung ›*Ihr Startkatalog ist $HOME*‹ wobei $HOME **nicht** durch den Wert der Variablen *HOME* ersetzt wird. Hingegen hat die '...'-Klammerung innerhalb der "..."-Klammerung keine schützende Wirkung mehr, so daß z.B. der Aufruf

    echo "Ihr Startkatalog ist '$HOME' "

die Meldung »*Ihr Startkatalog ist '/usr/studenten/maier'*« liefert, sofern *$HOME* den Wert */usr/student/maier* hat.

✎ Mit folgendem Beispiel kann das letzte Argument einer Kommandozeile ermittelt und am Bildschirm ausgegeben werden:
    eval echo \$$#
→ Die Zahl der Argumente, gleichbedeutend mit der Nummer des letzten Arguments, ist in der Variablen **$#** enthalten. Diese Nummer des letzten Arguments wird mit Hilfe von **eval** als Positionsparameter **$x** ausgewertet.

✎ Soll dieser Wert in eine Variable geschrieben werden, so muß diese Variablenzuweisung für den ersten Durchlauf *gequotet* werden:
    eval 'LAST=$'$#
→ Die innere Variablenzuweisung muß hier im ersten Durchlauf mit ›'...'‹ vor einer Fehlinterpretation geschützt werden; die Substitution sorgt für die Zuweisung der Ausgabe an die Variable $LAST.

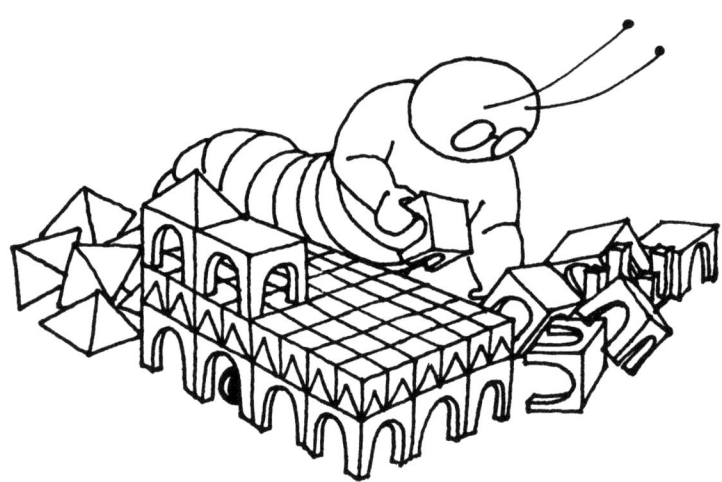

7.1.12 Die Fehlerbehandlung der Shell

Treten in einer Shellprozedur Fehler auf, so ist deren Behandlung zum einen von der Art des Fehlers abhängig und zum anderen davon, ob die Shell **interaktiv** ist oder nicht. Eine Shell ist dann interaktiv, wenn sie entweder mit **–i** aufgerufen wurde, oder aber ihre Standardein- und Standardausgaben auf eine Dialogstation gehen. Mögliche Fehler sind:

1. Fehler bei E/A-Umlenkung (z.B. die Eingabedatei existiert nicht).
2. Ein Kommando existiert nicht oder ist nicht *ausführbar*.
3. Ein Kommando terminiert abnormal.
4. Ein Kommando terminiert korrekt mit einem Wert ≠ 0.
5. Syntaktische Fehler im Kommando (z.B. **if** ... **else**...).
6. Signale wie z.B. <unterbrechung>, <abbruch>, <hangup>.
7. Fehler bei einem der Shell-internen Kommandos wie **cd**.

Fehler der Art 1.) bis 4.) werden von der Shell ignoriert, und diese setzt die Bearbeitung mit dem nächsten Kommando fort. Außer bei 4.) wird dabei eine entsprechende Fehlermeldung ausgegeben. Bei Fehlern vom Typ 5.) bis 7.) wird die Kommandoprozedur abgebrochen. Eine *interaktive* Shell liest danach das nächste Kommando von der Dialogstation. Wurde die Shell mit der Option **–e** versehen, so verursacht einer der nachfolgenden Fehler das Signal und damit einen Abbruch der Prozedur:

Signalname	Nummer	Standardaktion	Anlaß
SIGHUP	1	Exit	Abhängen der Dialogstation (<hangup>)
SIGINT	2	Exit	Unterbrechungssignal (<unterbrechung>)
SIGQUIT	3	Core	Quit
SIGILL	4	Core	*ungültige Instruktion* des Programms
SIGTRAP	5	Core	*Trace-Trap*
SIGABRT	6	Core	Abbruch
SIGEMT	7	Core	Emulation Trap
SIGFPE	8	Core	Gleitkommafehler im Programm
SIGKILL	9	Exit	*Kill-Befehl*
SIGBUS	10	Core	Fehler auf dem System-Bus
SIGSEGV	11	Core	unerlaubter Zugriff auf Hauptspeicher (Adreßfehler, *Segmentation Fault*)
SIGSYS	12	Core	ungültiges Argument bei einem Systemaufruf
SIGPIPE	13	Exit	Ausgabe auf eine Pipe, von der niemand liest (*Broken Pipe*)
SIGALRM	14	Exit	Ablauf der mit **alarm** vorgegebenen Zeitscheibe (*alarm clock*)
SIGTERM	15	Exit	Software-Terminierung
SIGUSR1	16	Exit	freies Benutzer-Signal 1
SIGUSR2	17	Exit	freies Benutzer-Signal 2
SIGCHLD	18	Ignore	Statusänderung eines Kindprozesses

Signalname	Nummer	Standard-aktion	Anlaß
SIGPWR	19	Ignore	Stromausfall
SIGWINCH	20	Ignore	Änderung der Fenstergröße
SIGURG	21	Ignore	dringende Situation am Socket
SIGPOLL	22	Exit	abrufbares Ereignis
SIGSTOP	23	Stop	angehalten
SIGTSTP	24	Stop	angehalten
SIGCONT	25	Ignore	fortgesetzt
SIGTTIN	26	Stop	angehalten durch Eingabe am Bildschirm
SIGTTOU	27	Stop	angehalten durch Eingabe am Bildschirm
SIGVTALRM	28	Exit	virtueller Zeitgeber abgelaufen
SIGPROF	29	Exit	Zeitgeber für Profildaten abgelaufen
SIGXCPU	30	Core	CPU-Zeit überschritten
SIGXFSZ	31	Core	zulässige Dateigrenze überschritten
SIGWAITING	32	Ignore	LWPs (*light weight processes*) des Prozesses sind blockiert
SIGLWP	33	Ignore	Signal der *thread*-Library
SIGRTMIN	*	Exit	erstes Echtzeit-Signal
(SIGRTMIN+1)	*	Exit	zweites Echtzeit-Signal
(SIGRTMAX-1)	*	Exit	vorletztes Echtzeit-Signal
SIGRTMAX	*	Exit	letztes Echtzeit-Signal

Die mit **Core** markierten Signale produzieren einen Speicherabzug (*core dump*). Die Shell selbst ignoriert <abbruch>, welches einen Speicherabzug hervorrufen soll.

Im Normalfall wird eine Shellprozedur durch die Signale <hangup>, <unterbrechung> und <quit> abgebrochen. Man kann jedoch diese mit Hilfe der **trap**-Anweisung abfangen. Die Syntax hierzu lautet:

> **trap** '*kommando_folge*' *signal_nr* ...

Es wird dann beim Eintreffen eines der mit *signal_nr* angegebenen Signale die Kommandofolge ausgeführt und die Kommandoprozedur danach an der unterbrochenen Stelle fortgesetzt. Ist eine Fortsetzung nicht gewünscht, so setzt man die **exit**-Anweisung als letzte Anweisung in die Kommandofolge.

✎ trap 'rm /tmp/work* ; exit' 2 3
→ löscht die *work*-Dateien im Katalog */tmp,* falls im Verlauf der Kommandoprozedur ein <abbruch>- oder <unterbrechung>-Signal auftritt. Die Shellprozedur wird danach beendet.

Diese Möglichkeiten, Signale abzufangen, gelten natürlich nicht nur in Kommandoprozeduren, sondern auch auf der interaktiven Shell. Dort wird die Signalbehandlung, d.h. das **trap**-Kommando, am besten in der Anlaufdatei *.profile* festgelegt. Hier ist insbesondere das Signal mit der Nummer 0 interessant, das beim Ende der Shell abgegeben wird. Fängt man dieses Signal ab, kann damit beim Abmelden aus der

7.1 Die Shell als Kommandointerpreter

Shell eine Logout-Datei mit Aufräum-Aktionen o.ä. als Gegenstück zu eine Anlaufdatei angestoßen werden.

✎   trap '.ende' 0
→ bewirkt, daß beim Abmelden aus der Shell die Kommandoprozedur *.ende* durchlaufen wird. Darin können temporäre Dateien gelöscht oder ein Eintrag in einer Log-Datei vorgenommen werden.

Bei dem Aufruf »**trap** '' *signal_nr*« (zwei aufeinanderfolgende '-Zeichen) wird die definierte Signalbehandlung wieder auf den Standard zurückgesetzt. Eine Liste der aktuell gesetzten Signalbehandlung kann durch das Kommando **trap** ohne Parameter ausgegeben werden.

7.1.13 Die Grammatik der Shell

kommentar:	# Text bis zum Zeilenende
item:	wort eingabe-ausgabe name=wert
einfaches_kommando:	item einfaches_kommando item
kommando:	einfaches_kommando { k_liste } # { ... } sind Teil der Syntax! (k_liste) name () kommando **for** name **do** k_liste **done** **for** name **in** wort ... **do** k_liste **done** **while** k_liste **do** k_liste **done** **case** wort **in** case_teil ... **esac** **if** k_liste **then** k_liste else_teil **fi** **until** k_liste1 **do** k_liste2 **done**
pipe:	kommando pipe | kommando
andor:	pipe andor **&&** pipe andor || pipe
k_liste:	andor k_liste; k_liste**&** k_liste ; andor k_liste **&** andor
eingabe-ausgabe:	> datei < datei >> datei << wort
datei:	wort **&** ziffer **&** –
case_teil:	muster) k_liste ;; case_teil
muster:	wort muster | wort

else_teil:		**elif** k_liste **then** k_liste else_teil **else** k_liste leer
leer:		
wort:		<eine Folge von Zeichen ohne Zwischenraum>
name:		<ein Buchstabe gefolgt von Buchstaben, Ziffern oder Unterstreichungszeichen "_">
ziffer:		0 1 2 3 4 5 6 7 8 9

Meta-Zeichen und reservierte Worte

|	das Symbol für eine Pipe
&&	das Symbol für **andif**
||	das Symbol für **orif**
;	Trennzeichen zwischen Kommandos in einer Zeile
;;	Begrenzer für **case**
&	Auslösen eines Hintergrundprozesses
()	Kommando-Gruppierung
<	Eingabe-Umlenkung
>	Ausgabe-Umlenkung
<<	Eingabe folgt direkt von der Standardeingabe (*here document*)
>>	Ausgabe wird angehängt

Muster:

*	bedeutet ›*Jede Zeichenkette (auch die leere)*‹
?	bedeutet ›*Jedes einzelne Zeichen*‹
[...]	bedeutet ›*Jedes der aufgeführten Zeichen*‹
[!...]	bedeutet ›*Alle außer den aufgeführten Zeichen*‹
[a–d]	bedeutet ›*Alle Zeichen vom Zeichen a bis zum Zeichen d (aufsteigend in der ASCII-Reihenfolge)*‹

Ersetzung:

${...}	Ersetze durch den Wert der Shellvariablen
`...`	Ersetze durch die Ausgabe des Kommandos

Quoting:

\	Fluchtsymbol für das nachfolgende Zeichen
'...'	Im eingeschlossenen Text soll nicht ersetzt werden.

"..." In dem eingeschlossenen Text soll keine Expansion von Dateinamen vorgenommen werden. Alle anderen Ersetzungen ($ ` ") werden durchgeführt.

Reservierte Worte:
if   then   else   elif   fi
case   in   esac
for   while   until   do   done
{ }

7.1.14 Beispiele zu Kommando-Prozeduren

Beispiel 1

Mit dem Kommando **move** ist es möglich, Dateibäume mit ihren Unterverzeichnissen an andere Stellen im System umzuhängen:

```
1:      # move – Kopiert ganze Dateibaeume
2:      eval 'ziel=$'$#           # letztes Argument
3:      while test $# –gt 1       # Prüfung, ob noch ein Arg.
4:      do
5:          echo Kopieren von $1 nach $ziel  # Meldung ausgeben
6:          (cd $1 ; tar cf – .) | (cd $ziel ; tar xf – )
7:          shift                 # $2 nach $1 umsetzen
8:      done
```

Das Kommando **move** wird wie folgt aufgerufen:

    move   *datei_baum_1* {*datei_baum_2* ...}   *ziel_katalog*

In Zeile 2 erhält *ziel* den Wert des letzten Arguments des **move**-Aufrufes. Die Funktion **eval** ist hier notwendig, da die Anweisung der Zeile 2 in zwei Stufen ausgewertet werden muß: Ersetzung von ›$#‹ durch die Anzahl der Parameter und Zuweisung des letzten Parameters an *ziel*. Wenn der Aufruf *n* Parameter enthält, so wird danach die Schleife (Zeile 4–8) n - 1 mal durchlaufen. Dabei wird die Meldung ausgegeben:

    Kopieren von <*erster positionsparameter*> nach <*letzter positionsparameter*>

Die Zeile 6 wird wie folgt abgearbeitet:
    Es wird ein eigener Prozeß gebildet (Sub-Shell). In ihm wird der Katalog des Dateibaums, der kopiert werden soll, als *aktueller Katalog* gesetzt (cd $1) und anschließend das Programm **tar** aufgerufen (siehe auch **tar**, Seite 311). **tar** kopiert alle Dateien (den Dateibaum) des aktuellen Katalogs durch die Option **–f**, statt auf einen externen Dateiträger auf die nachfolgend angegebene Ausgabe. Dies ist ›–‹ (was hier für *die Standardausgabe* steht). Durch die Pipe (|) wird diese Standardausgabe dem nachfolgenden Prozeß übergeben.
    Der zweite Prozeß ›cd $ziel ; tar -xf –‹ setzt seinen eigenen (lokalen) aktuellen Katalog auf den des Zielkatalogs des **move**-Aufrufs ($ziel) und ruft wieder **tar** auf, diesmal aber mit der Funktion *Einlesen* (durch die Option **–x**), wobei statt vom Band wieder durch **f** von der Standardeingabe (f –) gelesen wird. Die Standardeingabe ist die Pipe. In Zeile 7 werden die Positionsparameter um eine Position nach links verschoben ($1 erhält den Wert von vormals $2 usw.) und dabei implizit $# um eins reduziert.
    Unter Verwendung von **cpio** könnte die Zeile 6 so formuliert werden:

    (cd $1 ; find . -print | cpio -p > $ziel)

Für einen echten Einsatz fehlt diesem Programm noch eine Fehlerbehandlung (zu wenig Argumente; Zielverzeichnis existiert nicht; keine Schreibberechtigung).

Beispiel 2

Die Idee zum folgenden Beispiel entstammt /CHRISTIAN/. Die Kommandoprozedur erlaubt das Durchlaufen von Dateibäumen und zeigt zugleich den rekursiven Aufruf einer Kommandoprozedur. Die Datei **baum** enthalte folgenden Text:

```
 1:    #!/bin/sh
 2:    # baum – Durchlaufen eines Dateibaums
 3:    # Synatx:  baum  {katalog}
 4:    if test $# != 0
 5:       then cd "$1"
 6:    fi
 7:    katalog=`pwd`
 8:    echo "Dateien im Katalog $katalog: "
 9:    ls "$katalog"
10:    for i in *
11:       do
12:          if test –d "$i"
13:             then ( cd "$i"
14:                    baum )
15:          fi
16:       done
```

Die Zeile 1 stellt mit »#!/bin/sh« sicher, daß die Kommandoprozedur von der Bourne-Shell ausgeführt wird, auch dann, wenn die aufrufende Shell eine C-Shell ist, die diese Anweisungen nicht ausführen kann. Siehe hierzu Seite 479.

Zeile 2 beschreibt in einem Kommentar, was die Shell-Prozedur macht und in Zeile 3 ist die korrekte Aufrufsyntax gezeigt. Ein solcher Kommentar sollte im Kopf einer jeden Shell-Prozedur stehen. Nur um eine kompaktere und übersichtlichere Darstellung zu erhalten, wird in diesem Buch vielfach darauf verzichtet.

Wird beim Aufruf von **baum** ein Parameter angegeben, so wird der im ersten Parameter angegebene Katalog durch **cd** zum *aktuellen Katalog* gesetzt und der dort beginnende Dateibaum durchsucht, ansonsten ist es der aktuelle Katalog des aufrufenden Programms.

pwd liefert in Zeile 7 den Namen des aktuellen Katalogs. Dessen Inhaltsverzeichnis wird mit **ls** ausgegeben. In der **for**-Schleife (Zeile 10–16) werden alle Dateien des Katalogs untersucht, ob sie ihrerseits wieder Kataloge sind (»test –d ...«).

Bei Katalogen wird in Zeile 13 ein neuer Shellprozeß gestartet » (...)«. Dieser setzt zunächst den zu untersuchenden Katalog als aktuellen Katalog ein und listet dann durch den rekursiven Aufruf der **baum**-Prozedur die Dateien dieses Unterkatalogs auf. Die Datei- und Katalognamen (in den Zeilen 5, 9, 12, 13) wurden deshalb in "..." Klammern gesetzt, um bei Dateinamen, in denen Metazeichen wie * und ? vorkommen, eine zweite Expansion durch die Shell zu verhindern!

➔ Die Kommandoprozedur **baum** muß von allen Stellen her als Programm aufrufbar sein, d.h. in einemVerzeichnis liegen, das in **$PATH** erreichbar ist!

Beispiel 3

Die Datei *skip* enthalte folgenden Text (ohne die Zeilennummern):

```
 1:    #! /bin/sh
 2:    # Ueberspringen von $1 Dateien auf dem Streamer
 3:    # Syntax:   skip {n}
 4:
 5:    case $# in
 6        0)  N=1;;
 7:        1)  N=$1;;
 8:        *)  echo "Aufruf: skip n" ; exit 1;;
 9:    esac
10:    if expr $N + 1 >/dev/null
11:    then
12:        if [ $N -lt 1 ]
13:        then
14:            echo "Aufruf: skip n"
15:            echo " mit n>0"
16:            exit 1
17:        fi
18:        while [ $N -gt 0 ]
19:        do
20:            dd if=/dev/nrst0 of=/dev/null bs=60b
21:            N=`expr $N - 1`
22:        done
23:    fi
```

Das **skip**-Kommando erlaubt, auf dem Streamer (*/dev/nrst0*) *n* Dateien oder Sicherungseinheiten (z.B. von **tar** oder **cpio**) zu überspringen. Wird **skip** ohne einen Parameter aufgerufen, so soll genau eine Datei übersprungen werden (Zeile 6: N=1). Bei einem Parameter soll die darin angegebene Anzahl übersprungen werden (Zeile 7: N=$1). Wurden mehr Parameter angegeben, so wird eine *Gebrauchsanweisung* ausgegeben (echo "Aufruf: ...") und die Abarbeitung mit einem Fehlerstatus (exit 1) beendet.

In Zeile 10 wird geprüft, ob der Parameter eine Zahl war. In diesem Fall wird in Zeile 12 untersucht, ob $N kleiner als 1 ist und dann mit **echo** eine Meldung ausgegeben, wie die Aufrufsyntax lautet und daß der Wert des Parameters größer als 0 zu sein hat (Zeile 14, 15). Bei einem falschen Parameter wird auch hier die Prozedur abgebrochen (Zeile 16). In der **while**-Schleife von Zeile 18 - 22 erfolgt das eigentliche Überspringen mit Hilfe des **dd**-Kommandos. Dieses liest die zu überspringende Datei nach **/dev/null**, d.h. wirft diese Information weg. Die Schleife wird solange durchlaufen, bis $N den Wert 0 erreicht. Das Herunterzählen geschieht in Zeile 21 durch **expr**.

Bei den Zeilen 12 und 18 wurde statt dem **test**-Befehl die knappere Form der Klammerung "[...]" verwendet.

Beispiel 4

In jedem UNIX-System werden mitunter sehr zentrale Funktionen über Shellprogramme gelöst, vor allem im Bereich der Systemverwaltung, der Systemkonfiguration und der Herstellung der Lauffähigkeit des Systems. So sind beispielsweise mächtige Kommandos wie **mountall, mvdir, rcX, shutdown** oder **umountall** und viele mehr als Kommandoprozeduren in der Syntax der Bourne-Shell gelöst.

Als Beispiel einer derartigen Kommandoprozudur soll hier die Datei */etc/rc3* (Symlink auf */sbin/rc3*) gezeigt werden. Die Datei *rc3* wird beim Hochfahren des Systems beim Übergang von Runlevel 2 in Runlevel 3 vom **init**-Prozeß nach einem Eintrag in */etc/inittab* gestartet. Das Programm sorgt seinerseits wiederum dafür, daß die Shellprozeduren im Verzeichnis */etc/rc3.d* aufgerufen werden, die dann erst die erforderlichen Aktionen beim Eintritt in (oder beim Verlassen von) Runlevel 3, also die eigentlichen Hochfahr-Programme, ausführen. */etc/rc3* hat folgenden Inhalt:

```
 1:     #!/sbin/sh
 2:     set `/usr/bin/who -r`
 3:     if [ -d /etc/rc3.d ]
 4:     then
 5:         for f in /etc/rc3.d/K*
 6:         {
 7:             if [ -s ${f} ]
 8:             then
 9:                 case ${f} in
10:                     *.sh)        .           ${f} ;;
11:                     *)           /sbin/sh    ${f} stop ;;
12:                 esac
13:             fi
14:         }
15:         for f in /etc/rc3.d/S*
16:         {
17:             if [ -s ${f} ]
18:             then
19:                 case ${f} in
20:                     *.sh)        .           ${f} ;;
21:                     *)           /sbin/sh    ${f} start ;; 1
22:                 esac
23:             fi
24:         }
25:     fi
26:     if [ $9 = 'S' -o $9 = '1' ]
27:     then
28:         echo 'The system is ready.'
29:     fi
```

In den beiden *for*-Schleifen werden jeweils die Dateien im Verzeichnis */etc/rc3.d* aufgerufen, deren Name mit einem K oder einem S beginnt. Im Falle **K** wird der Datei das Argument **stop** übergeben, um eine Aktion zu beenden. Im Falle **S** wird der Datei das Argument **start** übergeben, um eine Aktion zu initiieren. Schließlich wird die bekannte Meldung »*The system is ready.*« ausgegeben.

7.2 Die C-Shell – csh

In dem UNIX-System der Universität von Berkeley (kurz **UCB** für **U**niversity *of* **C**ali*fornia* **B**erkeley oder auch **BSD** für **B**erkeley **S**ystem **D**istribution genannt) wurde neben der Standard-Bourne-Shell eine neue Shell, die **C-Shell**[1] eingeführt. Die **C-Shell** (bzw. das Programm **/bin/csh**) ist heute in allen angebotenen UNIX-Systemen als Alternative zur Bourne-Shell vorhanden. Die wesentlichen Erweiterungen gegenüber der Standard-Shell sind:

- Es wird eine Kommandohistorie geführt. Früher ausgeführte Kommandos können betrachtet und ohne erneute Eingabe nochmals aufgerufen werden.
- Alias-Mechanismus
- Ein erweiterter Mechanismus zur Namensexpandierung
- Erweiterte Programmkontrolle
- Shell-Variablen können einfacher als bei der Bourne-Shell als *logische* und *numerische* Typen behandelt werden
- Schutzmechanismus gegen versehentliches Überschreiben von Dateien
- Weitere Flußkontrollstrukturen
- Weitere automatisch aufgerufene Kommandodateien.

Die C-Shell ist zwar wie die Bourne-Shell als Arbeitsumgebung und als Kommandozeileninterpreter zum Aufruf von Programmen geeignet, ist jedoch nicht kompatibel zur Bourne-Shell. Kommandoprozeduren, die für die Bourne-Shell geschrieben wurden, sind in der C-Shell meist nicht lauffähig. Die C-Shell wird häufig ihrer verbesserten interaktiven Handhabung (Kommando-Wiederholung) wegen verwendet – Kommandoprozeduren werden nahezu immer in Bourne-Shell geschrieben.

Die Beschreibung der **C-Shell** soll in diesem Kapitel recht kurz gehalten werden und beschränkt sich hauptsächlich auf die Unterschiede zur Standard-Shell. Die vorliegende Beschreibung bezieht sich auf die **csh** von BSD 4.3.

7.2.1 Starten und Terminieren der csh

Die **csh** kann als Shell gleich beim **login** gestartet werden, indem der Systemverwalter entsprechend **/bin/csh** als **login**-Programm für den Benutzer in der Datei */etc/passwd* einträgt. Man bezeichnet diese dann als *Login-Shell*. Der Benutzer kann sie jedoch auch explizit aufrufen mittels

    csh {*optionen*} {*argumente*}

Wird die **csh** als *Login-Shell* gestartet, so führt sie, bevor sie sich am Bildschirm meldet, die Kommandos der Dateien *.cshrc* und *.login* jeweils im Hauptkatalog (*home directory*) des Benutzers aus, soweit diese Dateien vorhanden sind. Diese Startup-Dateien unterscheiden sich wie folgt:

---

1. Die Namensgebung kommt daher, daß der C-Shell eine der Programmiersprache C ähnliche Syntax zugesprochen wird.

.login   wird nur durchlaufen, wenn die C-Shell als Login-Shell gestartet wurde (als erste Shell des Benutzers durch einen Eintrag in der Datei /etc/passwd oder, falls die Shell in einer Terminalemulation **xterm** läuft, durch den Aufruf »*xterm –ls*«).

.cshrc   wird von jeder C-Shell durchlaufen, also auch von Sub-Shells oder bei (vor) der Ausführung von Kommandoprozeduren. Die Datei *.cshrc* wird in jedem Fall vor der Datei *.login* durchlaufen.

Die C-Shell meldet sich mit dem Promptzeichen ›%‹ – oder, falls der Benutzer als Super-User arbeitet, mit ›#‹. Das Bereitzeichen kann auch hier geändert werden, indem man der **csh**-Variablen $prompt mit »set prompt = *text*« eine andere Zeichenkette zuweist. Kommt in dieser Zeichenkette ein ! vor, so wird dies bei der Ausgabe von der **csh** durch eine fortlaufende Nummer ersetzt – die aktuelle Kommandonummer, die auch als *Event Number* bezeichnet wird.

Die **csh** wird entweder durch die Eingabe von <dateiende>, durch das Kommando **logout** oder durch **exit** verlassen. Da es zuweilen vorkommt, daß man die Shell versehentlich durch ein <dateiende> terminiert, kann dies durch das Setzen der Shellvariablen $ignoreeof verhindert werden. Hiernach wird die **csh** nur noch durch **logout** oder **exit** beendet. Das **logout**-Kommando terminiert die **csh** nur dann, wenn es die Login-Shell ist. War die terminierte **csh** eine Login-Shell, so werden vor der Beendigung die Kommandos der Datei *.logout* ausgeführt.

7.2.2 Die Prozeßkontrolle (*job control*) der csh

Die **csh** zerlegt ebenso wie die Bourne-Shell eine Kommandozeile in ihre Bestandteile, führt eine Expandierung der Kommandozeile aus und startet danach das im ersten Wort eines Kommandos stehende Programm oder ein in der **csh** eingebautes Kommando.

Mehrere Kommandos werden wie bei der Bourne-Shell durch eine neue Zeile oder ›;‹ in einer Zeile getrennt.

Ein Kommando wird mittels nachfolgendem **&** als Hintergrundprozeß gestartet und die **csh** nimmt danach sofort den nächsten Befehl entgegen. Die Shell gibt dabei in Klammern eine **Auftragsnummer** gefolgt von der **Prozeßnummer** aus. Die Auftragsnummer wird in der **csh**-Terminologie als **job number** bezeichnet. Der Hintergrundauftrag kann unter dieser *job number* in der Form %*job_number* angesprochen werden. Ist der Hintergrundprozeß beendet, so meldet die **csh** dies dem Benutzer und zwar vor der Ausgabe des nächsten Bereitzeichens, wie das kleine Beispiel auf Seite 459 zeigt.

Wurde ein Programm im Vordergrund gestartet und möchte man es anhalten, so ist dies mit dem <prozeß anhalten>-Zeichen (**<susp>**, normalerweise **<ctrl-z>**) möglich. Die **csh** meldet dann, daß das Programm angehalten wurde (*stopped*) und ermöglicht die Abarbeitung weiterer Kommandos, während das zuvor gestartete Kommando ruht. Die <prozeß anhalten>-Taste sendet ein **STOP**-Signal[1] an den Prozeß und hält diesen sofort an, wobei noch anstehende Ausgaben und noch nicht

---

1. Dieses ist unter der Bourne-Shell nicht verfügbar.

7.2 Die C-Shell – csh

$csh	Aufruf der **csh**
%set prompt = !>	Setze neues Prompt
2><cr>	Kommandozähler in der **csh** steht auf 2
2><cr>	Er wird nur bei Kommandoeingabe
2>pwd	weitergezählt
/usr/neuling	Ausgabe von **pwd**
3>find / –print > liste &	Hintergrundprozeß absetzen
[1] 79	[Job-Nummer] und Prozeßnummer
4>tty	nächstes Kommando
/dev/pts/0	Ausgabe von **tty**
[1] + Done find / -print > liste	Fertigmeldung von [1]
5>	

gelesene Eingaben weggeworfen werden. Durch die Taste <prozeß stoppen> wird der Prozeß nicht sofort, sondern erst beim nächsten Lesen angehalten. Das Kommando »**stop** %*auftrag*« oder »**stop** *pid*« führt dasselbe durch. Wird bei **stop** keine Auftragsnummer oder keine Prozeßnummer angegeben, so ist der aktuelle Prozeß gemeint.

Man kann ein angehaltenes Programm mittels des **bg**-Kommandos (für *background*) in den Hintergrund schicken oder durch **fg** im Vordergrund weiterlaufen lassen. Andererseits kann ein im Hintergrund laufendes Programm mit Hilfe des **fg**-Kommandos (für *foreground*) wieder in den Vordergrund gebracht werden. Die Angabe von %*job_number* bringt einen bestimmten Hintergrundprozeß wieder in den Vordergrund.

Im Gegensatz zur Bourne-Shell, bei der die Standardeingabe von Hintergrundprozessen – soweit sie nicht explizit umgelenkt werden – nicht von der Dialogstation sondern von /*dev*/*null* gelesen wird, bleibt die Zuordnung zur Tastatur bei der **csh** erhalten. Will ein Hintergrundprozeß jedoch von der Dialogstation lesen, so wird er angehalten (suspendiert), bis er in den Vordergrund kommt. Der Benutzer wird darüber von der **csh** informiert.

Generell informiert die **csh** den Benutzer über jede Statusänderung eines Auftrags (*job*) und zwar vor der Ausgabe des nächsten Bereitzeichens. Will der Benutzer hingegen sofort informiert werden, so muß er mit »**set notify**« die **$notify**-Variable entsprechend belegen.

Da die Ausgabe von Hintergrundprozessen auf die Dialogstation die aktuelle Eingabe stören kann, ist es möglich, eine solche Ausgabe zu verhindern. Dies geschieht durch »**stty tostop**«. Ist dies gesetzt, so wird der Hintergrundprozeß, wenn er auf die Dialogstation schreiben will, suspendiert, bis man ihn mit »**fg** %*job_number*« in den Vordergrund holt Die Anweisung »**stty –tostop**« hebt zwar diesen Modus auf, sendet aber kein Wiederbelebungssignal an den Prozeß!

Das Kommando **jobs** liefert Information über aktuelle Hintergrundprozesse, sofern welche existieren.

7.2.3 Aufrufoptionen der csh

Bevorzugt ein Benutzer für seine Interaktion mit dem UNIX-System die C-Shell, so wird diese meist als Standardshell gleich bei der Anmeldung am System gestartet und steht damit als interaktiver Kommandointerpreter während der Sitzung zur Verfügung – sofern der Systemverwalter das Login des Benutzers entsprechend aufgesetzt hat. Die C-Shell kann dabei interne und externe Kommandos ausführen und Kommandoprozeduren in C-Shell-Syntax abarbeiten. Bourne-Shell-Skripten können von der C-Shell nicht abgearbeitet werden, was auch umgekehrt gilt.

Gelegentlich ist es erforderlich, die C-Shell, d.h. das Programm **/bin/csh**, explizit aufzurufen. Dieser Aufruf geschieht nach folgender Syntax:

    csh {*optionen*} {*kommando_datei*} {*parameter*}

Die akzeptierten Optionen **–bcefinstvVxX** haben folgende Funktionen:

- **–b**   definiert das Ende der Optionenliste für die C-Shell. Alles, was in der Kommandozeile hinter dieser Option steht, wird von der C-Shell nicht mehr als Option interpretiert, sondern ggf. an ein aufgerufenes Programm weitergereicht.
- **–c** *datei*   Die auszuführenden Kommandos sind in *datei* enthalten.
- **–e**   Tritt ein Fehler auf oder liefert ein Kommando einen von **0** verschiedenen *Exit-Status*, so wird die Shell sofort beendet.
- **–f**   Die Kommandos in *.cshrc* oder *.login* sollen nicht abgearbeitet werden.
- **–i**   Die neue Shell soll eine *interaktive Shell* sein.
- **–n**   Die Kommandos sollen zerlegt, jedoch **nicht** ausgeführt werden. Dies erlaubt die Prüfung einer Kommandoprozedur auf Syntaxfehler.
- **–s**   Kommandos sollen von der Standardeingabe gelesen werden.
- **–t**   Es soll nur 1 Eingabezeile gelesen und ausgeführt werden.
- **–v**   **$verbose** wird definiert. Hierdurch wird das Kommando nach der *History-Ersetzung* und vor der Ausführung angezeigt. Diese Option ist hilfreich zur Fehlersuche in einer Kommandoprozedur.
- **–V**   Es wird implizit **$verbose** definiert und zwar bevor *.cshrc* ausgeführt wird.
- **–x**   **$echo** wird definiert. Hierdurch wird das expandierte Kommando nach Anwendung aller Ersetzungsmechanismen, also unmittelbar vor seiner Ausführung angezeigt. Hilfreich zur Fehlersuche in einer Kommandoprozedur.
- **–X**   **$echo** wird vor der Ausführung von *.cshrc* definiert.

Wird eine C-Shell-Kommandoprozedur von der Kommandozeile aus aufgerufen, so ist es normalerweise nicht nötig, hierfür explizit **csh** aufzurufen. Der Kommando-Interpreter wird nach bestimmten Mechanismen implizit gestartet.

Die möglichen Anweisungen einer Kommandoprozedur in C-Shell-Syntax sind in Abschnitt 7.2.9, *Die Ablaufsteuerung der csh* (Seite 471), beschrieben.

7.2.4 Der History-Mechanismus der csh

Die **csh** führt eine Liste über verwendete Kommandoaufrufe. Es werden (einstellbar) die *n* letzten Kommandos gespeichert (genauer: Kommandozeilen oder in der **csh**-Terminologie: *events*). Die Größe des Kommandospeichers (englisch: *history buffer*) wird durch die Shellvariable **$history** definiert und umfaßt standardmäßig nur eine Zeile. Mit »**set history = n**« werden jeweils die *n* letzten Kommandos gespeichert und sind wieder unverändert oder in anderer Form verwendbar. Die Liste alter Kommandos kann durch folgendes Kommando am Bildschirm angezeigt werden:

> **history**

Die **csh** numeriert die Kommandos (*events*) fortlaufend durch und gibt diese Nummer mit aus. Diese Kommandonummer kann auch in das Prompt übernommen werden.

Solche zurückliegenden Kommandos (genauer Eingabezeilen) können nun bei der **csh** auf mehrere Arten angesprochen werden. Wichtigstes Zeichen hierfür ist das Ausrufezeichen ›!‹, über das ein altes Kommando entweder zur unveränderten Ausführung wiederholt wird oder zur Änderung und anschließenden Ausführung bereitgestellt wird:

- Mittels der Kommandonummer (*event number*) in der Form: !*nummer*
  Steht *nummer* ohne Vorzeichen, so ist damit das Kommando mit der entsprechenden *event number* gemeint. Hat der Aufruf die Form ›!–*n*‹, so ist die *n*-te vorhergehende Kommandozeile gemeint. Die jeweils letzte Zeile kann auch mit ›!!‹ abgekürzt werden und entspricht ›!–1‹.

- Durch Angabe des Kommandos in der Form: !*name*
  Die **csh** sucht bei dieser Form rückwärts nach einer Kommandozeile, die mit *name* beginnt. *name* braucht nicht der vollständige Kommandobezeichner zu sein, sondern es reichen die ersten, signifikanten Buchstaben.

- Dadurch, daß man ein Textstück einer zurückliegenden Kommandozeile angibt in der Form: !?*text*?
  Auch hier wird vom letzten Kommando ausgehend nach einer Kommandozeile gesucht, in der *text* vorkommt.

In allen Fällen muß sich die Kommandozeile noch im Kommandopuffer befinden, d.h. darf maximal **$history** Zeilen zurückliegen. Alle oben beschriebenen Formen einer zurückliegenden Kommandoangabe sind für die nachfolgenden Beschreibungen statt *nummer* erlaubt.

Gibt man ein Kommando mit einer der oben dargestellten Formen an, so wird das Kommando (die ganze Kommandozeile) erneut ausgeführt. Man braucht jedoch nicht das vollständige alte Kommando zu übernehmen, sondern kann diese in veränderter Form ausführen, Teile daraus aufgreifen und/oder Teile darin ersetzen.

Hierzu wird nach der erwähnten Syntax zum Ansprechen eines alten Kommandos (!*name*, !*nummer*) ein Doppelpunkt (:) gesetzt und dahinter die jeweiligen Editierkommandos eingegeben.

Allgemein hat dies die Form »!*nummer:bereich{:modifikator}* ...« wobei der *modifikator*-Teil optional ist. In der Angabe von *bereich* wird folgende Symbolik verwendet:

n	bezeichnet das *n*-te Wort des Kommandos (Kommandoname = 0)
^	steht für das erste Argument ($1)
$	steht für das letzte Argument des Kommandos
%	steht für das zuletzt mit **?s?** gefundene Wort
a–e	steht für ›*Das Wort von Position a bis zur Position e*‹
–n	steht für ›*Das Wort von Position 0 bis zur Position n*‹
n–	steht für ›*Das Wort von Position n bis zum vorletzten Wort*‹
*	steht für ›^–$‹
n*	steht für ›*n*–$‹

Das oder die eingesetzten Wörter können durch den *modifikator* nochmals einer Transformation unterzogen werden, wobei auch mehrere, jeweils durch : getrennte Modifikationen zulässig sind:

h	(*head*) liefert aus dem Wort (Dateinamen) den Pfadnamen.
r	Bei dem Wort (Dateinamen) wird eine vorhandene Endung (.xxx) abgeschnitten.
e	(*extention*) Bei einem Wort (Dateinamen) wird nur die Endung (.xxx) genommen.
s/*alt*/*neu*/	(*substitute*) Das Muster *alt* wird durch den Text *neu* ersetzt. Statt **/** darf ein beliebiges Trennzeichen verwendet werden.
t	(*tail*) Bei dem Dateinamen wird der Pfadname abgeschnitten und der reine Dateiname verwendet.
&	Die letzte Substitution (s/*a*/*n*/) soll auch hier ausgeführt werden.
g	Die Substitution soll nicht nur auf das erste auftretende Wort sondern auf alle ausgeführt werden. g steht vor **&, h, r, e, d, t**.
p	(*print*) Das neu entstehende Kommando soll angezeigt, aber nicht ausgeführt werden.
q	(*quote*) Die ersetzten Wörter sollen maskiert und damit vor einer weiteren Ersetzung geschützt werden.
x	Die ersetzten Wörter sollen maskiert und damit vor einer weiteren Ersetzung geschützt werden. Sie werden jedoch als Einzelargumente und nicht als eine Zeichenkette weitergereicht.

Findet eine Ersetzung in einer Kommandozeile statt, so wird die Zeile nochmals von vorne durchsucht und geprüft, ob erneut Ersetzungen notwendig sind. Dies geschieht so lange, bis keine Ersetzung mehr stattfindet. Ersetzungsschleifen werden durch interne Markierungen erkannt und abgebrochen. Dieser Ersetzungsmechanismus ist recht komplex, da er geschachtelt auftreten kann, Metazeichen berücksichtigen muß und mit anderen Ersetzungsmechanismen zusammen stattfindet. Die nachfolgenden Beispiele sollen einige Substitutionen zeigen.

> Das letzte Kommando sei folgendes gewesen:
> **echo /usr/test.c /usr/karl/test.p drei**
> Dann ergeben die nachfolgenden Kommandos die gezeigten Ergebnisse, wobei angenommen ist, daß obiges Kommando unter der Kommandonummer 17 angesprochen werden kann bzw. das letzte Kommando war:
>
> | ! | /usr/test.c /usr/karl/test.p drei |
> |---|---|
> | !17 | /usr/test.c /usr/karl/test.p drei |
> | echo !17:$ | drei |
> | echo !17:2-3 | /usr/karl/test.p drei |
> | echo !17:1:h | /usr |
> | echo !17:2:r | /usr/karl/test |
> | echo !17:2:e | p |
> | echo !17:2:s+karl+franz+ | /usr/franz/test.p |
> | echo !17:*:s+usr+mnt+ | /mnt/test.c /usr/karl/test.p drei |
> | echo !17:*:gs+usr+mnt+ | /mnt/test.c /mnt/karl/test.p drei |

Beginnt eine Kommandozeile mit ›^*alt*^*neu*^‹, so wird das vorhergehende Kommando wiederholt, wobei der darin enthaltene Text *alt* durch den Text *neu* ersetzt wird. Dies erlaubt eine einfache Korrektur von Schreibfehlern oder Wiederholung von Kommandos mit geringfügig geänderten Parametern:

> **find /usr –name "*.old" –print –exec rm {} \;**
> → löscht alle Dateien mit der Endung *.old* im Verzeichnisbaum */usr*.
> Als unmittelbar nächstes Kommando kann mittels
> **^usr^home**
> die gleiche Aktion im Verzeichnisbaum */home* durchgeführt werden.

Die Möglichkeiten, in der C-Shell alte Kommandos zu wiederholen, sind schnell und unkompliziert und daher oft alleine schon ein Grund, in der interaktiven Arbeit die C-Shell zu verwenden. Die Möglichkeiten, alte Kommandos zu editieren und in veränderter Form wieder zu verwenden, sind zwar sehr mächtig, jedoch leider auch relativ umständlich in der Anwendung, so daß es oft sogar schneller ist, die ganze Kommandozeile in ihrer veränderten Form neu einzugeben.

7.2.5 Die Alias-Funktion der csh

Die **csh** ermöglicht eine Namensersetzung, d.h. für jedes Kommando (erstes Wort einer Kommandozeile) wird vor seiner Ausführung untersucht, ob eine Ersetzung vorgenommen werden soll. Dieser Mechanismus wird *Aliasing* genannt. Damit kann eine Kurzform längerer und häufig benötigter Kommandos vorgenommen werden. Die Definition einer Ersetzung erfolgt durch:

alias *kürzel kommando-text*

Kommt nun in einem Kommando *kürzel* als Kommandoname vor, so wird stattdessen von der **csh** ›*kommando-text*‹ eingesetzt und die Interpretation beginnt von vorne. Es können auch geschachtelte Ersetzungen vorgenommen werden, wobei Endlosschleifen erkannt werden. Ist die Aliasersetzung abgeschlossen, so wird die History-Ersetzung (soweit notwendig) durchgeführt. In *kommando-text* dürfen entsprechend auch Zeichen für eine History-Substitution vorkommen.

Eine Alias-Definition, d.h. *kommando-text*, darf mehrere Eingabezeilen lang werden und somit die Funktionalität einer Shellprozedur annehmen. Dabei muß jedoch das Zeilenende bei der Definition vor einer sofortigen Interpretation durch ›\‹ geschützt werden.

Das *Aliasing* wird **nur** auf den Kommandonamen angewendet und ist kein allgemeiner Substitutionsmechanismus!

Alias-Definitionen und -Aufrufe tragen keine Argumente, da die Alias-Definition textuell auf der Kommandozeile eingesetzt wird und daher die Argumentliste der ursprünglichen Kommandozeile übernimmt.

Eine Alias-Zuweisung kann durch »**unalias** *kürzel*« wieder aufgehoben werden.

 alias suche grep –l –n
→ führt das Pseudokommando **suche** ein. Hiernach wird z.B. »suche Otto telefon« zu ›*grep –l –n Otto telefon*‹ expandiert.

7.2.6 Namensexpandierung bei der csh

Die **csh** verwendet den gleichen Mechanismus zur Expandierung von Dateinamen in den Parametern eines aufgerufenen Programms wie die **sh**. Dies gilt für die Metazeichen *****, **?** und **[ ]**. Der Mechanismus der Namensexpandierung kann dabei durch die Deklaration der Shellvariablen **$noglob** unterdrückt werden (bei der Bourne-Shell durch die Option **–f**). In diesem Fall werden die Metazeichen der C-Shell (*****, **?**, **[]**, **~**) als normale Zeichen betrachtet.

Darüber hinaus kennt die C-Shell die Metazeichen **~** und **{...}** mit folgender Bedeutung:

~ Das Tildezeichen wird von der **csh** durch den Namen des Hauptkatalogs (*home directory*) eines Benutzers ersetzt. Folgt der Tilde ein Benutzername, so ermittelt die **csh** den Hauptkatalog dieses Benutzers und setzt diesen entsprechend ein.
Z.B. Würde ›~neuling/inhalt‹ zu ›/home/neuling/inhalt‹ expandiert, wenn der Hauptkatalog des Benutzers *neuling* der Katalog */home/neuling* ist.

{x,y, ...}   Die Klammern werden expandiert und die in Klammern angegebenen und durch Kommata getrennten Textstücke der Reihe nach in einem Ausdruck eingesetzt.
Z. B. wird hierdurch die Sequenz ›test.{c,p,o}‹ zu ›test.c test.p test.o‹ und ›{test1,test2}.c‹ durch ›test1.c test2.c‹ substituiert.

7.2.7 Die Variablen der csh

Die **csh** kennt wie die **sh** Variablen vom Typ Text. Variablennamen dürfen bei der **csh** bis zu 20 Zeichen lang sein. Darüber hinaus kann sie solche Variablen jedoch flexibler als die Bourne-Shell als Zahlen und logische Werte und auch als Felder (*arrays*) behandeln.

Shellvariablen können, soweit sie nicht bereits vordefiniert sind, auf drei Arten deklariert werden und einen Wert zugewiesen bekommen. Dabei ist darauf zu achten, daß im Gegensatz zur **sh** Zwischenräume zwischen **set, setenv, @, =,** *name* und dem Wert stehen müssen!

set *name* = *text*
> Hierdurch wird die Shellvariable *name*, soweit sie noch nicht existiert, deklariert und erhält als Wert die Zeichenkette *text*. Der Gültigkeitsbereich der Variablen ist hierbei nur lokal. Kommen in *text* Trennzeichen vor (Leerzeichen, Tabulatorzeichen, ...), so ist die Form "*text*" oder '*text*' zu wählen, da sonst nur das erste Wort der Variablen zugewiesen wird.

@ *name* = *n_ausdruck*
> Hierdurch wird die Shellvariable *name*, soweit sie noch nicht existiert, deklariert, der numerische Ausdruck *n_ausdruck* ausgewertet und das Ergebnis als Wert der Variablen zugewiesen. Zugleich wird geprüft, ob es wirklich ein numerischer Wert ist. Der Gültigkeitsbereich der Variablen ist lokal. **@** wird vielfach dort eingesetzt, wo bei der **sh** mit dem Kommando **expr** gearbeitet wird.

setenv *name text*
> Hiermit wird die Shellvariable *name*, soweit sie noch nicht existiert, deklariert und erhält als Wert die Zeichenkette *text*. Die Variable wird dabei zugleich exportiert, d.h. ihr Gültigkeitsbereich ist global.

Wie bei **sh** wird der Inhalt der Variablen durch $*name*[1] angegeben, bzw. ${*name*}, falls in *name* Sonderzeichen vorkommen. Der Ausdruck $?*name* liefert den Wert **1**, falls die Variable $*name* deklariert ist und **0**, falls nicht.

Die **csh** ermöglicht die Deklaration von Feldern, d.h. Shellvariablen mit mehreren Elementen. Die Werte der einzelnen Variablen stehen dabei in Klammern in einer mit Leerzeichen getrennten Liste. Diesen Elementen werden bei der Definition

---

1. Per Konvention werden die Variablennamen in der Bourne-Shell meist in Großbuchstaben, in der C-Shell in Kleinbuchstaben geschrieben. Dies ist jedoch nicht zwingend.

sogleich Werte zugewiesen – es darf jedoch auch die leere Zeichenkette sein! Eine Deklaration geschieht in der Form:

    set *name* = (*e_1 e_2 e_3 ... e_n*)

✏️   **set** obst = (aepfel birnen pflaumen kirschen " ")
→ definiert eine Variable *obst* mit 5 Elementen. Das letzte der Elemente ist leer. Ein Element wird dann durch die Angabe des Index selektiert. Nach der obigen Zuweisung gibt »**echo $obst[3]**« den Text ›*birnen*‹ aus. Mehrere Elemente kann man durch die Angabe eines Bereichs spezifizieren.
»echo $obst[2-4]« liefert ›*birnen pflaumen kirschen*‹.

Der Suchpfad der C-Shell, d.h. die Verzeichnisse, welche die C-Shell nach Programmen durchsucht, wird als Feld-Variable definiert. Dies geschieht in der Form:

✏️   **set** path = ($path /usr/bin /usr/ucb/bin /opt/bin)
→ belegt (verlängert) den Suchpfad der C-Shell mit den Verzeichnissen */usr/bin*, */usr/ucb/bin* und */opt/bin*.

Mit $*name* wird das ganze Feld angesprochen. Die Schreibweise $#*name* gibt die Anzahl der Elemente des Feldes $*name* aus. Ein Feld mit numerischen Werten muß zuvor mit **set** deklariert werden, bevor seinen Elementen mit @ neue Werte zugewiesen werden können. Dies geschieht in der Form:

    set *name*[*index*] = (*ausdruck*)

Sehr ähnlich der C-Syntax können bei der Zuweisung außer dem einfachen Zuweisungsoperator = auch folgende Operatoren: +=, –=, *=, /=, = sowie die Anweisungen »@ ++*name*« und »@ ––*name*« verwendet werden und haben dabei die von C her bekannte Bedeutung.

Die Ausdrücke in **set** und @ sowie die später beschriebenen Anweisungen **if**, **exit** und **while** dürfen wie bei C folgende Operatoren verwenden:

+	Addition
–	Subtraktion
*	Multiplikation
/	Division
%	Modulofunktion (Rest)
<	Vergleich ob kleiner
<=	Vergleich ob kleiner oder gleich
==	Prüfung auf textuelle Gleichheit
=~	Prüfung auf textuelle Gleichheit; im linken Ausdruck darf ein Textmuster vorkommen.
!=	Prüfung auf textuelle Ungleichheit; im linken Ausdruck darf ein Textmuster vorkommen.

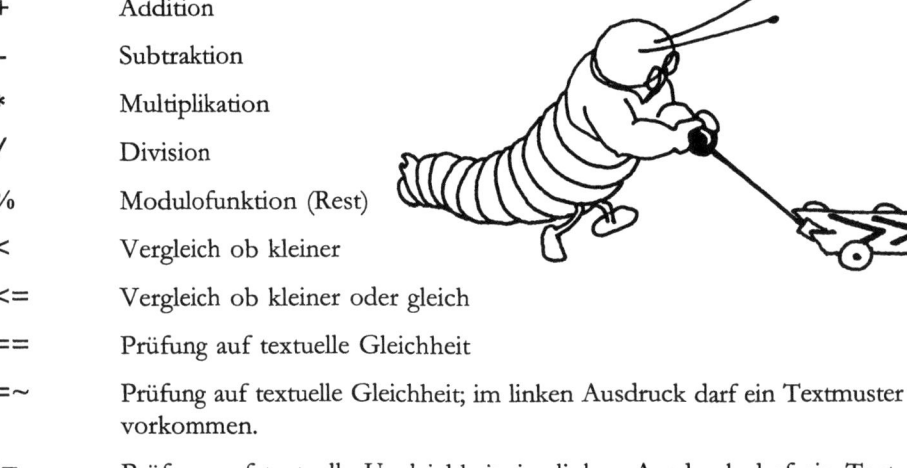

!~	Prüfung auf textuelle Ungleichheit
>=	Vergleich ob größer oder gleich
>	Vergleich ob größer
>>	Schieben nach rechts
<<	Schieben nach links
&	UND-Operation (bit-weise)
|	ODER-Operation (bit-weise)
^	exklusive ODER-Operation (bit-weise)
&&	Logisches UND
||	Logisches ODER
!	Logisches Negieren
~	Einerkomplement
(...)	Durch die Klammerung kann die Reihenfolge der Operationen vorgegeben werden.
−d *datei*	liefert den Wert *wahr*, falls die Datei ein Katalog (directory) ist.
−e *datei*	liefert den Wert *wahr*, falls die Datei existiert.
−f *datei*	liefert den Wert *wahr*, falls die Datei eine normale Datei ist.
−o *datei*	liefert den Wert *wahr*, falls die Datei dem Benutzer gehört.
−r *datei*	liefert den Wert *wahr*, falls die Datei gelesen werden kann.
−w *datei*	liefert den Wert *wahr*, falls die Datei modifiziert werden kann.
−x *datei*	liefert den Wert *wahr*, falls die Datei ausgeführt werden kann.
−z *datei*	liefert den Wert *wahr*, falls die Datei die Länge 0 hat.

Die einzelnen Elemente einer Anweisung müssen durch Leerzeichen oder **&**, |, <, >, ( ) getrennt sein. Bei der Auswertung des Ausdrucks werden Zahlenwerte, die mit einer führenden **0** beginnen, als Oktalzahlen interpretiert; das Ergebnis wird jedoch als Dezimalzahl geliefert. Fehlt ein Argument oder besteht es aus der leeren Zeichenkette, so hat es den Wert **0**.

7.2.8 Die Variablen der csh

Die **csh** kennt neben den vom Benutzer definierten Shellvariablen die nachfolgend beschriebenen vordefinierten Variablen. Sie werden im Gegensatz zu den vordefinierten Variablen der **sh** klein geschrieben; die wichtigsten Variablen wie $USER, $TERM, $HOME und $PATH werden automatisch in ihre C-Shell-Entsprechungen *$user*, *$term*, *$home* und *$path* übertragen. Einige der Variablen sind nicht automatisch definiert, beeinflussen aber, falls sie definiert werden, die Arbeitsweise der **csh**.

$argv In dieser Variablen (Feld) befinden sich die Argumente (Parameter) des Prozeduraufrufs. Analog zu einem C-Programm gilt:

- **$argv[0]** Dies ist der Name des aufgerufenen Programms (Prozedur). Dies kann auch mit **$0** angesprochen werden.
- **$argv[1]** Hier steht der 1. Parameter. Dieser kann auch mit **$1** angesprochen werden.
  :
- **$argv[*n*]** Dies enthält den *n*-ten Parameter. Er kann auch mit **$*n*** angesprochen werden.
- **$argv[*]** Diese Variable enthält die gesamte Parameterliste und ist äquivalent zu **$***.
- **$#argv** Hier ist die Anzahl der Parameter beim Aufruf zu finden.

$cdpath Dies entspricht **$CDPATH** der **sh**.

$cwd Dies ist der volle Pfadname des aktuellen Katalogs.

$echo Hierdurch wird jedes Kommando vor seiner Ausführung in der expandierten Version angezeigt (Schalter; Standard: undefiniert).

$fignore enthält eine Liste mit Dateinamens-Endungen, die bei der automatischen Namensergänzung (*file name completion*) der C-Shell nicht berücksichtigt werden sollen.

$filec aktiviert die automatische Namensergänzung (*file name completion*) auf der Kommandozeile. Ist diese Variable gesetzt, so haben die Zeichen <ctrl-d> und <esc> auf der Kommandozeile die folgende Sonderbedeutung:

- **<ctrl-d>** gibt eine Liste aller Dateinamen aus, die mit den gerade eingegebenen Zeichen beginnen und bittet dann erneut um Eingabe, wobei der zuletzt eingegebene Teil der Kommandozeile gleich mitausgegeben wird.
- **<esc>** ersetzt die gerade eingegebenen Zeichen auf der Kommandozeile durch alle Dateinamen, die mit diesen Zeichen beginnen.

$histchars Durch die Zuweisung einer zwei Zeichen langen Zeichenkette an diese Variable können die Metazeichen der History-Ersetzung umdefiniert werden. Das erste Zeichen kann dann bei dem History-Mechanismus statt des Standardzeichens ! und das zweite an Stelle des Kurzformzeichens ^ verwendet werden.

7.2 Die C-Shell – csh

$history Der Wert von **$history** legt fest, wieviele Kommandos im History-Speicher festgehalten werden sollen.

$home Wird **cd** ohne einen Parameter aufgerufen, so wird der in **$home** stehende Katalog zum *aktuellen Katalog*. Darüber hinaus substituiert die **csh** das Metazeichen ›~‹ in Dateinamen durch diesen Katalog.

$ignoreeof Dies verhindert, daß die **csh** durch ein <dateiende>-Zeichen versehentlich terminiert wird. Die C-Shell meldet in diesem Fall ›*Use "exit" to leave csh* ‹. Die Beendigung ist dann nur mit dem **exit**- oder **logout**-Kommando möglich (Schalter; Standard: undefiniert).

$mail Sie enthält eine Liste (Feld) mit Dateinamen (und ggf. deren Pfadnamen), die von der C-Shell regelmäßig auf Veränderung, d.h. ankommende Mail, überprüft werden sollen. Ein Prüfintervall kann im ersten Eintrag angegeben werden.

$nobeep Deaktiviert das Warnsignal bei mehrdeutiger automatischer Dateinamensergänzung.

$noclobber Hierdurch wird verhindert, daß man versehentlich durch Ausgabeumleitung eine bereits existierende Datei überschreibt. Das Kommando wird in diesem Fall abgebrochen und eine Fehlermeldung ›*kommando: file exists*‹ ausgegeben (Schalter; Standard: undefiniert).

$noglob Hierdurch wird die Expandierung von Metazeichen (*****, **?**, **~**, **[]**, **{}**) in Dateinamen unterdrückt (Schalter; Standard: undefiniert).

$nonomatch Kommt in einem Dateinamen ein Metazeichen vor und paßt keiner der gültigen Dateinamen auf dieses Muster, so wird im Normalfall von der **csh** eine Fehlermeldung ›**No match**‹ ausgegeben und das Kommando nicht gestartet. Die Variable **$nonomatch** verhindert dies (Schalter; Standard: undefiniert).

$notify Ist diese Variable definiert, so wird der Benutzer sofort über eine Zustandsänderung eines Prozesses informiert. Im Standardfall geschieht dies erst vor der Ausgabe des nächsten Promptzeichens.

$path Diese Feldvariable gibt analog zu **$PATH** bei **sh** den Suchpfad für das Starten von Programmen vor. Einträge stehen in Klammern und sind durch Leerzeichen getrennt.

$prompt Entspricht dem **$PS1** der Bourne-Shell und ist das Bereitzeichen der **csh**. Der Standard ist *hostname%* für den normalen Benutzer und *hostname#* für den Super-User. Kommt im Prompt ein ! vor, so wird dafür von der **csh** die aktuelle Kommandonummer eingesetzt. Diese Nummer wird dann bei jedem Kommando hochgezählt und bildet eine einfache und schnelle Methode für den Zugriff auf die zuletzt eingegebenen Kommandos.
Die Variable **$prompt** existiert in der C-Shell nur in interaktiven Shells und die Prüfung ihrer Existenz (durch Prüfung von *$?prompt*) bietet daher eine ideale Möglichkeit, um in einer Kommandoprozedur (etwa in *.cshrc*)

festzustellen, ob es sich um eine interaktive Shell handelt, die diese Prozedur ausführt.

$savehist Hierin kann die Anzahl der Kommandos (*History*) angegeben werden, welche die **csh** bei ihrer Terminierung in der Datei *.history* im Hauptkatalog des Benutzers hinterlegt. Beim nächsten Starten der **csh** wird dann der History-Puffer aus dieser Datei sofort geladen und damit die alten Kommandos über eine Sitzung hinweg gerettet.

$shell Hierin steht der Pfadname der Shell.

$status Der Ergebniswert (*Exit-Status*) des zuletzt ausgeführten Kommandos wird hierin gespeichert (analog zu **$?** bei **sh**).

$time Ist **$time** gesetzt, so wird eine automatische Zeitmessung aller aufgerufener Kommandos ausgeführt. Die in **$time** angegebene Zahl stellt eine Zeitmarke dar. Braucht ein Kommando zur Ausführung mehr als **$time** CPU-Sekunden, so wird eine Meldung mit der Zeitangabe gemacht. In allen Fällen wird nach der Ausführung eines jeden Kommandos die verbrauchte Zeit (Verweilzeit, Zeit im Benutzer- und im Systemmodus) angezeigt.

$verbose Ist diese Variable deklariert, so wird nach jeder History-Ersetzung das erzeugte Kommando angezeigt.

$$ Gibt die Prozeßnummer (**PID**) der laufenden Shell an.

$< Es wird eine Zeile von der Dialogstation (Standardeingabe) gelesen und als Text in dieser Variablen zurückgegeben.

7.2.9 Die Ablaufsteuerung der csh

Die **csh** kennt wie **sh** eine ganze Reihe von Anweisungen zur Ablaufsteuerung von Kommandoprozeduren. Im Gegensatz zur **sh** sind jedoch die Bedingungen bei **if, foreach, while, switch** durch (...) geklammert. Die Syntax orientiert sich an der Sprache C.

Folgende Ablaufkontroll-Strukturen stehen in der C-Shell zur Verfügung:

> **if (** *ausdruck* **)** *kommando*
>
> **if (** *ausdruck* **) then**
>   *kommando_folge*
> **endif**
>
> **if (** *ausdruck* **) then**
>   *kommando_folge_1*
> **else if (** *ausdruck2* **) then**
>   *kommando_folge_2*
> **else** *kommando_folge_3*
> **endif**
>
> **foreach index (** *argumente* **)**
>   *kommando_folge*
> **end**
>
> **while (** *ausdruck* **)**
>   *kommando_folge*
> **end**
>
> **repeat** *n kommando*
>
> **break**   # Sprung aus einer foreach-, while- oder repeat-Schleife
>
> **continue**   # Sprung an das Ende einer foreach-, while- oder repeat-Schleife
> **switch (** *text* **)**
>   **case** *muster_1*: *kommando_folge* ; **breaksw**
>   ⋮
>   **case** *muster_n*: *kommando_folge* ; **breaksw**
>   **default:** *kommando_folge*   # optional
> **endsw**
>
> **goto** *marke*
>
> **onintr** *marke*

Bei Kommandoprozeduren in C-Shell-Syntax muß sichergestellt werden, daß diese auch tatsächlich von der C-Shell interpretiert werden. Wie dies erreicht werden kann, ist in Abschnitt , *Arbeiten mit unterschiedlichen Shells* (Seite 479), gezeigt.

Die IF-Anweisung

Die **if**-Anweisung existiert in mehreren Varianten:

    if (*ausdruck*) *kommando*

Bei dieser Form müssen alle Teile in einer eventuell mit \ verlängerten Zeile stehen. Das Kommando wird nur ausgeführt, wenn der Ausdruck den Wert *wahr* (**0**) liefert.

    if (*ausdruck*) **then**
        kommando_folge
    endif

Hierbei dürfen zwischen **then** und **endif** mehrere Kommandos oder Kommandozeilen stehen. **then** muß am Ende der **if**-Zeile stehen; **if** und **endif** müssen als erste Zeichen auf einer Zeile stehen!

    if (*ausdruck*) **then**
        kommando_folge_1
    else
        kommando_folge_2
    endif

Diese einfache Verzweigung in einen **if**-Zweig und einen **else**-Zweig kann noch durch beliebig viele **else if** –Ausdrücke in der folgenden Form erweitert werden:

    if (*ausdruck*) **then**
        kommando_folge_1
    else if (*ausdruck2*) **then**
        kommando_folge_2
    else
        kommando_folge_3
    endif

In allen Fällen wird der Ausdruck ausgewertet (d.h. die dort stehenden Kommandos oder Vergleiche durchgeführt). Ist das Ergebnis *wahr* (Wert=0), so wird das nachfolgende Kommando oder die dem **then** folgende Kommandofolge ausgeführt. Im anderen Fall wird entweder ein weiterer Test bei **else if** durchgeführt oder der **else**-Zweig durchlaufen.

Die FOREACH-Schleife

Die Syntax dieser Anweisung sieht wie folgt aus:

        foreach *variable* (*argumente*)
            kommando_folge
        end

Die **foreach**-Schleife der **csh** entspricht der **for**-Anweisung der **sh**. Dabei wird für jedes, der in *argumente* angegebenen Elemente, die Schleife *kommando_folge* einmal durchlaufen, wobei die Variable *variable* nacheinander die Werte in der Liste *argu-*

mente annimmt. Die Argumentliste *argumente* kann dynamisch von der C-Shell (durch Metazeichen wie *, ?, [...]) generiert werden.

Bei den Schleifenkonstruktionen **foreach** und **while** kann mit **break** die Kommandoschleife verlassen werden. **continue** erlaubt, an das Ende der Schleife zu springen.

Die WHILE-Schleife

Die Syntax der **while**-Schleife lautet:

> **while** (*ausdruck*)
>   *kommando_folge*
> **end**

Die Konstruktion entspricht der **while**-Schleife der **sh**. Die Kommandos in *ausdruck* oder der dort stehende Vergleich wird ausgeführt. Ist das Ergebnis **0**, so werden die Anweisungen in *kommando_folge* ausgeführt und der Zyklus beginnt von vorne. Dies geschieht solange, bis *ausdruck* einen von **0** verschiedenen Wert liefert.

Die REPEAT-Anweisung

Die **repeat**-Konstruktion ermöglicht auf einfache Weise die wiederholte Ausführung eines unveränderten Kommandos. Sie sieht wie folgt aus:

> **repeat** *n anweisung*

Hierbei wird das Kommando in *anweisung n* mal ausgeführt. *anweisung* kann nur ein einfaches Kommando sein; weder eine Pipe noch eine Kommandoliste sind an dieser Stelle zulässig.

Fallunterscheidung mit SWITCH

Die **switch**-Anweisung der **csh** hat folgenden Aufbau:

> **switch** (*text*)
>   **case** *muster_1*: *kommando_folge* { ; **breaksw** }
>   ⋮
>   **case** *muster_n*: *kommando_folge* { ; **breaksw** }
>   **default**: *kommando_folge*
> **endsw**

Hierbei wird *text* (in der Regel der Inhalt einer Shellvariablen) mit den verschiedenen Mustern (*muster_1* ... *muster_n*) verglichen. Paßt *text* auf ein Muster, so wird die dahinter stehende Kommandofolge ausgeführt. Wie bei C und im Gegensatz zur **case**-Anweisung der **sh**, wird dann der Vergleich beim nächsten Muster fortgesetzt, es sei denn, der Vergleich wird explizit durch die **breaksw**-Anweisung abgebrochen. Mit **default** kann eine Anweisungssequenz angegeben werden, die ausgeführt wird, wenn keines der Muster zutrifft.

Die Sprunganweisung GOTO

Die Anweisung

> goto *marke*

erlaubt einen expliziten Sprung zu der angegebenen Marke. Diese Marke wird wie in C geschrieben:

> *marke*:

Unterbrechungen mit ONINTR

Die **csh** erlaubt mit der **onintr** eine Konstruktion ähnlich der **trap**-Anweisung der Standard-Shell. Mit

> **onintr** *marke*

kann eine Marke angegeben werden, die dann angesprungen wird, wenn ein <unterbrechung>-Signal (z.B. durch die Taste <unterbrechung>) an die Shell gesendet wird. Durch »**onintr** –« werden alle Signale ignoriert. Steht **onintr** alleine, so wird die Behandlung der Signale auf den Standard zurückgesetzt.

7.2.10 Die internen Kommandos der csh

Die nachfolgend aufgeführten Kommandos sind **csh**-interne Kommandos. Zu ihrer Ausführung braucht deshalb kein zusätzlicher UNIX-Prozeß gestartet zu werden. Zu den internen Kommandos gehören darüber hinaus alle bereits aufgeführten Anweisungen zur Ablaufkontrolle.

alias {*kürzel*} {*kommando*}
    Hiermit werden *Aliaszuordnungen* neu definiert. Ist *kommando* nicht angegeben, so werden die bestehenden alias-Definitionen ausgegeben.

bg {*%auftrag*}
    Hierdurch wird das aktuelle bzw. angegebene Programm in den Hintergrund versetzt. Dort läuft es weiter. Normalerweise wird das Programm, das von der Ausführung im Vordergrund in den Hintergrund verlagert werden soll, zunächst mit <ctrl-z> angehalten.

cd {*katalog*}
    Der angegebene Katalog wird zum *aktuellen Katalog*. Um den Zielkatalog zu finden, wenn er weder im lokalen Verzeichnis liegt noch als absoluter Pfadname angegeben ist, wird die Verzeichnisliste in der Variablen *$cdpath* verwendet.

chdir	wie **cd**.
dirs	Katalognamen können mit einem **pushd**-Kommando in einer Katalogliste (*directory stack*) abgelegt und mit **popd** wieder daraus abgeholt werden. **dirs** gibt den Inhalt der Liste aus.
echo *parameter*	gibt die (expandierten) Argumente wieder aus. Mit der Option ›–n‹ kann die Ausgabe eines <neue zeile>-Zeichens am Ende der Zeile verhindert werden. Die aus der Bourne-Shell bekannten Formatier-Anweisungen stehen nicht zur Verfügung.
eval *parameter*	entspricht dem **eval** der Bourne-Shell.
exec *name*	Die ausführende Shell wird durch das Programm *name* ersetzt.
exit {*wert*}	Die Shell (Kommandoprozedur oder interaktiv) wird beendet und *wert* als Ergebnis geliefert.
fg {*%auftrag*}	Holt den letzten bzw. angegebenen Auftrag aus dem Hintergrund in den Vordergrund.
glob *parameter*	Metazeichen *, ? und [...] zur Dateinamens-Generierung werden expandiert und die erzeugten Namen ausgegeben. Arbeitet ansonsten wie **echo**, ohne jedoch \-Sequenzen zu behandeln.
history {*n*} **history** –r*n* **history** –h*n*	Gibt die im History-Speicher gesicherten Kommandos aus. Es werden die in **$history** angegebenen bzw. *n* letzten Kommandos gespeichert. Durch -h werden die Nummern nicht mit ausgegeben; durch -r wird die Reihenfolge der Liste umgekehrt, d.h. das letzte Kommando steht dann als erstes.
jobs {–l}	Die aktiven und mittels Prozesskontrollfunktionen (*job control*) in den Hintergrund verlagerten Aufträge werden aufgelistet. Mit –l werden zusätzlich auch die Prozeßnummern angezeigt.
kill {*–signal*} {*%auftrag*} **kill** {*–signal*} {*pid*}	Das **kill**-Kommando bricht einen Prozeß mit der angegebenen Signalnummer bzw. dem **TERM**-Signal ab. Statt *%auftrag* kann auch die Prozeßnummer (PID) angegeben werden. Die Anweisung »**kill** –l« gibt die symbolischen Namen aller Signale aus.
limit {*resource*} {*größe*}	Das **limit**-Kommando erlaubt die Angabe von Maximalwerten, die ein Prozeß und alle seine Sohnprozesse von einem Betriebsmittel in Anspruch nehmen darf. Ohne den Parameter *größe* aufgerufen, werden die aktuellen Grenzen ausgegeben. Es können Beschränkungen für folgende Betriebsmittel vorgegeben werden: **cputime** maximaler Verbrauch an CPU-Sekunden **filesize** maximale Dateigröße in Blöcken zu 1 KByte

	datasize maximale Größe des Stacksegmentes + Datensegmentes eines Programms in KByte
	stacksize maximale Größe des Stacksegmentes eines Programms in KByte
	coredumpsize maximale Größe eines Speicherabzugs in KBytes.
login {*benutzer*}	führt ein **login** für den angegebenen (oder gleichen) Benutzer durch und beendet gleichzeitig die Sitzung des aktuellen Benutzers.
logout	beendet eine Sitzung, bzw. terminiert die aktuelle Shell.
nice ...	ändert die Ausführungspriorität eines angegebenen Prozesses. Entspricht dem **nice**-Kommando der **sh**.
nohup ...	schützt das angegebene Programm vor Beendigung, wenn das aufrufende Programm bzw. die aufrufende Shell beendet wird. Entspricht dem **nohup**-Kommando der **sh**.
notify {%*auftrag*}	Hierdurch wird der Benutzer bei einer Statusänderung eines Programms (des angegebenen Auftrags) sofort informiert, ohne daß das nächste Promptzeichen abgewartet wird.
popd {+*n*}	Das oberste Element einer Katalogliste (*directory stack*) wird zum aktuellen Katalog und die Liste verkleinert. Es können auch *n* Elemente übersprungen werden.
pushd {*name*} **pushd** {+*n*}	
	Hiermit wird der aktuelle Katalog an die Katalogliste angehängt und ein »**cd** *name*« ausgeführt. Ohne Parameter aufgerufen, wird der aktuelle Katalog mit dem des obersten Kellerelementes ausgetauscht. In der Form mit +**n** wird das *n*-te Argument zum obersten Kellerelement. Die Kommandos **pushd** und **pupd** ermöglichen ein sehr einfaches und schnelles Arbeiten mit mehreren Katalogen und Springen zwischen diesen Katalogen.
rehash	Die **csh** merkt sich die Kataloginhalte der in **$path** angegebenen Kataloge intern. Wird ein neues Programm in eines der Verzeichnisse im Suchpfad eingehängt, so wird dies erst gefunden, nachdem diese intern gespeicherte Liste mit **rehash** neu aufgebaut worden ist.
set {*a* = *b*}	Ohne Parameter aufgerufen, werden damit alle definierten Shellvariablen mit ihren Werten ausgegeben. In der Form »**set** *a* = *b*« wird die Shellvariable *a* neu definiert und ihr der Wert *b* zugewiesen. Die einzelnen Elemente können (im Gegensatz zur Zuweisung in der Bourne-Shell) durch Leerzeichen getrennt werden.

7.2 Die C-Shell – csh

setenv {*a b*}   arbeitet prinzipiell wie **set**, bezieht sich jedoch auf globale Shellvariablen, die damit auch gleichzeitig exportiert werden.

shift {*feld*}   ohne Parameter aufgerufen, werden damit die Positionsparameter $1, $2, ... bzw. die Werte in **$argv** um eine Position nach vorne verschoben. Ist *feld* angegeben, so werden die Elemente des Feldes um eine Position verschoben.

source {**–h**} *script*   Die Kommandos der Prozedur *script* werden statt der Tastatureingaben innerhalb der aktuellen Shell, d.h. nicht in einem als getrennten Prozeß laufenden Unterprogramm, ausgeführt. Nach Beendigung von *script* wird die Abarbeitung hinter der **source**-Anweisung fortgesetzt. Das source-Kommando entspricht dem Punkt-Kommando ». *script*« der Bourne-Shell.
Die Option **–h** setzt die Kommandos, ohne sie auszuführen, in den History-Speicher.
(Die entsprechende Datei mit einer Liste alter Kommandos kann durch das Kommando »**history –h**« erzeugt werden.)

stop {*%auftrag*}
stop {*pid*}   Hierdurch wird der aktuelle oder der angegebene Hintergrundprozeß mit der Prozeßnummer *pid* oder der Auftragsnummer *auftrag* angehalten.

suspend   hält die Shell in der Kommando-Abarbeitung an, bricht sie jedoch nicht ab.

time {*kommando*}   Das Kommando wird ausgeführt und dessen Ausführungszeit gemessen. Fehlt der Parameter *kommando*, so wird die verbrauchte Zeit der laufenden Shell ausgegeben.

umask {*wert*}   definiert eine Standardeinstellung für die Vergabe der Zugriffsrechte beim Anlegen neuer Dateien. Entspricht dem **umask**-Kommando der Bourne-Shell.

unalias *kommando*   Eine Aliasdefinition wird wieder gelöscht.

unhash   Das Hashverfahren für Kommandos (das Merken der Dateiposition) soll nicht mehr verwendet werden.

unlimit {*resource*}   hebt die Beschränkung aller Betriebsmittel (bzw. der angegebenen Ressource), wie sie durch das *limit*-Kommando vorgenommen wurde, wieder auf.

unset *variablen*   Die angegebenen Shellvariablen werden wieder freigegeben, d.h. ihre Definition aufgehoben. In *variablen* dürfen auch Metazeichen vorkommen. Das Kommando gilt dann für alle Variablen, deren Namen auf das Muster passen. Von dem Kommando »**unset ***« sei daher abgeraten, da es sämtliche Variablendefinitionen aufhebt.

unsetenv *variablen*	Der dem **unset**-Kommando entsprechende Befehl zu **setenv**. Die Definition der angegebenen Variablen wird aufgehoben.
wait	Es wird gewartet, bis alle Hintergrundprozesse terminiert sind.

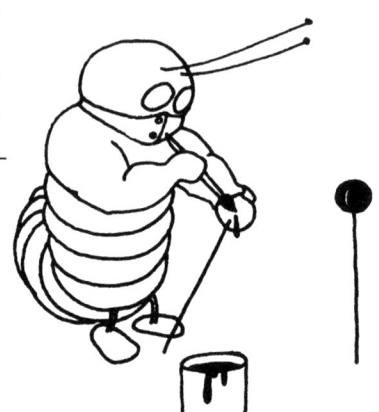

7.2.11 Ein-/Ausgabeumsteuerung der csh

Die **csh** erlaubt wie **sh** eine Umlenkung der Standardeingabe und Standardausgabe, bietet aber bei der Ausgabeumsteuerung einen Schutz gegen versehentliches Überschreiben bereits existierender Dateien. Dieser Schutz kann unterdrückt werden. Im Gegensatz zur Bourne-Shell bietet die C-Shell keine direkte Möglichkeit, den Fehlerausgabe-Kanal eines Kommandos umzuleiten

Die Umlenkungen der C-Shell erfolgen durch:

< *datei*	öffnet die Datei *name* und lenkt ihren Inhalt zur Standardeingabe des Kommandos.
<< *wort*	Als Eingabe eines Kommandos wird der ab der nächsten Zeile folgende Text gelesen, bis eine Zeile wieder mit *wort* beginnt. Dies entspricht dem *Here Document* der **sh**.
>! *datei* > *datei*	Die Standardausgabe wird in die angegebene Datei geschrieben. Dabei wird die Datei neu angelegt. Existiert sie bereits und ist die **csh**-Variable **$noclobber** nicht definiert, so wird die Länge von *datei* vor dem ersten Schreiben auf 0 gesetzt. Ist die Variable **$noclobber** gesetzt, so wird von **csh** eine Fehlermeldung ausgegeben, falls die Datei bereits existiert, und das Kommando abgebrochen. Die Form » ... >! *datei* « verhindert diese Prüfung.
>&! *datei* >& *datei*	Mit dieser Anweisung wird die Standardfehlerausgabe auf die gleiche Datei wie die Standardausgabe umgelenkt. In der Form »...>&! *name*« wird *datei*, sofern sie bereits existiert, vor dem ersten Schreiben auch dann auf die Länge 0 gesetzt, wenn **$noclobber** definiert ist.

7.2 Die C-Shell – csh

>>! *datei*
>> *datei*   Die Standardausgabe wird am Ende der angegebenen Datei angefügt. Existiert *datei* noch nicht und ist **$noclobber** definiert, so wird dies als Fehler gewertet. Die Form » ...>! *name*« unterdrückt diese Prüfung.

>>&! *datei*
>>& *datei*   Die Standardfehlerausgabe wird ebenso wie die Standardausgabe am Ende der angegebenen Datei angefügt. Existiert *datei* noch nicht und ist **$noclobber** definiert, so wird dies als Fehler gewertet.
Die Form » >! *name* « unterdrückt diese Prüfung.

Im Gegensatz zur **sh** wird die Eingabe eines unter der **csh** gestarteten Hintergrundprozesses nicht auf */dev/null* umgeleitet, sondern der Prozeß wird, sobald er von der Dialogstation lesen will, blockiert und der Benutzer darüber informiert. Er kann dann den Prozeß mit **fg** in den Vordergrund holen.

Die Standardfehlerausgabe kann zusammen mit der Standardausgabe auch in eine Pipe umgelenkt werden mit der Form » ... |& ...«.

7.2.12 Anmerkungen zur csh

Die C-Shell verfügt im Vergleich zur Bourne-Shell über eine höhere Funktionalität in der interaktiven Bedienung. Hierzu zählen vor allem die Wiederholbarkeit zurückliegender Kommandos (*command history* mit dem Zeichen ›!‹), die Vorhaltung einer Verzeichnisliste mit einfachen Möglichkeiten zum Springen zwischen diesen Verzeichnissen (**pushd** und **popd**) und die automatische Vervollständigung von Dateinamen innerhalb der Kommandozeile (*file name completion*, über <esc> oder <ctrl-d>, falls **$filec** gesetzt ist (siehe Seite 468).

Für Shell-Programmierung (Kommandoprozeduren) wird die C-Shell jedoch nur höchst selten eingesetzt. Die Gründe dafür liegen darin, daß im Verlauf der UNIX-Geschichte lange Zeit nicht mit Sicherheit vom Vorhandensein der C-Shell auf einem Ziel-System ausgegangen werden konnte und auch in der Fehlerhaftigkeit und Unberechenbarkeit der Implementierungen der C-Shell[1] auf vielen Systemen.

Arbeiten mit unterschiedlichen Shells

Dieser Umstand führte zu der unbefriedigenden Situation, daß sehr häufig für die interaktive Arbeit die C-Shell eingesetzt wird, für die Shell-Programmierung und Erstellung von Kommandoprozeduren jedoch die Bourne-Shell. [2]

Dabei muß sicher gestellt werden, daß Kommandoprozeduren auch tatsächlich von der Shell ausgeführt werden, in deren Syntax sie geschrieben sind. Dies kann man erreichen, indem man am Anfang der Kommandoprozedur definiert, von wel-

---

1. Eine deutliche Verbesserung und Behebung der Fehler der **csh** stellt die **tcsh** dar, die zwar allgemein verfügbar, jedoch nicht im Standard-Lieferumfang von UNIX-Systemen enthalten ist.
2. Bester Ausweg aus dieser Situation ist die Verwendung der Korn-Shell.

cher Shell (genauer: von welchem Kommandointerpreter) sie abgearbeitet werden soll.

Eine derartige Festlegung ist durch die Zeichen ›#!‹ als erste Zeichen einer Datei (Kommandoprozedur) möglich. Findet das UNIX-System (der Betriebssystemkern) beim Laden einer Datei zur Ausführung diese Zeichenkombination als erste Zeichen der Datei (als *magic number*), so übergibt es dem in der gleichen Zeile unmittelbar anschließend angegebenen Programm die Abarbeitung aller folgenden Zeilen der Datei.

✎ #!/bin/csh
→ beginnt eine Kommandodatei mit dieser Zeile, so wird sie sicher von der C-Shell abgearbeitet.

Dieser Mechanismus ist natürlich nicht auf die C-Shell beschränkt, sondern für alle Kommandointerpreter, die das UNIX-System anbietet (**awk**, **sed**, ...), verfügbar.

Pfadname im Prompt

Die C-Shell bietet im Gegensatz zur Bourne-Shell[1] eine einfache Möglichkeit, das jeweils aktuelle Verzeichnis im Prompt auszugeben. Dies kann durch folgende Alias-Definition des cd-Kommandos erreicht werden:

✎ alias **defpr** 'set prompt="${cwd}% " '   # Definition des Alias *defpr*
  defpr   # erste Definition des Prompts
  alias **cd** 'chdir \!* && defpr'   # Umdefinieren von cd
  → Wird danach das **cd**-Kommando benutzt, so wird mit ›**chdir !*** ‹ zunächst das Verzeichnis gewechselt und anschließend die Alias-Definition *defpr* zur dynamischen Definition des Prompt ausgeführt.

Diese Definition wird am günstigsten in der Anlaufdatei *.cshrc* eingetragen.

Prüfung auf interaktive C-Shell

Die Initialisierungsdatei *.cshrc* wird von jeder C-Shell abgearbeitet – also auch von C-Shells, die für die Ausführung von Kommandoprozeduren gestartet werden. Man sollte deshalb bei der Erstellung dieser Datei darauf achten, daß bestimmte Teile (etwa die Ausgabe von Meldungen oder die Definition eines Bereitschaftszeichens) nur dann abgearbeitet werden, wenn die C-Shell tatsächlich bildschirmorientiert, d.h. interaktiv, arbeitet. Das Schema dazu zeigt das nachfolgende Beispiel:

✎ if ($?prompt) then
     Kommandos im Falle einer interaktiven C-Shell
  endif
  → Für diese Prüfung macht man sich zunutze, daß die C-Shell die Variable **$prompt** nur dann automatisch definiert, wenn die C-Shell interaktiv genutzt wird. Gebunden an die Existenz dieser Variablen können dann Kommandos ausgeführt werden, die nur in einer interaktiven C-Shell sinnvoll sind.

---

1. Möglich ist dies auch in der Bourne-Shell, jedoch nicht gekoppelt an das **cd**-Kommando.

7.3 Die Korn-Shell – ksh

Die Korn-Shell ist benannt nach David Korn, der diesen Kommandointerpreter in den 80er-Jahren bei AT&T mit der Absicht entwickelte, die Vorteile von Bourne-Shell und C-Shell zu vereinen. Seit V.4 ist die Korn-Shell im Standard-Lieferumfang des UNIX-Systems enthalten.

Die Korn-Shell ist kompatibel zu der am weitesten verbreiteten Bourne-Shell und kann Shellprozeduren der Bourne-Shell ausführen. Alles, was für die Bourne-Shell gilt, gilt auch für die Korn-Shell. Sie bietet der Bourne-Shell gegenüber jedoch in vielen Punkten deutliche Verbesserungen und Erweiterungen.

Besonderheiten der Korn-Shell

Die Korn-Shell hebt sich in folgenden Punkten über die Funktionen der Bourne-Shell hinausgehend ab:

- Liste alter Kommandos mit Wiederholmöglichkeit (*history*)
- Umfangreiche Einstellmöglichkeiten über Optionen und Variablen
- Automatische Namenserweiterung der Kommandozeile (*file name completion*)
- Editiermöglichkeit der aktuellen oder alter Kommandozeilen mit den Editoren **vi** oder **emacs**
- Bedienung mehrerer Programme von einem Bildschirm aus durch wechselweises Verlagern in den Vorder- oder Hindergrund (*job control*)
- Definition von Kurzformen für häufig benutzte und lange Kommandos (**alias**)
- Eine ganze Reihe weiterer Verbesserungen gegenüber der Bourne-Shell

Aufgrund ihrer Kompatibilität zur Bourne-Shell merkt auch ein geübter Bourne-Shell-Anwender nicht sofort, ob er auf einer Bourne-Shell oder einer C-Shell arbeitet. Um dies eindeutig feststellen zu können, probiert man am besten einige typische Korn-Shell-Merkmale aus, wie sie auf den folgenden Seiten beschrieben sind.

➜ Ruft man »echo $RANDOM $RANDOM« auf und erhält zwei unterschiedliche Werte zurück, so ist dies ein sicheres Zeichen, daß man mit einer Korn-Shell arbeitet. Hilfreich kann es auch sein, unmittelbar nach dem Login die Variable $0 auszugeben, die den Namen des aktuell laufenden Programms enthalten sollte. Die Ausgabe der Variablen $SHELL taugt hierzu hingegen nur bedingt, da sie durch den Benutzer einfach umdefiniert werden kann.

Die nachfolgende Beschreibung der Korn-Shell baut auf dem Kapitel zur Bourne-Shell auf und ist als Ergänzung zu betrachten.

7.3.1 Erweiterte Kommandos

In der Korn-Shell – dem Programm **/bin/ksh** – sind eine Reihe von Kommandos und Prinzipien, die auch in der Bourne-Shell schon vorhanden waren, erweitert; einige neue Kommando kommen hinzu. Die wichtigsten werden im folgenden vorgestellt:

alias ...   das **alias**-Kommando – ähnlich dem der **csh** (s. Abschnitt 7.3.2)

bg *pid*   reaktiviert einen angehaltenen Prozeß oder Job und läßt ihn als Hintergrundprozeß weiterlaufen (s. Abschnitt 7.3.3).

cd {*katalog*}   Das **cd**-Kommando wurde in **ksh** erweitert. Es merkt sich jeweils den letzten *aktuellen Katalog*. Mit »**cd** –« kann zu diesem zurückgekehrt werden.

fc {–e *editor*} {*optionen*} {*anfang*} {*ende*}
   Das fc-Kommando ist das wichtigste Kommando für alle Operationen zur Wiederholung und Veränderung alter Kommandozeilen. Es zeigt (mit der Option **–l**) zurückliegende Kommandos aus der $HISTFILE-Datei an, erlaubt sie zu editieren oder führt sie (ggf. modifiziert) erneut aus. *anfang* und *ende* geben den Bereich aus der Liste alter Kommandos an, auf den sich **fc** bezieht.
   Folgende Optionen sind möglich:
   –n   Die Kommandos werden ohne Kommandonummer angezeigt.
   –l   Zeigt einen $HISTSIZE langen oder in *anfang* und *ende* angegebenen Auszug aus der Liste alter Kommandos an ($HISTFILE). Automatischer Alias auf »**history**«.
   –r   kehrt die Ausgabe-Reihenfolge der Kommandoliste um.
   Siehe hierzu auch Abschnitt 7.3.8 und Abschnitt 7.3.10.

fc –e – {*alt=neu*} {*kommando*}
   führt das zurückliegende Kommando nochmals aus, wobei *kommando* eine Kommandonummer oder der textuelle Anfang eines zurückliegenden Kommandos sein kann. Mit ›*alt=neu*‹ wird ein darin vorkommender alter Parameter durch *neu* ersetzt.
   Das **fc**-Kommando wird kaum in dieser Form verwendet, sondern meist in der Form des Alias-Kommandos »**r**«.

fg *pid*   holt ein im Hintergrund laufendes Kommando in den Vordergrund oder reaktiviert einen angehaltenen Prozeß im Vordergrund (s. Abschnitt 7.3.3).

function *name*
{
  kmd_folge
}
   löst die Funktionsdefinition der Bourne-Shell ab. Innerhalb des Funktionsrumpfes können mit **typeset** lokale Variablen definiert werden. Eine Funktion kann mir »**unset –f** *name*« wieder aufgehoben werden.

7.3 Die Korn-Shell – ksh

jobs {-lp} {*job*...} gibt die Liste aller aktuell laufenden Programme des Anwenders mit deren Status aus (s. Abschnitt 7.3.3) bzw. nur den Status der aufgeführten Jobs. Mit **–p** wird nur die Jobnummer ausgegeben, mit **–l** wird zusätzlich zur Jobnummer auch die Prozeßnummer ausgegeben.

kill {*–sig*} %*job*
kill {*–sig*} *pid* Das **kill**-Kommando der **ksh** erlaubt statt der Signalnummer auch den symbolischen Namen des Signals anzugeben und statt der Prozeßnummer auch die mit **%** markierte Jobnummer (z.B. »kill –HUP %5«).

kill –l listet die möglichen Signalnamen auf.

let ... wertet arithmetische Ausdrücke aus (s. Seite 494).

print ... stellt eine erweiterte Form des **echo**-Kommandos dar (Seite 488).

read {*optionen*} {*name?prompt*} {*name1*...}
 stellt eine erweiterte Form des **read**-Kommandos dar. Es liest Eingabe von der Standardeingabe und weist die einzelnen Felder den angegebenen Variablen (*name, name1, ...*) zu. Optional kann zuvor der angegebene Prompt auf die Standardausgabe ausgegeben werden.
 Folgende Optionen sind möglich:
 –p liest die Eingabe vom Koprozeß (s. Abschnitt 7.3.7).
 –r ein \ am Ende der Eingabezeile wird **nicht** als Zeichen für eine Fortsetzungszeile betrachtet.
 –s sichert eine Kopie der Eingabezeile in der **history**-Datei.
 –u*n* Es wird vom Dateideskriptor *n* gelesen, statt von der Standardeingabe (bzw. Dateideskriptor 0).

set ... Setzen von Einstellungen für die Korn-Shell. Gestattet wesentlich mehr Optionen, als es die Bourne-Shell zuläßt (siehe hierzu Abschnitt 7.3.11).

typeset ... gestattet bei der Definition einer Shellvariablen deren Typ festzulegen (s. Seite 489).

unalias *name* gestattet die **alias**-Definition von **name** wieder aufzuheben.

7.3.2 Alias

Die Korn-Shell hat, ähnlich wie die C-Shell, einen Alias-Mechanismus, der es erlaubt, längere und häufig benutzte Kommandos mit Kurzformen zu belegen.

Alias-Definitionen werden normalerweise in der Anlaufdatei eines Benutzers oder interaktiv auf der Kommandozeile definiert mit:

    alias *name = wert*

Das **alias**-Kommando kennt die Optionen **−t** und **−x** mit folgender Bedeutung:

−t   Die Definition wird als *tracked alias* behandelt, was mit *Alias-Speicher* bezeichnet werden könnte. Dabei wird ein Programm bei seinem ersten Aufruf komplett mit seinem Pfad in der internen Liste der definierten Aliase hinterlegt. Es braucht dann bei einem erneuten Aufruf nicht wieder zeitaufwendig im Pfad gesucht werden, sondern steht sofort zur Verfügung. Die Option entspricht damit dem **hash**-Kommando der Bourne-Shell; in der Korn-Shell existiert das Kommando **hash** als vordefinierter Alias auf das Kommando **alias −t**.

−x   Der mit dieser Option definierte Alias wird exportiert und steht damit auch in Kommandoprozeduren zur Verfügung.

Eine ganze Reihe von häufigen Korn-Shell-Kommandos geht auf vordefinierte und fest eingebaute Aliase zurück. Vordefinierte Aliase der Korn-Shell sind:

alias:	Inhalt:	Bedeutung:
autoload	typeset −fu	setzt eine Shell-Funktion auf *undefiniert*; es ermöglicht damit, daß sie bei einem Aufruf aus einer Datei geladen wird.
functions	typeset −f	gibt alle definierten Funktionen aus.
hash	alias −t −	listet alle zu einem Programm bekannten Aliase mit vollem Pfadnamen auf.
history	fc −l	gibt eine Liste der alten Kommandos aus.
integer	typeset −i	definiert eine Variable als Integer-Zahl.
nohup	nohup	startet ein Programm, das auch dann weiterläuft, wenn der aufrufende Prozeß beendet wird.
r	fc −e −	führt das letzte oder das angegebene Kommando nochmals aus.
stop	kill −STOP	hält (stoppt) einen Prozeß an.
suspend	kill −STOP $$	hält (stoppt) den aktuellen Prozeß an.
type	whence -v	gibt aus, wie ein als Argument angegebenes Kommando gefunden und aufgerufen wird. Möglich sind u.a.: Programmdatei mit Pfadnamen, eingebautes Kommando, Alias, Funktion.

7.3 Die Korn-Shell – ksh

Diese alias-Definitionen dürfen wiederum in weiteren Alias-Definitionen verwendet werden. Definiert man z.B. »alias h=history«, so reicht die Eingabe von **h** an Stelle von **history** oder »**fc −l**«, um die Liste alter Kommandos anzuzeigen.

Der Inhalt einer alias-Definition wird direkt – textuell – auf der Kommandozeile anstelle des Alias eingesetzt! Dies bedeutet, daß es nicht nötig ist, einem Alias Parameter zu übergeben, da der Ersatzausdruck die Werte direkt von der Kommandozeile bekommt.

Eine Alias-Definition muß nicht unbedingt abgeschlossene Kommandos enthalten, sondern kann auch nur eine Teilqualifikation umfassen. Eine Ersetzung findet jedoch nur an einer Kommandoposition statt – normalerweise das erste Wort einer Kommandozeile.

alias (ggf. mit den Optionen **−t** und **−x**), ohne weitere Parameter aufgerufen, gibt alle aktuell definierten Alias-Definitionen aus. »**unalias** *name*« hebt die Definition des Aliases *name* wieder auf.

✎   alias ll="ls −alF"
    → definiert das Alias-Kommando *ll*. Damit erfolgt die Ausgabe aller Dateien und Verzeichnisse im aktuellen oder einem als Option angegeben Verzeichnis mit den **ls**-Optionen **−a**, **−l** und **−F**.

✎   alias zeit="date \"+Es ist jetzt %H Uhr und %M Minuten\" "
    → definiert das Alias-Kommando *zeit*, das beim Aufruf eine Ausgabe folgender Art erzeugt: »*Es ist jetzt 14 Uhr und 50 Minuten*«.

7.3.3 Die Job-Kontrolle des ksh

Die Kornshell gestattet Prozesse und Jobs viel umfassender als in der Bourne-Shell zu beeinflussen. So lassen sich während der Prozeßlaufzeit Prozesse mit dem **bg**-Kommando in den Hintergrund schicken (und laufen dann als Hintergrundprozeß weiter) oder im Hintergrund laufende Prozesse lassen sich mit dem **fg**-Kommando wieder in den Vordergrund holen.

➜ Die Job-Kontrolle der **ksh** ist jedoch nur wirksam, wenn die **monitor**-Option aktiviert ist – entweder durch die Option ›**–monitor**‹ beim Aufruf der **ksh** oder durch »**set –o monitor**« während der Sitzung. Nicht alle Systeme unterstützen jedoch die Job-Kontrolle der Korn-Shell. Die unterstützenden Systeme setzen in der Regel beim Start von **ksh** ›**–monitor**‹ implizit.

Die prozeßorientierten Kommandos (**wait**, **jobs**, **kill**, **fg**, **bg**) der **ksh** akzeptieren als Parameter entweder die mit **ps** ermittelbare Prozeßnummer (PID) oder die Jobnummer der **ksh**. Die *Jobnummer* ist jene Nummer, welche die **ksh** nach dem Start eines Kommandos in [...] ausgibt, oder die man über das Kommandos **jobs** abfragt.

Man kann sich in folgender Weise auf den Job beziehen:

%*n*	meint den Job mit der Nummer *n*.
%*xxx*	meint den Job, dessen Name mit xxx beginnt.
%?*xxx*	meint den Job, in dessen Name xxx vorkommt.
%+	meint den *aktuellen* (zuletzt gestarteten) Job.
%%	meint den *aktuellen* (zuletzt gestarteten) Job.
%–	meint den zuvor gestarteten Job.

Das Kommando **jobs** gibt die Liste der aktuell aktiven Jobs mit deren Status aus. Diese könnte etwa wie folgt aussehen:

```
jobs                                    Aufruf des Kommandos jobs
[3]  + Running         ls -R ... &     Job mit Nr. 3
[2]  - Stopped (signal) sicherung &    Job Nr 2 wurde angehalten
[1]  + Running         update &        Job läuft im Hintergrund
$
```

Im Vordergrund laufende Prozesse (oder Jobs) lassen sich auch mittels der <suspend>- bzw. <prozeß anhalten>-Taste[1] anhalten (stoppen) und später fortsetzen. Ein im Hintergrund laufender Prozeß oder Job wird durch »**kill –STOP** *pid*« angehalten.

Mit »**fg** *pid*« wird ein angehaltener Prozeß reaktiviert und läuft im Vordergrund weiter, während »**bg** *pid*« den angehaltenen Prozeß im Hintergrund weiterlaufen läßt. Ein im Hindergrund laufender Prozeß, der versucht von der Dialogstation zu lesen, wird automatisch angehalten und die **ksh** gibt eine entsprechende Meldung aus.

---
1. Dies ist zumeist die Tastenkombination <ctrl+z>.

7.3.4 Kommandoersetzung

In der Korn-Shell wurde gegenüber der Bourne-Shell eine neue, einfacher zu schreibende Kommandosubstitution eingeführt. Die Funktion der rechtsgerichteten Apostrophe `` `kommando` `` der Bourne-Shell – die Ersetzung durch die Ausgabe des dort stehenden Kommandos – wird bei der Korn-Shell durch **$(***kommando***)** abgelöst. Dabei wird zunächst *kommando* ausgeführt und dessen Ausgabe an der Stelle dieser Konstruktion eingesetzt.

✎ datum=$(date)
   → weist der Variablen *datum* das aktuelle Datum bzw. die Ausgabe des Kommandos **date** zu.

✎ nummer=$(< telefon)
   → weist der Variablen *nummer* den Inhalt der Datei *telefon* zu und entspricht damit »nummer=$(cat telefon)« bzw. »read nummer < telefon« oder alternativ »nummer=`cat telefon`« der Bourne-Shell.

Bedingungs-Ausdrücke

Für diverse Prüfungen von Dateizuständen oder für Vergleiche von Zahlen oder Zeichenketten steht in der Bourne-Shell nur das Kommando **test** zur Verfügung, meist in seiner alternativen Schreibweise [...] in Verbindung mit dem **if**- oder **while**-Konstrukt eingesetzt.

In der Korn-Shell wird dies ergänzt durch das Konstrukt »[[...]]«, das erweiterte Testmöglichkeiten bietet.

Das **test**-Kommando »[[...]]« der **ksh** kennt unter anderem folgende zusätzlichen Auswertungen:

[[*dat1* **-nt** *dat2*]]	liefert den Wert *wahr*, falls die Datei *dat1* **neuer** als die Datei *dat2* ist.
[[*dat1* **-ot** *dat2*]]	liefert den Wert *wahr*, falls die Datei *dat1* **älter** als die Datei *dat2* ist.
[[*dat1* **-ef** *dat2*]]	liefert den Wert *wahr*, falls die Datei *dat1* per **Link** mit der Datei *dat2* verknüpft ist, d.h. es also dieselbe Datei ist.
[[*zei_ke* = *muster*]]	liefert den Wert *wahr*, falls der reguläre Ausdruck *muster* auf die Zeichenkette *zei_ke* paßt
[[*zei_ke* != *muster*]]	liefert den Wert *wahr*, falls der reguläre Ausdruck *muster* **nicht** auf die Zeichenkette *zei_ke* paßt
[[*zei_ke1* < *zei_ke2*]] [[*zei_ke1* > *zei_ke2*]]	liefert den Wert *wahr*, falls die Zeichenkette *zei_ke1* in der alphabetischen Sortierung vor (nach) der Zeichenkette *zei_ke2* auftritt.

7.3.5 Ausgabe-Kommandos

Dem Kommando **echo** wurde das mächtigere Kommando **print** zur Seite gestellt, das u.a. die Arbeit mit unterschiedlichen Datei-Deskriptoren erleichtert und manuelle Einträge in der Liste alter Kommandos zuläßt. Es hat folgende Syntax:

    print   {*–optionen*{*n*}} {*parameter*}

Es produziert Ausgabe auf **stdout** oder den mit *n* angegebenen Dateideskriptor, wobei die Argumente nacheinander, jeweils durch ein Leerzeichen getrennt, ausgegeben und durch ein <neue Zeile>-Zeichen (<lf>) abgeschlossen werden. Dabei können folgende Formatanweisungen in der Parameterfolge vorkommen:

\a	gibt einen Warnton aus.
\b	gibt ein <backspace>- bzw. Rücksetz-Zeichen aus.
\c	das <neue Zeile>-Zeichen am Ende der Ausgabe wird unterdrückt.
\f	gibt ein <Seitenvorschub>-bzw. <formfeed>-Zeichen aus.
\n	steht für ein <neue Zeile>- bzw. <lf>-Zeichen.
\r	steht für ein <return>- bzw. <cr>-Zeichen.
\t	steht für ein <tab>- bzw. Tabulator-Zeichen.
\v	steht für ein <vtab>- bzw. <vertikaler Tabulator>-Zeichen.
\\	steht für das Zeichen \ selbst.
\0*xxx*	steht für das Zeichen mit dem ASCII-Code *xxx* (Oktalzahl).

Als Optionen sind möglich:

–	alle folgenden Textstücke werden als Parameter und nicht mehr als Optionen betrachtet, selbst wenn sie mit – beginnen.
–n	der Ausgabe soll keine <neue Zeile>-Zeichen folgen.
–p	steuert die Parameter zu dem Koprozeß um (siehe hierzu Abschnitt 7.3.7.).
–r	**ksh** ignoriert die oben beschriebenen Konventionen für die Druckformate.
–R	**ksh** ignoriert die oben beschriebenen Konventionen für die Druckformate. Nachfolgender Text wird als Parameter betrachtet – mit Ausnahme von **–n**.
–s	Die Parameter werden in die **history**-Datei geschrieben.
–u	Die ksh steuert die Parameter zum Dateideskriptor *n* um. Dies darf entweder 1, 2 oder ein mit **exec** geöffneter Dateideskriptor sein.

✎   exec 4> info
    print 4 Informationen \n zum UNIX-Buch \c
    → öffnet die Datei info als Ausgabedatei auf dem Dateideskriptor 4 und schreibt zwei Zeilen hinein: ›Informationen‹ und ›zum UNIX-Buch‹. Das standardmäßig folgende <neue Zeile> wird durch \c unterdrückt.

7.3.6 Variablen

Die Korn-Shell behandelt Shell-Variablen weitgehend wie die Bourne-Shell, gestattet aber neben Feldern auch, den Variablen mit **typeset** einen Typ zu geben, der ›numerisch‹ oder ›Zeichenkette‹ (*String*) sein kann.

Das **typeset**-Kommando halt folgende Syntax:

    typeset {*option*{*n*}}   {*name*{=*wert*}}

Hiermit wird die Variable *name* neu (oder erneut) definiert. Ist *n* angegeben, so wird ihr Inhalt auf *n* Zeichen oder Stellen beschränkt.

Wird **typeset** ohne Parameter aufgerufen, so gibt es ähnlich wie set alle aktuell definierten Variablen mit ihren Charakteristika aus. Wird beim Aufruf nur die Option angegeben, so werden alle Variablen aufgelistet, für die diese Option aktuell gilt.

Wird die Option mit – eingeleitet, so gilt sie als gesetzt, steht ein + davor, so gilt sie als negiert. Die meistgebrauchten Optionen sind:

- **–L**{*n*}   Die Variable soll links ausgerichtet und *n* Zeichen lang sein.
- **–LZ**{*n*}   Die Variable soll links ausgerichtet und *n* Zeichen lang sein. Führende Nullen werden entfernt
- **–R**{*n*}   Die Variable soll rechts ausgerichtet und *n* Zeichen lang sein.
- **–RZ**{*n*}   Die Variable soll rechts ausgerichtet und *n* Zeichen lang sein. Notfalls wird mit führenden Nullen aufgefüllt.
- **–Z**{*n*}   Die Variable soll *n* Zeichen lang sein und mit 0 aufgefüllt werden.
- **–r**   Die Variable soll nur lesbar (*readonly*) sein.
- **–x**   Die Variable soll automatisch exportiert werden.
- **–i**{*n*}   Die Variable soll vom Typ Integer und zur Basis *n* sein.
- **–l**   Der Variableninhalt soll nur aus Kleinbuchstaben bestehen.
- **–u**   Der Variableninhalt soll nur aus Großbuchstaben bestehen.

✎   typeset –irRZ5 num=123
    → definiert die Variable *num* mit einer Länge von 5 Stellen und vom Typ *numerisch*. Sie erhält den Anfangswert 123. Die Variable kann danach – wegen der Option **–r** nicht mehr verändert werden. Sie erhält die Zahl 123 und wird rechtsbündig und mit Nullen aufgefüllt gesetzt, als ›00123‹.

✎   typeset –uL8 antwort
    → definiert die Variable *antwort* mit einer Länge von 8 Zeichen. Bei jeder Wertzuweisung werden automatisch alle Zeichen in Kleinbuchstaben gewandelt und linksbündig auf 6 Zeichen beschnitten – bzw. eventuell mit entsprechenden Leerzeichen aufgefüllt.

Vordefinierte Variablen und Umgebungsvariablen

Bei der Arbeit mit der Korn-Shell sind eine Vielzahl von Variablen von Bedeutung, die zum Teil von der Korn-Shell selbst gesetzt werden und bestimmte Zustände anzeigen, die zum größeren Teil aber von außen (vom Benutzer) gesetzt werden können und das Verhalten der Korn-Shell beeinflussen.

Variablen, die von der Korn-Shell gesetzt werden, sind:

Variable:	Bedeutung:	
$#	Anzahl der Positionsparameter (übergebene Argumente)	
$-	aktuell gesetzte Optionen der Korn-Shell	
$?	der Fehlercode (Exitstatus) des letzten Kommandos	
$$	aktuelle Prozeßnummer	
$_	ist eine temporäre Mehrzweck-Variable. Sie enthält	
	nach dem Aufruf der **ksh**:	den vollständigen Pfad der Shell,
	normalerweise:	letztes Argument des vorangegangenen Kommandos,
	bei Mail-Meldung:	den Namen der Mail-Datei.
$!	Prozeßnummer des letzten Hintergrund-Kommandos	
$ERRNO	Fehlercode des letzten fehlerhaften Systemaufrufs	
$LINENO	aktuelle Zeilennummer in einer Kommandoprozedur	
$OLDPWD	zuletzt benutzter Arbeitskatalog vor einem **cd**-Kommando	
$OPTARG	Wert der letzten Option eines mit **getopt** analysierten Kommandos	
$OPTIND	Index der letzten Option eines mit **getopt** analysierten Kommandos	
$PPID	Prozeßnummer des übergeordneten (aufrufenden) Prozesses	
$PWD	aktueller Arbeitskatalog (wird durch **cd** gesetzt)	
$RANDOM	Ausgeben einer Zufallszahl zwischen 0 und 32767	
$REPLY	wird durch Benutzereingabe nach **read** oder **select** belegt	
$SECONDS	Sekunden seit Start der Shell. Wird der Variablen ein Wert zugewiesen, so läuft die Sekundenzählung ab diesem Wert.	

Folgende Variablen werden zusätzlich von der Korn-Shell ausgewertet und genutzt:

Variable:	Bedeutung:
$CDPATH	Directory-Suchpfad für das **cd**-Kommando
$COLUMNS	Breite des editierbaren Ausschnittes/Arbeitsfensters der Kommandozeile
EDITOR	Editiermodus für die Kommandozeile, wenn VISUAL nicht gesetzt ist

Variable:	Bedeutung:
$ENV	Pfadname einer Datei, die beim Start einer Korn-Shell ausgeführt werden soll (meist *$HOME/.kshrc*)
$FCEDIT	Editor, mit dem die Datei, in der die alten Kommandos aufgelistet sind (definiert durch $HISTFILE), editiert werden kann
$FPATH	Suchpfad für Funktionsdefinitionen, die in einer Datei abgelegt sind
$IFS	Worttrennzeichen auf der Kommandozeile (normalerweise Leerzeichen, Tabulator und Neue Zeile)
$HISTFILE	Pfadname einer Datei, in der die Korn-Shell die alten Kommandos auflistet. Standard: *$HOME/.sh_history*
$HISTSIZE	Anzahl der Kommandos, die über die Liste alter Kommandos zugänglich, wiederholbar und editierbar sind
$HOME	Login- und Heimatverzeichnis eines Benutzers, in das bei einem **cd**-Kommando (ohne Argumente) gesprungen wird
$LC_CTYPE	Definition zur Darstellung und Behandlung internationaler Sonderzeichen
$LINES	Darstellungslänge von Listen, die mit dem select-Kommando angezeigt werden sollen
$MAIL	Pfadname zu einer Datei, die auf neue Mail hin überprüft werden soll
$MAILCHECK	Zeitintervall zur Überprüfung, ob neue Mail angekommen ist. Überprüft wird die in $MAIL oder $MAILPATH angegebene Datei bzw. Dateien.
$MAILPATH	Änderung in den hier aufgeführten Dateien werden automatisch an den Benutzer gemeldet; normalerweise ist dies die Mail-Eingangsdatei. Mehrere Dateinamen (mit Pfadkomponente) können mit : getrennt angegeben werden. Ein Text, der bei Änderung einer Datei am Bildschirm ausgegeben werden soll, kann durch ein **?** unmittelbar hinter dem zu überwachenden Dateinamen angegeben werden. In diesem Ausgabetext wird die Variable $_ durch den überwachten Dateinamen ersetzt.
$PATH$	Suchpfad bzw. Liste von Katalogen, in denen nach Programmdateien beim Aufruf eines Kommandos gesucht wird. Die Liste muß volle Pfadnamen enthalten, die syntaktisch durch : getrennt sind.
$PS1	Bereitschaftszeichen (Prompt) der Korn-Shell für eine Eingabe-Aufforderung. Standard: **$**.
$PS2	Zweites Bereitschaftszeichen; wird immer dann ausgegeben, wenn die Korn-Shell ein Kommando als auf einer Zeile noch nicht abgeschlossen erkennt. Standard: **>**.

Variable:	Bedeutung:
$PS3	Eingabe-Aufforderung der **ksh** aus einem bei der Auswahlmöglichkeit aus einem **select**-Kommando. Standard: **#?**.
$PS4	Bei eingeschalteter Ablaufverfolgung zur Fehlersuche in einer Kommandoprozedur (z.B. mit »set -x«) wird der Inhalt dieser Variablen am Zeilenanfang ausgegeben. Standard: **+**. Bei der Ausgabe erfolgt eine Variablenersetzung, daher kann z.B. die Variable $LINENO zur automatischen Angabe der aktuell bearbeiteten Zeile verwendet werden.
$SHELL	Pfadname der aktuell benutzten Korn-Shell bzw. des Kommandointerpreters, der aus anderen Programmen heraus aufgerufen werden soll.
$TMOUT	definiert die Zeit, welche die Korn-Shell wartet, bis sie sich automatisch selbst beendet, sofern kein Kommando eingegeben wird. Der Wert **0** impliziert, daß keine automatische Terminierung erfolgt.
$VISUAL	Editiermodus der Korn-Shell für Kommandozeile; überschreibt $EDITOR. Möglich sind **vi** oder **emacs**.

Auswertung von Variablen

Wie auch bei der Bourne-Shell ermöglicht die Klammerung mit {...} erweiterte Arten von Variablenauswertungen. Die Anweisungen sind:

${*name*}	wie Bourne-Shell: Klammern als Begrenzer; gleichbedeutend mit *$name*, jedoch mit der Möglichkeit, unmittelbar anschließende Zeichen abzugrenzen und Metazeichen im Variablennamen zu verwenden.
${*name*:−*wort*}	wie Bourne-Shell: Ist die Shellvariable *name* definiert, so wird ihr Wert eingesetzt, andernfalls wird *wort* verwendet.
${*name*:=*wort*}	wie Bourne-Shell: Falls die Variable *name* noch keinen Wert besitzt, so wird ihr der Wert *wort* zugewiesen. Danach wird der Ausdruck durch den Wert von *name* ersetzt. Positionsparametern darf auf diese Weise kein neuer Wert zugewiesen werden!
${*name*:?*wort*}	wie Bourne-Shell: Besitzt die Shellvariable *name* bereits einen Wert, so wird der Ausdruck durch diesen Wert ersetzt. Ist hingegen der Parameter undefiniert, so wird *wort* als Fehlermeldung ausgegeben und die Prozedur abgebrochen.
${*name*:+*wort*}	wie Bourne-Shell: Falls die Shellvariable *name* definiert ist, so wird *wort* für den Ausdruck eingesetzt, andernfalls wird die leere Zeichenkette eingesetzt.

7.3 Die Korn-Shell – ksh

${#*name*}
: Die Länge des Inhalts der Variable *name* wird eingesetzt. Handelt es sich bei *name* um die Zeichen * oder @, sollen also die Variablen $* oder $@ betrachtet werden, so wird die Anzahl der Positionsparameter (Argumente von der Kommandozeile) eingesetzt.

${#*feld*[*]}
: Die Anzahl der Argumente im Feld *feld* wird eingesetzt.
(Zu Feldvariablen siehe Seite 495.)

${*name*#*muster*}
${*name*##*muster*}
: Zeichenkettenmanipulation des Inhalts von *name*. In *muster* ist ein beliebiges Textmuster zulässig – auch mit Sonderzeichen. Dieses Textmuster wird dann vom **Anfang** der Zeichenkette in *name* entfernt und das Ergebnis eingesetzt.
Bei einem # wird der kleinste übereinstimmende Teil aus *name* entfernt, bei zwei ## wird der größte übereinstimmende Teil entfernt.

${*name*%*muster*}
${*name*%%*muster*}
: Zeichenkettenmanipulation des Inhalts von *name*. Wie oben (bei # und ##), jedoch wird die Übereinstimmung von *name* mit *muster* vom **Ende** der Zeichenkette in *name* her überprüft.

✎ Das folgende Beispiel zeigt eine einfache Zeichenkettensubstitution und entspricht dem **basename**-Beispiel von Seite 438);
$ N1="Solaris 2.3"
$ echo ${N1%3}4
Solaris 2.4
→ In der zweiten Zeile dieses Beispiels wird mit Hilfe der oben beschriebenen Konstruktion ›${*name*%*muster*}‹ und dem Muster ›3‹ die kleinste vom Ende aus übereinstimmende Zeichenkette vom Inhalt der Variablen N1 (das Zeichen ›3‹) entfernt und statt dessen eine ›4‹ angehängt. Das Resultat wird mit *echo* ausgegeben.

✎ PS1='.../${PWD##*/}> '
→ definiert die letzte Komponente des aktuellen Pfadnamens als neues Promptzeichen.
Der volle Pfad des Verzeichnisses ist in der Variablen *$PWD* enthalten. Von diesem, eventuell sehr langen Pfad, wird mit Hilfe der oben beschriebenen Konstruktion ›${*name*##*muster*}‹ und dem Muster ›*/‹ die vom Anfang aus betrachtet größte und mit einem ›/‹ endende Zeichenkette abgeschnitten.
Steht der Benutzer im Verzeichnis /*home*/*neuling*/*texte*/*fertig*, so erhält er als Bereitschaftszeichen ›*.../fertig>* ‹.

Arithmetische Ausdrücke

Arithmetische Ausdrücke dürfen in der **ksh** an folgenden Stellen vorkommen:
- als Index in einer Feldangabe,
- als Argumente in der **let**-Anweisung und in **((...))** an Stelle von **let**,
- als 2. Operand bei der Shift-Operation (**<<** und **>>**),
- als Operanden bei arithmetischen Vergleichen in **test**, **[...]**, oder **[[...]]**,
- als Grenzwert in der **ulimt**-Anweisung der **ksh**,
- auf der rechten Seite einer Wertzuweisung an eine Variable von Typ Integer.

Zahlen können auch in einer anderen Basis als 10 in der Form ›*zahl*#*basis*‹ angegeben werden (mit 2 ≤ *basis* ≤ 36; z.B. 12#8 entspricht 12_8 bzw. 10_{10}).

Bei der Auswertung von Ausdrücken gilt die übliche Vorrangregel (bzw. die Reihenfolge in der unten angegebenen Tabelle), die durch (...) geändert werden kann, wobei die Klammern eventuell zu maskieren sind.

let wertet ähnlich wie **expr** einen arithmetischen Ausdruck aus (und liefert als Ergebniswert den des zuletzt ausgewerteten Ausdruck).

In der **let**-Anweisung sind die folgenden Operatoren möglich:

−*a*	unäres Minus		
!*a*	Logische Negation	~*a*	Bitweise Negation
a1*a2	Multiplikation	*a1* / *a2*	Division
a1%*a2*	Modulofunktion		
a1−*a 2*	Subtraktion	*a1*+*a2*	Addition
a1<<*a2*	*a1* um *a2*-Bits nach links geschiftet	*a1*>>*a2*	*a1* um *a2*-Bits nach rechts geschiftet
a vop a 1	Vergleichsopertion mit *vop* aus: <, <=, ==, !=, >=, >		
a1&*a2*	Bitweises UND der Operatoren	*a1*^*a2*	Bitweises *exklusives* ODER der Operatoren
a1 | *a2*	Bitweises ODER der Operatoren	*name*=*a*	Zuweisung des Ausdrucks *a* an die Variable *name*
a1&&*a2*	Logisches UND. Ist der erste Ausdruck 0, wird der 2. nicht ausgewertet.	*a1* || *a2*	Logisches ODER. Ist der erste Ausdruck ≠ 0, wird der 2. nicht ausgewertet.
name=*a*	Zuweisung des Ausdrucks *a* an die Variable *name*		

Der Ergebniswert einer Vergleichsoperation ist **1**, falls der Vergleich zutrifft und sonst **0**.

Einige der Operatoren müssen maskiert werden (z.B. <, >, |).

Die **let**-Anweisung evaluiert jedes der (in sich ohne Leerzeichen geschriebenen) Argumente als arithmetischen Ausdruck.

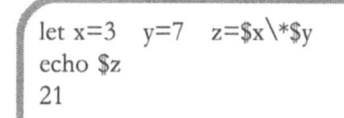

```
let x=3   y=7   z=$x\*$y
echo $z
21
```
x, y und z erhalten Werte
Ausgabe des Werts von z
Ergebnis

→ definiert die Variablen x, y und z und weist ihnen zugleich Werte zu. Das Multiplikationszeichen * muß hier maskiert werden, da es sonst von der **ksh** als Metazeichen interpretiert wird.

Für das **let**-Kommando existiert die semantisch identische Form »((...))«, die dazu beiträgt, die meist umständliche Maskierung von Sonderzeichen bei der Berechnung eines Ausdrucks zu vereinfachen. Allerdings darf in den Klammern nur 1 arithmetischer Ausdruck vorkommen! Das obige Beispiel sähe damit wie folgt aus:

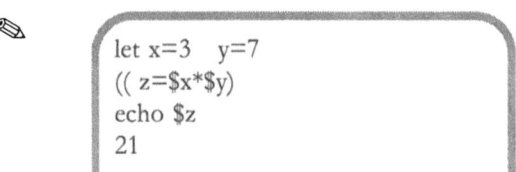

```
let x=3   y=7
(( z=$x*$y )
echo $z
21
```
x und y erhalten Werte
Berechnung von z
Ausgabe des Werts von z
Ergebnis

Felder – Arrays

Bei Variablen kennt die Korn-Shell eindimensionale Felder. Felder sind zu verstehen als Variablen, die nicht einen, sondern eine Reihe von Werten enthalten. Die einzelnen Werte können durch Angabe eines Index gezielt angesprochen (definiert oder ausgegeben) werden

Felder können definiert werden durch die Form:

> *feldname[index]* = *wert*

Sollen mehrere Einträge gleichzeitig erfolgen, ist folgende Form nötig, wobei das Feld immer mit dem Index 0 beginnt:

> **set –A** *feldname wert0 wert1 wert2* ...

Ausgegeben werden die einzelnen Einträge durch:

> ${*feldname[index]*}

Die Ausgabe des gesamten Inhalts der Feldvariablen geschieht mit:

> ${*feldname*[*]}

Das folgende Beispiel soll in einer kurzen Kommandofolge die Verwendung dieser Variablenfelder zeigen:

```
$ set -A TEAM Gabi Birgit Carmen        Definieren von TEAM
$ echo ${TEAM[0]}                       Ausgeben des ersten Eintrags
Gabi
$ echo ${TEAM[1]}                       Ausgeben des zweiten Eintrags
Birgit
$ echo $TEAM                            Ausgeben des ersten Eintrags
Gabi
$ echo ${TEAM[*]}                       Ausgeben aller Einträge
Gabi Birgit Carmen
$ echo ${#TEAM[*]}                      Anzahl der Einträge
3
echo ${#TEAM[2]}                        Länge des dritten Eintrags
6
```

→ durch ›set −A‹ wird das gesamte Feld *TEAM* definiert und mit den Werten *Gabi*, *Birgit* und *Carmen* belegt.

Durch die entsprechenden Indexwerte können die einzelnen Einträge in *TEAM* gezielt angesprochen werden, wobei zu beachten ist, daß der erste Eintrag den Indexwert 0 trägt. Dieser Eintrag wird auch angesprochen, wenn die Variable ohne einen Indexwert ausgegeben wird.

Durch den Indexwert ›*‹ wird das gesamte Feld ausgegeben, durch ein # als erstes Zeichen vor dem Feldnamen wird die Anzahl der Einträge in *TEAM* ausgegeben.

7.3.7 Koprozesse

Die Korn-Shell erlaubt, aus einem Shell-Skript heraus sogenannte *Koprozesse* aufzubauen. Dies ist ein zweiter im Hintergrund laufender Prozeß, dessen Standardeingabe und Standardausgabe per Pipe mit dem aufrufenden Skript verbunden ist.

Dies setzt man in der Regel bei Shell-Prozeduren ein, die ein anderes Programm bedienen sollen − etwa eine Datenbank oder ein anderes interaktives Programm, wobei die Bedienung jedoch über die alphanumerische Oberfläche und zeilenweise erfolgen muß. Hierbei wäre das Datenbankprogramm der Koprozeß und die **ksh**-Prozedur der bedienende Prozeß.

Syntaktisch wird der zweite (d.h. der Koprozeß) gestartet mittels

 kommando {*parameter*} |&

Die Ausgabe auf die Standardausgabe des Koprozesses kann nun im Skript mittels »**read −p** ...« gelesen und das Skript kann mit »**print −p** ...« auf die Standardeingabe des Koprozesses schreiben.

7.3.8 Editieren der Kommandozeile

Die Korn-Shell ermöglicht, aktuelle und alte Kommandozeilen innerhalb der Kommandozeile zu editieren. Dafür stehen alle (sinnvollen) Kommandos der Editoren **vi** oder **emacs** zur Verfügung. Diese Editiermodi können wir folgt eingeschaltet werden:

- mit dem Kommando »**set –o vi**« oder »**set –o emacs**« an der Kommandozeile oder (besser) in einer Anlaufdatei der Korn-Shell (*.profile* oder Dateiname aus der Variablen **$ENV**)
- durch Belegen der Variablen **$VISUAL** mit dem Wert ›vi‹ oder ›emacs‹ in einer Anlaufdatei der Korn-Shell (*/etc/profile*, *.profile* oder **$ENV**)
- mit der Option ›**–o vi**‹ beim Aufruf der Korn-Shell.

Ist der Editiermodus auf diese Weise festgelegt, so kann eine Kommandozeile mit allen Kommandos dieses Editors bearbeitet werden.

Wurde der **vi**-Modus gewählt (durch »**set –o vi**«), so wird nun durch Drücken der (esc)-Taste der Kommandomodus dieses Editors für die aktuelle Kommandozeile aktiviert. Dabei bleibt zunächst die Positionierung auf die Kommandozeile erhalten, d.h. es sind nur die Editor-Kommandos sinnvoll, die innerhalb einer Zeile benutzt werden können (wie z.B.: *Wort löschen, Wort einfügen, Wörter anhängen*). Ist eine Kommandozeile den Vorstellungen entsprechend geändert, wird sie wie üblich durch die (return)-Taste an das System übergeben und ausgeführt.

Insbesondere bei Kommandos, die über die Länge einer Bildschirmzeile hinausgehen oder sogar aus mehreren Zeilen oder hintereinandergehängten Kommandos bestehen, ist es oft wünschenswert, diese mit voller Bildschirmdarstellung über mehrere Zeilen hinweg editieren zu können. Hierzu reicht – im **vi**-Modus – ein Drücken der Taste **v**. Damit wird die aktuelle Kommandozeile über eine temporäre Datei mit voller Bildschirm-Darstellung in den Editor **vi** geladen. Nach Speichern und Verlassen der temporären Datei führt die **ksh** das Kommando sofort aus.[1]

Innerhalb der Kommandozeile sind folgende Zeichen zum Editieren in den beiden Editor-Modi sinnvoll:

emacs-Modus:	Funktion:	vi-Modus:
(ctrl)**b**	1 Zeichen nach links	**h**
(ctrl)**f**	1 Zeichen nach rechts	**l**
(esc)**b**	1 Wort nach links	**b**
(esc)**w**	1 Wort nach rechts	**w**
(ctrl)]*x*	nach rechts zum Zeichen *x*	**f***x*
(ctrl)**a**	zum Zeilenanfang	**^**
(ctrl)**e**	zum Zeilenende	**$**

---

1. Die Bedienung des **vi**, wie sie auch für das Editieren der Kommandozeile der **ksh** im **vi**-Modus gelten, sind im Kapitel 6.2 auf S. 353 beschrieben.

(ctrl) d	1 Zeichen löschen		x
(esc) d	Wort löschen		dw
(kill) a	ganze Zeile löschen		dd
(esc) p	Text in den Puffer kopieren		y
(ctrl) y	Text in den Puffer kopieren		p
(esc) >	hole vorhergehendes Kommando		k
(ctrl) r*xxx*	Suche Textstück *xxx*		/*xxx*
(ctrl) r	Nochmals suchen		n
fehlt	letzte Operation nochmals ausführen		.

7.3.9 Namensergänzung – *file name completion*

Die Korn-Shell bietet – ähnlich wie die C-Shell – die Möglichkeit, Dateinamen gleich bei der Eingabe auf der Kommandozeile zu vervollständigen und nicht erst, wenn die fertige Kommandozeile, ggf. mit Sonderzeichen zur Namensergänzung versehen, mit (return) an das System übergeben wird.

Im **vi**-Modus stehen für die automatische Namensergänzung folgende Zeichen zur Verfügung:

(esc) *   Das gerade eingegebene Teilwort wird so behandelt, als sei das Metazeichen * angehängt worden, und die expandierte Form (ggf. mehrere Dateinamen) wird an der aktuellen Stelle auf der Kommandozeile eingesetzt. Die Kommandozeile wird nicht ausgeführt, sondern ist für ein weiteres Editieren verfügbar.

(esc) \   Der volle Name der Datei, deren Anfang gerade eingegeben wurde, wird eingesetzt. Handelt es sich dabei um einen Katalog, wird ein / an den Namen angehängt, handelt es sich um eine Datei, so wird an den erzeugten Namen ein Leerzeichen hinten angefügt.

Im **emacs**-Modus stehen für die automatische Namensergänzung folgende Zeichen zur Verfügung:

(esc) *   Wie ›(esc) *‹ im **vi**-Modus.

(esc) (esc)   Wie ›(esc) \ ‹ im **vi**-Modus.

Daneben ersetzt die Korn-Shell in der Kommandozeile die ~ durch $HOME des aktuellen Benutzers, während ›~*benutzername*‹ durch den Login-Katalog des angegebenen Benutzers ersetzt wird. Dieser wird der Paßwortdatei */etc/passwd* entnommen.

7.3.10 Kommandowiederholung – *history*

Neben der Möglichkeit, die aktuelle Kommandozeile zu editieren oder automatisch zu vervollständigen, bietet die Korn-Shell auch umfassende Funktionen, bereits zuvor eingegebene Kommandozeilen erneut in gleicher oder abgeänderter Form auszuführen.

Die **ksh** führt eine Liste der alten Kommandos in der Datei .sh_history oder in der Datei, die durch die Variable $HISTFILE spezifiziert ist. **history** gibt die Liste mit den Kommandonummern der alten Kommandos aus. Der Zugriff auf Kommandos aus dieser Liste erfolgt vor allem nach zwei Methoden:

❏ Im Zeileneditor-Modus durch die Kommandos zum Blättern um einzelne Zeilen nach oben (oder unten). Im vi-Modus sind dies (nach Drücken der (esc)-Taste) die Kommandos **k** (Kommandoliste nach oben) bzw. **j** (Kommandoliste nach unten). Wurde auf diese Weise durch Blättern in der Liste das gesuchte alte Kommando gefunden, kann es einfach durch (return) ausgelöst werden oder auch in der oben beschriebenen Weise editiert werden.

❏ Direkten Zugriff auf die alten Kommandos bietet das Korn-Shell-interne Kommando **fc** (*fix command*). Es wird kaum als solches verwendet, sondern nur in der Form »fc −e −«, worauf das intern definierte Alias-Kommando **r** gelegt ist. Es reicht damit die Eingabe eines **r**, um das letzte Kommando zu wiederholen. Weitere Möglichkeiten über das Kommando **r** sind:

    r*n*   **r**, gefolgt von einer **Zahl** – der Kommandonummer – wiederholt das Kommando mit dieser Nummer. Z.B. wiederholt »r 17« das Kommando mit der Nummer 17. Die Kommandonummern können über das Kommando **history** angezeigt oder aus dem Bereitschaftszeichen (Prompt) der Korn-Shell entnommen werden.

    r*xx*   **r**, gefolgt vom dem oder den ersten **Zeichen** eines Kommandos, um das letzte Kommando zu wiederholen, das mit dem angegebenen Buchstaben begann – so zum Beispiel »r v«, um den letzten Aufruf des vi zu wiederholen

Diese umfangreichen, mächtigen und einfach zu bedienenden Möglichkeiten der Wiederholung alter und der Änderung alter und aktueller Kommandozeilen sind oft schon Grund genug, mit der Korn-Shell zu arbeiten.

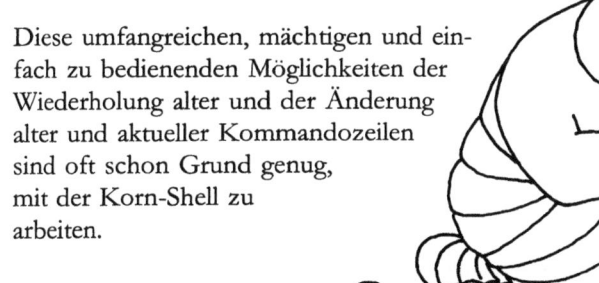

7.3.11 Optionen und Schalter der Korn-Shell

Die Korn-Shell kennt sehr viele Optionen, mit der ihr Verhalten schon beim Aufruf von der Kommandozeile aus oder nachträglich zur Laufzeit beeinflußt werden kann. Da bei regelmäßiger Verwendung der Korn-Shell diese meist bereits als Arbeitsumgebung unmittelbar nach der Anmeldung gestartet wird, hat der Benutzer kaum eine Möglichkeit zur Konfiguration mittels Aufrufoptionen. Daher lassen sich nahezu alle Parameter auch nachträglich mittels des Korn-Shell-internen Kommandos **set** einstellen.

Alle Parameter werden UNIX-üblich mit einem – eingeleitet. Die Umkehrung erhält man durch ein vorangestelltes + (statt dem –).

Die folgenden Parameter sind sowohl von der Aufruf-Kommandozeile als auch zu Laufzeit mit dem **set**-Kommando möglich:

Option:	Schalter und Bedeutung:
–A	gestattet die Belegung von Arrays. Alle Argumente werden dem Array an der ersten Stelle nach dem –A zugewiesen.
–a	Neu definierte Variablen werden hiermit automatisch exportiert. Dies ist gleichbedeutend mit ›–o allexport‹.
–e	Endet ein Kommando mit einem Fehler, so wird eine Fehlerroutine ERR angesprungen und die Korn-Shell verlassen. Es entspricht ›–o errexit‹.
–f	Es erfolgt keine Expansion von Sonderzeichen zu Dateinamen. Dies entspricht der Option ›–o noglob‹.
–h	Kommandos werden mit ihrer ersten Ausführung in die Liste der *tracked aliases* aufgenommen und können damit beim nächsten Aufruf schneller lokalisiert werden und entspricht ›–o trackall‹.
–k	Variablenbelegungen sind hiermit auch Kommandos zugänglich. Es entspricht der Aufrufoption ›–o keyword‹.
–m	Hintergrundprozesse werden hierdurch in einer eigenen Prozeßgruppe abgearbeitet und geben bei Beendigung eine Meldung mit ihrem Endestatus aus. Die Aufruf-Option wäre ›–o monitor‹.
–n	Kommandos werden gelesen und auf Syntaxfehler überprüft, jedoch nicht ausgeführt. Dies gilt nur für Kommandoprozeduren. Es entspricht der Option ›–o noexec‹.

–o *schalter* Die Option –o dient als Einleitung für die unterschiedlichen Schalter, mit denen die **ksh** konfiguriert werden kann. Viele der folgenden Schalter haben eine Entsprechung in einer direkten Option.

	allexport	Neu definierte Variablen werden hierdurch automatisch exportiert. Dies entspricht ›–a‹.
	errexit	Endet ein Kommando mit einem Fehler, so wird eine Fehlerroutine ERR angesprungen und die Korn-Shell verlassen. Gleichbedeutend mit ›–e‹

7.3 Die Korn-Shell – ksh

Option: Schalter und Bedeutung:

bgnice Hintergrundprozesse laufen damit mit niedrigerer Priorität.

emacs Kommandozeilen können mit **emacs**-Kommandos editiert werden.

ignoreeof Die Shell kann nicht durch <ctrl-d>, sondern nur durch das Kommando **exit** beendet werden.

keyword Variablenbelegungen sind auch Kommandos zugänglich. Dies ist identisch zu ›**–k**‹.

markdirs Verzeichnisnamen, die sich aus der Expandierung von Sonderzeichen ergeben, werden mit einem Schägstrich am Ende des Namens gekennzeichnet.

monitor Hintergrundprozesse werden in einer eigenen Prozeßgruppe abgearbeitet und geben bei Beendigung eine Meldung mit ihrem Endestatus aus. Gleichbedeutend mit ›**–m**‹.

noclobber Verhindert, daß durch Ausgabe-Umlenkung mit > bereits bestehende Dateien überschrieben werden.

noexec Kommandos werden gelesen und auf Syntaxfehler überprüft, jedoch nicht ausgeführt. Dies gilt nur für Kommandoprozeduren. Dies ist äquivalent zur Option ›**–n**‹.

noglob Es findet keine Expansion von Sonderzeichen zu Dateinamen statt. Dies entspricht der **ksh**-Option ›**–f**‹.

nolog Funktionsdefinitionen werden hierdurch nicht in die Liste alter Kommandos aufgenommen.

nounset Bei dem Versuch der Expansion nicht gesetzter Variablen wird eine Fehlermeldung ausgegeben. Gleichbedeutend mit ›**–u**‹.

privileged Dieser Modus ist immer dann automatisch eingeschaltet, wenn die tatsächliche Benutzer- und Gruppen-ID nicht mit der effektiven übereinstimmt, wenn also ein *set-uid-Prozeß* ausgeführt wird. Entspricht der Option ›**–p**‹.
Beim Start von **ksh** als Login-Shell soll die Datei *.profile* im Heimatverzeichnis des Benutzers nicht ausgeführt werden. Statt der in **$ENV** angegebenen Datei wird die Datei /*etc*/*suid_profile* gelesen werden.
Wird der privileged-Modus ausgeschaltet, so werden die effektiven IDs auf die tatsächlichen IDs zurückgesetzt.

protected (Der Modus *protected* ist veraltet und in neueren Versionen der Korn-Shell durch den Modus *privileged* ersetzt.)

trackall Kommandos werden mit ihrer ersten Ausführung in die Liste der *tracked aliases* aufgenommen und können damit beim nächsten Aufruf schneller lokalisiert werden. Entspricht ›**–h**‹.

Option: Schalter und Bedeutung:

    verbose   Kommandozeilen werden vor ihrer Ausführung ausgegeben wie gelesen. Gleichbedeutend mit ›–v‹.

    vi   Kommandozeilen können mit vi-Kommandos editiert werden. Der Benutzer wird in den Einfügemodus gesetzt, um eine Kommandozeile einzugeben. Zum Editieren der Kommandozeile erfolgt über (esc) ein Wechsel in den Kommandomodus.

    viraw   Im vi-Modus wird jedes Zeichen sofort bei der Eingabe interpretiert.

    xtrace   Kommandozeilen werden vor ihrer Ausführung mit ihren aktuellen Argumenten (ggf. expandierten Variablen) ausgegeben. Bei der Ausgabe wir der in $PS4 definierte Text (Standardbelegung: +) der Kommandozeile vorangestellt. Dies entspricht ›–x‹.

–p   Beim Start der Shell als Login-Shell soll die Datei *.profile* im Heimatverzeichnis des Benutzer nicht, und die Datei */etc/suid_profile* statt der in $ENV angegebenen Datei gelesen werden.
Diese Option ist automatisch aktiviert, wenn die echte und die effektive Benutzernummer nicht gleich sind, und entspricht ›–o **privileged**‹.

–s   Positionsparameter werden alphabetisch sortiert.

–t   Beendigung der Shell nach Ausführung eines Kommandos

–u   Bei dem Versuch der Expansion nicht gesetzter Variablen wird eine Fehlermeldung ausgegeben. Gleichbedeutend mit ›–o **nounset**‹.

–v   Kommandozeilen werden vor ihrer Ausführung ausgegeben wie gelesen. Dies ist gleichbedeutend mit ›–o **verbose**‹.

–x   Kommandozeilen werden vor ihrer Ausführung mit ihren aktuellen Argumenten (ggf. expandierten Variablen) ausgegeben. Bei der Ausgabe wird der in $PS4 definierte Text (Standardbelegung: +) der Kommandozeile vorangestellt. Gleichbedeutend mit ›–o **xtrace**‹.

–   Ende der Optionsliste auf der Kommandozeile; alle anderen Worte, auch wenn sie mit – beginnen, sind Argumente. Die Optionen –x und –v werden abgeschaltet.

– –   Kommandozeilen-Schalter sollen nicht verändert werden.

Die folgenden Parameter sind nur von der Aufruf-Kommandozeile der Korn-Shell aus möglich:

Option: Bedeutung:

–c *kommando*   Kommandos aus *kommando* werden ausgeführt.

–s   Kommandos werden von der Standard-Eingabe gelesen.

–i   Die Korn-Shell ist interaktiv.

Option:	Bedeutung:
-r	Die Korn-Shell wird zur *restricted shell* mit eingeschränkten Möglichkeiten für den Benutzer. (siehe hierzu Kapitel 7.4.3, *Die eingeschränkte Shell rsh* (Seite 510)).

7.3.12 Anpassen der Arbeitsumgebung

Die Korn-Shell liest, wie auch die Bourne-Shell, bei der Anmeldung oder wenn sie in einer Terminalemulation als Loginshell[1] gestartet wurde, der Reihe nach die folgenden Dateien:

/etc/profile   globale, systemweite Konfiguration der Shell-Arbeitsumgebung

$HOME/.profile   benutzerindividuelle Konfiguration der Shell-Arbeitsumgebung

Diese Dateien werden von Bourne- und Korn-Shell interpretiert, dürfen daher also keine Korn-Shell-Kommandos enthalten, die von der Bourne-Shell nicht verstanden werden (etwa »**set -o vi**«). Es können darin jedoch Umgebungs-Variablen definiert werden, die nur die Korn-Shell auswertet (etwa $ENV, $HISTFILE, $HISTSIZE).

Spezielle Definitionen für die Korn-Shell sollten in einer Datei vorgenommen werden, deren Name (und Pfad) in der speziellen Korn-Shell-Variablen $ENV hinterlegt wird. Konventionell wird diese Datei *.kshrc* genannt und in der Datei */etc/profile* definiert in der Form:

     ENV=$HOME/.kshrc

Sie kann auch jeden beliebigen anderen Namen tragen. Insbesondere ist über eine geeignete Belegung von $ENV erzielbar, daß sowohl eine globale Anlaufdatei der Korn-Shell (ähnlich */etc/profile*) als auch eine lokale Initialisierungsdatei durchlaufen wird.

Diese in **$ENV** angegebene Datei wird, ähnlich der Datei *.cshrc* bei der C-Shell, von jeder Korn-Shell durchlaufen – also auch wenn sie nicht Login-Shell ist.

Folgende Aktionen sollten in der auf diese Weise festgelegten persönlichen Anlaufdatei *.kshrc* enthalten sein:

❑ Definition des Bereitschaftszeichens **$PS1**:
Dabei kann ein ›!‹ enthalten sein. Die **ksh** ersetzt es bei jeder Ausgabe des Bereitschaftszeichens durch die aktuelle Kommandonummer.
Ein Eintrag »PS1=$LOGNAME@$(hostname)'[${PWD##*/}](!)> '« ergibt ein Promptzeichen, das sich zusammensetzt aus dem Benutzernamen, dem Rechnernamen, der letzten Komponente des aktuellen Pfadnamens und der aktuellen Kommandonummer. Dies könnte so aussehen: »*neuling@sonne[texte](17)>* «.

❑ Einschalten des Modus zum Editieren der Kommandozeile:
»**set -o vi**«

---

1. Bei der Terminalemulation **xterm** ist dies mit der Option ›-ls‹ zu erreichen.

❏ Alias-Definitionen wie etwa
   »alias –x h=history«
   »alias –x cls=clear« und andere.

Umgebungsvariablen für die Korn-Shell wie $HISTFILE (Datei, in der die Liste alter Kommandos abgelegt wird) und $HISTSIZE (Länge der Liste alter Kommandos) sollten zu Beginn der Datei *$HOME/.profile* definiert werden. Sie stehen dann der Korn-Shell von Anfang an zur Verfügung.

Wird mit mehreren Fenstern gearbeitet, in denen üblicherweise unterschiedliche Korn-Shells laufen, so ist es sinnvoll, die Variable $HISTFILE jeweils für jede dieser Korn-Shells individuell zu belegen, da sonst der meist unerwünschte Effekt auftritt, daß sich die Kommando-Historie der unterschiedlichen Fenster vermischt. Diese individuelle Belegung kann erreicht werden, indem man $HISTFILE einen z.B. einen von der Terminal-Datei abhängigen Namen zuweist. Die Definition

   HISTFILE="$HOME/.tty`basename \`tty\``hist"

belegt die Variable $HISTFILE für die Korn-Shell am Bildschirm */dev/pts/0* mit dem Dateinamen */home/neuling/.tty0hist*, am Bildschirm */dev/pts/1* mit dem Dateinamen */home/neuling/.tty1hist*, usw..

➡ Der Autor der Korn-Shell, David G. Korn, hat zusammen mit Morris Bolsky mit [KORN] ein Buch über *seine* Shell verfaßt, das zum Standardwerk über die Korn-Shell geworden ist.[1]

---
1. Siehe hierzu das Literaturverzeichnis im Anhang B.

7.4 Weitere Shells

Die Shell ist auch heute, wo zumindest im reinen Anwenderbereich die Arbeit mit dem UNIX-System immer weniger eine Arbeit mit der Kommandozeile ist, die wichtigste Schnittstelle des Systems zum Anwender. Auch wenn sie durch eine graphische Oberfläche verdeckt und nicht mehr direkt für die Interaktion sichtbar ist, setzt auch ein Fenstersystem auf den Leistungen einer Shell auf.

Sowohl in ihrer Funktion als Programmiersprache für Kommandoprozeduren als auch in ihrer interaktiven Funktion als Arbeits- und Systemverwaltungsumgebung spielt sie eine unverzichtbare und zentrale Rolle für die Lauffähigkeit eines UNIX-Systems.

Dennoch ist die Shell, in ihrem Programmstatus betrachtet, zunächst auch nur ein Programm wie jedes andere und nimmt gegenüber anderen Programmen (wie etwa vi oder ls) keine privilegierte Rolle ein.

Insbesondere kann daher die Shell sehr einfach ausgetauscht werden gegen ein anderes Programm mit ähnlicher Funktionalität. Wird die Shell durch ein anderes Programm ersetzt, so gelten als einzige Anforderungen an dieses andere Programm:

❑ Das Programm muß in der Lage sein, andere Programme aufzurufen und diese dabei mit Argumenten und Optionen zu versorgen, die dynamisch von einem Benutzer entgegengenommen werden.

❑ Das Programm sollte in der Lage sein, Kommandoprozeduren abzuarbeiten und dafür auch typische Merkmale einer Programmiersprache zur Verfügung stellen (Kontrollkonstrukte, Variablen, Ein-/Ausgabe, ggf. Funktionen).

Die ursprüngliche und nach wie vor wichtigste Shell des UNIX-Systems ist die Bourne-Shell – zahlreiche Shell-Prozeduren bauen auf ihr auf. Aus den oben erwähnten Gründen der hohen Modularität und einfachen Auswechselbarkeit sind im Laufe der Entwicklungsgeschichte von UNIX viele weitere Shells entstanden und zum Teil in den Standardlieferumfang von UNIX eingegangen.

Gründe für das Entstehen alternativer Shells waren immer die Abrundung des Leistungsspektrums und Erweiterung der Funktionalität der vorhandenen Shells.

Als erste alternative Shell ist aus diesem Grund bereits sehr früh die **C-Shell** entstanden, welche die interaktiven Fähigkeiten der Bourne-Shell erweitert, aber die Skript-Kompatibilität einbüßt (siehe Seite 457). Zusammengeführt werden die verbesserte Interaktivität der C-Shell und die Skript-Kompatibilität zur Bourne-Shell in der **Korn-Shell** (siehe Seite 481) als weiterer bedeutender alternativer Shell. C-Shell und Korn-Shell sind mittlerweile in den Standardlieferumfang eines jeden UNIX-Systems eingegangen.

Weitere alternative Shells sind zum Teil sehr engagierte Einzelentwicklungen, die unter Einhaltung bestimmter Lizenz-Bedingungen frei erhältlich sind, zum (kleineren) Teil durch die UNIX-Entwickler selbst vorgenommene Erweiterungen der Standard-Shells um einzelne Merkmale oder zur Verbesserung des Verhaltens in bestimmten Einsatzbereichen.

7.4.1 Die Job-Control-Shell jsh

Bei der Job-Control-Shell handelt es sich um eine Erweiterung der Standard-Bourne-Shell um die Möglichkeiten der Prozeßkontrolle, wie sie in der C-Shell entwickelt wurden und wie sie auch die **ksh** kennt. Die folgende Beschreibung gilt daher nicht allein für die **jsh**, sondern in sehr ähnlicher Form für alle Shells, die eine Prozeßkontrolle erlauben.

Tatsächlich ist die Funktionalität der Prozeßkontrolle nicht ausschließlich von der Shell abhängig, sondern muß auch vom jeweiligen Betriebssystem-Kern (kernel) unterstützt werden. Der Kernel eines Berkeley-basierten UNIX-Systems unterstützt dies standardmäßig, ein System-V-basierter Kernel erst seit der Version V.4.

Prozeßkontrolle (englisch: *job control*) bedeutet, daß ein Prozeß, den ein Benutzer interaktiv an einem Bildschirm gestartet hat, angehalten werden kann, nachträglich (nicht nur zum Startzeitpunkt mit dem Zeichen **&**) noch in den Hintergrund gestellt und aus dem Hintergrund auch wieder hervorgeholt werden kann. Ein Prozeß in einer Shell, die Prozeßkontrolle ausführen kann, kann daher in einem der folgenden drei Zustände existieren:

im Vordergrund	(*foreground*) Dies ist der Standard, mit aktiver Lese- und Schreib-Verbindung zum kontrollierenden, d.h. aufrufenden Bildschirm. Identisch mit Prozeßablauf außerhalb einer Prozeßkontroll-Umgebung.
Angehalten	(*stopped*) Der Prozeß ist angehalten (nicht abgebrochen!), um mit Mitteln der Prozeßkontrolle manipuliert (z.B. in den Hintergrund gestellt) werden zu können. Angehalten wird ein im Vordergrund aktiver Prozeß durch die Tastenkombination **<ctrl-z>**.
im Hintergrund	(*background*) Der Prozeß läuft im Hintergrund und ist dort nur noch mit Mitteln der Prozeßkontrolle manipulierbar. Lese- und Schreib-Verbindung zum kontrollierenden, d.h. aufrufenden Bildschirm, ist nicht oder nur sehr eingeschränkt gegeben.

Prozesse, die von einem Benutzer an einem (kontrollierenden) Bildschirm gestartet wurden, werden im Rahmen des Prozeßkontrollsystems als *jobs* bezeichnet. Jobs erhalten in der **jsh** automatisch eine Jobnummer zugewiesen, über die sie dann auch (über ein vorangestelltes %-Zeichen) angesprochen werden können. Folgende Formen stehen hierzu zur Verfügung:

%*jobnr*	bezeichnet den Prozeß mit der Jobnummer (*job* ID) *jobnr*.
%+	bezeichnet den aktuellen Prozeß.
%%	bezeichnet den aktuellen Prozeß.
%−	bezeichnet den vorherigen Prozeß.
%?*text*	bezeichnet den Prozeß, der (eindeutig) die Zeichenfolge *text* auf der Kommandozeile enthält.
%*anf*	bezeichnet den Prozeß, der mit einem Kommando, das mit der Zeichenkette *anf* beginnt, gestartet wurde.

7.4 Weitere Shells

Leistung der Prozeßkontroll-Funktionalität einer Shell ist das Management der Änderung und des Übergangs dieser drei Zustände. Dies geschieht in der **jsh** – sehr ähnlich wie auch in allen anderen Job-Control-Umgebungen – mit folgenden Kommandos:

bg {%*jobnr*} stellt einen angehaltenen Prozeß in den Hintergrund und setzt dessen Abarbeitung dort fort.

fg {%*jobnr*} holt einen laufenden Hintergrundprozeß wieder in den Vordergrund oder nimmt die Abarbeitung eines angehaltenen Prozesses wieder auf.

jobs {*optionen*} gibt Informationen über alle aktuell angehaltenen oder im Hintergrund laufenden Prozesse aus.
Eine Änderung des Ausgabeformats ist durch die Optionen **–p** und **–l** möglich, eine zusätzliche Steuerung durch **–x**.

kill {*sig*} {%*jobnr*} Shell-interne Version des **kill**-Kommandos (siehe Seite 242), bei dem statt einer systemweiten Prozeßnummer (*PID*) auch die Kennzahl *jobnr* des Prozesses angegeben werden kann.

stop {%*jobnr*} hält die Ausführung des Hintergrundprozesses mit der Kennzahl *jobnr* an.

suspend hält die Ausführung der aktuellen Shell an. Die ist nur möglich, wenn es sich nicht um die Login-Shell handelt.

wait {%*jobnr*} Shell-interne Version des **wait**-Kommandos, bei dem statt einer systemweiten Prozeßnummer (PID) auch die Kennzahl *jobnr* des Prozesses angegeben werden kann. Damit wartet die aktuelle Shell (oder Shellprozedur), bis der angegebene Prozeß beendet ist.

Die Funktionalität der Prozeßkontrolle ist natürlich nur bei interaktiven Inkarnationen der Shell sinnvoll und daher auch nur dort verfügbar. In allen anderen Merkmalen entspricht die **jsh** der normalen Bourne-Shell **sh**.

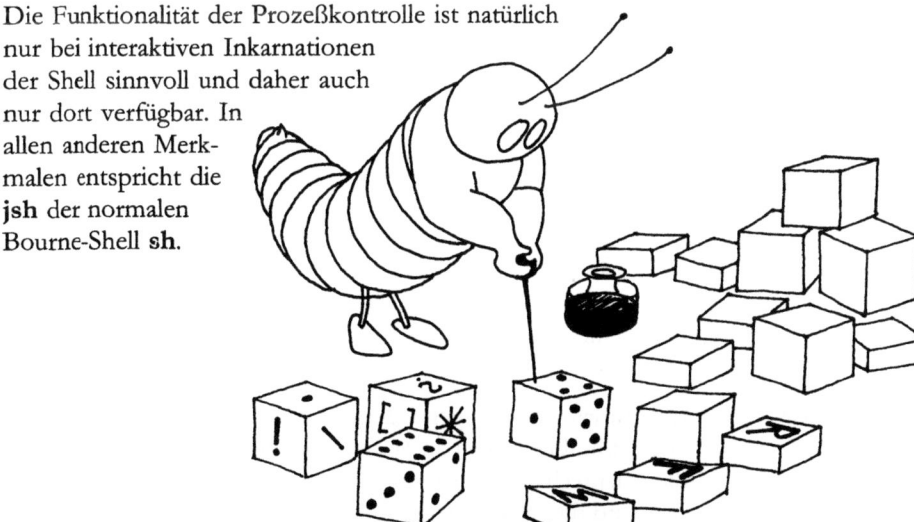

7.4.2 Die Layered Shell shl

Die **Layered Shell** ermöglicht es, mehrere Shell-Programme parallel zu betreiben und fungiert für diese unter ihr laufenden Lagen (englisch: *layers*) als Kontrollprogramm, aus dem heraus neue Shells angelegt, mit Namen versehen, aktiviert, blockiert und wieder gelöscht werden können.

Jede dieser Shell-Inkarnationen besitzt dabei eine eigene Umgebung (aktuellen Katalog, Shell-Variablen, Setzen von **tty**-Parametern, Prozeßgruppennummer (**PGID**)). Jeweils nur eine dieser unterliegenden Shellprogramme ist die **aktuelle Shell**. Die *aktuelle Shell* ist dabei die zuletzt aktivierte Shell. Nur in ihr sind Eingaben von der Dialogstation möglich. Liest eine *nicht-aktuelle Shell* von der Dialogstation, so wird sie blockiert (d.h. angehalten), bis sie aktiviert wird.

Die Ausgabe aller laufenden Shells kann – auch gemischt – auf die Dialogstation geschrieben werden. Soll die Ausgabe einer Shell (*layer*) jedoch ebenfalls angehalten werden, bis die jeweilige Shell zur *aktuellen Shell* wird, so kann man dies erreichen, indem man für diese Shell mit "**stty loblk**" eine Ausgabeblockade setzt. Diese Blockade kann auch durch das **block**-Kommando von der *Layered Shell* aus erfolgen. Eine Freigabe der Ausgabe kann entsprechend mittels "**stty –loblk**" oder des **unlock**-Kommandos erfolgen. Das Setzen der Optionen durch **stty** muß jeweils innerhalb der Shell erfolgen, d.h. zu einem Zeitpunkt, in dem die entsprechende Shell die *aktuelle Shell* ist.

Jeder dieser Shells wird ein Pseudogerät mit dem Namen **/dev/sxt/**xxx (xxx steht hier für 001 ... 077) als Dialogstation (*/dev/tty*) zugeordnet, deren Parameter entweder vom Programm aus mit **ioctl** oder mit dem **stty**-Kommando gesetzt und abgefragt werden können.

Die kontrollierende **Layered Shell** wird durch

> shl

aufgerufen und meldet sich danach mit dem Promptzeichen: >>>

Nun kann man durch »**create** *name*« eine neue Unter-Shell anlegen. Diese neue Shell kann von nun an unter dem angegebenen Namen (bis zu 8 Zeichen lang) angesprochen werden. Die neue Shell wird sogleich aktiviert und meldet sich mit ihrem Namen als Promptzeichen. Wird beim Neuanlegen kein Name angegeben, so numeriert die *Layered Shell* die Unter-Shells durch. Insgesamt sind bis zu 7 *Layers* pro Dialogstation erlaubt.

Aus einer aktiven *Layer* kommt man durch das <umschalten>-Zeichen (**<swtch>**, siehe Abschnitt 3.3) zurück in die *Layered Shell*. Durch die Angabe des Namens einer der zuvor kreierten Shells, wird diese zur aktuellen Shell und gleichzeitig aktiviert. Es kann statt dessen auch eines der nachfolgend beschriebenen Kommandos ausgeführt werden:

block *name* ...   Die Ausgaben der angegebenen Shell-Programme werden blockiert, d.h. ihre Ausgaben laufen danach erst dann weiter, wenn die entsprechende Shell zur *aktuellen Shell* wird. Der gleiche Effekt wird durch ein »**stty loblk**« in der jeweiligen Shell erreicht.

7.4 Weitere Shells

create {*name*}
: Es wird eine neue Shell *name* erzeugt. Fehlt *name*, so werden Nummern (1 ... 7) vergeben. Die neue Shell wird zur *aktuellen Shell* und meldet sich mit ihrem Namen als Promptzeichen (**PS1**=*name*).

delete *name* ...
: Die Shell-Programme mit den angegebenen Namen sollen terminiert und all ihren Prozessen ein **hangup**-Signal geschickt werden.

? oder **help**
: Es wird die Syntax der **shl**-Kommandos ausgegeben.

layers {−l} {*name* ... }
: Zu jedem der angegebenen Namen wird der Name der Shell und die Prozeßgruppennummer (**PGID**) ausgegeben. Die Option −l erzeugt eine **ps**-ähnliche Ausgabe. Ohne *name* erfolgt die Ausgabe für alle *Layers*.

quit
: **shl** und alle darunter laufenden Shellprogramme werden beendet.

resume {*name*}
: Die angegebene Shell wird zur *aktuellen Shell*. Ohne Namensangabe wird die letzte noch existierende Shell zur *aktuellen Shell*.

toggle
: Die vorhergehende Shell soll zur *aktuellen Shell* werden.

unblock *name* ...
: Die Ausgaben der angegebenen Shellprogramme sollen deblokkiert werden, d.h. auch dann auf die Dialogstation laufen, wenn es Ausgaben einer *nicht aktuellen Shell* sind. Dies entspricht "**stty −loblk**" für die entsprechenden Shells.

name
: Die Shell *name* soll zur *aktuellen Shell* werden.

Die Layered Shell ist nicht in allen UNIX-Systemen enthalten. Mit dem zunehmenden Einsatz fensterorientierter Systeme dürfte die Verwendung der Layered Shell zurückgehen, da mehrere Shells in unterschiedlichen Fenstern im allgemeinen übersichtlicher zu bedienen sind.

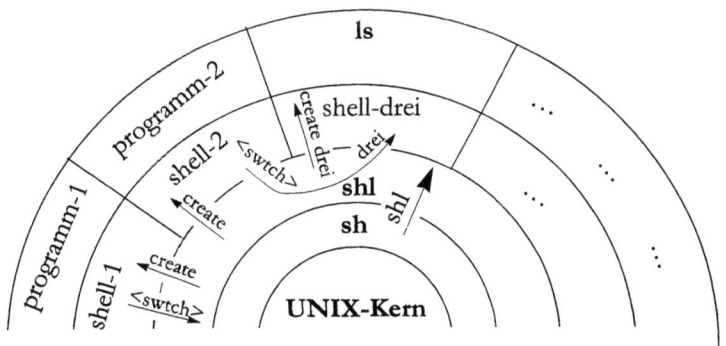

Programmschichten bei **shl** aus der Sicht eines Benutzers

7.4.3 Die eingeschränkte Shell rsh

Läuft ein UNIX-System in einem Netz, das auch von außen zugänglich sein soll, so ergibt sich oft die Notwendigkeit, einigen Benutzern nur eine eingeschränkte Umgebung zur Verfügung zu stellen. Sie sollen zum Beispiel nicht alle Kommandos des Systems, sondern nur ein vorgegebenes Repertoire unter stärker kontrollierten Bedingungen benützen dürfen. Die Möglichkeit einer solchen Begrenzung ist mit der **rsh** (für *restricted shell*) gegeben.

➜ Die *restricted shell* **/usr/lib/rsh** darf nicht verwechselt werden mit der *remote shell* **/usr/bin/rsh**. Das Kommando **rsh** (*remote shell*) ermöglicht es, ein Kommando auf einem anderen Rechner auszuführen, startet jedoch keine interaktive Shell (siehe Seite 292). Normalerweise liegt die *remote shell* in einem Verzeichnis, das im Standard-Suchpfad enthalten ist und daher beim Aufruf auch ohne Pfadangabe gefunden wird, die *restricted shell* hingegen liegt im Verzeichnis */usr/lib*, das normalerweise nicht im Suchpfad enthalten ist und erzwingt damit, daß sie mit expliziter Pfadangabe aufgerufen wird.

Die **rsh** kann wie **sh** als neuer Prozeß gestartet werden. In der Regel wird jedoch der Systemverwalter die Shellversion (in Wirklichkeit ist es ein spezieller Modus der Standard-Shell) für die entsprechenden Benutzer in Paßwortdatei (*/etc/passwd*) als Login-Programm einsetzen. Sie wird dann für diesen Benutzer nach dem **login** automatisch gestartet.

Die **rsh** hat die gleiche Aufrufsyntax und kennt die gleichen Optionen wie die **sh**:

> **rsh** {–acefhiknrstuvx} {*argumente*}

Nach dem Starten führt sie genau wie auch die Shell die Kommandos der Dateien **/etc/profile** und **.profile** im Login-Katalog des Benutzers aus (soweit vorhanden). Erst danach werden ihre Einschränkungen wirksam. Will man also einen entsprechenden Schutz aufbauen, so müssen diese beiden Dateien natürlich für den Benutzer schreibgeschützt sein!

Von den nachfolgenden Ausnahmen abgesehen stehen auch die Shell-internen Kommandos der **sh** in der **rsh** zur Verfügung:

Einschränkungen bei der rsh

cd   Der Benutzer einer **rsh** kann nur den ihm beim **login** zugeteilten Katalog als *aktuellen Katalog* verwenden. Er kann jedoch sehr wohl unter Angabe des vollen Pfadnamens auf Dateien anderer Kataloge zugreifen, darf diese jedoch **nicht** ausführen.

$PATH   Die Shellvariable $PATH, welche den Suchpfad der Shell beim Starten von Programmen angibt, kann nicht vom Benutzer verändert werden. Damit wird sichergestellt, daß er nur die Programme ausführen kann, die in seiner vorgegebenen $PATH-Variablen zugelassen sind.

kommando	Es können nur Kommandos ausgeführt werden, die entweder im aktuellen Katalog des Benutzers oder in einem der mit **$PATH** vorgegebenen Kataloge liegen. Absolute Pfadnamen oder relative Pfadnamen, in denen ein **/** vorkommt, werden in Kommandos von der **rsh** nicht akzeptiert.
> oder >>	Ein Umleiten von Ausgabe ist nicht zulässig. Die **rsh** gibt eine entsprechende Fehlermeldung »*xx*: restricted« aus.

Will man dem Benutzer Kommandos zur Verfügung stellen, die für die Dauer ihrer Ausführung diese Einschränkungen überwinden, so kann man dies mit Shellprozeduren erreichen. Zu ihrer Ausführung wird eine *normale* Shell gestartet, für die diese Einschränkungen nicht gelten! Um zu verhindern, daß der Benutzer über eigene Shellprozeduren die Restriktionen umgeht, sollte er im Arbeitskatalog keine Schreibberechtigung haben.

Gibt es mehrere Benutzer in einem System, deren Möglichkeiten eingeschränkt sein sollen, so wird der Systemverwalter sinnvollerweise ein eigenes Programmverzeichnis mit dem eingeschränkten Befehlsrepertoire zur Verfügung stellen. Hierfür hat sich */usr/rbin* eingebürgert.

Eine auf diese Weise eingeschränkte (*restricted*) Version existiert nicht nur, wie hier beschrieben, von der Bourne-Shell, sondern auch von allen verbreiteten Shells. So gibt es auf die gleiche Weise etwa eine **rksh**.

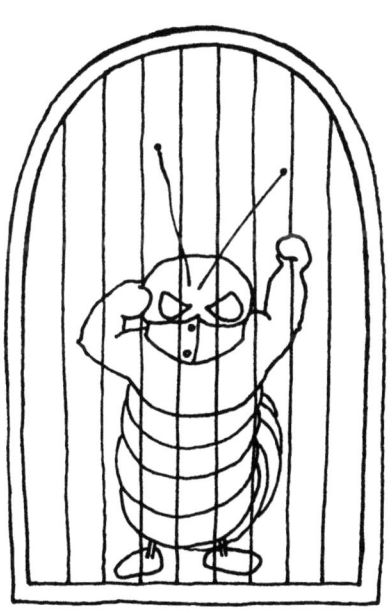

7.5 Alternative Shells

Neben den bereits erwähnten Shells (Bourne-Shell **sh**, C-Shell **csh**, Korn-Shell **ksh** und deren eingeschränkte Versionen), die im Standard-Lieferumfang eines jeden UNIX-Systems enthalten sind, wurden im Laufe der Entwicklungsgeschichte von UNIX noch weitere, zusätzliche Shells entwickelt, ohne allerding den Eingang in den Standard-Lieferumfang zu finden. Diese alternativen Shells erfreuen sich z.T. großer Beliebtheit und sollen daher hier kurz erwähnt werden. Sie sind meist über **ftp**-Server (oft im Quellcode) frei verfügbar.

Alle diese Shells lassen sich in ihrer Bedienphilosophie und Funktionalität auf eine der Haupt-Shells (Bourne-Shell oder C-Shell) zurückführen, erweitern aber zum Teil deren Leistungsumfang beträchtlich oder bieten eine stark vereinfachte Bedienung.

Folgende Alternativ-Shells haben nennenswerte Verbreitung gefunden:[1]

bash   Die **bash** (für *Born Again Shell*) ist eine zur Bourne- und Korn-Shell kompatible Shell, die jedoch frei von Lizenzen an die Originalhersteller im Rahmen des GNU-Projekt für ein freies UNIX entwickelt wurde. Sie ist die Standardshell des Linux-Systems und vermutlich die am weitesten verbreitete alternative Shell.

pdksh   ist ein frei verfügbarer Nachbau der lizenzgebundenen Korn-Shell.

tcs   Dies ist eine fehlerbereinigte Version der C-Shell mit erweiterter Funktionalität. Eine Reihe von Herstellern liefert zum Teil stillschweigend die **tcsh** anstelle der **csh** aus.

zsh   Dies ist eine zur Bourne- und Korn-Shell kompatible Shell, jedoch mit sehr zahlreichen Erweiterungen der Funktionalität bis hin zur Überfrachtung. Die **zsh** besitzt so viele zusätzliche *Features*, daß möglicherweise nicht einmal der Autor selbst alle kennt.

rc   Eine gänzlich neu konzipierte und entwickelte Shell im Rahmen des Plan-9-Projekts, eines neuen experimentellen Betriebssystems einer Arbeitsgruppe um den UNIX-Vater Dennis Ritchie. Gegenbewegung zu merkmalsüberfrachteten Shells mit einfacher, schlichter Klarheit.

es   Hierbei handelt es sich um eine Erweiterung der **rc**-Shell.

---

[1]. Die folgenden Informationen und die anschließende Tabelle entstammen einer Zusammenstellung von Brian Blackmore, die mit freundlicher Genehmigung des Autors hier Eingang finden.
Die Informationen werden regelmäßig in der Internet-Newsgruppe *comp.unix.answers* veröffentlicht. Der Autor ist unter den Mail-Adressen *bnb@gryphon.demon.co.uk* und *shell-diff@gryphon.demon.co.uk* erreichbar.

7.5 Alternative Shells

Vergleichende Übersicht über alle Shells

In der folgenden Übersicht wurden die Merkmale, die die einzelnen Shells am deutlichsten voneinander unterscheiden, zusammengestellt. Ein Anspruch auf Vollständigkeit kann dabei nicht erhoben werden, sondern es soll vielmehr versucht werden, die Charakteristika unterschiedlicher Shells vergleichend darzustellen.

	sh	csh	ksh	bash	tcsh	zsh	rc	es
Basiert auf Syntax von	sh	csh	sh	sh	csh	sh	rc	rc
Prozesskontrolle (*job control*)	-	✓	✓	✓	✓	✓	-	-
Alias-Möglichkeit	-	✓	✓	✓	✓	✓	-	-
Shell-Funktionen	✓	-	✓	✓	-	✓	✓	✓
vernünftige Ein-/Ausgabe-Umlenkung	✓	-	✓	✓	-	✓	✓	✓
Verzeichnisliste (*directory stack*)	-	✓	✓	✓	✓	✓	f	f
Wiederholbarkeit alter Kommandos	-	✓	✓	✓	✓	✓	r	r
Editieren der Kommandozeile	-	-	✓	✓	✓	✓	r	r
Editieren der Kommandozeile mit **vi**	-	-	✓	✓	✓	✓	r	r
Editieren der Kommandozeile mit **emacs**	-	-	✓	✓	✓	✓	r	r
umdefinierbare Kommando-Editierung	-	-	-	✓	✓	✓	r	r
Ermitteln des Benutzernamens	-	✓	✓	✓	✓	✓	r	r
Überwachung von Login und Logout	-	-	-	-	✓	✓	f	f
Vervollständigung von Dateinamen	-	✓	✓	✓	✓	✓	r	r
Vervollständigung von Benutzernamen	-	✓	✓	✓	✓	✓	r	r
Vervollständigung von Rechnernamen	-	✓	✓	✓	✓	✓	r	r
Vervollständigung von alten Kommandos	-	-	-	✓	✓	✓	r	r
autom. Vervollständigung programmierbar	-	-	-	-	✓	✓	-	-
Unterstützung von Koprozessen	-	-	✓	-	-	✓	-	-
Berechnung arithmetischer Ausdrücke	-	✓	✓	✓	✓	✓	-	-
kann symbolischen Verweisen folgen	-	-	✓	✓	✓	✓	-	-
periodische Ausführung von Kommandos	-	-	-	-	✓	✓	-	-
vernünftig konfigurierbares Prompt	-	-	✓	✓	✓	✓	✓	✓
Tippfehler-Korrektur	-	-	-	-	✓	✓	-	-
Prozeß-Ersetzung	-	-	-	✓	-	✓	✓	✓
frei verfügbar	-	-	-	✓	✓	✓	✓	✓
Überprüfung des Briefkastens	-	✓	✓	✓	✓	✓	f	f
Prüfung der Terminal-Schnittstelle	-	-	-	-	✓	✓	-	-

	sh	csh	ksh	bash	tcsh	zsh	rc	es
verarbeitet lange Argumentlisten	✓	-	✓	✓	✓	✓	✓	✓
Anlaufdatei für nicht-interaktive Benutzung	-	✓	✓	✓	✓	✓	-	-
Anlaufdatei für Nicht-login-Anwendung	-	✓	✓	✓	✓	✓	-	-
Umgehen einer Benutzer-Anlaufdatei	-	✓	-	✓	-	✓	✓	✓
definierbare Anlaufdatei	-	-	✓	✓	-	-	-	-
Umdefinieren von low-level-Kommandos	-	-	-	-	-	-	-	✓
Lambda-Funktion	-	-	-	-	-	-	✓	✓
Feld-Variablen	-	✓	✓	-	✓	✓	✓	✓
konfigurierbare Signalbehandlung	✓	-	✓	✓	-	✓	✓	✓
Datei-Überschreibschutz	-	✓	✓	✓	✓	✓	-	f

Die Zeichen ✓, -, f und r in der obigen Tabelle bedeuten:

✓	Die Shell verfügt über diese Funktionalität.
-	Diese Funktionalität ist in dieser Shell nicht möglich.
f	Funktionalität kann mit einer Shell-Funktion erreicht werden.
r	Funktionalität ist nur möglich, wenn die *readline*-Bibliothek für die Shell zur Verfügung steht.

MIX
Papier aus verantwortungsvollen Quellen
Paper from responsible sources
FSC® C105338

If you have any concerns about our products,
you can contact us on
ProductSafety@springernature.com

In case Publisher is established outside the EU,
the EU authorized representative is:
**Springer Nature Customer Service Center GmbH
Europaplatz 3, 69115 Heidelberg, Germany**

Printed by Libri Plureos GmbH
in Hamburg, Germany

SPRINGER COMPASS

Herausgegeben von
M. Nagl   P. Schnupp   H. Strunz

Jürgen Gulbins studierte Informatik an der TU Karlsruhe und arbeitete dort als wissenschaftlicher Mitarbeiter. Danach hatte er verschiedene Funktionen im Marketing und der UNIX-Entwicklung bei der Firma PCS inne. Nach zwei Jahren als freier Autor von Fachbüchern arbeitet er heute als Berater für Archive und Vorgangssteuerung bei der Firma iXOS Software GmbH. Neben zahlreichen Zeitschriftenartikeln schreibt er Bücher zu Themen wie UNIX, Archivsystemen und Typographie.

Karl Obermayr studierte in München Sprach- und Literaturwissenschaften. Nach Tätigkeiten im Bereich der UNIX-Produktentwicklung war er bei der iXOS Software GmbH in München Dozent und Autor für UNIX- und FrameMaker-Schulungen und für die technische Leitung der Schulungsabteilung verantwortlich. Er arbeitet inzwischen freiberuflich als Autor und Übersetzer in den Bereichen UNIX, Windows und FrameMaker.

Jürgen Gulbins   Karl Obermayr

UNIX System V.4

Begriffe, Konzepte, Kommandos,
Schnittstellen

Vierte, überarbeitete Auflage

Jürgen Gulbins
Kapellenstraße 15
D-75210 Keltern-Niebelsbach

Karl Obermayr
Am Mühlthalerfeld 2
D-85567 Grafing bei München

ISBN 978-3-642-63373-7   ISBN 978-3-642-57839-7 (eBook)
DOI 10.1007/978-3-642-57839-7

CIP-Aufnahme beantragt

Dieses Werk ist urheberrechtlich geschützt. Die dadurch begründeten Rechte, insbesondere die der Übersetzung, des Nachdrucks, des Vortrags, der Entnahme von Abbildungen und Tabellen, der Funksendung, der Mikroverfilmung oder der Vervielfältigung auf anderen Wegen und der Speicherung in Datenverarbeitungsanlagen, bleiben, auch bei nur auszugsweiser Verwertung, vorbehalten. Eine Vervielfältigung dieses Werkes oder von Teilen dieses Werkes ist auch im Einzelfall nur in den Grenzen der gesetzlichen Bestimmungen des Urheberrechtsgesetzes der Bundesrepublik Deutschland vom 9. September 1965 in der jeweils geltenden Fassung zulässig. Sie ist grundsätzlich vergütungspflichtig. Zuwiderhandlungen unterliegen den Strafbestimmungen des Urheberrechtsgesetzes.

© Springer-Verlag Berlin Heidelberg 1984,1985,1988,1995
Ursprünglich erschienen bei Springer-Verlag Berlin Heidelberg New York 1995

Die Wiedergabe von Gebrauchsnamen, Handelsnamen, Warenbezeichnungen usw. in diesem Werk berechtigt auch ohne besondere Kennzeichnung nicht zu der Annahme, daß solche Namen im Sinne der Warenzeichen- und Markenschutz-Gesetzgebung als frei zu betrachten wären und daher von jedermann benutzt werden dürften.

Satz: Reproduktionsfertige Autorenvorlage in FrameMaker. Illustrationen: Angela Amon, Keltern. Umschlaggestaltung: Künkel + Lopka, Ilvesheim.

SPIN:106 386 27   45/3111-5 4 3 2 1 - Gedruckt auf säurefreiem Papier

Inhaltsverzeichnis

	Vorwort	1
1	**EINLEITUNG**	**3**
1.1	Übersicht zum Buch	5
2	**DAS UNIX-SYSTEM**	**7**
2.1	Die UNIX-Entwicklung	7
2.2	Die UNIX-Werkzeuge	9
2.3	Die wichtigsten UNIX-Einflüsse	11
3	**ERSTE SCHRITTE IN UNIX**	**21**
3.1	UNIX-Oberflächen	21
3.2	Beschreibungskonventionen	26
3.3	Kommandosyntax	29
3.4	Einstellungen am Bildschirm	32
3.5	Anmelden des Benutzers beim System	37
3.6	Einfache Kommandos	39
3.7	Ein-/Ausgabeumlenkung	46
3.8	Parameterexpansion	50
3.9	Vordergrund- und Hintergrundprozesse	54
3.10	Fließbandverarbeitung (Pipeline)	58
3.11	Kommandoprozeduren	60
3.12	Texteingabe, Editieren	63
3.13	Online-Hilfen	69
4	**KONZEPTE UND BEGRIFFE**	**75**
4.1	Benutzer und Benutzerumgebung	76
4.1.1	Der Zugang des Benutzers zum System	76
4.1.2	Benutzernummer, Gruppennummer	77
4.1.3	Dateikataloge des Benutzers	79
4.1.4	Das An- und Abmelden beim System	79
4.1.5	Die Benutzerumgebung	82
4.1.6	Der Suchpfad für Programme	87

4.1.7	Profile-Dateien	88
4.1.8	Information zur aktuellen Umgebung	90
4.1.9	Parameter und Zustände der Dialogstation	91
4.1.10	Benutzerkommunikation	93
4.2	Das UNIX-Dateikonzept	96
4.2.1	Dateiarten	97
4.2.2	Dateiattribute	103
4.2.3	Struktur eines Dateisystems	111
4.2.4	Die UNIX-Dateisysteme	113
4.2.5	Anlegen und Prüfen von Dateisystemen	117
4.2.6	Demontierbare Dateisysteme	118
4.2.7	Das Quotensystem bei Dateisystemen	120
4.2.8	Dateiorientierte Kommandos	121
4.3	Kommandos, Programme, Prozesse	128
4.3.1	Prozeßkenndaten	129
4.3.2	Prozeßkommunikation, Prozeßsynchronisation	135
4.4	Reguläre Ausdrücke in Dateinamen und Suchmustern	147
4.4.1	Metazeichen in regulären Ausdrücken	147
4.4.2	Tabelle der regulären Ausdrücke in UNIX	153
5	**KOMMANDOS DES UNIX-SYSTEMS**	**155**
5.1	Die zwanzig wichtigsten Kommandos	156
5.2	Kommandoübersicht nach Sachgebieten	157
5.2.1	Dateiorientierte Kommandos	157
5.2.2	Sitzungsorientierte Kommandos	160
5.2.3	Kommandos im Bereich Programmentwicklung	165
5.2.4	Textverarbeitungsprogramme	167
5.2.5	Systemadministration	170
5.3	Vielbenutzte Kommandos (alphabetisch)	173
6	**EDITOREN**	**343**
6.1	Der Texteditor ed	344
6.1.1	Aufruf des ed	345
6.1.2	Bereichsangaben in Kommandos	345
6.1.3	Die Metazeichen des ed	346
6.1.4	Tabelle der ed-Kommandos	349
6.2	Der Bildschirmeditor vi	353
6.2.1	Aufruf des vi	354
6.2.2	Aufteilung des Bildschirms	355
6.2.3	Kommando-, Eingabe- und Ersetzungsmodus	356

6.2.4	Positionieren des Arbeitszeigers	358
6.2.5	Suchen	362
6.2.6	Puffer und Marken	365
6.2.7	Kommandotabelle des vi	367
6.2.8	vi-interne Optionen	369
6.2.9	Makros, Abkürzungen und Ersetzungen	371
6.2.10	Bereichsangaben im vi und ex	373
6.3	Der Editor ex	374
6.3.1	Der Aufruf des ex	374
6.3.2	Die Kommandos des ex	375
6.3.3	Das Setzen von ex-Optionen	381
6.4	Der Stream-Editor sed	384
6.4.1	Der Aufruf des sed	384
6.4.2	Die Anweisungen des sed	385
6.4.3	Beispiele zum sed	389
6.5	Textverarbeitung unter UNIX.	391
6.5.1	Übersicht zur Textverarbeitung	392
6.5.2	Die Formatierer nroff und troff	397
6.5.3	tbl – der Präprozessor für Tabellen	400
6.5.4	eqn und neqn - Präprozessoren für Formeln	401

7	**DIE SHELL ALS BENUTZEROBERFLÄCHE**	**403**
7.1	Die Shell als Kommandointerpreter	405
7.1.1	Kommandosyntax	406
7.1.2	Ein-/Ausgabeumlenkung	409
7.1.3	Kommandoverkettung	411
7.1.4	Fließbandverarbeitung (Pipe)	411
7.1.5	Hintergrundprozesse	412
7.1.6	Kommando-Gruppierung	412
7.1.7	Shellprozeduren	413
7.1.8	Die Variablen der Shell	414
7.1.9	Ablaufsteuerung	422
7.1.10	Shell-interne Kommandos	432
7.1.11	Der Ersetzungsmechanismus der Shell	444
7.1.12	Die Fehlerbehandlung der Shell	447
7.1.13	Die Grammatik der Shell	450
7.1.14	Beispiele zu Kommando-Prozeduren	453
7.2	Die C-Shell – csh	457
7.2.1	Starten und Terminieren der csh	457
7.2.2	Die Prozeßkontrolle (job control) der csh	458
7.2.3	Aufrufoptionen der csh	460
7.2.4	Der History-Mechanismus der csh	461

7.2.5	Die Alias-Funktion der csh	463
7.2.6	Namensexpandierung bei der csh	464
7.2.7	Die Variablen der csh	465
7.2.8	Die Variablen der csh	468
7.2.9	Die Ablaufsteuerung der csh	471
7.2.10	Die internen Kommandos der csh	474
7.2.11	Ein-/Ausgabeumsteuerung der csh	478
7.2.12	Anmerkungen zur csh	479
7.3	Die Korn-Shell – ksh	481
7.3.1	Erweiterte Kommandos	482
7.3.2	Alias	484
7.3.3	Die Job-Kontrolle des ksh	486
7.3.4	Kommandoersetzung	487
7.3.5	Ausgabe-Kommandos	488
7.3.6	Variablen	489
7.3.7	Koprozesse	496
7.3.8	Editieren der Kommandozeile	497
7.3.9	Namensergänzung – file name completion	498
7.3.10	Kommandowiederholung – history	499
7.3.11	Optionen und Schalter der Korn-Shell	500
7.3.12	Anpassen der Arbeitsumgebung	503
7.4	Weitere Shells	505
7.4.1	Die Job-Control-Shell jsh	506
7.4.2	Die Layered Shell shl	508
7.4.3	Die eingeschränkte Shell rsh	510
7.5	Alternative Shells	512
8	**DAS X WINDOW SYSTEM**	**515**
8.1	Entwicklung des X Window Systems	516
8.2	Aufbau des X Window Systems	518
8.2.1	Client-/Server	518
8.2.2	Window-Manager	521
8.3	Arbeiten mit dem X Window System	523
8.3.1	Start des X Window Systems	523
8.3.2	Bildschirm-Namen	527
8.3.3	Zugriffsüberwachung	529
8.3.4	Größen- und Positionsangaben	532
8.3.5	Schriften und Farben	533
8.3.6	Aufrufoptionen von Clients	537
8.3.7	Einstellungen (Ressourcen)	539

8.4	Der Motif-Window-Manager	543
8.4.1	Die Rahmenelemente eines Motif-Fensters	544
8.4.2	Konfigurationsdatei des mwm	546

9	**PROGRAMMENTWICKLUNG UNTER UNIX**	**549**
9.1	Übersetzer, Assembler, Interpreter	553
9.1.1	Der Präprozessor cpp	555
9.2	Binder und Bibliotheksverwalter	558
9.2.1	Der Binder ld	560
9.2.2	Der Bibliotheksverwalter ar	564
9.3	Programmgenerierung mit make	566
9.3.1	Beschreibung von Abhängigkeiten	567
9.3.2	Makrodefinitionen in make	568
9.3.3	Der Aufruf von make	569
9.3.4	Beispiel zu make	570
9.4	Testhilfen	572
9.4.1	Die Testhilfe sdb	574
9.4.1.1	Aufruf des sdb	574
9.4.1.2	Benennen von Objekten	575
9.4.1.3	Kommandos des sdb	576
9.4.1.4	Format- und Längenangaben beim sdb	580
9.4.1.5	Aktuelle Datei, Prozedur und Zeile, aktueller Katalog	580
9.4.1.6	Die Adreßabbildung des sdb	582
9.4.1.7	Programmbeispiel zum sdb	582
9.5	Der Reportgenerator awk	586
9.5.1	Aufruf des awk	586
9.5.1	Das awk-Programm	587
9.5.2	awk-Sprachelemente	590
9.5.3	awk-Aktionen	593
9.5.4	Die Funktionen des awk	596
9.5.5	Übergabe von Argumenten an awk	598
9.5.6	Die Fehlermeldungen des awk	599
9.5.7	Beispiele zum awk	600

10	**SYSTEMANSCHLÜSSE UND C-BIBLIOTHEKSFUNKTIONEN**	**603**
10.1	Fehlernummern der Systemaufrufe	604
10.2	Liste der Systemaufrufe	613
10.3	Die Ein-/Ausgaberoutinen der C-Bibliothek	651
10.4	Mathematische Funktionen der C-Bibliothek	708
10.5	Liste der systemabhängigen Konstanten	711
10.6	Tabelle der Funktionen und Systeme	713

11	SYSTEMVERWALTUNG UND SYSTEMPFLEGE	735
11.1	Systemgenerierung	736
11.1.1	Erstellung der Geräteeinträge (special files)	737
11.2	Systemdateien	739
11.2.1	Paßwortdateien	743
11.2.2	Angaben zu Dialogstationen	747
11.2.3	Informationsdateien	756
11.2.4	System-Kommandoprozeduren	759
11.3	Eintrag eines neuen Benutzers	762
11.4	Das Herunterfahren des Systems	764
11.5	Benutzeraktivitäten und Abrechnungen	766
11.5.1	Accounting-Dateien	766
11.5.2	Systemaktivitäten	768
11.6	Initialisierung neuer Datenträger	769
11.7	Datensicherung	770
11.8	Konsistenzprüfung der Dateisysteme	774
11.9	Dämonprozesse	777
11.10	UNIX-Print-Spooling	779
11.10.1	Der Print-Spooler lp	779
11.11	Die Kataloge des UNIX-Systems	789
A	**Übersichten und Tabellen**	**795**
B	**Literaturverzeichnis**	**819**
	Stichwortverzeichnis	**825**

8 Das X Window System

UNIX ist, bedingt durch die Hardware-Situation zur Zeit seines Entstehens, ein auf zeichenorientierte Ein- und Ausgabe hin ausgerichtetes System. Die wichtigste und flexibelste Benutzerschnittstelle zum System, die Shell, ist nach wie vor ein zeichenorientiertes Programm.

Dennoch werden heutige UNIX-Systeme in zunehmendem Maße über eine graphische Oberfläche bedient, die intuitivere und damit ergonomischere Programme zuläßt und zwar mit Hilfe des *X Window Systems*[1] mit allen darauf abgestellten Programmen. Diese graphische Oberfläche unter UNIX ist jedoch, ähnlich wie Microsoft Windows 3.1 und im Unterschied zu Microsoft Windows 95, Apple MAC/OS oder IBM OS/2 vor allem ein Betriebssystem-Aufsatz, der nur sehr lose mit dem darunterliegenden Betriebssystem verbunden ist.

Mit der Entwicklung von hochauflösenden Bildschirmen, deren Bildpunkte einzeln adressierbar waren, wurde bereits sehr früh Software entwickelt, um diese Bildschirme an UNIX-Systemen zu betreiben – hierfür wurde jedoch von jedem Hersteller eine eigene, proprietäre Technologie eingesetzt. Netzwerkweiter Betrieb oder einheitliche Bedienung von graphischen Applikationen über unterschiedliche Hardware-Plattformen hinweg war nicht möglich.

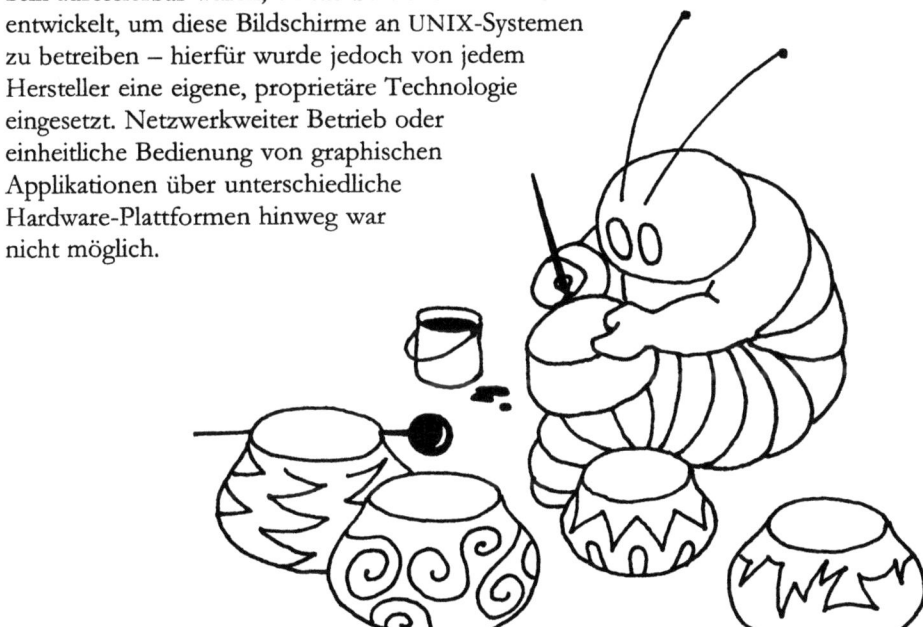

---

1. Das *X Consortium* als Entwickler legt die Namensgebung fest und fordert in der Dokumentation zu »X« ausdrücklich die Verwendung der folgenden Bezeichnungen: »X«, »*X Window System*«, »*X Version 11*«, »*X Window System, Version 11*« oder »*X11*«. Bezeichnungen wie »X-Windows« u.ä. sind demzufolge nicht korrekt.

8.1 Entwicklung des X Window Systems

In dieser Situation der divergierenden graphischen UNIX-Oberflächen wurde ab 1984 am MIT (*Massachusetts Institute of Techology*) im Projekt *Athena* nach einem neuen Ansatz gesucht. Dies führte zur Entwicklung des X Window Systems.

Das X Window System ermöglicht es, graphische Anwendungen

- netzwerkweit und
- unabhängig von der eingesetzten Hardware

zu betreiben. Damit wurde es unter UNIX möglich, graphische Bildschirme von der Applikation her einheitlich anzusteuern und somit graphische Anwendungen an beliebigen Bildschirmen anzuzeigen und zu bedienen, ohne daß diese Anwendungen notwendigerweise auch auf dem zu diesem Bildschirm gehörigen Rechnersystem abliefen oder installiert waren.

Das X Window System, das 1995 als Version 11, Release 6, (X11R6) vorliegt, fand als herstellerübergreifendes System schnell große Beachtung und ebensolche Verbreitung. Nicht zuletzt aufgrund der (nach wie vor) kostenlosen Verfügbarkeit des Quellcodes des kompletten X Window Systems wurde es von allen bedeutenden UNIX-Anbietern übernommen und damit zum Industriestandard für die Steuerung graphischer Oberflächen unter UNIX.[1]

Leistungsfähige Anzeigeprogramme (*X-Server*) für X11-konforme Software existieren heute neben UNIX-Systemen auch für alle anderen gängigen Rechnerwelten, so daß es z.B. möglich ist, von einem Windows- oder Macintosh-System aus mit graphischen UNIX-Applikationen zu arbeiten. Die große Verbreitung des X Window Systems hat mit sogenannten *X-Terminals* zur Entwicklung eines völlig neuartigen Terminaltyps geführt.

Komponenten und Umfang des X Window Systems

Das X Window System wird nach wie vor am MIT vom *X Consortium*, dem mittlerweile alle großen Herstellerfirmen angehören, weiterentwickelt, gepflegt und im Quellcode kostenlos zur Verfügung gestellt.

Zum X Window System und damit zum Lieferumfang des Kernsystems gehören neben der kompletten und ausführlich dokumentierten Entwicklungsumgebung die folgenden Programme:[2]

X der X-Server; zentrale Komponente; Programm zur bildpunktweisen Steuerung eines graphischen Bildschirms

---

1. Derzeit einziger Anbieter eines UNIX-Systems mit einer nicht auf X Window basierenden und dazu auch nicht kompatiblen graphischen Oberfläche ist NeXT mit dem System NeXTStep.
2. Diese Programme verstehen sich als Vorbild oder Muster und werden normalerweise von den Systemanbietern für ihre Plattformen optimiert. Nicht von allen Herstellern werden alle Programme an die Kunden weitergegeben.

twm	ein Window-Manager, der zwar schnell und leistungsfähig, aber dennoch selten eingesetzt und meist durch den Motif-Window-Manager ersetzt wird.
xterm	eine Terminalemulation zur Simulation eines zeichenorientierten Bildschirms in einem Fenster der graphischen Oberfläche (Shell-Fenster)
xdm	der Display Manager; wickelt die Benutzeranmeldung am graphischen Bildschirm ab; zeigt dazu ein Login-Fenster (siehe 3.4 auf S. 37) an.
xconsole	zur Anzeige von Konsol-Meldungen in einem Fenster
xmh, xbiff	das Mail-Programm und das Programm, welches das Eintreffen neuer Mail anzeigt
xman	zur Anzeige von Manualseiten
bitmap	ein Editor für Bitmap-Graphikdateien
editres	ein Editor für Resource-Dateien
xditview	ein Anzeigeprogramm für *ditroff*-Dateien
xauth, xhost	Programme zur Zugangskontrolle

xrdb, xcmsdb, xset, xsetroot, xstdcmap, xmodmap
 Programme zur Konfiguration einer individuellen Benutzerumgebung

xload	zeigt die Systemauslastung graphisch an
xclock, oclock	zur graphischen Anzeige der Uhrzeit
xfd	graphische Anzeige verfügbarer Schriftarten

xlsfonts, xfontsel, xwinifo, xlsclients, xdpyinfo, xprop
 Ausgabe von Informationen über Schriftarten, Fenster und Anzeige-Zustände

xev	Diagnose-Anzeige von Ereignissen (*events*) im Kontext des X Window Systems
xwd, xwud, xpr	Programme zum Erstellen, Anzeigen und Ausdrucken von Bildschirm-Abzügen (***X Window Dump***)
xmag, xeyes, ico, xgc, x11perf, u.v.m.	
	Hierbei handelt es sich um Demo-Programme.

Normalerweise liegen in einer Standardkonfiguration alle diese Programme im Verzeichnis */usr/bin/X11*; zugehörige Konfigurationsdateien sind im Standardverzeichnis */usr/lib/X11* zu finden. Durch symbolische Verweise läßt sich diese Konfiguration einfach umstellen, so daß auf individuellen Systemen das X Window System oft auch in anderen Verzeichnissen zu finden ist. Für die Arbeit mit dem X Window System muß die Umgebungsvariable $PATH auf das X11-Programmverzeichnis verweisen.

8.2 Aufbau des X Window Systems

Um dieses wichtigste und herausragende Merkmal die hardware- und netzwerktransparenten Funktionalität zu erreichen, ist das X Window System aus zwei prinzipiell unterschiedlichen Komponenten aufgebaut: einer Anzeigekomponente zur Steuerung eines graphischen Bildschirms und der eigentlichen Applikation, die sich der Dienste der Anzeigekomponente bedient.

8.2.1 Client-/Server

Diese Aufteilung bedient sich der Begriffe *Client* und *Server* und ist wie folgt zu beschreiben:

X-Server   Ein *X-Server* ist in der Terminologie des X Window Systems ein Programm, das einen graphischen Bildschirm (*bitmap display*) steuert. Ein X-Server ist daher **hardwareabhängig** und für genau einen Bildschirm-Typ erstellt. Auf jedem Bildschirmtyp, an dem mit dem X Window System gearbeitet werden soll, muß ein derartiger X-Server laufen.
Ein X-Server nimmt von anderen Programmen Anzeige-Aufforderungen entgegen, führt diese aus und leitet die Tastatur-Eingaben und Mausbewegungen des Benutzers an die einzelnen Programme zurück.
Ein X-Server hat noch nichts mit dem Aussehen von Programmen am Bildschirm zu tun, sondern nur mit den Basisoperationen der Anzeige von Text und Graphik und der Kontrolle der Maus.

X-Client   *X-Clients* sind alle Programme, die an einem graphischen, von einem X-Server kontrollierten Bildschirm anzeigen, im landläufigen Sinne alle als *X-Window-Programme* bezeichnete Applikationen. Zu den X-Clients gehören alle auf Seite 516 f. erwähnten Programme und alle graphischen Applikationen von Softwareherstellern.

8.2 Aufbau des X Window Systems

Im Client-Server-Konzept erteilt der *X-Client* dem *X-Server* den Auftrag zur Darstellung seiner (graphischen) Ausgabe.

Die Anzeigekomponente von X-Clients ist **hardwareunabhängig**! Ein X-Client kann selbst keine Anzeige leisten, sondern setzt sich mit einem X-Server in Verbindung und bedient sich dessen Dienste bei der Steuerung des Bildschirms.

X-Client und X-Server können durch das X11-Konzept sowohl auf dem gleichen Rechner ablaufen, als auch auf getrennten Rechnern, die durch ein Netzwerk verbunden sind. Die Kommunikation zwischen dem Server und seinen Clients erfolgt über das *X-Protokoll*.

Verteilung im Netz

Die Kommunikation von X-Client und X-Server, d.h. die Anzeigewünsche des Clients an den Server und die Nachrichten und Ereignisse, die der X-Server an den Client weiterreicht, wird über das **X-Protokoll** abgewickelt.

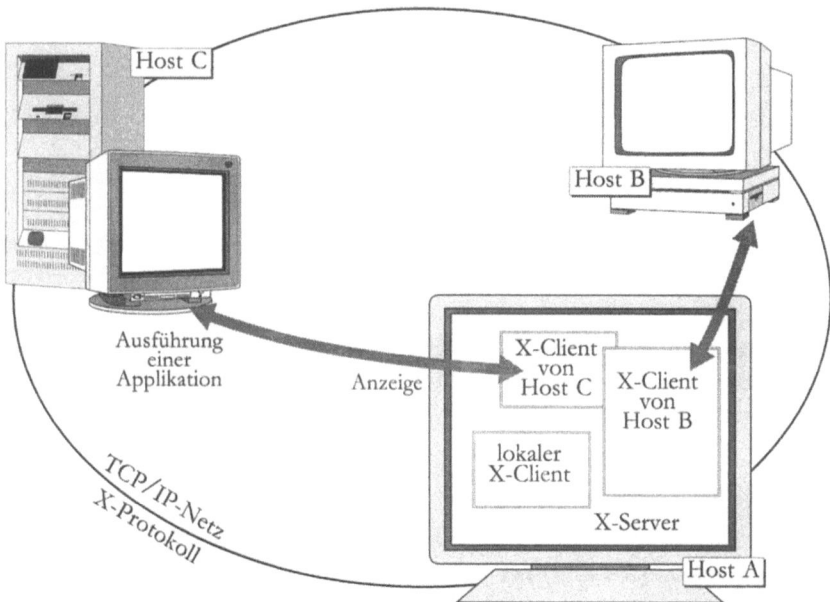

Abb. 8.1: X-Clients können in einem Netz auf anderen Rechnern liegen als der X-Server, auf dem sie angezeigt werden.

Dieses X-Protokoll ist so flexibel ausgelegt, daß es möglich wird, die einzelnen Komponenten des X Window Systems, also Applikationen und X-Clients, nicht nur lokal auf einem Rechner zu halten, sondern sie auf beliebige Rechner in einem Netz zu verteilen.

Jedes Rechnersystem, das in der Lage ist, über ein Netz mit UNIX-Rechnern zu kommunizieren und über einen X-Server einen graphischen Bildschirm zu steuern, kann auf diese Weise, unabhängig vom eigenen Betriebssystem und vom lokalen Fenstersystem, X11-konforme Anwendungen bedienen. X-Server sind für alle modernen und populären Betriebssysteme verfügbar, wobei sie sich sogar ihre lokale Fenster-Oberfläche mit der des Hostrechners teilen und auf diese Weise lokale Applikationen neben graphischen Host-Applikationen ablaufen können.

Einfaches Beispiel hierfür ist die folgende Bildschirmdarstellung, bei der die Uhr einer Windows3.1-Oberfläche neben der Uhr eines Host-Rechners unter X11 angezeigt wird:

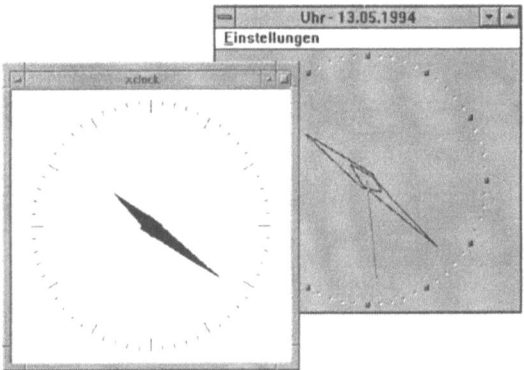

Abb. 8.2: Darstellung eines X-Clients (xclock; Uhr links) an einem X-Server auf einem Nicht-UNIX-System (links X11-Uhr, rechts Windows3.11-Uhr auf einem Bildschirm)

Andere Systeme mit graphischer Oberfläche leisten diese vollkommen hardwareneutrale, transparente und netzwerkübergreifende Trennung zwischen Applikation und Anzeigekomponente nicht.

X-Terminals

Dieses Konzept mit einer Aufteilung in Anzeigekomponente (*X-Server*) und Verarbeitungskomponente (*X-Client*) hat zur Entwicklung von Bildschirmen geführt, die auf das X Window System spezialisiert sind – sogenannte *X-Terminals*.

Bei einem X-Terminal handelt es sich um ein in ein Netz eingebundenes graphikfähiges Terminal, das lokal als einziges Programm einen X-Server ausführen kann, damit aber als vollwertige Arbeitsstation in einem auf X Window basierten Netz eingesetzt werden kann. Da X-Terminals lokal zumeist weder über ein Betriebssystem noch über Datenträger verfügen, laden Sie normalerweise nach dem Einschalten ihre Steuersoftware (den X-Server) von einer vorgegebenen Stelle im Netz.

X-Terminals sind als vollwertige zusätzliche graphikfähige Arbeitsplätze mit Anbindung an eine Workstation weit verbreitet.

8.2.2 Window-Manager

Das X Window System, d.h. der X-Server, leistet zunächst nur die bildpunktweise Steuerung des graphischen Bildschirms in Kommunikation mit den Applikationen (*X-Clients*). Lage, Größe, Position, Aussehen und Manipulierbarkeit von Fenstern, deren sogenanntes *Look & Feel*, sind davon nicht betroffen, sondern diese Funktionalität wird durch ein spezielles Client-Programm zur Fensterverwaltung hergestellt, welches als *Window-Manager* bezeichnet wird.

Erst ein Window-Manager ermöglicht es, Fenster mit der Maus zu verschieben, zu vergrößern und zu verkleinern und allen Applikationen mit einheitlichen Elementen durch sogenannte *Widgets* wie Druckknöpfen, Auswahllisten oder Textfeldern ein charakteristisches und konsistentes Aussehen zu geben. Das Aussehen und die Bedienbarkeit aller Komponenten des X Window Systems und aller zusätzlicher Applikationen hängt entscheidend vom eingesetzten Window-Manager und dem zugehörigen *User Interface Toolkit* ab, mit dem die Applikationen erstellt wurden.

Prinzipiell ist der Window-Manager ein X-Client wie jeder andere auch. Er muß damit also auch nicht auf dem lokalen System laufen, sondern kann wie andere X-Clients auf einem beliebigen System im Netz ablaufen und von dort aus ein lokales System bedienen.

Das X Window System ist nicht an einen bestimmten Window-Manger gebunden und damit auch nicht auf ein bestimmtes Erscheinungsbild (Look & Feel) von Fenstern und Applikationen festgelegt. Da Window-Manager normale Clients im X Window System sind, können sie, ähnlich wie die Shell zur Bedienung einer zeichenorientierten Oberfläche, einfach ersetzt werden. Entsprechend ist eine Reihe von unterschiedlichen Window-Managern verfügbar, die jedoch, wiederum ähnlich wie unterschiedliche Shells, alle eine ähnliche Bedienphilosophie zeigen, aber dennoch auch Unterschiede in Aussehen und Bedienung aufweisen.

Die folgenden Window-Manager haben nennenswerte Verbreitung erlangt:

twm (*tab window manager*) **twm** wird wie das gesamte X Window System am MIT entwickelt und zusammen mit diesem frei verfügbar ausgeliefert. **twm** ist schnell und umfangreich konfigurierbar, wird aber nur wenig eingesetzt, obwohl er auf nahezu jedem System verfügbar ist.

olwm (*Open Look window manager*) Von der Firma SUN entwickelter und ausschließlich auf deren UNIX-Systemen eingesetzter Window-Manager.

mwm (*Motif window manager*) Motif wurde von der OSF (*Open Software Foundation*; ein Zusammenschluß führender UNIX-Entwicklungshäuser) entwickelt und ist der am weitesten verbreitete Window-Manager. **mwm** ist im Standard-Lieferumfang der UNIX-Systeme nahezu aller Hersteller enthalten (seit 1995 auch beim bisher stärksten Konkurrenten SUN) und nicht zuletzt wegen der Ähnlichkeit seines Look&Feel zu Microsoft Windows3.1 sehr beliebt.

Diese Window-Manager sind auch in der Lage, mehrere, normalerweise nebeneinanderstehende Bildschirme wie einen großen Bildschirm zu behandeln und verwalten und dabei u.a. Objekte von einem Bildschirm auf einen anderen zu verschieben.

Daneben gibt es *virtuelle Window-Manager*, die einen fiktiven Bildschirm verwalten, der wesentlich größer ist als der reale, sichtbare Bildschirm. Diese virtuellen Window-Manager erlauben es, den sichtbaren Ausschnitt des Bildschirms wie ein Fenster mit der Maus über den bis zu zehn mal größeren unsichtbaren Teil zu verschieben.

Zusätzlich existieren, ähnlich wie bei Shells als zeichenorientierter Systemschnittstelle, eine Reihe weiterer, oft frei verfügbarer Window-Manager mit erstaunlichem Leistungsumfang.

Theoretisch lassen sich X-Applikationen unter beliebigen Window-Managern betreiben. Die Praxis zeigt jedoch, daß es eine Reihe von Punkten gibt, an denen die Applikation auf den Window-Manager abgestimmt sein sollte bzw. der Window-Manager spezielle Fensterfunktion genau in einer von der Applikation erwarteten Art unterstützen sollte. Es spricht deshalb einiges dafür, sich auf nur einen oder zumindest nur eine sehr kleine Anzahl von Window-Managern in einer Systemumgebung zu beschränken.

Der am weitesten verbreitete Window-Manager ist der im Abschnitt 8.4 beschriebene OSF-Motif-Window-Manager **mwm**, auf dessen Verhalten und Funktionen die meisten kommerziell vertriebenen X-Applikationen abgestimmt sind.

8.3 Arbeiten mit dem X Window System

Jeder graphikfähige Bildschirm unterstützt einen einfachen Terminal-Modus, in dem wie an einem normalen zeichenorientierten Bildschirm mit dem UNIX-System gearbeitet werden kann. Auch unter einer graphischen Oberfläche ist die Shell (**sh**, **ksh** oder **csh**) eine wichtige Schnittstelle zum System, da sie für die Ausführung diverser Konfigurationsprogramme zuständig ist.

8.3.1 Start des X Window Systems

Um mit einer Standardumgebung am X Window System arbeiten zu können, müssen eine Reihe von Prozessen gestartet werden. Dies sind der Reihe nach

- der X-Server,
- der Window-Manager und
- mehrere X-Clients.

Das Starten dieser X-Umgebung – im Fachjargon wird es als *Hochfahren* bezeichnet – geschieht nach einem ersten Einrichten meist automatisch durch eine Reihe von Kommandoprozeduren. Die Kenntnis dieses Ablaufs ist jedoch für das Verständnis des gesamten X Window Systems wesentlich.

Es folgt hier eine kurze Erklärung dieser einzelnen Programme in einer typischen Aufruffolge. Die Namen von Konfigurationsdateien können auf den einzelnen Systemen eventuell von den hier aufgeführten Namen abweichen. Die ausführliche Beschreibung mit Aufrufsyntax und Optionen erfolgt später in diesem Kapitel:

1. **X-Server:**
   Der X-Server trägt standardmäßig den Programmnamen »**X**« und liegt im Verzeichnis */usr/bin/X11* oder einem anderen, speziell dafür vorgesehenen Verzeichnis. Werden von einem Rechner mehrere unterschiedliche Bildschirme unterstützt, so müssen für alle diese Bildschirmtypen eigene X-Server vorliegen – meist unter anderen Namen.
   Es existieren vor allem zwei Möglichkeiten, den X-Server zu starten, die sich in erster Linie darin unterscheiden, ob der X-Server vor oder nach der Anmeldung des Benutzers gestartet werden soll:

   xdm   (*X Display Manager*) Der X-Server wird (durch **xdm**) bereits beim Hochfahren des UNIX-Systems gestartet und steht damit bereits vor der Anmeldung eines Benutzers zur Verfügung. Die Benutzeranmeldung wird über **xdm** abgewickelt, der hierzu ein Fenster zur Eingabe von Benutzerkennung und Passwort anzeigt.
   Nach erfolgreicher Benutzeranmeldung führt **xdm** die Anweisungen in der Datei *$HOME/.xsession* aus. Dies ist normalerweise eine Shell-Kommandodatei, die den Start von Programmen übernimmt und für die weitere Einrichtung der graphischen Arbeitsumgebung sorgt.

Nach dem Ende einer Benutzersitzung (*session*), d.h nach dem Beenden einer Applikation, die in der Datei *.xsession* als letztes gestartet wurde, und mit der daher die gesamte Session verbunden ist, setzt **xdm** den X-Server in einen Ausgangszustand zurück, zeigt erneut das Anmelde-Fenster an und wartet auf eine Benutzeranmeldung.

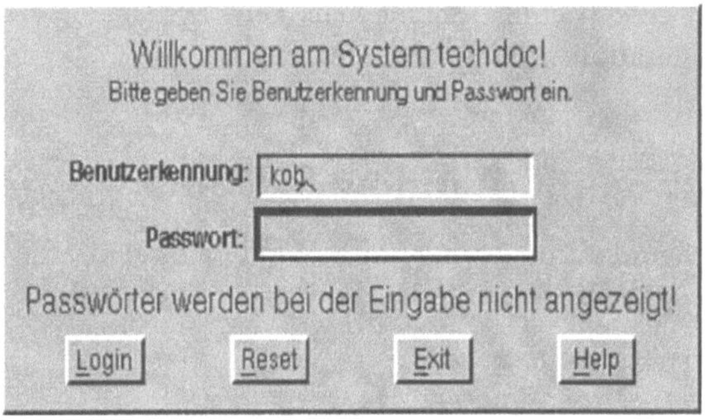

Abb. 8.3: xdm-Fenster zur Benutzeranmeldung bei bereits laufendem X-Server

xinit ist ein Kommandozeilen-Programm zum Start des X-Servers und der X-Umgebung, das vom Benutzer aufgerufen wird, nachdem er sich über einen zeichenorientierten Systemzugang angemeldet hat.
xinit hat die folgende allgemeine Aufrufsyntax:

xinit {*x-client*} {*optionen*} -- {*x-server*} {*display*}

Von besonderer Bedeutung sind hier die beiden --, mit denen die Aufrufe eines ersten X-Clients (vor den --) und des X-Servers (nach den --) getrennt werden. Werden keine Optionen angegeben, so wird standardmäßig als erstes Programm (erster Client) die Datei *$HOME/.xinitrc* ausgeführt und ein X-Server mit Namen **X** gestartet.
xinit wird in einigen Fällen nicht direkt durch den Benutzer gestartet, sondern ist gelegentlich eingebunden in ein individuelles Programm (Kommandoprozedur) mit Namen wie **startx** oder **xstartup**.
Nachdem **xinit** den X-Server gestartet hat, führt es in der Standardkonfiguration die Datei *$HOME/.xinitrc* aus. Diese Kommandoprozedur richtet die weitere graphische Arbeitsumgebung ein und startet individuelle Programme. Fehlt die Datei *.xinitrc*, so wird standardmäßig eine Terminalemulation **xterm** aufgerufen. Soll die X-Umgebung aus irgendwelchen Gründen nicht über die Datei *.xinitrc* hochgefahren werden, so kann über die Umgebungsvariable **$XINITRC** eine andere Datei vorgegeben werden.
xinit beendet den X-Server, wenn der beim Aufruf angegebene X-Client beendet wird. Fungiert *.xinitrc* als Ersatz für den ersten X-Client, so wir das Ende des letzten(!) darin eingetragenen Programms als Ende-Kriterium verwendet.

→ In Umgebungen, in denen der X-Server wechselweise über **xdm** oder über **xinit** gestartet wird, können die Dateien *.xinitrc* und *.xsession* ggf. als Verweise (*links*) aufeinander eingerichtet werden, so daß die in diesen Dateien eingetragenen und aufwendigen Programmaufrufe der X-Umgebung nur einmal ausgetüftelt werden müssen.

X-Server sind über Resource-Dateien in sehr weitgehender und teilweise umfangreicher Weise konfigurierbar (siehe hierzu Abschnitt 8.3.7). Standardmäßig liest der X-Server beim Start eine Vielzahl solcher Resource-Dateien, zuletzt die Datei *$HOME/.Xdefaults*-**hostname**, die damit eine benutzerindividuelle Konfiguration ermöglicht. Über diese X-Ressourcen wird nicht nur das Aussehen und Verhalten des X-Servers selbst festgelegt, sondern auch das aller X-Clients und damit aller Applikationen unter der graphischen Oberfläche.

2. **Window-Manager:**
X-Applikationen (X-Clients) können zwar auch ohne Window-Manager am Bildschirm anzeigen, ein sinnvolles und komfortables Arbeiten ist jedoch nur mit einem aktiven Window-Manager möglich. Andererseits ist ein Window-Manager prinzipiell auch nichts anderes als ein X-Client – nur nimmt er unter allen anderen X-Clients die Sonderrolle ein, diesen zu einheitlichem Aussehen und erleichterter Bedienbarkeit zu verhelfen. Daher soll der Window-Manager hier gesondert erwähnt werden.
Der Window-Manager wird wie alle X-Clients, die ein Benutzer zu Beginn seiner Sitzung in seiner X-Umgebung vorfinden möchte, aus *.xsession* oder *.xinitrc* gestartet. Er liest bei seinem Start eine Konfigurationsdatei im Login-Verzeichnis des Benutzers. Bei dem Motiv Window-Manager **mwm** heißt diese Datei *$HOME/.mwmrc*.
Die Konfigurationsdatei des Window-Managers ermöglicht es, sein Verhalten und damit die Bedien-Ergonomie der gesamten X-Umgebung entscheidend zu beeinflussen. Hier können u. a. Maustasten belegt werden und Menüfolgen definiert werden, die sich beim Anklicken des Bildschirmhintergrundes öffnen und den Aufruf weiterer Programme erlauben.

3. **X-Clients**, Applikationen:
Neben X-Server und Window-Manager werden beim Start des X Window Systems normalerweise auch einige der am häufigsten benötigten oder wichtig empfundenen X-Clients gestartet.

→ Die Dateien *.xinitrc* und *.xsession*, aus denen der Window-Manager und die ersten X-Clients gestartet werden, sind Kommandoprozeduren, die von der Shell wie jedes andere Shell-Skript auch abgearbeitet werden. Es sind in diesen Dateien damit alle Konstruktionen aus Shell-Programmen, insbesondere die Arbeit mit Variablen und die bedingte Abarbeitung möglich.

Typische X-Clients, die auf diese Weise automatisch zusammen mit dem Window-Manager gestartet werden, sind:

xclock zeigt eine analoge oder digitale Uhr am Bildschirm an (siehe Abbildung 8.2 auf S. 520)

xbiff	ist die graphische Version des Programmes **biff**. Es signalisiert durch eine hochgeschwenkte Flagge an einem kleinen Briefkastensymbol das Eintreffen neuer Mail.
xsetroot	gestattet die Einstellung einer Farbe, eines Musters oder eines Bildes, das an den Bildschirmhintergrund geladen wird.
xterm	stellt die Emulation eines zeichenorientierten Bildschirms in einem Fenster des graphischen Bildschirms dar. Steht kein *Desktop* oder ein anderes Dateiverwaltungsprogramm (*file manager*) zur Verfügung, so wird die gesamte Dateiverwaltung und damit auch der Hauptteil der Systemverwaltung über diesen X-Client als Systemschnittstelle abgewickelt.
desktop	Ein Desktop-Programm ermöglicht auch dem unerfahrenen Anwender die grundlegende Bedienung bis hin zur einfachen Konfiguration eines UNIX-Systems vollständig über die graphische Oberfläche. Ein Desktop-Programm umfaßt eine Reihe von Einzelprogrammen zur Dateiverwaltung, Umgebungskonfiguration, Netzzugriff, Datensicherung, u.v.m.. Ein herstellerneutrales, einheitliches Desktop-Programm steht erst seit Erscheinen von CDE[1] im Jahr 1995 zur Verfügung.

Diese und natürlich auch beliebige andere X-Clients werden ebenso wie auch der Window-Manager aus der Datei *.xsession* oder *.xinitrc* gestartet. Dabei ist zu beachten, daß bis auf den letzten X-Client alle diese Clients als Hintergrund-Prozesse zu starten sind. Da die auf diese Weise gestarteten Programme normalerweise während der gesamten Benutzersitzung laufen, könnte die Kommandoprozedur nicht weiter abgearbeitet werden, wenn die Programme beim Aufruf nicht in den Hintergrund gestellt werden. Wird das letzte Programm in *.xsession* nicht als Hintergrundprogramm gestartet, so wird damit über **xdm** automatisch die Lebensdauer der Benutzersitzung (*session*) verbunden und dadurch die gesamte X-Umgebung wieder abgebaut, wenn dieser als letzter und im Vordergrund gestartete Prozeß beendet wird. Normalerweise ist dies der Window-Manager.

Eine einfache Datei *.xsession* oder *.xinitrc* zum Aufbau der individuellen Benutzerumgebung wird auf Seite 542 gezeigt.

---

1. CDE steht für *Common Desktop Environment* und ist eine herstellerübergreifende Gemeinschaftsentwicklung im Rahmen der COSE-Initiative (*Common Open System Environment*). CDE basiert in seinem Aussehen, seiner Funktionalität und seiner Bedienphilosophie deutlich auf dem VUE-Desktop von Hewlett Packard (HP-UX).

Ausschneiden und Einfügen (Cut & Paste)

Als eine sehr hilfreiche Funktionalität unterstützt der X-Server einen Cut&Paste-Mechanismus (Ausschneiden und Einfügen), der, da er im X-Server selbst implementiert ist, unabhängig von einem speziellen X-Client verfügbar ist. Es ist damit möglich, mit einem einheitlichen Mechanismus Daten zwischen beliebigen X-Window-fähigen Applikationen auszutauschen.

Die Bedienung dieses Cut&Paste-Mechanismus erfolgt dabei mit der Maus und in allen Applikationen mit den gleichen Maustasten. Dies sind:

Linke Maustaste Mit der linken Maustaste kann in einer beliebigen Applikation ein beliebiger Textbereich markiert werden. Das Markieren geschieht entweder durch Überstreichen des Bereiches mit gedrückter Maustaste oder durch:
Doppelklick: ein Wort (von Leerzeichen umgeben)
Dreifach-Klick: eine ganze Zeile

Mittlere Maustaste Einfügen des markierten Bereichs in der Applikation und an der Position, an der die Schreibmarke gerade steht.

Gerade aufgrund ihrer vollkommenen Unabhängigkeit von einzelnen Applikationen ist der *Cut&Paste*-Mechanismus des X Window Systems eine Funktionalität, die in der Praxis die Arbeit mit mehreren Applikationen deutlich beschleunigen und vereinfachen kann. So lassen sich beispielsweise Teile der Ausgabe bzw. Anzeige eines Programms in den X-Puffer kopieren und von dort – ohne Neueintippen mit seinen potentiellen Tippfehlern – in den Eingabebereich einer anderen Applikation einfügen.

8.3.2 Bildschirm-Namen

In der in Abb. 8.1 auf Seite 519 dargestellten Verteilung von X-Clients und X-Server in einem Netz muß den Applikationen (X-Clients), die auf einem entfernten Rechner aufgerufen werden, mitgeteilt werden, an welche Bildschirme sie sich wenden sollen, d.h. wo sie bedient werden und ihre Ein- und Ausgabe erfolgen soll.

Um diese Zuordnung zwischen X-Client und X-Server herstellen zu können, kennt das X Window System Bildschirm-Namen, wobei es sich genau genommen nicht um den Namen eines Bildschirms handelt, sondern um den Namen eines X-Servers[1], der diesen Bildschirm bedient.

Im Kontext des X Window Systems haben X-Server netzwerkweit eindeutige Bildschirm-Namen (Displaynamen) mit folgendem Aufbau:

rechnername:*anzeigenummer*.*bildschirmnummer*   bzw.   *host*:*display*:*screen*

Die ersten beiden Namensbestandteile müssen durch ›:‹ getrennt werden; die letzten beiden durch ›.‹.

---

[1] Dieser Name des X-Servers (Bildschirm-Name) wie er in einem Netz bekannt ist und von X-Clients angesprochen werden kann, darf natürlich nicht verwechselt werden mit dem Programmnamen des X-Servers, mit dem dieser selbst gestartet wird.

Die einzelnen Komponenten eines solchen Display-Namens bedeuten:

rechnername (*hostname*) enthält den Namen des Rechners, an dem der Bildschirm angeschlossen ist. Bei Verwendung von X-Terminals (siehe Seite 520) sind zwar mehrere Bildschirme an einem System angeschlossen, diese sind jedoch am TCP/IP-Netz als eigenständige Netzadressen bekannt. Wird dieser Bestandteil des Displaynamens nicht angegeben, so ist immer der lokale Bildschirm gemeint.
In TCP/IP-Netzen, wie sie für gewöhnlich eingesetzt werden, ist dieser Rechnername der Internet-Name oder auch die Internet-Nummer eines Rechners, in der selteneren Form der Verwendung von DECnet ist es der Rechnername, gefolgt von zwei Doppelpunkten >::<.

anzeigenummer (*displaynumber*) Soll von einem X-Server mehr als nur ein einziger Arbeitsplatz gesteuert werden, so können diese einzelnen eigenständigen Terminals durch diese Anzeigenummer unterschieden werden.
Diese Funktion wird nur selten verwendet – normalerweise ist diese Anzeigenummer 0, sie darf jedoch nicht entfallen.

bildschirmnummer (*screennumber*) Das X Window System bietet eine Möglichkeit, mehrere physikalische Bildschirme (Monitore) zu einer Anzeige-Einheit zusammenzuschalten, also mit einer Tastatur und Maus mehrere Bildschirme als eine einzige Anzeige zu bedienen.
Mit dieser ›Bildschirmnummer‹ kann einem X-Client angegeben werden, an welchem Gerät er anzeigen soll.

✎ Gültige Displaynamen könnten damit lauten:
unix:0.0   Standardnamen des lokalen X-Servers
techdoc:0   X-Server am Rechner *techdoc*
193.141.69.254:0   X-Server am Rechner mit
                    der IP-Adresse 193.141.69.254
hst::0   X-Server an einem Rechner *hst* in einem DECnet

Das X Window System sieht mehrere Möglichkeiten vor, mit denen ein X-Client darüber informiert werden kann, an welchem X-Server er anzeigen soll. Beim Aufruf eines X-Clients kann diesem der Name des X-Servers angegeben werden als:

- Umgebungsvariable **$DISPLAY**
- Aufrufoption **–display** *name*

Normalerweise wird mit der Umgebungsvariablen DISPLAY gearbeitet. Bei geeigneter Systemkonfiguration muß diese Variable nicht explizit durch den Benutzer gesetzt werden, sondern sie kann über benutzerindividuelle oder von xdm-gesteuerte Anlaufdateien vorbelegt werden.

✎ DISPLAY=techdoc:0.0 export DISPLAY
→ setzt die Variable DISPLAY in der Bourne-Shell oder Korn-Shell.

8.3 Arbeiten mit dem X Window System

✎ setenv DISPLAY techdoc:0.0
→ setzt die Variable DISPLAY in der C-Shell.

✎ export DISPLAY=techdoc:0.0
→ setzt die Variable DISPLAY in der Korn-Shell und exportiert sie.

✎ rsh sonne xterm –display techdoc:0.0
→ Aufruf des Terminalemulationsprogramms **xterm** auf dem entfernten Rechner *sonne* mit Anzeige- und Eingabemöglichkeit am Rechner (X-Server) *techdoc*.

✎ meltdown –display saturn:0.0
→ Aufruf des Programms **meltdown** zur Anzeige auf dem entfernten Rechner *saturn*.
meltdown ist ein Scherzprogramm, das bewirkt, daß eine Bildschirmanzeige den Eindruck erweckt, als würde der Bildschirm abschmelzen und langsam verschwinden. (Der Bildschirm wird nach dem Abschmelzen wieder im vorherigen Zustand aufgebaut!)

In einem Rechnernetz, in dem häufig ein X-Client auf einem entfernten Rechner aufgerufen wird, aber am lokalen Bildschirm des Benutzers anzeigen soll, muß natürlich auch der lokale Displayname angegeben werden, nicht der Name des entfernten Rechners.

Wird die korrekte Angabe des Displays über die Umgebungsvariable $DISPLAY oder die Aufrufoption **–display** versäumt, so kann der meist störende Effekt auftreten, daß der Aufrufer eines Programms dessen Anzeige nicht an seinem Bildschirm erhält, ein anderer Benutzer jedoch plötzlich die Anzeige eines Programms am Bildschirm findet, das er nicht aufgerufen hat.

8.3.3 Zugriffsüberwachung

Im X Window System ist es durch Angabe der Aufrufoption **–display** oder der Umgebungsvariablen $DISPLAY prinzipiell für jeden X-Client möglich, sich mit jedem erreichbaren Server in Verbindung zu setzen.

Da X-Clients auch kontrollierende Funktionen über alle anderen Anzeigen von X-Clients an einem X-Server übernehmen können (etwa ein Window-Manager), stellt diese Funktionalität ein potentielles Sicherheitsproblem dar. Es können damit auch unerwünschte X-Clients die Kontrolle über die Ein- und Ausgaben am X-Server eines Benutzers erlangen.

Um diesen unerwünschten Zugriff auf X-Server zu verhindern, sind im Laufe der Entwicklung unterschiedliche Ansätze der Zugriffsüberwachung entstanden. Seit X11, Release 5, sind folgende Mechanismen verfügbar:

❑ Host-basierter Zugriffsschutz über **xhost**
❑ MIT-MAGIC-COOKIE-1 über *.Xauthority* und **xauth**
❑ XDM-AUTHORIZATION-1
❑ SUN-DES-1

Die derzeit am weitesten verbreiteten Mechanismen sollen hier kurz beschrieben werden:

xhost   xhost ist das Kontrollprogramm für die einfachste Form der Zugriffsüberwachung. Damit wird eine X-Server-interne Liste von Rechnernamen oder Benutzernamen verwaltet, die Zugriff auf den X-Server haben soll. Standardmäßig ist der aufrufende Benutzer in diese Liste eingetragen. Folgende Angaben sind bei **xhost** möglich:

+*name*   Rechner- oder Benutzer-*name* soll Zugriff auf den X-Server erhalten. Das ›+‹ kann auch entfallen.

−*name*   Rechner- oder Benutzer-*name* soll vom Zugriff auf den X-Server ausgeschlossen werden. Eine existierende Verbindung kann damit nicht abgebrochen werden.

+   Zugriffskontrolle ist ausgeschaltet und Zugriff damit für jeden Benutzer möglich.

−   Zugriffskontrolle ist eingeschaltet; Zugriff ist auf die erlaubten Benutzer beschränkt.

Ohne Angabe von Parametern gibt **xhost** eine Liste der zugelassenen Benutzer aus. Das Kommando **xhost** wird normalerweise in die Konfigurationsdatei für die lokale X-Umgebung (*.xinitrc* oder *.xsession*) eingetragen.

MIT-MAGIC-COOKIE-1
Dieser Mechanismus basiert auf einem Schlüsselwort (*magic cookie*)[1], das in einer nur dem aktuellen Benutzer als Besitzer des X-Server zugänglichen Datei abgelegt ist. Jeder X-Client, der vom Benutzer aufgerufen wird, holt sich den Schlüssel aus dieser Datei und übergibt ihn dem X-Server, mit dem er sich verbinden will. Der X-Server kann den Schlüssel akzeptieren oder die Verbindung ablehnen.

xdm erzeugt bei der Anmeldung eines Benutzers eine Datei mit einem Namen, der in der Variablen **$XAUTHORITY** enthalten ist, standardmäßig ist dies die Datei *.Xauthority* im Heimatverzeichnis des Benutzers. Diese Datei ist automatisch nur für den Benutzer lesbar und schreibbar und enthält das Schlüsselwort (*magic cookie*). Ein solches Schlüsselwort hat etwa die Form »706d294b8d4abac943afc8d8736ae8e3«.

Ruft der Benutzer einen X-Client auf, so liest dieser X-Client das *magic cookie* aus *.Xauthority* (nur die Prozesse des Benutzers, der auch den X-Server *besitzt*, dürfen diese Datei lesen) und bindet dies in seine Verbindungsanfrage an den X-Server ein. Stimmt das Schlüsselwort mit dem von **xdm** bei der Benutzeranmeldung erzeugten überein, so wird die Verbindung des X-Clients zum X-Server zugelassen.

---

1. Wörtlich übersetzt wäre »*magic cookie*« ein »Zauberkeks«. Von einem weiteren Gebrauch dieser Übersetzung wird jedoch hier abgesehen.

8.3 Arbeiten mit dem X Window System

Andere Benutzer können diese Verbindung nicht aufbauen, da sie das korrekte Schlüsselwort nicht kennen und die *.Xauthority*-Datei nicht lesen dürfen.

Das Programm **xauth** ist ein Hilfsprogramm zur Verwaltung der Informationen in der Autorisierungsdatei *.Xauthority*, das vor allem dann eingesetzt wird, wenn die Autorisierungsinformation auf anderen Rechnern, auf denen der Benutzer ebenfalls Heimatverzeichnis und Arbeitsberechtigung hat, wirksam gemacht werden soll.

xauth gibt nach dem Aufruf ein eigenes Bereitschaftszeichen ›xauth> ‹ aus und nimmt Kommandos entgegen. Den Inhalt der Autorisierungsdatei kann man sich dann mit **list** anzeigen lassen, während die Kommandos **help** oder **?** alle **xauth**-Kommandos ausgegeben.

Dieser MIT-MAGIC-COOKIE-1-Mechanismus basiert, da er vom Lese- und Schreibschutz der Datei *.Xauthority* abhängt, ausschließlich auf der Sicherheit des Dateisystems. Ist diese Sicherheit nicht gewährleistet, so ist der X-Server-Zugriffsschutz über diesen Mechanismus wirkungslos.

Sicherheitsprobleme können auch entstehen, wenn die Authorisierungsinformation über unsichere Netzwerke hinweg kopiert wird. In diesem Fall bieten die Mechanismen Secure-RPC oder Kerberos zusätzliche Sicherheit.

8.3.4 Größen- und Positionsangaben

Das X Window System kennt ein System zur Angabe von Größen und Positionen einzelner Objekte (Fenster von X-Clients) am Bildschirm. In erster Linie ist es zwar der Window-Manager, mit dem diese sogenannten *Geometriedaten* interaktiv mit der Maus verändert werden, die anfänglichen Daten gibt man jedoch häufig bei Aufruf eines X-Clients als Parameter mit.

Die Angabe dieser Geometriedaten erfolgt mit bis zu vier Zahlenangaben nach dem prinzipiellen Aufbau:

breite x *höhe* ± *Xab* ± *Yab*

breite und *höhe* sind dabei durch ein ›x‹ (anstelle eines ×-Zeichens) getrennt, den Angaben für *Xab* und *Yab* muß jeweils ein + oder ein − vorangestellt werden. Zudem dürfen die Werte für *Xab* und *Yab* auch negativ sein.

Die Angaben für *breite* und *höhe* beziehen sich auf die anfängliche Breite und Höhe des X-Clients und lassen sich in zeichenorientierten Applikationen wie **xterm** in Zeichen, bei graphischen Applikationen wie **xclock** in *Pixel* angeben.

Die Angaben *Xab* und *Yab* beziehen sich auf die Abstände, mit denen der aufgerufene X-Client von den senkrechten und waagerechten Kanten des Bildschirms entfernt plaziert wird. Die Abb. 8.4 zeigt die Bedeutung dieser Geometriedaten.

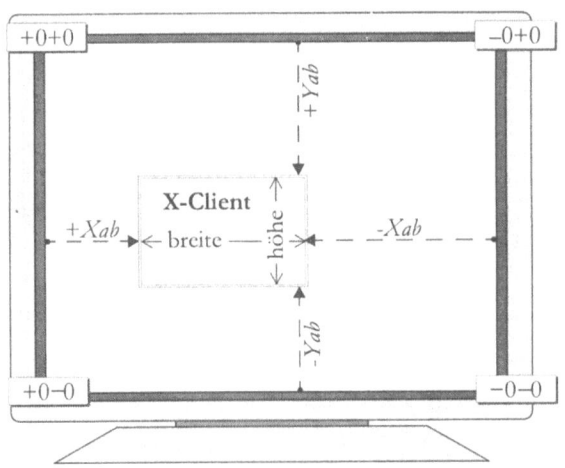

Abb. 8.4: Positions- und Abstandsangaben im X Window System

Mit den Angaben für *Xab* und *Yab* wird die Positionierung des X-Clients relativ zu den Bildschirmkanten auf folgende Weise festgelegt:

+*Xab*   gibt den Abstand der linken Kante des X-Clients von der linken Bildschirmkante an. Ist dieser Wert negativ, so wird die linke Kante außerhalb des Bildschirms plaziert.

−*Xab*   definiert den Abstand der rechten Kante des X-Clients von der rechten

8.3 Arbeiten mit dem X Window System

Bildschirmkante. Ist dieser Wert negativ, so wird die rechte Kante außerhalb des Bildschirms plaziert.

Die Abstände von der oberen oder unteren Bildschirmkante werden auf ähnliche Weise durch die Werte ±Yab angegeben. Die Bildschirmecken können entsprechend spezifiziert werden durch die Werte:

Ecke links oben: +0+0
Ecke links unten: +0−0
Ecke rechts oben: −0+0
Ecke rechts unten: −0−0

✎ Die praktische Anwendung dieser Geometrieangaben ist der Beispieldatei *.xsession* oder *.xinitrc* zum Aufbau der individuellen Benutzerumgebung auf Seite 542 gezeigt.

8.3.5 Schriften und Farben

Das X Window System gestattet in sehr detaillierter Weise auch die Angabe und Konfiguration von Schriften (Fonts), der Farben einzelner Stilelemente am Bildschirm und von Tastaturbelegungen. Definitionen und Konfigurationen für diese Themenbereiche tendieren dazu, sehr umfangreich und komplex zu werden und werden daher in modernen X-Umgebungen wie CDE meist von zusätzlichen Hilfsprogrammen zur Umgebungsanpassung erledigt.

Abb. 8.5: Konfiguration der X-Umgebung mit der »Umgebungsverwaltung« des Common Desktop Environment (CDE)

Zur *manuellen* Umgebungsdefinition durch Aufrufoptionen und Einträge in Einstellungsdateien sollen daher nur einige wichtige Anmerkungen gemacht werden, soweit sie für Aufruf und Konfiguration von X-Clients nötig sind.

Schriften – Fonts

Das X Window System ist bereits im Standardlieferumfang mit einer Vielzahl von Schriften (englisch: *Fonts*) ausgestattet, die in diversen Dateien in definierten Verzeichnissen liegen. Diese Verzeichnisse, in denen Schriften zu finden sind, müssen dem X-Server bekannt sein – sie sind also für den X-Server von Bedeutung, nicht etwa für den X-Client, der seine Ausgabe in einer bestimmten Schriftart darstellen möchte.

Der X-Server entnimmt seine Informationen über Schriften aus Dateien, die in einem Fontpfad (*font path*) vorgegeben werden. Normalerweise ist dieser Fontpfad bereits beim Start des X-Servers korrekt eingestellt und bedarf keiner Nachkorrektur. Standardmäßig sind Schriftarten für den X-Server in folgenden Verzeichnissen enthalten:

/usr/lib/X11/fonts/75dpi
/usr/lib/X11/fonts/100dpi
/usr/lib/X11/fonts/misc

Nahezu alle Systeme besitzen noch zusätzliche Fontverzeichnisse unter dem Hauptverzeichnis */usr/lib/X11/fonts*.

Das Kommando »**xset -q**« gibt die aktuelle Einstellung des Fontpfades aus. »**xset fp**« gestattet den Fontpfad zu ändern, was jedoch nur nötig ist, wenn der X-Server fehlende Fonts anmahnt.

Fonts können einem X-Server auch durch Font-Server über Netz verfügbar gemacht werden, wobei man diese dann in der Form »tcp/*rechnername:port*« angibt. *rechnername* ist hier der Name des Rechners im Netz, auf dem der Font-Server läuft; *port* ist der TCP-Port, unter dem dieser Font-Server angesprochen wird. Die Angabe über Font-Server und Font-Suchpfad kann auch gemischt auftreten.

Fonts liegen entweder in einem Textformat (*BDF*: *Bitmap Distribution Format*) oder in einem internen Binärformat (*PCF*: *Portable Compiled Format*) vor. Die Programme **bdftopcf** stehen zur Konvertierung von Font-Dateien und **mkfontdir** zur Anlage einer Font-Datenbasis in einem Font-Verzeichnis zur Verfügung.

Unter X Window werden Font-Namen im XLFD-Format (***X Logical Font Description***) angegeben und enthalten bereits im Namen sämtliche verfügbare Information über diesen Font. Sie bestehen aus dreizehn, jeweils durch – voneinander getrennten Feldern mit Einzelinformationen und haben daher die etwas unschöne Eigenschaft, schwer einprägbar zu sein.

Typische Fontnamen im X Window System sehen wie folgt aus:

-adobe-courier-medium-r-normal--24-240-75-75-m-150-iso8859-1
-adobe-helvetica-bold-r-normal--24-240-75-75-p-138-iso8859-1
-adobe-helvetica-medium-o-normal--24-240-75-75-p-138-iso8859-1
-b&h-lucida-bold-i-normal-sans-18-180-75-75-p-119-iso8859-1
-bitstream-charter-medium-r-normal--12-120-75-75-p-67-iso8859-1
-misc-fixed-bold-r-normal--15-120-100-100-c-90-iso8859-1

Abbildung 8.6 zeigt die einzelnen Bestandteile des Aufbaus eines Fontnamens im X Window System.

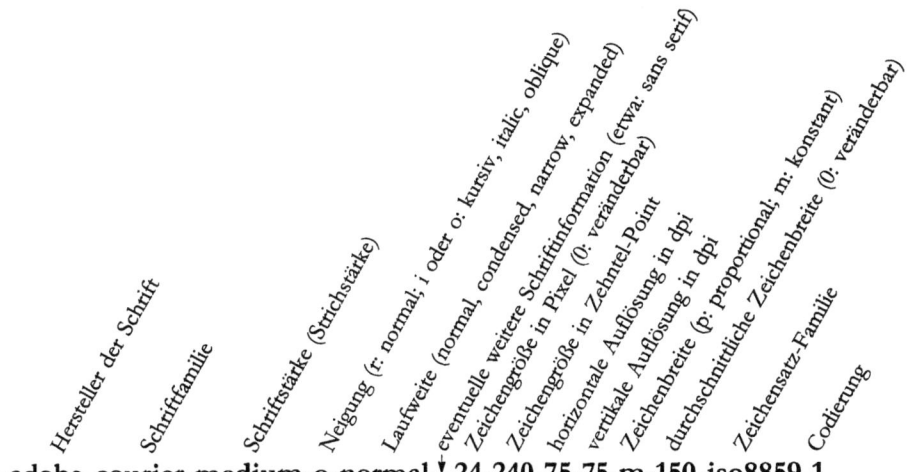

Abb. 8.6: Namensschema für Schriften (*Fonts*) im X Window System

Die Programme **xlsfonts** (zum Auflisten der verfügbaren Schriftarten) und **xfontsel** (zur interaktiven Fontauswahl) vereinfachen den Umgang mit diesen unhandlichen Namen.

Benötigt werden diese Fontnamen ggf. beim Aufruf von X-Clients oder zur grundlegenden Konfiguration der gesamten individuellen X-Umgebung.

Während zunächst die Schriften im X11-System als Rasterfonts in den jeweiligen Schriftgrößen einzeln vorliegen mußten, werden ab Release 5 (X11R5) auch frei skalierbare PostScript-Schriften unter Verwendung des Adobe ATM unterstützt.

Farben

X-Windows gestattet jedem Bildschirm-Attribut eigene Farben zuzuordnen. Die Farbdarstellung, in der ein X-Client am Bildschirm erscheint, wird zwar normalerweise durch eine Grundeinstellung der Applikation vorgegeben, sie läßt sich jedoch im Normalfall einfach ändern.

Als Farbnamen werden so weit wie möglich normale englischsprache Namen, verwendet – etwa *yellow*, *red*, *ivory*, *grey* oder *gray*. Dies vereinfacht die Angabe von Farben stark.

Intern werden die Farben als Werte-Tripel mit ihren Anteilen an Rot, Grün und Blau gehalten, also als RGB-Werte. Werden Farben in dieser RGB-Darstellung spezifiziert, so muß dabei das folgende Format eingehalten werden:

   rgb:*rotwert*/*grünwert*/*blauwert*

Für *rotwert*, *grünwert* und *blauwert* werden dabei normalerweise dreistellige hexadezimale Zahlen angegeben, die den Anteil der jeweiligen Farbe repräsentieren. **000** steht dabei für ›*kein Anteil*‹, fff steht für ›*größtmöglicher Anteil*‹.

Läßt man nur volle oder keine Anteile einer Farbe zu, so erhält man die acht Grundfarben des X Window Systems:

rgb:000/000/000	schwarz
rgb:fff/000/000	rot
rgb:000/fff/000	grün
rgb:000/000/fff	blau
rgb:fff/fff/000	gelb
rgb:fff/000/fff	magenta
rgb:000/fff/fff	cyan
rgb:fff/fff/fff	weiß

Die Datei *rgb.txt*, die normalerweise im Verzeichnis /usr/lib/X11 liegt, enthält sämtliche Farbnamen, die das X Window System kennt. Nur sie sind in Farbangaben verwendbar. Aus dieser Datenbasis informiert sich das X Window System bei der Übersetzung der Farbnamen in Farbcodes. Die Datei steht als einfache Textdatei auch dem Benutzer lesbar zur Verfügung.

Die Namensgebung dieser Farben erfordert ein gewisses Maß an Kreativität und Phantasie. Ein kleiner Auszug aus der (insgesamt 738 Zeilen langen) *rgb.txt*-Datei an einem System der Firma SUN unter Solaris 2.3 sieht wie folgt aus:

255 255 255	white
255 245 238	seashell
240 255 240	honeydew
245 255 250	mint cream
240 255 255	azure
240 248 255	alice blue
230 230 250	lavender
255 240 245	lavender blush
255 228 225	misty rose

In modernen Umgebungen wird die meist ziemlich aufwendige und gelegentlich mit Überraschungen verbundene Farbkonfiguration in der Regel nicht mehr durch den Benutzer über Farbcodes oder Farbnamen vorgenommen, sondern über graphische Farbauswahlprogramme, bei denen die Anteile der einzelnen Farben interaktiv konfiguriert und das Resultat sofort betrachtet werden kann.

8.3.6 Aufrufoptionen von Clients

Applikationen im X Window System, d.h X-Clients, können auf mehrere unterschiedliche Weisen aufgerufen werden:

* über die Kommandozeile vom Shell-Bereitschaftszeichen aus,
* aus Kommandoprozeduren (etwa *.xinitrc* oder *.xsession*),
* aus anderen Applikationen oder
* aus einem konfigurierbaren Menü des Window-Managers heraus.

In allen diesen Fällen bleibt der Aufbau der Kommandozeile jedoch immer der gleiche. Es wird immer, wie bei allen UNIX-Programmen, eine komplette Kommandozeile mit Programmnamen und Optionen an das System übergeben.

Die X-Window-Applikationen sind meist flexibel konfigurierbar und verarbeiten daher immer eine große Anzahl von Optionen in der Kommandozeile. Im Gegensatz zur sonstigen UNIX-Konvention, wo Optionen meist nur ein Zeichen lang sind und gruppiert werden können (etwa **–l**, **–a** oder **–xvf**), bestehen die Optionen im X Window System nahezu immer aus ganzen Worten (etwa **–name** oder **–display**), die sich jedoch bei Eindeutigkeit auch kürzen lassen (etwa zu **–n** oder **–d**).

Bei aller Verschiedenheit dieser Applikationen unterstützen sie meist einen grundlegenden, gemeinsamen Satz an Optionen, mit denen allgemeine, wenig applikationsspezifische Einstellungen vorgenommen werden können.

Nahezu alle X-Clients verarbeiten neben einer Vielzahl eigener Parameter die folgenden Aufrufoptionen:

–display *displayname* Der X-Client soll sich für die Anzeige mit dem in *displayname* angegebenen X-Server in Verbindung setzen. Wird diese Option nicht verwendet, so wird der Wert in der Variablen *$DISPLAY* herangezogen. Ist diese nicht definiert, so wird, bei geeigneter Berechtigung, am X-Server *unix:0.0*, d.h. am lokalen Bildschirm angezeigt. (Siehe Abschnitt 8.3.2, *Bildschirm-Namen* (Seite 527)).

–geometry *geometrieangaben* Mit dieser Option kann die anfängliche Größe und Position des aufgerufenen X-Clients angegeben werden (siehe hierzu Abschnitt 8.3.4).

–bg *farbe* (*background*) Farbe des Hintergrundes des Client-Fensters (zu Farbnamen siehe Seite 535).

–bd *farbe* (*border*) Farbe des Fensterrahmens

–bw *zahl* (*border width*) Breite des Fensterrahmens in Anzahl Pixel

–fg *farbe* (*foreground*) Farbe des Vordergrunds (Text oder Graphik)

–fn *fontname* (*font name*) Schriftart, die für die Ausgabe von Text verwendet werden soll (zur Bezeichnung der Schriften siehe Seite 534).

-iconic Die Applikation wird nach dem Aufruf nicht in voller Größe, sondern zum Symbolbild verkleinert (ikonifiziert) dargestellt. Der Window-Manager darf diese Option ignorieren.

-name *name* Mit dieser Option kann der Name angegeben werden, unter dem die Applikation nach zusätzlichen Einstellungen (Ressourcen) in Konfigurationen sucht. Normalerweise ist dies der Name, unter dem die Applikation aufgerufen wurde.
Die meisten X-Clients verwenden diese Option auch, um den damit angegebenen Namen in ihre Titelzeile einzutragen und als Bezeichnung ihrer Symboldarstellung zu verwenden.

-rv (*reverse*) Das Programm soll die Farbdarstellung invertieren, d.h. Vorder- und Hintergrundfarbe vertauschen. Sinnvoll ist dies fast nur in text- oder zeichenorientierten Anwendungen, bei denen damit eine Umwandlung von einer Schwarz-auf-Weiß-Darstellung in eine Weiß-auf-Schwarz-Darstellung erfolgt.

+rv Eine invertierte Darstellung soll explizit nicht angewandt werden, auch wenn dies als Voreinstellung vorgesehen ist.

-selectionTimeout *ms*
Hiermit läßt sich die maximale Zeitspanne (in Millisekunden) angeben, innerhalb der zwei kommunizierende X-Clients bei einer Auswahl-Anfrage (*selection request*) aufeinander reagieren müssen.

-synchonous Dies dient zur Fehlersuche und sollte bei normal arbeitenden Programmen nicht eingesetzt werden! Kommunikation zwischen X-Client und X-Server soll dabei ungepuffert ablaufen.

-title *titeltext* Mit dieser Option wird *titeltext* in die Titelzeile des Fensters eingetragen. In der Symboldarstellung wird *titeltext* nicht verwendet. Siehe auch die Option -name.

-xnllanguage *sprache*
Mit dieser Option wird die Sprache, ggf. auch das Land und der Zeichensatz für die Einträge in einer Einstellungsdatei festgelegt.

-xrm *resource* Sie gestattet beim Aufruf zusätzliche Resource-Einstellungen angegeben, wie sie auch in Einstellungsdateien (Resource-Dateien) vorgebbar sind. Dies ist immer dann hilfreich, wenn ein bestimmtes Verhalten eines X-Clients nicht über eine Aufrufoption, sondern nur über einen Eintrag in einer Resource-Datei erreicht werden kann.

Nahezu alle X-Applikationen (X-Clients) unterstützen noch eine Vielzahl weiterer Optionen.

8.3.7 Einstellungen (Ressourcen)

Neben der Konfiguration durch Aufrufoptionen, mit denen bereits viele Details des Verhaltens und Erscheinungsbildes von X-Clients festgelegt werden, sind in noch weitaus detaillierterer Form nahezu alle Parameter einer Applikation durch sogenannte *Ressourcen* (englisch: *resources*) konfigurierbar. Dies erlaubt eine höchst individuelle Einstellung der Benutzerumgebung.

Diese Ressourcen sind Einstellungen des X-Servers, mit denen im X-Server das Verhalten und Aussehen aller X-Clients bestimmt wird. Die Einstellungen werden vom X-Server entweder bei seinem Aufruf gelesen oder lassen sich auch nachträglich noch in den X-Server laden. Werden für eine Applikation keine Ressourcen angegeben, so gelten Standardwerte.

Resource-Dateien

Ressourcen, also Detaileinstellungen von Einzelparametern einer Applikation, werden in Resource-Dateien abgelegt und daraus vom X-Server gelesen.

Resource-Dateien liegen in unterschiedlichen Standardverzeichnissen und bauen hierarchisch aufeinander auf. Sie bilden den wichtigsten Konfigurationsmechanismus des gesamten X Window Systems.

Resource-Dateien sind Textdateien mit einer Werte-Einstellung pro Zeile. Somit sind diese Dateien mit einem normalen Texteditor wie etwa **vi** editierbar, was jedoch aufrund der Fülle der Konfigurationsmöglichkeiten aufwendig ist. Viele Hersteller statten ihre Systeme daher mit eigenen graphisch orientierten Werkzeugen zur Veränderung der Resource-Dateien aus und damit zur Anpassung der X-Umgebung. Erste Ansätze einer herstellerübergreifenden Vereinheitlichung solcher Werzeuge zeigt CDE mit der darin integrierten *Umgebungsverwaltung* (siehe Abb. 8.5 auf Seite 533).

Allgemein läßt sich der Aufbau jeder Zeile Resource-Datei wie folgt darstellen:

programmname*teil-name*teil-name*...: wert

Für die Syntax der einzelnen Zeilen ist folgendes zu beachten:

- ❑ Die Resource-Bezeichnung (*programmname*teil-name*teil-name*...*) muß durch : vom Wert der Resource getrennt werden.
- ❑ Programmnamen beginnen (per Konvention) mit einem Großbuchstaben. Gelegentlich wird auch das zweite Zeichen des Namens noch groß geschrieben.
- ❑ Als Wert kann jede beliebige Zeichenfolge eingetragen werden, wie sie ggf. vom Programm benötigt wird. Welche Werte dies sind, ist der jeweiligen Programm-Dokumentation zu entnehmen. Folgende Sonderzeichen sind dabei möglich:

\leer	Leerzeichen (normalerweise werden Leerzeichen weggelesen)
\tab	Tabulator (werden normalerweise weggelesen)
\n	neue Zeile
\nnn	beliebige Zeichen in Oktalcodierung

Folgezeilen lassen sich durch ein ›\neue_zeile‹ am Zeilenende aufbauen.

❏ Ein ›!‹ am Zeilenanfang leitet einen Kommentar ein. Diese Zeile wir dann nicht interpretiert.

❏ Durch ›# include‹ am Zeilenanfang kann auf eine andere Resource-Datei bezug genommen werden, die an dieser Stelle eingelesen wird.
Wird auf diese Weise eine Resource mehrfach belegt, so gilt nur der letzte Wert.

❏ Die einzelnen Teil-Namen der Resource-Bezeichnung können durch ›*‹ oder ›.‹ getrennt werden. ›.‹ bewirkt dabei eine enge Bindung (*tight binding*), bei der die angrenzenden Teil-Namen tatsächlich nur in dieser hierarchischen Folge nebeneinander auftreten dürfen und damit eine sehr präzise Detailangabe erlauben. ›*‹ bewirkt eine lockere Bindung (*loose binding*), bei der zwischen den angrenzenden Teil-Namen noch andere Teil-Namen stehen dürfen. Meist wird die lokkere Bindung verwendet, da sie mehr Freiheiten bei der Angabe zuläßt.

✎ Eine Resource-Datei hat etwa folgenden Aufbau (Ausschnitt aus der Standard-Resource-Datei des Manual-Anzeigeprogramms **xman**):

XMan*SimpleMenu.BackingStore:	Always
XMan*SimpleMenu.SaveUnder:	Off
XMan*horizPane.orientation:	horizontal
XMan*horizPane*showGrip:	False
XMan*horizPane.max:	15
XMan*topLabel.BorderWidth:	0
XMan*search*label.BorderWidth:	0
XMan*search*dialog*value:	xman
XMan*optionMenu.Label:	Xman Options
XMan*sectionMenu.Label:	Xman Sections
XMan*horizPane*options.Label:	Options
XMan*horizPane*sections.Label:	Sections

→ Hier wird die Resource-Bezeichnung nahezu immer mit lockerer Bindung durch ›*‹ angegeben. Als Werte sind hier typischerweise Zeichenketten (wie etwa ›*Xman Options*‹, ›*Sections*‹), numerische Werte (0, 15) oder boolsche Werte (Off, horizontal, False) zu finden.

Wo liegen die Resource-Dateien?

Schon für ein einziges Programm können meist sehr viele solcher Einzeldefinitionen festgelegt werden. Große Programmsysteme (wie etwa das DTP-Programm FrameMaker) lesen bei ihrem Aufruf eine Vielzahl solcher Ressourcen und gestalten ihr Aussehen und Verhalten entsprechend dieser Vorgaben. Auch über die Reihenfolge, in der diese Dateien gelesen werden, kann das Verhalten einer Applikation beeinflußt werden, da später gelesene Definitionen die früher gelesenen überschreiben können.

An folgenden Stellen werden Ressourcen gesucht:

1. Im X-Server geladen.
2. In Client-(Applikations-)eigenen Resource-Dateien:
   Normalerweise liegen diese Dateien im Verzeichnis */usr/lib/X11/app-defaults* und sind nach dem Programmnamen (mit Großschreibung des ersten Zeichens) benannt. Dieses Verzeichnis läßt sich durch die Variable **$XFILESEARCHPATH** ändern.
   Zusätzlich werden Verzeichnisse durchsucht, deren Name in den Umgebungsvariablen **$XUSERFILESEARCHPATH** und **$XAPPLRESDIR** enthalten sind. Applikationen haben oft auch noch weitere, eigene Resource-Verzeichnisse.
3. Benutzereigene Resource-Dateien:
   Diese werden in der Datei *.Xdefaults-rechnername* im Heimatverzeichnis eines Benutzers oder in der durch die Variable **$XENVIRONMENT** angegebenen Datei gesucht.
   Dies ist die wichtigste Datei für die individuelle Konfiguration der X-Umgebung durch den einzelnen Benutzer.
   Achtung: Graphisch-orientierte Werkzeuge zur interaktiven Umgebungskonfiguration überschreiben leider oft diese Datei, so daß manuelle Einträge dadurch eventuell verloren gehen.
4. Zusätzlich ist es auch möglich, einzelne (oder auch mehrere) Ressourcen beim Aufruf eines X-Clients durch die Option »**-xrm** *resource*« zu spezifizieren.

Ressourcen-Verwaltung mit xrdb

Mit **xrdb** steht ein Programm zur Verfügung, das es ermöglicht, die Ressourcen-Datenbasis (englisch: *resource database*) eines X-Servers gezielt zu verändern, Resource-Dateien zu laden, einzelne Ressourcen nachzuladen oder zu löschen und den aktuellen Zustand der Resource-Datenbasis anzuzeigen.

xrdb hat folgende allgemeine Syntax:

    xrdb {*optionen*} {*resource_datei*}

Die wichtigsten Optionen haben dabei folgende Bedeutung:

-query	Ausgabe der aktuellen Werte
-load *rdatei*	Der Inhalt von der Resource-Datei *rdatei* wird als aktueller Zustand des X-Servers geladen. Vorhandene Einträge werden überschrieben.
-merge *rdatei*	Der Inhalt von der Resource-Datei *rdatei* wird zu dem aktuellen Zustand des X-Servers dazu geladen. Vorhandene Einträge werden dadurch nicht überschrieben, sondern ergänzt.
-remove *resource*	Diese Option ermöglicht es, einzelne Werte aus den aktuellen Einstellungen zu löschen.

–edit *rdatei* Die aktuell im X-Server geladenen Ressourcen werden in die Datei *rdatei* eingebaut und ersetzen dort die vorhandenen Werte. Präprozessor-Anweisungen in *rdatei* werden dabei nicht verändert.

Weitere, hier nicht beschriebene Optionen zu **xrdb** sind:
–help, –display *display*, –all, –global, –screen, –screens, –n, –cpp *cpp_prog*, –nocpp, –symbols, –retain, –backup.

Das Programm **xrdb** wird im Standardfall mit der Option **–merge** aus der benutzerindividuellen Startup-Datei der X-Umgebung (*.xinitrc* oder *.xsession*) aufgerufen.

Aufruf-Beispiele

Aufbau einer einfachen Datei *.xsession* oder *.xinitrc* zur individuellen Konfiguration der X-Umgebung (Start des **mwm** und einiger anfänglicher X-Clients):

```
xhost +

xset +fp $HOME/fonts/myfonts
xsetroot -solid dark_blue
xclock -geometry 90x90-0+0 &


xterm  -ls -name "Terminal 1" -bg gray &


xterm  -ls -name "Terminal 2" \
       -bg light_blue -iconic &


mwm
```

X-Server-Zugriff offen
  (nur in vertrauter Umgebung)
myfonts in Fontpfad aufnehmen
Bildschirmhintergrund *dark_blue*
Uhr in der Größe 90x90 Pixel
  rechts oben am Bildschirm

Terminalemulation
  als Loginshell (–ls)
  mit Namen *Terminal 1*

Terminalemulation
  als Loginshell (–ls)
  mit Namen *Terminal 2*
  als Symbol (Icon) (–iconic)

Starten des
  Motif-Window-Managers

→ Zu beachten ist hier, daß alle Programme, die nicht nach einer einzelnen Konfigurationsaktion wieder enden (hier: **xhost**, **xset** und **xsetroot**), sondern in einem Fenster am Bildschirm bestehen bleiben (hier: **xclock** und **xterm**), als Hintergrundprozeß gestartet werden müssen.
Nur **mwm** als letzter Aufruf wird hier nicht in den Hintergrund geschickt, weil sein Ende (das interaktiv herbeigeführt werden kann) damit das Ende dieser Kommandoprozedur bestimmt und davon wiederum (bei Aufruf durch **xdm**) der Neustart der Anmeldeprozedur abhängt.

8.4 Der Motif-Window-Manager

Die gesamte Benutzerschnittstelle des X Window Systems kann zwar ohne einen Window-Manager ablaufen, Bedienung und Möglichkeiten der Benutzerinteraktion sind jedoch stark eingeschränkt. Veränderungen (Vergrößern, Verkleinern, Ikonifizieren) einzelner Fenster sind nicht möglich.

Als spezieller X-Client mit einer allen anderen X-Clients übergeordneten Rolle existiert für die Zwecke der Fensterhandhabung und zur Steuerung des gesamten Bildschirms ein Window-Manager (siehe hierzu auch Abschnitt 8.2.2).

Der populärste und mit Abstand am weitesten verbreitete Motif-Window-Manager **mwm** soll hier beschrieben werden.

Die Funktionalität, andere Fenster am Bildschirm zu verändern, zeigt sich vor allem in dem Rahmen, mit dem der Window-Manager alle Fenster am Bildschirm umgibt und in den Funktionen, die einzelne Elemente dieses Rahmens ausführen.

Derartige Rahmen umgeben alle Fenster am Bildschirm und sollen hier exemplarisch am Beispiel ›**xterm**‹ gezeigt werden. Die Funktion und Bedeutung der einzelnen Elemente wird nachfolgend beschrieben.

8.4.1 Die Rahmenelemente eines Motif-Fensters

Die nachfolgende Graphik zeigt am Beispiel des xterm-Fensters die wesentlichen Funktionselemente des Fensterrahmens beim **mwm**.

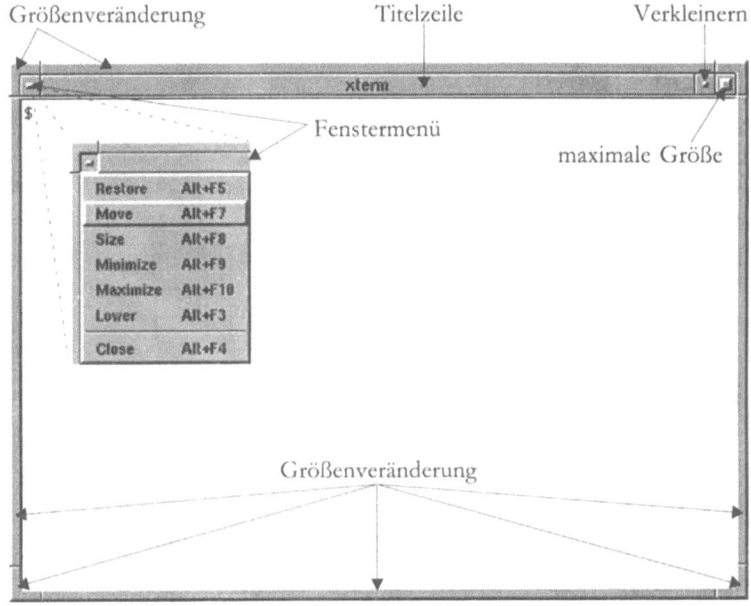

Abb. 8.7: Typische Bedienelemente des Motif-Window-Managers

Einige X-Clients tragen nicht alle diese Elemente, da sie z.B. in der Größe nicht veränderbar sein oder nicht zu einer Ikone verkleinert werden sollen.

Die Standard-Elemente, die **mwm** bereitstellt, haben folgende Funktion:

Titelzeile In der Titelzeile zeigt **mwm** den Namen des X-Clients an. Dieser ist beim Aufruf des X-Clients über die Option **–title** oder **–name** vorgebbar. Durch Drücken des linken Mausknopfes in dieser Titelzeile läßt sich das gesamte Fenster verschieben.

Verkleinern Ein Klicken mit der linken Maustaste hierauf ikonifiziert das Fenster. Die Anwendung wird nicht beendet, sondern läuft unverändert weiter.
Das Symbol wird (vordefinierbar) in einer der Bildschirmecken abgelegt; bei sehr vielen Ikonen kann es sinnvoll sein, diese in einem eigenen Fenster (*Icon Box*) abzulegen. Über eine Resource-Einstellung kann das Symbol vorgegeben werden.
Ein Doppelklick mit der Maus auf das Symbol bringt das Fenster wieder in die ursprünglichen Größe an der ursprünglichen Position zurück.

8.4 Der Motif-Window-Manager

Maximale Größe   Wird dieser Knopf mit der linken Maustaste gedrückt, so wird das Fenster auf volle Bildschirmgröße vergrößert. Der Knopf erscheint dann gedrückt. Ein erneutes Drücken dieses Knopfes baut das Fenster wieder in der ursprünglichen Größe und an der ursprünglichen Position auf.

Fenstermenü   Wird der Knopf in der linken oberen Ecke des Fensters mit der linken Maustaste gedrückt, so erscheint ein Menü, das Zugang zu Funktionen öffnet, die auch direkt mit der Maus ausgeführt werden können. Das Menü sieht in der Standardkonfiguration wie folgt aus:

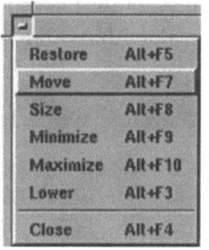

Restore   Alt+F5   Standardgröße wiederherstellen
Move   Alt+F7   Verschieben
Size   Alt+F8   Größe verändern
Minimize   Alt+F9   ikonifiziert das Fenster
Maximize   Alt+F10   maximale Größe (ganzer Bildschirm)
Lower   Alt+F3   unter andere Fenster legen
Close   Alt+F4   Schließen (Anwendung beenden)

Abb. 8.8: Fenstermenü des Motif-Window-Managers

In dem Menü sind zusätzlich die Tastenkombinationen angegeben, mit denen die Funktionen auch ohne Benutzung der Maus aktiviert werden. Nicht alle Applikationen müssen diese Menüeinträge im vollen Umfang unterstützen.
Das gleiche Menü erscheint auch, wenn man auf das Ikonen-Symbol eines ikonifizierten Fensters mit der Maus klickt.
Ein Doppelklick auf den Knopf »Fenstermenü« schließt im Standardfall das Fenster und beendet die darin laufende Applikation. Editier-Applikationen reagieren auf diese Aktion des Window-Managers häufig mit eigenen Aktionen, etwa zum Sichern noch ungesicherter Daten oder Änderungen.

Größenveränderung   Ein Fenster kann nach allen Seiten in der Größe verändert (vergrößert oder verkleinert) werden, indem mit der linken Maustaste auf eine der Seitenkanten des Fensters geklickt und diese Seitenkante dann bei gedrückter Maustaste verschoben wird. Zwei Seiten können gleichzeitig verändert werden, wenn mit der linken Maustaste auf eine der Ecken eines Fenster geklickt und diese Ecke dann beliebig verschoben wird.
Bei Größenänderungen wird zunächst nur der Umriß des Fensters angezeigt; erst nach Loslassen der Maustaste erscheint das ganze Fenster in der neuen Größe.

8.4.2 Konfigurationsdatei des mwm

Der Motif-Window-Manager kann, wie alle X-Clients, umfangreich durch Resource-Dateien, vor allem in */usr/lib/X11/app-defaults/Mwm*, *$HOME/Mwm* und *$HOME/.Xdefaults–host*, konfiguriert werden.

Für Funktionen, die in Standard-Resource-Dateien nur sehr umständlich zu beschreiben wären, bietet **mwm** einen weiteren Mechanismus, eine eigene Beschreibungsdatei (*description file*). In einer Beschreibungsdatei sind wie in einer Resource-Datei Anpassungen individueller Konfigurationen möglich.

mwm liest bei seinem Aufruf die Datei */usr/lib/X11/system.mwmrc*, die Standard-Definitionen enthält, danach die Datei *$HOME/.mwmrc*, in welcher der Benutzer seine individuellen Anpassungen vornehmen kann. Diese beiden Beschreibungsdateien sind die Stelle, wo vor allen anderen das Verhalten und Erscheinungsbild des **mwm** festgelegt wird.

In einer *.mwmrc*-Datei sind Definitionen für folgende Bereiche möglich:

Maustasten	Funktionen des Window-Managers können an Maustasten gebunden werden. Definitionen von Maustasten werden durch das Schlüsselwort »**Buttons**« eingeleitet.
Sondertasten	Funktionen des Window-Managers können an bestimmte Tasten gebunden werden. Tastendefinitionen werden durch das Schlüsselwort »**Keys**« eingeleitet.
Menüs	Der Window-Manager ermöglicht es, durch Klicken mit der Maus oder durch eine Sondertaste ein Menü am Bildschirmhintergrund einzublenden. Dieses Menü läßt sich beliebig konfigurieren und wird zumeist zum Starten von Applikationen und zum Auslösen spezieller Funktionen eingesetzt. Ein Beispiel eines solchen Menüs, auch *Root-Menü* genannt, zeigt Abb. 8.9. Das Schlüsselwort »**Menu**« leitet solche Menüdefinitionen ein.

Abb. 8.9: Beispiel für ein Root-Menü des Motif-Window-Managers

Für die individuelle Konfiguration dieser drei Bereiche bietet **mwm** eine Vielzahl von Funktionen nach außen an, die über Maustasten, Sondertasten oder Menüs ansprechbar sind. Window-Manager-Funktionen sind so direkt auszulösen.

8.4 Der Motif-Window-Manager

Insgesamt stehen 36 Funktionen zur Verfügung. Die wichtigsten davon zeigt in kurzer Form die nachstehende Liste. Alle Funktionen werden mit **f.***name* angesprochen und können teilweise mehrere Argumente haben:

f.beep   löst ein Tonsignal aus.

f.exec *kmd*   führt *kmd* aus. *kmd* kann ein beliebiges UNIX-Kommando sein. Produziert *kmd* eine zeichenorientierte Ausgabe, so muß diese ggf. über »**xterm –e** *kmd*« sichtbar gemacht werden.
                    Statt **f.exec** ist auch die Form mit ›!‹ möglich.

f.menu *name*   Anzeigen des Menüs mit der Definition *name*

f.quit_mwm   beendet den Motif-Window-Manager.
                    Das X Window System wird dadurch nicht beendet, reagiert aber (im Normalfall; siehe hierzu Seite 540) selbst auf das Ende des Window-Managers und beendet sich dann ebenfalls.

f.refresh   baut alle Fenster neu auf.

f.restart   beendet den Motif-Window-Manager und startet ihn erneut.

f.separator   zeichnet eine Trennlinie in ein Menü.

f.title *titel* gibt dem Menü den Titel *titel*.

Unter Verwendung dieser Funktionen läßt sich mit Hilfe der Datei *$HOME/.mwmrc* eine individuelle Konfiguration des **mwm** erreichen.

✎ Der folgende Ausschnitt aus einer *.mwmrc*-Datei definiert das in Abb. 8.9 gezeigte Menü mit Hilfe der **mwm**-Funktionen.

```
Menu Main
{
    "Motif Menu"            f.title
    no-label                f.separator
    "New Terminal Window"   f.exex "xterm -ls -bg dimgray \
                                   -name 'Terminal 1' &"
    "Mail"                  f.exec "xterm -ls -e elm &"
    "FrameMaker"            f.exec "imaker -l deutsch &"
    "Clock"                 ! "xclock -bg blue -hands red &"
    "Xbiff"                 ! "xbiff &"
    no-label                f.separator
    Exit mwm                f.quit_mwm
}
```

✎ Das obige Menü mit dem internen Namen ›Main‹ erscheint, wenn die linke Maustaste auf dem Bildschirmhintergrund gedrückt wird. Diese Festlegung geschieht an einer anderen Stelle in der Datei *.mwmrc* – im Abschnitt *Buttons*. Der relevante Ausschnitt hierfür sieht wie folgt aus:

Buttons DefaultButtonBindings
{

<Btn1Down>	frame | icon	f.raise
<Btn2Down>	frame | icon	f.post_wmenu
<Btn1Down>	**root**	**f.menu Main**
<Btn2Down>	root	f.nop
<Btn3Down>	root	f.nop
Meta<Btn1Down>	icon | window	f.lower
Meta<Btn2Down>	window | icon	f.resize
Meta<Btn3Down>	window	f.move

}

Eine detaillierte Beschreibung zum Aufsetzen und Anpassen der X-Umgebung ist in [BARTON] zu finden (siehe Literaturverzeichnis im Anhang B).

9 Programmentwicklung unter UNIX

UNIX wurde als ein System entworfen, welches – ohne zusätzliche Programme – speziell als Plattform für die Programmentwicklung geeignet sein sollte.[1] Aus diesen Gründen enthält es für die Implementierungsphase eines Programms oder Programmsystems eine ganze Reihe von Hilfsmitteln. Hierzu gehören vor allem zahlreiche Compiler, Interpreter und Werkzeuge zur Analyse, Bearbeitung und Verwaltung von Quelltexten. Für die meisten UNIX-Systeme sind kommerzielle oder frei verfügbare Entwicklungsumgebungen für nahezu alle Programmiersprachen erhältlich.

Fast alle angebotenen Compiler erlauben die getrennte Übersetzung einzelner Module. Diese müssen anschließend mit Hilfe des Binders zusammengebunden werden. Der Binder trägt den Namen **ld**, was etwas irreführend sein mag, da es sich dabei um keinen Lader handelt, sondern um einen *linking editor*.

Häufig hat man bei der Programmentwicklung die Situation, daß eine Reihe von Konstantendefinitionen und Makros in mehreren Modulen verwendet werden. Unter UNIX (und inzwischen auch in fast allen anderen Systemen) ist es üblich, diese Definitionen (z.B. die Struktur von E/A-Kontrollblöcken) in eigenen sogenannten **Include-Dateien** abzulegen und in den Modulen mit einer Anweisung »**#include** *dateiname.h*« die entsprechende Datei einzubeziehen. Die textuelle Einfügung der Definition, sowie die Expandierung einfacher Makros erfolgt durch den Präprozessor **cpp**, der vom Compiler vor dem eigentlichen Übersetzungslauf aufgerufen wird, aber auch völlig unabhängig davon verwendet werden kann.

Das Bibliotheksprogramm **ar** erlaubt, häufig verwendete Programm-Module in einer Objektbibliothek abzulegen und später aus dieser Bibliothek heraus zu binden. Dies spart auf der einen Seite Übersetzungszeit und gestattet auf der anderen Seite, Funktionen nach außen zur Verfügung zu stellen, deren Quellcode nicht ausgeliefert werden soll.

Im Normalfall verbleibt beim Binden eine Symboltabelle in der Datei des ausführbaren Programms. Auf diese Weise kann bei einer Fehlersuche durch die Angabe der symbolischen Namen statt der Adressen auf die Variablen des Programms zugegriffen werden. Dieses Testen erfolgt mit Testhilfsprogrammen, sogenannten *Debuggern*. Ähnlich wie bei Editoren sind auch hier unter den verschiedenen UNIX-Systemen

---

1. Außer der speziellen Eignung für Programmentwicklung war UNIX auch von Anfang an als Textverarbeitungssystem gedacht. Die erste UNIX-Installation außerhalb des Entwicklungslabors war in der Tat in einer Textproduktions-Umgebung. Diese Anwendungsform ist heute trotz ihrer großen Leistungsfähigkeit nur noch selten anzutreffen, da Zugang und Anwendung der zugehörigen Programme wenig intuitiv sind.

unterschiedliche *Debugger* zu finden. Die Testhilfen im Standard-UNIX-System sind der sehr ursprüngliche **adb** sowie das Programm **sdb**. Der **sdb** ist mächtiger, da es eine Fehlersuche auf Quellcodeebene erlaubt. Sehr ähnlich arbeitet der aus dem Berkeley-UNIX-System stammende **xdb** sowie der GNU-Debugger.

Programmentwicklungsumgebungen, die zusätzlich zum Standard-Lieferumfang erworben wurden, bieten meist eigene Debugger und Testhilfen an. Eine nicht interaktive Art der Fehlersuche und Ermittlung von Leistungsdaten bei C-Programmen kann durch **ctrace** erfolgen. Hiermit werden in die Quelle eines C-Programms Anweisungen eingefügt, die vor der Ausführung der Anweisungen den Text der Anweisungszeile und den Wert verschiedener Variablen ausgeben.

Ist man mit der Fehlerfreiheit eines Programms zufrieden, so entfernt man mit Hilfe des Kommandos **strip** die Symboltabelle aus der Programmdatei und reduziert damit die Größe der Datei.

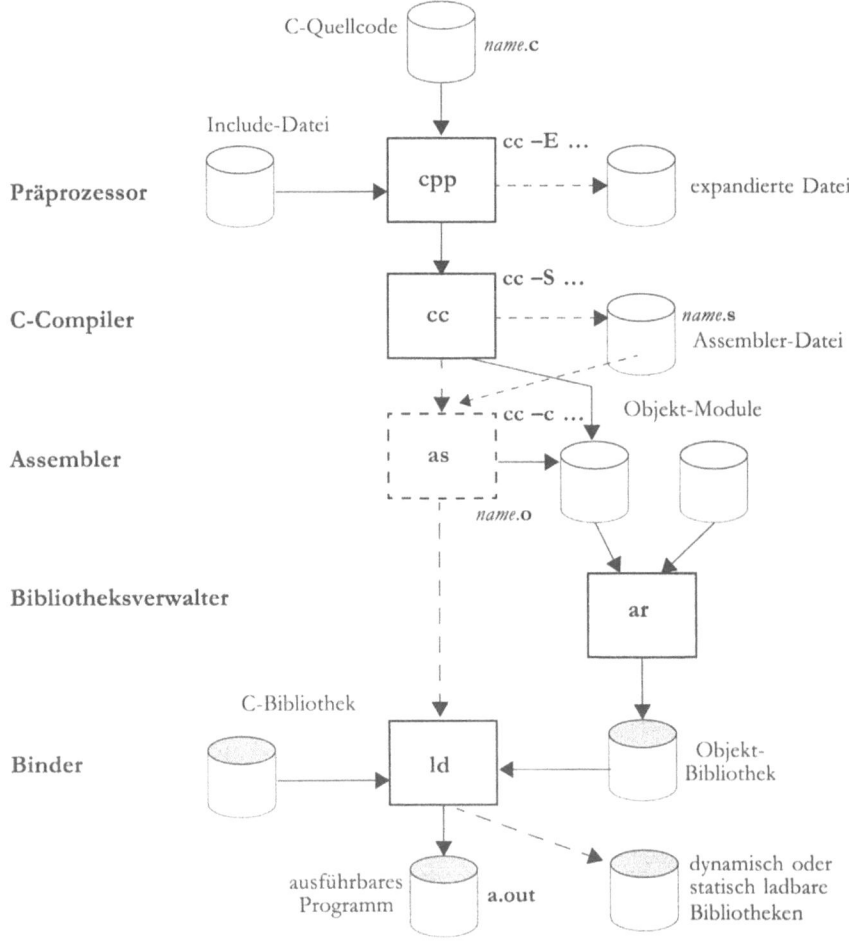

Abb. 9.1: Typischer Ablauf einer Programmgenerierung

Die Größe eines Programms bzw. seiner einzelnen Segmente – Text (Code), Daten und Stack (Keller) – erhält man mit Hilfe des Kommandos **size**. Dies gibt jedoch die statischen Größen an. Viele Programme vergrößern selbständig ihren Datenbereich zur Laufzeit entsprechend den verarbeiteten Daten. Die tatsächliche Größe des Datensegmentes läßt sich dann mit Hilfe des **ps**-Kommandos unter Benutzung der Option **-l** ermitteln. Die Angabe erscheint unter der Rubrik **SZ** (für *size*).

Besteht ein Programm oder ein Programmsystem aus mehreren Modulen, so ist die Modifikation einzelner Module, das Übersetzen dieser und das Binden und Aufräumen von Zwischendateien ein sich häufig wiederholender Zyklus. Das Programm **make** erlaubt, alle Schritte, die zur Erzeugung eines Programms notwendig sind, zu automatisieren. Aufbauend auf einer einmal erstellten Beschreibung der Modulabhängigkeiten sowie der notwendigen Aktionen, führt es diese autonom aus, wobei es, abhängig vom Alter der Dateien, feststellt, welche Arbeiten notwendig sind und nur diese anstößt.

Bei komplexen Programmen ist bei der Fehlersuche zuweilen eine Liste vorteilhaft, die aufzeigt, welche Variable oder Funktion in welchem Modul angesprochen wird. Eine solche Liste mit Kreuzverweisen wird als *Cross Reference Listing* bezeichnet. Das Programm **cxref** erlaubt die Erstellung einer solchen Tabelle, indem es die Quelltextdateien eines C-Programms liest und daraus ein *Cross Reference Listing* erstellt.

Eine erweiterte Art der Darstellung von Verweisen und der Aufrufreihenfolge erlaubt das Programm **cflow**. Dieses analysiert die zum Aufbau eines Programms verwendeten Quelltextdateien (in C, YACC, LEX und Assembler) sowie benutzte Objektdateien und versucht, daraus einen Referenzgraphen aufzubauen. Waren Quelldateien vorhanden, so wird sowohl der Dateiname als auch die Zeilennummer der aufrufenden und aufgerufenen Funktionen bzw. referenzierten Objekte angegeben, bei Objektdateien ist dies nur die Adresse. Hiermit lassen sich komplexe Verhältnisse klarer darstellen und Abhängigkeiten aufzeigen, die bei der Fehlersuche helfen können.

Das Programm **cb** versucht, die Lesbarkeit eines C-Quellprogramms zu erhöhen. Dies geschieht, indem bestimmt Textstellen so eingerückt werden, daß die Ablaufstruktur entsprechend der C-Syntax deutlich wird (**cb** steht für *C program beautifier*).

Das **time**-Kommando mißt die Ausführungszeit eines Programms oder einer Programmsequenz, wobei sowohl die Verweildauer des Programms im Rechner (englisch: *elapsed time*), als auch die verbrauchte CPU-Zeit im Benutzer- und Systemmodus ermittelt werden. UNIX kennt auch einen analogen Systemaufruf **times**. Das Kommando **timex** stellt eine erweiterte Form des **time**-Kommandos dar. Es erlaubt, zusätzlich die Auswertung der Daten des Prozeß-*Accountings,* soweit dieses aktiviert ist. So können damit z.B. die Anzahl der von dem gemessenen Prozeß (und allen seinen Sohnprozessen) gelesenen Datenblöcke oder Zeichen angezeigt werden.

Eine genauere Analyse des Laufzeitverhaltens eines Programms erlaubt das **prof**-Kommando. Um eine solche Auswertung des Laufzeitprofils eines Programms zu erhalten, muß beim Übersetzen der Programmodule die Option **-p** oder **-g** angegeben werden. Beim Ablauf des Programms wird nun die Datei **mon.out** erstellt, in der Information über die Häufigkeit von Unterprogrammaufrufen und Schnappschüsse des Programmzählers in festen Zeitintervallen enthalten sind. Diese Information kann durch die **monitor**-Funktion (Systemaufruf) analysiert werden. Das Kommando **prof** erstellt dann eine tabellarische Übersicht, die darstellt, wieviel Prozent der Laufzeit des Programms in welchen Bereichen verbraucht wurde. Auch eine graphische Darstellung ist hier möglich.

Die Sprache C erlaubt eine recht hardwarenahe Programmierung und, weil sie keine strenge Typprüfung durchführt, einen unsauberen Programmierstil. Beides kann die Portabilität eines Programms verhindern. Das Programm **lint** führt hier eine wesentlich strengere Prüfung als der C-Übersetzer durch und zeigt entsprechende gefährliche Konstruktionen auf. **lint** kann somit als eine Art Programmierstilprüfung und Portabilitätstest für C-Programme eingesetzt werden.

Darüber hinaus stehen eine Reihe von aufeinander abgestimmten Programmen zur Verfügung, welche die Verwaltung von Software bzw. von verschiedenen Versionen von (in der Regel Quell-) Dateien erlauben. Das System, das sich aus diesen Programmen zusammensetzt, wird als *Source Code Control System* oder kurz als **SCCS** bezeichnet. Bei der **SCCS**-Verwaltung werden jeweils nur die Unterschiede (*deltas*) zwischen zwei Versionen abgespeichert. Eine bestimmte angeforderte Version wird dann aus der Urversion durch sukzessive Anwendung der Modifikationen erzeugt. Will man eine Version ändern, so teilt man dies dem **SCCS**-System mit. Dieses gibt dann die gewünschte Version zur Änderung aus. Nach der Änderung muß der neue Text wieder über ein **SCCS**-Kommando in das System eingebracht werden. In der Zwischenzeit lehnt **SCCS** Änderungsanforderungen für diese Version ab und sperrt somit die versehentliche Änderung durch andere Benutzer. Auf eine detailliertere Beschreibung des **SCCS**-Systems wird hier verzichtet.

Ist Portabilität von Programmen ein wichtiger Faktor, so sollte man bei der Programmierung größerer Programme den **X/OPEN Portability Guide** ([X-PG]) zu Rate ziehen. Hierin werden nicht nur (wenn auch wenige) Hinweise auf einen portablen Programmierstil gegeben, sondern es sind auch die Betriebssystem- und Bibliotheksfunktionen beschrieben, die in allen Systemen vorhanden sind, die der X/OPEN-Empfehlung entsprechen. Darüber hinaus ist diese Beschreibung bezüglich Fehlermöglichkeiten und der Angabe möglicher Nebeneffekte der einzelnen Routinen vollständiger als die Original-UNIX-Dokumentation oder die **System V Interface Definition**.

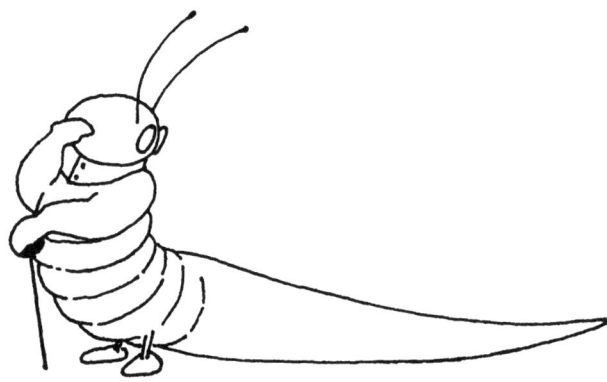

9.1 Übersetzer, Assembler, Interpreter

Da UNIX von seiner Entwicklung her ein Programmentwicklungssystem ist, sind hierfür auch eine ganze Reihe von Sprachübersetzern und Interpretern verfügbar. Im Standardumfang enthalten ist dabei meist die Sprache **C**. Für UNIX hat **C** die größte Bedeutung, da das Betriebssystem sowie die meisten Dienstprogramme (*utilities*) fast vollständig in **C** geschrieben sind. Leider sind die meisten Hersteller in den neunziger Jahren dazu übergegangen, das C-Entwicklungssystem, eigentlich enger Bestandteil von UNIX, nicht mehr in den Standard-Lieferumfang einzuschließen, sondern gesondert auszuliefern.

Der Assembler der UNIX-Systeme ist natürlich abhängig von der verwendeten Maschine. Assembler wird heute kaum noch verwendet und dadurch, daß **C** die Notwendigkeit von Assemblermodulen fast vollständig aufhebt, wird dieses Manko auch weitgehend aufgehoben.

Daneben gibt es eine ganze Serie weiterer, von Drittfirmen angebotener oder im Public-Domain-Bereich[1] verfügbarer Übersetzer und Interpreter für UNIX wie etwa für **PASCAL**, **FORTRAN-77** und **FORTRAN-80**. **LISP** und **PROLOG** haben für Aufgaben im Bereich der *künstlichen Intelligenz* und **COBOL** und einige **BASIC**-Versionen im kommerziellen Bereich weite Verbreitung unter UNIX gefunden. Für den technisch-wissenschaftlichen Bereich existieren daneben Sprachen wie **BCPL**, **APL**, **PEARL**[2], **ALGOL**, **MODULA-2** und **ADA** zum Einsatz im Bereich der Softwareentwicklung. Von all diesen Programmiersprachen bietet der UNIX-Markt eine Reihe unterschiedlicher, leider nicht immer kompatibler Versionen an.

Die Sprache C fand 1989 im **ANSI-C** eine Erweiterung und vor allem Standardisierung, an welche die verfügbaren C-Compiler umgehend angepaßt wurden. Seither wird die Sprache C unterschieden in das klassische, sog. K&R-C (nach den Erfindern Brian Kernighan und Dennis Ritchie benannt) und ANSI-C.

---

1. Ein herausragendes Beispiel hierfür ist das GNU-Compiler-Paket mit C-Compiler und C++-Compiler. Das Paket ist für alle UNIX-Plattformen verfügbar.
2. Die Programmiersprache Pearl darf nicht verwechselt werden mit der populären Skriptsprache **Perl** von Larry Wall. **Perl** ist eine frei erhältliche, interpretierte Programmiersprache mit der Funktionalität, die über die von **sh**, **awk**, und **sed** hinausgeht.

In den frühen neunziger Jahren gewann die von Bjarne Stroustrup, Mitarbeiter der AT&T Bell Labs, entwickelte Sprache **C++** zunehmend an Bedeutung, da sie Konzepte besitzt, die eine objektorientierte Programmierung erleichtern können. **C++** baut auf **C** auf, bietet aber in erster Linie einen neuen konzeptionellen Ansatz.

Die Übersetzer und der Assembler haben einige Gemeinsamkeiten. So benutzen fast alle einen Präprozessor, der einfache textuelle Vorverarbeitungen durchführt. Hierzu zählt z.B. das Einfügen der mit **#include** angegebenen Dateien und die Verarbeitung von *Bedingter Übersetzung* (oder Assemblierung). Falls es nicht explizit unterdrückt wird, rufen Assembler (**as**), C-Compiler (**cc**), FORTRAN-Compiler (**f77**) und der PASCAL-Compiler nach einer fehlerfreien Übersetzung automatisch den Binder **ld** auf. Jede der Sprachen erwartet eine bestimmte Endung im Namen der Quelltextdatei. Beispiele hierfür sind:

.c	C-Quelltextprogramme
.C	C++-Quelltextprogramme
.cc	C++-Quelltextprogramme
.f	FORTRAN-77-Programme
.p	PASCAL-Programme
.s	Assemblerprogramm

Die genannten Übersetzer produzieren sogenannte *Objekt-Dateien*, deren Namen die Endung .o tragen und zusammen mit Objektbibliotheken die Eingabe für den Binder **ld** darstellen. Dieser wiederum produziert als Ergebnis – soweit nicht explizit anders angegeben – eine Datei mit dem Namen **a.out**. Diese ist, soweit sie keine undefinierten Referenzen mehr enthält, direkt ausführbar.

Optionen und Dateien, welche die jeweiligen Übersetzer nicht kennen (z.B. Dateien mit der Endung .o), werden an den Binder weitergereicht.

Die Verwendung von Registern und die genaue Form der Betriebssystemaufrufe (*supervisor calls*) variieren zwischen einzelnen UNIX-Systemen, so daß Programme selbst dann nicht im Binärformat portabel sind, wenn zwei UNIX-Systeme den gleichen CPU-Typ verwenden. Die Portabilität besteht nur auf der Quellcodeebene.[1]

In der UNIX-Welt sind heute, von einigen firmenspezifischen Variationen abgesehen, mehrere Ladeformate weit verbreitet. Das ältere Format, welches zuweilen auch als **a.out**-Format (*assembler output*) bezeichnet wird, ein neueres und mächtigeres Format, das mit UNIX System V eingeführt wurde. Dieses Format trägt die Bezeichnung **COFF** für: *Common Object File Format*. Derzeitiger Standard ist das **ELF**-Format (*Executable and Linking Format*), das gegenüber **COFF** noch einmal erweiterte Möglichkeiten besitzt.

In vielen UNIX-Systemen ist eine gewisse Freiheit zum Kombinieren von Modulen unterschiedlicher Sprachen in einem Programm gegeben. Man sollte dies jedoch nur vorsichtig und nach sorgfältiger Überlegung ausnutzen. In UNIX-Systemen gestattet C den vollen Zugang zu allen Betriebssystemaufrufen. Hierdurch erübrigt sich meist die Verwendung von Assemblercode, und es entfallen die damit verbundenen Probleme beim Portieren eines Programms.

---

1. Unterschiedlichen Ansätzen für ein systemneutrales Binärformat zur Auslieferung fertiger Programme war bis heute wenig Erfolg beschieden.

9.1.1 Der Präprozessor cpp

Unter UNIX ist es üblich, Definitionen von Konstanten und Makros, die in mehreren Programmmodulen verwendet werden, in eigenständigen Definitionsdateien abzulegen. Diese Dateien tragen die Endung .h (*header*). In den Modulen, in denen sie benutzt werden, steht dann am Anfang der Datei eine Anweisung in der Form: »**#include** *dateiname*«, um ihren Inhalt zu übernehmen. Diese Dateien werden daher als *Include-Dateien* oder auch *Header Dateien* bezeichnet. Include-Dateien mit systemweiter Gültigkeit werden per Konvention im Katalog */usr/include* abgelegt. Die textuelle Einfügung der Definition, sowie die Expandierung einfacher Makros erfolgt durch einen Vorlauf, der vom Compiler vor dem eigentlichen Übersetzungslauf aktiviert wird.

cpp (im Katalog **lib**) ist dieser von den Übersetzern und dem Assembler verwendete Präprozessor, der das textuelle Einfügen weiterer Dateien sowie einfache textuelle Substitutionen erlaubt. Darüber hinaus gestattet er *bedingte Übersetzungen* und ist daher auch zur Überarbeitung normaler Textdateien geeignet. Er wird in der Regel nicht einzeln, sondern nur als Vorlauf zu den Übersetzern verwendet und von diesen auch automatisch gestartet. Die Beschreibung ist deshalb kurz gehalten.

cpp-Anweisung: **Funktion:**

#define *name text*   definiert *text* als Wert von *name*. Von nun an wird für jedes Auftreten von *name* der angegebene Text eingesetzt, z.B.: define max 100.

#define *name(argument, ...) text*
  Diese Form arbeitet wie die oben beschriebene **define**-Funktion, wobei hierbei Makroparameter übergeben werden können. Bei der Makrosubstitution sind Iterationen möglich.
  ➜ **Achtung**: Zwischen *name* und der öffnenden Klammer darf kein Zwischenraum sein!

#undef *name*   hebt die Definition von *name* wieder auf.

#include "*datei*"   Der Inhalt der angegebenen Datei wird textuell eingefügt. Die Datei wird zuerst im aktuellen Katalog gesucht, danach im Standard-Include-Katalog (*/usr/include*).

#include *datei*   Der Inhalt der angegebenen Datei wird textuell eingefügt. Die Datei wird im Standard-Include-Katalog */usr/include* gesucht.

#line *konst name*   setzt für den Übersetzer die Zeilennummer auf den Wert der Konstanten *konst* und den Namen der *aktuellen Eingabedatei* auf *name*. Dies ist bei Verwendung von weiteren Präprozessoren praktisch.

#if *c_ausdruck*   Die nachfolgenden Zeilen (bis zu **#elif**, **#else** oder **#endif**) werden nur übersetzt (weitergegeben), wenn der Ausdruck einen Wert ungleich 0 ergibt. Der Ausdruck muß vom Präprozessor vollständig auswertbar sein!

#ifdef *name*	Die nachfolgenden Zeilen (bis zu **#elif**, **#else** oder **#endif**) werden nur weitergereicht, wenn für den Präprozessor *name* bereits mittels **#define** definiert ist.
#ifndef *name*	Die nachfolgenden Zeilen (bis zu **#elif**, **#else** oder **#endif**) werden nur dann weitergereicht, wenn *name* nicht definiert ist.
#elif *c_ausdruck*	Erneute Auswertung einer (anderen) Bedingung in einem **#if**-Block. Verwendung ansonsten wie bei **#if**.
#else	Die nachfolgenden Zeilen werden nur weitergegeben, falls die vorhergehende Präprozessorbedingung (**#if**, **#ifdef**, **#ifndef**) falsch ist.
#endif	Gibt das Ende einer Klammerung einer bedingten Übersetzung (mit **#if**, **#ifdef**, **#elif**, **#ifndef** - **#else**) an. Die nachfolgenden Zeilen werden wieder normal weitergegeben.

In den Ausdrücken können folgende vordefinierten Namen verwendet werden:

__LINE__	Dies ist jeweils die aktuelle Zeilennummer.
__FILE__	Dies ist jeweils die gerade bearbeitete Eingabedatei.

Das **/lib/cpp**-Programm kann auch als eigenständiges Kommando aufgerufen werden in der Form:

/lib/cpp {*optionen*} {*eingabe_datei* {*ausgabe_datei*} }

Der Präprozessor bearbeitet dabei die *eingabe_datei* und schreibt das Ergebnis in *ausgabe_datei*. Ist nur eine Datei angegeben, so wird das Ergebnis auf die Standardausgabe geschrieben; fehlt auch die Angabe der Eingabedatei, so wird von der Standardeingabe gelesen. cpp kennt folgende Optionen:

–B	Kommentare im Stil von C++ (alles, was nach einem ›//‹ kommt, ist Kommentar) werden beachtet.
–C	**cpp** entfernt C-Kommentare (alles zwischen /* und */) in der Ausgabe. Diese Option unterdrückt dies und löscht nur die Kommentare, die in **cpp**-Anweisungen vorkommen.
–H	Pfadnamen von aufgenommenen Include-Dateien werden am Bildschirm aufgelistet.
–M	Eine Liste von Abhängigkeiten im Sinne des Programmes **make** wird als einfaches *makefile* erzeugt. Dabei wird angenommen, daß die zu erzeugende Datei abhängig ist von Änderungen in der Quelldatei und in allen referenzierten Include-Dateien.
–p	Es werden nur die ersten acht Zeichen von Symbolen des Präprozessors ausgewertet und ggf. eine Warnung ausgegeben.
–R	Rekursive Makros sollen zulässig sein.

9.1 Übersetzer, Assembler, Interpreter

−T   Zur Unterscheidung von Namen des Präprozessors sollen nur die ersten acht Zeichen herangezogen werden. Diese Option existiert nur aus Gründen der Abwärtskompatibilität und sollte auf neueren Systemen nicht nötig sein.

−undef   Alle Vor-Definitionen sollen aufgehoben werden.

−D*name*=*definition*

−D*name*   *name* wird definiert, so als stände ›**#define** *name*‹ in der Datei. Fehlt der Teil ›=*definition*‹, so wird der Wert **1** angenommen.

−I *katalog*   Gibt einen Katalog an, in dem Include-Dateien, die keinen absoluten Pfadnamen haben, gesucht werden sollen, bevor die Standard-Include-Kataloge (*/usr/include*) nach der Datei durchsucht werden.

−P   Die Eingabe wird verarbeitet, **ohne** daß spezielle Zeileninformation erzeugt wird. Im Normalfall erzeugt **cpp** Information, die vom nachfolgenden Übersetzerlauf benutzt wird, um Fehlermeldungen den Zeilennummern des Quelltextes zuzuordnen.

−U*name*   Jede interne Definition von *name* wird gelöscht. *name* ist dabei ein vordefiniertes Wort des entsprechenden Präprozessors!

−Y*katalog*   Include-Dateien sollen in *katalog* und nicht in den Standard-Verzeichnissen für Include-Dateien (*/usr/include*) gesucht werden. Die Standard-Include-Kataloge werden damit nicht beachtet.

9.2 Binder und Bibliotheksverwalter

Der Binder ist im einzelnen Programmerstellungszyklus das letzte Glied. Er bindet die einzelnen Module, aus denen das Gesamtprogramm aufgebaut ist, zu einem einzigen ablauffähigen Modul zusammen: der Programmdatei. Dabei werden in der Regel noch die in den einzelnen Modulen verwendeten Funktionen des jeweiligen Laufzeitsystems hinzugefügt. Es lassen sich jedoch auch mehrere Objektmodule zu einer neuen, noch nicht ablauffähigen Objektdatei zusammenbinden. Hierbei werden dann lediglich die möglichen Referenzen aufgelöst, und es entsteht eine kompaktere Datei. Das weitere Binden mit dieser einen Datei kann schneller erfolgen als das Binden der einzelnen Dateien.

Als Eingabe erwartet der Binder **ld** ein bestimmtes Format der Objektmodule und Bibliotheken. Dieses Format wird auch als **a.out**-Format (*assembler output*) bezeichnet. Ab System V wurde an Stelle des *a.out*-Formats das erweiterte **COFF**-Format (*Common Object File Format*) eingeführt, das später durch das **ELF**-Format (*Executable Linking Format*) ersetzt wurde. **ld** selbst erzeugt wieder Dateien in diesem Format, wobei der Standardname trotz der unterschiedlichen Formate *a.out* bleibt.

Innerhalb des Objekt-Formates gibt es noch eine Reihe von Unterformaten. Sie werden durch eine sogenannte **magic number** am Anfang einer Objektdatei unterschieden. Die wesentlichen Unterschiede dabei sind, ob beim Programm Text (Code) und Daten in getrennten Segmenten gehalten werden. Eine Trennung von Code- und Datensegmenten ist immer dann notwendig, wenn der Code **sharable** sein, d.h. von mehreren gleichzeitig aktiven Programmen gemeinsam benutzt werden soll. Dies ist unter UNIX der Standard, soweit die Hardware es erlaubt.

9.2 Binder und Bibliotheksverwalter

Sind bei der Programmierung mehrere einzelne Module notwendig oder vorteilhaft, (dies ist z.B. bei den Laufzeitsystemen der verschiedenen Sprachen der Fall), so ist es praktischer, diese in einer Bibliothek zusammenzufassen. Dies bringt folgende Vorteile:

- ❏ Es ist nur eine Datei vorhanden. Dies ist vom Speicherplatz her ökonomischer und von der Verwaltung her einfacher.
- ❏ Das Binden kann schneller erfolgen, da nur eine Datei geöffnet werden muß.
- ❏ Beim Binden brauchen nicht die Namen aller gewünschter Module, sondern nur jene der Bibliotheken angegeben werden.

Solche Bibliotheken können mit Hilfe des Bibliotheksverwalters **ar** (*archive maintainer*) angelegt und verwaltet werden. Die wesentlichen Möglichkeiten des Bibliotheksverwalters **ar** sind:

- ❏ Anlegen solcher Bibliotheken
- ❏ Ersetzen einzelner Module einer Bibliothek
- ❏ Löschen einzelner Module einer Bibliothek
- ❏ Extrahieren einzelner Module aus einer Bibliothek
- ❏ Erstellen eines Inhaltsverzeichnisses

Bibliotheken sind keinesfalls nur auf Objektdateien beschränkt; prinzipiell können beliebige Dateien mit ar in eine Bibliothek gepackt werden. Die Anwendung auf Objektdateien ist jedoch mit Abstand die häufigste Verwendung. Das Programm **ar** ist eng verwandt mit dem Programm **tar**, welches das Anlegen von Bibliotheken auf externen Datenträgern ermöglicht.

Das Programm **nm** (für *name list*) gibt die Symboltabelle einer Objektdatei, eines ausführbaren Programms oder einer Bibliothek aus. Über Optionen läßt sich dabei steuern, ob z.B. nur globale oder nur unaufgelöste Symbole ausgegeben werden sollen.

Das Programm **mcs** erlaubt den Kommentarabschnitt (*comment section*) von ELF-Dateien zu bearbeiten, d.h. die dort stehenden Angaben auszugeben, zu löschen, zu komprimieren oder zusätzlichen Kommentar hinzuzufügen.

Sogenannte **Shared Libraries** können ebenfalls mit Hilfe des Programms **ld** erzeugt werden. Über die Optionen **–dy** (dynamisch) und **–dn** (statisch) kann dabei gesteuert werden, ob der Binder statisch oder dynamisch gebundene Bibliotheken verwendet. Dynamisch gebundene Bibliotheken werden erst zur Laufzeit des Programms referenziert. Mit der Option **–G**, die nur im dynamischen Modus erlaubt ist, kann schließlich festgelegt werden, daß die zu erzeugende Bibliothek als shared library angelegt wird. Sie sind an der Namensendung ›.so‹ erkennbar.

Während der Code der Module einer *Shared Library* für alle sie aktuell benutzenden Programme nur einmal im Hauptspeicher liegt (*shared code*), hat jedes dieser Programme natürlich einen eigenen Datenbereich für die Daten dieser Module.

9.2.1 Der Binder ld

Der *linking editor* ld erlaubt es, mehrere Objektdateien zu einer neuen Datei zusammenzubinden. Diese Datei kann entweder ein ausführbares Programm sein oder eine neue Objektdatei, welche als Eingabe für weitere Bindeläufe dient. ld versucht dabei, die in einzelnen Modulen noch vorhandenen, unaufgelösten Referenzen aufzulösen.

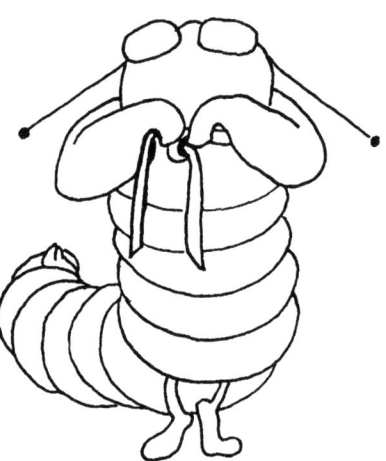

Er ist in der Lage, Objektbibliotheken nach Symboldefinitionen zu durchsuchen und die entsprechenden Module aus der Bibliothek selektiv (d.h. nur die benötigten Module) in die Ausgabe einzubinden.

Auch eine sogenannte *Shared Library*, d.h. eine Bibliothek, welche ähnlich einem Programm bei Bedarf geladen wird, und deren Code dann von mehreren Programmen benutzt werden kann, läßt sich auf diese Weise erstellen.

Soll die entstehende Datei Eingabe für weitere ld-Läufe sein (relokierbar), so ist die Option –r zu verwenden. ld hinterläßt sein Ergebnis (ohne die Option –o) in der Datei a.out.

Der Aufruf von ld erfolgt mit:

> ld {*optionen*} *dateien*

Die angegebenen Dateien werden in der vorgegebenen Reihenfolge hintereinander gebunden. Die Aufrufstelle (*entry point*) der ersten Datei wird zum Aufrufpunkt der Ausgabedatei. Sind Bibliotheken im Argument *dateien* angegeben, so werden sie nur einmal an der entsprechenden Stelle nach nichtaufgelösten Symbolen durchsucht und nur die Routinen daraus eingebunden, welche ein bisher nicht aufgelöstes Symbol definieren. Referenziert eine Routine der Bibliothek eine andere Routine der gleichen Bibliothek, so muß letztere weiter hinten in der Bibliothek stehen. Somit ist die Reihenfolge von Routinen (Modulen) in den Bibliotheken relevant. Das Programm lorder ist in der Lage, eine Referenzordnung von Objektmodulen aufzustellen oder eine Bibliothek neu zu sortieren. Bei ELF-Bibliotheken ist dies nicht mehr notwendig.

Der Binder ld arbeitet prinzipiell in zwei unterschiedlichen Modi:

- ❑ dem **statischen Modus**:
  Referenzen werden zum Zeitpunkt der Erzeugung eines ausführbaren Objektes aufgelöst, und es wird eine ausführbare Datei erzeugt.
- ❑ dem **dynamischen Modus** (Standard):
  Es wird eine ausführbare Datei erzeugt, deren Referenzen jedoch erst zur Laufzeit aufgelöst werden. Dies geschieht durch einen eigenen Laufzeitbinder oder Interpreter. Zusätzlich kann auch noch eine gemeinsam genutzte Bibliothek (*shared library*) erzeugt werden.

9.2 Binder und Bibliotheksverwalter

Der Binder **ld** kennt folgende Optionen:

–a   Es soll eine ausführbare Objektdatei erzeugt werden. Diese Option ist nur im statischen Modus möglich und stellt dort den Standard dar.

–b   Spezielle Aufbereitungen der Relokationen sollen nicht vorgenommen werden. Das Programm wird dadurch ggf. schneller, jedoch leidet darunter die Möglichkeit der gemeinsamen Benutzung.

–B *art bibliothek*   Damit kann beim Binden für einzelne Bibliotheken *bibliothek* angegeben werden, ob sie als dynamische (*art* = **dynamic**) oder statische (*art* = **static**) Bibliotheken eingebunden werden. Diese Option kann mehrfach auf der Kommandozeile angegeben werden.

–B symbolic   Verfügbare Definitionen sollen auch im dynamischen Modus sofort und nicht erst zur Laufzeit aufgelöst werden.

–dy   **ld** soll im dynamischen Modus arbeiten (Standardeinstellung).

–dn   **ld** soll im statischen Modus arbeiten.

–D *schlüsselwort*   Bei der Fehlersuche können mit *schlüsselwort* spezielle Bereiche der Fehlerausgabe und zusätzliche Informationen produziert werden. Ein Liste aller verfügbaren Schlüsselwörter erhält man mit »**ld -D help**«.

–e*name*   Die Adresse des Symbols *name* soll der Eintrittspunkt für das ausführbare Programm sein. Im Normalfall ist es die Adresse 0.

–F *name*   Die Symboltabelle des angegebenen Objekts soll als Filter auf die Symboltabelle des in *name* angegebenen Objekts dienen. Nur bei gemeinsam genutzten Objekten (*shared objects*).

–G   Es soll ein gemeinsam nutzbares Objekt erzeugt werden, in dem zunächst auch nicht-referenzierbare Symbole erlaubt sind. Nur im dynamischen Modus (siehe **–dy**).

–h *name*   In ein gemeinsam genutztes Objekt wird *name* als Name eingetragen. Damit kann erreicht werden, daß zur Laufzeit nach *name* für das Objekt gesucht wird.

–i   Die Variable **$LD_LIBRARY_PATH** soll nicht beachtet werden. Diese Option kann damit helfen, Interferenzen mit anderen Libraries zu vermeiden.

–I *interpr*   Der Interpreter *interpr* wird als zuständig für die Ausführung des Codes in das Programm eingetragen. Im dynamischen Modus ist dies standardmäßig der Laufzeit-Linker.

–l*name*   ist eine Abkürzung für die statische Bibliothek **/lib/lib***name***.a** (*archive*) und die geneinsam genutzte Bibliothek **/lib/lib***name***.so** (*shared object*). Je nach Modus soll die feste oder die gemeinsam genutzte Bibliothek hinzugebunden werden. Existieren diese nicht, so sucht **ld** unter dem Namen **/usr/lib/lib***name***.a** oder **/usr/lib/lib***name***.so**.

–L *pfad*	Bibliotheken und Objekte sollen zusätzlich auch in *pfad* gesucht werden.
–m	Es werden die Namen aller beim Binden verwendeten Dateien und Bibliotheksmodule auf die Standardausgabe geschrieben.
–M *mdatei*	Die Datei *mdatei* mit Anweisungen für den Linker soll ausgewertet werden.
–o *name*	Die Ausgabedatei soll *name* heißen. Ohne diese Option ist es *a.out*.
–Q x	Versionsinformationen sollen in die Bibliothek geschrieben (x=**y**, Standardeinstellung) oder nicht geschrieben werden (x=**n**).
–r	Die Ausgabedatei erhält noch das Relokationsattribut, so daß sie als Eingabe für weitere Bindeläufe verwendet werden kann. Undefinierte Symbole werden dabei nicht als Fehler interpretiert.
–R *pfad*	Mit dieser Option kann dem Laufzeit-Linker eine durch Komma getrennte Verzeichnisliste angegeben werden, die bei der Suche nach Bibliotheken durchlaufen werden soll.
–s	(*strip*) Die Symboltabelle und das Relokationsmerkmal werden in der Ausgabe entfernt. Dies spart Platz, macht jedoch die Fehlersuche schwieriger. Das Entfernen der genannten Information kann auch noch später durch das **strip**-Kommando erfolgen.
–t	Beim Binden sollen keine Warnhinweise über mehrfach definierte Symbole unterschiedlicher Größe ausgegeben werden.
–u*name*	Das nachfolgende Argument *name* wird als undefiniertes Symbol in die interne Symboltabelle eingetragen. Dies erlaubt, Module aus einer Bibliothek zu binden, die sonst nicht dazugebunden würden.
–V	Die Versionsnummer des **ld** wird ausgegeben.
–YP, *pfad*	Die Liste der Standardverzeichnisse, die nach Bibliotheken durchsucht wird, soll auf *pfad* umgesetzt werden. In *pfad* stehen durch Komma getrennte Verzeichnisse.
–z defs	Können Symbole nicht referenziert werden, so wird ein fataler Fehler (Abbruch) ausgelöst. Dies ist das Standardverhalten bei statisch gebundenen Programmen.
–z nodefs	Beim Binden sind undefinierte Symbole erlaubt. Dies ist das Standardverhalten bei der Erzeugung gemeinsam genutzter Bibliotheken, da die Referenzen dort vom Laufzeit-Binder aufgelöst werden.
–z text	Verbleiben noch Verweise auf nicht-schreibbare Bereiche, so wird ein fataler Fehler (Abbruch) ausgelöst (nur im dynamischen Modus).

Weitere Optionen können bei unterschiedlichen UNIX-Systemen hinzukommen.

9.2 Binder und Bibliotheksverwalter

ld wertet die Umgebungsvariable **$LD_LIBRARY_PATH** aus. Diese Variable sollte alle Verzeichnisse enthalten, die der Laufzeit-Linker für die korrekte Zuordnung von Programmen und dynamischen Bibliotheken benötigt. Im Standardfall ist hier keine Einstellung nötig. Werden zusätzliche Applikationen installiert, die mit dynamischen Bibliotheken arbeiten, so ist ggf. eine Anpassung der Einträge in der Variablen **$LD_LIBRARY_PATH** nötig.

✎ cc –s prog.c
  → übersetzt das Programm *prog.c*. Die Option **–s** wird dabei an den nachfolgenden Bindelauf weitergereicht und sorgt dafür, daß in der erzeugten Datei *a.out* die Symboltabelle nicht mehr vorhanden ist.

✎ ld ctr0.o p1.o p2.o p3.o –lc
  → bindet die Objektmodule *crt0*, *p1*, *p2* und *p3* zu einem Programm *a.out*. *crt0.o* ist die Startroutine des C-Laufzeitsystems. Durch die Option **–lc** wird die C-Bibliothek */lib/libc.a* hinzugebunden.

✎ cc –o suche –f suche.c –lm
  → übersetzt die C-Datei *suche.c* und bindet sie anschließend in die Datei *suche*. Es soll dabei Code zur Softwareemulation der Gleitkommabefehle erzeugt werden. Da *suche* Funktionen der mathematischen C-Bibliothek verwendet, muß diese durch die Option **–lm** dazugebunden werden (*/lib/libm.a*).

✎ ld –r –o such.o s1.o s2.o
  → bindet die beiden Objektmodule *s1* und *s2* zu einer neuen Datei *suche.o* zusammen. Diese Datei ist noch relokierbar (Option **–r**).

9.2.2 Der Bibliotheksverwalter ar

Mit Hilfe von **ar** können mehrere Dateien zu einer Bibliothek (*archive*) zusammengefaßt werden. Zumeist werden dabei Objektdateien zu einer Objektbibliothek angeordnet, welche als Eingabe für den Binder **ld** dienen kann. Prinzipiell können jedoch auch andere Dateien in dieser Art verwendet werden. Der Vorteil von Bibliotheken ist zum einen eine geringfügige Platzersparnis (es muß nur die Bibliotheksdatei und nicht alle darin enthaltenen Moduldateien im Katalog eingetragen sein), eine bessere Übersicht und eine erhöhte Bindegeschwindigkeit (der Binder muß nur die Bibliotheksdatei öffnen und schließen). Wird beim Binden eine Bibliothek verwendet, so wird nur die Bibliothek, nicht aber die daraus zu bindenden Module angegeben. Aus der Bibliothek werden dann nur die erforderlichen Module hinzugebunden.

Der Aufruf von **ar** hat folgenden Aufbau:

   ar {–V} –*funktion* {*position*} *b_datei dateien*

Mit der Option –**V** zeigt **ar** seine Versionsnummer an.
Der Parameter *funktion* gibt an, was zu tun ist. Möglich hierbei ist eines der folgenden Zeichen:

d (*delete*) Die angegebenen Dateien sollen aus der Bibliothek *b_datei* gelöscht werden.

m (*move*) Die genannten Dateien sollen an das Ende der Bibliothek umgesetzt werden. Mittels eines nachfolgenden Zeichens **a**, **b** oder **i** sowie der dann notwendigen Angabe *position*, kann wie bei der Ersetzung (**r**) angegeben werden, wohin der betreffende Modul zu versetzen ist.

r (*replace*) In der Bibliotheksdatei *b-datei* sollen die darin enthaltenen Module durch jene in den spezifizierten Dateien ersetzt werden. Folgt auf –**r** ein **u**, so werden nur diejenigen Dateien zur Ersetzung herangezogen, deren Änderungsdatum später liegt als das der Bibliotheksdatei *b_datei*. Folgt ein optionales Positionszeichen **a**, **b** oder **i**, so muß der Positionsparameter *position* angegeben sein und schreibt damit vor, daß die neuen Dateien bei **a** hinter (*after*), bei **b** oder **i** vor (*before*) dem Bibliotheksmodul *position* einzufügen sind. Ansonsten werden neue Dateien am Ende der Bibliothek angehängt.

p (*print*) Die genannten Dateien (Module) in der Bibliothek werden ausgegeben.

q (*quickly*) Die angegebenen Dateien sollen in der vorgegebenen Reihenfolge am Ende der Bibliothek angehängt werden. Dabei wird nicht geprüft, ob Module gleichen Namens nicht bereits in der Bibliothek vorhanden sind.

t (*table*) Es wird ein Inhaltsverzeichnis der Bibliothek ausgegeben. Fehlt die Angabe *dateien*, so wird ein Inhaltsverzeichnis der ganzen Bibliothek ausgegeben, ansonsten nur das der genannten Module.

9.2 Binder und Bibliotheksverwalter

x (*extract*) Die genannten Dateien sollen aus der Bibliothek herausgezogen werden. Fehlt die Angabe von *dateien*, so werden alle Module der Bibliothek extrahiert. Die Bibliothek selbst bleibt unverändert.

Dem Funktionszeichen können folgende Zusatzangaben angehängt werden:

c (*create*) Soweit notwendig, legt **ar** die Bibliothek *b-datei* neu an und meldet dies. Die **c**-Funktion unterdrückt diese Meldung.

l Im Normalfall legt **ar** temporäre Dateien im Katalog */tmp* an. Die Option l sorgt dafür, daß die temporären Dateien lokal im aktuellen Katalog angelegt werden. Diese Option ist nur noch aus Gründen der Abwärtskompatibilität vorhanden und wird nicht mehr beachtet, da **ar** in neueren Versionen ohne temporäre Dateien arbeitet.

v (*verbose*) Mit dieser Option liefert **ar** Angaben zu den bearbeiteten oder in der Bibliothek enthaltenen Dateien.

s Legt eine neue Symboltabelle für das Archiv an.

✎ ar –rcv graphik.a linie.o rahmen.o balken.o
→ erzeugt durch **ar** aus den Modulen *linie.o*, *rahmen.o* und *balken.o* eine Bibliothek mit dem Namen *graphik.a*. Die eingesetzten Module werden dabei von **ar** (Option **v** in **rcv**) ausgegeben.

✎ ar –t graphik.a
→ gibt ein Inhaltsverzeichnis der Bibliothek *graphik.a* aus.

✎ ar –r lib3 lp.o
→ ersetzt in der Bibliothek *lib3* das Modul *lp.o*. Ist dieses noch nicht vorhanden, so wird es am Ende der Bibliothek angehängt.

✎ ar –x lib3 mt.o
→ extrahiert aus der Bibliothek *lib3* das Modul *mt.o* und legt es in der Datei *mt.o* ab.

9.3 Programmgenerierung mit make

make ist ein Programm, welches die weitgehend automatische Generierung bzw. Neuerstellung eines Programmsystems erlaubt. Unter Programmsystem ist hier ein aus mehreren Modulen zusammengesetztes Programm zu verstehen. Das **make**-Konzept ist jedoch so allgemein gehalten, daß auch ein System aus mehreren Programmen oder anders gearteten Dateien damit erstellt werden kann. **make** benutzt zwei Informationsquellen:

a) Eine Beschreibung von Datei-Abhängigkeiten
b) Das Modifikationsdatum der aus a) ermittelten Dateien

Die in a) angegebene Beschreibung muß vom Benutzer erstellt werden. Sie wird durch Abhängigkeiten, die **make** selbst kennt, ergänzt. In der Regel wird man die Abhängigkeiten in eine Datei schreiben, die dann von **make** benutzt wird. Werden beim **make**-Aufruf keine Beschreibungsdateien explizit angegeben, so sucht **make** in der Datei **makefile** oder **Makefile** des aktuellen Katalogs. Aus diesem Grunde wird statt »*die Beschreibung der Abhängigkeiten*« auch der Begriff **makefile** verwendet. In dieser Datei sind die neu zu erstellenden Dateien, **Zielobjekte** (*targets*) genannt, aufzuführen, zusammen mit den Dateien, von denen sie abhängen und den Kommandos, welche die Generierung durchführen. Dies kann hierarchisch erfolgen. **make** stellt zur Generierung des Zielsystems fest, welche der zur Erstellung des Systems notwendigen Dateien seit der letzten Erstellung modifiziert wurden und ermittelt aus **makefile**, welche Arbeiten zu tun sind (z.B. welche Teile neu übersetzt und gebunden werden müssen). In der Beschreibung werden 4 Arten von Anweisungen benutzt:

❑ Makrodefinitionen
❑ Definition von Abhängigkeiten
❑ Shellkommandos
❑ Steueranweisungen

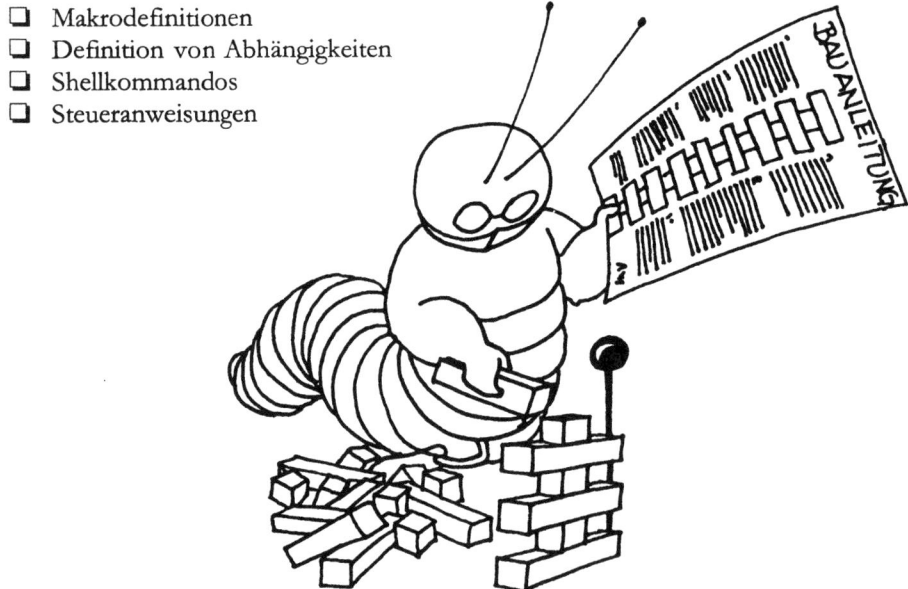

9.3.1 Beschreibung von Abhängigkeiten
Die Beschreibung der Abhängigkeit der Zielobjekte von Dateien geschieht wie folgt:

ziel {*ziel_1* ...} : {*datei_1* ... *datei_n*} {; *kommandos* }
{   <tab>   *kommando_1*   {# *kommentar*}
       <tab>   *kommando_2*   {# *kommentar*}
       ...
       <tab>   *kommando_n*   {# *kommentar*} }

und beschreibt, daß die angegebenen Zielobjekte *ziel* bis *ziel_n* von den Dateien abhängen, die auf den Doppelpunkt folgen ({...} zeigt hier optionale Teile). Diesen können, durch Semikolon getrennt, in der gleichen Zeile Kommandos folgen. Wurde eine der aufgeführten Dateien seit der letzten Erstellung des Zielobjektes geändert, so muß das Zielobjekt neu generiert werden. Diese Generierung geschieht durch die nachfolgenden Kommandos. Alle Zeilen, die der Objektdefinition folgen und mit einem Tabulatorzeichen beginnen, werden als solche Kommandos interpretiert und entsprechend der Shell übergeben. Kommentar kann, durch ein # eingeleitet, den Kommandos folgen. Er wird jeweils durch das Zeilenende abgeschlossen.

Fehlt die Angabe der Dateien (*datei* bis *datei_n*), so werden Abhängigkeiten verwendet, die **make** implizit kennt.

Es müssen nicht alle Anweisungen der Generierung des Zielobjektes im strengen Sinne dienen, sondern sie können auch nicht mehr benötigte Dateien löschen oder ähnliche Funktionen ausführen.

Die Kommandozeilen werden nacheinander ausgeführt, wobei jeweils eine eigene Shell zur Ausführung des Kommandos erzeugt wird. Das ausgeführte Kommando erscheint auf der Dialogstation (Standardausgabe). Durch die Steueranweisung

    .SILENT

in *makefile* oder durch @ als erstes Zeichen des Kommandos kann diese Ausgabe unterdrückt werden. Liefert ein Kommando einen von 0 verschiedenen Wert zurück – dies bedeutet in der Regel, daß ein Fehler aufgetreten ist – so bricht **make** die Generierung ab. Dieser Abbruch kann durch das spezielle Zielobjekt **.IGNORE** in *makefile* verhindert werden.

Wird **make** durch <unterbrechung> oder <abbruch> terminiert, so wird das Zielobjekt gelöscht, es sei denn, in *makefile* ist angegeben, daß dieses Objekt von dem speziellen Namen **.PRECIOUS** abhängig ist.

Die Metazeichen *****, **?** und **[...]** werden in Dateinamen entsprechend der Shell-Regel expandiert.

Vor der Ausführung von Kommandos werden einige spezielle Makrowerte gesetzt und können entsprechend im Kommando verwendet werden. Diese sind:

$@   Voller Name des Zielobjektes

$*   Name des Zielobjektes ohne eine Endung

$<   Der Name der Datei, die den Aufruf verursachte

$?	Alle Dateien, von denen das Zielobjekt abhängig ist und die neuer als dieses sind
$$	Das Zeichen $

Allgemeine Abhängigkeiten können durch die Anweisung:

.SUFFIXES: *e_1 e_2 ... e_n*

angegeben werden. Diese Anweisung besagt, daß eine Datei mit der Endung *.e_1* von einer Datei gleichen Namens (ohne Endung) mit der Endung *.e_2* abhängig ist. Existiert eine solche nicht, so wird eine Datei mit der Endung *.e_3* gesucht usw..

Die Transformation der Dateien mit der Endung *.e_2* in Dateien mit der Endung *.e_1* wird dabei mit einem Eintrag:

.e_2.e_1:
    kommandos

angegeben. In diesen Kommandos wird man in der Regel die Makronamen $@, $*, $<, $? statt konkreter Dateinamen verwenden. Es sind mehrere solcher SUFFIXES-Anweisungen möglich. Eine leere Definition hebt alle vorhergehenden auf. Die Reihenfolge ist insofern wichtig, als die erste Definition, bei der der Name einer existierenden Datei und eine Transformationsangabe zusammenpassen, verwendet wird. **make** kennt dabei folgende Abhängigkeiten:

.SUFFIXES: .o .c .cc .y .l .s .sh .S .ln .h .f .F .mod .sym .def .p .r .f90 .ftn .cps .C .Y .L

➜ Die Standard-SUFFIXES-Definition kann von System zu System variieren. Man sollte deshalb, sofern man diese Definitionen ausnützen möchte, mit Hilfe der **make**-Option –p den Stand ermitteln.

Soll eine Datei erstellt werden, für deren Erzeugung weder eine explizit angegebene Regel noch eine der Regeln anwendbar ist, die **make** selbst kennt, so werden hierzu die Kommandos verwendet, die zu dem Namen .DEFAULT gehören. Ist auch dies nicht vorhanden, so wird die schlichte Meldung ausgegeben:

Make: Don't know how to make *xxx* . Stop.

9.3.2 Makrodefinitionen in make

Bei einer Makrodefinition wird dem Makronamen die nachfolgende Zeichenkette durch »*name*=*zeichenkette*« zugewiesen. Hiernach wird $(*name*) jeweils durch *zeichenkette* ersetzt. Besteht *name* nur aus einem Zeichen, so können die Klammern weggelassen werden. Die Namen $*, $@, $< und $? haben eine besondere, später erklärte Bedeutung und sollten nicht verwendet werden. Makrodefinitionen können auch im Aufruf von **make** selbst angegeben werden und überdecken dann die entsprechende Definition in *makefile*.

9.3.3 Der Aufruf von make

make wird aufgerufen mit:

> **make** {*optionen*} {*makrodefinitionen*} {*ziele*}

Ziele sind hier die Zielobjekte, welche erneut erzeugt werden sollen. Fehlt diese Angabe, so werden alle in *makefile* angegebenen Zielobjekte angenommen. Die beim **make**-Aufruf übergebenen Makrodefinitionen (in der Form: »*name=wert*«) überdekken die in *makefile* stehenden. Die Funktion der Optionen ist:

- –d (*debug*) Für Testzwecke werden ausführliche Informationen zu den betrachteten Dateien, deren Datumsangaben und Abhängigkeiten und zu Voreinstellungen von **make** ausgegeben.

- –e (*environment*) Es sollen Shellvariablen auf Definitionen untersucht werden. Diese überdecken die Definitionen im *makefile*.

- –b Kompatibilitätsmodus: Es sollen auch Beschreibungsdateien aus alten Versionen des Programms **make** verarbeitet werden.

- –f *name* gibt an, daß die Abhängigkeiten in der Datei *name* festgelegt sind. Fehlt diese Angabe, wird die Beschreibung in der Datei **makefile** gesucht und, falls diese Datei (im aktuellen Katalog) nicht existiert, in der Datei **Makefile**. Steht – an Stelle von *name*, so wird von der Standardeingabe gelesen. ›–f *name*‹ darf mehrmals vorkommen.

- –i Entspricht der *makefile*-Anweisung **.IGNORE** und sorgt dafür, daß **make** nicht abbricht, wenn ein Kommando einen Fehler meldet (Exit-Status ≠ 0).

- –k Meldet ein Kommando einen Fehler (Exit-Status ≠ 0), so wird zwar die Bearbeitung des aktuellen Eintrags beendet, jedoch die Einträge, welche davon nicht abhängig sind, weiter bearbeitet.

- –n Es wird eine Pseudobearbeitung durchgeführt, d.h. die bei einer wirklichen Bearbeitung auszuführenden Kommandos werden ausgegeben, jedoch nicht aufgerufen. Dies dient Testzwecken.

- –p Es wird die Liste aller Makrodefinitionen und die Definitionen der Zielobjekte ausgegeben.

- –q **make** liefert den Wert 0 zurück, falls das Zielobjekt auf dem neuesten Stand ist. Damit können Generierungszustände aus Shellscripten heraus überprüft werden.

- –r setzt alle internen Abhängigkeitsdefinitionen von **make** zurück und entspricht einem leeren **.SUFFIXES:** am Anfang von *makefile*.

- –s entspricht dem Eintrag **.SILENT** und unterdrückt die Ausgabe der ausgeführten Kommandos.

- –t (*touch*) Das Zielobjekt (oder Zielobjekte) erhält ein neues Erstellungsdatum, ohne daß eine Generierung erfolgt.

9.3.4 Beispiel zu make

Die oben angegebenen Regeln sollen an einem Beispiel demonstriert werden. Das Programm *auswertung* sei aus folgenden Modulen aufgebaut:

- den PASCAL-Modulen: *dialog.p, liesinfo.p,*
- den C-Programmodulen: *sortiere.c, rechne.c.*
- *sortiere* wiederum benutzt durch **#include** die Datei *struktur.h*.

Dann kann die Datei *makefile* wie folgt aussehen:

```
auswertung :      dialog.o liesinfo.o sortiere.o rechne.o
<tab>             ld –s –o auswertung dialog.o liesinfo.o sortiere.o rechne.o
dialog.o :        dialog.p
<tab>             pc –c dialog.p
liesinfo.o :      liesinfo.p
<tab>             pc –c liesinfo.p
sortiere.o :      sortiere.c struktur.h
<tab>             cc –c sortiere.c
rechne.o :        rechne.c
<tab>             cc –c rechne.c
```

Existieren beim Aufruf von **make** die Dateien *dialog.o, liesinfo.o, sortiere.o, rechne.o* und *auswertung* noch nicht, so erhält man folgendes Bild:

$make
pc –c dialog.p
pc –c liesinfo.p
cc –c sortiere.c
cc –c rechne.c
ld –s –o auswertung dialog.o liesinfo.o sortiere.o rechne.o
$

Existieren die Dateien *dialog.o* und *rechne.o* bereits und sind jünger als ihre Quellprogramme, so ergäbe sich folgendes Bild:

$make
pc –c liesinfo.p
cc –c sortiere.c
ld –s –o auswertung dialog.o liesinfo.o sortiere.o rechne.o
$

Wurde seit der letzten Generierung nur die Datei *struktur.h* modifiziert, so würde es so aussehen:

$make
cc –c sortiere.c
ld –s –o auswertung dialog.o liesinfo.o sortiere.o rechne.o
$

9.3 Programmgenerierung mit make

Unter Ausnutzung der Makronamen kann obiges Beispiel kürzer geschrieben werden. Statt ein Kommando, wie üblich, in eine eigene Zeile zu schreiben, kann es auch mit >;< direkt an die Definitionszeile angehängt werden. Nur in diesem Fall kann das Tabulatorzeichen vor dem Kommando entfallen:

```
OBJ = dialog.o liesinfo.o sortiere.o rechne.o
auswertung :    $(OBJ)
<tab>           ld –s –o $@ $(OBJ)
dialog.o :      dialog.p              ; pc –c $<
liesinfo.o :    liesinfo.p            ; pc –c $<
sortiere.o :    sortiere.c structur.h ; cc –c $<
rechne.o :      rechne.c              ; cc –c $<
```

Nutzt man die **make** bekannten Regeln und gibt man die Regel für die Erzeugung eines Objektmoduls aus einem PASCAL-Quellprogramm (*xxx.p*) zusätzlich an (es sei hier angenommen, **make** kenne sie nicht), so ergibt sich:

```
.SUFFIXES: .o .p
.p.o: ; pc –c $<
OBJ = dialog.o liesinfo.o sortiere.o rechne.o
auswertung : $(OBJ)
<tab>          ld –s –o $@ $OBJ
sortiere.o :   sortiere.c structur.h
```

Bei dieser Art der Definition prüft **make** entsprechend seiner internen Definitionen zunächst die Existenz von Dateien mit dem Namen *dialog.c* und *liesinfo.c*. Existieren diese (neben *dialog.p* und *liesinfo.p*), so werden sie statt der Datei mit der Endung *.p* übersetzt. Ist dies nicht gewünscht, so muß die Abhängigkeit wieder explizit angegeben werden.
makefile hätte dann folgenden Inhalt:

```
.SUFFIXES: .o .p
.p.o: ; pc –c $<
OBJ = dialog.o liesinfo.o sortiere.o rechne.o
auswertung : $(OBJ)
<tab>           ld –s –o $@ $OBJ
dialog.o :      dialog.p
liensinfo.o :   liesinfo.p
```

make ist ein sehr umfassendes Werkzeug zur Kontrolle nicht nur von Programmentwicklungsprojekten, sondern von Projekten jeder Art, in denen Abhängigkeiten zwischen Dateien bestehen, die durch das Alter der Dateien ausgedrückt werden können und durch beliebige Kommandos ausgeglichen werden können.

Ein Hilfsprogramm wie **make** ist in nahezu allen Entwicklungsumgebungen, auch unter anderen Betriebssystemen, enthalten.

9.4 Testhilfen

Unter dem Begriff *Testhilfen* sollen hier die Werkzeuge unter UNIX verstanden werden, die bei der Fehlersuche in einem Programm behilflich sind. Die bekanntesten Werkzeuge hierbei sind die interaktiven Testhilfen (auch *debugger* genannt) der UNIX-Systeme in der Form des **adb**, des **sdb** und in den Berkeley-UNIX-Systemen der **xdb**.

Das Testen bzw. Suchen und Entfernen von Programmfehlern wird im englischsprachigen Computerjargon anschaulich mit *Käfer entfernen (debugging)*[1] bezeichnet, die Testhilfen entsprechend **debugger**.

adb ist somit die Abkürzung für *assembler debugger* (obwohl – wenn auch etwas weniger komfortabel, andere Programme getestet werden können). **sdb** steht für *symbolic debugger* und **xdb** für *extended debugger*.

Diese Testhilfen erlauben es, Programme unter der Kontrolle der Testhilfe ablaufen zu lassen und *Haltepunkte* (englisch: *breakpoints*) zu setzen. Wird bei der Abarbeitung des Programms ein solcher Haltepunkt erreicht, so wird die Abarbeitung unterbrochen und die Testhilfe meldet sich und teilt mit, welcher Haltepunkt erreicht wurde. Danach wartet die Testhilfe auf weitere Anweisungen. Man kann sich nun den Inhalt von Variablen, Registern und Speicherbereichen in unterschiedlichen Formaten anzeigen lassen und deren Inhalte verändern, das Programm im Einzelschritt (jeweils eine weitere Instruktion) weiterlaufen lassen, die Abarbeitung bis zum nächsten Haltepunkt fortsetzen oder das Programm abbrechen.

Daneben erlauben die genannten Testhilfen die Untersuchung von **core**-Dateien, sogenannten *core dumps*. Eine **core**-Datei ist der Speicherabzug eines Programms, der entweder vom System beim Absturz eines Programms erstellt oder aber vom Benutzer erzeugt wird, indem er das Programm durch Eingabe der <abbruch>-Taste beendet. Der Abzug wird dann in einer Datei mit dem Namen *core* hinterlegt.

Der Debugger **adb** ist primär zum Testen von Assembler- und C-Programmen ausgelegt. Bei ihm muß der Anwender die Adresse des Haltepunktes angeben und

---

[1] In frühen Computersystemen waren Käfer (*bugs*), die sich im Gewirr von Magnetkernspeichern einnisteten, eine häufige Fehlerquelle. Als *debugger* setzte man Insektengift ein.

9.4 Testhilfen

das Format vorgeben, in dem der Inhalt einer Variablen angezeigt wird. Nach dem Entstehen weitaus komfortablerer Werkzeuge zur Fehlersuche wird **adb** heute kaum mehr verwendet, ist jedoch nach wie vor im Standard-Lieferumfang eines jedem UNIX-Systems enthalten.

Die Testhilfen **sdb** und **xdb** sind dagegen sogenannte *symbolische Debugger* und erlauben, statt der Angabe einer Adresse die Angabe einer Zeilennummer (des Quellcodes), an dem ein Haltepunkt gesetzt werden soll. Sie kennen auch den Typ der Variablen und geben den Inhalt der Variablen im typgerechten Format aus. Die Verwendung von Zeilennummern und symbolischen Namen ist natürlich nur dann möglich, wenn vom Compiler diese Information erzeugt und vom Binder nicht entfernt wurde! Steht der Quellcode eines untersuchten Programms zur Verfügung, so kann die Programmanalyse mit der Anzeige der aktuellen Werte und Variablenbelegungen direkt im Programmcode erfolgen.

Eine zweite, nicht interaktive Art der Fehlersuche bei C-Programmen kann durch die **ctrace**-Funktion erfolgen. **ctrace** fügt in die Quelle eines C-Programms automatisch Anweisungen ein, die vor der Ausführung einer jeden Anweisung den Text der Anweisungszeile sowie die Werte aller verwendeten und modifizierten Variablen ausgeben. Wird die so erzeugte Quelle übersetzt, so kann der Programmablauf Schritt für Schritt verfolgt werden. Bei Schleifen wird nur eine Ausgabe erzeugt und bei jedem 1000. Durchlauf eine Warnung produziert. Die Ablaufverfolgung (englisch: *tracing*) kann auf bestimmte Funktionen beschränkt werden.

Seit UNIX System V.4 ist mit dem Programm **truss** eine vollkommen neuartige Möglichkeit zur Programmanalyse und Fehlersuche erschienen. Mit truss ist es möglich – vorausgesetzt die Zugriffsrechte stimmen überein –, einen beliebigen Prozess zur Laufzeit zu verfolgen. truss meldet dabei alle Systemaufrufe mit ihren aktuellen Werten und alle Signale, die auftreten. Bei der Anzeige bemüht sich truss um die Darstellung in Quellcode-Form, wofür die Schreibung aus den Standard-Headerdateien verwendet werden. Die Prozesse, die truss verfolgen kann, liegen als dateiartige Repräsentation unter ihrer Prozessnummer im Verzeichnis **/proc**.

9.4.1 Die Testhilfe sdb

Das Programm **sdb** (*symbolic debugger*) ist wie **adb** eine Testhilfe zur Fehlersuche und Fehleranalyse in Programmen. Es erlaubt, unter seiner Kontrolle ein Programm ablaufen zu lassen. Es können Haltepunkte gesetzt werden; man kann das Programm im Einzelschrittmodus weiterlaufen lassen, sowie den jeweils aktuellen Inhalt der einzelnen Variablen und Datenstrukturen ausgeben und modifizieren.

Im Gegensatz zum **adb** kann der **sdb** statt mit Programmadressen mit Zeilennummern des Quelltextes arbeiten, kennt den Typ der Variablen und den Aufbau von Strukturen und kann statt des Assemblercodes den Quellcode des Programms anzeigen. Damit dies möglich ist, müssen das Programm bzw. seine einzelnen Moduln mit der Option **–g** übersetzt werden, und die Symboltabelle muß noch Teil der Programmdatei sein.

9.4.1.1 Aufruf des sdb

Will man ein Programm unter der Kontrolle des **sdb** ablaufen lassen, so geschieht dies mit dem Aufruf:

    sdb {**–w**} {**–W**} {*objekt_datei* {*core_datei* {*katalog*{, *katalog*...}}}}

wobei *objekt_datei* der Name der Datei ist, in welcher der Programmcode liegt. *core_datei* gibt den Namen eines *Core Images* ab, welches z.B. beim Abbruch eines Programms erzeugt wird. Fehlt *object_datei*, so wird **a.out** angenommen, fehlt *core_datei*, so wird **core** angenommen. Steht – statt *core_datei*, so wird ohne eine solche Datei gearbeitet.

Die Liste von Katalogen (jeweils durch Kommata getrennt) gibt jene Kataloge an, in denen die Quellcodedateien liegen, die beim Binden der Programmdatei benutzt wurden. Werden die Quellcodedateien nicht gefunden oder sind diese neuer als die Programmdatei, so wird eine entsprechende Warnung ausgegeben. Die Option **–W** unterdrückt dies. Will man Änderungen in der Programmdatei mit dem **sdb** vornehmen, so muß **sdb** mit der Option **–w** (für *write*) aufrufen.

Es können nun mit den nachfolgend beschriebenen Befehlen Haltepunkte gesetzt und (soweit ein *Core Image* vorliegt) Speicher- und Variableninhalte angezeigt werden. Der Start (oder Wiederstart) des Programms erfolgt mit dem **r**- oder **R**-Kommando. Will man ein laufendes Programm danach unterbrechen, obwohl noch kein Haltepunkt erreicht ist, so kann dies durch die <unterbrechung>-Taste geschehen. Der **sdb** zeigt dann an, an welcher Stelle das Programm unterbrochen wurde und wartet auf weitere Anweisungen. Mit dem Kommando **c** oder **C** kann man die Programmabarbeitung danach fortsetzen oder mit **q** den Testlauf beenden und **sdb** verlassen.

9.4.1.2 Benennen von Objekten

Will man eine Variable des zu untersuchenden Programms bzw. *Core Images* ansprechen, so gibt man ihren Namen an, so wie er im C- oder FORTRAN-Programm vorkommt. Lokale Variablen werden in der Form »*prozedur:variable*« spezifiziert. Fehlt die Angabe von *prozedur*, so wird der Name der Prozedur eingesetzt, in der die *aktuelle Zeile* liegt. Wird eine entsprechende lokale Variable nicht gefunden, so wird angenommen, daß es sich um eine globale Variable handelt. Meint man explizit globale Variablen, so verwendet man die Form »*:variable*«.

Die Elemente einer Struktur werden wie in C in der Form »*variable.element*«, bei Zeigern auf Strukturen durch »*variable->element*« angegeben.

Bei Feldelementen (*arrays*) ist die Form »*variable[index]*«. Ist das Feld mehrdimensional, so kann dies mit den beiden Formen *variable[n][m]*... oder *variable[n,m,...]* spezifiziert werden. Statt dem Index kann auch mit »*n,m*« ein Bereich und mit * das gesamte Feld vorgegeben werden. Zeiger werden mit *zeiger[0]* dereferenziert.

Bei FORTRAN werden die Variablen in einem COMMON-Block in der Form »*block_name.variable*« (bzw. **BLNK**.*variable* beim namenlosen COMMON-Block) angegeben. Bei Äquivalenzen in COMMON-Blöcken wird dem Namen des COMMON-Blocks die Endung **_EQV** angehängt.

Will man bei rekursiv geschachtelten Funktionen die Variable einer bestimmten Schachtelungstiefe ansprechen, so geschieht dies mit »*prozedur:variable,n*«, wobei *n* die *n*-te Inkarnation ist (vom Stackende aus gezählt).

Eine Variable läßt sich statt durch ihren Namen auch über ihre Adresse ansprechen, wobei wie in C die Adresse oktal (führende **0**), dezimal oder als Hexadezimalzahl (führendes **x**) eingegeben werden kann.

Bezieht man sich auf eine Zeilennummer im Quellcode, so ist das Format hierfür »*datei_name:zeile*« oder »*prozedur:zeile*«. In beiden Fällen ist die Zeilennummer relativ zum Dateianfang. Fehlt die Angabe der Datei oder der Prozedur, so wird die *aktuelle Datei*, fehlt die Angabe der Zeile, so wird die erste Zeile der Datei bzw. der Prozedur eingesetzt.

Im Namen von Variablen und Prozeduren dürfen die von der Shell her bekannten Metazeichen ***** (mit der Bedeutung: *beliebige Zeichenkette*) und **?** (mit der Bedeutung: *beliebiges einzelnes Zeichen*) vorkommen, so daß auch nach nicht vollständig spezifizierten Namen gesucht werden kann.

Solange ein Prozeß unter der Kontrolle von **sdb** läuft, beziehen sich die Adressen auf die Adresse im Programm selbst; sonst beziehen sie sich auf die Programmdatei oder die Core-Datei.

✎ Bei dem ab Seite 582 aufgeführten Beispielprogramm kann auf die Komponente *worte* des 3. Elements des Strukturfelds *res* mit **res[2].worte** zugegriffen werden (die Zählung beginnt bei 0). Befindet sich das Programm aktuell in der Prozedur *zaehle*, so wird die Variable *i* in *main* mit **main:i** angesprochen. Die Zeile 16 der Prozedur *zaehle* wird entweder mit **zaehle.c:16** oder mit *zaehle:16* angegeben.

9.4.1.3 Kommandos des sdb

Nach dem Aufruf des **sdb** meldet sich dieser mit * und erwartet nun eine Kommandoeingabe. Folgende Kommandos stehen dabei zur Verfügung:

Syntax:	Funktion:
zeile **a**	(*announce*) Hat die Zeilennummer das Format »*prozedur:n*«, so wird hierdurch das Kommando »*n* **b** l« ausgeführt, d.h. die Quellcodezeile am Haltepunkt angezeigt. Hat *zeile* das Format »*prozedur*:«, so wird »*prozedur*: **b T**« bewirkt, d.h. beim Erreichen des Haltepunktes wird der Namen der Prozedur und die aktuelle Adresse angezeigt.
{*zeile*}**b** {*kmd* ...}	(*breakpoint*) setzt einen Haltepunkt auf die angegebene Zeile. Erreicht das Programm diesen Haltepunkt, so wird das Kommando *kmd* ausgeführt und die Abarbeitung fortgesetzt. Auch mehrere syntaktisch durch Kommata getrennte Kommandos sind möglich. Soll nach der Ausführung der Kommandos angehalten werden, so ist **k** als letztes Kommando anzugeben. Fehlt *kmd*, so wird nur das Erreichen des Haltepunktes gemeldet und **sdb** wartet auf das nächste Kommando. Fehlt die Angabe von *zeile*, setzt **sdb** den Haltepunkt auf die *aktuelle Zeile*.
B	(*breakpoints*) gibt damit eine Liste der aktuell definierten Haltepunkte aus.
{*n*}**c** {*m*} {*n*}**C** {*m*}	(*continue*) Setzt den Programmlauf nach dem Erreichen eines Haltepunktes oder nach einer Unterbrechung fort. *m* definiert, wieviele Haltepunkte zunächst ignoriert werden sollen, bevor das Programm wieder anhält (Standardwert = 0). *n* ist eine Zeilennummer, an der ein temporärer Haltepunkt gesetzt wird. **sdb** löscht ihn nach der Kommandoausführung wieder. Bei **C** wird das Signal, welches das Programm unterbrach, wieder aktiviert.
{*n*} **d** **D**	(*delete*) löscht den Haltepunkt an der angegebenen Zeile. Fehlt *n*, so werden die Haltepunkte einzeln angezeigt und lassen sich dann interaktiv löschen. **D** löscht alle definierten Haltepunkte.
e {*name*}	(*edit*) Dies gestattet eine Quellcodedatei zu untersuchen. *name* darf dabei eine Prozedur, ein Dateiname oder der Name eines Katalogs sein. Ist es der Name einer Prozedur, so wird die Quellcodedatei, in der die Prozedur vorkommt, zur *aktuellen Datei*; ist es ein Dateiname, dann wird diese Datei zur *aktuellen Datei*. Ist *name* ein durch / abgeschlossener Katalogname, dann wird angenommen, daß die Quellcodedateien statt in dem *aktuellen Katalog* oder den beim Aufruf von **sdb** angegeben Katalogen in dem mit »**e** *katalog*/« angegebenen Katalog liegt. Fehlt jede An-

	gabe, so wird der Name der aktuellen Prozedur und der zugehörigen Quellcodedatei ausgegeben.
{n}g{m}	(*goto*) setzt das Programm mit der Zeile *n* fort. Hierbei werden die nächsten *m* (Standardwert = 0) Haltepunkte ignoriert.
i I	(*instruction*) **sdb** führt eine weitere Maschineninstruktion aus. Bei **I** wird das Signal, welches das Programm unterbrach, wieder aktiviert.
k	(*kill*) Das gerade getestete Programm wird abgebrochen.
l	(*line*) Die zuletzt ausgeführte Zeile wird ausgegeben.
variable$m {n} *adresse*:m {n}	(*monitor*) Das Programm läuft wie bei **s** im Einzelschrittmodus solange weiter, bis der angegebenen Variablen (bzw. dem Wort an der angegebenen Adresse) ein neuer Wert zugewiesen wird. Die Variable muß von der *aktuellen Prozedur* aus zugreifbar sein und darf maximal ein Wort lang sein. *n* erlaubt die Angabe eines Wiederholungsfaktors. **Achtung:** Im Monitor-Modus wird die Abarbeitung des Programms sehr langsam!

M {?} {*} *b e f*
aM {/} {*} *b e f*
M

(*maps*) Dies erlaubt die Adreßabbildungen (*address maps*) neu zu besetzen. Bei der ersten Form mit ›?‹ ist die Adreßabbildung für das Text-(Code-) Segment, bei der Form mit ›/‹ ist das Datensegment gemeint.
b, e und *f* geben die neuen Werte für das *Basisregister*, das *Längenregister (extent)* und das *Distanzregister* (f-Register) an. Steht ›*‹ vor diesen Angaben, so ist der zweite Registersatz, ohne ›*‹ jeweils der erste Registersatz gemeint.

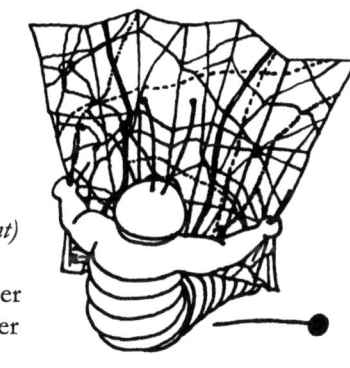

Wird nur **M** angegeben (dritte Form), so gibt **sdb** die Adreßabbildungen (*address m*aps) aus und nimmt keine Änderung vor.

p	(*print*) gibt die *aktuelle Quellcodezeile* aus.
q	(*quit*) beendet das Programm und terminiert **sdb**.
Q	Es wird eine Liste der Prozeduren und der dabei verwendeten Dateien ausgegeben.
{n} r {*arg* ...} {n} R	(*run*) startet das Programm mit den angegebenen Argumenten. Fehlt die Angabe von *arg* ..., so wird das Programm mit Argumenten des letzten Aufrufs, bei **R** ohne Argumente gestartet. *n* gibt dabei an, wieviele Haltepunkte ignoriert werden sollen, bis das Programm dann anhält (Standardwert = 0).

s {*n*} S {*n*}	(*single step*) Die Abarbeitung wird *n* Zeilen (Standard = 1) im Einzelschrittmodus fortgesetzt. Bei **S** wird eine Prozedur (und nicht eine Quellcodezeile) als Schritt betrachtet. Will man nicht um ganze Quellcodezeilen weiterlaufen, sondern nur einzelne Instruktionen, so ist das Kommando **i** oder **I** zu verwenden.
t	gibt einen Stack-Trace eines Prozesses aus, d.h. die Aufrufreihenfolge der Funktionen mit Angabe der Zeilennummer, der Funktion und der Argumente, mit der die jeweilige Funktion aufgerufen wurde.
T	Ausgabe der ersten Zeile des Stack-Trace eines Prozesses.
{*n*} v	(*verbose*) Hiermit wird ein Schalter an bzw. wieder abgeschaltet. *n* gibt dabei einen Detaillierungsgrad an. Wirksam ist der Schalter bei den Einzelschritten mit **S, s** oder **m**. Ist der Schalter eingeschaltet, so wird jeweils beim Erreichen der nächsten Quellcodezeile deren Text ausgegeben, bevor die erste Instruktion der Zeile ausgeführt wird. Ist *n* 2 oder größer, so gibt **sdb** jeweils auch jede einzelne Maschineninstruktion vor ihrer Ausführung aus. Ist der Schalter ausgeschaltet, so wird nur der Name der Quellcodedatei oder der Name der Prozedur ausgegeben, wenn hier ein Wechsel stattfindet.
V	Es wird die Versionsnummer des **sdb** ausgegeben.
w	(*window*) Es werden 10 Zeilen um die *aktuelle Zeile* herum ausgegeben.
x X	Ausgabe der Register der Maschine und der Maschineninstruktion, an welcher der Prozeß gerade steht. Bei **X** wird nur die Maschineninstruktion ausgegeben.
z	gibt die aktuelle und die folgenden 9 Zeilen (10 Zeilen total) aus und setzt die letzte ausgegebene Zeile zur *aktuellen Zeile*.
variable/ {*n l f* }	zeigt den Wert der angegebenen Variablen an. *l* gibt dabei (optional) eine Länge vor (der Standard ergibt sich aus dem in der Quelle deklarierten Typ der Variablen) und *f* ein Format. Mögliche Längen- und Formatangaben sind auf Seite 580 beschrieben. *n* gibt an, wieviele nachfolgende Elemente (gleichen Typs) ausgegeben werden sollen (Standard = 0).
zeile? {*l f* } *variable*:? {*l f*}	gibt die Adresse der Zeile bzw. der Variablen in der Codedatei oder dem Code-Adreßraum im angegebenen Format aus. *l* gibt dabei optional die Länge und *f* das Format vor (Standardwert = i).
variabel={*l f*} *vzeile*={*l f*} *n*={*l f*}	Die Adresse der Variablen, der Zeile oder die Zahl *n* soll in dem angegebenen Format (Länge *l*, Format *f*) ausgegeben werden. Z.B.: 0x5a=d → gibt die Hex.-Zahl *5a* als Dezimalzahl aus.

9.4 Testhilfen

	zaehle:c=c → gibt den Wert der Variablen *c* in der Prozedur *zaehle* als ASCII-Zeichen aus.
variable!wert	Die angegebene Variable erhält den neuen Wert. *wert* darf dabei eine Zahl, eine Zeichenkonstante oder eine andere Variable sein. i!10 weist der Variablen *i* den Wert 10 zu.
?*ausdruck*? /*ausdruck*/	Ausgehend von der aktuellen Quellcodezeile wird (bei ›/.../‹ vorwärts und bei ›?....?‹ rückwärts) nach einer Quellcodezeile gesucht, auf die der Ausdruck paßt (Textmuster mit den in **ed** zulässigen Metazeichen). Die gefundene Zeile wird zur neuen *aktuellen Zeile*.
n	setzt die Zeile *n* zur *aktuellen Zeile*. Diese wird ausgegeben.
n +	verschiebt die *aktuelle Zeile*, wird um *n* Zeilen weiter und gibt sie aus.
n −	setzt die *aktuelle Zeile* um *n* Zeilen zurück und gibt sie aus.
prozedur({*argument*,... }) *prozedur*({*argument*,... })/*f*	Die angegebene Prozedur wird mit den vorgegebenen Argumenten aufgerufen. Mit der zweiten Form gibt **sdb** den Ergebniswert der Prozedur im Format *f* aus (Standard = *dezimal*). Als Argumente sind Integerwerte, ASCII-Zeichen, Textkonstanten oder die Namen von Variablen erlaubt. Bei Variablennamen müssen die Variablen jedoch im Sichtbarkeitsbereich der aktuellen Prozedur liegen!
!*kmd*	**sdb** wird temporär verlassen, das UNIX-Kommando *kmd* von der Shell ausgeführt und danach kehrt der Fokus zu **sdb** zurück.
<cr>	(<neue zeile>) Das letzte Kommando wird nochmals wiederholt. Hat die Instruktion eine Quellcodezeile ausgegeben, so setzt **sdb** den Arbeitszeiger um eine Zeile weiter und gibt diese Zeile wieder aus. Wurde der Inhalt einer Variablen oder einer Speicherzelle angezeigt, so wird der Arbeitszeiger um eine Position weitergesetzt und diese ausgegeben.
<CTRL+D>	Abhängig vom letzten Befehl werden die nächsten 10 Quellcodezeilen, Instruktionen oder Daten ausgegeben.
< *datei*	**sdb** liest die nächsten **sdb**-Kommandos aus der angegebenen Datei und führt sie aus. Danach liest sdb die Kommandos wieder von der Standardeingabe.
"*text*	gibt den Text aus (z.B. um an einem Haltepunkt Kommentar auszugeben). In *text* dürfen die in C üblichen Sonderzeichen in der Form ›*c*‹ vorkommen.

9.4.1.4 Format- und Längenangaben beim sdb

Eine Formatangabe des **sdb** kann aus einer Längenangabe und der eigentlichen Formatangabe in der Form *lf* bestehen. Als Längenangabe *l* sind möglich:

- **b** 1 Byte
- **h** 1 Halbwort (2 Bytes)
- **l** 1 Vollwort (4 Bytes)

Das Format *f* kann folgende Angaben haben:

- **a** (*ASCII*) Die Zeichenkette, die an der Adresse der Variablen beginnt, wird ausgegeben. Dies ist bei Register-Variablen nicht möglich!
- **c** 1 Zeichen (*character*)
- **d** 1 Dezimalzahl (mit Vorzeichen)
- **f** 32-Bit-lange Gleitkommazahl (**float**)
- **g** 64-Bit-lange Gleitkommazahl (**double**)
- **i** Assemblerinstruktion mit numerischer und symbolischer Adresse
- **I** Assemblerinstruktion mit numerischer Adresse
- **o** Oktalzahl
- **p** Zeiger auf eine Prozedur
- **s** Die Zeichenkette *string*, auf die die Variable verweist, wird ausgegeben.
- **u** Vorzeichenlose Dezimalzahl (*unsigned*)
- **X** Hexadezimalzahl

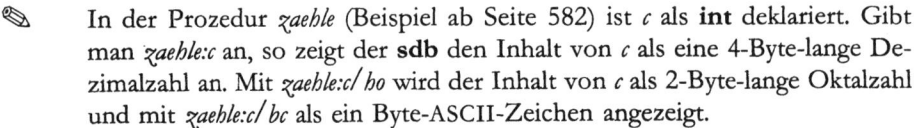

Fehlt in einer Formatangabe die Längenangabe *l*, so wird die Länge aus der Definition der Variablen ermittelt. Auf diese Weise erübrigt sich in den meisten Fällen die Angabe der Länge.

✎ In der Prozedur *zaehle* (Beispiel ab Seite 582) ist *c* als **int** deklariert. Gibt man *zaehle:c* an, so zeigt der **sdb** den Inhalt von *c* als eine 4-Byte-lange Dezimalzahl an. Mit *zaehle:c/ho* wird der Inhalt von *c* als 2-Byte-lange Oktalzahl und mit *zaehle:c/bc* als ein Byte-ASCII-Zeichen angezeigt.

9.4.1.5 Aktuelle Datei, Prozedur und Zeile, aktueller Katalog

Beim Arbeiten mit dem **sdb** gibt es eine

❑ *aktuelle Datei*,
❑ *aktuelle Prozedur*,
❑ *aktuelle Zeile* und einen
❑ *aktuellen Katalog*.

Existiert ein Speicherabzug (*core*), ist nach dem Aufruf des **sdb** diejenige Datei die *aktuelle Datei*, welche die Quelle der Programmstelle enthält, an der das Programm abbrach. Die Zeile, in der dies geschah, wird zugleich zur *aktuellen Zeile*; die Proze-

9.4 Testhilfen

dur, in der dies geschah, wird zur *aktuellen Prozedur*. **sdb** durchsucht bei seiner Suche nach der Quellcodedatei die beim Aufruf angegebenen Kataloge und setzt den Katalog, in dem die *aktuelle Datei* gefunden wird als *aktuellen Katalog* ein. Wurden beim **sdb**-Start keine Kataloge spezifiziert, so wird der aktuelle Katalog der Shell als *aktueller Katalog* angenommen. Findet die Testhilfe die Quellcodedatei in den Katalogen nicht, so wird eine entsprechende Fehlermeldung ausgegeben.

Ist kein Speicherabzug vorhanden, so wird nach dem Aufruf des **sdb** die Funktion **main()** bzw. der Programmanfang zur *aktuellen Prozedur*, deren erste Zeile zur *aktuellen Zeile*. Beim Erreichen eines Haltepunktes wird die Prozedur und die Zeile, in welcher der Haltepunkt liegt, jeweils zur *aktuellen Prozedur* und *aktuellen Zeile*.

Das Kommando »**e** *bezeichner*« setzt das Objekt *bezeichner* als neues aktuelles Objekt ein. Ist *bezeichner* dabei der Name einer Datei, so wird diese Datei zur neuen *aktuellen Datei*; ist *bezeichner* der Name einer Prozedur, so wird die Datei zur aktuellen Datei, in der sich die Quelle der Prozedur befindet. Ist das letzte Zeichen des Bezeichners ein ›/‹, so ist damit ein Katalog gemeint, der damit zum *aktuellen Katalog* wird. In der Form »**e** *katalog/datei*« wird sowohl der Katalog als die Quellcodedatei darin vorgegeben.

Das Kommando **e** ohne alle Parameter zeigt den Namen der *aktuellen* Prozedur und der *aktuellen Datei* an.

Angaben von Zeilennummern

Die Angabe einer Zeilennummer kann auf mehrere Arten erfolgen. Besteht die Angabe aus einer (positiven) Nummer *n*, so ist damit die Zeile *n* der *aktuellen Datei* gemeint. Die Zeilenzählung beginnt dabei mit 1 am Anfang der Datei.

Erfolgt die Angabe im Format »*prozedur:n*«, so ist damit gemeint »*Die Zeile n in der Datei, in der sich die Quelle der angegebenen Prozedur befindet*« – also nicht die *n*-te Zeile der Prozedur!. Fehlt dabei die Angabe der Zeilennummer, so ist die erste Zeile der Prozedur gemeint.

Bei der Angabe im Format »*datei:n*« gibt *n* die Zeile innerhalb der vorgegebenen Datei *datei* an.

Die Vorgabe, was *die aktuelle Datei*, die *aktuelle Prozedur* sein soll, sowie die Angabe, in welchen Katalogen die Dateien gesucht werden sollen, ist mit dem Kommando **e** möglich.

9.4.1.6 Die Adreßabbildung des sdb

sdb interpretiert die in einer Datei enthaltenen Informationen (z.B. Name der Quelltextdateien, die Symboltabellen mit Angaben zum Typ und Aufbau der Variablen, ...). Er bildet mit Hilfe dieser Information Adreßangaben in eine Adresse in der untersuchten Datei ab.

Die Anweisung **M** gibt die aktuell gültige Abbildung aus. **sdb** unterscheidet dabei die Abbildung in der Programm- bzw. *a.out*-Datei (Angabe durch ›?‹) und dem Speicherabzug (Angabe ›/‹). Innerhalb einer Datei werden dabei jeweils 2 Abbildungen benötigt:

❑ eine Umsetzung von Objekten im Datenbereich,
❑ eine Umsetzung von Objekten im Codebereich (Textsegment).

Zu einer Abbildung gehören entsprechend jeweils:

❑ die Basis in den **sdb**-Registern **b1** und **b2**,
❑ die Länge **e1** und **e2** (e steht für *extend*),
❑ die Distanz zum Dateianfang **f1** und **f2**.

Eine angegebene Adresse *A* wird dann wie folgt umgesetzt:

Ist **b1** <= *A* <= **e1**, so ist die Dateiadresse: *A* + **f1** − **b1**
oder
ist **b2** <= *A* <= **e2**, so ist die Dateiadresse: *A* + **f2** − **b2**

In allen anderen Fällen wird ein Fehler gemeldet. Folgt einer ?- oder /−Anweisung ein Stern (also **?*** oder **/***), so wird nur die 2. Umsetzung verwendet.

9.4.1.7 Programmbeispiel zum sdb

Das Programm **nwc** ist eine (fehlerhafte und teilweise unsinnige) Version des Wortzählprogramms **wc**. Die Quellen dazu liegen in den nachfolgend dargestellten Dateien *nwc.h*, *nwc.c* und *zaehle.c*. Die Übersetzung der C-Programme erfolgt mit:

    cc -g -c zaehle.c
    cc -o nwc -g nwc.c zaehle.o

Ruft man nun **nwc** z.B. mit 6 Dateien auf, so kommt es zu einem Programmabsturz mit einem Speicherabzug mit der Meldung:

    Memory fault − core dumped

Wird der **sdb** nun aufgerufen mit **sdb nwc core** aktiviert, so zeigt er zunächst die Ursache des Programmabbruchs und die Abbruchstelle an.[1]

---

1. Dies ist maschinenabhängig. Es braucht nicht in jedem Fall gerade an dieser Stelle zu einem Speicherzugriffsfehler zu kommen.

Dies sieht etwa wie folgt aus:

```
Program killed by Memory Fault(11)
free: address 0xf36
*
```

Bei der Eingabe der nachfolgend beschriebenen **sdb**-Kommandos (die Eingabe ist jeweils **fett** gedruckt), wird die Eingabe jeweils durch die Taste <neue zeile> bzw. <cr> abgeschlossen.

Mit **t** lassen wir uns nun den Stack-Trace und damit die Aufrufreihenfolge beim Absturz ausgeben. Zugleich werden damit die Werte der Parameter angezeigt:

```
t
free(2f737263)
fclose(37)
main (argc=7, argv=0x3f7fecda,3f7fecfa) [nwc.c:16]
*
```

Der Absturz erfolgte in *free*. *free* wiederum wurde von *fclose* aufgerufen und diese Funktion von *main* und zwar aus der Zeile 16. Da die Funktionen *fclose* und *free* C-Bibliotheksfunktionen sind, wurden sie nicht mit der Option **–g** übersetzt, und dem **sdb** fehlen deshalb die Informationen zur Angabe der Aufrufzeile und der lokalen Variablen.

Als Funktionen der UNIX-C-Bibliothek sollten die Funktionen *free* und *fclose* fehlerfrei sein. Es ist deshalb wahrscheinlich, daß *fclose* ein ungültiger Parameter übergeben wurde. Schauen wir uns die Werte der Variablen von *main* an, so ergibt dies:

```
main:* main:i/ 5
main:res[0].zeichen/ 0
        ⋮
main:res[4].worte/ 3
main:fp/ 0x3f
main:argv/ 0x3f7fecda
main:argc/ 7
*
```

und es fällt auf, daß *res[0]* nicht besetzt ist, *p* (der Parameter beim Aufruf von *fclose*) einen für einen Zeiger zu kleinen Wert und *main:i* den Wert 5 hat. Betrachtet man das Programm, so sieht man, daß *res[5]* Werte zugewiesen wurden. Da in C die Index-Zählung bei 0 beginnt, wurde dabei die hinter der Variablen *res* liegende Variable *fp* überschrieben. Das Programm arbeitet also in der angegebenen Form nur bis zu 4 Dateien korrekt.

Datei **nwc.c**

```
1    /* Kurzversion von wc: Datei: nwc.c */
2    #include "nwc.h"
3
4    main ( argc, argv) char *argv[]; int argc;
5    {   FILE *fp = stdin;
6        struct werte res[5];
7        int i = 1;
8
9        do { if ( (argc > 1) && ( (fp = fopen(argv[i], "r")) == NULL) )! };
10            { fprintf (stderr, "Fehler beim Oeffnen von %s \n",argv[i]); exit (1); }
11            zaehle(fp, &res[i]);
12            printf ("Resultat: %7ld Zeichen, %7ld Zeilen, %7ld Worte",
13                    res[i].zeichen, res[i].zeilen, res[i].worte);
14            if (argc > 1) printf(" in Datei %s \n", argv[i]);
15            else          printf(" in stdin \n");
16            fclose (fp);
17       } while (++i < argc);
18   }
```

Datei **zaehle.c**

```
1    #include "nwc.h"
2
3    void zaehle(f, resultat) /* Lies Zeichen und zaehle bis Dateiende erreicht */
4    FILE *f; struct werte *resultat;
5    {   int c;
6        short wort = FALSE;
7
8        resultat->zeichen = 0L; resultat->zeilen = 0L; resultat->worte = 0L;
9        while ((c = getc(f)) != EOF) {
10           switch (c) {
11               case '\n':  resultat->zeilen++;
12                           if (wort)
13                               { resultat->worte++; wort = FALSE; }
14                           break;
15               case '\t':
16               case ' ' :  if (wort)
17                               { resultat->worte++; wort = FALSE; }
18                           break;
19               default:    wort = TRUE; break;
20           } /* endswitch */
21           resultat->zeichen++;
22       } /* endwhile != EOF */
23   }
```

9.4 Testhilfen

Datei **nwc.h**

```
1    #include <stdio.h>
2    #define TRUE 1
3    #define FALSE 0
4
5    struct werte {
6         long zeichen;
7         long zeilen;
8         long worte;
9    };
```

Nun soll das Programm nochmals (ohne es vorher zu korrigieren und neu zu übersetzen) unter der Kontrolle des **sdb** gestartet werden. Will man einen Haltepunkt auf den Anfang (Zeile 6) und das Ende der Prozedur *zaehle* setzen (Zeile 23), so geschieht dies durch:

```
zaehle:8 b
zaehle:23 b zaehle:resultat , "Ende_von_zaehle
```

Mit **r t1 t2** wird das Programm nun gestartet und erhält als Parameter die Dateinamen *t1* und *t2*. Beim Eintritt in *zaehle* wird damit das Erreichen der Zeile 8 von *zaehle* wie folgt

zaehle:8 resultat->zeichen = 0L; ....

gemeldet und auf weitere Eingabe für den **sdb** gewartet. Man kann sich nun z.B. den Inhalt von *argv[1]* und *fp* anzeigen lassen mit

```
main:argv[1]
t1
*
main:fp
0x101f5e
*
```

Durch das Kommando **c** kann die Abarbeitung fortgesetzt werden. Beim Erreichen des Endes von *zaehle* wird dabei der Text "*Ende_von_zaehle*" und der Inhalt der Struktur *resultat* ausgegeben. Danach wird die Abarbeitung automatisch fortgesetzt. Sind die Dateien **t1** und **t2** bearbeitet (zwei Durchläufe von *zaehle*), so wird das *nwc*-Programm beendet – nicht jedoch der **sdb**. Dieser meldet sich mit:

```
Process terminated
*
```

und wartet auf weitere Aufgaben.

Mit **q** kann nun z.B. der **sdb** beendet werden.

9.5 Der Reportgenerator awk

Das Programm **awk**[1] bietet eine Reihe von Funktionen, die denen eines Batch-Editors wie des **sed** sehr ähnlich sind. Während jedoch der **sed** stärker zeilenorientiert ist, zerlegt **awk** die Zeilen noch automatisch in Zeichenketten bzw. *Felder*, wie sie beim **awk** genannt werden. Er stellt dabei eine Sprache zur Verfügung, welche es erlaubt, ASCII-Dateien zu bearbeiten, nach darin vorkommenden Textstücken und Feldern zu suchen, diese zu modifizieren, mit ihnen zu rechnen (soweit es sich um Zahlen handelt) und neu formatiert auszugeben. Auf Grund dieser Möglichkeiten wird der **awk** auch als *Reportgenerator* bezeichnet.

Auf den meisten UNIX-Systemen existieren noch zwei Versionen dieses Programms: die ursprüngliche Version unter dem Namen **awk** (als Link auf **oawk**, *old awk*) und die abwärtskompatible, erweiterte Version **nawk** (*new awk*). Es empfielt sich, **nawk** als Standard einzusetzen, indem man **nawk** mit einem Link auf den Namen **awk** versieht. Der folgende Text beschreibt **nawk**.

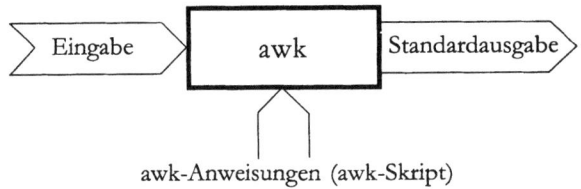

9.5.1 Aufruf des awk

Der Aufruf des **awk** erfolgt mit:

awk **–F**z {*parameter*} {*awk_skript*} {*datei* ...}

    oder

awk {**–F**z} {*parameter*} **–f** *awk_skript* {*datei* ...,

Das Programm **awk** bearbeitet die Eingabedatei, bzw. falls keine Datei (oder –) angegeben wurde, die Standardeingabe. Die Bearbeitungsschritte werden in Form eines Programms (auch *awk-Skript* genannt) angegeben.

```
Eingabe ──▶  awk  ──▶ Standardausgabe
              ▲
              │
    awk-Anweisungen (awk-Skript)
```

Abb. 9.2: Datenfluß beim awk

Dieses Programm kann auf zwei Arten vorgegeben werden:
– entweder wird es als Parameter *awk_skript* beim Aufruf des **awk** spezifiziert

---

1. Seinen Namen hat das Programm von den Namen seiner Entwickler **Aho**, **Weinberger** und **Kernighan**.

9.5 Der Reportgenerator awk

und ist dann in der Regel mit '...' geklammert, oder
- es steht in einer Datei und wird dann mit ›**-f** *awk_skript*‹ angegeben. *parameter* sind Namen von **awk**-internen Variablen und deren Werte in der Form ›*variable=wert*‹.

Mit **-F**z kann das Zeichen z als Feldtrennzeichen vorgegeben werden.

9.5.1 Das awk-Programm

Ein *awk*-Programm (**awk**-Skript) besteht aus drei Teilen:

- ❏ der Initialisierung,
- ❏ der eigentlichen Verarbeitung,
- ❏ dem Abschluß.

Die Initialisierung und der Abschluß sind dabei optional, d.h. sie müssen nicht vorhanden sein. Ein vollständiges **awk**-Programm hat damit folgenden Aufbau:

```
BEGIN        { start_aktionen }   # optionale Initialisierungsphase
kriterium_1  { aktion_1 }
kriterium_2  { aktion_2 }
    ⋮
END          { ende_aktionen }    # optionale Abschlußphase
```

Die mit *start_aktionen* spezifizierten Aktionen werden ausgeführt, bevor die erste Zeile der ersten Eingabedatei eingelesen wird. Hierin werden in der Regel Initialisierungen vorgenommen. Die Aktionen in *ende_aktionen* werden nach der Abarbeitung **aller** Eingabezeilen durchgeführt und erlauben damit, Endergebnisse oder Abschlußarbeiten durchzuführen. Diese Abschlußphase wird – soweit vorhanden – auch dann aktiviert, wenn das Programm vor der Abarbeitung aller Eingaben durch die **exit**-Anweisung beendet wird. Ein **awk**-Programm darf auch nur aus einer Abschlußphase (oder einer Anfangsphase) bestehen.

Die Elemente des **awk**-Programms haben folgenden allgemeinen Aufbau, wobei die geschweiften Klammern hier Teil der Syntax sind:

kriterium { *aktion* }

Die Abarbeitung erfolgt nun so, daß **awk** eine Zeile der Eingabe liest und prüft, ob *kriterium_1* erfüllt ist. In diesem Fall werden die nachfolgend angegebenen Aktionen (*aktion*) ausgeführt. Danach wird untersucht, ob das Kriterium des nächsten **awk**-Elementes zutrifft.

Erst wenn alle Elemente des **awk**-Programms in diesem Sinne durchlaufen sind, wird die nächste Eingabezeile gelesen und dieser Vorgang wiederholt. Fehlt in einem **awk**-Element das Kriterium, so werden die Aktionen dieses Elementes auf **alle** Eingabezeilen angewandt; fehlt die Aktionskomponente, so schreibt **awk** die Zeile unverändert auf die Standardausgabe.

Das Kriterium kann sein:

- ein regulärer Ausdruck in der Form: /*textmuster*/
- ein Auswahlbereich in der Form: /*textmuster1*/, /*textmuster2*/
- ein relationaler Ausdruck
- eine Verknüpfung der obigen Möglichkeiten

Im einfachsten Fall ist *kriterium* ein Textmuster in der Form /*muster*/.

✎ **awk ' /Unix/ ' info**
   → gibt alle Zeilen der Datei *info* aus, in denen ›Unix‹ vorkommt.

In *muster* können folgende Metazeichen verwendet werden (siehe auch Kapitel 4.4.2):

Funktion	Metazeichen	Anmerkung
beliebiges Zeichen (genau 1 Zeichen)	.	nicht \n (neue Zeile)
beliebige Zeichenkette	.*	auch leere Zeichenkette
beliebige Wiederholung	*	auch keine Wiederholung
keine oder eine Wiederholung	?	
eine oder mehrere Wiederholungen	+	
eines der Zeichen aus ...	[...]	in alphab. Reihenfolge
keines der Zeichen aus	[^...]	in alphab. Reihenfolge
am Satzanfang	^muster	
am Satzende	muster$	z.B. /^$/ → Leerzeile
a oder *b*	a|b	*a, b* reguläre Ausdruck
Gruppierung	\(...\)	
maskiere nachfolgendes Metazeichen	\	\\ schützt einen \

Werden zwei Muster in der Form /*muster_1*/,/*muster_2*/ angegeben, so bedeutet dies »*Alle Zeilen, beginnend mit der, in welcher zum ersten Mal muster_1 vorkommt, bis zu jener (und inklusiv dieser), in der danach muster_2 vorkommt*«.

✎ **awk ' /Anfang/,/Ende/ ' info**
   → sucht in der Eingabe (die Datei *info*) nach der ersten Zeile, welche das Textstück *Anfang* enthält. Diese und alle folgenden Zeilen werden ausgegeben, bis zu einer Zeile, in welcher der Text *Ende* gefunden wird. Die Zeile mit *Ende* wird noch ausgegeben. Nun wird die Eingabe wieder nach einer Zeile mit *Anfang* durchsucht usw.. Wird das Ende-Muster nicht gefunden, so werden alle Zeilen bis zum Dateiende der Eingabe bearbeitet.

✎ **awk ' /^[0-9]+/ { print $1 } ' info**
   → sucht in der Datei *info* nach Zeilen, die mit einer Ziffernfolge beginnen und gibt diese Ziffernfolge aus.

9.5 Der Reportgenerator awk

  awk ' /^[0-9]+|#/ ' nummer
→ gibt alle Zeilen der Datei *nummer* aus, die entweder mit einer Ziffer oder dem Zeichen # beginnen.

Beim Einlesen einer Zeile (oder genauer eines Satzes, englisch: *record*) wird die Eingabe in Felder zerteilt und die Elemente den **awk**-Variablen **$1, $2**, usw. zugewiesen. Die Variable **$0** enthält die ganze Zeile.

Die Unterteilung der Eingabe in Felder geschieht durch Feldtrennzeichen, die in der **awk**-Variablen **FS** festgelegt sind. Die Standardwerte hierfür sind das <leerzeichen> und das <tabulatorzeichen> (sogenannter *whitespace*). Das Feldtrennzeichen kann entweder durch die Option **–F**z beim Aufruf von **awk** oder innerhalb des **awk**-Programms durch die Anweisung **FS="**z**"** umdefiniert werden, womit dann das Zeichen z zum Feldtrennzeichen wird.

Es darf statt dem einzelnen Zeichen z auch eine Zeichenkette oder ein regulärer Ausdruck *re* angegeben werden. In diesem Fall gelten dann alle Zeichen der Zeichenkette bzw. des Ausdrucks als Feldtrennzeichen.

  awk -F: ' { print "Benutzer: " $1 "Login-Katalog: " $6 } ' /etc/passwd
→ gibt jeweils das erste und sechste Feld jeder Zeile der Datei */etc/passwd* mit den vorangestellten Textstücken ›Benutzer:‹ und ›Loginkatalog:‹ aus. Das Feldtrennzeichen ist dabei der Doppelpunkt. Die Ausgabe für eine Eingabezeile sieht dann etwa wie folgt aus:
»Benutzer: karl   Login-Katalog: /home/studenten/karl«

Statt eines Textmusters kann das Element *kriterium* des **awk**-Programms auch einen relationalen Ausdruck enthalten. In diesem Fall werden die im Aktionsteil aufgeführten Anweisungen nur dann ausgeführt, wenn die Relation erfüllt ist bzw. der Ausdruck den Wert *wahr* liefert.

  awk ' length > 50 { print } ' info
→ Hiermit werden nur die Zeilen der Datei *info* ausgegeben, die länger als 50 Zeichen sind.

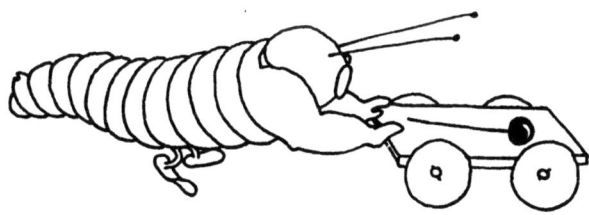

9.5.2 awk-Sprachelemente

Wie die meisten anderen Programmiersprachen, kennt **awk** Konstanten, Variablen, Ausdrücke und Anweisungen. Im **nawk** sind auch vom Programmierer definierte Funktionen möglich.

Bei den Konstanten und Variablen wird der Wert anhängig von der Verwendung als Zeichenkette oder als numerischer Wert interpretiert.

awk-Konstanten

Numerische Konstanten sind entweder ganze Zahlen (z.B. 127) oder Gleitpunktzahlen, wobei folgende Formen erlaubt sind: 1.2, .3, 23e2, 3.4e-3, 34e+4, 12E15, 12.3E-2. Diesen darf jeweils ein + oder ein − vorangestellt sein.

Textkonstanten werden durch "..." geklammert; " " stellt dabei die leere Zeichenkette dar. Soll das Zeichen " selbst im Text vorkommen, so verwendet man dazu \". Die Sequenz \n steht für <neue zeile> und \t für <tabulator> und \\ für das Zeichen \ selbst.

awk-Variablen

Variablen haben einen Bezeichner (Namen), der mit einem Buchstaben beginnt. Ohne daß man die Variablen explizit definiert, werden sie bei der ersten Verwendung im **awk**-Programm oder durch ihre Definition beim Aufruf von **awk** (in der Form *variable=wert*) angelegt. Der initiale Wert einer **awk**-Variablen ist die leere Zeichenkette. Es sind auch Felder bei Variablen möglich, wobei dann, wie in C, das Feldelement mit *variable*[*index*] angegeben wird. Im Gegensatz zu C, darf beim **awk** der Index jedoch nicht nur ein numerischer Ausdruck sein, sondern er darf auch aus einer Zeichenkette bestehen, womit man einen *Namen* als Index verwenden kann.

Neben den vom Benutzer vorgegebenen Variablen und den Record- bzw. Feld-Variablen **$0, $1, ... $n**, kennt der **awk** bereits eine Reihe von Variablen mit fester Bedeutung. Diese werden jedoch im Gegensatz zur Shell **nicht** mit vorangestelltem $ benutzt!

ARGC	gibt die Anzahl der Argumente der Kommandozeile an.
ARGV	ist ein Feld, dessen Elemente die Argumente der Kommandozeile enthalten.
FILENAME	ist der Name der aktuellen Eingabedatei.
FNR	gibt die Nummer der Zeile (des Satzes) der aktuellen Eingabedatei an.
FS	(*input field separator*) gibt das oder die Trennzeichen für Felder der Eingabe an. Die Standardwerte sind Leerzeichen und Tabulatorzeichen. Mit **FS**="*z*" wird *z* zum neuen Trennzeichen zwischen Feldern. Die Anweisung **FS**=" " hat dabei insofern eine Sonderstellung, als damit wieder *whitespaces* zu Feldtrennzeichen werden.

9.5 Der Reportgenerator awk

awk gestattet auch durch die Option −Fz beim Aufruf durch die −
FS mit dem Zeichen z als Trennzeichen vorzubesetzen. Mit −Ft
wird das Tabulatorzeichen zum Feldtrennzeichen bei Eingabefeldern.
Folgende Beispiele sind äquivalent und geben jeweils alle Benutzer
ohne ein Paßwort aus:

```
awk      −F:       'length($2)==0     { print $1 } ' /etc/passwd
FS=":"   awk       'length($2)==0     { print $1 } ' /etc/passwd
awk      'BEGIN  { FS = ":" }
         length($2)==0                { print $1 }' /etc/passwd
```

NF	gibt an, wieviele (jeweils durch das Trennzeichen **FS** unterteilte) Felder in der Eingabezeile vorhanden waren. **NF** enthält das letzte Feld des aktuellen Satzes (*records*).
NR	enthält die Nummer der aktuellen Zeile (bzw. des aktuellen Satzes) der Eingabe. Z.B.: »NR=10, NR=20 {print $0}« → gibt die Zeilen 10 bis 20 aus.
OFMT	(*output format*) definiert das Standardformat von Zahlenwerten in der Ausgabe an (Standard: %.6g).
OFS	(*output field separator*) definiert, welche Trennzeichen jeweils zwischen zwei Feldern in der Ausgabe stehen sollen. Der Standardwert ist das <leerzeichen>.
ORS	(*output record separator*) gibt an, mit welchem Zeichen (bzw. mit welchen Zeichen) ein Satz (englisch: *record*) in der Ausgabe abgeschlossen sein soll. Der Standardwert hierfür ist <neue zeile>. Ein Satz ist damit bei der Ausgabe äquivalent mit einer Zeile.
RLENGTH	enthält die Länge der Zeichenkette, die durch den regulären Ausdruck des **match**-Operators erfaßt wurde.
RSTART	enthält die Startposition der Zeichenkette, die durch den regulären Ausdruck des **match**-Operators erfaßt wurde.
RS	(*input record separator*) definiert, welche Zeichen in der Eingabe als Satztrennzeichen betrachtet werden sollen (Standard: <neue zeile>).
SUBSEP	enthält das Trennzeichen, mit dem innerhalb des **awk**s die einzelnen Einträges eines Feldes getrennt sind.

awk-Ausdrücke

Das Programm awk kennt drei Arten von Ausdrücken:

❑ **Numerische Ausdrücke** (in der Art: $(y + 3) * z$)
In numerischen Ausdrücken dürfen die Operatoren **+**, **−**, *****, **/**, **%** (für Modulo), **(...)** zur Gruppierung sowie numerische Funktionen vorkommen.

❑ **Textausdrücke** (in der Art: "7 KG" "und 10 Gramm")
In Textausdrücken wird der Operator <leerzeichen> als Zeichen für eine Textkonkatination verwendet.

❑ **Logische Ausdrücke** (in der Art: $a < b$)
Hierin sind möglich:
- die Vergleichsoperatoren **<, <=, ==, !=, >=, >>**
- die logischen Verknüpfungen:
    && für **UND**, d.h. beide Operanten müssen *wahr* sein,
    | | für **ODER**, d.h. einer der beiden Operanten muß *wahr* sein,
    ! für die Negation
- sowie die Operatoren,
    ~ für ›*ist enthalten in*‹ und
    !~ für ›*ist nicht enthalten in*‹.

Ein Ausdruck wird abhängig von seinen Elementen als ein numerischer Ausdruck oder als Operationen mit Zeichenketten (*strings*) betrachtet. Will man erreichen, daß ein Ausdruck als numerischer Ausdruck interpretiert wird, so kann man dies durch ›+ 0‹ im Ausdruck erzielen. Soll der Ausdruck als Textausdruck interpretiert werden, so kann man dies durch eine Konkatination mit der leeren Zeichenkette " " erreichen. In einem numerischen Ausdruck hat ein Text, der nicht als Zahl interpretiert werden kann, den Wert **0**.

9.5.3 awk-Aktionen

Eine Aktion (*aktion*) in der Syntax

    kriterium { *aktion* }

kann aus keiner, einer oder mehreren Anweisungen bestehen. Die Anweisungen haben eine Syntax ähnlich der von C. Eine Anweisung wird durch ein Semikolon ›;‹, durch eine <neue zeile> oder durch eine schließende Klammer ›}‹ beendet. Eine Aktion kann auch eine Zuweisung in der folgenden Form sein:

    variable = *ausdruck*

Hierbei wird der Ausdruck ausgewertet und das Ergebnis der Variablen zugewiesen. Neben dem Zuweisungsoperator ›=‹ sind auch folgende Operatoren erlaubt:

Form:			entspricht:			
variable	+=	*ausdruck*	*variable*	=	*variable* +	*ausdruck*
variable	-=	*ausdruck*	*variable*	=	*variable* -	*ausdruck*
variable	*=	*ausdruck*	*variable*	=	*variable* *	*ausdruck*
variable	/=	*ausdruck*	*variable*	=	*variable* /	*ausdruck*
variable	%	*ausdruck*	*variable*	=	*variable* modulo	*ausdruck*
variable++			*variable*	=	*variable* +	1
++*variable*			*variable*	=	*variable* +	1
variable--			*variable*	=	*variable* -	1
--*variable*			*variable*	=	*variable* -	1

In den Aktionsteilen sind neben Zuweisungen folgende Anweisungen möglich:

if (*bedingung*) *anweisung_1* { **else** *anweisung_2* }
    Ist die Bedingung erfüllt, so wird *anweisung_1* ausgeführt; ist sie nicht erfüllt, so wird sie übersprungen und – sofern die **else**-Komponente vorhanden ist – *anweisung_2* ausgeführt.

while (*bedingung*) *anweisung*
    Die Bedingung wird ausgewertet, und falls sie erfüllt ist, die angegebene Anweisung ausgeführt. Dieser Vorgang wird solange wiederholt, bis die Bedingung nicht mehr erfüllt ist.

for (*ausdruck_1* ; *bedingung* ; *ausdruck_2*) *anweisung*
    ausdruck_1 wird ausgewertet. Danach wird die angegebene Bedingung überprüft. Ist sie erfüllt, so wird die Anweisung ausgeführt, danach *ausdruck_2* ausgewertet. Dies wird solange wiederholt, bis die Bedingung nicht mehr erfüllt ist.

for (*variable* **in** *feld*) *anweisung*
Die Variable nimmt nacheinander die Werte der einzelnen Feldelemente an. Hierdurch wird *anweisung* so oft durchlaufen, wie *feld* Elemente besitzt. In *anweisung* sollte die Variable nicht verändert und dem Feld keine neuen Elemente zugewiesen werden! Die Reihenfolge, in denen die Feldelemente angeliefert werden ist nicht definiert und kann sich von Durchlauf zu Durchlauf ändern!

break Die **break**-Anweisung beendet die Abarbeitung einer **for**- oder **while**-Schleife. Die Abarbeitung wird hinter der Schleife fortgesetzt.

continue Es wird an das Ende einer **for**- oder **while**-Schleife gesprungen und erneut überprüft, ob die Schleifenbedingung noch zutrifft.

print { *ausdrucks_liste* } { *umlenkung* }
printf *format* { , *ausdrucks_liste* } { *umlenkung* }
Die Ausdrücke der Liste werden ausgewertet und ausgegeben. Zwischen den einzelnen Elementen der Liste dürfen beliebig viele Trennzeichen stehen. In der Ausgabe erscheinen die Ausdrücke ohne Zwischenraum.

In der Formatangabe *format* bei **printf** und bei **sprintf** werden dabei folgende Zeichen erkannt und verarbeitet:

%c	ein ASCII-Zeichen
%d	Dezimalzahl
%e	Exponentialdarstellung
%f	Gleitpunktzahl
%g	kürzeste Form (aus %e oder %f)
%o	Oktaldarstellung
%s	Zeichenkette
%x	Hexadezimaldarstellung
%%	das Zeichen ›%‹

Zwischen dem Zeichen ›%‹ und dem eigentlichen Format-Zeichen können folgende zusätzliche Angaben stehen:

– Die Darstellung soll innerhalb der angegebenen Feldbreite linksbündig erfolgen.

breite Die Ausgabe soll in Feldbreite *breite* erfolgen.

.*anzahl* Die Ausgabe soll mit *anzahl* Zeichen einer Zeichenkette oder mit *anzahl* Nachkommastellen einer Gleitpunktzahl erfolgen.

Eine Umlenkung der Ausgabe kann folgende Formen haben:

> *datei* Die Ausgabe wird in die angegebene Datei geschrieben.

>> *datei* Die Ausgabe wird am Ende der angegebenen Datei angefügt.

| *programm* Die Ausgabe wird über eine Pipe dem angegebenen Programm übergeben. Die Form ist dann:
print ... **|** "*programm parameter* ...".

{ *anweisung* ... }
: Sollen dort, wo die obige Syntax nur eine Anweisung vorschreibt, mehrere Anweisungen erfolgen, so müssen diese Anweisungen wie bei C durch {...} geklammert werden.

variable = *ausdruck*
: Der angegebene Ausdruck wird ausgewertet und das Ergebnis der Variablen zugewiesen.

next
: Die noch verbleibenden Kriterien des **awk**-Skripts werden übersprungen; d.h. es wird nicht weiter untersucht, ob noch mehr Programmelemente auf die Zeile passen, sondern die nächste Eingabezeile wird gelesen und verarbeitet.

exit {*ausdruck*}
: Durch diese Anweisung wird der Rest der Eingabedatei übersprungen, – soweit vorhanden – der **END**-Teil des **awk**-Programms ausgeführt und danach **awk** beendet. Sind noch weitere nicht bearbeitete Eingabedateien vorhanden, so werden diese ignoriert. Der Exit-Status erhält den Wert *ausdruck*.

return {*ausdruck*}
: Rücksprung aus einer **awk**-Funktion mit dem Ergebniswert *ausdruck*

*kommentar*
: Das Zeichen **#** leitet einen Kommentar ein. Dieser erstreckt sich bis zum Ende der Zeile.
: Stehen mehrere Anweisungen in einer Zeile, so werden sie syntaktisch durch ein Semikolon ›;‹ getrennt; ansonsten durch <neue zeile>.

9.5.4 Die Funktionen des awk

Neben den bereits aufgezählten Programmkonstrukten besitzt **awk** eine Reihe von internen numerischen- und Zeichenketten-Funktionen:

Numerische Funktionen:

atan2(x)	liefert Arcus Tangens von x.
cos(x)	liefert Cosinus von x.
exp(x)	ist die Exponentialfunktion und **exp(a)** liefert e^a.
int(x)	liefert den ganzzahligen Anteil eines numerischen Werts.
log(x)	entspricht dem Logarithmus Naturalis.
rand(x)	liefert eine Zufallszahl $0 \leq i \leq 1$.
sin(x)	liefert Sinus von x.
sqrt(x)	entspricht der Wurzel des Wertes.
srand(x)	initialisiert die Zufallsfolge für **rand** mit x. Fehlt x, so wird ein Wert aus der Systemzeit berechnet.

length(*ausdruck*)
length   liefert die Länge einer Zeichenkette in Bytes zurück. In der Form ohne Parameter liefert die Funktion die Länge der aktuellen Zeile (*records*).

Z.B. awk '
```
        BEGIN        { N = 0    }
        length == 0  { N++      }
        END          { print N  }
' inhalt
```
→ liefert die Anzahl der Leerzeilen der Datei *inhalt*.

Funktionen auf Zeichenketten:

gsub(*ra, neu, text*)   Die Zeichenkette *text* wird nach dem Textausdruck *ra* (regulärer Ausdruck) durchsucht und alle passenden Textstücke durch *neu* ersetzt. Fehlt der Parameter *text*, so wird die Funktion auf **$0** angewendet.

index(*t1, t2*)   Sucht im Text *t1* nach dem Text *t2* und liefert die Anfangsposition (oder 0) zurück. *t1* und *t2* dürfen Textausdrücke sein.

split(*ausdruck, bezeichner, trennzeichen*)
split(*ausdruck, bezeichner*)
    Der Textausdruck wird entwickelt und entsprechend *trennzeichen* (bzw. bei der zweiten Form entsprechend **FS**) in Feldelemente zerlegt. Diese werden in dem Feld *bezeichner* abgelegt, d.h. das erste Element in *bezeichner*[1], das zweite in *bezeichner*[2] usw.. **split** selbst liefert als Funktionswert die Anzahl der gefundenen Elemente.

match(*t, ra*) Die Zeichenkette *t* wird nach dem Textmuster (regulären Ausdruck) *ra* durchsucht und die Position des ersten Zeichens zurückgegeben. Wird keine passende Teilkette gefunden, so wird **0** als Funktionswert geliefert. Als Nebeneffekt wird die Variable **RSTART** auf die Anfangsposition der gefunden Teilkette gesetzt. **RLENGTH** erhält als Wert die Länge der passenden Teilkette.

sprintf(*format, ausdruck,...*)
formatiert den Ausdruck (oder die Ausdrücke) entsprechend den Angaben in *format* und liefert das Ergebnis als Zeichenkette zurück. Für *format* gelten die Konventionen von der C-Funktion **printf** (siehe hierzu Kapitel 10.3).

sub(*ra, neu, t*) Die Zeichenkette *t* wird nach dem Textausdruck *ra* (regulärer Ausdruck) durchsucht und das erste passende Textstück durch *neu* ersetzt. Fehlt der Parameter *t*, so wird die Funktion auf **$0** angewendet.

substr(*zk, m, n*)
substr(*zk, m*) liefert einen *n* Zeichen langen Text aus der Zeichenkette *zk*. Der Text wird aus *zk* beginnend mit dem *m*-ten Zeichen herausgeschnitten. Die Zählung beginnt bei 1. Fehlt die Angabe von *n* (zweite Form), so wird die Zeichenkette aus *zk*, beginnend bei Position *m* bis zum Ende der Zeichenkette zurückgegeben.

Ein-/Ausgabefunktionen und generelle Funktionen:

close(*datei*) Schließt die angegebene Datei oder die Pipe.

getline < *datei*
getline *variable*
getline *variable* < *datei*
kommando | **getline**
getline Es wird die nächste Eingabe gelesen, zerteilt und steht in **$0** bis **$NF** zur Verfügung. **getline** liefert als Funktionswert **0** zurück, falls ohne Fehler die Eingabe gelesen werden konnte, **1**, falls das Ende der Eingabe (<eof>) erreicht wurde und **-1**, falls ein Fehler auftrat.
Ist eine Datei angegeben, so wird statt aus der aktuellen Eingabedatei aus dieser Datei gelesen. Folgt **getline** eine Variable, so wird der nächste Eingabesatz statt in **$0** in der Variablen abgelegt.
Bei der Form »*kommando* | **getline**« wird das angegebene UNIX-Kommando aufgerufen und seine Ausgabe in **getline** umgesteuert. Jeder nachfolgende Aufruf von **getline** liefert nun nacheinander die nächste Ausgabezeile des Kommandos als Eingabe.

system (*kmd*) Das angegebene UNIX-Kommando *kmd* wird ausgeführt und sein Exit-Status als Funktionsergebnis zurückgeliefert.

9.5.5 Übergabe von Argumenten an awk

Bis zu (*V.3.1*) kann die Übergabe von Parametern aus der Kommandozeile an das **awk**-Skript nur über eine Art Trick erfolgen und zwar durch eine entsprechende Shellklammerung:

- awk ' BEGIN {laenge = ' $1 ' } .... '
  → nutzt den Umstand, daß das erste $1 nicht innerhalb einer "..."- oder '...'-Klammerung steht, der awk-Programmtext also sozusagen unterbrochen wird. Deshalb wird er von der Shell durch den entsprechenden Shell-Parameter substituiert und steht damit im **awk**-Skript als Wert zur Verfügung.

- awk "length > $1 {print ...}" info ....
  → nutzt den Umstand, daß die Shell in der "..."-Klammerung noch die $-Parameter ersetzt und dieser Wert deshalb im awk-Skript verwendet werden kann. Dies ist jedoch aus Gründen der Übersichtlichkeit nur bei relativ einfachen Skripts möglich.

Eine bessere Art ist die Übergabe durch eine entsprechende Kommandozeile. Das Beispiel sieht dann wie folgt aus:

- awk laenge=30 ' length > laenge { print ... } '
  → Ab (*V.3.1*) steht in der **awk**-Variablen **ARGC** die Anzahl der Parameter beim **awk**-Aufruf zur Verfügung, und im Variablenfeld **ARGV** stehen in der Reihenfolge des Aufrufs die einzelnen Parameter des Aufrufs. Das oben angegebene Beispiel kann hier dann wie folgt gelöst werden:

  awk .... 'BEGIN { laenge = ARGV[1] } ... '

9.5.6 Die Fehlermeldungen des awk

Bevor **awk** mit der eigentlichen Skriptabarbeitung beginnt, wird die Syntax des Skript-Programms überprüft. Leider sind bei Fehlern im Skript die vom **oawk** ausgegebenen Fehlermeldungen nur sehr knapp und geben in der Regel wenig Aufschluß über den eigentlichen Fehler. So scheint der **oawk** nur die beiden Fehlermeldungen:

> **awk: Syntax error near line *n***

und

> **awk: Bailing out near line *m***

zu kennen. Die erste besagt, daß etwa in Zeile *n* des Skripts vom **awk** ein Fehler gefunden wurde. Genauere Angaben zum Fehler werden nicht gemacht. Die zweite Fehlermeldung zeigt an, daß der **awk** ab der Zeile **m** die weitere Analyse des Skripts aufgegeben hat und abbrach.

Die Version **nawk** ist etwas ausführlicher in seinen Fehlermeldungen geworden und weist jetzt relativ zuverlässig mit ›>>> ... <<<‹ auf die Fehlerstelle hin. Dies geschieht in der Form:

> **nawk: syntax error at source line 3**
>   **context is**
>   pintf ("%s, >>>   %s\n", <<<
> **nawk: illegal statement at source line 3**

(Der Fehler liegt hier allerdings in dem vergessenen ›r‹ in ›printf‹.)

9.5.7 Beispiele zum awk

Beispiel 1:

In der Datei *summe* stehe folgendes **awk**-Programm:

```
BEGIN     { TOTAL=0 }
          { POS=0 ; SUM=0      # Initialisierung fuer jede Zeile
            split ($0, WERT)
            while (POS <= NF) {
                    SUM += WERT[POS]
                    POS++
            }
            print "Summe von Zeile " NR ": " SUM
            TOTAL += SUM
          }
END       { print "Summe aller Zeilen: " TOTAL }
```

Das Programm errechnet die Summe der Werte jeweils einer Zeile. Hierzu wird die Zeile ($0) zunächst in ihre Bestandteile zerlegt und in dem Feld *WERT* abgelegt. Danach werden die *NF* einzelnen Werte in *SUM* addiert und schließlich mit **print** ausgegeben. Die Addition der Werte der einzelnen Zeilen erfolgt in *TOTAL*. Bei den Elementen der **print**-Anweisungen sind hier die Wortabstände durch entsprechende Leerzeichen in den Textkonstanten eingesetzt.

Nachfolgend zeige das linke Kästchen den Inhalt der Datei *werte*, das rechte Kästchen die Ausgabe des **awk**. Dann ergibt sich:

```
2  23 45              Summe von Zeile 1: 80
5   7 23              Summe von Zeile 2: 35
123 4 17  awk -f summe werte  Summe von Zeile 3: 144
                      Summe aller Zeilen: 259
```

Eingabe   *Ausgabe*

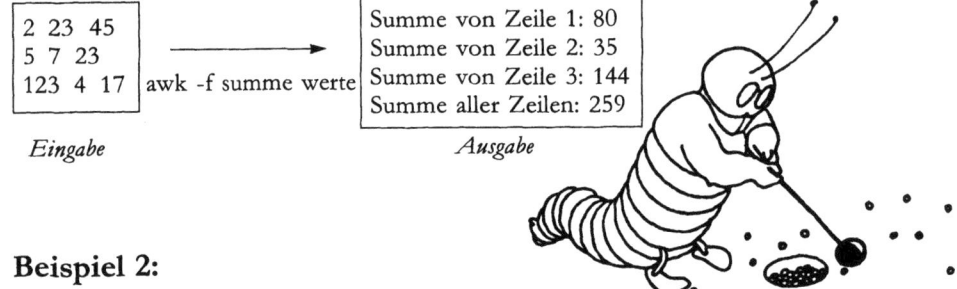

Beispiel 2:

Die Shellprozedur *zeit* soll die aktuelle Uhrzeit ausgeben. Dies könnte wie folgt aussehen:

```
date | awk ' { split ($4, ZEIT, :)
        print ZEIT[1] "Uhr " ZEIT[2] "und " ZEIT[3] " Sekunden"} '
```

date liefert dabei als Ausgabe etwa: TUE Mar 22 19:25:12 MET 1994
awk liest dies. Im 4. Feld steht die Zeitangabe (19:25:12). Mit **split** wird dies unter Verwendung des Feldtrennzeichens »:« zerlegt und im Feld *ZEIT* die einzelnen Komponenten abgelegt. **print** erzeugt nun die eigentliche Ausgabe, die bei dem obigen Datum dann wie folgt aussieht: 19 Uhr 25 und 12 Sekunden.
(Mit einer formatierten Ausgabe aus **date** ginge das natürlich auch einfacher!)

9.5 Der Reportgenerator awk

Beispiel 3:

Die nachfolgende Shell-Prozedur liest die Eingabedateien oder von der Standardeingabe und gibt die Zeilen mit vorangestellten Zeilennummern wieder aus. Ist eine Zeile länger als eine über die Option ›–l n‹ vorgebbare Länge, so wird sie in mehrere Zeilen zerteilt und jede Zeile, die eine Fortsetzungszeile hat, wird am Ende durch \ markiert. Die Fortsetzungszeilen erhalten dabei das Kürzel a, b, ... hinter der eigentlichen Zeilennummer.

```
 1  : # Prozedur zur Ausgabe mit maximaler Zeilenlaenge
 2  LAENGE=80
 3  if [ "$1" = "-l" ]
 4      then
 5          LAENGE=$2 ; shift ; shift
 6  fi
 7  awk "
 8  BEGIN { laenge = "$LAENGE ' } # Uebergabe der Zeilenlaenge
 9  length <= laenge { printf "%4d : %s\n", NR, $0 }
10  length >  laenge  { line = $0 ; follow = 97
11                      printf "%4d : %s", NR, substr(line, 1, laenge-1)
12                      line = substr(line, laenge)
13                      while (length(line) > 0)
14                      { printf "\\\n"
15                        printf "%4d%c: %s", NR, follow, substr(line, 1, laenge-1)
16                        line = substr(line, laenge)
17                        follow++
18                      }
19                      printf "\n" }
20  } ' $*
```

Die Zeilen 1 bis 6 sind eine Shellprozedur. Die maximale Textlänge wird im Standardfall mit 80 Zeichen angenommen. In Zeile 3 wird geprüft, ob beim Aufruf die Option **-l** angegeben wurde und in diesem Fall der nachfolgende Parameter als Zeilenlänge in *LAENGE* abgespeichert. Die Übergabe der Länge geschieht mit dem auf Seite 598 beschriebenen Verfahren ("..."*parameter*'...' Klammerung).

Ist die Eingabezeile länger als *laenge*, so werden die Anweisungen in Zeile 10 bis 19 durchlaufen. Die Textvariable *line* hält den noch auszugebenden Anteil der Zeile. Die Hilfsvariable *follow* wird hier auf 97 gesetzt, was der Codierung des ASCII-Zeichens **a** entspricht. In Zeile 11 erfolgt eine formatierte Ausgabe, wobei nur *laenge*-1 Zeichen der Zeile ausgegeben werden und die Zeile noch nicht durch <neue zeile> abgeschlossen ist. Die **while**-Schleife (Zeile 14 bis 18) wird nun solange ausgeführt, bis die Länge der Restzeile ≤ 0 ist. Gibt es eine Fortsetzungszeile, so wird (Zeile 14) der vorangegangene Zeile ein \ und <neue zeile> angehängt. In Zeile 15 wird im Format mit %c die Variable *follow* als ASCII-Zeichencode ausgegeben und erzeugt damit die Anhänge a, b, ... an die Zeilennummern. Das Fortzählen von *follow* erfolgt in Zeile 17.

Beispiel 4:

Zuweilen möchte man mehrere Dateien zu einer einzigen Datei zusammenfassen (z.B. um sie geschlossen über ein Netz zu übertragen) und später wieder in einzelne Dateien zerlegen. In der Gesamtdatei werde der Anfang einer Einzeldatei durch eine Zeile mit @@@*dateiname* gekennzeichnet.

Die erste Prozedur **verkette** konkatiniert die ihr übergebenen Dateien in der beschriebenen Art und schreibt das Ergebnis auf die Standardausgabe.

```
awk '
NR == 1     { print "@@@" FILENAME
              file = FILENAME
              print $0 }
            {
              if ( file != FILENAME )
                { print "@@@" FILENAME
                  file = FILENAME }
              print $0
            }
' $*
```

Bei **verkette** wird bei der ersten Zeile zunächst @@@, gefolgt vom aktuellen Dateinamen zur Markierung des Dateikopfes, ausgegeben, der aktuelle Dateiname der Variablen *file* zugewiesen und die eigentliche erste Zeile der ersten Datei hinausgeschrieben. Bei allen weiteren Eingabezeilen wird geprüft, ob inzwischen eine neue Datei die Eingabe liefert (*file != FILENAME*). Ist dies der Fall, so wird entsprechend die Markierung des Dateianfangs in der Ausgabe mit @@@dateiname vorgenommen. In beiden Fällen wird danach die eigentliche Eingabezeile ausgegeben.

Die zweite Prozedur **zerteile** zerlegt diese Datei wieder in die einzelnen Dateien.

```
awk '
BEGIN       { file = "/dev/null" }
/^@@@/      { file = substr($0,4)
              printf ("") > file
              getline
            }
            { print $0 >> file }
' $*
```

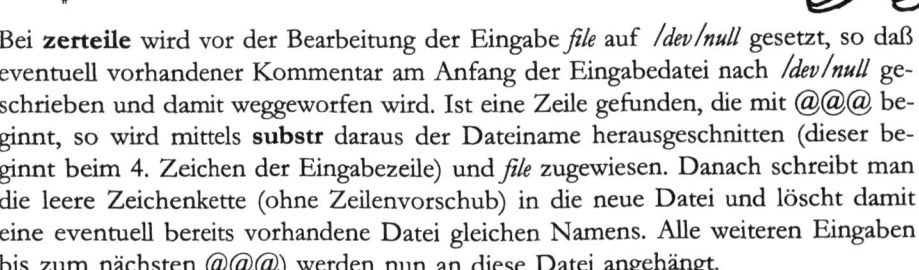

Bei **zerteile** wird vor der Bearbeitung der Eingabe *file* auf */dev/null* gesetzt, so daß eventuell vorhandener Kommentar am Anfang der Eingabedatei nach */dev/null* geschrieben und damit weggeworfen wird. Ist eine Zeile gefunden, die mit @@@ beginnt, so wird mittels **substr** daraus der Dateiname herausgeschnitten (dieser beginnt beim 4. Zeichen der Eingabezeile) und *file* zugewiesen. Danach schreibt man die leere Zeichenkette (ohne Zeilenvorschub) in die neue Datei und löscht damit eine eventuell bereits vorhandene Datei gleichen Namens. Alle weiteren Eingaben bis zum nächsten @@@) werden nun an diese Datei angehängt.

10 Systemanschlüsse und C-Bibliotheksfunktionen

Nachfolgend wird eine Übersicht über die Systemaufrufe und die wichtigsten Standard-Ein-/Ausgaberoutinen der C-Bibliotheken gegeben. Der Überblick beschränkt sich dabei auf eine kurze Beschreibung der einzelnen Funktionen. Für eine detaillierte Beschreibung sei hier auf [PROGRAMMER-REF] sowie [X-OPEN] verwiesen. Dort ist auch die Struktur komplexer Parameter beschrieben. Da die nachfolgende Übersicht mehr zum Nachschlagen der Funktionen der einzelnen Aufrufe und nicht als Programmieranleitung dienen soll, ist die Aufstellung alphabetisch gehalten.

Bei den Systemaufrufen handelt es sich um Funktionsaufrufe. Der Funktionswert ist, falls nicht anders angegeben, vom Typ **int**. Alle Namen sind vom Typ **char[]** bzw. ›**char *...**‹ und werden durch eine 0 terminiert.

Die Bedeutungen der Markierungen wie z.B. (*V.4*) sind in Abschnitt 3.2 auf S. 26 beschrieben. (*X/O*) steht zusätzlich für Erweiterungen, wie sie in den Beschreibungen von X/OPEN (siehe [X-OPEN]) zu finden sind.

10.1 Fehlernummern der Systemaufrufe

Tritt beim Aufruf einer Funktion ein Fehler auf, so wird ein sonst unmöglicher Wert zurückgegeben. Dies ist in der Regel −1 bei Funktionen vom Typ **int** oder **long** und **NULL** bzw. **((char *)0)**, bei jenen, die einen Zeiger zurückgeben. Daneben wird eine Fehlernummer in der als **extern** zu deklarierenden Variablen **errno** zurückgegeben. **errno** wird bei einem erfolgreichen Aufruf nicht verändert, so daß der Inhalt nur im Fehlerfalle eine Bedeutung hat.

Will man Fehlersituationen auswerten, so sollte im Kopf des C-Programms stehen:

```
#include  <errno.h>
extern int errno
```

Je nach Einstellung der Umgebungsvariablen $LANG gibt es eine Fehlermeldungs-Datenbasis, auf die zugegriffen werden kann, um die Fehlernummern in landessprachlichen Klartext umzusetzen.

Die Funktion **perror** erlaubt, die der Fehlertabelle entnommenen Fehlermeldungen zusammen mit einem eigenen Fehlerkommentar auszugeben. Die in **errno** angegebenen Fehlernummern haben die nachfolgend beschriebene Bedeutung. Es sollte jedoch nicht auf Nummern, sondern stets auf symbolische Werte verglichen werden.

Die meisten der angegebenen Grenzwerte (z.B. **SYS_OPEN**) sind ab V.3 bzw. entsprechend der X/OPEN- und POSIX-Definition in den Dateien */usr/include/values.h*, */usr/include/limits.h* und */usr/include/unistd.h* definiert (siehe Abschnitt 10.5 auf S. 711).

Bei den nachfolgend aufgeführten Fehlernummern und Fehlerbezeichnern ist zu beachten, daß die USL-Definitionen und die Definition des BSD-Systems nur in den ersten 34 Positionen übereinstimmen.

Beschrieben sind sämtliche Fehlercodes. Die *System V Interface Definition Issue 2* definiert nur die unter Position 1 – 46 und 83 – 87 aufgeführten Fehler und von diesen nur die symbolischen Namen. Die X/OPEN-Definition enthielt zunächst nur die Fehler **EPERM** bis **ENOLCK** (Position 1 bis 46), wurde jedoch mit **XPG4** erweitert. In der Posix-Definition sind die mit »Posix« markierten Fehlerbezeichnungen (ohne Nummern!) definiert, der Standardisierungsvorschlag »Spec1170« bezieht sich auf die in der Spalte »1170« markierten Fehlernamen und ist als Erweiterungsvorschlag für die Spalte »XPG4« zu verstehen. Alle in »XPG4« aufgeführten Fehlercodes sind auch im »1170«-Vorschlag enthalten.

10.1 Fehlernummern der Systemaufrufe

Nr.:	Name:	XPG4 1170	Posix	Bedeutung:
1	EPERM	✓	✓	Der versuchte Zugriff ist nicht erlaubt, z.B. falls diese Funktion nur der Super-User oder Dateibesitzer durchführen darf.
2	ENOENT	✓	✓	Die Datei oder der angegebene Katalog existiert nicht.
3	ESRCH	✓	✓	Der angegebene Prozeß existiert nicht (mehr).
4	EINTR	✓	✓	Ein Systemaufruf wurde durch ein Signal unterbrochen.
5	EIO	✓	✓	Ein physikalischer Fehler trat bei einer Ein- oder Ausgabe auf. Er kann unter Umständen erst um einen Systemaufruf später als die eigentliche Ein- oder Ausgabe gemeldet werden.
6	ENXIO	✓	✓	Das angegebene Gerät oder die angegebene Geräteadresse (z.B. Blocknummer) existiert nicht. Es ist auch möglich, daß das angesprochene Gerät nicht einsatzbereit ist.
7	E2BIG	✓	✓	Die Argumentenliste im **exec**-Aufruf ist zu lang (Grenzwert: 4096 (**_POSIX_ARG_MAX**) bzw. 1048320 (**ARG_MAX**) Zeichen).
8	ENOEXEC	✓	✓	Beim Starten des mit **exec** aufgerufenen Programms trat ein Fehler auf.
9	EBADF	✓		Der angegebene Dateideskriptor (*file descriptor*) verweist entweder auf eine nicht geöffnete Datei oder die Datei wurde nicht für die aufgerufene Funktion geöffnet.
10	ECHILD	✓	✓	Der Prozeß versuchte, auf einen Sohnprozeß zu warten, wobei jedoch keiner (mehr) existiert.
11	EAGAIN	✓	✓	Bei einem **fork**-Aufruf war entweder in der Systemtabelle für Prozesse nicht ausreichend freier Platz oder der Benutzer darf nicht mehr Prozesse starten.
12	ENOMEM	✓	✓	Bei einem **exec**- oder **brk**-Aufruf wird mehr Hauptspeicher angefordert als das System erlaubt. Dies tritt nicht durch eine vorübergehende Hauptspeicherknappheit auf
13	EACCES	✓	✓	Die Zugriffsrechte der Datei lassen die aufgerufene Funktion nicht zu.

Nr.:	Name:	XPG4 1170	Posix	Bedeutung:
14	EFAULT	✓	✓	Beim Zugriff auf die Argumente eines Systemaufrufs trat ein Hardwarefehler auf.
15	ENOTBLK			Der Name einer normalen Datei wurde statt dem eines blockorientierten Gerätes (*special file*) angegeben.
16	EBUSY	✓	✓	Es wurde versucht, ein bereits montiertes Dateisystem mit **mount** in den Systemverbund einzuhängen oder ein Dateisystem zu demontieren, auf dem noch Dateien geöffnet sind.
17	EEXIST	✓	✓	Die Datei, welche bei der Operation erzeugt werden sollte, existiert bereits.
18	EXDEV	✓	✓	Es wurde versucht, einen Dateiverweis (*link*) auf eine Datei zu erzeugen, die auf einem anderen Gerät liegt.
19	ENODEV	✓	✓	Die aufgerufene Operation ist für das angegebene Gerät nicht erlaubt, oder das angegebene Gerät existiert nicht.
20	ENOTDIR	✓	✓	Dort, wo ein Katalog angegeben sein muß, wurde eine Datei mit anderem Typ angegeben.
21	EISDIR	✓	✓	Es wurde versucht, eine Schreiboperation auf einen Katalog auszuführen.
22	EINVAL	✓	✓	Das Argument des Aufrufs ist ungültig.
23	ENFILE	✓	✓	Die Systemtabelle für offene Dateien ist voll (Größe = SYS_OPEN). Damit kann momentan keine weitere Datei geöffnet werden.
24	EMFILE	✓	✓	Der Prozeß versucht, mehr Dateien als zulässig zu öffnen. Obergrenze: **OPEN_MAX**: 64; **_POSIX_OPEN_MAX**: 16.
25	ENOTTY	✓	✓	Die im Aufruf angegebene Datei ist keine Dialogstation.
26	ETXTBSY	✓ ✗		Es wurde versucht, ein Programm auszuführen, dessen Datei zum Lesen oder Schreiben geöffnet war oder die Programmdatei eines gerade laufenden Programms zu lesen oder zu schreiben.
27	EFBIG	✓	✓	Die Datei überschreitet die maximal zulässige Größe (1048576 Byte bzw. **FCHR_MAX**).

10.1 Fehlernummern der Systemaufrufe

Nr.:	Name:	XPG4	1170	Posix	Bedeutung:
28	ENOSPC	✓		✓	Auf dem angesprochenen Gerät ist nicht mehr genügend freier Speicherplatz.
29	ESPIPE	✓		✓	Es wurde ein nicht-erlaubter Positionierungsbefehl (**seek**) ausgeführt (z.B. bei einer Pipe).
30	EROFS	✓		✓	Es wurde versucht, auf einem schreibgeschützten Gerät eine Datei oder einen Katalog zu modifizieren.
31	EMLINK	✓		✓	Es wurde versucht, zu viele Verweise (*links*) auf eine Datei zu setzen (LINK_MAX: 32767; _POSIX_LINK_MAX 8)
32	EPIPE	✓	✓	✓	Es wurde versucht, auf eine Pipe-Datei zu schreiben, von der kein Partner liest.
33	EDOM	✓		✓	Das Argument eines Aufrufs aus dem mathematischen Paket war ungültig (außerhalb des definierten Bereichs).
34	ERANGE	✓		✓	Das Funktionsergebnis einer mathematischen Funktion liegt außerhalb des darstellbaren Bereichs (maschinenabhängig).
35	ENOMSG	✓			Es wurde versucht, eine *Message* zu lesen, welche in der entsprechenden Warteschlange nicht vorhanden war.
36	EIDRM	✓ ✗			Ein Bezeichner einer *Message Queue*, eines *Semaphorbereichs* oder von *Shared Memory* wurde gelöscht.
37	ECHRNG				Die Kanalnummer kann nicht erreicht werden.
38	EL2NSYNC				Level 2 ist nicht synchronisiert.
39	EL3HLT				Level 3 ist in angehaltenem Zustand.
40	EL3RST				Level 3 wurde auf Ausgangswert zurückgesetzt.
41	ELNRNG				Die Nummer des Links ist außerhalb des definierten Bereichs.
42	EUNATCH				Der Protokoll-Treiber ist nicht zugänglich.
43	ENOCSI				CSI-Struktur ist nicht zugänglich.
44	EL2HLT				Level 2 ist in angehaltenem Zustand.
45	EDEADLK	✓		✓	Es ist ein Deadlock (gegenseitige Blockierung) durch Record Locking aufgetreten, bzw. eine solche Situation wurde erkannt und vermieden.

Nr.:	Name:	XPG4	1170	Posix	Bedeutung:
46	ENOLCK	✓		✓	Es sind keine *Locks* mehr für eine *Record Locking* Operationen frei.
47	ECANCELED				Die Operation wurde abgebrochen.
48	ENOTSUP				Die Operation ist nicht verfügbar.
49–59					Reserviert
60	ENOSTR		✓		Ein Aufruf von **putmsg** oder **getmsg** wurde auf einen Dateideskriptor ausgeführt, der mit keinem *Stream* verbunden ist.
61	ENODATA				keine Daten verfügbar
62	ETIME		✓		Es erfolgte ein *timeout* für eine **ioctl**-Funktion auf einen Stream.
63	ENOSR		✓		Beim Öffnen eines **Streams** sind entweder keine freien Streams-Warteschlangen oder keine freien Streams-Köpfe mehr vorhanden.
64	ENONET				Dieser Fehler tritt bei einem **advertise, unadvertise, mount, unmount** von Netzressourcen auf, wenn die Maschine nicht am Netz hängt.
65	ENOPKG				meldet, daß der Benutzer einen Systemaufruf eines nicht installierten Packets versuchte.
66	EREMOTE				Dieser Fehler tritt auf, wenn versucht wird, eine Ressource dem Netz bekannt zu geben (*advertise*), die nicht lokal vorhanden ist, sondern einem anderen Rechner gehört.
67	ENOLINK		✓		Der Fehler tritt auf, wenn eine Verbindung (*link*) zu einer anderen Maschine nicht mehr existiert.
68	EADV				Meldet, wenn versucht wurde, entweder eine bereits dem Netz bekannte (*advertised*) Ressource erneut bekannt zu machen, oder daß versucht wurde, ein **unmount** auf eine noch *advertised* Ressource auszuführen.
69	ESRMNT				Es wurde versucht, eine Netzverbindung zu terminieren, obwohl noch lokale Ressourcen von anderen Rechnern montiert sind.
70	ECOMM				Es wird versucht, Nachrichten an andere Rechner zu schicken; es können jedoch keine *virtuellen Verbindungen* gefunden werden.
71	EPROTO		✓		Bei der Verbindung trat ein Protokollfehler auf.

10.1 Fehlernummern der Systemaufrufe

Nr.:	Name:	XPG4	1170	Posix	Bedeutung:
72–73					nicht definiert
74	EMULTIHOP		✓		Es wurde versucht, auf Ressourcen zuzugreifen, die nicht direkt (sondern nur über mehrere Verbindungsstufen) erreichbar sind.
75					nicht definiert
76	EDOTDOT				RFS-spezifischer Fehler 76
77	EBADMSG		✓		Während einer der Funktionen **read, getmsg** oder **ioctl** wurde dem Streamkopf eine Nachricht geschickt, die von diesem Stream nicht verarbeitet werden kann (*bad message*).
78	ENAMETOO-LONG		✓	✓	✓ Der angegebene Dateiname ist zu lang. Die maximale Länge eines Dateinamens ist PATH_MAX (1 024 Zeichen) oder _POSIX_PATH_MAX 255.
79	EOVERFLOW		✓		Der Wert ist für den angegebenen Datentyp zu groß.
80	ENOTUNIQ				Ein angegebener Name ist nicht netzwerkweit eindeutig.
81	EBADFD		✓	✓	✓ Es wurde ein für diese Operation ungültiger Dateizeiger angegeben. Der Dateizeiger (*file descriptor*) bezieht sich auf eine Datei, die nicht oder im falschen Modus geöffnet ist.
82	EREMCHG				Die Netzadresse eines anderen Systems hat sich geändert.
83	ELIBACC				Es wurde eine *Shared Library* angefordert, die entweder nicht existiert oder auf die der Benutzer keine Zugriffsrechte besitzt.
84	ELIBAD				Die angeforderte *Shared Library* konnte nicht geladen werden. Dies ist in der Regel dann der Fall, wenn diese defekt ist.
85	ELIBSCN				Im Lademodul des Programms ist der Abschnitt korrumpiert, der die Information zum Laden einer *Shared Library* enthält.
86	ELIBMAX				Es wurde versucht, mehr *Shared-Library*-Verknüpfungen aufzubauen, als das System erlaubt. Die maximale Anzahl ist system- und konfigurationsabhängig.

Nr.:	Name:	XPG4	1170	Posix	Bedeutung:
87	ELIBEXEC				Es wurde versucht, eine *Shared Library* direkt aufzurufen, was nicht möglich ist.
88	EILSEQ	✓*			Bytefolge nicht erlaubt. Mehrere Zeichen sollen als ein Zeichen betrachtet werden.
89	ENOSYS	✓		✓	Eine Operation ist nicht anwendbar.
90	ELOOP			✓	Die Zahl der symbolischen Verweise beim Durchlaufen eines Pfades ist zu groß
91	ESTART				Abgebrochener Systemaufruf soll erneut gestartet werden.
92	ESTRPIPE				Fehler in *streams pipe* (von außen nicht sichtbar)
93	ENOTEMPTY	✓		✓	Ein Verzeichnis ist nicht leer.
94	EUSERS				zu viele Benutzer
95	ENOTSOCK			✓	Eine *Socket*-Operation wurde nicht auf einem *Socket* ausgeführt.
96	EDESTADDRREQ			✓	Eine notwendige Adreßangabe ist nicht erfolgt.
97	EMSGSIZE			✓	Eine Nachricht an ein Transportsystem war zu groß.
98	EPROTOTYPE			✓	Ein *Socket* wurde mit einem falschen Protokoll angesprochen.
99	ENOPROTOOPT			✓	Bei der Auswahl eines Protokolls wurde eine falsche Option oder ein falscher *Level* angegeben.
100	EWUNIXCNFSD (*meist undefiniert*)				*wunix confused*; Wunix ist nach zu vielen Fehlercodes völlig verwirrt (undokumentiert).
101	– 119				nicht definiert
120	EPROTO-NOSUPPORT			✓	Ein Protokoll wurde nicht konfiguriert oder ist am System nicht verfügbar.
121	ESOCKT-NOSUPPORT				Der Type des angesprochenen *Socket* ist nicht konfiguriert oder existiert nicht.
122	EOPNOTSUPP				Eine Operation wird am Endpunkt eines Transportes nicht unterstützt.
123	EPFNOSUPPORT				Die Protokollfamilie (eines Internet-Protokolls) ist nicht verfügbar oder am System nicht implementiert.
124	EAFNOSUPPORT			✓	Eine Adreßform wird von der Protokollfamilie nicht unterstützt.

10.1 Fehlernummern der Systemaufrufe

Nr.:	Name:	XPG4	1170	Posix	Bedeutung:
125	EADDRINUSE		✓		Eine Adresse ist bereits in Benutzung.
126	EADDR-NOTAVAIL		✓		Die gewünschte (Internet-)Adresse kann nicht zugeordnet werden, weil sie auf der Maschine nicht verfügbar ist.
127	ENETDOWN				Das Netz ist nicht in Betrieb.
128	ENETUNREACH		✓		Das Netz ist nicht erreichbar.
129	ENETRESET				Die Netzverbindung wurde unterbrochen, weil der Zielrechner abgestürzt ist und neu hochgefahren wird.
130	ECONN-ABORTED		✓		Die Netzverbindung wurde von der Software des eigenen Rechners unterbrochen.
131	ECONNRESET		✓		Die Verbindung wurde abgebrochen, weil der entfernte Rechner vorübergehend nicht erreichbar ist.
132	ENOBUFS		✓		Eine Operation konnte am Endpunkt des Transportes nicht ausgeführt werden, weil notwendige Puffer fehlen.
133	EISCONN		✓		Es besteht bereits eine Verbindung zum Endpunkt des Transportes.
134	ENOTCONN		✓		Keine Verbindung. Eine Datenübertragung ist nicht möglich, weil keine Verbindung zum Endpunkt besteht.
135–142					nur bei XENIX definiert und verfügbar
143	ESHUTDOWN				Eine Datenübertragung ist nicht möglich, da das System am Endpunkt des Transports heruntergefahren ist.
144	ETOOMANYREFS				»*Too many references: cannot splice*« Eine Verbindung ist nicht möglich.
145	ETIMEDOUT		✓		Eine Verbindung wurde abgebrochen, da innerhalb einer bestimmten (vom verwendeten Protokoll abhängigen) Zeitspanne keine Antwort kam.
146	ECONNREFUSED		✓		Eine Verbindung kam nicht zustande, weil sie von der entgegengesetzten Stelle aktiv verhindert wird (z.B. weil der gewünschte Service nicht angeboten wird).
147	EHOSTDOWN				Eine Verbindung kam nicht zustande, weil der Zielrechner nicht läuft.

Nr.:	Name:	XPG4	1170	Posix	Bedeutung:
148	EHOSTUNREACH				Eine Verbindung kam nicht zustande, weil der Zielrechner nicht erreichbar ist.
149	EALREADY	✓			Eine Operation ist bereits im Gange.
150	EINPROGRESS	✓			Eine Operation ist jetzt im Gange.
151	ESTALE	✓			NFS-Dateizugriff nicht mehr aktuell.
152	ENOLOAD				(*V.4.2*) Ein erforderliches Modul des Systemkerns konnte nicht geladen werden.
153	ERELOC				(*V.4.2*) Beim Laden eines Moduls des Systemkerns trat ein Fehler auf.
154	ENOMATCH				(*V.4.2*) Es wurde kein Symbol gefunden, das auf die gegebene Anforderung paßt.
155	EBADVER				(*V.4.2*) Versionsnummern stimmen nicht überein
156	ECONFIG				(*V.4.2*) Die Betriebsmittel des Systemkerns sind aufgebraucht.
	EDQUOT		✓		(nur 1170!) Der einem Benutzer zugesprochene Plattenplatz ist überschritten (*quota exhausted*).
	EOPTNOTSUPP		✓		(nur 1170!) Eine Operation wird von dem Socket nicht unterstützt.
	EWOULDBLOCK		✓		(nur 1170!) Eine Operation ist im Begriff, die Verbindung zu blockieren (z.B. weil keine Daten verfügbar sind).

In der Tabelle bedeutet das Zeichen ✓, daß der Fehlercode im jeweiligen Standard unterstützt wird. Alle Standards warnen ausdrücklich vor der Verwendung von Fehlernummern und geben diese daher auch nicht an.

Der X/Open-Standard (XPG4) enthält bei den Fehlercodes ETXTBSY und EIDRM, in obiger Tabelle mit ›✗‹ markiert, zusätzlich noch den Hinweis, daß es sich um eine »Extension« handelt und beim Fehlercode EILSEQ, in der Tabelle mit ›✱‹ markiert, den Hinweis, daß es sich um eine ›*World-wide portability extension*‹ handelt, mit der die Portabilität von Applikationen mit landessprachlichen Zeichensätzen unterstützt werden soll.

10.2 Liste der Systemaufrufe

In den nachfolgend aufgeführten Systemaufrufen kommen häufig die Parameter *adr*, *puffer*, *pfad*, *strom* und *d_des* vor. Diese haben dann folgende Bedeutung bzw. Funktion:

    char *adr;   /* Adresse */
    char *puffer;   /* Zeiger auf Pufferbereich */
    char *pfad;   /* Dateiname oder Katalogname, durch 0 abgeschlossen */
    FILE *datei;   /* E/A-Strom (stream) */
    int d_des;   /* Datei-Deskriptor */

Bei einer Reihe von Aufrufen stehen neben den symbolischen Werten (z.B **R_OK**) auch die numerischen Werte. Dies ist primär bei älteren Programmen oder Systemen (bis zu V.2) interessant. Bei neuen Programmen sollten – soweit definiert – nur die symbolischen Angaben verwendet werden! In POSIX wurden für einige Funktionsparameter neue Typen festgelegt. Diese treten in älteren Programmen meist noch nicht auf. Die nachfolgende Tabelle gibt die Typen, deren Funktion und den bisher zumeist benutzten C-Typ dafür an:

Typ:	alter Typ:	Funktion:
dev_t	int	wird für Gerätenummern benutzt.
gid_t	int	wird für die Gruppennummer (GID) benutzt.
ino_t	int	wird für die I-Node-Nummer benutzt.
mode_t	int	wird bei den Dateizugriffsrechten benutzt.
nlink_t	int	Angabe der Zahl der Verweise (*links*) auf eine Datei.
off_t	int	Byte-Offset des Lese/Schreibzeigers einer Datei.
pid_t	int	wird für die Prozeßnummer (PID) und Prozeßgruppennummer benutzt.
uid_t	int	wird für die Benutzernummer (UID) benutzt.

Diese Typen sind alle in der Datei <*sys/types.h*> deklariert. Es wird deshalb in der nachfolgenden Beschreibung davon ausgegangen, daß im Kopf des Programms oder des Moduls, welches die nachfolgend beschriebenen Funktionen benutzt, die nachfolgende Include-Anweisung enthalten ist:

    #include   <sys/types.h>

In der Beschreibung werden zusätzlich in der Regel folgende Symbole statt ihrer vollen Definition benutzt:

Symbol:	Definition:	Funktion:
NULL	(char *)0	ungültiger Zeigerwert
null	\0	terminiert in C eine Zeichenkette

Name:	Funktion:
abort	schließt zunächst soweit möglich alle offenen Dateien und erzeugt dann ein **SIGABRT**-Signal. Damit wird in der Regel das Programm abgebrochen und ein Speicherabzug (*core dump*) erzeugt. Definition: **int abort ()**
access	prüft den Modus der Datei. Hierbei steht: *modus* = **R_OK** (4) prüft, ob die Datei gelesen werden darf. *modus* = **W_OK** (2) prüft, ob die Datei modifiziert werden darf. *modus* = **X_OK** (1) prüft, ob die Datei ausführbar ist. *modus* = **F_OK** (0) prüft die Existenz der Datei. Die einzelnen Modi können dabei kombiniert werden. Ist das Recht vorhanden, so wird 0 zurückgegeben. Definition: **#include <unistd.h>** /* ab V.3 bzw. X/O */ **int access (pfad, modus)** **char *pfad;** **int modus;**
acct	schaltet das *Accounting* an oder (bei *pfad*=NULL) aus. Beim Aktvieren gibt *pfad* den Namen der Datei an, in welche die *Accounting*-Information geschrieben werden soll. Definition: **int acct (pfad)** **char *pfad;**
alarm	startet eine Uhr. Nach Ablauf der angegebenen Zeit (in Sekunden) wird das Signal **SIGALARM** an den Prozeß geschickt. Ist *sekunden*=0, so wird damit ein zuvor aufgesetzter **alarm**-Aufruf storniert. Es erfolgt keine Schachtelung von Zeit-Alarmen! Definition: **unsigned int alarm (sekunden)** **unsigned int sekunden;**
brk	verändert die Größe des Datensegmentes. *endds* ist das Ende des Datensegmentes. Im Fehlerfalle wird ein Wert ≠ 0 zurückgegeben. Definition: **int brk (endds)** **char *endds;**
chdir	setzt den neuen Katalog *pfad* als Arbeitskatalog (*aktuellen Katalog*) ein. Definition: **int chdir (pfad)** **char *pfad;**

10.2 Liste der Systemaufrufe

chmod ändert die Zugriffsrechte für die Datei *pfad*. Statt der oktalen Codierung des Wertes *modus* sollten ab (*V.3*) bzw. entsprechend *X/O* die nachfolgenden symbolische Werte verwendet werden. Sie sind in <*sys/types.h*> und <*sys/stat.h*> definiert und können miteinander kombiniert werden:

S_ISUID	(04000) (*set user-Id on execution*) Beim Ausführen dieser Datei erhält das Programm die *effektive Benutzernummer* des Dateibesitzers.
S_ISGID	(02000) (*set group-Id on execution*) Beim Ausführen dieser Datei erhält das Programm die *effektive Gruppennummer* des Dateibesitzers.
S_ISVTX	(01000) (*save text image*) Der Code des Programms bleibt nach der Ausführung im Swap-/Pagingbereich des Systems. Diese Funktion ist implementierungsabhängig!
S_IRUSR	(00400) Der Dateibesitzer darf lesen.
S_IWUSR	(00200) Der Dateibesitzer darf schreiben.
S_IXUSR	(00100) Der Dateibesitzer darf die Datei ausführen bzw. den Katalog durchsuchen.
S_IRWXU	(00700) Der Dateibesitzer darf die Datei lesen, schreiben und ausführen bzw. den Katalog durchsuchen.
S_IRGRP	(00040) Die Mitglieder der gleichen Gruppe dürfen lesen.
S_IWGRP	(00020) Die Mitglieder der gleichen Gruppe dürfen schreiben.
S_IXGRP	(00010) Die Mitglieder der gleichen Gruppe dürfen die Datei ausführen bzw. den Katalog durchsuchen.
S_IRWXG	(00070) Die Gruppenmitglieder dürfen die Datei lesen, schreiben und ausführen bzw. den Katalog durchsuchen.
S_IROTH	(00004) Alle anderen dürfen lesen.
S_IWOTH	(00002) Alle anderen dürfen schreiben.
S_IXOTH	(00001) Alle anderen dürfen die Datei ausführen bzw. den Katalog durchsuchen.
S_IRWXG	(00007) Alle anderen dürfen die Datei lesen, schreiben und ausführen bzw. den Katalog durchsuchen.
S_ENFMT	Ist **S_IXGRP** nicht gesetzt, so arbeitet diese Datei mit dem *mandatory record locking*-Verfahren.

Definition: **#include <sys/stat.h>**
              int chmod (pfad, modus)
              char *pfad;
              mode_t modus;   /* bis V.3 vom Typ **int** */

chown	ändert den Besitzer und (oder) die Gruppennummer der Datei *pfad*. Nur der Super-User und der Besitzer der Datei darf dies ändern!
	Definition: int chown (pfad, besitzer, gruppe) char *pfad; uid_t besitzer; gid_t gruppe;
chroot	ändert die Wurzel des Systemdateibaums. *pfad* wird zur neuen Wurzel. Hierzu ist nur der Super-User berechtigt!
	Definition: int chroot (pfad) char *pfad;
close	schließt die Datei des angegebenen Dateideskriptors. Eventuell noch anstehende Satzsperren (*record locking*) werden aufgehoben.
	Definition: int close (d_des) int d_des;
creat	creat[1] legt eine neue Datei an. Die symbolischen Werte für *modus* sind bei **open** erläutert. *modus* wird dabei noch mit der Dateimaske (siehe **umask**) verknüpft. creat ist äquivalent zu: **open (pfad, O_WROLNY | O_CREAT | OTRUNC, modus);**
	Definition: #include <sys/stat.h> #include <fcntl.h> int creat (pfad, modus) char *pfad; mode_t modus;
dup	dupliziert den Deskriptor einer offenen Datei und ist äquivalent zu: **fid = fcntl(d_des, F_DUPFD, 0);**
	Definition: int dup (d_des) int d_des;
dup2	dupliziert einen Deskriptor. *d_des2* wird auf *d_des1* gesetzt. Dies ist äquivalent zu: **close(d_des2); fid = fcntl(d_des1, F_DUPFD, d_des2);**
	Definition: int dup2 (d_des1, d_des2) int d_des1, d_des2;

---

1. Als Dennis Ritchie einmal gefragt wurde, was er ändern würde, wenn er das UNIX-System noch einmal neu entwickeln könnte, meinte er:
»Ich würde dem **creat**-Systemaufruf ein »e« am Ende spendieren!«

exec... Die **exec**-Aufrufe starten eine neues Programm, wobei das aktuelle *Task-Image* (d. h. Code, Daten und Stack des aufrufenden Prozesses) durch das des neuen Prozesses ersetzt wird. Der Name der auszuführenden Programmdatei wird in *pfad* oder *datei* angegebenen. Nur im Fehlerfall erfolgt eine Rückkehr aus diesen Aufrufen mit einem Ergebniswert von −1. Der Fehlergrund kann dann *errno* entnommen werden. Zu den **Exec**-Aufrufen gehören:

    execl, execle, execlp, execv, execve, execvp.

In den Aufrufen sind *arg0* bis *argn* jeweils Zeiger auf mit ›\0‹ terminierten Zeichenketten und *envp* ein Zeiger auf ein Feld von Zeigern auf Zeichenketten. Dem letzten gültigen Feldelement folgt ein **NULL**-Zeiger.

Ist das Element *envp* in einem Aufruf nicht vorhanden (bei **execl, execlp, execv, execvp**), so werden die Werte für die Environmentvariablen des neuen Prozesses aus

    extern char **environ;

des aufrufenden Prozesses entnommen.

Der neue Prozeß kann (falls er ein C-Programm ist) wie folgt auf die Aufrufparameter und die Environment-Variablen zugreifen:

int main(*argc, ragv*) int *argc*;   /* Anzahl der Aufrufparameter */
char **argv;   /* Vektor mit Aufrufparametern */
extern char **environ;   /* Vektor mit Variablen */

Der neue Prozeß erbt vom aufrufenden Prozeß folgende Eigenschaften:

- die Prozeßnummer (PID), die Vater-Prozeßnummer (PPID),
- die Prozeßgruppennummer (PGID),
- die Sitzungsnummer (*session membership*),
- die reale Benutzernummer,
  die reale Gruppennummer,
- die in */etc/group* angegebenen weiteren Gruppennummern des Prozesses,
- den aktuellen Arbeitskatalog, den Root-Katalog,
- die Standardmaske beim Anlegen von Dateien,
- die Maskierung von Signalen des Prozesses,
- noch anstehende Signale des Vaterprozesses,
- die vom Vaterprozeß bisher akkumulierten Zeiten (*tms_utime, tms_stime, tms_cutime, tms_cstime*).

Die im aufrufenden Prozeß noch offenen Dateien (Dateideskriptoren) sind auch im neu erzeugten Prozeß automatisch offen! Für einzelne Dateideskriptoren kann dies im aufrufenden Prozeß durch das Setzen der Maske **FD_CLOEXEC** (mittels **fcntl**) unterdrückt werden.

execl	Aufruf des Programms *pfad* (Ausführung der Programmdatei). Die Parameter werden in der Argumentenliste *arg0* bis *argn* übergeben.

        Definition: **int execl (pfad, arg0, ... , argn, NULL)**
                         char *pfad, *arg0 ... , *argn;

execle	Aufruf des Programms *pfad* (Ausführung der Programmdatei) mit der aktuellen Umgebung (*environment*). Die Programmparameter werden in **arg0* bis **argn*, die Environment-Parameter werden in dem Vektor *enpv* übergeben. Das letzte Element von *envp* muß ein NULL-Pointer sein!

        Definition: **int execle (pfad, arg0, ... , argn, NULL, envp)**
                         char *pfad, *arg0, ... , *argn, *envp[ ];

execlp	Aufruf des Programms *datei* (Ausführung der Programmdatei). Die Programmdatei wird entsprechend **$PATH** gesucht. Die Parameter werden in **arg0* bis **argn* übergeben.

        Definition: **int execlp (datei, arg0, ... , argn, NULL)**
                         char *datei, *arg0, ... , *argn;

execv	Aufruf des Programms *pfad* (Ausführung der Programmdatei). Die Parameter werden in einem Argumentenvektor **argv* übergeben. Das letzte Element muß ein NULL-Pointer sein!

        Definition: **int execv (pfad, argv)**
                         char *pfad, *argv [ ];

execve	Aufruf des Programms *pfad* (Ausführung der Programmdatei) mit den aktuellen Umgebungsparametern (*environment*). Die Programmparameter werden in einem Argumentenvektor **argv*, die Environment-Parameter in *envp* übergeben. Die letzten Elemente von *argv* und *envp* müssen jeweils **NULL** sein!

        Definition: **int execve (pfad, argv, envp)**
                         char *pfad, *argv[ ], *envp[ ];

execvp	Aufruf des Programms *datei* (Ausführung der Programmdatei) mit den aktuellen Umgebungsparametern. Die Programmdatei wird entsprechend **$PATH** gesucht. Die Parameter werden in einem Argumentenvektor **argv* übergeben; dessen letztes Element muß **NULL** sein!

        Definition: **int execvp (datei, argv)**
                         char *datei, *argv [ ];

10.2 Liste der Systemaufrufe

exit beendet den Prozeß. Hierbei wird das unterste Byte (0377) von *status* an den Vaterprozeß als *Exit-Status* zurückgegeben, diesem zugleich, soweit er nicht ein **wait** ausführt, ein Signal **SIGCLD** geschickt. Eventuell noch offene Dateien werden geschlossen, noch gesetzte Satzsperren (*record locking*) werden aufgehoben, zugeordnete *Shared Memory Bereiche* werden abgekoppelt und eventuell mit **plock** im Hauptspeicher gesperrte Segmente werden freigegeben.

Definition: **void exit (status)**
 int status;

_exit Makro; beendet den Prozeß und gibt *status* an den Vaterprozeß. Eine Reihe von Prozeßterminierungsarbeiten werden im Gegensatz zu **exit** dabei **nicht** ausgeführt.

Definition: **void _exit (status)**
 int status;

fcntl erlaubt Kontrollfunktionen auf eine geöffnete Datei. Art und Länge von *arg* sowie die Bedeutung des Funktionsergebnisses sind von der verwendeten Funktion abhängig. Als Ergebnis wird –1 im Fehlerfalle bzw. ein anderer Wert in allen anderen Fällen zurückgegeben. Bei den Funktionen, bei welchen ein Wert gelesen wird, ist das Funktionsergebnis der gelesene Wert. Die möglichen Funktionen und ihre symbolischen Werte sind in <fcntl.h> definiert. Die POSIX-Definition schreibt folgendes vor:

Funktion:	Wirkung:
F_DUPFD	Es wird ein neuer Dateideskriptor zurückgegeben. Dieser zeigt auf die gleiche Dateistruktur wie *d_des* und hat den gleichen *Lock-Status*. Die Nummer des neuen Dateideskriptors ist ≥ des dritten Parameters *arg*.
F_GETFD	liest die Flags (**FD_CLOEXEC**) des Dateideskriptors und gibt diese zurück.
F_GETLK	liest die Information zum *Record Locking* und gibt diese zurück.
F_SETFD	setzt die Flags des Dateideskriptors auf die im 3. Parameter des Aufrufs angegebenen Werte. Ist dort **FD_CLOEXEC** gesetzt, so wird der Dateideskriptor automatisch geschlossen, wenn ein **exec**-Aufruf durchgeführt wird.
F_GETFL	liest den Dateistatus und die Zugriffsrechte der Datei zu *d_des*. Neben den Zugriffsrechten wird dabei **O_APPEND** und **O_NONBLOCK** zurückgegeben.

	Die Bedeutung dieser Flags ist unter **open** beschrieben.
F_SETFL	setzt den Dateistatus und die Zugriffsrechte entsprechend dem Wert im 3. Parameter.
F_SETLK	setzt **Record Locking**.
F_SETLKW	setzt **Record Locking**; wartet falls blockiert.
F_RDLCK	setzt Lesesperre bzw. *Shared Lock*).
F_UNLCK	Die Datei wird entsperrt (*unlocked*).
F_WRLCK	setzt eine exklusive bzw. Schbreibsperre.

Definition: #include   <unistd.h>
#include   <fcntl.h>
int fcntl (d_des, funktion, ...)
int d_des, funktion;

fork   Starten eines neuen Prozesses. Dieser ist eine Kopie des aufrufenden Prozesses. Der aufrufende Prozeß erhält die Prozeßnummer des Sohnprozesses als Funktionsergebnis bzw. -1 falls kein neuer Prozeß gestartet werden kann. Der neu geschaffene Prozeß erhält **0** als Ergebnis.

Definition: #include   <sys/types.h>
pid_t fork ( )

fstat   liefert Informationen zu der mit *d_des* angegebenen geöffneten Datei in *buf* zurück. Der Aufbau der Struktur *statuspuffer* ist bei **stat** beschrieben.

Definition: #include   <sys/stat.h>
int fstat (d_des, statuspuffer)
int d_des;
struct stat *statuspuffer;

10.2 Liste der Systemaufrufe

fstatfs — Liefert in *statuspuffer* Informationen zu dem Dateisystem zurück, auf dem die geöffnete mit *d_des* verknüpfte Datei liegt. Die Längenangabe *n* gibt (in Bytes) an, wieviel Information maximal gewünscht wird (die Länge von *statuspuffer*) und muß gleich oder kleiner als **sizeof (struct statfs)** sein. **statfs** hat folgenden Aufbau:

```
struct statfs {
    short   f_fstyp;       /* Typ des Dateisystems */
    long    f_bsize;       /* Blockgröße des Dateisystems */
    long    f_frsize;      /* Größe eines Datei-Fragments */
    long    f_blocks;      /* Anzahl der Blöcke auf dem DS */
    long    f_bfree;       /* Anzahl der freien Blöcke des DS */
    ino_t   f_files;       /* Anzahl der I-Nodes des DS */
    ino_t   f_ffree;       /* Anzahl der freien I-Nodes des DS */
    char    f_fname[6];    /* Volume-Name des Dateisystems */
    char    f_fpack[6];    /* Name des Datenträgers */
}
```

Definition: #include   <sys/types.h>
             #include   <sys/statfs.h>
             int fstatfs (d_des, statuspuffer, n, fs_typ)
             int d_des, n, fs_typ;
             struct statfs *statuspuffer;

get... — Das System stellt eine Reihe von Funktionen zur Verfügung, die es erlauben, bestimmte Werte abzufragen. Viele dieser Funktionen beginnen mit **get**. Hierzu gehören:

Funktion:	**liefert:**
getpid	die Prozeßnummer (PID) des aufrufenden Prozesses
getppid	die Prozeßnummer des Vaterprozesses (PPID)
getuid	die aktuelle Benutzernummer (UID) des Prozesses
geteuid	die aktuelle *effektive Benutzernummer* (UID) des Prozesses
getgid	die aktuelle Gruppennummer (GID) des Prozesses
getegid	die *aktuelle effektive* Gruppennummer (GID) des Prozesses
getgroups	die Gruppennummern aller Gruppen, zu denen der Besitzer des Prozesses gehört
getlogin	den Benutzernamen dessen, der den aufrufenden Prozeß gestartet hat.
getpgrp	die Prozeßgruppennummer (PGRP) des aufrufenden Prozesses

getdents liest einen Katalogeintrag und liefert ihn in dem Pufferbereich *puffer* in einem Format zurück, das weitgehend unabhängig vom verwendeten Dateisystem ist. *n* gibt die maximale Länge des zu lesenden Eintrags vor. **getdents** liefert als Ergebnis die wirkliche Länge des Eintrags ($\leq n$) oder 0 zurück, falls das Ende des Katalogs erreicht wird (**-1** im Fehlerfalle). Jeder **getdents**-Aufruf verschiebt den Lese/Schreibzeiger der Datei von *d_des* um einen Eintrag weiter.
Die Beschreibung des Formats ist unter *dirent(4)* in [PROGRAMMER-REF] zu finden. **getdents** sollte nur im Zusammenhang mit **readdir** verwendet werden.

Definition: **int getdents (d_des, puffer, n)**
　　　　　　int d_des;
　　　　　　char *puffer;
　　　　　　unsigned n;

getegid liefert die *effektive* Gruppennummer des Prozesses. Mit dieser Gruppennummer werden die Zugriffsrechte überprüft. In älteren UNIX-Definitionen liefert diese Funktionen als Ergebnis einen Wert vom Typ **unsigned short**.

Definition: **gid_t getegid ( )**

geteuid liefert die *effektive* Benutzernummer des Prozesses. Mit dieser Benutzernummer werden die Zugriffsrechte überprüft. In älteren UNIX-Definitionen liefert diese Funktionen als Ergebnis einen Wert vom Typ **unsigned short**.

Definition: **uid_t geteuid ( )**

getgid liefert die *reale* Gruppennummer des Aufrufers. Dies ist die Gruppennummer desjenigen, der das Programm gestartet hat. In älteren UNIX-Definitionen liefern diese Funktionen als Ergebnis einen Wert vom Typ **unsigned short**.

Definition: **gid_t getgid ( )**

getgroups (*PX*): Das Feld *liste* der Länge *laenge* wird mit den Gruppennummern ausgefüllt, zu denen der aufrufende Prozeß auch gehört. Die wirkliche Anzahl der Gruppennummern wird als Funktionsergebnis zurückgeliefert. Das Feld sollte ausreichend groß sein. Die maximal mögliche Anzahl von Einträgen ist **NGROUPS_MAX** und ist für Systeme entsprechend der AT&T-Implementierung **1**; Berkeley-Systeme erlauben einem Benutzer, Mitglied mehrerer Gruppen zu sein.

Definition: **int getgroups (laenge, liste)**
　　　　　　int laenge;
　　　　　　gid_t liste[ ];

getmsg liest die nächste Nachricht aus einem mit dem Dateideskriptor *d_des* verknüpften Stream und liefert das Ergebnis in den Puffern zurück, auf die *ctlptr* und *dataptr* verweisen. Die Datenkomponente der Nachricht wird (soweit vorhanden) in *dataptr abgelegt, die Steuerinformation (soweit vorhanden) in dem Puffer, auf den *ctlptr* verweist. Die Puffer haben die Struktur, die mit **strbuf** definiert ist, und folgenden Aufbau:

```
struct  strbuf {
   int    maxlen;     /* maximale Länge des Puffers */
   int    len;        /* Länge der Daten */
   char   *buf;       /* Zeiger auf eigentlichen Puffer */
}
```

Der Wert von *len* des jeweiligen Puffers wird von **getmsg** ausgefüllt. Er ist **0** bei leeren Nachrichten und -1, falls die angekommene Nachricht keine entsprechende Komponente besitzt.
Der Parameter *modus* darf entweder den Wert **0** oder **RS_HIPRI** haben. Ist **RS_HIPRI** gesetzt, so wird nur auf diese priorisierte Nachricht gewartet.
Wird eine priorisierte Nachricht empfangen, so wird als Funktionsergebnis von **getmsg** der Wert **RS_HIPRI** zurückgegeben, bei einer anderen Nachricht **0** und im Fehlerfalle -1.

Definition: #include <stropts.h>
            int getmsg (d_des, ctlprt, dataptr, modus)
            int d_des, *modus;
            struct strbuf *ctlptr, *dataptr;

getpgrp liefert die Prozeßgruppennummer (PGID) des aufrufenden Prozesses.

Definition: **pid_t getpgrp ()**

getpid liefert die Prozeßnummer (PID) des aufrufenden Prozesses. In älteren UNIX-Definitionen lieferte diese Funktion einen Wert vom Typ int.

Definition: **pid_t getpid ()**

getppid liefert die Prozeßnummer vom Vaterprozeß (PPID) des aufrufenden Prozesses. In älteren UNIX-Definitionen lieferte diese Funktion einen Wert vom Typ int.

Definition: **pid_t getppid ()**

getuid	liefert die *reale* Benutzernummer des Aufrufers. Dies ist die Benutzernummer desjenigen, der das Programm gestartet hat. In älteren UNIX-Definitionen liefern diese Funktionen als Ergebnis einen Wert vom Typ **unsigned short**. Definition: **uid_t getuid ( )**

ioctl	erlaubt eine Steuerung des Gerätes auf einer sehr niedrigen hardware-nahen Ebene oder die Abfrage der Geräteparameter. Die Art des Arguments ist abhängig von der gewünschten Funktion. Bei folgenden Funktionen wird die zweite Form des **ioctl**-Aufrufs verwendet und über *argp der Parameterblock übergeben.
	
	TCGETA Lesen der Parameter der Dialogstation
	TCSETA Setzen der Parameter der Dialogstation
	TCSETAW Setzen der Parameter der Dialogstation, jedoch erst nachdem die Ausgabewarteschlange leer ist
	TCSETAF Warten bis die Ausgabewarteschlange leer ist; danach die Eingabewarteschlange leeren (wegwerfen) und anschließend die Parameter der Dialogstation neu besetzen.
	
	Definition: int ioctl (d_des, funktion, arg) /* erste Form */
	          int d_des, funktion, arg;
	          oder
	          #include <sys/sgtty.h>
	          int ioctl (d_des, funktion, argp); /* zweite Form */
	          int d_des, funktion;
	          struct sgttyb *argp;

kill	schickt das angegebene Signal an den Prozeß mit der Prozeßnummer *pid*. Ist *pid* = **0**, so wird das Signal an alle Prozesse mit der gleichen Gruppenprozeßnummer (mit Ausnahme einiger Systemprozesse) wie der aufrufende Prozeß gesendet; ist *pid* < **-1**, so wird das Signal an alle Prozesse mit der Gruppenprozeßnummer des positiven Werts von *pid* geschickt. Hat *pid* den Wert **-1**, so wird das Signal an **alle** Prozesse des Systems gesendet; hiervon sind lediglich einige spezielle Systemprozesse ausgenommen.
	Nur der Super-User darf fremde Prozesse abbrechen! Die symbolischen Namen der Signale mit ihren Werten sind in <*signal.h*> definiert.
	
	Definition: #include <signal.h>
	          int kill (pid, signal)
	          int pid, signal;

link gibt der mit *pfad1* angegebenen Datei einen zusätzlichen Namen *pfad2*. Die Umkehrung hierzu ist die Funktion **unlink**.

Definition: int link (pfad1, pfad2)
char *pfad1, *pfad2;

lockf erlaubt Teile der mit *d_des* angegebenen Datei (oder die ganze Datei) gegen weitere Zugriffe zu sperren (*advisory record locking*). Hierzu muß die Datei mit **O_WRONLY** oder mit **O_RDWR** geöffnet worden sein. Diese Sperre ist in der bisherigen Implementierung nur dann wirksam, wenn ein anderer Prozeß vor dem Dateizugriff auch **lockf** aufruft. Ist der Teil gesperrt, so wird der weitere Prozeß abhängig von seinem Aufruf entweder blockiert, bis die Sperre aufgehoben ist, oder er bekommt einen Fehler zurückgemeldet. Als Code für *funktion* sind möglich:

F_ULOCK	0	gibt einen zuvor gesperrten Bereich frei.
F_LOCK	1	sperrt einen Bereich exklusiv.
F_TLOCK	2	sperrt einen Bereich und blockiert den aufrufenden Prozeß, falls der Bereich schon gesperrt ist, bis der vorhergehende Prozeß die Sperre aufhebt.
F_TEST	3	sperrt einen Bereich. Ist der Bereich bereits gesperrt, so wird der Wert −1 zurückgegeben und die Fehlernummer **EAGAIN** gesetzt.

Der Parameter *groesse* gibt den Umfang des zu sperrenden Bereichs in Bytes an. Der zu sperrende Bereich beginnt ab der aktuellen Lese-/Schreibposition. Schließt der Prozeß die Datei, oder wird er terminiert, so werden alle noch existierenden Sperren aufgehoben.

Definition: #include   <unistd.h>
int lockf (d_des, funktion, groesse)
int d_des, funktion;
long groesse;

lseek	verschiebt den Lese- und Schreibzeiger einer Datei. Dabei gelten für *art* die in *<unistd.h>* definierten Werte:

                SEEK_SET   (0) position = *distanz*
                SEEK_CUR (1) position = position + *distanz*
                SEEK_END (2) position = dateiende + *distanz*

Die neue Position des Zeigers relativ zum Anfang der Datei wird zurückgegeben.

Definition: #include <unistd.h>
                off_t lseek (d_des, distanz, art)
                          /* bis V.3 vom Typ long */
                int d_des, art;
                off_t distanz;   /* bis V.3 vom Typ long */

mkdir	legt einen neuen Katalog (ein *Directory*) mit dem in *pfad* angegebenen Namen an. *modus* wird noch mit der aktuellen Modusmaske (siehe **umask**) verknüpft und hat die bei **chmod** (Seite 190) beschriebene Bedeutung. Der neue Katalog ist bis auf die Einträge von . und .. (Verweis auf sich selbst und den Vaterkatalog) leer. Alle in *pfad* vorkommenden Vaterkataloge müssen existieren, zugänglich sein und der eigentliche Vaterkatalog muß für den Aufruf Schreiberlaubnis haben. Der Parameter *modus* darf sich aus folgenden Werten zusammensetzen:

S_IREAD, S_IWRITE, S_IEXEC → Zugriffsrechte des Besitzers

S_IRGRP, S_IWGRP, S_IEGRP   → Zugriffsrechte der Gruppe

S_IROTH, S_IWOTH, S_IEOTH → Zugriffsrechte aller anderen

Definition: #include <sys/stat.h>
                int mkdir (pfad, modus)
                char *pfad;
                mode_t modus;   /* bis V.3 vom Typ int */

mkfifo	(*V.4*): Hiermit wird eine neue *Named Pipe* (auch ›FIFO *special file*‹ genannt) angelegt. *modus* gibt dabei die Zugriffsrechte an. Der Modus wird noch mit der Dateimaske (siehe **umask**) verknüpft. Die Zugriffsrechte sind hier unter **chmod** und auf Seite 190 unter dem **chmod**-Kommando beschrieben. **mkfifo (pfad, modus)** entspricht: **mknod (pfad, S_IFIFO | modus, 0);**

Definition: #include <sys/stat.h>
                int mkfifo (pfad, modus)
                char *pfad;
                mode_t modus;   /* bis V.3 vom Typ int */

10.2 Liste der Systemaufrufe

mknod legt einen Katalog oder Geräteeintrag (*special file*) *pfad* an. *modus* ist dabei die Verknüpfung des Dateimodus (siehe **chmod** in diesem Kapitel und in Abschnitt 5.3 Seite 190) sowie folgenden Angaben:

S_IFMT	einer der nachfolgenden Dateiarten:
S_IFIFO	(010000) für eine FIFO-Datei (*named pipe*)
S_IFCHR	(020000) für einen Geräteeintrag (*character oriented special file*)
S_IFDIR	(040000) für einen Katalog (*directory*)
S_IFBLK	(060000) für einen Geräteeintrag (*block oriented special file*)
S_IFREG	(0100000) oder (000000) für eine normale Datei
S_ISUID	(04000) Das Programm erhält bei der Ausführung die Rechte (die *effektive Benutzernummer*) des Dateibesitzers (*set user id*)
S_ISGID	(02000) Das Programm erhält bei der Ausführung die Rechte (die *effektive Gruppennummer*) des Dateibesitzers (*set group id*)
S_ENFMT	(01000) Es kann ein *Record Locking* (mandatory) verwendet werden.
S_IRUSR, S_IWUSR, S_IXUSR	→ Zugriffsrechte des Dateibesitzers
S_IRWXU	→ Zugriffsrechte des Dateibesitzers
S_IRGRP, S_IWGRP, S_IXGRP	→ Zugriffsrechte der Gruppe
S_IRWXG	→ Zugriffsrechte der Gruppe
S_IROTH, S_IWOTH, S_IXOTH	→ Zugriffsrechte aller anderen
S_IRWXO	→ Zugriffsrechte aller anderen

Ist die Datei ein Geräteeintrag (*block special file* oder *character special file*), so gibt *dev* Konfigurationsdaten an; in allen anderen Fällen wird *dev* ignoriert.

Mit Ausnahme bei FIFO-Dateien darf nur der Super-User **mknod** aufrufen!

Definition: #include   <sys/types.h>
 #include   <sys/stat.h>
 int mknod (pfad, modus, dev)
 char *pfad;
 int modus, dev;

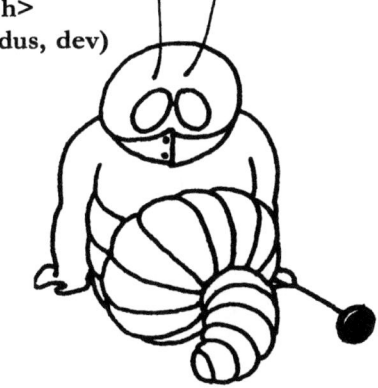

mount hängt das Dateisystem auf dem angegebenen Gerät (*special file*) in dem Katalog *katalog* in den Systemdateibaum ein. Ist Bit 0 von *rwflag* 1, so ist kein Schreiben in dem Teildateibaum erlaubt. *special* und *katalog* sind jeweils Zeiger auf die Namen. **mount** darf nur vom Super-User aufgerufen werden!
fstyp gibt den Typ des zu montierenden Dateisystems an. Dieser kann z.B. mittels **sysfs** ermittelt werden. Ist das Bit **MS_FSS** in *rwflag* gesetzt, so wird der Typ des *Root*-Dateisystems als der Typ des zu montierenden Dateisystems angenommen.

Definition: int mount (special, katalog, rwflag, fstyp)
 char *special, *katalog;
 int rwflag, fstyp;

msgctl erlaubt Operationen auf die mit *id* angegebene Warteschlange von Nachrichten (*Message Queue System*). *kommando* gibt dabei die Art der Funktion an. Möglich sind hierbei:

 IPC_STAT liefert alle aktuellen Werte der mit *msqid* angegebenen Warteschlange in *puffer* zurück.
 IPC_SET weist die in *puffer* enthaltenen Werte der mit *msqid* angegebenen *Message Queue* zu.
 IPC_RMID löscht den in *id* angegebenen Bezeichner für die *Message Queue* im System und die damit verbundenen Puffer und Datenstrukturen. Dies darf nur der Super-User oder der Besitzer der *Message Queue*.

Weitere Funktionen zu *Message Queues* sind: **msgget** (Anlegen einer *Message Queue*), **msgsnd** (Senden einer *Message*) und **msgrcv** (Empfangen einer *Message*).

Definition: #include <sys/types.h>
 #include <sys/ipc.h>
 #include <sys/msg.h>
 int msgctl (id, kommando, puffer)
 int id, kommando;
 struct msqid_ds *puffer;

msgget liefert den Bezeichner (englisch: *identifier*) der mit *schluessel* angegebenen Warteschlange für Nachrichten (*Message Queue*) zurück. Es wird eine neue Warteschlange angelegt, wenn der *schluessel* den Wert **IPC_PRIVATE** hat, noch keine Warteschlange zugeordnet ist und das **IPC_CREAT**-Bit in *msg_mode* gesetzt ist. *modus* gibt (ähnlich dem Modus bei Dateien) die Zugriffsrechte auf die *Message Queue* an. Siehe auch **msgctl**.

Definition: #include <sys/types.h>
     #include <sys/ipc.h>
     #include <sys/msg.h>
     int msgget (schluessel, modus)
     key_t schluessel;
     int modus;

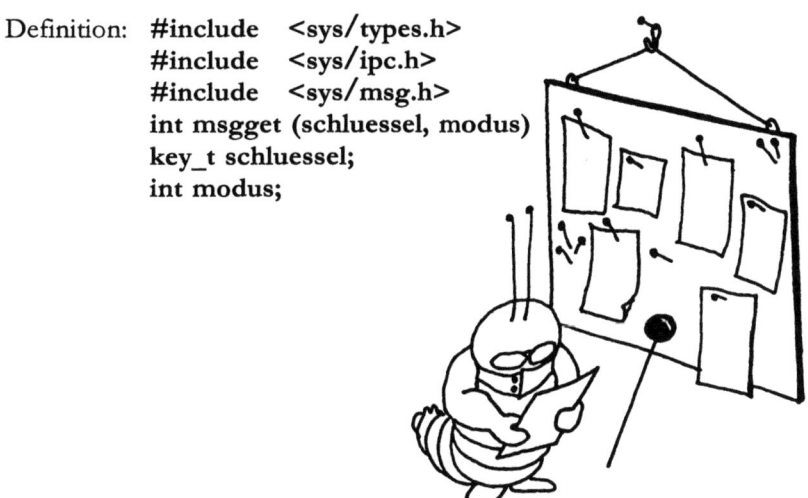

msgrcv liest eine *Message* aus der mit *id* angegebenen *Message Queue* und legt sie in *puffer* ab. Die Länge des Nachrichtentextes wird bei erfolgreichem Aufruf als Funktionsergebnis geliefert. *typ* gibt dabei die Art der Nachricht an: **0** (erste Nachricht der Schlange), **>0** (erste Nachricht der Art *typ*), **<0** (erste Nachricht von einer Art ≤ *typ*). Die Nachricht wird auf *groesse* Bytes gekürzt. Ist in *modus* das **IPC_NOWAIT**-Bit gesetzt, so wird nicht auf das Ankommen einer Nachricht des vorgegebenen Typs gewartet und **-1** zurückgegeben. Siehe auch **msgctl**. Eine *message* selbst hat den Aufbau:

struct msgbuf {
 long mtype;   /* Typus der Nachricht */
 char mtext[];   /* Text der Nachricht */
}

Definition: #include <sys/types.h>
     #include <sys/ipc.h>
     #include <sys/msg.h>
     int msgrcv (id, puffer, groesse, typ, modus)
     int id, groesse, modus;
     struct msgbuf *puffer;
     long typ;

msgsnd   sendet die Nachricht in *puffer* an die mit *id* angegebene Nachrichtenwarteschlange (*Message Queue*). *groesse* gibt die Länge der Nachricht in Bytes an (das Maximum ist eine systemabhängige Konstante). Falls in *modus* **IPC_NOWAIT** gesetzt ist, so kehrt das System auch dann sofort (und ohne die Nachricht abzusenden) aus dem Aufruf zurück, falls die Warteschlange voll ist oder der Gesamtspeicherplatz des Systems für Nachrichten erschöpft ist. Die Struktur einer *Message* ist unter **msgrcv** beschrieben. *mtype* gibt darin einen Nachrichtentyp an (> 0 und vom Benutzer frei wählbar), der in **msgrcv** verwendet werden kann. Siehe auch **msgctl**.

Definition: #include   <sys/types.h>
             #include   <sys/ipc.h>
             #include   <sys/msg.h>
             int msgsnd (id, puffer, groesse, modus)
             int id, groesse, modus;
             struct msgbuf *puffer;

nice   setzt die Grundpriorität eines Prozesses. Der Wert von *inkrement* wird zur aktuellen Grundpriorität addiert. (0 < *inkrement* ≤ 20; 20 ist die kleinste Priorität). Der neue Wert -20 wird zurückgegeben.

Definition: int nice (inkrement)
             int inkrement;

open öffnet eine Datei zum Lesen oder (und) Schreiben und liefert einen Dateideskriptor als Ergebnis. Die symbolischen Werte für *modus* sind in <*fcntl.h*> definiert und lauten:

O_RDONLY	(0)	nur zum Lesen,
O_WRONLY	(1)	nur zum Schreiben,
O_RDWR	(2)	zum Lesen und Schreiben.

Die nachfolgenden Masken können mit den obigen Werten verknüpft (Bit-ODER) werden:

O_APPEND Beim Öffnen zum Schreiben wird der Arbeitszeiger zunächst auf das Ende der Datei gesetzt.

O_CREAT Wird eine neue Datei angelegt, so erhält sie eine Benutzer- und Gruppennummer entsprechend der *effektiven Benutzer- und Gruppennummer* des aufrufenden Prozesses. Existiert die Datei bereits, so hat dieses Bit keine Wirkung.

O_EXCL Falls **O_EXCL** und **O_CREAT** gesetzt sind, so wird ein Fehler zurückgemeldet, falls die Datei bereits existiert.

O_NDELAY Bei einigen E/A-Operationen kehrt der Aufruf ohne ein Warten zurück.

O_NOCTTY Ist *pfad* der Name einer Dialogstation (*a terminal device*), so verhindert diese Maske, daß diese Dialogstation zur *kontrollierenden Dialogstation* des Prozesses wird.

O_NONBLOCK POSIX-Version von **O_NDELAY**

O_SYNC Hierdurch werden beim Schreiben die Daten und die Dateikopfinformation auf der Platte **sofort** auf den neuen Stand gebracht.

O_TRUNC Existiert die Datei bereits und ist eine *normale Datei*, so wird ihre Länge auf 0 zurückgesetzt und Zugriffsrechte und Besitzereintrag bleiben unverändert.

Beim Aufruf in der zweiten Form gibt *modus1* Zugriffsrechte beim Anlegen der Datei an (siehe hierzu **chmod**).

Definition: #include <fcntl.h>
#include <sys/stat.h>
int open (pfad, modus)
char *pfad;
int modus;
   oder
int open (pfad, modus, modus1)
char *pfad;
int modus, modus1;

pause Der Prozeß wird angehalten und wartet auf ein Signal. Nach der Signalbehandlungsroutine wird die Abarbeitung des Prozesses hinter dem **pause**-Aufruf fortgesetzt, soweit der Prozeß durch das Signal nicht beendet wird.

Definition: **int pause ()**

pipe legt eine Pipe als Kommunikationskanal zwischen zwei Prozessen an. Es werden zwei Dateideskriptoren (für jede Seite einer) zurückgegeben. *d_des[0]* ist zum Lesen und *d_des[1]* zum Schreiben geöffnet.

Definition: **int pipe (d_des)**
    int d_des[2];

plock blockiert für den aufrufenden Prozeß das Text- oder Datensegment im Hauptspeicher. Diese Funktion ist nur mit der *effektiven Benutzernummer* des Super-Users möglich! Für *op* gilt:

PROCLOCK	blockiert den ganzen Prozeß.
TXTLOCK	blockiert nur das Textsegment.
DATLOCK	blockiert nur das Datensegment.
UNLOCK	hebt Blockierung auf.

Definition: **#include <sys/lock.h>**
    int plock (op)
    int op;

poll Der **poll**-Mechanismus erlaubt ein Multiplexen von Ein/Ausgabe über mehrere Dateideskriptoren, (das Feld der Deskriptoren in *fds* mit der Struktur **pollfd**; in *fds* sind *nfds* Deskriptoren vorhanden) die mit geöffneten Stream-Dateien verbunden sind. Dabei kann auf das Eintreten eines Ereignisses bei einem beliebigen der angegebenen Dateideskriptoren gewartet werden (in der Regel auf die Beendigung einer Ein- oder Ausgabe).
poll untersucht die Deskriptoren (bzw. die dazugehörigen Dateikontrollblöcke) nacheinander, ob eines der in *events* (des entsprechenden Deskriptors) vorgegebenen Ereignisse eingetreten ist und setzt in diesem Falle die entsprechenden Bits in *revents*. Dabei werden in *revents* **alle** Bits gesetzt, die zutreffen, auch jene, die in *events* nicht gesetzt sind! Ist bei keinem der angegebenen Deskriptoren eines der erwarteten Ereignisse eingetreten, so wird die Task suspendiert – jedoch höchstens *timeout* Millisekunden! Ist *timeout*=**0**, so

kehrt **poll** sofort zurück; ist *timeout*=-1, so wartet **poll** solange, bis eines der Ereignisse eingetreten ist oder **poll** durch eine Unterbrechung (*Interrupt*) beendet wird. **pollfd** hat folgenden Aufbau:

```
struct  pollfd {
   int     fd;         /* Dateideskriptor an einem Stream */
   short   events;     /* Ereignisse auf die gewartet wird */
   short   revents; }  /* Ergebnis */
```

events und *revents* sind Bitmasken, die aus den nachfolgenden Ereignismasken gebildet werden. Die Masken definieren jeweils eine Endebedingung:

POLLIN   Im Stream-Kopf ist eine nichtpriorisierte Nachricht oder eine Nachricht mit einem Dateideskriptor angekommen. Die Nachricht kann die Länge 0 haben. In *revents* darf dieses Bit nicht zugleich mit **POLLPRI** gesetzt sein!.

POLLPRI   In der Eingabewarteschlange (*read queue*) des Stream-Kopfes ist eine priorisierte Nachricht angekommen. Diese kann auch die Länge 0 haben. In *revents* darf dieses Bit nicht zugleich mit **POLLIN** gesetzt sein!.

POLLOUT   Die Ausgabewarteschlange des Streams ist noch nicht voll (d.h. es können weitere Nachrichten geschickt werden).

POLLERR   Beim Stream-Kopf ist eine Fehlernachricht angekommen. Dieses Bit ist nur in *revent* gültig!

POLLHUP   Ein **HANGUP**-Signal ist am Stream erfolgt. Dieses Bit darf nicht zugleich mit **POLLOUT** gesetzt sein und ist nur in **revents** gültig!

POLLNVAL   Der angegebene Dateideskriptor ist nicht mit einer offenen Stream-Datei verknüpft. Dieses Bit wird nur in *revents* gesetzt.

Der Ergebniswert von **poll** gibt an, bei wievielen Deskriptoren die erwarteten Ereignisse eingetreten und damit *revents* einen von 0 verschiedenen Wert haben. Ist ein *Timeout* aufgetreten, so wird **0** zurückgegeben und -1, falls ein Fehler aufgetreten ist.
Dieser Mechanismus ist funktional ähnlich dem **select**-Mechanismus des Berkeley-UNIX-Systems.

Definition: **#include   <stropts.h>**
                #include   <poll.h>
                int poll (fds, nfds, timeout)
                struct pollfd fds[ ];
                unsigned long nfds; int timeout;

profil	startet die Erstellung eines Zeitprofils des Prozesses. Bei jedem Interrupt durch die Systemuhr wird der Programmzähler des Benutzerprozesses festgehalten, *distanz* davon subtrahiert und das Ergebnis mit *skalierung* multipliziert. Ist das Ergebnis dieser Operation < *p_groesse*, so wird der entsprechende Eintrag im Feld *puffer* um 1 hochgezählt. Damit entsteht ein Laufzeitprofil des Programms, welches später mit dem UNIX-Kommando **prof** ausgewertet werden kann.

        Definition: **void profil (puffer, p_groesse, distanz, skalierung)**
                        short *puffer;
                        int p_groesse;   /* Groesse von puffer in Byte */
                        int distanz, skalierung;

ptrace	führt eine Prozeßkontrolle durch. Nur der Aufruf von **ptrace** mit *funktion* = 0 wird vom kontrollierten Prozeß aufgerufen, alle anderen Funktionen vom kontrollierenden Vaterprozeß. *funktion* hat folgende Bedeutung:
0	wird vom Sohnprozeß aufgerufen. Der Prozeß soll vom Vaterprozeß kontrolliert werden.
1, 2	gibt den Wert in *adr* des Sohnprozesses zurück: 1=I-space (Codebereich), 2=D-space (Datenbereich).
3	liefert den Wert in *adr* aus dem Prozeßsystemdatenbereich.
4	*data* soll in *adr* im Codebereich geschrieben werden.
5	*data* soll in *adr* im Datenbereich geschrieben werden.
6	*data* soll in *adr* in u.u_exvec geschrieben werden.
7	setzt die Ausführung des Sohnprozesses an der Stelle *adr* fort. »*data = (int *)1*« bedeutet: *Dort wo abgebrochen wurde.*
8	beendet den kontrollierten Prozeß.
9	Wie 7, es wird jedoch das **trace bit** im Prozessorstatuswort des kontrollierten Prozesses gesetzt, so daß nach der Ausführung jeder Instruktion ein *trace interrupt* erzeugt wird.

        Definition: **int ptrace (funktion, pid, adr, data)**
                        int funktion, pid, adr, data, *adr;

putmsg	erzeugt aus dem Inhalt der Puffer, auf die *ctlptr* und *dataprt* verweisen, eine Nachricht (*message*) und schickt diese zu der mit *d_des* verknüpften Streamdatei. Die Nachricht kann einen Datenteil, einen Steuerteil oder beides enthalten. *ctlptr* ist ein Zeiger auf den Steuerteil und *dataptr* auf den Datenteil. Die Struktur der Puffer ist:

```
struct  strbuf  {
    int     maxlen;     /* Wird hier nicht benutzt */
    int     len;        /* Laenge der Daten im Puffer in Bytes */
    char    *buf;       /* Zeiger auf die eigentlichen Daten */
}
```

Ist kein Datenteil vorhanden, so muß *dataptr* = **NULL** sein; ist kein Steuerteil vorhanden, so ist *ctlptr* = **NULL**. Der Parameter *modus* ist entweder 0 oder hat den Wert **RS_HIPRI**. Ist *modus* =**RS_HIPRI** und ein Steuerteil vorhanden, so wird eine priorisierte Nachricht (*priority message*) geschickt. Ist **putmsg** erfolgreich, so wird **0** zurückgegeben.

Definition: #include   <stropts.h>
             int putmsg (d_des, ctlptr, dataptr, modus)
             int d_des, modus;
             struct strbuf *ctlptr, *dataptr;

read

Es wird versucht, *n* Byte von der angegebenen Datei zu lesen. Die Funktion liefert als Ergebnis die Anzahl der wirklich gelesenen Bytes bzw. -1 im Fehlerfalle. Beim Erreichen des Dateiendes wird **0** zurückgegeben.

Definition: int read (d_des, puffer, n)
             int d_des;
             char *puffer;
             unsigned n;

remove

(*PX*): löscht den Verweis auf die mit *dateiname* angegebene Datei. Erst wenn alle Verweise (*links*) auf die Datei gelöscht sind, wird die Datei wirklich gelöscht.

Definition: int remove (dateiname)
             char *dateiname;

rename

erlaubt ein Umbenennen einer Datei. Die Datei *name_alt* erhält den neuen Namen *name_neu*. Der alte Name existiert danach (für diese Datei) nicht mehr. Existiert bereits eine Datei *name_neu*, so wird diese zuvor gelöscht. Die Funktion **rename** entspricht einem **link** mit dem neuen Namen und einem anschließenden **unlink** des alten Namens, ist jedoch dagegen eine (unteilbare) Funktion.

Definition: int rename (name_alt, name_neu)
             char *name_alt, *name_neu;

rmdir löscht den mit *pfad* angegebenen Katalog. Der Katalog muß bis auf die Einträge von . und .. leer sein und darf nicht der *aktuelle Katalog* sein!

Definition: int rmdir (pfad)
char *pfad;

sbrk vergrößert (oder verkleinert, falls *inkrement* < 0) das Datensegment um *inkrement* Bytes. Der alte **brk**-Wert wird zurückgegeben.

Definition: char *sbrk (inkrement)
int inkrement;

semctl erlaubt Steuerfunktionen auf Semaphor-Datenstrukturen. *kommando* gibt dabei die Funktion, *id* den Bezeichner (englisch: *identifier*) der Semaphorgruppe an; *arg* enthält die Argumente des Aufrufs. Weitere Semaphoroperationen sind: **semget** (liefert den Bezeichner einer Semaphorgruppe) und die eigentliche Semaphoroperation durch **semop**. Für weitere Details sei auf **SEMCTL (2)** in [PROGRAMMER-REF] verwiesen.

Definition: #include   <sys/types.h>
#include   <sys/ipc.h>
#include   <sys/sem.h>
int semctl (id, kommando, arg)
int id, kommando;
struct shmid_dsm *arg;

semget liefert den zu *schluessel* gehörigen Bezeichner für eine Semaphorgruppe zurück. Ist in *schluessel* das **IPC_PRIVATE**-Bit und in *modus* das **IPC_CREAT**-Bit gesetzt (und noch keine Semaphorgruppe zugeordnet), so wird eine neue Semaphordatenstruktur mit *n* Elementen im System angelegt. Siehe auch **semctl**.

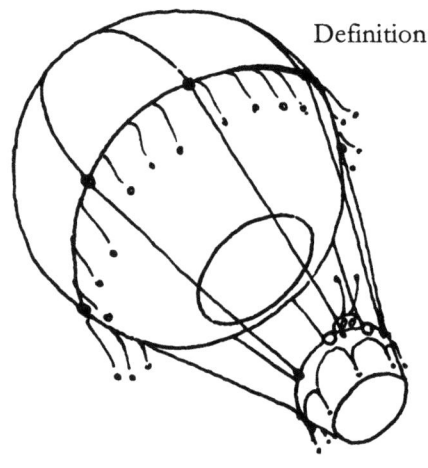

Definition: #include   <sys/types.h>
#include   <sys/ipc.h>
#include   <sys/sem.h>
int semget (schluessel, n, modus)
int n, modus;
key_t schluessel;

10.2 Liste der Systemaufrufe

semop führt Semaphoroperationen auf die mit *id* angegebenen Semaphorgruppe (Feld von Semaphoren) aus. *s_puffer* zeigt dabei auf ein Feld von Semaphorbefehlen. Die darin angegebenen Operationen werden auf die Semaphore der *id*-Semaphorgruppe ausgeführt. Die Gruppe hat *n* Elemente. Siehe auch **semctl**.

Definition: #include <sys/types.h>
 #include <sys/ipc.h>
 #include <sys/sem.h>
 int semop (id, s_puffer, n)
 int id, n;
 struct sembuf **s_puffer;

setgid setzt die *reale* und *effektive* Gruppennummer (GID) des Prozesses auf den angegebenen Wert und liefert diesen zurück. Dies darf nur der Super-User bzw. ein mit den Rechten des Super-Users laufendes Programm!

Definition: **int setgid (gid)**
 gid_t gid;   /* bis V.3 vom Typ int */

setpgid (*V.4*): Der aufrufende Prozeß wird mit dieser Funktion Mitglied der mit *pgid* angegebenen Prozeßgruppe. *pid* ist die Prozeßnummer des aufrufenden Prozesses.

Definition: **int setpgid (pid, pgid);**
 pid_t pid, pgid;

setpgrp setzt die Prozeßgruppennummer des Prozesses neu auf die aktuelle Prozeßnummer. Es wird damit eine neue Prozeßgruppe geschaffen. Der Prozeß gehört danach nicht mehr zur bisherigen Prozeßgruppe. Die neue Prozeßgruppennummer wird als Funktionsergebnis zurückgegeben. Dies darf nur der Super-User!

Definition: **pid_t setpgrp ();**

setsid Ist der aufrufende Prozeß nicht bereits ein Prozeßgruppenleiter, so wird mit diesem Aufruf eine neue *Sitzung* kreiert. Der aufrufende Prozeß wird damit zum *Sitzungsleiter* und zum *Prozeßgruppenleiter* der neuen Prozeßgruppe. Die neue Prozeßgruppe erhält als Prozeßgruppennummer die Prozeßnummer des aufrufenden Prozesses. Dieser ist zunächst der einzige Prozeß der Gruppe und der Sitzung. Die Sitzung hat keine *Kontrollierende Dialogstation*. Als Ergebnis des Aufrufs wird die Prozeßgruppennummer zurückgegeben.

Definition: **pid_t setsid();**

setuid	setzt die *reale* und *effektive* Benutzernummer (UID) des Prozesses auf den angegebenen Wert und liefert diesen zurück. Dies darf nur der Super-User bzw. ein mit den Rechten des Super-Users laufendes Programm!

Definition: int setuid (uid)
     uid_t uid; /* bis V.3 vom typ int */

shmat	Hiermit wird das zu dem Bezeichner *shmid* gehörende *Shared-Memory*-Segment in den Adreßraum des Datensegmentes des aufrufenden Programms abgebildet (*mapped*). Die Anfangsadresse des Segments für das Programm ist abhängig vom Wert in *shm_adr* und *modus*. Kontrollbits in *modus* legen die Art des Zugriffs (Lesen und/oder Schreiben) fest. Siehe auch **shmctl**.

Definition: #include <sys/types.h>
     #include <sys/ipc.h>
     #include <sys/shm.h>
     char *shmat (shmid, shm_adr, modus)
     int shmid, modus;
     char *shm_adr;

shmctl	Die Aufrufe **shmctl, shmget, shmat** und **shmdt** erlauben *Shared-Memory-Operationen*, d.h. mehrere Programme können damit auf einen gemeinsamen Speicherbereich zugreifen. Die Implementierung ist stark hardwareabhängig und braucht nicht auf allen Systemen verfügbar sein! **shmctl** führt dabei die Steuerfunktionen auf das *Shared-Memory* aus. **shmid** ist dabei der Deskriptor für das *Shared-Memory*. Die symbolischen Namen der Operationen sind:

IPC_STAT	Statusabfrage
IPC_SET	Setzen neuer Parameter
IPC_RMID	Löschen eines Segments
SHM_LOCK	Das Segment wird im Hauptspeicher blockiert.
SHM_UNLOCK	Deblockierung eines Segmentes

Definition: #include <sys/types.h>
     #include <sys/ipc.h>
     #include <sys/shm.h>
     int shmctl (shmid, kommando, puffer)
     int shmid, kommando;
     struct shmid_ds *puffer;

10.2 Liste der Systemaufrufe 639

shmdt — Das *Shared-Memory*-Segment, welches an der Adresse *shm_adr* liegt, wird mit diesem Aufruf vom aufrufenden Prozeß abgehängt. Es muß zuvor mit **shmat** mit dem Prozeß verknüpft worden sein. *modus* gibt die Zugriffsrechte hierzu an. Siehe auch **shmctl**.

Definition: #include   <sys/types.h>
             #include   <sys/ipc.h>
             #include   <sys/shm.h>
             int shmdt (shm_adr)
             char *shm_adr;

shmget — liefert den zu *schluessel* gehörigen Bezeichner für ein *Shared-Memory*-Segment zurück. Ist in *schluessel* das **IPC_PRIVATE**-Bit und in *modus* das **IPC_CREAT**-Bit gesetzt und noch kein *Shared-Memory*-Segment zugeordnet, so wird ein neues Segment der Größe *n* angelegt. Siehe auch **shmctl**.

Definition: #include   <sys/types.h>
             #include   <sys/ipc.h>
             #include   <sys/shm.h>
             int shmget (schluessel, n, modus)
             int n, modus;
             key_t schluessel;

sighold — verhindert, daß das angegebene Signal die Task unterbricht (Anfang eines kritischen Abschnitts). Das Signal wird dabei solange zurückgehalten, bis **sigrelse** es wieder freigibt. Das Signal geht dabei nicht wie bei **sigignore** verloren (d.h. es ist nicht deaktiviert). Siehe hierzu auch **signal, sigrelse, sigignore** und **sigpause**.

Definition: #include   <signal.h>
             int sighold (signal)
             int signal;

sigignore — bewirkt, daß das angegebene Signal zukünftig (bis zum Aufruf eines entsprechenden **sigset**-Aufruf) von der Task ignoriert wird und entspricht damit dem Aufruf **sigset**(*signal, SIG_IGN)*. Siehe hierzu auch **signal, sighold, sigrelse** und **sigpause**.

Definition: #include   <signal.h>
             int sigignore (signal)
             int signal;

signal   gibt an, was beim Auftreten eines Signals von der Art *sign* getan werden soll. Bei ›funk=**SIG_IGN**‹ wird das Signal ignoriert (nicht bei allen Signalen möglich); bei ›funk=**SIG_DFL**‹ wird der Prozeß durch das Signal abgebrochen (Standard).
Gilt *funk*=**SIG_HOLD**, so löst das Signal beim Auftreten zunächst kein Signal an den Prozeß aus, sondern bleibt anstehen, bis es durch **sigpause** oder **sigrelse** freigegeben wird. Es erfolgt jedoch keine Schachtelung, d.h. von jeder Signalart bleibt maximal ein Signal anstehen!
In allen anderen Fällen gibt *funk* eine Signalbehandlungsroutine an. Als erster (und einziger) Parameter wird dieser Signalbehandlungsroutine die Signalnummer übergeben. Die Bedeutung der Signale ist in 4.2.2 beschrieben.
Die Funktion gibt den zuvor gesetzten Wert der Signalfunktion oder im Fehlerfalle den Wert **SIG_ERR** zurück.
Das Verhalten des Signalmechanismuss kann durch die Aufrufe **sigset**, **sighold, sigrelse, sigignore** und **sigpause** gesteuert werden.

Definition: #include   <signal.h>
             int (*signal (sign, funk)) ()
             int sign;
             int (*funk) ();

sigpause   Die Task wird suspendiert, bis das angegebene Signal empfangen wird. Steht das Signal bereits an und ist wegen **sighold** gespeichert, so wird es nun freigegeben und die entsprechende Signal-Aktion durchgeführt. Siehe hierzu auch **signal, sigset, sighold, sigrelse, sigignore** und **sighold**.

Definition: #include   <signal.h>
             int sigpause (signal)
             int signal;

sigrelse   setzt die Task bezüglich der Signalbehandlung auf den Zustand vor dem **sighold**-Aufruf zurück (Ende eines kritischen Abschnitts). Eventuell durch **sighold** anstehende Signale werden dadurch freigegeben und lösen nun die Signalbehandlungsroutine aus. Siehe hierzu auch **signal, sigset, sighold, sigignore** und **sigpause**.

Definition: #include   <signal.h>
             int sigrelse (signal)
             int signal;

sigset   definiert, welche Aktion bzw. Funktion ausgeführt werden soll, wenn das Signal *sign* ankommt. Entweder wird dann die Signalbehandlungsroutine *funk* der Task aufgerufen oder eine vom System vordefinierte Aktion ausgeführt (**SIGKILL** kann nicht abgefangen werden). Als Funktionsergebnis wird der bisher gesetzte Wert für das angegebene Signal zurückgegeben. Siehe hierzu auch Abschnitt 4.3.2 auf Seite 137 und **signal, sighold, sigrelse, sigignore** und **sigpause**.

            Definition: **#include   <signal.h>**
                             int (*sigset (sign, funk)) ()
                             void (*funk) ()

stat   liefert Informationen über die mit *pfad* angegebene Datei in *puf* zurück. *puf* hat die Struktur *stat* mit folgendem Aufbau:

```
struct  stat  {
   mode_t      st_mode;     /* Modus der Datei */
   ino_t       st_ino;      /* I-Node-Nummer */
   dev_t       st_dev;      /* Identifikation des Dateisystems */
   dev_t       st_rdev;     /* Identifikation des Gerätes */
   nlink_t     st_nlink;    /* Anzahl der Verweise auf die Datei */
   uid_t       st_uid       /* Benutzernr. des Dateibesitzers */
   gid_t       st_gid       /* Gruppennr. des Dateibesitzers */
   off_t       st_size      /* Groesse der Datei in Bytes */
   time_t      st_atime     /* Datum des letzten Dateizugriffs */
   time_t      st_mtime     /* Datum der letzten Dateiänderung */
   time_t      st_ctime     /* Datum der Dateierstellung */
}
```

Die Funktion **fstat** tut dies für eine bereits geöffnete Datei.
Die nachfolgenden Makros überprüfen anhand des Wertes *m* des Elementes *st_mode*, den der **stat**-Aufruf in der Struktur *stat* zurückgibt, um welche Art von Datei es sich handelt. Ist die Datei vom abgefragten Typ, so wird ein Wert ≠ 0 zurückgegeben.

      S_ISDIR(m)   ein Katalog (directory
      S_ISCHR(m)   ein character special file
      S_ISBLK(m)   ein block special file
      S_ISREG(m)   eine normale Datei (regular file)
      S_ISFIFO(m)   eine PIPE oder eine Named Pipe

      Definition: **#include   <sys/stat.h>**
                         int stat (pfad, puf)
                         char *pfad;
                         struct stat *puf;

statfs liefert in *statuspuffer* Informationen zu dem Dateisystem zurück, auf dem die Datei *pfad* liegt. Die Längenangabe *n* gibt (in Bytes) an, wieviel Information maximal gewünscht wird (die Länge von *statuspuffer*) und muß gleich oder kleiner als **sizeof (struct statfs)** sein. Ist das Dateisystem montiert, so sollte *pfad* der Name einer Datei auf dem Dateisystem sein und das Betriebssystem kennt den Typ des Dateisystems; hier muß dann *fs-typ* **0** sein. Ist das Dateisystem nicht montiert, so gibt *pfad* den *block special file* an und *fs-typ* muß den Typcode des Dateisystems angeben. Der Aufbau der Struktur **statfs** ist unter **fstatfs** erklärt.

In neuen Implementierungen sollte **statfs** statt des älteren Aufrufs **ustat** verwendet werden.

Definition: #include   <sys/types.h>
　　　　　　 #include   <sys/statfs.h>
　　　　　　 int statfs (pfad, statuspuffer, n, fs-typ)
　　　　　　 char *pfad;
　　　　　　 int n, fs_typ;
　　　　　　 struct statfs *statuspuffer;

stime setzt die Uhrzeit und das Datum des Systems neu. Dies darf nur der Super-User. Die Zeit wird in abgelaufenen Sekunden seit dem 1. Januar 1970 0 Uhr 0 GMT angegeben.

Definition: **int stime (zeitp)**
　　　　　　 long *zeitp;

sync schreibt alle noch zur Ausgabe anstehenden im System gepufferten Blöcke auf die Hintergrundspeicher.

Definition: **void sync ( )**

10.2 Liste der Systemaufrufe

sysfs   liefert Informationen zu den Dateisystemtypen, die im System vorhanden sind. **sysfs** wird abhängig vom verwendeten Funktionscode *funktion* entweder mit einem, mit zwei oder mit drei Parametern aufgerufen. Für *funktion* sind folgende Werte zulässig:

         GETNFSTYP   Aufruf mit einem Parameter. Es wird die Gesamtzahl der im System vorhandenen (konfigurierten Dateisystemtypen) zurückgegeben.

         GETFSIND   Aufruf mit 2 Parametern. Es wird der Typ (ein Code) des mit *fs_name* vorgegebenen Dateisystems zurückgeliefert.

         GETFSTYP   Aufruf mit 3 Parametern. *fs_index* wird als Code für einen Dateisystemtyp betrachtet und in *puffer* der ASCII-Name des Dateisystems (dessen symbolischer Name) zurückgegeben.

Definition: #include   <sys/fstyp.h>
                  #include   <sys/fsid.h>
                  int sysfs (funktion)
               oder
                  #include   <sys/fstyp.h>
                  #include   <sys/fsid.h>
                  int sysfs (funktion, fs_name)
               oder
                  #include   <sys/fstyp.h>
                  #include   <sys/fsid.h>
                  int sysfs (funktion, fs_index, puffer)
                  int funktion, fs_index;
                  char *puffer, *fs_name;

time   liefert das aktuelle Datum und die Uhrzeit in abgelaufenen Sekunden seit dem 1. Januar 1970 0 Uhr 0 GMT. Bei der zweiten Form wird die Zeit in *tloc* zurückgegeben.

Bis (∗V.2∗) und nach (∗X/O∗) haben **time** und *tloc* nicht den Typ **t_loc**, sondern sind vom Typ **long**. Siehe auch **stime** sowie die Funktionen **asctime, ctime, gmtime, localtime, nl_cxtime, nl_ascxtime** und **tzset**.

Definition: #include   <sys/types.h>
                  time_t time (NULL)   *oder*   time_t time (tloc)
                  time_t *tloc;

times liefert die vom Prozeß und von seinen terminierten und mit **wait** als beendet akzeptierten Sohnprozessen verbrauchte Zeit in *buf* und die Laufzeit (*elapsed real time*) als Funktionsergebnis zurück. Die Zeitangabe erfolgt in sogenannten *Ticks*; dies sind 1/**CLK_TCK** Sekunden (in der Regel 1/50 oder 1/60 Sekunden).
Die Datenstruktur **tms** hat folgenden Aufbau:

```
struct tms {
  clock_t tms_utime;  /* Zeit im User-Modus des Prozesses */
  clock_t tms_stime;  /* Zeit im System-Modus des Prozesses */
  clock_t tms_cutime; /* Zeit im User-Modus der Sohnprozesse */
  clock_t tms_cstime; /* Zeit im System-Modus d. Sohnprozesse */
}
```

Definition: #include <sys/types.h>
             #include <sys/times.h>
             clock_t times (puf) /* bis V.3 vom Typ long */
             struct tms *puf;

uadmin Dieser Aufruf dient der Systemverwaltung, ist sehr systemspezifisch und braucht nicht in allen UNIX-Implementierungen vorhanden sein, bzw. kann von System zu System anders aussehen. Der hier beschriebene Aufruf entspricht dem des 3B2-Systems von AT&T.
funktion gibt dabei die primär auszuführende Aktion (z.B. Herunterfahren des Systems), *func* die danach auszuführende Funktion und *mdep* eventuell weitere, implementierungsspezifische Steuerparameter an. Der Parameter *funktion* darf folgende Werte haben:

A_SHUTDOWN Das System wird damit kontrolliert heruntergefahren, d.h. alle Benutzerprozesse werden abgebrochen, der Cache-Puffer hinausgeschrieben und das Root-Dateisystem wird demontiert. Danach wird die Funktion *func* aufgerufen.
func wiederum darf folgende Werte haben:

10.2 Liste der Systemaufrufe

        AD_HALT   Der Prozessor wird angehalten und eventuell die Spannung abgeschaltet.

        AD_BOOT   Das System wird mit /*unix* wieder neu gestartet (*boot*).

        AD_IBOOT   Es wird ein interaktiver Bootprozeß angestoßen. Hierbei wird der Benutzer nach dem zu startenden System gefragt.

        A_REBOOT   Das System wird ohne weitere Vorkehrungen angehalten und danach die wie unter **A_SHUTDOWN** definierten Funktionen entsprechend *func* ausgeführt.

        A_REMOUNT   Nach einer Korrektur wird das Root-Dateisystem wieder montiert.

        Definition: **#include <sys/uadmin.h>**
                          int uadmin (funktion, func, mdep)
                          int funktion, func, mdep;

ulimit   erlaubt die Grenzen für einen Benutzerprozeß abzufragen oder neu zu setzen. Für *funktion* gilt:

- liefert die maximale Dateigröße beim Schreiben für einen Prozeß (in Blöcken zu 512 Byte).
- setzt die maximale Dateigröße für einen Prozeß fest. Nur der Super-User darf diesen Wert vergrößern.
- liefert den maximalen Wert für **break**.

        Definition: **long ulimit (funktion, neuer_limit)**
                          int funktion;
                          long neuer_limit;

umask   Setzt die Modus-Maske beim Anlegen von Dateien. Nur die Bits der Zugriffsrechte der Maske (die ersten 9 Bits) werden verwendet. Beim Anlegen einer Datei wird die Modusangabe mit dieser Maske verknüpft; dies wirkt sich bei den Funktionen **open, creat, mkdir, mkfifo** aus. Alle in der Maske auf **1** gesetzten Bits verbieten das entsprechende Zugriffsrecht. Die Bedeutung der einzelnen Bits ist bei **chmod** (in diesem Kapitel auf Seite 615 und im Abschnitt 5.3 auf Seite 190) beschrieben. **umask** liefert den alten Wert der Maske zurück.

        Definition: **#include <sys/stat.h>**
                          mode_t umask (maske)   /* bis V.3 vom Typ int */
                          mode_t maske;   /* bis V.3 vom Typ int */

umount	demontiert das Dateisystem auf dem angegebenen Datenträger (Gerät) aus dem Systemdateibaum. *special* ist der Datei- bzw. Gerätenamen. Definition: int umount (special) char *special;

uname	liefert den Namen und die Version des aktuellen UNIX-Systems in *name* zurück. Bis zu (*V.3*) stand statt **SYS_NMLEN** der Wert 9. Die Struktur *utsname* hat folgenden Aufbau:
	
	struct utsname {
	   char sysname[SYS_NMLEN]; /* Name des Systems */
	   char nodename[SYS_NMLEN]; /* Name des Knotens */
	   char release[SYS_NMLEN]; /* Name des Betriebssystems */
	   char version[SYS_NMLEN]; /* Betriebssystem-Version */
	   char machine[SYS_NMLEN]; /* Rechnertyp */
	   ... /* eventuell weitere system- */
	   ... /* spezifische Angaben */
	}
	
	Jeweils das letzte Byte der Namen ist ›\0‹ !
	
	Definition: #include <sys/utsname.h>
	         int uname (name)
	         struct utsname *name;

unlink	löscht den Dateieintrag *pfad* im Katalog. Die Datei selbst wird erst gelöscht, wenn alle Verweise auf den Dateikopf (*links*) gelöscht wurden. Definition: int unlink (pfad) char *pfad;

ustat	liefert in *statuspuffer* Information über das montierte Dateisystem auf dem angegebenen Gerät *dev*. *dev* ist die Gerätenummer des Gerätes (*special files*), auf dem das Dateisystem montiert ist. Man erhält sie über den **stat**-Aufruf im Feld **st_dev**. Die Struktur *ustat* hat folgenden Aufbau:
	
	struct ustat {
	  daddr_t f_tfree; /* Summe der freien Bloecke */
	  ino_t f_tinode; /* Anzahl der freien I-Nodes */
	  char f_fname[6]; /* Name d. Dateisystems o. NULL */
	  char f_fpack[6]; /* Name des Volumes, auf dem das
	                            Dateisystem liegt */
	}

Bei neuen Programmen sollte der neuere und flexiblere Aufruf **statfs** statt **ustat** verwendet werden.

Definition:	#include	<sys/types.h>
	#include	<ustat.h>
	int	ustat (dev, statuspuffer)
	struct	ustat *statuspuffer;
	dev_t	dev;

utime setzt das Zugriffs- und Modifikationsdatum einer Datei neu auf das im Parameter *zeiten* angegebene Datum. Ist »*zeiten* = *NULL*«, so wird das aktuelle Datum eingesetzt. Die Zugriffszeiten der Datei darf nur der Dateibesitzer oder der Super-User ändern!

Die Struktur *utimebuf* ist in <*utime.h*> deklariert und sollte entsprechend SVID wie folgt vereinbart sein:

```
struct utimbuf
   time_t  actime;    /* Datum des letzten Dateizugriffs */
   time_t  modtime;   /* Datum der letzten Modifikation */
}
```

Definition:	#include	<sys/types.h>
	int	utime (pfad, zeiten)
	char	*pfad;
	struct	utimbuf *zeiten;

wait Es wird auf die Beendigung eines Sohnprozesses gewartet. Die PID des beendeten Sohnprozesses wird als Funktionsergebnis zurückgegeben, der Exit-Status des Sohns in *statusp* (soweit *statusp*≠ NULL). Hat inzwischen ein Sohnprozeß (oder haben mehrere Sohnprozesse) bereits terminiert, so kehrt der Aufruf sogleich zurück; andernfalls wird auf die Beendigung des nächsten Sohnprozesses gewartet. Terminiert ein Prozeß und wartet der Vaterprozeß nicht mit **wait** auf seine Beendigung, so bleibt ein kleiner Teil des terminierten Prozesses im Hauptspeicher. Man nennt einen solchen Prozeß einen *Zombie-Prozeß*.

Erst ein erfolgreich ausgeführtes **wait** des Vaterprozesses erlaubt das Ausräumen auch dieses Prozeßteils.

Ein **wait**-Aufruf bringt nur das Ergebnis (und die endgültige Terminierung eines Zombieprozesses) eines einzigen Sohnprozesses mit sich. Sind mehrere Sohnprozesse vorhanden, so sind entsprechend viele **wait**-Aufrufe notwendig.

Der Exit-Wert des beendeten Sohnprozesses kann mit einem der folgenden Prozesse ausgewertet werden. Der Parameter ist dabei jeweils der int-Wert, auf den *statusp* zeigt.

WIFEXITED(*status*)
    liefert einen Wert ≠ 0, falls der Sohnprozeß normal terminierte.

WEXITSTATUS(*status*)
    liefert den Wert der untersten 8 Bit des Exit-Status zurück, sofern der Sohnprozeß normal terminierte (d.h. WIFEXITED(status) ≠ 0). Dies ist der Wert, der von der Funktion *main* des terminierten Prozesses oder im **exit** bzw. **_exit**-Aufruf des Prozesse verwendet wurde.

WIFSIGNALED(*status*)
    liefert einen Wert ≠ 0, falls der Sohnprozeß durch ein nicht abgefangenes Signal beendet wurde.

WTERMSIG(*status*)
    liefert die Signalnummer, mit welcher der Sohnprozeß terminiert wurde (falls WIFSIGNALED ≠0).

WIFSTOPPED(*status*)
    liefert einen Wert ≠ 0, falls der Exit-Wert von einem Sohnprozeß stammt, der sein Anhalten (*stopped*) meldet.

WSTOPSIG(*status*)
    liefert die Signalnummer, mit der der Sohnprozeß angehalten wurde (falls WIFSIGNALED ≠0).
    Siehe auch **waitpid**.

Definition: **pid_t wait (statusp) oder pid_t wait (NULL)**
              int *statusp;

10.2 Liste der Systemaufrufe

waitpid (*PX*): Dieser Aufruf funktioniert wie **wait**, wobei jedoch auf die Beendigung bestimmter mit *pid* vorgebbarer Prozesse gewartet wird und dessen Prozeßnummer (PID) als Funktionsergebnis zurückgeliefert wird. Hat *pid* den Wert −1, so wird auf die Beendigung eines beliebigen Sohnprozesses gewartet und dessen Exit-Wert in *statusp* zurückgegeben. Hat *pid* den Wert 0, so wird auf die Beendigung eines beliebigen Sohnprozesses gewartet, dessen Prozeßgruppennummer mit der des aufrufenden Prozesses übereinstimmt. Hat *pid* einen Wert > 0, so wird auf die Beendigung des Sohnprozesses mit der Prozeßnummer in *pid* gewartet. Ist der Wert von *pid* < −1, so wird auf die Beendigung des Sohnprozesses mit der Prozeßnummer **abs(*pid*)** gewartet.

Der Parameter *optionen* bestimmt, wie und worauf gewartet werden soll. Dabei können keine, eine oder mehrere der Maskenbits gesetzt sein:

WNOHANG   Ist der Exit-Status eines passenden Sohnprozesses nicht bereits verfügbar, so wird die Abarbeitung sogleich fortgesetzt und nicht auf die Beendigung eines Sohnprozesses gewartet!

WUNTRACED Unterstützt das System eine *Job-Kontrolle*, so wird die Beendigung des Wartens auch dann erreicht, wenn ein passender Sohnprozeß angehalten (*stopped*) wurde, und dieser Statuswechsel noch nicht gemeldet wurde. Es wird dann der Statuswechsel an Stelle des Exit-Wertes zurückgegeben.

Der Exit-Status des terminierten Prozesses wird in der Adresse zurückgeliefert, auf die *statusp* zeigt (soweit *statusp* nicht den Wert NULL hat).

Siehe auch **wait**.

Definition: **pid_t waitpid (pid, statusp, optionen)**
pid_t pid;
int *statusp, optionen;

write   Schreibt *n* Bytes aus dem Puffer in die mit *d_des* angegebene Datei. Die Anzahl der wirklich geschriebenen Zeichen (Bytes) wird als Funktionsergebnis zurückgegeben.

Definition: **int write (d_des, puffer, n)**
int d_des; char *puffer;
unsigned n;

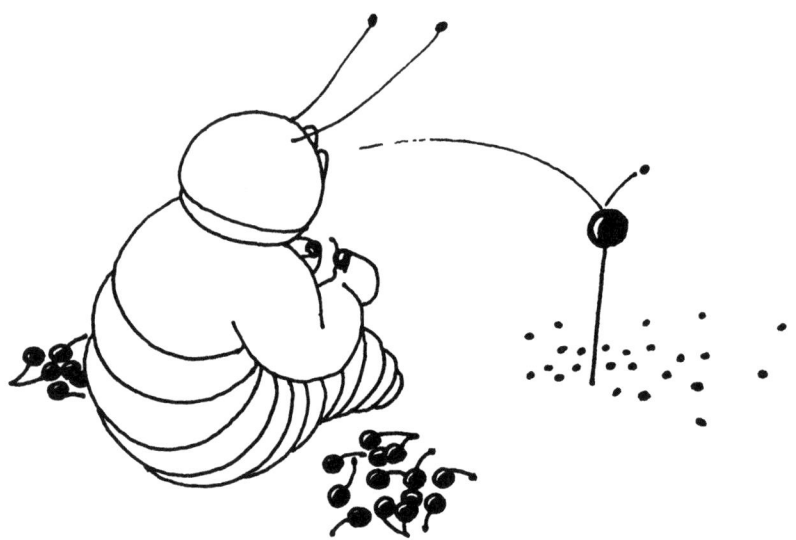

10.3 Die Ein-/Ausgaberoutinen der C-Bibliothek

Verwendet man die Funktionen der Standard-Ein-/Ausgabe, sollte der Kopf des C-Programms folgende **include**-Definitionen enthalten:

    #include <stdio.h>
    #include <ctype.h>
    #include <sys/types.h>
    #include <string.h>

In den nachfolgenden Beschreibungen werden die anschließend aufgeführten Variablen/Typen häufig verwendet, ohne daß auf ihre Bedeutung explizit hingewiesen wird:

```
FILE   *strom;      /* E/A-Strom (stream) */
char   *format;     /* Formatangabe */
char   *name;       /* Datei- bzw. Pfadname */
char   *ptr;        /* Zeiger */
char   *zk;         /* Zeichenkette */
int    n;           /* Anzahl oder Laenge */
char   *art         /* Art der Dateioperation , es gilt:
              r   =>   read (Lesen)
              r+  =>   Lesen und/oder Schreiben
              w   =>   write (neu anlegen oder die Länge auf 0
                       zurücksetzen zum Schreiben)
              w+  =>   Eröffnen zum Lesen und/oder Schreiben oder
                       neu anlegen
              a   =>   append (am Ende anfügen oder neu anlegen)
              a+  =>   append (neu anlegen oder eröffnen, um am
                       Ende weiterzuschreiben)
                    */
```

Name:	Funktion:
a64l	konvertiert eine ASCII-Zeichenkette nach **long**. In der ASCII-Zeichenkette dürfen nur 0-9, A-Z, a-z und ›.‹ vorkommen. Definition: **long a64l (zk)** **char *zk;**
abs	liefert den Betrag von *i*, d.h. |i|. Definition: **int abs (i)** **int i;**
advance	Siehe hierzu **regex**. Definition: **int advance(zk, exp_puffer)** **char *zk, *exp_puffer;**

ascftime	ist die internationalisierte Version von **asctime** bzw. die in System V implementierte Variante der X/OPEN-Funktion **nl_ascxtime**. Die Funktion konvertiert die in eine **tm**-Struktur zerlegte Zeit in eine ASCII-Zeichenkette entsprechend der Formatangabe in *format* und liefert die Zeichenkette in *puffer* zurück. Der Aufbau der Struktur **tm** ist unter **gmtime** beschrieben. Die Formatzeichen entsprechen denen des **date**-Kommandos (siehe Seite 207) ohne das vorangestellte +-Zeichen. Ist *format*=NULL, so wird der Formatstring in der Environmentvariablen **$CFTIME** benutzt. Die Namen der Wochentage und der Monate werden abhängig von der Environmentvariablen **$LANG** entweder in Englisch (**$LANG** ist nicht definiert oder hat den Standardwert **usa-englisch**) oder in der Sprache ausgegeben, die in **$LANG** angegeben ist.
	Siehe auch **asctime** und **cftime**.
	
	Definition: **#include <time.h>**
	  char *ascftime (puffer, format, zeit)
	  char *puffer, *format;
	  struct tm *zeit;

asctime	konvertiert die in eine **tm**-Struktur zerlegte Zeit in eine 26 Zeichen lange ASCII-Zeichenkette in folgendem Format: Mon Sep 11 20:03:50 1995 \n\0 Der Aufbau der Struktur **tm** ist unter **gmtime** beschrieben. Die aktuelle Zeit erhält man mit **time**, die Zerlegung in die Komponenten, so wie sie von **asctime** vorausgesetzt werden, erhält man mit **gmtime** entsprechend dem GMT-Format oder mittels **localtime** entsprechend der lokalen Zeit. Die Zeitkorrektur gegenüber der GMT-Zeit ist in der externen Variablen **extern long timezone** (in Sekunden) enthalten; die Variable **extern int daylight** enthält die Zeitverschie-

10.3 Die Ein-/Ausgaberoutinen der C-Bibliothek

bung für die aktuelle Jahreszeit. Liegt die Zeit noch in Sekunden vor, so erfolgt eine Konvertierung entsprechend dem Format von **asctime** durch die Funktion **ctime**. Die Funktion **tzset** erlaubt das Setzen der Zeitzone (abweichend von der für das System gesetzten Zeitzone). Die Funktionen **nl_ascxtime** und **nl_cxtime** sind die internationalisierten Funktionen von **asctime** und **ctime**.

Definition: #include <time.h>
             char *asctime (zeit)
             struct tm *zeit;

assert   Makro; erzeugt einen **exit**-Aufruf, falls der Ausdruck *ausd* den Wert 0 ergibt und erzeugt eine Meldung der Art:
Assertion failed: *expression,* **file** *xxx,* **line** *yyy.*

Definition: #include <assert.h>
             void assert (ausd)
             int ausd;

atof   interpretiert den Inhalt der ASCII-Zeichenkette *zk* als Gleitpunktzahl und konvertiert diese nach **double**. Führende Leer- und Tabulatorzeichen werden überlesen. Die Zahl darf ein vorangestelltes Vorzeichen besitzen. Enthält die Zeichenkette keine gültige Zahl, so wird ein Wert von 0 zurückgegeben und **errno** wird entsprechend gesetzt. Siehe auch **strtod**.

Definition: **double atof (zk)**
             char *zk;

atoi   interpretiert den Inhalt der ASCII-Zeichenkette *zk* als Integerzahl und liefert den **int**-Wert zurück. Siehe auch **atof, atol, strod, strol** und **strtod**.

Definition: **int atoi (zk)**
             char *zk;

atol   interpretiert den Inhalt der ASCII-Zeichenkette *zk* als lange Integerzahl und liefert den **long**-Wert zurück. Siehe auch **atoi, atof, strod, strol** und **strtod**.

Definition: **long atol (zk)**
             char *zk;

bsearch	Es wird nach dem Datenelement, auf das *datum* verweist, mit einem binären Verfahren gesucht. *basis* zeigt auf den Anfang des zu durchsuchenden Feldes. Das Feld hat *n* Elemente der Größe *breite* (in Byte) und muß bereits in aufsteigender Reihenfolge entsprechend der Sortierkriterien der Funktion *vergleich* sortiert sein. *vergleich* ist eine Funktion, die mit zwei Feldelementen als Parameter aufgerufen wird. Sie ist vom Programm zur Verfügung zu stellen und sollte 0 bei Gleichheit liefern, einen Wert größer als 0, falls das erste Element größer als das Element *datum* ist und einen Wert kleiner als 0 in allen anderen Fällen.

Definition: #include <search.h>
char *bsearch (datum, basis, n, breite, vergleich)
char *datum, *basis;
unsigned n, breite;
int (*vergleich) ( );

calloc	reserviert Speicherplatz für ein Feld von *n* Elementen der Größe *gr*. Der Zeiger auf das 1. Element wird zurückgegeben.

Definition: #include <malloc.h>
char *calloc (n, gr)
unsigned n, gr;

catclose	schließt den zuvor durch **catopen** eröffneten *Message Catalogue*, der mit dem Deskriptor *mc_des* verknüpft ist, wieder. Siehe auch **nl_**....

Definition: nl_catd catclose (mc_des)
nl_catd *mc_des;

catgets	liefert einen Zeiger zurück auf den Meldungstext (*message*) mit der Nummer *msg_nr* aus der Meldungsgruppe (englisch: *message set*). *set_nr* wird aus dem mit *mc_des* angegebenen *Message Catalogue* in den angegebenen Puffer gelesen (maximal *laenge* Bytes). Der *Message Catalogue* muß zuvor durch **catopen** geöffnet worden sein. Kann der Meldungstext nicht gelesen werden, da der *Message Catalogue* nicht verfügbar ist, so wird ein Zeiger auf *standard* zurückgegeben. Bei anderen Fehlern wird **NULL** zurückgeliefert. Siehe auch */usr/include/**nl_types.h***.

Definition: char *catgets (mc_des, set_nr, msg_nr, standard)
nl_catd mc_des;
int set_num, msg_num;
char *standard;

10.3 Die Ein-/Ausgaberoutinen der C-Bibliothek

catopen öffnet einen sogenannten *Message Catalogue* mit der Bezeichnung *name* und liefert einen Deskriptor analog zum Dateideskriptor zurück. Beginnt *name* mit \, so ist damit ein absoluter Pfadname gemeint; beginnt *name* nicht nicht mit \, so wird analog zum **$PATH**-Mechanismus der Shell beim Suchen eines Kommandos, nach dem *Message Catalogue name* in den Katalogen gesucht, die in der Environment-Variablen **$NLSPATH** vorgegeben sind. Der von **catopen** zurückgelieferte Deskriptor wird in den Funktionen **catgetmsg** und **catgets** als Identifikation des *Message Catalogues* benutzt. Der Parameter *modus* ist für spätere Erweiterungen gedacht und sollte vorerst den Wert **0** haben. Die Funktion **catclose** schließt den *Message Catalogue* wieder. Ein *Message Catalogue* ist eine Datei mit Texten für Meldungen zu einem Programm. Mit diesem Verfahren können das eigentliche Programm und die Meldungen getrennt behandelt werden. Dies erlaubt z.B. die Unterstützung mehrerer Sprachen aus einem Programm heraus. Siehe auch **nl_....**

Definition: nl_catd catopen (name, modus)
 char *name;
 int modus;

cfgetispeed liefert die Eingabe-Taktrate (*Input Baudrate*) zurück, die für die Terminalleitung zu *term_p* aktuell gesetzt ist. Als Ergebnis können die in <termios.h> definierten Werte
B0, B50, B70, B110, B134, B150, B200, B300, B600, B1200, B1800, B2400, B4800, B9600, B19200, B38400
zurückgegeben werden. **B0** bedeutet dabei, daß *Hang Up* gesetzt ist, während sich bei allen anderen Werten die Baudrate aus dem Namen ablesen läßt.
Siehe auch **cfsetospeed, cfgetospeed, cfsetispeed**.

Definition: #include <termios.h>
 speed_t cfgetispped (term_p)
 struct termios *term_p;

cfgetospeed (*V.4*): liefert die Ausgabe-Taktrate (*Output Baudrate*) zurück, die für die Terminalleitung zu *term_p* aktuell gesetzt ist. Die möglichen Werte des Ergebnisses sind unter **cfgetispeed** beschrieben.
Siehe auch **cfsetospeed, cfgetispeed, cfsetispeed**.

    Definition: #include <termios.h>
                      speed_t cfgetospped (term_p)
                      struct termios *term_p;

cfsetispeed (*V.4*): setzt die Eingabe-Taktrate (*Input Baudrate*) für die Terminalleitung zu *term_p* neu auf den Wert in *takt*. Die möglichen Werte für *takt* sind unter **cfgetispeed** beschrieben. Dabei müssen nicht alle Taktraten vom System unterstützt werden!
Siehe auch **cfsetospeed, cfgetispeed, cfgetospeed**.

    Definition: #include <termios.h>
                      int cfsetispped (term_p, takt)
                      struct termios *term_p;
                      speed_t takt;

cfsetospeed (*V.4*): setzt die Ausgabe-Taktrate (*Output Baudrate*) für die Terminalleitung zu *term_p* neu auf den Wert in *takt*. Die möglichen Werte für *takt* sind unter **cfgetispeed** beschrieben. Dabei müssen nicht alle Taktraten vom System unterstützt werden!
Siehe auch **cfsetispeed, cfgetispeed, cfgetospeed**.

    Definition: #include <termios.h>
                      int cfsetospped (term_p, takt)
                      struct termios *term_p;
                      speed_t takt;

cftime   Ist die internationalisierte Version von **ctime** bzw. die von USL implementierte Variante der X/OPEN-Funktion **nl_cxtime**. Die Funktion konvertiert die Zeit, auf die *clock* verweist, in eine ASCII-Zeichenkette und legt die Zeichenkette in *puffer* ab. *clock* enthält die Zeit in Sekunden seit dem 1. Januar 1970 00:00:00 GMT). Das Format der Zeitangabe wird durch *format* vorgegeben. Die Formatzeichen entsprechen denen des **date**-Kommandos (siehe Seite 207) ohne das vorangestellte +-Zeichen. Ist *format*=NULL, so wird der Formatstring der Environmentvariablen **$CFTIME** benutzt. Abhängig von der Environmentvariablen **$LANG** werden die Namen der Wochentage und Monate in Englisch (**$LANG** ist nicht definiert oder hat den Standardwert **usa-englisch**) oder in der Landessprache ausgegeben.
Siehe auch **ctime**, **asctime** und **ascftime**.

    Definition: #include <time.h>
                      int cftime (puffer, format, clock)
                      char *puffer, *format; time_t *clock;

10.3 Die Ein-/Ausgaberoutinen der C-Bibliothek

clearerr setzt die Fehleranzeige und EOF-Anzeige für den Strom auf 0 zurück.

Definition: **void clearerr (strom)**
FILE *strom;

clock liefert die Zeit n Mikrosekunden zurück, die seit dem letzten **clock**-Aufruf verstrichen ist. Die Auflösungen (die Genauigkeit der Angabe) ist maschinenabhängig.

Definition: **long clock ( )**

closedir schließt die Katalogdatei, auf die *dir_p* verweist. Dies ist die entsprechende Funktion zu **opendir**. Siehe auch **directory**.

Definition: **#include <sys/dirent.h>**
int closedir (dir_p)
DIR *dir_p;

compile Siehe hierzu **regex**.

Definition: **char *compile(ezk, exp_puffer, end_puffer, eof)**
char *ezk, *exp_puffer, *end_puffer;
int eof;

crypt Routine zur Verschlüsselung und Entschlüsselung der (durch \0 terminierten) Zeichenkette *text*. Die verschlüsselte Zeichenkette wird als Funktionsergebnis zurückgeliefert, wobei die ersten beiden Zeichen identisch mit *schluessel* sind. Zur Ver- bzw. Entschlüsselung wird das 1 bis 2 Zeichen lange Schlüsselwort *schluessel* verwendet. In ihm dürfen lediglich die Zeichen [a-zA-Z0-9] verwendet werden. Siehe auch **setkey** und **encrypt**.

Definition: **char *crypt (text, schluessel)**
char *text, *schluessel;

ctermid liefert in zk den Namen der kontrollierenden Dialogstation des aufrufenden Prozesses. Ist zk = *NULL*, so wird ein Zeiger auf den Namen zurückgegeben, wobei der Speicherbereich für den Namen in einem internen statischen Bereich liegt und beim nächsten Aufruf überschrieben wird.

Definition: **char *ctermid (zk)** *oder* **char *ctermid(NULL)**
char *zk;

ctime konvertiert die Zeit, auf die *clock* verweist in eine 26 Byte lange ASCII-Zeichenkette. *clock* enthält die Zeit in Sekunden seit dem 1. Januar 1970 00:00:00 GMT).
Die konvertierte Zeitangabe hat ein Format, das dem nachfolgenden Beispiel entspricht: Tue Oct 10 11:00:33 1995\n\0
Nach (*X/O*) ist *clock* vom Typ **long**. Siehe auch **asctime**.

Definition: #include <time.h>
char *ctime (clock)
time_t *clock;

ctype Hierunter wird eine Gruppe von Makros verstanden, welche den Typ eines Zeichens überprüft und **0** zurückgibt, falls das untersuchte Zeichen **nicht** vom abgefragten Typ ist. Zu diesen Makros gehören die Funktionen: **isalpha, isalnum, isascii, iscntrl, isdigit, isgraph, islower, isupper, isnand, isnanf, isprint, ispunct, isspace, isxdigit** und ab (*V.3*) **setchrclass**. Da die Funktionsnamen mit **is...** beginnen, sind die Funktionen hier unter **is...** beschrieben.

cuserid liefert den **login**-Namen des Benutzers des aufrufenden Prozesses in *zk*. *zk* muß ausreichend groß (**L_cuserid** definiert in <*stdio.h*>) sein! Ist ›*zk* = **NULL**‹, so wird ein Zeiger auf den **login**-Namen zurückgegeben, wobei dieser in einem internen statischen Bereich liegt. Der Name wird dann beim nächsten Aufruf überschrieben.

Definition: char *cuserid (zk)   *oder*   char *cuserid(NULL)
char *zk;

dial liefert den Dateideskriptor einer zum Lesen und Schreiben geöffneten Leitungsdatei zurück. Dies wird für Modem-angeschlossene Leitungen verwendet. Die Verbindung wird mit **undial** wieder aufgehoben. Die Datenstruktur **CALL** hat folgenden Aufbau:

10.3 Die Ein-/Ausgaberoutinen der C-Bibliothek

```
typedef struct {
    struct  terminfo *attr;   /* Zeiger auf terminfo-Info */
    int     baud;             /* Sendegeschwindigkeit */
    int     speed;            /* modemabhaengig */
    char    *line;            /* Geraetename der Sendeleitung */
    char    *telno;           /* Zeiger auf Zeichenk. mit Tel.Nr. */
    int     modem;            /* Art der Modemsteuerung */
    char    *device;          /* Name der verbundenen Leitung */
    int     dev_len;          /* Geraetenummer */
} CALL;
```

Definition: **#include <dial.h>**
int dial (ruf)
CALL ruf;

directory Unter diesem Begriff sind eine Reihe von Funktionen für Zugriffe auf einen Katalog (*directory*) zusammengefaßt. Diese Funktion sollte verwendet werden, wenn man in Katalogen lesen möchte und isoliert den Programmierer von der speziellen Implementierung von Dateikatalogen. Ein Katalog wird mit **opendir** (zum Lesen) geöffnet, und es wird ein Katalogdeskriptor zurückgegeben. Dieser wird in den weiteren Funktionen als Identifikation benutzt. Das Lesen kann nach **opendir** durch die Funktion **readdir**, das Rücksetzen auf den Anfang des Katalogs mit **rewinddir** und das Schließen der Katalogdatei mit **closedir** erfolgen. Die Funktion **telldir** gibt die aktuelle Position des Lesezeigers zurück, die Funktion **seekdir** erlaubt das Verschieben des Zeigers.
Siehe auch **opendir, closedir, readdir, telldir, seekdir** und **rewinddir**.

drand48 liefert eine Gleitkomma-Zufallszahl aus dem Intervall [0.0, 1.0). Der Zufallszahlengenerator sollte zuvor durch **srand48, seed48** oder **lcong48** initialisiert werden! Siehe auch **erand48, jrand48, lrand48, mrand48, nrand48** und **srand48**.

Definition: **double drand48 ()**

ecvt konvertiert *wert* in eine *nziff* lange ASCII-Zeichenkette (durch \0 abgeschlossen) und gibt einen Zeiger auf die erzeugte Zeichenkette zurück. *dezpt* gibt nach dem Aufruf die Position des Dezimalpunktes (relativ zum Anfang der Zeichenkette) an und kann auch negativ sein, wenn der Dezimalpunkt links der erzeugten Ziffernfolge zu stehen hat. Der Dezimalpunkt selbst ist nicht Teil der Zeichenkette. *vorzeichen* verweist auf ein Wort, welches das Vorzeichen anzeigt. Ist *wert* ≥ 0.0, so ist das Wort 0; ansonsten ist das Wort ≠ 0. Siehe auch **fcvt** und **gcvt**.

Definition: **char *ecvt (wert, nziff, dezpt, vorzeichen)**
double wert;
int nziff, *dezpt, *vorzeichen;

encrypt	Routine zur Verschlüsselung mit Hilfe des DES-Verfahrens. Als Schlüssel wird der mit **setkey** definierte Schlüssel (bzw. ein Standardschlüssel) verwendet. *funktion* gibt an, ob verschlüsselt (*funktion=0*) oder entschlüsselt (*funktion!=0*) werden soll. Definition: **int encrypt (text, funktion)** **char *text;** **int funktion;**
endgrent	schließt die Datei */etc/group* (siehe auch **getgrent**). Definition: **void endgrent ( )**
endpwent	schließt die Datei */etc/passwd* (siehe auch **getpwent**). Definition: **int endpwent ( )**
endutent	schließt die zur **utmp**-Bearbeitung geöffnete Datei (s. auch **getutent**). Definition: **#include <utmp.h>** **void endutent ( )**
erand48	liefert eine Gleitkomma-Zufallszahl aus dem Intervall [0.0, 1.0). In dem *x*-Parameter werden Werte für weitere Aufrufe gehalten. Sie sollten vom Benutzer nicht modifiziert werden! Siehe auch **drand48**, **jrand48, lrand48, mrand48, nrand48** und **srand48**. Definition: **double erand48 (x)** **unsigned short x[3];**
fclose	leert alle Puffer des E/A-Stroms (mit **fflush**) und terminiert den E/A-Strom. Bei **exit** wird **fclose** automatisch für alle noch offenen E/A-Ströme aufgerufen. Definition: **int fclose (strom)** **FILE *strom;**
fcvt	konvertiert *wert* in eine *nziff* lange ASCII-Zeichenkette entsprechend dem FORTRAN F-Format bzw. dem Format **%f** bei **printf** und gibt einen Zeiger auf die erzeugte Zeichenkette zurück. *dezpt* gibt nach dem Aufruf die Position des Dezimalpunktes (relativ zum Anfang der Zeichenkette) an und kann auch negativ sein, wenn der Dezimalpunkt links der erzeugten Ziffernfolge zu stehen hat. Der Dezimalpunkt selbst ist nicht Teil der Zeichenkette. *vorzeichen* verweist auf ein Wort, welches das Vorzeichen anzeigt. Ist *wert* ≥ 0.0, so ist das Wort 0; ansonsten ist das Wort ≠ 0. Siehe auch **ecvt** und **gcvt**. Definition: **char *fcvt (wert, nziffer, dezpt, vorzeichen)** **double wert; int nziffer, *dezpt, *vorzeichen;**

10.3 Die Ein-/Ausgaberoutinen der C-Bibliothek

fdopen   verknüpft einen E/A-Strom mit der bereits offenen Datei *d_des*. Die Werte von *art* sind in der Einleitung von Abschnitt 10.3 auf Seite 651 erläutert und müssen verträglich mit dem Modus sein, in dem die Datei geöffnet wurde.

         Definition: **FILE *fdopen (d_des, art)**
                           int d_des;
                           char *art;

feof   Makro; Abfrage auf Dateiende. Bei EOF wird ein von 0 verschiedener Wert zurückgegeben; in allen anderen Fällen ist der Rückgabewert **0**.

         Definition: **int feof (strom)**
                           FILE *strom;

ferror   Makro; Statusabfrage bei einem E/A-Strom auf Lese-/Schreibfehler. Falls keine Fehler aufgetreten waren, wird 0 zurückgegeben; ist ein Fehler aufgetreten, so liefert **ferror** einen Wert ≠ 0.

         Definition: **int ferror (strom)**
                           FILE *strom;

fflush   leert den Puffer des E/A-Stroms, d.h. noch anstehende Ausgabe wird geschrieben und der Inhalt des Eingabepuffers wird weggeworfen. Der E/A-Strom bleibt geöffnet.

         Definition: **int fflush (strom)**
                           FILE *strom;

fgetc   liest ein Zeichen (1 Byte) von dem E/A-Strom und gibt es als Ergebnis zurück; ansonsten arbeitet **fgetc** wie **getc**.

         Definition: **int fgetc (strom)**
                           FILE *strom;

fgetgrent   liefert einen Zeiger auf die nächste Gruppendatenstruktur in der Datei Gruppenpaßwortdatei (in der Regel */etc/group*) zurück. Die Datei *strom* muß zuvor geöffnet sein! Siehe auch **getgrent**.
Die Datenstruktur **group** hat folgenden Aufbau:

```
struct group   {
   char    *gr_name;         /* Gruppenname */
   char    *gr_passwd;       /* Gruppenpasswort verschluesselt */
   int     *gr_gid;          /* Gruppennummer */
   char    **gr_mem; }       /* Vektor von -> auf die Namen
                                der Gruppenmitglieder */
```

         Definition: **include <grp.h>**
                           struct group *fgetgrent (strom); FILE *strom;

fgetpwent	liefert einen Zeiger auf die nächste Gruppendatenstruktur in der Datei Paßwortdatei (in der Regel /etc/passwd). Die Datei strom muß bereits geöffnet sein! (Siehe auch **getpwent**).
	Die Datenstruktur **passwd** hat folgenden Aufbau:
	``
	struct passwd {
	    char *pw_name; /* Benutzername */
	    char *pw_passwd; /* Benutzerpasswort */
	    int *pw_uid; /* Benutzernummer */
	    int *pw_gid; /* Gruppennummer */
	    char *pw_comment; /* freies Kommentarfeld */
	    char *pw_gecos; /* freies Kommentarfeld */
	    char *pw_dir; /* Login-Katalog des Benutzers */
	    char *pw_shell; /* Login-Programm des Benutzers */
	}
	``
	Definition: **#include <grp.h>**
	struct group *fgetpwent (strom)
	FILE *strom;

fgets	liest *n*-1 Zeichen (oder bis zu <neue zeile>) in die Zeichenkette *zk* aus dem angegebenen E/A-Strom und terminiert die Zeichenkette durch \0. Wird bis zu <neue zeile> gelesen, so ist \n Teil der zurückgelieferten Zeichenkette. Beim Erreichen des Dateiendes oder beim Auftreten eines Fehlers liefert **fgets** den Wert **NULL** zurück. Definition: **char *fgets (zk, n, strom)** **char *zk;** **int n;** **FILE *strom;**
fileno	Makro; liefert den Dateideskriptor des E/A-Stroms als Ergebnis. Definition: **int fileno (strom)** **FILE *strom;**
fopen	Öffnen eines E/A-Stroms auf der Datei *name*. *art* gibt dabei an, für welche Operationen die Datei geöffnet wird. Die möglichen Werte von *art* sind am Anfang der Tabelle aufgeführt. Definition: **FILE *fopen (name, art)** **char *name, *art;**

10.3 Die Ein-/Ausgaberoutinen der C-Bibliothek

fp...... Hierbei handelt es sich um Routinen, welche die Gleitpunktoperationen steuern können, sofern diese entsprechend der IEEE-754-Definition erfolgen. Dabei ist z.B. die Art der Rundung vorgebbar. Es können in dem System 5 Arten von Ausnahmesituationen auftreten:
- **Division durch Null**
- **Überlauf**
- **Unterschreitung der kleinsten zulässigen Zahl**
- **ungenaues Ergebnis**
- **ungültige Operation**

Tritt einer dieser Fälle ein, so wird das entsprechende Bit in dem *Exception Sticky Flag* gesetzt. Ist in der Maske der Ausnahmebedingungen (*Exception Mask*) das entsprechende Bit gesetzt, so erfolgt zugleich ein Trap. Für weitere Einzelheiten sei auf [UNIX-PROGREF] verwiesen.

Die Funktionen zum Steuern des Verhaltens sind:

fpgetround( )	liefert den aktuellen Modus beim Runden zurück.
fpsetround( )	liefert den bisher gesetzten Modus beim Runden zurück und setzt den Modus neu.
fpgetmask( )	liefert die aktuell gesetzte Maske für Ausnahmebedingungen (*Exception Mask*) zurück.
fpsetmask( )	liefert die aktuell gesetzte Maske für Ausnahmebedingungen (*Exception Mask*) zurück und setzt diese Maske neu.
fpgetsticky( )	liefert die aktuell gesetzten *Exception Sticky Flags* zurück.
fpgetsticky( )	liefert die aktuell gesetzten *Exception Sticky Flags* zurück und löscht diese.

Die hier beschriebenen Funktionen sind maschinen- und implementierungsabhängig und müssen nicht auf allen UNIX-Systemen vorhanden sein.

Definition: #include <ieeefp.h>
  fp_rnd fpgetround( )
  fp_rnd fpsetround(rnd_dir)
  fp_except fpgetmask( )
  fp_except fpsetmask(mask)
  fp_except fpgetsticky( )
  fp_except fpsetsticky(sticky)

  fp_rnd rnd_dir;
  fp_execpt mask;
  fp_except sticky;

fprintf	Formatierte Ausgabe auf einen E/A-Strom (siehe **printf**)

Definition: int fprintf (strom, format{, arg}...)
        FILE *strom;
        char *format;

fputc	schreibt das Zeichen *z* auf den angegebenen E/A-Strom.

Definition: int fputc (z, strom)
        int z;
        FILE *strom;

fputs	Ausgabe der Zeichenkette *zk* auf den angegebenen E/A-Strom

Definition: int fputs (zk, strom)
        char zk;
        FILE *strom;

fread	liest Daten binär (*m* Elemente der Größe *n* Byte) von einem E/A-Strom in den Puffer, auf den *ptr* verweist. Es wird die Anzahl der Elemente, die wirklich gelesen wurden, zurückgegeben.

Definition: int fread (ptr, n, m, strom)
        char *ptr;
        size_t n; /* Groesse eines Elements von *ptr in
                      Byte */
        int m;
        FILE *strom;

free	gibt einen zuvor mit **malloc** reservierten Speicherbereich wieder frei. Beim Aufruf muß *ptr* auf den Anfang des freizugebenden Speicherbereichs zeigen.

Definition: int free (ptr)
        char *ptr;

freopen	öffnet die Datei *name* zum gepufferten Arbeiten (E/A-Strom). Der *strom* wird dabei zunächst geschlossen und dann der neu geöffneten Datei zugewiesen. **freopen** wird in der Regel mit **stdin, stdout** oder **stderr** verwendet. Die Werte von *art* sind in der Einleitung von Abschnitt 10.3 auf S. 651 beschrieben.

Definition: FILE *freopen (name, art, strom)
        char *name, *art;
        FILE *strom;

10.3 Die Ein-/Ausgaberoutinen der C-Bibliothek

frexp liefert die Mantisse der Gleitpunktzahl *wert* als Funktionsergebnis und den Exponenten in *eptr zurück. Dabei gilt:
wert = x * 2^n; x = frexp(wert, eptr); *eptr = n;

Definition: **double frexp (wert, eptr);**
double wert;
int *eptr;

fscanf Formatierte Eingabe von dem angegebenen E/A-Strom (siehe auch **scanf**)

Definition: **int fscanf (strom, format{, arg}...)**
FILE *strom;
char *format, *arg;

fseek verschiebt den Lese/Schreibzeiger eines E/A-Stroms. Für *wie* gilt (ist in <unistd.h> definiert):

SEEK_SET   (0) neue position = *distanz*

SEEK_CUR   (1) neue position = aktuelle position + *distanz*

SEEK_END   (2) neue position = dateiende + *distanz*

Der Parameter *distanz* darf auch einen negativen Wert besitzen.

Definition: **#include <unistd.h>**
int fseek (strom, distanz, wie)
FILE *strom;
long distanz;
int wie;

ftell liefert die aktuelle Lese-/Schreibposition des E/A-Stroms in Bytes relativ zum Dateianfang zurück.

Definition: **long ftell (strom)**
FILE *strom;

ftok Die Funktionen **msgget**, **semget** und **shmget** benötigen einen Schlüssel. Ein solcher kann mit **ftok** erzeugt werden. Der Schlüssel wird dabei zurückgegeben. *pfad* muß der Name einer für den Benutzer zugänglichen Datei sein. *id* ist eine zusätzliche Variationsmöglichkeit.

Definition: **#include <sys/ipc.h>**
key_t ftok (pfad,id)
char *pfad, id;

ftw durchläuft den in *pfad* beginnenden Dateibaum rekursiv. Für jede Datei des Baums wird die Funktion *fn* aufgerufen, wobei ihr als Parameter der Name der Datei (ein Zeiger auf den durch 0 terminierten Namen), ein Zeiger auf die **stat**-Struktur für die Datei und ein Integerwert übergeben wird. Der dritte Parameter beim Aufruf von *fn* gibt die Art der Datei an (symbolische Definition in */usr/include/ftw.h*) und kann sein:

FTW_F normale Datei
FTW_D Katalog (*directory*)
FTW_DNR Katalog, der nicht geöffnet werden kann
FTW_NS Der **stat**-Aufruf gab einen Fehler für dieses Objekt.

Ist der Baum durchlaufen, so wird der Wert **0** zurückgegeben.

Definition: #include <ftw.h>
int ftw (pfad, fn, tiefe)
char *pfad;
int tiefe, (*fn) ( );

fwrite schreibt binäre Daten auf den E/A-Strom. Es werden dabei *m* Elemente der Größe *n* (sizeof (*ptr)) aus dem Puffer, auf den *ptr* verweist, in den angegebenen E/A-Strom übertragen. Es wird die Anzahl der Elemente, die wirklich geschrieben werden konnten, als Funktionsergebnis zurückgeliefert.

Definition: int fwrite (ptr, n, m, strom)
char *ptr;
size_t n;   /* Groesse eines Elementes in Bytes */
int m;
FILE *strom;

gcvt konvertiert *wert* in eine durch 0 terminierte ASCII-Zeichenkette. Dabei wird versucht, eine *nziff* lange Zeichenkette entsprechend dem FORTRAN F-Format zu erzeugen und in *puffer* abzulegen. Geht dies nicht, so wird eine Zeichenkette entsprechend dem FORTRAN-E-Format erstellt. Sofern *wert* negativ ist, enthält die Ergebniszeichenkette das Vorzeichen. Der Dezimalpunkt ist Teil der Zeichenkette. Führende Nullen werden unterdrückt. Siehe auch **ecvt** und **fcvt**.

10.3 Die Ein-/Ausgaberoutinen der C-Bibliothek   667

             Definition: **char *gcvt (wert, nziff, puffer)**
                           double wert;
                           int nziff;
                           char *puffer;

getc   Makro; liest das nächste Zeichen (1 Byte) aus dem E/A-Strom und
             gibt es als Ergebnis zurück. **getc** liefert EOF bei Dateiende oder beim
             Auftreten eines Fehlers.

             Definition: **int getc (strom)**
                           FILE *strom;

getchar   entspricht **getc (stdin)**;

             Definition: **int getchar ( )**

getcwd   liefert einen Zeiger auf den Pfadnamen des aktuellen Katalogs.
             n (Größe des Puffers) muß 2 Zeichen länger als der maximale Pfad-
             name sein! Ist *puffer*=NULL, so wird der Pfadname in einem dyna-
             misch beschafften Puffer abgelegt und ein Zeiger darauf zurückgege-
             ben.

             Definition: **char *getcwd (puffer, n)**
                                oder
                           char *getcwd (NULL, n)
                           char *puffer;
                           int n;

getenv   sucht nach *name* in der Programmumgebung (*environment*) in der Form
             ›*name*=*wert*‹ und gibt den Wert (als Zeichenkette) zurück. Existiert
             name nicht im *Environmentvektor*, so wird NULL zurückgegeben.

             Definition: **char *getenv (name)**
                           char *name;

getgrent liest nächsten Eintrag (Zeile) der Datei /*etc*/*group* und liefert das Er-
             gebnis in der Struktur des Funktionswertes zurück. Die Funktion **get-
             grid** sucht nach einem Eintrag mit einer vorgegebenen Gruppen-
             nummer, die Funktion **getgrnam** einen solchen mit einem vorgege-
             benem Gruppennamen. **setgrent** setzt den Lese-/Schreibzeiger auf
             den Anfang der Gruppendatei zurück und **endgrent** schließt die
             Gruppendatei wieder. Die Definition von **group** ist unter **fgetgrent**
             zu finden.

             Definition: **#include <grp.h>**
                           struct group *getgrent ()

getgrgid	sucht in der Datei */etc/group* nach einem Eintrag mit vorgegebener Gruppennummer *gid*. Die Definition von **group** ist unter **fgetgrent** zu finden.

           Definition: #include <grp.h>
                           struct group *getgrgid (gid)
                           int gid;

getgrnam   sucht in der Datei */etc/group* nach einem Eintrag mit vorgegebenem Gruppennamen *name*. Die Definition von **group** ist unter **fgetgrent** zu finden.

           Definition: #include <grp.h>
                           struct group *getgrnam (name)
                           char *name;

getlogin   liefert den **login**-Namen des Aufrufers bzw. NULL, falls der Prozeß keine *kontrollierende Dialogstation* besitzt.

           Definition: char *getlogin ()

getopt   zerlegt die Optionen der Kommandozeile in *argv*. Die Funktion liefert jeweils den nächsten Optionsbuchstaben (bzw. dessen Index) aus **argv*, der in **optionen* vorhanden ist oder NULL, falls alle Argumente verarbeitet sind. Kommt in der Kommandozeile eine ungültige Option vor, so wird eine Fehlermeldung auf **stderr** ausgegeben und **?** als Optionszeichen zurückgegeben.

           Definition: int getopt (argc, argv, optionen)
                           int argc;
                           char *argv[], *optionen;
                           extern char *optarg;
                           extern int optind, opterr;

getpass   liest ein Paßwort von */dev/tty* ohne Echo. Zuvor wird der Text **prompt* ausgegeben. Das gelesene Paßwort wird als Funktionsergebnis unverschlüsselt zurückgegeben.

           Definition: char *getpass (prompt)
                           char *prompt;

getpw   liefert zu der Benutzernummer *uid* den Benutzernamen aus der Datei */etc/passwd* in *puf* zurück.

           Definition: int getpw (uid, puf)
                           int uid;
                           char *puf;

10.3 Die Ein-/Ausgaberoutinen der C-Bibliothek 669

getpwent liest den nächsten Eintrag der Datei */etc/passwd* und liefert die Elemente des Eintrags in Form einer Struktur als Funktionsergebnis zurück. Die Funktion **getpwuid** sucht in der Paßwortdatei nach einem Eintrag mit einer vorgegebenen Benutzernummer, die Funktion **getpwnam** nach einem solchen mit einem vorgegebenen Benutzernamen. **setpwent** setzt den Lesezeiger auf den Anfang der Paßwortdatei zurück und **endpwent** schließt die Paßwortdatei. Der Aufbau von **passwd** ist unter **fgetpwent** zu finden.

Definition: #include <pwd.h>
struct passwd *getpwent ()

getpwnam sucht in der Datei */etc/passwd* nach einer Zeile mit dem vorgegebenen Benutzernamen *name*. Der Aufbau von **passwd** ist unter **fgetpwent** zu finden

Definition: #include <pwd.h>
struct passwd *getpwnam (name)
char *name;

getpwuid sucht in der Datei */etc/passwd* nach einer Zeile mit vorgegebener Benutzernummer *uid*. Der Aufbau von **passwd** ist unter **fgetpwent** zu finden. Siehe auch **getpwent**.

Definition: #include <pwd.h>
struct passwd *getpwuid (uid)
int uid;

gets liest eine Zeichenkette von der Standardeingabe in die Zeichenkette *zk*. Das Einlesen der Zeichenkette wird durch <neue zeile> beendet. In *zk* wird die Zeichenkette durch \0 abgeschlossen. Im Fehlerfalle ist das Funktionsergebnis NULL, sonst ein Zeiger auf *zk*.

Definition: char *gets (zk)
char *zk;

getutent Die Kommandos **getutent, getutid, getutline, pututline, setutent, endutent** und **utmpname** dienen der Bearbeitung der Datei */etc/utmp* – des *Accounting Files*. **getutent** liest den nächsten *utmp*-Eintrag und öffnet die Datei soweit notwendig hierzu. Die Datenstruktur **utmp** hat dabei folgenden Aufbau:

```
struct utmp {
    char    ut_user[8];          /* Login-Name des Benutzers */
    char    ut_id[4];            /* ID aus /etc/init */
    char    ut_line[12];         /* Name der Dialogstation */
    short   ut_pid;              /* Prozessnummer */
    short   ut_type;             /* Typ des Eintrags */
    struct  exit_status {
        short   e_termination;   /* Endestatus des Prozesses */
        short   e_exit;          /* Exitstatus des Prozesses */
    } ut_exit;
    time_t  ut_time;             /* Zeiteintrag */
}
```

Definition: #include <utmp.h>
             struct utmp *getutent ()

getutid durchsucht die */etc/utmp*-Datei ab der aktuellen Position bis ein Eintrag mit dem vorgegebenem Typ *id->ut_type* gefunden wird. Der Aufbau von **utmp** ist unter **getutent** beschrieben.

Definition: #include <utmp.h>
             struct utmp *getutid (id)
             struct utmp *id;

getutlin durchsucht die */etc/utmp*-Datei ab der aktuellen Position, bis ein Eintrag mit dem Typ **LOGIN_PROCESS** oder **USER_PROCESS** gefunden wird, der den gleichen Leitungswert wie *line->ut_line* besitzt. Der Aufbau von **utmp** ist unter **getutent** beschrieben.

Definition: #include <utmp.h>
             struct utmp *getutline (line)
             struct utmp *line;

getw liest das nächste Wort (16 Bit bzw. Länge von **int**) von einem E/A-Strom.

Definition: int getw (strom)
             FILE *strom;

10.3 Die Ein-/Ausgaberoutinen der C-Bibliothek   671

gmtime   konvertiert die Zeitangabe, auf die *clock* verweist (Angabe in Sekunden seit dem 1. 1. 1970 0:00 Uhr) in das GMT-Format (**Greenwich Mean Time**).
Bis zu (*V.2*) und nach (*X/O*) ist *clock* als vom Typ **long *clock** definiert!
Die von **gmtime** gelieferte Struktur **tm** hat folgenden Aufbau:

```
struct tm {
    int    tm_sec;    /* Sekundenangabe (0-59) */
    int    tm_min;    /* Minutenangabe (0-59) */
    int    tm_hour;   /* Stundenangabe (0-23) */
    int    tm_mday;   /* Tag des Monats (1-31) */
    int    tm_mon;    /* Monat im Jahr (1-12) */
    int    tm_year;   /* Jahr ab 1900 */
    int    tm_wday;   /* Wochentag (Sonntag = 0) */
    int    tm_yday;   /* Tag im Jahr (1-365) */
    int    tm_isdst;  /* Zeitversatz durch Sommer-/Winterzeit */
}
```

Neben den unten angegebenen Variablen sind noch folgende externe Variablen von Interesse:

extern long timezone;   /* Zeitdifferenz der lokalen Zeit zu GMT in Sekunden */
extern int daylight;   /* Zeitversatz durch Sommerzeit in Sek. */
extern char *tzname[]; /* Angabe der Zeitzone */

Siehe auch **asctime, ascftime** und **nl_ascxtime**.

Definition: #include <time.h>
             struct tm *gmtime (clock)
             time_t *clock;

gsignal   generiert ein Softwaresignal *sig*. Die Behandlung des Signals hängt von einem vorhergehenden **ssignal**-Aufruf ab.

Definition: #include <signal.h>
             int gsignal (sig)
             int sig;

hcreate   beschafft Platz für eine Hashtabelle und legt diese neu an. *n* gibt dabei die maximale Anzahl von Einträgen an. Kann nicht ausreichend Platz beschaffen werden, so wird 0 zurückgegeben. Siehe hierzu auch **hsearch**.

Definition: #include <search.h>
             int hcreate (n)
             unsigned n;

hdestroy löscht eine mit **hcreate** angelegte Hashtabelle und gibt den Speicher frei. Siehe hierzu auch **hsearch**.

Definition: #include <search.h>
void hdestroy ( )

hsearch Dies ist eine Routine zum Suchen in Tabellen, nach dem Hash-Verfahren. Gesucht wird dabei nach der Stelle des Elementes *objekt*. **hsearch** liefert einen Zeiger auf den gefundenen Eintrag (vom Typ **ENTRY**) zurück oder NULL, falls das Element noch nicht in der Tabelle vorhanden ist. *funktion* gibt an, ob das Element, falls es nicht gefunden wird, eingehängt werden soll (*funktion*=**ENTER**) oder nicht (*funktion*=**FIND**). Weitere Routinen zum Bearbeiten von Hash-Tabellen sind **hcreate** zum Anlegen und **hdestroy** zum Löschen der ganzen Tabelle. Für Details sei auf **HSEARCH (3C)** in [UNIX-PROGREF] verwiesen.

Definition: #include <search.h>
ENTRY *hsearch (objekt, funktion)
ENTRY objekt;
ACTION funktion;

index liefert die Position des ersten Auftretens des Zeichens *z* in der Zeichenkette *zk*. Wird ab (∗III∗) durch **strchr** ersetzt.

Definition: int index (z, zk)
int z;
char *zk;

10.3 Die Ein-/Ausgaberoutinen der C-Bibliothek

is...... Diese Makros überprüfen die Art des Zeichens *iz* und geben einen von **0** verschiedenen Wert zurück, wenn das Prädikat erfüllt ist und 0 in allen anderen Fällen. (Es gilt: **int** iz). Diese Funktionen werden auch als **ctype**-Funktionen bezeichnet und sind in den System-V-Manualen unter diesem Eintrag zu finden.

isalnum Ist das Zeichen alphanumerisch (d.h. [A-Z][a-z][0-9]) ?

Definition: **int isalnum (iz)**
int iz;

isalpha Ist das Zeichen ein Buchstabe (d.h. [A-Z][a-z]) ?

Definition: **int isalpha (iz)**
int iz;

isascii Ist das Zeichen ein ASCII-Zeichen (d.h. liegt es im Codebereich \0 bis \0177) ?

Definition: **int isascii (iz)**
int iz;

isatty liefert **1**, falls *d_des* einer Dialogstation zugeordnet ist und **0** in allen anderen Fällen.
Achtung: Diese Funktion zählt nicht zu den **ctype**-Funktionen.
Siehe auch **ttyname**.

Definition: **int isatty (d_des)**
int d_des;

iscntrl Ist das Zeichen ein Kontrollzeichen (d.h. liegt es im Codebereich \0 bis \039 oder ist es \0177) ?

Definition: **int iscntrl (iz)**
int iz;

isdigit Ist das Zeichen eine der Ziffern 0–9 ?

Definition: **int isdigit (iz)**
int iz;

isgraph Ist das Zeichen ein druckbares Zeichen, jedoch kein Leerzeichen?

Definition: **int isgraph (iz)**
int iz;

islower Ist das Zeichen ein Kleinbuchstabe?

Definition: **int islower (iz)**
int iz;

isnand	Ist *fdscr* eine gültige Gleitpunktzahl (doppelter Genauigkeit) entsprechend der IEEE-754-Definition?

	Definition: **#include <ieeefp.h>**
	              int isnand (dsrc)
	              double dsrc;

isnanf	Ist *wert* eine gültige Gleitpunktzahl entsprechend der IEEE-754-Definition?

	Definition: **#include <ieeefp.h>**
	              int isnanf (wert)
	              float wert;

isprint	Ist das Zeichen ein druckbares Zeichen (d.h. liegt es im Codebereich \040 – \0176)?
	Definition: **int isprint (iz)** **int iz;**
ispunct	Ist das Zeichen weder Kontrollzeichen noch alphanumerisch?
	Definition: **int ispunct (iz)** **int iz;**
isspace	Ist das Zeichen ein Leer-, Tabulator-, <cr>- <neue zeile>-Zeichen oder ein \t, \r, \n, \v, \f-Zeichen?
	Definition: **int isspace (iz)** **int iz;**
isupper	Ist das Zeichen ein Großbuchstabe?
	Definition: **int isupper (iz)** **int iz;**
isxdigit	Ist das Zeichen in [0-9][A-F][a-f] enthalten?
	Definition: **int isxdigit (iz)** **int iz;**
jrand48	liefert eine Zufallszahl vom Typ **long** aus dem Intervall $[-2^{31}, 2^{31})$. In dem x-Parameter werden Werte für weitere Aufrufe gehalten. Sie sollten vom Benutzer nicht modifiziert werden! Siehe auch **drand48, erand48, lrand48, mrand48, nrand48** und **srand48**.
	Definition: **long jrand48 (x)** **unsigned short x[3];**

10.3 Die Ein-/Ausgaberoutinen der C-Bibliothek

l3tol   konvertiert eine Folge von 3-Byte langen **int**-Werten nach **long** und legt das Ergebnis in der Liste *cp* ab. Die Umkehrung hierzu ist **ltol3**.

Definition: **int l3tol (lp, cp, n)**
long *lp;
char *cp;
int n;

l64a   konvertiert den 16-Bit-langen Wert *l* in eine ASCII-Zeichenkette.

Definition: **char *l64a (l)**
long l;

lcong48   initialisiert den 48-Bit-Zufallszahlengenerator für die Funktionen **drand48, lrand48** und **mrand48**. Andere Initialisierungsfunktionen sind **srand48** und **seed48**.
Siehe auch **drand48, erand48, jrand48, mrand48, nrand48** und **srand48**.

Definition: **void lcong48 (ini)**
unsigned short ini[7];

ldexp   liefert: *wert*$*2^{exp}$.

Definition: **double ldexp (wert, exp)**
int exp;
double wert;

lfind   arbeitet wie **lsearch**. Ist das Datenelement jedoch noch nicht Teil der Datenbasis, so wird es **nicht** eingefügt und ein Zeiger mit dem Wert **NULL** zurückgegeben.

Definition: **#include <search.h>**
char *lfind (datum, basis, n, breite, vergleich)
char *datum, *basis;
unsigned n;   /* Anzahl der Elemente von datum */
unsigned breite;   /* Groesse eines Elem. von Typ
                            datum in Bytes */
int (*vergleich)( );

localtime zerlegt die systeminterne Zeit (auf die *clock* verweist) und korrigiert sie entsprechend der örtlichen Zeitverschiebung. Die Angabe der Zeit ist in Sekunden seit dem 1. Januar 1970 0 Uhr. Der Aufbau der Struktur **tm** ist bei **gmtime** beschrieben. Bis zu (*V.2*) und nach (*X/O*) ist *clock* als vom Typ **long *clock** definiert. Siehe auch **asctime**.

Definition: #include <time.h>
struct tm *localtime (clock)
time_t *clock;

logname liefert den **login**-Namen des Benutzers. Dieser wird der Environmentvariablen **$LOGNAME** entnommen.

Definition: char *logname ( )

longjmp Die Funktion führt einen Sprung aus einer lokaler Umgebung zurück in die mit **setjmp** in *env* gesicherte Umgebung aus. *wert* wird dabei als Funktionswert von **setjmp** ($\neq 0$) zurückgegeben.

Definition: longjmp (env, wert)
jmp_buf env;
int wert;

lrand48 liefert eine Zufallszahl vom Typ **long** aus dem Intervall [0, 2^{31}). Der Zufallszahlengenerator sollte vor dem ersten Aufruf durch **srand48**, **seed48** oder **lcong48** initialisiert werden. Siehe auch **drand48**, **erand48, jrand48, mrand48, nrand48** und **srand48**.

Definition: long lrand48 ( )

lsearch Dies ist eine Suchfunktion. Es wird nach dem Datenelement, auf das *datum* verweist, linear gesucht und ein Zeiger auf das Element zurückgegeben. *basis* zeigt auf den Anfang des zu durchsuchenden Feldes. Das Feld hat *n* Elemente der Größe *breite* (in Byte). *vergleich* ist eine Funktion, die vom Programm zur Verfügung gestellt werden muß und welche mit zwei Feldelementen als Parameter aufgerufen wird. Sie sollte 0 bei Gleichheit liefern, einen Wert größer als 0, falls das erste Element größer als das zweite Element ist und einen Wert kleiner als 0 in allen anderen Fällen. Wird das Element nicht gefunden, so wird es am Ende des Feldes eingefügt. Siehe auch **lfind**.

Definition: #include <search.h>
char *lsearch (datum, basis, n, breite, vergleich)
char *datum, *basis;
unsigned n;
unsigned breite; /* Groesse eines Elements von
datum */
int (*vergleich) ();

10.3 Die Ein-/Ausgaberoutinen der C-Bibliothek   677

ltol3   Konvertiert eine Liste von *n* Elementen vom Typ **long** in 3-Byte-lange Werte. Die zu konvertierende Liste ist **lp*; die Ergebnisliste ist **cp*. Siehe auch **l3tol**.

   Definition: ltol3 (cp, lp, n)
                char *cp;
                long *lp;
                int n;

mallinfo liefert Information über die Speicherbelegung zurück. Für den Aufbau der Struktur **mallinfo** und der darin enthaltenen Detail-Informationen sei auf [UNIX-PROGREF] verwiesen. Siehe auch **malloc**.

   Definition: include <malloc.h>
                struct mallinfo mallinfo (max)
                int max

malloc   reserviert einen Daten-Speicherblock der Größe *n* Byte (oder größer) und gibt den Zeiger auf den Anfang des Blocks zurück. Siehe auch **free, realloc, calloc, mallopt** und **mallinfo**.

   Definition: include <malloc.h>
                char *malloc (n)
                unsigned n;

mallopt   erlaubt den Algorithmus für die Speicherreservierungsaufrufe **malloc, free, realloc** und **calloc** zu steuern. Für die symbolischen Werte von *kommando* sei auf [UNIX-PROGREF] verwiesen.

   Definition: include <malloc.h>
                int *mallopt (kommando, wert)
                int kommando, wert;

matherr   Siehe hierzu Abschnitt 10.4 auf S. 708.

   Definition: #include <math.h>
                int matherr(x)
                struct exception *x;

memccpy   kopiert Zeichen (Bytes) vom Speicherbereich *zk2* zum Speicherbereich *zk1*. Es wird nicht geprüft, ob es zu einem Überlaufen kommt! Das Kopieren wird beim ersten Auftreten des Zeichens *z* (dieses wird noch kopiert) oder nach maximal *n* Zeichen beendet. Es wird ein Zeiger auf das erste Zeichen hinter dem kopierten Bereich in *zk1* zurückgegeben oder NULL, falls *z* nicht vorkam. Siehe auch **memory**.

   Definition: #include <memory.h>
                char *memccpy (zk1, zk2, z, n); char *zk1, *zk2;
                int z, n;

memchr	durchsucht den Speicherbereich *zk* nach dem Zeichen *z*. Es werden maximal *n* Zeichen durchsucht. Es wird ein Zeiger auf das erste gefundene Zeichen oder, falls das Zeichen nicht gefunden wird, **NULL** zurückgegeben. Siehe auch **memory**.

Definition: #include <memory.h>
char *memchr (zk1, z, n)
char *zk;
int z, n;

memcmp	vergleicht die beiden Zeichenketten *zk1* und *zk2*. Es werden maximal *n* Zeichen verglichen. Es wird **0** zurückgeliefert bei Gleichheit, ein Wert < 0, falls *zk1* lexikographisch kleiner als *zk2* ist und ein Wert > 0 in allen anderen Fällen. Siehe auch **memory**.

Definition: #include <memory.h>
int memcmp (zk1, zk2, n)
char *zk1, *zk2;
int n;

memcpy	kopiert *n* Zeichen aus dem Speicherbereich *zk2* in den Speicherbereich *zk1* und gibt einen Zeiger auf *zk1* zurück. Siehe auch **memory**.

Definition: #include <memory.h>
char *memcpy (zk1, zk2, n)
char *zk1, *zk2;
int n;

memset	setzt *n* Zeichen des Speicherbereiches *zk1* auf den Wert *z*. Siehe auch **memory**.

Definition: #include <memory.h>
char *memset (zk, z, n)
char *zk1;
int z, n;

memory	Unter diesem Namen ist eine Gruppe von Funktionen zusammengefaßt, die Operationen auf Speicherbereiche durchführen. Die Funktionen **memccpy** und **memcpy** kopieren einen Speicherbereich in einen anderen, wobei bei **memcpy** die spezifizierte Anzahl von Zeichen kopiert wird und bei **memccpy** bereits dann das Kopieren endet, wenn ein vorgegebenes Zeichen gefunden wird. **memchr** durchsucht einen Speicherbereich nach einem Zeichen und gibt den Zeiger auf das Zeichen zurück. **memcmp** vergleicht den Inhalt von Speicherbereichen (lexikographisch). Die Funktion **memset** initialisiert einen Speicherbereich mit einem angegebenen Zeichen. Siehe **memccpy, memchr, memcmp, memcpy** und **memset**.

10.3 Die Ein-/Ausgaberoutinen der C-Bibliothek   679

mktemp   erzeugt einen eindeutigen Dateinamen in dem *template*. Dieses sollte wie ein Dateiname aussehen, wobei die letzten 6 Zeichen ›X‹ sind. Diese werden durch den Aufruf ersetzt. Der erzeugte Dateiname besteht dann aus dem vorderen Teil von *template*, einem Buchstaben und der Prozeßnummer, wobei sichergestellt wird, daß keine Datei gleichen Namens in dem Katalog existiert. Ist dies nicht möglich, so wird NULL zurückgegeben.

    Definition: **char *mktemp (template)**
         char *template;

modf   betrachtet man *wert* als Gleitpunktzahl der Form *n.m*, so liefert **modf** den positiven, hinter dem Dezimalpunkt stehenden Anteil *m* des Wertes. Der vor dem Dezimalpunkt stehende Teil *n* (als ganze Zahl) wird in *iptr zurückgegeben.

    Definition: **double modf (value, iptr)**
         double value, *iptr;

monitor   startet die Ermittlung eines Ausführungsprofils für das aufrufende Programm. Das Programm muß mit der Option »**cc** **−c** ...« übersetzt sein. In der Regel muß danach **monitor** nicht explizit aufgerufen werden. Der Aufruf erlaubt jedoch eine feinere Steuerung der Profildaten. Für weitere Einzelheiten sei auf [UNIX-PROGREF] verwiesen.

    Definition: **#include <minitor.h>**
         void monitor (u_pc, o_pc, puffer, p_groesse,
                         nfunc)
         int (*u_pc) (), (*o_pc) ();
         WORD puffer[];
         int p_groesse, nfunc;

mrand48   liefert eine Zufallszahl vom Typ **long** aus dem Intervall [-2^{31}, $+2^{31}$). Der Zufallsgenerator sollte vor dem ersten Aufruf durch **srand48**, **seed48** oder **lcong48** initialisiert werden. Siehe auch **drand48**, **erand48**, **jrand48**, **lrand48**, **nrand48** und **srand48**.

    Definition: **long mrand48 ()**

nl_...... Der X/OPEN-Standard besitzt einen Mechanismus, der es erlaubt, Programme so zu gestalten, daß damit mehrere unterschiedliche Landessprachen unterstützt werden können. Dieser Mechanismus wird auch *Nationale Language Support* genannt. Zu ihm gehören folgende neue UNIX-Funktionen:

catclose	Schließen eines *Message Catalogues*
catgetmsg	Lesen eines Meldungstextes aus einem *Message Catalogue*
catgets	Lesen eines Meldungstextes aus einem *Message Catalogue* wobei ein Standardtext zur Verfügung gestellt wird
catopen	Öffnen eines *Message Catalogues*
nl_ascxtime	Wie **asctime**, wobei jedoch die Ausgabe im sprachabhängigen Format erfolgt.
nl_cxtime	Wie **ctime**, wobei jedoch die Ausgabe im sprachabhängigen Format erfolgt.
nl_fprintf	Wie **fprintf**, im Format kann jedoch auch die Parameterposition angegeben werden.
nl_fscanf	Wie **fscanf**, im Format kann jedoch auch die Parameterposition angegeben werden.
nl_init	Initialisieren des NLS-Mechanismus im Programm.
nl_langinfo	liefert eine sprachabhängige Information zurück (z.B. den Namen des 1. Monats des Jahres in der gewählten Sprache).
nl_printf	Wie **printf**, im Format kann jedoch auch die Parameterposition angegeben werden.
nl_scanf	Wie **scanf**, im Format kann jedoch auch die Parameterposition angegeben werden.
nl_sprintf	Wie **sprintf**, im Format kann jedoch auch die Parameterposition angegeben werden.
nl_sscanf	Wie **sscanf**, im Format kann jedoch auch die Parameterposition angegeben werden.
nl_strcmp	Wie **strcmp**, wobei jedoch der Vergleich die Sortierreihenfolge der verwendeten Sprache berücksichtigt.
nl_strncmp	Wie **strncmp**, wobei jedoch der Vergleich die Sortierreihenfolge der verwendeten Sprache berücksichtigt.

Für eine durchgehende Implementierung des **NLS** müssen darüber hinaus folgende Routinen adaptiert sein:
atof, fprintf, fscanf, gcvt, is..., printf, scanf, sprintf, sscanf, strod, tolower, toupper.

10.3 Die Ein-/Ausgaberoutinen der C-Bibliothek

nl_ascxtime Wie bei der Funktion **asctime** zeigt *zeitangabe* auf eine Struktur vom Typ **tm** (wie sie **gmtime** liefert), in der die einzelnen Zeit- und Datumsangaben enthalten sind. Die Funktion **nl_ascxtime** konvertiert diese Zeit in eine Zeichenkette, welche die aktuelle Uhrzeit und das Datum beinhaltet. *format* gibt den Aufbau und das Format des Datumstextes an. Die Angabe in *format* entspricht dabei der Formatangabe des UNIX-Kommandos **date** (siehe Seite 207) ohne das vorangestellte +-Zeichen. Monats- und Tagesnamen werden in der durch **nl_init** vorgegebenen Sprache ausgegeben. Ist *format*=NULL, so wird das Standarddatumsformat der durch **nl_init** definierten Sprache erzeugt. Vor dem Aufruf von **nl_cxtime** muß **nl_init** aufgerufen worden sein! Der Aufbau der Struktur **tm** ist bei **gmtime** beschrieben. Siehe auch **asctime** und **ascftime**.

Definition: #include <time.h>
char *nl_ascxtime (zeitangabe, format)
struct tm *zeitangabe;
char *format;

nl_cxtime Wie bei der Funktion **ctime** zeigt *zeit* auf die Zeitangabe in Sekunden (seit dem 1. Januar 1970 0 Uhr 00 GMT). Die Funktion konvertiert diese Zeit in eine Zeichenkette, welche die aktuelle Uhrzeit und das Datum umfaßt. *format* gibt den Aufbau und das Format des Datumstextes an. Die Angabe in *format* entspricht dabei der Formatangabe des UNIX-Kommandos **date** (siehe Seite 207) ohne das vorangestellte +-Zeichen. Monats- und Tagesnamen werden in der durch **nl_init** vorgegebenen Sprache ausgegeben. Ist *format*=NULL, so wird das Standarddatumsformat der durch **nl_init** definierten Sprache erzeugt. Vor dem Aufruf von **nl_cxtime** muß **nl_init** aufgerufen worden sein! Siehe auch **asctime, ctime** und **cftime**.

Definition: #include <time.h>
char *nl_cxtime (zeit, format)
long *zeit;
char *format;

nl_fprintf Wie **fprintf**, im Format kann jedoch auch durch **%n$** die Position *n* des einzusetzenden Parameters angegeben werden. Wird an einer Stelle in der Formatangabe **%n$** verwendet, so müssen **alle** Angaben in dieser Art erfolgen! Vor dem Aufruf von **nl_fprintf** muß **nl_init** aufgerufen worden sein!
Siehe auch **fprintf** und **printf** für die Erklärung des Formats.

Definition: int nl_fprintf (strom, format{, arg}...)
FILE *strom;
char *format;

nl_fscanf Wie **fscanf**, im Format kann jedoch auch durch **%n$** die Position *n* des einzusetzenden Parameters angegeben werden. Wird an einer Stelle in der Formatangabe **%n$** verwendet, so müssen **alle** Angaben in dieser Art erfolgen! Vor dem Aufruf von **nl_fscanf** muß **nl_init** aufgerufen worden sein!
Siehe **fscanf** und **scanf** für die Erklärung des Formats.

Definition: int nl_fscanf (strom, format{, ptr}...)
FILE *strom;
char *format;

nl_init initialisiert das NLS-System entsprechend der in *sprache* angegebenen Sprache, dem Dialekt und dem Zeichensatz. *sprache* ist ein Zeiger auf einen Namen, der die gewünschte Sprache, eine Bezeichnung für den lokalen Dialekt und den zu verwendenden Zeichensatz beinhalten kann. In der Regel wird man diese Information in der Environment-Variablen **$LANG** dem Programm übergeben. Der Sprachname (*sprache_dialekt.zeichensatz*) muß eine gültige, für dieses Programm vorgesehene Kombination sein! Ist dies nicht der Fall, so werden die NLS-Routinen mit einer Standardkombination (in der Regel mit **usa-english**) initialisiert.
(Siehe auch **nl_**....)

Definition: int nl_init (sprache)
char *sprache;

nl_langinfo liefert die Information zu *begriff* in der Sprache und den landessprachlichen Besonderheiten, die zuvor durch **nl_init** initialisiert wurde. Für *begriff* sollte jeweils der symbolische, in <*langinfo.h*> definierte Name benutzt werden.
Z.B. liefert ›**nl_langinfo(ABDAY_1)**‹ den abgekürzten Namen des ersten Wochentags der jeweils verwendeten Sprache zurück (die Zählung beginnt mit dem Sonntag). (Siehe auch **nl_**....)

Definition: #include <nl_types.h>
#include <langinfo.h>
char *nl_langinfo (begriff); nl_item begriff;

10.3 Die Ein-/Ausgaberoutinen der C-Bibliothek   683

nl_printf   Die Funktion arbeitet wie **printf**, im Format kann jedoch auch durch
                  %*n*$ die Position *n* des einzusetzenden Parameters angegeben wer-
                  den. Wird an einer Stelle in der Formatangabe **%*n*$** verwendet, so
                  müssen **alle** Angaben in dieser Art erfolgen! Vor dem Aufruf von
                  nl_printf muß **nl_init** aufgerufen worden sein! Für die Erklärung des
                  Formats siehe **printf**.

        Definition: **int nl_printf (format{, arg...})**
                          char *format;

nl_scanf   Die Funktion arbeitet wie **scanf**, im Format kann jedoch auch durch
                  %*n*$ die Position *n* des einzusetzenden Parameters angegegen wer-
                  den. Wird an einer Stelle in der Formatangabe **%*n*$** verwendet, so
                  müssen **alle** Angaben in dieser Art erfolgen! Vor dem Aufruf von
                  nl_scanf muß **nl_init** aufgerufen worden sein! Der Aufbau von *format*
                  ist unter **scanf** erläutert.

        Definition: **int nl_scanf (format{, ptr}...)**
                          char *format, *ptr;

nl_sprintf   Die Funktion ist die von **sprintf**, im Format kann jedoch auch durch
                  %*n*$ die Position *n* des einzusetzenden Parameters angeben wer-
                  den. Wird an einer Stelle in der Formatangabe **%*n*$** verwendet, so
                  müssen **alle** Angaben in dieser Art erfolgen! Vor dem Aufruf von
                  nl_sprintf muß **nl_init** aufgerufen worden sein! Siehe auch **sprintf**.
                  Der Aufbau von *format* ist bei **printf** erklärt.

        Definition: **int nl_sprintf (zk, format{, arg}...)**
                          char *zk, *format;

nl_sscanf   Wie **sscanf**, im Format kann
                  jedoch auch durch **%*n*$** die
                  Position *n* des einzusetzenden
                  Parameters angegeben werden.
                  Wird an einer Stelle in der For-
                  matangabe **%*n*$** verwendet, so
                  müssen **alle** Angaben in dieser
                  Art erfolgen! Vor dem Aufruf
                  von **nl_sscanf** muß **nl_init**
                  aufgerufen worden sein! Siehe
                  auch **sscanf**. Der Aufbau von
                  format ist bei **scanf** erläutert.

        Definition: **int nl_sscanf (zk, format{, ptr}...)**
                          char *zk, *format, *ptr;

nl_strcmp	Die Funktion vergleicht die Zeichenketten *zk1* und *zk2*. Bei Gleichheit wird 0 zurückgegeben. Ist *zk1* (lexikographisch) größer als *zk2*, so wird ein Wert größer als 0, ansonsten ein Wert kleiner als 0 geliefert. **nl_strcmp** entspricht der Funktion **strcmp**, wobei jedoch der Vergleich die Sortierreihenfolge der Zeichen der verwendeten Sprache berücksichtigt. Vor der Verwendung von **nl_strcpm** muß **nl_init** aufgerufen worden sein!

Definition: int strcmp (zk1, zk2)
char *zk1, *zk2;

nl_strncmp Die Funktion vergleicht die Zeichenketten *zk1* und *zk2*. Bei Gleichheit wird 0 zurückgegeben. Ist *zk1* (lexikographisch) größer als *zk2*, so wird ein Wert größer als 0, ansonsten ein Wert kleiner als 0 geliefert. Es werden maximal *n* Zeichen verglichen. **nl_strncmp** entspricht der Funktion **strncmp**, wobei jedoch der Vergleich die Sortierreihenfolge der Zeichen der verwendeten Sprache berücksichtigt. Vor der Verwendung von **nl_strcpm** muß **nl_init** aufgerufen worden sein!

Definition: int strncmp (zk1, zk2, n)
char *zk1, *zk2; int n;

nlist durchsucht die Symboltabelle der angegebenen Datei *pfad* nach den in *liste* vorgegebenen Symbolen und setzt deren Werte und Typen in *liste* in die dafür vorgesehenen Positionen ein.

Definition: #include <nlist.h>
int nlist (pfad, liste)
char *pfad;
struct nlist liste[];

nrand48 liefert eine Zufallszahl vom Typ **long** aus dem Intervall $[0, 2^{31})$. In dem x-Parameter werden Werte für weitere Aufrufe gehalten. Sie sollten vom Benutzer nicht modifiziert werden! Siehe auch **drand48, erand48, jrand48, lrand48, mrand48** und **srand48**.

Definition: long nrand48 (x)
unsigned short x[3];

opendir Hiermit wird der Katalog (die Datei des Katalogs) mit dem angegebenen Pfadnamen *pfad* eröffnet und ein Zeiger auf eine Struktur vom Typ DIR zurückgegeben. Kann der Katalog nicht geöffnet werden, so wird NULL zurückgeliefert. Diese Funktion sollte verwendet werden, wenn man in Katalogen lesen möchte und isoliert den Programmierer

10.3 Die Ein-/Ausgaberoutinen der C-Bibliothek

von der speziellen Implementierung von Dateikatalogen. Das Lesen kann nach **opendir** durch die Funktion **readdir**, das Rücksetzen auf den Anfang des Katalogs mit **rewinddir** und das Schließen der Katalogsdatei mit **closedir** erfolgen. Die Funktion **telldir** gibt die aktuelle Position des Lesezeigers zurück, die Funktion **seekdir** erlaubt das Verschieben des Zeigers. Siehe auch **directory**.

Definition: #include <sys/dirent.h>
DIR *opendir (pfad); char *pfad;

pathconf   Hiermit können Konfigurationsbegrenzungen des aktuellen Systems abgefragt werden. *pfad* ist der Name einer Datei oder eines Katalogs, *limit* der (symbolische) Index des Wertes, der abgefragt werden soll. Folgende Werte können erfragt werden:

_PC_LINK_MAX,   _PC_MAX_CANON, _PC_MAX_INPUT
_PC_NAME_MAX,   _PC_PATH_MAX,   _PC_PIPE_BUF
_PC_CHOWN_RETRICTED,_PC_NO_TRUNC,   _PC_VDISABLE

Definition: #include <unistd.h>
long pathconf(pfad, limit);
char *pfad; int limit;

pclose   schließt einen durch **popen** geöffneten Pipe-E/A-Strom und wartet auf die Beendigung des aktivierten Prozesses. Es wird der *Exit Status* des Prozesses zurückgegeben.

Definition: int pclose (strom)
FILE *strom;

perror   gibt eine Fehlermeldung auf die Standardfehlerdatei aus, mit dem Aufbau: »*zk*:« gefolgt von der Fehlerursache des letzten Betriebssystemaufrufs.
Diese Meldung ist in dem Feld »**extern char *sys_errlist[]**« zu finden und wird mit der Fehlernummer aus »**extern int errno**« indiziert.

Definition: void perror (zk)
char *zk;

popen   legt eine Pipe zwischen dem aufrufenden Prozeß und der Standardeingabe bzw. Standardausgabe des Kommandos *kommando* an. Dabei wird das entsprechende Programm (erstes Wort in der Zeichenkette *kommando*) mit den nachfolgenden Parametern aufgerufen, wobei die Standardeingabe bzw. -ausgabe des gestarteten Prozesses auf die Pipe gesetzt wird. Die Funktion **pclose** schließt diese Verbindung wieder. *art* kann die Werte ›r‹ für Lesen und ›w‹ für Schreiben haben.

Definition: FILE *popen (kommando, art)
char *kommando, *art;

printf erlaubt eine formatierte Ausgabe der in *arg* angegebenen Elemente auf **stdout**. Die Formatangabe besteht aus den auszugebenden Zeichen und Konvertierungsangaben. Die erste Konvertierungsangabe bezieht sich auf das erste dem Format folgenden Argument, die zweite Angabe auf den zweiten Parameter hinter *format* usw..
Eine Formatangabe wird durch % eingeleitet in der Form:

$$\{-+\#\}\{fb\{.g\}\}\{h\}\{l\}k$$

Dabei bedeutet:

-     links ausgerichtet
+   immer mit Vorzeichen (+ oder -)
\#   alternative Form der Konvertierung. Bei dem Format **o** wird der ersten Ziffer ein **0** vorangestellt, bei den Formaten **x** und **X** wird ein **0x** bzw. in **0X** vorangestellt, bei den Formaten **e, E, f, g, G** erscheint in allen Fällen der Dezimalpunkt. Zusätzlich werden bei **g** und **G** am Ende stehende 0-Zeichen **nicht** (wie normal) entfernt.
<leer>   (*blank*) Ist das erste Zeichen einer Konvertierung einer vorzeichenbehafteten Zahl kein Vorzeichen, so wird ein Leerzeichen an Stelle des Vorzeichens eingesetzt.
fb   gibt die minimale Feldbreite an (oder *). Bei **0***fb* wird statt mit Leerzeichen mit Nullen aufgefüllt.
g   gibt die Stellen hinter dem Dezimalpunkt an (oder *).
h   Die Variable ist vom Typ **short** (nur bei **d, o, u, x, X**).
l   Die Variable ist vom Typ **long** (nur bei **d, i, o, u, x, X**).
k   gibt die eigentliche Konvertierung an und darf sein:

    %   für das Zeichen % selbst (also %%)
    c   einzelnes Zeichen (*character*)
    d   Dezimalzahl mit Vorzeichen
    e   Gleitpunktzahl (*double*) im Format $\{-\}dd.dd\mathbf{e}\pm dd$
    E   Gleitpunktzahl (*double*) im Format $\{-\}dd.dd\mathbf{E}\pm dd$
    f   Gleitpunktzahl (*float*) im Format $\{-\}ddd.ddd$
    g   Gleitpunktzahl (*double*) in maximaler Breite
    G   Gleitpunktzahl (*double*) in maximaler Breite
    i   Dezimalzahl mit Vorzeichen
    o   Oktalzahl ohne Vorzeichen und ohne führende Nullen
    s   eine durch 0 abgeschlossene Zeichenkette (*string*)

10.3 Die Ein-/Ausgaberoutinen der C-Bibliothek

  u vorzeichenlose Dezimalzahl (*unsigned integer*)
  x Hexadezimalzahl (0-9abcdef)
  X Hexadezimalzahl (0-9ABCDEF)

Einige Sonderzeichen können wie folgt angegeben werden:

\b → \<backspace\>   \f → \<formfeed\>
\n → \<new line\>   \r → \<carriage return\>
\t → \<horiz. tab\>   \v → \<verti. tabl\>
\\ → das Zeichen \   \ooo → Oktalwert des Zeichens

Siehe auch **fprintf, sprintf, nl_printf, nl_fprintf** und **nl_sprintf**.

Definition: **int printf (format{, arg...})**
       char *format;

putc   Makro; es wird das Zeichen z (ein Byte) auf dem E/A-Strom ausgegeben.

    Definition: **int putc (z, strom)**
          int z;
          FILE *strom;

putchar   gibt das Zeichen z auf **stdout** aus. Die Funktion ist identisch mit **putc (z, stdout)**.

    Definition: **int putchar (z)**
          int z;

putenv   erlaubt, Werte der Shellumgebung (*environment*) zu ändern oder neue hinzuzufügen. zk muß auf eine Zeichenkette in der Art ›*name=wert*‹ zeigen.

    Definition: **int putenv (zk)**
          char *zk;

putl	gibt ein Element vom Typ **long** auf dem E/A-Strom aus.

Definition: **int putl (l, strom)**
long l;
FILE *strom;

putpwent	schreibt einen Paßworteintrag (Zeile) in die mit *strom* angegebene Datei entsprechend dem Format der Datei */etc/passwd*. Der Aufbau der Struktur **passwd** ist unter **fgetpwent** beschrieben.

Definition: **#include <pwd.h>**
int puptwent (p, strom);
struct passwd *p;
FILE *strom;

puts	gibt die Zeichenkette *zk* (diese muß mit **\0** terminiert sein) auf dem E/A-Strom von **stdout** aus. \0 selbst ist nicht Teil der Ausgabe. Nach der Zeichenkette wird <neue zeile> ausgegeben. Siehe auch **fputs**.

Definition: **int puts (zk)**
char *zk;

pututline	schreibt den angegebenen *utmp*-Record in die **utmp**-Datei. Der Aufbau von **utmp** ist unter **getutent** beschrieben.

Definition: **#include <utmp.h>**
void pututline (utmp)
struct utmp *utmp;

putw	gibt ein Wort (gleiche Länge wie **int**) auf dem angegebenen E/A-Strom aus.

Definition: **int putw (w, strom)**
int w;
FILE *strom;

qsort	sortiert nach dem Quicksort-Verfahren die *n* Elemente des Feldes, auf das *basis* verweist. *breite* gibt die Größe eines Elementes in Byte an. *vergleich* ist eine Funktion, die vom Programm zur Verfügung gestellt werden muß und die mit den zwei zu vergleichenden Werten aufgerufen wird. Ihr Ergebnis muß 0 sein bei Gleichheit, kleiner 0, falls Element_1 kleiner als Element_2, und größer 0 in allen anderen Fällen.

Definition: **int qsort (basis, n, breite, vergleich)**
char *basis;
int n, breite, (*vergleich) ( );

10.3 Die Ein-/Ausgaberoutinen der C-Bibliothek

rand generiert Zufallszahlen im Bereich 0 bis $2^{15} - 1$. Der Zufallsgenerator kann durch **srand** initialisiert werden.

Definition: **int rand ( )**

readdir *dir_p* ist ein Katalogdeskriptor eines mit **opendir** geöffneten Katalogs. **readdir** liefert dann einen Zeiger auf den nächsten (nicht leeren) Katalogeintrag zurück. *dirent* hat folgenden Aufbau:

```
struct dirent {
    long    d_ino;      /* I-Node-Nummer */
    char    *d_name;    /* Name der Datei */
}
```

Ist das Ende des Katalogs erreicht, so wird **NULL** zurückgegeben. Bei jedem Aufruf von **readdir** wird der Lesezeiger auf den nächsten Eintrag im Katalog versetzt. Die Funktion **rewinddir** setzt den Lesezeiger auf den Anfang des Katalogs zurück. Siehe auch **directory**.

Definition: **#include <sys/dirent.h>**
 struct dirent *readdir (dir_p)
 DIR *dir_p;

realloc ändert die Größe des zuvor durch **malloc** angeforderten Hauptspeicherblocks, auf den *prt* verweist, zu *gr*. Es wird ein Zeiger auf den Anfang des Blocks zurückgegeben; dabei kann es vorkommen, daß der Speicher an eine andere Stelle kopiert wird!

Definition: **#include <malloc.h>**
 char *realloc (ptr, gr)
 char *ptr;
 unsigned gr;

regcmp übersetzt einen *regulären Ausdruck* und gibt einen Zeiger auf die übersetzte Form zurück. **regcmp** sollte bei neuen Programmen durch die unter **regex** aufgeführten Funktionen ersetzt werden!

Definition: **char *regcmp (zk1{, zk2..}, 0L)**
 char *zk1, zk2, ...;

regex	Hierbei handelt es sich um eine Reihe von Funktionen, welche die Abarbeitung von regulären Ausdrücken erlaubt:
compile	nimmt als Eingabe einen regulären Ausdruck, wie ihn die **ed**-Syntax erlaubt (siehe hierzu Abschnitt 4.4 auf S. 147), jedoch ohne die Form »*a* | *b*«. Die Funktion erzeugt daraus eine Form, die von den Funktionen **step** und **advance** benutzt werden kann und legt das Ergebnis in *exp_puffer* ab. *end_puffer* gibt das Ende des Puffers an. Reicht der Puffer für die umgesetzte Form nicht aus, so wird der **ERROR(50)** -Makro aktiviert. *eof* gibt an, mit welchem Zeichen das Ende des regulären Ausdrucks markiert ist. *ein_string* selbst wird in der Regel nicht benutzt; ein Zeiger auf den zu zerlegenden regulären Ausdruck wird in der Regel in dem Makro **INIT** gesetzt und dann in **PEEK** und **UNGETC** verwendet. Ist **compile** erfolgreich, so ruft die Funktion zum Schluß **RETURN( )** auf; tritt ein Fehler auf, so wird der Makro **ERROR( )** aktiviert.
step	Der Text *string* wird mit **step** gegen den mit **compile** aufbereiteten regulären Ausdruck in *exp_puffer* getestet. Trifft der reguläre Ausdruck auf eine Teilzeichenkette in *string* zu, so liefert **step** einen Wert ≠ 0 zurück. In diesem Fall wird der Zeiger **loc1** auf den Anfang der übereinstimmenden Teilzeichenkette und der Zeiger **loc2** auf das erste Zeichen nach der übereinstimmenden Zeichenkette gesetzt.
advance	Der Text *string* wird gegen den mit **compile** aufbereiteten regulären Ausdruck in *exp_puffer* getestet. Trifft der reguläre Ausdruck auf eine **am Anfang von** *string* beginnende Teilzeichenkette in *string* zu, so liefert **advance** einen Wert ≠ 0 zurück. In diesem Fall wird **loc2** das erste Zeichen nach der übereinstimmenden Zeichenkette gesetzt.

Für die detaillierte Beschreibung dieser recht komplexen Funktionen sei auf [UNIX-PROGREF] verwiesen.

Definition: Programme, die die regex-Funktionen benutzen, müssen die folgenden Makros im Programmkopf vor dem include von <*regexp.h*> haben.
#define INIT *deklarationen*
#define GETC( ) *code_fuer_getc*
#define PEEK( ) *code_fuer_peek*
#define UNGETC( ) *code_fuer_ungetc*
#define RETURN(*ptr*) *return_code*
#define ERROR(*wert*) *fehler_codes*
#include <regexp.h>

Definition: **char *compile(ein_str, exp_puffer, end_puffer, eof)**
 char *ein_str, *exp_puffer, *end_puffer;
 int eof;
 int step(string, exp_puffer)
 char *string, *exp_puffer;
 int advance(string, exp_puffer)
 char *string, *exp_puffer;
 extern char *loc1, *loc2, *loc3;

rewind setzt den Lese-/Schreibzeiger für Strom auf den Anfang der Datei (Byte-Position 0) zurück. Dies entspricht **fseek (strom, 0L, 0)**.

Definition: **int rewind (strom)**
 FILE *strom;

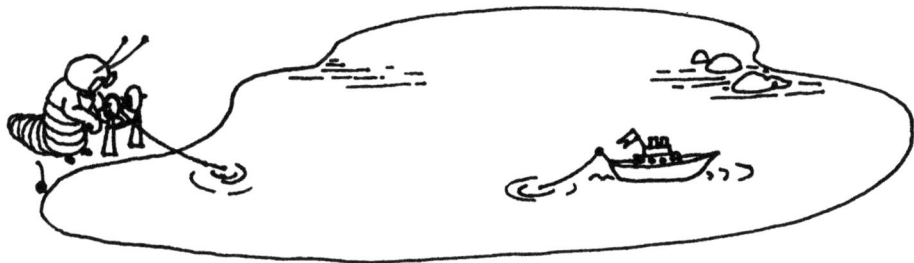

rewinddir setzt den Lesezeiger des mit **opendir** geöffneten Katalogs auf den Anfang des Katalogs zurück und entspricht damit **seekdir (dirp, 0L)**. Siehe auch **directory**.

Definition: **#include <dirent.h>**
 void rewinddir (dir_p)
 DIR *dir_p;

scanf erlaubt eine formatierte Eingabe von **stdin** in die Elemente, auf die *arg* zeigt. Es werden Zeichen von der Standardeingabe gelesen, entsprechend der Angabe in *format* interpretiert und das Ergebnis nacheinander den dem Format folgenden Argumenten zugewiesen. Die Argumente sind Zeiger auf die Variablen (Bereiche), in denen die interpretierte bzw. konvertierte Eingabe abgelegt werden soll.

Die Formatangabe kann sich aus folgenden Elementen zusammensetzen:

<leerzeichen> oder **<tab>**
: Es wird bis zum nächsten Zeichen gelesen, das kein Leerzeichen ist.

x
: Alle normalen, druckbaren Zeichen müssen mit der Eingabe übereinstimmen. Konvertierungsangaben werden durch ›%‹ eingeleitet und haben die Form: {*}{*fb*}{**h**}{**l**}*k*, wobei {...} optionale Teile anzeigt. Bei ***** wird eine Zuweisung übersprungen. Die anderen Elemente haben folgende Bedeutung:

fb
: gibt die Feldbreite des nächsten einzulesenden Elementes an.

h
: vor **d, o, u, x**, falls der nächste Wert in eine Variable vom Typ **short** konvertiert werden soll. Es darf dann kein **l** folgen!

l
: vor **d, o, u, x**, falls der nächste Wert in eine Variable vom Typ **long** konvertiert werden soll und vor **e, f, g**, falls der Wert einer Variablen vom Typ **double** zugewiesen werden soll.

k
: gibt die eigentliche Konvertierung an und kann sein:

    % für das Zeichen **%** selbst (d.h. %%)

    [...] für »*Jedes der Zeichen ...*«

    [^...] für »*Keines der Zeichen ...*«

    c für ein einzelnes Zeichen (*character*)

    d für eine Dezimalzahl (Integer)

    e f g (**e** oder **f** oder **g**) für eine Gleitpunktzahl im Format $\{\pm\}dd.dd\mathrm{e}\pm dd$ oder $\{\pm\}dd.dd\mathrm{E}\pm dd$

    i für eine Dezimalzahl (Integer)

    n gibt die Anzahl der bisher gelesenen Zeichen zurück.

    o für eine Oktalzahl (Integer)

    s für eine durch ein Leerzeichen oder durch <neue zeile> abgeschlossene Zeichenkette (*string*). Es wird an das Zielelement eine **\0** angehängt. **%1s** liest das nächste druckbare Zeichen.

    u für eine vorzeichenlose Dezimalzahl

    x für eine Hexadezimalzahl (abcdef)

10.3 Die Ein-/Ausgaberoutinen der C-Bibliothek 693

Wird das Ende der Eingabedatei erreicht, so wird **EOF** zurückgegeben, ansonsten die Anzahl der wirklich eingelesenen Einheiten (Daten).
Siehe auch **fscanf, sscanf, nl_fscanf, nl_scanf** und **nl_sscanf**.

Definition: int scanf (format{, arg}...)
               char *format, *arg;

seed48   initialisiert den 48-Bit-Zufallszahlengenerator für die Funktionen **drand48, lrand48** und **mrand48**. Andere Initialisierungsfunktionen sind **srand48** und **lcong48**.

Definition: unsigned short *seed48 (ini)
               unsigned short ini[3];

seekdir   setzt den Lesezeiger des mit **opendir** geöffneten Katalogs mit dem Deskriptor *dir_p* auf die angegebene Position. Diese sollte zuvor mit einem **telldir**-Aufruf ermittelt bzw. gesichert worden sein! Siehe auch **directory**.

Definition: #include <sys/dirent.h>
               void seekdir (dir_p, position)
               DIR *dir_p;
               long position;

setbuf   weist dem angegebenen E/A-Strom den Puffer *puf* zu. Der Strom muß schon geöffnet, es darf jedoch noch kein Lesen und kein Schreiben erfolgt sein. *puf* muß die minimale Größe **BUFSIZ** haben. Dies ist in <stdio.h> definiert. Ist *buf*=NULL, so wird ungepuffert gearbeitet. Siehe auch **setvbuf**.

Definition: void setbuf (strom, puf)
               FILE *strom;
               char *puf;

setchrclass   initialisiert die Tabellen zum Steuern der **ctype**- bzw. **is**...-Funktionen und Makros entsprechend *code*. Ist *code*=NULL, so wird der Wert der Environmentvariablen **$CHRCLASS** verwendet. Ist diese Variable nicht deklariert, so wird **ascii** angenommen. Ohne den Aufruf der Funktion **setchrclass** sind die Tabellen für den ASCII-Code aufgesetzt.

Definition: int setchrclass (code)
               char *code;

setgrent   setzt den Lesezeiger auf den Anfang der Datei */etc/group* zurück (siehe auch **getgrent**).

Definition: void setgrent ()

setjmp
rettet die Stackumgebung in *env* für einen eventuellen späteren Rücksprung an die dem Aufruf folgende Stelle mit **longjmp**. Die Funktion **setjmp** liefert zunächst **0**, beim Rücksprung durch **longjmp** dann den in **longjmp** angegebenen Wert zurück.

Definition: #include <setjmp.h>
int setjmp (env)
jmp_buf env;

setkey
initialisiert die DES-Verschlüsselung mit *schluessel*. Der Parameter *schluessel* sollte eine 8 Byte lange Zeichenfolge sein, in der nur 0 und 1 vorkommen.

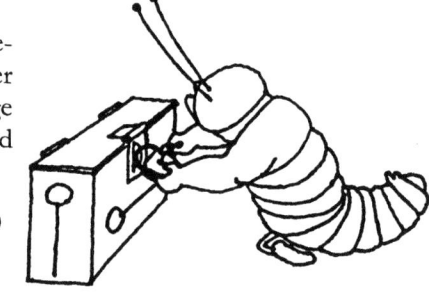

Definition: setkey (schluessel)
char *schluessel;

setpwent
setzt den Lesezeiger bei der Bearbeitung der Paßwortdatei auf den Anfang der Datei /etc/passwd zurück (siehe auch **getpwent**).

Definition: int setpwent ( )

setutent
setzt den Bearbeitungszeiger zur Bearbeitung der **utmp**-Datei auf den Anfang der Datei zurück. Siehe hierzu auch **getutent**.

Definition: #include <utmp.h>
void setutent ( )

setvbuf
weist dem angegebenen E/A-Strom den Puffer *puffer* zu. Der Strom muß schon geöffnet, es darf jedoch noch kein Lesen und kein Schreiben erfolgt sein. *typ* gibt an, wie die Pufferung erfolgen soll und kann folgende Werte haben:

_IOFBF   Die Ein- und Ausgabe wird vollständig gepuffert.
_IOLBF   Die Ausgabe wird zeilenorientiert gepuffert, d.h. die Ausgabe erfolgt, sobald entweder ein <neue zeile>-Zeichen geschrieben wird, der Puffer voll ist oder Eingabe gelesen wird.
_IONBF   Es erfolgt **keine** Pufferung der Ein- oder Ausgabe.

n gibt die Größe des Puffers an und wird nur verwendet, wenn gepuffert gearbeitet wird. Bei *puffer=NULL* wird ein automatisch angelegter Pufferbereich verwendet.

Definition: int setvbuf (strom, puffer, typ, n)
FILE *strom;
char *puffer;
int typ, n;

10.3 Die Ein-/Ausgaberoutinen der C-Bibliothek

sleep Der Prozeß wird für die angegebene Zeit (in Sekunden) suspendiert (d.h. ruhig gestellt). Jedes abgefangene Signal an den Prozeß beendet die Suspendierung.

Definition: **unsigned sleep (sekunden)**
unsigned sekunden;

sprintf formatierte Ausgabe in die Zeichenkette *zk* (siehe **printf** und **nl_sprintf**).

Definition: **int sprintf (zk, format{, arg}...)**
char *zk, *format;

srand initialisiert den Zufallszahlengenerator für die **rand**-Funktion. Hierdurch können unterschiedliche Zufallszahlenfolgen erzeugt werden.

Definition: **void srand (seed)**
unsigned seed;

srand48 initialisiert den 48-Bit-Zufallszahlengenerator für die Funktionen **drand48, lrand48** und **mrand48**. Andere Initialisierungsfunktionen sind **seed48** und **lcong48**. Siehe auch **drand48, erand48, jrand48, lrand48, mrand48** und **nrand48**.

Definition: **void srand48 (i)**
long i;

sscan erlaubt formatiertes Lesen aus der Zeichenkette *zk* heraus (siehe **scanf** und **nl_sscanf**).

Definition: **int sscanf (zk, format{, arg}...)**
char *zk, *format, *arg;

ssignal Softwaresignal-Mechanismus. Die Funktion gibt an, welche Routine (nämlich *aktion()*) beim Auftreten des Softwaresignals *sig* (1 ≤ *sig* ≤ 16) angesprungen werden soll. Das Softwaresignal kann durch **gsignal** ausgelöst werden. *aktion* darf wie bei **signal** auch die Werte **SIG_IGN** und **SIG_DFL** haben. Als Funktionsergebnis wird der bisher für das Signal definierte Wert zurückgegeben.

Definition: **#include <signal.h>**
int (*ssignal (sig, aktion)) ( )
int sig, (*aktion) ( );

step	Siehe hierzu **regex**.
	Definition: **int step(zk, exp_puffer)** **char *zk, *exp_puffer;**
string	Hierunter werden eine Reihe von Funktionen verstanden, welche die Bearbeitung von Zeichenkette (englisch: *strings*) erlauben; hierzu gehören:

        strcat, strncat   Verkettung von Zeichenketten
        strcmp, strncmp Vergleich zweier Zeichenketten
        strcpy, strncpy, strdup   Kopieren von Zeichenketten
        strlen   Bestimmung der Länge einer Zeichenkette
        strchr, strrchr   Suchen in einer Zeichenkette nach einem Zeichen
        strpbrk, strcspn Suchen in einer Zeichenkette nach Zeichen aus einem Zeichensatz
        stspn   Suchen in einer Zeichenkette nach Zeichen die **nicht** im Zeichensatz sind
        strtok   Zerlegen einer Zeichenkette

Als *Zeichenkette* wird jeweils eine durch \0 terminierte Folge von Zeichen verstanden. Alle genannten Funktionen benötigen die Definitionen aus

    #include <string.h>

In den Funktionen sind die Parameter zk*n* jeweils vom Typ **char *** und ›*z* jeweils vom Typ **int**! Für weitere Einzelheiten sei auf die nachfolgende Beschreibung der einzelnen Funktionen verwiesen.

strcat	erlaubt die Konkatination von Zeichenketten. Die zusammengesetzte Zeichenkette befindet sich danach in *zk1*.
	Definition: **char *strcat (zk1, zk2)** **char *zk1, *zk2;**
strchr	sucht das erste auftretende Zeichen *z* (Typ **int**) in der Zeichenkette *zk* und gibt einen Zeiger auf dieses Zeichen zurück oder **NULL**, falls das Zeichen nicht gefunden wurde. Siehe auch **strrchr**.

	Definition: **char *strchr (zk, z)**
	              char *zk1;
	              int z;

10.3 Die Ein-/Ausgaberoutinen der C-Bibliothek

strcmp   vergleicht die Zeichenketten *zk1* und *zk2*. Bei Gleichheit wird 0 zurückgegeben. Ist *zk1* (lexikographisch) größer als *zk2*, so wird ein Wert größer als 0, ansonsten ein Wert kleiner als 0 geliefert.

         Definition: **int strcmp (zk1, zk2)**
                         char *zk1, *zk2;

strcpy   kopiert die Zeichenkette *zk2* nach *zk1*. Der Terminator \0 der Zeichenkette *zk2* wird ebenfalls noch kopiert.

         Definition: **char *strcpy (zk1, zk2)**
                         char *zk1, *zk2;

strcspn   sucht in dem Text *zk* bis ein Zeichen vorkommt, welches in dem Zeichensatz *zsatz* vorhanden ist. Die Länge des bis dahin durchsuchten Textstückes wird zurückgegeben. Siehe auch **strspn**.

         Definition: **int strcspn (zk, zsatz)**
                         char *zk, *zsatz;

strdup   liefert den Zeiger auf eine Kopie der Zeichenkette *zk* zurück. Der Speicherplatz für die Kopie wird automatisch mittels **malloc** angelegt. Im Fehlerfalle wird **NULL** zurückgegeben.

         Definition: **char *strdup (zk)**
                         char *zk;

strlen   liefert die Länge der Zeichenkette *zk*, d.h die Anzahl der Zeichen bis zu dem Zeichen \0, jedoch ohne die \0 selbst.

         Definition: **int strlen (zk)**
                         char *zk;

strncat   kopiert die Zeichenkette *zk2* mit maximal *n* Zeichen an das Ende von *zk1*.

         Definition: **char *strncat (zk1, zk2, n)**
                         char *zk1, *zk2;
                         int n;

strncmp   vergleicht die Zeichenketten *zk1* und *zk2*. Bei Gleichheit wird 0 zurückgegeben. Ist *zk1* (lexikographisch) größer als *zk2*, so wird ein Wert größer als 0, ansonsten ein Wert kleiner als 0 geliefert. Es werden maximal *n* Zeichen verglichen.

         Definition: **int strncmp (zk1, zk2, n)**
                         char *zk1, *zk2;
                         int n;

strncpy
: kopiert *n* Zeichen der Zeichenkette *zk2* nach *zk1*. Ist *zk2* kürzer als *n*, so wird der Rest mit \0 aufgefüllt.

Definition: **char *strncpy (zk1, zk2, n)**
char *zk1, *zk2;
int n;

strod
: Es wird die in der Zeichenkette *zk* stehende Zahl als doppelt genaue Gleitpunktzahl interpretiert und deren Wert zurückgegeben. Nach der Konvertierung zeigt *ptr* auf das erste der Zahl folgende Zeichen in *zk*.

Definition: **double strod (zk, ptr)** *oder* **double strod (zk, NULL)**
char *zk, **ptr;

strol
: Es wird die in der Zeichenkette stehende Zahl als **long integer** interpretiert und deren Wert zurückgegeben. Die Zeichenkette wird dabei bis zu einem Zeichen, das nicht mehr der Zahlenbasis *basis* entspricht, durchsucht. Nach der Konvertierung zeigt *ptr* auf das erste der Zahl folgende Zeichen in *zk*.

Definition: **double strod (zk, ptr, basis)** oder
double strod (zk, NULL, basis)
char *zk, **ptr;
int basis;

strpbrk
: gibt einen Zeiger auf das erste Zeichen in der Zeichenkette *zk* zurück, das in dem Zeichensatz *zsatz* vorhanden ist. Wird kein passendes Zeichen gefunden, so wird **NULL** zurückgegeben.

Definition: **char *strpbrk (zk, zsatz)**
char *zk, *zsatz;

strrchr
: sucht das letzte auftretende Zeichen *z* in der Zeichenkette *zk* und gibt einen Zeiger auf dieses Zeichen zurück oder **NULL**, falls das Zeichen nicht gefunden wird.

Definition: **char *strrchr (zk, z)**
char *zk;
int z;

10.3 Die Ein-/Ausgaberoutinen der C-Bibliothek

strspn sucht in dem Text *zk* bis ein Zeichen vorkommt, welches in *zeichensatz* **nicht** vorhanden ist. Die Länge des bis dahin durchsuchten Textstückes wird zurückgegeben. Siehe auch **strcspn**.

Definition: **char *strspn (zk, zeichensatz)**
char *zk, *zeichensatz;

strtod interpretiert den Inhalt der Zeichenkette *zk* als Gleitpunktzahl und liefert deren Wert als **double** zurück. Führende Leer- und Tabulatorzeichen werden überlesen. Die Zahl darf ein vorangestelltes Vorzeichen besitzen. Die Zeichenkette wird für die Konvertierung bis zum ersten nicht mehr gültigen Zeichen durchsucht und dessen Adresse in **ptr** zurückgegeben. Enthält die Zeichenkette keine gültige Zahl, so wird ein Wert von 0 zurückgegeben und *ptr* zeigt auf den Anfang von *zk*. Die Eingabe sollte dem E-Format entsprechen.
Siehe auch **atof, strtol, atol, atoi**.

Definition: **double strtod (zk, ptr)**
char *zk, **ptr;

strtok *zk* ist ein Text mit einer Reihe von Textteilen, die durch Trennzeichen unterteilt sind. Mehrere aufeinander folgende Trennzeichen werden als eine einzige Trennstelle interpretiert. *trennz* ist die Menge der Trennzeichen. Beim ersten Aufruf wird ein Zeiger auf das erste Textteil zurückgegeben. Dieses wird nun durch 0 abgeschlossen, d.h. *zk* wird modifiziert. Bei weiteren Aufrufen werden die nächsten Textstücke zurückgegeben bzw. **NULL**, falls keine weiteren Textstücke mehr vorhanden sind. Das erste Argument muß nun NULL sein. Die vorgegebenen Trennzeichen *trennz* dürfen sich von Aufruf zu Aufruf ändern.

Definition: **char *strtok (zk, trennz) bzw. char *strtok (NULL, trennz)**
char *zk, *trennz;

strtol konvertiert eine Zeichenkette in einen Wert vom Typ **long int**. *basis* gibt die Basis der Zahl für die Konvertierung an.

Definition: **long strtol (zk, ptr, basis)**
char *zk, **ptr;
int basis;

swab kopiert die *n* Byte des Feldes **von* in das Feld **nach*, wobei jeweils 2 Byte vertauscht werden.

Definition: **void swab (von, nach, n)**
char *von, *nach;
int n;

sysconf Der Aufruf erlaubt, den Wert einer Systemkonstanten abzufragen, die konfigurierbar ist. Solche Konstanten können von System zu System variieren oder sogar bei der Systemgenerierung geändert werden. Der Parameter *name* gibt an, welche Konstante abgefragt werden soll. Als Ergebnis wird der Wert der Konstanten bzw. –1 im Fehlerfalle zurückgegeben.

Das System sollte die Werte folgender Konstanten liefern können:

Name der Konstanten	Rückgabewert und Bedeutung
_SC_ARG_MAX	ARG_MAX Die maximale Größe der übergebenen Argumente und der Elemente der Aufrufumgebung.
_SC_CHILD_MAX	CHILD_MAX maximale Anzahl der Kindprozesse
_SC_CLK_TCK	CLK_TCK Zeiteinheiten pro Sekunde
_SC_NGROUPS_MAX	NGROUPS_MAX maximale Anzahl an Gruppen, zu denen ein Benutzer gehören kann
_SC_OPEN_MAX	OPEN_MAX Maximale Anzahl Prozesse pro Benutzer
_SC_PASS_MAX	PASS_MAX
_SC_PAGESIZE	PAGESIZE Seitengröße des System-Hauptspeichers
_SC_JOB_CONTROL	_POSIX_JOB_CONTROL zeigt an, ob eine *Job-Kontrolle* möglich ist.
_SC_SAVED_IDS	_POSIX_SAVED_IDS Das System unterstützt *saved ids*.
_SC_VERSION	_POSIX_VERSION unterstützte Posix-Version
_SC_XOPEN_VERSION	_XOPEN_VERSION unterstützte X/Open-Version

Unterschiedliche UNIX-Systeme unterstützen z.T. noch weitere Parameter, die der Manualseite zu **sysconf** zu entnehmen sind.

Definition: **#include <unistd.h>**
   long sysconf(name)
   int name;

10.3 Die Ein-/Ausgaberoutinen der C-Bibliothek

system führt das in *zk* stehende Kommando oder die dort stehende Kommandosequenz als Shell-Kommando aus. In der Kommandozeichenkette darf die volle Shell-Syntax mit Metazeichen, Kommandoverkettung, Kommando-Pipelining und E/A-Umsteuerung vorkommen. Der Exit-Status des Kommandos wird als Funktionswert zurückgegeben.

Definition: **int system (zk)**
             char *zk;

tcdrain (*V.4*): Durch diese Funktion wird gewartet, bis alle Ausgaben auf die mit dem Dateideskriptor angegebene Terminalleitung wirklich ausgegeben ist.
Siehe auch **tcgetattr, tcsetattr, tcsendbreak, tcflow, fcflush.**

Definition: **#include <termios.h>**
             int tcdrain (des)
             int des;

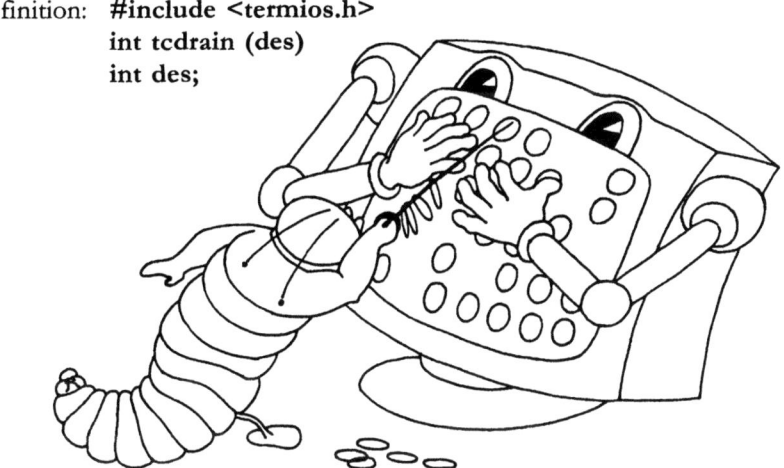

tcgetattr (*V.4*): liefert die Parameter der mit dem Dateideskriptor *des* angegebenen Terminalleitung in der Struktur *leitungsparameter* zurück. Neue Werte können mit **tcsetattr** gesetzt werden.

Definition: **#include <termios.h>**
             int tcgetattr (des, leitungsparameter)
             int des;
             struct termios *leitungsparameter;

tcgetpgrp (*V.4*): liefert die Prozeßgruppennummer der Vordergrund-Prozeßgruppe zurück, die der mit *des* angegebenen Dialogstation zugeordnet ist. Dies ist nur sinnvoll, wenn das System *Job Control* unterstützt, d. h. wenn **_POSIX_JOB_CONTROL** definiert ist.
Siehe auch **tcsetpgrp**.

Definition: **pid_t tcgetpgrp (des)**
             int des;

tcflow (*V.4*): Der Aufruf steuert die Flußkontrolle für die mit *des* angegebenen Terminalleitung. Der Parameter *aktion* gibt dabei an, wie dies geschehen soll. Folgende Werte in *aktion* sind möglich:

TCOOFF	Die Ausgabe wird angehalten.
TCOON	Die zuvor angehaltene Ausgabe wird wieder fortgesetzt.
TCIOFF	Das System schickt ein STOP-Zeichen auf die Leitung, um weitere Eingaben zu stoppen.
TCION	Das System schickt ein START-Zeichen auf die Leitung, um die zuvor angehaltene Eingabe wieder fortzusetzen.

Siehe auch **tcgetattr, tcsetattr, tcsendbreak, tcdrain, tcflush**.

Definition: #include <termios.h>
int tcflow (des, aktion)
int des, aktion;

tcflush (*V.4*): Abhängig vom Wert des Parameters *was* soll entweder die noch nicht verschickte Ausgabe (*was* =**TCOFLUSH**) oder die noch nicht zurückgegebene Eingabe (*was* =**TCIFLUSH**) weggeworfen werden. *des* ist dabei der Dateideskriptor der Terminalleitung für welche dies erfolgen soll.
Siehe auch **tcgetattr, tcsetattr, tcsendbreak, tcdrain, tcflow**.

Definition: #include <termios.h>
int tcflush (des, was)
int des, was;

tcsendbreak (*V.4*): Auf die mit dem Dateideskriptor *des* angegebene Terminalleitung wird das Break-Zeichen (Break-Signal) für die Dauer von *dauer* Zeichen geschickt. Dies ist nur für asynchrone serielle Leitungen möglich. Die wirkliche Dauer der Breakfolge ist weitgehend Hardware-abhängig. Ein einziges Break-Zeichen wird bei *dauer*=0 geschickt.
Siehe auch **tcgetattr, tcsetattr, tcdrain, tcflow, tcflush**.

Definition: #include <termios.h>
int tcsendbreak (des, dauer)
int des, dauer;

tcsetattr (*V.4*): setzt die Parameter der mit dem Dateideskriptor *des* angegebenen Terminalleitung neu auf die Werte in *leitungsparameter*. Der Parameter *wann* gibt dabei an, wann die Änderung erfolgen soll. Hat *wann* den Wert **TCSANOW**, so erfolgt die Änderung sofort; bei dem Wert **TCSADRAIN** werden die neuen Werte erst wirksam, nachdem alle noch anstehenden Ausgaben durchgeführt sind. Hat *wann* den Wert **TCSAFLUSH**, so werden zunächst alle anstehenden Ausgaben

10.3 Die Ein-/Ausgaberoutinen der C-Bibliothek

durchgeführt und alle noch vorhandenen **read**-Aufträge ausgeführt. Erst danach werden die neuen Leitungswerte gesetzt.
Siehe auch **tcgetattr, tcsendbreak, tcdrain, tcflush, tcflow**.

Definition: #include <termios.h>
int tcsetattr (des, wann, leitungsparameter)
int des, wann;
struct termios *leitungsparameter;

tcsetpgrp (*V.4*): Besitzt der Prozeß eine *kontrollierende Dialogstation*, so wird die Vordergrund-Prozeßgruppennummer auf den Wert in *pgrp* gesetzt. *des* muß dabei der Dateideskriptor der *kontrollierenden Dialogstation* für den Prozeß sein und die Dialogstation muß die Sitzung (*session*) des aufrufenden Prozesses besitzen. Der Wert in *pgrp* muß die Prozeßgruppennummer eines Prozesses sein, der in der gleichen Sitzungsgruppe wie der aufrufende Prozeß ist. Diese Funktion ist nur sinnvoll, wenn das System *Job Control* unterstützt, d.h. wenn **_POSIX_JOB_CONTROL** definiert ist. Siehe auch **tcgetpgrp**.

Definition: int tcsetpgrp (des, pgrp)
int des;
pid_t pgrp;

tell liefert die Position des Lese-/Schreibzeigers des E/A-Stroms.

Definition: **long tell (strom)**
FILE *strom;

telldir liefert die Position des Lese-/Schreibzeigers des mit **opendir** zum Lesen geöffneten Katalogs zurück, dessen Deskriptor *dir_p* ist. Diese Position kann später in **seekdir** verwendet werden.

Definition: #include <sys/types.h>
#include <dirent.h>
long telldir (dir_p)
DIR *dir_p;

tempnam generiert einen Namen für eine temporäre Datei in dem Katalog *kat*. *zk* ist eine Zeichenfolge, die dem generierten Teil vorangestellt wird (Prefix). Der erzeugte Name wird als Funktionsergebnis zurückgegeben.

Definition: **char *tmpnam (kat, zk)**
char *kat, *zk;

tdelete löscht in einem binären Baum das Element *schluessel*. Die Bedeutung der Parameter ist unter **tsearch** beschrieben. War das Element an der Wurzel des Baums, so wird *basis* verändert. Es wird ein Zeiger auf den Vater des gelöschten Elementes oder **NULL** zurückgegeben, falls das Element nicht Teil des Binärbaums war. Siehe auch **tsearch**.

Definition: #include <search.h>
char *tdelete (schluessel, basis, vergleich)
char *schluessel, **basis;
int (*vergleich) ();

tfind sucht in einem binären Baum das Element *schluessel*. Es wird ein Zeiger auf das gefundene Element oder **NULL** im Fehlerfalle zurückgegeben. *basis* muß auf die Wurzel des Binärbaums zeigen. Die anderen Parameter sind unter **tsearch** beschrieben.

Definition: #include <search.h>
char *tfind (schluessel, basis, vergleich)
char *schluessel, **basis;
int (*vergleich) ();

tmpfile legt eine temporäre Datei zum Schreiben und Lesen an und gibt den Zeiger auf den Dateideskriptor (im Fehlerfall **NULL**) zurück. Die Datei wird bei der Beendigung des Prozesses automatisch wieder gelöscht.

Definition: **FILE *tmpfile ( )**

tmpnam generiert einen Namen für eine temporäre Datei und gibt ihn in **zk** oder (falls *zk*=NULL) als Funktionsergebnis zurück. Die Länge von *zk* sollte ≥ **L_tmpnam** sein (ist in <stdio.h> definiert). Der Katalog, in dem die Datei angelegt werden soll, wird der Definition **P_tmpdir** (in <*stdio.h*>) entnommen.

Definition: char *tmpnam (zk)
char zk;

10.3 Die Ein-/Ausgaberoutinen der C-Bibliothek

toascii maskiert alle Bits des Wertes *i*, die außerhalb des ASCII-Zeichenbereichs liegen, und gibt den so erzeugten Wert zurück.

Definition: **int toascii (i)**
 int i;

_tolower
tolower Die Funktion **tolower** konvertiert *i*, sofern der Wert im ASCII-Bereich der Großbuchstaben liegt, in einen Kleinbuchstaben. **_tolower** ist ein entsprechender Makroaufruf.

Definition: **int tolower (i)** *oder* **int _tolower (i)**
 int i;

_toupper
toupper Die Funktion **toupper** konvertiert *i*, sofern der Wert im ASCII-Bereich der Kleinbuchstaben liegt, in einen Großbuchstaben. **_toupper** ist ein entsprechender Makroaufruf.

Definition: **int toupper (i)**   *oder*   **int _toupper (i)**
 int i;

tsearch Die Funktionen **tsearch, tfind, tdelete** und **twalk** erlauben das Arbeiten auf *binären Bäumen*. **tserach** sucht in einem binären Baum nach einem vorgegebenen Element und fügt das Element im Baum neu ein, falls es noch nicht vorhanden ist. Die Funktion **tdelete** löscht ein Element aus dem Baum und stellt das Gleichgewicht wieder her; **tfind** sucht in dem Baum nach einem vorgegebenen Element und gibt einen Zeiger auf das gefundene Element zurück. **twalk** erlaubt das Durchlaufen des binären Baums. Der Vergleich erfolgt durch die als Parameter übergebene Funktion *vergleich*. Diese Funktion muß vom Programm selbst zur Verfügung gestellt werden. *basis* verweist auf das Wurzelelement des Baumes, *schluessel* auf das zu suchende Datenelement. Ist das Element bereits vorhanden, so wird ein Zeiger darauf zurückgegeben. Ist es noch nicht Teil der Liste, so wird es eingebaut. Für eine detaillierte Beschreibung sei auf die Beschreibung in [UNIX-PROGREF] verwiesen.

Definition: **#include <search.h>**
 char *tsearch (schluessel, basis, vergleich)
 char *schluessel, **basis;
 int (*vergleich) ();

ttyname liefert den Namen der Dialogstation, der der Dateideskriptor *d_des* zugeordnet ist. Siehe auch *isatty*.

Definition: **char *ttyname (d_des)**
 int d_des;

ttyslot	liefert den Index in der Datei /etc/utmp der kontrollierenden Dialogstation des aufrufenden Prozesses. Ein Ergebniswert von **0** zeigt hier einen Fehler an!

Definition: **int ttyslot ( )**

twalk	erlaubt es, den Binärbaum zu durchlaufen, auf dessen Wurzel *basis* zeigt. Für jeden Knoten wird die Routine *funktion* (die vom Programm zur Verfügung gestellt werden muß) mit drei Parametern aufgerufen: <adresse des knotens>, <durchlaufordnung>, <baumtiefe des knotens>. Siehe auch **tsearch**.

Definition: **#include <search.h>**
char *twalk (basis, funktion)
char *basis;
void (*funktion) ( );

tzset	besetzt die extern deklarierten Variablen *tzname[2]* mit dem Inhalt der Environmentvariablen **$TZ**. Details hierzu sind unter **CTIME (3C)** in [UNIX-PROGREF] zu finden. Siehe auch **asctime**.

Definition: **#include <time.h>**
void tzset ( )

undial	beendet die mit **dial** aufgebaute Leitungsverbindung wieder. Ein für diese Leitung gesetzter Semaphor wird dabei zurückgesetzt.

Definition: **void undial (d_des)**
int d_des;

ungetc	schiebt das Zeichen z (ein Byte) in den E/A-Strom zurück. Dieses Zeichen wird beim nächsten Aufruf von **getc** als Funktionsergebnis zurückgegeben. Der Eingabestrom muß gepuffert arbeiten. Es sollte nicht mehr als ein Zeichen zurückgeschoben werden!

Definition: **int ungetc (z, strom)**
int z;
FILE *strom;

utmpname	ändert den Namen der Datei /etc/utmp in den mit *name* angegebenen Namen. *utmp* ist unter **getutent** beschrieben.

Definition: **#include <utmp.h>**
void utmpname (name)
char *name;

10.3 Die Ein-/Ausgaberoutinen der C-Bibliothek

vfprintf arbeitet wie **fprintf**, hat jedoch statt einer variablen Anzahl von Parametern eine Parameterliste *ap* entsprechend der **va_list**-Definition aus <*varargs.h*>.

    Definition: **#include <varargs.h>**
                   int vfprintf (strom, format, ap)
                     FILE *strom;
                     char *format;
                     va_list ap;

vprintf arbeitet wie **printf**, hat jedoch statt einer variablen Anzahl von Parametern eine Parameterliste *ap* entsprechend der **va_list**-Definition.

    Definition: **#include <varargs.h>**
                     int vprintf (format, ap)
                     char *format ;
                     va_list ap;

vsprintf arbeitet wie **sprintf**, hat jedoch statt einer variablen Anzahl von Parametern eine Parameterliste *ap* entsprechend der **va_list**-Definition.

    Definition: **#include <varargs.h>**
                     int vsprintf (zk, format, ap)
                     char *zk, *format ;
                     va_list ap;

10.4 Mathematische Funktionen der C-Bibliothek

Die nachfolgend aufgeführten Funktionen sind in der mathematischen C-Bibliothek **/lib/libm** vorhanden. Bei ihrer Verwendung sollten die notwendigen Definitionen durch

#include <math.h>

einkopiert werden. Beim Binden ist die Option "**–lm**" anzugeben.
In den Funktionen gilt: **double x, y;**

Name:	Funktion:	Deklaration:
acos	Arcus Kosinus von x; $0 \leq x \leq \pi$	double acos (x);
asin	Arcus Sinus von x; $-\pi/2 \leq x \leq \pi/2$	double asin (x);
atan	Arcus Tangens von x; $-\pi/2 \leq x \leq \pi/2$	double atan (x);
atan2	Arcus Tangens von y/x; $-\pi \leq x/y \leq \pi$	double atan2 (x, y);
cabs	resultat = $\sqrt{x^2 + y^2}$	double cabs(z); struct {double x, y;} z;
ceil	kleinste ganze Zahl $\geq x$ (als **double**)	double ceil (x);
cos	Kosinus von x (x als Radianten)	double cos (x);
cosh	Kosinus Hyperbolikus von x	double cosh (x);
erf	Fehlerfunktion: resultat = $\frac{2}{\sqrt{\pi}} \times \int_0^x e^{-t^2} dt$	double erf (x);
erfc	Fehlerfunktion: 1.0 - erf(x)	double erfc (x);
exp	Exponentialfunktion: e^x	double exp (x);
fabs	Betrag von x : $|x|$	double fabs (x);
floor	größte ganze Zahl $\leq x$ (als **double**)	double floor (x);
fmod	$x = i*y + f$; $0 \leq f < y$; Modulofunktion	double fmod (x, y);
gamma	Gammafunktion: $\ln(|\Gamma(x)|)$	double gamma (x); extern int signgam;
hypot	resultat = $\sqrt{x^2 \times y^2}$	double hypot (x, y);
j0	Besselfunktion	double j0 (x);
j1	Besselfunktion	double j1 (x);
jn	Besselfunktion	double jn (n, x);

10.4 Mathematische Funktionen der C-Bibliothek

Name:	Funktion:	Deklaration:
log	Logarithmus Naturalis von x ($0 \leq x$)	double log (x);
log10	Logarithmus zur Basis 10 von x ($0 \leq x$)	double log10 (x);
pow	x^y	double pow (x, y);
sin	Sinus von x	double sin (x);
sinh	Sinus Hyberbolikus von x	double sinh (x);
sinus	Sinus von x (x als Radianten)	double sinus (x);
sqrt	$\sqrt{x}$ ($0 \leq x$)	double sqrt (x);
tan	Tangens von x (x als Radianten)	double tan (x);
tanh	Tangens Hyberbolikus von x	double tanh (x);
y0	Besselfunktion	double y0 (x);
y1	Besselfunktion	double yn (n, x);
yn	Besselfunktion	double yn (n, x);

Die Funktion **matherr** wird von den Bibliotheksfunktionen beim Auftreten eines Fehlers aufgerufen. Der Benutzer kann jedoch auch seine eigene Fehlerroutine benutzen. Er muß hierzu in seinem Programm eine Routine haben:

int matherr (x);
struct exception *x;

Tritt ein Fehler auf, so wird diese Routine aufgerufen. Der Parameter x verweist dabei auf einen Ausnahme-Record mit Fehlerinformationen. Soll die Benutzerfunktion **matherr** die Fehlermeldung erzeugen oder soll gar keine Fehlermeldung ausgegeben werden, so muß die Benutzerfunktion einen Wert $\neq 0$ zurückgeben. In jedem Fall wird in **errno** der Fehlerwert **EDOM** oder **ERANGE** eingetragen. Die durch **#include <math.h>** definierte Struktur **exception** hat folgenden Aufbau:

```
struct   exception   {
    int      type;           /* Fehlerart */
    char     *name;          /* Name der Funktion,
                                in der der Fehler auftritt */
    double   arg1, arg2;     /* Argumente des Aufrufs */
    double   retval;         /* Ergebniswert */
};
```

Die in **x->type** vorgefundene Fehlerart kann sein:

DOMAIN	Das Argument liegt außerhalb des gültigen Bereichs.
SING	Das Argument ist singulär.
OVERFLOW	Es erfolgte ein Zahlenüberlauf.

UNDERFLOW	Es wurde eine zu kleine Zahl erzeugt	
TLOSS	Das Ergebnis ist wertlos	
PLOSS	Das Ergebnis hat nicht die volle Signifikanz	

In **x->arg1** und **x->arg2** sind die Parameterwerte zu finden, mit denen die Funktion aufgerufen wurde, in **x->retval** der Ergebniswert. Dieser darf von der Benutzerfunktion verändert werden.

In **<math.h>** sind bereits folgende Konstanten definiert:

Konstante	Bedeutung	Wert
M_E	Wert von e	2.7182818284590452354
M_LOG2E	log e zur Basis 2	1.4426950408889634074
M_LOG10E	log e zur Basis 10	0.4342944819032518276
M_LN2	log 2 zur Basis e	0.6931471805599453094
M_NL10	log 10 zur Basis e	2.3025850929940456840
M_PI	p	3.1415926535897932384
M_PI_2	$\pi/2$	1.5707963267948966192
M_PI_4	$\pi/4$	0.7853981633974483096
M_1_PI	$1/\pi$	0.3183098861837906715
M_2_PI	$2/\pi$	0.6366197723675813430
M2_SQRTPI	$\frac{2}{\sqrt{\pi}}$	1.1283791670955125739
M_SQRT2	$\sqrt{2}$	1.4142135623730950488
M_SQRT1_2	$\frac{1}{\sqrt{2}}$	0.7071067811865475244

Zusätzlich gibt **MAXFLOAT** die größte mögliche Gleitpunktzahl an und **HUGE** den Fehlerwert, der zurückgegeben wird, falls der Zahlenbereich überschritten wird. **MAXFLOAT** ist z.B. auf SUN Solaris 2.3 definiert mit:

((float)3.40282346638528860e+38)

10.5 Liste der systemabhängigen Konstanten

Bei der Programmierung muß man zuweilen auf Konstanten zurückgreifen, deren Werte abhängig von einer bestimmten UNIX-Implementierung bzw. von dem jeweiligen UNIX-System sind. Um Portabilität (auf der Quellcodeebene) zu erreichen, sollte man dabei im Programm nicht die absoluten Werte, sondern die symbolischen Werte verwenden. Die nachfolgende Liste gibt diese systemabhängigen symbolischen Konstanten mit ihrer Funktion an. Während für das System V nicht angegeben ist, wo diese Konstanten definiert sind, spezifiziert die X/OPEN-Definition, daß sie in der Datei *limits.h* (in */usr/include*) enthalten sind.

In der nachfolgenden Tabelle ist unter »**Standard**« ein typischer, in der Praxis üblicher Wert eingetragen.

Implementierungsabhängige, Typ-orientierte Werte		
Name:	Funktion:	Standard:
CHAR_BIT	Anzahl der Bits in einem Element vom Typ **char**	8
CHAR_MIN	kleinster Dezimalwert für Element vom Typ **char**	-128
CHAR_MAX	größter Dezimalwert für Element vom Typ **char**	127
UCHAR_MAX	größter vorzeichenloser Dezimalwert für Element vom Typ **unsigned char**	255
SHRT_MIN	kleinster Dezimalwert für Element vom Typ **short**	-32768
SHRT_MAX	maximaler Dezimalwert für Element vom Typ **short**	32767
INT_MIN	kleinster Dezimalwert für Element vom Typ **int**	(-2147483647-1)
INT_MAX	größter Dezimalwert für Element vom Typ **int**	2147483647
UINT_MAX	größter vorzeichenloser Dezimalwert für Element vom Typ **unsigned int**	4294967295U
WORD_BIT	Anzahl von Bits in einem Wort/Element vom Typ **int**	16
USI_MAX	maximaler Dezimalwert für **unsigned**	4294967295
LONG_BIT	Anzahl der Bits in einem Element vom Typ **long**	32
LONG_MIN	kleinster Integerwert für Element vom Typ **long**	-2147483647
LONG_MAX	größter Dezimalwert für Element vom Typ **long**	2147483647
FLT_DIG	Anzahl der minimal vorhandenen Stellen (Genauigkeit) eines Elements vom Typ **float**. (*X*)	6
FLT_MIN	kleinste Dezimalzahl für Element v. Typ **float** (*X*)	1.175494351E-38F
FLT_MAX	größte Dezimalzahl für Element v. Typ **float** (*X*)	3.402823466E+38F
DBL_DIG	Anzahl der minimal vorhandenen Stellen (Genauigkeit) eines Elements vom Typ **double** (*X*)	15
DBL_MIN	kleinste Dezimalzahl für Element vom Typ **double**	2.2250738585072014E-308
DBL_MAX	größte Dezimalzahl für Element vom Typ **double**	1.7976931348623157E+308

Eine Reihe weiterer Konstanten ist von der jeweiligen UNIX-Implementierung und von der eingesetzten Hardware abhängig. In den nachfolgenden Tabellen gibt »POSIX« einen Minimalwert an, den eine POSIX-konforme UNIX-Implementierung zumindest zur Verfügung stellen sollte. Die entsprechenden Konstanten tragen meist ›_POSIX_‹ als Namensanfang (also etwa ›_POSIX_ARG_MAX‹). Werte, zu denen POSIX keine Aussage trifft, sind mit ›-‹ gekennzeichnet. Unter ›Standard‹ ist ein typischer, in der Praxis üblicher Wert eingetragen.[1]

Werte, die UNIX-implementierungsspezifisch sind			
Name:	Funktion:	Standard:	POSIX:
ARG_MAX	maximale Länge des Argumentenfeldes bei **exec**...	1048320	4096
CLK_TCK	Anzahl der Zeiteinheiten (*clock ticks*) pro Sekunde	_sysconf(3)[a]	-
CHILD_MAX	maximale Anzahl von Prozessen pro Benutzer	25	6
FCHR_MAX	maximale Größe einer Datei in Bytes	1048576	-
LINK_MAX	maximale Anzahl von Verweisen (*links*) auf eine einzelne Datei	32767	8
NAME_MAX	maximale Anzahl von Zeichen im Dateinamen	[b]	14
OPEN_MAX	maximale Anzahl von Dateien, die ein einzelner Prozeß zugleich geöffnet haben kann	64	16
PASS_MAX	maximale Anzahl von signifikanten Zeichen im Paßwort eines Benutzers	8	8
PATH_MAX	max. Anzahl von Zeichen in einem Pfadnamen	1024	255
PID_MAX	größter mögl. Wert für die Prozeßnummer (PID)	30000	-
SYSPID_MAX	größter Wert für die Prozeßnummer (PID) eines Systemprozesses (*X/O*)	1	-
PIPE_BUF	max. Anzahl von Bytes, die in einer ungeteilten Operation in eine Pipe geschrieben werden	5120	512
PIPE_MAX	maximale Anzahl von Zeichen, die mit einem einzigen **write** in eine Pipe geschrieben werden	5120	-
STD_BLK	Anzahl von Bytes in einem phys. E/A-Block	1024	-
TMP_MAX	max. Anzahl von sich nicht wiederholenden Namen, die mit **tmpnam** erzeugt werden	17576	-
UID_MAX	maximaler Wert für die Benutzer- und Gruppennummer (UID und GID)	60002	-

a) Es wird der Wert auf dem Systemaufruf »sysconf« übernommen.
b) Dieser Wert kann nicht mehr als statische Konstante definiert werden, da er auf Systemen mit unterschiedlichen Dateisystemtypen variabel ist.

---

[1]. Werte aus Solaris2.3 der Firma SUN Microsystems.

10.6 Tabelle der Funktionen und Systeme

Die nachfolgende Tabelle gibt eine Übersicht, welche Funktionen in welchen Systemen bzw. Definitionen vorhanden sind. Als Referenz für den Vergleich ist dabei UNIX V.4 in der Version SUN Solaris 2.3 angenommen. Für die Angaben in der Spalte »Posix« wurde [POSIX] benutzt.

Anstelle des **X/Open** Portability Guide (XPG4) wurde der Vorschlag einer Herstellervereinigung zur Vereinheitlichung der Systemaufrufe, die sog. »**Spec1170**«, in die Übersicht aufgenommen (siehe [1170]). Die »Spec1170« wurde von X/Open akzeptiert und wird in den X/Open Portability Guide aufgenommen.

Auf die Beschreibung des Berkeley-Systems wurde im Vergleich zu früheren Ausgaben dieses Buches verzichtet, da dieses System am Markt nur noch eine untergeordnete Rolle spielt. Die Systemaufrufe des Berkeley-Systems sind in der folgenden Tabelle mit dem Kennzeichen (3B) versehen und über ein Einbinden der Bibliothek libucb.a oder libucb.so zu erreichen.

Die Liste der Funktionen oder Systemaufrufe in UNIX V.4 besteht aus allen Einträgen der Manualabschnitte (2), Systemaufrufe, und (3), Bibliotheksfunktionen. Es handelt sich dabei um mehr als zweitausend Einträge (177 aus (2), 1833 aus (3)), die aus Gründen der Übersichtlichkeit in ca. 650 Manualeinträgen zu Gruppen zusammengefaßt sind.

Der Vergleich in der folgenden Tabelle bezieht sich nicht auf alle Teilbereiche, sondern auf die zentralen Bereiche Systemaufrufe (2) und Standard-Bibliothek (3C).

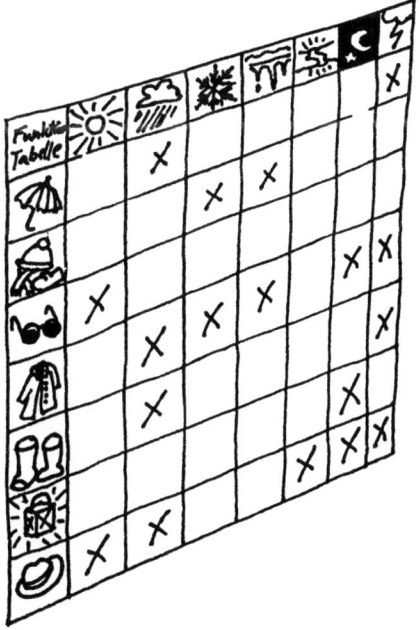

Die Manualeinträge sind weiter untergliedert, was durch die geklammerten Zahlen hinter dem jeweiligen Funktionsaufruf zum Ausdruck gebracht wird. Im einzelnen wurde folgende Einteilung vorgenommen:

(2)   Systemaufrufe

(3B)   Berkeley-Kompatibilität;
        Bibliothek **libucb.a** oder **libucb.so**

(3C)   Standardbibliothek; **libc.a** oder **libc.so**

(3E)   ELF-Bibliothek zur Bearbeitung von Binärdateien im ELF-Format;
        Bibliothek **libelf.a** oder **libelf.so**

(3G)   Funktionen zur Verarbeitung regulärer Ausdrücke und Pfadnamen;
        Bibliothek **libgen.a**

(3I)   Funktionen zur Verarbeitung internationaler Zeichensätze;
        Bibliotheken **libintl.a, libintl.so, libw.a** und **libw.so**

(3K)   Funktionen zum Zugriff auf den virtuellen Hauptspeicher des Betriebssystemkerns (*virtual kernel memory*)
        Bibliotheken **libkvm.a** oder **libkvm.so**

(3M)   Mathematische Bibliothek; Bibliotheken **libm.a** oder **libm.so**

(3N)   Network Service Library; Bibliotheken **libnsl.a** oder **libnsl.so**

3R)   Echtzeit-Bibliothek nach POSIX.4
        Bibliotheken **libposix.a** oder **libposix.so**

(3S)   Standard-Ein- und Ausgabe-Paket;
        in Standardbibliothek **libc.a** oder **libc.so** enthalten

(3T)   Funktionen zur Erstellung von Applikationen, die auf Basis mit *threads* (mehrfache, parallele Prozess-Stränge) aufgebaut sind.
        Bibliothek **libthread.so**

(3X)   spezielle Bibliotheken

(Nahezu alle Bibliotheken liegen als statische Archive oder als dynamische, d. h. zur Laufzeit angebundene Objekte vor. Statische Archive werden bereits beim Kompilieren angebunden und sind an der Endung »... .a« erkennbar; dynamische Objekte werden durch die Endung »... .so« bezeichnet.

10.6 Tabelle der Funktionen und Systeme

Manualeintrag	Aufruf in UNIX V.4	1170	Posix	Manualeintrag	Aufruf in UNIX V.4	1170	Posix
_lwp_cond_signal(2)	_lwp_cond_broadcast				au_to_data		
	_lwp_cond_signal				au_to_groups		
_lwp_cond_wait(2)	_lwp_cond_timedwait				au_to_in_addr		
	_lwp_cond_wait				au_to_ipc		
_lwp_create(2)	_lwp_create				au_to_ipc_perm		
_lwp_exit(2)	_lwp_exit				au_to_iport		
_lwp_kill(2)	_lwp_kill				au_to_me		
_lwp_makecontext(2)	_lwp_makecontext				au_to_opaque		
_lwp_mutex_lock(2)	_lwp_mutex_lock				au_to_path		
	_lwp_mutex_trylock				au_to_process		
	_lwp_mutex_unlock				au_to_return		
_lwp_self(2)	_lwp_self				au_to_socket		
_lwp_sema_wait(2)	_lwp_sema_init				au_to_text		
	_lwp_sema_post			au_user_mask(3)	au_user_mask		
	_lwp_sema_wait			audit(2)	audit		
_lwp_setprivate(2)	_lwp_getprivate			auditon(2)	auditon		
	_lwp_setprivate			auditsvc(2)	auditsvc		
_lwp_suspend(2)	_lwp_continue			basename(3G)	basename	✓	
	_lwp_suspend			bessel(3M)	bessel		
_lwp_wait(2)	_lwp_wait				j0		
a64l(3C)	a64l	✓			j1		
	l64a	✓			jn		
abort(3C)	abort				y0		
abs(3C)	abs				y1		
	labs				yn		
	llabs			bgets(3G)	bgets		
accept(3N)	accept	✓		bind(3N)	bind	✓	
access(2)	access	✓	✓	brk(2)	brk	✓	
acct(2)	acct				sbrk	✓	
addseverity(3C)	addseverity			bsdmalloc(3X)	free		
adjtime(2)	adjtime				malloc		
aio_cancel(3R)	aio_cancel				realloc		
aio_fsync(3R)	aio_fsync			bsearch(3C)	bsearch		
aio_read(3R)	aio_read			bstring(3B)	bcmp	✓	
	aio_write				bcopy	✓	
aio_return(3R)	aio_error				bstring		
	aio_return				bzero	✓	
aio_suspend(3R)	aio_suspend			bufsplit(3G)	bufsplit		
aiocancel(3)	aiocancel			byteorder(3N)	byteorder		
aioread(3)	aioread				htonl	✓	
	aiowrite				htons	✓	
aiowait(3)	aiowait				ntohl	✓	
alarm(2)	alarm		✓		ntohs	✓	
assert(3X)	assert			c89(BASE)	(bisher nur in 1170)	✓	
atexit(3C)	atexit	✓		catgets(3C)	catgets	✓	
au_open(3)	au_close			catopen(3C)	catclose		
	au_open				catopen		
	au_write			chdir(2)	chdir	✓	✓
au_preselect(3)	au_preselect				fchdir	✓	
au_to(3)	au_to			chmod(2)	chmod	✓	✓
	au_to_arg				fchmod	✓	
	au_to_attr			chown(2)	chown	✓	✓

Manualeintrag	Aufruf in UNIX V.4	1170	Posix	Manualeintrag	Aufruf in UNIX V.4	1170	Posix
	fchown	✓			isgraph		
	lchown	✓			islower		
chroot(2)	chroot	✓			isprint		
	fchroot				ispunct		
clock(3C)	clock				isspace		
clock_settime(3R)	clock_getres				isupper		
	clock_gettime				isxdigit		
	clock_settime			curs_addch(3X)	addch	✓	
close(2)	close	✓	✓		curs_addch	✓	
condition(3T)	cond_broadcast				echochar	✓	
	cond_destroy				mvaddch	✓	
	cond_init				mvwaddch	✓	
	cond_signal				waddch	✓	
	cond_timedwait				wechochar	✓	
	cond_wait			curs_addchstr(3X)	addchnstr	✓	
	condition				addchstr	✓	
connect(3N)	connect	✓			curs_addchstr	✓	
conv(3C)	_tolower				mvaddchnstr	✓	
	_toupper				mvaddchstr	✓	
	conv				mvwaddchnstr	✓	
	toascii				mvwaddchstr	✓	
	tolower				waddchnstr	✓	
	toupper				waddchstr	✓	
copylist(3G)	copylist			curs_addstr(3X)	addnstr	✓	
creat(2)	creat	✓	✓		addstr	✓	
crypt(3C)	crypt				curs_addstr	✓	
	encrypt				mvaddnstr	✓	
	setkey				mvaddstr	✓	
crypt(3X)	crypt				mvwaddnstr	✓	
cset(3I)	cset				mvwaddstr	✓	
	csetcol				waddnstr	✓	
	csetlen				waddstr	✓	
	csetno			curs_addwch(3X)	addwch	✓	
	wcsetno				echowchar	✓	
ctermid(3S)	ctermid		✓		mvaddwch	✓	
	ctermid_r				mvwaddwch	✓	
ctime(3C)	asctime		✓		waddwch	✓	
	asctime_r				wechowchar	✓	
	ctime			curs_addwchstr(3X)	addwchnstr	✓	
	ctime_r				addwchstr	✓	
	gmtime				mvaddwchnstr	✓	
	gmtime_r				mvaddwchstr	✓	
	localtime				mvwaddwchnstr	✓	
	localtime_r				mvwaddwchstr	✓	
	tzset		✓		waddwchnstr	✓	
	tzsetwall				waddwchstr	✓	
ctype(3C)	ctype			curs_addwstr(3X)	addnwstr	✓	
	isalnum				addwstr	✓	
	isalpha				mvaddnwstr	✓	
	isascii				mvaddwstr	✓	
	iscntrl				mvwaddnwstr	✓	
	isdigit				mvwaddwstr	✓	

10.6 Tabelle der Funktionen und Systeme

Manualeintrag	Aufruf in UNIX V.4	1170	Posix	Manualeintrag	Aufruf in UNIX V.4	1170	Posix
	waddnwstr	✓			mvdelch	✓	
	waddwstr	✓			mvwdelch	✓	
curs_alecompat(3X)	adjcurspos				wdelch	✓	
	movenextch			curs_deleteln(3X)	curs_deleteln	✓	
	moveprevch				deleteln	✓	
	wadjcurspos				insdelln	✓	
	wmovenextch				insertln	✓	
	wmoveprech				wdeleteln	✓	
curs_attr(3X)	attroff	✓			winsdelln	✓	
	attron	✓			winsertln	✓	
	attrset	✓		curs_getch(3X)	curs_getch	✓	
	curs_attr	✓			getch	✓	
	standend	✓			mvgetch	✓	
	standout	✓			mvwgetch	✓	
	wattroff	✓			ungetch	✓	
	wattron	✓			wgetch	✓	
	wattrset	✓		curs_getstr(3X)	curs_getstr	✓	
	wstandend	✓			getstr	✓	
	wstandout	✓			mvgetstr	✓	
curs_beep(3X)	beep	✓			mvwgetstr	✓	
	curs_beep	✓			wgetnstr	✓	
	flash	✓			wgetstr	✓	
curs_bkgd(3X)	bkgd	✓		curs_getwch(3X)	getwch	✓	
	bkgdset	✓			mvgetwch	✓	
	curs_bkgd	✓			mvwgetwch	✓	
	wbkgd	✓			ungetwch	✓	
	wbkgdset	✓			wgetwch	✓	
curs_border(3X)	border	✓		curs_getwstr(3X)	getnwstr	✓	
	box	✓			getwstr	✓	
	curs_border	✓			mvgetnwstr	✓	
	wborder	✓			mvwgetnwstr	✓	
	whline	✓			mvgetwstr	✓	
	wvline	✓			mvwgetwstr	✓	
curs_clear(3X)	clear	✓			wgetnwstr	✓	
	clrtobot	✓			wgetwstr	✓	
	clrtoeol	✓		curs_getyx(3X)	curs_getyx	✓	
	curs_clear	✓			getbegyx	✓	
	erase	✓			getmaxyx	✓	
	wclear	✓			getparyx	✓	
	wclrtobot	✓			getyx	✓	
	wclrtoeol	✓		curs_inch(3X)	curs_inch	✓	
	werase	✓			inch	✓	
curs_color(3X)	can_change_color	✓			mvinch	✓	
	color_content	✓			mvwinch	✓	
	curs_color	✓			winch	✓	
	has_colors	✓		curs_inchstr(3X)	curs_inchstr	✓	
	init_color	✓			inchnstr	✓	
	init_pair	✓			inchstr	✓	
	pair_content	✓			mvinchnstr	✓	
	start_color	✓			mvinchstr	✓	
curs_delch(3X)	curs_delch	✓			mvwinchnstr	✓	
	delch	✓			mvwinchstr	✓	

Manualeintrag	Aufruf in UNIX V.4	1170	Posix	Manualeintrag	Aufruf in UNIX V.4	1170	Posix
	winchnstr	✓			mvwinswch	✓	
	winchstr	✓			winswch	✓	
curs_initscr(3X)	curs_initscr	✓		curs_inswstr(3X)	insnwstr	✓	
	delscreen	✓			inswstr	✓	
	endwin	✓			mvinsnwstr	✓	
	initscr	✓			mvinswstr	✓	
	isendwin	✓			mvwinsnwstr	✓	
	newterm	✓			mvwinswstr	✓	
	set_term	✓			winsnwstr	✓	
curs_inopts(3X)	cbreak	✓			winswstr	✓	
	curs_inopts	✓		curs_inwch(3X)	inwch	✓	
	echo	✓			mvinwch	✓	
	halfdelay	✓			mvwinwch	✓	
	intrflush	✓			winwch	✓	
	keypad	✓		curs_inwchstr(3X)	inwchnstr	✓	
	meta	✓			inwchstr	✓	
	nocbreak	✓			mvinwchnstr	✓	
	nodelay	✓			mvinwchstr	✓	
	noecho	✓			mvwinwchnstr	✓	
	noqiflush	✓			mvwinwchstr	✓	
	noraw	✓			winwchnstr	✓	
	notimeout	✓			winwchstr	✓	
	qiflush	✓		curs_inwstr(3X)	innwstr	✓	
	raw	✓			inwstr	✓	
	timeout	✓			mvinnwstr	✓	
	typeahead	✓			mvinwstr	✓	
	wtimeout	✓			mvwinnwstr	✓	
curs_insch(3X)	curs_insch	✓			mvwinwstr	✓	
	insch	✓			winnwstr	✓	
	mvinsch	✓			winwstr	✓	
	mvwinsch	✓✓		curs_kernel(3X)	curs_kernel	✓	
	winsch	✓			curs_set	✓	
curs_insstr(3X)	curs_insstr	✓			def_prog_mode	✓	
	insnstr	✓			def_shell_mode	✓	
	insstr	✓			getsyx	✓	
	mvinsnstr	✓			napms	✓	
	mvinsstr	✓			reset_prog_mode	✓	
	mvwinsnstr	✓			reset_shell_mode	✓	
	mvwinsstr	✓			resetty	✓	
	winsnstr	✓			ripoffline	✓	
	winsstr	✓			savetty	✓	
curs_instr(3X)	curs_instr	✓			setsyx	✓	
	innstr	✓		curs_move(3X)	curs_move	✓	
	instr	✓			move	✓	
	mvinnstr	✓			wmove	✓	
	mvinstr	✓		curs_outopts(3X)	clearok	✓	
	mvwinnstr	✓			curs_outopts	✓	
	mvwinstr	✓			idcok	✓	
	winnstr	✓			idlok	✓	
	winstr	✓			immedok	✓	
curs_inswch(3X)	inswch	✓			leaveok	✓	
	mvinswch	✓			nl	✓	

10.6 Tabelle der Funktionen und Systeme

Manualeintrag	Aufruf in UNIX V.4	1170	Posix	Manualeintrag	Aufruf in UNIX V.4	1170	Posix
	nonl	✓			slk_restore	✓	
	scrollok	✓			slk_set	✓	
	setscrreg	✓			slk_touch	✓	
	wsetscrreg	✓		curs_termattrs(3X)	baudrate	✓	
curs_overlay(3X)	copywin	✓			curs_termattrs	✓	
	curs_overlay	✓			erasechar	✓	
	overlay	✓			has_ic	✓	
	overwrite	✓			has_il	✓	
curs_pad(3X)	curs_pad	✓			killchar	✓	
	newpad	✓			longname	✓	
	pechochar	✓			termattrs	✓	
	pechowchar	✓			termname	✓	
	pnoutrefresh	✓		curs_termcap(3X)	curs_termcap	✓	
	prefresh	✓			tgetent	✓	
	subpad	✓			tgetflag	✓	
curs_printw(3X)	curs_printw	✓			tgetnum	✓	
	mvprintw	✓			tgetstr	✓	
	mvwprintw	✓			tgoto	✓	
	printw	✓			tputs	✓	
	vwprintw	✓		curs_terminfo(3X)	curs_terminfo	✓	
	wprintw	✓			del_curterm	✓	
curs_refresh(3X)	curs_refresh	✓			mvcur	✓	
	doupdate	✓			putp	✓	
	redrawwin	✓			restartterm	✓	
	refresh	✓			set_curterm	✓	
	wnoutrefresh	✓			setterm	✓	
	wredrawln	✓			setupterm	✓	
	wrefresh	✓			tigetflag	✓	
curs_scanw(3X)	curs_scanw	✓			tigetnum	✓	
	mvscanw	✓			tigetstr	✓	
	mvwscanw	✓			tparm	✓	
	scanw	✓			tputs	✓	
	vwscanw	✓			vidattr	✓	
	wscanw	✓			vidputs	✓	
curs_scr_dump(3X)	curs_scr_dump	✓		curs_touch(3X)	curs_touch	✓	
	scr_dump	✓			is_linetouched	✓	
	scr_init	✓			is_wintouched	✓	
	scr_restore	✓			touchline	✓	
	scr_set	✓			touchwin	✓	
curs_scroll(3X)	curs_scroll	✓			untouchwin	✓	
	scrl	✓			wtouchln	✓	
	scroll	✓		curs_util(3X)	curs_util	✓	
	wscrl	✓			delay_output	✓	
curs_slk(3X)	curs_slk	✓			filter	✓	
	slk_attroff	✓			flushinp	✓	
	slk_attron	✓			getwin	✓	
	slk_attrset	✓			keyname	✓	
	slk_clear	✓			putwin	✓	
	slk_init	✓			unctrl	✓	
	slk_label	✓			use_env	✓	
	slk_noutrefresh	✓		curs_window(3X)	curs_window	✓	
	slk_refresh	✓			delwin	✓	

Manualeintrag	Aufruf in UNIX V.4	1170	Posix	Manualeintrag	Aufruf in UNIX V.4	1170	Posix
	derwin	✓			lcong48		
	dupwin	✓			lrand48		
	mvderwin	✓			mrand48		
	mvwin	✓			nrand48		
	newwin	✓			seed48		
	subwin	✓			srand48		
	syncok	✓		dup(2)	dup		✓
	wcursyncup	✓		dup2(3C)	dup2		✓
	wsyncdown	✓		econvert(3)	econvert		
	wsyncup	✓			ecvt		
curses(3X)	curses	✓			fconvert		
cuserid(3S)	cuserid		✓		fcvt		
dbm(3B)	dbm				gconvert		
	dbmclose				gcvt		
	dbminit				seconvert		
	delete				sfconvert		
	fetch				sgconvert		
	firstkey			ecvt(3C)	ecvt	✓	
	nextkey				fcvt	✓	
	store				gcvt	✓	
decimal_to_floating(3)	decimal_to_extended			elf(3E)	elf		
	decimal_to_quadruple			elf32_fsize(3E)	elf32_fsize		
	decimal_to_single			elf32_getehdr(3E)	elf32_getehdr		
des_crypt(3)	DES_FAILED				elf32_newehdr		
	cbc_crypt			elf32_getphdr(3E)	elf32_getphdr		
	des_crypt				elf32_newphdr		
	des_failed			elf32_getshdr(3E)	elf32_getshdr		
	des_setparity			elf32_xlatetof(3E)	elf32_xlatetof		
	ecb_crypt				elf32_xlatetom		
dial(3N)	dial			elf_begin(3E)	elf_begin		
difftime(3C)	difftime				elf_end		
directory(3C)	closedir	✓	✓		elf_next		
	directory	✓			elf_rand		
	opendir	✓	✓	elf_cntl(3E)	elf_cntl		
	readdir	✓	✓	elf_errmsg(3E)	elf_errmsg		
	readdir_r				elf_errno		
	rewinddir	✓	✓	elf_fill(3E)	elf_fill		
	seekdir			elf_flagdata(3E)	elf_flagdata		
	telldir				elf_flagehdr		
dirname(3G)	dirname	✓			elf_flagelf		
div(3C)	div				elf_flagphdr		
	ldiv				elf_flagscn		
	lldiv				elf_flagshdr		
dlclose(3X)	dlclose			elf_getarhdr(3E)	elf_getarhdr		
dlerror(3X)	dlerror			elf_getarsym(3E)	elf_getarsym		
dlopen(3X)	dlopen			elf_getbase(3E)	elf_getbase		
dlsym(3X)	dlsym			elf_getdata(3E)	elf_getdata		
doconfig(3N)	doconfig				elf_newdata		
drand48(3C)	drand48				elf_rawdata		
	erand48			elf_getident(3E)	elf_getident		
	jrand48			elf_getscn(3E)	elf_getscn		
	jrand48				elf_ndxscn		

10.6 Tabelle der Funktionen und Systeme

Manualeintrag	Aufruf in UNIX V.4	1170	Posix	Manualeintrag	Aufruf in UNIX V.4	1170	Posix
	elf_newscn				floor		
	elf_nextscn				rint	✓	
elf_hash(3E)	elf_hash			fmtmsg(3C)	fmtmsg	✓	
elf_kind(3E)	elf_kind			fopen(3B)	fopen	✓	
elf_rawfile(3E)	elf_rawfile				freopen	✓	
elf_strptr(3E)	elf_strptr			fopen(3S)	fdopen	✓	✓
elf_update(3E)	elf_update				fopen	✓	
elf_version(3E)	elf_version				freopen	✓	
end(3C)	edata			**fork(2)**	fork		✓
	end				fork1		
	etext			fpathconf(2)	fpathconf	✓	✓
erf(3M)	erf				pathconf	✓	✓
	erfc			fpgetround(3C)	fpgetmask		
ethers(3N)	ethers				fpgetround		
euclen(3I)	euccol				fpgetsticky		
	euclen				fpsetmask		
	eucscol				fpsetround		
exec(2)	exec				fpsetsticky		
	execl		✓	fread(3S)	fread	✓	
	execle		✓		fwrite	✓	
	execlp		✓	frexp(3C)	frexp		
	execv		✓		ldexp		
	execve		✓		logb	✓	
	execvp		✓		modf		
exit(2)	_exit	✓	✓		modff		
	exit	✓			nextafter	✓	
exit(3C)	exit				scalb	✓	
exp(3M)	exp			fseek(3S)	fseek		
	expm1	✓			ftell		
	log				rewind		
	log10			fsetpos(3C)	fgetpos		
	log1p	✓			fsetpos		
	pow			fsync(3C)	fsync		
fattach(3C)	fattach	✓		ftime(3B)	ftime	✓	
fclose(3S)	fclose			ftw(3C)	ftw	✓	
	fflush				nftw	✓	
fcntl(2)	fcntl	✓	✓	getacinfo(3)	endac		
fdatasync(3R)	fdatasync				getacdir		
fdetach(3C)	fdetach	✓			getacflg		
ferror(3S)	clearerr				getacinfo		
	feof				getacmin		
	ferror				getacna		
	fileno		✓		setac		
ffs(3C)	ffs	✓		getauclassent(3)	endauclass		
floating_to_decimal(3)	double_to_decimal				getauclassent		
	extended_to_decimal				getauclassnam		
	quadruple_to_decimal				setauclass		
	single_to_decimal			getaudit(2)	getaudit		
flock(3B)	flock				setaudit		
flockfile(3S)	flockfile			getauditflags(3)	getauditflags		
	funlockfile				getauditflagsbin		
floor(3M)	ceil				getauditflagschar		

Manualeintrag	Aufruf in UNIX V.4	1170	Posix	Manualeintrag	Aufruf in UNIX V.4	1170	Posix
getauevent(3)	endauevent				setitimer	✓	
	getauevent			getlogin(3C)	getlogin		✓
	getauevnam				getlogin_r		
	getauevnonam			getmntent(3C)	getmntany		
	getauevnum				getmntent		
	setauevent				hasmntopt		
getauid(2)	getauid				putmntent		
	setauid			getmsg(2)	getmsg	✓	
getauusernam(3)	endauuser				getpmsg	✓	
	getauuserent			getnetbyname(3N)	endnetent	✓	
	getauuusernam				getnetbyaddr	✓	
	setauuser				getnetbyaddr_r		
getc(3S)	fgetc				getnetbyname	✓	
	getc				getnetbyname_r		
	getc_unlocked				getnetent	✓	
	getchar				getnetent_r		
	getchar_unlocked				setnetent	✓	
	getw			getnetconfig(3N)	endnetconfig		
getcontext(2)	getcontext	✓			freenetconfigent		
	setcontext	✓			getnetconfig		
getcwd(3C)	getcwd		✓		getnetconfigent		
getdate(3C)	getdate	✓			nc_perror		
getdents(2)	getdents				nc_sperror		
getdtablesize(3B)	getdtablesize	✓			setnetconfig		
getenv(3C)	getenv		✓	getnetgrent(3N)	endnetgrent		
getfauditflags(3)	getfauditflags				getnetgrent		
getgrnam(3C)	endgrent	✓			innetgr		
	fgetgrent				setnetgrent		
	fgetgrent_r			getnetpath(3N)	endnetpath		
	getgrent	✓			getnetpath		
	getgrent_r				setnetpath		
	getgrgid		✓	getopt(3C)	getopt		
	getgrgid_r			getpagesize(3B)	getpagesize	✓	
	getgrnam		✓	getpass(3C)	getpass		
	getgrnam_r			getpeername(3N)	getpeername	✓	
	setgrent	✓		getpid(2)	getpgid	✓	
getgroups(2)	getgroups		✓		getpgrp		✓
	setgroups				getpid		✓
gethostbyname(3N)	endhostent	✓			getppid		✓
	gethostbyaddr	✓		getpriority(3B)	getpriority	✓	
	gethostbyaddr_r				setpriority	✓	
	gethostbyname	✓		getprotobyname(3N)	endprotoent	✓	
	gethostbyname_r				getprotobyname	✓	
	gethostent	✓			getprotobyname_r		
	gethostent_r				getprotobynumber	✓	
	sethostent	✓			getprotobynumber_r		
gethostid(3B)	gethostid	✓			getprotoent	✓	
gethostname(3B)	gethostname	✓			getprotoent_r		
	sethostname				setprotoent	✓	
gethrtime(3C)	gethrtime			getpublickey(3N)	getpublickey		
	gethrvtime				getsecretkey		
getitimer(2)	getitimer	✓			publickey		

10.6 Tabelle der Funktionen und Systeme

Manualeintrag	Aufruf in UNIX V.4	1170	Posix
getpw(3C)	getpw		
getpwnam(3C)	endpwent	✓	✓
	fgetpwent		
	fgetpwent_r		
	getpwent	✓	
	getpwent_r		
	getpwnam		✓
	getpwnam_r		
	getpwuid		✓
	getpwuid_r		
	setpwent	✓	
getrlimit(2)	getrlimit	✓	
	setrlimit	✓	
getrpcbyname(3N)	endrpcent		
	getrpcbyname		
	getrpcbyname_r		
	getrpcbynumber		
	getrpcbynumber_r		
	getrpcent		
	getrpcent_r		
	setrpcent		
getrusage(3B)	getrusage	✓	
gets(3S)	fgets		
	gets		
getservbyname(3N)	endservent	✓	
	getservbyname	✓	
	getservbyname_r		
	getservbyport	✓	
	getservbyport_r		
	getservent	✓	
	getservent_r		
	setservent	✓	
getsid(2)	getsid	✓	
	setsid		✓
getsockname(3N)	getsockname	✓	
getsockopt(3N)	getsockopt	✓	
	setsockopt		
getspnam(3C)	endspent		
	fgetspent		
	fgetspent_r		
	getspent		
	getspent_r		
	getspnam		
	getspnam_r		
	setspent		
getsubopt(3C)	getsubopt	✓	
gettext(3I)	bindtextdomain		
	dgettext		
	gettext		
	textdomain		
gettimeofday(3B)	gettimeofday		
	settimeofday		
gettimeofday(3C)	gettimeofday	✓	
	settimeofday		
gettxt(3C)	gettxt		
getuid(2)	getegid		✓
	geteuid		✓
	getgid		✓
	getuid		✓
getutent(3C)	endutent	✓	
	getutent	✓	
	getutid	✓	
	getutline	✓	
	pututline	✓	
	setutent	✓	
	utmpname	✓	
getutxent(3C)	endutxent		
	getutmp		
	getutmpx		
	getutxent		
	getutxid		
	getutxline		
	pututxline		
	setutxent		
	updwtmp		
	updwtmpx		
	utmpxname		
getvfsent(3C)	getvfsany		
	getvfsent		
	getvfsfile		
	getvfsspec		
getwc(3I)	fgetwc		
	getwc		
	getwchar		
getwd(3B)	getwd	✓	
getwidth(3I)	getwidth		
getws(3I)	fgetws		
	getws		
gmatch(3G)	gmatch		
grantpt(3C)	grantpt	✓	
hsearch(3C)	hcreate		
	hdestroy		
	hsearch		
hyperbolic(3M)	acosh	✓	
	asinh	✓	
	atanh	✓	
	cosh		
	hyperbolic		
	sinh		
	tanh		
hypot(3M)	hypot		
ieee_functions(3M)	copysign		
	fabs		
	fmod		

Manualeintrag	Aufruf in UNIX V.4	1170	Posix	Manualeintrag	Aufruf in UNIX V.4	1170	Posix
	ieee_functions			krb_sendauth(3N)	krb_net_read		
	ilogb	✓			krb_net_write		
	isnan				krb_recvauth		
	nextafter				krb_sendauth		
	remainder	✓		krb_set_tkt_string(3N)	krb_set_tkt_string		
	scalbn			kvm_getu(3K)	kvm_getcmd		
ieee_test(3M)	ieee_test				kvm_getu		
	logb			kvm_nextproc(3K)	kvm_getproc		
	scalb				kvm_nextproc		
	significand				kvm_setproc		
index(3B)	index	✓		kvm_nlist(3K)	kvm_nlist		
	rindex	✓		kvm_open(3K)	kvm_close		
inet(3N)	inet				kvm_open		
	inet_addr	✓		kvm_read(3K)	kvm_read		
	inet_lnaof	✓			kvm_write		
	inet_makeaddr	✓		lckpwdf(3C)	lckpwdf		
	inet_netof	✓			ulckpwdf		
	inet_network	✓		lgamma(3M)	gamma		
	inet_ntoa	✓			gamma_r		
initgroups(3C)	initgroups				lgamma		
insque(3C)	insque	✓			lgamma_r		
	remque	✓		link(2)	link	✓	✓
ioctl(2)	ioctl	✓		lio_listio(3R)	lio_listio		✓
isastream(3C)	isastream	✓		listen(3N)	listen		✓
isencrypt(3G)	isencrypt			llseek(2)	llseek		
isnan(3C)	finite			localeconv(3C)	localeconv		
	fpclass			lockf(3C)	lockf		✓
	isnan			lsearch(3C)	lfind		
	isnand				lsearch		
	isnanf			lseek(2)	lseek		✓
	unordered			madvise(3)	madvise		
kerberos(3N)	kerberos			maillock(3X)	maillock		
	krb_get_cred			makecontext(3C)	makecontext	✓	
	krb_kntoln				swapcontext	✓	
	krb_mk_err			makedev(3C)	major		
	krb_mk_req				makedev		
	krb_mk_safe				minor		
	krb_rd_err			malloc(3C)	alloca		
	krb_rd_req				calloc		
	krb_rd_safe				free		
	krb_set_key				malloc		
	svc_kerb_reg				memalign		
kerberos_rpc(3N)	authkerb_getucred				realloc		
	authkerb_seccreate				valloc		✓
	kerberos_rpc			malloc(3X)	calloc		
kill(2)	kill		✓		free		
killpg(3B)	killpg	✓			mallinfo		✓
krb_realmofhost(3N)	krb_get_admhst				malloc		
	krb_get_krbhst				mallopt		✓
	krb_get_lrealm				realloc		
	krb_get_phost			mapmalloc(3X)	calloc		
	krb_realmofhost				cfree		

10.6 Tabelle der Funktionen und Systeme

Manualeintrag	Aufruf in UNIX V.4	1170	Posix
	free		
	mapmalloc		
matherr(3M)	matherr		
mbchar(3C)	mbchar		
	mblen		
	mbtowc		
	wctomb		
mbstring(3C)	mbstowcs		
	mbstring		
	wcstombs		
mctl(3B)	mctl		
memcntl(3)	memcntl		
memory(3C)	memccpy		
	memchr		
	memcmp		
	memcpy		
	memmove		
	memory		
	memset		
menu_attributes(3X)	menu_attributes		
	menu_back		
	menu_fore		
	menu_grey		
	menu_pad		
	set_menu_back		
	set_menu_fore		
	set_menu_grey		
	set_menu_pad		
menu_cursor(3X)	menu_cursor		
	pos_menu_cursor		
menu_driver(3X)	menu_driver		
menu_format(3X)	menu_format		
	set_menu_format		
menu_hook(3X)	menu_hook		
	menu_init		
	menu_term		
	set_item_init		
	set_item_term		
	set_menu_init		
	set_menu_term		
menu_item-_current(3X)	current_item		
	item_index		
	menu_item_current		
	set_current_item		
	set_top_row		
	top_row		
menu_item-_name(3X)	item_description		
	item_name		
	menu_item_name		
menu_item-_new(3X)	free_item		
	menu_item_new		
	new_item		
menu_item-_opts(3X)	item_opts		
	item_opts_off		
	item_opts_on		
	menu_item_opts		
	set_item_opts		
menu_item-_userptr(3X)	item_userptr		
	menu_item_userptr		
	set_item_userptr		
menu_item-_value(3X)	item_value		
	menu_item_value		
	set_item_value		
menu_item-_visible(3X)	item_visible		
	menu_item_visible		
menu_items(3X)	menu_items		
	set_menu_items		
menu_mark(3X)	menu_mark		
	set_menu_mark		
menu_new(3X)	free_menu		
	menu_new		
	new_menu		
menu_opts(3X)	menu_opts		
	menu_opts_off		
	menu_opts_on		
	set_menu_opts		
menu_pattern(3X)	menu_pattern		
	set_menu_pattern		
menu_post(3X)	menu_post		
	post_menu		
	unpost_menu		
menu_userptr(3X)	menu_userptr		
	set_menu_userptr		
menu_win(3X)	menu_sub		
	menu_win		
	scale_menu		
	set_menu_sub		
	set_menu_win		
menus(3X)	menus		
mincore(2)	mincore		
mkdir(2)	mkdir	✓	✓
mkdirp(3G)	mkdirp		
	rmdirp		
mkfifo(3C)	mkfifo	✓	✓
mknod(2)	mknod	✓	
mktemp(3C)	mktemp	✓	
mktime(3C)	mktime		
mlock(3C)	mlock		
	munlock		
mlockall(3C)	mlockall		

Manualeintrag	Aufruf in UNIX V.4	1170	Posix
	munlockall		
mmap(2)	mmap	✓	
monitor(3C)	monitor		
mount(2)	mount		
mprotect(2)	mprotect	✓	
mq_close(3R)	mq_close		
mq_notify(3R)	mq_notify		
mq_open(3R)	mq_open		
mq_receive(3R)	mq_receive		
mq_send(3R)	mq_send		
mq_setattr(3R)	mq_getattr		
	mq_setattr		
mq_unlink(3R)	mq_unlink		
msgctl(2)	msgctl		
msgget(2)	msgget	✓	
msgop(2)	msgop		
	msgrcv		
	msgsnd	✓	
msync(3C)	msync	✓	
munmap(2)	munmap	✓	
mutex(3T)	mutex		
	mutex_destroy		
	mutex_init		
	mutex_lock		
	mutex_trylock		
	mutex_unlock		
nanosleep(3R)	nanosleep		
ndbm(3)	dbm_clearerr	✓	
	dbm_close	✓	
	dbm_delete	✓	
	dbm_error	✓	
	dbm_fetch	✓	
	dbm_firstkey	✓	
	dbm_nextkey	✓	
	dbm_open	✓	
	dbm_store	✓	
	ndbm		
netdir(3N)	netdir		
	netdir_free		
	netdir_getbyaddr		
	netdir_getbyname		
	netdir_options		
	netdir_perror		
	netdir_sperror		
	taddr2uaddr		
	taddr2uaddr		
	uaddr2taddr		
nice(2)	nice	✓	
nice(3B)	nice		
nis_admin(3N)	nis_admin		
	nis_checkpoint		
	nis_ping		
nis_db(3N)	db_add_entry		
	db_checkpoint		
	db_create_table		
	db_destroy_table		
	db_first_entry		
	db_initialize		
	db_list_entries		
	db_next_entry		
	db_remove_entry		
	db_reset_next_entry		
	nis_db		
nis_error(3N)	nis_error		
	nis_lerror		
	nis_perror		
	nis_sperrno		
	nis_sperror		
	nis_sperror		
	nis_sperror_r		
nis_groups(3N)	nis_addmember		
	nis_creategroup		
	nis_destroygroup		
	nis_groups		
	nis_ismember		
	nis_map_group		
	nis_print_group_entry		
	nis_removemember		
	nis_verifygroup		
nis_local_names(3N)	nis_local_directory		
	nis_local_group		
	nis_local_host		
	nis_local_names		
	nis_local_principal		
nis_names(3N)	nis_add		
	nis_freeresult		
	nis_lookup		
	nis_modify		
	nis_names		
	nis_remove		
nis_objects(3N)	nis_objects		
nis_server(3N)	nis_freeservlist		
	nis_freetags		
	nis_getservlist		
	nis_mkdir		
	nis_rmdir		
	nis_server		
	nis_servstate		
	nis_stats		
nis_subr(3N)	nis_clone_object		
	nis_destroy_object		
	nis_dir_cmp		
	nis_domain_of		
	nis_freenames		

10.6 Tabelle der Funktionen und Systeme

Manualeintrag	Aufruf in UNIX V.4	1170	Posix	Manualeintrag	Aufruf in UNIX V.4	1170	Posix
	nis_getnames			printf(3B)	fprintf	✓	
	nis_leaf_of				printf	✓	
	nis_name_of				sprintf	✓	
	nis_print_object				vfprintf		
	nis_subr				vprintf		
nis_tables(3N)	nis_add_entry				vsprintf		
	nis_first_entry			printf(3S)	fprintf		
	nis_list				printf		
	nis_modify_entry				sprintf		
	nis_next_entry			priocntl(2)	priocntl		
	nis_remove_entry			priocntlset(2)	priocntlset		
	nis_tables			processor_bind(2)	processor_bind		
nl_langinfo(3C)	nl_langinfo			processor_info(2)	processor_info		
nlist(3B)	nlist	✓		profil(2)	profil	✓	
nlist(3E)	nlist			psignal(3B)	psignal		
nlsgetcall(3N)	nlsgetcall				sys_siglist		
nlsprovider(3N)	nlsprovider			psignal(3C)	psiginfo		
nlsrequest(3N)	nlsrequest				psignal		
offsetof(3C)	offsetof			ptrace(2)	ptrace		
open(2)	open	✓	✓	ptsname(3C)	ptsname	✓	
p2open(3G)	p2close			putc(3S)	fputc		
	p2open				putc		
p_online(2)	p_online				putc_unlocked		
panel_above(3X)	panel_above				putchar		
	panel_below				putchar_unlocked		
panel_move(3X)	move_panel				putw		
	panel_move			putenv(3C)	putenv		
panel_new(3X)	del_panel			putmsg(2)	putmsg	✓	
	new_panel				putpmsg	✓	
	panel_new			putpwent(3C)	putpwent		
panel_show(3X)	hide_panel			puts(3S)	fputs	✓	
	panel_hidden				puts	✓	
	panel_show			putspent(3C)	putspent		
	show_panel			putwc(3I)	fputwc		
panel_top(3X)	bottom_panel				putwc		
	panel_top				putwchar		
	top_panel			putws(3I)	fputws		
panel_update(3X)	panel_update				putws		
	update_panels			qsort(3C)	qsort		
panel_userptr(3X)	panel_userptr			raise(3C)	raise		
	set_panel_userptr			rand(3B)	rand		
panel_window(3X)	panel_window				srand		
	replace_panel			rand(3C)	rand		
panels(3X)	panels				rand_r		
pathfind(3G)	pathfind				srand		
pause(2)	pause		✓	random(3B)	initstate	✓	
perror(3C)	perror				random	✓	
pipe(2)	pipe	✓	✓		setstate	✓	
plock(2)	plock				srandom	✓	
poll(2)	poll	✓		rcmd(3N)	rcmd	✓	
popen(3S)	pclose				rresvport	✓	
	popen				ruserok	✓	

Manualeintrag	Aufruf in UNIX V.4	1170	Posix	Manualeintrag	Aufruf in UNIX V.4	1170	Posix
read(2)	pread	✓			clnt_pcreateerror		
	read		✓		clnt_raw_create		
	readv	✓			clnt_spcreateerror		
read_vtoc(3X)	read_vtoc				clnt_tli_create		
	write_vtoc				clnt_tp_create		
readlink(2)	readlink	✓			clnt_vc_create		
realpath(3C)	realpath	✓			rpc_clnt_create		
reboot(3B)	reboot				rpc_createerr		
recv(3N)	recv	✓		rpc_rac(3N)	rac_drop		
	recvfrom	✓			rac_poll		
	recvmsg	✓			rac_recv		
regcmp(3G)	regcmp	✓			rac_send		
	regex	✓			rpc_rac		
regex(3B)	re_comp	✓		rpc_soc(3N)	authdes_create		
	re_exec	✓			authunix_create		
	regex	✓			authunix_create_default		
regexpr(3G)	advance				callrpc		
	compile				clnt_broadcast		
	regexpr				clntraw_create		
	step				clnttcp_create		
remove(3C)	remove	✓			clntudp_bufcreate		
rename(2)	rename	✓	✓		clntudp_create		
resolver(3N)	dn_comp				get_myaddress		
	dn_expand				pmap_getmaps		
	res_init				pmap_getport		
	res_mkquery				pmap_rmtcall		
	res_send				pmap_set		
	resolver				pmap_unset		
rexec(3N)	rexec	✓			registerrpc		
rmdir(2)	rmdir	✓	✓		rpc_soc		
rpc(3N)	rpc				svc_fds		
rpc_clnt_auth(3N)	auth_destroy				svc_getcaller		
	authnone_create				svc_register		
	authsys_create				svc_unregister		
	authsys_create_default				svcfd_create		
	rpc_clnt_auth				svcraw_create		
rpc_clnt_calls(3N)	clnt_call				svctcp_create		
	clnt_freeres				svcudp_bufcreate		
	clnt_geterr				svcudp_create		
	clnt_perrno				xdr_authunix_parms		
	clnt_perror			rpc_svc_calls(3N)	rpc_svc_calls		
	clnt_sperrno				svc_dg_enablecache		
	clnt_sperror				svc_exit		
	rpc_broadcast				svc_fdset		
	rpc_broadcast_exp				svc_freeargs		
	rpc_call				svc_getargs		
	rpc_clnt_calls				svc_getreq_common		
rpc_clnt_create(3N)	clnt_control				svc_getreq_poll		
	clnt_create				svc_getreqset		
	clnt_create_vers				svc_getrpccaller		
	clnt_destroy				svc_pollset		
	clnt_dg_create				svc_run		

10.6 Tabelle der Funktionen und Systeme

Manualeintrag	Aufruf in UNIX V.4	1170	Posix	Manualeintrag	Aufruf in UNIX V.4	1170	Posix
	svc_sendreply			scandir(3B)	alphasort		
rpc_svc_create(3N)	rpc_svc_create				scandir		
	svc_control			scanf(3S)	fscanf		
	svc_create				scanf		
	svc_destroy				sscanf		
	svc_dg_create			sched_get_- priority_max(3R)	sched_get_priority_- max		
	svc_fd_create				sched_get_priority_min		
	svc_raw_create				sched_rr_get_interval		
	svc_tli_create			sched_setparam(3R)	sched_getparam		
	svc_tp_create				sched_setparam		
	svc_vc_create			sched_setscheduler (3R)	sched_getscheduler		
rpc_svc_err(3N)	rpc_svc_err						
	svcerr_auth				sched_setscheduler		
	svcerr_decode			sched_yield(3R)	sched_yield		
	svcerr_noproc			secure_rpc(3N)	authdes_getucred		
	svcerr_noprog				authdes_seccreate		
	svcerr_progvers				getnetname		
	svcerr_systemerr				host2netname		
	svcerr_weakauth				key_decryptsession		
rpc_svc_reg(3N)	rpc_reg				key_encryptsession		
	rpc_svc_reg				key_gendes		
	svc_auth_reg				key_setsecret		
	svc_reg				netname2host		
	svc_unreg				netname2user		
	xprt_register				secure_rpc		
	xprt_unregister				user2netname		
rpc_xdr(3N)	rpc_xdr			select(3C)	select		✓
	xdr_accepted_reply			sem_close(3R)	sem_close		
	xdr_authsys_parms			sem_destory(3R)	sem_destory		
	xdr_callhdr			sem_getvalue(3R)	sem_getvalue		
	xdr_callmsg			sem_init(3R)	sem_init		
	xdr_opaque_auth			sem_open(3R)	sem_open		
	xdr_rejected_reply			sem_post(3R)	sem_post		
	xdr_replymsg			sem_unlink(3R)	sem_unlink		
rpcbind(3N)	rpcb_getaddr			sem_wait(3R)	sem_trywait		
	rpcb_getmaps				sem_wait		
	rpcb_gettime			semaphore(3T)	sema_destroy		
	rpcb_rmtcall				sema_init		
	rpcb_set				sema_post		
	rpcb_unset				sema_trywait		
	rpcbind				sema_wait		
rusers(3N)	rnusers				semaphore		
	rusers			semctl(2)	semctl		
rwall(3N)	rwall			semget(2)	semget		
rwlock(3T)	rw_rdlock			semop(2)	semop		
	rw_tryrdlock			send(3N)	send		✓
	rw_trywrlock				sendmsg		✓
	rw_unlock				sendto		✓
	rw_wrlock			setbuf(3S)	setbuf		
	rwlock				setvbuf		
	rwlock_destroy			setbuffer(3B)	setbuffer		
	rwlock_init						

Manualeintrag	Aufruf in UNIX V.4	1170	Posix	Manualeintrag	Aufruf in UNIX V.4	1170	Posix
	setlinebuf			sigsuspend(2)	sigsuspend		✓
setjmp(3B)	_longjmp	✓		sigvec(3B)	sigvec	✓	
	_setjmp	✓		sigwait(2)	sigwait		
setjmp(3C)	longjmp		✓	sigwaitinfo(3R)	sigtimedwait		
	setjmp		✓		sigwaitinfo		
	siglongjmp		✓	sleep(3B)	sleep		
	sigsetjmp		✓	sleep(3C)	sleep		✓
setlocale(3C)	setlocale		✓	socket(3N)	socket	✓	
setpgid(2)	setpgid		✓	socketpair(3N)	socketpair	✓	
setpgrp(2)	setpgrp	✓		spray(3N)	spray		
setregid(3B)	setregid			sqrt(3M)	cbrt	✓	
setreuid(3B)	setreuid	✓			sqrt		
setsckopt(NET)	setsockopt (nur 1170)	✓		ssignal(3C)	gsignal		
setuid(2)	setegid		✓		ssignal		
	seteuid			stat(2)	fstat	✓	✓
	setgid		✓		lstat	✓	
	setuid				stat	✓	✓
shm_open(3R)	shm_open			statvfs(2)	fstatvfs	✓	
shm_unlink(3R)	shm_unlink				statvfs	✓	
shmctl(2)	shmctl	✓		stdio(3S)	stdio		
shmget(2)	shmget	✓		stdipc(3C)	ftok	✓	
shmop(2)	shmat				stdipc		
	shmdt			stime(2)	stime		
	shmop			strccpy(3G)	strcadd		
shutdown(3N)	shutdown	✓			strccpy		
sigaction(2)	sigaction	✓	✓		streadd		
sigaltstack(2)	sigaltstack	✓			strecpy		
sigblock(3B)	sigblock	✓		strcoll(3C)	strcoll		
	sigmask			strerror(3C)	strerror		
	sigpause			strfind(3G)	str		
	sigsetmask	✓			strfind		
sigfpe(3)	sigfpe				strrspn		
siginterrupt(3B)	siginterrupt	✓			strtrns		
signal(2)	sighold	✓		strftime(3C)	ascftime		
	sigignore	✓			cftime		
	signal				strftime		
	sigpause	✓		string(3C)	strcasecmp	✓	
	sigrelse	✓			strcat		
	sigset	✓			strchr		
signal(3B)	signal				strcmp		
sigpending(2)	sigpending		✓		strcpy		
sigprocmask(2)	sigprocmask		✓		strcspn		
sigqueue(3R)	sigqueue				strdup	✓	
sigsend(2)	sigsend				string		
	sigsendset				strlen		
sigsetops(3C)	sigaddset		✓		strncasecmp	✓	
	sigdelset		✓		strncat		
	sigemptyset		✓		strncmp		
	sigfillset		✓		strncpy		
	sigismember		✓		strpbrk		
	sigsetops		✓		strrchr		
sigstack(3B)	sigstack	✓			strspn		

10.6 Tabelle der Funktionen und Systeme

Manualeintrag	Aufruf in UNIX V.4	1170	Posix
	strstr		
	strtok		
	strtok_r		
string_to_decimal(3)	file_to_decimal		
	func_to_decimal		
	string_to_decimal		
strsignal(3C)	strsignal		
strtod(3C)	atof		
	strtod		
strtol(3C)	atoi		
	atol		
	atoll		
	lltostr		
	strtol		
	strtoll		
	strtoul		
	strtoull		
	ulltostr		
strxfrm(3C)	strxfrm		
swab(3C)	swab		
swapctl(2)	swapctl		
symlink(2)	symlink	✓	
sync(2)	sync	✓	
syscall(3B)	syscall		
sysconf(3C)	sysconf	✓	✓
sysfs(2)	sysfs		
sysinfo(2)	sysinfo		
syslog(3)	closelog	✓	
	openlog	✓	
	setlogmask	✓	
	syslog	✓	
sysmem(3)	asysmem		
	sysmem		
system(3S)	system		
t_accept(3N)	t_accept		
t_alloc(3N)	t_alloc		
t_bind(3N)	t_bind		
t_close(3N)	t_close		
t_connect(3N)	t_connect		
t_error(3N)	t_error		
t_free(3N)	t_free		
t_getinfo(3N)	t_getinfo		
t_getstate(3N)	t_getstate		
t_listen(3N)	t_listen		
t_look(3N)	t_look		
t_open(3N)	t_open		
t_optmgmt(3N)	t_optmgmt		
t_rcv(3N)	t_rcv		
t_rcvconnect(3N)	t_rcvconnect		
t_rcvdis(3N)	t_rcvdis		
t_rcvrel(3N)	t_rcvrel		
t_rcvudata(3N)	t_rcvudata		
t_rcvuderr(3N)	t_rcvuderr		
t_snd(3N)	t_snd		
t_snddis(3N)	t_snddis		
t_sndrel(3N)	t_sndrel		
t_sndudata(3N)	t_sndudata		
t_strerror(3N)	t_strerror		
t_sync(3N)	t_sync		
t_unbind(3N)	t_unbind		
tam(3X)	tam		
tcsetpgrp(3C)	tcsetpgrp		
termios(3)	cfgetispeed	✓	✓
	cfgetospeed	✓	✓
	cfsetispeed	✓	✓
	cfsetospeed	✓	✓
	tcdrain	✓	✓
	tcflow	✓	✓
	tcflush	✓	✓
	tcgetattr	✓	✓
	tcgetpgrp	✓	✓
	tcgetsid	✓	
	tcsendbreak	✓	✓
	tcsetattr	✓	✓
	tcsetpgrp	✓	✓
	termios		
thr_create(3T)	thr_create		
thr_exit(3T)	thr_exit		
thr_join(3T)	thr_join		
thr_keycreate(3T)	thr_getspecific		
	thr_keycreate		
	thr_setspecific		
thr_kill(3T)	thr_kill		
thr_self(3T)	thr_self		
thr_setconcurrency(3T)	thr_getconcurrency		
	thr_setconcurrency		
thr_setprio(3T)	thr_getprio		
	thr_setprio		
thr_sigsetmask(3T)	thr_sigsetmask		
thr_suspend(3T)	thr_continue		
	thr_suspend		
thr_yield(3T)	thr_yield		
time(2)	time		✓
timer_create(3R)	timer_create		
timer_delete(3R)	timer_delete		
timer_settime(3R)	timer_getoverrun		
	timer_gettime		
	timer_settime		
times(2)	times	✓	✓
times(3B)	times		
tmpfile(3S)	tmpfile		
tmpnam(3S)	tempnam		
	tmpnam		

Manualeintrag	Aufruf in UNIX V.4	1170	Posix	Manualeintrag	Aufruf in UNIX V.4	1170	Posix
	tmpnam_r			wctype(3I)	isenglish		
trig(3M)	acos				isideogram		
	asin				isnumber		
	atan				isphonogram		
	atan2				isspecial		
	cos				iswalnum		
	sin				iswalpha		
	tan				iswascii		
	trig				iswcntrl		
truncate(3C)	ftruncate	✓			iswdigit		
	truncate	✓			iswgraph		
tsearch(3C)	tdelete	✓			iswlower		
	tfind	✓			iswprint		
	tsearch	✓			iswpunct		
	twalk	✓			iswspace		
ttyname(3C)	isatty	✓	✓		iswupper		
	ttyname	✓	✓		iswxdigit		
	ttyname_r				wctype		
ttyslot(3C)	ttyslot	✓		write(2)	pwrite		
uadmin(2)	uadmin				write	✓	✓
ualarm(3B)	ualarm	✓			writev	✓	
ulimit(2)	ulimit	✓		wscoll(3I)	wscoll		
umask(2)	umask		✓	wsprintf(3I)	wsprintf		
umount(2)	umount			wsscanf(3I)	wsscanf		
uname(2)	uname		✓	wstod(3I)	watof		
ungetc(3S)	ungetc				wstod		
ungetwc(3I)	ungetwc			wstol(3I)	watoi		
unlink(2)	unlink	✓	✓		watol		
unlockpt(3C)	unlockpt	✓			watoll		
usleep(3B)	usleep	✓			wstol		
ustat(2)	ustat	✓		wstring(3I)	windex		
utime(2)	utime		✓		wrindex		
utimes(2)	utimes	✓			wscasecmp		
vfork(2)	vfork	✓			wscat		
vhangup(2)	vhangup				wschr		
vprintf(3S)	vfprintf	✓			wscmp		
	vprintf	✓			wscol		
	vsprintf	✓			wscpy		
vsyslog(3)	vsyslog				wscspn		
wait(2)	wait	✓	✓		wsdup		
wait(3B)	WIFEXITED				wslen		
	WIFSIGNALED				wsncasecmp		
	WIFSTOPPED				wsncat		
	wait	✓			wsncmp		
	wait3	✓			wsncpy		
	wait4				wspbrk		
	waitpid	✓	✓		wsrchr		
waitid(2)	waitid	✓			wsspn		
waitpid(2)	waitpid	✓			wstok		
wconv(3I)	towlower				wstring		
	towupper			wsxfrm(3I)	wsxfrm		
	wconv			xdr(3N)	xdr		

10.6 Tabelle der Funktionen und Systeme

Manualeintrag	Aufruf in UNIX V.4	1170	Posix	Manualeintrag	Aufruf in UNIX V.4	1170	Posix
xdr_admin(3N)	xdr_admin				xdr_free		
	xdr_control				xdr_hyper		
	xdr_getpos				xdr_int		
	xdr_inline				xdr_long		
	xdr_setpos				xdr_longlong_t		
	xdr_sizeof				xdr_quadruple		
	xdrrec_endofrecord				xdr_short		
	xdrrec_eof				xdr_simple		
	xdrrec_readbytes				xdr_u_char		
	xdrrec_skiprecord				xdr_u_hyper		
xdr_complex(3N)	xdr_array				xdr_u_int		
	xdr_bytes				xdr_u_long		
	xdr_complex				xdr_u_longlong_t		
	xdr_opaque				xdr_u_short		
	xdr_pointer				xdr_void		
	xdr_reference			yield(2)	yield		
	xdr_string			yp_update(3N)	yp_update		
	xdr_union			ypclnt(3N)	yp_all		
	xdr_vector				yp_bind		
	xdr_wrapstring				yp_first		
xdr_create(3N)	xdr_create				yp_get_default-_domain		
	xdr_destroy				yp_master		
	xdrmem_create				yp_match		
	xdrrec_create				yp_next		
	xdrstdio_create				yp_order		
xdr_simple(3N)	xdr_bool				yp_unbind		
	xdr_char				ypclnt		
	xdr_double				yperr_string		
	xdr_enum				ypprot_err		
	xdr_float						

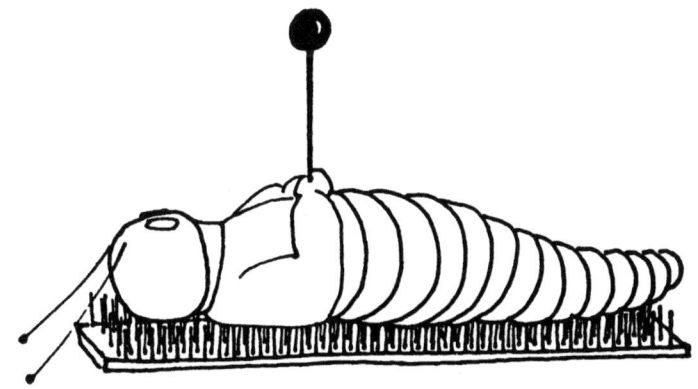

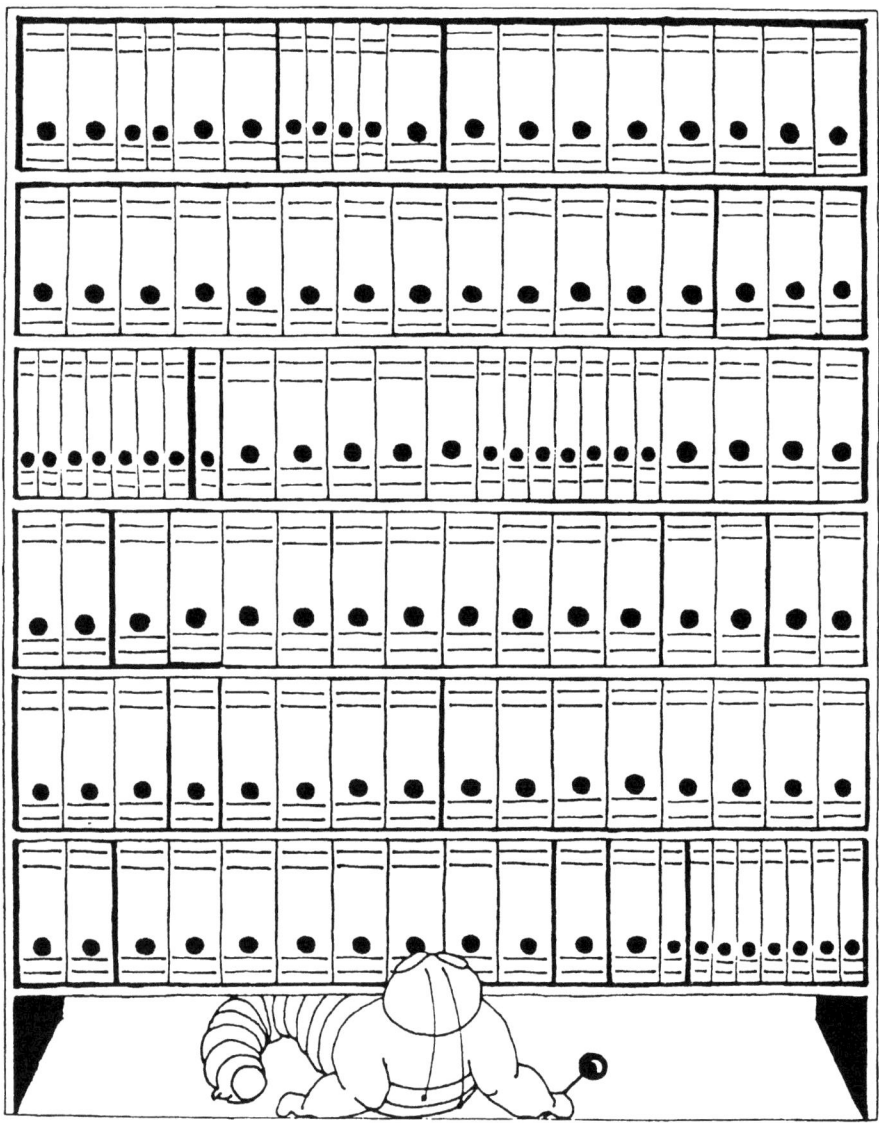

11 Systemverwaltung und Systempflege

Die Systempflege und Systemverwaltung ist die Arbeit des Systemverwalters – eines Benutzers, der sich über den normalen Umfang hinaus mit dem UNIX-System befaßt. Er muß in der Regel das UNIX-System zum ersten Mal installieren, neue Versionen einspielen, regelmäßig bestimmte Systemdateien überprüfen und die Sicherung des Systems übernehmen. Für eine Reihe der genannten Arbeiten muß dieser Benutzer Super-User-Privilegien haben.

Zur Systempflege sollen hier die Arbeiten gezählt werden, die notwendig sind um

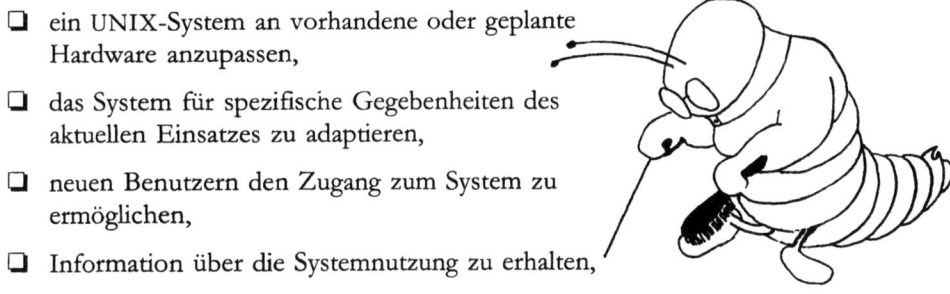

- ein UNIX-System an vorhandene oder geplante Hardware anzupassen,
- das System für spezifische Gegebenheiten des aktuellen Einsatzes zu adaptieren,
- neuen Benutzern den Zugang zum System zu ermöglichen,
- Information über die Systemnutzung zu erhalten,
- das Aufsetzen wichtiger Dateien und Kataloge durchzuführen,
- das Print-Spooler-System zu installieren und zu verwalten,
- die Sicherung einzelner Dateien als auch des gesamten Systems vorzunehmen,
- den Aufbau von Sicherheitsmechanismen und deren Überprüfung.
  Dieses Thema, wurde aus der nachfolgenden Betrachtung ausgeklammert. Es ist teilweise recht komplex und vielfach systemspezifisch. Hierfür sei auf [SPAFFORD] und [CHESWICK] verwiesen.

Die nachfolgend beschriebenen Teile des UNIX-Systems sind naturgemäß stark vom jeweiligen System abhängig. Man sollte diese Beschreibung als eine Darstellung der Konzepte betrachten und im Einzelfall mit der Beschreibung des eigenen Systems vergleichen. Gerade hier gibt es große Unterschiede! Auch zwischen älteren und neueren UNIX-Systemen sind erhebliche Veränderungen eingetreten. Man sollte sich deshalb – wie es für den Systemverwalter fast selbstverständlich ist – Zeit für die Aufgaben nehmen und sorgfältig vorgehen.

Für die Arbeiten der Systemverwaltung sind natürlich eine ganze Reihe von UNIX-Grundkenntnissen sowie Know-How über die Verwaltungsprogramme erforderlich. Der Systemverwalter sollte deshalb – zumindest wenn er für die Administration mehrerer Systeme oder wichtiger Einzelsysteme zuständig ist – eine spezielle Systemverwalter-Schulung bekommen, die auf die eingesetzten UNIX-Systeme abgestimmt sein sollte! Dieses Kapitel kann nur einen Überblick geben.

11.1 Systemgenerierung

Der erste Schritt einer Systemanpassung ist in der Regel die Systemgenerierung. In ihr wird der Systemkern zusammen mit den Gerätetreibern für die Geräte wie Dialogstationen, Magnetplatten, Drucker und Kommunikationsperipherie erzeugt und zu einem Gesamtsystem zusammengebunden. Dies kann mit Hilfe der UNIX-Dienstprogramme (wie z.B.z.B. dem **make**) in der Regel so schnell und problemlos erfolgen, daß man auch eine notwendige Neugenerierung nicht zu scheuen braucht, wenn sich Änderungen an den genannten Systemkomponenten ergeben sollten.

Die Systeminstallation und -generierung erfolgt auf modernen UNIX-Systemen in der Regel vollkommen automatisiert und mit geringem Benutzereingriff. Die Installation eines Systems erfolgt prinzipiell in drei Phasen:

- In der ersten Phase muß ein minimales System auf die Platte gelesen werden.
- Danach ist ein neuer Systemkern zu erstellen.
- Schließlich sind die Informationsdateien des Systems entsprechend dem vorhandenen System anzupassen.

Im ersten Schritt muß die Systemplatte mit einem minimalen UNIX-System geladen werden. Dies erfolgt mit sogenannten *Stand Alone Programmen*. Diese sind in der Lage, alleine, d.h. ohne ein vorhandenes Betriebssystem, zu laufen. Mit ihnen ist zunächst – soweit nicht bereits vom Systemanbieter geschehen – die Platte zu formatieren und zu initialisieren. Danach wird das Ursystem auf diese Platte geladen. Dies läuft in den verschiedenen Systemen recht unterschiedlich ab und man sollte in jedem Fall die Installationsanleitung des UNIX-Anbieters sehr sorgfältig lesen und Schritt für Schritt durchführen. Der Vielfalt der Systeme wegen wird hier auf eine detaillierte Beschreibung verzichtet.

In der zweiten Phase wird das vom Systemanbieter gelieferte minimale UNIX-System an die vorhandene Konfiguration angepaßt und ggf. ein neuer UNIX-Kern erstellt. Für die Generierung des Kerns wird die Konfiguration angegeben. Er gibt hier Art und Anzahl der angeschlossenen Hardware an, wie Magnetplatten, Magnetband, CD-ROM oder MO-Laufwerke, serielle Leitungen, Drucker, Netzschnittstellen; er legt fest, welches die *root*-Platte werden soll, wo der Swap-Bereich zu liegen hat und wie groß dieser sein soll.

Weitere, über die reine Konfiguration hinausgehende Anpassungen erreicht man durch das Adaptieren einiger Generierungskonstanten. Hierzu gehören z.B. die maximale Anzahl von Prozessen pro Benutzer und im gesamten System die maximale Anzahl von gleichzeitig geöffneten Dateien, die Größe des Systempuffers und vieles mehr. Anzahl und Funktion dieser Parameter variieren von System zu System. Einzelheiten hierzu sind in [UNIX-ADM-A] und [UNIX-ADM-B] zu finden.

Bei modernen Unix-Systemen wie etwa System (∗V.4.2∗) fällt diese früher eher aufwendige und komplizierte Etappe der Administration kaum mehr ins Gewicht. Die Bootsoftware bzw. Kerne der heute üblichen UNIX-Systeme verfügen über

11.1 Systemgenerierung

❏ verschiedene Routinen zur Selbsterkennung der vorhanden Hardwaregegebenheiten; darauf setzen dann wieder Systemteile zur weitestgehend automatischen Konfiguration auf.

❏ dynamisch ladbare Module, wozu auch Gerätetreiberprogramme im Kern gehören. Dadurch ist es möglich, Geräte erst zur Laufzeit im Kern zu installieren und auch wieder zu entfernen.

11.1.1 Erstellung der Geräteeinträge (special files)

Zur Systemgenerierung soll hier auch die Anpassung oder Erstellung der im Katalog /dev aufgeführten Geräte (*special files*) zählen. Hiermit wird dem intern im System generierten Gerät ein externer Name zugeordnet. Der Name selbst ist prinzipiell willkürlich; die Einhaltung der Namenskonventionen erleichtert jedoch den Umgang mit dem System, ermöglicht einen leichteren Systemwechsel und fördert die Portabilität. Darüber hinaus setzen einige Programme bestimmte Gerätenamen voraus.

Die Einrichtung der *special files* erfolgt mit Hilfe des /etc/mknod-Kommandos in der Form:

/etc/mknod *name klasse typ-nr gerätenr*

Die einzelnen Parameter haben dabei folgende Bedeutung:

name   Dies ist der externe Name des Gerätes. Er wird in der Regel im Katalog /dev eingetragen und hat somit die Form:
/dev/*xxx* oder /dev/*geräteart/gerät*
Z.B.:   */dev/lp0*   für den 1. Druckeranschluß oder
          /dev/rmt/c0s0   für das Streamerlaufwerk 0 (am Kontroller 0).

klasse   gibt die Klasse des Gerätes (*special file*) an. Gültig sind hier:
    b   für blockorientierte Geräte
    c   (*character*) für zeichenorientierte Geräte
    p   für eine *named pipe*. Hier dürfen *typ_nr* und *gerätenr* nicht angegeben werden.

typ-nr   die Typennummer des Gerätes (auch als **major device number** bezeichnet). Diese Nummer spezifiziert den zu verwendenden Gerätetreiber und stellt einen Index auf die Treibertabelle des Kerns dar.

gerätenr   gibt die laufende Nummer des Gerätes vom Typ *typ-nr* an (z.B. die Dialogstation auf dem 3. Anschluß). Die Zählung beginnt bei 0. Der Parameter wird auch als **minor device number** bezeichnet. Emuliert das System auf einem physikalischen Gerät mehrere logische Geräte, wie dies häufig bei großen Magnetplatten der Fall ist, so berechnet sich der Wert aus:
n := *n-emul* * *l-nr* + *emul-nr*. Dabei ist

    n-emul   die Anzahl der emulierten Laufwerke (Standard: 8 oder 16),
    l-nr   die Nummer des physikalischen Laufwerks (Zählung ab 0),
    emul-nr   die Nummer des logischen Laufwerks, in der Emulationskette.

Innerhalb der *minor device number* werden bei vielen Geräten in den höherwertigen Bits bestimmte Informationen zum Operationsmodus (Schreibdichten, Rückspulen bei Magnetbandgeräten, Flußkontrolle bei seriellen Leitungen usw.) abgelegt. Dieses Verfahren ist insofern sinnvoll, als der mögliche Wertevorrat in der *minor device number* niemals für die Anzahl der tatsächlich vorhandenen Geräte verbraucht wird.

Magnetplatten-, Magnetband- und Disketten-Gerätetreiber stellen neben dem regulären blockorientierten Zugriff eine Schnittstelle für das *raw device* zur Verfügung, welche den direkten, ungepufferten Datentransfer zwischen dem Gerät und dem Benutzerprogramm erlauben und die Übertragung großer Satzlängen (Blöcke) zuläßt. Diese Schnittstelle wird als zeichenorientiert betrachtet (**c** im Eintrag *g_klasse*) und durch ein dem Gerätenamen vorangestelltes **r** angezeigt.

✏️ /etc/mknod /dev/fd1 b 1 1 ; /etc/mknod /dev/rfd1 c 1 1
→ richtet die Gerätenamen *fd1* und *rfd1* für ein Floppylaufwerk ein. Im ersten Teil des Beispiels wird das blockorientierte Gerät definiert. Seine **major device number** sei hier 1 (der Konfigurationstabelle in */etc/conf/sdevice.d/fd* entnommen), seine **minor device number** ebenfalls 1. Im zweiten Teil wird entsprechend dem **raw**-Interface des gleichen Gerätes der entsprechende externe Name gegeben. Hierbei wurde dem Namen *fd1* das **r** vorangestellt und als Geräteklasse ein **c** für *character oriented* gegeben.

Nach der Erstellung der notwendigen *special files* sollte diesen ein entsprechender Zugriffsmodus (mit **chmod**) gegeben werden. Bei der Systemplatte ist es z.B sinnvoll, daß nur der Super-User (mit dem Namen **root**) Lese- und Schreiberlaubnis auf das **raw device** hat (Modus 600 für alleinigen Zugriff des Besitzers oder Modus 644 bei Leseerlaubnis für alle).

Die Geräte **null**, **mem**, **kmem**, **tty**, **console**, **systty** und **syscon** sollten in der Regel schon vorhanden sein und nicht geändert werden (ihre Funktion ist in Abschnitt 4.2.1 auf S. 97 beschrieben).

Weitere Informationen zu den Geräten und Gerätetreibern ist in [UNIX-FILES] und [UNIX-DRIVER] zu finden.

✏️ /etc/mknod /dev/tty6 c 38 2
→ führt das Gerät */dev/tty6* ein und trägt einen entsprechenden Namen im Katalog */dev* ein. Das Gerät (hier eine Dialogstation) ist zeichenorientiert (Geräteklasse **c**) und hat die Gerätetypnummer (*major device number*) 38. Diese wurde von /dev/tty1 abgeschaut. Da die Dialogstation auf dem 7. seriellen Anschluß liegt, ist die *minor device number* hier 6 (Zählung von 0!).

✏️ /etc/mknod /dev/FIFO p
→ legt eine *named pipe* mit dem Namen *FIFO* im Katalog */dev* an. In dieser Form entfällt die Angabe der *major* und *minor device number*!

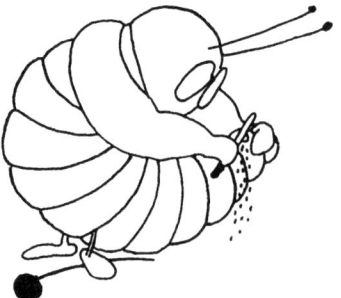

11.2 Systemdateien

Der nächste Schritt nach der Generierung ist die Erstellung oder Adaption der verschiedenen von den Systemprogrammen benutzten Kataloge, Informationsdateien und Kommandoprozeduren. Die notwendigen Kataloge und ihre Funktionen sind in Abschnitt 11.11 beschrieben.

Das Format der aufgeführten Dateien ist, soweit es sich um strukturierte Dateien und nicht um Kommandoprozeduren handelt, in [UNIX-FILES] und in [UNIX-ADMIN-A] beschrieben.

Die meisten Informationsdateien liegen im Katalog /etc bzw. /usr/etc. Zu den wichtigsten gehören:

/etc/passwd   Paßwortdatei des Systems. In ihr müssen alle gültigen Benutzer des Systems eingetragen sein. Die Einträge sollten in neueren Systemen nicht mehr mit einem Editor, sondern mit einem Administrationswerkzeug bearbeitet werden.

/etc/shadow   Ab System (*V.3*) enthält diese Datei die wirklich sicheren Daten pro Benutzer (z.B. die Paßwörter).

/etc/group   Gruppenpaßwortdatei des Systems. In ihr sind die Benutzer einer Gruppe als jeweils ein Eintrag anzugeben.

/etc/inittab   Der Prozeß /etc/init schaut in dieser Datei nach, welche Prozesse in welcher Systemebene zu starten sind. Hierin wird auch festgelegt, an welchen Dialogstationen im Multi-User-Betrieb Sitzungen stattfinden können. Siehe hierzu Seite 748.

/etc/ttys   Datei entspricht in etwa der Funktionalität von /etc/inittab und wird bei BSD-Systemen anstelle dieser benutzt. (*B*)

/etc/gettydefs   Das getty-Programm ermittelt anhand dieser Datei, mit welchen initialen stty-Parametern die Leitungen für die Dialogstationen zu betreiben sind.

/etc/gettytab   entspricht im BSD-UNIX der Datei /etc/gettydefs.

/etc/ttytype   Hierin wird im UNIX-System der Typ der Dialogstation an einer Terminalleitung angegeben.

/etc/termcap   (*B*) gibt die Möglichkeiten (*Terminal Capabilities*) der einzelnen Dialogstationstypen an. Da einige Programme sich darauf abstützen ist die Datei unter (*V.4*) in /usr/share/lib/termcap vorhanden.

/usr/lib/terminfo   Katalog mit nach Namen sortierten Unterkatalogen. In diesen liegen die Beschreibungsdateien für Dialogstationen. (*V*)

/etc/rc   Die Shellprozedur wird dann ausgeführt, wenn das System vom Einbenutzer- in den Mehrbenutzermodus übergeht. (*KP*)

/etc/rc?.d	Unterverzeichnisse mit Shellprozeduren, die bei Erreichen des jeweiligen Systemzustandes durchlaufen werden. Z.B. wird die Datei in /etc/rc2.d beim Wechsel in den Multi-User-Status (*Run Level 2*) durchlaufen.
/etc/brc	Die Kommandos dieser Datei werden beim Übergang vom Einbenutzerbetrieb in den Mehrbenutzerbetrieb aufgerufen.
/etc/bcheckrc	Die Kommandos dieser Datei werden beim Übergang vom Einbenutzerbetrieb in den Mehrbenutzerbetrieb ausgeführt.
/etc/profile	Eine Anmelde-Shell (**login**-Shell) führt die Kommandos dieser Datei aus, bevor sie die Kommandos der *.profile*-Datei des Benutzers liest. Hier können somit Vorbesetzungen (z.B. den Standardwert für **$PATH**) für alle Benutzer festgelegt werden.
/etc/mnttab	Dies ist die *mount table*. In ihr sind alle in den Systemdateibaum eingehängten Dateisysteme verzeichnet.
/etc/motd	(*message of the day*) Kann eine Nachricht enthalten, welche die Benutzer beim Anmelden automatisch angezeigt bekommen.
/etc/issue	Der Text dieser Datei wird als Teil des **login**-Bereitzeichens ausgegeben. (*V*)
/etc/checklist	Wird das **fsck**-Kommando ohne einen Parameter aufgerufen, so entnimmt es dieser Datei die zu untersuchenden Dateisysteme.
/etc/fstab	(*-V.3*) siehe hierzu /etc/vfstab.
/etc/vfstab	Information über Geräte bzw. Dateisysteme, welche standardmäßig durch /etc/fsck zu überprüfen sind. (*B*), (*V.3*)
/etc/dumpdates	Informationsdatei für Systemsicherungen durch **ufsdump**.
/etc/filesave	Dies ist ein Prototyp einer installationsspezifischen Dateisicherungsprozedur. (*KP*)
/etc/tapesave	Hierin sollte sich ein Prototyp einer installationsspezifischen Dateisicherungsprozedur auf Band befinden. (*KP*)
/etc/shutdown	Hierin sollten Kommandos enthalten sein, die das System sicher und kontrolliert herunterfahren. (*KP*)
/etc/utmp	Enthält die Information, welcher Benutzer gerade beim System angemeldet ist. Man sollte sie nicht manuell verändern!
/usr/adm/wtmp	Hier werden alle Anmeldungen (**login**) und Abmeldungen von Benutzern festgehalten.
/usr/adm/pacct	Hierin wird die Information für das *Accounting* einzelner Prozesse abgelegt.

11.2 Systemdateien

/etc/default
: Unterverzeichnis mit Dateien, die Standardwerte für unterschiedlichste Kommandos beinhalten können. Z.B. enthält /etc/default/tar die Festlegung der Standardparameter für acht voreingestellte Archivmedien.

/etc/device.tab
: Datenbank (Tabelle) über im System vorhandene Geräte bzw. Pseudogeräte mit ihren symbolischen Namen, Parametern und Eigenschaften. (*V.4*)

/etc/hosts
: Tabelle der in einem Netzwerk bekannten Rechner; enthält pro Rechner eine Zeile mit der Internet Nummer und dem Namen des Rechners. Ein Rechner kann über mehrere Namen (Aliase) angesprochen werden.

/etc/hosts.equiv
: enthält die Namen der Rechner im Netz, die als *vertrauenswürdig* eingestuft werden. Von solchen Rechnern werden bestimmte Anforderungen (Anmeldungen, Kopieroperationen u.a.) mit eingeschränktem Autorisierungsaufwand akzeptiert. Diese Rechner werden in vieler Hinsicht wie die eigene Maschine behandelt.

/etc/resolv.conf
: enthält die Namen von maximal drei Nameservern. Werden Nameserver verwendet, so erfolgt die Zuordnung von Hostnamen und Internet-Adresse auf dem Nameserver anstelle der lokalen Datei /etc/hosts.

/etc/exports
: Hier werden die Angaben von lokal vorhandenen Dateisystemen gespeichert, die über das Netzwerk auch anderen Rechnern zur Verfügung stehen sollen. Neben dem Namen des Dateisystems erscheinen hier weitere Angaben, wie Erlaubnis zum Root-Zugriff, berechtigten Hosts usw..

/etc/dfs
: Ab (*V.4*) werden die Informationen zu verteilten Dateisystemen nicht mehr in /etc/exports abgelegt, sondern in mehreren Dateien im Verzeichnis /etc/dfs. Die wichtigste Datei in diesem Verzeichnis ist **dfstab**. Dabei handelt es sich um ein Shellskript mit Aufrufen des Kommandos **share**(1M) zur Freigabe von Dateisystemen zum Export.

Darüber hinaus befinden sich viele weitere Systemdateien an speziellen Plätzen im Dateibaum je nach inhaltlicher Zugehörigkeit. Viele dieser Dateien sind eindeutig Systemdateien und auf vielen Unix-Systemen nahezu identisch. Man denke nur an die Verwaltungsdateien zu Netzwerken, an die Administration von Mail-Systemen, Internet-News und ähnliches. Bei sehr vielen dieser Dateien findet man jedoch immer wieder die gleichen Konzepte der Verwendung wie bei den hier genannten wesentlichsten Dateien vor.

Allein das Thema *Verwaltung von Netzwerken* bietet Stoff für ein weiteres Buch und wird deshalb hier nicht weiter vertieft. Gleiches trifft auf die Frage nach der Administration des X Window Systems zu, speziell in verteilten Umgebungen.

Hier sollte sich ein Systemverwalter von Anfang an jedoch auf die wirklichen **administrativen** Aufgaben konzentrieren. Das sind alle die Aufgaben, die Auswirkungen auf mehrere Nutzer haben.

Die meisten Unix-Installationen verfügen heute über das grafische X Window System. Neben den Fragen der Installation und Hardwareanpassung sollte der Administrator an Hand der gelieferten Dokumentation jedoch folgende Schwerpunkte beachten:

❑ Vermeiden Sie redundante Dateien! Das X Window System ist sehr umfangreich und belegt entsprechend viel Platz auf den Dateisystemen. Um so wichtiger ist es, wichtige Dateien und umfangreiche Programme und Bibliotheken möglichst nur einmal zu halten und in eleganter Weise über das Netz zur Verfügung zu stellen.

Besonders viel Platz belegen neben den ausführbaren Programmen, den X-Clients, die Bibliotheken, Headerfiles und die Fonts (Schriften). Dabei ist es durchaus zumutbar, Dateien, die nur bei der Programmentwicklung benötigt werden (Headerfiles → *Suffix*.h, statische Programmbibliotheken → *Suffix*.a) sowie die umfangreichen Fonts nur einmal im Netz zu halten.

Shared Libraries, also Programmbibliotheken, die zur Laufzeit nachgeladen werden, sollten aus Performancegründen möglichst lokal auf der Maschine vorhanden sein.

Für das verteilte Speichern der Schriften gibt es entsprechende *Font-Server*-Programme.

❑ Grafische Bildschirme sollte man auch möglichst immer grafisch betreiben. Wenn ein Benutzer erst ein ASCII-Login sieht, dann manuell das X Window System starten muß, verbraucht er viel mehr Zeit, als wenn er sich bereits grafisch anmeldet. Beim Beenden der Arbeit muß er dann erst alle Fenster schließen, das X Window System manuell herunterfahren und sich dann ganz normal abmelden. Dies wird naturgemäß in der Praxis oft vergessen. Andere Benutzer können dann unter der Kennung des vorigen Benutzers in das System einbrechen.

Hier bietet das X-Window System ein entsprechendes Programm **xdm**: den X Display Manager. Dieses Programm leistet den Zugang zu Unix auf grafischem Niveau und sorgt, ähnlich **getty** für einen entsprechenden Login-Bildschirm nach dem Schließen der letzten grafischen Anwendung (siehe Seite 524).

Eine solche verteilte Haltung der Dateien des X Window Systems bringt nicht nur Platzvorteile im Dateisystem, sondern man gewinnt auch mehr Übersicht und reduziert den Administrationsaufwand beträchtlich, da nicht mehr jede Maschine einzeln gepflegt und etwa mit Software-Updates versehen werden muß.

11.2.1 Paßwortdateien

Das UNIX-System enthält in der Regel zumindest zwei Paßwortdateien:
1. die eigentliche Passwort-Datei */etc/passwd*, in der alle Benutzer eingetragen sind
2. und die Gruppendatei */etc/group*.

Beide dienen dazu, den Zugang zum System durch den Schutz eines Paßwortes zu sichern. In dedizierten Anwendungen mit erhöhtem Sicherheitsbedürfnis wird man darüber hinaus weitere Paßwortdateien finden.

Ab (*V.4*) gehört zumindest noch eine weitere wichtige Datei zu diesem Komplex: */etc/shadow*. Andere Systeme haben mittlerweile eigene, vom eigentlichen Unix Vorbild abweichende Sicherheitskonzepte entwickelt. SCO-Unix verwendet dazu einen ganzen Satz an binären Dateien. Das IBM-AIX-System hält eigene Datenbasen unter */etc/security*. Allen gemeinsam ist der Versuch, auf diesem Wege die folgenden Ziele zu erreichen:

❏ Verfeinerung der Autorisierungsmechanismen des Unix-Systems, dazu zählt z.B. die Festlegung der Gültigkeitsdauer von Benutzer-Accounts, der Gültigkeitsdauer von Paßwörtern und ähnliches.

❏ Erhöhung des Zugriffsschutzes für sicherheitskritische Daten, wie z.B. den Paßwörtern von anderen Benutzern bzw. Systemlogins.

❏ Erhöhung der Zugriffsgeschwindigkeit in der Autorisierungsphase durch Benutzung von Datenbanken anstelle traditioneller sequentieller ASCII-Dateien. Diese Datenbanken werden üblicherweise als **dbm**-Datenbanken gehalten.

Die Paßwortdatei /etc/passwd

In der Paßwortdatei */etc/passwd* sind alle dem System bekannten Benutzer eingetragen. Die Paßwortdatei kann zwar von allen Benutzern gelesen, jedoch nur vom Systemverwalter (Super-User) editiert oder von den Benutzern durch das **passwd**-Kommando kontrolliert modifiziert werden. Pro Benutzer ist ein Eintrag (eine Zeile) vorhanden mit folgenden jeweils durch : getrennten Angaben:

benutzername:paßwort:benutzer-nr:gruppen-nr:benutzer:katalog:login-programm

Dabei haben die einzelnen Elemente folgende Bedeutung:

benutzername	Unter diesem Namen meldet sich der Benutzer beim System an, und der Name wird vom System z.B. bei Programmen wie **who** und **ls** ausgegeben. Der Name sollte maximal acht Zeichen lang sein, mit einem Buchstaben beginnen und keine Großbuchstaben enthalten.
paßwort	Dieses Feld enthielt früher das Paßwort des Benutzers in verschlüsselter Form. Bei den meisten heute üblichen UNIX-Systemen wird es nur noch aus Gründen der Abwärtskompatibilität gepflegt und enthält nicht mehr das echte (verschlüsselte) Paßwort.

benutzer-nr	gibt die Benutzernummer an. Mit dieser Nummer, auch **UID** für *User Identification* genannt, wird ein Benutzer im System geführt. Sie wird in seinen Dateien als Dateibesitzerkennung eingetragen. Über diese Nummer kann das System dann aus der Paßwortdatei den symbolischen Benutzernamen ermitteln. Die Benutzernummer **0** ist dem **Super-User** vorbehalten. Der Super-User-Status erlaubt es, alle Dateien und Kataloge zu modifizieren, unabhängig von deren Modus (Zugriffsrechten), sowie alle Prozesse abzubrechen. Auch der Systemverwalter sollte aus Sicherheitsgründen außer für spezielle Systemarbeiten nicht unter der Super-User-Nummer arbeiten!
gruppen-nr	Die Gruppennummer, auch als **GID** für *Group Identification* bezeichnet, erlaubt, mehrere Benutzer zu einer Gruppe zusammenzufassen. Dies kann zum einen für Abrechnungszwecke nützlich sein; zum anderen erlauben die Zugriffsrechte von Dateien den Benutzern der gleichen Gruppe eigens spezifizierte Zugriffsrechte auf Dateien zu geben. ➜ Der Gruppenmechanismus beim Zugriff auf Dateien wird erst dann wirksam, wenn die Benutzer einer Gruppe nicht nur in der Paßwortdatei die gleiche Gruppennummer haben, sondern auch als Gruppe in der Gruppenpaßwortdatei eingetragen sind!
benutzer	Es gibt einige dedizierte Systeme bei AT&T, bei denen dieser Eintrag für GCOS-Information vorgesehen ist. Dann besteht er aus der Auftragsnummer, der **box number** und der GCOS-Benutzernummer, jeweils durch Kommata getrennt. In den meisten Systemen ist dieser Eintrag frei und kann z.B. dazu verwendet werden, um den vollen Benutzernamen und dessen Telefonnummer festzuhalten. Abgeleitet von den BSD-Implementationen hat sich ein Standard für die Benutzung dieses Feldes etabliert, der u.a. von Informationsprogrammen wie **finger** verwendet wird. Danach sollten folgende Informationen, durch Kommata getrennt, in diesem Feld enthalten sein: – vollständiger Name des Benutzers – Nummer des Büros – Telefonnummer Arbeitsplatz – Telefonnummer privat
katalog	Dies gibt den Hauptkatalog (**login directory**) des Benutzers nach dem Anmelden an. Dieser Katalogname wird von der Shell dann auch in die Shellvariable **$HOME** eingetragen.
login-programm	Hier wird das Programm spezifiziert, welches nach dem Anmelden des Benutzers (**login**) automatisch aktiviert wird. Fehlt diese Angabe, so ist es **/bin/sh**. Wird hier eine Shell gestartet (**sh, csh, ksh**, ...), so wird die Shell als *Login-Shell* bezeichnet.

11.2 Systemdateien

✎ root:x:0:1::/:
daemon:x:1:1::/:
bin:x:2:2::/:
lp:x:1:2::/:
sys:x:3:3::/usr/sys:
adm:x:4:4::/usr/sys:
⋮
oskar::5:30:Franz Oskar, Tel 3938:/usr/oskar:/bin/ksh
juergen:x:10:30::/home/gul:/bin/csh
dieter:x:20:20::/mod1:
schmidt:x:22:20::/mod2:

→ Der erste Eintrag ist der des Systemverwalters (Super-Users). Sein Privileg wird durch die Benutzernummer **0** gekennzeichnet. Ein ›x‹ an der Position des Paßwortes zeigt an, daß der Benutzer ein Paßwort hat – es ist (ab *V.3.2*) in der Datei /etc/shadow zu finden. Die Gruppennummer ist ebenfalls 1. Der GCOS-Eintrag ist leer. Beim Benutzer *oskar* wurde hier z.B. der volle Benutzername und die Telefonnummer, mit Komma getrennt, eingetragen (darin dürfen keine ›:‹ vorkommen). Das Kommando **finger** greift auf diesen Eintrag zurück.

Als Standardkatalog von *root* ist die Systemwurzel / eingetragen. Der Eintrag für das initiale Programm fehlt. Somit wird der Kommandointerpreter **/bin/sh** impliziert. Beim Benutzer *juergen* ist hier die C-Shell (**/bin/csh**) angegeben. Diese wird damit zu seiner *Login-Shell*. Die Benutzer *dieter*, und *schmidt* haben hier die gleiche Gruppennummer. Sie werden später nochmals in der Gruppenpaßwortdatei aufgeführt.

Fehlt in einem Eintrag das Paßwort, so wird bei dem betreffenden Benutzer beim **login** kein Paßwort erfragt. Er sollte mit Hilfe des Kommandos **passwd** dem System sein Paßwort mitteilen. Einige Systeme erzwingen die Angabe eines Paßwortes beim ersten **login** des Benutzers.

Üblicherweise werden Änderungen in der Paßwortdatei durch die zumeist vorhandene doppelte Datenhaltung in anderen Dateien nicht sofort wirksam. Unter Berkeley-Unix-Systemen sollte zum Editieren der Paßwortdatei das Kommando **vipw** verwendet werden. Dadurch wird die Konsistenz dieser Daten automatisch gesichert. Unter (*V.4*) existiert ein Super-User-Kommando **creatiadb**. Auch dieses Kommando stellt konsistente Datenbanken zur Verfügung. **creatiadb** wird normalerweise beim Booten des UNIX-Systems einmal durch den Prozeß **init** ausgeführt.

Die Gruppenpaßwortdatei /etc/group

Die Datei */etc/group* enthält für jede Gruppe im System einen einzeiligen Eintrag in folgendem Format:

gruppen-name:*gruppen-paßwort*:*gruppen-nr*:*benutzer*

Hierbei ist:

gruppen_name   der Name der Gruppe mit maximal 8 Zeichen (keine Großbuchstaben).

gruppen_paßwort   das kodierte Paßwort der Gruppe. Eigenartigerweise gibt es kein Kommando, um dieses Paßwort zu setzen!

gruppen_nr   die Gruppennummer. Mit dieser Nummer wird die Gruppe systemintern geführt.

benutzer   Dieser Eintrag enthält die Namen aller Benutzer, die zu dieser Gruppe gehören, jeweils durch Komma getrennt.

Da die Paßwörter verschlüsselt sind, kann diese Datei allen Benutzern des Systems Lesezugriff erlauben. Ein Benutzer darf in den meisten Systemen auch Mitglied in mehreren Gruppen sein.

✎   modula::20:dieter,schmidt
     graphik::30:gulbins,oskar
     → ist die Gruppendatei für die Gruppe *modula* bestehend aus den Gruppenmitgliedern *dieter* und *schmidt* und die Gruppe *graphik*, bestehend aus den Mitgliedern *gulbins* und *oskar*.

Die Sicherheitsdatei /etc/shadow

Die Datei */etc/shadow* ist im Gegensatz zu */etc/passwd* nicht allgemein lesbar. Sie enthält für jeden Benutzer im System einen einzeiligen Eintrag in folgendem Format:

benutzername:*paßwort*:*l-änderung*:*min*:*max*:*warn*:*inaktiv*:*verfall*:*flag*

Hierbei ist:

benutzername   die Kennung, unter der sich der Benutzer am System anmeldet. Sie stellt die Querverbindung zum korrespondierenden Eintrag in der Datei */etc/passwd* her.

paßwort   An dieser Stelle wird das Paßwort des Benutzers in kodierter Form gespeichert. Bei manchen Systemen ist ein leeres Paßwort (›::‹) erlaubt. In diesem Falle erfolgt beim Anmelden keine Paßwortabfrage. Ein Paßwort, welches nur aus der RETURN-Taste besteht, ist **kein** leeres Paßwort.

l-änderung   Tag der letzten Paßwortänderung. Der Tag wird als absolute Differenz in Tagen zum 1. Januar 1970 angegeben.

11.2 Systemdateien

min — Anzahl der Tage, die mindestens zwischen zwei Paßwortänderungen liegen muß.

max — längste Gültigkeit des Paßwortes in Tagen. Erfolgt eine Anmeldung nach Ablauf dieser Frist, erzwingt das System die Paßwortänderung vor dem Beginn der Sitzung.

warn — Anzahl von Tagen, ab denen der Benutzer vor Ablauf der Gültigkeit des Paßwortes diesbezüglich gewarnt wird.

inaktiv — Anzahl der maximal akzeptierten Tage ohne Anwesenheit am System. War der Benutzer mehr Tage als angegeben nicht am System, so verfällt die Gültigkeit seines Paßwortes, unabhängig von den anderen Gültigkeitskriterien.

verfall — Verfallsdatum; nach diesem Tag wird der Zugang des Benutzers zum System in jedem Falle verwehrt.

flag — ein Zeichen zur Identifikation des verwendeten Kodierverfahrens für das Paßwort

11.2.2 Angaben zu Dialogstationen

Das System sucht in mehreren Dateien nach Angaben zur Dialogstation. Diese sind:

/etc/inittab — Hier stehen die Aktionen, die das System bei einem Systemebenenwechsel ausführen soll. Eine dieser Aktionen ist das Aktivieren des **getty**-Programms. Dieses setzt seinerseits eine Reihe initialer Parameter für die Leitungen der Dialogstationen.

/etc/gettydefs — In dieser Datei sind die Werte zur Initialisierung von Leitungen der Dialogstationen, jeweils unter einer Marke (Namen) zusammengefaßt, angegeben.

/etc/termcap — (*B*) enthält für die in */etc/ttytype* (*B*) bzw. in */etc/inittab* (*V*) spezifizierten Typen von Dialogstationen eine Beschreibung der Möglichkeiten dieser Stationen sowie die dazu benötigten Steuersequenzen. Da einige Programme sich darauf abstützen ist die Datei unter (*V.4*) in */usr/share/lib/termcap* vorhanden.

/usr/lib/terminfo — Dieser Katalog enthält weitere nach Buchstaben sortierte Kataloge. In diesen stehen die kompilierten Terminfo-Dateien. Wird statt des Termcap-Mechanismus der Terminfo-Mechanismus von (*V.2*) verwendet, so holen sich Programme, die diesen Mechanismus benutzen, aus den Dateien die Beschreibung der Dialogstationen.

/etc/ttytype — (*B*) Hierin stehen die Parameter für eine Leitungsinitialisierung für Dialogstationen. Diese Information wird von **getty** verwendet. Die Kombination der Dateien */etc/ttys*, */etc/ttytype*

/etc/gettytab	und /etc/gettytab deckt damit im UCB-System oder in Systemen, welche den UCB-Termcap-Mechanismus verwenden, die Funktionen der Dateien /etc/inittab und /etc/gettydefs aus System V ab. dient im UCB-UNIX-System als Terminaldatenbasis und gibt zu den einzelnen Terminalleitungen Initialisierungsparameter für das Programm **getty** an. (∗B∗)
/usr/lib/tabset	Dieser Katalog enthält eine Reihe von Initialsierungsdateien. Die jeweilige Datei wird durch **tabs** auf eine Dialogstation ausgegeben, um eine korrekte Tabulatorinitialisierung für ein Terminal zu erreichen. Hier sollte pro Terminaltyp eine Datei vorhanden sein.

Mit der Einführung der *Service-Access-Facilities* (kurz SAF) in System V.4 haben sich einige der hier beschriebenen Konzepte stark geändert und sind teilweise wesentliche komplexer – jedoch auch mächtiger geworden. Auf Seite 754 wird auf das SAF-Konzept eingegangen. Man sollte deshalb sorgfältig prüfen, welche Mechanismen im eigenen System aktiv sind.

/etc/inittab

Das Programm **swapper** oder **sched** ist der Urprozeß im System. Er hat die Prozeßnummer **0**. Er startet den Prozeß **init** (mit der Prozeßnummer **1**). Der **init**-Prozeß kann als Mutter aller Benutzerprozesse betrachtet werden. Er startet unter V.4 zunächst weitere Systemprozesse wie etwa **pageout**[1], **fsflush**[2], **kdaemon** sowie **sac**. Letzter startet und kontrolliert ab (∗V.4∗) weitere Service-Dämon-Prozesse.

Die Datei */etc/inittab* legt dabei fest, welcher dieser Prozesse in welchem System-Modus (englisch: *Run Level*) aktiviert (und deaktiviert) wird.

Das Format der Einträge in **/etc/inittab** ist:

> *name:ebene:aktion:kommando*

Ein Eintrag ist dabei nur eine, eventuell mit ›\‹ verlängerte Zeile lang. Die einzelnen Elemente haben folgende Funktionen:

name	ein bis zu 4 Zeichen langer eindeutiger Bezeichner für die Zeile
ebene	Dieser Eintrag gibt eine Systemebene (Systemzustand, *Run Level*) an. Das System kann sich in einem von 7 Zuständen (von **0** bis **6**) befinden. Der Eintrag *ebene* gibt an, in welchen Systemzuständen der mit *kommando* angegebene Prozeß laufen (gestartet werden) soll. Hier dürfen mehrere Ebenen (auch in der Form *von–bis*) spezifiziert werden. Kommt hier ein **a**, **b** oder **c** vor, so wird der Prozeß durch **telinit** gestartet, auch wenn dies nicht aktuell dem *Run-Level* entspricht. Diese Prozesse wer-

---

1. Dieser kümmert sich um das Ein- und Auslagern von Prozessen und Prozeßsegmenten – das *Paging*.
2. Dieser sorgt dafür, daß die gepufferten Blöcke des Dateisystems in regelmäßigen Abständen auf den Datenträger zurückgeschrieben werden.

11.2 Systemdateien

den dann beim Ebenenwechsel nicht abgebrochen, es sei denn, **init** ginge in den Einbenutzerbetrieb. Das Symbol **s** steht hier für den *Single User Mode* (Einbenutzermodus). Die Ebene **2** entspricht dem normalen Mehrbenutzermodus. (*Multi User Mode*) (für die möglichen Run-Level siehe die Tabelle auf Seite 765).

Fehlt die Angabe von *ebene*, so wird die *aktion* des Prozesses bei jedem Ebenenwechsel aktiviert.

aktion Hieraus entnimmt der Urprozeß-Prozeß, welche Aktion das mit *kommando* angegebene Programm durchführen soll. Hierbei werden die Worte **respawn, wait, once, boot, bootwait, powerfail, powerwait, off, ondemand, initdefault** und **sysinit** erkannt.

Ihre Beschreibung ist unter **inittab (4)** in [UNIX-FILES] oder unter **inittab** in [UNIX-ADMIN-A] zu finden.

kommando Dies ist ein UNIX-Kommando mit Parametern. Es wird der Shell zur Ausführung übergeben. Kommentare können mit **#** eingeleitet werden.

In */etc/inittab* dürfen auch mit **#** beginnende Kommentarzeilen vorkommen (z.B. ausgeblendete Anweisungen), es müssen dann jedoch mindestens 10 von Leerzeichen verschiedene Zeichen vor einem ersten : stehen!

Ein Blick in */etc/inittab* des eigenen Systems gibt einen guten Überblick, welche Prozesse für welche Run-Level gestartet werden. Beim Ändern der *inittab* sollte man große Sorgfalt walten lassen!

Das Programm getty

Das Programm **getty** steuerte bis zu (∗V.3∗) die Kontrolle der Terminleitungen und der Login-Prozesse an diesen Schnittstellen. Es wurde mit (∗V.4∗) durch die *Service-Access-Facilities* abgelöst, steht jedoch immer noch über einen Verweis (Link) auf */usr/lib/saf/ttymon* zur Verfügung. In den Systemen, in denen es noch benutzt wird, hat es folgende Aufrufsyntax:

    getty {**–h**} {**–t** *timeout*} *leitung* {*baud_rate* {*typ* {*protokoll*}}}

Hiermit wird die Schnittstelle *leitung* mit den angegebenen Parametern gesetzt. Ohne die Option **–h** wird auf der Leitung vor der Initialisierung ein *hangup* durchgeführt, d.h. das Signal DSR (*Data Set Ready*) wird auf 0 gesetzt.

Der Systemverwalter kann mit der **–t**-Option vorgeben, daß die Sitzung an einer Leitung, auf der eine Initialisierung stattgefunden hat und auf der danach *timeout* Sekunden nichts eingegeben wurde, wieder beendet und ein neues **login** gestartet wird.

Der optionale Parameter *baud_rate* gibt eine Marke in der Datei */etc/gettydefs*, deren Parameter von **getty** als initiale Leitungsparameter verwendet werden sollen (siehe **/etc/gettydefs**). Fehlt *baud_rate*, so wird **300** angenommen.

Der *typ*-Parameter gibt den Typus der Dialogstation an. Dieser Wert (z.B. **vt100** in der Zeile *t12*) wird später in die Shellvariable **$TERM** übernommen. Programme, die mit dem Termcap- oder Terminfo-Mechanismus arbeiten, verwenden diesen Namen, um aus den entsprechenden Dateien (*/etc/termcap* (∗B∗) oder */usr/lib/term-*

info/x/typ (*V.2*)) die Beschreibung des Terminals zu entnehmen. Der Wert **none** wird hier als leerer Eintrag benutzt. Der Wert **none** wird auch dann angenommen, wenn diese Angabe fehlt.

Die Angabe von *protokoll* schließlich kann dazu verwendet werden, um Leitungen mit unterschiedlichen Protokollen zu betreiben. Dies ist primär für spätere Erweiterungen vorgesehen. In System V Version 2 wird lediglich ein Protokoll mit der Bezeichnung **LDISC0** unterstützt. Für eine ausführliche Beschreibung von *getty* sei hier auf **getty** in [ADMINISTRATOR-REF] verwiesen.

 In der Zeile:
t12:2:respawn:/etc/getty –h tty13 cons2 vt100
→ bekommt **getty** die Parameter ›–h tty13 cons2 vt100‹ mit.
Diese haben für das Beispiel folgende Funktion:

-h   Die Leitung soll nicht zurückgesetzt werden.
tty13 Die Anweisung bezieht sich auf die Leitung **/dev/tty13**.
cons2 Es sollen bei der Initialisierung die Werte genommen werden, die in der Datei /etc/gettydefs hinter der Marke *cons2* angegeben sind.
vt100 Die angeschlossene Dialogstation ist vom Typ **vt100**.

gettydefs

Das ab (*V*) verfügbare **getty**-Programm schaut in der Datei /etc/gettydefs nach, mit welchen initialen Leitungsparametern Dialogstationen betrieben werden sollen. Hier kann auch eine Folge von Zeichen für die **login**-Sequenz angegeben werden. Der Aufbau ist wie folgt:

marke#zustand-1#zustand-2#login_prompt#folge-marke

Jedem Eintrag muß eine Leerzeile folgen! Die einzelnen Elemente haben die nachfolgend beschriebenen Funktionen:

marke   Dies entspricht dem *baud_rate*-Parameter des **getty**-Aufrufs. **getty** durchsucht die Datei *gettydefs* nach einer Zeile mit dieser Marke und verwendet die Parameter dieser Zeile zur Initialisierung der Terminalleitung. *marke* kann somit als Name für einen Parametersatz betrachtet werden.

zustand-1 Hier können die Anfangsparameter für eine Terminalleitung vorgegeben werden. Mit diesen Parametern wird die Leitung gefahren, bis das **login** aufgerufen wird. Das Programm **getty** benutzt dabei eine Reihe von Standardwerten. Die Parameter werden in der Symbolik angegeben, die in der Definitionsdatei **/usr/include/sys/termio.h** zu finden ist. Es ist zumindest die Leitungsgeschwindigkeit anzugeben.

zustand-2 Die Angaben haben die gleiche Funktion wie *zustand_1* und werden von **getty** eingesetzt, bevor die **login**-Funktion aktiviert wird. Auch hier ist zumindest die Geschwindigkeitsangabe notwendig.

11.2 Systemdateien

login-prompt Diese Zeichenkette wird als **login**-Bereitzeichen ausgegeben. Damit kann z.B. auch der Bildschirm gelöscht werden.

folge-marke Hier wird eine Marke angegeben, deren Eintrag das **getty**-Kommando verwenden soll, wenn der Benutzer vor dem **login** ein <break> eingibt. Dies wird in der Regel dazu benutzt, um bei bestimmten Terminalleitungen Baudraten dynamisch anzupassen.

Wird **getty** ohne den *baud-rate*-Parameter aufgerufen, so wird der erste Eintrag dieser Datei verwendet. Die Werte des ersten Eintrags werden auch dann gesetzt, wenn die in *baud-rate* angegebene Marke nicht existiert. Da diese Datei sehr kritisch ist, sollte ihre Konsistenz nach jeder Änderung durch folgende Anweisung geprüft werden: »**getty –c /etc/gettydefs**«

☞ <leerzeile>
9600# B9600 HUPCL PARENB CS7 # B9600 SANE IXANY TAB3 # login: #cons
<leerzeile>
cons#   B9600 HUPCL PARENB ONCLR#\
         B9600 SANE CS8 PARENB OPOST TAB3#login: #9600
<leerzeile>
cons2# B9600 HUPCL PARENB CS8 OPOST ONCLR#\
         B9600 SANE CS8 PARENB OPOST TAB3#\flogin: #9600

→ In dem Beispiel soll die Zeile mit der Marke *cons2* genauer betrachtet werden. Diese Marke wurde in */etc/inittab* als Parametermarke für die Leitung */dev/tty12* angegeben. Die Werte des zweiten Parametersatzes ›**B9600 HUPCL CS8 OPOST ONCLR**‹ werden als Leitungsparameter vor dem **login** benutzt.

Mit **B9600** wird die Baudrate der Leitung auf 9600 Baud gesetzt. Die Angabe **HUPCL** spezifiziert, daß sogenannte *hang-up-Signale* (der Wechsel der *Data-Terminal-Ready*-Leitung) bearbeitet werden sollen. Mit **PARENB** und **CS8** wird angegeben, daß die Leitung mit 8 Datenbit pro Zeichen und mit Parity-Generierung und -Prüfung laufen soll. **OPOST** schaltet die Nachverarbeitung von Zeichen (z.B. Expandierung von <tab> zu Leerzeichen) ein; **ONLCR** gibt an, daß <neue zeile> bei der Ausgabe zu <cr> <lf> expandiert wird. Mit **TAB3** in der dritten Angabe (Leitungsparameter die vor dem **login** gesetzt werden) wird die Umwandlung von <tab>-Zeichen in Leerzeichen vorgegeben. Der letzte Eintrag gibt die Textsequenz an, die vor dem **login** ausgegeben wird. Dies ist in dem Beispiel ein Seitenvorschub (\f) und der Text ›*login:*‹.

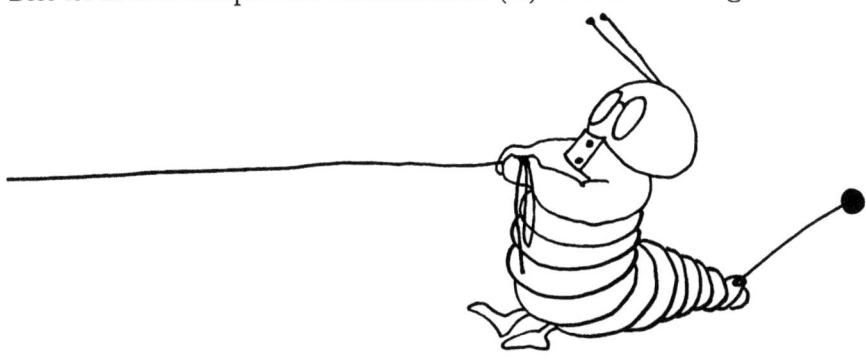

/etc/ttys

Im Berkeley-System erhalten die Prozesse **init** und **getty** aus */etc/ttys* die Information darüber, an welcher Dialogstation ein Benutzer sich anmelden kann, sowie eine Klassifizierung der Dialogstation. Das Berkeley-System benutzt hierzu die Informationen aus der Datei */etc/ttytype*. Zu den Leitungsparametern gehören Übertragungsgeschwindigkeit, Parität, die Fähigkeit der Groß-/Kleinschreibung usw. der Dialogstation. Diese Parameter können später vom Benutzer auch explizit durch **stty** gesetzt werden.

Die Datei */etc/ttys* enthält pro vorhandener Dialogstation eine Zeile Information in der Form:

    <*login*><*typ*><*gerät*>

Alle Angaben werden ohne Zwischenraum geschrieben. Bei der Angabe *login* (eine Ziffer) signalisiert **1**, daß an dieser Station ein **login** möglich sein soll. Nach dem Übergang des Systems in den Multi-User-Modus wird dann ein entsprechender Prozeß kreiert. Bei **0** als Eintrag unterbleibt dies.

Die Angabe in *typ* (ein Zeichen lang) gibt einen Typ-Kürzel für die Dialogstation an und wird von dem Prozeß **getty** benutzt, um die Übertragungsgeschwindigkeit der Dialogstation (soweit nicht fest) festzustellen und eventuell vor der Meldung ›*login:*‹ den Bildschirm zu löschen. Auch andere Parameter der Dialogstation werden hierdurch beeinflußt. Für ständig angeschlossene Dialogstationen sind folgende Werte sinnvoll:

    2   für ein Sichtgerät mit 4800 oder 9600 Baud
    4   für eine druckende Dialogstation mit 300 Baud

Der Parameter *gerät* gibt den Namen der betreffenden Dialogstation in dem Katalog **/dev** an.

    12tty0   (/dev/tty0 ein festangeschlossenes Sichtgerät)
    14tty1   (/dev/tty1 eine festangeschlossene druckende Dialogstation)
    04tty2   (/dev/tty2 (z.B. ein serieller Drucker); kein **login**)

Änderungen in /etc/ttys

Der Aufbau von */etc/ttys* bei Unix-Systemen, die auf 4.3BSD oder höher basieren, hat sich grundsätzlich geändert. Die Funktionalität hat sich weitgehend an die von */etc/inittab* angenähert. Die Felder innerhalb der Zeilen können durch Tabulatoren bzw. Leerzeichen voneinander getrennt werden. Jede Zeile besitzt maximal fünf Felder mit folgender Bedeutung:

device   Name des zu bedienenden Geräteintrages im /dev-Verzeichnis.

execute   komplette Kommandozeile des auszuführenden Programms mit allen notwendigen Schaltern und Argumenten.

TERM   Bezeichnung des zugehörigen Terminaltyps zum Setzen der **$TERM**-Variablen in der Shellumgebung *status*   Angabe über Aktivierung/Deaktivierung im Multi-User-Zustand. Hier sind nur die Werte ›**on**‹ bzw. ›**off**‹ zulässig.

flag   weitere Qualifizierung des Eintrages. Besondere Bedeutung hat hier der Wert *secure*. Nur in diesem Fall ist eine Anmeldung mit Benutzernummer 0, als Super-User, möglich.

/etc/ttytype

Das UCB-System und eine Reihe von UNIX-Systemen, die den ursprünglich aus dem UCB-System stammenden Termcap-Mechanismus verwenden, entnehmen dieser Datei den Terminaltyp. Für jede angeschlossene Dialogstation sollte hier ein einzeiliger Eintrag mit folgendem Aufbau vorhanden sein:

> *typ gerät*

Die Angabe *typ* gibt dabei die Typbezeichnung der Dialogstation an. Mit diesem Namen wird die Beschreibung in */etc/termcap* gesucht. Der Eintrag *gerät* gibt den Leitungsnamen ohne führendes */dev/* an. Die Werte für die Initialisierung der Terminalleitungen werden der Datei */etc/gettytab* entnommen.

Manche System-V-Distributionen verfügen zwar über eine Datei */etc/ttytype*, werten diese aber bei der Anmeldung nicht aus. Hier ist es Aufgabe des Systemverwalters für eine korrekte Initialisierung der TERM-Variablen zu sorgen. Am sichersten gestaltet sich das in der Datei */etc/profile* für alle Benutzer einer Bourne- oder Korn Shell. Schwieriger gestaltet sich das für Benutzer der C-Shell. Dort existiert kein globaler Mechanismus.

/etc/gettytab

Dies ist im Berkeley-UNIX-System eine Datenbasis ähnlich der Termcap-Datei, die vom **getty**-Prozeß zur Initialisierung von Terminalleitungen verwendet wird. Sie entspricht der Datei */etc/ttydefs* von UNIX System V. Für jeden Typ von Dialogstation oder seriell angeschlossenem Drucker sollte hier ein Eintrag vorhanden sein. Der Aufbau entspricht dem der Datei **/etc/termcap**; es werden jedoch weitere Beschreibungselemente verwendet.

Zu jedem Element gibt es dabei Standardwerte, die benutzt werden, wenn der Parameter nicht angegeben ist. Für die Namen und die Bedeutung der Symbole sei hier auf [UNIX-BERK] Kapitel 5 verwiesen.

System V Service Access Facilities (SAF)

Unter System V Release 4 besteht neben dem traditionellen **getty**-Zugang eine neue Möglichkeit, den Systemzugang zu steuern. Damit wird eine einheitliche Betrachtungsweise des Zugangs über serielle Leitung und über Netzwerkzugänge erreicht. Doppeladministration kann weitgehend vermieden werden. Die Bereitstellung der SAF, der Service Access Facilities, verfolgt zwei Ziele:

1. Reduzierung der Systemlast. Zum Überwachen der seriellen Leitungen werden beispielsweise nicht mehr *n* **getty**-Prozesse benötigt, sondern ein Portmonitor kontrolliert alle Schnittstellen eines Typs.

2. Die Komplexität der Dienste wird durch die hierarchische Gliederung überschaubar und damit auch administrierbar. Die zu verwaltenden Einheiten bleiben relativ klein. Alle Zugänge werden einheitlich gesteuert.

Nach der traditionellen Methode muß der Administrator sowohl die realen *tty*-Leitungen als auch die Netzwerkdienste (Remote-Login, Telnet, usw.) verwalten. Durch die SAF ergibt sich eine saubere Trennung der Schichten. Die SAF unterscheiden zum einen Ports und zum anderen darauf aufsetzende Dienste, sogenannte *Services*. Dabei kann ein Dienst für mehrere Ports definiert sein, z.B. die Zugangsmethode *ttymon* für serielle Leitungen. Für einen Port können aber andererseits auch verschiedene Dienste verfügbar sein. Verwaltet wird das System mit Hilfe des Kommandos **sacadm**. Dabei handelt es sich um das Administrationsprogramm für den **sac**, den *Service Access Controller*. **sacadm** besitzt folgende Grundfunktionen:

❏ Hinzufügen/Entfernen von Portmonitoren
❏ Starten/Stoppen von Portmonitoren
❏ Aktivieren/Deaktivieren von Portmonitoren
❏ Installieren/Verändern von Konfigurationen

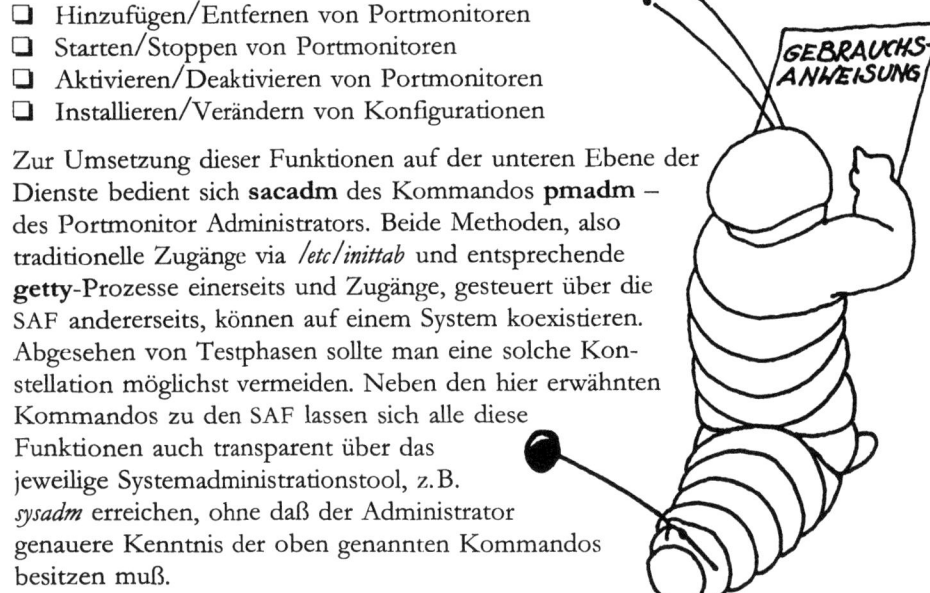

Zur Umsetzung dieser Funktionen auf der unteren Ebene der Dienste bedient sich **sacadm** des Kommandos **pmadm** – des Portmonitor Administrators. Beide Methoden, also traditionelle Zugänge via */etc/inittab* und entsprechende **getty**-Prozesse einerseits und Zugänge, gesteuert über die SAF andererseits, können auf einem System koexistieren. Abgesehen von Testphasen sollte man eine solche Konstellation möglichst vermeiden. Neben den hier erwähnten Kommandos zu den SAF lassen sich alle diese Funktionen auch transparent über das jeweilige Systemadministrationstool, z.B. *sysadm* erreichen, ohne daß der Administrator genauere Kenntnis der oben genannten Kommandos besitzen muß.

Die genaueren Funktionen des SAF sind in [UNIX-ADMIN-B] beschrieben.

/etc/termcap

In der Datei /etc/termcap werden im Berkeley-UNIX-System die im System vorhandenen Dialogstationen mit ihren Möglichkeiten beschrieben (System V verwendet hier den terminfo-Mechanismus und zu dessen Beschreibung die Dateien im Verzeichnis /usr/lib/terminfo). Pro Terminaltyp sollte hier ein Beschreibungseintrag vorhanden sein. Die Beschreibung enthält z.B. die Anzahl der Zeichen je Zeile und Zeilen pro Seite. Hinzu kommen Angaben bezüglich der Steuersequenzen. Diese Angaben zusammen mit den entsprechenden Bibliotheksroutinen (**curses**) erlauben es in einer weitgehend geräteunabhängigen Weise, die gerätespezifischen Eigenschaften der Dialogstationen von einem Programm aus (z.B. einem Bildschirmeditor) zu nutzen. Das Programm braucht sich dann nicht mehr selbst um die Steuersequenzen zu kümmern, mit denen Funktionen wie das Löschen des Bildschirms oder das Positionieren eines Cursors. Diese Aufgaben übernehmen die **curses**-Bibliotheksfunktionen. Das Programm stützt sich statt dessen auf logische Funktionen wie z.B. *Bildschirm-Löschen* ab.

Beim Start des Programms und der Initialisierung der **curses**-Funktionen entnehmen diese der Umgebungsvariablen **$TERM** den Terminaltyp, durchsuchen die /etc/termcap-Datei nach einem entsprechenden Eintrag und lesen dann die Beschreibung des Terminals ein. Von nun an setzen sie die logischen Terminalfunktionen in entsprechende terminalspezifische Steuersequenzen um.

Ist ein neuer Dialogstationstyp noch nicht in der mitgelieferten Datei /etc/termcap vorhanden, so sollte der Systemverwalter zunächst in /usr/src/termcap/termcap.src nachsehen, ob dort nicht eine entsprechende Beschreibung dort enthalten ist und diese dann in die Datei /etc/termcap kopieren. Soweit das System diese Möglichkeit überhaupt unterstützt, sind der Aufbau und die symbolischen Bezeichner für die Beschreibung der einzelnen Fähigkeiten der Dialogstation in **termcap(5)** zu finden.

/usr/share/lib/terminfo

Der **Terminfo**-Mechanismus von (*V.2*) entspricht weitgehend dem **Termcap**-Mechanismus, unterstützt aber weitere Bildschirmattribute und kompiliert darüberhinaus die Terminalbeschreibung in eine kompakte interne Form. Der Mechanismus kann damit flexibler und schneller arbeiten. Die kompilierten Beschreibungen der Terminals liegen in Unterkatalogen des /usr/share/lib/terminfo-Katalogs. Diese Unterkataloge sind alphabetisch nach dem ersten Zeichen des Typnamens sortiert. So sind z.B. die Beschreibungen für die Terminals vom Typ **vt52** und **vt100** in den Dateien /usr/share/lib/terminfo/v/vt52 und in .../v/vt100 zu finden. Der Name der Beschreibungsdatei entspricht dabei dem Terminaltyp. Der Quelltext der Terminalbeschreibungen ist unter /usr/share/src/terminfo.src anzutreffen. Hier können auch neue Beschreibungen angelegt werden. Das Kompilieren der Quelle in die kompakte Darstellung erfolgt durch das Programm **tic**. Will man eine bereits kompilierte Datei zurückübersetzen, so ist dies mit **untic** möglich. Das Programm **captoinfo** erlaubt die Umsetzung einer termcap-Datei in eine Terminfo-Beschreibung. Für eine detailliertere Beschreibung sei auf **curses** in [UNIX-PROGREF] sowie auf [UNIX-CHAR] verwiesen.

11.2.3 Informationsdateien

Die Datei für Tagesmeldungen (motd)

Der Systemverwalter (sowie alle Benutzer, welche in dem Katalog */etc* Dateien anlegen dürfen) kann in der Datei */etc/motd* Informationen hinterlegen, welche dem Benutzer nach seiner Anmeldung (**login**) automatisch auf die Dialogstation ausgegeben werden. Somit kann diese Datei als eine Art *globale Systemnachricht* benutzt werden.

Die mount-Tabellen

Das **/etc/mount** und **/etc/umount**-Kommando führen privilegierte und vom System überprüfte Operationen auf das Gesamtdateisystem aus. Einige Programme benötigen zusätzliche Informationen über die montierten Dateisysteme. Diese Information wird in den **Mount-Tabellen** abgelegt. Der Name der dabei verwendeten Datei ist von System zu System leicht unterschiedlich. Die Namen */etc/mnttab* und */etc/mtab* sind hier üblich. In dieser Datei vermerkt das **mount**-Kommando, welche Dateisysteme (Datenträger) aktuell montiert, d.h. in den Systemdateibaum eingehängt sind. Das Kommando **/etc/umount** löscht beim Entfernen der entsprechenden Teilbäume den jeweiligen Eintrag wieder. Die Datei hat einen rein informativen Charakter und ein **mount** oder **umount** ist auch dann möglich, wenn die Datei nicht den wirklichen Zustand wiedergibt.

/etc/checklist

Bevor das System in den Multi-User-Modus geht, sollte die Konsistenz des Dateisystems überprüft werden. Dies erfolgt mittels **/etc/fsck**. Wird das Programm ohne Angabe des zu prüfenden Dateisystems aufgerufen (und dies geschieht in der Regel in der Kommandoprozedur **/etc/rc**), so schaut das **/etc/fsck**-Programm in der Datei */etc/checklist* (∗V∗) nach, welche Dateisysteme untersucht werden sollen. Die Einträge bestehen aus einer Liste der Geräte, auf denen die Dateisysteme liegen (ein Gerät je Zeile).

Die Dateisysteme sollten in der Regel im unmontierten Zustand und im *raw mode* geprüft werden. Aus diesem Grund gibt man hier die Namen der *raw devices* an. Da die Root-Platte bei laufendem UNIX-System immer montiert ist, muß hier der *block device name* angegeben werden. Das Berkeley-System verwendet statt */etc/checklist* die Datei */etc/fstab*.

/etc/fstab

Die Datei */etc/fstab* sollte in Berkeley-Systemen Information über die verschiedenen im Gesamtsystem vorhandenen Dateisysteme enthalten. Die Programme **mount**, **umount**, **fsck**, **df** und viele andere greifen (nur lesend) auf diese Information zurück. Für die Programme **fsck**, **mount** und **umount** ist dabei die Reihenfolge der Einträge relevant.

Die Einträge sind in **/etc/fstab** folgendermaßen aufzubauen:

gerät:*zugriffspfad*:*zugriff*:*d-intervall*:*p-nr*

Dabei ist:

gerät	der *special file* (der Name des blockorientierten Gerätes).
zugriffspfad	gibt den Zugriffspfad des entsprechenden Dateisystems an.
zugriff	die Art, wie das Dateisystem auf dem *special file* standardmäßig montiert wird. Hierbei sind zugelassen:

      rw   (*read and write*) Lesen und Schreiben sind möglich.
      ro   (*read only*) Es darf nur gelesen werden.
      sw   Es handelt sich um die *swap*-Platte.
      xx   Dieser Eintrag soll vorläufig ignoriert werden.

d-intervall	wird von **dump** benutzt um festzustellen, welche Dateisysteme gesichert (*dumped*) werden müssen. Die Zahl gibt die Tage zwischen zwei Sicherungsläufen an.
p-nummer	wird von **/etc/fsck** benutzt, um die Reihenfolge der Überprüfungen festzulegen. Zwei Geräteeinträge mit der gleichen Nummer können parallel überprüft werden. Die Systemplatte (*root device*) sollte die Nummer 1 haben; alle anderen Geräte sollten eine größere Nummer haben.

/etc/vfstab

Unter System-V.4-Systemen existiert die Datei **/etc/vfstab**. Sie erfüllt den gleichen Zweck wie die traditionelle Datei **fstab** unter Berkeley Systemen. Allerdings ist ihr Inhalt um einige Felder erweitert worden. Die Trennung der Felder erfolgt im Unterschied zum Berkeley Pendant durch sogenannte *Whitespaces* (Leerzeichen oder Tabulatoren). Eine Zeile gliedert sich in folgende Felder

special   fsckdev   mountpoint   fstype   fsckpass   automount   mntopt

Dabei bedeuten:

special	Name des als Dateisystem zu montierenden Geräteeintrages. Dabei muß es sich in jedem Fall um ein blockorientiertes Gerät handeln.
fsckdev	Name des für die Dateisystemprüfung zu verwendenden Geräteeintrages. Hier empfiehlt sich aus Geschwindigkeitsgründen die Verwendung des entsprechenden *Raw-Devices*.
mountpoint	Der Name des Verzeichnisses, an dem das Dateisystem in den Dateibaum eingehängt wird.
fstype	Der Typ des Dateisystems. Je nach vorhandenem Unix-System können verschiedene Dateisystemtypen unterstützt werden. Folgende Dateisystemtypen kann man durchaus als allgemein üblich betrachten, die Liste ist jedoch keinesfalls vollständig:

s5 traditionelles System V Dateisystem, Blockgröße standardmäßig 512 Byte.

bfs Boot-Dateisystem. Dieses wird nur zur Aufnahme der Bootimages verwendet. Es ist dementsprechend einfach strukturiert und zur Bootzeit ohne voll funktionstüchtiges Betriebssystem günstig zu handhaben.

ufs Das Berkeley-Dateisystem aus dem 4.3BSD. Es handelt sich hier um ein sehr effizientes Dateisystem mit wesentlichen Erweiterungen gegenüber den System-V-Dateisystemen. Dazu zählen vor allem symbolische Links und die Aufhebung der Beschränkung der Dateinamenslänge auf 14 Zeichen. Verschiedene Blocklängen werden unterstützt. Standardmäßig werden 8 Kilobyte je Block benutzt. Das *ufs* ist wesentlich schneller als das traditionelle *s5*-Dateisystem.

ffs Steht für *Fast File System* und wird bei verschiedenen Unix-Systemen unterschiedlich benutzt. Es handelt sich jedoch zumeist um Dateisysteme, die auf dem *ufs* basieren.

vxfs Das wohl modernste Dateisystem – *veritas extended journaling filesystem*. Es handelt sich um eine Dateisystemimplementation die durch einen *Journaling Mechanismus* eines der größten Probleme unter Unix-Systemen beseitigt. Alle Schreiboperationen werden zunächst auf einem speziellen Pufferbereich – einer Art Logbuch (*Journal*) ausgeführt. Wird diese Operation erfolgreich beendet, erfolgt der Datentransfer in das Dateisystem. Im Falle eines Systemabsturzes ist der Zustand des Dateisystems in jedem Falle konsistent.

cdfs CD-ROM-Dateisystem gemäß der Spezifikation des ISO-9660-Standards. Daneben existieren noch herstellereigene CD-Dateisysteme – z.B. unter SunOS.

nfs Netzwerkdateisystem NFS; durch diesen Mechanismus können lokale Platten über ein Netzwerk verteilt werden. Die Einbindung dieser virtuellen Laufwerke ist aus Benutzersicht nicht von echten lokalen Platten zu unterscheiden.

fsckpass Nummer des Prüflaufs. Analog zu **fstab** kann bei Bedarf die Prüfung des Dateisystems in parallelen Läufen erfolgen. Dies ist nur beim S Einsatz mehrerer Plattenkontroller sinnvoll.

automount Festlegung, ob das Dateisystem beim Systemstart automatisch eingehängt werden soll oder nicht.

mntopt Optionen, die beim Mountvorgang mitgegeben werden. Die zulässigen Angaben hängen direkt vom Dateisystemtyp ab.

11.2 Systemdateien

Eine **/etc/vfstab** könnte folgenden Inhalt haben:

/dev/root	/dev/rroot	/	vxfs	1	no	mincache=closesync
/dev/dsk/c0t0d0sa	/dev/rdsk/c0t0d0sa		/stand	bfs	1	no	–
/proc	–	/proc proc	–	no	–		
/dev/fd	–	/dev/fd fdfs	–	no	–		
/dev/dsk/f1	/dev/rdsk/f1	/install	s5	–	no	–	
/dev/cdrom/c0t5l0	/dev/rcdrom/c0t5l0	/cdrom	cdfs	–	yes	ro	
host:/usr/home	–	/userdec		nfs	–	yes	rw,nosuid,remo…
/dev/dsk/c0t1d0s1	/dev/rdsk/c0t1d0s1	/home	ufs	1	yes	–	

11.2.4 System-Kommandoprozeduren

In den Katalogen */etc* und in */* existieren eine Reihe von Kommandoprozeduren, die das UNIX-System aus */etc/inittab* heraus aufruft. Hierzu gehören **/etc/brc**, **/etc/bcheckrc**, **/etc/rc** und **/etc/powerfail**.

Andere Prozeduren werden von den Shell-Programmen (**/bin/sh** oder **/bin/csh**) entweder automatisch aufgerufen oder aber vom Benutzer explizit angestoßen.

/etc/brc

Diese Kommandoprozedur wird von **init** durch den Eintrag in */etc/inittab* angestoßen und zwar beim Übergang vom Einbenutzerbetrieb in den Multi-User-Modus. Die Aufgabe der Prozedur ist das Löschen einer eventuell noch vorhandenen alten Mount-Tabelle.

/etc/bcheckrc

Diese Kommandoprozedur wird von **init** durch den Eintrag in */etc/inittab* aktiviert und zwar vor dem Übergang vom Einbenutzerbetrieb in den Multi-User-Modus. Die Kommandos sollten Konsistenzprüfungen für den Übergang durchführen. Dazu zählen z.B. die Prüfung des Dateisystems mittels **/etc/fsck** und das Setzen des aktuellen Datums.

/etc/rc

Die Datei */etc/rc* wird im Berkeley-System beim Übergang vom Einbenutzer-Modus – dies ist der Modus des Systems nach dem Systemstart – in den Mehrbenutzermodus als Kommandodatei aufgerufen. Hierbei sollten die Systeminformationsdateien */etc/mnttab* und */etc/utmp* bereinigt und alte überflüssige Dateien (z. B. nicht gelöschte temporäre Dateien) entfernt werden. Zusätzlich startet man hier die Dämonprozesse **/etc/update**, **/usr/lib/lpd** (oder **/usr/lib/lpsched**), **/etc/cron**, *Error Logging* (hier nicht weiter beschrieben) und das *Accounting*-System.

In **/etc/rc** sollten auch alle Dateisysteme (Datenträger) in den Systembaum eingehängt werden, welche nicht auf der Systemplatte liegen, jedoch ständig im Systembaum montiert sein sollen. Manuelle Eintragungen in dieser Datei sind normalerweise nicht erforderlich, da die Standardkonfiguration meist ausreicht. Fehlerhafte Einträge in dieser Datei können fatale Folgen haben, da die Datei beim Hochfahren durchlaufen wird, noch bevor das erste Benutzer-Login möglich ist.

/etc/rcX.d

Ab Unix System V3.2 wird die herkömmliche Datei **/etc/rc** ersetzt durch ein besser strukturiertes und flexibleres System mehrerer **rc**-Dateien und Verzeichnisse. Die Arbeit des Administrators wird dadurch wesentlich vereinfacht. Entsprechend dem *Run Level* des Systems gibt es zunächst folgende separate **rc**-Dateien:

/etc/rc0   wird ausgeführt beim Wechsel in den Systemzustand 0, 5 oder 6 (Anhalten des Systems, Re-Booting). Von diesem Script aus werden dann alle Dateien aus den Verzeichnissen **/etc/shutdown.d** und **/etc/rc0.d** ausgeführt.

/etc/rc1   wird ausgeführt beim Wechsel in den Systemzustand 1 (Single User Mode). Von diesem Script aus werden dann alle Dateien aus dem Verzeichnis **/etc/rc1.d** ausgeführt.

/etc/rc2   wird ausgeführt beim Wechsel in den Systemzustand 2 (Standard-Multi-User-Zustand). Von diesem Script aus werden dann alle Dateien aus dem Verzeichnis **/etc/rc2.d** ausgeführt.

/etc/rc3   wird ausgeführt beim Wechsel in den Systemzustand 3 (vernetzter Betrieb). Von diesem Script aus werden dann alle Dateien aus dem Verzeichnis **/etc/rc3.d** ausgeführt.

Die **rc**-Dateien sind symbolische Links zu den entsprechenden Dateien im Verzeichnis **/sbin**. Diese Skripten führt **init** beim Wechsel in den entsprechenden Systemzustand anhand der Einträge in **/etc/inittab** aus. Der Vorteil für den Administrator liegt natürlich darin, daß bei der Installation neuer Softwarepakete oder neuer Dienste nicht jedesmal eine **rc**-Datei manuell editiert werden muß. Er kopiert das entsprechende Shellskript einfach in das Startup-Verzeichnis (in den meisten Fällen dürfte das **/etc/rc2.d** sein). Folgende Konventionen sollten dabei allerdings beachtet werden:

11.2 Systemdateien

❏ Den Kommandoprozeduren wird ein Argument übergeben. Je nach Systemaktivität ist dies die Zeichenkette ›start‹ oder ›stop‹, um eine bestimmte Funktialität einezuschalten oder auszuschalten.

❏ Die Namensgebung der Datei ist von entscheidender Bedeutung für die Reihenfolge der Abarbeitung dieser Skripten. Die Reihenfolge der Abarbeitung wird durch alphabetische Sortierung bestimmt. Folgende Namensgebung ist üblich ›S*nnjob*‹ oder ›K*nnjob*‹.
Der Name muß immer mit einem Großbuchstaben S oder K beginnen. Dabei steht S für *Start* und K für *Kill* – abhängig davon, ob das Skript dem Start oder Stop-Vorgang dient. Danach folgt eine zweistellige Nummer *nn* zur Kennzeichnung der Reihenfolge beim Abarbeiten. *job* gibt schließlich einen beliebigen Namen an, aus dem die Aufgabe der Kommandoprozedur hervorgeht.
Für viele Aufgaben ist der Abschluß anderer Skripten Voraussetzung. Es macht zum Beispiel wenig Sinn, die RPC-Dämonen oder das NIS (*Network Information System*) zu starten, bevor NFS läuft. Die Funktionalität von NIS und RPC (*Remote Procedure Call*) setzt direkt auf NFS auf. Die Namen dieser beiden Startdateien lauten deshalb bei den meisten System V Systemen **/etc/rc2.d/S20nfs** und **/etc/rc2.d/S75rpc**.

Kommandoprozeduren der Shell

Die Shell **/bin/sh** führt, wenn sie als **login**-Shell gestartet wird, zunächst die Kommandos in der Datei */etc/profile* und danach die Kommandos der Datei *.profile* im jeweiligen Hauptkatalog des Benutzers aus. Die Datei */.profile* ist daher die Profile-Datei des Super-Users. Die Profile-Dateien brauchen nicht zu existieren!

Die Profile-Dateien erlauben es auf einfache Art und Weise, Vorbesetzungen für die Benutzerumgebung zu schaffen. Da die Kommandos in */etc/profile* von allen initialen Programmen (Bourne- und Korn-Shell) aufgerufen werden, sollten hier Besetzungen eingetragen werden, die für alle Benutzer gelten. Eine solche Initialisierung ist die Definition des Standard-Suchpfades für Programme in **$PATH**, das Setzen der Zeitzonenvariablen **$TZ**, die Ausgabe der Datei */etc/motd*, das Setzen der Standardzugriffsrechte beim Anlegen neuer Dateien und die Ausgabe von **mail**-Meldungen, falls für den Benutzer Post angekommen ist.

Die Kommandos in den benutzerspezifischen Dateien *$HOME/.profile* sollten dann eingesetzt werden, um die Arbeitsumgebung der Benutzer anzupassen.

Die C-Shell **/bin/csh** führt die Kommandodateien *.cshrc* und *.login* jeweils im Hauptkatalog des Benutzers aus. Die Datei *.login* wird nur von der Anmelde-Shell (Login-Shell) ausgeführt – die Datei *.cshrc* von allen C-Shells, also auch zur Ausführung von Kommandoprozeduren. Hierin können weitere Initialisierungen wie z.B das Aufsetzen des History-Speichers und **alias**-Zuweisungen erfolgen. Beendet ein Benutzer eine **csh**-Sitzung, so wird die Kommandodatei *.logout* im Katalog des Benutzers aktiviert. Sie erlaubt Aufräumarbeiten. Die C-Shell kennt in den meisten Implementierungen keine zentrale Anlaufdatei (wie etwa */etc/profile*) – in einigen Implementierungen gibt es allerdings eine derartige Datei mit Namen */etc/cshrc* (siehe auch Kapitel Kapitel 7.2).

11.3 Eintrag eines neuen Benutzers

Möchte man dem System einen neuen Benutzer bekannt machen, so ist dazu ein entsprechender Eintrag in der Datei */etc/passwd* erforderlich (siehe Abschnitt 11.2.1 über die Paswortdateien). Soll der neue Benutzer Mitglied in einer Gruppe sein, so ist der Eintrag der Gruppe in */etc/group* entsprechend zu erweitern. Da innerhalb des Systems sowie in den Dateiköpfen der Benutzer mit seiner Benutzernummer geführt wird, sollte die Benutzernummer ebenso wie der **login**-Name des Benutzers eindeutig sein, d.h. er darf nur einmal in der Paßwortdatei vorkommen. Nun ist der Standardkatalog für den Benutzer mit

> **mkdir** *katalog*

anzulegen. Der neue Benutzer sollte danach als Besitzer des Katalogs eingetragen werden:

> **chown** *benutzer katalog*

Als nächsten Schritt kann man nun dem Benutzer eine Prototyp *.profile*-Datei in das *login directory* kopieren. Alle diese Arbeiten müssen als Super-User ausgeführt werden – zumindest wenn man sie, wie soeben beschrieben, nacheinander manuell ausführt.

Die Korrektheit dieser Einträge kann man schließlich in einem letzten Schritt durch die Programme **/etc/pwck** für die Benutzerpaßwortdatei und mittels **/etc/grpck** für die Gruppenpaßwortdatei überprüfen. Das **pwck**-Programm untersucht, ob alle notwendigen Einträge vorgenommen wurden, ob der für den Benutzer angegebene Hauptkatalog (*login directory*) existiert und ob das Login-Programm vorhanden ist. Bei **grpck** wird neben der Vollständigkeit der Einträge kontrolliert, ob alle Mitglieder einer Gruppe auch in der Benutzerpaßwortdatei vorhanden sind und ob die Gruppennummer mit der dort angegebenen übereinstimmt.

Mit (∗V.4∗) (sowie in den meisten anderen modernen Systemen auch) gibt es für die Benutzer-Administration drei neue Werkzeuge, welche diesen ganzen Vorgang vereinfachen und robuster machen:

useradd   Hinzufügen von Benutzern. Alle oben beschriebenen notwendigen Funktionen werden ausgeführt. Eine (rudimentäre) erste Benutzerumgebung wird auf Grund der in **/etc/skel** vorhandenen Dateien angelegt.

userdel   entfernt den Benutzer konsistent vom System. Dabei kann über Argumente der Kommandozeile gesteuert werden, ob die Dateien des Benutzers unter seinem HOME-Verzeichnis entfernt werden sollen (**-r**) und ob die Benutzernummer, das UID, in Zukunft für weitere Vergabe gesperrt wird (**–n 99**). Dabei gibt die Ziffer die Anzahl der Monate für die Sperrung an. Null bedeutet, daß das UID sofort wieder benutzt werden darf, ein Wert von Minus Eins heißt, daß diese UID auf diesem System nie wieder benutzt werden darf.

11.3 Eintrag eines neuen Benutzers

usermod Dieses Kommando wird zum Ändern der Benutzereinstellungen in der Datei **/etc/passwd** verwendet. Über die angegebenen Argumente sind sowohl das UID als auch das GID, die Mehrfachnutzung gleicher UIDs, das HOME-Verzeichnis (inklusive echter Verschiebungen von HOME-Verzeichnissen), der GCOS-Eintrag (bzw. Kommentare zum Benutzer), die gewünschte Login-Shell, ein neuer Login-Name und weitere Parameter veränderbar. Viele der Parameter können auch ohne Super-User Berechtigung durch den Benutzer selbst ausgeführt werden.

In den meisten Fällen werden diese Funktionen noch komfortabler verpackt in Form von Admininstrationsprogrammen bzw. ganzer Administrator-Shells angeboten. Leider decken diese Shells zumeist nicht alle erforderlichen Möglichkeiten ab, so daß ein Systemverwalter gut beraten ist, die darunter liegenden Konzepte und Zusammenhänge zu kennen, um gegebenenfalls mit gebotener Vorsicht manuell eingreifen zu können. Zu den meist verbreiteten Werkzeuge für Systemadministratoren dürften wohl zählen:

Werkzeug:	Betriebssystem:	Oberfläche:
sysadm	System V	ASCII, FACE
Desktop	System V R4.2	grafisch, MoOLIT
admintool	SOLARIS 2.x	grafisch, Open Look
SAM	HP-UX	ASCII, curses
SMIT	IBM AIX 3.x	ASCII, curses
MSMIT	IBM AIX 3.x	grafisch, Motif

Unabhängig von diesen Werkzeugen kann man natürlich auch unter System V die Dateien manuell bearbeiten – empfohlen wird es nicht und auch geübte Systemverwalter können damit Überraschungen erleben. In keinem Fall darf man danach das Kommando **creatiadb** vergessen. Erst dadurch werden systeminterne Datenbanken und die (alten) ASCII-Dateien abgeglichen.

Unter BSD-Systemen empfiehlt sich die Benutzung von **vipw** zum Editieren der Paßwortdatei. Auch hier gibt es zur Erhöhung von Zugangssicherheit und -geschwindigkeit neue Datenbasen und Kommandos zur Wahrung ihrer Konsistenz. **vipw** sichert über einen Locking-Mechanismus, daß nicht zwei Verwalter gleichzeitig die Passwortdatei bearbeiten, prüft die Änderungen und startet den Datenbankabgleich mittels **pwd_mkdb**.

11.4 Das Herunterfahren des Systems

Durch den Puffermechanismus des UNIX-Systems beim Zugriff auf Platten ist aus Sicht des Systems und der Benutzerprogramme nicht zu allen Zeitpunkten der logische Zustand mit dem physikalischen Zustand auf der Platte identisch. Dadurch kann ein Spannungsausfall oder das unvorbereitete Abschalten des Rechners fatale Folgen für die Dateisysteme haben. Man sollte deshalb besondere Sorgfalt beim Herunterfahren des Rechners walten lassen und dazu folgende Schritte (vom Systemverwalter) durchführen:

a) Benachrichtigung der Benutzer mittels **/etc/wall**

b) Übergang des Systems vom Multi-User-Modus in den Single-User-Modus (z.B. durch »**/etc/telinit s**«). **init** schickt dabei ein SIGTERM-Signal an alle Prozesse, die im neuen *Run-Level* nicht mehr existieren sollen. Nach weiteren 20 Sekunden werden die dann noch nicht terminierten Prozesse abgebrochen.

c) Aufruf des Programms **sync**, welches eventuell noch im Systempuffer stehende Information auf die Platten und Disketten schreibt

d) Demontieren aller Dateisysteme mit Ausnahme der *root*. Hiernach können Plattensicherungen vorgenommen werden. Hierbei ist in der Regel das Arbeiten auf den unmontierten Platten sicherer und das Arbeiten im *raw mode* schneller.

e) Aufruf eines letzten **sync** und Anhalten des Systems durch Betätigen der Halt-Taste oder durch Ausschalten des Systems.

Die Schritte a) bis d) werden auch von der Kommandoprozedur **/etc/shutdown** durchgeführt. Das Berkeley-System kennt ein Programm gleichen Namens, jedoch mit anderen Parametern. Die Aufrufsyntax von (*V.4*) dazu lautet:

/etc/shutdown {−y} {−g*zeit*} {−i*level*}   → **shut down** system

Der Parameter *zeit* gibt dabei an, nach welcher Zeit (in Minuten) das System heruntergefahren werden soll und *level* gibt den Systemstatus bzw. den Run-Level vor, in den das System überführt werden soll. Fehlt *level*, so wird das System in den *Run-Level* 0 versetzt. In diesem darf der Rechner problemlos ausgeschaltet werden.

Vor dem Herunterfahren werden die Benutzer mit den Meldungen aus der Datei */etc/default/shutdown* informiert. Bevor **shutdown** die einzelnen Server-Prozesse des Systems terminiert, stellt es Rückfragen. Dies läßt sich durch die Angabe des Parameters **−y** im Aufruf unterdrücken.

Möchte man nicht das gesamte System herunterfahren, sondern nur einzelne Dateisysteme demontieren, so kann das **umount**-Kommando dies nur tun, wenn keine Datei auf dem Dateisystem mehr geöffnet ist und kein Benutzer einen Katalog des Dateisystems als *aktuellen Katalog* besitzt. Das Kommando **/etc/fuser** (*V*) erlaubt abzufragen, welche Prozesse auf diese Weise auf einer Datei oder einem Dateisystem arbeiten:

11.4 Das Herunterfahren des Systems

/etc/fuser {-ku} *dateien* {{-} {-ku} *dateien*}   → show file system user

Bei ganzen Dateisystemen (*block special devices*) sind alle Dateien des Dateisystems auf dem Gerät gemeint. **fuser** gibt die Art der Nutzung hinter der Prozeßnummer an (**c** = aktueller Katalog (*current directory*), **p** = Vaterkatalog eines Systemprozesses (*parent directory*), **r** = *root*-Katalog des Prozesses). Durch die Option **-k** wird den entsprechenden Prozessen zugleich ein Signal **SIGKILL** geschickt, um sie abzubrechen. Bei der Option **-u** wird hinter der Prozeßnummer auch der Benutzername mitausgegeben. Nur der Super-User darf fremde Prozesse abbrechen!

Sollte es notwendig sein, das System definiert aber schnell abzubrechen so kann der Super-User unter Umgehung der Shutdown-Prozedur direkt das Kommando

sync; sync; init 0

absetzen.[1] In diesem Fall geht das System sofort ohne Wartezeiten in den Haltzustand. Bei Berkeley-Unix-Systemen lautet das adäquate Kommando /etc/halt.

System-Start – Run-Levels

Die nachfolgenden Systemstatus können als Parameter im **/etc/init**-Kommando sowie in **/etc/shutdown** verwendet werden (siehe auch [UNIX-ADMIN-A]):

Status	Erklärung
0	Das System ist komplett heruntergefahren und kann nun neu gebootet oder abgeschaltet werden.
1	Administrator-Modus; ein Anmelden ist nur an der Systemkonsole möglich; die Dateisysteme sind montiert.
s *oder* S	Single-User bzw. Einbenutzermodus; entspricht weitgehend dem Status 1.
2	Multi-User-Modus. Dies ist der Standardstatus nach dem Hochfahren des Systems. Die lokalen Dateisysteme sind montiert und die Benutzer können sich am System anmelden. Die meisten System-Services sind aktiviert.
3	Netzwerk-Status. Dies ist eine Erweiterung des Multi-User-Status, in dem die Netzwerk-Dienste (z.B. NFS, RFS) aktiviert sind, Remote-Ressourcen zur Verfügung stehen und die eigenen exportierten Ressourcen dem Netz freigegeben sind.
5	System-spezifischer Firmware-Status
6	Hiermit wird das System komplett heruntergefahren und danach automatisch wieder neu gestartet und in den Status überführt, der in */etc/inittab* im Eintrag **initdefault** definiert ist.
q *oder* Q	Dies ist kein eigentlicher Status »**/etc/init -q**« veranlaßt jedoch, daß die /etc/inittab-Datei erneut ausgewertet wird – etwa nach einer Änderung.

---

1. Einem alten Aberglauben folgend wird das **sync**-Kommando immer doppelt eingegeben.

11.5 Benutzeraktivitäten und Abrechnungen

Das UNIX-System besitzt eine ganze Reihe von Dateien, in denen Daten über die System- und Benutzeraktivitäten gesammelt werden. Sie lassen sich dann später mit entsprechenden Programmen auswerten (siehe hierzu [UNIX-ADMIN-B]).

11.5.1 Accounting-Dateien

UNIX benutzt drei Dateien, um Information über Benutzeraktionen festzuhalten:

/etc/utmp   für die gerade aktiven Benutzer
/usr/adm/wtmp   für alle An- und Abmeldungen von Benutzern
/usr/adm/pacct   für prozeßspezifische Abrechnungen

In der Datei */etc/utmp* ist vermerkt, welche Benutzer aktuell beim System angemeldet sind. Das Kommando **who** z. B. erhält hieraus seine Informationen. Pro Anmeldung ist eine Zeile vorhanden mit folgendem Eintrag:

dialogstation   (8 Zeichen lang)
benutzer_name   (8 Zeichen lang)
anmelde_zeitpunkt   (4 Byte langer Integerwert im Format von **time(2)**)

In der Datei */usr/adm/wtmp* werden alle An- und Abmeldungen der Benutzer seit der Dateierstellung festgehalten. Das Format entspricht dem der Datei */etc/utmp*, wobei ein leerer Benutzername einer Abmeldung an der entsprechenden Dialogstation entspricht. ›~‹ als Eintrag für die Dialogstation bedeutet, daß das System zu diesem Zeitpunkt neu gestartet wurde. Ein aufeinanderfolgender Eintrag mit ›|‹ und ›}‹ im Datensatz für die Dialogstation zeigt an, daß hier mittels des Kommandos **date** das Datum und (oder) die Uhrzeit des Systems geändert wurde.

Die Prozesse **login** und **init** schreiben die oben genannte Information in diese Datei. Existiert */usr/adm/wtmp* nicht, so wird sie von den genannten Prozessen **nicht** angelegt und die Information geht verloren.

Eine mögliche Auswertung der Datei *wtmp* kann mit Hilfe des Programms **acct** erfolgen, welches das Kontroll-Programm zu einem hier nicht näher beschriebenen Programmsystem ist.

Datei-Platz und Plattenbelegungen

Um den noch freien Platz, den belegten Platz oder die Plattenbelegung der einzelnen Benutzer festzustellen, stellt UNIX drei Programme zur Verfügung:

df   gibt die Anzahl der noch freien Blöcke auf dem Dateisystem aus.

du   liefert die Anzahl der durch einen Dateibaum belegten Blöcke.

quot   errechnet für jeden einzelnen Benutzer die Anzahl der durch ihn belegten Blöcke.

11.5 Benutzeraktivitäten und Abrechnungen

Diese Programme werden wie folgt aufgerufen:

df {*optionen*} {*datei_system*}   → **d**isk **f**ree

    df liefert die Anzahl der freien Blöcke des genannten Dateisystems sowie die Anzahl der freien Dateiköpfe (*i-nodes*) zurück. *datei_system* darf entweder der Gerätename sein oder den Katalog angeben, in dem die Platte montiert wurde. Fehlt die Angabe von *datei_system*, so wird die Information für alle montierten Geräte ausgegeben. In älteren Versionen des **df** wird die Untersuchung für alle in der internen Liste des **df**-Programms vorhandenen Dateisysteme durchgeführt.
    Die Option **–t** gibt zusätzlich die Gesamtzahl der belegten Blöcke des Dateisystems aus. Die Option **–k** gibt die Gesamtzahl des belegten Plattenplatzes in Kilobyte an. Weitere Optionen sind **–a** und **–i**.

du {*optionen*} {*kataloge*}   → list **d**isk **u**sage

    du errechnet die Anzahl der Blöcke, welche durch *katalog*, sowie alle darin enthaltenen Dateien und Unterdateien (d. h. den darin enthaltenen Dateibaum) belegt werden. Fehlt die Angabe von *katalog*, so wird der aktuelle Katalog (.) angenommen.
    Durch die Option **–s** wird nur die Gesamtzahl, durch die Option **–a** auch für jede einzelne Datei die Anzahl der belegten Blöcke ausgegeben. Kann ein Katalog nicht durchsucht werden, so meldet **du** dies im Standardfall nicht. Mit der Option **–r** wird eine entsprechende Fehlermeldung produziert.

quot {*optionen*} {*datei-system*}   → **quot** disk usage

    /usr/sbin/quot gibt für das spezifizierte Dateisystem eine Liste der Benutzer aus, wobei für jeden einzelnen Benutzer die Anzahl der durch seine Dateien belegten Blöcke berechnet wird. Fehlt die Angabe von *datei-system*, so werden alle montierten Dateisysteme untersucht. (∗V∗)
    Als Optionen bei **quot** werden akzeptiert:

  –n   **quot** liest von der Standardeingabe und kann damit beispielsweise in der Kommandosequenz
        ncheck *datei-system* | **sort +0n** | **quot –n** *datei-system*
    eingesetzt werden, um eine Liste aller Dateien und ihrer Besitzer zu erstellen.

  –c   liefert eine dreispaltige Ausgabe, in der die Dateigröße in Blöcken, die Anzahl der Dateien dieser Größe und die Summe aller durch diese oder kleinere Dateien belegten Blöcke angegeben wird (Histogrammtyp).

  –f   Es wird sowohl die Anzahl der Dateien, als auch die der durch sie belegten Blöcke für jeden Benutzer ausgegeben.
    Weitere mögliche Optionen sind **–a**, **–h**, **–n** und **–v**.

11.5.2 Systemaktivitäten

Einen ersten Überblick über die Prozesse des Systems gibt das **ps**-Kommando in der Form »**ps -efl**«.

Will man die Aktivitäten im System regelmäßig protokollieren, so steht hierzu ein sogenanntes *System Activity Package* zur Verfügung. Dessen Möglichkeiten wurden mit System V weiter ausgebaut. Dieses Paket wird man nur in größeren Systemen zu Abrechnungszwecken einsetzen. Der Einsatz kann in kleineren Systemen dann sinnvoll sein, wenn man Engpässe im System aufdecken möchte oder für eine Konfigurationserweiterung Daten benötigt. In diesem Buch soll nur kurz auf die wesentlichen Funktionen eingegangen werden. Eine ausführliche Beschreibung des Pakets ist in [UNIX-ADMIN-A] zu finden.

sar Hiermit können die Aktivitäten im System aufgezeichnet werden. Die Auswertung erfolgt dann später mit einer Reihe unterschiedlicher Auswertungsprogramme.

sag Dieses Kommando erlaubt die Aktivitäten im System graphisch darzustellen. Es benutzt dazu die mit **sar** gesammelten Informationen.

sadp Hiermit werden die Plattenaktivitäten im Sekundenabstand abgetastet und daraus ein tabellarischer Bericht oder ein Histogramm angefertigt.

timex Dies ist eine erweiterte Form des **time**-Kommandos, bei dem neben den verschiedenen Zeiten des gemessenen Prozesses auch Systemaktivitäten ausgegeben werden können.

Zur Auswertung der Aufzeichnungen steht ein breites Spektrum an Programmen und Shellprozeduren zur täglichen, wöchentlichen oder monatlichen Bearbeitung zur Verfügung. Hierbei können ebenfalls Abrechnungen (englisch: *accounting*) für die Benutzung des Systems durch einzelne Benutzer oder Benutzergruppen erstellt werden. Diese periodisch ablaufenden Auswertungen wird man in der *crontab*-Datei eintragen, so daß sie automatisch erfolgen.

➜ Einige der Informationssammelaktivitäten des Systems sind nur dann ausführbar, wenn das sogenannte System-Logging bei der Systemgenierung explizit aktiviert wurde (siehe hierzu [UNIX-ADMIN-B]).

11.6 Initialisierung neuer Datenträger

Sollen neue Datenträger verwendet werden, so sind diese zunächst zu initialisieren. Dabei muß geprüft werden, ob eine Hardware-Formatierung erforderlich ist. Dies ist bei den meisten Disketten und Magnetplatten notwendig. Hierzu stehen systemspezifische Formatierprogramme (z.B. **format** für Floppies oder **/sbin/diskadd**[1] für Platten) zur Verfügung. Größere Magnetplatten solle man partitionieren – d.h. in mehrere kleinere Plattenpartitionen aufteilen. Diese Partitionen werden auch als *Slices* bezeichnet. Die einzelnen logischen Dateisysteme werden dann in solchen Slices angelegt.

Als nächster Schritt wird der Datenträger initialisiert. Hierbei wird auf ihm eine initiale Dateistruktur (ein Dateisystem mit Super-Block und **i-node**-Liste) angelegt. Das *make-file-system*-Kommando **/etc/mkfs** übernimmt diese Aufgabe. Hier ist zumindest die Größe des Dateisystems in Blöcken anzugeben. Die Größe des Mediums ist der jeweiligen Systembeschreibung zu entnehmen.

Danach ist es möglich, den Datenträger, bzw. das darauf sich befindende Dateisystem mit **/etc/mount** in einen vorhandenen Katalog zu montieren, in dem neuen Dateisystem Kataloge einzurichten und Dateien anzulegen.

Das **mkfs**-Kommando hat folgende Aufrufstruktur:

mkfs –F *typ gerät größe*{:*n*} {*fs-optionen*}   → make new file system

/etc/mkfs legt ein neues Dateisystem vom Typ *typ* auf dem *special file gerät* an. *größe* legt die Größe des Dateisystems in Blöcken (512 Byte) fest, *n* die Anzahl der Dateiköpfe *(i-nodes)*. Fehlt die Angabe von *n*, so wird *größe/4* angenommen.

Da UNIX in neueren Versionen eine Reihe unterschiedlicher Dateisystemtypen kennt, divergiert auch das **mkfs**-Kommando je nach Dateisystemtyp ziemlich stark. Zu jedem Dateisystemtyp existiert daher eine eigene Version des **mkfs**-Kommandos mit eigenen Parametern und *fs-optionen*. Siehe hierzu auch Seite 267 (**mkfs**-Kommando) und die Systemdokumentation.

/etc/mkfs zerstört natürlich die alte Information auf dem Datenträger. Man sollte sich deshalb versichern, daß man dies wirklich möchte!

> /etc/mkfs –F s5 /dev/rfd0 2800
> /etc/mount /dev/fd0 /mnt
> → legt auf der Floppy, welche auf dem mit *rfd0* bezeichneten Laufwerk liegt, ein Dateisystem vom Typ s5 der Größe 2800 Blöcke darauf an. Diese wird dann in */mnt* montiert.
> Bevor die Floppy entnommen wird, muß sie mit **umount** demontiert werden, da die Daten sonst verloren gehen können und Inkonsistenzen am Dateisystem entstehen können.
> (Floppies werden unter UNIX normalerweise nicht als Dateisystem montiert, sondern mit Archivierungsprogrammen wie **tar** oder **cpio** beschrieben.)

---

1. **diskadd** seinerseits ruft weitere Programme auf, wie etwa **fdisk** (auf PC-Systemen), **disksetup** und teilweise auch **mkfs**.

11.7 Datensicherung

Mag auch die Sicherung der privaten Benutzerdateien dem einzelnen Benutzer überlassen werden, so ist es doch Aufgabe des Systemverwalters, das Gesamtsystem oder zumindest die Information auf dem Systemdatenträger (*root device*) zu sichern.

➡ **Die Gefahr, daß die Information auf einer Magnetplatte, sei es durch Soft- oder Hardwarefehler zerstört wird, ist auf längere Zeit betrachtet sehr groß. Dies ist keineswegs eine UNIX-spezifische Eigenschaft!**

Das UNIX-System bietet eine ganze Reihe von Programmen zum Kopieren und Sichern von einzelnen Dateien, von Dateibäumen und von ganzen Platteneinheiten. Die wichtigsten Verfahren sollen hier vorgestellt und erläutert, sowie ihr typischer Einsatzbereich angegeben werden.

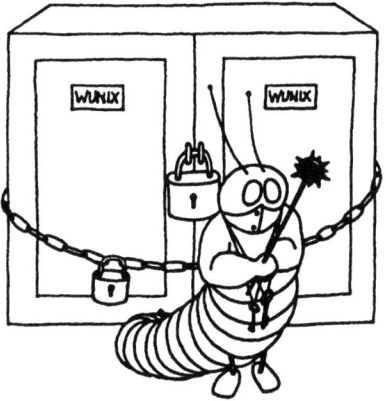

Sichern einzelner Dateien

Einzelne Dateien sichert man am einfachsten und schnellsten mit Hilfe des **cp**-Kommandos auf andere Platten oder auf Disketten. Hierzu muß man diese formatieren, mit **/etc/mkfs** initialisieren und mit **/etc/mount** in einen freien Katalog montieren. Schließlich wird mit **cp** kopiert.

Üblich ist unter UNIX das Sichern auf externe Datenträger mit den Kommandos **tar** oder **cpio**.[1] Dabei werden die zu sichernden Dateien jeweils zu Archiven zusammengebaut und diese Archive dann auf den externen Datenträger geschrieben. Diese Archive können zuvor noch mit Programmen wie **gzip** oder **compress**[1] komprimiert werden, so daß beträchtliche Datenmengen auf Disketten untergebracht werden können.

Sichern von Dateibäumen

Das Sichern ganzer Kataloge oder Dateibäume geschieht in der Regel auf Magnetband, Streamerkassetten oder optische Platten. Hierzu stellt das UNIX-System die Programme **tar** und **cpio** zur Verfügung. Beide Programme erlauben sowohl das Sichern einzelner Dateien und ganzer Dateibäume, als auch das selektive Zurücklesen einzelner Dateien aus einem Sicherungssatz. Dabei erhält das **tar**-Programm seine zu sichernden Dateien als Kommandoparameter, während **cpio** die Namen der zu sichernden Dateien von der Standardeingabe liest. Bei beiden Programmen können verschiedene Blockungsgrößen angegeben werden. Eine große Blockung

---

1. Für **tar** siehe Seite 311, für **cpio** auf Seite 197 und für **compress** auf Seite 195.

11.7 Datensicherung

hat dabei den Vorteil, daß das Sichern und Zurückladen schneller abläuft und wegen der kleineren Anzahl von *Interrecord Gaps* weniger Bandlänge benötigt wird. Ein weiterer Vorteil dieser Programme ist der Umstand, daß das ursprüngliche Erstellungsdatum der Dateien mitgesichert wird und beim Wiedereinlesen erhalten bleiben kann. Dateien können jeweils mit relativem oder absolutem Namen gesichert werden. In den meisten Fällen ist die Sicherung mit relativen Dateinamen vorzuziehen, da diese Dateien dann später problemlos in andere Kataloge zurückgelesen werden können. Eine typische Sicherung des im aktuellen Katalog beginnenden Dateibaums auf den Streamer am 1. Kontroller sähe wie folgt aus:

tar −cvfb /dev/rmt/c0s0 20 .

Das Einlesen würde erfolgen mit

tar −xf /dev/rmt/c0s0

Mit **cpio** wird das Sichern durchgeführt mit

find . −print | cpio −ovB > /dev/rmt/c0s0

und das Zurücklesen mit:

cpio −ivmdB < /dev/rmt/c0s0

In beiden Fällen bewirkt die Option **−v**, daß die Namen der gesicherten bzw. geladenen Dateien ausgegeben werden. Lenkt man die Ausgabe der Standardfehlerausgabe in eine Datei (» ... **2> *datei***«), so hat man dort ein Inhaltsverzeichnis. Während das **tar**-Programm selbst die Namen des Dateibaums ermittelt, wird bei **cpio**, das von der Standardeingabe liest, hier das **find**-Kommando verwendet. Dies erlaubt weitere Angaben zu den zu sichernden Dateien. So werden z.B. mit

find /usr −mtime 7 −user neuling −print | cpio −ovB > /dev/rmt/c0s0

die Dateien des Benutzers *neuling* unterhalb des in */usr* beginnenden Dateibaums auf Band gesichert und zwar nur jene, die in den letzten 7 Tagen modifiziert wurden. Will man dasselbe mit **tar** tun, so sieht das Kommando wie folgt aus:

tar −cvfb /dev/rmt/c0s0 20 'find /usr −mtime 7 −user neuling −print'

wobei jedoch der Anzahl der zu sichernden Dateien durch den Parameterpuffer des **tar**-Programms Grenzen gesetzt sind. Im Gegensatz zu **cpio** sichert das **tar**-Programm leere Dateien oder Gerätedateien (*special files*) nicht!

Für den Datenaustausch mit anderen UNIX-Systemen hat sich das **tar**-Programm als eine Art Standard etabliert. Man sollte aber auf keinen Fall vergessen, eine Inhaltsangabe, das Sicherungsformat, die Aufzeichnungsdichte, sowie die Art des Rechners auf dem Datenträger zu vermerken.

Die Angabe des Rechnertyps kann dem Empfänger von Hilfe sein, wenn der Ursprungsrechner und der Zielrechner unterschiedliche Byte-Reihenfolgen verwenden. Ist dies der Fall, so kann mit Hilfe des Programms **dd** mit der Option **conv=swab** die Byte-Reihenfolge (*endianess*) gedreht und das Band damit gelesen werden.

Sicherung ganzer Platten

Zur Sicherung ganzer Platten stehen die Programme **ufsdump** und **volcopy** zur Verfügung. Beide Programme können sowohl unter UNIX betrieben werden, als auch im *Stand-Alone-Modus*, d.h. alleine ohne ein System. Mit einem dieser beiden Programme wird deshalb in der Regel das Ursystem auf die Systemplatte geladen.

ufsdump

Das Programm **ufsdump** (früher **dump**) erlaubt sowohl das Sichern eines gesamten Dateisystems als auch ein inkrementelles Sichern – d.h. das Sichern nur jener Dateien, die seit dem letzten Sicherungslauf modifiziert wurden.

ufsdump liest das Datum des letzten Sicherungslaufes aus der Datei */etc/dumpdates* und schreibt optional nach erfolgreichem Sichern das aktuelle Datum dorthin (durch **–u**). Auch wenn **ufsdump** mit einem Dump-Level 0 durchgeführt wird, muß die Datei */etc/ddate* existieren, darf dann aber leer sein. Das Einspielen der mit **ufsdump** gesicherten Information erfolgt mit Hilfe des Programms **ufsrestore**.

    ufsdump 0uf /dev/rmt/c0s0 /dev/rdsk/0s1
    /etc/mkfs –F ufs /dev/rdsk/0s4   90000
    ufsrestor rf /dev/rmt0 /rdsk/0s4
    → sichert das vollständige Dateisystem der Platte *c0s1* auf Streamer. Nun wird auf dem Platten-Slice 0s4 mit **mkfs** ein neues Dateisystem des Typs ›ufs‹ (Berkeley-Dateisystems) der Größe 45 MByte (bzw. 90000 Blöcke) angelegt und das gesicherte System auf diese Platte eingelesen.

Im Gegensatz zu dem **volcopy**-Programm brauchen alte und neue Platte bei **ufsdump-ufsrestor** nicht gleich groß zu sein. Das neue Dateisystem muß nur in der Lage sein, alle gesicherten Dateien aufzunehmen. Natürlich ist es auch möglich, eine Sicherung mittels **ufsdump** auf eine andere Platte zu erstellen. Diese ist dann jedoch im **ufsdump**-Format beschrieben und kann nicht als Dateisystem in einen Dateibaum eingehängt werden.

Vor der Erstellung einer Sicherung sollte man sicher sein, daß sich das zu sichernde Dateisystem in einem konsistenten Zustand befindet! Das **fsck**-Programm kann diese Konsistenzprüfung sowie etwa notwendige Reparaturen durchführen. Liest man von einer Platte im *raw mode*, so sollte das Dateisystem auch demontiert (*unmounted*) sein!

volcopy

Das **/etc/volcopy**-Programm erstellt eine 1:1-Kopie des zu sichernden Systems. Es kann damit schneller als die Programme **ufsdump, tar** und **cpio** sein, die eine Dateistruktur abarbeiten. Es existiert sowohl als UNIX-Programm wie auch als *Stand-Alone-Programm* und kann das Sichern als auch das Wiedereinlesen durchführen.

11.7 Datensicherung

volcopy prüft sowohl Datenträgername und *label* des Datenträgers als auch den *volume label* des Datenträgers, auf den kopiert wird. Diese Angaben stehen jeweils im Super-Block der Datenträger (bzw. Dateisysteme).

Wird auf einem Magnetband gearbeitet, so verlangt **volcopy** die Angabe der Schreibdichte und der Bandlänge, soweit dies nicht bereits im Aufruf angegeben wurde oder im Super-Block des Datenträgers steht. Ist das Dateisystem zu groß, um auf ein Band zu passen, so fordert **volcopy** automatisch weitere Bänder an. Diese dürfen dann auch auf alternierenden Laufwerken montiert werden.

Von **volcopy** gibt es für jeden Dateisystemtyp, den die UNIX-Variante kennt, eine eigene Ausprägung, so daß hier darauf verzichtet werden muß, die einzelnen Versionen zu beschreiben.

labelit

Das Programm **/etc/labelit** trägt einen *volume label* und einen *volume name* auf einer nicht montierten Platte, einem Magnetband oder einer Streamer-Kassette ein oder gibt diese aus (Form: »**labelit** *gerät*«).

labelit *gerät* {*volume_name volume_label* {−n}}   → label volume

Soll ein Band neu markiert oder eine alte Marke überschrieben werden, so kann dies mit der Option −n erfolgen. Der *volume name* und der *volume label* dürfen jeweils bis zu 12 Zeichen lang sein. In der Form »**labelit** *gerät*« wird der *volume name* und der *volume label* des Datenträgers auf dem Gerät (soweit vorhanden) ausgegeben.

Duplizieren von Dateisystemen

Die schnellste Art der Sicherung ist das physikalische Kopieren einer Platte auf die andere. Dazu müssen beide logischen Medien die gleiche Größe haben. Das Kopieren kann mit Hilfe des Programms **dd** erfolgen. Aus Gründen der Effizienz, sollte dabei mit großer Blockung und dem *raw device* gearbeitet werden.

✎   dd if=/dev/rfd0 of=/dev/rfd1 bs=1k
    → dupliziert den Inhalt der Floppy fd0 auf fd1.

Ein Nachteil von **dd** liegt darin, daß die Systemplatte damit nur gesichert werden kann, wenn sowohl die Systemplatte als auch die Platte, auf die kopiert wird, austauschbar sind. **dd** selbst ist dabei nicht in der Lage, defekte Blöcke (*bad blocks*) zu berücksichtigen, sondern kopiert physikalisch alles, was ihm unterkommt.

Eine weitere Variante zum Kopieren ganzer Dateisysteme stellt **dcopy** dar. Dabei erfolgt zugleich eine Reorganisation bzw. Optimierung des Dateisystems. Die Syntax hierzu lautet:

/usr/sbin/dcopy {−F *fs-typ*} {*optionen*} *eingabegerät ausgabegerät*   → disk **copy**

11.8 Konsistenzprüfung der Dateisysteme

Die Konsistenz der Dateisysteme sollte regelmäßig überprüft werden, um im Falle von Inkonsistenzen rechtzeitig Korrekturen vornehmen zu können!

Bezüglich der Sicherheit des Dateisystems zeigt UNIX – wie alle Systeme mit gepufferter Ein-Ausgabe – einige Schwächen. Ein Grund hierfür ist eine geringe Redundanz des Dateisystems und die Pufferung von Datenblöcken im Hauptspeicher. Beide Maßnahmen erhöhen zwar den Systemdurchsatz, können jedoch im Falle von Hardwarefehlern oder eines Systemzusammenbruchs sehr fatale Folgen haben! Die neueren Dateisysteme wie etwa das Berkeley-Dateisystem (**ufs**) oder verstärkt noch das Veritas-Dateisystem (**vxfs**) weisen hier jedoch bereits wesentliche Verbesserungen auf.

Eine rechtzeitige, d.h. häufige Überprüfung der Konsistenz erlaubt es in der Regel, eventuell vorhandene Inkonsistenzen aufzuzeigen und zu beheben. Ein solche Prüfung ist auf jedem Fall nach jedem Systemabsturz oder nach einem unvollständigen Ausschalten des Systems sinnvoll.

Zur Konsistenzprüfung sollte das zu prüfende Dateisystem nicht montiert sein und die Prüfung auf dem *raw device* erfolgen. Bei der Systemplatte ist dies nicht möglich. Bei ihr ist aus diesem Grund das *block device* zu prüfen. Die Systemplatte muß deshalb immer im *Single-User*-Modus geprüft werden. Werden Korrekturen auf der Systemplatte vorgenommen, so ist das System sofort danach neu zu starten, so daß die im Hauptspeicher gepufferte, eventuell falsche Information nicht auf die Platte zurückgeschrieben wird.

Zur Konsistenzprüfung und Korrektur können folgende Programme verwendet werden:

/etc/clri   erlaubt das Löschen von Dateiköpfen (i-nodes).

/etc/fsck   Dies ist die vollständigste Prüfung des Dateisystems und wird aus diesem Grunde hier ausführlicher beschrieben.

/etc/ncheck   gibt eine Liste aller Dateikopfnummern zusammen mit dem Pfadnamen relativ zur Wurzel des Dateisystems aus.

Für stark zerstörte Dateisysteme, die auch /etc/fsck nicht mehr in einen konsistenten Zustand überführen kann, gibt es die Möglichkeit, daß der Systemverwalter Korrekturen mit Hilfe des /etc/fsdb vornimmt. Dies setzt jedoch sehr genaue Kenntnis über den Aufbau des Dateisystems voraus!

Ist das Dateisystem hoffnungslos defekt, so können mit dem Programm **bcopy** interaktiv noch einzelne Blöcke des Systems auf einen anderen Datenträger kopiert werden.

Neuere Versionen von UNIX setzen beim regulären Demontieren eines Dateisystems ein entsprechendes Flag im Superblock des Dateisystems. Wird versucht, ein Dateisystem zu montieren, in dem dieses Flag nicht gesetzt ist, so verlangen sie einen Prüflauf mittels **fsck** oder führen ihn (z.B. beim root-Dateisystem) automatisch durch.

Konsistenzprüfung mittels /etc/fsck

Das Programm **/etc/fsck** erlaubt eine sehr vollständige Konsistenzprüfung des Dateisystems. Bei auftretenden Fehlern übernimmt es in den meisten Fällen zugleich die Behebung, wobei bei gravierenden Eingriffen der Benutzer gefragt wird, ob die Korrektur vorgenommen werden soll.

Das Programm läuft in mehreren Phasen ab. Im einzelnen werden dabei überprüft

a) nicht referenzierte Dateiköpfe (*i-nodes*),
b) zu großer Referenzzähler im Dateikopf,
c) nicht belegte Blöcke, die nicht in der Freiblockliste stehen,
d) belegte Blöcke, welche in der Freiblockliste stehen,
e) Blöcke, welche zu mehreren Dateien gehören oder von einer Datei belegt sind, aber in der Freiblockliste stehen,
f) Verweise auf Blöcke mit einer ungültigen Blocknummer,
g) Kataloggrößen, welche nicht ein Vielfaches von 16 Byte sind,
h) ungültiges Format eines Dateikopfes,
i) Dateireferenzen in Katalogen auf nicht belegte *i-node*-Elemente,
j) Verweise auf ungültige *i-nodes* (zu große Indexnummer).
k) Im Superblock sind mehr als 65 536 *i-nodes* angegeben.
l) Im Superblock sind mehr Blöcke für *i-node*-Elemente angegeben, als die Größe des Dateisystems es erlaubt.
m) Die Freiblockliste hat ein ungültiges Format.
n) Die Gesamtzahl der freien Blöcke und (oder) freien *i-node*-Elemente ist falsch.

Das **fsck**-Programm wird normalerweise nach dem Systemstart noch im Single-User-Modus aus einer der **rc**-Dateien (siehe Seite 759ff.) aufgerufen. Nach einem Systemzusammenbruch oder einem Spannungsausfall ist diese Prüfung ein Muß. Der Aufruf von **fsck** hat folgende Syntax:

/etc/fsck {**-F** *fs-typ*} {**-V**} {*optionen*} {*datei-system*} → check file system

    Fehlt die Angabe *dateisystem*, so wird in der Datei */etc/checklist* und im Berkeley-System in der Datei */etc/fstab* nachgesehen, welche Dateisysteme zu untersuchen sind und in welcher Reihenfolge dies geschehen soll. Beim Fehlen des Dateisystemtyps *fs-typ* wird in */etc/vfstab* nachgesehen. Die wichtigsten Optionen sind hierbei:

    -b   Ist das überprüfte Dateisystem das root-System und werden Fehler gefunden, so soll nach der Fehlerbehebung ein neues Booten des Systems stattfinden.

    -D   Kataloge (*directories*) sollen auf defekte Blöcke untersucht werden.

    -f   Dies bewirkt eine abgekürzte Prüfung nur der Punkte e), m) und c).

    -F *fs-typ*   Hiermit wird der Typ des Dateisystems vorgegeben und damit eine Dateisystem-spezifische Version des **fsck** aufgerufen.

-m
: Die Prüfung wird zwar durchgeführt und Fehler gemeldet, es wird jedoch keine Reparatur vorgenommen.

-n
: Auf alle Rückfragen von fsck soll automatisch **n** (nein) angenommen werden. Somit werden keine Korrekturen durchgeführt.

-o *opt*
: erlaubt Dateisystem-spezifische Optionen anzugeben.

-p
: **fsck** läuft automatisch ab; mögliche Korrekturen werden ohne Rückfragen durchgeführt. Es werden allerdings nur die Prüfungen a) bis e) vorgenommen.

-q
: Das Programm soll seine normalen Nachrichten nicht ausgeben (*quiet*). Nur größere Fehler werden gemeldet.

-s{X}
: Die vorhandene Freikopfliste soll (nur beim **s5**-System) ignoriert und eine neue erzeugt werden. Das Dateisystem sollte dazu demontiert sein! X im Format ›*zylinder größe:gap*‹ erlaubt Optimierungsparameter anzugeben.

-S{X}
: arbeitet wie -s, wobei aber eine neue Freikopfliste nur dann geschrieben wird, wenn Inkonsistenzen gefunden wurden.

-V
: Arbeitet wie -s, wobei aber eine neue Freikopfliste nur dann geschrieben wird, wenn Inkonsistenzen gefunden wurden.

-y
: Die Prüfung läuft automatisch ab. Für alle Fragen bezüglich der Korrektur wird **y** (ja) als Antwort angenommen. Dies ist sehr gefährlich!

Dateien, welche in keinem Katalog eingetragen sind, können in den Katalog *lost+found* eingetragen werden. Hierzu muß dieser Katalog bereits auf dem zu prüfenden Dateisystem in dessen Wurzel existieren. Dieser *lost+found* Katalog muß darüber hinaus ausreichend groß sein, um alle Einträge aufnehmen zu können. Man erreicht dies, indem man den Katalog erzeugt, darin eine ausreichende Anzahl leerer Dateien anlegt (damit wächst die Kataloggröße) und die Dateien danach wieder löscht. Gefundene Fehler werden gemeldet. Ist der Fehler von **/etc/fsck** behebbar, so wird zuerst der Benutzer gefragt, ob eine solche Korrektur durchgeführt werden soll. ›**y**‹ als Antwort veranlaßt die Korrektur und daher erfolgt diese Antwort meist automatisch.

Ab System VR4 steht zur Datenrettung noch ein weiteres Programm zur Verfügung, der File System Debugger **fsdb**. Es handelt sich dabei um ein sehr mächtiges, jedoch mit Vorsicht zu handhabendes Werkzeug. Mit diesem Programm ist es möglich, unter Beachtung der entsprechenden Dateisystemstrukturen, symbolisch auf den Inhalt der Dateisysteme zuzugreifen. Der Umgang mit **fsdb** ist allerdings nicht trivial und erfordert sehr tiefgehende Kenntnis über den inneren Aufbau des betreffenden Dateisystems.

11.9 Dämonprozesse

Dämonprozesse (englisch: *daemons*) sind Prozesse, die zyklisch ablaufen. In der Regel führen sie eine Aufgabe aus (z.B. **cron** das Starten von Skripten zu vorgegeben Zeiten) und suspendieren sich danach für ein Zeitintervall, nach dem sie untersuchen, ob weitere Aufträge vorhanden sind. Sie können sich jedoch auch durch das Lesen auf eine *named pipe* suspendieren oder auf ein Signal warten.

Die meisten dieser Prozesse werden beim Übergang des Systems in den Multi-User-Modus automatisch gestartet. Das UNIX-System kennt eine ganze Reihe solcher Dämonprozesse, von denen hier nur einige beschrieben werden sollen:

syslogd   Ein Prozeß zur Protokollierung bestimmter Systemaktivitäten und Fehlerzustände.

inet   Dies ist der Netzwerkprozeß zur Bedienung von angeforderten Internet-Funktionen, etwa einem remote login.

lpd   Dies ist der Ausgabeprozeß für Druckaufträge. (*B*)

cron   Durch diesen Prozeß werden Aufträge gestartet, die zu bestimmten vorgegebenen Zeitpunkten ausgeführt werden sollen.

Hier nicht weiter beschrieben sind Dämonprozesse wie z.B. der Prozeß **errdaemon**, welcher Fehleraufzeichnungen (*error logging*) durchführt, sowie weitere Prozesse, die zur Rechnerkopplung verwendet werden.

lpd

Der Print-Spooler-Prozeß **/usr/lib/lpd** ist kein echter Dämonprozeß, da er vom **lpr**-Programm oder explizit gestartet wird. Nachdem er seinen Auftrag ausgeführt hat, schaut er jedoch nach, ob noch weitere Ausgabeaufträge vorhanden sind. Er führt diese dann aus und wiederholt den Zyklus, bis keine Aufträge mehr existieren, bevor er terminiert. **lpd** ist in Abschnitt 11.10 auf S. 779 beschrieben.

lpsched

Dieses Programm ist eine erweiterte *Print-Spooler*-Version und seit System V verfügbar. Das **/usr/lib/lp/lpsched**-Programm liest seine Aufträge aus der *named pipe* */usr/spool/lp/fifos/FIFO*. Eine detaillierte Beschreibung des mit dem **lp**-System arbeitenden *Print-Spooler* ist in Abschnitt 11.10.1 zu finden.

cron

Der Dämonprozeß **cron** schaut in bestimmten Zeitintervallen (Standard = jede Minute) in **crontab**-Tabellen nach, ob Kommandoprozeduren zum aktuellen Zeitpunkt auszuführen sind. In der **crontab**-Datei sind jene Aufträge enthalten, welche zu einem vorgegebenen Zeitpunkt (Datum und Uhrzeit) ausgeführt werden sollen. Für verschiedene Benutzer können mehrere **crontab**-Dateien gleichzeitig auf dem System installiert sein. Die Einträge der **crontab**-Datei haben folgendes Format:

minute stunde tag monat wochentag kommando

Die einzelnen Einträge einer Zeile werden durch Leer- oder Tabulatorzeichen getrennt. Die Zeitangaben sind Zahlen (minute: 0 - 59, stunde: 0 - 23, tag: 1 - 31, monat: 1 - 12, wochentag: 0 - 6 (0 = Sonntag)) oder durch Komma getrennte Zahlenfolgen (z.B.: 1,3,5) oder Zahlenbereiche (z.B.: 3 - 8). Steht statt eines Zeiteintrags ein *****, so ist damit ›*Zu jeder vollen ...*‹ gemeint.

  0 * * * * date > /dev/console
→ gibt zu jeder vollen Stunde Datum und Uhrzeit auf die Systemkonsole aus.

Der **crontab**-Eintrag für das Programm **/usr/lib/atrun** sieht z.B. wie folgt aus:

0,10,20,30,40,50 * * * * /usr/lib/atrun

D.h. das Programm **/usr/lib/atrun** soll alle 10 Minuten gestartet werden. **atrun** seinerseits schaut in dem Katalog **/usr/spool/at** nach auszuführenden Aufträgen. Das Kommando **at** legt bis (∗III∗) seine Aufträge in dem genannten Katalog ab.

Ab (∗V∗) wird ein mächtigerer und komplizierterer Mechanismus verwendet. Dieser benutzt Dateien im Katalog **/usr/lib/cron**. Benutzer können hierbei mittels des **crontab**-Kommandos eigene *crontab*-Dateien aufsetzen und **cron** zur Bearbeitung übergeben. Für den Umgang mit diesen *crontab*-Dateien steht das Kommando **crontab** zur Verfügung.[1] Mit ihm können *crontab*-Dateien angelegt, entfernt, aufgelistet und mit einem Editor bearbeitet werden. Allerdings können nur dazu berechtigte Benutzer von diesem Verfahren Gebrauch machen. Die Berechtigung der Benutzer zum **cron**-System wird in den Dateien **cron.allow** oder/und **cron.deny** hinterlegt.

Innerhalb einer **crontab**-Datei können (und sollten!) Kommentarzeilen enthalten sein. Diese Zeilen müssen mit einem Hashsymbol (**#**) beginnen.

---

1. Siehe hierzu Kapitel 5.3 auf Seite 201.

11.10 UNIX-Print-Spooling

Das UNIX System kennt neben dem direkten Schreiben auf den Drucker zwei Mechanismen, um Dateien sequentiell auf Druckern auszugeben. In beiden Fällen wird sichergestellt, daß die verschiedenen Druckaufträge eines oder mehrerer Benutzer nicht gemischt, sondern hintereinander und mit vorangestelltem Großtitel ausgegeben werden:

❑ das BSD **lpr**-Programm

❑ das aus (∗V∗) stammende **lp**-System

Von aktuellen UNIX-Systemen werden zumeist beide Varianten unterstützt, teilweise indem Aufträge des einen Programms an das andere Programm übergeben werden. Die Ausgabeaufträge werden von beiden Systemen in eine Auftragswarteschlange eingeordnet und dann sequentiell von einem Ausgabeprogramm ausgegeben. Diesen Mechanismus nennt man *Print Spooling*.
  Da der **lp**-Spooler von System V.4 moderner und vielseitiger als der etwas ältere **lpr**-Mechanismus ist, wird nachfolgend nur das **lp**-System beschrieben. Die Aufrufe des lpr selbst sind auf Seite 253 zu finden.

11.10.1 Der Print-Spooler lp

Der mit **lp** arbeitende Print-Spooler besteht aus einem ganzen System von zusammenarbeitenden Programmen und Informationsdateien. Hiermit ist es möglich, die Ausgabe von Dateien losgelöst von einer Sitzung und einzelnen Benutzern sequentiell durchzuführen. Dabei können sowohl mehrere Drucker als auch mehrere Druckerklassen angesprochen werden. Die Ausgabe beschränkt sich nicht einmal auf Drucker, sondern ist auf Ausgabegeräte allgemein erweitert. So darf in der folgenden Beschreibung *Drucker* und *drucken* auch durch *Ausgabe* und *ausgeben* ersetzt werden! Dies erlaubt z. B. auch, einen Plotter mit Grafiken zu beschicken, die dann sequentiell ausgegeben werden. Die wesentlichen Mechanismen sind:

❑ Ausgabeaufträge können in eine Warteschlange eingehängt und wieder storniert (gelöscht) und auf andere Ausgabegeräte umgehängt werden.
❑ Statusabfragen zu Ausgabeaufträgen
❑ Sperren und Freigeben einzelner Geräte oder ganzer Geräteklassen
❑ Eingabe von Konfigurationsänderungen
❑ Statusabfragen zu Gerätewarteschlangen

Diese Funktionen werden von folgenden Programmen übernommen:

lp nimmt Druckaufträge entgegen und reiht sie in Auftragswarteschlangen ein.

cancel erlaubt einem Benutzer, seine zuvor erteilten Ausgabeaufträge zu widerrufen (stornieren).

accept	teilt dem **lp**-System mit, für welche Geräte oder Geräteklasse Aufträge entgegengenommen werden dürfen.
reject	teilt dem **lp**-System mit, für welche Geräte oder Geräteklasse **keine** Aufträge mehr entgegengenommen werden dürfen.
lpsched	verwaltet die Auftragswarteschlange und verteilt die Aufträge an die Drucker (Ausgabegeräte) bzw. aktiviert die Ausgabeprogramme.
lpshut	terminiert in kontrollierter Weise das **lpsched**-Programm.
enable	aktiviert einen Drucker oder eine Druckerklasse.
disable	deaktiviert bestimmte Drucker oder Klassen. **lp** kann dabei immer noch Aufträge hierfür annehmen!
lpmove	hängt Druckaufträge von einem Drucker (Druckerklasse) auf einen anderen Drucker (Druckerklasse) um.
lpstat	gibt den Status von Benutzeraufträgen, von verfügbaren Druckern, von Klassen und von Geräten aus.
lpadmin	Dies ist das universelle Verwaltungsprogramm für das **lp**-Spool-System.
lpfilter	verwaltet Filter, die in den Ausgabedatenstrom eingeschaltet werden können. Damit können unterschiedlichen Datenströmen (Typen) verschiedene Filter zugeordnet werden.
lpforms	Mit diesem Kommando können verschiedene Formulare (Vordrucke, Briefbögen, etc.) über das Printspooler-System verwaltet werden.
lpsystem	verwaltet die Datenbasis über bekannte entfernte Systeme, mit denen das Printspooler-System zusammenarbeiten kann.
lpusers	dient der Benutzersteuerung im Hinblick auf erlaubte Druckprioritäten sowie auf erlaubten Zugriff zu einem entfernten Printspooler-System.
lpNet	Dämonprozeß zur Bedienung von Druckaufträgen an/von entfernte Rechnersysteme
/usr/spool/lp/model/*xxx* /usr/spool/lp/interface/*xxx*	Dies sind Programme (Kommandoprozeduren), welche die eigentliche Ausgabe auf ein Gerät durchführen. Diese Prozeduren können für die verschiedenen Ausgabegeräte vom Systemverwalter zur Verfügung gestellt werden. Die Kommandos in der Datei **/usr/spool/lp/model/dumb** z.B. führen die Ausgabe für *normale dumme*[1] Drucker durch und rufen dazu das **cat**-Programm auf. In dem Katalog */usr/spool/lp/model* stehen Modellprozeduren. Wird eine solche Prozedur zur Ausgabe für einen Drucker mittels **lpadmin** zugeordnet, so wird eine Kopie in */usr/spool/lp/interface* unter dem Namen des Druckers angelegt, den sie bedienen soll und diese zur Ausgabe aktiviert.

---

1. Hiermit sind Drucker ohne spezielle eigene *Intelligenz* (etwa wie PostScript) gemeint.

11.10 UNIX-Print-Spooling

Im **lp**-Printspooler-System werden vom **lp**-Programm Ausgabeaufträge zum Drukken von Dateien entgegengenommen (siehe hierzu Seite 249). **lp** erstellt daraus einen Ausgabeauftrag (englisch: *request*) in dem Benutzer, auszugebende Dateien, zusätzliche Optionen (**-o**-Option bei **lp**) sowie Ausgabeziel (Drucker oder Druckerklasse) enthalten sind und reiht diesen Auftrag in eine Auftragswarteschlange ein.

Dem Benutzer wird von **lp** die Auftragsbezeichnung (*request identification*) mitgeteilt. Er kann beim **lp**-Aufruf einen Drucker oder eine Druckerklasse als Ziel der Ausgabe angeben. Fehlt diese Angabe, so wird die Ausgabe auf einen *Standarddrucker* (oder Klasse) geleitet, soweit diese definiert ist. *Drucker* ist hierbei ein symbolischer Name für ein Ausgabegerät, *Druckerklasse* der symbolische Name für eine ganze Gruppe von Druckern.

Wird als Ziel eine *Druckerklasse* angegeben, so geschieht die Ausgabe auf den Drucker der Klasse, der als erster in seiner Klasse frei wird. Die Zuordnung von *Druckern* zu *Druckerklassen* und von physikalischen Geräten oder Dateien zu Druckern wird vom Systemverwalter mittels des **lpadmin**-Programms vorgenommen. Ein Drucker darf sich gleichzeitig in mehreren Klassen befinden.

Die Auftragswarteschlange wird von dem Programm **lpsched** abgearbeitet. Dieser holt sich die Aufträge und verteilt sie entsprechend ihrer Zielangabe an Ausgabeprozesse. Bei diesen Ausgabeprozessen (UNIX-Terminologie: *interfaces*) handelt es ich in der Regel um Shellprozeduren, die ihrerseits Ausgabeprogramme aufrufen, in einem Netz aber z.B. den Auftrag auch an einen anderen Rechner weiterleiten könnten. Neben den im Grundsystem vorhandenen Prozeduren können hier vom Systemverwalter eigene eingesetzt werden.

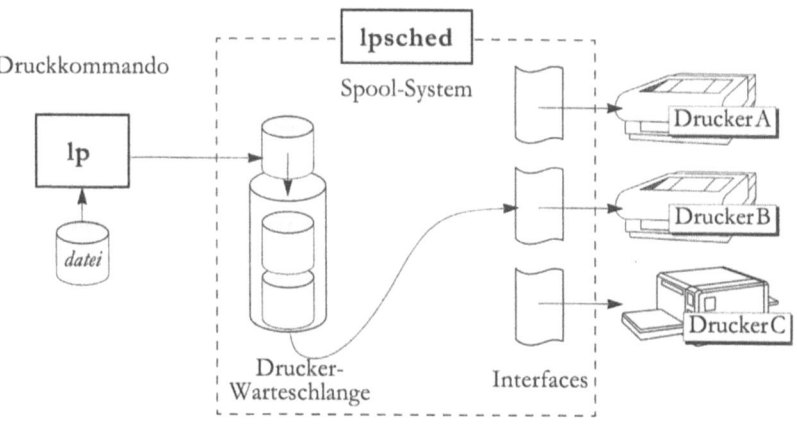

Abb. 11.1: Informationsfluß im **lp**-Printspooler-System

Den Ausgabeprozessen (interfaces) werden beim Aufruf folgende Angaben mitgegeben:

❏ Auftragsnummer (für Großtitel und Fehlermeldungen)
❏ Name des Benutzers, der den Auftrag absetzte

- Überschrift für den Auftrag (kann auch leer sein)
- Anzahl der zu erstellenden Kopien
- Optionen (auch vom Benutzer angebbar)
- Name der zu druckenden Datei

Das dem Drucker als Ausgabe zugeordnete Gerät (die Datei) wird dabei für die Ausgabeprozedur oder das Ausgabeprogramm als Standardausgabe eingesetzt. Folgende Programme sind Teil des **lp**-Print-Spooler-Systems:

lp {*optionen*} {*dateien*}   → spool files for line printer

> Das **lp**-Kommando setzt den Druckauftrag auf. Ein Benutzer kann seinen Druckauftrag später mittels **cancel** unter Angabe seiner Auftragsnummer löschen. Die Beschreibungen von **lp** und **cancel** sind in Kapitel 5 auf Seite 249 zu finden.

cancel {*auftrag* ...} {*drucker* ...}   → cancel print request

> storniert die angegebenen Druckaufträge (oder alle Aufträge) für einen oder mehrere angegebene Drucker. Der Aufruf ist auf Seite 184 erklärt.

lpstat {*optionen*} {*auftrag* ...}   → print **lp** status

> erlaubt dem Benutzer, Informationen zum **lp**-System sowie zu seinen Druckaufträgen abzufragen. Die Beschreibung ist Seite 254 zu finden.

accept *ziel*   → tell lp to accept *ziel* as destination

> Mit **/usr/sbin/accept** wird dem **lp** mitgeteilt, daß er Aufträge für die mit *ziel* angegebenen Drucker oder Druckerklassen annehmen soll. Dies kann später mit **reject** aufgehoben werden. Beides darf nur vom **lp**-Verwalter oder dem Super-User aufgerufen werden!

reject {**-r**{*grund*}} *ziel*   → tell lp to reject request for *ziel*

> Durch das **/usr/sbin/reject**-Kommando wird dem **lp** mitgeteilt, daß keine Aufträge für die in *ziel* angegebenen Drucker oder Druckerklassen mehr angenommen werden sollen. Mittels der **-r**-Option (*reason*) kann man einen Grund für die Ablehnung angeben. Der Text *grund* wird dann dem Benutzer von **lp** bei einer Ablehnung ausgegeben. Nur der **lp**-Verwalter oder Super-User kann das **reject**-Kommando aufrufen!

lpsched   → schedule line printer requests

> Dieses Programm führt die Verteilung der Druckaufträge an die Ausgabeprogramme entsprechend der im Auftrag angegebenen Drucker oder Druckerklassen durch. Er nimmt von den Ausgabeprogrammen auch die Statusrückmeldungen entgegen. Für eine Reihe von Konfigurations- und Auftragsänderungen muß **/usr/lib/lpsched** terminiert und später neu gestartet werden. Das Terminieren sollte mit **/usr/lib/lpshut** erfolgen! In der Regel wird **lpsched** in */etc/rc* gestartet.

lpshut → shut down lpsched program

/usr/lib/lpshut terminiert das **lpsched**-Programm. Alle noch arbeitenden Drucker werden dabei angehalten. Die noch nicht vollständig ausgegebenen Aufträge werden beim Neustart des **lpsched** erneut begonnen. Druckaufträge lassen sich weiterhin mittels **lp** absetzen. Nur der Verwalter darf **lpsched** mittels **lpshut** terminieren!

enable *drucker* ... → enable printer *drucker*

aktiviert den oder die angegebenen Drucker, so daß sie Druckaufträge annehmen bzw. fortsetzen. Die Umkehrung hiervon ist **disable**. Der Aufruf ist nicht auf den Verwalter beschränkt.

disable {–c} {–r*grund*}} *drucker* ... → disable printers

Hiermit wird der oder werden die angegebenen Drucker deaktiviert (stillgelegt). Bereits begonnene Ausdrucke werden bei einer erneuten Aktivierung mit **enable** von vorne ausgegeben. Die Option –r*grund* erlaubt, einen Grund für das Anhalten anzugeben. Dieser wird einem Benutzer bei Verwendung von **lpstat** mitgeteilt. Durch die –c-Option werden alle Aufträge für die mit *drucker* angegebenen Ausgabegeräte gelöscht. Der Aufruf ist nicht auf den Verwalter beschränkt.

lpmove *aufträge ziel* → move requests *aufträge* to *ziel*

Durch das /usr/lib/lpmove-Programm ist der Systemverwalter in der Lage, die bereits abgesetzten Druckaufträge *aufträge* auf den in *ziel* angegebenen Drucker (oder die Druckerklasse) umzusteuern. Statt *aufträge* darf auch ein Drucker oder eine Druckerklasse angegeben werden. In diesem Fall werden alle Aufträge für diesen Drucker (oder die Druckerklasse) umgelenkt, und **lp** nimmt keine neuen Aufträge dafür an. Beim Ändern darf **lpsched** nicht laufen!

lpfilter –f *filtername* –F *pfadname* → installiert den Filter *filtername*

oder

lpfilter –f *filtername* –x → entfernt den Filter *filtername*

oder

lpfilter –f *filtername* –l → gibt eine Filterbeschreibung aus

Das Kommando dient dazu, Filter zu installieren, zu de-installieren, zu initialisieren bzw. deren Parameter auszugeben. Filter sind Konvertierprogramme, die in den Druckdatenstrom eingeschaltet werden. Die Anwendungsvielfalt solcher Filter ist sehr breit. Das beginnt bei einfachen Zeichensatzkonvertierungen und kann bis zum Ansteuern spezieller Ausgabegeräte, etwa der Bedienung nicht standardgerechter Netzwerkdrucker, reichen. Ein Filter wird durch eine Filterbeschreibung charakterisiert. Diese Datei kann u.a. folgende Parameter enthalten:

Input types	Liste der Eingabedatentypen, die vom Filter verarbeitet werden können. Standardwert ist *any*.
Output types	Liste der Datentypen, die der Filter erzeugen kann. Standardwert ist *any*.
Printer types	Liste der Druckertypen, die das Ergebnis des Filters ausgeben können. Standardwert ist *any*.
Printers	Liste der konkreten Drucker, für die der Filter benutzt werden kann. Standardwert ist *any*.
Command	Das ist die komplette Kommandozeile für den Aufruf des Filterprogramms. Alle unbedingt notwendigen Optionen, Schalter usw. müssen hier angegeben werden. Der Filter muß seinen Eingabedatenstrom von der Standardeingabe lesen und sein Ergebnis auf der Standardausgabe abliefern.

lpforms -f *formularname* {*optionen*}   → verwaltet Druckformulare

Mit diesem Kommando werden dem Print-Spooler-System Formulardefinitionen bekanntgegeben. Eine Formulardefinition kann u. a. Angaben zu Länge und Breite, Anzahl der gewünschten Kopien, Schriftarten, benötigte Farbbänder usw. enthalten. Neben der Formulardefinition muß immer eine Aktion zur Anforderung des entsprechenden Formulars festgelegt werden. Solche Aktionen können sein:

mail 2c	Hinweis auf benötigtes Formular wird per **mail** an den Administrator geschickt.
write	Die Aufforderung zum Formularwechsel geht direkt per **write(1)** an den Bildschirm des Administrators.
kmd	führt das angegeben Shell-Kommando *kmd* zur Benachrichtigung aus.

Darüber hinaus kennt **lpforms** noch eine ganze Menge weiterer Attribute und Möglichkeiten zur umfassenden Pflege von Formularen. Das praktische Problem dabei ist allerdings, daß diese Arbeitsweise nur dann wirklich funktionieren kann, wenn ein Administrationsbenutzer permanent am System angemeldet ist und auf die entsprechenden Anforderungen reagiert. Aus diesem Grunde hat die Formularverwaltung des Printspooler-Systems praktisch so gut wie keine Bedeutung.

lpsystem {*optionen*} *system-name*
    → verwaltet Informationen über entfernte Spool-Systeme

Mit **lpsystem** pflegt der Administrator die benötigten Informationen über die entfernten Rechnersysteme, mit denen Druckaufträge ausgetauscht werden können. Es ist damit möglich, lokale Warteschlangen so einzurichten, daß die Druckaufträge an ein entferntes System weitergeleitet, bzw. die Anforderungen entfernter Rechner über lokale Drucker ausgegeben werden. Folgende Informationen können zu einem entfernten System gespeichert werden:

11.10 UNIX-Print-Spooling

typ 2c	Typ des Printspooler-Systems auf dem entfernten Rechner. Möglich sind **s5** für Maschinen mit dem **lp**-Spool-System bzw. **bsd** für Maschinen mit dem **lpr**-Spool-System.
wartezeit	legt die Zeit in Minuten fest, für die im Leerlauf, d.h. ohne anstehende Druckaufträge, die Netzwerkverbindung gehalten wird; nach dieser Zeit wird die Verbindung geschlossen und bei Bedarf neu hergestellt
pause	gibt die Zeit in Minuten an, die nach einem Fehlerzustand auf dem entfernten System gewartet werden soll bis ein erneuter Versuch gestartet wird.
kommentar	dient der verbalen Kennzeichnung des entfernten Rechnersystems

Natürlich lassen sich entfernte Druckdienste nur in Anspruch nehmen, wenn die Netzwerkkonfiguration vollständig eingerichtet ist.

lpusers *optionen* → verwaltet Prioritäten für Warteschlangen

Das Spool-System unterscheidet Druckauftragsprioritäten zwischen 0 und 39. Dabei ist 0 die höchste Prioritätsstufe. Ein normal abgesetzter Druckauftrag besitzt zunächst die Priorität 20. **lpusers** erlaubt festzulegen, welche Benutzer welche Prioritäten vergeben dürfen. Ein Benutzer kann dann seine Druckaufträge nicht höher priorisieren als der durch **lpusers** festgelegte Grenzwert.

lpadmin −p*drucker* {*optionen*} → set options for **p**rinter *drucker*

oder

lpadmin −d{*ziel*} → now *ziel* is a valid **d**estination

oder

lpadmin −x*ziel* → *ziel* is no longer a valid destination

oder

lpadmin −Srad {*optionen*} → *ziel* is no longer a valid destination

Das Programm **/usr/lib/lpadmin** stellt ein universelles Verwaltungsprogramm für die Druckausgabe dar. Seine Verwendung ist auf den **lp**-Verwalter und Super-User beschränkt. Sein Aufruf ist in der Regel nur bei einer Konfigurationsänderung des **lp**-Systems notwendig. Es erlaubt

- das Einfügen von neuen Druckern in eine Klasse und das Löschen einzelner Drucker aus einer Klasse, das Zuordnen eines Gerätes oder einer Datei zu einem Druckernamen, sowie die Verknüpfung eines Ausgabeprogramms mit einem Drucker. Diese Funktionen benutzen die Option **−p**.

- die Zuordnung eines Druckers (einer Druckerklasse) als *Standarddrucker* (Option ›**−d***drucker*‹). *ziel* muß bereits existieren!

- bei Verwendung der Option **–x**_ziel_, den Drucker oder die Druckerklasse _ziel_ aus der Liste der verfügbaren Drucker zu löschen. Ist der Drucker der letzte oder einzige Drucker seiner Klasse, so wird auch die Klasse gelöscht.
- in der Form »**–S**_rad_ ...« kann bei Typenraddruckern ein Radtyp oder bei anderen Drucker ein Zeichensatz vorgegeben werden. Hierzu sind zahlreiche weitere Optionen möglich, deren Sinn weitgehend von den Fähigkeiten des einzelnen Druckers abhängt.

Die wichtigsten Optionen bei einen Aufrufs mit

lpadmin –p_drucker_ {_optionen_}

sind:

–c{_klasse_} (_class_) Der _drucker_ wird Mitglied der angegebenen Klasse. Diese wird soweit notwendig neu angelegt.

–e{_druck_} Das Ausgabeprogramm für den Drucker _druck_ soll nun auch für _drucker_ verwendet werden.

–h gibt an, daß _drucker_ permanent und nicht über eine wechselnde Terminalleitung angeschlossen ist.

–i{_prog_} ordnet dem angegebenen Drucker ein neues Ausgabeprogramm _prog_ zu. _prog_ ist der Pfadname des neuen Ausgabeprogramms.

–l gibt an, daß _drucker_ über eine wechselnde Terminalleitung angeschlossen ist.

–m{_modell_} Hiermit wird das Modellprogramm _modell_ als Ausgabeprogramm für _drucker_ eingesetzt. Das Programm wird dabei von /usr/spool/lp/model nach /usr/spool/lp/interface kopiert.

–r{_klasse_} (_remove_) löscht _drucker_ aus der angegebenen Klasse.

–v{_gerät_} Dem Drucker wird _gerät_ als physikalische Ausgabedatei zugeordnet. Ist weder **–l** noch **–h** angegeben, so wird **–h** angenommen.

–s{**serverhost**} {!_drucker-name_}
definiert einen Drucker als entfernten Drucker auf dem Rechner _serverhost_. Wird keine spezielle Druckerwarteschlange (_serverhost!drucker-name_) spezifiziert, kommt die Standardwarteschlange des entfernten Systems zur Anwendung. _Serverhost_ muß vorher durch das Kommando **lpsystem** bekannt gemacht werden.

Für die fast unübersichtlich zahlreichen weiteren Optionen sei hier auf [UNIX-COM] verwiesen.

Installation eines Druckers

Auf die Installation des gesamten **lp**-System soll hier nicht weiter eingegangen werden, da dies einerseits in [UNIX-ADMIN-A] ausreichend erläutert ist und zum Teil schon mit der Installation des UNIX-Systems erfolgen kann. Das nachfolgende Beispiel soll jedoch das zusätzliche Einbringen eines neuen Ausgabegerätes an einem Beispiel zeigen. Hier sei folgendes angenommen:

- Es existiert bereits ein **lp**-System mit einem Drucker **lp** als Standarddrucker.
- Die neu anzuschließenden Ausgabegeräte seien Plotter.
- Es sollen zwei dieser Geräte angeschlossen werden. Das erste Gerät erhalte den Namen **plot1** und das zweite **plot2**.
- Man möchte eine Klasse mit dem Namen **plotter** haben, die beide Plotter umfassen soll.
- Die Plotter seien an die Leitungen */dev/tty20* und */dev/tty21* angeschlossen.
- Die Ausgabe einer Plotter-Datei erfolge durch das Filterprogramm **ghp**.

Dann sieht der Installationsvorgang, der vom Systemverwalter oder unter dem Benutzer **lp** vorgenommen werden muß, wie folgt aus:

```
$/usr/lib/lpshut
$cp ghp /usr/spool/lp/model
$cd /usr/spool/lp
$/usr/lib/lpadmin -pplot1 -h -mghp -v/dev/tty20 -cplotter
$/usr/lib/lpadmin -pplot2 -h -mghp -v/dev/tty21 -cplotter
$enable plot1 plot2
$/usr/lib/accept plot1 plot2 plotter
$/usr/lib/lpsched
$lpstat -t
scheduler is running
system default destination: lp
members of class plotter:
    plot1
    plot2
device for lp: /dev/lp
device for plot1: /dev/tty20
device for plot2: /dev/tty21
lp accepting requests since Mar 16 22:02
plot1 accepting requests since Mar 16 23:03
plotter accepting requests since Mar 16 23:03
plot2 accepting requests since Mar 16 23:03
printer lp is idle. enabled since Mar 16 22:01
printer plot1 is idle. enabled since Mar 16 23:02
printer plot2 is idle. enabled since Mar 16 23:02
lp-9 neuling 109 Mar 23 15:26
$
```

Ausgabe des lpstat-Kommandos

Zum Einbringen neuer Drucker muß zunächst der **lp**-Scheduler terminiert werden (**lpshut**). Danach wird die Ausgabeprozedur in den Modellkatalog kopiert. Sie muß dem Benutzer **lp** gehören und Lese- und Schreibzugriff erlauben! Nun können die neuen Drucker (Plotter) definiert, die Ausgabeprozeduren zugeordnet sowie Ausgabeleitung und Klasse festgelegt werden (**lpadmin**). Schließlich sind die Plotter für die Ausgabe freizugeben (**enable**) und dem **lp** wird mitgeteilt, daß dafür Aufträge angenommen werden können (**accept**). Nun kann der Spooler wieder aktiviert werden (**lpsched**). Das letzte Kommando (**lpstat**) zeigt die neu installierten Plotter an.

Wie man sieht, werden von **lpstat** auch jeweils Datum und Uhrzeit einer Statusänderung angezeigt. Die letzte Ausgabezeile des **lpstat**-Programms verweist auf einen noch nicht ausgeführten Auftrag des Benutzers *neuling* mit der Auftragsbezeichnung *lp-9*.

Die oben gezeigte Konfigurationserweiterung kann nur vom Super-User oder dem **lp**-Verwalter durchgeführt werden. Dies ist ein Benutzer unter dem Namen **lp** und der Gruppennummer von **bin**.

Neben dem hier beschriebenen **lp**-Spool-System liefern verschiedene Hersteller von Unix-Systemen mehr oder minder veränderte Formen aus. Die wichtigsten dürften dabei sein:

❑ SINIX-Spool, ein extra entwickeltes Spool-Systems mit wesentlich verfeinerten Möglichkeiten bei der Druckersteuerung, speziell zugeschnitten auf SINIX-Systeme; alternativ wird das reguläre System-V-**lp**-Spool-System mitausgeliefert.

❑ das **lp**-Spool-System von **HP-UX** enthält fast die gleichen Kommandos wie das originale **lp**-Spool-System, leider mit einer Reihe von anderen Optionen; die Administration führt man hier sinnvollerweise mit dem Administrationswerkzeug SAM aus.

❑ das Spool-System von **IBM AIX 3.2**; auch hier handelt es sich um eine völlige Eigenentwicklung im Rahmen von AIX, wesentliche Kategorie ist hier der Begriff des *virtuellen Printers*, der dann mit verschiedensten Eigenschaften auf reale Drucker über Warteschlangen und Warteschlangeneinheiten abgebildet wird. Die Administration dieses Spool-Systems ist nur über das zentrale Administrationswerkzeug SMIT sinnvoll möglich.

Die meisten System-V-Unix-Derivate wie SUN Solaris 2.x liefern das Standard-**lp**-Spool-System aus. SunOS bzw. SOLARIS 1.x, ULTRIX/OSF, Linux und FreeBSD besitzen das **lpr**-Spool-System.

Gerade im Bereich der Druckerinstallation und der Verwaltung der Warteschlange bringen zusätzliche Systemverwalterprogramme mit graphischen oder semigraphischen Oberflächen, wie sie mittlerweile von allen Systemherstellern geliefert werden, eine deutliche Erleichterung. Zu Systemverwalterwerkzeugen siehe auch Seite 763.

11.11 Die Kataloge des UNIX-Systems

Dieser Abschnitt soll eine Übersicht über die wichtigsten Kataloge des UNIX-Systems geben. Natürlich ist die Detailausprägung des Gesamtsystembaums unterschiedlich, doch sind die meisten der hier vorgestellten Kataloge und Dateien in nahezu allen Standard-UNIX-Systemen vorhanden. In der ersten Ebene ist der Baum vollständig dargestellt, ab der zweiten Ebene nur noch in den wichtigsten Teilen. Ein Standarddateibaum, in dem nur die Kataloge aufgeführt sind, kann wie folgt aussehen, wobei hier nur eine Übersicht und nicht die vollständige Struktur gezeigt wird (da WUNIX sonst keinen Platz mehr zum Ausreißen der Dateibäume hätte):

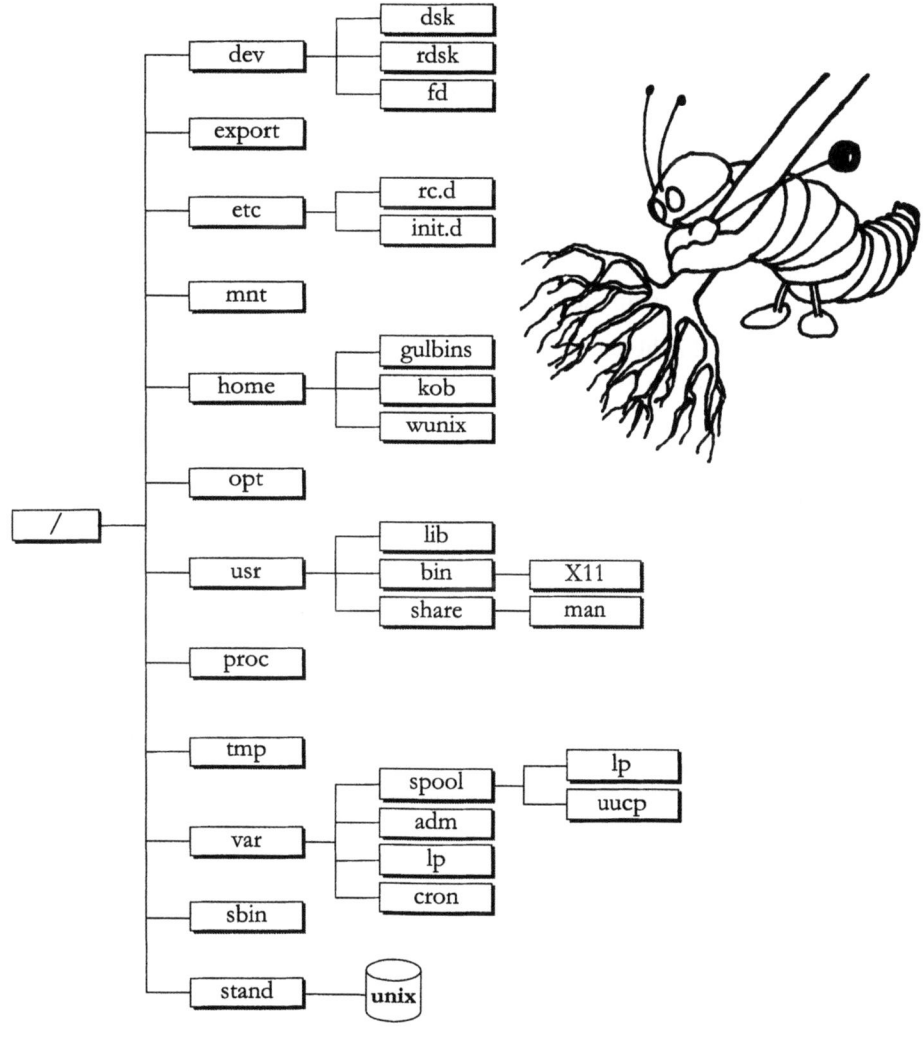

Abb. 11.2: Beispiel eines Systemdateibaums

Die Wurzel des Gesamtsystemdateibaums ist der **root**-Katalog mit dem Namen **/**. Darin sind in der Regel folgende Kataloge:

bin (*binaries*) Hierin liegen die wichtigsten Dienstprogramme. Dies sind zumindest die Programme, die das System bereits im Single-User-Modus benötigt. Man sollte diesen Katalog jedoch nicht zu groß machen, da große Kataloge lange Suchzeiten verursachen. Weitere UNIX-Programmdateien sind in **/usr/bin** und **/usr/ucb** (*B*) zu finden.

dev In dem Katalog **dev** für **dev**ices (oder einem seiner Unterverzeichnisse) liegen alle Geräteeinträge (*special files*), soweit es sich nicht um spezielle *named pipes* handelt.

etc In diesem Katalog liegen Systemverwaltungsprogramme (z. B. **mount**) und die meisten Systeminformationsdateien (z. B. *inittab*).

mnt Dies ist ein zunächst leerer Katalog, in den man entfernbare Datenträger vorübergehend einhängen kann.

tmp Zahlreiche Programme legen temporäre Dateien an, die nur für die Laufzeit der Programme existieren. Die meisten dieser temporären Dateien werden im Katalog **/tmp** oder **/usr/tmp** erzeugt. Stürzt ein solches Programm ab oder wird es abgebrochen, so bleiben eventuell Dateien in **/tmp** zurück. Man sollte diese beim Systemstart löschen.

lib Der Katalog **lib** enthält einen Teil der Systembibliotheken (englisch: **lib**ra*ries*). Daneben können hier auch indirekt aufgerufene Programme (z. B. die verschiedenen Pässe des C-Compilers) liegen. Die Aufteilung dieser Bibliotheken und indirekt aufgerufenen Programme zwischen **lib** und **/usr/lib** variiert von System zu System. Mit (*V.4*) wurde ein Teil dieser Dateien und Verzeichnisse auch nach **/var** verlegt.

lost+found Ein solcher Katalog liegt im obersten Verzeichnis eines jeden separaten Dateisystems. Das **/etc/fsck**-Programm trägt hier Dateien ein, die keine Verweise mehr auf ihren Dateikopf haben. Neuere Filesystemimplementationen wie etwa das **vxfs** benötigen diesen Mechanismus nicht mehr.

usr Größtes und wichtigstes Verzeichnis mit allen Dateien und Unterverzeichnissen, die zwar zum System gehören, aber nicht zur unmittelbaren Lauffähigkeit des Systems benötigt werden. Dieses Verzeichnis ist daher in vernetzten Umgebungen oft exportiert und damit auch anderen zugänglich. Seine Unterkataloge sind nachfolgend beschrieben.

home In diesem Katalog liegen die Heimatverzeichnisse der Benutzer.

var Variabel große Verzeichnisse. In verteilten Rechnerumgebungen werden oft große Teile des **usr**-Dateisystems über das Netz zur Verfügung gestellt. Um dieses Dateisystem schreibgeschützt *exportieren* zu können mußten alle die Dateien, die auf der Maschine lokal beschreibbar sein müssen, etwa Accounting-Informationen, Log-Files u. ä. aus diesem Katalog herausgelöst werden und wurden in das **/var**-Filesystem verschoben. In der Regel werden die traditionellen Namen aus Gründen der Kompatibilität in Form von Links weiter zur Verfügung gestellt. Z. B. ist auf fast allen heutigen Unix-Systemen das Verzeichnis **/usr/spool** ein symbolischer Link zu **/var/spool**.

sbin Dieser Katalog enthält eine Reihe von Programmen, die aus Sicherheitsgründen nur vom Systemverwalter ausgeführt werden sollten und bereits im Single-User-Modus zur Verfügung stehen müssen.

proc Dieser Katalog ist ein Pseudoverzeichnis und enthält das Prozeß-Dateisystem, auf dem, in jeweils eigenen Dateien, Repräsentationen der laufenden Prozesse liegen. Diese Prozesse können mit dem **truss**-Kommando in ihrer Ausführung verfolgt werden.

opt Dieser Katalog ist anfänglich leer und ist dazu bestimmt, optionale, zusätzlich installierte Software aufzunehmen.

Der User-Katalog /usr

In dem Katalog **/usr** verzweigt sich der Systembaum weiter. Die wichtigsten Kataloge sind:

bin Um den Katalog **/bin** nicht zu groß werden zu lassen, sind weitere UNIX-Dienstprogramme in diesem Katalog untergebracht. Alle Programme des X Window Systems befinden sich im Unterverzeichnis **X11** dieses Katalogs.

include Die systemweiten Definitionsdateien (*header files*) sind hier angelegt. Sie sind durch die Endung **.h** gekennzeichnet (z.B. *stdio.h*, *math.h*). Header files, die nur für die Systemgenerierung benötigt werden (z. B. *buf.h*) liegen in dem Katalog **/usr/include/sys**.

lib Dieser Katalog entspricht dem **/lib**-Katalog in **/**. Hierin sind weitere Bibliotheken und indirekt aufgerufene Programme vorhanden. Darüber hinaus umfaßt er eine ganze Reihe zusätzlicher Unterkataloge. Diese sind später im Abschnitt **/usr/lib** beschrieben.

local Dieser Katalog sollte Programme und Kommandoprozeduren enthalten, die für die jeweilige lokale UNIX-Installation spezifisch sind. Der Katalog sollte entsprechend im allgemeinen Suchpfad für Programme **$PATH** z. B. in **/etc/profile** gesetzt werden.

lost+found Dieser Katalog hat die gleiche Funktion wie die von */lost+found*. Er ist unter **usr** nur notwendig, wenn **usr** die Wurzel eines selbständigen Dateisystems ist, d. h. auf einer eigenen Platte liegt.

pub Dies ist ein öffentlich zugänglicher (**pub***lic*) Katalog. Hier liegen z.B. eine ASCII-Code-Tabelle und Codierungen für griechische Zeichen.

share | In diesem Katalog liegen statische Verzeichnisse, die in einem größeren Netz von UNIX-Rechnern nur einmal gehalten werden müssen, etwa die Manualdateien oder Terminalbeschreibungen.

../man | In diesem Katalog liegt die Online-Dokumentation des UNIX-Systems, d.h. die Beschreibungen der Kommandos und Systemaufrufe. In **/usr/share/man** sind weitere 8 Unterkataloge **man1** bis **man8** vorhanden. Dies entspricht der UNIX-Manual-Aufteilung. Die Aufteilung dieser Themenbereiche ist im Abschnitt 3.13 auf Seite 69 beschrieben.

..man/cat* | Während in dem Katalog **/usr/share/man** und seinen Unterkatalogen die Kommandobeschreibungen (*manual pages*) unformatiert vorliegen und jeweils beim **man**-Aufruf neu formatiert werden müssen, liegen in diesen Katalogen die bereits formatierten Kommando- und Funktionsbeschreibungen. Die gesamte Formatierung von **/usr/man** zu **/usr/catman** kann mit Hilfe des **catman**-Kommandos erfolgen.

ucb | Viele Systeme (darunter auch (*V.4*)) haben neben den Kommandos des UNIX-System V auch Erweiterungen, die aus dem Berkeley-UNIX-System stammen. Sie werden häufig hier abgelegt. Der Katalog sollte dann Bestandteil von **$PATH** sein.

Der Katalog /var

Der Katalog **/var** ist aus dem früheren **/usr**-Katalog hervorgegangen und enthält vor allem Verzeichnisse, die in früheren Systemen dort untergebracht waren. Diese Verzeichnisse sind über symbolische Verweise immer noch zusätzlich an der alten Position erreichbar. Die Auslagerung wurde vorgenommen, um **/usr** in einen dynamischen und einen statischen Teil aufteilen zu können. **/var** hält die dynamischen, häufigen Veränderungen unterworfenen Verzeichnisse und Dateien:

tmp | Dieser Katalog entspricht in seiner Funktion dem von **/tmp**.

spool | Dies ist ein Sammelkatalog für das UNIX-*Spooling*-System und Auftragsdateien für das **cron**- und **at**-Programm, die Dateien des lp-Spooler-Systems sowie für das Rechnerkoppelungssystem **uucp**. In dem Katalog **/usr/spool/uucp** oder **/var/spool/uucp** und seinen Unterkatalogen liegen Arbeitsdateien des **uucp** sowie temporär zwischengespeicherte Dateien, die später mittels des **uucp**-Systems zu anderen Rechnern weitertransportiert werden sollen.

adm | Die meisten *Accounting*-Verfahren legen ihre Informationen in diesem (z.B. */var/adm/wtmp*) oder einem Unterkatalog dieses **admi***nistrator* Katalogs ab. Die wichtigsten Unterkataloge sind **/var/adm/acct** und **/var/adm/sa**. *acct* wird von den Programmen in **/usr/lib/acct** verwendet. Diese legen in **acct** eine Reihe weiterer Kataloge (z.B */var/adm/acct/nite*, */var/adm/acct/fiscal*) an. Der Katalog *sa* wird von dem **sar**-Programm als Arbeitskatalog verwendet.

11.11 Die Kataloge des UNIX-Systems

news
: Ab (*V*) steht unter UNIX eine Art Informationsdienst, der **news**-Mechanismus, zur Verfügung. Die für die Benutzer interessanten Informationen werden in diesem Katalog abgelegt. Diese News haben nichts mit den beliebten Internet-News zu tun!

mail
: Dies ist der Katalog, in dem das **mail**-Programm Nachrichten für die Benutzer in den sogenannten *mailbox*-Dateien ablegt. Diese tragen dann die Namen oder Nummern der Benutzer, für welche die Post bestimmt ist.

/usr/lib

Der Katalog **/usr/lib** stellt einen Sammelkatalog für viele Programme und Informationsdateien und Unterkataloge dar, die entweder indirekt oder nur aus speziellen Kommandoprozeduren aufgerufen werden (z.B. **/usr/lib/lpd**). Daneben ist dies auch der Hauptkatalog für systemweit verwendete Bibliotheken (z.B. die Dateien */usr/lib/libcurses.a*, */usr/lib/libplot.a*, */usr/lib/lib300.a*). Die meistbenutzten Kataloge[1] sind in alphabetischer Reihenfolge:

acct
: Der *accounting* Katalog enthält eine große Anzahl von Programmen und Kommandoprozeduren zur Erfassung und Auswertung von System- und Benutzeraktivitäten. Für Details sei auf die Beschreibung verwiesen in [UNIX-ADMIN-A].

cron
: In */usr/lib/cron* bzw. mit (*V.4*) in */etc/cron.d*) liegen die Verwaltungsdateien für das **at**- und **batch**-Programm. Beide benutzen für die eigentliche Auftragsausführung den **cron**-Mechanismus.

font
: In diesem Katalog oder in einem ausgabegerätespezifischen Unterkatalog liegen Font-Beschreibungsdateien für **troff**. Diese Beschreibungen enthalten die Breiten der Zeichen der unterschiedlichen Zeichensätze sowie die Punktraster für Ausgaben auf Laserdrucker.

macros
: Hier liegen allgemeine Makrodateien, die von **nroff** und **troff** benutzt werden.

tabset
: Die Dateien dieses Katalogs werden zur Initialisierung der Tabulatorpositionen der unterschiedlichen Dialogstationstypen vom Programm **tabs** verwendet. Die Datei */usr/lib/tabset/vt100* z.B. initialisiert ein Terminal vom Typ VT100 entsprechend.

---

1. Einige dieser Verzeichnisse sind nach */usr/share/lib* ausgelagert, jedoch unter */usr/lib* über einen symbolischen Verweis zugänglich.

term   Das Programm **nroff** findet in diesem Katalog Dateien, die die Ausgabe auf unterschiedliche Ausgabegeräte (Terminals) gerätespezifisch steuern.

tmac   Die Makrodateien der Formatierer **nroff** und **troff** sind hier zu finden. Die Namen der Makros haben den Aufbau *tmac.x*. So liegen die Makros des **ms**-Makrosatzes in der Datei */usr/lib/tmac/tmac.s*.

uucp   Hierin liegen die Programme des **uucp**-Systems zur Rechnerkoppelung. Daneben sind einige Verwaltungstabellen des Systems hier untergebracht. Mit (∗V.4∗) wurden die Verwaltungstabelle nach */etc/uucp* verlagert, sind aus Kompatibilitätsgründen immer noch unter */etc/lib* zu finden und besitzen dort einen Link auf die entsprechende Datei im Verzeichnis */etc/uucp*.

terminfo   Dies ist der Hauptkatalog für die Terminalbeschreibungsdateien des Terminfo-Mechanismus. Die Beschreibungen liegen in Dateien mit den Namen der Terminaltypen (z.B. die Datei *tvi970* beschreibt ein Terminal vom Typ *Televideo 970*); diese sind aber nochmals alphabetisch in Unterkataloge sortiert, so daß z.B liegt die Datei *tvi970* im Katalog */usr/lib/terminfo/t*) liegt.

Anhang A: Übersichten und Tabellen

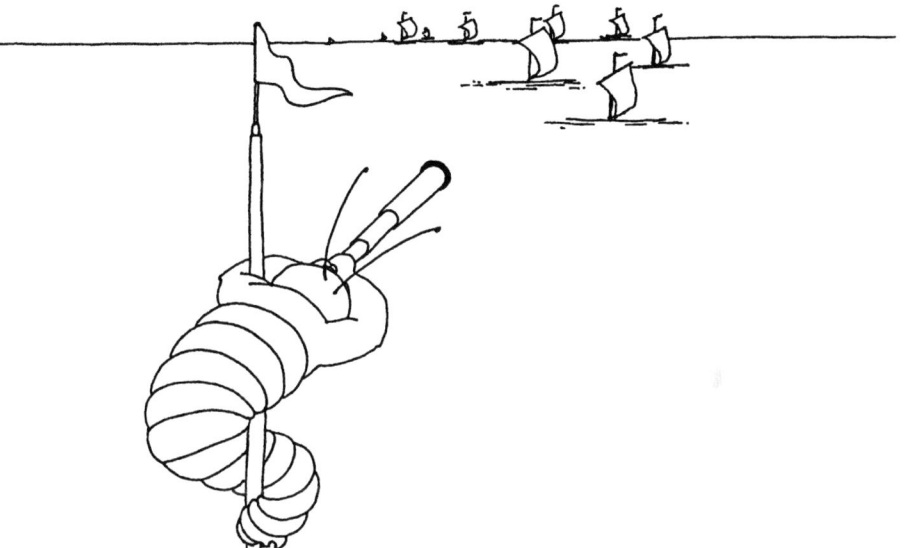

A.1 Kommandos in einer Kurzübersicht

Die nachfolgende Liste enthält die UNIX-Kommandos der USL-Systeme bis zu V.4 (System V Version 4.2) sowie die wesentlichen Berkeley-Kommandos, soweit sie nicht sehr herstellerspezifisch sind. Daneben sind einige in vielen UNIX-Systemen vorhandenen Erweiterungen aufgeführt. Die Bedeutung der Markierungen ist in Abschnitt 3.1 angegeben.

Einige der Kommandos, die nachfolgend unter **/etc** aufgeführt sind, findet man in V.4-Systemen statt dessen im Verzeichnis **/sbin** oder **/usr/sbin**.

A

accept teilt dem **lp**-*Print-Spooler-System* mit, daß für die angegebenen Drucker wieder Aufträge angenommen werden können (**/usr/lib/accept**).

acct ist eine Sammlung von Programmen und Shellprozeduren zur Erstellung und Auswertung von *Accounting*-Information. Die Kommandos liegen im Katalog */usr/lib/acct*. Zu den Programmen gehören:

    acctcms erstellt eine kommandoorientierte Auswertung von Prozeß-*Accounting*-Daten.

    acctcom erstellt eine Auswertung von *Accounting*-Dateien nach vorgegebenen Kriterien.

Anhang A: Übersichten und Tabellen 796

	acctcon1	erstellt eine Auswertung der *Accounting Daten* aus **login** und **logoff**.
	acctcon2	konvertiert **login/logoff**-*Accounting*-Datensätze in allgemeine *Accounting*-Datensätze.
	acctdisk	schreibt Information zur Plattenbelegung in den *Account File*.
	acctdusg	erstellt eine Liste der Plattenbelegungen.
	acctmerg	sortiert mehrere *Accounting*-Dateien in eine neue.
	accton	schaltet das *Accounting* an oder ab.
	acctprc	erstellt eine prozeßbezogene Auswertung von *Accounting*-Dateien.
	accsh	Dies sind eine Reihe von Shellprozeduren zur Erstellung und Auswertung von *Accounting*-Informationen. Hierzu gehören: **chargefee, ckpacct, dodisk, lastlogin, monacct, nulladm, prctmp, prdaily, prtacct, runacct, shutacct, startup** und **turnacct**.
	acctwtmp	erzeugt Sätze im wtmp-Format.
adb		interaktive Testhilfe, Debugger.
addbib		legt eine bibliographische Datenbasis an oder erweitert diese um neue Einträge. (∗B∗)
admin		legt SCCS-Dateien an und verwaltet sie.
apropos		sucht nach Abschnitten in den Manuals, in deren Titel die angegebenen Stichworte vorkommen.
ar		Bibliotheksverwaltungsprogramm
arch		gibt aus, auf welcher Hardware-Architektur das System läuft (ähnlich **uname -m**).
as		Aufruf des Assemblers. Es gibt dabei unter UNIX eine ganze Reihe von Assemblern (jeweils für die unterschiedlichen Zielmaschinen).
at		erlaubt das Starten eines Programms oder einer Programmsequenz zu einem späteren vorgegebenen Zeitpunkt. Dem Programm wird dabei die aktuelle Umgebung mitgegeben.
atq		gibt die Liste der noch ausstehenden **at**-Aufträge aus.
atrm		löscht noch ausstehende **at**-Aufträgen aus der Auftragswarteschlange.
awk		Sprache zur Verarbeitung von Textmustern. **awk** wird auch als Reportgenerator verwendet.
automount		Kommando zum Einrichten des automount-Systems, das es ermöglicht, Dateisysteme von anderen Rechnern erst dann tatsächlich zu montieren, wenn diese benötigt werden, d.h. wenn ein Zugriff darauf ansteht.

B

banner	gibt Argumente als Großtitel aus.
basename	extrahiert den reinen Dateinamen aus einer Dateiangabe.
bc	C-Sprachen-ähnliche Schnittstelle zu **dc**
bcheckrc	überprüft den Status des *Root*-Dateisystems und repariert es soweit notwendig. **/etc/bcheckrc** wird in der Regel aus */etc/inittab* heraus aktiviert.
bcopy	gestattet ein interaktives Kopieren von Dateiblöcken.
bdiff	arbeitet wie **diff, jedoch** für sehr große Dateien.
bfs	(*big file scanner*) wie **ed**, jedoch für sehr große Dateien. Erlaubt keine Modifikationen.
bib	ersetzt in einem **roff**-Text bibliographische Kürzel durch die entsprechenden Einträge aus einer entsprechenden Datenbasis.
biff	meldet die Ankunft von Mail sofort und nennt den Absender.
binmail	Das **mail**-Grundprogramm, welches von den Berkeley-**mail**-Programmen benutzt wird, um den eigentlichen Posttransfer durchzuführen.
boot	Starten des Betriebssystem-Kerns oder eines anderen alleine lauffähigen Programms. Wird vom Hardware-Prompt aus gestartet.
brc	Initialisierungsprozedur, die in einem sehr frühen Stadium beim Hochfahren des Systems durchlaufen wird

C

cal	druckt einen Kalender des angegebenen Jahres und Monats.
calendar	Terminkalenderfunktion
cancel	entfernt einen Druckauftrag aus der Auftragswarteschlange für den *Print-Spooler*.
captoinfo	konvertiert eine Termcap-Beschreibung in eine Terminfo-Beschreibung.
cat	gibt Dateien aus oder konkatiniert sie zu einer Datei.
catman	erstellt eine vorformatierte Version der im Rechner vorhandenen Manuale.
cb	formatiert C-Quellprogramme.
cc	Aufruf des C-Übersetzers
cd	setzt neuen Standardkatalog (*working directory*) ein.
cdc	ändert den Kommentar eines Deltaeintrags einer SCCS-Datei.
cflow	erstellt einen Aufrufgraphen aus den angegebenen Dateien.
charconv	konvertiert Dateien aus dem NLS (*National Language Support*).
checkeq	überprüft **eqn**-Dateien nach fehlenden Anweisungsklammern.

Anhang A: Übersichten und Tabellen 798

checknr	überprüft **nroff**- oder **troff**-Dateien auf Fehler.
chfn	ändert den im gcos-Feld der Paßwortdatei eingetragenen Benutzernamen.
chgrp	ändert die Gruppennummer einer Datei.
chkey	ändert den benutzerspezifischen Code zur Datenverschlüsselung.
chmod	ändert die Zugriffsrechte einer Datei.
chown	ändert den Besitzereintrag einer Datei.
chroot	Das Kommando **/etc/chroot** ändert die Wurzel des Systembaums für ein Kommando.
chrtbl	legt eine Tabelle (Datei) an, in der zu einem Zeichencode (*Character Class*) die Klassifizierung der einzelnen Zeichen und die Konvertierungstabellen für Klein-/Großbuchstaben-Umwandlungen enthalten ist.
clear	löscht den Bildschirm.
clri	löscht einen Dateikopf (*i-node*).
cmp	vergleicht zwei Dateien (auch binär) und gibt die Unterschiede aus.
cof2elf	konvertiert COFF-Dateien (ein älteres Format für ausführbare Programmdateien) in das neuere ELF-Format.
col	konvertiert Dateien mit negativem Zeilenvorschub so, daß sie in einem Vorwärtslauf ausgegeben werden können.
comb	faßt mehrere Deltaeinträge einer SCCS-Datei zu einem Eintrag zusammen.
comm	untersucht 2 Dateien auf gemeinsame Zeilen.
compress	komprimiert Dateien nach einem Lempel-Ziv-Verfahren. Das Dekomprimieren erfolgt mit **uncompress** oder **zcat**.
configure	Konfiguration von Netzwerkkarten und Protokollen (*V.4.2*)
cp	kopiert eine Datei in eine andere oder mehrere Dateien in einen Katalog.
cpio	erlaubt das Sichern von Dateien auf Band, die Erstellung eines Inhaltsverzeichnisses sowie das Wiedereinlesen der Daten.
cpp	Präprozessor zu **cc** (C-Compiler)
crash	erlaubt, einen Speicherabzug des Systems (nach einem Systemzusammenbruch) zu analysieren (**/etc/crash**).
creatiadb	erstellt einen Eintrag in der Datenbasis zur Zugangssicherheit.
cref	erstellt eine Kreuzverweisliste (*cross reference listing*).
cron	**/etc/cron** schaut jede Minute in der Datei */usr/lib/crontab* nach Kommandodateien, welche zu einem bestimmten Zeitpunkt ausgeführt werden sollen. Wird nur einmal von **/etc/rc** gestartet.
crontab	erlaubt benutzerspezifische **cron**-Dateien dem **cron** zur Abarbeitung zu übergeben.

crypt	chiffriert und dechiffriert Dateien.
csh	Aufruf der C-Shell.
csplit	zerteilt eine Datei in mehrere Teile. Es können Zerteilungskriterien angegeben werden.
ct	stellt eine Verbindung zu einer über ein Modem angeschlossenen Dialogstation her.
ctags	erstellt eine *tags*-Datei für die Editoren **ex** und **vi** aus C-, PASCAL- oder FORTRAN-Quellprogrammen.
ctrace	erlaubt ein *Tracing* eines C-Programms; d.h. jede durchlaufene Anweisung wird auf der Dialogstation zusammen mit den Werten der Variablen angezeigt.
cu	(*call unix*) Anruf eines anderen UNIX-Systems
custom	Installationsprogramm des XENIX-Systems
cut	erlaubt, vorgegebene Felder aus den Zeilen einer Datei auszugeben.
cxref	erstellt eine Kreuzverweisliste (*cross reference listing*) für C-Programme.

D

date	Ausgabe oder Setzen des aktuellen Datums und der Uhrzeit
dbx	Dies ist die Berkeley-Variante der symbolischen Testhilfe **sdb**.
dc	implementiert einen Taschenrechner.
dcopy	/etc/dcopy kopiert ein Dateisystem auf ein neues. Dabei werden die Blöcke einer Datei kontinuierlich hintereinander geschrieben.
dd	Kopieren und Konvertieren von Dateien
delta	erlaubt das Einbringen einer geänderten Version in eine SCCS-Datei.
deluser	löscht eine Benutzerkennung vom System.
deroff	entfernt Makros der Formatierer **troff**, **nroff**, **tbl** und **eqn**.
devattr	gibt Attribute eines Geräts aus.
devfree	gibt ein mit **devreserv** reserviertes Gerät wieder frei.
devnm	/etc/dcopy liefert den Namen des Gerätes, auf dem ein Dateisystem montiert ist.
devreserv	reserviert ein Gerät zur ausschließlichen Verwendung.
df	ermittelt die Anzahl von freien Blöcken auf einem Datenträger.
dfmounts	gibt Informationen zu montierten Geräten aus.
dfshares	gibt Informationen zu im Netz verfügbaren Geräten aus.
diff	ermittelt den Unterschied zweier Dateien.
diff3	vergleicht drei Dateien und zeigt die Unterschiede.
diffmk	markiert die Unterschiede zwischen zwei troff- Dateien.

Anhang A: Übersichten und Tabellen

dircmp	vergleicht zwei Kataloge und zeigt die Unterschiede auf.
dirname	liefert bei einer Dateiangabe den Pfadnamen (alle Teile bis auf den eigentlichen Dateinamen).
disable	deaktiviert einen (oder mehrere Drucker), die durch **lp** erteilten Aufträge auszudrucken. **enable** ist die Umkehrung hierzu.
disusg	erstellt eine nach Benutzernummer sortierte Liste, in der für jeden Benutzer die Anzahl der belegten Plattenblöcke ausgegeben wird.
dmesg	schreibt die Systemfehlermeldungen aus dem Systempuffer in einen *Error Logging File*.
dos2unix	konvertiert Textdateien aus dem DOS-Format in das UNIX-Format.
download	lädt PostScript-Schriftdateien in einen Drucker.
dpost	**troff**-Postprozessor für PostScript-Ausgabe
du	ermittelt die Plattenbelegung durch Dateien oder von Dateibäumen.
dump	gibt Teile einer Objektdatei am Bildschirm aus.
(dump)	erstellt inkrementell Sicherungsbänder. In neueren UNIX-Systemen ersetzt durch **ufsdump**.

E

echo	gibt seine Argumente am Bildschirm wieder aus – ggf. nachdem von der Shell eine Parameter-Expandierung durchgeführt wurde.
ed	interaktiver Texteditor für druckende Dialogstationen.
edit	Aufruf des Editors **edit**. Dieser stellt eine vereinfachte Version des **ex** dar.
egrep	erlaubt die Suche in Dateien mit einem vorgegebenen Suchmuster. Das Suchmuster darf ein voller regulärer Ausdruck sein. Sonst wie **grep** und **fgrep**.
eject	Auswerfen eines Datenträgers (Diskette, CD-ROM) aus dem Laufwerk. Wird hardwareseitig nicht von allen Systemen unterstützt.
enable	aktiviert einen oder mehrere Drucker, die durch **lp** erteilten Aufträge auszudrucken. **disable** ist die Umkehrung hierzu.
env	aetzt Shellvariablen für das im Aufruf angegebene Kommando oder gibt die gesetzten Variablen aus.
eqn	Präprozessor für **troff** zur Erzeugung von Formeltexten
error	analysiert und kommentiert Fehlermeldungen folgender Programme: **make, cc, cpp as, ld, lint, pc, f77**. (∗B∗)
ex	Aufruf des Texteditors **ex**
expand	expandiert Tabulatorzeichen in Leerzeichen und umgekehrt.
expr	wertet die Argumente als Ausdrücke aus.
exstr	gibt in einem Quellprogramm enthaltene Zeichenketten aus.

F

factor	zerlegt eine Zahl in ihre Primzahl-Faktoren.
fasthalt	schnelles Herunterfahren des Systems
ff	/etc/ff erstellt für ein Dateisystem eine Liste mit Angaben zu den darauf enthaltenen Dateien, der Dateikopfnummer, die Länge der Datei und der Nummer des Dateibesitzers.
fgrep	durchsucht Dateien nach vorgegebenen Zeichenketten und ist schneller als **grep** und **egrep**.
file	versucht eine Klassifizierung von Dateien aufgrund ihrer *magic number* im Dateikopf anhand der Einträge in der Datei /etc/magic.
find	sucht Dateien mit vorgegebenen Attributen.
finger	liefert Information über die gerade aktiven Benutzer. (*B*)
fmt	sehr einfacher Textformatierer, um beispielsweise Mail im Blocksatz zu formatieren (*B*)
fold	faltet lange Zeilen in mehrere kurze. (*B*)
format	Formatieren einer Diskette
from	liefert den Absender einer Mail zurück.
fsck	führt eine umfassende Konsistenzprüfung eines Dateisystems durch.
fsdb	Programm zur Fehlersuche und zur Fehlerbehebung in Dateisystemen.
fstyp	ermittelt die Dateisystemart zu einem Dateisystem. (/etc/fstyp)
ftp	(*file transfer protocol*) Datei zum Transferieren von Dateien über eine TCP/IP-Rechnerkopplung.
fusage	erstellt zu einem Dateisystem (oder allen montierten Dateisystemen) eine Statistik über Anzahl und Größe von Plattenzugriffen.
fuser	gibt alle Prozesse aus, die eine vorgegebene Datei oder ein Dateisystem benutzen. (/etc/fuser)

G

gcore	erzeugt von einem gerade laufenden Programm einen Speicherabzug (englisch: *core image*) zur späteren Analyse.
get	generiert eine vorgegebene Version aus einer SCCS-Datei.
getopt	durchsucht in einer Kommandoprozedur die Parameter nach Optionen. Dies ist eine veraltete Version.
getopts	durchsucht in einer Kommandoprozedur die Parameter nach Optionen und ist eine Nachfolgeversion von **getopt**.
getty	wird durch **init** aufgerufen und setzt die Attribute der Dialogstation entsprechend dem Eintrag in /etc/gettydefs. (/etc/getty). Ab V.4 gibt es **getty** nur noch als Verweis auf das umfangreichere Programm **ttymon**.

Anhang A: Übersichten und Tabellen 802

gprof erzeugt aus einer *Profile*-Datei einen Aufrufgraphen.
graph zeichnet Diagramme aus eingegebenen Zahlenwerten. Es wird eine Datei im **plot**-Format erzeugt.
grep durchsucht Dateien nach vorgegebenen Suchmustern (siehe auch **egrep** und **fgrep**)
groupadd neue Gruppe am System eintragen
groupdel Gruppendefinition vom System entfernen
groupmod Gruppendefinition ändern
groups zeigt an, zu welchen Benutzergruppen ein Benutzer gehört. (∗B∗)
grpck **/etc/grpck** überprüft die Konsistenz der Datei */etc/group*.

H

halt hält den Prozessor (die CPU) an.
hd gibt Dateiinhalt in hexadezimalem Format aus.
head liefert die ersten Zeilen einer Datei.
help gibt Information zu einer Fehlermeldung eines SCCS-Kommandos aus.
hostid gibt die Rechneridentifikation (*host identification*) des aktuellen Rechnersystems aus bzw. setzt diesen Wert neu.
hostname gibt den Namen des Rechners (Netzname) (*host name*) des aktuellen Rechnersystems aus bzw. setzt diesen Wert neu.

I

id gibt die Benutzer- und Gruppennummer und die entsprechenden Namen aus.
idbuild konfiguriert und generiert einen neuen Systemkern.
ähnlich: **idcheck, idinstall, idload, idtune**.
ifconfig konfiguriert den Netzanschluß.
inetd Internet Superserver; Hauptprozeß (Dämon) zur Überwachung de Internet-Zugänge (*IP-Ports*) des System; startet ggf. Unter-Server.
infocmp vergleicht zwei Terminfo-Terminalbeschreibungen und gibt die Unterschiede aus.
init wird beim Anlauf des Systems gestartet und generiert für jede Dialogstation einen Prozeß (**/etc/init**).
install richtet eine Datei in einem vorgegebenen Katalog ein. (**/etc/install**)
iostat erstellt eine Statistik über E/A-Aktivitäten des Systems.
ipcrm löscht einen Bereich für eine *Message Queue*, eine Gruppe von *Semaphoren* oder einen *Shared Memory Bereich*.

ipcs	gibt den aktuellen Status von Interprozeßkommunikationsmechanismen aus.

J

join	mischt zwei Dateien mit gleichen Schlüsseln.

K

kadb	Kernel Debugger (*B*)
kerbd	Kerberos-Prozeß zur Überwachung der Sicherheit der Systemzugänge
kdb	Kernel Debugger (*V.4*)
kill	bricht einen Hintergrundprozeß ab.
killall	wird von /etc/shutdown dazu benutzt, um alle aktiven Prozesse mit Ausnahme der Systemprozesse abzubrechen. (/etc/killall)
ksh	Korn-Shell; Erweiterung und Verbesserung der Standard-Bourne-Shell

L

labelit	erlaubt, nicht montierte Platten und Bänder mit einem *volume name* und einem *volume label* zu versehen. (/etc/labelit)
last	liefert die letzten Anmeldungen (login) von Benutzern oder Gruppen oder Dialogstationbenutzungen. (*B*)
lastcomm	zeigt die zuletzt ausgeführten Kommandos in umgekehrter Reihenfolge. (*B*)
ld	Aufruf des Binders
lex	erlaubt die Generierung eines Zerteilers für einen Übersetzer.
line	liest eine Zeile von der Standardeingabe (bis zu einem <neue zeile>-Zeichen) und schreibt sie auf die Standardausgabe. Wird in der Regel in Shell-Prozeduren verwendet.
link	arbeitet wie ln, jedoch ohne Fehlerprüfung (/etc/link).
lint	untersucht C-Programme auf nicht portable und gefährliche Konstruktionen.
listen	Portmonitor zur Entgegennahme von IP-Systemzugängen.
listusers	Informationen über Benutzer ausgeben
ln	gibt einer Datei einen weiteren Namen (*link*).
logger	erlaubt das Einfügen neuer Einträge in die System-Logging-Datei. (*B*)
login	Anmeldung eines Benutzers beim System
logins	gibt Informationen über Benutzer aus.

logname	gibt den **login**-Namen des Benutzers aus.
look	durchsucht eine sortierte Datei nach einer Zeichenkette.
lookbib	durchsucht eine bibliographische Datenbank nach vorgegebenen Schlüsselworten. Die Datenbank kann Literaturangaben mit Titel, Autor und Erscheinungsdaten enthalten.
lorder	liest Objektdateien und Bibliotheken und gibt eine Referenzierungsordnung aus.
lp	gibt dem *Print Spooler* den Auftrag, die angegebenen Dateien auszudrucken.
lpadmin	**/usr/sbin/lpadmin** ist das Verwaltungsprogramm zum **lp-*Print-Spooler-System***.
lpd	ist der eigentliche *Print Spooler Prozeß*. Das **lpr**-Kommando aktiviert diesen Prozeß.
lpmove	**/usr/lib/lpmove** dirigiert Ausgabeaufträge des **lp-*Print-Spooler-Systems*** von einem Gerät auf ein anderes um.
lpq	gibt die Aufträge in der Warteschlange des Berkeley-Print-Spoolers aus. Entspricht dem **lpstat**-Kommando im AT&T-System. (*B*)
lpr	schickt Dateien zur Ausgabe zum Drucker-Spooler. (*B*)
lprm	löscht Druckaufträge aus der Warteschlange des Berkeley-Print-Spoolers. Entspricht dem **cancel**-Kommando in System V. (*B*)
lpsched	**/usr/lib/lpsched** ist der Prozeß, der die Ausgabeaufträge des **lp**-Print-Spooler-Systems verwaltet.
lpshut	**/usr/lib/lpshut** terminiert **lpsched**, den Ausgabeverwalter des **lp**-*Print-Spooler-Systems* in kontrollierter Weise.
lpstat	liefert Information zum aktuellen Status des *Print Spooler Systems* zurück.
lptest	erzeugt ein Testmuster für den Drucker. (*B*)
ls	gibt ein Inhaltsverzeichnis eines Katalogs aus.

M

m4	Aufruf des Makro-Prozessors
mail	Empfangen oder Abschicken von Nachrichten (*mail*).
mailx	interaktive Erweiterung des **mail**-Kommandos
make	automatisiert die Erstellung eines neuen Programms aus einzelnen Modulen. Die Abhängigkeiten sind in einem *makefile* festgehalten.
makekey	**/usr/lib/makekey** erstellt einen Schlüssel zum Zwecke der Chiffrierung.
man	gibt Teile der UNIX-Dokumentation (*manuals*) aus.
mcs	erlaubt, Modifikationen im Kommentarabschnitt einer Datei im ELF-Format durchzuführen.

me	Makropaket für **nroff** und **troff**. (∗B∗)
mesg	erlaubt oder verbietet Ausgaben anderer Benutzer an eine Dialogstation.
mh	Dies ist ein *Message Handling System*. (∗B∗)
mkdir	legt einen neuen Dateikatalog an.
mkfs	legt ein neues Dateisystem an (**/etc/mkfs**).
mkfifo	legt eine FIFO-Datei (*first in first out*) an.
mknod	**/etc/mknod** legt einen neuen Knoten für ein Gerät an.
mkshlib	legt eine *Shared Library* an.
mkstr	erstellt eine Datei von Ausgabemeldungen aus einer C-Quelltextdatei. (∗B∗)
mm	Makrosatz zur Verwendung mit **nroff** und **troff**.
mm	Kommando, welches Dateien unter Verwendung des **mm**-Makrosatzes mit Hilfe von **nroff** ausgibt.
more	gibt die Eingabe seitenweise auf dem Bildschirm aus. (∗B∗)
mount	**/etc/mount** hängt ein Dateisystem in den Dateibaum ein. Die Umkehrung ist **umount**.
mountall	**/etc/mountall**, montiert alle in einer Namensdatei (Standard: */etc/fstab*) angegebenen Dateisysteme. Die Umkehrung ist **umountall**.
ms	Satz von Makros für **nroff** und **troff**.
mt	erlaubt Bandkommandos abzusetzen. Möglich sind: Byte-Swap, <eof>-Marken schreiben, *n* Blöcke oder Dateien vor- oder zurückspulen. (∗B∗)
mv	benennt Dateien oder Dateikataloge um.
mvdir	**/etc/mvdir** erlaubt die Umbenennung eines Katalogs.

N

named	Internet Name Server; gibt zu einer Internet-Adresse die zugehörige Internet-Nummer aus.
nawk	ist die neue Version des **awk** seit UNIX System V.3
ncheck	**/etc/ncheck** generiert Dateinamen aus der *i-node-number*.
neqn	arbeitet wie **eqn**, aber für **nroff**.
netstat	zeigt den Status eines Rechnernetzwerkes an. (∗B∗)
newalias	Dieses Kommando muß gestartet werden, sobald die *Alias*-Datei für **mail** (*/usr/lib/aliases*) verändert wurde, damit diese Änderungen wirksam werden. (∗B∗)
newform	liest von der Standardeingabe Zeilen, formatiert diese um und schreibt das Ergebnis auf die Standardausgabe.
newgrp	ändert die Gruppen- bzw. Projektnummer einer Sitzung ohne eine Abmeldung beim System.

news	gibt die Datei /etc/news aus.
nice	startet ein Programm mit vorgegebener Priorität.
niscat	Ausgeben von Dateien aus dem *Network Information Service*.
nl	liest von der Standardeingabe und schreibt die Zeilen mit einer Zeilennummer versehen auf die Standardausgabe.
nm	gibt die Symboltabelle einer Objektdatei aus.
nohup	startet ein Programm, wobei dieses nicht durch Signale wie <hangup>, <abbruch> oder <unterbrechung> abgebrochen werden kann.
nroff	formatiert mit Formatanweisungen versehene Texte zur Ausgabe auf einen Drucker oder ein Sichtgerät.

O

od	erstellt einen oktalen Abzug von einer Datei.

P

pack	komprimiert Textdateien. **unpack** ist die Umkehrung davon.
pagesize	gibt die Seitengröße beim *Pagen* des aktuellen Systems aus. (*B*)
passwd	erlaubt die Änderung des Paßwortes eines Benutzers.
paste	erlaubt, vorgegebene Bereiche der Zeilen von Dateien zu mischen.
pbm...	sind portable Bitmap Tools; sehr populäres, frei verfügbares und oft im Standardlieferumfang von UNIX-Systemen enthaltenes Programmpaket zur Konvertierung unterschiedlichster Graphikformate.
pcat	entspricht **cat** für Dateien, die mit **pack** komprimiert wurden.
pg	erlaubt die seitenweise Ausgabe von Dateien auf eine Dialogstation.
ping	testet eine Netzverbindung durch Versenden eines Kontroll-Pakets an einen Rechner und Warten auf die Antwort.
pkgadd	Installationsprogramm aus UNIX SystemV.4.2
plot	liest Plot-Anweisungen und konvertiert diese zur Ausgabe auf ein vorgegebenes Gerät.
pmadm	Administration des Portmonitors zur Kontrolle ankommender IP-Verbindungen.
postprint	Konvertieren von Textdateien in das PostScript-Format zur Ausgabe an einem PostScript-Drucker.
pr	gibt Dateien seitenweise und mit einer Überschrift, Datum und Seitennummer versehen aus.
printenv	gibt die aktuelle Shell-Umgebung (*environment*) aus. (*B*)

printf	formatierte Ausgabe der Argumente ähnlich der gleichnamigen Funktion aus C.
prof	führt eine Auswertung der *monitor*-Datei *mon.out* durch. Hiermit können Laufzeitstatistiken von Programmen durchgeführt werden.
prs	druckt eine SCCS-Datei aus.
prtvtoc	gibt Informationen zur Festplattenbelegung aus.
ps	gibt eine Liste von aktiven Prozessen aus.
pwck	**/etc/pwck** überprüft die Konsistenz der Datei */etc/passwd*.
pwd	gibt den Namen des aktuellen Katalogs aus.

Q

quot	erstellt eine Plattenbelegungsliste für die einzelnen Benutzer.
quota	gibt zu einem Benutzer den von ihm belegten Plattenplatz an, sowie die für ihn gültige Obergrenze.

R

rc	ist eine Kommando-Prozedur, welche beim Übergang des Systems in den Multi-User-Modus ausgeführt wird. Ruft ihrerseits die Prozeduren rc2 und rc2 auf, die wiederum die Prozeduren in den Verzeichnissen rc.d, rc2.d und rc3.d ausführen.
rcp	erlaubt das Kopieren von Dateien lokal ober von bzw. zu einem anderen Rechner in einem Rechnernetz. (*B*)
rdist	unterstützt die Distribution und das Aktualisieren von Dateien in einem Rechnernetz. (*B*)
red	stellt eine eingeschränkte Form des **ed** dar und erlaubt nur das Editieren von Dateien, die im aktuellen Katalog liegen.
refer	ist ein Präprozessor zu **nroff** und **troff,** um Referenzen zu suchen und zu formatieren (siehe auch **lookbib**).
regcmp	übersetzt reguläre Ausdrücke.
reject	**/usr/lib/reject** teilt dem **lp**-*Print-Spooler-System* mit, daß für die angegebenen Drucker keine Aufträge mehr angenommen werden sollen.
renice	erlaubt die *nice*-Priorität eines laufenden Prozesses zu ändern.
reset	setzt die Dialogstation wieder in einen Grundzustand (z.B. nach einem Programmabsturz). (*B*)
resize	gibt Informationen über die aktuelle Fenstergröße unter X11 aus, mit denen wiederum die Konfiguration aktualisiert werden kann.
rexec	führt ein Kommando auf einem anderen Rechner aus, ohne (im Unterschied zu **rsh**) die lokalen Systemressourcen zu belasten.

Anhang A: Übersichten und Tabellen   808

(restor)	jetzt: **ufsrestore**: lagert mit **ufsdump** gesicherte Dateien wieder ein.
rewind	spult das Magnetband an den Bandanfang zurück. (*B*)
rlogin	gestattet das Eröffnen einer Sitzung (*login*) an einem anderen Rechner.
rm	löscht Dateieinträge im Katalog (auch interaktiv).
rmail	arbeitet wie **mail**, erlaubt jedoch nur das Senden von Post.
rmdel	löscht einen Deltaeintrag in einer SCCS-Datei.
rmdir	löscht einen leeren Katalog.
roffbib	erzeugt eine formatierte Ausgabe der Einträge aus einer bibliographischen Datenbasis. (*B*)
rsh	führt ein Kommando auf einem anderen Rechner aus (*remote shell*).
rsh	Aufruf einer eingeschränkten Shell (*restricted shell*: /usr/lib/rsh). Achtung: Verwechslungsgefahr mit *remote shell*.
runacct	/usr/lib/acct/runacct startet eine Auswertung der *Accounting*-Dateien.
ruptime	zeigt für jede Maschine in einem Rechnernetz die von **uptime** angezeigte Information an. (*B*)
rwho	gibt die Information von **who** aus, jedoch für alle aktiven Rechner in einem lokalen Netz. (*B*)

S

sac	*Service Access Controller*; Zugangskontrollsystem; neu seit UNIX V.4	
sact	gibt die Änderungsaktivitäten zu SCCS-Dateien aus.	
sag	erstellt ein Diagramm der Systemaktivitäten.	
sar	erstellt einen Report über Systemaktivitäten.	
sccs	ist eine vereinfachte generelle Schnittstelle zum SCCS-System.	
SCCS	Paket von Programmen zur Verwaltung von Quellcodedateien. Zu diesem Paket gehören:	
	admin	legt SCCS-Dateien an und verwaltet sie.
	cdc	ändert den Kommentar eines Deltaeintrags einer SCCS-Datei.
	comb	faßt mehrere Deltaeinträge einer SCCS-Datei zu einem Eintrag zusammen.
	delta	bringt eine geänderte Version in die SCCS-Datei ein.
	get	generiert eine vorgegebene Version aus einer SCCS-Datei.
	help	liefert Hilfsinformation zu einer SCCS-Fehlermeldung.
	prs	druckt eine SCCS-Datei aus.
	rmdel	löscht einen Deltaeintrag in einer SCCS-Datei.

sact	gibt die Änderungsaktivitäten zu einer SCCS-Datei aus.
sccsdiff	ermittelt die Unterschiede zwischen zwei Versionen einer SCCS-Datei.
unget	hebt ein **get** auf eine SCCS-Datei auf.
val	überprüft die Konsistenz einer SCCS-Datei.
what	gibt an, welche Versionen von Objektmodulen zur Erstellung einer Datei benutzt wurden.
script	erstellt eine Kopie all dessen, was während einer Sitzung auf der Dialogstation ein- und ausgegeben wird.
sdb	ist eine symbolische Testhilfe.
sdiff	ermittelt die Unterschiede zwischen zwei Dateien und gibt diese nebeneinander stehend aus.
sed	Aufruf des batch-orientierten Texteditors **sed**.
sendmail	Zentrales *Postamt* eines Systems zur Verteilung ein- und ausgehender Mail. Wegen ihres schwer durchschaubaren Formats wird die Konfigurationsdatei des sendmail (sendmail.cf) gelegentlich mit einer »Explosion einer Fabrik für Satzzeichen« verglichen.
setmnt	/etc/setmnt legt die Datei */etc/mnttab* an. Diese wird für die Kommandos **mount** und **umount** verwendet.
sh	Bourne-Shell: Aufruf der UNIX-Standard-Shell
share	gibt lokale Verzeichnisse an das Netzwerk frei.
shl	*Layered Shell*. Diese erlaubt dem Benutzer, mehrere Shellumgebungen zugleich zu haben, und er kann einfach von einer Umgebung in die andere wechseln.
shutdown	Die Prozedur /etc/shutdown fährt das System sofort oder zu einem vorgegebenen Zeitpunkt herunter.
size	gibt die Größe des Text-, Daten- und Stack-Segmentes einer Objektdatei in Bytes aus.
sleep	suspendiert die weitere Ausführung eines Programms für eine vorgegebene Zeit.
snoop	Überwachen des Netzverkehrs zur Untersuchung von Fehlerquellen
soelim	geht durch eine **nroff**- oder **troff**-Datei und ersetzt alle **.so**-Anweisungen durch den Inhalt der in der Anweisung stehenden Datei.
sort	sortiert und mischt Dateien zeilenweise.
spell	sucht nach Rechtschreibfehlern in englischen Texten.
spline	interpoliert eine Kurve aus einer Punktfolge.
split	zerteilt eine Datei in mehrere Teile.
spray	schickt IP-Pakete in das Netzwerk (zur Fehlersuche).
strings	sucht in einer Binärdatei nach ASCII-Zeichenketten und gibt diese aus.

Anhang A: Übersichten und Tabellen 810

strip	entfernt aus einer Objektdatei die Symboltabelle.
stty	erlaubt das Abfragen und Setzen von Charakteristika von Dialogstationen.
su	erlaubt es einem Benutzer, unter einem anderen Benutzernamen zu arbeiten. Erlaubt das zeitweise Umschalten in den Super-User-Modus.
sum	zählt die Blöcke einer Datei und errechnet deren Quersumme.
swap	erlaubt dynamisch neue Plattenbereiche dem *Swap*-Bereich hinzuzufügen, Bereiche herauszunehmen und Angaben über den aktuellen Zustand eines *Swap*-Bereichs auszugeben.
symorder	ordnet die Namensliste einer Objektdatei neu, so daß die angegebenen Symbole in der Liste vorne stehen. (*B*)
sync	schreibt alle Blöcke des Block-Puffers auf die entsprechenden Platten.
sysadmin, sysadm	ist ein zeichenorientiertes Menüsystem, in dem die meisten Funktionen zur Systemverwaltung aufgerufen werden können.
sysdef	ermittelt eine Systemkonfiguration.

T

tabs	lädt den Tabulator für eine Vielzahl von Dialogstationstypen.
tail	liefert die n letzten Zeichen oder Zeilen einer Datei.
talk	erlaubt einen Dialog mittels Dialogstationen zwischen zwei an einem System arbeitenden Benutzern.
tar	erlaubt das Sichern von Dateien auf Band sowie das Zurückschreiben.
tbl	formatiert Tabellen für **nroff** und **troff**.
tcopy	kopiert den Inhalt eines Magnetbandes (in beliebigem Format) auf ein anderes. (*B*)
tee	dupliziert den Text der Standardeingabe in eine oder mehrere Ausgabedateien.
telinit	/etc/telinit aktiviert über Signale das **init**-Programm. Damit kann z.B. der *Run Level* des Systems geändert werden, ohne daß das System neu gestartet werden muß.
telnet	stellt eine Terminalemulation und Verbindung zu einem anderen Rechner in einem TCP/IP-Netzwerk dar.
test	liefert 0 oder ≠ 0 zurück, abhängig vom Argument oder der Verknüpfung der Argumente. Dabei können Dateieigenschaften und Zeichenketten geprüft bzw. verglichen werden.
tftp	ist ein einfaches Programm zum (meist automatisierten) Kopieren von Dateien im Internet-Netzwerk. Das Programm arbeitet mit dem *Trivial File Transfer Protocol*.

tic	übersetzt eine **Terminfo**-Terminalbeschreibung in eine binäre kompakte Form. Diese binäre Form wird von den *curses*-Funktionen verwendet.
time	mißt die Ausführungszeit eines Programms oder Kommandos.
timex	ermittelt die Ausführungszeiten eines Kommandos und gibt die Zeiten im Rechner, im System- und im Benutzermodus aus.
tip	baut eine Verbindung zu einem anderen Rechnersystem auf und erlaubt einen Vollduplexbetrieb. Es arbeitet ähnlich wie **cu**.
toc	Eine Reihe von Programmen, die ein Inhaltsverzeichnis erstellen und dies graphisch zur Ausgabe mit **troff** aufbereiten. Die Kommandos sind: **dtoc, ttoc** und **vtoc**.
touch	ändert das Datum der letzten Dateiänderung einer Datei.
tplot	Filter zur Ausgabe von graphischer Information im *plot*-Format auf unterschiedliche Dialogstationen
tput	liefert Information zu Parametern der Dialogstation. Die notwendige Information wird der **Terminfo**-Datenbasis entnommen.
tr	erlaubt die Konvertierung von Zeichen.
traceroute	verfolgt und meldet den Laufweg von Internet-Paketen auf dem Weg zu einem anderen Rechner.
troff	formatiert Texte entsprechend den Steueranweisungen zur Ausgabe auf einem Laserdrucker oder einem Belichter (siehe auch **nroff, roff**).
true	liefert den Wert *wahr* (0) zurück.
truss	erlaubt die Verfolgung der Systemaufrufe eines Programms zur Laufzeit. Dient der Fehlersuche.
tset	erlaubt das Setzen von verschiedenen Modi der Dialogstation. (*B*)
tsort	sortiert topologisch partiell sortierte Dateien.
tty	liefert den Namen der Dialogstation zurück.

U

uadmin	Systemnahe Schnittstelle für grundlegende Systemverwaltung. Setzt direkt den **uadmin**-Systemaufruf ab.
ul	führt eine Unterstreichung durch. (*B*)
umask	setzt eine Bitmaske. Diese wird beim Anlegen von Dateien zur Festlegung der Zugriffsrechte verwendet.
umount	**/etc/umount** entfernt das Dateisystem auf einem Datenträger wieder aus dem Systemdateibaum.
umountall	**/etc/umountall** demontiert alle aktuell montierten Dateisysteme mit Ausnahme des *root*-Systems.
uname	gibt den Namen des aktuellen UNIX-Systems aus.

unexpand	ersetzt mehrere Leerzeichen durch ein Tabulatorzeichen, soweit möglich. Die Umkehrung ist das Kommando **expand**. (*B*)
unget	hebt ein **get** auf eine SCCS-Datei auf.
unifdef	entfernt aus einer Datei die **#ifdef**-Sequenzen. Das Programm arbeitet hierzu wie eine vereinfachte Version des C-Präprozessors (**cpp**). (*B*)
uniq	entfernt aus einer Datei mehrfach hintereinander vorkommende gleiche Zeilen.
units	konvertiert Einheiten von einem Maßsystem in ein anderes.
unix2dos	konvertiert Textdateien aus UNIX in ein Format, wie es von DOS-Systemen weiterverarbeitet werden kann.
unlink	**/etc/unlink** arbeitet wie **rm** oder **rmdir**, jedoch ohne Fehlerprüfung.
unpack	dekomprimiert mit **pack** komprimierte Dateien.
unshare	hebt die Freigabe von lokalen Resourcen an das Netz wieder auf.
uptime	gibt aus, wie lange das System schon läuft. (*B*)
users	gibt eine Liste aller gerade aktiven Benutzer sowie ihrer momentanen Tätigkeit aus.
uuclean	säubert ein *uucp spool directory* von alten Einträgen.
uucp	erlaubt den Dateitransfer zwischen mehreren UNIX-Systemen.
uuencode	kodiert eine Binärdatei zum Transfer mittels **uucp**. **uudecode** dekodiert die Datei wieder.
uulog	erlaubt die Programmausführung auf einem anderen UNIX-System.
uuname	gibt die Namen aller Systeme an, die über *uucp* mit dem System verbunden sind.
uupick	verteilt mit **uuto** auf ein anderes UNIX-System transferierte Dateien in dem Zielsystem an die korrekten Adressaten.
uuq	zeigt die Aufträge in der **uucp**-Auftragsschlange an und erlaubt auch das Löschen einzelner Aufträge. (*B*)
uusend	schickt eine Datei auf ein anderes mittels **uucp** gekoppeltes UNIX-System.
uustat	liefert Statusinformation zu *uucp*-Aufträgen und erlaubt, noch nicht ausgeführte Aufträge zu löschen.
uusub	ist eine Monitorfunktion auf ein *uucp*-Netzwerk.
uuto	kopiert Dateien von einem UNIX-System zu einem anderen.
uux	hält in einer Datei Information von **uucp**- und **uux**-Aktivitäten fest.

V

vacation	schickt dem Absender einer Nachricht die Information, daß der Empfänger in Urlaub (englisch: *vacation*) ist.

val	überprüft die Konsistenz einer SCCS-Datei.
vax	liefert den Exit-Status 0, falls der Rechner vom Typ DEC VAX ist. Ähnliche Kommandos: **sun, iAPX286, i386, sparc, u3b, u370**.
vc	erlaubt eine Art Versionskontrolle. Zeilen der Eingabe werden bedingt in die Ausgabe kopiert.
vedit	ruft den **vi**-Editor in einem vereinfachten Modus aus. Dies ist für Anfänger gedacht, die nicht die volle Mächtigkeit des **vi** benötigen.
vgrind	Formatiert den Quellcode eines Programms ansprechend und übersichtlich unter Verwendung von **troff**. (∗B∗)
vi	Aufruf des Texteditors **vi**.
view	ruft den **vi**-Editor im *Read-Only-Modus* auf. In diesem Modus kann die bearbeitete Datei nicht modifiziert werden.
vmstat	gibt eine Statistik über den Verbrauch von Haupt- und Swap-Speicher, Plattenspeicher, CPU-Auslastung und weitere Systemdaten aus. (∗B∗)
vnews	ist eine bildschirmorientierte Schnittstelle zum Programm **readnews**. (∗B∗)
volcopy	**/etc/volcopy** kopiert ein ganzes Dateisystem auf ein Sicherungsmedium. Es gibt eine *stand alone* Version von **volcopy**, die diese Dateien wieder einliest.

W

w	gibt aus, welche Benutzer aktuell an einem Rechnersystem arbeiten und was die einzelnen Benutzer tun. (∗B∗)
wait	wartet auf die Beendigung von Hintergrundprozessen.
wall	schickt eine Nachricht an alle anderen Benutzer (**/etc/wall**).
wc	zählt in einer Datei die Anzahl der Zeilen, der Worte und der Zeichen.
what	gibt an, welche Versionen von Objektmoduln zur Erstellung einer Datei benutzt wurden.
whatis	sucht das angegebene Kommando und gibt die Titelzeile des entsprechenden Manualteils aus.
whereis	sucht das Quellprogramm, das binäre Programm und die Manualbeschreibung einer Datei. (∗B∗)
which	ermittelt unter Verwendung der **csh** die Programmdatei zu einem Kommando sowie eventuelle **alias**-Zuweisungen. (∗B∗)
who	gibt eine Liste aller beim System angemeldeten Benutzer aus.
whoami	liefert die aktuelle effektive Benutzerkennung des aufrufenden Benutzers.
whodo	**/etc/whodo** gibt eine Liste der Aktivitäten aller Benutzer aus.
whois	ermittelt zu einem Benutzernamen die notwendigen weiteren Angaben.

Anhang A: Übersichten und Tabellen 814

wksh	ist eine Korn-Shell mit der Möglichkeit, Shellprogramme mit X-Window-Oberfläche zu schreiben.
write	schickt eine Nachricht an einen anderen Benutzer.

X

X	X-Server; Bildschirmsteuerprozeß des X Window Systems
xargs	baut eine Argumentenliste auf und führt das angegebene Kommando mit dieser Liste aus.
xdm	bildet das Zugangskontrollsystem unter dem X Window System.
xhost	ist das Steuerprogramm für den Zugriff auf den X-Server.
xpr	gibt einen X-Window-Dump auf einen Drucker aus.
xset	zeigt Optionen des X-Servers an und erlaubt, sie neu zu setzen.
xsetroot	erlaubt Modifikationen des Hintergrundes eines X11-Bildschirms.
xterm	emuliert einen zeichenorientierten Bildschirm in einem X11-Fenster.
xwd	erzeugt einen Bildschirmabzug unter X11

Y

xstr	extrahiert aus einem C-Quellprogramm Zeichenketten (Textstücke), so daß sie separat gehalten und mehrfach benutzt werden können.
yacc	hilft bei der Erstellung eines Übersetzers.
ypcat	gibt Einträge in systemweit verwalteten Dateien aus; ähnlich **niscat**.

Z

zcat	gibt mit compress komprimierte Dateien aus (ähnlich **cat**).

A.2 Zeichencodes

A.2.1 Der ASCII-Zeichencode

Die nachfolgende Tabelle gibt die ASCII-Tabelle in der Standard-USA-Version an. Die bei den Steuerzeichen (Dezimalcode 0 - 31) angegebene Tastenkombination ist für die meisten Dialogstationen gültig, mag aber in Einzelfällen abweichen. Die Kurzschreibweise ^x steht dabei für <ctrl+x>.

Hex.	Okt.	Dez.	Zeichen	Taste	Hex.	Okt.	Dez.	Zeichen	Taste
00	000	0	<nul>	^@	20	040	32	<leerzeichen>	<leertaste>
01	001	1	<soh>	^A	21	041	33	!	!
02	002	2	<stx>	^B	22	042	34	"	"
03	003	3	<etx>	^C	23	043	35	#	#
04	004	4	<eot>	^D	24	044	36	$	$
05	005	5	<enq>	^E	25	045	37	%	%
06	006	6	<ack>	^F	26	046	38	&	&
07	007	7	<bel>	^G	27	047	39	'	'
08	010	8	<bs>	<BS> / ^H	28	050	40	(	(
09	011	9	<ht>	<TAB> / ^I	29	051	41	)	)
0A	012	10	<lf>	<LF> / ^J	2A	052	42	*	*
0B	013	11	<vt>	<VT> / ^K	2B	053	43	+	+
0C	014	12	<ff>	<FF> / ^L	2C	054	44	,	<komma>
0D	015	13	<cr>	<RET>	2D	055	45	-	<minus>
0E	016	14	<so>	^N	2E	056	46	.	.
0F	017	15	<si>	^O	2F	057	47	/	/
10	020	16	<dle>	<DLE> / ^P	30	060	48	0	0
11	021	17	<dc1>	^Q	31	061	49	1	1
12	022	18	<dc2>	^R	32	062	50	2	2
13	023	19	<dc3>	^S	33	063	51	3	3
14	024	20	<dc4>	^T	34	064	52	4	4
15	025	21	<nak>	^U	35	065	53	5	5
16	026	22	<syn>	^V	36	066	54	6	6
17	027	23	<etb>	^W	37	067	55	7	7
18	030	24	<can>	^X	38	070	56	8	8
19	031	25		^Y	39	071	57	9	9
1A	032	26	<sub>	^Z	3A	072	58	:	:
1B	033	27	<esc>	<ESC>	3B	073	59	;	;
1C	034	28	<fs>	^\	3C	074	60	<	<
1D	035	29	<gs>	^]	3D	075	61	=	=
1E	036	30	<rs>	^~	3E	076	62	>	>
1F	037	31	<us>	^/	3F	077	63	?	?

Anhang A: Übersichten und Tabellen

Hex.	Okt.	Dez.	Zeichen	Taste	Hex.	Okt.	Dez.	Zeichen	Taste
40	100	64	@	@	60	140	96	`	`
41	101	65	A	A	61	141	97	a	a
42	102	66	B	B	62	142	98	b	b
43	103	67	C	C	63	143	99	c	c
44	104	68	D	D	64	144	100	d	d
45	105	69	E	E	65	145	101	e	e
46	106	70	F	F	66	146	102	f	f
47	107	71	G	G	67	147	103	g	g
48	110	72	H	H	68	150	104	h	h
49	111	73	I	I	69	151	105	i	i
4A	112	74	J	J	6A	152	106	j	j
4B	113	75	K	K	6B	153	107	k	k
4C	114	76	L	L	6C	154	108	l	l
4D	115	77	M	M	6D	155	109	m	m
4E	116	78	N	N	6E	156	110	n	n
4F	117	79	O	O	6F	157	111	o	o
50	120	80	P	P	70	160	112	p	p
51	121	81	Q	Q	71	161	113	q	q
52	122	82	R	R	72	162	114	r	r
53	123	83	S	S	73	163	115	s	s
54	124	84	T	T	74	164	116	t	t
55	125	85	U	U	75	165	117	u	u
56	126	86	V	V	76	166	118	v	v
57	127	87	W	W	77	167	119	w	w
58	130	88	X	X	78	170	120	x	x
59	131	89	Y	Y	79	171	121	y	y
5A	132	90	Z	Z	7A	172	122	z	z
5B	133	91	[	[	7B	173	123	{	{
5C	134	92	\	\	7C	174	124	|	|
5D	135	93	]	]	7D	175	125	}	}
5E	136	94	^	^	7E	176	126	~	~
5F	137	95	_	_	7F	177	127	<del>	<rub>

Einige der angegebenen Tasten können auf den verschiedenen Dialogstationen unterschiedliche Beschriftungen haben. Die meistbenutzten sind:

<RET>:   <RETURN>, <CARRIAGE RETURN>, <Wagenrücklauf>
<BS>:   <BACKSPACE>, <DELETE>, <Lösche Zeichen>
<ESC>:   <ESCAPE>, <ALT>
<LF>:   <LINE FEED>, <NL>, <Neue Zeile>
<FF>:   <FORM FEED>, <NP>, <NEW PAGE>, <Seitenvorschub>
<RUB>:   <RUBOUT>, <DEL>

A.2.2 Der ISO 8859-1 Code

Beim ISO 8859-1 Code handelt es sich um einen 8-Bit-Code und eine Obermenge des ASCII-Codes der die meisten Sonderzeichen des europäischen Sprachraums enthält. Für die Codebelegung von $0-127_{10}$ gilt die Belegung der ASCII-Tabelle. Der ISO 8859-1 Code spielt im Rahmen der *Internationalisierung von UNIX* eine zunehmende Rolle.

Hex.	Okt.	Dez.	Zeichen	Hex.	Okt.	Dez.	Zeichen
80	200	128		A0	240	160	<NBSP>
81	201	129		A1	241	161	¡
82	202	130		A2	242	162	¢
83	203	131		A3	243	163	£
84	204	132		A4	244	164	¤
85	205	133		A5	245	165	¥
86	206	134		A6	246	166	|
87	207	135		A7	247	167	§
88	210	136		A8	250	168	¨
89	211	137		A9	251	169	©
8A	212	138		AA	252	170	ª
8B	213	139		AB	253	171	«
8C	214	140		AC	254	172	¬
8D	215	141		AD	255	173	<SHY>
8E	216	142		AE	256	174	®
8F	217	143		AF	257	175	¯
90	220	144		B0	260	176	°
91	221	145		B1	261	177	±
92	222	146	nicht belegt	B2	262	178	²
93	223	147		B3	263	179	³
94	224	148		B4	264	180	´
95	225	149		B5	265	181	µ
96	226	150		B6	266	182	¶
97	227	151		B7	267	183	·
98	230	152		B8	270	184	¸
99	231	153		B9	271	185	¹
9A	232	154		BA	272	186	º
9B	233	155		BB	273	187	»
9C	234	156		BC	274	188	¼
9D	235	157		BD	275	189	½
9E	236	158		BE	276	190	¾
9F	237	159		BF	277	191	¿

Anhang A: Übersichten und Tabellen

Hex.	Okt.	Dez.	Zeichen	Hex.	Okt.	Dez.	Zeichen
C0	300	192	À	E0	340	224	à
C1	301	193	Á	E1	341	225	á
C2	302	194	Â	E2	342	226	â
C3	303	195	Ã	E3	343	227	ã
C4	304	196	Ä	E4	344	228	ä
C5	305	197	Å	E5	345	229	å
C6	306	198	Æ	E6	346	230	æ
C7	307	199	Ç	E7	347	231	ç
C8	310	200	È	E8	350	232	è
C9	311	201	É	E9	351	233	é
CA	312	202	Ê	EA	352	234	ê
CB	313	203	Ë	EB	353	235	ë
CC	314	204	Ì	EC	354	236	ì
CD	315	205	Í	ED	355	237	í
CE	316	206	Î	EE	356	238	î
CF	317	207	Ï	EF	357	239	ï
D0	320	208	Ð	F0	360	240	ð
D1	321	209	Ñ	F1	361	241	ñ
D2	322	210	Ò	F2	362	242	ò
D3	323	211	Ó	F3	363	243	ó
D4	324	212	Ô	F4	364	244	ô
D5	325	213	Õ	F5	365	245	õ
D6	326	214	Ö	F6	366	246	ö
D7	327	215	×	F7	367	247	÷
D8	330	216	Ø	F8	370	248	ø
D9	331	217	Ù	F9	371	249	ù
DA	332	218	Ú	FA	372	250	ú
DB	333	219	Û	FB	373	251	û
DC	334	220	Ü	FC	374	252	ü
DD	335	221	Ý	FD	375	253	ý
DE	336	222	Þ	FE	376	254	þ
DF	337	223	ß	FF	377	255	ÿ

<NBSP>   steht für ›*Non Breaking Space*‹ und ist ein Leerzeichen, welches als Teil eines Wortes zu betrachten ist.

<SHY>   steht für ›*Soft Hyphen*‹ und gibt die mögliche Trennstelle in einem Wort an.

Anhang B Literaturverzeichnis

[1170]   Common APIs for UNIX-based Operating Systems

[AWK]   A.V. Aho, P.J. Weinberger, B.W. Kernighan:
               The AWK Programming Language
               Addison-Wesley, 1992

[BACH]   Maurice J. Bach:
               The Design of the UNIX Operating System
               Prentice-Hall, 1986

[BANAHAN]   M. Banahan, A. Rutter: *Unix - the book*
               Sigma Technical Press, 1982

[BARTON]   R.A. Barton: *Die X/Motif-Umgebung.*
               Eine Einführung für Anwender und Systemverwalter
               Springer-Verlag, Heidelberg 1994

[BELL-84]   *The Bell System Technical Journal*
               Vol. 63, No 8, Part 2 (October 1984)

[BOURNE]   S.R. Bourne: *The Unix System*
               Addison-Wesley, 1982

[BRAUN]   C. Braun: *Unix Systemsicherheit*
               Addison-Wesley, 1993

[CHRISTIAN]	K. Christian: *The UNIX Operating System* John Wiley & Sons, New York, 1983
[CHESWICK]	W. Cheswick, St. Bellowin: *Firewalls and Internet Security* Addison-Wesley, 1994
[DOCU-IN]	*Documenter's Workbench. Introduction and Reference Manual* Beschreibung des *Documenter's Workbench* Pakets von AT&T Technologies, 1984, Nr. 307-150
[DOCU-PRE]	*Documenter's Workbench. Preprocessor Reference Manual* Beschreibung des *Documenter's Workbench* Pakets von AT&T Technologies, 1984, Nr. 307-153
[DUNPHY]	E. Dunphy: *Unternehmen UNIX* *Technologie, Märkte und Perspektiven offener Systeme* Springer-Verlag, 1992
[ERROR-GUIDE]	*Error Message Reference Manual* Teil der Dokumentation von UNIX System V von Western Electric, 1984, Nr. 307-114
[ISIS]	ISIS Firmen-Report; erscheint jährlich und gibt einen Überblick über aktuelle UNIX-Software und die Lieferanten
[JOY-C]	W. Joy: *An introduction to the C shell* Computer Science Division, Department of Electrical Engineering and Computer Science, University of California, Berkeley
[JOY]	W. Joy: *An introduction to Display Editing with vi* Computer Science Division, Department of Electrical Engineering and Computer Science, University of California, Berkeley
[KERNIGHAN]	B. W. Kernighan, D. M. Ritchie: *Programmieren in C* Erste Auflage: Hanser Verlag, 1983 Zweite Auflage, (mit ANSI-C): Hanser Verlag, 1990
[KORN]	Morris I. Bolsky, David G. Korn *The KornShell Command and Programming Language* Prentice-Hall, 1989

[KRETSCHMER]	B. Kretschmer, F. Kronenberg: *SCO UNIX von Anfang an* Vieweg, 1993
[LOMU]	A. N. Lomuto: *A Unix Primer* Prentice-Hall, 1983
[MACH-1]	M. Accetta, R. Baron, u.a.: *Mach: A New Kernel Foundation for UNIX Development* Computer Science Department, Carnegie Mellon University, Pittsburgh, Pasadena 15213
[MACH-2]	D. Black, R. Baron, u.a.: *Machine-Independent Virtual Memory Management for Paged Uniprocessor and Multiprocessor Architectures* Computer Science Department, Carnegie Mellon University, Pittsburgh, Pasadena 15213
[MACH-3]	R. Golub, R. Rashid, u.a.: *Mach Threads and the UNIX Kernel: The Battle for Control* Computer Science Department, Carnegie Mellon University, Pittsburgh, Pasadena 15213
[MAKE]	A. Oram, St. Talbott: *Managing Projects with make* O'Reilly, 1993
[MANSFIELD]	Niall Mansfield: *The Joy of X* Addison-Wesley, 1993
[McGILTON]	H. McGilton, R. Morgan: *Introducing the UNIX System* McGraw-Hill, 1983
[OSF]	*OSF/1 Operating System* mit folgenden Bänden: OSF/1 User's Guide OSF/1 Command Reference OSF/1 Programmer's Reference OSF/1 System and Network Administrator's Reference Application Environment Specification (AES) – Operating System Programming Interface Volume Prentice Hall, 1991

[PLAUGER]　　　　　P. J. Plauger, J. Brodie: *Standard C*
　　　　　　　　　　Microsoft Press, 1989

[POSIX]　　　　　　Fred Zlotnich: *The POSIX.1 Standard*
　　　　　　　　　　A Programmers Guide
　　　　　　　　　　Benjamin/Cummings Publishing, 1991

[PRM]　　　　　　　*UNIX Programmer's Reference Manual*
　　　　　　　　　　4.3 Berkeley Software Distribution
　　　　　　　　　　Virtual VAX-11 Version, April 1986
　　　　　　　　　　Computer Systems Research Group, Computer Science Divison
　　　　　　　　　　Department of Electronic Engineering and Computer Science
　　　　　　　　　　University of California, Berkeley, California 94720

[RITCHIE]　　　　　D. M. Ritchie:
　　　　　　　　　　The Evolution of the Unix Time-Sharing System
　　　　　　　　　　Language Design and Programming Methodology
　　　　　　　　　　in: J. M. Tobias (Ed.), Lecture Notes in Computer Science,
　　　　　　　　　　Vol. 79, p. 25–35; Springer-Verlag, 1980

[ROSEN]　　　　　　K. H. Rosen, R. R. Rosinski, J. M. Farber:
　　　　　　　　　　UNIX System V Release 4. An Introduction
　　　　　　　　　　Mc Graw-Hill, 1990

[TROMMER]　　　　　I. Trommer: *Bourne- und Korn-Shell*
　　　　　　　　　　Oldenbourg Verlag, 1990

[TROMMER/SCHMITZ]
　　　　　　　　　　I. Trommer, S.S. Schmitz:
　　　　　　　　　　Systemadministration unter UNIX
　　　　　　　　　　Oldenbourg Verlag, 1993

[SALUS]　　　　　　Peter H. Salus: *A Quarter Century of UNIX*
　　　　　　　　　　Addison-Wesley, 1994

[SCHIRMER]　　　　C. Schirmer: *Dokumentations-Tools unter UNIX*
　　　　　　　　　　Oldenbourg Verlag, 1990

[SENDMAIL]　　　　Bryan Costales et al.: *sendmail*
　　　　　　　　　　O'Reilly, 1993

[SPAFFORD]　　　　G. Spafford, S. Garfinkel: *Practical UNIX Security*
　　　　　　　　　　O'Reilly, 1991

[STAUBACH]	G. Staubach: *UNIX-Werkzeuge zur Textmusterverarbeitung* Springer-Verlag, 1989
[STROUSTRUP]	Bjarne Stroustrup: *The C++ Programming Language* Addison-Wesley, 1987
[TROFF]	*troff-Programmierung.* *Professionelle Textverarbeitung und Schriftsatz unter UNIX* Hanser Verlag, 1990
[UNIX-...]	*UNIX SVR4.2* Die Reihe der UNIX V.4.2 Referenz-Manuale. Sie umfaßt:

-ADMIN-A:	*Basic System Administration*
-ADMIN-B:	*Advanced System Administration*
-API:	*Operating System API Reference Manual*
-APLI:	*Application Builder Unser's Guide & Reference*
-AUDIT:	*Audit Trail Administration*
-CHAR:	*Character User Interface Programming*
-COM:	*Command Reference* zweiteilig: (a-l) und (m-z)
-C-TOOLS:	*Tools Programming in Standard C*
-DESK-GUIDE:	*Guide to UNIX Desktop*
-DESK-HAND:	*Desktop Handbook*
-DESK-QUICK:	*Desktop Quick Start*
-DRIVER:	*Device Driver Reference*
-DRIVER-P:	*Portable Device Interface*
-FILES:	*System Files and Devices Reference*
-GRAPHIC:	*Graphical User Interface Programming*
-INST:	*Installation Guide*
-NET-AD:	*Network Administration*
-NET-PR:	*Network Programming Interface*
-PC:	*PC Interface Administration*
-PROGREF:	*Programmer's Reference Manual*
-SOFT:	*UNIX Software Development Tools*
-STREAMS:	*Streams Modules and Drivers*
-SYS:	*Programming with UNIX System Calls*
-USERS:	*User's Guide*
-WINDOW:	*Windowing System API Reference*

Alle Bände sind bei Prentice Hall in der Reihe UNIX Press erschienen.

[UNIX-BERK]	*UNIX Programmer's Reference Manual* *4.3 Berkeley Software Distribution*

[UUCP]   T. O'Reilly, G. Todino: *Managing UUCP and Usenet*
                O'Reilly, 1992

[WOLFINGER]   Chr. Wolfinger: *Keine Angst vor UNIX.*
                Ein Lehrbuch für Einsteiger
                VDI Verlag, München 1993

[XPG]   *X/OPEN Portability Guide Version 4*
                1995 ist die Version 4 des *X/OPEN Portability Guide* gültig –
                kurz XPG4. Er besteht aus einem Satz von 5 Büchern.
                X/OPEN Comp. Ltd, London 1992

Eine weitere, sehr ergiebige Literaturliste zu Büchern über und um UNIX findet man in dem Katalog der Firma J.F.Lehmanns mit dem Titel:
»**Fachliteratur** ❏ *Informatik* ❏ *Computer Science* ❏ *C& UNIX* ❏ *CD-ROMs* ❏ *Software*«
(Bestellservice: ☎ 0130/4372).
Die dort aufgeführten Bücher werden natürlich auch von den meisten anderen Buchhandlungen geführt oder gerne bestellt!

Stichwortverzeichnis

Symbole

! 53, 490, 503
- 490
-- 30
− 52
!= (test) 426
432, 490
#! 480
$ 470, 490
$! 336, 415
$# 415
$$ 415
$? 415
$@ 415
$DISPLAY 84
$EDITOR 490
$ENV 88, 503
$FPATH 491
$HISTFILE 491, 504
$HISTSIZE 491, 504
$HOME 79, 82, 744
$home 469
$LANG 82, 416, 604
$LD_LIBRARY_PATH 563
$LINES 491
$LOGNAME 82, 417
$MAIL 82, 84
$MAILCHECK 84
$MANPATH 264
$OLDPWD 490
$OPTIND 490
$PATH 82, 87, 416, 491, 517, 761
$prompt 458, 480
$PWD 490
$RANDOM 490
$SECONDS 490
$SHACCT 417
$SHELL 82, 417, 492
$shell 470
$TERM 82, 91, 417, 755
$TZ 82, 417, 761
$XAPPLRESDIR 541
$XAUTHORITY 530
$XINITRC 524
% 506
& 54, 506
( ) 412
((...)) 495
* 50
. (Punkt) 432, 477
.a 714
.C 554
.c 554
.cc 554
.cshrc 81, 88, 458, 480, 761
.f 554
.kshrc 81, 88, 503
.login 81, 88, 458, 761
.logout 458, 761
.mwmrc 525, 546
.netrc 232
.p 554
.plan 230
.profile 81, 85, 88, 503
.project 230
.s 554
.sh_history 499
.so 714
.tar.Z 238
.Xauthority 530
.Xdefaults 525, 541
.xinitrc 524, 542
.xsession 523, 542
/ (root) 105
// (C++-Kommentar) 556
/dev 97
  /clock 98
  /console 98
  /error 99
  /fd 98
  /kmem 98
  /log 98
  /mem 98
  /mouse 98
  /null 98
  /stderr 99
  /stdin 99
  /stdout 99
  /swap 98
  /syscon 98
  /systty 99
  /tty 98, 135
  /ttyn 99
  /zero 99
/etc
  /brc 759
  /cshrc 761
  /fstab 120, 756, 757
  /gettydefs 747

/etc
  /gettytab 748
  /group 78
  /inittab 456, 748
  /magic 801
  /motd 80
  /passwd 77, 743
  /profile 80, 761
    ksh 503
  /rc 759, 760
  /rc3 456
  /rcX.d 760
  /security 743
  /shadow 743
  /suid_profile 244, 501, 502
  /termcap 747
  /terminfo 92
  /ttys 752
  /ttytype 747, 753
  /utmp 670
  /vfstab 270, 757
/proc 116, 573
/usr/group 13
: 432
; 411
;; 431
<abbruch> 572
<ctrl c> 33
<ctrl d> 33
<ctrl q> 33
<ctrl s> 33
<ctrl-z> 458, 506
<eof> 32
<susp> 458
= (test) 426
? 51, 490
[...] 52
[[(Korn-Shell) 487
\ (Backslash) 53
_ 490
_exit 619
_tolower 705
_toupper 705
{ ... } 465
~ 464

A

a.out 554, 558, 574
a64l 652
Abbrechen 36
Abmelden 82
abort 614
Abrechnen 78
abs 652
Abschnitt 627
accept 159, 170, 795
access 614
Access Control List 114
Accounting 78
acct 614, 795
acos 708
ADA 553
adb 166, 173, 572, 796
addbib 169, 796
adduser 79, 170
admin 796, 808
admintool 79, 763
advance 652
AIX 16
alarm 614
ALGOL 553
alias 85, 161, 464, 482
  csh 474
  C-Shell 85
  -Definition 85
  Korn-Shell 86
  ksh 482
Ampersand 54
angehalten 506
Anmelden 79
ANSI-C 553
APL 553
Apostroph 53
app-defaults 541
Apple 515
Applikation 128
apropos 72, 162, 175, 264, 796
ar 166, 175, 549, 559, 796
Arbeitskatalog 40, 79
arch 162, 796
ARG_MAX 605
ARGC 590
Argument 29
ARGV 590
argv 468
ARPA 19
Array 465
as 167, 176, 796
ascftime 652
asctime 652
asin 708
Assembler 553
assert 653
at 165, 177, 180, 796
AT&T 13
atan 708
atan2 596, 708
atof 653
atoi 653
atol 653
atq 796
atrm 796
Auftragsnummer 458
Ausdrücke 147
Ausgabeumlenkung 409
Ausrufezeichen 53
Ausschalt-Zustand 298
Ausschneiden &
  Einfügen 527
automount 170, 796
awk 169, 180, 586, 796
  -Aktionen 593
  Argumentübergabe 598
  Aufruf 586
  -Ausdrücke 592
  Beispiele 600
  -Fehlermeldungen 599
  Funktionen in ~ 596
  -Kommentar 595
  Kriterium 587
  -Programm 587
  -Skript 586
  -Sprachelemente 590
  -Variablen 590

B

B9600 751
background 459
backup 125, 158, 170, 181
banner 161, 181, 428, 797
basename 165, 182, 437, 797
batch 165, 178, 182
bc 167, 797
bcheckrc 759, 797
bcopy 797
BCPL 553
BDF (Fontformat) 534
bdftopcf 534
bdiff 168, 214, 797
Benutzer 76
  -identifikation 76
  im System eintragen 762
  -kommunikation 93

… Stichwortverzeichnis … 827

Benutzer
 -name 76
 -nummer 76, 77, 130
  effektive 130
  reale 130
 -umgebung 76, 82
Bereichsangabe 52
Bereitschaftszeichen 408
Berkeley
 -Filesystem 113
Besitzer (einer Datei) 108
Betriebssystem
 Kern 241
bfs 114, 168, 758, 797
bg 459, 474, 507
 ksh 482
bib 797
Bibliotheksfunktionen 713
biff 182, 526, 797
Bildschirmeditor 353
Bildschirmtyp 523
binmail 797
bitmap 517
bkexcept 158, 181
bkhistory 158, 181
bkoper 158, 181
bkreg 181
bkregister 158
bkstatus 158, 181
block 508
boot 797
 inittab 749
Boot-Dateisystem 114
bootwait (inittab) 749
Bourne-Shell 295, 761
brc 759, 797
break 422, 427, 429, 433, 594
 csh 471, 473
breakpoint 572
brk 614
BSD 15, 604
bsearch 654
Bss-Segment 129

C

C++ 554
cabs 708
cal 161, 183, 797
calendar 161, 183, 797
calloc 654
cancel 156, 159, 184, 797

Caps Lock 36
captoinfo 755, 797
case 422, 431
cat 33, 156, 157, 184, 797
catclose 654, 680
catgetmsg 680
catgets 654, 680
catman 175, 264, 797
catopen 655, 680
cb 167, 551, 797
cbreak mode 92
cc 167, 185, 797
C-Compiler 185
cd 156, 161, 188, 433, 797
 csh 474
 ksh 482
cdc 797
CDE 10, 20, 25, 404, 526, 533
cdfs 116, 271, 758
CDPATH 416, 490
cdpath 468, 474
CD-ROM 116, 758
 ISO-9660 116
ceil 708
cfgetispeed 655
cfgetospeed 656
cflow 166, 551, 797
cfsetispeed 656
cfsetospeed 656
cftime 656
character oriented 102
charconv 797
chdir 475, 614
checkeq 169, 797
checknr 169, 798
chfn 798
chgrp 159, 189, 798
child 135
chkey 798
chmod 156, 159, 190, 615, 798
Chorus 19
chown 159, 192, 616, 798
chroot 616, 798
chrtbl 798
clear 94, 161, 193, 323, 798
clearerr 657
clock 98, 657
close 597, 616
closedir 657
clri 160, 170, 774, 798
cmp 168, 193, 798
COBOL 553

cof2elf 798
COFF 554, 558, 798
col 59, 169, 194, 798
COLUMNS 288, 490
comb 798
comm 168, 194, 798
command file 413
compile 657
compress 125, 157, 195, 313, 798
configure 798
console 98
continue 422, 427, 433, 594
 csh 471, 473
copy 196
core 36, 572, 574
core dump 572
cos 596, 708
COSE 20, 404, 526
cosh 708
cp 51, 156, 158, 196, 798
cpio 156, 158, 189, 197, 798
cpp 549, 555, 798
CPU 134
 -Zeit 448
CPU-Zeit 54
crash 170, 798
creat 616, 716
creatiadb 763, 798
cref 798
cron 798
crontab 165, 201, 798
crypt 159, 168, 202, 657, 799
CS8 751
cscope 166
csh 165, 203, 523, 761, 799
C-Shell 761
csplit 157, 799
ct 163, 799
ctags 167, 799
ctermid 657
ctime 658
ctrace 166, 573, 799
ctype 658
cu 163, 204, 799
current directory 40
curses 755
cuserid 658
custom 799
cut 169, 206, 799
Cut & Paste 527
cwd 468
cxref 166, 551, 799

D

date 90, 161, 207, 799
Datei
   -arten 97
   -attribute 44, 103
      Kommandos 159
      Modifikationen von
         ~-~ 124
   -ausgabe-
      Kommandos 157
   -besitzer 108
   -datum 107
   -deskriptor 409
   Informationen zu
      ~en 122
   -katalog 79, 96, 97
   -konzept 96
   -kopf 108
      -liste 109
   -länge 106
   Memory Mapped ~ 117
   -Modus 103, 106
   -modus 106
   -namen 40, 43, 103
      Länge 43
      Sonderzeichen in
         ~ 43
   normale ~en 96
   -orientierte
      Kommandos 121, 157
   Sichern 125, 158
   -zugriffspfad 105
   -zugriffsrechte 106
   Zurückladen 158
Dateisystem 118
   Boot-~ 114
   Konsistenzprüfung 127, 160
   Prozeß-~ 116
   Quotensystem 120
   s5 113
   Security-~ 114
   sfs-~ 114
   Struktur 111
   Verritas-~ 115
   vxfs-~ 115
   weitere 116
DATEMSK 183
Daten
   -segment 129
   -träger 120

dbm 743
dbx 799
dc 167, 799
dcopy 160, 170, 799
dd 159, 210, 771, 799
debugger 572
DEC 16
defunct 136
delta 799
deluser 170, 799
Demand Paging 134
deroff 169, 799
Desktop 20, 81, 526, 763
devattr 799
devfree 799
device number
   major ~ 109, 737
   minor ~ 109, 737
devreserv 799
df 112, 158, 170, 212, 799
dfmounts 799
dfshares 799
dial 658
Dialogstation 91
   Parameter 91
   Zustände 91
diff 168, 213, 799
diff3 168, 214
diffmk 214
dircmp 123, 168, 215, 800
directory 97, 659
   root ~ 40
dirname 165, 215, 437, 438, 800
dirs
   csh 475
disable 159, 170, 216, 800
Disk-Quotas 114
DISPLAY 84
Displaynamen 527
dmesg 800
done 422
dos... 216
dos2unix 157, 218, 330, 800
doscat 217
doscp 217
dosdir 217
dosformat 217
dosls 218
dosmkdir 218
dosrm 218
dosrmdir 218
download 159, 800

dpost 159, 800
drand48 659
du 158, 170, 219, 800
dump 122, 159, 800
dup 616
dup2 616
dynamisches Objekt 714

E

echo 51, 52, 165, 220, 433, 438, 468, 800
   csh 475
Echtzeit-Prozesse 133
eckige Klammern 52
ecvt 659
ed 167, 221, 343, 344, 800
   Aufruf 345
   Bereichsangaben 345
   Beschränkungen 352
   -Eingabe
      beenden 344
   Kommandos 349
   Metazeichen 346
   Modi 344
edit 167, 221, 800
Editor 167, 343
   ex 374
   sed 384
editres 517
edlin 221
egrep 168, 222, 800
Ein-/Ausgaberoutinen der C-Bibliothek 651
Eingabeumlenkung 409
eintragen
   neuen Benutzer im System 762
eject 800
ELF 554, 558, 798
elif 422
elm 95, 261
else 422
   csh 472
else if
   csh 471
emacs 63
enable 159, 170, 222, 800
encrypt 660
end
   csh 471, 472
Endestatus 411

endgrent 660
endif 471
    csh 472
endpwent 660
endsw 471, 473
endutent 660
ENV 81, 491, 497
env 90, 161, 222, 421, 437,
    439, 800
Environment 129
    -Variablen 129
eq (test) 426
eqn 169, 799, 800
erand48 660
erf 708
erfc 708
ERRNO 490
errno 604
errno.h 604
error 99, 166, 800
Ersetzungs
    -muster 151
    -teil 151
ESA/370 16
esac 431
eval 433, 445
    csh 475
Event Number 458
EWUNIXCNFSD 610
ex 167, 223, 343, 374, 800
    Aufruf 374
    Bereichsangaben 373
    Kommandos 375
    Optionen 381
exec 433
    csh 475
exec... 617
execl 618
execle 618
execlp 618
execv 618
execve 618
execvp 618
exit 156, 160, 433, 595, 619,
    721
    csh 475
    status 411
Exit-Status 136
exp 596, 708
expand 157, 800
export 421, 433
    csh 477

expr 165, 224, 430, 437, 439,
    800
exstr 800
Extent 115

F

f77 167
fabs 708
factor 801
false 165, 437
Farben 535
Farbnamen 535
Fast Filesystem 113
fasthalt 801
fc 499
    ksh 482
FCEDIT 491
fclose 660
fcntl 619
fcvt 660
fd 98
fd0 99
fdformat 159, 231
fdopen 661
Fehlermeldungen
    awk-~ 599
Feld 465
Fenstermenü 545
feof 661
ferror 661
fflush 661
ffs 758
fg 459, 507
    csh 475
    ksh 482
fgetc 661
fgetgrent 661
fgetpwent 662
fgets 662
fgrep 168, 225, 801
fi 422
FIFO 102, 805
fignore 468
file 158, 226, 801
file manager 526
file name completion
    ksh 498
filec 468
FILENAME 590
fileno 662
Filter 58

find 122, 158, 189, 227
finger 161, 170, 230, 801
Fließbandverarbeitung 58
floor 708
Fluchtsymbol 53
fmod 708
fmt 801
FNR 590
fold 230, 801
Font 534
    BDF 534
    -Namen 534
    PCF 534
    -Pfad 534
    XLFD 534
fopen 663
for 422, 427, 428, 593
foreach 471, 472
foreground 459
fork 620, 721
format 159, 231, 801
Formatangabe (printf) 594
Formatierung (Text) 169
FORTRAN 553, 660, 666
fp... 663
fprintf 664
fputc 664
fputs 664
fread 664
free 664
freopen 664
frexp 665
from 164
FS 590
fscanf 665
fsck 160, 170, 756, 775, 801
fsdb 160, 170, 776, 801
fseek 665
fstab 120
fstat 620
fstatfs 621
fstyp 241, 801
ftell 665
ftok 665
ftp 164, 232, 333, 801
ftw 666
function (ksh) 482
Funktionen
    in awk 596
Funktionsdefinition (Shell) 85
fusage 158, 801
fuser 764, 801
fwrite 666

G

gamma 708
gcc 188
gcore 801
GCOS-Feld 745
gcvt 666
ge (test) 426
Geräte
   -dateien 43, 97
   -eintrag 97
   -einträge 97
   -namen 43
   Pseudo-~ 98
get 801
get... 621
getc 667
getchar 667
getcwd 667
getdents 622
getegid 621, 622
getenv 667
geteuid 621, 622
getgid 621, 622
getgrent 667
getgrgid 668
getgrnam 668
getgroups 621, 622
getline 597
getlogin 621, 668
getmsg 623
getopt 165, 433, 437, 440, 668, 801
getopts 165, 433, 801
getpass 668
getpgrp 621, 623
getpid 621, 623
getppid 621, 623
getpw 668
getpwent 669
getpwnam 669
getpwuid 669
gets 669
getty 749
gettydefs 750
getuid 621, 624
getutent 670
getutid 670
getutlin 670
getw 670
GID 77
Gleichheit
   numerisch 426

glob
   csh 475
glossary 239
gmtime 671
GNU 20, 188
goto
   csh 474
gprof 802
graph 802
grep 168, 239, 802
Großbuchstaben 36
groupadd 170, 802
groupdel 170, 802
groupmod 802
groups 802
grpck 170, 802
Gruppen
   -nummer 76, 77, 130
   effektive 130
   reale 130
gsignal 671
gsub 596
gt (test) 426
Gültigkeitsbereich 421

H

halt 765, 802
Haltepunkt 572
Hard-Link 109
hash 407, 434
   ksh 484
Hauptkatalog 79, 744
hcreate 671
hd 166, 802
hdestroy 672
head 122, 157, 241, 802
Header Dateien 555
help 241, 802
Here Document 324, 409
Herunterfahren des
   Systems 764
High-Sierra-Standard 116
Hilfesystem 72
Hintergrund 336, 506
   -prozeß 54, 412
histchars 468
HISTFILE 499
history 90, 161, 243, 469, 481
   csh 475
   Korn-Shell 499
HISTSIZE 491

Hochfahren 298
HOME 415, 491
home (csh) 469
home directory 42, 79, 80, 82
hostid 802
hostname 90, 164, 802
HP-UX 9, 16, 526, 788
hsearch 672
hsfs 271
http 333
HUPCL 751
Hypertext 72
hypot 708

I

IBM/AIX 9, 788
ico 517
Icon Box 544
id 90, 161, 241, 802
idbuild 170, 241, 802
idtune 802
if 422, 593
   csh 472
ifconfig 164, 802
IFS 416, 491
ignoreeof 458, 469
Include-Datei 549, 555
index 596, 672
inetd 802
infocmp 802
Information
   zu UNIX 162
   zur aktuellen
      Umgebung 90
init 456, 748, 802
   state 298
   -tab 748
initdefault (inittab) 749
I-Node
   List 108, 111
   Number 97, 108, 109
install 802
int 596
Intel 16
interaktiv 408
interface 2
Internet 188
   Name 528
   Nummer 528
Interpreter 553
ioctl 624

Stichwortverzeichnis

iostat 802
ipcrm 170, 802
ipcs 170, 803
is... 673
isalnum 673
isalpha 673
isascii 673
isatty 673
iscntrl 673
isdigit 673
isgraph 673
islower 673
isnand 674
isnanf 674
ISO 8859-1 416
ISO-9660 (CD-ROM) 116
iso9660 (Dateisystem) 271
isprint 674
ispunct 674
isspace 674
isupper 674
isxdigit 674

J

j0 708
j1 708
jn 708
Job
  -Kontrolle des ksh 486
  -Nummer 486
  Nummer 458
job 506
jobs 459, 507
  csh 475
  ksh 483
join 168, 803
jrand48 674
jsh 506

K

K&R-C 553
kadb 803
Katalog 123
  aktueller ~ 40, 79, 105
  Arbeits-~ 40, 79
  -Kommandos 158
kdb 803
Kellersegment 129
Kendall Square Research 16

kerbd 803
Kerberos 531
Kernel 241
kill 165, 242, 507, 624, 803
  csh 475
  ksh 483
killall 165, 170, 803
Klammern
  geschweift 31
  rund 412
Kleinbuchstaben 36
kmem 98
Knotennummer 109
  ~ einer Datei 108
Kommando 26, 128
  -datei 60, 413
  Dateiausgabe 157
  dateiorientiert 121, 157
  -position 30, 87
  programmorientiert 165
  -prozedur 60, 86, 128
  sitzungsorientiert 160
  -substitution 444
  -übersicht 157
Kommunikation
  zwischen Benutzern 93
Komprimierung 238
Konsistenzprüfung
  des Dateisystems 127, 160
kontrollierende
  Dialogstation 135
kopieren 50
Koprozeß 496
ksh 243, 523, 803

L

l3tol 675
l64a 675
labelit 158, 159, 170, 803
LANG 416
last 161, 803
lastcomm 161, 803
layers 509
LC_CTYPE 491
LC_MESSAGES 416
LC_TIME 416
LC_TYPE 416
lcong48 675
ld 166, 245, 549, 554, 559, 560
ldexp 675

le (test) 426
length 596
let
  ksh 483
lex 167, 803
lfind 675
lib
  -c 714
  -elf 714
  -gen 714
  -intl 714
  -kvm 714
  -m 714
  -nsl 714
  -posix 714
  -thread 714
  -ucb 714
libc.a 714
light weight processes 448
limit
  csh 475
line 165, 247, 437, 440, 803
LINENO 490, 492
link 41, 45, 97, 103, 104, 109, 247, 625, 803
  symbolic ~ 110
lint 166, 552, 803
Linux 9, 20
LISP 553
listen 803
listusers 161, 803
ln 156, 159, 247, 803
localtime 676
locate 247
lockf 625
log 98, 596, 709
log10 709
logger 803
login 37, 160, 248, 756, 803
  directory 42, 79, 744
  -Katalog 79, 744
  -Programm 744
  shell 81, 88, 744
  -Verfahren 76
logins 161, 803
logischer Datenträgern 120
LOGNAME 417
logname 90, 161, 248, 676, 804
logout 160, 458
  csh 476
longjmp 676
look 168, 804

Look & Feel 521
lookbib 804
loose binding 540
lorder 560, 804
lp 59, 156, 157, 160, 249, 779, 804
    Print-Spooler 779
lpadmin 160, 171, 804
lpc 253
lpd 804
lpmove 160, 171, 804
lpq 253, 804
lpr 157, 160, 253, 804
lprm 253, 804
lpsched 160, 171, 804
lpshut 160, 171, 804
lpstat 156, 158, 160, 254, 804
lptest 804
lrand48 676
ls 156, 158, 255. 804
lsearch 676
lseek 626
lt 426
ltol3 677

M

m4 167, 804
MAC/OS 515
Mach 19
Macro 63
magic cookie 530
magic number 480, 558, 801
MAIL 417, 491
mail 68, 164, 259, 262, 804
    csh 469
MAILCHECK 417, 491
MAILPATH 417, 491
mailx 164, 804
major device number 109, 737
make 166, 263, 551, 566, 569, 804
makefile 263
makekey 171, 804
mallinfo 677
malloc 677
mallopt 677
man 156, 162, 169, 175, 264
Manualabschnitte 713
match 147, 591, 597
matherr 677

MAXUP 55
mcs 804
me 805
mem 98
memccpy 677
memchr 678
memcmp 678
memcpy 678
Memory
    -Mapped-Dateien 117
    Shared ~ 142
memory 678
memset 678
mesg 164, 265, 805
Messages 141
Meta
    -bedeutung 153
    -klammer 151
Metazeichen 50, 147
    * 50
    ? 51
    \ 53
    ed-~ 346
    sed-~ 385
mh 805
Microsoft 11, 14, 515
minor device number 109, 737
Minuszeichen 30
MIT 516
mkdir 156, 158, 266, 626, 805
mkfifo 626, 805
mkfontdir 534
mkfs 158, 171, 267, 769, 805
mknod 158, 171, 627, 737, 805
mkshlib 805
mkstr 805
mktemp 679
mm 805
modf 679
MODULA-2 553
Modus 106
mon.out 551
monitor 679
more 156, 157, 268, 805
motd 756
Motif 16, 522, 543
    Rahmenelemente 544
mount 158, 171, 270, 628, 756, 805
mountall 456, 805
mouse 98

move
    Beispiel 453
mrand48 679
ms 805
msgctl 628
msgget 628
msgrcv 629
msgsnd 630
MSMIT 763
mt 159, 805
Multiuser 298
Multi-Volume-
    Dateisystem 106
mv 156, 159, 272, 805
mvdir 158, 273, 456, 805
mwm 522, 542, 543
.mwmrc 546
f.beep 547
f.exec 547
f.menu 547
f.quit_mwm 547
f.title 547

N

Nachrichten 141
    Empfangen 164
    Senden 164
named 805
Named Pipe 103, 140
Namensergänzung
    ksh 498
nawk 169, 180, 273, 586, 805
ncheck 160, 171, 774
ne (test) 426
neqn 59, 169, 805
netstat 164, 274, 805
Network File System 116
Netzwerkdateisystem 96
neuen Benutzer eintragen 762
newalias 805
newform 169, 805
newgrp 160, 275, 434, 805
news 164, 806
next 595
NeXTstep 11
NF 591
NFS 13, 116, 248, 758
nice 165, 275, 630, 806
    csh 476
NIS 341
niscat 806, 814

Stichwortverzeichnis 833

nl 169, 806
nl_... 680
nl_ascxtime 680, 681
nl_cxtime 680, 681
nl_fprintf 680, 682
nl_fscanf 680, 682
nl_init 680, 682
nl_langinfo 680, 682
nl_printf 680, 683
nl_scanf 680, 683
nl_sprintf 680, 683
nl_sscanf 680, 683
nl_strcmp 680, 684
nl_strncmp 680, 684
nlist 684
NLS 682
nm 166, 276, 806
nntp 333
nobeep 469
noclobber 469
noglob 469
nohup 165, 276, 806
   csh 476
nonomatch 469
normale Dateien 96
notify 459, 469, 476
Novell 9
NR (awk) 591
nrand48 684
nroff 59, 63, 169, 799, 806
null 98

O

oawk 169, 586
Objekt
   -Bibliothek 549
   -dateien 554
   -integration 20
oclock 517
od 157, 166, 277, 806
off (inittab) 749
OFMT 591
OFS 591
olwm 522
once (inittab) 749
ONCLR 751
ondemand 749
onintr 474
ONLCR 751
open 631
OPEN_MAX 606

opendir 684
OpenLook 20
OPOST 751
OPTARG 490
OPTIND 490
Optionen 29, 30
   Ende der ~ 30
ORS 591
OS/2 515
OSF 522
OSF/1 16
owner 108

P

pack 125, 157, 278, 806
pagesize 806
Paging 134
Paragon 16
Parameter 29
   -expansion 50
   Positions-~ 418
   Schlüsselwort-~ 418
PARENB 751
parent 135
Parent Process
   Identification 130
Partition 120
PASCAL 553
passwd 160, 279, 806
password 37
Paßwort 76, 743
Paßwortdatei 77, 743
paste 169, 280, 806
path 466, 469
path name 105
pathconf 685
pause 632
pbm... 806
pcat 125, 157, 806
PCF (Fontformat) 534
pclose 685
PEARL 553
Perl 553
perror 604, 685
Pfadname 40, 105
pg 59, 157, 282, 806
pic 169
PID 130, 135
ping 164, 281, 806
Pipe 102, 140, 411, 632
   Named ~ 103, 140

Pipeline 58
pkgadd 806
plock 632
plot 806
pmadm 171, 754, 806
poll 632
popd
   csh 476
popen 685
Positionsparameter 418
POSIX 17
postprint 160, 806
PostScript 806
pow 709
powerfail 749
powerwait 749
PPID 130, 490
pr 157, 284, 806
print 488, 594
   ksh 483
printenv 90, 161, 421, 806
printf 165, 285, 437, 594, 686, 807
Print-Spooling 59, 159, 779
Priorität 132
   aktuelle 133
   nice ~ 133
prof 167, 551, 807
profil 634
Profile-Dateien 88
Programm 128
   -ausführung 167
   -entwicklung 549
   -erstellung 166
   -start-Kommandos 165
   Suchpfad 87
   -test 166
PROLOG 553
prompt 469
protection bits 103
Prozeß 54, 128
   ~nummer 54, 336
   -auslagerung 134
   -dateisystem 116
   -familie 135
   -gruppe 135
   Hintergrund-~ 54
   -kenndaten 129
   -kommunikation 135
   kontrollierende
      Dialogstation 135
   -nummer 54, 130, 458
   -priorität 132

Prozeß
   -synchronisation 135
   Vordergrund-~ 54
   -zeit 54
   -zustände 131, 135
Prozeßnummer
   Benutzer~ 130
prs 807
prtvtoc 807
ps 167, 285, 551, 768
PS1 416, 491
   ksh 503
PS2 416, 491
PS3 492
Pseudogeräte 97, 98
ptrace 634
ptyXX 99
Punkt-Kommando 477
pushd
   csh 476
putc 687
putchar 687
putenv 687
putl 688
putmsg 634
putpwent 688
puts 688
pututline 688
putw 688
pwck 171
pwconv 171
pwd 90, 156, 161, 288, 434, 807
pwd_mkdb 763

Q

qsort 688
quit
   shl 509
quot 122, 158, 171, 807
quota 807
Quotensystem 120

R

rand 596, 689
raw
   device 101
   mode 92
rc 807

rcp 164, 807
rdist 171, 807
read 165, 429, 635
   ksh 483
readdir 689
readonly 434
realloc 689
Realtime-Prozeß 133
rechenbereit 132
rechnend 134
Rechner
   -kopplung 163
   -name 528
red 168, 807
refer 169, 807
regcmp 689, 807
regex 690
reguläre Ausdrücke 147
rehash
   csh 476
reject 160, 171, 807
remove 635
rename 288, 635
renice 807
repeat 471, 473
REPLY 490
Reportgenerator 586
reset 156, 161, 807
resize 161, 288, 807
respawn (inittab) 749
Ressourcen
   ~-Datei 540
   -Verwaltung (xrdb) 541
resume 509
return 434, 595
Returncode 411
rewind 691, 808
rewinddir 691
rexec 807
RFS 13, 116
RGB 535
rgb.txt 536
Ritchie, Dennis 616
RLENGTH 591
rlogin 164, 289, 808
rm 156, 158, 290
rmail 164, 808
rmdel 808
rmdir 158, 291, 636, 808
roffbib 808
root 77, 105, 408
   directory 40
ROWS 288

RS 591
rsh 164, 165, 510, 808
RSTART 591
Run Level 298, 748, 760, 765
runacct 808
running 131
ruptime 808
rwho 808

S

s5 758
sac 808
sacadm 171, 754
sact 808
SAF 754
sag 171, 808
SAM 79, 763, 788
sar 171, 808
save text bit 131
saved ID 700
savehist 470
sbrk 636
scanf 692
SCCS 552
sccsdiff 809
sccs-Kommando 808
Schattendatei 77
Scheduling 132
   -Algorithmus 132
Schlüsselwort-Parameter 418
Schriften 534
SCO 9, 14
script 161, 292, 293, 809
sdb 166, 572, 573, 574, 809
sdiff 168, 809
Secure-RPC 531
Security-Dateisystem 114
sed 168, 294, 343, 809
   Anweisungen 385
   Aufruf 384
   Beispiele 389
   Metazeichen 385
   Textmuster 385
seed48 693
seekdir 693
select 492
Semaphore 142
semctl 636
semget 636
Semikolon 411
semop 637

Stichwortverzeichnis

sendmail 164, 809
Serverprozeß 430
set 90, 156, 161, 430, 434, 500
   csh 476
   ksh 483
setbuf 693
setchrclass 693
setenv 90, 477
setgid 637
Set-GID-Bit 131
setgrent 693
setjmp 694
setkey 694
setmnt 809
setpgid 637
setpgrp 637
setpwent 694
setsid 637
setuid 638
Set-UID-Bit 77, 131
setutent 694
setvbuf 694
sfs-Dateisystem 114
sh 165, 295, 523, 809
share 171, 296, 809
Shared
   ~ Library 142, 559, 560
   ~ Memory 142
Shell 523
   Login-~ 88
   -prozedur 413
   -script 413
   -skript 60, 413
   -variablen 84
shift 435
   csh 477
Shift Lock 36
shl 36, 297, 508, 809
   create 509
   delete 509
   quit 509
shmat 638
shmctl 638
shmdt 639
shmget 639
shutdown 171, 298, 456, 764, 809
Sichern von Dateien 125
SIGCLD 137
sighold 639
sigignore 639
signal 640
Signale 137

Signale
   Übersicht 447
sigpause 640
sigrelse 640
sigset 641
sin 596, 709
Single-User 298
sinh 709
Sinix 9
sinus 709
size 166, 551, 809
sleep 165, 299, 695, 809
slice 101, 120, 769
SMIT 79, 763, 788
smtp 333
sno 167
snoop 809
Socket 145, 610
soelim 809
Soft-Link 109
Sohnprozeß 135
Solaris 2, 9, 536, 712, 713
Sonderzeichen 50
sort 168, 300, 809
Sortieren 168
source 477
Spec1170 20, 604, 713
special files 44, 97
Speicherabzug 36
spell 168, 809
spline 809
split 122, 157, 301, 596, 809
Spooler 159
Spooling 121
Sprachen 167
spray 809
sprintf 597, 695
sqrt 596, 709
srand 596, 695
srand48 695
sscan 695
ssignal 695
Stack Segment 129
Standard
   -ausgabe 409
   -bibliothek (libc) 714
   -fehlerausgabe 409
   -katalog 79
startx 81, 162, 524
stat 641
statfs 621, 642
statisches Archiv 714
status 470

statvfs 212
stderr 99
stdin 99
stdout 99
step 696
sticky bit 131
stime 642
stop 459, 507
   csh 477
strcat 696
strchr 696
strcmp 697
strcpy 697
strcspn 697
strdup 697
Stream-Editor 384
Streams 143
string 696
strings 166, 302, 809
strip 166, 302, 810
strlen 697
strncat 697
strncmp 697
strncpy 698
strod 698
strol 698
Stroustrup 554
strpbrk 698
strrchr 698
strspn 699
strtod 699
strtok 699
strtol 699
stty 34, 90, 93, 161, 303, 810
su 160, 308, 810
sub 597
SUBSEP 591
substr 597
Suchkommandos 168
Suchpfad 87
sum 160, 171, 810
SUN 2, 9, 522, 536, 712
SunOS 9
Super Block 111, 112
Super-User 77, 408
   -Privileg 77
suspend 477, 507
suspended 131
Suspendierung 132
SVID 13, 604
SVVS 13
swab 699
Swap 134

Swap
    -bereich 134
    -Device 98, 134
    Space 134
swap 98, 810
swapper 134, 748
switch
    csh 473
symbolic link 45, 110
symbolischer Verweis 45, 110, 125
Symboltabelle 549
symorder 810
sync 112, 160, 171, 309, 642, 810
sysadm 79, 763, 810
sysadmin 171, 810
syscon 98
sysconf 700
sysdef 810
sysfs 643
sysinit 749
System
    -aufrufe 713, 714
    -konsole 298
    -Status (Run Level) 765
    -verwaltung 170
    -zustand 298
system 597, 701
System V
    Interface Definition 13
    Validation Suite 13
systty 99

T

TAB3 751
tabs 161, 309, 810
tail 122, 157, 310, 810
talk 810
tan 709
tanh 709
tar 156, 159, 238, 311, 342, 559, 810
tarfile 311
tbl 59, 169, 799, 810
tcdrain 701
tcflow 702
tcflush 702
tcgetattr 701
tcgetpgrp 701
tcopy 810

tcsendbreak 702
tcsetattr 702
tcsetpgrp 703
tdelete 704
tee 165, 314, 437, 441, 810
telinit 810
tell 703
telldir 703
telnet 164, 315, 810
tempnam 703
termcap 91, 755
terminal capability 91
Terminaltyp 323
terminfo 92, 755
test 165, 318, 426, 435, 441, 810
Testhilfe 572
Text
    -editor (ed) 344
    -muster 150
        sed 385
    -segment 129
    -transformationen 169
    -verarbeitung 167
tfind 704
tftp 810
Thread 128
thread 448
threads 714
tic 171, 755, 811
tight binding 540
time 165, 167, 321, 470, 551, 643, 811
    csh 477
times 435, 644
timex 166, 167, 321, 551, 811
tip 811
TMOUT 492
tmpfile 704
tmpnam 704
toascii 705
toc 811
toggle
    shl 509
tolower 705
tostop 459
touch 159, 322, 811
toupper 705
tplot 811
tput 161, 323, 811
tr 169, 325, 811
traceroute 811
tracked alias 484

trap 435, 448
Treiber 111
troff 63, 169, 799, 811
true 437, 811
truss 166, 326, 573, 811
tsearch 705
tset 90, 161, 811
tsort 168, 811
tty 90, 98, 162, 326, 811
ttyname 705
ttyslot 706
twalk 706
twm 517, 522
type 123, 162, 436
typeset 483
tzset 706

U

uadmin 644, 811
Übersetzer 553
UCB 15
ufs 113, 758
ufsdump 740, 772, 800
ufsrestore 772, 808
Uhr 525
UID 77
ul 811
ulimit 436, 645
umask 125, 159, 327, 436, 645, 811
    csh 477
umount 158, 172, 328, 646, 756, 764, 811
umountall 456, 811
unalias 85, 464
    csh 477
    ksh 485
uname 90, 162, 329, 646, 811
unblock 509
uncompress 125, 157, 238, 313, 330
undial 706
unexpand 157, 812
unget 809, 812
ungetc 706
unhash (csh) 477
unifdef 812
uniq 168, 331
units 812
UNIX
    Begriffe 75

UNIX
    Berkeley-~ 15
    -International 16
    Konzepte 75
    System Laboratories 8
    -UNIX-Koppelung 163
    USL-~ 13
    XENIX 14
unix (Kernel) 241
unix.old 241
unix2dos 157, 218, 330, 812
Unixware 9
unlimit 477
unlink 646, 812
unpack 125, 157, 332, 812
unset 421, 436
    csh 477
unsetenv 478
unshare 172, 812
untic 755
until 422, 430
uptime 90, 812
usage 71, 332
User Identification 77
useradd 170, 762
userdel 762
usermod 763
users 90, 162, 812
USL 8, 13, 604
ustat 646
utime 647
utmp 670
utmpname 706
uuclean 163, 812
uucp 163, 333, 812
uuencode 812
uulog 163, 812
uuname 812
uupick 163, 812
uuq 812
uusend 812
uustat 163, 812
uusub 812
uuto 163, 812
uux 163, 812

V

vacation 164, 334, 812
val 813
Variablen 414
Vaterprozeß 135

vax 813
vc 813
vedit 168, 335, 813
verbose 470
Vergleiche 168, 426
verify 231
Veritas-Dateisystem 115
Vernetzung 2
Verweis (link) 109
    symbolischer ~ 110
Verzeichnis 97
vfprintf 707
vfstab 118
vgrind 813
vhand 134
vi 64, 156, 168, 335, 343, 353, 813
    Abkürzungen 371
    Arbeitsmodi 353
    Aufruf 354
    Bereichsangaben 373
    Bildschirmaufteilung 355
    Eingabemodus 356
    Ersetzungen 371
    Ersetzungsmodus 356
    ex-Modus 353
    interne Optionen 369
    Kommandomodus 356
    Kommandotabelle 367
    Makros 371
    Marken 365
    Objekte 359
    Positionierungsbefehle 358
    Puffer 365
    Sonderfunktionen 358
    Suchen 362
    Suchen und Ersetzen 364
    Tag-Datei 364
    Textmuster 363
    vi-Modus 353
view 168, 335, 813
vipw 763
virtueller Window
    Manager 522
VISUAL 492, 497
vmstat 813
vnews 813
volcopy 125, 159, 172, 772, 813
Vordergrund 506
Vordergrundprozeß 54
vprintf 707

vsprintf 707
VUE 526
vxfs 115, 758

W

w 162, 336, 813
wait 166, 436, 507, 648, 813
    csh 478
    inittab 749
waiting 131
waitpid 649
wall 94, 164, 337, 813
wc 168, 813
what 166, 813
whatis 72, 163, 175, 264, 813
whereis 163, 813
which 813
while 422, 429, 593
    csh 471, 473
who 90, 162, 338, 813
whoami 813
whodo 90, 162, 172, 339, 813
whois 813
Window-Manager 521
Windows3.1 515, 520
wksh 814
working directory 40, 82
write 94, 164, 339, 649, 814

X

X 162, 516, 523, 814
X (X-Server) 524
X Consortium 516
X Window System 515
X/Open 18, 713
X11 517
x11perf 517
X11R6 516
xargs 166, 340, 437, 442, 814
xauth 517, 531
xbiff 182, 517, 526
X-Client 518
xclock 162, 517, 525, 542
xcmsdb 517
xconsole 517
xd 157
xdb 166, 572, 573
xditview 517

xdm 81, 162, 341, 517, 523, 530, 542, 814
xdpyinfo 517
xedit 64, 162
XENIX 14, 611
xev 517
xeyes 162, 517
xfd 517
xfontsel 517, 535
xgc 517
xhost 517, 530, 542, 814
    Beispiel 542
xinit 81, 162, 524
XLFD (Fonts) 534
xload 517
xloadimage 162
xlsclients 517
xlsfonts 517, 535
xmag 517
xman 162, 517
xmh 517
xmodmap 517
XPG 18, 604, 713
xpr 517, 814
xprop 517
X-Protokoll 519
xrdb 162, 517, 541
X-Server 516, 518
xset 162, 517, 534, 542, 814
xsetroot 517, 526, 542, 814
    Beispiel 542
xstdcmap 517
xstr 814
xterm 24, 38, 81, 84, 162, 288, 341, 517, 524, 542, 814
    Beispiel 542
X-Terminal 520
xwd 162, 517, 814
xwinifo 517
xwud 162, 517

Y

y0 709
y1 709
yacc 167, 814
yellow pages 341
yn 709
YP 341
ypcat 164, 341, 814
ypmatch 164

Z

zcat 125, 157, 238, 342, 814
zeichenorientierte Geräte 102
zero 99
Zombie-Zustand 136
Zugriffspfad 105
Zugriffsrechte 106
Zurückladen von Dateien 125

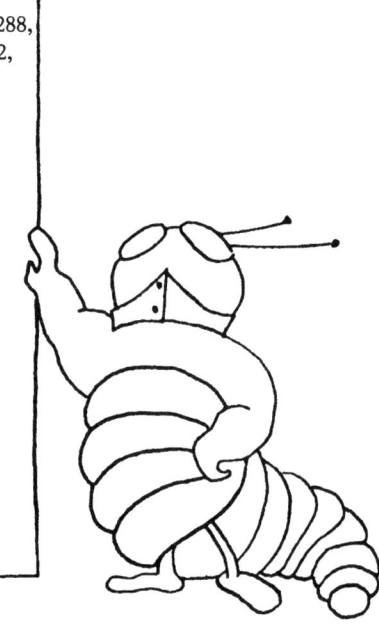

Springer Compass

Herausgegeben von M. Nagl, P. Schnupp und H. Strunz

W. Reisig: Systementwurf mit Netzen. XII, 125 S., 139 Abb. 1985

R. Franck: Rechnernetze und Datenkommunikation. XII, 254 S., 75 Abb. 1986

R. L. Baber: Softwarereflexionen. Ideen und Konzepte für die Praxis. XII, 158 S., 10 Abb. 1986

P. Schnupp, C. T. Nguyen Huu: Expertensystem-Praktikum. X, 360 S., 102 Abb. 1987

Y. Shirota, T. L. Kunii: UNIX für Führungskräfte. Ein umfassender Überblick. XIII, 157 S., 147 überwiegend zweifarbige Abb. 1987

J. Shore: Der Sachertorte-Algorithmus – und andere Mittel gegen die Computerangst. XVIII, 252 S., 7 Abb. 1987

P. Schnupp, U. Leibrandt: Expertensysteme – Nicht nur für Informatiker. IX, 140 S., 31 Abb. Zweite, korrigierte Auflage 1988

T. Spitta: Software Engineering und Prototyping. Eine Konstruktionslehre für administrative Softwaresysteme. XIII, 229 S., 68 Abb. 1989

D. Hogrefe: Estelle, LOTOS und SDL. Standard-Spezifikationssprachen für verteilte Systeme. XV, 188 S., 71 Abb. 1989

T. Grams: Denkfallen und Programmierfehler. X, 159 S., 17 Abb. 1990

M. Nagl: Softwaretechnik: Methodisches Programmieren im Großen. XI, 387 S., 136 Abb. 1990

N. Wirth: Programmieren in Modula-2. Übersetzt aus dem Englischen von G. Pfeiffer. XIV, 240 S. Zweite Auflage 1991

F. A. Koch, P. Schnupp: Software-Recht, Bd. I. XV, 358 S. 1991

W.-D. Wagner: Software-Engineering mit APL2. Eine Anleitung zur Entwicklung kommerzieller Systeme. X, 263 S., 131 Abb. Programmdiskette 5¼". 1992

H. Weber: Die Software-Krise und ihre Macher. XII, 150 S. 1992

J. Hansel, G. Lomnitz: Projektleiter-Praxis. Erfolgreiche Projektabwicklung durch verbesserte Kommunikation und Kooperation. Ein Arbeitsbuch. XII, 224 S., 23 Abb. Zweite Auflage 1993

H. Bertram, P. Blönnigen, A.-P. Bröhl: CASE in der Praxis. Softwareentwicklungsumgebungen für Informationssysteme. X, 262 S., 51 Abb. 1993

J. Bechlars, R. Buhtz: GKS in der Praxis. XIV, 476 S., 43 Abb. Zweite, neubearbeitete Auflage 1995

J. Gulbins, K. Obermayr: UNIX System V.4. Begriffe, Konzepte, Kommandos, Schnittstellen. X, 839 S. Vierte, überarbeitete Auflage 1995

Springer-Verlag und Umwelt

Als internationaler wissenschaftlicher Verlag sind wir uns unserer besonderen Verpflichtung der Umwelt gegenüber bewußt und beziehen umweltorientierte Grundsätze in Unternehmensentscheidungen mit ein.

Von unseren Geschäftspartnern (Druckereien, Papierfabriken, Verpakkungsherstellern usw.) verlangen wir, daß sie sowohl beim Herstellungsprozeß selbst als auch beim Einsatz der zur Verwendung kommenden Materialien ökologische Gesichtspunkte berücksichtigen.

Das für dieses Buch verwendete Papier ist aus chlorfrei bzw. chlorarm hergestelltem Zellstoff gefertigt und im pH-Wert neutral.

MIX
Papier aus verantwortungsvollen Quellen
Paper from responsible sources
FSC® C105338

If you have any concerns about our products,
you can contact us on
ProductSafety@springernature.com

In case Publisher is established outside the EU,
the EU authorized representative is:
**Springer Nature Customer Service Center GmbH
Europaplatz 3, 69115 Heidelberg, Germany**

Printed by Libri Plureos GmbH
in Hamburg, Germany